Über dieses Buch Ausgehend von Immanuel Kants aufgeklärter Utopie einer bürgerlichen Gesellschaft verfolgen die Autorinnen und Autoren dieses Bandes nicht nur den Weg der Bourgeoisie und des (meist beamteten) Intelligenzbürgertums als Erfolgsgeschichte, sondern fragen ebenso nach den Brüchen und den sozialen Kosten der damit verbundenen Umwälzungen. Sie behandeln auch die Rollen der staatlichen Zentralmacht und der anti- und nichtbürgerlichen Kräfte, die Geschichte der unteren Klassen und Schichten sowie die um die Dimension des Alltäglichen erweiterte Sozialgeschichte des Bürgertums selbst.
Auf diese Weise wird die Vielfalt historisch-gesellschaftlicher Prozesse seit dem späten 18. Jahrhundert in Deutschland dargestellt, ohne sich um den Anschein abgerundeter Geschlossenheit zu bemühen; betont werden vielmehr Aspekte und Perspektiven, in denen Unterschiedlichkeiten und Widersprüche deutlich werden.

Die Autorinnen und Autoren werden am Schluß des Bandes vorgestellt.

Bürgerliche Gesellschaft in Deutschland

Historische Einblicke, Fragen, Perspektiven

Mit Beiträgen von

Lutz Niethammer, Ute Frevert, Hans Medick, Alf Lüdtke, Peter Brandt, Franz-Josef Brüggemeier, Elisabeth Domansky, Bernd Weisbrod, Detlev J. K. Peukert, Dorothee Wierling, Richard Bessel, Ulrich Herbert, Heidrun Edelmann, Irmgard Wilharm, Brigitte Löhr und Rita Meyhöfer

Fischer
Taschenbuch
Verlag

Lektorat: Walter H. Pehle

Originalausgabe
Veröffentlicht im Fischer Taschenbuch Verlag GmbH,
Frankfurt am Main, Oktober 1990

Redaktion: Peter Sillem
Umschlaggestaltung: Buchholz / Hinsch / Hensinger
Abbildung: »Die Pyramide der Unterdrückung«
Zeichnung, koloriert von Peter Möbius,
veröffentlicht im Kursbuch 30 (1972)
Abgedruckt mit freundlicher Genehmigung des Kursbuch Verlages, Berlin
Gesamtherstellung: Clausen & Bosse, Leck
Printed in Germany
ISBN 2-596-24387-4

Inhalt

III. Die Vorkriegsgesellschaft – Gesellschaftliche Alternativen im Imperialismus

IV. Der kompromittierte Kompromiß – Die Grenzen des bürgerlichen Entwurfs in der Weimarer Republik

V. Die Dynamik der Gewalt – Der gescheiterte Versuch der nationalsozialistischen Krisenlösung

Vorwort

Dieses Buch wendet sich hauptsächlich an diejenigen, die Interesse an der Geschichte haben, aber erst damit beginnen, ihre wissenschaftliche Bearbeitung zu lernen: an Geschichtsstudenten, besonders der ersten Semester, an Studenten anderer Fächer, die ihr Interesse an der Geschichte methodisch vertiefen wollen, an Interessierte in der Erwachsenenbildung, wie z. B. Absolventen des Funkkollegs Geschichte, und an Leser historischer Bücher, die ihre Kritikfähigkeit schulen und sich Grundlagen und Methoden einer eigenen wissenschaftlichen Beschäftigung erarbeiten oder selbst ein Studium aufnehmen wollen. Damit sind nicht nur junge Leute gemeint; vielmehr wächst die Zahl derer, die mitten im Beruf stehen und entdecken, daß sie sich gerne intensiver mit Geschichte beschäftigen wollen, aber nicht den Freiraum für ein Hochschulstudium haben, oder die erst einmal in ihren eigenen vier Wänden einen Versuch machen wollen. Es wächst auch die Zahl der älteren Menschen, die nach dem Beruf Zeit und Muße für eine kulturwissenschaftliche Betätigung finden und dafür eine Anleitung suchen, die nicht notwendig auf eine weitere Berufsausbildung angelegt sein muß. Wissenschaftliche Weiterbildung ist nicht nur für ausgebildete Wissenschaftler da, die sich in ihrem Fach auf dem laufenden halten wollen. Sie soll vielmehr auch (mit begrenztem Aufwand) die Kenntnis der Methoden und Fragestellungen denen zugänglich machen, die in anderen Fächern oder in praktischen Berufen ausgebildet wurden.

Für alle diese unterschiedlichen Formen des Selbststudiums braucht man Hilfen, die wissenschaftlich informiert sind, aber noch nicht die Fähigkeit zum Umgang mit der Wissenschaft voraussetzen. Denn die Interessenten sollen nicht vor Überforderung die Lust verlieren, sondern erste begrenzte Einblicke gewinnen und zunächst einmal das Gelände besichtigen, um entscheiden zu können, wo ein tieferes Nachgraben reizt und lohnt. Dieses Buch möchte ein solcher Wegbegleiter beim Übergang zu einer wissenschaftlichen Beschäftigung sein.

Der vorliegende Band will zu jener Verbindung von Orientierung und Anschauung verhelfen, die eine einführende Überblicksvorlesung zur deutschen Geschichte des 19. und 20. Jahrhunderts vermitteln könnte.

Freilich werden solche nur noch selten gehalten; die Sachkenntnis und die Begründung der zwingend erforderlichen stofflichen Reduktion können selbst in diesem kleinen, aber uns naheliegenden Ausschnitt aus der europäischen oder gar der Weltgeschichte kaum noch von einem einzelnen geleistet werden. Und mit dem Hinweis auf diese Lücke zwischen dem, was der Studierende an anfänglichem Überblick braucht, und dem, was sich die auf engeren Gebieten spezialisierten Lehrenden trauen (oder trauen dürfen), sind wir auch schon bei Thematik, Vorgeschichte und Anlage dieses Buches.

In der Zeit, als wir an diesem Buch arbeiteten, wurde die Öffentlichkeit vom »Historikerstreit« bewegt.[1] Auf der einen Seite wurde beklagt, daß die Normalisierung der Deutschen nach dem Hitler-Faschismus nicht funktionieren, daß die Vergangenheit nicht vergehen will, er vielmehr geschichtlich präsent bleibt; auf der anderen wurde gefragt, ob der Nationalsozialismus nicht inzwischen Geschichte sei, ob er nicht historisch verstanden werden könne und müsse. Viele Historiker fühlten sich in diesem – zwischen zwei Philosophen ausgebrochenen – »Historiker«-Streit seltsam entfremdet und überfordert, wenn sich auch erfreulich viele gegen den politischen Mißbrauch der Zeitgeschichte zu einer apologetischen Propaganda zur Wehr setzten. Jenseits dessen aber waren manche doch beunruhigt über den Verlust an historischer Kompetenz, der in diesem Streit offenbar wurde, und an Bewußtsein über die (begrenzte) Reichweite historischer Verständigung. Die Konjunktur für historisches Interesse, das sich auch in den Reaktionen auf den Historikerstreit dokumentierte, geht mit einem Verfall historischer Professionalität einher. Die entdeckende Einzelarbeit, die in der deutschen Geschichtswissenschaft oft genug Irritierendes zutage fördert, gilt wenig; das Ohr der Medien hängt am Maul der Deuter.

Geschichte kann aber nicht alles, vor allem kann sie religiöse, politische und weltanschauliche Grundfragen nicht beantworten. Insofern werden die in letzter Zeit so häufig gehörten Fragen nach existentiellem Sinn und nationaler Identität an die erforschbare Geschichte umsonst gestellt. Aber, sachkundig und kritisch betrieben, ist sie ein Medium, in dem Antworten auf diese Fragen ihre Gültigkeit bewähren müssen und das insofern Widerstand gegen ungültige Antworten nährt. Wenn z. B. gesagt wird, das »Dritte Reich« habe sich völkerrechtlich befugt fühlen können, die Juden ins Lager zu sperren (wonach sich alles weitere dann aus dem Zwang der Verhältnisse erkläre), weil eine kleine Hilfsorganisation mit dem mutmachenden Namen »Jüdischer Weltkongreß« ihm den »Krieg erklärt« habe, so genügt einfaches historisches Handwerk, um diese Aussage zu widerlegen.[2] Selten ist der Einspruch indessen so

einfach und eindeutig wie hier. Meist geht es vielmehr um Fragen, Theorien oder programmatische Entwürfe, die nicht offensichtlich unmoralisch oder unsinnig sind, sondern deren Problem darin besteht, daß ihre Reichweite und Fassungskraft überschätzt werden oder daß sie als Selbstverständlichkeit genommen werden. Historische Bearbeitung kann dann vor der Verdinglichung solcher Begriffe warnen, indem sie ihre Zeit- und Interessengebundenheit aufzeigt, an die Sicht derer erinnert, über die der gesellschaftliche Prozeß hinweggegangen ist, Widersprüche ausgräbt: die Verschränkung des Erwarteten mit dem Unerwarteten in der konkreten Situation, die vergessenen anderen Welten, die verschütteten Alternativen. Und das wiederum führt nur dann zu einer Bewußtseinserweiterung und nicht zu nostalgischen Kurzschlüssen, wenn wir auch einen realistischen Begriff von den vorherrschenden Prozessen der gesellschaftlichen Veränderung gewinnen.
Wir haben deshalb bei der Konzeption dieses einführenden Überblicks in die Geschichte der bürgerlichen Gesellschaft in Deutschland einige Vorentscheidungen gefällt, die hier zur Erleichterung der Benutzung offengelegt seien.

1. Unsere Absicht war es nicht, eine festgefügte Konzeption der Entwicklung Deutschlands in den letzten beiden Jahrhunderten darzustellen oder ein bestimmtes Begriffsgebäude anschaulich zu machen. Denn dies würde nicht die Vielfalt möglicher Orientierungen eröffnen, sondern diese hinter einer immer nur als Versuch möglichen Gesamtperspektive verbergen. Vielmehr wollen wir einen einführenden Überblick in Fragmenten geben, der die Lebendigkeit des historischen Erkenntnisprozesses, aber auch die Lust am Lesen erhält.
Deshalb wurde z. B. keine durchlaufende Darstellungsform gewählt, sondern die Kapitel wechseln zwischen informierenden Darstellungen einzelner zeitlicher oder sachlicher Zusammenhänge, Erörterung zusammenfassender Begriffe und Konzeptionen in der Forschungsgeschichte, veranschaulichenden oder »widerständigen« Miniaturen konkreter Situationen, Fälle und Gruppen sowie dem Nachzeichnen von Problemsträngen im Längsschnitt. Und die Handschrift der einzelnen Autoren wechselt von Gebiet zu Gebiet. Dieser Potpourri-Charakter ist nicht einfach ein formaler Trick gegen die Langeweile beim Selbststudium, sondern soll die Betrachtungsweisen wechseln und die Perspektiven immer wieder brechen, um im Wechsel von Makro- und Mikro-Geschichte, von sich durchsetzenden Prozessen und ihren Alternativen, ihren Kosten, von Wirklichkeiten außer ihrer Reichweite, von Konzepten und quellengetränkter Anschauung und auch von erforsch-

ter Geschichte und Forschungsgeschichte dem Leser jene Wechselwirkungen – fast würde man sagen – aufzudrängen, aus denen historische Erkenntnis wächst.
Das hat natürlich auch Nachteile: so ist manches fragmentarischer geblieben, als uns lieb ist. Besonders ist der internationale Zusammenhang noch mehr ausgeblendet worden, als wir ihn schon zu Beginn in den Hintergrund rücken wollten, um hier einmal mehr Raum für eine sozialgeschichtliche Betrachtung zu gewinnen. Denn wenn man die internationalen Zusammenhänge sachgerecht erschließen will, muß man sich in der Regel auf Wechselwirkungen und eine ins einzelne gehende Darstellung einlassen. Wer weiterstudieren will, wird dann mit den zusammenfassenden Darstellungen, von denen zur Zeit mehr als genug erscheinen (und die wir im folgenden nicht im einzelnen aufgreifen oder diskutieren), besser umgehen können. Wir wollten hingegen eine aufschließende Einführung geben.

2. Die Auswahl der Aspekte und Stoffe für diese Einführung wird durch den Titel auf einen gemeinsamen Nenner gebracht: Bürgerliche Gesellschaft in Deutschland. Damit ist zunächst etwas Exemplarisches bezeichnet, denn bürgerliche Gesellschaften hat es auch anderswo gegeben, teilweise sogar früher und in reinerer Gestalt; auf ihre Vorbedingungen, Wirkungsweise und Abläufe wird man aber nicht so sehr am Modell als vielmehr durch ihre konkrete historische Erforschung am problematischen Fall und am leichtesten an der eigenen Gesellschaft aufmerksam.
Mit dem Begriff »bürgerliche Gesellschaft« wollen wir auch nicht ein retrospektiv konstruiertes Modell gesellschaftlicher Modernisierung oder antikapitalistischer Kritik bezeichnen, das als abstrakte Meßlatte an die Entwicklung im Ganzen oder an bestimmte Phasen anzulegen wäre. Sondern wir benutzen ihn für den geschichtlichen Zusammenhang zwischen einem Programm (am Ende des 18. Jahrhunderts), einer im Zuge des 19. Jahrhunderts zunehmend vorherrschenden gesellschaftlichen Struktur und den weitertreibenden Widersprüchen und Traditionen ihrer Verbindung, die in der Gesellschaft des 20. Jahrhunderts fortwirken. Dieser Gebrauch ist zugleich traditionsverhaftet und kritisch, denn aus dem Rückbezug auf das bürgerliche Programm (Tendenz zu Freiheit, Gleichheit und Frieden, die durch gesellschaftliche Selbstreflexion beschleunigt werden sollte) und seine teils schon zeitgenössische, teils rückblickende Kritik (ökonomische Ausbeutung, soziale Unterdrückung und geschlechtliche Diskriminierung, Verdrängung anderer Kulturen, Vernutzung der Natur) erwachsen Maßstäbe

und Einsichten gleichsam von innen, die zumal heute dann praktischen Wert haben.
Die damit bezeichnete gesellschaftliche Problematik, die schon im Anfang der »Moderne« angelegt und auch heute nicht erschöpft ist, erschien uns als ein weiterer Vorteil des Leitbegriffs »bürgerliche Gesellschaft« für eine historische Einführung. Denn das politische System war von scharfen Kontinuitätsbrüchen gekennzeichnet, und die kapitalistische Klassengesellschaft hat sich im 19. Jahrhundert erst ungleichmäßig und schrittweise gegen ältere Produktionsweisen durchgesetzt, und im 20. Jahrhundert kam durch die historisch einmalige Mobilisierung und Konsumentwicklung die Erfahrung der »Massengesellschaft« hinzu. Insofern haben wir versucht, den roten Faden aus der Verknüpfung dieses Problemhaushalts zu gewinnen und die Durchsetzung bzw. die Erweiterung der gesellschaftlichen Grundstrukturen zum Leitthema der Kapitel 1–3 bzw. 4–6 (mit einer Zäsur im Ersten Weltkrieg) zu machen, während die einzelnen Kapitel ihre Abgrenzung mehr von Gesichtspunkten der politischen Verfassung und Kultur beziehen.

3. Wir haben dieses Buch als Gruppe geschrieben, um eine sachkundige Bearbeitung der einzelnen Abschnitte mit einem konzeptionellen Diskussionsprozeß zu verbinden. Die Mitglieder der Gruppe stehen in der Reihenfolge auf dem Titelblatt, in der sie als Autoren im Band auftreten. Trotz mancher kritischen Diskussion verantworten jeder Autor und jede Autorin die von ihm oder ihr geschriebenen Texte selbst, das Ganze die Gruppe. Die Konzeption des Buches und der einzelnen Beiträge stammt aus dem Jahr 1983. Eine erste Fassung ist als Grundkurs im Fach Neuere Geschichte an der FernUniversität in Hagen erarbeitet worden und dort 1985 erschienen; seither wurden die meisten Beiträge überarbeitet, andere neu geschrieben, einiges wurde ausgetauscht, der didaktische Apparat entfiel; schließlich haben Peter Brandt, Ulrich Herbert, Alf Lüdtke und Detlev Vonde die Schlußredaktion übernommen. Ob unser Versuch etwas taugt, muß sich beim Gebrauch erweisen. Vielleicht sollte aber noch ein Wort gesagt werden, warum wir ihn gemeinsam unternommen haben. Wir alle sind Historiker und Gesellschaftswissenschaftler der Jahrgänge 1939 bis 1959. Mit zwei Fünfteln der Mitglieder sind mehr Frauen in der Gruppe als sonst meist in historischen Kreisen ähnlicher Art. Die meisten von uns kannten sich schon vorher aus unterschiedlichen örtlichen oder fachlichen Arbeitszusammenhängen, teilweise auch aus der Mitarbeit an der »Geschichtswerkstatt«, also aus der Zusammenarbeit von Historikern mit sonstigen Interessierten an der Geschichte. Rund ein Drittel sind Professoren für

Neuere Geschichte, die übrigen wissenschaftliche Mitarbeiter an Hochschulen (Bielefeld, Bochum, Hagen, Hamburg, Hannover, Konstanz, Milton Keynes, Seattle, Tübingen) und zwei am Max-Planck-Institut für Geschichte in Göttingen. Etwa die Hälfte arbeitet an Fernstudieneinrichtungen (FernUniversität, Open University, Deutsches Institut für Fernstudien) und war mit Problemen der wissenschaftlichen Weiterbildung auch über den traditionell akademischen Bereich hinaus vertraut. Damit ist ein erstes gemeinsames Interesse bezeichnet: eine Form des Zugangs zur Geschichtswissenschaft zu finden, die keine beruflichen (oder geschlechtlichen) Schranken errichtet, sondern, wo immer möglich, an alltägliche Situationen anknüpft.
Die meisten von uns haben in der Forschung an Themen der Sozialgeschichte oder der sozialgeschichtlich orientierten Politikgeschichte gearbeitet. Bei dieser Betrachtungsweise geht es nicht um die Ausblendung »konventioneller« Bereiche der Historiographie, sondern um eine Erweiterung des Blickfelds und damit um eine Relativierung früherer Sichtweisen. Dabei soll auch die Perspektive derjenigen, die von historischen Prozessen eher betroffen waren, als daß sie eine Chance zu ihrer Steuerung gehabt hätten, beleuchtet werden. Das schien uns allen politisch wichtig und historisch interessant. Die Einheitlichkeit traditioneller Geschichte geht indessen verloren, wenn alltägliche Erfahrungen, die Rhythmen von Lebensgeschichten, unterschiedliche Klassenkulturen und die Erfahrungsräume der Geschlechter in sie hereingeholt werden sollen. Es handelt sich dabei um darstellerische, mehr aber noch um theoretische Probleme. Über deren Lösung – wie auch über eine Neukonzeptionierung historischer Praxis – diskutieren nicht nur wir.
Diesem Ansatz einer sozio-kulturell und anthropologisch erweiterten Sozialgeschichte – in der Öffentlichkeit meist »Alltagsgeschichte« genannt – wird zuweilen unwillig entgegengehalten, er verschenke sich aus nostalgischen Motiven an »die kleinen Leute« und bringe mit der Uferlosigkeit des Alltäglichen die Darstellbarkeit der Geschichte (und damit das Endprodukt unserer Zunft) zum Platzen. Schon vor Jahren wurde in Amerika die Parole ausgegeben, man müßte wieder mehr Geschichte »von oben« schreiben. Eine solche Problemstellung – in der einen oder anderen Variante – halten wir für verfehlt. Den Historikern muß es zuerst einmal um die Wahrnehmung und Vermittlung der tatsächlich vorhandenen Wirklichkeiten und Perspektiven in der Gesellschaft und nicht zuletzt um die bisher übersehenen oder verdrängten gehen. Dies ist ein Beitrag im Prozeß erweiterter Selbstwahrnehmung eines demokratischen und an der Selbstläufigkeit des kapitalistischen

Wachstums irregewordenen Gemeinwesens. Dieser Prozeß, der eine produktive Reaktion auf die Krisenerfahrung der Gegenwart darstellt, ist offen und läßt sich auch nicht mit dem Hinweis stoppen, daß eine neue Integrationsformel noch nicht gefunden sei.

Andererseits ist das Bedürfnis nach historischer Orientierung, also nach Zusammenhängen, die über einzelne Wahrnehmungen hinausgehen, zu unterstützen; es kann jedoch weder durch »alltagsgeschichtliche« Miniaturen noch durch große Herrscherbiographien und Strukturdarstellungen allein befriedigt werden. Deshalb haben wir versucht, eine Einführung in die Geschichte der bürgerlichen Gesellschaft zu schreiben, in der die Heterogenität der Perspektiven (aber auch die Versuche zu ihrer Vereinheitlichung) zum Thema werden. Vielleicht haben wir deshalb der Heterogenität unserer Gruppe zuweilen etwas zu sehr nachgegeben. Aber der Leser und die Leserin dürfen wenigstens versichert sein, daß sie nicht in eine geglättete Geschichte eingeführt werden, die es in unserer Zunft nur für die Auslage gibt, die es aber in Wirklichkeit nie gegeben hat; sie werden hingegen in eine Werkstatt mit einigem Know-how, aber auch mit vielen ungelösten Problemen eingeführt – nicht zuletzt sind sie zur Mitarbeit herzlich eingeladen.

Einführung: Bürgerliche Gesellschaft als Projekt

Von Lutz Niethammer

Als Rahmen dieser Einführung haben wir den Begriff »bürgerliche Gesellschaft« gewählt. Bestimmend für diese Wahl war, ein Konzept zu verwenden, 1) von dem aus auch heute noch sinnvolle kritische Gesichtspunkte, die über die historische Wahrnehmung der Gesellschaft in der Erfahrung unserer Zeit hinausweisen, gewonnen werden können, 2) das in den letzten zwei Jahrhunderten immer wieder auf das Verständnis der jeweiligen Gesellschaft angewendet worden ist, und 3) das als Entwurf bereits vorlag, als die moderne Geschichte begann. Mit anderen Worten: wir wollten dieser Geschichte nicht einfach im nachhinein gebildete Begriffe überstülpen; wir wollten uns aber auch nicht an die in den verschiedenen Zeitabschnitten gerade herrschenden Begriffe verlieren, sondern unser Verständnis vom Traditionszusammenhang zwischen einstigen programmatischen Perspektiven und aktuellen Analysemöglichkeiten informieren lassen. Deshalb soll dieses Anfangskapitel einen der berühmtesten geschichtsphilosophischen Texte aus der Zeit der Aufklärung unter dem Gesichtspunkt seines Gesellschaftsbildes erschließen und nach dem Programm und der Prognose fragen, die seinen Aussagen über Geschichte und bürgerliche Gesellschaft zugrunde liegen.

Dabei handelt es sich um eine Gelegenheitsschrift des Königsberger Philosophen Immanuel Kant[1]: »Idee zu einer allgemeinen Geschichte in weltbürgerlicher Absicht«, in der in knapper Form ein großartiges Exposé (spät-)aufklärerischer Geschichtsphilosophie enthalten ist. Kant schrieb diesen Aufsatz 1784 (also vor mehr als 200 Jahren), kurz nachdem er durch die Veröffentlichung seiner »Kritik der reinen Vernunft« als bedeutendster Philosoph seiner Zeit erkannt worden war und fünf Jahre vor der Französischen Revolution, aus Anlaß einer damals in den »Gothaischen Gelehrten Zeitungen« erschienenen Notiz, worin über ein Gespräch mit ihm berichtet worden war:

Eine Lieblingsidee des Herrn Prof. Kant ist, daß der Endzweck des Menschengeschlechts die Erreichung der vollkommensten Staatsverfassung sei, und er wünscht, daß ein philosophischer Geschichtsschreiber es unternehmen möchte, uns in dieser Rücksicht eine Geschichte der Menschheit zu liefern, und zu zeigen, wie weit die

Menschheit in den verschiedenen Zeiten diesem Endzweck sich genähert, oder von demselben entfernt habe, und was zu Erreichung desselben noch zu thun sei.[2]

Kant fühlte sich eine »Erläuterung abgenöthigt«, ohne die diese Notiz »keinen begreiflichen Sinn haben würde«[3]. Ob wir das nun buchstäblich nehmen oder für einen eleganten Vorwand zur Darlegung seiner politischen Ansichten halten sollen, kann hier dahinstehen. Immerhin hat Kant zur selben Zeit auch einen weiteren Programmaufsatz »Was ist Aufklärung?« veröffentlicht[4], was eher darauf schließen läßt, daß der Philosoph sein gewachsenes Ansehen zur öffentlichen Stellungnahme nützen wollte. Zunächst sollen die Hauptthesen und einige erläuternde Passagen aus Kants Text »Idee zu einer allgemeinen Geschichte...«[5], der in neun »Sätze« gegliedert ist, vorgestellt werden, um einen Ausgangspunkt für das Folgende zu gewinnen und vielleicht auch Lust darauf zu machen, Kants Text in einer der zahlreichen Ausgaben ganz zu lesen. Er beginnt mit den Worten:

Was man sich auch in metaphysischer Absicht für einen Begriff von der Freiheit des Willens machen mag: so sind doch die Erscheinungen desselben, die menschlichen Handlungen, eben so wohl als jede andere Naturbegebenheit nach allgemeinen Naturgesetzen bestimmt. Die Geschichte, welche sich mit der Erzählung dieser Erscheinungen beschäftigt, so tief auch deren Ursachen verborgen sein mögen, läßt dennoch von sich hoffen: daß, wenn sie das Spiel der Freiheit des menschlichen Willens im Großen betrachtet, sie einen regelmäßigen Gang derselben entdecken könne; und daß auf die Art, was an einzelnen Subjecten verwickelt und regellos in die Augen fällt, an der ganzen Gattung doch als eine stetig fortgehende, obgleich langsame Entwickelung der ursprünglichen Anlagen derselben werden erkannt werden können. (...)

I. Alle Naturanlagen eines Geschöpfes sind bestimmt, sich einmal vollständig und zweckmäßig auszuwickeln.

II. Am Menschen (als dem einzigen vernünftigen Geschöpf auf Erden) sollten sich diejenigen Naturanlagen, die auf den Gebrauch seiner Vernunft abgezielt sind, nur in der Gattung, nicht aber im Individuum vollständig entwickeln.

III. Die Natur hat gewollt: daß der Mensch alles, was über die mechanische Anordnung seines thierischen Daseins geht, gänzlich aus sich selbst herausbringe und keiner anderen Glückseligkeit oder Vollkommenheit theilhaftig werde, als die er sich selbst frei von Instinct, durch eigene Vernunft, verschafft hat.

IV. Das Mittel, dessen sich die Natur bedient, die Entwickelung aller ihrer Anlagen zu Stande zu bringen, ist der Antagonism derselben in der Gesellschaft, so fern dieser doch am Ende die Ursache einer gesetzmäßigen Ordnung derselben wird. Ich verstehe hier unter dem Antagonism die ungesellige Geselligkeit der Menschen, d. i. den Hang derselben in Gesellschaft zu treten, der doch mit einem durchgängigen Widerstande, welcher diese Gesellschaft beständig zu trennen droht, verbunden ist. Hierzu liegt die Anlage offenbar in der menschlichen Natur. Der Mensch hat eine Neigung sich zu *vergesellschaften*: weil er in einem solchen Zustande sich mehr als Mensch, d. i. die Entwickelung seiner Naturanlagen, fühlt. Er hat aber auch einen großen

Hang sich zu *vereinzelnen* (isoliren): weil er in sich zugleich die ungesellige Eigenschaft antrifft, alles bloß nach seinem Sinne richten zu wollen, und daher allerwärts Widerstand erwartet, so wie er von sich selbst weiß, daß er seinerseits zum Widerstande gegen andere geneigt ist. Dieser Widerstand ist es nun, welcher alle Kräfte des Menschen erweckt, ihn dahin bringt seinen Hang zur Faulheit zu überwinden und, getrieben durch Ehrsucht, Herrschsucht oder Habsucht, sich einen Rang unter seinen Mitgenossen zu verschaffen, die er nicht wohl *leiden*, von denen er aber auch nicht lassen kann. Da geschehen nun die ersten wahren Schritte aus der Rohigkeit zur Cultur, die eigentlich in dem gesellschaftlichen Werth des Menschen besteht; da werden alle Talente nach und nach entwickelt, der Geschmack gebildet und selbst durch fortgesetzte Aufklärung der Anfang zur Gründung einer Denkungsart gemacht, welche die grobe Naturanlage zur sittlichen Unterscheidung mit der Zeit in bestimmte praktische Principien und so eine *pathologisch*-abgedrungene Zusammenstimmung zu einer Gesellschaft endlich in ein moralisches Ganzes verwandeln kann. (...)

V. Das größte Problem für die Menschengattung, zu dessen Auflösung die Natur ihn zwingt, ist die Erreichung einer allgemein das Recht verwaltenden bürgerlichen Gesellschaft. Da nur in der Gesellschaft und zwar derjenigen, die die größte Freiheit, mithin einen durchgängigen Antagonism ihrer Glieder und doch die genauste Bestimmung und Sicherung der Grenzen dieser Freiheit hat, damit sie mit der Freiheit anderer bestehen könne, – da nur in ihr die höchste Absicht der Natur, nämlich die Entwickelung aller ihrer Anlagen, in der Menschheit erreicht werden kann, die Natur auch will, daß sie diesen so wie alle zwecke ihrer Bestimmung sich selbst verschaffen solle: so muß eine Gesellschaft, in welcher *Freiheit unter äußeren Gesetzen* im größtmöglichen Grade mit unwiderstehlicher Gewalt verbunden angetroffen wird, d. i. eine vollkommen *gerechte bürgerliche Verfassung*, die höchste Aufgabe der Natur für die Menschengattung sein, weil die Natur nur vermittelst der Auflösung und Vollziehung derselben ihre übrigen Absichten mit unserer Gattung erreichen kann. (...)

VI. Dieses Problem ist zugleich das schwerste und das, welches von der Menschengattung am spätesten aufgelöset wird. Die Schwierigkeit, welche auch die bloße Idee dieser Aufgabe schon vor Augen legt, ist diese: der Mensch ist ein Thier, das, wenn es unter andern seiner Gattung lebt, einen *Herrn nötig hat*. Denn er mißbraucht gewiß seine Freiheit in Ansehung anderer Seinesgleichen; und ob er gleich als vernünftiges Geschöpf ein Gesetz wünscht, welches der Freiheit Aller Schranken setze: so verleitet ihn doch seine selbstsüchtige thierische Neigung, wo er darf, sich selbst auszunehmen. Er bedarf also einen *Herrn*, der ihm den eigenen Willen breche und ihn nöthige, einem allgemeingültigen Willen, dabei jeder frei sein kann, zu gehorchen. (...)

VII. Das Problem der Errichtung einer vollkommenen bürgerlichen Verfassung ist von dem Problem eines gesetzmäßigen *äußeren Staatenverhältnisses* abhängig und kann ohne das letztere nicht aufgelöset werden. Was hilfts, an einer gesetzmäßigen bürgerlichen Verfassung unter einzelnen Menschen, d. i. an der Anordnung eines gemeinen Wesens, zu arbeiten? Dieselbe Ungeselligkeit, welche die Menschen hierzu nöthigte, ist wieder die Ursache, daß ein jedes gemeine Wesen in äußerem Verhältnisse, d. i. als ein Staat in Beziehung auf Staaten, in ungebundener Freiheit steht, und folglich einer von dem andern eben die Übel erwarten muß, die die einzelnen Menschen drückten und sie zwangen in einen gesetzmäßigen bürgerlichen Zustand zu treten. Die Natur hat also die Unvertragsamkeit der Menschen, selbst der großen Gesellschaften und Staatskörper dieser Art Geschöpfe wieder zu einem Mittel gebraucht, um in dem unvermeidlichen *Antagonism* derselben einen Zustand der Ruhe und Sicherheit auszufinden; d. i. sie treibt durch die Kriege, durch die überspannte und niemals nachlassende Zurüstung zu denselben, durch die Noth, die dadurch endlich ein jeder Staat selbst mitten im Frieden innerlich fühlen muß, zu anfänglich unvollkommenen Versuchen, endlich aber nach vielen Verwüstungen, Umkippungen und selbst durchgängiger innerer Erschöpfung ihrer Kräfte zu dem, was ihnen die Vernunft auch ohne so viel traurige Erfahrung hätte sagen können, nämlich: aus dem gesetzlosen Zustande der Wilden hinaus zu gehen und in einen Völkerbund zu treten; wo jeder, auch der kleinste Staat seine Sicherheit und Rechte nicht von eigener Macht, oder eigener rechtlichen Beurtheilung, sondern allein von diesem großen Völkerbunde (Foedus Amphictyonum), von einer vereinigten Macht und von der Entscheidung nach Gesetzen des vereinigten Willens erwarten könnte. (...)

VIII. Man kann die Geschichte der Menschengattung im Großen als die Vollziehung eines verborgenen Plans der Natur ansehen, um eine innerlich – und zu *diesem Zwecke* auch äußerlich – vollkommene Staatsverfassung zu Stande zu bringen, als den einzigen Zustand, in welchem sie alle ihre Anlagen in der Menschheit völlig entwickeln kann.

IX. Ein philosophischer Versuch, die allgemeine Weltgeschichte nach einem Plane der Natur, der auf die vollkommene bürgerliche Vereinigung in der Menschengattung abziele, zu bearbeiten, muß als möglich und selbst für diese Naturabsicht beförderlich angesehen werden. Es ist zwar ein befremdlicher und dem Anscheine nach ungereimter Anschlag, nach einer Idee, wie der Weltlauf gehen müßte, wenn er gewissen vernünftigen Zwecken angemessen sein sollte, eine Geschichte abfassen zu wollen; es scheint, in einer solchen Absicht könne nur ein Roman zu Stande kommen. Wenn man indessen annehmen darf: daß die Natur selbst im Spiele der menschlichen Freiheit nicht ohne Plan und Endabsicht verfahre, so könnte diese Idee doch wohl brauchbar werden; und ob wir gleich zu kurzsichtig sind, den geheimen Mechanism ihrer Veranstaltung durchzuschauen, so dürfte diese Idee uns doch zum Leitfaden dienen, ein sonst planloses Aggregat menschlicher Handlungen wenigstens im Großen als ein System darzustellen. (...) So wird sich, wie ich glaube, ein Leitfaden entdecken, der nicht bloß zur Erklärung des so verworrenen Spiels menschlicher Dinge, oder zur politischen Wahrsagerkunst künftiger Staatsveränderungen dienen kann (ein Nutzen, den man schon sonst aus der Geschichte der Menschen, wenn man sie gleich als unzusammenhängende Wirkung einer regellosen Freiheit ansah, gezogen hat!); sondern es wird (was man, ohne einen Naturplan vorauszusetzen, nicht mit Grunde hoffen kann) eine tröstende Aussicht in die Zukunft eröffnet werden, in welcher die Menschengattung in weiter Ferne vorgestellt wird, wie sie sich endlich doch zu dem Zustande empor arbeitet, in welchem alle Keime, die die Natur in sie legte, völlig können entwickelt und ihre Bestimmung hier auf Erden kann erfüllt werden.

Daß ich mit dieser Idee einer Weltgeschichte, die gewissermaßen einen Leitfaden a priori hat, die Bearbeitung der eigentlichen bloß empirisch abgefaßten Historie verdrängen wollte: wäre Mißdeutung meiner Absicht; es ist nur ein Gedanke von dem, was ein philosophischer Kopf (der übrigens sehr geschichtskundig sein müßte) noch aus einem anderen Standpunkte versuchen könnte. Überdem muß die sonst rühmliche Umständlichkeit, mit der man jetzt die Geschichte seiner Zeit abfaßt, doch einen jeden natürlicher Weise auf die Bedenklichkeit bringen: wie es unsere späten Nachkommen anfangen werden, die Last von Geschichte, die wir Ihnen nach einigen Jahrhunderten hinterlassen möchten, zu fassen.

Dieser letzte Gedanke zeigt, daß Kant mit seiner Idee nicht nur eine gesellschaftliche Programmatik beabsichtigte, sondern auch dem späteren, unserem Bedürfnis nach einer theoretischen Reduktion der Vielfalt der Geschichte zuvorkommen wollte. Inwiefern sie dazu taugt, hängt von den Annahmen ab, die in die Gedankenkonstruktion eingegangen sind – nämlich ob und welche dieser Annahmen in unserer Kultur noch unterstellt werden können. Einige dieser, seiner Kultur selbstverständlichen Annahmen, von denen der geschichtsphilosophische Text lebt, bringt Kant in den ersten Sätzen auf den Begriff.

Erstens daß – bei allem Spiel der Freiheit des menschlichen Willens im einzelnen – aufs Ganze gesehen im Verhalten der Menschen und der Staaten gewissermaßen hinter ihrem Rücken allgemeine Naturgesetze (an anderer Stelle heißt es auch: verborgener Plan der Natur, Naturabsicht, Absicht der Vorsehung) wirksam seien. Diese seien zweitens in der Natur des Menschen angelegt und drängten wie alle Naturanlagen zu ihrer vollen Entwicklung (oder wie Kant sagt: Auswickelung). Diese Anlagen könnten sich aber, drittens, anders als beim Tier, beim Menschen als dem einzigen vernünftigen Lebewesen erst in der Gattungsgeschichte (d. h. nicht im einzelnen) entwickeln, weil er alles, was über sein tierisches Dasein hinausgehe, durch eigene Vernunft aus sich selbst herausschaffen müsse, womit ihm Möglichkeiten gegeben seien, die nur in einem sozialen und Generationen überschreitenden stufenartigen Kulturaufbau realisiert werden könnten. Deshalb sei es, viertens, sinnvoll und möglich, vor aller historischen Erforschung des menschlichen Geschehens in der Vergangenheit aus der Erkenntnis der menschlichen Natur den »Leitfaden« der menschlichen Geschichte zu erkennen. Diese Erkenntnis – die von historischer Forschung gleichsam nur noch gesättigt werden könne und solle – verhelfe den Menschen zur Aufklärung über den verborgenen Plan der Natur und kraft ihrer Vernunft zur Beschleunigung seiner Verwirklichung. Der Rest der geschichtsphilosophischen Aussagen leitet sich aus diesen Thesen ab.

Uns soll hier aber zunächst nicht dieses formale Gefüge aus Annahmen und Erkenntniszusammenhängen beschäftigen, sondern der Inhalt der anthropologischen Annahmen und der daraus entwickelten gesellschaftlichen Perspektiven. Sie entstammen einer weiter verbreiteten bürgerlichen Selbstverständigung, die vom Philosophen nur auf den Begriff gebracht wurde. Es ist nicht die Überzeugungskraft oder Eleganz eines philosophischen Problemlösungsversuchs, die einen erfolgreichen philosophischen Text für die Historie interessant macht, so als habe eine pfiffige Idee den Gang der Weltgeschichte ein stückweit bestimmt – nicht zuletzt Kants Idee würde einem solchen historischen Vorgehen entgegenstehen. Vielmehr ist es die begriffliche Organisierung und Reduktion weitverbreiteter Selbstverständlichkeiten, aufgrund derer sich der Philosoph mit seinem (vorwiegend bürgerlichen) Publikum in Beziehung setzen konnte, wodurch sich der philosophische Text dem Historiker als Zugriff zur Axiomatik einer Klasse anbietet. Und dazu kommt die Kraft bedeutender (also auch wirklichkeitsnaher und mutiger) Philosophen, diese Annahmen auf ihre Konsequenzen hin zu durchdenken und durch logische Operationen aus dem Potential wahrgenommener Wirklichkeits- und Denkstrukturen einen vorauseilenden Überschuß an Perspektive zu produzieren.

Das setzt freilich voraus, daß Philosophie damals nicht einfach ein Spezialfach unter anderen akademischen Disziplinen war, sondern wie in der Aufbruchsphase des Bildungsbürgertums – der Aufklärung und der »klassischen« Periode des »deutschen Idealismus« – der Inbegriff öffentlicher geistiger Durchdringung der natürlichen und gesellschaftlichen Gegebenheiten, um sie mit der Kraft der Vernunft beherrschbar zu machen. Mit anderen Worten: in der Philosophie kristallisierte sich der Anspruch bürgerlicher Intelligenz, überlieferte Strukturen der Gelehrsamkeit und Herrschaft durch Gesetze, Erkenntnisse und Entwicklungsrichtungen zu ersetzen, die unter Gebrauch der Vernunft und Erfahrung allgemein aus der Natur der Sachen und Menschen und aus der Reflexion der Erkenntnismöglichkeiten begründet werden konnten. Insofern war die Philosophie in der Tat die Speerspitze bürgerlicher Emanzipation aus der Ständegesellschaft, weil ihre Kritik und ihre Begründungen den Angehörigen des bürgerlichen Standes erst die Argumente für sein Selbstbewußtsein gaben, seine Interessen über die ihm bisher gesetzten Schranken hinaus zu vertreten und strukturell zu verallgemeinern.

Die Allgemeinheit und Konsequenz, zu dem dieses politische Denken im Kampf gegen den Adel genötigt war, hatte freilich für die bürgerliche Programmatik der Gesellschaft einen Haken: leitete es – und nur das war wirklich überzeugend und mitreißend – seine Ansprüche aus der Natur »des Menschen« her, so entwarf es eine Perspektive, die weit über die eigenen Interessen als Bürgertum hinauswies und im Namen der Menschenrechte jene wachsende Zahl des vierten Standes wie auch das andere Geschlecht auf die Bühne der Geschichte holte, deren Hauptinteresse in der Folge ihre rechtliche, ökonomische und alltägliche Emanzipation von den Bürgern werden sollte. Wenn das jedoch verhindert oder verzögert werden sollte, mußte der Begriff des Menschen vor allem durch den Begriff des Eigentums soweit qualifiziert, also eingegrenzt werden, daß er mit der bürgerlichen Klasse zusammenfiel. Das entsprach zwar deren Interesse, machte aber ihre Argumente halbherzig und schwach, weil dann gegen den Adel nur eine Sorte von Privilegien gegen eine andere ausgespielt werden konnte. Kant versucht in dieser Programmschrift einen Kompromiß: deshalb weist sie in der charakteristischen Ambivalenz des Projekts einer »bürgerlichen Gesellschaft« zugleich in die kapitalistische Klassengesellschaft seiner Zukunft und kritisch über diese hinaus.

Unter diesem Gesichtspunkt bürgerlicher Axiome gewinnt das Menschen- und Gesellschaftsbild, das Kant mit dem vierten Satz des Textes zu entwickeln beginnt, eine zentrale Stellung. Er geht dabei von einem gesellschaftlichen Antagonismus (Prinzip des Widerstreits) aus, den er in der ambivalenten Natur des Menschen, seiner *ungeselligen Geselligkeit*, seinem Hang, sich sowohl zu vergesellschaften als auch zu vereinzeln, begründet sieht. Die Tendenz zur Vergesellschaftung – daß der Mensch von seinen Mitgenossen nicht lassen könne – unterstellt er zunächst, ohne ihr näheres Interesse zuzuwenden.

Was ihn fasziniert, ist die umgekehrte Tendenz, der Widerstand, den jeder gegen jeden entwickelt und den er in zunächst moralisch oder pathologisch anmutenden Tönen als gespeist durch »Ehrsucht, Herrschsucht und Habsucht« beschreibt. Bedenkt man, daß Kant in einer christlichen Kultur erwachsen war und wirkte[6], so möchte man erwarten, nun werde eine Predigt folgen, daß man sich diese Suchtkrankheiten abgewöhnen müsse oder – soweit die menschliche Natur schwach und sündig sei – nur auf Vergebung und Gnade hoffen könne. Aber weit gefehlt: er sagt gar nichts zur Abwertung dieser Triebe, ihn interessiert ihre gesellschaftliche Funktionsweise. Und er feiert sie! Der Widerstand, in dem der Mensch seinen Nächsten »nicht wohl leiden« möge, überwinde »seinen Hang zur Faulheit«, erwecke »alle« seine Kräfte und verhelfe zu den »ersten wahren Schritte(n) aus der Rohigkeit zur Kultur«, die als der »gesellschaftliche Wert des Menschen« definiert wird. Diese »selbstsüchtigen Anmaßungen« an sich entsprängen »zwar nicht liebenswürdigen Eigenschaften«, aber wo sie fehlten, bricht für Kant animalische Langeweile aus, und er hat nichts als Spott für solche Menschen (»gutartig wie die Schafe«) übrig. Sie verfehlten ihre Bestimmung als »vernünftige Natur« und ließen die Schöpfung »leer«.

Dank sei also der Natur für die Unvertragsamkeit, für die mißgünstig wetteifernde Eitelkeit, für die nicht zu befriedigende Begierde zum Haben, oder auch zum Herrschen! Ohne sie würden alle vortrefflichen Naturanlagen in der Menschheit ewig unentwickelt schlummern. Der Mensch will Eintracht, aber die Natur weiß besser, was für seine Gattung gut ist; sie will Zwietracht. Er will gemächlich und vergnügt leben; die Natur will aber, er soll aus der Nachlässigkeit und Genügsamkeit hinaus, sich in Arbeit und Mühseligkeiten stürzen, um dagegen auch Mittel auszufinden, sich klüglich wiederum aus den letzteren herauszuziehen.[7]

Uns Nachgeborenen der Psychoanalyse und ihrer Theorie kultureller Produktivität durch Sublimation auch aggressiver Triebenergien könnte diese Hymne allzuschnell einleuchten. Man muß die christlich geprägten Moralausdrücke, die sie verwendet, wahrnehmen, sie gleichsam als ein Duett mit Mephisto zum sozialen Lobpreis des Schöpfers lesen, um die kulturelle Sprengkraft dieser Sichtweise in ihrer Zeit erkennen zu können. Neu an ihr war nicht die realistische Anthropologie, denn bereits Thomas Hobbes hatte Mitte des 17. Jahrhunderts in seinem »Leviathan« gelehrt, daß die Menschen in Naturzustand aufgrund ihrer Anlagen, Strebungen und Leidenschaften miteinander »im Kriegszustande« lägen und daß darin auch nicht Unrechtes zu sehen sei, solange es kein Gesetz und keine solches Gesetz durchsetzende öffentliche Macht (civil state) gebe, die sie zum friedlichen Austrag ihrer Antagonismen anleite und zwinge. In einem solchen Zustand des Krieges aller gegen alle gebe es keinen Raum für »Industry«, Ackerkultur, Schiffahrt, Warenverkehr, Häuserbau, keine Kenntnis der Erde, keine Wahrnehmung der Zeit, keine Künste, keine Wissenschaften, keine Gesellschaft, weshalb dieser Kriegszustand durch eine gesellschaftliche Autorität unterdrückt werden müsse.[8]

Kant geht hier einen bedeutsamen Schritt weiter, indem er zwar das destruktive Potential ungeselliger Triebstrukturen durchaus einräumt, aus ihnen aber auch alles das hervorgehen sieht, wofür Hobbes unter diesen Bedingungen keinen Raum sah. Dieser konzipierte den Staat als ein Sicherheitsorgan, dem alle Gesellschaftsmitglieder sich unterwerfen (müssen).[9] Kant argumentiert hier behutsamer, da er dieses Sicherheitsorgan zugleich so konstruiert sehen will, daß es nicht nur die Sicherheit verbürgt, sondern auch die größtmögliche Freiheit der Gesellschaftsmitglieder, die als Quell ihrer ökonomischen und kulturellen Produktivität und der geschichtlichen Entwicklung betrachtet wird. Da er diese Freiheit nicht als ein Privileg gegen eine Macht, sondern als etwas von der Natur aufgegebenes konzipiert, bezeichnet er im fünften Satz »die

Erreichung einer allgemein das Recht verwaltenden bürgerlichen Gesellschaft« als »das größte Problem«: es geht dabei um eine Gesellschaft, »die die größte Freiheit, mithin einen durchgängigen Antagonismus ihrer Glieder, und doch die genaueste Bestimmung und Sicherung der Grenzen dieser Freiheit hat, damit sie mit der Freiheit anderer bestehen könne«.

»Bürgerliche Vereinigung« ist dann zwar auch ein Zustand des Zwanges, aber die Vereinigung findet aus der Einsicht statt, daß ungeregelte Freiheit auf die Dauer destruktiv wirke. Deshalb sind diejenigen, die eine bürgerliche Gesellschaft zur Verwaltung des Rechtes bilden, aus eigener Ansicht genötigt, sich in einem »Gehege« zu »disziplinieren«, nämlich um die in Gesellschaft größtmögliche Freiheit aufrechtzuerhalten und den aus ihrer Ungeselligkeit erwachsenden Kulturprozeß weiterführen zu können. Die Normen einer bürgerlichen Vereinigung können also nicht von jenem Recht, das aus der Macht und den Rechtsgeschäften traditioneller Herrschaft entstanden ist, weitergeschrieben werden, sondern die bürgerliche Gesellschaft muß dieses »Über-Ich« – um noch einmal einen psychoanalytischen Begriff aus der Aufklärung des 20. Jahrhunderts heranzuziehen [10] – durch autonome Selbstverwaltung in einem Prozeß öffentlicher Diskussion und vernünftig verallgemeinertem Interessenausgleich selbst konstituieren. Wenn die Grenzen der Freiheit bestimmt sind, müssen sie aber noch nicht geachtet werden.

Im sechsten Satz bietet Kant mit der Einführung einer weiteren anthropologischen Annahme zu einer politischen, oder besser: verfassungsgeschichtlichen Perspektive eine Lösung an: »Der Mensch ist ein Tier, das, wenn es unter anderen seiner Gattung lebt, einen Herrn nötig hat.« Zur Ambivalenz der menschlichen Natur tritt nun die Ambivalenz der Macht in der bürgerlichen Gesellschaft. Die Einsicht zur Selbstdisziplinierung im rechtlichen Gehege der bürgerlichen Gesellschaft ist nur eine Möglichkeit der Vernunft, zu der die Triebnatur der Menschen in Widerspruch steht und die deshalb zu ihrer Durchsetzung und Aufrechterhaltung der Macht (»einen Herrn«) bedarf. Nur durch eine Übermacht könne die »selbstsüchtige tierische Neigung« des Menschen, sich selbst von der Befolgung der sozial notwendigen Gesetze nach Kräften auszunehmen, außer Kraft gesetzt werden.

Doch auch diese Macht kann nur wieder von Menschen »aus krummem Holze geschnitzt«, d. h. die mit allen anderen die Ambivalenz ihrer Natur teilen, ausgeübt und mithin auch mißbraucht werden. Damit ist die Idee eines gottbegnadeten oder auf andere Weise gerechten Herrschers abgeräumt, und die Errichtung der notwendigen Herrschaft in sozial verträglicher Weise wird zu einer langfristigen experimentellen Annäherung an das Ideal gerechter Herrschaft. Diese weit in die historische Zukunft weisende Aufgabe gesellschaftlicher Selbstregierung, welche dereinst die größtmögliche Freiheit mit größtmöglicher Gerechtigkeit verbürgen soll, ist nur als eine gattungsgeschichtliche Kulturleistung vorstellbar, zu der es keinen direkten Zugang gibt. Ihre offenbar eher zufällige späte Entstehung kann aber durch das Zusammenwirken von Philosophie (»richtige Begriffe von der Natur einer möglichen Verfassung«), Historie (»große, durch viele Weltläufe geübte Erfahrenheit«) und sittlicher Bildung (»ein zu Annehmung derselben vorbereiteter guter Wille«) gefördert werden.

Schließlich sind aber auch die »Staaten« – man beachte, daß dieser Begriff erst im siebten Satz auftritt, also für das Problem der inneren Rechtsverbürgung in der bürgerlichen Gesellschaft noch nicht notwendig ist – nicht weniger ambivalent als die Menschen. Selbst wenn sie nicht autokratischer Ausdruck der Roheit wären, sondern nach innen die Freiheit der bürgerlichen Gesellschaft verbürgten, so wäre diese Funktion doch immer wieder durch ihre eigene Freiheit in ihren äußeren Beziehungen untereinander, d. h. durch ihre Souveränität, ihren »unvermeidlichen Antagonismus« und namentlich ihre Befähigung, Kriege zu führen und in solche verwickelt zu werden, gefährdet.[11] Aber auch dieser bedrohlichste Antagonismus ist geschichtlich durch die zunehmende Unfähigkeit der Menschen und Staaten, die Kriege zu ertragen, vorzubereiten und zu führen, auf seine Aufhebung in einem »Völkerbund« angelegt, der schließlich – nach Art einer freien Verfassung der bürgerlichen Gesellschaft im Innern – den »ewigen Frieden« in den auswärtigen Beziehungen verbürgen wird.

> Alle Kriege sind demnach soviel Versuche (zwar nicht in der Absicht der Menschen, aber doch in der Absicht der Natur), neue Verhältnisse der Staaten zustande zu bringen und durch Zerstörung, wenigstens Zerstückelung aller, neue Körper zu bilden, die sich aber wieder, entweder in sich selbst oder nebeneinander, nicht erhalten können und daher neue ähnliche Revolutionen erleiden müssen; bis endlich einmal, teils durch die bestmögliche Anordnung der bürgerlichen Verfassung innerlich, teils durch eine gemeinschaftliche Verabredung und Gesetzgebung äußerlich, ein Zustand errichtet wird, der, einem bürgerlichen gemeinen Wesen ähnlich, so wie ein Automat sich selbst erhalten kann.[12]

Ein weltumspannendes soziales Perpetuum mobile als Ziel der Geschichte! Hier wird ein Projekt in die Natur hineingelegt, das die skeptische anthropologische und soziale Wahrnehmung der Freiheit mit dem langen Atem eines historischen Optimismus zum Frieden verbindet. Für die Erkundung zeitgenössischer Horizonte, genauer: für programmatische Überlegungen zur gesellschaftlichen Entwicklung kann es mit diesen Erläuterungen zu Kants Text sein Bewenden haben.[13] Wir sollten uns jedoch noch einmal zusammengefaßt die Randbedingungen, wichtigsten Elemente und die Implikationen dieses Konzepts bürgerlicher Gesellschaft vergegenwärtigen.

Die Menschen, von denen aus eine bürgerliche Vereinigung gedacht wird, sind freie und besitzende Männer; »Frauen, Unmündige, Dienstboten, Arbeiter und überhaupt Eigentumslose« entbehren – wie Kant hier nur andeutet, aber später in seiner Rechtslehre expliziert[14] – der bürgerlichen Persönlichkeit und sind deshalb auch nicht bei denen, deren Freiheit im Gehege der bürgerlichen Gesellschaft abgegrenzt und gesichert wird, mitgedacht.
Von hier aus betrachtet reicht dieses von der Natur »des Menschen« ausgehende Konzept buchstäblich weiter, als es im Begriff einer männlich-bürgerlichen Anthropologie gemeint ist: ihre Bestimmungen des Menschen – als einerseits frei und vernünftig, andererseits von den Trieben der »Ehrsucht, Herrschsucht und Habsucht« bestimmt – sind im Code der Zeit sozio-kulturelle Zuschreibungen an bürgerliche Haushaltsvorstände, was Kant jedoch durch ihre Einkleidung mit Begriffen einer natürlichen Anthropologie (als in bestimmter Weise qualifiziertes Tier) verwischt. Man kann vorhersehen, daß die gesamte Architektur dieses Konzepts in Bewegung, vielleicht zum Einsturz kommt, wenn im Zuge seiner praktischen Entwicklung der Buchstabe (»Mensch«) gegen den Begriff (bürgerlicher Mann) in Anspruch genommen wird und Menschen, die keine bürgerlichen Haushaltsvorstände sind, sich als gesellschaftliche Subjekte konstituieren.

Die Bedürfnisse der Menschen und die Struktur der bürgerlichen Ökonomie, in der sie ihre Befriedigung suchen, gehen als Dimension gesellschaftlicher Wirklichkeit in dieses Konzept nicht ein, sondern werden nur unter anthropologischen und moralischen Aspekten in Rechnung gestellt.
In der Art und Weise, wie diese Grundlage der bürgerlichen Gesellschaft zu jenem Naturwunder erklärt wird, in dem der allgemeine Fortschritt und Gemeinnutzen aus der angestrengten Eigennützigkeit jedes einzelnen erwächst, korrespondiert das Konzept jedoch mit den fast gleichzeitigen Grundlegungen der bürgerlichen Ökonomie etwa bei Adam Smith. Der englische Ökonom, den Kant kannte und Freunden gegenüber als seinen »Liebling« bezeichnete, schreibt dieses Naturwunder des Marktes und des Wachstums der Wirkung einer »unsicht-

baren Hand« zu.[15] Indem das, was vormals als Sünde verdrängt oder nur notdürftig hingenommen wurde, zum Produktionsfaktor und zum Quell zivilisatorischen Fortschritts umgewertet wurde, wurde der Expansionsdrang »der Menschen« seiner vormaligen Hemmnisse enthoben. Diese Dynamik wird von Kant samt und sonders in »Sucht«-Metaphern beschrieben. Die Problemstellung dieser Umwertung verschleiert aber zugleich die konkrete Wirkungsweise der bürgerlichen Expansion und ihre Rückwirkung auf die Gesellschaft und die Natur.

Hat man sich diese beiden Randbedingungen, die wesentlich zum guten Gewissen und Optimismus des Projekts bürgerlicher Gesellschaft beitrugen, aber auch seinen Realitätsbezug verwischten, einmal klargemacht, so bleibt dennoch genug an struktureller Dynamik und historischer Perspektive an diesem »Leitfaden a priori«. In solchen Entwürfen gelang es der bürgerlichen Intelligenz, aus der Reflexion der Bedingungen und Leistungen des Bürgerstandes Perspektiven zu entwickeln, durch die dieser die Schranken der ständischen Gesellschaft überschreiten konnte und eine Gesellschaft nach seinem Bilde anstrebte.

In dieser Gesellschaft interessiert zunächst einmal die Natur der Sachen und Menschen, ihre Funktionsweise. Nichts ist von vornherein durch Verbote, Heiligkeit oder sonstige Schranken verschattet. Alles kann wahrgenommen, verarbeitet, verfeinert werden, und was dennoch historisch verdrängt ist, darüber kann und soll aufgeklärt werden. Triebe und Interessen – jedenfalls soweit sie in den öffentlichen Raum weisen und Besitz, Ansehen oder Macht aneignen und aufhäufen wollen – werden als gesellschaftliche Produktionskräfte zugelassen, ja herausgefordert. Sie sollen nur insofern beschränkt oder in bestimmte Bahnen gelenkt werden, als Vernunft und Erfahrung andernfalls eine Überwältigung der Triebe und Interessen anderer befürchten ließen.

Freiheiten nimmt man sich nicht heraus, sondern die Freiheit des einzelnen und der Gesellschaft sind unausweichliche Eigenschaften ihrer Natur und sowohl eine Möglichkeit der Triebe als auch eine Bürde für die Vernunft. Denn damit gibt es keine Ausreden mehr für die Vernunft; sie begründet die Selbstverantwortung des einzelnen und die Selbstverwaltung der Gesellschaft. Ihr Gebrauch verhilft zu Mündigkeit – d. h. Wahrnehmung der Freiheit und Selbstverantwortung – und zu Würde.

Bürgerliche Gesellschaft hat und ist Geschichte. Das Zusammenleben der als vernunftbegabte Tiere begriffenen Menschen wird als Entwick-

lung der Möglichkeiten der Gattung vorgestellt, und zwar als ein generationsübergreifender und letztlich weltumspannender Gesellschaftsprozeß der Zivilisation (d. h. der Verbürgerlichung).
Unter produktiver Auslebung der Triebe und unter Anleitung der Vernunft und Erfahrung ist dieser Zivilisationsprozeß im Zuge wachsender Naturbeherrschung auf die Optimierung rechtlicher Strukturen des Zusammenlebens angelegt, bis hin zu einem sich selbst regulierenden Gleichgewichtssystem eines allgemeinen Friedens. Erst dann kann die Freiheit aller vollends zur Geltung kommen. Mit anderen Worten: bürgerliche Gesellschaft ist der unendliche Strukturprozeß geschichtlicher Annäherung an diesen formal bestimmten Zustand belebter Ruhe in der Welt.

Dieser Optimierungsprozeß der bürgerlichen Weltgesellschaft wird nicht als kontinuierlicher Ausbau einer inhaltlich bestimmten Struktur vorgestellt, sondern als immer erneuertes kollektives, strukturfindendes Lernen aus den Katastrophen, in welche die Weltgesellschaft durch die Zusammenballung wachsender Naturbeherrschung, staatlicher Kriegsmacht und den Antagonismus der Hab-, Ehr- und Herrschsucht der einzelnen zunehmend gerissen wird. Deshalb hat es wenig Sinn, sich einen Endzustand bürgerlicher Gesellschaft auszumalen, denn eine solche Utopie würde nur die nächste Katastrophe verschleiern.
Gelernt wird aus der Geschichte, der die Vernunft freilich insofern vorauseilen kann, als sie aus der Erfahrung die formalen Kriterien einer Struktur des Zusammenlebens ermitteln kann, auf welche die historische Entwicklung angelegt ist und die sich die Vernunft deshalb schon heute zur Richtschnur machen kann.

Diese Kriterien einer Verfassung der bürgerlichen Gesellschaft sind die Garantie des Höchstmaßes an Freiheit jedes einzelnen durch allgemeine Gesetze; insofern garantieren sie auch Gleichheit; sowie die Bestimmung und Verwaltung dieses Rechts grundsätzlich durch diejenigen, auf die sie Anwendung finden, und insofern auch die Garantie der Rahmenbedingungen für den öffentlichen Gebrauch der Vernunft (z. B. Öffentlichkeit der Rechtsetzung und -sprechung, Verantwortlichkeit öffentlicher Ämter, Meinungs-, Presse- und Lehrfreiheit, Weitergabe des jeweiligen Erfahrungs- und Kenntnisstandes an die nächste Generation). In bezug auf den Staat, insoweit er die rechtliche Selbstverwaltung der bürgerlichen Gesellschaft überschreitet, gelten zwei Kriterien: nach innen soll die Machtzusammenballung in staatlichen Institutionen durch Kontrollen und Gegengewichte (wie Gewaltentrennung, Föderalismus, Wahlprinzip) so klein wie möglich gehalten werden. Nach außen sollen die Staaten, nachdem ihre Kriege sie auf miteinander verträgliche Größen zerstückelt und zerschlagen haben, in ein Rechts- und Gleichgewichtssystem zueinander treten, das nach den Prinzipien der bürgerlichen Verfassung der ganzen Welt die Aussicht auf Frieden und Freiheit verbürgt.

Begriffsgeschichtliche Perspektive

Kants Perspektive entstand in jener Phase epochemachender Umorientierung (etwa seit der Mitte des 18. Jahrhunderts), die in der neueren Geistesgeschichte als »Achsenzeit«, als Verknüpfung wissenschaftlicher Revolutionen zu einem »Paradigmawechsel«, als Beginn des revolutionären Zeitalters, der »Moderne« oder kurz als Anfang der Neuzeit verstanden wird.[16] Diese Einschätzung steht im Kontrast zu einer älteren, ebenfalls überwiegend aus geistesgeschichtlichen Befunden abgeleiteten Periodisierung, die den Beginn der Neuzeit auf das Zeitalter der Entdeckungen (z. B. Amerikas, des Buchdrucks) und auf den Aufbruch des Humanismus, des Individualismus, der Reformation aus der dann – zwischen Antike und Renaissance – als mittelalterlich verstandenen Welt um das Jahr 1500 datierte.[17] Die neuere Auffassung unterscheidet sich von der älteren u. a. methodisch: sie schreitet nicht auf der Gratwanderung ideengeschichtlicher Innovationen, sondern fragt danach, wann sich Elemente eines neuen Denkens, bedingt durch materielle Veränderungen in der Gesellschaft, so weit miteinander vernetzt und in größere Gruppierungen in der Gesellschaft eingegraben haben, daß sie eine neue Denkstruktur einer herrschenden oder potentiell herrschaftsfähigen Klasse (wie hier des Bürgertums) zum Ausdruck bringen. Eine solche sozialgeschichtlich eingebettete Geschichte weitverbreiteter und grundlegender Vorstellungen und Begriffe läßt in der zweiten Hälfte des 18. Jahrhunderts einen Vorgriff des Denkens auf die Ablösung der alteuropäischen Gesellschaft erkennen.
Hauptindikatoren für diese Veränderung sind ein grundlegender Wandel des Zeitverständnisses sowie ein Grad von Abstraktion und Subjektivität gesellschaftlichen Denkens, die bisher unbekannt waren.[18]

Zeit wird nicht mehr zyklisch (d. h. als stete Wiederholung kreisförmiger Naturabläufe) vorgestellt, mithin als eine Bewegung, die auf der Stelle tritt, und nur durch einen göttlichen Heilsplan auf einen überirdischen Zweck gerichtet sein mag. Sondern sie verläuft auch in der Welt linear aus der Vergangenheit in eine Zukunft, und diese Bewegung ist sinnhaft, insofern sie zumindest die Möglichkeit des Fortschritts enthält.

Die Einrichtungen und Gruppierungen der Gesellschaft werden nicht mehr als eine Vielzahl von besonderen und eigentümlichen Gewalten und Verhältnissen wahrgenommen, sondern hinsichtlich allgemeiner Grundsätze und Definitionen abstrahiert; ihnen wird ein allgemeiner Sinn für gesellschaftliche Subjekte zugeschrieben. Erkennungsmaterial ist die Ausbildung des sog. Kollektivsingulars: aus Freiheiten wird Freiheit, aus Rechten Recht, aus Geschichten Geschichte und an die Stelle der Stände und Fürsten treten Nation und Staat.

Der Halt der Gesellschaft im Überkommenen wird durch das Interesse an ihrer Entwicklung abgelöst, Gesellschaft in bezug auf ihre Funktionsbezüge systematisch gedacht. Unter Zugrundelegung des neuen Zeitverständnisses wird ihr ein übergreifender Veränderungsprozeß, der aus den gesellschaftlichen Verhältnissen selbst erwächst, zugesprochen: Geschichte.

Im Umfeld dieser Veränderung der Denkstrukturen stehen naturwissenschaftlich begründete Veränderungen der Technik, die Anfänge der Industrialisierung in England und der Kommerzialisierung und Kapitalisierung der Landwirtschaft auf dem Kontinent, der Beginn der starken Bevölkerungsvermehrung des 19. Jahrhunderts, die Zentralisierung von Staatsapparaten und Rechtssystemen im Absolutismus, die Ausbildung nationaler Öffentlichkeiten und – als politische Großereignisse – die amerikanische Unabhängigkeitserklärung und die Französische Revolution. Diese wurde vielfach als Praxistest der Umorientierung des Denkens empfunden; sie wurde für das 19. Jahrhundert ein Hauptbezugspunkt allen gesellschaftlichen und politischen Denkens.[19] Hatte nicht in ihr das im Schoße der spätfeudalen Gesellschaft erstarkte Bürgertum seine Vorstellung von Gesellschaft zum ersten Mal in Europa gegen ständische Ordnung und absolutistische Herrschaft durchzusetzen vermocht? Kant hat auf die Französische Revolution später Bezug genommen als auf einen historischen Anhaltspunkt seiner geschichts- und gesellschaftstheoretischen Programmatik.[20] Der Ablauf der Revolution hatte freilich ähnliche Implikationen und Ambivalenzen erkennbar werden lassen, die wir auch an Kants Text bereits wahrnehmen konnten: Kaum hatte sich der Dritte Stand zum Allgemeinen erklärt, zerfiel er in Klassenkämpfen und – man erinnere sich an Kants

»schwerstes Problem«, der Konstitution gerechter Macht in der bürgerlichen Gesellschaft – verirrte sich in Terror und revolutionären Imperialismus. Diese Themen sollten die großen Fragen der bürgerlichen Gesellschaft im 19. Jahrhundert werden und jeweils eigene Neuinterpretationen des Konzepts hervorbringen: Wie entwickeln sich die materiellen Widersprüche in der Gesellschaft? Wie wird staatliche Herrschaft konzipiert? Und wie verhalten sich fortgeschrittene Gesellschaften gegenüber weniger entwickelten?

Die Feststellung, daß Kants noch vorrevolutionärer »Leitfaden a priori« Teil eines allgemeineren Umorientierungsprozesses ist, verweist freilich nicht nur nach vorn, sondern auch auf ein Herkommen. Kant hat ja den Begriff »bürgerliche Gesellschaft« nicht erfunden, sondern er hat eine bestehende Vorstellung derart neu gefaßt, daß an ihr die weitreichendsten geschichtlichen Möglichkeiten, aber auch die nächstliegenden Probleme des bürgerlichen Standes im Aufbruch zu seiner Emanzipation erkennbar werden. Was aber waren die gesellschaftlichen Vorstellungen, von denen er und seine Zeit ihren Ausgang nahmen? Gerade weil im 19. Jahrhundert die mit bürgerlicher Gesellschaft verbundenen Assoziationen so weit in Richtung Staatsbürger einerseits, bürgerliche Klasse andererseits auseinanderdrifteten, war es für die historische Forschung reizvoll, »begriffsgeschichtlich« zurückzugraben, d. h., in der Geschichte der politischen und sozialen Theorie den Wandel der mit dem Begriff bürgerlicher Gesellschaft verbundenen Vorstellungen und Bedeutungen zu erforschen. Dies geschah im Rahmen eines großen begriffsgeschichtlichen Forschungsvorhabens[21], das von der oben erläuterten Hypothese der »Achsenzeit« ausging. Da im Zusammenhang mit der Emanzipation des Bürgertums und dann der Industrialisierung nicht nur die Gesellschaft, sondern auch alle auf sie bezogenen Vorstellungen in Bewegung geraten seien, könne man einerseits den Wandel der Wirklichkeit am Bedeutungswandel der Begriffe ablesen; andererseits sei man aber ständigen Mißverständnissen ausgesetzt, wenn man ältere Verhältnisse in jüngeren Begriffen oder umgekehrt zu verstehen versuche. Dieser Forschung verdanken wir die Charakterisierung von Kants Position am Kreuzweg der Begriffsentwicklung.[22]

Theoriegeschichtlich geht danach der Begriff der »bürgerlichen Gesellschaft« bis Kant nämlich in ungebrochener Tradition auf eine in der mittelalterlichen und frühneuzeitlichen Philosophie wieder aufgenommene lateinische Formel »societas civilis« zurück, und diese wiederum sei eine Übersetzung einer griechischen Formel »Koinonia politike«, die aus der »Politik« des Aristoteles stamme und dort den öffentlichen, den politischen Aspekt des Zusammenlebens in der athenischen Polis meine.[23] Es sei charakteristisch für die Stabilität oder den langsamen, traditionsverhafteten Wandel Alteuropas und seines politischen Denkens, daß über mehr als zwei Jahrtausende (zugestanden: mit Unterbrechungen) an den Grundelementen dieses Grundbegriffs festgehalten worden sei, nämlich:

daß »societas civilis« in einer einheitlichen Weise, in der noch nicht zwischen Staat und Gesellschaft habe unterschieden werden müssen oder können, jenen öffentlichen Raum des Zusammenlebens all jener beschreibe, die als frei und politisch handlungsfähig galten. Dieser Aspekt wird in der Literatur meist mit der Zitatformel »societas civilis sive res publica« (einer Definition, in der bürgerliche Gesellschaft mit Republik und im weiteren Sinne mit Staat gleichgesetzt wird[24]) bezeichnet,

daß der ganze wirtschaftliche und familiäre, d. h. der produktive und reproduktive Bereich nicht öffentlich und also auch kein Bestandteil der societas civilis sei, sondern vielmehr in einem anderen Raum des Zusammenlebens stattfinde, dem Haus (griechisch »Oikos«, daher Oekonomie): dazu gehörten nicht nur die Frauen und Kinder, sondern auch Sklaven, Leibeigene, Dienstboten oder sonstige »unselbständig Beschäftigte«.

Die Verbindung zwischen beiden Dimensionen des Zusammenlebens wurde durch jene Männer hergestellt, die dem »Haus« vorstanden und als solche zugleich Mitglieder der societas civilis waren. Waren die ökonomischen Einheiten wie in der feudalen Gesellschaft anders als in den griechischen Stadtrepubliken sehr groß geworden und durch vielerlei herrschaftliche Bindungen strukturiert, so konnte ein solches »ganzes Haus«[25] nicht etwa nur ein Gebäude oder einen einzelnen Betrieb umfassen, sondern den ganzen regionalen Zuständigkeitsbereich eines Grundherrn und dadurch ihm allein die öffentliche Repräsentation vorbehalten. Entsprechend war die alteuropäische societas civilis nach unterschiedlich gewichtigen Mitgliedern in Ständen mit unterschiedlichen Mitspracherechten verfaßt.
Während dieser Begriffsapparat von bürgerlicher Gesellschaft als öffentlichem Gemeinwesen der einem ganzen Haus vorstehenden Männer und von Ökonomie als deren Privatsache im »Naturrecht« der frühen Neuzeit weiter ausgestaltet wurde, verlief die tatsächliche gesellschaftliche Entwicklung aber nicht im Einklang mit ihm, so daß die Gelehrten im 18. Jahrhundert beginnen mußten, ihn zu modifizieren. Die Fürstenstaaten hatten zunehmend wichtige politische Funktionen

(wie Militär und Verwaltung) aus den ständischen Gemeinwesen herausgezogen und bei ihren Apparaten, die z. T. auch ökonomische und Bildungsfunktionen übernahmen, konzentriert; bürgerliche Gesellschaft tendierte mithin zur Entpolitisierung, zu vor- und außerstaatlichen sozialen Beziehungen. Auf der anderen Seite brachte das städtische Bürgertum, das bisher nur ein Stand unter anderen in der bürgerlichen Gesellschaft, in der der Adel das Sagen gehabt hatte, gewesen war, durch seine Leistungen in den staatlichen Apparaten und vor allem in Handel und Gewerbe Bewegung in die Gesellschaft, durchwirkte die öffentlichen Angelegenheiten mit der Bedeutung des Ökonomischen und durchbrach den Stillstand ihrer Ordnung mit der vor- und frühindustriellen Entfaltung der Produktivkräfte. Die Geschichte, die bisher im einzelnen als eine stete Wiederkehr ähnlicher Grundsituationen erfahren worden war und allenfalls durch göttliche Fügung im Ganzen Sinn und Ziel erhielt, begann hausgemachte Fortschritte zu machen.

Soweit dieses Bürgertum sich unter Berufung auf die wachsende Bedeutung von Handel, Gewerbe und Intelligenz gegen die Bevormundung durch den Adel in der bürgerlichen Gesellschaft wandte, konnte es sich mit den Staaten und ihren Herrschern, die sich von ständischen Bindungen zu »absolutieren« suchten, verbünden. Wo dieses gewachsene Selbstbewußtsein aber auch politisch zum Ausdruck kommen wollte, mußte das ganze System der bürgerlichen Gesellschaft neu und aus »bürgerlichem« Selbstverständnis heraus begründet werden. In Deutschland mag dabei die eher zufällige Wortgleichheit[26] zwischen dem Namen »Bürger« (Angehöriger der bürgerlichen Klasse) und der Übersetzung der societas civilis als bürgerliche Gesellschaft ein zusätzlicher Anreiz für eine solche Neuinterpretation, aber auch ein Quell künftiger Mißverständnisse gewesen sein. Jedenfalls stand dann aber auch die Konstituierung politischer Macht aus der Gesellschaft der Haushaltsvorstände zur Debatte und damit über kurz oder lang auch die Regierung der Fürstenstaaten zur Disposition. Eine andere Konsequenz, die das Bürgertum zuerst nicht wahrgenommen hatte und dann in seiner Mehrheit zu verhindern versuchte, bestand darin, daß diejenigen Menschen, denen es ein Gutteil seiner gesellschaftlichen Macht verdankte, den »oikos« sprengen, mit ihren Problemen und Interessen in die Gesellschaft drängen und jene »Menschenrechte« öffentlich beanspruchen würden, die das Bürgertum in seinem Kampf gegen den Adel formuliert hatte.

Nach Kant, nach der Französischen Revolution wurden diese Probleme in der deutschen Theoriegeschichte intensiv weiterbearbeitet, wobei die fürstenstaatliche Wirklichkeit im Deutschland der Restaurationszeit mit den Möglichkeiten kapitalistischer Gesellschaftsdynamik, wie sie das sorgfältig betrachtete Modell der industriellen Revolution in England zu eröffnen schien, miteinander in Beziehung gebracht werden mußten. Ein Grundelement der weiteren, auch für das liberale Bürgertum des 19. Jahrhunderts charakteristischen Begriffsentwicklung wurde dabei die (sich bei Kant bereits abzeichnende) Trennung von Staat und Gesellschaft – Niederschlag eines Herrschaftskompromisses, in dem das Bürgertum Existenz und und Recht auch solcher staatlicher Herrschaft, die sich nicht aus der Autonomie der bürgerlichen Gesellschaft, sondern aus der Macht oder dem Gottesgnadentum der Monarchen herleitete, hinnahm, um im Gegenzug einen von staatlicher Willkür freien und nur rechtlich zu sichernden Bereich der Gesellschaft zu genießen, in dem es sein Eigentum ökonomisch einsetzen, seine Familie pflegen und öffentliche Kommunikation durchsetzen konnte.

Von diesem bürgerlichen Grundkonsens wichen vor allem zwei große und wirkungsgeschichtlich bedeutsame Theoriegebäude ab, nämlich diejenigen von Hegel und Marx, die sich beide als eine Kritik der bürgerlichen Gesellschaft oder genauer: als einen Einsatz der Intelligenz des Bildungsbürgertums gegen die vom Besitzbürgertum beherrschten Strukturen verstehen lassen. Aber die Auflösung des Problems weist in beiden Fällen in ganz unterschiedliche Richtungen: die Hoffnung auf die sittliche Qualität des Machtstaates einerseits, auf die proletarische Revolution andererseits. Beiden gemeinsam ist jedoch die dialektische Denkmethode, d. h. ein Denken in Positionen und Negationen, deren Widerspruch seine eigene Aufhebung in einer höheren Synthese produziert und damit den vom bürgerlichen Denken erwarteten Fortschritt des geschichtlichen Gesellschaftsprozesses im Denken abbildet und über die anthropologischen Ableitungen Kants hinaus soziologisch zu konkretisieren erlaubt.

In Hegels Rechtsphilosophie[27] wird die bürgerliche Gesellschaft ihres umfassenden Charakters beraubt, indem menschliches Zusammenleben unter dem Gesichtspunkt der Sittlichkeit thematisiert wird. In diesen Rahmen stellt Hegel die Familie – eine rechtlich und affektiv ausgestaltete, bürgerliche Variante des alten »oikos« – als Sphäre »natürlicher Sittlichkeit«. Als deren Negation erscheint die bürgerliche Gesellschaft, die zunächst als ein System wechselseitiger Bedürfnisbefriedigung durch Arbeit und Vermögen, sodann als rechtliche Sicherung der Struktur dieses »Systems der Bedürfnisse« und schließlich als polizeiliche und genossenschaftliche Vorsorge gegen seine Mängel beschrieben wird. Als Synthese proklamiert Hegel den Staat. Im Staat überwiegt in seiner Sicht die fürstliche Gewalt und die bürokratische

Rationalität bei weitem die parlamentarische Rückbindung der Gesetzgebung an die Gesellschaft. Der Staat gilt Hegel als »Wirklichkeit der sittlichen Idee«, die den geschichtlichen Geltungsanspruch des Ganzen darstellt und durchsetzt.

In diesem System wird die historische Subjektivität der Gesellschaftsmitglieder ganz der Macht des Staates überantwortet, dessen Kommandogewalt aus der Maschinerie der bürgerlichen Gesellschaft ihre materiellen Voraussetzungen und dynamische Kraft zieht, während der Familie eine patriarchalische Idylle vor aller Vergesellschaftung reserviert ist. Während Hegels Staatsverständnis vielfach als verblasene Legitimation des Machtstaates aus dem Bürgertum heraus und gleichsam als ein deutsches Verhängnis mit einer Wirkungsgeschichte bis hin zur nationalsozialistischen Diktatur kritisiert wurde[28], faszinierte gerade auch seine Kritiker, daß ihm sein Begriff der bürgerlichen Gesellschaft wesentliche kritische Einsichten in die Struktur und Mängel der politischen Ökonomie des Kapitalismus erlaubte, noch bevor sich dieser in Deutschland industriell überhaupt entfaltet hatte.[29] In berühmten Absätzen prognostizierte er – das englische Vorbild vor Augen –, daß die sich entfaltende bürgerliche Gesellschaft auch hier zu einer Polarisierung zwischen Reichtum und Armut führen werde, weil »bei dem Übermaße des Reichtums die bürgerliche Gesellschaft nicht reich genug ist, ... dem Übermaße der Armut und der Erzeugung des Pöbels zu steuern«. Durch diese Dialektik werde sie über sich selbst hinaus in die Kolonisation getrieben, teils zum Export ihrer überschüssigen Armut, teils zum Absatz ihrer überschüssigen Produkte.[30]

In dieser Materialität der Interessen und der Funktionszwänge der kapitalistischen Struktur der bürgerlichen Gesellschaft fand Marx, insofern Hegels Schüler, seinen Analyseansatz der bürgerlichen Gesellschaft; auf der anderen Seite räumte er die Problemstellung seines Lehrers mit einer Handbewegung beiseite: der Staat sei nur der geschäftsführende Ausschuß der bürgerlichen Klasse.[31] Was blieb, waren die historischen Widersprüche der Klassen innerhalb einer zur Produktionsweise reduzierten Gesellschaft, in denen er das wesentliche Bewegungsmoment aller Geschichte erblickte. Anders als der skeptisch-behäbige Idealist Hegel war Marx von der Bourgeoisie fasziniert: innerhalb weniger Jahrzehnte habe ihre Innovationskraft, ihr Expansionsdrang und die Rücksichtslosigkeit ihrer Kapitalverwertung das Antlitz der Erde mehr – und er meinte: positiver – verändert, als es viele Generationen früherer Klassen vermocht hätten. Anders als für Hegel waren für ihn aber auch die sozialen Kosten dieses Fortschritts kein Polizeiproblem, sondern der Quell seines lebenslangen Engagements und der Hoffnungsträger seiner Theorie: durch den Fortschritt der Produktivkräfte und die Ausbeutung der Arbeiter produziere die Bourgeoisie im Proletariat eine wachsende Kraft, die zum Totengräber der bürgerlichen Gesellschaft motiviert und zur Gestaltung einer klassenlosen Gesellschaft qualifiziert sei.

Marx' Begriff der bürgerlichen Gesellschaft nahm ihr ihren programmatisch allgemeinen Charakter und ihre Zukunft und reduzierte sie auf einen Geschichtsabschnitt, in dem die Gesellschaft von der bürgerlichen Klasse beherrscht und vom Kapitalismus entwickelt wird. Er verkehrte die Gewichte zwischen öffentlich und politisch einerseits, privat und ökonomisch andererseits, die im alten Begriff der societas civilis angelegt waren. Das gab der marxistischen Tradition ihre kritische Hellsichtigkeit, was die strukturellen Zwänge der politischen Ökonomie der bürgerlichen Gesellschaft und die ökonomischen Rahmenbedingungen politischer Herrschaft anging; es sollte sich aber spätestens dann auch als ein Orientierungsverlust erweisen, wenn es um die Ordnungsprinzipien einer nachbürgerlichen Gesellschaft ging. Wurde hier die Marxsche Blindstelle einer Verkennung der liberaldemokratischen Entwicklungspotentiale bürgerlicher Verfassungspolitik als Klassendiktatur umgesetzt in die programmatische Verengung sozialistischer Politik auf die Diktatur der Arbeiterklasse oder gar einer spezifischen, aus ihr erwachsenen Organisationselite, so entstand nach der Umwälzung der Eigentumsverhältnisse ein bürokratischer Diktaturapparat, der mit der Freiheit der Gesellschaftsmitglieder auf die Dauer auch die ökonomische Dynamik und die internationale Konkurrenzfähigkeit erstickt. Darauf läßt sich der zynische Spruch Talleyrands anwenden: das war mehr als ein Verbrechen, das war ein Fehler. Der dramatische Zusammenbruch solcher Machtstrukturen, wie er zur Zeit in den nach sowjetischem Modell strukturierten Ländern zu beobachten ist, erinnert daran, daß die Verknüpfung von Freiheit und Vernunft, wie sie beispielhaft Kants Idee einer allgemeinen Geschichte zugrunde liegt, zur weiterwirkenden Erbschaft des Bürgertums auch jenseits seiner ökonomischen Herrschaft gehört.

Alle drei hier kurz skizzierten Theorieansätze haben Wirkungen bis weit ins 20. Jahrhundert hinein entfaltet; dennoch haben sich die begriffsgeschichtlichen Spuren der Herkunft der modernen Gesellschaften aus dem Projekt einer neu und allgemein verstandenen bürgerlichen Gesellschaft in diesem Jahrhundert zunehmend verwischt. An ihre Stelle sind kritisch analytisch gemeinte Begriffe wie kapitalistische Klassengemeinschaft, Imperialismus oder eher apologetisch gemeinte Selbstverständnisbezeichnungen wie Industriegesellschaft, westliche

Demokratie getreten. Daß sich solche Begriffe im Verhältnis zu jenen des 18. und 19. Jahrhunderts so verschwommen und undeutlich ausnehmen, verweist u. a. darauf, daß die Kontinuität der Gesellschaft in ihrer Grundordnung nicht gebrochen ist, die Gesellschaftstheorie aber ein Problem zu verarbeiten hat, das in keinem der Theorieansätze vorgesehen war: nämlich die soziale, kulturelle und politische Integration dessen, was im 20. Jahrhundert die »Massen« genannt wurde. Kant hatte den »großen Haufen« teils noch gar nicht als Teil der bürgerlichen Gesellschaft wahrgenommen, teils kulturell abgewehrt. Hegel hatte die Polizei und den Kolonialismus gegen das bedrohliche Wachsen des »Pöbels« zu Hilfe gerufen, Marx im »Proletariat« die Kraft gesehen, welche die bürgerliche Gesellschaft zerbrechen und eine neue errichten werde.[32] Nun aber war im 20. Jahrhundert eine Gesellschaft zu integrieren, deren Grundstruktur nicht zerbrochen war, aber die mehrheitlich aus den nicht vorgesehenen »Massen« bestand. Davon wird die zweite Hälfte dieser Einführung handeln, wo das Problem zu Beginn des dritten Kapitels wieder aufgenommen und am Schluß zu fragen sein wird, welche Perspektiven und kritischen Potentiale der Begriff der bürgerlichen Gesellschaft und die Tradition der Aufklärung heute noch tragen.

I. Alte Ordnung und Veränderung – Das Bürgertum entdeckt sich selbst

1. Gesellschaftsstruktur und politische Veränderungsfaktoren in Deutschland um 1800 – das klassische Beispiel Preußen

Von Ute Frevert

Mittellage und Militär

Einer der besten Kenner der preußischen Geschichte, der Historiker Otto Hintze, klassifizierte das Preußen des 18. Jahrhunderts in einem berühmten Aufsatz aus dem Jahre 1908 als »Militär- und Beamtenstaat«, dessen Ultima ratio der Krieg gewesen sei.[1] Ähnlich hatte sich hundert Jahre früher der hannoversche Beamte Ernst Brandes geäußert, der in Preußen einen »den militärischen Mechanismus auf die Civiladministration« übertragenden »Maschinenstaat« sah.[2] Auch andere Zeitgenossen verblüffte das »Maschinenmäßige«, die rational durchgebildete Struktur und Organisation dieses Staates, der in der zweiten Hälfte des 18. Jahrhunderts seinen Platz unter den europäischen Großmächten gesucht, gefunden und behauptet hatte. Aus dem dünn besiedelten, territorial zersplitterten Fürstentum, das der Große Kurfürst seinem Nachfolger 1688 hinterlassen hatte, war binnen eines Dezenniums ein mächtiges, den größten Teil Mittel- und Ostdeutschlands umfassendes Königreich geworden, das von Berlin aus straff zentralistisch regiert wurde.

Neben Frankreich, England, Rußland und Österreich hatte sich Preußen als territoriale Macht etabliert und seine Grenzen östlich der Elbe mit Hilfe von Kriegen ständig ausgedehnt. Während der Regierungszeit Friedrichs II. (1740–1786) waren Schlesien und große Teile des ehemaligen Königreichs Polen dem preußischen Staatsgebiet einverleibt worden; die erste polnische Teilung hatte 1772 eine Landverbindung zwischen Ostpreußen und den Kernprovinzen hergestellt, und mit den zweiten und dritten polnischen Teilungen (1793/95) breitete sich Preußen weiter gen Osten aus. Westlich der Elbe waren die Grenzen stabiler: Eine Arrondierung der zum Teil weit auseinanderliegenden Provinzen im Rheinland und Westfalen und ihre Anbindung an die preußischen »Kernlande« im mittleren Deutschland blieben der napoleonischen und postnapoleonischen Neuordnung vorbehalten. Mögliche Expansionswünsche Preußens stießen hier u. a. auf die Interessen Englands, das mit dem Königreich Hannover in dynastischer Personalunion verbunden war und seinen kontinentalen Brückenkopf nicht kampflos aufgeben wollte. Ohnehin reagierten die europäischen Großmächte sehr argwöhnisch auf die territoriale Ausbreitung Preußens, die das politische Kräfteverhältnis in Europa einschneidend veränderte. Zwar endete der von Preußen 1756 begonnene Siebenjährige Krieg, in dem Österreich, Frankreich, Rußland und Schweden gegen das von England lediglich finanziell unterstützte Preußen gekämpft hatten, ohne greifbare Resultate, doch hatte sich Preußen gegen die Übermacht der Gegner behaupten und sein politisches Gewicht als kleinste europäische Großmacht sichtbar stabilisieren können.

Die geographische Mittellage Preußens bestimmte nicht nur die außenpolitischen Aktionen dieses Staates, sondern wirkte auch auf seine Innenpolitik zurück. Schließlich war eine expansive Machtpolitik auf Kosten anderer Staaten nur mittels einer starken und schlagkräftigen Armee zu bewerkstelligen, die wiederum einen festen Finanzsockel voraussetzte. Militär- und Finanzpolitik waren folglich zwei Seiten derselben Medaille, und das hatte kaum jemand so treffsicher erkannt wie Friedrich II. In dem halben Jahrhundert seiner Regierung erhöhte sich die Friedensstärke des preußischen Heeres von 80000 auf 195000 Mann; seine Finanzierung verbrauchte in der Regel mehr als zwei Drittel der gesamten Staatseinnahmen.[3] Daß der Staat angesichts solcher Belastungen von ständiger Geldknappheit geplagt war und alle Mittel auszuschöpfen versuchte, seine Einkommenslage zu verbessern, ist nicht verwunderlich. Die preußische Wirtschafts- und Gesellschaftspolitik stand daher ganz im Zeichen der »sozialen Militarisierung«, wie der Historiker Otto Büsch die symbiotische Beziehung von Staat, Militär, sozialem System und Ökonomie im 18. Jahrhundert genannt hat.[4]

Ebenso wie sich die zentralisierte Verwaltungsorganisation aus den Finanzierungsnotwendigkeiten eines stehenden Heeres entwickelt hatte[5], orientierten sich auch die wirtschafts- und wohlfahrtspolitischen Maßnahmen des preußischen Staates an der Option militärisch-politischer Machtentfaltung. 1808 konstatierte Brandes: »Die Staatsökonomie war bey Friedrich vornehmlich zum Dienste der Armee und des Schatzes berechnet.« Um die Staatseinnahmen zu vergrößern, erschien es unumgänglich, eine aktive merkantilistische Politik zu betreiben. Förderung und Privilegierung von Industrie, Gewerbe und einer exportorientierten Landwirtschaft sollten nicht nur die Handelsbilanz verbessern, sondern auch die Zahl der steuer- und militärfähigen Untertanen erhöhen bzw. ihre Steuerkraft stärken. In die gleiche Richtung zielten agrarpolitische Maßnahmen, die die Urbarmachung neuer Flächen und die Ansiedlung freier Bauern bezweckten. Landesausbau und Binnenkolonisation trugen somit dem merkantilistischen Grundsatz Rechnung, wonach die außenpolitische Bedeutung eines Staates wie auch seine innere Machtentfaltung entscheidend von der Größe seiner Bevölkerung abhingen.

Bevölkerung und Agrarverfassung

1786 zählte Preußen etwa 5,8 Millionen Einwohner, vierzig Jahre später hatte sich diese Zahl durch Gebietsgewinne und ein endogenes, nicht auf Zuwanderung beruhendes Bevölkerungswachstum mehr als verdoppelt[6] (zum Vergleich: Frankreich hatte 1800 26,9 Millionen Einwohner, Österreich-Ungarn 23,3 Millionen und England 10,9 Millionen[7]). Drei von vier Menschen lebten auf dem Lande, in kleinen Bauernschaften und Dörfern, und etwa zwei Drittel der Bevölkerung verdienten ihren Lebensunterhalt hauptsächlich mit landwirtschaftlicher Arbeit.[8] Ihre soziale, ökonomische und rechtliche Situation war allerdings alles andere als einheitlich, sondern starken regionalen Differenzierungen unterworfen. In den Landesteilen östlich der Elbe, die den weitaus größten Teil des preußischen Staatsgebietes ausmachten, dominierte eine feudale Agrarverfassung, gekennzeichnet durch adlige Gutsherrschaften in Form großer Rittergüter, die von erbuntertänigen Bauern bewirtschaftet wurden. Etwa die Hälfte des Landes gehörte unmittelbar oder in Obereigentum dem Adel, der Rest war königliche Domäne oder befand sich im Besitz freier Bauern. Letztere verfügten z. B. in Ostpreußen über ein Sechstel des Landes, in den anderen preußischen Provinzen über weit geringere Anteile.[9] Die Masse der Bauern hielt keine Eigentums- und Erbrechte an dem von ihnen bewirtschafteten Land: Sie nahmen es von adligen Grundherren oder bürgerlichen Domänenpächtern[10] nur in Leihe und stellten dafür ihre Arbeitskraft zur Verfügung. Mehrere Tage in der Woche mußten sie und ihre Familien Hand- und Spanndienste auf den Gütern leisten, zuweilen auch noch Abgaben aufbringen. Vor allem dort, wo die Grundherren die kommerzielle Nutzung ihrer Güter ausbauten und neben dem Export von Getreide Monopolgewerbe wie Ziegeleien, Brauereien, Schnapsbrennereien oder Mühlen betrieben, stieg die Belastung der abhängigen Bauern bis zu dem Punkt, daß sich der König selber einschaltete und eine Begrenzung der Dienste forderte.

Ihm lag daran, wie Friedrich II. 1781 schrieb, daß die Bauern »durch überhäufte Lasten nicht zu Grunde gerichtet, sondern conserviret werden«.[11] Aus diesem Grund wandte er sich auch gegen das sogenannte »Bauernlegen«, durch das frei gewordene Bauernstellen von Gutsherren eingezogen und dem adligen Eigenland zugeschlagen wurden. Das Interesse des Gutsherrn, seine Anbaufläche und damit sein Exportvolumen zu vergrößern, stand hier gegen das des Landesherrn, der die Bauern vor allem als Soldaten und Steuerzahler sah. Schließlich war der ländliche Adel so gut wie steuerfrei, wogegen die Bauern der Kontributionspflicht unterlagen und damit – neben den Einkünften aus den Domänen – die zweitwichtigste Einnahmequelle des preußischen Staates bildeten.[12] Darüber hinaus stellten sie das Gros der Soldaten, die im Rahmen eines Kantonsystems lebenslänglich auf den Regimentslisten geführt wurden, in Friedenszeiten aber nur etwa zwei Monate im Jahr dienstpflichtig waren.

Ein wirksamer Bauernschutz galt folglich als unverzichtbares Element absolutistischer Militär- und Finanzpolitik. Sein Erfolg blieb nicht aus: Im 18. Jahrhundert konnte die Zahl bäuerlicher Vollstellen stetig vergrößert werden. Trotzdem nahm der bäuerliche Anteil an der ländlichen Bevölkerung immer mehr ab und schwankte gegen Ende des 18. Jahrhunderts zwischen 20 und 25 %.[13] Eine rapide Zunahme verzeichneten dagegen die klein- und unterbäuerlichen Schichten, die Gärtner, Häusler, Heuerlinge, Büdner, Kätner, Einlieger oder wie sie regional auch immer hießen. Sie verfügten, wenn überhaupt, nur über geringen Landbesitz und hielten sich mit handwerklichen Arbeiten (Spinnen, Weben) über Wasser. Die gewerbliche Produktionsweise erleichterte die frühzeitige Gründung eines eigenen Haushaltes und begünstigte eine hohe Geburtenziffer.[14] Während die Eheschließung in vollbäuerlichen Familien vielfältigen, auf Besitz- und Herrschaftsverhältnissen gegründeten Beschränkungen unterlag[15], ließen sich die unterbäuerlichen Schichten in ihrem Heirats- und generativen Verhalten nicht mehr von der Norm der agrarischen »Nahrung« leiten. Als sich die Nachfrage nach gewerblichen Erzeugnissen ausweitete, zogen es viele überzählige bäuerliche Nachkommen vor, anstelle einer zölibatären Gesindeexistenz eine eigene Familie auf einer hausindustriellen »Stelle« zu gründen.[16] Auf diese Weise erlebten die ländlichen Regionen Preußens seit den 1770er Jahren eine beispiellose Bevölkerungsexplosion, die in den protoindustriell durchsetzen Landesteilen (Minden-Ravensberg, Schlesien) auf das Konto hausindustrieller Produzenten, in den gutsherrschaftlichen Gebieten Ostelbiens vor allem auf das abhängiger Landarbeiter ging.[17]

In diesen landlosen Schichten ebenso wie in den extrem konjunkturabhängigen Heimarbeiterfamilien Schlesiens und Westfalens konzentrierte sich die ländliche Armut, die seit der Jahrhundertwende immer bedrohlichere Ausmaße annahm. Hier fielen aber auch die Schutzmechanismen fort, die der feudalen Agrarverfassung ebenso eigen waren wie die zuvor beschriebenen ökonomischen Abhängigkeiten und Ausbeutungsverhältnisse. Die ostelbische Gutsherrschaft bedeutete für die untertänigen Bauern nicht nur Dienst- und Abgabepflichten, sondern auch – zumindest nach traditionellem Verständnis – Unterstützung und Schutz vor Armut und drückender Not. Solche Sicherungsleistungen konnten die frei flottierenden Landarbeiter des 19. Jahrhunderts nicht mehr in Anspruch nehmen. Das ehemals patriarchalische Verhältnis, das auf persönlichen Bindungen und Verpflichtungen beruhte, hatte sich in ein anonymes Geldverhältnis verwandelt, das dem Tagelöhner die Freiheit der Arbeitsplatzwahl bescherte, aber auch die Freiheit des Verhungerns.[18]

In den mittleren und westlichen Landesteilen Preußens wies die Agrarverfassung andere Merkmale auf. Zwar gab es auch hier adlige Grundherrschaft, doch blieben die Größenordnungen weit hinter ostelbischen Maßstäben zurück. Latifundienbesitz war kaum anzutreffen, und demgemäß verminderte sich auch der im Osten notorische Bedarf an bäuerlichen Frondiensten. Sofern sie das von ihnen bewirtschaftete Land nicht selber besaßen, leisteten die Bauern dem Grundherrn lediglich Abgaben oder einen Erbzins. Auch die in den ostelbischen Gütern konzentrierten Herrschaftsbefugnisse suchte man im Westen vergebens: Übte der Gutsherr im Osten zugleich die Polizeigewalt (bis 1872) und Gerichtsherrschaft (bis 1851) über seine »Untertanen« aus, war die Macht westlicher Grundherren weitaus beschränkter. Die Auflösung feudaler Wirtschafts- und Herrschaftsformen wirkte sich hier vor allem zugunsten größerer Bauern aus, die ihren Land- und Marktanteil im 18. Jahrhundert beträchtlich steigern konnten. Die günstige Agrarkonjunktur des letzten Jahrhundertdrittels und die Intensivierung der Bodennutzungssysteme stärkten die sozio-ökonomische Position der Großbauern, die beispielsweise in der Magdeburger Börde schon früh mit der Einführung kapitalistischer Arbeits- und Produktionsformen begannen.[19]

Dieser Trend zur landwirtschaftlichen Effizienzsteigerung und Kapitalisierung setzte auf den ostelbischen Rittergütern im wesentlichen erst nach den Agrarreformen des frühen 19. Jahrhunderts ein. Die zeitliche Verzögerung erklärt sich nicht zuletzt aus der retardierenden Rolle des adligen Kreditwesens. Bei den »Landschaften« konnten adlige Gutsbesitzer seit den 1760er Jahren billige Kredite aufnehmen, die offensichtlich nur zum Teil in eine Verbesserung der agrarischen Produktion investiert wurden.[20] Dieses Privileg, das ursprünglich der Stabilisierung der adligen Herrschaftsschicht hatte dienen sollen, bewirkte letztlich fast das Gegenteil, indem es der Verschuldung adliger Güter Vorschub leistete und bürgerlichen Gläubigern immer größere Besitzrechte einräumte. Noch bevor das adlige Landbesitzmonopol 1807 aufgehoben wurde, befanden sich bereits ca. 10% der Rittergüter in bürgerlicher Hand.[21]

Adel und bürgerlicher Mittelstand

Eine solche ökonomische Umschichtung lag nicht im Sinne der preußischen Monarchie, die den Adel als ersten, wichtigsten und mächtigsten Stand zu erhalten und nach unten abzugrenzen suchte. Besonders unter Friedrich II. waren seine soziale Position bedeutend gestärkt und die starren Standesgrenzen zwischen Bauern, Bürgern und Adligen fester markiert worden. Jeder Stand bekam eine bestimmte Funktion zugewiesen, die ihn in eine enge Beziehung zum Staat setzte. Dem Adel, der im 18. Jahrhundert etwas mehr als 1% der preußischen Gesamtbevölkerung umfaßte, oblag in dieser Funktionshierarchie die vornehmste Aufgabe der Landesverteidigung. Alle Offiziersstellen wurden fortan ausschließlich mit Adligen besetzt. Auch höhere Beamtenposten blieben dem Adel vorbehalten, der damit zum Staatsstand par excellence avancierte.[22]

Fundament dieser adligen Privilegien und Garantie seiner »Konservation« war das Grundeigentum mit den daran haftenden Herrschaftsrechten. Der Besitz eines Rittergutes galt als das einzige dem Adel angemessene »anständige Erwerbsmittel«; alle anderen wirtschaftlichen Aktivitäten, sei es im städtischen Gewerbe, Bankwesen oder Handel, waren ihm im allgemeinen untersagt. Auch wenn sein Besitzmonopol seit dem späten 18. Jahrhundert zunehmend durchlöchert wurde, wahrte der Adel seine soziale Exklusivität als Geburtsstand und schottete sich in seinem gesellschaftlichen Umgang gegen Kontakte mit anderen Ständen ab. Unterstützt wurde dieses Bestreben durch Rechtsbestimmungen wie jene, die männlichen Adligen eine standesungleiche Heirat verboten. Einzige Ausnahme: die Ehe mit Töchtern des höheren Bürgerstandes. Hier war das Konnubium ausdrücklich gestattet, was ein bezeichnendes Licht auf die schon im Ancien régime vorhandenen Annäherungstendenzen zwischen Adel und bürgerlicher Oberschicht warf.

Als Mesalliance gemäß dem 1794 erlassenen Allgemeinen Landrecht für

die Preußischen Staaten galt jedoch weiterhin etwa die Eheschließung zwischen einem Adligen und einer Handwerker- oder Gastwirtstochter. Das alte Stadtbürgertum durfte die ständischen Grenzen, die den bürgerlichen »Mittelstand« zwischen Adel und Bauern definierten, nicht überschreiten; herausgehoben und mit staatlichen Vorrechten[23] versehen wurden lediglich die Gruppen des »neuen Bürgertums«. Dazu zählten Beamte und Akademiker, die Gymnasiallehrer, Pfarrer, Ärzte, Universitätsprofessoren, die fast durchweg in staatlichem Sold standen. Ihre Zahl hatte sich im Laufe des 18. Jahrhunderts ständig vergrößert, wenngleich sie, gemessen an der Gesamtpopulation Preußens, klein blieb. Die Ausdehnung und Konsolidierung der absolutistischen Verwaltung hatte mehr und mehr Angehörige des bürgerlichen »Mittelstandes« in königliche Dienste gezogen, und wenn sich die Spitzen der Bürokratie bis weit ins 19. Jahrhundert hinein aus Adligen zusammensetzten, war doch das Gros der preußischen Beamtenschaft schon im 18. Jahrhundert überwiegend bürgerlicher Herkunft.[24]
In enger Beziehung zum Staat standen auch die neuen wirtschaftsbürgerlichen Schichten, die Handels- und Manufakturbourgeoisie. Vor allem in der Hauptstadt Berlin sammelten sich Kaufleute und Unternehmer, die ihren ökonomischen Aufstieg unmittelbar der merkantilistischen Wirtschaftsförderungspolitik der absolutistischen Herrscher verdankten. Um den Staatsschatz zu füllen und die Militärausgaben finanzieren zu können, hatten sich die preußischen Könige des 18. Jahrhunderts bemüht, Handel und Gewerbe als Träger städtischer Konsumtionssteuern (Akzise) zu stimulieren und auf diese Weise die Einnahmen des Staates zu erhöhen. Die Einfuhr ausländischer Manufaktur- und Luxuswaren wurde sukzessive reduziert und mit hohen Zollabgaben belegt. Fortan sollte der Bedarf nach solchen Gütern durch inländische Produktion gedeckt werden. Zwecks Ankurbelung dieser Gewerbezweige (Seide, Samt, Porzellan) griff der Staat selber in das Wirtschaftsgefüge ein, errichtete staatseigene Manufakturen oder konzessionierte bürgerliche Manufakturunternehmer mit staatlichen Monopolen und Absatzprivilegien. Darüber hinaus durchlöcherte er die starren Zunftschranken, indem er außerhalb der städtischen Zunftgrenzen Freimeister ansetzte oder die Ansiedelung ländlicher Verlagsindustrien und die Investition von Handelskapital erleichterte.[25]
In diesem Kontext bildete sich eine Unternehmerschicht heraus, deren wirtschaftliche Prosperität eng an die protektionistische Politik des Staates gebunden war. Der Erfolg dieser Politik aber war durchaus zweifelhaft. Korruption und bürokratische Ineffizienz beeinträchtigten ihre Wirksamkeit ebenso wie die Konzessionierung inkompetenter

Verleger und Manufakturisten, die oft schon nach kurzer Zeit Bankrott anmeldeten.[26] Eine größere Durchsetzungs- und Konkurrenzfähigkeit zeichnete dagegen jene Unternehmer aus, die ihre privat-kapitalistischen Betriebe ohne direkte staatliche Kontrolle aufbauten und sich nicht nur geographisch, sondern auch politisch und ökonomisch als »Außenseiter innerhalb der Monarchie« (Kisch) begriffen. Ihre Geschäfte profitierten eher von freiem Handel und freien Märkten und expandierten auch dann noch, wenn der preußische Staat ihnen den Binnenmarkt der Kernprovinzen verschloß. Diese Unternehmer, die sich in der schlesischen Baumwollindustrie und im rheinisch-westfälischen Seiden- und Textilgewerbe konzentrierten, standen dem merkantilistischen System kritisch und distanziert gegenüber und bemühten sich um politische und ökonomische Unabhängigkeit. Insgesamt jedoch verhielt sich das ökonomisch relativ schwache, territorial zersplitterte preußische Wirtschaftsbürgertum friedlich und obrigkeitstreu; von einer prinzipiellen Ablehnung des absolutistischen Staates oder seiner Politik war nicht die Rede.[27]

Das neue Bürgertum zwischen Französischer Revolution und preußischer Reform

Kritik an der alten Ordnung entwickelte sich schon eher in den bildungsbürgerlichen Schichten, die in der zweiten Hälfte des 18. Jahrhunderts, stimuliert von der französischen Aufklärung, zaghaft ein bürgerliches, antifeudales Selbstbewußtsein auszubilden begannen. Die Französische Revolution von 1789 wurde in diesen Kreisen, vor allem von der freischwebenden literarischen Intelligenz, zunächst euphorisch begrüßt, versinnbildlichte sie doch den Aufstieg des Dritten Standes und den Sieg bürgerlicher Prinzipien und Gleichheitsforderungen. Die seitens des neuen Bürgertums wiederholt beklagten »Mißverhältnisse der Stände«, die soziale, ökonomische, rechtliche und politische Privilegierung des Adels, schienen durch die Revolution in Frankreich, die auch in Preußen »einen großen Enthusiasmus für demokratische Staatsformen und Grundsätze erzeugte« (Brandes), endgültig aufgehoben. Zugleich gaben die Geschehnisse im Nachbarland jener bürgerlichen Geschichtsphilosophie neue Nahrung, die im Fortschritt das Bewegungsprinzip menschlicher Entwicklung erblickte und die Veränderbarkeit gesellschaftlicher Systeme betonte. Auch die Idee des Nationalstaats, der die territorialen Zersplitterungen und Interessengegensätze überwand, gewann im Bürgertum frischen Auftrieb.[28]

Angesichts dieser anfänglichen Begeisterung für die Umwälzungen in Frankreich stieß die Intervention der preußischen Armee zugunsten der Bourbonen-Dynastie auf deutliche Ablehnung. Andererseits war der französische Funke nicht stark genug, um auch in Preußen einen revolutionären Flächenbrand zu entfachen. Gerade die existentielle Abhängigkeit bürgerlicher Bildungs- und Wirtschaftsschichten vom Staat verhinderte eine gewaltsame Distanzierung von der absolutistischen Obrigkeit. Eine graduelle Reform schien den preußischen Verhältnissen angemessener als ein einmaliger Umsturz, der, wie man bald in Frankreich beobachten konnte, mit Bürgerkrieg, Fraktionsrivalitäten und unkontrolliertem Terror verbunden war.
Das politische System Preußens kam den in einer Vielzahl von Zeitungen, Journalen und Flugschriften veröffentlichten Reformwünschen des Bürgertums entgegen, wozu die aufgeklärt-liberalen Beamten in der Staatsspitze ihren Teil beitrugen. Allerdings stießen die Ansätze einer Reform »von oben« immer wieder auf den Widerstand monarchischer und adliger Interessen, so daß sich das Bürgertum in seinen Erwartungen an die Wandlungsfähigkeit der absolutistischen Ordnung weitgehend getäuscht sah. Symptomatisch dafür war das 1794 in Kraft tretende Allgemeine Landrecht. Ursprünglich als Grundrechtskatalog und Ersatzverfassung konzipiert und von der Idee des Gesellschaftsvertrags geleitet, verformten sich die fortschrittlichen Ansätze unter dem Druck der adligen Gegenpartei im wesentlichen zu einer Festschreibung des Status quo: »Der Souverän blieb absolut, der Bürger nur innerlich frei« (Koselleck). Die funktionsständische Sozialstruktur wurde ebenso beibehalten wie die Privilegien und Immunitäten des Adels. Eine »bürgerliche Gesellschaft«, die auf der äußeren Freiheit und formalen Gleichheit aller Menschen beruhte und sich den Staat als eine an Rechtsprinzipien und Verfassungen gebundene Sphäre politischer Partizipation und Kontrolle schuf, war noch nicht in Sicht.
Es bedurfte der außenpolitischen Niederlage Preußens und der Neuordnung der mitteleuropäischen Landkarte durch Napoleon, um den Reformerwartungen bürgerlicher Kreise eine begründete Aussicht auf Erfolg zu verschaffen. Erst nachdem die preußische Armee 1806 von den französischen Revolutionsheeren besiegt worden war und der preußische Staat im Frieden von Tilsit 1807 seine Kapitulation erklären mußte, war der Weg frei für durchgreifende Veränderungen der ins Wanken geratenen alten Ordnung. Die sinnfällige Überlegenheit Frankreichs über den ehemals so mächtigen Militärstaat Preußen schwächte den Widerstand konservativer Kräfte gegen soziale Reformen, die nach dem Willen ihrer Initiatoren die innere Stabilität des Staa-

tes wiederherstellen und seine äußere, nunmehr angeschlagene Position stärken sollten. Unter Federführung hoher Beamter erließ der preußische König seit 1807 verschiedene Reformgesetze, die nahezu alle gesellschaftlichen Bereiche berührten.[29]

Das Edikt von 1807 verkündete den Bauern die persönliche Freiheit; zusammen mit dem Regulierungsedikt von 1811 setzte es eine völlige Umwälzung der feudalen Agrarverfassung in Gang. Die abhängigen Bauern konnten sich fortan von ihren Abgaben und Diensten freikaufen und vollberechtigte Eigentümer ihres Bodens und ihrer Arbeitskraft werden. Die jahrhundertealte Schollenbildung war damit aufgehoben und die freie Mobilität von Land und Menschen eingeführt. Diese Bestimmungen stießen auf scharfe Proteste der Gutsbesitzer, die sich mit dem Verlust bäuerlicher Zwangsarbeitskräfte nicht ohne weiteres abfinden wollten. Ihrem Widerstand war es zu verdanken, daß die »Bauernbefreiung« immer wieder verzögert und behindert wurde, beispielsweise durch die staatliche Deklaration von 1816, die das Ablösungsrecht auf alteingesessene Vollbauern beschränkte. Trotz dieser Störmanöver markierten die Ablösungs- und Regulierungsmaßnahmen der Reformzeit einen klaren Bruch mit der feudalen Vergangenheit; mehr als die Bauern, die sich ihre Freiheit und Menschenrechte oft mit ruinösen Summen erkaufen mußten und in vielen Fällen als deklassierte Landarbeiter auf den Gütern ihrer ehemaligen Herren landeten, profitierten davon allerdings die Gutsbesitzer selber. Die Freisetzung der Bauern ebnete ihnen langfristig den Weg für eine durchgreifende Rationalisierung, Kapitalisierung und Produktionssteigerung ihrer Betriebe auf der Grundlage freier Lohnarbeit.

Gleichfalls aufgehoben wurden 1807 die ständischen Beschränkungen der Berufswahl: Während Adlige nunmehr befugt waren, jedes bürgerliche Gewerbe zu betreiben, durften sich Bürger ungehindert in adligen Grundbesitz einkaufen. Die gebundene Ständegesellschaft, die jedem Menschen eine feste, durch Geburt erworbene soziale Position zuwies, näherte sich damit einer mobilen »Leistungs- und Berufsgesellschaft« (Nipperdey): Ökonomische Definitionen traten an die Stelle rechtlicher Setzungen, Klassen lösten Stände ab.

Individuelle Mobilitäts- und Leistungsprinzipien erschütterten auch die städtischen Strukturen. 1810 wurde die Gewerbefreiheit eingeführt, Monopole und Privilegien außer Kraft gesetzt und der Unterschied zwischen Stadt und Land in wirtschafts- und sozialrechtlicher Hinsicht annulliert. Die Städteordnung von 1808 brachte dem Bürgertum die kommunale Selbstverwaltung und damit zumindest ein Stück politischer Partizipation und Selbstbestimmung. Auch das Edikt über die

Emanzipation der Juden von 1812 kann als Schritt in Richtung auf eine allgemeine Staatsbürgergesellschaft ohne ständische Sonderrechte interpretiert werden. Die Reform des Bildungswesens, die Neubegründung humanistischer Gymnasien, die Einführung systematischer Lehrerbildung und die Umstrukturierung der Universitäten kamen dem bürgerlichen Bildungsbewußtsein entgegen und etablierten die idealistische Bildungsidee als »Nationalerziehung«. Bürgerliche Gleichheitswünsche fanden schließlich auch bei der Heeresreform Berücksichtigung, die sogleich nach der preußischen Niederlage in Angriff genommen wurde. Im Rahmen der 1813/14 erlassenen Allgemeinen Wehrpflicht wurden alle Ausnahmen abgeschafft, dafür aber neue, das Bürgertum favorisierende Sonderregelungen eingeführt. Eine freiwillige einjährige Dienstzeit entband die gebildeten und begüterten Schichten von der dreijährigen Wehrpflicht; darüber hinaus wurde die Offizierslaufbahn für Bürgerliche geöffnet.

Insgesamt war das Modell einer bürgerlichen Gesellschaft, wie es in den Diskursen des neuen Bürgertums entworfen worden war, durch die preußische Reformgesetzgebung 1807–1820 in wichtigen Ansätzen verwirklicht worden, wenngleich die ständischen Strukturen infolge adliger Widerstände eine zähe Beharrungskraft entfalteten. Der Traum von einer Verfassung allerdings, von einer rechtlich abgesicherten Teilhabe der Regierten an der politischen Macht, blieb gänzlich unerfüllt. Zwar hatte der König 1810 und 1815 eine Verfassung versprochen. Nach den Befreiungskriegen gegen Napoleon 1813–1815, die von einer beispiellosen gesellschaftlichen Mobilisierung begleitet worden waren, wurde die Einlösung dieses Versprechens immer wieder gefordert, nicht zuletzt von der studentischen Burschenschaftsbewegung und dem selbstbewußten Bürgertum der seit 1815 zu Preußen gehörenden Rheinprovinz. Die politische Restauration, die nach dem Wiener Kongreß 1814/15 und der territorialen Neuordnung auf dem Kontinent in fast allen europäischen Staaten einsetzte, beschied diese Forderungen jedoch abschlägig. Die unnachgiebige Unterdrückung liberal-demokratischer Tendenzen und eine scharfe Zensur der bürgerlichen Presse beendeten die von der politisch-militärischen Schwäche Preußens diktierte Phase innovativer Diskussion und Reform. Die bürgerliche Marktgesellschaft war auf den Weg gebracht, die politische Repräsentation der Staatsbürger ließ auf sich warten.

2. Von der Bürgerherrschaft zur Staatsbürgerlichen Gesellschaft – Württemberg zwischen Ancien régime und Vormärz

Von Hans Medick

»Mit Recht hat man Württemberg das klassische Land der Bürgerherrschaft genannt.«[30] Dieses Urteil eines Historikers über das Württemberg des Ancien régime am Ende des 18. Jahrhunderts bezieht sich nicht auf ein Bürgertum im modernen Sinne, d. h. ein Wirtschafts- und Bildungsbürgertum, wie es seit Beginn des 19. Jahrhunderts entstand. Gemeint ist vielmehr die dominierende Stellung des weltlichen und geistlichen Amtsbürgertums in der politisch-herrschaftlichen Verfassung Alt-Württembergs vor der Französischen Revolution. »Bürger« waren damals keineswegs alle Einwohner des Landes. Als Bürger galten in der Regel nur solche besitzenden und ehrbaren Mitglieder einer städtischen und (in Württemberg) auch ländlichen Gemeinde, welche die Bürgerrechte besaßen, d. h. vor allem das Recht zur Führung eines Gewerbebetriebs und zur Nutzung der gemeindlichen Ressourcen (z. B. an Wasser, Weide, Holz)[31] sowie das Recht, in Gemeindeangelegenheiten mitzubestimmen. Sie alle bildeten den »Bürgerstand«, der in sich keineswegs homogen war. Er umfaßte die kleinen »Bürgerli« ebenso wie die vornehmen »Bürger«.[32] Zum Amtsbürgertum zählten nur letztere, eine verhältnismäßig kleine patrizische Schicht, die aufgrund ererbter Titel und zumeist beträchtlichen Vermögens, oder auch einer speziellen gelehrten Ausbildung, aktive Herrschafts- und Amtsträger waren.[33] Besonders durch die dominierende Stellung dieses Amtsbürgertums galt Württembergs Verfassung unter den Zeitgenossen des letzten Viertels des 18. Jahrhunderts als das »bürgerlichste« Herrschaftssystem aller deutschen Territorialstaaten.

Aber handelte es sich deshalb schon um eine »bürgerliche Gesellschaft«, welche diese Verfassung prägte bzw. von ihr geprägt wurde? Welche Rolle spielten Amtsbürger und -bürgertum im württembergischen 18. Jahrhundert? Wie lange dauerte das württembergische Ancien régime, das von solcher »Bürgerherrschaft« geprägt war? Und schließlich: Wann und unter welchen Umständen setzte ein Transformationsprozeß ein, der Umbrüche und Übergänge zur Gesellschaft des Bürgertums im Sinne des 19. Jahrhunderts auf den Weg brachte? Diesen Fragen soll in den folgenden Abschnitten nachgegangen werden.

Bürgerherrschaft vor der bürgerlichen Gesellschaft. Das württembergische Ancien régime

Das Herzogtum Württemberg war um 1790 von seiner Einwohnerzahl (600000) wie von seiner flächenmäßigen Ausdehnung (9500 qkm) her ein deutscher Kleinstaat, allerdings der größte Kleinstaat im deutschen Südwesten.[34] Es verfügte im Unterschied zu Preußen zwar über ein zum größten Teil zusammenhängendes Staatsgebiet, dieses jedoch war keineswegs in sich geschlossen, sondern vielmehr Teil der buntscheckigen und zersplitterten politischen Geographie des Südwestens des alten Deutschen Reiches.[35] Zahlreiche politisch unabhängige, d. h. »reichsunmittelbare« Enklaven durchsetzten das württembergische Territorium. So lagen die Freien Reichsstädte Eßlingen, Reutlingen und Weil der Stadt inmitten württembergischen Gebiets. Desgleichen reichten zahlreiche Herrschaften reichsfreier Ritter, Freiherrn und Grafen, Teile Vorderösterreichs wie Bayerns weit ins Land hinein. Kleinere Landesteile, wie etwa die Oberämter Heidenheim und Tuttlingen, verfügten über keine territoriale Verbindung mit dem Hauptstaatsgebiet.

Der Schluß liegt nahe, daß ein Land mit einer derartig unebenen politischen Geographie nur durch eine straffe und zentralistische Verwaltung überhaupt zusammengehalten werden konnte, getragen von einem staatlich domestizierten Adel und einem absolutistischen Beamtentum sowie von einer starken, auch nach innen wirksamen Militär- und Polizeigewalt. Doch eine solche Interpretation, die vom »Modell« Preußens und anderer Staaten ausginge, in denen Herrscher und Bürokraten absolutistische Ansprüche verfochten und durchsetzten, würde die historische Wirklichkeit Württembergs nicht nur am Ende des 18. Jahrhunderts, sondern während der gesamten frühneuzeitlichen Übergangsepoche verfehlen. Die Staatsbildung, die gesellschaftliche, politische und herrschaftliche Integration des württembergischen Territoriums waren während dieses gesamten Zeitraums vom preußischen Weg grundlegend unterschieden, und sie blieben es bis weit in das 19. Jahrhundert hinein.[36]

Zwar waren im Württemberg des ausgehenden 18. Jahrhunderts der Herzog und die von ihm ernannten obersten weltlichen und geistlichen Verwaltungsorgane (der Geheime Rat als weltliche, das Herzogliche Konsistorium als kirchliche Behörde) die Hauptrepräsentanten staatlicher Macht. Der Herzog hatte rechtlich wie faktisch die oberste Gesetzgebungskompetenz. Er befehligte ein relativ kleines stehendes Heer. Die Beamtenschaft, auch außerhalb der zentralen Behörden, unterlag seinem Ernennungs- bzw. Bestätigungsrecht. Die herzoglichen

Kammereinkünfte reichten ursprünglich, zumindest im Frieden, für alle inneren Staatsbedürfnisse und für die Hofausgaben aus. Doch schrumpfte dieser Spielraum zunehmend, als die württembergischen Herzöge seit Beginn des 18. Jahrhunderts die Staats- und Privatausgaben für barocken Lebensstil und barocke Hofhaltung, aber auch für den Ausbau von Verwaltung und Armee steigerten. Interessenbasis und Motive für die Aufrichtung eines fürstlichen Absolutismus waren somit durchaus gegeben. Doch war Württemberg um 1790 ein Land, in dem sich das Maß an Absolutismus preußischen Musters – trotz wiederholter entschiedener Versuche in dieser Richtung, zuletzt noch unter dem in dieser Zeit regierenden Herzog Karl Eugen (1744–1793) – nicht hatte durchsetzen können.[37] Selbst die mehrfachen gewaltsamen Verfassungsbrüche während der Regierungszeit dieses Herzogs, insbesondere die Versuche, illegale Steuern und Truppenaushebungen mit Hilfe von Militäreinsätzen und zahlreichen Einkerkerungen zu erzwingen, verhalfen den Versuchen eines fürstlichen Absolutismus hier nicht zum Erfolg. Auch Subsidienverträge mit auswärtigen Staaten sowie hohe Anleihen bei privaten Geldgebern (u. a. beim Aufklärer und Geschäftsmann Voltaire – bei diesem für insgesamt 700000 Gulden)[38] reichten nicht aus, um zu einer unabhängigen finanziellen und auch Herrschaftsbasis zu kommen.

Württemberg gehörte auch am Ende des 18. Jahrhunderts noch zu den wenigen Territorien des alten Deutschen Reiches, in denen es einer ständisch parlamentarischen Vertretung, der sogenannten »Landschaft«, gelang, gegenüber dem Landesherren wesentliche Mitbestimmungsrechte bei der Ausübung der Landesherrschaft zu wahren, ja diese Rechte sogar im Verlauf des 18. Jahrhunderts noch auszuweiten. Ihre »Privilegien« waren der Landschaft zuletzt nach erbitterten Auseinandersetzungen zur Zeit des Siebenjährigen Krieges im sog. Erbvergleich von 1770 verbrieft worden. Statt zur Ausbildung eines Absolutismus des Fürsten und seiner Bürokratie kam es in Württemberg vielmehr zur Ausbildung eines »zwiefachen Absolutismus« (S. Stern)[39] von herzoglicher Landesherrschaft und oligarchischer bürgerlicher Standesherrschaft. Die Durchsetzung eines fürstlichen Absolutismus scheiterte am sozialen und politischen Bollwerk der »bürgerlichen Ehrbarkeit« des Landes. Damit ist die kleine Schicht weltlicher und geistlicher Amtsträger gemeint, auf deren Mitwirkung und Kooperation auch die herzogliche Landesherrschaft angewiesen war. Zu dieser Ehrbarkeit gehörten in erster Linie die gehobenen Amtsträger der 63 württembergischen Amtsstädte (Gerichtsherren, Ratsverwandte, Bürgermeister), die Geistlichkeit in Stadt und Land sowie die Amtsträger bzw. Beamten in den zentralen weltlichen und kirchlichen Institutionen.[40] Die Ehrbarkeit der Amtsstädte und die Geistlichkeit besaßen im ständisch-parlamentarischen Vertretungsorgan der »Landschaft« ihre organisierte Interessenvertretung, die gleichzeitig als Zentralinstanz an der Landesherrschaft mitwirkte.

Die starke Machtstellung dieser bürgerlichen Ehrbarkeit erklärt sich zunächst historisch: aus der besonderen Klassenkonstellation der frühneuzeitlichen württembergischen Gesellschaft. Adelige Grundherren waren als Herrschaftsträger bereits im 16. Jahrhundert aus dem Lande ausgeschieden. Sie waren zumeist katholisch geblieben und hatten die Existenz als reichsunmittelbare Ritter, Freiherrn und Grafen ihrer »Verstaatlichung« in einem protestantisch geprägten Land vorgezogen. Adelige bevölkerten hinfort zwar weiterhin den herzoglichen Hof, der im Verlauf des 18. Jahrhunderts aus der Hauptstadt Stuttgart in die barocke Residenzstadt Ludwigsburg aus- und umzog. Der Adel behielt auch durchaus einen Anteil an den Ämtern, die der Herzog zu vergeben hatte. Doch ging dieser Anteil im Verlauf des 18. Jahrhunderts – im Unterschied zu Preußen – zugunsten von Beamten bürgerlicher Herkunft zurück.[41]

Auch der zu Beginn des 16. Jahrhunderts angemeldete Anspruch der Bauern auf direkte ständische Mitwirkung an der Landesherrschaft war bereits vor dem Bauernkrieg mit der Niederschlagung der Bauernrevolte des sog. »Armen Konrad« im Jahre 1514 gescheitert. Maßgeblichen Anteil hieran hatte das Bündnis des Herzogs und der herzoglichen Verwaltung mit den stadtbürgerlichen Amtsträgern. Aus diesem Bündnis war – gewissermaßen als Konzession – das Recht auf ständische Vertretung der letzteren in der Landschaft hervorgegangen. (Der aus diesem Anlaß geschlossene Tübinger Vertrag von 1514 gilt bis heute als Beginn des württembergischen Parlamentarismus.)

»Die Geschichte der Wirtembergischen Landstände hat gleich in ihrem ersten Anfange, so wie in ihrer ganzen Entwickelung etwas so Auszeichnendes und Eigenthümliches, daß sie wohl die schönste und lehrreichste ihrer Art ist. Die Verfassung dieses Korps hat sich nicht, wie es sonst von einem großen Theil der übrigen deutschen Landstände gilt, aus dem Feudalsysteme entwickelt; sie ist nicht bloß den Schicksalen des Grundeigenthums gefolgt...

Noch ehe sich in Wirtemberg, wie in anderen Ländern, die Prälaten und der Adel vereinigen mochten, so hatte schon der *dritte Stand*, zum sichern Gewahrsam seiner Freiheit, ein festes unauflösliches Korps gebildet. Und nicht er ist, wie sonst fast überall, den schon vollendeten Korps der höheren Stände zugewachsen, sondern die Prälaten haben

sich mit ihm, dem dritten Stand, vereinigt, und der Adel, der sich nicht vereinigen wollte... zerriß endlich die Bande völlig.«[42]
Seit der Durchführung der protestantischen Reformation im Lande (1534) war der protestantische Klerus zum Bündnispartner der städtischen Amtsträger geworden. Er war durch eine spezielle »Prälaten«-Bank in der Landschaft vertreten. Die weltlichen Amtsträger der Städte und die protestantische Geistlichkeit wuchsen im Verlauf des 17. und 18. Jahrhunderts nicht nur im ständisch-parlamentarischen Vertretungsorgan der Landschaft, sondern auch in den einzelnen Orten des ganzen Landes immer stärker zu einer sozial-homogenen Herren-Schicht zusammen. Sie war untereinander vielfach verbunden: durch Heirats- und Verwandtschaftsbeziehungen und durch die Entsprechung dieser Beziehungen im Bereich herrschaftssichernder Ökonomie, durch Nepotismus, Cliquenwesen, »Vetterleswirtschaft«. Diese Schicht bildete die »bürgerliche Ehrbarkeit«. Der selbst aus Württemberg stammende Philosoph Georg Wilhelm Friedrich Hegel hat sie in zwei politischen Schriften aus den Jahren 1798 und 1816 als eine geldgierige, privilegiensüchtige und reformunfähige »bürgerliche Aristokratie« gekennzeichnet.[43] Er hat ihr ein vernichtendes Urteil gesprochen. Hegels gänzlich andere Vorstellungen von einer bürgerlichen Gesellschaft, die er unter Begrüßung der Ergebnisse der Französischen Revolution als eine liberale, besitzindividualistische Gesellschaft freier und rechtsgleicher Eigentümer begriff, waren mit der Verwandtenherrschaft und Privilegienwirtschaft des altständischen Bürgertums seines Geburtslandes unvereinbar.
Das Herrschaftsinstrument dieser »bürgerlichen Aristokratie« und zugleich ihr politisches Legitimationsorgan bildete die landständische Verfassung, wie sie in der altwürttembergischen Landschaft verkörpert war.[44] Die Landschaft wurde in unregelmäßigen Abständen vom Landesherren zu sog. Landtagen einberufen, vor allem zum Zwecke der Steuerbewilligung, des wichtigsten von ihr erkämpften und zäh behaupteten Rechts, das allerdings in gleichem Maße auch eine Verpflichtung und Belastung der besteuerten Untertanen bedeutete (während die Landschaftsangehörigen selber steuerfrei ausgingen). Doch waren Landschaft und Landtage mehr als ein bloßes Hilfsorgan der Steuerbewilligung und -verwaltung. Denn sie hatten es im Laufe der Zeit verstanden, als Gegenleistung für die Steuerbewilligungen und die dadurch mögliche landesherrliche Schuldentilgung zahlreiche weitere Kompetenzen zu erlangen. Die wichtigsten waren: das Beschwerde- und Petitionsrecht, das Bündniszustimmungs- und Kriegsrecht (seit 1514), die Garantie der protestantischen Religion des Landes (wichtig

vor allem, seit die Herzöge 1733 zum katholischen Glauben übergewechselt waren) sowie das Recht auf einen Ständigen Ausschuß, der in der Regel als Engerer Ausschuß, in Sonderfällen als vergrößerter Weiterer Ausschuß die Geschäfte der Landschaft auch zwischen den Landtagen führte und wahrnahm (seit 1554). Dieser Ausschuß schwang sich allerdings am Ende des 18. Jahrhunderts zu einer oligarchischen Selbstregierung auf, die sich durchaus auch gegen das Interesse des Landtages richtete. Er ging auf dieser Basis sogar eine teilweise Allianz bzw. Symbiose mit den landesfürstlichen absolutistischen Bestrebungen ein.
Die Landtage gingen aus Wahlen hervor, doch wäre es falsch, anzunehmen, daß sie als eine ständisch-parlamentarische Vertretung von allen erwachsenen Landesuntertanen oder auch nur von deren männlichem Teil gewählt wurden. Sie repräsentierten vielmehr lediglich das »Corpus der privilegierten Untertanen«[45], wie es einer der besten Kenner der landschaftlichen Verhältnisse des 18. Jahrhunderts, der württembergische Landschaftskonsulent Johann Jakob Moser[46] – er war zugleich einer der aktivsten Vorkämpfer landschaftlicher Rechte –, formulierte. Nur wenige tausend der 600 000 Landeseinwohner wählten in sog. *Amtsversammlungen* die weltlichen Landschaftsabgeordneten. Gewählt wurden nahezu ausschließlich städtische Amtsträger. Nur sie hatten das passive Wahlrecht. Als Mitglieder der städtischen Gerichte, Räte und Magistrate entstammten sie streng oligarchischen Körperschaften mit lebenslanger Mitgliedschaft, die sich stets wieder selbst ergänzten und in denen auf diese Weise die Herrschaft einzelner Familienclans über Generationen hinweg zementiert war. Das aktive Wahlrecht in den Amtsversammlungen dagegen nahmen auch Vertreter der ländlichen Gemeinden (Dörfer und Flecken) gemeinsam mit Vertretern der städtischen Magistrate wahr. Die Vertreter des flachen Landes erreichten im Verlaufe des 17. und 18. Jahrhunderts – vor allem aufgrund des großen Gewichts der ländlichen Gemeinden bei der Steuerzahlung – ein zunehmend stärkeres Mitspracherecht in diesen Urwahlversammlungen. Indirekt galt dieses Mitspracherecht auch für alle Landtagsangelegenheiten, denn die Landtagsabgeordneten erhielten ein imperatives Mandat, d. h., sie waren den Instruktionen ihrer Wähler unterworfen, bis hin zur Rückrufbarkeit im Falle der Nichtbefolgung. Es kam häufig vor, daß in den einzelnen Amtsversammlungen die Vertreter des Landes die der Stadt überstimmten und somit ein Abgeordneter in den Landtag gesandt wurde, der zwar den Reihen der städtischen Ehrbarkeit entstammte, aber die Interessen des flachen Landes vertrat.[47]
Diese vermehrte politische Mitsprache ist ein deutliches Zeichen nicht

nur des politischen, sondern des umfassenden ökonomischen, sozialen und kulturellen Aufstiegs des Landes gegenüber der Stadt im 18. Jahrhundert. Dieser Aufstieg war nicht auf Württemberg begrenzt. Er zeigte sich auch in anderen Teilen Deutschlands. Doch nahm er in Württemberg eine besondere politische und kulturelle Ausprägung an.[48]

Hier wie in anderen Regionen wurde dieser Aufstieg nicht zuletzt durch die Ausbreitung gewerblicher Massenproduktion auf das Land vorangetrieben, in Form einer vor allem von den klein- und unterbäuerlichen Schichten als Neben- oder Haupterwerb betriebenen gewerblichen Tätigkeit, hauptsächlich in der Textilerzeugung, aber regional auch in anderen Gewerbezweigen, z. B. der Uhrenindustrie oder Kleineisenindustrie (Protoindustrialisierung).[49] In Württemberg wurde dieser Aufschwung des Landes möglicherweise in noch stärkerem Maße von der Intensivierung der Landwirtschaft getragen. Diese »Industrie des Feldbaues«[50] war vor allem die Folge des verstärkten Einsatzes von Arbeitskraft klein- und unterbäuerlicher Landbesitzer.[51] Sie stellte nicht etwa eine Vorform des Übergangs zur kapitalistischen Landwirtschaft dar wie in Preußen.

»Der Fleiß der Einwohner Wirtembergs, ihr Land nützlich zu machen und soviel wie möglich anzubauen, gehet in vielen Gegenden so weit«, bemerkte wohl in Bezug auf den Weinbau ein zeitgenössischer Reisender, »daß sie die Erde in Körben auf die Felsen tragen.«[52]

Es handelte sich bei diesem Aufstieg des Landes im 18. Jahrhundert allerdings um eine Entwicklung, die durch die Umbrüche des 19. Jahrhunderts bald wieder beendet wurde, vor allem durch die an Städte und Verstädterung gebundene *industrielle Revolution*.

Für die landständische Verfassung Altwürttembergs im 18. Jahrhundert brachte die vermehrte Teilnahme und Aktivität der Vertreter des agrarischen und protoindustriellen Landes in den Amtsversammlungen zwar keineswegs bürgerlich-demokratische Reformen. Sie gab aber doch Impulse zu einer erweiterten, wenigstens indirekten Teilhabe aller besitzenden und vollberechtigten Bürger an der ständischen Politik und Machtausübung. Diese Impulse sollten bis in die Reformdiskussion der Zeit der Französischen Revolution und darüber hinaus bis in den Vormärz lebendig bleiben. Sie bewirkten eine Orientierung der Reformdiskussion nicht in die Richtung revolutionären Umbruchs, sondern auf die Weiterentwicklung der ständischen Verfassung und ihres »Alten Rechts«. Sie bildeten gleichsam ein anti-revolutionäres Sicherheitsventil und wirkten gerade zur Zeit der Französischen Revolution einer Radikalisierung weiter Bevölkerungsschichten im Sinne der verhältnismäßig wenigen »deutschen Jakobiner«[53] württembergischer Provenienz entgegen.

Unmittelbar in den Jahren vor 1789 wurden allerdings auch solche begrenzten ständischen Reformimpulse durch eine zunehmende Tendenz zur Abkapselung und Oligarchisierung einer Elite von Amtsträgern innerhalb der bürgerlichen Ehrbarkeit des Landes eher blockiert. Diese Tendenz erfaßte die landständischen Institutionen und die Spitze der herzoglichen Verwaltung (den Geheimen Rat) gleichermaßen. Insofern ist die These von der Herrschaft/Dominanz der »bürgerlichen Ehrbarkeit« genauer zu fassen und zuzuspitzen. Württemberg wurde am Ende des Ancien régime von einem »korporativen Duumvirat« der Spitzen der bürgerlichen Ehrbarkeit regiert, eben von einem »zwiefachen Absolutismus« (S. Stern).[54] Diese Oligarchisierungstendenz spaltete die herrschende Klasse des Landes. Die breite Basis der »Ehrbarkeit« zog sich in die Städte und Amtsbezirke zurück, sie blieb ohne Teilhabe am zentralen Machtapparat; freilich funktionierten auch die örtlichen Magistrate aufgrund ihrer personalen Anbindung an die zentralen Institutionen des Landes (etwa über die Oberamtsleute der Oberamtsbezirke) nicht mehr als ein einheitliches Korps.

Der Landtag wurde nach dem Erbvergleich von 1770 bis zum Jahre 1797 nicht mehr einberufen. An seine Stelle trat die Herrschaft des Engeren Ausschusses der Landschaft. Dieser Ausschuß war zwar der Form nach ein repräsentatives Gremium: er setzte sich aus sechs Vertretern der Städte und der Ämter des Landes sowie aus zwei Prälaten zusammen. Die Mitgliedschaft im Ausschuß galt jedoch auf Lebenszeit. Eine Ergänzung erfolgte nur durch Kooptation, mit der Folge, daß weniger die Orte, Amtsbezirke und Prälaturen, als vielmehr einzelne Familien im Ausschuß gewissermaßen erblich repräsentiert waren. Zudem wurde die Zahl der Familien, die im Verlauf des 18. Jahrhunderts den Ausschuß beherrschten, immer kleiner. Es dominierte eine »Politik des kleinen Zirkels«.[55] Am Ende des 18. Jahrhunderts war der Ausschuß, in den Worten seines eigenen – aufgrund seiner reformerischen Position freilich entlassenen – Rechtskonsulenten Johann Jakob Moser zum »Familien- und Erbgut«[56] vor allem einer einzigen mächtigen Sippe, der Familie Stockmayer geworden.[57] War die »Familienhaftigkeit« die eine Seite dieser oligarchischen bürgerlich-ständischen Politik, so waren Nepotismus, Bestechlichkeit, Käuflichkeit ihre andere Seite. Ein erheblicher Teil der vom Engeren Ausschuß kontrollierten landschaftlichen Gelder und Steuereinnahmen – mindestens 2½ Millionen Gulden von den 32 Millionen, die zwischen 1770 und 1796 ein-

genommen wurden – flossen in Form von »Zehrungen«, »Verehrungen«, »Diäten« und »Geschenken« aus der Landschaftskasse (»Geheime Truhe« genannt). Sie gingen als Zahlungen, über die regulären Gehälter hinaus, an die »Ausschußverwandten« selbst, aber auch an die Agenten und Interessenvertreter des Ausschusses oder an andere höhergestellte Persönlichkeiten. Selbst Herzog Karl Eugen profitierte davon.[58]
Die Politik der herzoglichen Regierung bot nur in sehr beschränktem Maße ein Gegengewicht gegen die »Vetternwirtschaft« des Engeren Ausschusses. Denn auch die oberste herzogliche Regierungsbehörde, der »Geheime Rat«, entwickelte ähnliche Oligarchisierungstendenzen wie das Régime der »Vettern und Basen« in der Landschaft.[59] Das Württemberg des Ancien régime zeichnete sich jedenfalls dadurch aus, daß es nicht zur Etablierung einer staatlichen Reform-Bürokratie kam, die von der Verfilzung mit der bürgerlich-ständischen Ehrbarkeit relativ frei war.

Aufs Ganze gesehen handelte es sich nicht um einen vom Absolutismus geprägten Beamtenstand. Die geistige Welt eines preußischen Beamtentums würde man hier vergeblich suchen.[60]

Gleichwohl war die Politik der Landschaft und der herzoglichen Regierung unterschiedlich ausgerichtet. Von der herzoglichen Administration wurde, im Unterschied zu den Ständen, durchaus eine merkantilistische Politik der Förderung von Gewerbe und Handel betrieben, doch auch sie blieb weithin im Privilegien- und Monopolwesen stekken.[61] Insbesondere traf dies für die zwei größten handels- bzw. verlagskapitalistischen Unternehmungen des Landes zu, die Uracher Leinwandhandlungskompagnie und die Calwer Zeughandlungskompagnie.[62] Beide gediehen zwar einige Zeit im Schutze staatlicher Monopole und Privilegierungen. Ihre Weiterentwicklung scheiterte jedoch an eben der privilegierten Form, in der sie betrieben wurden. Denn die relative Freiheit von der Konkurrenz machte weder Innovationen noch größere Kapitalinvestitionen nötig. Weiterführende Ansätze zur protoindustriell-gewerblichen Warenproduktion erfolgten im 18. Jahrhundert dann auch, unabhängig vom privilegierten städtischen Verlags- und Handelskapital, zunächst vor allem auf dem Lande. Es verwundert deshalb nicht, daß die stärksten Impulse zur Industrialisierung im 19. Jahrhundert überwiegend von den ehemals freien Reichsstädten (Reutlingen, Heilbronn, Eßlingen) ausgingen, die erst 1806 dem neuwürttembergischen Staatsverband einverleibt wurden, und nicht etwa von den württembergischen Amtsstädten. Auf eben diese hemmenden

Auswirkungen der »merkantilistischen« Privilegien und Monopolpolitik auf Handel und Gewerbe im Lande verwies 1793 ein einsichtsvoller Reisender, der Göttinger Professor Christoph Meiners:

Wenn auch nicht die physische und politische Lage von Wirttemberg sich einem ausgebreiteten auswärtigen Handel widersetzte, so würde dieser doch immer durch die Form erschwert werden, die er seit langer Zeit angenommen hat. Handel und Fabriken sind dem größten Teil nach in den Händen von geschlossenen, und meist privilegierten Gesellschaften. Hierher gehören die... ausschließliche Verfertigung oder der Verkauf von wollenen Waren (durch die Calwer Zeughandlungskompagnie; d. Verf.) und von Schiffbauholz. Es ist ein Glück, daß nicht auch Wein und das Getreide monopolisiert worden sind.[63]

Die von seiten der herzoglichen Regierung betriebene Begünstigung von Monopolen und Privilegien, und vor allem auch ihr Ämterhandel bzw. Ämterverkauf, standen den Prinzipien der ständisch-bürgerlichen Ehrbarkeit entgegen. Sie wurden von dieser bekämpft, nicht zuletzt deshalb, weil sie potentiell den reinen Geldnexus und den individuellen Aufstieg kraft Geld und Zahlung an die Stelle akademisch-beamteter Kompetenz zu setzen drohten, die freilich – um wirksam zu sein – fast stets durch Erbe und Verwandtschaft »geadelt« sein mußte.
De facto stellte diese aus fiskalischen Interessen heraus betriebene Politik der herzoglichen Administration das Regime der Ehrbarkeit jedoch nie in Frage. Sie brachte keineswegs eine strukturdurchbrechende Mobilisierung der württembergischen Gesellschaft auf den Weg. Im Gegenteil: Wie eine Analyse der Herkunft des Pfarrernachwuchses zeigt, die auch für die anderen Gruppen von Amtsträgern in Altwürttemberg typisch sein dürfte, erreichte die soziale Exklusivität und Selbstrekrutierung dieser Schicht aus den Kreisen der bürgerlichen Ehrbarkeit in der Zeit zwischen 1763 und 1800 gegenüber früheren und späteren Perioden einen eindeutigen Höhepunkt.[64] Ein Statuswechsel vom Bauern und Handwerker zu einem Angehörigen der bürgerlichen Honoratiorenschicht war nahezu unmöglich geworden. Allerdings ist zu bedenken: diese Verhältnisse änderten sich – in Württemberg – auch im 19. Jahrhundert nicht grundlegend.
Am Ende des 18. Jahrhunderts jedenfalls galt in Württemberg eine Maxime eher noch verschärft, die der Theologe J. A. Bengel ein halbes Jahrhundert früher formuliert hatte:

Ein Grundgesetz in Wirttemberg ist: wer emporkommen will, muß entweder ein Herrensohn-Sohn seyn, oder sich in eine solche Familie durch Heirath begeben.[65]

Dieses Gesetz der verwandtschaftlichen und sozialen Selbstrekrutierung galt keineswegs nur für die obere Schicht der akademisch gebildeten Honoratioren und Amtsbürger, die Pfarrer, die juristisch gebildeten Beamten der Landschaft und der herzoglichen Verwaltung und die Oberamtsleute in der Provinz. Es war vielmehr ein von dieser Schicht getragenes, praktiziertes und perpetuiertes Strukturprinzip, das auch die ganze übrige württembergische Gesellschaft – im Wortsinne – durchherrschte:

Man gehe von Städtchen zu Städtchen, von Dorf zu Dorf, erkundige sich, und man wird finden, daß an sehr vielen Orten die Beamten, Stadtschreiber, Bürgermeister, selbst Gerichts- und Ratsverwandten, der disfällig gesetzlichen Verbote unerachtet, meist miteinander in der nächsten, nicht selten in Blutsfreundschaft (d. h. Blutsverwandtschaft; d. Verf.) stehen, und diese Verwandtschaften erzeugen allerdings eine Art von Despotismus, der mit unserer Landesverfassung nicht bestehen kann und daher zu vielen Mißvergnügungen Anlaß gibt.[66]

Es scheint ein weiter Weg aus der vom Amtsbürgertum beherrschten Gesellschaft des 18. Jahrhunderts zu der des 19. und 20. Jahrhunderts zu sein!

Zwischen altständischer Reform und reformiertem Spätabsolutismus. Das Zeitalter der Französischen Revolution und Napoleons

Es ist gewiß, und ich weiß es aus eigener Erfahrung, daß, sowenig die Handlungsart des französischen und besonders des Pariser Volkes gebilligt wurde, doch die Grundsätze, auf welchen die französische Revolution beruhte, einen beinahe allgemeinen Beifall fanden und selbst unter den aufgeklärten Klassen zwar kein grober, aber doch ein *feiner Democratismus* herrschte. Die Grundsätze dieses feinen Democratismus lassen sich nach dem Begriff, den ich davon habe, auf den Grundsatz reduzieren, daß der Regent dem Volke subordiniert, oder, wie man sich auch auf eine gelinde Art auszudrücken pflegte, daß der Regent bloß um des Volkes und nicht das Volk um des Regenten willen da sei.

Dieser Satz eines gut informierten, wenn auch einseitigen Beobachters wurde 1796 vom Privatsekretär des württembergischen Herzogs niedergeschrieben.[67] Er läßt nicht nur auf eine beträchtliche Wirkung der Französischen Revolution in Württemberg bereits zu diesem Zeitpunkt schließen, sondern deutet auch die spezifische Ausprägung dieses Einflusses an. Die Auswirkung der Französischen Revolution im Lande wird hier nicht als umwälzende revolutionäre Praxis beschrieben – wie die der Pariser Jakobiner und Sansculotten, d. h. des »Pariser Volkes«. Es wird im Gegenteil darauf verwiesen, daß solche grobe »Handlungsart« nur wenig Zustimmung im Lande fand. Der Haupteinfluß,

den das revolutionäre Geschehen in Frankreich auf die württembergische Gesellschaft hatte, wird vielmehr in einem Wandel der politischen Einstellungen gesehen, in der Ausbreitung der Grundsätze eines »feinen Democratismus«. Sie fanden dem Autor zufolge »beinahe allgemeinen Beifall« in Württemberg, besonders jedoch bei den »aufgeklärten Klassen«, d. h. beim akademisch gebildeten Bürgertum.
Doch: Welche konkreten Handlungsimpulse wurden bei den verschiedenen Schichten und Gruppen der württembergischen Gesellschaft durch die Anstöße der Französischen Revolution in diesem Lande ausgelöst?[68] Wie waren die Vorstellungen eines »feinen Democratismus« beschaffen, von denen hier die Rede ist, welche Auswirkungen und Folgen hatten sie? Liefen sie wirklich auf eine grundlegende Infragestellung der Fürstenherrschaft durch Volkssouveränität hinaus, wie sie die oben zitierte Äußerung andeutet? Zwei typische Episoden, an welchen das Bürgertum der Hauptstadt zusammen mit anderen Schichten und Gruppen Anteil hatte, sollen diese Zusammenhänge erläutern. Sie lassen einerseits die »antifeudalen Potenzen« deutlich werden, welche die Geschehnisse im revolutionären Frankreich in Württemberg freisetzen, zeigen andererseits aber auch deren Grenzen auf.
Die Teilnahme des Landes am sogenannten Ersten Koalitionskrieg (1792–1796), den Österreich und Preußen gegen das revolutionäre Frankreich führten, hatte schon bald nach Kriegsbeginn zu einer für Württemberg kritischen militärischen Lage geführt. Die herzogliche Regierung war nicht nur gezwungen, sämtliche Reserven des stehenden Heeres an die Landesgrenzen zu werfen, sie war in Vereinbarung mit dem ständischen Ausschuß auch genötigt, eine Bürgermiliz zur Verteidigung des Landes aufzustellen. Selbst das Leibregiment des Herzogs war aus der Hauptstadt abgezogen worden. Während ein neues reguläres Regiment für den Dienst in der Residenz ausgehoben wurde, versah die Stuttgarter Bürgermiliz mit 500 angesehenen Bürgern den Wachtdienst auf dem Schloß. Zur Feier der Erbhuldigung für den Nachfolger des 1793 verstorbenen Herzogs Carl Eugen, die im März 1794 für Herzog Ludwig Eugen (1793–1795) stattfand, sollte diese Bürgermiliz wieder abgelöst und durch das neu aufgestellte Leibregiment ersetzt werden. Dieser Wechsel stieß auf unerwarteten Widerstand: Der kommandierende adelige Offizier des neuen Regiments hielt die offizielle Ablösung einer aus Bürgern bestehenden und von Bürgern kommandierten Truppe für gänzlich unvereinbar mit seiner Standesehre. Er nahm den Wechsel deshalb nicht selbst vor, sondern ließ statt dessen einen Korporal mit einer Handvoll Invaliden antreten. Solcher Affront empörte weite Teile der hauptstädtischen Bevölkerung. Es kam zu

einem Volksauflauf mit mehreren tausend Teilnehmern auf dem Stuttgarter Schloßplatz. Für den neuen Thronfolger wurde die Verweigerung der Erbhuldigung angedroht. Erst als der neue Herzog volle Genugtuung versprach, beruhigten sich die Massen. Die »unschicklich« abgelöste Bürgerwache zog erneut auf das Schloß. Sie wurde jetzt mit allen militärischen Ehrenbezeugungen durch ein Regiment regulärer Linientruppen unter dem Kommando eines adeligen Offiziers verabschiedet.[69] »Eine Menge Volks war dabei und freute sich laut dieses erhaltenen Triumphs.«[70]

Zu Recht wies Heinrich Scheel darauf hin, daß diese Episode »das wohlhabende Bürgertum der Hauptstadt« nicht etwa als Anführer revolutionärer Massen zeige, sondern letztlich als »gehorsame Untertanen«.[71] Die Bürger der Hauptstadt drohten dem Fürsten erst in dem Moment mit der Aufkündigung ihres Gehorsams, als sie sich durch den Adel in ihrer Stellung als bürgerliche Ehrbarkeit beleidigt fühlten. Im übrigen stellten sie hierbei keineswegs die Fürstenherrschaft als solche in Frage, wie sich deutlich an ihrer Bereitschaft zeigt, nach Abstellung ihrer Beschwerden die traditionelle Erbhuldigung an den Herzog zu vollziehen.

Die zweite Episode betrifft einen Streik Stuttgarter Gesellen, nur wenige Wochen später.[72] Im Mai 1794 verließen nahezu alle Stuttgarter Schustergesellen aus Protest gegen die Entscheidung eines Streits zwischen einem ihrer Berufsgenossen und einem Meister die Stadt und zogen zur nahen Reichsstadt Eßlingen, d. h. in außerwürttembergisches Gebiet. Als die herzogliche Regierung die Gesellen mit militärischer Gewalt zurückholte und die Anführer einkerkerte, kam es zum solidarischen Protest der übrigen Handwerker der Hauptstadt, dem sich die Weingärtner und vor allem auch zahlreiche Frauen unter der Parole »Vive la nation, es lebe die Freiheit und Gleichheit« anschlossen. Im Unterschied zum Protest der bürgerlichen Ehrbarkeit wenige Wochen vorher wurde dieser »Ausstand« mit militärischer Gewalt unterdrückt. Das wohlhabende Bürgertum hielt sich abseits, wofür ihm der Herzog in einer besonderen Adresse dankte.

Diese Beispiele lassen die höchst unterschiedliche Art der Sensibilisierung und Mobilisierung erkennen, welche die verschiedenen Schichten und Gruppen der württembergischen Gesellschaft durch die Vorgänge im revolutionären Frankreich erfuhren. Zugleich werden aber auch die Grenzen deutlich, die dabei nicht überschritten wurden und die wohl auch nicht überschritten werden konnten, angesichts der Macht- und Herrschaftsverhältnisse im Lande sowie der divergierenden Klassen und Gruppeninteressen. Unsere Beispiele sind nicht nur für die Hauptstadt Stuttgart repräsentativ, sie fanden ihre Entsprechung auch in anderen Teilen des Landes, in den Städten ebenso wie in ländlichen Gebieten.[73] So führte etwa die Aufstellung der Milizen an vielen Orten zu oppositionellen Kundgebungen, die deutlich den Unwillen der Bevölkerung erkennen ließen, sich in einen Krieg gegen das revolutionäre Frankreich einspannen zu lassen[74], schließlich sei – wie es hieß – »der Krieg der Republikaner (d. h. der französischen Revolutionsarmee) nur gegen die Schlösser gerichtet«.[75]

Zwar griffen Handwerker und Bauern die Symbole, Parolen und Schlagworte der Französischen Revolution auf und propagierten sie. Tübinger und Stuttgarter Studenten und Dozenten (u. a. Hegel, Hölderlin und Schelling) feierten die Revolution als Beginn eines neuen Zeitalters.[76] Doch zumeist war hiermit nicht die Vorstellung einer grundlegenden gesellschaftlichen und politischen Umgestaltung nach französischem Muster für Württemberg selbst verbunden. Erklärte republikanische »württembergische Jakobiner« gab es nur wenige im Lande. Sie blieben auf eine kleine Gruppe von Intellektuellen, Gebildeten, Kaufleuten und Soldaten begrenzt, die vor allem in den Jahren zwischen 1798 und 1800 – vergeblich – hofften, ihre Vorstellungen einer an die Schweiz angelehnten »Alemannischen Republik« mit Unterstützung der französischen Regierung und Armee zu verwirklichen.[77]

Der sehr viel weiter verbreitete populäre, durchaus nicht immer feine »Democratismus« beschränkte sich auf eine Kritik der Praxis herrschender Institutionen und Einrichtungen. Diese Kritik richtete sich gegen die herzogliche Regierung wie gegen die landständische Herrschaft, ohne diese Institutionen selbst aber grundlegend in Frage zu stellen. Allerdings schärfte sich – wie etwa der zunftübergreifende Protest der Stuttgarter Handwerker, Weingärtner und Frauen 1794 unter den Losungen von »Freiheit« und »Gleichheit« zeigte – auf diese Weise doch der Blick für Zusammenhänge, welche über die speziellen Beschwerden oder Interessen eines Berufsstandes oder einer Gruppe hinausgingen. Es konnte sich durchaus die Einsicht in die Notwendigkeit einer das gesamte Gesellschafts- und Herrschaftssystem umfassenden Reform ergeben, die auf mehr aus war als auf die bloße Abstellung einzelner »Gravamina«. Häufig wurde dabei an die französischen revolutionären »Errungenschaften« appelliert, die allerdings nicht als Vorbild dienten. Sie wurden vielmehr bewußt als ein Schreckgespenst hingestellt, um den Handlungs- und Veränderungsdruck auf die Herrschenden zu verstärken. Dies wird etwa in folgendem Drohbrief aus dem ländlich-bäuerlichen Milieu deutlich, der 1794 an einen Stuttgarter Laternenpfahl geheftet wurde:

An Ihro Durchlauch(t), den Herzig zu Ludwigsburg.
Ihro Durchlauch(t), Sie werden uns doch behülflich sein, daß wir kein teuer Brot kriegen; man soll den Lauspuder nicht mehr machen, so wird auch viel Frucht (d. h. Getreide) erspart. Und man solle die Alleen bei uns an der Straßen bis nach Ludwigsburg den Bauren, welche daselbst Güter haben, geben; das Holz, wo sie davon bekommen, können sie wohl brauchen. Es ist so teur. Dann wollen wir diese Alleen umreuten (d. h. roden) wieder zu brauchbaren Äckern. (...)
Zweitens werden wir uns bedanken, unsere Söhne herzugeben um 5 Kreuzer und am Rhein hungern und Kummer sterben zu lassen, und wegen Eurer totschießen lassen. Und den Herrn, welche nicht genug Besoldung haben an 5-, 6-, 700 bis 1000 (Gulden), denen gibt man noch 3-, 4-, 500 dazu, wo man wirklich sollte die Hälfte ihnen nehmen. Dem Herrn gehört der Zehnt von allen, was ich hab und sonst nichts. (...)
Machet, daß es Frieden gibt, oder wir werden noch den Franzosen helfen! Es ist freilich leider wahr, daß die großen Herren am ärgsten sind. Wann die Regierung anderst eingerichtet würde, so wäre das Wirttemberger Land das allerbeste. Aber zuviel Herrn und Schreiber und der Staat ist zu groß. Die Frauen gelten viel zu viel bei den Gemeinden wie bei den Vornehmen. (...)
Man ist zu gut, es sollte so sein; wer in einem Amt steht und betrügt mit Bosheit, der muß hangen, die große Herrn haben nichts zu schaffen. Sie schaffen des Tags vielleicht zwei Stunden. Der Anfang ist mit Zeitunglesen. Durch ihren Staat (d. h. Aufwand) wird die Zeit verloren, bis der Perückenmacher kommt und pudert sie. Können sie nicht auch ohngepudert laufen wie der gemeine Mann und wie der Taglöhner? (...) Und bei uns muß es auch eingeführt werden wie in Frankreich, daß man nicht so viel Butter verdalkt (d. h. verdrückt). Uns Leuten wird die Milch abgeschwätzt, und dann müssen wir den Butter und Schmalz kaufen. (...)
Ich bleibe Euch in Gnade gewogen, wann es geholfen wird, wo nicht, so sehet zu; die Ausländer fort, die Inländer wo Exzeß gemacht, aus dem Land gejagt, dann wird's bald eine gute Regierung sein.[78]

Im allgemeinen überwog im politischen Diskurs, der durch die Französische Revolution in Württemberg ausgelöst wurde, die reformerische Kritik an den konkreten Mißständen im Lande. Dies galt in besonderem Maße für das Bürgertum. »Der Geist der Revolution wandelte sich auf württembergischen Boden zum Geist der Reform«[79], so ließen sich die politischen Ziele umschreiben, die von einem Großteil der Amtsbürger wie der handels- und gewerbetreibenden städtischen Bourgeoisie gleichermaßen vertreten wurden. Die Reformbestrebungen richteten sich vor allem auf eine Umgestaltung der landschaftlichen Institutionen. Hierbei wurde eine doppelte Absicht verfolgt. Zum einen sollte das oligarchische Regiment des »Engeren Ausschusses« durch eine breitere Teilhabe des Bürgertums an der landschaftlichen Machtausübung gebrochen werden. Zum anderen sollte die Exekutivgewalt der herzoglichen Regierung stärker der landwirtschaftlichen Kontrolle unterworfen werden. Ziel war, sie gewissermaßen zu »konstitutionalisieren«, aber keineswegs abzuschaffen.[80]

Die Gelegenheit zu solcher Reform schien gegeben, als das Landtagsplenum im Jahre 1797 zum ersten Mal seit 1770 wieder einberufen wurde. Umfangreiche Reparationszahlungen an Frankreich, zu denen sich die herzogliche Regierung im Frieden von Paris (1796) verpflichten mußte, machten die Einberufung unabdingbar. Bereits im Vorfeld und im Verlauf der Landtagswahlen kam es zu einer vorher nie dagewesenen öffentlichen Diskussion im Lande. Zahlreiche Flugschriften, aber auch sog. »Cahiers«[81] – d. h. Wahlinstruktionen bzw. Amtsversammlungen für ihre Abgeordneten – versuchten, den Landtag bereits vor seinem Zusammentritt auf eine reformerische Politik festzulegen. In dem bekanntesten dieser »Cahiers«, dem sog. »Nagolder Cahier« von 1796,[82] sind zahlreiche Forderungen zusammengefaßt, die nicht nur für die übrigen Wahlinstruktionen typisch sind, sondern auch für einen Großteil der reformerischen Druckschriften. Die Kernpunkte der 24 Artikel des »Cahiers«:

Jeder Württemberger, der sich adeln lasse, solle sein Bürgerrecht und seine Amtsbefähigung verlieren.

Die Stadtmagistrate seien periodisch auf 9 Jahre von allen (steuerzahlenden) Bürgern zu wählen. Ihr (oligarchisches) Selbstergänzungsrecht falle fort.

Abschaffung der geistlichen Aufsicht über das Schulwesen als Überbleibsel »eines finstereren Zeitalters«.

Weltliches Lehrerseminar.

Erziehung der Jugendlichen zu »Staatsbürgern« durch Verfassungsunterweisung.

Allgemeine Besteuerung nach Maßgabe des Vermögens, die nicht mehr nur die Landbesitzer einseitig belaste wie bisher.

Auch »Capitalist und Fabricant« seien nach »Größe ihres Capitalfonds« zu veranlagen.

Reform des landständischen Ausschußwesens durch Wegfall der Selbstergänzung; Berufung des Landtags alle 9 Jahre.

Im Landtag, der seit dem 17. März 1797 zusammentrat und der noch nach dem alten Modus gewählt worden war, versuchte eine starke Gruppe von reformerisch orientierten Abgeordneten, diese Forderungen durchzusetzen.[83] Zwar gelang ihr gleich zu Beginn der Sturz des Engeren Ausschusses und die Wahl eines kommissarischen neuen Ausschusses, auch wurde u. a. der verhaßte Landschaftsadvokat Stockmayer entlassen. In einem symbolträchtigen Akt wurden die Bilder Johann Jakob Mosers (s. o.) und Jakob Heinrich Danns, der beiden 1770 auf Betreiben Stockmayers ausgeschlossenen reformerischen Landschaftsführer, im Landschaftshaus wieder aufgehängt. Auch die ausschließlich dem Wohlbehagen der Ausschußherren dienende »Ökonomie« des Landschaftshauses mit ihrer vielgerühmten Küche und ihren hervorragenden Weinen wurde – als Inbegriff altständischen Luxurierens – abgeschafft. Doch folgte diesen ersten, z. T. nur symbolischen Veränderungen keine durchgreifende Reform, wie sie der in Druckschriften und »Cahiers« geäußerten öffentlichen Meinung entsprochen hätte. Nur so aber wäre es dem Landtag möglich gewesen, ständische Beschränkungen und die Bindung an die oligarchischen Amtskorporationen hinter sich zu lassen und zum ersten bürgerlichen Parlament in einem deutschen Territorium zu werden. Die weithin im Landtag präsenten altständischen Interessenvertreter lähmten gemeinsam mit der herzoglichen Regierung die Tätigkeit dieses Reformlandtags (von 1797–1799) ebenso wie die seiner Nachfolger (von 1800–1802 und 1805).

Zu all dem verfing sich die reformerische Landtagsmehrheit in den Fallstricken eines langatmigen, vom Herkommen bestimmten prozeduralen Verfahrens. Sie blieb einem politischen Diskurs verhaftet, der stark von der Ideologie des »Alten Rechts« geprägt war. Überwiegend wurden Fragen der politischen Verfassung, der Behauptung des Alten Rechts gegen herzogliche Übergriffe und die Frage der Höhe des Beitrags der Stände zur Kriegskontribution an Frankreich erörtert. Undiskutiert dagegen blieben umfassendere Fragen der Reform des Gesellschafts- und Herrschaftssystems, wie etwa Probleme der Ablösung bäuerlicher Grundlasten, der Zehntablösung, der Gewerbereform. Gerade solche Fragen aber hätten es vermocht, die Interessen breiter Schichten der württembergischen Bevölkerung anzusprechen, und diese an die primär verfassungspolitischen Interessen der Reformer zu binden. Einzig die Aufhebung der in Altwürttemberg nicht sonderlich verbreiteten und bedrückenden Leibeigenschaft wurde – vergeblich – gefordert.[84] Letztlich entscheidend aber war, daß das Bündnis der landständischen Reformer mit den absolutismusfeindlichen Kräften in Frankreich scheiterte. Dort erlangten mit der Regierung des sog. Direktoriums seit 1794 und mit der endgültigen Machtergreifung Napoleons seit 1799/1800 die Kräfte der Beharrung die Oberhand. Das Interesse an der Stabilisierung des französischen Imperiums überwog nun das Interesse an unkalkulierbaren Veränderungen. Die These Helmut Berdings:

> Der militäraristokratische und sozialkonservative, der hegemoniale und ausbeuterische Charakter des napoleonischen Herrschaftssystems engte die befreienden und revolutionierenden Wirkungen der französischen Machtexpansion nicht unerheblich ein,[85]

läßt sich auch auf Württemberg im Zeitalter Napoleons anwenden. Das Bündnis, das der württembergische Kurfürst Friedrich II. (Herzog 1797–1803, Kurfürst 1803–1805, König Friedrich I. 1806–1816) im Oktober 1805 mit Napoleon schloß, bedeutete nicht nur das Ende ständischer Reformversuche, es brachte das Ende der altwürttembergischen Stände überhaupt. Gegen seine Bündniszusage an Frankreich erlangte Friedrich die Garantie seiner Stellung als absoluter Souverän im Innern seines Landes. Schon 1805 hatte der »schwäbische Zar«[86] den Landtag entlassen. 1806, gleichzeitig mit der Annahme der Königswürde, wurde die endgültige Aufhebung der ständischen Verfassung vollzogen. Dieser Bruch besiegelte jedoch nur eine Entwicklung, die sich bereits vorher abgezeichnet hatte.[87] Nicht zuletzt die paralysierenden Widersprüche innerhalb des Bürgertums selbst trugen hierzu bei. Es war ein Bürgertum, das zu einem erheblichen Teil dem Ancien régime – wie oben erläutert – eng verbunden war, und das, gerade aufgrund der sozialen Abkapselung des herrschenden Amtsbürgertums im späten 18. Jahrhundert, außerhalb jeder Reformbestrebung stand. Die Selbstkonstitution einer bürgerlich-liberalen Rechts-, Verfassungs- und Gesellschaftsordnung durch eine vom Bürgertum ausgehende politische Reform des Ancien régime war somit gescheitert. Zwar brachten die Auswirkungen der Französischen Revolution im Lande selbst vergleichsweise günstige Bedingungen für eine solche Reform hervor. Dennoch schaffte es die altständisch geprägte bürgerliche Gesellschaft Württembergs nicht, sich aus sich selbst heraus auf den Weg ins 19. Jahrhundert zu bringen.

Doch wenn kein direkter Weg von der Herrschaft des altständischen Bürgertums zur modernen bürgerlichen Gesellschaft führte, wie wurde der Übergang in Württemberg dann vollzogen? Das nach 1806 in Württemberg im Rahmen des Rheinbunds[88] unter französischem Protektorat etablierte Herrschaftssystem schuf zunächst nicht die positiven Grundlagen für die Herausbildung einer bürgerlichen Gesellschaft – wie sie etwa die gleichzeitigen Reformen in Preußen auf den Weg brachten. In Württemberg – wie in Süddeutschland überhaupt – fanden die vergleichbaren Reformen erst erheblich später (nach 1817) statt, doch unter anderen gesellschaftlichen Machtverhältnissen; die napoleonische Zeit zeichnete sich vor allem dadurch aus, daß sie die negativen Hemmnisse für eine solche Reform beseitigte, wie sie in der altwürttembergischen Herrschafts- und Gesellschaftsordnung bestanden. In kurzer Zeit holte Württemberg zwischen 1806 und 1815 den Spätabsolutismus nach, in einer Epoche, in welcher der Absolutismus als Herrschaftsstrategie in den anderen deutschen Staaten bereits der Vergangenheit angehörte.[89] Mit Recht wurde deshalb gesagt, daß der Absolutismus in Württemberg nur eine kurze »revolutionäre Episode«[90] gewesen sei. Allerdings handelte es sich um eine äußerst folgenreiche »Episode«. Sie kann als eine »Revolution von oben« charakterisiert werden, die angesichts der Gunst der Zeitumstände in außergewöhnlich starkem Maße von einer ebenso energiegeladenen wie gewalttätigen Herrscherpersönlichkeit[91] angestoßen und vorangetrieben werden konnte – eben der des »Schwäbischen Zaren«.

Durch die mit dem Rheinbund möglich gewordene und politisch sanktionierte Aneignung zahlreicher weltlicher und geistlicher Territorien – in zeitgenössischen Begriffen bezeichnet als Mediatisierung und Säkularisierung – erweiterte sich das württembergische Staatsgebiet auf mehr als das Doppelte, von 9500 qkm auf 19500 qkm. So wurden u. a. 12 »freie Reichsstädte«, hierunter Ulm, Heilbronn, Reutlingen, Eßlingen, ferner größere Fürstentümer, wie Hohenlohe, mehrere vorderösterreichische Gebiete, aber auch zahlreiche vorher reichsunmittelbare Adelsherrschaften und Klosterherrschaften dem Königreich Württemberg einverleibt. Die Einwohnerzahl stieg von 650000 (1803) auf 1340000 (1810).[92] Die neu angeeigneten Gebiete stellten den württembergischen Staat vor enorme Integrationsprobleme. Diese hätten durch die bloße Fortschreibung des alten Herrschafts- und Verwaltungssystems, in dem das ständische Amtsbürgertum eine so wichtige Rolle spielte, und durch die Übertragung dieses Systems auf die neuwürttembergischen Gebiete, keineswegs gelöst werden können.

Es bedurfte eines in vieler Hinsicht neuen, zentralisierten und bürokratisierten Herrschaftssystems, für welches das napoleonische Frankreich Anregung und Vorbild lieferte. Im sogenannten Organisationsmanifest von 1806 hieß es:[93]

> Wir finden es nötig, für die Gesamtheit unserer zu einem Ganzen vereinigten alten und neuen Staaten eine durchaus gleichförmige Staatsverwaltung anzuordnen und festzusetzen.[94]

Im Einklang mit dieser Maxime wurde die lokale und regionale Selbstregierung der bürgerlich-ständischen Herrschaftsträger beseitigt. Städtische Magistrate und ländliche Schultheißen wurden jetzt von oben ernannt, das Selbstergänzungsprivileg der alten Amtskorporationen war aufgehoben. Das Land wurde in neue untere und mittlere Verwaltungsbezirke eingeteilt (Oberämter und Landvogteien), wobei die traditionellen Oberämter zwar ihre Benennung beibehielten, aber in ihren Grenzen verändert und in ihrer Größe einander angeglichen wurden. Diese Umstrukturierung und Intensivierung des Herrschaftsap-

parats konnte nicht zuletzt dadurch möglich werden, daß viele bisher ständische Amtsträger, aber auch zahlreiche arbeitslose Schreiber in neugeschaffene Beamtenstellen einrückten, d. h. besoldet und dadurch aber auch »befriedet« wurden.[95]
Zugleich wurde die im Lande weitgehend als bürokratische Parasitenkaste empfundene spezifisch württembergische Institution der Schreiber[96] beibehalten, ja durch Ausdehnung auf die neuwürttembergischen Gebiete sogar erheblich ausgeweitet.

In Massen fielen die Schreiber in die neuen Lande ein. Sie wurden die unentbehrlichsten Leute im Staat.[97]

Doch »Einheit im System«[98] sollte nicht allein durch Zentralisierung und Bürokratisierung der Herrschaft erreicht werden, sondern vor allem auch durch den Abbau rechtlicher und sozialer Privilegien. So wurde auf der einen Seite der sozialen Pyramide die Mediatisierung des zahlreichen neuwürttembergischen Adels vorangetrieben. Dies geschah vor allem durch die Aufhebung seiner Patrimonialgerichtsbarkeit und seiner Steuerfreiheit – und zwar früher als in irgendeinem anderen deutschen Staat und entgegen den ausdrücklichen Bestimmungen der Rheinbundakte. Dem entsprach auf der anderen Seite die rechtliche Gleichstellung der ländlichen zumeist besitzlosen Beisassen gegenüber den vollen Gemeindebürgern. »Alle seien Untertanen desselben Staates«[99], wie es in einem zeitgenössischen Erlaß hierzu hieß.
Solche Ansätze zur »Entprivilegierung« der ständischen Gesellschaft in einem reformierten Spätabsolutismus bedeuteten allerdings noch keineswegs den Durchbruch zu bürgerlichen Reformen. Im Gegenteil, die hohen Kosten der Ausweitung und Intensivierung staatlicher Herrschaft und vor allem die außerordentliche Belastung des Staates – und das hieß direkt und indirekt der württembergischen Bevölkerung – durch Kriegskosten und Kriegskontributionen verhinderten den Beginn bürgerlicher Reformen. Zwar steigerte sich der Anteil staatlicher Abschöpfung durch direkte und, mehr noch, indirekte Steuern, d. h. Verbrauchssteuern und Zölle. Doch die feudale Abschöpfung im engeren Sinne, in Form von grundherrlichen und Zehntgefällen blieb der Kern aller staatlichen Einkünfte in Württemberg zu Beginn des 19. Jahrhunderts; sie wurden zu einem erheblichen Teil nicht in Geld, sondern als Produktrente (d. h. in Naturalien) erhoben. Der gesteigerte staatliche Finanzbedarf sowie die hohe Bedeutung solch »feudaler« Abschöpfungen wirkte in dieser Krisen- und Kriegszeit einer Änderung der Agrar- und Eigentumsordnung auf das stärkste entgegen.[100]
Paradoxerweise bedeutete gerade dies einen entscheidenden Unter-

schied zum vom feudalen Grundbesitz geprägten Preußen. Denn auch vom staatlichen Abschöpfungsinteresse und von einer bereits etablierten Abschöpfungspraxis her boten sich dort »bürgerliche Reformen« in dieser Zeit geradezu an, angesichts einer schon weit fortgeschrittenen Monetarisierung der bäuerlichen Wirtschaft, und – vor allem – aufgrund einer anderen Struktur staatlicher Abschöpfung (primär über Geldabgaben, auch bei den wichtigen Einkünften aus dem Domänenbesitz des Staates).[101] Der württembergische Spätabsolutismus der napoleonischen Periode blieb dagegen – zwangsläufig – dem Ancien régime verhaftet. Erst als sich seine permanente Finanz- und Abschöpfungskrise in der Ernte- und Hungerkrise der Jahre 1816 und 1817 zu einer Krise der sozialen Subsistenz der württembergischen Gesellschaft auszuweiten drohte[102], geriet der »neue Leviathan«[103] in die Gefahr, seine Grundlagen selbst zu zerstören. Damit war der Punkt erreicht, an dem die absolutistischen Herrschaftstechniken staatlicher Integration und die Praxis feudaler Abschöpfung nicht mehr ausreichten. Es mußte ein Weg zur bürgerlichen Gesellschaft gesucht und gefunden werden. Doch anders als in Preußen ging in Württemberg der begrenzten bürgerlichen Emanzipation die politische (Verfassungs-)Reform vorher; in Preußen war hingegen eine bürokratische Reform mit dem Ziel einer möglichst weitgehend entpolitisierten bürgerlichen Gesellschaft bereits erfolgt.

Gemischter Betrieb und kleine Industrie.
Der württembergische Weg zur Industrialisierung

Die soziale und ökonomische Dynamik der württembergischen Gesellschaft im Vormärz war nicht in erster Linie von Prozessen der Kapitalisierung und Proletarisierung und von einer entsprechenden Klassenbildung bestimmt, d. h. vom Entstehen des Gegensatzes zwischen Kapitalbesitzern und Lohnabhängigen auf dem Lande wie in den Städten. Ausschlaggebend war vielmehr die starke Zunahme kleinbesitzender, agrarisch-gewerblicher Misch- und Grenzexistenzen.[104]
Die »außerordentlich weitgehende Verbindung von landwirtschaftlicher und gewerblicher Beschäftigung«[105] blieb während des gesamten Vormärz bis in die zweite Hälfte des 19. und bis ins 20. Jahrhundert hinein ein Hauptcharakteristikum der württembergischen Sozialstruktur. Der bäuerlich-handwerkliche Kleinbetrieb überwog. Diese agrarisch-gewerbliche Mischform stellte ein sozial-ökonomisches Bollwerk sowohl gegen die Akkumulation bäuerlichen als auch industriell-gewerblichen Kapitals dar.

Der »preußische Weg« dagegen, der insbesondere durch den engen Zusammenhang von Agrarkapitalismus und industrieller Revolution charakterisiert ist[106], war für Württemberg ausgeschlossen.[107] Agrarischer Klein- und Mittelbesitz auch als Grundlage gewerblicher Tätigkeit bestimmte bis über die 2. Hälfte des 19. Jahrhunderts hinaus die sozialökonomischen Verhältnisse des Landes. Die Industrialisierung erfolgte hier zögernder, langfristiger und insbesondere auf einer anderen Grundlage[108] als in Preußen, wo bereits im Vormärz eine an Proletarisierung, Lohnabhängigkeit und Verstädterung gebundene Textilindustrie (insbesondere in den Rheinlanden), später Schwerindustrie und Maschinenbau (Westfalen, Schlesien, Berlin) Antriebskräfte zur industriellen Revolution waren.

Auch in Württemberg führt die Zeit des Vormärz in eine erste Gründerphase kapitalistischer Industriebetriebe, insbesondere im Bereich der Textilindustrie, aber auch der Papierindustrie, der metallverarbeitenden Industrie und erster Maschinenbaubetriebe.[109] Vor allem das Handelskapital der ehemaligen Reichsstädte, aber auch »privilegiertes« Handelskapital der Städte Urach, Calw und Heidenheim stellte einen Grundstock für das entstehende Industriekapital bereit.[110] Die internationalen Handelskrisen der ersten beiden Jahrzehnte des 19. Jahrhunderts und damit die Unzugänglichkeit der europäischen und überseeischen Rohstoff- und Exportmärkte (großenteils als Folge der Napoleonischen Kontinentalsperre 1806 gegen England) reduzierten die Verwertungsmöglichkeiten dieses Handelskapitals erheblich. Es entstanden »freie Kapazitäten«, die in die Produktionssphäre verlagert wurden. Freilich erfolgte der Übergang vom Handels- zum Industriekapital in den ehemaligen Reichsstädten, aber auch in Urach und Calw, zumeist nicht in familienwirtschaftlicher Kontinuität. Die neu entstandene industriebürgerliche Elite setzte sich überwiegend aus »Fremden« und zugewanderten »Neubürgern« zusammen.[111] Selbst in der – im Vergleich zu Altwürttemberg – »merkantilen« Atmosphäre der Reichsstädte bedeutete das »Eingebundensein in das Korsett einer versippten und verschwägerten Oberschicht und deren sozialen und geschäftlichen Comment«[112] ein ganz wesentliches Hindernis für die Durchsetzung neuer bürgerlicher Verhaltensweisen und Geschäftspraktiken.

Die Bedeutung dieser frühindustriellen Fabrikgründungen sollte jedoch nicht überschätzt werden. Im gesamten Württemberg zur Zeit des Vormärz blieb jedenfalls die Zahl der in Industriebetrieben arbeitenden »Gewerbetreibenden« im Vergleich zur Gesamtzahl der Gewerbetreibenden des Landes außerordentlich gering.

Gewerbetätigkeit in Württemberg im Jahre 1832[113]

Erfaßte Gewerbe	Beschäftigte			Anteil der Beschäftigten insgesamt	
	Meister / Unternehmer	Gehilfen	Insgesamt	an Einwohnern in %	an männl. Erwachsenen in %
Handwerker	113943	30981	144924	9,18	27,47
Fabriken u. Manufakturen	269	6852	7121	0,45	1,35
Kleinhändler	7892	16	7908	0,50	1,50
Kaufleute	2666	1110	3776	0,24	0,72
Mühlen und andere Werke	5342	272	5614	0,36	1,06
Wirte	12012	764	12776	0,81	2,42
Getränke»fabriken«	9263	154	9417	0,60	1,78
Summe der erfaßten Gewerbe	151387	40149	191536	12,14	36,30

Der »Vorrang kleingewerblicher Produktionsweisen«[114] zeigte sich auch in der Struktur der frühen Industriebetriebe selbst, in der Verbindung von zentralisierter Fabrikarbeit mit – häufig ländlicher – Hausindustrie, in Form des typisch württembergischen »gemischten Betriebs«.[115] Die zunehmende gewerbliche Verdichtung des Landes in der Zeit des Vormärz ist jedenfalls nicht hauptsächlich dem Einfluß der Fabrikindustrie zuzuschreiben. Sie geht vielmehr aus dem Versuch großer Teile der württembergischen Bevölkerung hervor, einen Ausweg aus weitverbreitetem und zunehmendem »Pauperismus« und »Nahrungslosigkeit« zu finden, auf der Grundlage einer Agrar- und Gewerbestruktur, wie sie bereits am Ende des 18. Jahrhunderts das Land prägte.[116]

Auf breiter Front wurde die gewerbliche Produktion in Württemberg erst nach der Mitte des 19. Jahrhunderts[117] industriell transformiert. Dabei blieb das handwerklich-hausindustrielle »Erbe« und seine Verknüpfung mit der agrarischen Basis weiterhin von großer Bedeutung. Es bewirkte eine weitgehend dezentralisierte, nicht an großstädtische Zusammenballungen gebundene Form der Industrialisierung. Dieses handwerkliche »Erbe«, hierauf hat W. Arns zu Recht hingewiesen, zeigt sich allerdings weniger in einer Kontinuität zwischen Handwerkern und industriellen Unternehmern, sondern im handwerklichen Geschick und in der handwerklichen Qualifikation der abhängig beschäftigten Produzenten. Die Qualifikation der Arbeitskraft war in gewisser Weise die kostbarste Ressource in einem rohstoff- und kapitalarmen Land. Sie prägte auch die Entstehung einer bestimmten Form industrieller Verarbeitung[118], die für Württemberg typisch war: die Feinverarbeitung der Produkte industrieller Massenproduktion macht in gewisser Hinsicht das Spezifikum der württembergischen Industrie bis heute aus. Konkurrenzfähigkeit wurde und wird hier durch Spezialisierung sowie durch »Kultivierung« eines technischen und qualitativen Vorsprungs erreicht, nicht durch Preisvorteile auf dem Weg über die Massenproduktion von Stapelgütern. Sowohl die strategische Nischenposition, welche die württembergische Verarbeitungsindustrie auf den Inlands- und Weltmärkten seit Ende des 19. Jahrhunderts errang, wie ihr spezifisches »Image« auf diesen Märkten heute (s. etwa den Ruf der Produkte von Firmen wie Daimler-Benz, Bosch, Schiesser u. a.) werden von diesem »Erbe« bestimmt.

Ausblick: Staatsbürgerliche Gesellschaft im Vormärz

Die württembergische Verfassung von 1819 kam nach heftigen, durch die Krise der Jahre 1816/17 verschärften Auseinandersetzungen zwischen der staatlichen Exekutive und einer breiten Volksbewegung zustande. Hatten sich in dieser Volksbewegung zunächst das altständische Bürgertum und radikal liberale »Bürgerfreunde« zu einem Bündnis zusammengefunden, so war die Verfassung das Resultat eines Seitenwechsels der altständischen Partei des »Guten alten Rechts« und ihres Arrangements mit der Regierung.[119] Sie trat zwar als einzige Verfassung eines deutschen Staates im Vormärz durch Vereinbarung zwischen der monarchischen Obrigkeit und einem gewählten Landtag in Kraft. Doch blieb sie das Ergebnis eines einseitigen Kompromisses, selbst wenn sie nicht wie die anderen deutschen Verfassungen der gleichen Zeit (wie etwa 1818 in Baden und Bayern) »oktroyiert« wurde. Denn sie war in entscheidendem Maße von den Interessen des monarchischen Obrigkeitstaats und der staatlichen Bürokratie geprägt. Symbolisch zeigt sich dies an den Umständen ihrer Ratifizierung. Der Landtag nahm den »königlichen« Verfassungsentwurf in nicht öffentlicher Sitzung in der Residenz zu Ludwigsburg – nicht etwa im alten Stuttgarter Landtagsgebäude – entgegen und verabschiedete ihn ohne wesentliche Änderungen.[120] »Mancher wird manches vermissen«, kommentierte der Abgeordnete und Poet Ludwig Uhland, »aber das Wesentliche besteht; vor allem der Urfels unseres alten Rechts, der Vertrag.«[121]

Die Verfassung sah für den Landtag zwei Kammern, periodische Wahlen und eine regelmäßige Zusammenkunft (mindestens alle drei Jahre) vor. Nur die zweite Kammer basierte auf Wahlen. Die erste Kammer war der persönlichen Repräsentation hauptsächlich des neuwürttembergischen Adels vorbehalten. Der Landtag verfügte zwar über das Steuerbewilligungsrecht, über ein ausgefeiltes Budgetrecht sowie über legislative Kompetenzen, doch alle Versuche, diese Rechte während der Zeit des Vormärz zu einer wirkungsvollen Kontrolle der Exekutive auszubauen oder das Recht auf Gesetzesinitiative durchzusetzen, scheiterten an den Machtverhältnissen innerhalb und außerhalb des Parlaments.[122]

Die Idee eines Dualismus zwischen Regierung und Volksvertretung[123], wie sie weniger die politische Theorie als die konstitutionelle Praxis des vormärzlichen Liberalismus in den süddeutschen Staaten bestimmte, schränkte den politischen Handlungsspielraum dieses Liberalismus zugleich ein. Denn sie war durch die »obrigkeitsstaatliche Verfassung« und ihre Handhabung vorgeprägt. Sie machte die zweite Kammer des Landtags oft mehr zu einer »›Bühne der Rhetorik‹ als zu einem realen Kampfplatz bürgerlicher Emanzipation«.[124] Selbst die oppositionellen Liberalen konzentrierten sich meist eher auf grundsätzliches verfassungspolitisches Räsonieren als auf die Forderung und den Versuch der Durchsetzung konkreter sozialer, rechtlicher und ökonomischer Reformen. Doch dies war nicht allein die Folge liberaler Ideologie, sondern ganz wesentlich auch die Konsequenz einer fortwährenden Intervention von oben. Diese versuchte, die Initiative der Abgeordneten strikt auf den parlamentarischen Raum zu beschränken. Wo immer möglich, wurde – in Übereinstimmung mit der repressiven Gesetzgebung des Deutschen Bundes (Karlsbader Beschlüsse von 1819 und Bundesgesetze von 1832) – die Formierung oppositioneller politischer Gruppen und Meinungen unterdrückt, sei dies in politischen Wahlvereinen oder in der politischen Publizistik. Die Ausbildung einer politischen Öffentlichkeit war blockiert. »Kontrahent des Staates ist allein das isolierte Individuum der staatsbürgerlichen Gesellschaft. Die Repräsentativdoktrin wird in Dienst genommen zur Rechtfertigung staatlicher Disziplinierung«, so faßte Hartwig Brandt diese herrschende Tendenz der württembergischen Verfassungspraxis des Vormärz zusammen.[125]

Hauptinitiator und Träger reformerischer politischer Ansätze wurde unter diesen Umständen nicht das Parlament, sondern die staatliche Bürokratie. Sie konnte ihre Machtstellung in weitgehender Kontinuität zur napoleonischen Periode nicht nur behaupten, sondern ausweiten. Denn sie war nicht allein in den zentralen Institutionen von Regierung und Verwaltung vertreten, sondern ebenso im Landtag selbst. Als »regierungstreue Phalanx«[126] verfügte sie in allen sechs Landtagen des Vormärz über mindestens ein Drittel, zweimal auch über mehr als die Hälfte aller Abgeordneten. Rechnet man die »von oben« ernannten Gemeindebeamten hinzu, so stellten die Beamten in allen Landtagen des Vormärz die Mehrheit der Abgeordneten. Selbst im Landtag der Revolutionsjahre von 1848/49 hatten sie, unter Einschluß der Professoren, Oberlehrer und Pfarrer, die Mehrheit.

Die Zusammensetzung der II. Kammer des württembergischen Landtags 1820–1949 nach Berufsgruppen[127]

Berufe	Wahlperioden (Angaben in Prozent)						
	1. 1820–24	2. 26–30	3. 1833	4. 33–38	5. 39–43	6. 45–48	7. 48–49
Staatsbeamte	42,5	56	32,4	38,8	55,3	48,2	28,1
Gemeindebeamte	25,3	21,2	24,3	27,8	29,4	20,6	17
Kaufleute, Fabrikanten, Bankiers	12,6	9,2	5,4	4,7	4,7	8,4	12,7
Rechtsanwälte, Notare	5,7	6,6	9,4	7,1	2,3	8,4	17
Sonstige nichtbeamtete Akademiker	–	1,4	6	5,9	2,3	1,2	5,6
Pfarrer	–	–	2,6	–	–	2,4	4,2
Oberlehrer, Prof.	1,2	–	9,4	7,1	3,6	6	8,4
Gutsbesitzer, -pächter	3,5	–	1,3	2,3	1,2	1,2	2,8
Bürgertum	90,8	94,4	90,8	93,7	98,8	96,4	95,8
Bauern	2,3	1,4	1,3	1	–	1,2	–
Wirte, Posthalter	4,5	1,4	4	2,3	–	1,2	2,8
Handwerker	–	1,4	2,6	1	–	–	1,4
Elementarlehrer	1,2	–	–	–	–	–	–
Kleinbürgertum	8	4,2	7,9	4,3	–	2,4	4,2
Offiziere a. D.	1,2	1,4	1,3	1	1,2	–	–
ohne Berufsangabe	–	–	–	1	–	1,2	–
	100	100	100	100	100	100	100

In auffälligem Gegensatz zur Dominanz der Beamten in den württembergischen Landtagen des Vormärz stand die verhältnismäßig geringe Anzahl von Abgeordneten anderer Berufsgruppen und Sozialschichten, insbesondere der Vertreter des Industrie- und Wirtschaftsbürgertums (Kaufleute, Fabrikanten, Bankiers), aber auch der Vertreter des handwerklichen Kleinbürgertums und der Bauern. In der schwachen Repräsentanz dieser Gruppen spiegelte sich nicht allein der sozial-öko-

nomische Entwicklungsstand der württembergischen Gesellschaft dieser Zeit, sondern vor allem die soziale Geltung und das politische Prestige der verschiedenen Schichten und Gruppen dieser Gesellschaft. Jedenfalls ist die Überrepräsentanz der Beamten und Gebildeten keineswegs – wie häufig angenommen wird[128] – auf die restriktive Wirkung des Zensuswahlrechts bei den Wahlen zum württembergischen Landtag zurückzuführen. Im Gegenteil zeigte sich in der württembergischen Aktivwählerschaft des Vormärz aufgrund eines relativ niedrigen Zensus ein starkes Übergewicht von Kleinbauern, mittleren und kleinen Besitzern.[129] Dieses Übergewicht wurde zwar über die sozial exklusivere Wahl der Landtagsabgeordneten durch sog. »Wahlmännerkollegien« relativiert und abgebaut. Doch die spezielle Vorherrschaft der Beamten unter den gewählten Volksvertretern war keineswegs die Folge dieses indirekten Wahlarrangements.
Neben ihrer politischen Durchsetzungsfähigkeit war es vor allem das soziale Ansehen der Beamten als akademisch gebildeter, wesentlicher Teil eines »allgemeinen Standes«, das von zentraler Bedeutung war. Denn es herrschte im Vormärz und darüber hinaus das außerordentlich verbreitete und wirkungsmächtige »Suggestivbild vom interessenfernen Abgeordneten, der allein kraft seiner Bildung imstande sei, als Repräsentant des Landes zu fungieren«.[130] Selbst für die Wähler der radikalliberalen Opposition zu Beginn der 1830er Jahre kam es darauf an – so formulierte es ein kurzlebiges, bald unterdrücktes, publizistisches Sprachrohr –, »Kandidaten zu wählen, welche etwas gelernt haben und an welche sich der Bürger und Bauer halten kann«.[131] Auch »die große Mehrzahl der Unternehmer« überließ unter diesen Umständen, wie D. Langewiesche feststellt, »der Regierung die Wirtschaftspolitik und beschränkte die eigene Aktivität auf den heimischen Betrieb«.[132]
Nicht das Wirtschaftsbürgertum bildete also im vormärzlichen Württemberg die regierende Schicht, sondern eine akademisch gebildete Beamtenschaft zumeist bürgerlicher Abkunft. Das Amtsbürgertum des Ancien régime war gewissermaßen »verbeamtet« worden, ohne seine alte Machtstellung indessen zu verlieren. Diese vorherrschende Stellung der Beamten-Bürger entsprach der besonderen sozial-ökonomischen Struktur einer Gesellschaft, die in diesem Zeitraum des Übergangs noch keineswegs vom Durchbruch des agrarischen und industriellen Kapitalismus charakterisiert war.
Leitbild der politischen Strategie der Beamtenschaft im württembergischen Vormärz war – wie oben gezeigt wurde – das isolierte und disziplinierte Individuum in einer »staatsbürgerlichen Gesellschaft«. Auch die ökonomischen, rechtlichen und sozialen Reformmaßnahmen, die

zwischen 1817 und 1848/49 initiiert und vorangetrieben wurden, waren diesem Leitbild verpflichtet. Die Verordnungen und Gesetze zur Bauernbefreiung zwischen 1817 und 1848/49 brachten nach der Aufhebung der persönlichen Unfreiheit 1817 erst 1848/49 schließlich auch die Ablösung aller feudalen und grundherrlichen Lasten. Sie trugen jedoch, wie W. v. Hippel[133] und andere betont haben, keineswegs dazu bei, die klein- und mittelbäuerlichen Besitzverhältnisse in Richtung einer Durchsetzung des Agrarkapitalismus zu durchbrechen und zu transformieren. Der »freie« bäuerliche Besitzer war hauptsächlich als »industriöser« steuerzahlender »Staatsbürger« von Interesse. Er galt als Protagonist eines arbeitsamen, friedlichen »Mittelstandes« oder gar »Dritten Standes«, der versprach, den kapitalistischen Pächter ebenso überflüssig zu machen wie den abhängigen Tagelöhner.[134] Ganz ähnlich bedeuteten die partielle Einführung der Gewerbefreiheit 1828 und die sonstigen Maßnahmen gewerblich-industrieller Förderung keineswegs eine Prämierung und aktive Unterstützung industriell-kapitalistischen Wachstums. »Die gewerblichen Förderungsmaßnahmen zielten in erster Linie auf die Erhaltung bzw. Schaffung von kleingewerblichen und heimindustriellen Arbeitsplätzen... Im Vordergrund standen die sozial-politischen Erwägungen des Obrigkeitsstaates. Die Sorge, daß die Fabriken ein verelendetes Proletariat erzeugen würden, und die Furcht vor sozialem Aufruhr begründeten die Skepsis gegenüber einer Großindustrie.«[135]

Gegen solche Disziplinierung, Hegemonisierung und Kanalisierung der »bürgerlichen Gesellschaft« zu einem »Staatsbürgertum« kleiner Produzenten regte sich zunehmend Widerstand. Dieser kam zunächst, vor 1848, hauptsächlich aus dem vorpolitischen und außerparlamentarischen Raum. So organisierte sich im Rahmen der Vereinskultur und Geselligkeit, wie sie in den »Bürger-«, »Harmonie-«, »Museums-«, aber auch »Gewerbevereinen« gepflegt wurde, erstmals eine Einheit von bürgerlichem Optimismus und Aktivismus mit den Interessen des industriellen Bürgertums.[136]

Doch erst als das Scheitern des obrigkeitlichen Projekts einer »staatsbürgerlichen Gesellschaft« in der Hunger- und Wirtschaftskrise der Jahre 1846/47 offenbar wurde, ging die mittlerweile »gesellig« organisierte bürgerliche Gesellschaft dazu über, sich ihr eigenes politisches Recht zu nehmen. Zögernd setzte sie in der Revolution von 1848 dazu an, das Württembergische Ancien régime endgültig zu überwinden.

3. Ausdrucksformen bürgerlicher Öffentlichkeit – zwei Beispiele aus dem späten 18. Jahrhundert

Von Ute Frevert

Der Salon

Salon – das ist ein Raum innerhalb eines Hauses, ein großer, repräsentativer Raum. Er ist nicht zu verwechseln mit dem Wohnzimmer, das der Familie gehört, in dem sich Mann, Frau und Kinder zusammenfinden und gemeinsam lesen, spielen, musizieren. Der Salon ist Gesellschafts- und Empfangsraum, ein Ort der Geselligkeit, die nicht auf die Familie beschränkt ist. Ein Raum, der die intime Privatsphäre des engeren Familienkreises mit der Öffentlichkeit, der Welt, dem Außen verbindet.[137]

Salon – das Wort ist französischen Ursprungs (»großer Saal«). Es bezeichnet seit dem späten 17. Jahrhundert Institutionen außerhalb des königlichen Hofes, die die »Kenner und Kunstfreunde der verschiedensten Stände vereinigten«.[138] Hohe Adlige, Beamte, Bankiers treffen hier zusammen, um über Kunst und Literatur zu diskutieren und sich ein Urteil zu bilden. Damen der besseren Gesellschaft, schöngeistige Geschöpfe, laden zu sich ein, offerieren Tee und anspruchsvolle Diners, Geselligkeit und Bildung. Es ist die Zeit der beginnenden Aufklärung, der »Erleuchtung«, der Ablösung von Traditionen und überlieferten Gewißheiten, der Formulierung neuer, vernunftgemäßer Grundsätze des Denkens und des Lebens.

In Deutschland bricht das »helle Zeitalter« erst später an, in der zweiten Hälfte des 18. Jahrhunderts. Der Bruch mit dem Althergebrachten, die Erschütterung alter Glaubenssätze und Rechtfertigungen vollzieht sich zaghafter, vorsichtiger, zwiespältiger als im Nachbarland. Aber auch hier findet das Credo der neuen Bewegung, die Befreiung des Individuums aus traditionalen Bindungen und Verpflichtungen, Widerhall. Auch hier bilden sich Gemeinschaften, Zusammenschlüsse von Privatleuten zum Zwecke geselliger und gebildeter Kommunikation. Auch hier gibt es Kaffeehäuser, Logen, Vereine, Tischgesellschaften – und Salons.

Die berühmtesten konzentrieren sich in Berlin.[139] Nicht immer finden sie in repräsentativer Umgebung statt. Rahel Levin empfängt in einer Mansarde im Haus ihres Vaters, eines reich gewordenen Juwelenhändlers. Bei ihr gibt es nur Tee, keine ausgefallenen Speisen und raffinierten Arrangements. Trotzdem ist das Dachstübchen in den Jahren vor und nach der Jahrhundertwende immer voll. Jugendfreunde treffen sich dort, angehende Mediziner, Schriftsteller, Juristen, Offiziere. Viele Schauspieler, berühmte und verehrte Theaterstars geben sich die Klinke in die Hand. Die Avantgarde der deutschen Literatur und Publizistik – die Humboldts, Tiecks, Friedrich Schlegel, Clemens Brentano, Fouqué, Chamisso, Gentz, Schleiermacher, Jean Paul – gehen hier ein und aus. Aber auch hochgestellte Persönlichkeiten fehlen nicht: Prinz Louis Ferdinand, ein Cousin des regierenden preußischen Königs, und sein Schwager, Minister und Diplomaten sind ständige Gäste. Frauen sind ebenfalls repräsentiert: als Geliebte, als Künstlerinnen, Musen, als Originale wie die Gräfin Schlabrendorf, die zuweilen Männerkleider trägt.

Was zieht alle diese, nach Geschlecht und Alter, nach Herkunft und sozialem Status so verschiedenen Menschen zu einer jungen Jüdin? Es kann weder ihre Schönheit noch ihre Bildung sein, denn Rahel Levin hat weder das eine noch das andere zu bieten. Wie die meisten Frauen ihrer Zeit und ihres Standes hat sie nichts »gelernt«, hat weder eine Schule besuchen noch Privatunterricht genießen dürfen. Diese Voraussetzungslosigkeit aber ist auch eine Chance, die die Kaufmannstochter zu nutzen weiß. Sie wird zum »Freigeist«, zur »Selbstdenkerin«, der alle Vorurteile und Traditionen zuwider sind. Nur auf ihren Verstand vertraut sie,

der bei uns keinen Augenblick sein Recht aufgiebt. (...) Uns bleibt keine andere Wahl übrig, als *Galeerensklaven* oder *freiwillige Freunde des Verstandes* zu sein – besser freilich der *Vernunft*.[140]

Im Namen dieser Vernunft ist sie stets auf der Suche, offen für alles Neue, Originelle, aufgeschlossen für Anregungen jeder Art. Aufgeschlossen vor allem für die Idee der Individualität, die die Aufklärung verbreitet. Gerade als Jüdin, die diese Identität verflucht und loszuwerden sucht, erscheint ihr die Betonung individueller Existenz, individueller Vernunft, individueller Verantwortung als großes persönliches Angebot, das es aufzunehmen und dem es nachzuleben gilt.

Den Besuchern ihres Salons offeriert sie das nämliche: die Chance, fernab von allen Standesgrenzen und -pflichten, losgelöst von gesellschaftlichen Konventionen und Bindungen Individuum zu sein. Titel und Ämter sind hier ohne Bedeutung, was zählt, ist der einzelne – und seine Bildung. Hannah Arendt hat den Salon Rahel Levins einmal als einen »sozial neutralen Raum« bezeichnet, »in dem sich alle Stände treffen und wo von jedem als Selbstverständliches verlangt wird, daß er ein einzelner sei«.[141] Dieser einzelne wird nicht daran gemessen, ob er arm oder reich, von hoher oder niedriger Geburt, Jude oder Christ ist; auch die Nähe oder Ferne zum königlichen Hof entscheidet nicht über seinen Wert. Es wird weiter keine Rücksicht genommen auf die Funktionen und Positionen der Besucher im wirklichen Leben: Der Cousin des Königs muß sich die »Dachstubenwahrheiten« ebenso anhören wie jeder andere mehr oder weniger Arrivierte. Trotzdem – oder gerade deshalb drängen sich die Menschen, in Rahels Kreis aufgenommen zu werden, »wo jeder von ihnen«, wie der schwedische Gesandte von Brinckmann, ein enger Freund der Gastgeberin, bemerkte, »nicht mehr Werth, aber auch nie weniger hatte, als er selbst durch seine gebildete Persönlichkeit geltend zu machen vermochte«.[142]

Eben diese »gebildete Persönlichkeit« steht im Mittelpunkt der Salon-Geselligkeit. In ihr verbindet sich das Ideal der Menschenbildung, jener »säkularen Religion« (Nipperdey) der Jahrhundertwende, mit dem Konzept freier, ungebundener Individualität. Der Mensch, vornehmlich der Mann, soll sich nicht mehr als traditionsgeleitet und an die Privilegien oder Einschränkungen seines Geburtsstandes gefesselt erfahren, sondern als voraussetzungsloses Einzelwesen, das seine inneren Anlagen, Interessen und Fähigkeiten durch eine allseitig-umfassende Bildung entfalten und anwenden lernt.

Bildung – darunter versteht man an der Wende vom 18. zum 19. Jahrhundert nicht mehr die von der Aufklärung propagierte Erziehung zur Nützlichkeit und zum Beruf, sondern eine allgemeine, formale, zweckfreie Bildung, die den Menschen in seiner Ganzheitlichkeit erfaßt. Indem er nicht auf eine bestimmte, eng definierte Funktion hin erzogen wird, kann er alle Möglichkeiten, Angebote und Herausforderungen seiner Umwelt wahrnehmen, und eben diese Flexibilität und Mobilität befähigt ihn erst, sich in einer durch Umbrüche und Zeitbeschleunigung geprägten Gesellschaft zurechtzufinden.

Die neuhumanistische Bildungstheorie, deren aktivster und politisch einflußreichster Vertreter Wilhelm von Humboldt ist, verabschiedet sich folglich ebenso von der durch Autorität und Tradition legitimierten ständischen Gesellschaft, wie sie den rational-utilitaristischen Erwägungen der Aufklärung eine Absage erteilt. Ihr betonter Individualismus paßt damit einerseits perfekt in eine Leistung, Talent und Innovation honorierende bürgerliche Gesellschaft – andererseits aber läßt sich der radikale Anspruch auf Totalität auch als fundamentale Kritik dieser Gesellschaft lesen, die auf dem Prinzip strikter Arbeitsteilung und Spezialisierung beruht. Geradezu klassisch ist diese Kritik in Goethes 1795 erschienenem Bildungsroman »Wilhelm Meisters Lehrjahre« formuliert: Der jugendliche Held beharrt gegenüber seinem Schwager, einem Kaufmann, auf seiner Absicht, »mich selbst, ganz wie ich dabin, auszubilden«. Er will kein Bürger werden, der nur »leisten und schaffen« soll. »Er soll einzelne Fähigkeiten ausbilden, um brauchbar zu werden, und es wird schon vorausgesetzt, daß in seinem Wesen keine Harmonie sei, noch sein dürfe, weil er, um sich auf Eine Weise brauchbar zu machen, alles übrige vernachlässigen muß.« Wilhelm dagegen wünscht, »eine öffentliche Person zu sein und in einem weitern Kreise zu gefallen und zu wirken« – und geht zum Theater.[143]

Auch im Salon hätte er diesen »weitern Kreis« finden können, jene Öffentlichkeit gebildeter Menschen, die zwanglos und in »freiem Anstand« zusammentreffen, verbunden durch ihr gemeinsames Interesse an Kunst und Literatur, an Philosophie, Ästhetik und Politik.[144] Dichter und Schriftsteller tragen hier aus ihren Werken vor und erwarten eine kundige, vorurteilslose Kritik ihres Publikums. Gelehrte wie Schleiermacher oder die Brüder Humboldt berichten über ihre Projekte und Arbeiten und diskutieren sie mit den anderen Teilnehmern. Man bespricht die literarischen Neuerscheinungen, lauscht musikalischen Darbietungen, weist einander auf kulturelle Veranstaltungen, Theateraufführungen hin und streitet über die Französische Revolution und Napoleon.

Der Salon ist ein geschlossener Raum – abgeschlossen gegen die äußere Umwelt, in der Standesgrenzen und -rücksichten dominieren, in der die Menschen nach ihren Äußerlichkeiten, ihrem »Scheinen« beurteilt werden. Personen, die sich außerhalb dieses Raums kaum je begegnet wären, treffen hier als autonome Individuen, als »Privatleute« aufeinander, entdecken ihre Gemeinsamkeiten als aufgeklärte »Weltbürger«. Juden, die vor ihrer staatsbürgerlichen Emanzipation 1812 immensen rechtlichen, sozialen und wirtschaftlichen Restriktionen unterworfen sind, gelten gemeinhin nicht als gesellschaftsfähig und werden weder bei Hofe noch in adligen oder bürgerlichen Kreisen geduldet. In den Salons des späten 18. Jahrhunderts sind sie sehr häufig die Gastgeber – und werden bereitwillig aufgesucht. Frauen, die sich mit ähnlichen Barrieren konfrontiert sehen und in juristischem wie sozialem Sinn unter der Vormundschaft ihrer Männer stehen, verlassen die engen Begrenzungen ihrer häuslichen Wirkungssphäre, nehmen teil an den aufgeklärten Diskursen und erwerben sich jene Bildung, die eigentlich nur Männern vorbehalten ist, in eigener Regie. Als Gastgeberinnen scharen sie ein Publikum um sich, das nicht nur ihre Schönheit bewundert, sondern auch ihre Intelligenz, ihre Spontaneität, ihren Einfallsreichtum zur Kenntnis nimmt. Kaufleute, die in ihrem bürgerlichen Leben wohl kaum die Bekanntschaft eines Literaten gemacht hätten, sitzen im Salon Seite an Seite mit jungen Schriftstellern; Philosophen und Theologen suchen das Gespräch mit Offizieren, Schauspielerinnen, Sängerinnen und fürstlichen Mätressen. Adelige stehen auf gleicher Stufe mit Bürgern – ihnen, »den Großen und Vornehmen wurde ihr Stand eher verziehen, als zu gute gerechnet«.[145]

Diese Form »gemischter Geselligkeit«, die in Rahel Levins Salon seit den 1790er Jahren gepflegt wird, beruht auf einer Fiktion: der Fiktion der bürgerlichen Einzelpersönlichkeit, die sich selbst darstellt in dem, was sie ist und was sie hat. In der Gesellschaft des Ancien régime kann dieses Modell noch keine allgemeine Geltung beanspruchen: Zu stabil noch ist die ständische Ordnung, zu stark die soziale Hegemonie des hoffähigen Adels, zu unbedeutend sind die neuen bürgerlichen Schichten, die dieser Ordnung den Kampf ansagen. In den Salons wird die Fiktion, die Utopie ausgetestet und gelebt. Für eine kurze Zeit, am späten Nachmittag und Abend, probt das gebildete Publikum hier seine Emanzipation, eine Emanzipation, die in der Abgeschlossenheit des Dachstübchens oder des adlig-bürgerlichen Privathauses auch Frauen und Juden mit einbezieht. Anwesende Adlige oder gar Mitglieder des Königshauses unterwerfen sich freiwillig den Spielregeln des freien und gleichen Diskurses und werden zu Privatleuten. Sobald sie den Salon verlassen, sind sie wieder Standespersonen, berufen sich auf verbriefte Privilegien und tradierte Rechte, nehmen von einer Mesalliance mit Bürgerlichen Abstand. Nie würden sie auf die Idee kommen, ihre jüdischen Gastgeber zu einer Soirée in ihr Haus zu bitten, ebensowenig wie den bürgerlichen Kaufmann oder den avantgardistischen Literaten. Auf ihren Gesellschaften herrscht noch die »alte Ordnung«:

> Niemand wollte oder durfte hier etwas anderes vorstellen, als den äußeren Rang, durch Geburt oder Amt überkommen, und somit war von selbst aller Anspruch auf Geist, Talent oder Liebenswürdigkeit in Ruhe gesetzt.[146]

Die Salons des gebildeten Bürgertums und des aufgeklärten Adels hatten diese scheinhafte Repräsentation überwunden – in ihnen entfalteten sich »Freigeisterei«, »Selbstdenken« und Unkonventionalität, zumindest auf geistigem Gebiet. »Bürgerliche Gesellschaft« als Gesellschaft freier, ungebundener, unvoreingenommener, selbsttätiger Individuen – sie wurde in den nach unten exklusiven, nach oben offenen Zirkeln aufgeklärter Geselligkeit vorweggenommen.

Die Hamburger Patriotische Gesellschaft

Neben Salons, Lesegesellschaften, Kaffeehäusern, Freimaurerlogen und diversen Freundeskreisen bringt das 18. Jahrhundert noch eine weitere Institution bürgerlicher Öffentlichkeit hervor: die patriotischen und gemeinnützigen Gesellschaften. Überwiegend in der zweiten Jahrhunderthälfte bilden sich im deutschen Sprachgebiet an die sechzig Sozietäten, die es sich zur Aufgabe machen, politische, pädagogische, soziale, ökonomische, naturwissenschaftliche und technische Zeitprobleme zu erörtern und praktisch anzugehen. In Celle, Lübeck, Leipzig, Karlsruhe, in Nürnberg, Homburg, Erfurt, in Süddeutschland, Österreich und der Schweiz konstituieren sich Vereine mit klingenden Namen, in denen die Begriffe »Patriotismus« und »Gemeinnützigkeit« an exponierter Stelle stehen.[147]
Am bekanntesten und einflußreichsten ist die Hamburger Patriotische Gesellschaft oder, wie sie mit vollem Namen heißt, die »Hamburgische Gesellschaft zur Beförderung der Künste und nützlichen Gewerbe (Patriotische Gesellschaft von 1765)«. Gegründet wird sie im Jahre 1765 als Erweiterung eines privaten Freundeskreises, der sich um den Gymnasialprofessor Hermann Samuel Reimarus gebildet hat. Zu diesem Kreis, der an die von 1724 bis 1748 bestehende »Patriotische Gesellschaft« anknüpfte, gehörten Ärzte, Juristen, Gymnasiallehrer, Rechtsanwälte und Kaufleute. Hatte sich die ältere Patriotische Gesellschaft vor allem um die Vermittlung moralischer Lebensweisheiten verdient gemacht und zu diesem Zweck die weithin beachtete und ungemein erfolgreiche Zeitschrift »Der Patriot« herausgegeben, steht die neue Gesellschaft von vornherein unter einem praktischen Auftrag. Ihr geht es nicht um literarisch-geistige Kompetenz und Höhenflüge, ihre Mitglieder schreiben keine Poesie. Handfestere Probleme stehen im Mittelpunkt ihrer regelmäßigen, das Prinzip »arbeitender Geselligkeit« (Nipperdey) verwirklichenden Versammlungen, und diese Probleme gilt es nicht nur zu diskutieren und zu verhandeln, sondern aktiv zu lösen. Geleitet von der Liebe zu ihrer Stadt – »Patriotismus« wird in Hamburg mit »Stadtfreundschaft« übersetzt – und dem Bedürfnis, ihr nützlich zu sein (»Gemeinnützigkeit«), begreifen sich die Mitglieder der Gesellschaft als aufgeklärte Reformer, die im Interesse des »gemeinen Wohls« die »Verbesserung« und »Beförderung« der gesellschaftlichen Zustände in ihrer Stadt anstreben.
In erster Linie meint man damit die »Aufnahme der Künste, der Fabriken und der damit verbundenen Gewerbe«. Angesichts der Konkurrenz, die der städtischen Wirtschaft durch die Ausweitung staatlich ge-

schützter Gewerbezweige und Manufakturen in ihrem preußischen Umland erwächst, suchen die Reformer dringend nach Methoden und Innovationen, mit deren Hilfe hamburgischer Handel und hamburgisches Gewerbe wettbewerbsfähig erhalten werden können. Technische Erfindungen, neu entdeckte Geräte und Maschinen werden bekannt gemacht und wärmstens empfohlen; ihre Anwendung honoriert die Gesellschaft mit Geldprämien. Seit 1790 finden Ausstellungen statt, die die Produkte des »Gewerbefleißes« und der »Industrie« einem breiten Publikum vorführen. Die Zünfte werden nicht für sakrosankt befunden: Privilegien und Monopole haben dort ihr Recht verloren, wo sie den ökonomischen Fortschritt hemmen und behindern. Die Patriotische Gesellschaft scheut sich nicht, unzünftige Handwerker finanziell zu unterstützen, um sie, entgegen den »Vorurteilen und Verfolgungen des Zunftzwangs«, in Hamburg zu halten. Auch gegen Einschränkungen des Handels setzen sich Mitglieder der Gesellschaft energisch zur Wehr. Statt der merkantilistischen Schutzpolitik schwebt ihnen ein freies Marktmodell vor, in dem die Bedürfnisse die Mittel ihrer Befriedigung ohne äußere Eingriffe hervorbringen.[148]

Leistungs- und Effizienzdenken, ökonomische Rationalität und Kalkulation, Sparsamkeit und Fleiß stehen als bürgerliche Primärtugenden hoch im Kurs. Ihre Verallgemeinerung auch in den unteren Sozialschichten sucht man nach Kräften zu fördern: durch die Einrichtung spezieller Handwerkerschulen, durch die Verbreitung entsprechender Erziehungsschriften, durch das Projekt eines Lehrerseminars. Auch die sozialpolitischen Initiativen der Gesellschaft wissen sich diesem pädagogisch-moralischen Ziel verpflichtet. 1794 diskutiert man den Vorschlag, nach dem Vorbild englischer Institute eine Sparkasse für »Professionisten, Fabriken- und andere Gewerbe-Arbeiter, Tagelöhner, Dienstboten usw.« zu gründen. Sechs Jahre später richtet der Kaufmann Caspar Voght an diese Bevölkerungsgruppen einen in mehreren tausend Exemplaren verteilten und in vielen Zeitschriften publizierten Aufruf, sich an der »Ersparungs-Anstalt« zu beteiligen. Welche Aufgabe die Patriotische Gesellschaft einer solchen Kasse zuweist, erschließt sich aus den Versammlungsprotokollen. Zunächst sollen die »ärmeren Bevölkerungsklassen« instand gesetzt werden, sich auch in Notzeiten selber zu helfen, um der Gemeinschaft, d. h. der Armenfürsorge, nicht zur Last zu fallen. Durch kontinuierliche Rücklagen sparen sie ein Kapital an, das ihre »Versorgung in Krankheit und Alter« sichert. Die Aussicht, sich »ein unabhängiges Alter durch eignen Fleiß« zu ermöglichen, gebe den »redlichen Arbeitern« zudem ein höheres Maß an »Würde und Selbständigkeit«, was sich wiederum positiv auf die »Moralität« sowie »bürgerliches und häusliches Wohl« auswirken müsse. Dies sei nicht nur für das Individuum von großem Vorteil, sondern auch für die Gesellschaft und ihre staatliche Verfaßtheit, denn:

Der Mensch, der durch eignen Fleiß sich sein Auskommen gesichert hat, ist gewiß ein besserer Bürger als der Leichtsinnige, der, die Zukunft nicht achtend, aus Noth und Verzweiflung Antheil an Verbrechen nimmt, zu denen ihm die Versuchung so nahe liegt.[149]

Die Sparkassen-Initiative ist nur eine von vielen sozialpolitischen Maßnahmen, mit denen die Patriotische Gesellschaft die »sittliche Ökonomie« der Unterschichten umzuprägen versucht und deren psychisch-soziale Einbindung in die neue »bürgerliche Gesellschaft« vorbereitet. Im Zentrum stehen die Bemühungen um die Reform des öffentlichen Armenwesens, die in den 1780er Jahren auf den Weg gebracht wird. 1790 stellt die Patriotische Gesellschaft eine Preisaufgabe, in der sie nach der »Entstehung, Behandlung und Erwehrung von Armuth« fragt.[150] In ihren Versammlungen werden die Vorschläge erörtert und sodann an die städtische Regierung weitergeleitet. Viele Mitglieder engagieren sich praktisch und wirken als Armenvorsteher aktiv an der Organisation und Verwaltung der kommunalen Armenpflege mit.[151] Am bemerkenswertesten aber ist: Die Patriotische Gesellschaft stellt die Chefdenker der hamburgischen Armenreform, den Gymnasialprofessor Johann Georg Büsch, den Kaufmann Caspar Voght und den Juristen Johann Arnold Günther. Sie erarbeiten das gedankliche Design, das den Reformprogrammen zugrunde liegt, und stellen Organisationspläne auf, die auch von anderen Städten übernommen werden.

Danach kann die zunehmende Belastung öffentlicher Kassen durch eine immer größere Armenbevölkerung nur dadurch abgebogen werden, daß der Kreis der Unterstützungsempfänger radikal verkleinert wird. Zugleich sollen die städtischen Unterschichten durch ein ausgeklügeltes System von Kontrollen und wirtschaftlichen Hilfsmaßnahmen dazu motiviert werden, sich durch »Arbeitsamkeit und Oeconomie« (Wilcke) selber zu helfen. Die asoziale Position des Armen in einem sozialen System, das sich immer selbstverständlicher und ausschließlicher als Gemeinschaft von Produzenten versteht, kann nach dem Verständnis der Reformer nur dadurch aufgehoben werden, daß der Arme in den Kreislauf der Produktion einbezogen wird. Arbeit ist damit gleichermaßen pädagogisches Mittel und Ziel dieses Integrationsprozesses. Durch Arbeit soll der Arme lernen, für sich selber

Verantwortung zu tragen. Erscheint doch die durch eigenes Verdienst gewonnene Selbständigkeit des Individuums als bester Garant bürgerlicher Moral – und ökonomischen Fortschritts.
Jenseits aller erzieherischen Absichten dient die Einbindung aller Gesellschaftsmitglieder in eine notfalls durch Zwang konstituierte Arbeitsökonomie aber auch dazu, die unabhängige Reproduktion jedes einzelnen Individuums zu gewährleisten und damit eine möglichst weitgehende Entlastung allgemeiner Unterstützungsfonds zu gewährleisten. Das Einkommen der Handwerker, Kaufleute, Beamten soll nicht länger zu einem gewissen Teil als soziale Transferleistung an bloß verzehrende Arme verteilt, sondern in produktivere Bereiche investiert werden können. Deshalb lautet die Devise der Hamburger Armenordnung von 1788, »daß kein Armer als Unterstützung erhalten müsse, was er irgend noch zu verdienen im Stande sey«.[152] Mittels strenger Klassifikation, Selektion und Kontrolle wird der Kreis der »Bedürftigen« möglichst klein gehalten. Die Kriterien der Bedürftigkeit werden sehr eng definiert, jeder Einzelfall wird auf seine »Würdigkeit« hin überprüft. Zugleich müssen sich die Unterstützungsempfänger einem strengen Erziehungsprogramm unterwerfen, das den Zwang zur Arbeit ebenso umschließt wie eine ordentliche und saubere Haushaltsführung, eine vernünftige Kindererziehung und »sittliches« Betragen. Die konsequente Individualisierung der Armen ist somit die Bedingung ihrer Sozialisierung, ihrer Eingliederung in den Normen- und Arbeitszusammenhang der bürgerlichen Gesellschaft.
Die Patriotische Gesellschaft hat durch ihre theoretischen und praktischen Arbeiten die Herausbildung einer neuen sozialen Ordnung aktiv unterstützt und gefördert. Im Gegensatz zu den stärker literarisch-intellektuell orientierten Institutionen bürgerlicher Öffentlichkeit hat sie sich vor allem mit den ökonomischen und sozialen Bedingungen der Transformation auseinandergesetzt und wegweisende Initiativen ergriffen. Bürgerliches Denken, bürgerliche Aufklärung drückten sich hier nicht in neuen philosophischen Systemen oder poetischen Elogen auf die Vernunft aus, sondern in beharrlichen Anstrengungen um eine innovative Verbesserung gesellschaftlicher Verhältnisse. Dieser konstruktive Elan ist nicht zuletzt auf die starke Präsenz wirtschaftsbürgerlicher Schichten zurückzuführen. Anders als in den Salons, wo das gebildete, schöngeistige Publikum dominierte, waren Kaufleute, Bankiers, Makler und Manufakturunternehmer in den Mitgliederlisten der Patriotischen Gesellschaft überproportional vertreten. Unter den 96 Hamburgern, die 1765 der Patriotischen Gesellschaft beitraten, waren nur zwölf Akademiker (Juristen, Geistliche, Ärzte, Gymnasiallehrer),

während 82 der Kaufmannschaft und verwandten Berufen zuzurechnen waren.[153] Diese Kreise standen in den meisten anderen Institutionen bürgerlicher Öffentlichkeit eher am Rande; hier aber, wo es um praktische Schritte zur Durchsetzung bürgerlicher Hegemonie in Wirtschaft und Gesellschaft ging, bestimmten sie die Richtlinien der Politik.

4. Bürgerliche Familie und Geschlechterrollen: Modell und Wirklichkeit

Von Ute Frevert

Die bürgerliche Familie, schreibt der britische Historiker Eric Hobsbawm, sei »die rätselhafteste Institution« des 19. Jahrhunderts gewesen. Als ein zentrales Strukturelement der bürgerlich-kapitalistischen Gesellschaft habe sie den Grundsätzen dieser Gesellschaft zutiefst widersprochen. Beruhte letztere auf den Prinzipien der freien Konkurrenz, der individuellen Leistung und Profitorientierung, der Gleichheit und Freiheit aller Warenbesitzer, schienen diese Prinzipien in der Familie außer Kraft gesetzt. Statt dessen dominierten hier »patriarchalische Despotie« und ein »hierarchisches System persönlicher Abhängigkeiten«.[154] Die bürgerliche Familie – eine Gegenstruktur zur bürgerlichen Gesellschaft?

Glaubt man den bürgerlichen Selbstverständigungstexten des ausgehenden 18. und frühen 19. Jahrhunderts, war die Familie tatsächlich ein modellhafter Ort der Privatheit, der Intimität, der bedürfnisorientierten persönlichen Zuwendung und damit deutlich getrennt von der Außenwelt des Berufs, Geschäfts und der politischen Öffentlichkeit. Ihr Mittelpunkt, die Ehe, galt als »das heiligste Verhältniß, auf dem und dessen Folgen die bürgerliche Gesellschaft als eine Gesellschaft moralischer Wesen beruht«.[155] Diese Urteile stammen jedoch aus einer Zeit, in der eine bürgerliche Gesellschaft in dem von Hobsbawm charakterisierten Sinn noch nicht existierte, das Bürgertum inmitten einer ständisch gegliederten und von adliger Dominanz geprägten Gesellschaft nur marginale Positionen besetzte und bürgerliche Lebensformen alles andere als gesellschaftlich verbindlich waren. Der neue Typus von Familie wurde folglich gegenüber einer eher abweisenden Umwelt entworfen, und viele seiner Merkmale erschließen sich erst auf dem Hintergrund dieser Konfrontationssituation.

Schon das Wort »Familie« war eine Neuschöpfung, die erst gegen Ende des 18. Jahrhunderts im deutschen Sprachgebrauch heimisch wurde. Zedlers Universallexikon von 1735 kannte nur den Begriff »familia«, der auf den altrömischen Sozial- und Geschlechterverband integrierter Haushalte verwies. Das deutsche Äquivalent war das »Haus«, das von »Hausvater« und »Hausmutter« gemeinschaftlich, wenn auch mit unterschiedlichen Herrschaftsrechten verwaltet wurde. In diesem »Haus« lebten Menschen verschiedenster Beziehungen zusammen: zum einen die Kinder und möglicherweise noch Verwandte des Hauselternpaars, sodann aber auch nicht verwandtschaftlich gebundene Personen. Im bäuerlichen Milieu zählte das Gesinde dazu, in Handwerkerhaushalten Lehrlinge und Gesellen, bei Kaufleuten die Handlungscommis. Man wohnte – egal ob verwandt oder nicht – unter einem Dach, aß miteinander, arbeitete und feierte gemeinsam. Im Innern war dieser Sozialverband streng hierarchisch strukturiert: An der Spitze stand der »Hausvater«, dem die allgemeine Organisation des »Hauses« und die Befehlsgewalt über Frau, Kinder und Gesinde oblag. Die »Hausmutter«, die ihrem Mann zu absolutem Gehorsam verpflichtet war, hatte gemeinhin die »innere Ökonomie« unter sich und war für die Haushaltsführung zuständig. Kinder wurden je nach Alter in den normalen Arbeitsbetrieb integriert; ihre Erziehung bestand in der Imitation mütterlicher bzw. väterlicher Fertigkeiten und Verhaltensweisen.[156]

Das »Haus« dominierte vor allem im bäuerlich-agrarischen Bereich und im traditionell-zünftigen Stadtbürgertum. Hier blieb die alte Ordnung bis weit ins 19. Jahrhundert hinein intakt: Arbeit und Leben waren eng miteinander verwoben, eine Trennung von Erwerb und Verbrauch fand nicht statt. Von der Handwerkerfrau wurde selbstverständlich verlangt, »daß sie sich in den Kram und in das Handwerk ihres Mannes zu schicken wisse, und entweder einiges mit arbeite, oder doch die Ware geschickt und mit Nutzen verkaufen lerne«. In der Landwirtschaft gingen die Produktion von Gütern, ihre »Bewahrung« und ihr »Ausgeben« Hand in Hand, wobei die beiden letzten Aufgabengebiete vorzugsweise der Bäuerin anheimfielen. Zu ihren »Pflichten und Verrichtungen« gehörten sowohl die »Aufsicht wegen der Reinigkeit im Hause und der Ordnung des Hausrathes« als auch »die Geschäfte in der Küche, dem Keller, der Rind-, Schweine- und Federviehzucht, wegen der Bewahrung, Reinigung und Verfertigung der Kleider, Wäsche, Betten, des Brauens, Backens, Waschens, im Nähen, Spinnen, Weben«.[157] Eine »wesensmäßige« Differenzierung produktiver und konsumtiver Tätigkeiten war hier nicht vorgesehen, wohl aber eine klare geschlechtsspezifische Zuordnung bestimmter Arbeitsprozesse.[158]

Nicht nur Bauern, Handwerker und Kaufleute, sondern auch der Adel lebte im 18. Jahrhundert in der Sozialform des »ganzen Hauses«, wenngleich die enge Bindung von Produktion und Konsumtion für die Angehörigen des Geschlechterverbandes hier entfiel, die manuelle Arbeit an Untergebene delegiert wurde und nur die Konsumtion übrigblieb.

Letztere stand im Zentrum adliger Kultur und Lebensweise: Repräsentative Geselligkeit, ein »offenes Haus« waren charakteristisch für Stil und Habitus des »ersten Standes«. Das Verhältnis zwischen den Ehegatten gestaltete sich distanziert und emotional zurückhaltend; Mätressen und Liebhaber gehörten ebenso dazu wie völlig getrennte Wohnbereiche. Kinder wuchsen in der Obhut von Dienstboten auf und bekamen ihre Eltern nur selten zu Gesicht.

Von solchen Gepflogenheiten nahm die bürgerliche Aufklärungsliteratur der zweiten Hälfte des 18. Jahrhunderts kritisch Abstand. Ihr Alternativentwurf bestimmte »Familie« als einen Raum sozialer Kommunikation und Reproduktion außerhalb der Erwerbssphäre, ausschließlich den Ehegatten und ihren Kindern vorbehalten. Dienstboten blieben aus dem intimen Kreis ausgeschlossen: Ihre Arbeitskraft im Haushalt war zwar weiterhin unverzichtbar, ihr Einfluß auf die Kinder jedoch mußte rigoros begrenzt werden. Ammen und Kindermädchen sollten ganz aus der bürgerlichen Familie verbannt werden, galten sie doch als Träger amoralischer und pathogener Eigenschaften, die in den sozialen Unterschichten heimisch waren und vor denen sich das Bürgertum sorgfältig abzuschirmen suchte. Ihre Funktionen gingen jetzt auf die leibliche Mutter über, die sich vorrangig um die liebe- und planvolle Sozialisation und Erziehung der Kinder zu kümmern hatte. Weitgehend entlastet von produktiver Arbeit, die nunmehr als männliche Domäne definiert wurde, sollte die Frau mit der ihr angeblich eigenen Emotionalität und Tugendhaftigkeit ein Refugium bürgerlicher Privatheit und Intimität herstellen, das die spröde Außenwelt des Erwerbs, der Konkurrenz und der politischen Auseinandersetzung harmonisch ergänzte.

Von dieser öffentlichen Sphäre hatten sich Frauen fernzuhalten; ihr Leben spielte sich ausschließlich zwischen den eigenen vier Wänden ab und konzentrierte sich auf die Organisation des Haushalts, die Erziehung der Kinder und die »Beziehungsarbeit« am Ehegatten. Oberflächlich betrachtet, reproduzierte sich damit nur die traditionelle geschlechtliche Arbeitsteilung, die schon der »Hausmutter« vorrangig die innere Ökonomie und die Sorge für Kinder und weibliches Gesinde übertragen hatte.[159] Bestimmte Zuständigkeiten und Kompetenzen, z. B. »das nutzbare, vortheilhafte, wohl eingetheilte, sparsame und kluge Anwenden und Ausgeben«[160], blieben erhalten, denn auch von der bürgerlichen Hausfrau wurde erwartet, daß sie »durch Aufmerksamkeit, Ordnung, Reinlichkeit, Fleiß und Sparsamkeit, wirthschaftliche Kenntnisse und Geschicklichkeiten, den Wohlstand, die Ehre, die häusliche Ruhe und Glückseligkeit des erwerbenden Gatten sicher stellen« würde.[161]

Neu war jedoch die Betonung emotional-psychischer Aufgaben, die Frauen als Gattinnen und Mütter an ihren Ehemännern und Kindern zu erfüllen hatten. Höchste Priorität besaß ihre Fähigkeit, den Mann zu »beglücken«, ihm durch »zärtliche Theilnehmung, Liebe, Pflege und Fürsorge das Leben (zu) versüßen« und ihn von seinen Alltagsproblemen abzulenken. An zweiter Stelle stand ihre Verantwortung gegenüber ihren Kindern, die sie zu tugendhaften Menschen erziehen sollten. Erst dann wurden ihre ökonomischen Qualifikationen erwähnt, die zwar »als eines der nothwendigsten Stücke zur ehelichen Glückseligkeit«[162] galten, nichtsdestotrotz aber den emotionalen Investitionen deutlich nachgeordnet waren. Diese Tendenz spiegelte sich auch in der traditionellen Ökonomieliteratur des 18. Jahrhunderts: Seit der Jahrhundertmitte nahmen die an die »Hausmutter« gerichteten Bücher zunehmend Themen auf, die den Rahmen der Hauswirtschaft sprengten und das »interessierte Frauenzimmer« ansprachen.[163] Noch klarere Akzente setzten die Moralischen Wochenschriften, die einen umfassenden Bildungskanon für Frauen zusammenstellten, in dem die Haushaltungswissenschaft ihre ehemals dominierende Position verlor.[164] Statt dessen sollten sich Frauen eine angemessene Allgemeinbildung aneignen, Grundkenntnisse in Geschichte, Literatur, Sprachen und Naturkunde erwerben, um ihren Männern verständnisvolle Gattinnen und ihren Kindern kluge Mütter zu sein. Als verwerflich dagegen erschien jeder darüber hinausgehende Bildungsanspruch: Das »gelehrte Frauenzimmer« war nicht zufällig eine der geläufigsten und hämischsten Karikaturen des späten 18. und frühen 19. Jahrhunderts.

Das moderne Leitbild der bürgerlichen Familie beruhte demnach auf einer neuen Form geschlechtlicher Arbeitsteilung, die Männern und Frauen sauber getrennte Wirkungssphären zuwies. Neu waren aber auch die Begründungen für eine solche funktionale Differenzierung: An die Stelle ständisch-religiöser Legitimationen traten jetzt Orientierungsmuster, die die Geschlechterdifferenz auf innere, wesensgemäße und naturgegebene Merkmale zurückführten. »Von Natur aus« sei die Frau passiv und emotional, der Mann aktiv und rational veranlagt. Ihr je spezifischer »Geschlechtscharakter« prädestiniere Frauen daher für personenbezogene Dienstleistungen in der Familie, Männer für sachbezogene, produktive Tätigkeiten in der Wirtschaft, Politik, Kultur und Wissenschaft. Während der Mann sich im »feindlichen Leben« bewähren mußte und wollte, waltete daheim die »züchtige Hausfrau«, die ihren weiblichen Charakter in der liebevollen Sorge für Mann und Kinder auslebte und vervollkommnete.[165]

Theoretisch war dieses Konzept der »Geschlechtscharaktere« noch nicht unmittelbar mit Wertungen und Herrschaftszuweisungen verknüpft. Mann und Frau ergänzten einander mit ihren jeweiligen Eigenschaften zu einer harmonischen Einheit, ohne daß damit bereits Machtpositionen abgesteckt wurden. In seiner praktischen Anwendung stellte sich jedoch rasch heraus, daß das Modell Dominanzansprüchen des männlichen Geschlechts bereitwillig entgegenkam. Kaum jemand hat das deutlicher formuliert als der aufgeklärte Pädagoge Joachim Heinrich Campe. In seinem einflußreichen Erziehungsbuch »Väterlicher Rath für meine Tochter« aus dem Jahre 1789 sprach er offen von der »natürlichen Bestimmung« der Frau, »in einer, zwar durch äußerliche Zeichen der Hochachtung maskierten, aber nichts desto weniger sehr reellen, vielleicht gar etwas drückenden Abhängigkeit zu leben«. Denn es sei »der übereinstimmende Wille der Natur und der menschlichen Gesellschaft, daß der Mann des Weibes Beschützer und Oberhaupt, das Weib hingegen die sich ihm anschmiegende, sich an ihn haltende und stützende treue, dankbare und folgsame Gefährtin und Gehülfin seines Lebens seyn sollte«.

Auch in der neuen bürgerlichen Familie dominierte also der Mann, der als Bindeglied zur sozialen Umwelt fungierte, für die wirtschaftlichen Reproduktionsvoraussetzungen zu sorgen hatte und Frau und Kindern seinen Namen als soziale Identität gab. Alle anderen Familienmitglieder blieben von ihm abhängig und besaßen kaum eigene verbriefte Rechte. Der Gatte verwaltete das Vermögen (Mitgift) seiner Frau, mußte um seine Einwilligung gebeten werden, wenn die Frau einen Arbeitsvertrag abschließen oder ein Gewerbe betreiben wollte, und war erster Nutznießer jeden Zugewinns, den sie im Laufe ihrer Ehe erwarb. Entscheidungen, die die Erziehung und den weiteren Lebensweg der gemeinsamen Kinder betrafen, lagen grundsätzlich in seiner Hand. Ließ das Allgemeine Landrecht für die Preußischen Staaten von 1794 in einzelnen Passagen auch naturrechtlich-aufklärerische Ideen anklingen, schrieb es doch im Ganzen ein patriarchalisches Familienrecht fest, das der Frau gleiche Rechte und Zuständigkeiten strikt verweigerte.[166] Forderungen nach Gleichberechtigung, wie sie während und nach der Französischen Revolution von einigen wenigen Frauen und Männern erhoben wurden, fanden in Deutschland kaum Widerhall. Selbst die berühmten Frauen aus dem Kreis der Berliner Salons und der Jenaer Romantik, die für sich selber einen hohen Grad von Autonomie und Persönlichkeitsentwicklung erreicht hatten, waren weit davon entfernt, bürgerliche Freiheit und Gleichheit für alle Frauen einzuklagen.[167]

Wesentlich erfolgreicher und durchsetzungsfähiger war dagegen der neue Diskurs über die bürgerliche Familie, der einerseits an gängige

Geschlechterdifferenzierungen anknüpfte, diese aber modifizierte und mit anderen Bedeutungen füllte. Im Vergleich zu traditionellen Formen des Geschlechterverhältnisses hielt das neue Modell auch für Frauen attraktive Angebote bereit: Ihre »Gefährtinnen«rolle qualifizierte sie zu prinzipiell bildungsfähigen Subjekten und durchbrach die Begrenzung auf haushälterische Wirkungskreise, ihre Erziehungsleistungen an den Kindern wurden offenkundig aufgewertet. Die Hochschätzung von Emotionalität und Intimität und die Betonung von Liebe als ehestiftendem Moment gewährten Frauen größere Entscheidungsfreiheit, lockerten gesellschaftliche Konventionen und ließen mehr Spielraum für Individualität und Persönlichkeitsentfaltung.

Andererseits zeigte sich gerade an diesem Punkt, wie stark Norm und Realität bürgerlicher Familien im Übergang vom 18. zum 19. Jahrhundert auseinanderfielen. »Romantische Liebe« und Leidenschaft, wie sie in Goethes »Werther« und Schlegels »Lucinde« beschrieben wurden, gaben kaum jemals zu einer Ehe Anlaß. Heiraten arrangierten nach wie vor die Eltern, und ökonomisch-soziale Gesichtspunkte standen dabei durchweg im Vordergrund. Achteten die Eltern des Bräutigams auf eine ausreichende Mitgift, die den Berufsstart des Mannes erleichterte, legten die Brauteltern Wert auf einen soliden wirtschaftlich-beruflichen Status des zukünftigen Schwiegersohnes, der für die standesgemäße Versorgung seiner Frau und Kinder aufzukommen hatte. Diese Erwartungen setzten beim Bräutigam ein relativ fortgeschrittenes Alter voraus, denn die Ausbildung als Beamter oder Kaufmann dauerte viele Jahre. Aus niedersächsischen Geschlechterbüchern konnte für Großkaufleute und -unternehmer zwischen 1750 und 1849 ein durchschnittliches Heiratsalter von 33 Jahren errechnet werden. Auch in bildungsbürgerlichen Kreisen war der Mann gemeinhin über 30 Jahre alt, wenn er seine erste Ehe einging. Für Mädchen galten andere Bedingungen: Sie wurden sehr jung verheiratet, mit 21 oder 22 Jahren.[168]

Zwischen den Ehepartnern bestand demnach eine mittlere Altersdifferenz von ungefähr zehn Jahren, und in vielen Ehen war der Abstand sogar noch größer. Die hohe Wochenbettsterblichkeit der Frauen führte zu Zweit- und Drittheiraten der Männer, die auch in solchen Fällen sehr junge Frauen bevorzugten. Als die erste Frau des Frankfurter Kaufmanns Peter Anton Brentano 1770 nach der Geburt des sechsten Kindes starb, bewarb er sich um die Tochter des kurtrierischen Kanzlers La Roche, die er 1774 heiratete. Zu diesem Zeitpunkt war Brentano 39, Maximiliane La Roche 17 Jahre alt. Im Laufe von fast 20 Ehejahren gebar sie 12 Kinder, und nach ihrem Tod 1793 heiratete

Brentano ein drittes Mal, wiederum eine wesentlich jüngere Frau, die diesmal ihn überlebte.
Ein derart großer Alters- und Erfahrungsabstand zwischen Eheleuten trug sicherlich nicht dazu bei, Verständnis, Nähe und »innere Seelengemeinschaft« zu fördern. Sofern Liebe überhaupt eine Rolle spielte, war sie »vernünftig«, wohltemperiert und leidenschaftslos. Die »strukturelle Asymmetrie« bürgerlicher Ehen [169] spiegelte sich auch in den ökonomischen Kompetenzen der Ehegatten. Der Ehemann übertrug seiner Frau die engeren Funktionen der Haushaltsführung, wofür er ihr ein fixes Haushaltsgeld aussetzte. Mit diesem Betrag hatte sie äußerst sparsam zu wirtschaften, und ein penibel geführtes Haushaltsbuch mußte über die einzelnen Budgetposten Rechenschaft ablegen. [170]
Darüber hinaus gestaltete sich die Organisation der Hauswirtschaft in dieser Zeit noch so arbeitsintensiv, daß sie dem neuen Familienleitbild reale materielle Grenzen setzte. Selbst städtische Haushalte erfüllten nach wie vor lebenswichtige Produktionsaufgaben und hatten sich noch längst nicht zu reinen Konsumtionseinheiten entwickelt. Da ein ausgebildeter Warenmarkt fehlte, war es auch weiterhin erforderlich, Nahrungsmittel und Kleidung in eigener Regie herzustellen. Auch wenn viele dabei anfallende Arbeiten von Dienstboten, Zugehfrauen oder außerhäusigen Handwerkern verrichtet wurden, verblieben doch der Hausfrau die zeitaufwendigen Organisations- und Kontrollfunktionen. [171] Rechnet man die Belastung durch häufige Schwangerschaften und Wochenbetten hinzu – in den zwischen 1750 und 1824 geschlossenen Ehen bildungsbürgerlicher Kreise kamen durchschnittlich 6,8 Kinder zur Welt [172] –, reduzierte sich die Zeit, die für persönliche Weiterbildung, die bewußte und gefühlsintensive Erziehung der Kinder sowie die »zärtliche Theilnehmung« an den Geschäften des Mannes übrig war, auf ein Minimum.
Auf der anderen Seite entsprach auch der männliche Lebenszusammenhang jener Zeit noch nicht den von der bürgerlichen Familiennorm gesetzten Anforderungen. Die den Männern vorbehaltene politische Öffentlichkeit existierte erst in Ansätzen, von politischer Partizipation und Einflußnahme waren bürgerliche Männer weitgehend ausgeschlossen. Auch die berufliche Tätigkeit spielte sich häufig noch in der eigenen Wohnung ab: Kontore und Geschäftsräume waren ebenso in das Haus integriert, wie Handlungscommis und Dienstboten als selbstverständliche Mitglieder des Haushalts galten. Das durchweg karge Einkommen der beamteten und nichtbeamteten Akademiker zwang zu einer äußerst sparsamen Ökonomie, und der bürgerliche Bräutigam legte demgemäß mehr Wert auf eine solide hauswirtschaftliche Kompe-

tenz seiner künftigen Ehefrau als auf ihre intellektuellen und emotionalen Beglückungs-Fähigkeiten.

Ganz langsam nur begann das auf der Polarität von Welt und Heim, von Produktion und Reproduktion, von Mann und Frau beruhende Modell der bürgerlichen Familie in der gesellschaftlichen Wirklichkeit Fuß zu fassen. Die Verfestigung männlicher Berufsrollen im Zuge fortschreitender Industrialisierung und Bürokratisierung, eine immer leistungsfähigere Marktökonomie, die zunehmende Urbanisierung und damit verbundene Zentralisierung und Kommerzialisierung öffentlicher Dienst- und Versorgungsleistungen schufen Bedingungen, unter denen sich bürgerliches Familienleben und bürgerliche Geschlechtertrennungen in der gesellschaftlichen Praxis installieren und ausbreiten konnten. Seit dem ausgehenden 19. Jahrhundert wurde die bürgerliche Familienform auch im »neuen Mittelstand« der Angestellten und in den besser gestellten Facharbeitergruppen adaptiert. Paradoxerweise konnte die bürgerliche Liebessemantik gerade hier, in den überwiegend besitzlosen Schichten, handlungsleitend werden, während in den Kreisen des gebildeten und wohlhabenden Bürgertums materielle Interessen und machtstrategisches Kalkül weitaus mehr Ehen stifteten, als es die literarische Bearbeitung dieses Themas ahnen läßt.

Überhaupt ist es fraglich, ob die im 19. Jahrhundert beobachtbare Auseinanderentwicklung männlicher und weiblicher Lebenswelten ehelicher Liebe und Harmonie unbedingt förderlich waren. Je zeitintensiver das Engagement bürgerlicher Männer in der Welt des Berufs, des Vereins und der Politik wurde, desto weiter entfernten sie sich aus der Welt der Familie und des Hauses. Männer spielten als Väter nur mehr eine Gastrolle, und die Familie verengte sich zu einem Raum für Frauen und Kinder. Hatte die pädagogische Aufklärungsliteratur des späten 18. Jahrhunderts den Vater noch als wichtigste häusliche Erzieherfigur angesprochen, fiel diese Rolle im Laufe des 19. Jahrhunderts immer ausschließlicher der Mutter zu.[173] Die Mutter-Kind-Dyade intensivierte sich in dem Maße, wie aufgrund absichtsvoller Familienplanung weniger Kinder geboren wurden, auf die sich die mütterliche Aufmerksamkeit um so stärker konzentrieren konnte. Zudem hatten sich die Standards der Kinderpflege und -erziehung seit Ende des 18. Jahrhunderts merklich erhöht.

Obwohl Frauen den Familienraum mit ihrer Arbeit und Anwesenheit prägten und ausfüllten, war die bürgerliche Familie, rechtlich gesehen, eine patriarchalische Institution. Die vorbürgerliche Herrschaft des Hausvaters existierte noch im 1900 in Kraft tretenden Bürgerlichen Gesetzbuch fort, das elterliche Sorge unumwunden als väterliche Gewalt definierte, und erst 1959 erklärte das Bundesverfassungsgericht dieses männliche Privileg für null und nichtig. Daß gerade das BGB, als Kodifikation allgemeiner Rechtsgleichheit, im Familienrecht rechtsungleiche Beziehungen zwischen Ehemann und Ehefrau festschrieb, deutet darauf hin, daß die Familie in der bürgerlichen Gesellschaft eben keine Enklave freier, reiner, liebevoller Menschlichkeit war, sondern ein Herrschaftsverband eigener Art. Die neue, antiständische Gesellschaft, die der Herrschaft der Menschen über den Menschen ein Ende bereiten wollte, mochte auf diese Form persönlicher Abhängigkeitsverhältnisse nicht verzichten. Männliche Herrschaft über Frauen fand in der Familie ihren systematischen, wenn auch durch Liebe verschleierten Ausdruck, und bis heute dient die Familienorientierung der Frauen, trotz aller Fortschritte im weiblichen Bildungs- und Erwerbsverhalten, als probates und immer noch wirkungsvolles Mittel, Frauen von den Macht- und Einflußzonen dieser Gesellschaft fernzuhalten.

II. Bürgertum auf dem Weg zur herrschenden Klasse?

1. Eisenbahnfahren und Eisenbahnbau

Von Alf Lüdtke

»Eisernes Haustier«: Produktivkraft – Destruktivkraft

In der Tat gibt es kein sichereres Fortkommen, als das im wohlgepolsterten Wagen der deutschen Eisenbahn, selbst das Gehen auf eigenen gesunden Füßen nicht ausgenommen.[1]

Der sächsische Eisenbahningenieur Max Maria von Weber (1822 bis 1881) notierte dieses Lob Mitte der 1870er Jahre.[2] Zur Begründung verwies er auf Statistiken:

In den letzten Jahren fuhren auf preußischen Eisenbahnen, die allein eine genügende Statistik veröffentlichen, jährlich nahezu 35 Millionen Passagiere (das ist ungefähr 1 und 1/5 mal die Bevölkerung des ganzen Königreiches), die zusammen einen Weg zurücklegten, der 25 000 mal um die Erde reicht. Von diesen Reisenden brachte jeder durchschnittlich 1 und 1/2 Stunde Zeit auf der Fahrt zu.[3]

Derartige Zahlenspiele faszinierten den Autor, wie viele seiner Zeitgenossen – er fügte weitere an. Nicht das unwichtigste war, daß von den Reisenden pro Jahr »1 1/3 Personen getötet und 8 verletzt« würden; Weber ergänzte bedeutungsvoll: »ohne ihr Verschulden«. Und er setzte hinzu, daß diese (Durchschnitts-)Ziffer sehr wohl der von Unfällen durch »Mord, Brand, Wassersnot, Einsturz, Explosionen usw. bei ruhigem Daheimsein« erheblich nachstehe. Webers makabre Folgerung: Würde man die sonstigen Unfallraten anlegen, müßten bei den preußischen Bahnen »mehr als 2 Passagiere getötet und 10 verletzt werden«.

Weber kannte sich aus: Er war langgedienter Eisenbahningenieur, von 1845–50 bei der erzgebirgischen Eisenbahn, danach von 1850–68 in der sächsischen Staatsbahnverwaltung. Auf vielen ausgedehnten Reisen hatte er gleichzeitig die Eisenbahnen in den Ländern Kontinentaleuropas, in England, aber auch in den USA gesehen und »erfahren«. In seinen technischen wie feuilletonistischen Texten, die er fortwährend niederschrieb, aber nur teilweise veröffentlichte, versammeln sich viele der zeitgenössischen Wahrnehmungsweisen, also auch der Stereotype. Man liest vom »eisernen Haustier der Menschheit«[4], es findet sich eine

Hymne auf das »Friedensheer« von Eisenbahnbeamten und Arbeitern, dessen »der Zeitgeist... bedurfte«.[5] Die »Kavallerie von Exekutiv-, Fahr- und Maschinenbeamten«, gestützt von der »Infanterie von Arbeitern aller Art«, erschien ihm als positive Aufhebung militärisch organisierter Zerstörungspotentiale:

Es liegt Wohltuendes in dem Gedanken, daß es einer solchen Masse intellektueller und physischer Kräfte als erste und heiligste Pflicht aufgegeben ist, Menschenleben und Wohlfahrt und Eigentum in der großen Bewegung starrer Massen von ungefügen Fuhrwerken... zu wahren und zu hegen.[6]

Für Weber war bereits selbstverständlich, daß »Eisenbahn« nicht mehr nur einzelne Strecken meinte, sondern vielfältige Linien und ausgefaltete Streckennetze – umfassende »Eisenbahnsysteme«. Für die Gebiete und Staaten Mitteleuropas bedeutete das: Jenes Bild, welches der Tübinger Nationalökonomie-Professor Friedrich List 1833 als eher utopischen Plan publiziert hatte, war von der Eisenbahnwirklichkeit längst eingeholt: Strahlen- und netzförmige Verbindungen verknüpften die politischen und vor allem die ökonomischen Zentren der deutschen Staaten[7]; zugleich überwanden vielfältige Verknüpfungs- und Anschlußlinien die politischen Grenzen und geographischen Weghindernisse, nach Westen und Südwesten.
Von 1835 (erste – 6,04 km lange – Eisenbahnstrecke von Nürnberg nach Fürth) bis Anfang der 1840er Jahre wurden in den deutschen Staaten nur einige Einzellinien gebaut und in Betrieb genommen. In den Jahren und Jahrzehnten danach vervielfachten sich Bautempo und -intensität jedoch erheblich.[8] Bis Anfang der 1880er Jahre war der Ausbau des Hauptnetzes abgeschlossen; danach wurden vor allem schmalspurige »Sekundärbahnen« als Stich- und Verbindungsbahnen angelegt.

1835	6 km	1875	27 930 km
1845	2 300 km	1885	37 650 km
1855	8 290 km	1895	46 560 km
1865	14 690 km	1905	56 980 km

Die Chancen, aber auch die Notwendigkeiten des zwischen- und überstaatlichen Verkehrs hatten sich bereits in den 1840er Jahren gezeigt. Sachsen war der Pionier. 1847 kam es folgerichtig zur Gründung eines »Vereins deutscher Eisenbahnverwaltungen«.[9] Er sollte insbesondere die Angleichung der Normen für den Waggonbau, mehr noch die der Beförderungstarife vorantreiben. 1848 folgte ein »norddeutscher Tarifverband«; es ging nicht mehr nur um punktuellen Ausgleich, sondern um eine permanente Verzahnung aller Tarife. Bis 1869 hatten sich nahezu alle Eisenbahnverwaltungen nördlich des Mains, aber auch einige niederländische Bahnen diesem Verband angeschlossen – er galt spätestens zur Zeit der Gründung des Norddeutschen Bundes (1867) als »der Tarifverband« schlechthin.

In dieser organisatorischen Verzahnung spiegelte sich unmittelbar die rasch anwachsende Beförderungsleistung der Eisenbahnen. Galt dies zunächst vor allem für Personen, so folgten dem spätestens seit den frühen 1850er Jahren die Gütertransporte. Während 1845 auf den preußischen Bahnen etwa 470000 Tonnen transportiert wurden, war es 1855 bereits das Zwanzigfache. 1865 hatte sich diese Beförderungsleistung abermals mehr als verdreifacht, auf über 30 Millionen Tonnen; 1875 schließlich betrugen die Ziffern bereits über 82 Millionen Tonnen[10] – erneut eine Verdreifachung in wenigen Jahren.

Entwicklung des Güterverkehrs auf den preußischen Bahnen

Jahr	Betriebslänge km	Durchschnittliche Zahl der Güterwagen	Güterverkehr in Mio. t	Beförderungsweg je t km
1844	861	1351	0,392	50,0
1845	958	1512	0,474	47,6
1850	2846	6825	2,256	84,1
1855	3787	15941	9,461	69,3
1860	5578	24479	14,789	62,6
1865	6646	40872	30,600	71,5
1870	11040	76824	52,190	77,5
1875	15894	139542	82,208	83,4

Eisenbahnreisen und -transporte taugten für viele Zwecke. Dazu gehörte stets auch eine Verwendung der Eisenbahn, wie sie seit den 1830er Jahren erörtert, gelegentlich kritisiert, überwiegend aber gefordert worden war: als Medium militärisch-kriegerischer Aktion nach außen wie gewaltsamer Repression nach innen.[11] Bereits in den 1830er Jahren fand man entsprechende Überlegungen in den militärwissenschaftlichen Journalen. Es blieb nicht bei »grauer Theorie«. Die preußischen Stäbe nutzten die Eisenbahn zum Transport mobiler Kolonnen und militärischer Reserven in den Kämpfen mit den Aufständischen 1848/1849 innerhalb ihres Staates, aber auch in Baden im Frühjahr und Sommer 1849. Und nach der Einbeziehung von Eisenbahnen in Nachschubbewegungen wie in unmittelbare militärische Aktionen während der Feldzüge des Sezessionskrieges in Nordamerika (1861–65) konnte es nicht mehr überraschen, daß in den Kriegen von 1866 bzw. 1870/71 Aufmärsche wie weite Truppenbewegungen ganz überwiegend auf den Transportleistungen der Eisenbahnsysteme beruhten.

Die »massenhafteren und kolossaleren Produktivkräfte«, die Karl Marx und Friedrich Engels im kommunistischen Manifest von 1848 skizziert und zugleich gefeiert hatten, die Verknüpfung von Chemie, Dampfschiff und Eisenbahnen[12] – sie taugten nicht nur als Produktiv-, sondern eigneten sich ebenso als Destruktivkräfte.

Eisenbahnbau: Fabriken, Kapital und Staat

Insbesondere in den 1840er und 50er Jahren stieg entsprechend der raschen Erweiterung der Strecken die Bedeutung der Unter- wie Oberbauten für die gesamtwirtschaftliche Entwicklung sprunghaft. Die Statistiken des Roheisenverbrauchs[13] spiegeln das bildkräftig: Anders als in England, Frankreich oder den USA wurden in der Hauptwachstumsphase der kapitalistischen Fabrikindustrie mindestens annähernd ein Viertel der Roheisenproduktion in Deutschland für Eisenbahnzwecke verbraucht (ohne die Gleise in Bahnhöfen). Oder: In der ersten Hälfte der 1840er Jahre betrug der Verbrauch 22,5%, in der zweiten Hälfte waren es sogar 54,2%. Seit den 40er Jahren wurden zahlreiche Unternehmen gegründet, um Schienen und Räder zu walzen und zu fertigen. In den Boomjahren 1850–57 gelang es diesen Unternehmen zunehmend, die Bahnen beim rollenden Material, schließlich auch bei den Lokomotiven, von Importen aus England abzubringen.

Dieses Auskonkurrieren hatte erhebliche Folgen für den Auf- und Ausbau der Schwerindustrie. Zunächst vervielfachte sich der Kohleverbrauch. Kohle war nicht nur für den Betrieb der Eisenbahnen unerläßlich, sondern insbesondere für die Roheisenproduktion in den Hüttenwerken, aber auch für die Verarbeitungsmaschinen von Roheisen bzw. Rohstahl in Walzwerken, Räder-, Waggon- und Lokomotivfabriken. Darüber hinaus wurde die gesamte Schwerindustrie in den deutschen Staaten im Unterschied zu England oder Belgien, aber auch anders als in den USA, in besonders starkem Maße von dieser Eisenbahnkonjunktur angestoßen. Insofern gibt es gute Gründe, den Eisenbahnbau der 1840–50er, aber auch der 60er und 70er Jahre als den entscheidenden »Leitsektor« des gesamtwirtschaftlichen Wachstums der ersten Industrialisierung zu charakterisieren.

Eisenbahnbau bedeutete aber auch den Bau des rollenden Materials.[14] Für Eisengießereien und Schmiedebetriebe (Krupp / Essen; Gutehoffnungshütte, GHH / Oberhausen bzw. Sterkrade), für Maschinenbauanstalten (z. B. Egestorff, Linden bei Hannover; A. Borsig / Berlin; F. Wöhlert / Berlin; E. Kessler / Karlsruhe; R. Hartmann / Chemnitz, Henschel & Sohn / Kassel; J. A. v. Maffei / München), vor allem aber für neugegründete Maschinenbau- bzw. Lokomotivbaubetriebe wurde dies ab 1845 / 46 innerhalb weniger Jahre ein, wenn nicht der entscheidende, Produktionszweig. Während bei einigen der ersten Lokomotiven, z. B. bei der GHH (1841 / 42) oder bei Egestorff (1844–46), die Produktion ohne Auftrag, also ganz auf Risiko des oder der Fabrikanten erfolgte, begann beinahe parallel (oder als direkter Anschlußauftrag) der Lokomotivbau im Auftrag der Eisenbahngesellschaften. Bis Mitte der 1850er Jahre schälte sich dabei ein territorialstaatliches Muster heraus: Borsig und Wöhlert produzierten vor allem für die preußischen Staats- und Privatbahnen, Hartmann für die Sächsischen, die Maschinenfabrik Eßlingen für die Württembergischen (Staats-)Bahnen, J. A. v. Maffei für die Bayerische Staatsbahn. Im Waggonbau hingegen war die Struktur ein wenig anders: Hier dominierten seit Anfang der 1850er Jahre, spätestens aber in den 1860er Jahren die Firmen Cramer-Klett in Nürnberg und Linke-Hofmann in Breslau.

Nicht nur bei der Produktion waren diese Firmen in hohem Maße von staatlichen Auftraggebern abhängig. Auch bei der Gründung oder Erweiterung spielten staatlich gesicherte oder auch unmittelbare staatliche Kredite eine große Rolle. Ein besonderer Fall war die Maschinenfabrik Eßlingen.[15] Der württembergische Staat und die Stadt Eßlingen sicherten durch kostenlose Geländeabtretung einen zinsgünstigen Kredit von 200 000 Gulden (fl) bei 3½% Jahreszins (das Kapital betrug 300 000 fl); außerdem übernahm die Staatsbahn eine Abnahmegarantie für dieses Unternehmen. Diese Gründung von 1845 / 46 war von vornherein als Großunternehmen konzipiert und ganz auf den Lokomotivenbau zugeschnitten. Aber auch Hartmann in Chemnitz, Egestorff in Hannover oder Kessler in Karlsruhe wären ohne gouvernementale Unterstützung bzw. Kreditabsicherung und staatliche Aufträge kaum in der Lage gewesen, sich bis Mitte oder Ende der 1850er Jahre auf den heimischen Märkten weitgehend durchzusetzen.

Spekulatives Kapital großen Stils blieb in diesem Bereich eine kurzfristige Ausnahme, wie das des vielzitierten »Eisenbahnkönigs« Bethel Henry Strousberg.[16] Er kaufte nach dem Tod des Gründers 1868 das Egestorffsche Werk. Strousbergs Programm war, komplette Linien als »Generalunternehmer« anzubieten; es gelang ihm, mehrere Strecken mit insgesamt über 1000 km in Preußen und Hannover mit diesem System sehr gewinnbringend in kurzer Zeit fertigzustellen. Ein wesentlicher Teil seiner Kalkulation beruhte auf dem Übergang zu serieller Massenproduktion: nicht mehr 40, sondern ca. 300 Lokomotiven pro Jahr sollten es sein. Dementsprechend brachte er die Belegschaft innerhalb weniger Monate von 1000 auf beinahe 3500. Immerhin wurden in Linden 1870 bereits 200 Lokomotiven fertiggestellt (gegenüber 48 im Jahr 1868). 1871 gehörte Strousberg freilich zu den ersten und spektakulärsten Opfern des »Gründerkrachs«: Bereits vor Ausbruch der großen Krise, 1873, mußte er sein Kapital im März 1871 abtreten: an einem Auftrag aus Rumänien hatte er sich übernommen. Die Firma änderte sich in »Hannoversche Maschinenbau AG« (später Hanomag), konnte aber in erheblich vermindertem Umfang fortgeführt werden.

Im Unterschied zu den allermeisten schwerindustriellen Unternehmen und Maschinenbaufabriken war das Kapital der Eisenbahn(bau- und betriebs-)gesellschaften von Anfang an fast ausschließlich auf Aktienbasis mobilisiert worden. Im Rahmen der jeweiligen staatlichen Gesetze suchten sich die in aller Regel handelsbürgerlichen[17], gelegentlich (Oberschlesien) aber auch junkerlich-aristokratischen[18] Initiatoren jene anonymen Kapitalien zu erschließen, die im Zuge der Agrarkapitalisierung seit dem späten 18. Jahrhundert, aber auch im Zusammenhang vermehrter Handelstätigkeit akkumuliert worden waren. Bei einer Reihe von wichtigen Projekten, z. B. der Köln-Aachener bzw. dann »Rheinischen Eisenbahn«, der »Rhein-Weser«, dann »Köln-Mindener« oder der (Stuttgart-Ulmer) »Württembergischen Eisenbahngesellschaft« (1836–38) war das in den 1830er Jahren zunächst sehr mühsam; es wurden sogar Fehlschläge. Im zweiten Anlauf, Anfang der 1840er Jahre, gelang es aber meistens sehr rasch, die notwendigen Mittel zusammenzubekommen. Ein insbesondere aus militärischen Gründen vom preußischen Staat favorisiertes Projekt hingegen, die Ostbahn (von Berlin über Frankfurt/Oder und Thorn nach Königsberg) ließ sich als Aktiengesellschaft nicht realisieren. Im Jahre 1847 griff hier der preußische Staat ein und baute die Bahn in eigener Regie.[19]

Damit ist zugleich ein Charakteristikum der Eisenbahnentwicklung bis in die späten 1870er Jahre angedeutet: In mehreren der deutschen Staaten herrschte zunächst ein gemischtes System[20]; Privat- und Staatsbahnen existierten nebeneinander. Das gilt vor allem für Preußen und Sachsen.

In Baden, Württemberg und Bayern gab es hingegen fast nur staatlich gebaute und betriebene Eisenbahnen. In Preußen wurde erst nach 1879 (im Zusammenhang der schutzzöllnerisch-antiliberalen Wendung

der Bismarckschen Politik) umfassend verstaatlicht, vor allem durch Aufkauf.
Bis dahin bedeutete das gemischte System in Preußen auch ein vielfach gespanntes Verhältnis zwischen Staatsbehörden und Bahngesellschaften. Nicht zuletzt die im Eisenbahngesetz von 1838 verankerten Mitspracherechte des Militärs bei der Festlegung der Linienführung hatten mehrfach erhebliche praktische Konsequenzen.[21] So wurde die Strecke Posen–Breslau 1850 auf militärische Intervention hin vollständig auf das rechte Weichselufer gelegt – hier lief sie durch ökonomisch »totes« Gelände. Die Überquerung des Flusses sollte im Bereich der Breslauer Festungsartillerie und nicht »ungeschützt« flußabwärts liegen. Alle gegenteiligen Interventionen der zivilen Seite blieben ohne Erfolg. Auch bei der Linienführung im Bereich von Köln, einer Festungsstadt, entstanden durch militärische Einsprüche bei den Brückenbauten der 1850er Jahre erhebliche Verzögerungen.

Geographische und soziale »Physiognomie« der Eisenbahn

So wichtig »makroökonomische« sowie allgemein politische und organisatorische Perspektiven sein mögen – sie geben dennoch nur erste Hinweise für die Bedeutung, die mit den Eisenbahnen für die Menschen, für ihre Organisation des Lebens und Überlebens verbunden waren. Deutlicher werden die Erfahrungen von Betroffenen, von Zeitgenossen generell, wenn wir versuchen, die »Physiognomie« (Weber) des Eisenbahnwesens nachzuzeichnen.[22] Das ist ganz wörtlich zu nehmen: Durch die rasch zunehmende Zahl von Eisenbahnlinien änderten sich Bild und Wahrnehmung der Landschaft. Die neuen »Eisenstraßen« (F. W. von Reden) erforderten weit umfangreichere Kunstbauten und Landschaften als die staubigen oder mit Stein gepflasterten Wagengleise der Landstraßen oder innerörtlichen Umschlagplätze für Kutschen und pferdebespannte Rollwagen. Vielfache Einschnitte, zahlreiche Brücken und Tunnelein- wie -ausfahrten, außer- oder randstädtische Bahnhöfe, Blockwärter- und Schrankenwärterhäuschen sowie Sicherheitszäune überzogen und veränderten zugleich Landschaften. Dabei machte es sehr wohl Unterschiede, ob Schienen mit ihren Schwellen ohne weitere Unterbauten ausgelegt wurden (wie vielfach in den weiten Regionen des Mittelwestens der USA), oder ob sie umfangreiche Erdunterbauten erforderten. Zumal in hügelig durchschnittenen oder gebirgigen Gegenden war das unerläßlich; die deutschen Mittelgebirge geben nur ein Beispiel. Die verbreitete Randlage von Bahnhöfen, ihre spezielle

Konstruktion (Holz und Gußeisen bis in die 1870er Jahre) – all dies verweist darauf, daß die neue Form der »Vermittlung des Austauschs« (Weber) für längere Zeit als vorläufig, d. h. wohl als entwicklungsfähig, aber auch als entwicklungsbedürftig galt. Zumal in den Zentren von Kommunikation und Verkehr suchten nicht nur die Eisenbahnbetreiber und -beamten die bauliche Gestalt für »ihre« Bahn. Zugleich veränderten sich Verkehrs- und Wohngepflogenheiten der Stadtbewohner. Vor allem beeinflußte das Vordringen von Eisenbahnstrecken in oder an den Rand städtischer Zentren, wie es in Mitteleuropa seit den 1860er Jahren zu beobachten war, die Landnutzung und die soziale Topographie innerhalb der größeren Städte.[23] Gleichzeitig vergrößerten sich diese städtischen Ballungszentren ihrerseits enorm und rapide. Nicht zuletzt mit Hilfe der beschleunigten Transport- und Reisemöglichkeiten der Eisenbahn kamen junge Männer und Frauen »in die Stadt«; sie suchten hier geldwerte Arbeit, vielleicht das große (Lebens-)Glück, zumindest aber ein tägliches Auskommen. Vielfach entstanden »längs der Bahn« oder am Rande von Güterbahnhöfen und Eisenbahnwerkstätten »Slums« für unstetig Beschäftigte. »Jenseits der Bahn« wohnten alte und neue Besitzlose – von Obrigkeiten und Polizei ebenso wie von den angesessenen »guten Bürgern« mißtrauisch beobachtet und auf Distanz gehalten.

Die »Physiognomie« der Eisenbahn umfaßte aber vor allem den Betrieb, das Fahren und Reisen selbst. Webers Reisen, seine internationale Erfahrung hatten ihm den Sinn für die bemerkenswerten Unterschiede geschärft. So kenne der englische Eisenbahnbetrieb,

> im gewöhnlichen Laufe des Verkehrs, nichts von dem ohrenverletzenden, nervenzerstörenden Geräusch, mit dem kontinentale Bahnverwaltungen ihren Betrieb zu begleiten für nötig fanden. Nichts von jenem Glockenläuten, Schellenschlagen, Zitterklingen, Horn- und Pfeifensignalen, Zurufen, Kommandos, an die wir auf dem Kontinente uns gewöhnen müssen.[24]

In England beobachtete Weber eine unvergleichliche »Schulung des Publikums«; dort gebe es kaum jenes sonst unermüdlich und z. T. barsch kontrollierend eingreifende Beamtenpersonal. In Deutschland hingegen – und hier sehr viel nachdrücklicher als in Belgien und Frankreich – sei »unverkennbar die Durchdringung und Sättigung aller Eisenbahnverhältnisse mit höheren Instruktionen«, mit Kontrolle und Disziplin. Bei den deutschen Staats- wie den Privatbahnen verwandelten sich die »Allüren« der Beamten und Arbeiter. Ihr »Verkehrston mit dem Publikum« verändere sich aus dem

> höflichen Behaben der den gemeinsamen Leben dienenden Anstalt in die militärisch-peremtorischen Akzente des mit staatlicher oder doch öffentlicher Autorität ausgerüsteten, der verkehrenden Bevölkerung gegenüberstehenden... Instituts.[25]

In Deutschland, zumal in Preußen, sei unverkennbar der »soldatische Typus« des Eisenbahnwesens. Dem korrespondiere eine abwartende Passivität des Publikums. Die Reisenden und Wartenden in deutschen Zügen und auf deutschen Bahnhöfen würden Reglementierungen sowie eine Vielzahl von Sicherheitsvorschriften und -einrichtungen erwarten, vielfach geradezu anfordern.

Die Innenseite der Physiognomie des Eisenbahnfahrens zeigt mehrere Aspekte. Unverkennbar sind Unsicherheit, ängstliches oder doch zögerndes Abwarten bei vielen derer, die als reisendes »Publikum« angesprochen waren. Mußte man nicht Ruß, Lärm und nicht zuletzt peinigendes, vor allem ermüdendes Rütteln und Schütteln erdulden? Ein englischer Zeitgenosse klagte, als Reisender würde man wie »ein lebendiges Paket« transportiert – nivellierende Massenbeförderung.[26] Während bisher die (Schau-)Lust des Reisens an gemächliche Bewegung und an die Möglichkeit für individuelles Verweilen geknüpft gewesen sei, würde dies nun unausgesetzter Eile zum Opfer fallen. Die maschinell vermittelte Eile erzwang – in dieser Sicht – den Gleichtakt des Reisens mit der industriellen Güterproduktion.

Die Geschäftsreisenden, die kleine Schicht der Vergnügungs- und Bildungsreisenden, die eine Privatkutsche hatten mieten können oder sich bisher den regelmäßigen Postkutschen anvertrauten, waren ein vergleichsweise beschauliches Vorankommen gewöhnt.[27] Trab oder Schritt der Zugpferde, aber auch schwierige Wegverhältnisse auf den erst nach und nach befestigten Landstraßen begrenzten die Geschwindigkeit. Selbst eine »Eilpost« legte kaum mehr als 12–14 Kilometer pro Stunde zurück, also weniger als 2 preußische Meilen. Die Landschaft, die man passierte, war nahe und blieb in fast allen Details überschaubar. Beschaulichkeit meinte aber nicht nur relativ geruhsame Fortbewegung und wiederholte Unterbrechungen bei den Posthaltereien, sondern auch unverhoffte Pausen, wenn nicht sogar Bodenberührungen: Bei Achsen- oder Deichselbrüchen oder auch bei »Umwürfen« der Wagen hatten die Reisenden Zeit, das Terrain ihres Mißgeschicks genauer in Augenschein zu nehmen.

Vor dem Hintergrund solcher Erfahrungen überrascht es nicht, daß Skepsis und Klagen über das »Eisenbahnfieber« vielfach gebrochen waren. Nicht selten überwog sehr rasch Staunen, wenn nicht Begeisterung über die neuen Möglichkeiten und Genüsse. Daß »die Zeit Sieben-Meilenstiefel«[28] angezogen habe, wie das konservativ-romantische »Berliner Politische Wochenblatt« 1839 mit Abscheu notierte, spiegelt nur den »raschen Blitz«, den zeitgenössische Oppositionelle mit Behagen in verzopfte Verhältnisse »fahren« sahen. Und diese Metapher verweist auf das »Sausen«, welches für die Anhänger des neuen Mediums schier unerschöpfliche Perspektiven öffnete, d.h. »Reiche verbindet, Städte erschafft und Wüsten bevölkert«. Und sicherlich erregte der Anblick rollender Lokomotiven nicht nur bei dem (überaus populären) Dichter Emanuel Geibel Gefühle, die ihm »hoch die Brust« schwellen ließen:

Ein neuer Herkules, mit Kinderhänden
Das Ungeheure schon vollbringt
In tausend Schmieden bei der Essen Brande
Gießt sie das Erz, und schweißt in Eisenbande
Die weiten Länder, die ihr unterthan;
Vom müden Saumroß, das sich wund getragen,
Nimmt sie das Joch, und schirrt vor ihrem Wagen
Den Dampf, den wilden Riesen, an.[29]

Die schnelle Bewegung, die Gleichzeitigkeit von Beschleunigung und schrumpfenden Entfernungen, die neuen Formen der Erreichbarkeit von Bekannten wie Fremden beschäftigte Befürworter wie Gegner, einzelne wie Gruppen und Klassen. Und wenn auch noch um 1850 die 300-km-Reise von Berlin nach Hamburg in der Bahn mehr als acht Stunden dauerte, so war dies doch nur mehr ein Viertel der Fahrzeit selbst der ganz besonders beschleunigten »Eilpost«. Und in einem der ersten (preußischen) »Schnellzüge« konnte man – d.h. konnten die Zahlungskräftigeren und -willigeren – bereits 1852 die 600 km von Berlin nach Köln in 14½ Stunden bewältigen.[30]

Die rasche Fortbewegung hatte aber nicht nur einen praktischen Nutzeffekt. Zugleich vermittelte sie Erfahrungen, die vorher unmöglich gewesen waren: Das Verschwimmen der Außenwelt beim Blick aus dem Abteil- oder Wagenfenster könnte ängstigen, aber vielleicht mehr noch anregen. Nur der Hintergrund des sich fortwährend verändernden Panoramas ließ sich fixieren. Sicherlich mochte die vielfältige Abwechslung der optischen Eindrücke ermüden – es war aber stets auch ein faszinierender Reiz. Die Veränderung von Perspektiven blieb nicht auf die Außenwelt beschränkt. Auch das, was Reisende vor ihrem inneren Auge sahen, geriet auf neue Weise in Bewegung. Eine Miniatur des Schriftstellers Wilhelm Raabe »Die Reise nach Finkenrode« (1858) läßt die Mehrdeutigkeit dieser neuen Reiseerfahrung erkennen:

Die Gegend, durch welche der Eisenbahnzug flog, war flach – berg- und hügellos, am Tage vielleicht eintönig, reizlos, langweilig; die Nacht, der Mondenschein, der aus den

Niederungen aufsteigende Nebel aber verliehen ihr einen Zauber, welchen die malerischste Landschaft zu dieser Zeit vielleicht nicht geboten hätte. Die schwarzen Föhrenwälder, bald näher heranziehend, bald in der Ferne zurücktretend, die weit in die Ebene hineinfunkelnden Wasserflächen der großen Havelseen, die Lichter in den vorbeifliegenden einsamen Häusern, Dörfern und größeren Ortschaften glitten vorüber wie in einer Zauberlaterne, und alles paßte gänzlich zu der Stimmung, in welche ich seit Dunkelwerden hineingeraten war. Ich hatte mich in die Kissen meiner Wagenecke zurückgelehnt und blickte halbgeschlossenen Auges in die Nacht hinaus. Meine Mitreisenden taten und sagten nichts, mich in meinen Gedankenspielen zu stören... Das Kind neben mir schlug plötzlich die Augen auf, richtete sich empor und warf verwunderte, schlaftrunkene Blicke auf die ungewohnte Umgebung.
»Wachst du, Helene?« fragte die Mutter. »Nun sind wir bald zu Hause.« (...)
Zu Hause. Jeder aufblitzende Lichtstrahl aus einem Hüttenfenster auf der nebeligen Heide erfüllte mich mit einem Gefühl der Verödung, der Vereinsamung. Zu Hause! Wo ist mein Haus? Wo ist meine Heimat?... Mein Blick verlor sich in dem dichter gewordenen Nebel draußen.[31]

Die Erfahrung der »Industrialisierung von Raum und Zeit« (W. Schivelbusch) machte die Eisenbahn für Kritiker wie Bewunderer gleichermaßen zum Instrument wie zum Symbol des neuen »Systems« industriell-produktiver, kommerzieller, vielleicht sogar kommunikativer Zusammenhänge, jenseits der hergebrachten geographischen Barrieren und politischen Grenzen.[32]
Beschleunigung und Bewegung, Relativierung und »Normalisierung« der Zeit (und der Zeitmessung) berührte und betraf nicht nur die Lebensweisen der Reisenden, sondern auch die der (Ab-)Wartenden. Veränderte Distanzen – jedenfalls zwischen Reisezielen, aber auch in den Eisenbahnabteilen, weniger freilich in der ungeordneten Enge des 4.-Klasse-Wagens – veränderten auch die Physiognomie von Gesellschaft und Herrschaft. Zumal Aristokraten und Junker, die Kerngruppe der alten herrschenden Klasse, erkannten vielfach sehr wohl die Tragweite des mobilisierten und auf Schienen gesetzten Dampfes. Eine vom letzten hannoverschen König Ernst August kolportierte Äußerung verweist darauf, daß nicht nur Fabrikanten, Kaufleute und Beamte zur neuen Gesellschafts-»Physiognomie« beitrugen und von der Bahn profitierten:

Ich will keine Eisenbahn im Lande! Ich will nicht, daß jeder Schuster und Schneider so rasch reisen kann wie ich![33]

Die Grundfesten der beharrlich gepflegten Besonderheiten, des stillschweigend praktizierten Habitus und der zäh behaupteten Herrschaftsgewalt der »Alten Ordnung« mußten unmittelbar berührt sein, wenn sich massenhaft Erfahrungen der alltäglichen Lebensorganisation veränderten.

Allerdings: Die sozialen Differenzen wurden keineswegs ignoriert. Denn gesellschaftliche Ungleichheit war sehr wohl ins Medium der neuen Beweglichkeit übernommen. Die in und mit der Eisenbahn mobilisierte bürgerliche Gesellschaft veränderte die Klassenverhältnisse tiefgreifend – erwies sich aber nicht zuletzt beim industrialisierten Reisen als Klassengesellschaft par excellence. Bereits die erste Bahnstrecke in Deutschland von Nürnberg nach Fürth zeigte mit der Dreiteilung der Klassen und der völlig unterschiedlichen Ausstattung der Wagen, daß vielleicht die Geschwindigkeit eines Zuges identisch, die Behandlung der Reisenden aber ungleich war und bleiben sollte. Im Gegenteil: Der Klassenunterschied, der »auf der Bahn« bald noch mit einer vierten Klasse (den »Kälberwagen«) unterstrichen wurde[34], machte die Klassendifferenzen für die Reisenden wie Wartenden sichtbar. Und auch wenn die süddeutschen Staaten die vierte Klasse in den 1870er Jahren wieder aufhoben (in Preußen gab es sie bis 1928), blieb es dennoch bei der starken und auch rigoros eingeforderten bzw. kontrollierten Differenz zwischen »Plüsch«- und »Holz«-Klassen. Der Unterschied war markiert mit breiten und gepolsterten in der ersten bzw. zweiten Klasse, schmalen und harten Bänken in der dritten und den zunächst völlig ungeschützten Stehplätzen in den Wagen der vierten Klasse.

Die Realität von Standes- und Klassenunterschieden ließ sich vor allem bei mehrstündigen Fahrten nur zu deutlich erfühlen. Es war die Differenz zwischen Wohlsein in den »Coupés« (der ersten beiden Klassen), den vergleichsweise akzeptablen, jedenfalls erträglichen Mühen in den einfachen (3.-Klasse-)Abteilwagen und schließlich den rigoros einem ganzen Wagen zugemuteten »Menschendünsten« und Leiden (wie Freuden) in der vierten Klasse. Es kam hinzu, daß bereits in den ersten Jahren unterschiedlich teure Zugarten eingeführt wurden. Besitzlose, Fabrik- wie Handwerkergesellen, Tagelöhner und ausländische Saisonarbeiter, Dienstmädchen, Wasch- und Putzfrauen – insgesamt die »niedern« oder »gefährlichen« Klassen – benutzten die billigeren Personen- bzw. die gemischten Personen- und Güterzüge, jedenfalls dann, wenn die Ausgabe für eine Eisenbahnreise unvermeidlich war. Demgegenüber fuhren Kaufleute, höhere Beamte, Gutsbesitzer und Offiziere mit ihren Familien, aber auch alleinstehende Damen oder Kinder mit Gouvernanten und Hauslehrer nach Möglichkeit in den »Schnellzügen« (bzw. den nur durch den Namen unterschiedlichen Eilzügen), selbstverständlich gegen entsprechende Aufschläge. Die Klasseneinteilung fand sich wieder in den Warteräumen und -sälen auf den Bahnhöfen, in dem zugemessenen Quantum an frischer Luft, an Licht und Bequemlichkeit, an Konzessionen für die Befriedigung der einfachsten täglichen Bedürfnisse.

Bereits nach wenigen Jahren zeigte sich bei allen deutschen Eisenbahnen, daß die Passagiere der ersten und zweiten Klasse zusammen kaum mehr als 12–15 % der Reisenden stellten. In Preußen lösten in den 1860er und 70er Jahren 30 % und mehr die »Billets« der dritten Klasse, beinahe 50 % die der vierten.[35]

Für die Masse derer, die von Ort zu Ort unterwegs waren, die »Besitzlosen«, die ihre Habseligkeiten in einer Hand oder über der Schulter tragen konnten, gab es freilich weiterhin in erster Linie »Schusters Rappen«. Fußmärsche waren ihr einziges Auskunftsmittel. Die Eisenbahn blieb auch in der jeweils billigsten, der dritten oder vierten Klasse für viele bis gegen Ende des 19. Jahrhunderts zu teuer. Erst als nach 1880 die Reallöhne für die Beschäftigten stärker anstiegen, ließ sich eine gelegentliche Eisenbahnreise erschwingen. In Preußen kostete eine Meile, d. h. 7,5 Kilometer in der vierten Klasse ab 1856 (und unverändert bis 1918) 1,5 Silbergroschen (Sgr), ein Kilometer also zwei Pfennige.[36] Der Tagelohn eines ungelernten Handlangers lag in den 1860er Jahren bei 4–6 Sgr, der eines gelernten Drehers bei 12–18 Sgr. Für berufstätige Pendler wurden immerhin ab 1870 »Arbeiterwochenkarten« eingeführt. In Berlin zeigten sich neue Möglichkeiten für berufliche wie »Freizeit«-Fahrten durch die Stadtbahn, die S-Bahn. Sie wurde von Kaiser Wilhelm I. persönlich eingeweiht. Ihre Züge eröffneten auch den proletarischen Massen zügige Verbindungen, jedenfalls innerhalb der Metropole und ihres direkten Umfeldes.[37]

Fahren mit der Eisenbahn war und blieb von einer Doppeldeutigkeit gekennzeichnet: Einerseits bot sie schleunige Fortbewegung für alle Reisenden; zugleich vermittelten sich diese Erfahrungen jedoch in unterschiedlichen, allerdings benachbarten Eisenbahn-Räumen und -Klassen, in miteinander verkoppelten Wagen und Abteilen. Diese Ambivalenz blieb ungeachtet der Verminderung mancher Abschottungen und Unterscheidungen langfristig prägend. In der Gleichzeitigkeit und »Engführung« von schroffer Klassendifferenz einerseits und Beschleunigung von Raum- und Zeiterfahrungen andererseits zeigte sich die Eigentümlichkeit der »neuen Zeit«: Aufbruch, zugleich aber Neuformierung und vielleicht sogar Verschärfung von Herrschaft und sozialen Unterschieden – Gesellschaft auf der Bewegung in die Bürgerlichkeit.

Aufmerksamkeit erregten diese internen Gefahren bestenfalls unter Kollegen und Betroffenen, in der Nachbarschaft oder Kneipe. Mehr Beachtung fanden schon Besorgnisse über vielfältige Gesundheitsgefährdungen, die auf Dauer- oder Überbeanspruchung von Menschen und Material zurückgeführt wurden. Diskutiert wurden nicht nur »Abnutzung« oder doch »Ermüdung«[38] von Lokomotivführern, oder von Kesselwänden, Achsen und Kupplungen. Reale Erfahrung wie Element phantasievoller »Romane« wurde auch die physische wie psychische »Überreizung« der Reisenden.

Zumal in den illustrierten Journalen interessierten jedoch in erster Linie Schreckensnachrichten über spektakuläre Reisewiderfahrnisse. Nicht selten wurden ausführliche Illustrationen von Unfällen gebracht (Holzschnitte nach Zeichenvorlagen). Überhaupt avancierten neueste Nachrichten aus diesem so neuen Verkehrsmittel zu einem wesentlichen Element der sich entwickelnden »populären« Presseberichterstattung. Die weithin verbreitete Leipziger »Illustrierte Zeitung« bot z. B. eine ständige Rubrik »Eisenbahnwesen«; sie lieferte unermüdlich Reportagen über Einweihungs- und andere Erfolgsfeiern, aber auch über die Katastrophen des Bahnbetriebes.

Von Anfang an waren die unmittelbaren Kosten des Dampfzeitalters im allgemeinen und der Eisenbahn im besonderen für die Träger der älteren Verkehrssysteme erheblich, mitunter katastrophal.[39] Posthaltereien, aber auch Droschken- und Pferdetransportunternehmungen, vor allem Wagnereien bzw. Wagen-Reparaturwerkstätten und Hufschmieden konnten bald nicht mehr mithalten. Manchen erlaubte die starke Nachfrage nach Zu- und Ablieferung zu bzw. von den Bahnen das Weiterexistieren – jedenfalls gab es von Anfang an auch »Verlierer« dieser neuen Zeit. Hinweise auf den »Januskopf«[40] der Eisenbahn waren in vielerlei Weise berechtigt.

Zu den Schatten- oder Nachtseiten der Eisenbahn gehörten aber vor allem die Unfälle.[41] Dramatisch waren die »shocks« beim Reisen, also der Sturz von der Brücke (z. B. 1856 bei Potsdam) oder ein Zusammenstoß von Zügen oder das Überrollen von Prellböcken in Bahnhöfen. Jähe Unterbrechungen des Betriebs, mit leidvollen Folgen, ereigneten sich aber auch abseits der Zugverbindungen: Explosionen beim Anheizen oder Warten der Lokomotiven bzw. der die Lokomotiven antreibenden Dampfmaschinen kosteten z. T. erhebliche Opfer beim Eisenbahnpersonal: Weber nennt die Zahl von 220 pro Jahr getöteten und verletzten Beamten und Arbeitern bei den deutschen Eisenbahnen – in England sei das Verhältnis günstiger (wenn man es auf die Beförderungsleistung umrechnete).[42]

Eisenbahnbau: Die unmittelbaren Produzenten

Eisenbahnbau bedeutete zunächst den Bau der Bahnstrecken. Zumal in hügeligen, durchschnittenen oder gar in bergigen Regionen – also in den allermeisten Gebieten der deutschen Bahnverwaltungen – waren dazu erhebliche Erdbewegungen unerläßlich. Geländeeinschnitte, Hochbauten bzw. Dämme, Brücken, aber auch Tunnel gehörten bereits zu den ersten Streckenbauten, z. B. dem von Dresden nach Leipzig (1836–39). Die Vielzahl der Erd- und Kunstbauten hing insbesondere mit der begrenzten Leistungsfähigkeit der Dampfmaschinen zusammen. So mußte Anfang der 1840er Jahre beim Bau der Strecke Berlin–Leipzig geprüft werden, inwieweit es möglich sei, Halle in die Linienführung einzubeziehen; nur sehr große Krümmungshalbmesser und sehr begrenzte Neigungen bzw. Steigungen ließen sich realisieren.
Für die zahllosen Erdbewegungen waren jeweils Hunderte, wenn nicht Tausende von Bauarbeitern erforderlich. So wurden beim Bau der Köln-Mindener Eisenbahn im Bereich von Minden und Bielefeld in den Jahren 1844–47 gleichzeitig bis zu 7000 und 8000 Arbeiter in Kolonnen von 40 bis 200 Mann bzw. Menschen (d. h. auch Frauen und Kinder) beschäftigt.[43] – Die Eltern von Wenzel Holek arbeiteten in den 1870er Jahren bei einer solchen Erdbaukolonne im Böhmischen. In seinen Lebenserinnerungen schreibt er:

Vor mir bewegten sich viele Menschen, Männer und Frauen, jung und alt. Sie wimmelten hin und her, sangen und hetzten, hackten und schaufelten den roten Lehm in zweirädrige Karren, fuhren hin und her. Manche fluchten und schimpften, wie ich es bis dahin nie gehört hatte, worauf ich aber diese Menschen für sehr böse hielt und auch vor ihnen große Angst bekam. Die Onkels, Tanten, auch der Onkel Anton mit seiner Frau, die ich noch nicht kannte, sie alle hatten sich hier wieder zusammengefunden. Sie gruben mit anderen Leuten durch den hohen Berg, auf dessen Rand ich mich herumtummelte, einen breiten, tiefen Graben. Später erfuhr ich, daß das ein Einschnitt war. (...)
(...) Schon das Äußere der Mehrzahl der hier arbeitenden erfüllte mein Inneres mit großer Furcht und Scheu. Ihre Gesichter waren rot, blau und aufgedunsen. Ihre wilden Blicke verrieten ein rohes Gemüt. Die Haare sahen struppig aus, Hände und Füße schmutzig, als hätten sie sich schon sehr lange nicht gewaschen. Schuhe keine. Die Kleider waren zerfetzt, die Lumpen hingen von ihren Leibern herunter. (...) Schwein, Rindvieh, Hund, Esel das waren ihre liebsten Ausdrücke. (...) Und erst dann, wenn sie anfingen, ihre rohen Ausdrücke an den Mann zu bringen, da flüchtete ich jedesmal wie von einem Geschoß getroffen, vor Angst am Körper zitternd oder mit vor Scham errötendem Gesicht in den nächsten Winkel. Kurz, dies Eisenbahnerleben erzeugte eine Wirkung nach der anderen, wie das wechselnde Wetter in Apriltagen. Während des Tages entstand da und dort ein Streit, der oft mit Schlägerei endete.[44]

Holek beschrieb Erdarbeiter. Für die Zeitgenossen waren sie nicht nur eine besondere Spezies Lohnarbeiter und »Arbeitsmänner«; sie repräsentierten zugleich neue Formen von Arbeitsorganisation und Verhalten in der Überlebensweise der besitzlosen Massen.
Die Erdarbeit, das Graben von 20–40 Meter tiefen Geländeeinschnitten, das Aufschütten von entsprechend hohen Dämmen, gehörte fraglos zu den körperlich besonders schweren Arbeiten. Zum Graben und Hacken kam das Transportieren, entweder mit weit mehr als 100 Pfund schweren Körben auf dem Buckel oder mit Karren. Die letzteren mußten mit einer Ladung von mehr als 500 Pfund über z. T. mehrere 100 Meter lange Gefällstrecken gezogen bzw. mit einem Zugseil »gezottelt« werden.[45] Vielfach war es den Arbeitern körperlich unmöglich, sechs Tage einer Woche hintereinander durchzuarbeiten; halbe oder viertel Tage mußten viele der Arbeit fernbleiben, natürlich unbezahlt. Zumal bei der vielfach unzureichenden bzw. Fehlernährung war es sicher kein Einzelfall, daß

> mancher vor Anstrengung umfiel, mancher entlassen werden mußte, weil er Blut spie und sein Körper die außerordentlich saure und anstrengende Arbeit nicht leisten konnte.

So las sich die Lage der Erdarbeiter 1845 im (demokratisch gesonnenen) »Westphälischen Dampfboot«.[46]
Die Arbeit war eintönig; zugleich erforderte sie aber einen relativ hohen Grad an Selbstorganisation. Es war unerläßlich, sich in Zweier-, Dreier- oder Viererarbeitsgruppen zusammenzutun. Aufsicht führte ein Schachtmeister. Diesem kam es in der Regel nur darauf an, einen möglichst großen »Schacht« zusammenzubekommen. Bis zu 200 Leute waren keine Seltenheit. Sein Verdienst, der »Schachtmeistergroschen«, hing vor allem an der Zahl der von ihm angeblich oder tatsächlich beaufsichtigten Arbeiter.
Die »Eisenbahner« rekrutierten sich in den 1840er Jahren, aber auch in den folgenden Bauperioden – zumal in den 1850er und 1870er Jahren – insbesondere aus den besitzlosen hausindustriellen Produzenten, den Webern und Spinnern der ländlichen Hausindustrie. Sie waren wegen der lang anhaltenden Krise ihrer Gewerbe ohne jede Verdienstmöglichkeit auf dem Lande. Ihre Mobilität war durchaus begrenzt: Bei der Köln-Mindener Bahn (1844–47) kamen die Erdbauarbeiter bei den Projekten in der Bielefelder Gegend ganz überwiegend aus dem dortigen Ravensberger Land. Allerdings suchten sie dem Fortschreiten der »Schächte« soweit als möglich zu folgen – bis sie auskonkurriert wurden durch Klassengenossen, die noch niedrigere Löhne akzeptieren mußten.

Neben diesen im Akkord arbeitenden Erdarbeitern sowie den vorwiegend im Zeitlohn beschäftigten Handlangern für Rodungs- und andere Transportarbeiter waren Spezialkräfte unerläßlich. Es waren vor allem Steinbrecher oder Bohrer. Sie hatten ihr Spezialwerkzeug und auch das notwendige Sprengpulver selbst zu stellen. Ihr Verdienst lag nicht unerheblich über dem der »Eisenbahner«; mit 12–15 Silbergroschen für zwei Wochen erhielten sie (in den 1840er Jahren) bis zu 30% mehr pro 14tägiger Lohnperiode.

Die Berechnung der Arbeitsleistung war relativ leicht zu kontrollieren. Zugleich sorgte die Schwierigkeit, die tatsächlich bewegten Gewichte (z. B. bei Feuchtigkeit des Bodens!) exakt zu bewerten, dafür, daß Abrechnung und Entlohnung fortwährenden Konfliktstoff lieferten. Die unterschiedlichen Bewertungen trafen bei den Betroffenen nicht nur auf mehr oder weniger stumme Empörung oder undeutliches Murren. Offene Konflikte, begleitet von »Zusammenrottungen«, waren keine Einzelfälle. »Exzesse«, d.h. gemeinsame und mitunter gewalttätige Versuche des Protestes, der Rückaneignung, kamen immer wieder vor. Dementsprechend wurde mehrfach, z.B. am 10./11. Juli 1845 bei Schildesche (östlich von Bielefeld), Militär eingesetzt. Hier, wie auch sonst meistens, kam es nicht zum Schußwaffengebrauch. Das Einhauen mit Säbeln, teilweise auch Bajonetteinsatz, kostete jedoch mehrere Verletzte – allerdings war die Zahl der Verletzten durch Schlägereien zwischen Arbeitenden und Streikenden wohl mindestens ebenso hoch.

Diese Formen des Aufbegehrens, in denen sich Widersetzlichkeit mit Durchsetzung eigener Forderungen verknüpfte, erwuchsen aus einem längerfristig geformten sozialen Zusammenhang: Die meisten der Betroffenen bzw. Handelnden teilten die Erfahrung vom Niedergang der Hausindustrie; zumindest hatte dies jeder für sich in seinem Haushalt bzw. in seinem (meistens gemieteten) »Kotten« mitgemacht.[47] Die punktuelle Kollektivität der »Eisenbahner« veränderte aber die Perspektive. Manchen mochte es scheinen, als seien derartige Aktionen der zukunftsträchtige »Königsweg«, um Forderungen anzumelden und durchzusetzen. Die Obrigkeiten sahen hier spiegelbildlich besondere Gefährdungen für die alltägliche »Ruhe«, aber auch für die Ordnung des Staates insgesamt. Abhilfen galten aber nur besonders eklatanten Mißbräuchen der Schachtmeister bei der Entlohnung. Abgesehen davon konzentrierten sich die Behörden auf polizeiliche Reglementierung der Arbeiterannahme und -entlassung. In Preußen sollte die zwangsweise Einführung von Arbeitskarten (1846) die Kontrolle der mobilen Arbeitermassen erleichtern. Erkennbar wurde: Besitzende und Besitzlose, Polizei und Polizierte begannen sich in neuer Weise zu formieren.[48]

Eisenbahnbau und Eisenbahnbetrieb benötigten Arbeitskraft vielerlei Prägung. In den Reparaturwerkstätten, vor allem auch in den Fabriken für den Bau von Waggons und Lokomotiven war die ganze Palette von Arbeitsplätzen zu finden, die den weitgehend noch nicht standardisierten frühen Maschinenbau kennzeichnet.[49] Ungeachtet der erheblichen Unterschiede der Arbeitsabläufe sowie der Bezahlung in Gießerei und Schmiede, Dreherei und Montage gehörten die ausschließlich männlichen Arbeiter zu denjenigen fabrikindustriellen Lohnabhängigen, die sich zur Spitzengruppe des »respektablen« Teils der Arbeiter zählten. Eine Reihe von ihnen zog einiges Selbstbewußtsein aus handwerklicher Ausbildung. Die allermeisten konnten sich und anderen beinahe tagtäglich die Beherrschung gerade auch moderner Werkzeuge und Maschinen demonstrieren. Ihre Stellung gegenüber den Meistern, aber auch den »Fabrikherren« unterschied sich deutlich von denen der Erdarbeiter beim Streckenbau.

Zumal wenn sie vom Lebensalter her nicht mehr zu jenen gehörten, die durch rasche und häufige Wechsel versuchten, konjunkturell günstige Situationen – in Boomphasen – auszunutzen, bildeten sie eine in der Regel langjährige Stammbelegschaft. Nicht nur in den alltäglichen Auseinandersetzungen um Arbeitsaufträge und deren Abrechnung um Zeiten und Strafen, sondern auch in den breiten sozialen und politischen »Bewegungen« der Zeit wurde die besondere Signatur dieser Arbeiter erkennbar. Die Arbeiter bei Borsig richteten 1848 zusammen mit anderen Maschinenbauarbeitern eine Petition an die dortigen Fabrikbesitzer.[50] Dieser Text zeigte eher eine sozialreformerische Linie, war durchaus gekennzeichnet von Ansprüchen aus Mitorganisation der Arbeitsabläufe, aber weniger von massiven Lohnforderungen; politisch-»revolutionäre« Perspektiven im Sinne der radikalen Demokraten der Zeit fehlten ganz. – In den 1860er Jahren unterstützten viele von ihnen die bürgerlich-liberale Fortschrittspartei.

Eine Mischung von selbstbewußter Eigenständigkeit und Betriebsbindung zeigte sich aber auch in anderen Zusammenhängen. Ein besonders sinnfälliges Beispiel geben die Feste bei Borsig: Nicht nur der Fabrikherr demonstrierte und feierte neue Produktionserfolge.[51] Zumindest bis Ende der 1860er Jahre war August Borsigs »Eisengießerei und Maschinenbauanstalt« im Norden Berlins die größte und führende deutsche Lokomotivfabrik. 1847 hatte man dort die hundertste vollendet, 1854 die fünfhundertste und bereits 1858 die tausendste. Jedesmal wurde eine große Feier veranstaltet mit gedruckten Einladungen, mit Festumzügen und Ansprachen, aber auch mit Essen. Die Sinnesfreuden waren vielfältig, Gesang gehörte dazu. Am 25. März 1854, zur Feier der fünfhundertsten Lok, standen zwei Lieder auf dem offiziellen Programm: eines auf die Firma und deren Lokomotiven, das andere auf die Produktion. Beide Lieder-Melodien: »Im Kreise froher kluger Zecher« bzw.: »Heil Dir im Siegerkranz« - beschworen die Betriebsfamilie:

Und so sind fröhlich wir beisammen und halten fest in Lust und Not
Steht auch der Erdball rings in Flammen
Uns gibt nur Arbeit, Ehr und Brot
Und wenn uns dieses nicht gebricht
Dann kümmert uns das andere nicht.

Die Dampflokomotiven, die Eisenbahnen trieben nicht nur die unmittelbaren Nutznießer und Initiatoren bürgerlicher Lebensweise voran, ließen sich von ihnen nutzen. In sehr unterschiedlicher Weise veränderten sie auch die Lebensweise der Lohnarbeiter. Diese re-orientierten und re-organisierten sich in vielfältigen Formen. Dabei blieb ihr »Eigensinn« gebrochen und mehrdeutig, stets auch geprägt von den Erfahrungen mit der technisch-industriellen Bewältigung von Zeit und Raum. Dennoch: eine Lokomotive bedeutete für Lokomotivenschlosser etwas grundlegend anderes als für die Erdarbeiter des Streckenbaus. Davon unterschieden sich freilich völlig die Erfahrungen des beschleunigten Reisens in den Zügen und auf den Bahnstrecken – vielfach waren jedoch die Reisenden im »Kälberwagen« den Erdarbeiterinnen oder auch den »Fabrikgesellen« und ihrer Lebensweise näher als denen, die die Holzbänke der dritten Klasse drückten. Und wieder etwas anderes war Eisenbahn für die Passagiere in den isolierten Polster-Coupés der zweiten oder gar der ersten Klasse.

2. Take-off – regionale Entwicklungspfade – Gründerkrise. Perspektiven der Industrialisierung

Von Alf Lüdtke

Die Entfaltung bürgerlicher Gesellschaft bezog sich immer auch darauf, »wirtschaftende Subjekte« von allen Bindungen »freizusetzen«: Wirtschaftliches Wachstum schien unerläßlich, zumal durch Industrialisierung und Ausweitung von Marktproduktion und Lohnarbeit.
An dieser Stelle wird freilich kein Gesamtüberblick über die wirtschaftlichen Entwicklungen gegeben. Es folgen ausgewählte Perspektiven von Wirtschaftshistorikern und Gesellschaftstheoretikern. Im Mittelpunkt steht nicht die »Diagonale« oder das Ergebnis der Prozesse. Der Akzent liegt vielmehr auf der Unterschiedlichkeit einzelner Abläufe; betont wird auch die Verteilung gesellschaftlicher und humaner »Kosten«. Sichtbar werden sollen historische Umwälzungen – zugleich deren Wahrnehmung und Analyse.

Wachstumsstadien – Klassenkampf?

Für die Zeitgenossen war in der Mitte des 19. Jahrhunderts die Lokomotive das Symbol für wirtschaftlichen und – in den Augen vieler – auch für gesellschaftlichen »Progreß«. Mehr als 100 Jahre später hat der amerikanische Wirtschaftshistoriker Walt W. Rostow das Bild des Flugzeugs verwendet, um diese Entwicklung zu charakterisieren: Take-off ist im Luftfahrt-Amerikanisch die Bezeichnung für den Start. Nach Rostow läßt sich die Phase des Take-off in allen Industriegesellschaften nachweisen; es handle sich um das dritte Stadium des langgezogenen Prozesses der Industrialisierung, den Übergang zu dauerhaftem Wachstum.[52]
Rostows Konzept spiegelt den Wachstumsoptimismus der späten 1950er Jahre. Er argumentiert, industriewirtschaftliche Entwicklung sei insgesamt ein einheitlicher Prozeß, der im Rahmen nationaler Gesellschaften in »fünf Stadien des Wachstums« ablaufe.
Der Wachstumsprozeß entfaltet sich in dieser Sicht aus »traditionellen Gesellschaften« mit ganz geringem Wachstum. Die entscheidende Barriere sieht Rostow in der Mentalität dieser Gesellschaften begründet:

Wirtschaft und Gesellschaft gelten den Menschen nicht als »Gegenstand«, geeignet für »systematische produktive Manipulationen«.

Als zweites Stadium nennt Rostow das der »Voraussetzungen für den Take-off«. In Westeuropa umfasse es die Zeit vom späten 17. bis Ende des 18. Jahrhunderts; und »innerhalb Westeuropas war England die erste Nation, die die Voraussetzungen für ein ständiges Wachstum entwikkelte, begünstigt durch seine Lage, seine Rohstoffquellen, seine Handelsmöglichkeiten und seine soziale und politische Struktur«. Im Unterschied zu England sei aber sonst nicht ein »endogen«, sondern ein »exogen« ausgelöstes Wachstum die Regel. Wachstums-»Anstöße« von außen buchstabierten sich weithin als – koloniales und imperiales – »Eindringen« in angeblich »traditionelle Gesellschaften«.

Diese keineswegs nur auf die Ökonomie – im Sinne der Gütererzeugung und des Güterhandels – beschränkte Entwicklung kulminiere im Erreichen des »Take-off«. Gemeint sind jene zwei bis drei Jahrzehnte, in denen der »Anteil der effektiven Investitionen und Ersparnisse von ca. 5 % des Volkseinkommens auf 10 % und mehr« steige. Rostow unterstreicht, daß zwar (z. B. in England) technologische Innovationen eine wesentliche Rolle gespielt haben (also die Erfindung der Dampfmaschine, des mechanischen Webstuhls und der halbautomatischen Spinn-»Jenny«); unerläßlich sei jedoch die »Schaffung von Sozialkapital« und das Auftreten von zur »Modernisierung« entschlossenen politischen Gruppen bzw. »Männern«. Aber auch »revolutionäre Steigerungen« der landwirtschaftlichen Produktion seien Bedingung und Teil des »Take-off«. Das Ergebnis sei eine gesellschaftliche Gesamtstruktur, in der »eine stetige Wachstumsrate aufrechterhalten werden kann«.

Der »Take-off« wird von Rostow für England auf die beiden letzten Jahrzehnte des 18. Jahrhunderts datiert; Deutschland habe diesen Umbruch im »dritten Viertel« des 19. Jahrhunderts erlebt – für Frankreich und die USA wird die Zeit von 1860 bis 1880 genannt. Andere Länder (Japan, Rußland, Kanada) folgten.

Der »Take-off« leitet in diesem Konzept über zu einem Stadium der »Reife«, das schließlich zur Periode des »Massenkonsums« führe. Die Entwicklung dieses »Reife-Stadiums« umfasse ca. 40 Jahre und sei gekennzeichnet von »stetigem, wenn auch fluktuierendem Wachstum«, fortdauerndem Wechsel neuer Techniken, dem Wachsen neuer und dem Absterben alter Industrien, Werte und Institutionen: Die Zunahme der Produktion betreffe nun »ständig die Zunahme der Bevölkerung«. In Rostows Konzept folgt dem als (vorerst) letztes Stadium das des »Massenkonsums«. Die »dauerhaften Konsumgüter« und die »Dienstleistungen« würden die wirtschaftlichen Leitsektoren.

Das Buch von Rostow erschien 1960 in den USA; nur wenige Monate später kam eine deutsche Übersetzung heraus. Der Text wurde jeweils in renommierten wissenschaftlichen Verlagen publiziert (Cambridge University Press bzw. Vandenhoeck & Ruprecht). Gewiß lag hier der Versuch einer wissenschaftlich begründeten und argumentierenden Gesamtinterpretation vor. Zugleich aber war das Buch ausdrücklich als politisches Manifest gemeint – der amerikanische Untertitel konnte daran keinen Zweifel lassen: »A Non-Communist Manifesto«.

Im »Manifest der Kommunistischen Partei« hatten Karl Marx und Friedrich Engels im Februar 1848 ein Gesamtpanorama bisheriger Geschichte entworfen – es handle sich um eine »Geschichte von Klassenkämpfen«.[53] Die jüngste Zeit sei dadurch gekennzeichnet, daß die Gesellschaft sich immer mehr in zwei Klassen spalte: Bourgeoisie (Kapitaleigner) und Proletariat (Lohnarbeiter). Die Entwicklung dieser Klassen und ihr Kampf gegeneinander bezeichneten den dynamischen Kern des Übergangs zum bzw. der Ausbreitung von industriellem Kapitalismus.

Marx und Engels konzentrieren sich nicht auf die Differenz zwischen einzelnen Phasen oder Elementen des historischen Prozesses. Mit großem Nachdruck verweisen sie vielmehr auf Verflechtungen, betonen gesellschaftliche Mehrdeutigkeiten und mehrwertige Funktionen sozialer Klassen.

Vehement heben die Autoren die »revolutionäre Rolle« der »Bourgeoisie«, der Kapitaleigner und Produktionsmittelbesitzer hervor. Auch wenn sich die Auflistung der von der Bourgeoisie vorangetriebenen Umwälzungen wie ein Leporello der historischen Schurkerei liest – die Autoren lassen keinen Zweifel, daß es sich in ihrer Sicht um einen gleichermaßen unausweichlichen wie letztlich progressiven Prozeß handelt. Dabei geht es nicht nur darum, daß z. B. der »industrielle Mittelstand« die »Zunftmeister« verdrängte oder die »Teilung der Arbeit in den einzelnen Werkstätten« die Arbeitsteilung zwischen Gewerken und Zünften beseitigte. Wichtiger ist, daß die »Bourgeoisie nicht existieren kann, ohne die Produktionsinstrumente, also die Produktionsverhältnisse, also sämtliche gesellschaftliche Verhältnisse fortwährend zu revolutionieren«.

Es gehe um weit mehr als um »Unterjochung der Naturkräfte« oder veränderte Arbeitsverfassungen, um »Agglomeration der Bevölkerung« in den Städten, »Konzentration des Eigentums« und »Zentralisierung der Produktionsmittel«, aber auch der politischen Instanzen. Und auch die »Jagd« der Bourgeoisie »über die ganze Erdkugel«, der Ausbau von Handelsbeziehungen wie von kolonialer Herrschaft, erfaßt noch nicht die Eindringtiefe des historischen Prozesses. Die »fortwährende Umwälzung« bedeute vielmehr »ununterbrochene Erschütterung aller gesellschaftlichen Zustände, ... ewige Unsicherheit und Bewegung«. Nicht nur Interessen und Techniken, sondern Vorstellungswelten und Erfahrungsweisen geraten ›durcheinander‹ – Industrialisierung bedeute also auch: »Alles Ständische und Stehende verdampft, alles Heilige wird entweiht, und die Menschen sind endlich gezwungen, ihre gegenseitigen Beziehungen mit nüchternen Augen anzusehen.«

Freilich – die »moderne bürgerliche Gesellschaft« gleicht für Marx und Engels »dem Hexenmeister, der die unterirdischen Gewalten nicht mehr zu beherrschen vermag, die er heraufbeschwor«. Die »Handelskrisen« brächten »die Epidemie der Überproduktion« an den Tag. Daß aber nicht nur »ein großer Teil... der bereits geschaffenen Produktivkräfte« in Krisen vernichtet werde, zeige die Brüchigkeit der Verhältnisse: Die »Lebensbedingungen der Bourgeoisie und ihrer Herrschaft« entsprächen immer weniger der Entwicklung der Produktivkräfte.

In dieser – dialektischen – Bewegung des historischen Prozesses treten nun diejenigen auf den Plan, die der Bourgeoisie mit ihren eigenen »Waffen... den Tod bringen«: »Die modernen Arbeiter, die Proletarier.« Ihre Lage sei durch zweierlei bestimmt: die Notwendigkeit des Verkaufs ihrer Arbeitskraft als Ware; den Verlust allen »Reizes« der Arbeit bei der Tätigkeit an und mit Maschinen. Die Arbeitskraft sei »eine Ware wie jeder andere Handelsartikel«, also der Konkurrenz und allen Markt-Konjunkturen ausgesetzt. Bei der Arbeit selbst sei der Arbeiter nurmehr »Zubehör der Maschine«; verlangt werde »nur der einfachste, eintönigste, am leichtesten erlernbare Handgriff«. Diese De-Qualifizierung finde ihre konsequente Fortsetzung in den Versuchen, Männer durch Frauen und Kinder zu verdrängen: »Es gibt nur noch Arbeitsinstrumente, die je nach Alter und Geschlecht unterschiedliche Kosten machen.«

Vermehrung und vor allem Angleichung der Lebenslagen im Proletariat führten dazu, daß die »Kollisionen zwischen dem einzelnen Arbeiter und dem einzelnen Bourgeois den Charakter von Kollisionen zweier Klassen an(nehmen)«.

Hier sehen Marx und Engels die ›List der historischen Vernunft‹ am Werk: Der Fortschritt der Industrie werde »an die Stelle der Isolierung der Arbeiter durch die Konkurrenz (untereinander) ihre revolutionäre Vereinigung durch die Assoziation (setzen)«. Die stets weiter ausgreifende Industrialisierung werde also der Bourgeoisie »die Grundlage unter den Füßen« entziehen, »worauf sie produziert und die Produkte

sich aneignet. Sie produziert vor allem ihre eigenen Totengräber. Ihr Untergang und der Sieg des Proletariats sind gleich unvermeidlich.«
So unterschiedlich und vor allem konträr die beiden »Manifeste« argumentieren – in beiden Perspektiven bleibt industriewirtschaftliches Wachstum bzw. die Umwälzung der gesellschaftlichen (Re-)Produktionsweise nicht auf einzelne Faktoren beschränkt. Dabei ist das Spektrum breit: Die Autoren verweisen auf Erfindungen und technische Neuerungen; sie nennen intensivierten Kapitaleinsatz und arbeitsteilige Produktion ebenso wie Zentralisierung von Produktionsmitteln und von Eigentum. Beachtet werden staatlich-bürokratische Intervention oder Flankierung. Es erscheinen überregional vereinheitlichte bzw. durchschlagende Konjunkturbewegungen; nicht zuletzt wird die ›soziale Frage‹ bzw. »die unsichtbare Lebensstellung« der Besitzlosen (Marx/Engels) eingeführt, freilich mit konträrer Bewertung und Prognose.
Bei aller Differenz in der Terminologie und Bewertung ist aber doch eine grundsätzliche Parallelität erkennbar: Hier wie dort wird ein historischer Prozeß angenommen, der – ungeachtet aller Phasenverschiebungen – in Substanz und Form überall identisch sei. Insofern gilt nicht nur für die Marxsche »Kritik der politischen Ökonomie« die Vorstellung vom »Pionier« England. Danach zeigt das »industriell entwickeltere Land (...) dem (...) minder entwickelten nur das Bild der eignen Zukunft«.[54] Die Perspektiven treten freilich rasch auseinander; wenn es darum geht, einzelne Konturen der Entwicklung oder Phasen abzugrenzen und – vor allem – die treibenden bzw. retardierenden Kräfte zu bestimmen.

Industrielles Wachstum und Leitsektoren

Industrialisierung als gesamtgesellschaftliche Umwälzung ist ein langfristiger Prozeß. Neuere wirtschaftshistorische Forschungen sind bestrebt, mit Zahlenreihen auf Jahres-, Fünf- oder auch Zehnjahresbasis diese Abläufe zu erfassen. Dabei tritt z. B. für die Phase des »Take-off« in den deutschen Staaten ein Bild hervor, bei dem einzelne Krisen nur als Momente eines langfristigen Wachstums erscheinen. Inwieweit sie aber auch Indizien für sonst verdeckte gesellschaftliche »Kosten« sind, ob sie gar für eine strukturelle Krisenhaftigkeit des Gesamtsystems stehen, bleibt überwiegend undiskutiert.
Zeitgenössische Statistiken, aber auch nachträgliche Schätzungen von Wirtschaftshistorikern lassen erkennen, daß in Deutschland ab den

1850er Jahren die industrielle Entwicklung zunehmend vom Eisenbahnboom und den damit verbundenen Produktionen getragen und vorangetrieben wurde.[55] Zwischen 1850 und 1870 ging der Anteil der Textilgewerbe, sowohl verlagsindustriell wie fabrikindustriell oder im Manufaktursystem betrieben, im Industriesektor der Gesamtwirtschaft deutlich zurück. Waren 1850 noch mehr als die Hälfte der in der Warenproduktion Tätigen in dieser Branche, so wurden dort 1870 nur noch knapp 38 % dort gezählt. Zwar waren damit in den Textilbranchen immer noch die relativ meisten der gewerblich Tätigen beschäftigt, aber im selben Zeitraum waren die Betriebe der Metallerzeugung und -verarbeitung bereits an die zweite Stelle gerückt (und hatten das Nahrungsmittelgewerbe verdrängt).[56]
Preußische Zahlen geben einen Hinweis darauf, in welch kurzer Zeit insbesondere im Maschinenbau und in feinmechanischen Produktionen auch die Betriebsgrößen anstiegen, also vor allem hier Fabrikarbeit und fabrikmäßige Arbeitsteilung durchgeführt wurden: 1849 lag die Durchschnittszahl der pro »Fabrik« Beschäftigten dieses Produktionszweiges bei etwa 19 (in der Statistik: 18,8); 1861 notierte die Statistik 56,0 (damit war dies der Bereich, in dem bei weitem die höchsten durchschnittlichen Betriebsgrößen festgestellt wurden); am nächsten kamen dem die Webereien mit zwischen 44 und 45 Beschäftigten; es folgten Betriebe von Leder und Bekleidung mit zwischen 24 und 25.
Die vom Eisenbahnboom ausgehende Dynamik zeigte sich aber besonders drastisch in der Vervielfachung der Förderungsleistungen bei Steinkohle sowie der Produktionsziffern für Roheisen, schmiedbares Eisen und für Stahl. In den beiden genannten Jahrzehnten verfünffachte sich die Steinkohlenproduktion in Preußen (und stieg dabei von 85 % auf beinahe 90 % der Gesamtsteinkohlenförderung im Deutschen Bund). Bei Roheisen versechsfachten sich die Produktionszahlen (hier war der Anteil Preußens ebenfalls beinahe 90 %); beim schmiedbaren Eisen bzw. Stahl wurden 1870 fünfmal mehr Tonnen (nämlich 1 044 000) produziert als 1850; Preußen erzeugte davon 87,7 %.
Die Ausrichtung zahlreicher quantifizierender Untersuchungen auf Gesamtgrößen kann freilich die regionalen Phasenverschiebungen nicht berücksichtigen. Insbesondere die Übergänge von den Vorstadien zur intensivierten Industrialisierung (im Sinne des »Take-off«) in den deutschen Staaten bzw. Regionen geraten dabei aus dem Blick. Daten, die nur auf das Gebiet des Deutschen Bundes oder auf die preußische Gesamtentwicklung bezogen sind, lassen z. B. nicht erkennen, daß das Königreich Sachsen als erster Staat Deutschlands industrialisiert wurde.

Sachsen: der erste industrialisierte Staat in Deutschland

Für das Jahr 1830 haben die Historiker Ursula und Rudolf Forberger im Königreich Sachsen 199 »Fabriken« gezählt, d. h. Betriebe, deren Werkzeuge von Dampfmaschinen angetrieben wurden, sowie 130 Betriebe mit »noch nicht ermittelter Antriebsart« – ganz überwiegend Textilfabriken.[57] Diese Zahlen arbeitsteilig organisierter Fabrikationsstätten mit Maschinenantrieb unterschieden sich allerdings nur graduell von denen im Rheinland: Für die 1820er/30er Jahre hat J. Kermann ca. 220 Tuch- und Baumwollmaschinenspinnereien ermittelt.[58] In Sachsen läßt sich aber gleichzeitig eine außerordentlich »differenzierte Gewerbelandschaft« feststellen.[59] Neben dem Bergbau in seinen vielfältigen Ausprägungen vom Abbau der »Silber- über Eisen-, Zinn-, Kupfer-, Kobalt-, Wismut-, Blei-, Arsenik-, Schwefel- u. a. Erzvorkommen, die jahrhundertelang das Erzgebirge berühmt gemacht hatten, bis zum Stein- und Braunkohlebergbau; auch das angegliederte Eisengewerbe und Hüttenwesen konnte auf eine lange, erfolgreiche Vergangenheit zurückblicken«. Vor allem waren um 1830 Anfänge des Maschinenbaus bereits entfaltet – dies wurden wesentliche Voraussetzungen für den Eisenbahnbau in den 1840er Jahren.

In Sachsen sind auch zwei weitere charakteristische Momente voranschreitender Industrialisierung deutlich erkennbar; erstens eine außerordentlich rasche Bevölkerungszunahme (mehr als eine Verdoppelung von ca. 1,1 auf 2,5 Mio. bzw. eine Zunahme um 118 % zwischen 1815 und 1871); zweitens die zunehmende Prägung der Beschäftigungsstruktur durch die Industrie, d. h. die relativ größte Proportion von Erwerbsarbeit wurde in Gewerbe und Industrie geleistet (bei entsprechendem Rückgang der Zahl derer, die als landwirtschaftliche Erwerbstätige statistisch erfaßt wurden).[60]

Zunächst zur Verteilung der Beschäftigung: Während die sächsischen Behörden 1849 25,6 % und 1871 19,35 % Erwerbstätige in der Landwirtschaft registrierten, lagen die entsprechenden Ziffern für das Gewerbe bei 42,43 bzw. 49,45 %. Auch hier ist der Vergleich zu Württemberg aussagekräftig: Dort zählte man 1852 61,2 % und 1871 54,4 % der Erwerbstätigen in der Landwirtschaft (im Gebiet des Deutschen Reiches betrug 1871 der Anteil der in der Landwirtschaft Beschäftigten 49,26 % und der im Gewerbe Beschäftigten 28,94 %).

Kiesewetter macht zu Recht darauf aufmerksam, daß die Bevölkerungsdichte nur ein indirekter Indikator für den Industrialisierungsgrad ist; dennoch sind entsprechende Angaben aussagekräftiger als die globalen Zahlen der Bevölkerungsvermehrung. Auf 1 km^2 wurden in

Sachsen im Jahre 1816 79,2 Einwohner gezählt; knapp 20 Jahre später (1835) waren es ca. 107, weitere 20 Jahre später (1855) 136 und 1870 173 Einwohner pro km^2. Damit war Sachsen zum bevölkerungsdichtesten Land Europas geworden. 1871 hatte es mit anderen deutschen Territorien gleichauf gelegen (knapp hinter Elsaß-Lothringen). Demgegenüber war 1870 der Abstand zur nächsten Region, dem Rheinland (mit ca. 132) erheblich. Württemberg, eine ebenfalls mit Gewerbe durchsetzte Region, folgte mit nochmals großem Abstand; dort wurden 1870 ca. 93 Menschen pro km^2 gezählt. Demographische Untersuchungen zeigen, daß der Geburtenüberschuß ausschlaggebend war für diese rasche Zunahme der Bevölkerung.

Weitreichende Reformen »von oben« begünstigten in den deutschen Staaten in der Regel die Durchsetzung von Fabrikindustrie. Es gehören dazu: Bürokratisierung der Verwaltung, Einführung römisch-rechtlicher Eigentumsbestimmungen (angestoßen vor allem von der Einführung des Code Napoléon in den rheinbündischen Staaten und zeitweise französischen Territorien), Aufhebung zünftiger Bindungen im Handwerk, insbesondere aber ein Umbau der Agrarverfassung.

In Sachsen wurden vergleichbare Reformen bemerkenswerterweise erst relativ spät, nämlich im Zuge der revolutionären Bewegungen vom Herbst 1830 eingeleitet – dazu gehörten z. B. Maßnahmen zur Aufhebung persönlicher Abhängigkeit und zur Ablösung feudaler Bindungen von Bauern und Landlosen. Staatliche Förderung industrieller Investitionen durch direkte Finanzhilfen erfolgte in Sachsen offenbar vergleichsweise zögernd und blieb auf wenige Fälle begrenzt. Allerdings hatte sie hier z. T. erhebliche Wirkung, zumindest bei einer Reihe von Initiativen zur Fabrikgründung. Das gilt zumal im Falle des großen zinsgünstigen Darlehens an den Chemnitzer Maschinenfabrikanten R. Hartmann von 1846: Die Ministerien lehnten in den folgenden Jahren alle Förderungs- bzw. Darlehensanträge von potentiellen Konkurrenten ab: Es gäbe »kein Bedürfnis« mehr für ein weiteres »Locomotivenbauetablissement« – Hartmanns florierendes Unternehmen sollte offenbar nicht ›unnötig‹ unter Konkurrenzdruck geraten.[61]

Zyklen, Chancen, Kosten: Die »unmittelbaren Produzenten«

Aggregierte Zahlen über Produktionssteigerungen sowie über Umschichtungen von Arbeitsplätzen bzw. Arbeitskräften, Schätzungen des Sozialprodukts auf nationaler Ebene (und seiner absoluten wie Pro-Kopf-Zunahme) – solche Indikatoren lassen das Bild eines außerordentlich dynamischen Wachstumsprozesses hervortreten. Aus dieser Perspektive mag es scheinen, als sei der Verweis auf Krisen, womöglich auf den latenten Zusammenbruch des gesamten Systems von Warenproduktion und Lohnarbeit, nichts als ein Schauergemälde zu polemischen Zwecken.

Wirtschaftshistorisch-quantifizierende Forschung hat jedoch auch unterschiedliche Wachstumsgeschwindigkeiten und -antriebe einzelner Branchen und Gewerbe beschrieben. Im Rahmen von Konzepten zum säkularen Wachstum ist die Zyklizität von Wachstum, sind vor allem auch Krisen und Stagnation zum Thema geworden. Thesen zu den »Wechsellagen« und langgezogenen »Wechselspannen« (A. Spiethoff), d.h. zu ca. 50–70jährigen Trendperioden des gesamtwirtschaftlichen Wachstums[62], aber auch Überlegungen über Konjunkturzyklen von ca. 7 bis 10 Jahren (Typ Juglar), über kurzfristige (bzw. damit verbundene) ca. 4jährige Zyklen à la Kitchen richten sich freilich in erster Linie auf die Lage der Kapitalanleger und derer, die an Zinserträgen oder Verkaufserlösen interessiert waren.

Die »unmittelbaren Produzenten« (Marx), also die Lohnarbeitenden, hatten gleichzeitig langfristige Gefährdungen und »Kosten« zu tragen – sie erfuhren aber auch konjunkturell zugespitzte Risiken und Belastungen. Auch bei mittel- oder langfristig wachsender, zumindest stabiler Beschäftigung blieb ihnen stets die Unsicherheit über die tatsächliche Höhe der gezahlten Löhne. Es schwankten die gezahlten Beträge fortwährend und ganz unregelmäßig. Selbst Stammarbeiter z. B. in der mechanischen Werkstatt der »Gutehoffnungshütte« (GHH), einem der schwerindustriellen Großbetriebe an der Ruhr, konnten zwischen 1869 und 1872 von einer Lohnzahlung zur nächsten (nach vierzehn Tagen) zwar z. T. eine Steigerung erwarten oder erhoffen; sie mußten aber stets auch raschen und drastischen Rückgang »in Rechnung stellen«.[63]

Nie genau zu kalkulieren waren Krankheiten; vor allem Unfallgefahren gehörten stets zum Arbeitsalltag. In jedem Fall waren unsichere, zugleich vielfach katastrophale Wohnungs-, Sanitär- und Verkehrsverhältnisse Teil der täglichen (Über-)Lebenserfahrung.[64]

Der »Pauperismus« der vorindustriellen Gesellschaft, d. h. Scharen unsteter Bettler und »Vagierender«, mehr noch die Massen derer, die von der Krise der Hausindustrie außer Brot gesetzt worden waren bzw. die Opfer der Kapitalisierung der (ostelbischen) Landwirtschaft wurden[65]: Sie oder ihre Kinder fanden nicht selten in den neuen Fabrikindustrien Erwerbs- und Überlebenschancen. Fabrikindustrielle Arbeit bot vor allem jungen, unverheirateten Frauen, mehr noch jungen wie mittelalten Männern, in einer Periode Erwerbsmöglichkeiten, in der diese in der Landwirtschaft, den Hausindustrien, aber auch in den Handwerken nicht (mehr) zur Verfügung standen.

Das verbreitete holzschnittartige Bild von den Folgen der Gesetze zur »Bauernbefreiung« in den Gebieten der Gutsherrschaft bzw. Gutswirtschaft (in Preußen 1807–22, vgl. Kap. I.1) hat sich jedoch als unangemessen erwiesen. Rapide anschwellende Armut auf dem Lande war eine, aber nicht die alleinige Folge der »Freisetzung« abhängiger Bauern. Es trifft zwar zu, daß die Bauern bei der Ablösung der feudalen Lasten, d. h. ihrer Verpflichtungen, der Herrschaft ein (vielfach unangemessenes) Maß an Arbeit sowie Natural-, aber auch Geldlieferungen zu leisten, den Gutsherren bis zur Hälfte ihres Landes zu überlassen hatten. Die drastische Vermehrung der Besitzlosen auf dem Lande, die versuchen mußten, sich und ihre Familien als »freie« Tagelöhner oder als kontraktlich gebundene Instleute durchzubringen – wenn sie nicht in neue Gewerbezentren oder nach Übersee auswanderten –, diese Entstehung eines ländlichen Proletariats war nicht die einzige soziale Folge.

Parallel gelang es einer ganzen Reihe von kleinen Landbesitzern bzw. ihren Söhnen, von ›ihrem‹ Gutsherren Land zu erwerben oder zu pachten. Der DDR-Agrarhistoriker Helmut Harnisch hat nachgewiesen, daß sich bis in die 1850er Jahre die Zahl der kleinen landwirtschaftlichen Besitzungen (bis 15 bzw. 30 Morgen) in den ostelbischen Provinzen Preußens etwa verdoppelte.[66] Die schroffe Zweiteilung zwischen einerseits kapitalistisch wirtschaftenden Gutsbesitzern (in zunehmendem Maße bürgerlicher Herkunft) und andererseits einer anschwellenden Masse sozial deprivierter Landloser trifft in dieser Eindeutigkeit weniger für das ostelbische Preußen als für Mecklenburg zu.

Diese Differenzierung ist auch deshalb wichtig, weil sie darauf aufmerksam macht, daß es zumindest in der für überregionale Märkte produzierenden Landwirtschaft, d. h. vor allem für Getreide-, Kartoffel- und – ganz besonders – Zuckerrübenproduzenten erhebliche Möglichkeiten zur Kapitalakkumulation gab. In jedem Fall öffnete sich bei den neuen Kleinbesitzern ein wachsender Markt für den Absatz industrieller Produkte.[67]

Die Not der »Pauperes« in vorindustriellen Städten und Dörfern fand in der Industrie keine direkte Fortsetzung. Zugleich aber waren neue Belastungen, Leiden und Risiken Bestandteil der proletarischen Lebensweise. In den neuen Fabriken, mit vermehrter Arbeitsteilung und in hohem Maße maschinengetriebenen Werkzeugen, zugleich in den industriestädtischen Agglomerationen fand und entwickelte sich neues Elend. Verheiratete und unverheiratete Frauen, die Älteren (d. h. die

über Fünfundvierzigjährigen) insgesamt, aber auch Kinder waren in besonderer Weise getroffen von der Not des proletarischen »Durchkommens«.
Die Risiken für lohnarbeitende »Fabrikler« verschärften sich, wenn plötzlicher Rückgang von Aufträgen »von heute auf morgen« Entlassung brachte, z. B. saisonal in einzelnen Branchen (Bauindustrie; Landmaschinenbau) – oder bei insgesamt rückläufigen Verkaufs- und Gewinnerwartungen. Im Falle von saisonalen Schwankungen gab es immerhin eine Chance auf Wiederbeschäftigung; wer aber konnte bei einer großen Krise schon wissen, wann »der Schlot« wieder rauchen würde?
Die Erntezyklen hatten die ›großen‹ Krisen bis zur Mitte des 19. Jahrhunderts ausgelöst und bestimmt; die letzte diesen Typs führte in den deutschen Staaten zu Massenhunger und -elend zwischen 1845 und 1847. Die erste der eindeutig vom Rhythmus der industriellen Produktion geprägten Krisen wurde 1857 schlagartig fühlbar.[68] Begonnen hatte es mit wiederholter Börsenpanik in Paris im Herbst 1856 – der Konjunktureinbruch wurde dann ausgelöst bzw. offenkundig im Herbst 1857, zunächst in den USA; über England erreichte er ohne große Verzögerung die deutschen Gewerberegionen. Betroffen war zunächst die Textilproduktion, es folgten der Maschinenbau, die eisenerzeugenden und -verarbeitenden Industrien, einschließlich des Bergbaus. In einem Artikel in den »Preußischen Jahrbüchern« schilderte ein anonymer Verfasser 1858 seine Eindrücke:

Eine furchtbare Erschütterung des Verkehrslebens der gesamten civilisirten Welt brach mit ungeahnter Schnelligkeit und Gewalt über uns herein und hielt binnen wenigen Wochen, gleich einer geheimnißvollen Seuche, ihren verheerenden Umzug von dem fernsten Westen der neuen Welt bis nach Stockholm und Moskau, bis nach Smyrna und Odessa. Die Stätten, über welche diese Pestilenz dahingeschritten war, bedeckten sich, nicht zwar mit Leichen und rauchenden Schutthaufen, wohl aber mit zahllosen Ruinen des öffentlichen und des Privatwohlstandes. Fürstliche Vermögen zerrannen über Nacht in Nichts; uralte Handlungshäuser, (...) brachen wie vom Winde umgehaucht zusammen; blühende Fabriken standen still wie vom Schlage gelähmt; (...)
Hunderttausende von Arbeitern sahen sich außer Beschäftigung und Verdienst; angefangene Eisenbahnen, Bauten, Canäle, Dockanlagen blieben unvollendet liegen; die Läden der Handwerker und Krämer, sonst beim Herannahen der fröhlichen Weihnachtszeit von Käufern wimmelnd, standen, strotzend von allen Erzeugnissen des raffiniertesten Gewerbefleißes, aber verödet und kundenleer. (...)
So war, in rohen Strichen gezeichnet, die äußere Erscheinung der Krisis. Ihre Wirkungen im Einzelnen kann nur der sich veranschaulichen, welcher an einem der großen Mittelpunkte des Verkehrs und der Industrie einzelne Fälle ihrer Verheerungen zu beobachten Gelegenheit hatte. Der jähe Übergang von altgewohntem Reich-

thum zu bitterer Armuth; der ungeahnte Verlust kaufmännischer Ehre; die Angst und Sorge der noch um Rettung Ringenden: die Trauer so vieler Familien, die eben noch im heitersten Lebensgenusse schwammen; dazwischen einzelne Hiobsposten von Wahnsinns- und Selbstmordfällen, – alles das massenhaft im engen Rahmen einer Stadt auftretend, Tag für Tag sich wiederholend; mit einer lichtlosen Zukunft im Hintergrunde, steigerte den Eindruck der Calamität – nicht zum Tragischen, denn es fehlte die erhebende Tröstung, die große Schickungen sonst begleitet – sondern zu unerträglicher Peinlichkeit. (...) Handelte es sich unmittelbar auch nur um zeitliche Güter, so stand doch mittelbar auch Höheres in Frage. Die Civilisation des Jahrhunderts, insofern sie von dem materiellen Wohlstande der Völker getragen und bedingt wird, sah ihre ungestörte Entwickelung von einer Seite her bedroht, deren Gefährlichkeit man seit Jahren in stetiger Abnahme gewähnt hatte. Ganze Zweige und ganze Mittelpunkte des Weltverkehrs schienen in dem Kampfe gegen die Krise ihre Fähigkeit zur ferneren Erfüllung ihrer wirthschaftlichen, ihrer civilisatorischen Aufgaben einbüßen zu sollen.[69]

Relative Rückständigkeit – Regionen als Entwicklungszentren

Der Prozeß der kapitalistischen Industrialisierung gilt bei ihren Analytikern – Befürwortern wie Kritikern – als langfristige Umwälzung von Produktionsweisen und Verkehrsformen; er erfaßt danach nicht nur die Segmente, sondern die »Zusammenhangs-Form« von Gesellschaften.

Ältere Territorien gelten dabei nicht als langfristig wirksame Schwellen der Entwicklung. Bedeutsam erscheinen vielmehr die nationalstaatlichen Formierungen seit der Französischen Revolution. Innerhalb der staatlich administrierten National-Gesellschaften haben danach Industrialisierungen mit zunehmender Wirkung, vor allem gleichsam »flächendeckend«, Veränderungen in Produktionsstrukturen und Marktverhältnissen hervorgetrieben; sie re-formierten die Beziehungen innerhalb wie zwischen den gesellschaftlichen Klassen und Schichten, aber auch die Mittel der Anmeldung und Durchsetzung politischer Interessen, staatlicher Regulierung und Intervention.

Empirisch gesättigte Einzelkritik an diesem Bild ist nicht neu. Mit ausdrücklich theoretischem Anspruch ist sie insbesondere von dem Osteuropa-Historiker Gerschenkron formuliert worden. Wenige Jahre nach dem Erscheinen von Rostows Buch hat er darauf aufmerksam gemacht, daß die Stadien wirtschaftlichen Wachstums keineswegs gleichmäßig, vor allem nicht in jeweils identischer Form verlaufen.[70]

Dabei argumentiert Gerschenkron auf der Ebene nationaler Entwicklungen: Hier würden deutliche Unterschiede erkennbar zwischen fortgeschrittenen Gesellschaften und denen in der Situation »relativer Rückständigkeit«. Die Industrialisierung sei in West- und Mitteleuropa, vor allem in Rußland und in Japan, nicht nur zeitlich später als in England, sondern auch unter anderen Voraussetzungen und in anderer Weise erfolgt. Anders als in England habe in Deutschland und Frankreich das Bankensystem eine erhebliche Rolle bei der Mobilisierung von Kapital gespielt. Demgegenüber – so Gerschenkron – erwiesen sich in Rußland und Japan staatliche Anregungen, Interventionen und Regulierungen als weitaus bedeutsamer.

Das Konzept der »relativen Rückständigkeit« hebt vor allem darauf ab, daß unterschiedliche Entwicklungswege und -tempi nicht nur als defizitäre ›Abweichungen‹ von einem angeblichen Königsweg gelten dürfen. Die »relative Rückständigkeit« z. B. Deutschlands oder Japans gegenüber England habe sich – so Gerschenkron – für diese keineswegs als nachteilig erwiesen: Die Nachzügler zogen vielmehr erheblichen Nutzen aus den Erfahrungen derer, die bereits früher den Weg des industriewirtschaftlichen Wachstums beschritten.

Die Vielgestaltigkeit von jeweils unterschiedlichen Industrialisierungen ist durch Fragen nach spezifischen Profilen der jeweiligen Prozesse (im Sinne Gerschenkrons) in ihrem Eigengewicht erkennbar geworden. Aber auch Gerschenkron folgt der Vorstellung von der Durchschlagskraft der National-Gesellschaften bzw. der modernen Nationalstaaten. Daß Industrialisierungen damit aber immer schon in wesentlicher Hinsicht verkannt werden, ist neuerdings vor allem durch Arbeiten des englischen Wirtschaftshistorikers Sidney Pollard klar geworden. Pollard hat gezeigt, daß Regionen innerhalb wie zwischen den Staaten – d. h. nicht zuletzt grenzübergreifende Verflechtungen – die europäische Industrialisierung stärker bestimmten als die Nationalstaaten.[71]

In seinem Buch »Peaceful Conquest« behandelt Pollard die Industrialisierung Europas zwischen 1760 und 1970 als gesamteuropäischen Prozeß. Dabei unterscheidet er zunächst zwei säkulare Phasen: die der »ökonomischen Integration«; sie sei um 1870 an ihr Ende gekommen (also parallel mit dem Einsetzen der »Großen Depression« nach 1873). Es habe sich die Phase der »ökonomischen Disintegration« angeschlossen. In Pollards Sicht ist seit den 1950er Jahren eine »Re-Integration in zwei Europas« zu erkennen.

Der Blick ist hier auf Marktbeziehungen gerichtet; gefragt wird nach Austausch und Übernahme von Produkten, zugleich von technischem und organisatorischem Wissen; einbezogen sind aber auch die Bewegungen von Arbeitskräften innerhalb wie zwischen gewerblichen Zentren. Dem Versuch, nationalgeschichtliche Fixierungen zu überwinden, entspricht die Unterscheidung zwischen einerseits »führenden Industrien bzw. industriellen Regionen« und andererseits jenen, die in unterschiedlicher Weise, in unterschiedlichem Tempo und mit unterschiedlichen Konsequenzen an die »Peripherie« dieser Prozesse gerieten bzw. dort blieben. – Eher »peripher«, im Sinne der Durchsetzung kapitalistischer Fabrikproduktion, erscheinen dabei die Länder der Habsburger Monarchie, der überwiegende Teil Italiens, aber auch Skandinavien, die Niederlande, das Zarenreich und schließlich die »äußere Peripherie«, d. h. die Iberische Halbinsel und der Balkan. Grundlage solcher Unterscheidungen ist die Analyse einzelner Industrialisierungsregionen.

Pollard geht aus von regional unterschiedlich verdichteten »Produktions-Faktoren« (er betrachtet vor allem die Angebotsseite, die Nachfrage wird vorausgesetzt).[72] Regionale Konzentrationen von Gewerbe und Handel seien bereits vor der Entstehung von Fabrikindustrie zu beobachten. Diese »Konglomerationen« hatten erheblichen Einfluß auf Eigentümlichkeit und Rhythmen der Entwicklung von Fabrikindustrie. Insgesamt sei Industrialisierung stets abhängig von einem gewissen Minimum an agrarwirtschaftlicher Versorgung, an Wasserwegen für den Transport, aber auch an verfügbaren Energiequellen und Arbeitskräften.

Entscheidendes Merkmal für eine Region ist nach Pollard ihr »innerer Zusammenhalt«. Dieser sei

> viel mehr (...) als ein bloßes lokales Nebeneinander von Unternehmen. Der Prozeß regionaler Ballung muß vielmehr vor allem im Zusammenhang mit den externen Vorteilen gesehen werden, die Unternehmen wachsen, die sich nahe beieinander ansiedeln, wobei »Nähe« jeweils durch die zu einer bestimmten Zeit zur Verfügung stehenden technischen Transport- und Kommunikationsmittel bestimmt wird. Dieser Prozeß ist wiederum einer der Gründe für das häufig zu beobachtende zunehmende ökonomische Gefälle zwischen Regionen, so daß eine Region, wenn sie einmal den »Take-off« vollzogen hat, zur wachsenden relativen Rückständigkeit ihres benachbarten Hinterlandes beizutragen scheint.[73]

Region bestimmt sich also immer auch aus der Differenz zu den Gebieten, die nicht zu ihr gehören. Regionen sind mit anderen Regionen, aber auch mit ihren »Hinterländern« in vielfältiger Weise verknüpft. Dabei müsse der jeweilige »Exportsektor« als die ökonomische Raison d'être einer Region verstanden werden – »wenn er expandierte, expandierte die Region, wenn er schrumpfte, deindustrialisierte sich die Region und wurde zu einer ökonomisch schrumpfenden Gegend«.[74]

Die Voraussetzung für die Ausformung einer regionalen Verdichtung war aber die »Beweglichkeit der Produktionsfaktoren« innerhalb der jeweiligen Region. Arbeitskraft und Kapital wurden in aller Regel nicht mit ähnlicher Leichtigkeit außerhalb wie innerhalb z. B. des flandrischen Raumes mobilisiert und eingesetzt. (Dasselbe gilt auch für das sächsische Gewerbegebiet oder das mittlere Württemberg.) Zur Signatur einer Region gehöre

> das Vorhandensein von Facharbeitern, Maschinen, neuen Ideen und Märkten, flexiblen wechselseitigen Verbindungen, die Möglichkeit, (lokale) politische Macht zu gewinnen, um so einen Teil der Unternehmerkosten (z. B. für Wohnungsbau und Schulen oder den Straßen-, Eisenbahn- und Kanalbau) abzuwälzen und, allgemeiner, die Leichtigkeit, Kartelle und Lobbys zu bilden. Arbeitsmärkte, Preisabsprachen und zuweilen sogar die Kapitalmärkte hatten in der Periode der Industrialisierung einen regionalen Zuschnitt, und Regionen entwickelten ein Know-how, einen Stil und infolgedessen sogar einen Namen, die ihnen eigentümlich waren. All diese Faktoren entfalteten sich zudem meist kumulativ und führten aus sich heraus zu neuen Wirkungen.

Wichtig sei, Regionen nicht als langfristig unveränderte bzw. homogene Einheiten mißzuverstehen. Pollard verweist auf die sich verändernde Bedeutung von Verkehrsverbindungen. Die Eisenbahnen brachten z. B. der Gegend um Dijon zunächst erheblichen ökonomischen Vorteil: Hopfenbauern und Weinproduzenten konnten ihre Märkte erheblich ausdehnen. Aber im späteren 19. Jahrhundert bzw. im 20. Jahrhundert führte das inzwischen erweiterte und verdichtete Eisenbahnnetz dazu, daß die in ihren Herstellungs- und Vermarktungskosten billiger wirtschaftenden Weinproduzenten aus Südfrankreich bzw. die Bierbrauer aus Elsaß und Lothringen auf den urbanen und metropolitanen Märkten Frankreichs Vorteile erzielten. Ähnliches läßt sich nach Pollard für die Champagne, aber auch für Gebiete des Deutschen Zollvereins (von 1834) zeigen.

Ungleichmäßige und vor allem »ungleichgewichtige« (G. Hohorst) Entwicklung zeigt sich insbesondere an den Diskrepanzen zwischen regionalen Zentren und ihren Peripherien. Mit dieser Unterscheidung lassen sich Abhängigkeiten und gleichzeitige Diskrepanzen der Wirtschafts- und Lebensverhältnisse als Zusammenhang begreifen – z. B. zwischen dem großstädtischen Zentrum Berlin und dem havelländisch-brandenburgischen Umland, aber auch zwischen den sächsisch-vogtländischen Industriegebieten und den erzgebirgischen, den niederschlesischen und den sachsen-anhaltischen Hinterländern. Die regionalen Zentren waren angewiesen auf die Einfuhr von Lebensmitteln, von Wolle, Flachs, nicht zuletzt von Bauholz und Bausteinen. Zumindest ebenso wichtig war der »Nachschub« aus den Um- und Hinterländern an Arbeitskräften, an den beweglichsten und für Neuerungen besonders Aufgeschlossenen, insbesondere an Technikern und unternehmerisch Interessierten.

Wirtschaftsregionen: Oberschlesien als Beispiel

Der Ansatz bei den Wirtschaftsregionen erleichtert es, die Vielfältigkeit der produktiven Kräfte und Verhältnisse in ihren jeweiligen Konfigurationen nachzuzeichnen. Dabei treten die unterschiedlichen Profile der Entwicklung und Entfaltung (oder Stagnation) der Regionen deutlich hervor.

Am Beispiel von Oberschlesien hat W. Dlugoborski gezeigt, wie vielfältig die Zusammenhänge sind.[75] Ungeachtet einer in der gesamten Region ähnlichen, d. h. feudalen Wirtschafts- und Arbeitsverfassung – Gutsherrschaft auf der Grundlage von Arbeitszwangsdiensten und auch Naturalabgaben – lassen sich innerhalb dieses Gebietes deutliche Ungleichgewichte bei der Industrialisierung beobachten. Zum einen verteilten sich die Rohstoffvorkommen ungleich – der preußische Anteil Oberschlesiens war entschieden größer als die von Österreich bzw. Rußland beherrschten Teile. Entscheidend für die langfristige Stabilisierung einer entwickelteren (Schwer-)Industrie bzw. für den Ausbau einer monopolartigen Lieferposition der Unternehmen im preußischen Teil wurde aber die staatliche Politik. Die preußische Administration ließ den kapitalkräftigen Gutsbesitzern freie Hand; Gutsbesitzer wurden in diesem Teil Preußens in erheblichem Maß als schwerindustrielle Unternehmer tätig. Seit den späten 1830er Jahren unterstützte die Verwaltung die in Expansion befindliche Hüttenindustrie mit z. T. drastischen Schutzzöllen auf Roheisen gegenüber Österreich und Rußland.

Im Vergleich dazu hatte der Verzicht auf jede aktive Unterstützung auf der österreichischen und russischen Seite zur Folge, daß diese jeweiligen Teilregionen langfristig in erster Linie als Absatzmärkte, zugleich als Arbeitskraftreservoirs dienten. Das gilt zumindest bis zur Einführung von Schutzzöllen Ende der 1870er Jahre durch die österreichische und die russische Regierung. Aber auch in den nächsten zwei bis drei Jahrzehnten wurde der Vorsprung der in Preußen gelegenen Betriebe, gemessen etwa an der Arbeitsproduktivität, nur verringert, keineswegs aufgeholt.

Als Antwort auf die Behinderung der Ausfuhr von Produkten und Halbfabrikaten nach Österreich und Rußland erließ die preußische Regierung in den frühen 1880er Jahren Einwanderungsrestriktionen – der Zugang von ungelernten Arbeitskräften sollte gebremst werden. Dennoch blieb es dabei, daß ca. 20 % der ungelernten Arbeitskräfte in den preußischen Hütten und Bergwerken aus den russischen bzw. den österreichischen Nachbargebieten kamen. Zugleich wurde ein zwar geringerer, dennoch keineswegs minimaler Teil der Produktion in die ökonomisch weniger entwickelten Teile der Region, also über die Grenzen nach Österreich und ins russische Polen exportiert.

Zur Vorrangstellung der preußischen Teilregion, die auch nach Änderung der staatlichen Politik behauptet wurde, trug freilich erheblich bei, daß die Gesamtregion Oberschlesien (wie andere Regionen auch) nicht rigoros von der Umgebung abgeschottet war. Kapitalverbindungen ins Deutsche Reich, zugleich Ausbildungsmöglichkeiten für Techniker an Hütten- und Bergbauschulen, aber auch die verbesserten Absatzmöglichkeiten in anderen deutschen Märkten trugen – neben der Sicherung von relativ billigen ungelernten Arbeitskräften aus den österreichischen und russischen Teilen der Region – wesentlich dazu bei, daß das oberschlesische Hütten- und Bergbaurevier nicht nur in einer Anfangsphase der Industrialisierung gegenüber anderen Industrialisierungsregionen im »inneren Europa« konkurrenzfähig blieb.

Wie langfristig prägend protoindustrielle bzw. manufakturielle Gewerbestrukturen andererseits sein können, läßt sich am Beispiel des Bergischen Landes erkennen.[76] Aus der hausindustriell betriebenen Spinnerei, Weberei und vor allem Bandwirkerei, aber auch den in vielerlei Hinsicht spezialisierten Metallverarbeitungsgewerben entwickelte sich im späten 18. und frühen 19. Jahrhundert (bis 1815 auch im Freiraum der Kontinentalsperre) die Infrastruktur regional dicht vernetzter Arbeits- und Kapitalmärkte. Unter dem Ansturm der englischen Konkurrenz (nach 1815) wurden die Absatzmärkte zwar »enger«. Aber die hochspezialisierten Produktionen konnten auf der Basis des regionalen Verbundes von »Produktionsfaktoren« ihre Produktenpalette fortwährend neuen Nachfragen anpassen bzw. auch neue Märkte aktiv erschließen. In diesem Zusammenhang entwickelte sich hausindustrielle z. T. zu fabrikindustrieller Produktion. Überdies gelang es (z. T. auf der Grundlage des Färbereigewerbes), eine neue Branche anzuziehen: Mit Chemiefabriken war es möglich, einen neuen expandierenden Industriezweig in die Region zu holen.

Als Gegenbeispiel kann die Entwicklung der Region um Newcastle gelten. Die hier entwickelten Industrien im späten 18. und vor allem im frühen 19. Jahrhundert, die die Vorteile eines Kohleabbaugebietes nutzen konnten, gerieten in den 1870er Jahren in eine schwere Krise; erst die Entwicklung des Schiffbaus gegen Ende des Jahrhunderts und der Aufbau weiterer Schwerindustrien ermöglichten eine zweite Phase regionalen Wirtschaftsaufschwunges.[77]

Sidney Pollard hat selbst eingeräumt, daß bisher Arbeiten zur Wirtschaftsentwicklung als Regionalentwicklung die Chancen des Ansatzes nur teilweise genutzt haben. Die Möglichkeit, vielgestaltige, zugleich unterschiedliche Konfigurationen in ihrer Dynamik zu erschließen, hat bisher vor allem den Bereich staatlicher und kommunaler Regulierung, Intervention, aber auch Passivität relativ wenig behandelt. Ähnliches gilt für die Verhaltensorientierungen und -dispositionen von Fabrik- oder Werkstattbesitzern, von Kapitalgebern, aber auch von Kaufleuten und nicht zuletzt derer, die in Produktion wie Reproduktion (der Arbeitskraft) tätig waren.

Zu beachten bleibt, daß für die genauere Analyse der Entwicklung einzelner Gewerbe oder Branchen innerhalb wie zwischen den Regionen die Unterscheidungen von hausindustrieller, manufakturieller oder fabrikindustrieller Produktion und Arbeit allein nicht ausreichen. Besonders wichtig sind Fragen nach den Wirkungen familienwirtschaftlicher Zusammenhänge. Zu untersuchen sind – vor allem bei den Lohnarbeiterinnen und Lohnarbeitern – Formen der Saisonarbeit, aber auch jenes tägliche »Hin und Her« zwischen agrarischer (Subsistenz-)Produktion einerseits und gewerblich-fabrikindustriellem Erwerb andererseits. Für letzteres bieten insbesondere Teile der württembergischen und badischen Fabrikregionen instruktive Beispiele. Im Württembergischen ist nicht selten (und mit gutem Grund bis heute) von »Arbeiterbauern« die Rede. Dabei muß offenbleiben, in welchem Maße die Sicherung des (klein-)bäuerlichen Haushalts den Angelpunkt für saisonale oder tägliche Fabrikarbeit bildete.

Unterschiedliche Entwicklungspfade: Massenproduktion und flexible Spezialisierung

Der globale Blick auf ein im Grunde einheitliches Muster der kapitalistischen Fabrikindustrialisierung ist auch in anderer Hinsicht in Frage gestellt worden: Jonathan Zeitlin und Charles Sabel haben vorgeschlagen, säkulare Industrialisierungen nicht nur als langfristige Durchsetzung von arbeitsteiliger, hochstandardisierter und großbetrieblich organisierter »Massenproduktion« zu beschreiben. Vielmehr zeige sich bei genauerem Blick, z. B. in die einzelnen Regionen, daß die Durchsetzung von »Massenproduktion« – sei es im Eisenbahnbau, in vielen Bereichen der Konsumgüterindustrie oder später auch bei der Automobilproduktion – verknüpft blieb mit einer breiten Palette von »flexibler Spezialisierung«.[78]

Diese Unterscheidung folgt nur teilweise der Differenz von »hand-

werklicher« und »industrieller« Produktion (letzteres als arbeitsteilige Produktion, vor allem gestützt auf den Einsatz zunehmend spezialisierter Werkzeugmaschinen). Gemeint ist eine Produktion, die mit Lohnarbeit und durchaus entwickelter Arbeitsteilung, vor allem in kleinbetrieblicher Organisation, fertigte – dabei mit Betrieben der »Massenproduktion« z. T. auch kooperierte. Beispiele für ganz eigenständige Produktionen sind die Schneidwarenindustrien in und um Remscheid bzw. Solingen; teilweise in Kooperation mit der »Massenproduktion« fertigten die von Zeitlin / Sabel nicht beachteten, vielfältigen Zweige des Maschinenbaus, wie sie sich in Württemberg und Ost-Baden seit den 1860er Jahren allmählich, seit der Jahrhundertwende mit zunehmend überregionaler Reichweite entwickelten (Antriebs- und Werkzeugmaschinen, Getriebe). Unabhängig von direkter Ergänzung mit Betrieben der »Massenproduktion« war die Gewehrfabrikation (Oberndorf), aber auch die Schmuck- und Uhrenherstellung. Dies waren langfristig, d. h. weit ins 20. Jahrhundert hinein, profitable und zugleich innovationsfähige Bereiche von Industrie. Ihre Produktionen blieben in hohem Maße auf kleinteilige Serien und Einzelanforderungen der Nachfrage abgestimmt bzw. konnten entsprechende Anforderungen immer wieder in hohem Maße flexibel verarbeiten.
Zeitlin / Sabel heben drei Charakteristika dieser »flexiblen Produktion« hervor: Zum einen fertigen die entsprechenden Unternehmen eine Vielzahl von Produkten, mit denen sie häufig benachbarte und überseeische Märkte bedienten. Dabei änderte sich die Produktenpalette fortlaufend – nicht nur als Antwort auf sich verändernde Anforderungen oder Moden, sondern auch als Versuch, freie Märkte dadurch zu erschließen, daß man sie selbst einrichtete oder bestehende veränderte (Zeitlin / Sabel verweisen z. B. auf die Seidenproduktion von Lyon). – Diese Form der vielfältigen, zugleich häufig oder rasch wechselnden Produktenpalette stimulierte aber auch einen außerordentlich flexiblen Einsatz, d. h. den raschen Umbau bzw. die Anpassung der Werkzeugausstattung, der Ausrüstung insgesamt.
Schließlich (und damit verknüpft) war in der Sicht der beiden Autoren zentral die Entwicklung von regionalen Institutionen, die für die Regulierung von Kooperation und Wettbewerb zwischen den Firmen sorgten. – Für die technische Innovation verweisen sie auf die Einführung des Jacquard-Webstuhls zwischen 1800 und 1820 bei den Seidenwebern in Lyon: Der Jacquard-Webrahmen webte sehr komplizierte Muster, wobei die Muster vielfältig zu verändern waren, je nachdem, wie die Lochkartenstreifen den Fadenlauf veränderten; hier ermöglichte also die Automation der Lochkartenführung eine überaus große Flexibili-

tät, verband Schnelligkeit mit zuverlässiger Präzision. Die Lochkarten bzw. Lochkartenstreifen reduzierten wesentlich die Zeit, die es sonst brauchte, um einen Rahmen für ein bestimmtes Muster einzurichten. Zugleich wurden jetzt die Mädchen überflüssig, die sonst die Einstellung von Schuß und Kette mit der Hand zu ändern hatten. Genauigkeit und Zuverlässigkeit der Produktion verbanden sich mit einer erheblichen Verminderung der Arbeitskosten.
Genannt werden auch zahlreiche andere Beispiele für technische Innovation als Hauptstrategie zur Expansion und Marktsicherung (Versilberung in der Schneidwarenindustrie in Sheffield, Einführung von Spezialstählen bei der Remscheider Schneidwarenindustrie; in St. Etienne die Entwicklung von Spezialstählen und elektrischen Schweißöfen; ähnliches gilt für den Einsatz von dezentralen Energiequellen, d. h. Gas- und Petroleummotoren mit dem Beginn des 20. Jahrhunderts, vor allem Elektromotoren).
Inwieweit die Bedeutung von kommunal getragenen bzw. lokal tätigen Institutionen zur sozialen »Selbstkontrolle«, vor allem zur Sicherung geregelter Arbeitsbeziehungen (Gewerbe- und Kaufmannsgerichte) nur Kennzeichen der »flexiblen Produktion« waren, bleibt freilich eine offene Frage. Den Honoratioren-Gremien in Remscheid und Solingen, Mülhausen und St. Etienne entsprachen in Zentren der »Massen«-Produktion patriarchalische Arrangements einzelner ›Fabrikherren‹ – von der Anlage straff kontrollierter Arbeiterkolonien (in Deutschland zuerst in Kuchen/Württemberg 1838 bei der Baumwollspinnerei und -weberei von J. H. Staub, nach dem Vorbild der Mülhausener cité ouvriere) bis zu Betriebskrankenkassen und betrieblichen »Konsumanstalten« (Krupp/Essen).

Sozialregionen und Gründerkrise

Die Argumentation von Zeitlin und Sabel zeigt, wie unzureichend es ist, den Blick auf Wirtschaftsregionen im engeren Sinne zu beschränken. Veränderung und Umwälzung, aber auch Stagnation und Behauptung von Produktionsweisen erschließen sich erst, wenn der Zusammenhang von »Sozialregionen« untersucht wird. Es reicht nicht aus, Kapitalstruktur und Kapitalintensität, Marktbeziehungen und Produktionsprofile, insgesamt die wechselnden Allokationen von Produktionsfaktoren zu erkunden. Denn in den »Produktionsfaktoren« werden weder die sozialen Voraussetzungen, Folgen und »Kosten« noch die Erfahrungen und mentalen Prägungen derjenigen erkennbar, wel-

che die neuen Industrien trugen, die zugleich auch – freilich in sehr unterschiedlicher Weise – in ihnen und unter ihnen litten.
Zu fragen ist nicht nur nach den Konturen des »bürgerlichen Optimismus« bei denen, die ihre Verfügungsgewalt über »unmittelbare Produzenten« und ihre Produkte erweitern konnten (oder dies versuchten). Einzubeziehen bleiben die, die Lohnarbeit leisteten: Sie fanden neue – oder erste – Erwerbschancen in den Fabriken; zugleich hatten sie Risiken und Mühen auszuhalten und »zu bearbeiten«. Diese Gleichzeitigkeit ist Teil ihrer Lebensweise und darf in den Bilanzen nicht überdeckt werden. Dabei waren die Unkalkulierbarkeiten stets durch das Lohngefälle »gefärbt«: Frauen erhielten Löhne, die um ein bis zwei Drittel unter denen der Männer lagen. In diesem Licht war Industriearbeit in der Regel beides: Mühsal und Risiko – *gleichzeitig* jedoch meist die einzige Chance, in den nächsten Tagen, Wochen und Monaten »durchzukommen«.
Erwerbschancen erweiterten sich in »zentralen« wie »peripheren« Regionen vor allem in Phasen steigender Konjunktur. Alphons Thun hat Ende der 1870er Jahre die Entwicklung der rheinisch-bergischen Textil- und Metallgewerbe bis zur »Gründerkrise« von 1873[79] umrissen. Dabei interessierte er sich vor allem für die Lebenslage und das Verhalten der Arbeitenden; gestützt auf vielerlei administrative Unterlagen, aber auch informiert durch eigene Anschauung lag ihm gleichermaßen an der Entwicklung der Arbeitsfähigkeit wie der Arbeitswilligkeit von Webern, Spinnern und Metallarbeitern: Er orientierte sich an »kathedersozialistischen« Positionen (im Sinne der Professoren G.F. Knapp und G. Schmoller).[80] – Am Beispiel des Aachener Tuch- und Hüttenreviers skizzierte Thun eindringlich die Expansion der 1860er Jahre. Neue und vergrößerte Betriebe konnten für ihre rasch voranschreitende Mechanisierung viele »auch nur halbwegs gelernte Hülfskräfte für die geringeren Verrichtungen« brauchen. Dabei war mit diesen »ungeübten« Männern das Reservoir an Arbeitskräften noch nicht ausgeschöpft: »Frauen werden herangezogen und Kinder, welche die Mutter ungern allein zu Hause läßt.« Für die Fabrikanten steige die Attraktivität dieser »billigen Arbeitskräfte«, »da sie mit geringerem Akkordsatze zufrieden sind und nicht so leicht die Verträge brechen«. Aber auch bei der vermehrten Beschäftigung von gering Entlohnten »erreichen die Löhne eine unerhörte Höhe«. Die Nachfrage diktiere die Bedingungen, denn

> man braucht Hände, sei es von Bauern oder Meistern, sei es von Piemontesern oder Rheinländern, von Weibern oder Kindern: Was sie leisten, bleibt sich gleich. Man muß nur drauflos produzieren, soviel man kann, und verkaufen, was man hat; denn gekauft wird alles.

Der ungebrochenen Nachfrage entsprach nach Thun die Verlängerung der Arbeitszeit – er berichtet von 16–17 Stunden; Nacht- und Sonntagsarbeit seien die Regel. Die Arbeiter reagierten zumindest nach einiger Zeit vielfach mit dem »blauen Montag«. Thun kommentierte dazu:

Diese Unzuverlässigkeit der Arbeiter und die Beschränkung der Kinderarbeit, das Steigen der Woll- und Arbeitspreise, sie sind der Tropfen Wermut in den Kelch von funkelndem Golde des Fabrikanten.

In dieser Phase, die durch zunehmende Klagen über den Mißbrauch von Kindern und Frauen sowie Nacht- und Sonntagsarbeit – nicht zuletzt in Petitionen an den Reichstag – gekennzeichnet war, d.h. 1872 und 1873, kündigte sich aber bereits der Rückschlag an. Die Produktion wurde rasch eingeschränkt, die Zahlen der Beschäftigten drastisch vermindert:

Der Fabrikant hat die Wahl und beginnt unter seinem Personal die Auslese zu halten. Zuerst werden die schulpflichtigen Kinder entlassen; ihre Hülfe ist entbehrlich, ihre Leistungen sind gering, die Schwierigkeiten ihrer Annahme, die Kontrolle ihres Schulbesuchs und die polizeiliche ›Schikane‹ mit der Beschränkung der Arbeitszeit und den Pausen so groß, daß sie zu allererst abgestoßen werden.

Die Reihenfolge markierte die Hierarchie der Brauchbarkeit; sie fand aber Entsprechungen in den Wahrnehmungen und dem Verhalten der »unmittelbaren Produzenten« selbst. – In der Entlassungsserie gingen die jugendlichen Arbeiter von 14 bis 16 Jahren voran; es folgten dann die Frauen und die neu angenommenen Ungelernten.

Dieses Bild umreißt die Entwicklungen in der Tuchindustrie. In den Hüttenwerken waren die Maßstäbe ähnlich; die »billigeren« Arbeitenden bestimmten sich aber nach anderen Kriterien – hier entließ man zunächst die Auswärtigen. Entscheidend wurde für die Fabrikanten jedoch, »nur die alten gelernten Arbeiter (...) als Stamm des Betriebes aufzubewahren«. Denn für die Erhaltung der Industrie sei entscheidend, daß diese Gelernten »und die Maschinen (...) das eiserne Inventar sind, dessen sich die Industrie nicht entäußern kann«. Entlassen wurden also vor allem die Platzarbeiter und Handlanger. Die soziale und wirtschaftliche Herabstufung und Herabwürdigung reichte aber weiter: »Die Hüttenarbeiter werden zu Platzarbeitern, die Meister zu Hüttenarbeitern degradiert.«

Parallel wurde für diejenigen, die bleiben durften, der Lohn erheblich vermindert. Thun nennt Zahlen, unter anderem aus den Steinkohlegruben – hier sank der Durchschnittslohn pro Schicht in den Jahren 1875–1877 von 2,82 auf 2,67 und 2,37 Mark, also um 16%. In Maschinenfabriken seien die (ingesamt von vielen bevorzugten) Stücklöhne um 20% gekürzt worden. Allerdings: Die Arbeitenden hätten durch »intensivere Leistung« einen Teil dieses Ausfalls ausgleichen können, zumindest bei Akkordarbeit.

Der »Notstand«, von dem Thun spricht, war danach »am fühlbarsten« im Winter 1876/77, trat aber erneut im folgenden Winter scharf hervor. So drastisch und spürbar der Rückgang war – Thun ist der Meinung, das »Zehnmarkstück wöchentlich«, d.h. das »unumgängliche Minimum für Fristung des nackten Daseins«, sei nicht unterschritten worden.[81]

Die »arbeitsuchenden, nahrungslosen« Männer freilich sammelten sich nicht selten in Bettlerscharen – zumindest verdoppelten und verdreifachten sich z.B. in Aachen die Zahlen der als »Vagabunden« polizeilich Aufgegriffenen. Bei den Frauen beobachteten die »guten Bürger« vermehrte Prostitution; die Zahlen der von der Polizei festgesetzten »Dirnen« stiegen zwischen 1873 und 1877 ebenfalls um das Zweieinhalbfache.

Die Bewertungen von Konjunkturhistorikern bestätigen, daß der Einbruch von 1873/75 bis Ende der 1870er Jahre besonders die Arbeitenden traf, jedenfalls die übergroße Mehrheit derer, die nicht auf Dauer angestellt waren. Manche Historiker halten dagegen, daß sich während der folgenden zwei Jahrzehnte die Reallöhne erheblich erhöht hätten.[82]

In einer solchen Perspektive fehlen allerdings die Momente, die in zeitgenössischen Beschreibungen wie der von Thun, erkennbar werden: die Härte der Risiken, die auch nach 1880 grundsätzlich und für viele sehr konkret anhielten. Ausgeblendet sind aber vor allem die Ängste und Leiden, zugleich die angestrengten Versuche, nicht unterzugehen, sich zu wehren. Sie prägten die Erfahrungen und Erwartungen der »unmittelbaren Produzenten« mit oder ohne Erwerbsarbeit – besonders nach einer Krise wie der von 1873/79.

3. Liberalismus

Von Peter Brandt

Wenn vom Liberalismus des 19. Jahrhunderts die Rede ist, werden häufig zwei Dinge miteinander vermengt, die hier klar unterschieden werden sollen. Erstens kann man insbesondere für die Jahrzehnte ab 1830, in erster Linie England und Frankreich, aber auch andere Länder betreffend, eine Liberalisierung aller Lebensbereiche, der Wirtschaft und Gesellschaft ebensogut wie der Politik und Kultur, beobachten, die es nahelegt, Liberalismus als Kern allseitiger, gesamteuropäischer Modernisierung zu definieren. Zweitens handelt es sich um eine bestimmte Ideologie, bestimmte Artikulationsformen und praktisch-politische Ansätze, die jeweils nationale und regionale Besonderheiten und Ungleichzeitigkeiten erkennen lassen und weder auf eine einzige soziale Klasse oder Gruppe zu reduzieren sind noch zu der erwähnten Modernisierungsdynamik in einem unproblematischen und eindeutigen Verhältnis stehen. Um diese politische Bewegung des Liberalismus in Deutschland, bis in die ersten Jahre des Kaiserreichs, wird es im folgenden gehen.

Im Zusammenhang der Herausbildung und Durchsetzung der bürgerlich-kapitalistischen Gesellschaftsordnung erscheint der Liberalismus – wie jede parteipolitische Formation – auch als ein eigengewichtiger historischer Faktor in diesem Prozeß. Er war nicht nur Reflex aus Westeuropa importierter Ideen oder bloße Widerspiegelung kapitalistischer Klasseninteressen. Umgekehrt war die Unternehmer-Bourgeoisie, die sich seit den 1830er Jahren auch in Deutschland rapide entwikkelte, nicht unbedingt bzw. nicht ausschließlich auf den politischen Liberalismus angewiesen, um ihre wirtschaftlich-sozialen Interessen durchzusetzen.

Zwischen nationaler Befreiung und Revolution

Eine quasi liberale Strömung verfestigte sich in Deutschland bereits im letzten Viertel des 18. Jahrhunderts. Teile der Bildungsschichten begannen aus den aufklärerischen Forderungen nach Autonomie und Freiheit des Individuums politische Schlußfolgerungen zu ziehen. Aktiv wurden »Gebildete«, vornehmlich aus dem beamteten Intelligenzbürgertum, aber auch Adlige. Es entstanden eine Publizistik und eine Vereinsbewegung, die auf Emanzipation durch Bildung und zugleich auf Reformen der gesamten Gesellschaft zielten. Die Reichweite dieser Strömung, deren Hoffnungen fast durchweg auf den »aufgeklärten Absolutismus« der Fürsten gerichtet waren, blieb aber sozial sehr begrenzt. Die Masse des Volkes erschien den meisten frühliberalen Aufklärern als unmündig, zu selbsttätigem sittlichen Handeln unfähig. Das galt im großen und ganzen auch für die Radikaleren unter ihnen (wie z. B. die Angehörigen des Illuminaten-Ordens).[83] Die »deutschen Jakobiner« der 1790er Jahre bemühten sich zwar um den Zugang zu den Volksmassen, waren dabei aber insgesamt wenig erfolgreich.[84]

Den zweiten Anstoß – nach der Aufklärungsbewegung samt ihren idealistischen Ausläufern – gab in der Zeit des napoleonischen Hegemonialsystems (1801–1813), das zunehmend als Fremdherrschaft empfunden wurde, die Politisierung des bereits ab etwa 1750 intensivierten kulturellen Nationalbewußtseins. Seitdem gehen für viele Jahrzehnte »Nationalismus und Liberalismus (...) in Deutschland nicht nur Hand in Hand, sondern sie sind eigentlich identisch«.[85] Der frühe deutsche Nationalismus und mit ihm der Hauptteil der liberalen Öffentlichkeit ist durch die Ideen der Französischen Revolution und die von ihrem Erben Napoleon in Deutschland bewirkten Reformmaßnahmen wesentlich beeinflußt worden, auch wenn er sich nach 1806 zwangsläufig gegen die französische Hegemonialmacht wandte und teilweise das revolutionär-demokratische Gedankengut Frankreichs explizit zurückwies. Dabei gerieten die Bemühungen der Befreiungsnationalisten mit denen der einem liberalen Gesellschaftsverständis, meist im spätaufklärerischen Sinne, verpflichteten Beamtenfraktionen vor und nach 1813 teilweise in Widerspruch zueinander.[86] Nachdem der »Volkshaß« (Ernst Moritz Arndt) gegen die Franzosen in den 1820er und 1830er Jahren deutlich abgeklungen war, erhielt er neue Impulse 1840 im Zuge der breiten nationalen Protestbewegung gegen französische Forderungen nach dem linken Rheinufer.

Kontributionen, Handelsnachteile, Annexionen, militärische Besetzungen und Requirierungen sowie Bündnisverpflichtungen (Rußlandfeldzug 1812) bildeten den Hintergrund für den »Geist von 1813«, jenes romantisch-nationalistische, politisch unkonkrete Freiheitsverlangen mit obrigkeitsfeindlichen Untertönen. Der Liberalismus in Deutschland ist in seiner Entstehungszeit von diesem Geist, namentlich den »Volkstums«-Ideen Fichtes, Arndts, Jahns und anderer maßgeblich

mitgeprägt worden. Auch wenn von einem Volkskrieg 1813 allenfalls in Ost- und Norddeutschland die Rede sein konnte und der Beteiligung am Unabhängigkeitskampf sehr unterschiedliche Motive zugrunde lagen, waren es eben gerade die bürgerlichen »Gebildeten«, besonders deren jüngere Generation, die in der »deutschen Erhebung« das quasi liberale und zugleich das gesamtdeutsch-nationale Element darstellten. Man hoffte, daß das im Unabhängigkeitskrieg erfolgreiche Bündnis von Fürsten und Adel mit Bürgertum und Volksmassen erhalten bleiben und eine politische Reorganisation Deutschlands auf national-freiheitlicher Grundlage ermöglichen würde. Der Deutsche Bund von 1815 erfüllte diese Erwartungen nicht einmal in Ansätzen.
Mit den seit 1808 entstandenen frühnationalistischen Bünden, insbesondere den ersten Turngemeinden, eng verknüpft, entwickelten sich die studentischen Burschenschaften nach 1814/15 zum Kern der politischen Opposition des Bürgertums. Die Burschenschaften verbanden die philosophisch-sittlich und religiös, vorwiegend protestantisch, begründeten Prinzipien akademischer Sittenreform (Zusammenfassung aller deutschen Hochschüler in einer einzigen egalitären Verbindung statt der tradierten Zersplitterung in »Landsmannschaften«; »Veredelung« und Erneuerung des studentischen Brauchtums) mit den neuen nationalen und liberalen Ideen. Aus dieser ersten bürgerlich-politischen Vereinigung auf nationaler Ebene – vor ihrem Verbot über ein Drittel der Gesamtstudentenschaft Deutschlands – gingen 1817/18 das erste deutsche Nationalfest (Wartburgfest am 18./19. Oktober 1817) und programmatische Dokumente hervor (»Grundzüge und Beschlüsse des 18. Oktober«; »Grundzüge für eine künftige deutsche Reichsverfassung«), die als die frühesten Parteiprogramme des gemäßigten nationalen Liberalismus und der radikalen Nationaldemokratie gelten können.[87]
Sofern die Burschenschaftler überhaupt dezidierte politische Ansichten vertraten, neigte die Mehrheit – wie fast das gesamte nonkonforme Bürgertum in den Nachkriegsjahren – gemäßigt-liberalen Positionen zu. Viele Führer und Aktivisten späterer politischer Gruppierungen, vornehmlich des Liberalismus, aber auch der radikal-demokratischen Linken und in manchen Fällen auch des Konservativismus und des politischen Katholizismus, kamen aus den Burschenschaften. Nach ihrem Verbot 1819 (Karlsbader Beschlüsse) verlor der Studentenprotest an Dynamik und politischer Bedeutung. In einer zweiten Welle bürgerlicher Oppositionsbewegung verbanden sich Teile der Burschenschaften, die in der Illegalität fortgewirkt hatten, mit dem, über die Intelligenz weit hinausreichenden, liberal-demokratischen Aufbruch (Ham-

bacher Fest mit 20000–30000 Teilnehmern)[88] der frühen 1830er Jahre. Auch in der Revolution von 1848/49 traten die Studenten als ein aktives Element hervor, wenngleich sie keine für die Gesamtbewegung entscheidende Rolle spielten. Die großenteils aus burschenschaftlichen Verbindungen bestehende studentische »Progreß-Bewegung« der 1840er Jahre trat jetzt auch für die vollständige Überwindung der quasi-ständischen Schranken zwischen Universitätsangehörigen und der übrigen Bevölkerung sowie für demokratisierende Hochschulreformen ein.[89]

Man kann die Jahre 1830–33, in denen bürgerliche Reform- und Verfassungsforderungen in mehreren deutschen Staaten von spontanen Unterschichtprotesten begleitet wurden[90], als Wendemarke des Vormärz ansehen. Zu dieser Zeit schien sich das liberale Bürgertum in Frankreich (Julirevolution 1830), in England (Wahlreform 1832) und in Belgien (Loslösung von den Niederlanden 1830), also im wirtschaftlich weiterentwickelten Westen Europas, endgültig durchzusetzen und damit Deutschland die Zukunft zu zeigen. Die durch das Hambacher Fest und den Frankfurter Wachensturm von 1833 ausgelöste neue Verfolgungswelle vermochte den Liberalismus auch nicht mehr so nachhaltig zurückzuwerfen wie in den 1820er Jahren. Von einer liberalen und nationalen Massenbewegung wird man indessen erst für die 1840er Jahre sprechen dürfen: Angehörige bürgerlicher und zunehmend auch kleinbürgerlicher Schichten entwickelten in regionalen und nationalen Gelehrtenkongressen, Sängertagen und Turnfesten neue Formen öffentlicher Demonstration und Selbstdarstellung, deren politische Stoßrichtung unübersehbar waren. Liberale aus verschiedenen Teilen des Deutschen Bundes knüpften ein Netz persönlicher Verbindungen, das – anders als die Ansätze vor 1819 – nicht mehr zu zerreißen war. Die Ausdehnung und Verdichtung der überregionalen Kommunikation schufen erst jetzt eine Kontinuität politischer Aktion auf gesamtdeutscher Ebene, zu deren Voraussetzungen nicht nur die Veränderung der politischen Atmosphäre mit der Rheinlandbewegung und dem preußischen Thronwechsel, sondern auch längerfristige gesamtgesellschaftliche Entwicklungen wie der Ausbau und die beginnende Mechanisierung des Verkehrswesens, die Alphabetisierung und die Ausweitung der Buch- und Zeitschriftenproduktion gehörten.

Daß staatsbürgerliche »Freiheit« und nationalstaatliche »Einheit« gleichermaßen angestrebt werden sollten, daß das eine letztlich das andere bedingte, war unter den Liberalen kaum strittig. Verschiedene Auffassungen gab es jedoch über die Frage, wie dieser Zusammenhang zu behandeln sei. Manche südwestdeutschen Liberalen beurteilten nach den Erfahrungen mit den rheinbündischen und preußischen Reformen zu Beginn des 19. Jahrhunderts Modernisierungsmaßnahmen von oben ohne politische Mitbestimmung der Staatsbürger skeptisch bis ablehnend; sie warnten vor einem möglichen Verlust der süddeutschen konstitutionellen Errungenschaften – in erster Linie der Existenz einer geschriebenen Verfassung und eines Parlaments –, falls es einem der halbabsolutistischen Großstaaten, Österreich oder Preußen, gelingen sollte, sich die deutsche Nation zu unterwerfen. Demgegenüber vertrauten etwa rheinpreußische Liberale stärker auf die liberalisierenden Wirkungen des wirtschaftlichen und staatlichen Einigungsprozesses. Die Alternative: »Durch Freiheit zur Einheit« oder »Durch Einheit zur Freiheit«, die dann in den 1860er Jahren alles dominierte, drückte zunächst keinen Zielkonflikt, sondern einen Methodenstreit aus.[91]

Sieht man von den »Jakobinern« am Ende des 18. Jahrhunderts ab, so hatten sich schon nach 1815 (die »Unbedingten« unter den Burschenschaftlern) und nach 1830 (der »germanische« Flügel der Burschenschaften, Teile der west- und süddeutschen Oppositionsbewegung und der politischen Emigration) Ansätze zu einem eigenständigen demokratischen Radikalismus neben dem eigentlichen Liberalismus herausgebildet. Das Bewußtsein einer definitiven Spaltung im oppositionellen Lager entwickelte sich allerdings nicht vor den 1840er Jahren.[92] Der radikale Impuls, der von Angehörigen einer jüngeren Generation ausging – Männern wie Arnold Ruge, Robert Blum, Johann Jacoby und Friedrich Hecker, denen unter den Jüngeren der anderen Richtung etwa Georg Beseler, Johann Gustav Droysen, Friedrich Bassermann und Karl Mathy gegenüberstanden –, fand in der Zuspitzung der Krise der deutschen Staatenordnung und der Verarmung großer Teile der Bauern- und Handwerkerbevölkerung in den Jahren vor 1848 reichlich Nahrung, namentlich auch in Baden.

Dort kam es am Vorabend der Revolution 1848/49 zum offenen Bruch zwischen den gemäßigten Liberalen, die mit der nach einem großen Wahlsieg der Opposition (1846) verständigungsbereiteren großherzoglichen Regierung zusammenzuarbeiten begannen, und den Radikalen. Nach überregionalen Konferenzen der Radikalen (Demokraten) in Offenburg und der Gemäßigten (Liberalen) in Heppenheim im Herbst 1847 standen sich die beiden Grundrichtungen der deutschen antifeudalen Opposition noch vor Beginn der revolutionären Auseinandersetzungen von 1848/49 auch programmatisch getrennt gegenüber.

Zur sozialen Zusammensetzung des frühen Liberalismus

Im Vormärz beschrieb der Ausdruck »liberale Partei« (oder auch »Partei der Bewegung«) eine weit gefächerte Ideen- und Wertegemeinschaft, für die sich der Begriff »Liberalismus« (nach den Anhängern der spanischen Verfassung von 1812) seit den 1820er Jahren durchsetzte, nicht aber eine irgendwie verbindlich strukturierte Organisation. Die frühen Liberalen legten vielmehr großen Wert auf ihre persönliche Eigenständigkeit. In den süddeutschen Einzelstaaten, teilweise auch in den preußischen Provinzen, boten die parlamentarischen bzw. ständischen Vertretungen erste labile Kristallisationspunkte liberaler Parteibildung. Seit etwa 1840 fanden sich liberale Abgeordnete mehrerer Landtage zu Fraktionen zusammen. Insbesondere die badische Zweite Kammer bildete den ganzen Vormärz hindurch eines der bedeutendsten Foren des deutschen Liberalismus. Wichtiger für die Verbreitung liberaler Einstellungen in der Bevölkerung war indessen das umfangreiche Vereinswesen, das sich mit dem Zerfall der ständischen Gliederung der Gesellschaft seit Ende des 18. Jahrhunderts in Deutschland ausbreitete.[93]

Insbesondere im Liberalismus der ersten Hälfte des 19. Jahrhunderts spielten die Angehörigen akademischer Berufe, namentlich höhere Verwaltungsbeamte und Juristen sowie Professoren, zunehmend auch freiberuflich Tätige, die Hauptrolle, vor allem in den liberalen Parlamentsgruppen. Im ersten deutschen Nationalparlament saßen 1848 – nicht anders als in der gesamtpreußischen Konstituante – zu mehr als der Hälfte Beamte verschiedener Art; die zweitgrößte Gruppe stellte die freiberufliche Intelligenz. Das Wirtschaftsbürgertum, Großlandwirte und Geistliche traten dagegen mit einem Anteil von unter 5 bis 7% deutlich zurück; andere Sozialgruppen fehlten fast (Handwerker, Bauern) oder ganz (Unterschichten). Im Hinblick auf ihre Ausbildung hatten fast alle Abgeordneten ein Gymnasium, etwa vier Fünftel eine Universität besucht, 60% Jura studiert. Sozial repräsentierte die Versammlung einen winzigen Ausschnitt der deutschen Bevölkerung.[94] Die Gründe für die Dominanz von Akademikern und Staatsdienern im deutschen Liberalismus sind in der gesellschaftlich-politischen Rolle der »gebildeten« Beamten in den deutschen Staaten seit Ende des 18. Jahrhunderts zu suchen, eine Rolle, die durch die neuhumanistischen Bildungsreformen gefestigt wurde. Auf der anderen Seite waren Angehörige der Intelligenz im allgemeinen eher »abkömmlich« als Gewerbetreibende: Sie konnten sich ohne Existenzsorgen vom Heimatort entfernen. – Die sich seit den 1820er Jahren deutlich verschlechternden

Berufsaussichten für Akademiker im Staatsdienst haben mit Sicherheit dazu beigetragen, daß Vertreter der jüngeren, nicht etablierten Intelligenz, die sich häufiger als Journalisten oder Literaten versuchten, dem Radikalismus gegenüber aufgeschlossener waren als die stärker abgesicherten älteren Akademiker.

Wenn man die lokale Ebene einbezieht, zeigt sich, daß die Basis des Liberalismus über das Bildungsbürgertum weit hinausreichte und das gesamte soziale Spektrum zwischen den besitzlosen Unterschichten und der konservativen Mehrheit des Adels erfaßte.[95] Auch Industriearbeiter – z. B. die qualifizierten Maschinenbauarbeiter Berlins – sahen als ihre politischen Vertreter in der Phase des industriellen Take-off vielfach die Liberalen an. Das Schwergewicht lag zwar in den Städten, aber es gab auch eine ganze Anzahl von Bauern und Gutsbesitzern, die die Liberalen unterstützten; vor allem nach der Jahrhundertmitte kam diesen agrarischen Gruppen für den deutschen Liberalismus einige Bedeutung zu. In den Gemeinden waren es vielfach Angehörige des gewerblichen Kleinbürgertums, die für die Liberalen in den Vertretungskörperschaften saßen. Neuere Forschungen haben gerade den kleinbürgerlichen Anteil der liberalen und demokratischen Bewegung hervorgehoben, der besonders in der Rheinpfalz nach 1830 deutlich wird. Unter den von der »Zentralbehörde« des Deutschen Bundes nach dem Hambacher Fest registrierten Pfälzern standen 86 Intelligenzbürgern (29 Akademiker und 57 Studenten) 101 Gewerbetreibende (davon 36 Kaufleute und Händler sowie 39 Handwerker) gegenüber. Im »Deutschen Vaterlandsverein zur Unterstützung der freien Presse« von 1832 bildeten Handwerker und Händler den Hauptanteil der Mitglieder, danach Studenten, vermögendere Kaufleute, Gutsbesitzer und Akademiker. In den Führungsgremien dagegen waren die kleinbürgerlichen Mitglieder sozial kaum repräsentiert.[96]

Wenn sich auch meist feststellen läßt, daß die Bildungs- und Besitzbürger am einzelnen Ort gegenüber den Kleinbürgern den Ton angaben, so handelte es sich doch um ein höchst inhomogenes gehobenes Bürgertum. Wichtiger noch als die Unterscheidung von Bildung und Besitz dürfte die Differenzierung zwischen traditionalem, im wesentlichen in vorindustriekapitalistischen Verhältnissen verankertem Bürgertum und modernem, in Geschäftspraktiken, Lebensstil und geistigem Zuschnitt zunehmend industriell geprägtem Bürgertum sein. Einen Bourgeois-Liberalismus, das politische Engagement von kapitalistischen Unternehmern in der liberalen Bewegung, gab es – neben Ansätzen in Sachsen – in größerem Umfang seit den 1830er Jahren im Rheinland, wo Industrielle, Bankiers und Kaufleute, zum Teil auch Journalisten, als Sprecher eines besonders pragmatischen, machtbewußten und in Preußen die politische Opposition führenden Liberalismus hervortraten. Ursprünglich hatten Juristen im rheinischen Liberalismus eine zentrale Rolle gespielt, jetzt fehlten dort weitgehend beamtete Akademiker. Einzelne höhere Beamte waren jedoch in Vereinigungen wie dem »Centralverein für das Wohl der arbeitenden Classen« von 1844 aktiv. Zwei Führer des rheinischen Liberalismus, Ludolf Camphausen und David Hansemann, wurden unmittelbar nach dem Umsturz im März 1848 nach Berlin gerufen, um die Regierung zu übernehmen.[97] Aber auch das adlige Element konnte regional von Bedeutung sein oder sogar dem Liberalismus den Stempel aufdrücken. Das war in Ostpreußen der Fall, wo agrarkapitalistische Freihandelsinteressen, eine spezifisch provinziale Tradition und das Fehlen einer starken Bourgeoisie zusammenkamen.[98]

Liberalismus als Verfassungsbewegung

Es sei die Aufgabe des Liberalismus, den Staatszweck darauf zurückzuführen,

> was die Gesamtheit in ihrem vernünftigen Interesse will oder wollen muß, und diesen Staatszweck sucht er mit möglichst geringer und möglichst gleicher Beschränkung der Freiheit Aller zu erreichen.

So umriß der württembergische Publizist Paul Pfizer in der ersten, seit 1834 erscheinenden Auflage des »Staatslexikons« das liberale Selbstverständnis. Das »Staatslexikon« wurde rasch zu einer Art Grundbuch des vormärzlichen deutschen Liberalismus. Immer »unwiderstehlicher« werde sich im Leben der Völker das Bedürfnis durchsetzen, die staatliche Ordnung auf das »Allen gleiche Recht, welches die denkende Vernunft ihnen offenbart«, zu gründen.[99] Die liberale Parole vom Rechtsstaat, die zunächst Rechtssicherheit gegenüber staatlich-administrativer Willkür und Rechtsgleichheit einschließlich der Garantie individueller Grundrechte (namentlich Meinungsfreiheit, Vereinigungsfreiheit und Sicherheit des Eigentums), Justiz- und Verwaltungsreformen umfaßte, war in der Regel mit der Forderung nach einer geschriebenen Verfassung verbunden.

> Ein Volk, das keine Verfassung hat, ist – im edlen Sinne des Wortes – gar kein Volk[100],

schrieb 1818 Carl von Rotteck, später mit Carl Theodor Welcker Herausgeber des »Staatslexikons«.

Die Abgrenzung gegen links, das durch die zeitweilige Radikalisierung der Französischen Revolution nach 1789 wachsende Mißtrauen gegenüber den Massen, kennzeichnet den, regional stark differenzierten, deutschen Liberalismus – mit Ausnahme der zunächst peripheren »demokratischen« Strömung – von Anfang an. »Republik« galt den meisten als Synonym für Umsturz und Herrschaft der »niederen Klassen«. Vom »demokratischen« Leitbild der »Volkshoheit« unterschieden sich die meisten Liberalen auch durch ihre Einschränkung des »eigentlichen Volkes« auf die »unabhängigen« und »vernünftigen« Individuen, bemessen nach Besitz und Bildung. In der politischen Sphäre begrenzte man die Forderung nach Rechtsgleichheit: Ein Wahlzensus, eine begrenzte Wahlberechtigung, meist nach dem Kriterium des Steueraufkommens, oder ein abgestuftes Wahlrecht galten (mit Ausnahme der Jahre 1848/49) – übrigens nicht nur in Deutschland – fast als selbstverständlich. Was den vormärzlichen vom nachmärzlichen Liberalismus abhob, war der größere Optimismus, durch Aufklärung die Mehrheit der Bevölkerung zu Bürgern machen zu können; der anti-plebejische Vorbehalt als solcher war jedoch von vornherein vorhanden.
Bereits seit den Befreiungskriegen wirkten im deutschen Liberalismus zwei ideologische Varianten. Da war zunächst eine stark von der französischen Aufklärung und dem französischen politischen Denken beeinflußte, streng vernunftrechtlich argumentierende und besonders auf die Rechte des Parlaments bedachte Gruppierung, als deren profilierteste Sprecher Carl von Rotteck gelten darf. Geographisch waren die Vertreter dieses westlich orientierten, parlamentarischen Liberalismus vor allem in den früheren Rheinbundstaaten und den ehemals an Frankreich angegliederten linksrheinischen Gebieten beheimatet. In diesen Territorien er- bzw. behielten französisches Recht und Rechtsinstitutionen (öffentlichte Verhandlung vor Gericht, Geschworenengerichte, mündliches Verfahren) bzw. durch Verfassungsgebung fixierte bürgerlich-liberale Prinzipien nach 1815 in unterschiedlichem Ausmaß Geltung und prägten auch das politisch-theoretische Denken mit. Die Forderung nach der »Herrschaft des wahren Gesamtwillens«[101] sprengte in ihren praktischen Konsequenzen in der Regel nicht den Verfassungsrahmen der konstitutionellen Monarchie.
Die zweite Gruppierung, die politisch deutlich weiter nach rechts reichte, orientierte sich teilweise an ständisch-liberalen Traditionen, die etwa in Württemberg und in Schleswig-Holstein lebendig waren. Sie betonte den »organischen«, den »geschichtlich gewachsenen« (im Unterschied zu: logisch konstruierten) Charakter des Staates, dem sie po-

sitiver gegenüberstand als die erstgenannte, und seiner Institutionen. Die Zugehörigkeit der organologischen Richtung zum Liberalismus mag auf der konzeptionellen Ebene in Zweifel gezogen werden; ihr Einfluß auf die reale liberale Bewegung in Deutschland ist unbestreitbar. Mischungen und Überschneidungen vernunftrechtlicher und organologischer Theorie lassen sich z. B. im Werdegang und in den Anschauungen des führenden badischen Liberalen Carl Theodor Welcker nachweisen. Der wohl bedeutendste Vertreter der »historischen Schule« im Liberalismus, der Rechtshistoriker Friedrich Christoph Dahlmann – als einer der »Göttinger Sieben« berühmt geworden durch seinen Protest gegen die Aufhebung der hannoverschen Verfassung 1837 – beschrieb die Grundlagen der englischen Verfassung bereits 1815 in klassischer Weise:

> ... zwei Kammern von wesentlich verschiedenen und doch in der Erhaltung des Ganzen wiederum zusammenschlagenden Interesse, die einen durch erblichen Rang, das Altertum des Geschlechts und großen Landbesitz an die Erhaltung des Herkömmlichen und Gültigen gefesselt, die andern durch mannigfaltige Einsichten, Gelehrsamkeit und Geschäftserfahrung geeignet, den Gang der Zeit und die notwendigen Forderungen des Augenblicks klar aufzufassen, an der Spitze ein König, den, heilig und unverletzlich wie er ist, nie auch ein Schatten nur von Verantwortlichkeit trifft, weil er seine ersten Räte der Verantwortlichkeit und Volksanklage unterstellt; dem von den Kammern nichts aufgedrungen wird, der nur bewilligt, was ihm dem allgemeinen Heile zu entsprechen scheint, kurz, der nur beschränkt ist, wie ein Weiser sich selbst beschränken würde. Der König kann nicht alles tun, was sich etwa wollen ließe, aber er ist nicht genötigt, irgend etwas zu tun, was er nicht will.[102]

Verfassungen gab es vor allem in Süddeutschland seit 1818 bis 1820. Um 1830 gesellten sich weitere deutsche Einzelstaaten der Gruppe von konstitutionellen Gemeinwesen im Deutschen Bund zu. Preußen und Österreich taten diesen Schritt indessen erst 1848/50 und 1867. Der deutsche Frühkonstitutionalismus blieb in den formalen Bestimmungen wie in der Praxis hinter den Vorstellungen der Liberalen deutlich zurück. Das »monarchische Prinzip« gewährleistete das Übergewicht der ausschließlich fürstlichen Exekutive über die, meist noch nach halbständischen Kriterien zusammengesetzten, Zweiten Kammern; in den Ersten Kammern saßen aufgrund von Geburt, Amt oder Ernennung vor allem Angehörige des höheren Adels. Die Gewaltenteilung von Regierung und Parlament sowie von Erster und Zweiter Kammer des Parlaments – alle drei Institutionen waren an der Gesetzgebung beteiligt – wurde von den Liberalen nicht nur anerkannt; sie gehörte zum Kern ihrer staatsrechtlichen Überzeugungen und sollte nur gleichgewichtiger konstruiert werden.

Der teils rein intellektuelle, teils mehr populare Radikalismus ging in seinen weltanschaulichen Positionen in der Regel von denselben Prämissen aus wie auch der vernunftrechtliche Liberalismus, zog aber viel weitergehende Konsequenzen, indem er uneingeschränkte Volkssouveränität (und »Volk« bedeutete hier: die gesamte – männliche – Bevölkerung) forderte und bei der Lösung der »sozialen Frage« vor massiven Eingriffen des (demokratisch gedachten) Staats nicht zurückschreckte. Wie die Grenzen zwischen Linksliberalismus und Demokratie, so waren auch die zwischen dem linken Flügel der bürgerlichen Demokratie und dem Frühsozialismus und -kommunismus fließend. Aktive Unterstützung fand der Radikalismus außer bei einem Teil der freiberuflichen Intelligenz besonders bei den Handwerksgesellen, einer der mobilsten Sozialgruppen.

Gesellschaftspolitische Positionen

Die zwiespältige Haltung der meisten Liberalen zu den deutschen Einzelstaaten beruhte letztlich auf der ambivalenten Rolle der modernisierenden, aber meist von der politischen Unreife der Gesellschaft überzeugten vormärzlichen Bürokratie. Diese Beamten setzten Mittel des Obrigkeitsstaates ein, um eine antiständisch-nivellierende, auf zumindest teilweise Freisetzung privatkapitalistischer Akkumulation gerichtete, eher handels- und industriefreundliche Orientierung zu verwirklichen. Im Laufe der Zuspitzung der gesellschaftlichen Probleme, zumal in den 1840er Jahren, verschärfte sich allerdings auch die Bürokratiekritik der Liberalen erheblich. Andererseits rekrutierten sich die liberalen Landtagsfraktionen ja ebenfalls zu einem erheblichen Teil, wenn nicht mehrheitlich, aus der Beamtenschaft und waren daran interessiert, Gesellschaftsreformen, etwa in der Agrar- und Gemeindegesetzgebung, in Zusammenarbeit mit den Regierungen voranzubringen.
Sofern es um die Abschaffung persönlicher Unfreiheit und noch bestehender personaler Bindungen – namentlich auf dem Lande (z. B. Gesinderecht) – ging, drängten die Liberalen die Bürokratie von Anfang an zu konsequenterem Vorgehen. Das bedeutete aber nicht unbedingt die Zustimmung zu dem, was man Wirtschaftsliberalismus genannt hat: zur konsequenten Entstaatlichung und Dekorporierung der Wirtschaft, um sie dem »freien Spiel der Kräfte« zu überlassen. Für einen radikalen Laissez-faire-Liberalismus sprachen sich in Deutschland, abgesehen von Unternehmern, nur wenige Publizisten aus. Allerdings gab es eine wachsende Minderheit, die den entstehenden Industriekapi-

talismus für wünschenswert (etwa Friedrich List) oder zumindest für unvermeidlich hielt. Andere traten zwar für die (schrittweise) Liberalisierung des Wirtschaftslebens, für Aufhebung des Zunftzwangs, für Gewerbefreiheit und eventuell für eine deutsche Zollunion ein, knüpften daran aber keineswegs die Hoffnung auf eine das Wirtschaftsleben beherrschende nationale Fabrikindustrie. Sie wollten vielmehr einen breiten selbständigen »Mittelstand« konservieren. Im Hinblick auf dieses gesellschaftspolitische Ziel meinten schließlich Vertreter einer dritten Tendenz, Institutionen wie die Zünfte nicht entbehren zu können; sie vertraten auch in der Steuer-, Konzessions- und Zollpolitik eher traditionale Vorstellungen. Die Vereinbarkeit liberaler Verfassungsprinzipien auf der politischen Ebene mit der Konservierung überkommener Sozialstrukturen ist plastisch am Beispiel der Freien Stadt Frankfurt am Main aufgezeigt worden.[103]

Der Begriff »Mittelstand« war – da er zugleich im sozialen, politischen und moralischen Sinne verwendet wurde – so wenig eindeutig definiert wie andere zentrale Begriffe, schloß aber zumindest den Adel und die besitzlosen Unterschichten aus. Die Gruppe der industriellen Unternehmer, Bankiers und Großkaufleute konnte – je nach Gesellschaftsbild und Orientierung des Urteilenden – dazugehören oder nicht.

Deutschland im Vormärz läßt sich als Ganzes sicherlich als eine Gesellschaft im Übergang zum agrarischen und industriellen Kapitalismus beschreiben. Die damit verbundenen Prozesse waren regional sehr unterschiedlich weit vorangeschritten. Dementsprechend hingen die sozial- und wirtschaftspolitischen Auffassungen der Liberalen auch in hohem Maße davon ab, wo sie lebten und wirkten. Es ist nicht überraschend, daß vorwiegend südwestdeutsche Liberale Gesellschaftskonzeptionen entwickelten, die zutreffend als das Modell einer »einfachen Marktgesellschaft« (H. Sedatis) und einer »klassenlosen Bürgergesellschaft mittlerer Existenzen« (L. Gall) bezeichnet worden sind.[104] In Baden, wo die Liberalen auch in ihren konkreten parlamentarischen Interventionen eine restriktive, am Schutz des Handwerks orientierte Wirtschaftspolitik befürworteten (in Württemberg unterstützte die Mehrheit der Liberalen dagegen die industriefreundliche Regierung), stellte neben dem grundbesitzenden Adel und dem hohen Klerus auch die Bourgeoisie – die »Geldaristokratie« – in der ersten Hälfte des 19. Jahrhunderts nur eine marginale Klasse dar. Die Masse der Bevölkerung bestand aus bäuerlichen und handwerklichen Kleinproduzenten, und man ging davon aus, daß

> in diesen Mittelclassen der Regel nach Tüchtigkeit und Zuverlässigkeit am meisten anzutreffen sind.[105]

Die Erhaltung und Vergrößerung der Zahl selbständiger Existenzen wurde angesichts des ab etwa 1835 sich beschleunigenden Kommerzialisierungs- und Industrialisierungsprozesses auf unterschiedlichem Wege angestrebt. Breite Zustimmung fand die Idee der »Assoziation«, des freiwilligen genossenschaftlichen Zusammenschlusses, vor allem der Handwerker, anstelle der zünftigen Korporationen, die sich gegen die Konkurrenz der Industrie als zunehmend nutzlos und sogar schädlich erwiesen. Die Genossenschaften sollten die Handwerker befähigen, kollektiv als Kapitalisten aufzutreten, und so den gefürchteten sozialen Polarisierungsprozeß stoppen. Ähnliche Rezepte empfahlen manche Liberale für die entstehende Arbeiterklasse, deren Angehörigen mittels Bildungs-, Spar- und anderer Vereine der Aufstieg ins Bürgertum erleichtert werden sollte.[106] All diese Bemühungen konnten den sozioökonomischen Trend kaum modifizieren, geschweige denn ändern.

Die Liberalen und der Parteibildungsprozeß in der Revolution von 1848/49

In der wirtschaftlichen und sozialen Krise am Vorabend der 1848er Revolution, als sich die letzte vorindustrielle Hungersnot mit der ersten zyklischen Handels- und Industriekrise überlappte, gelang es den Liberalen erstmals, zu den anerkannten Führern einer breiten Volksopposition aufzusteigen. Und zum Beginn der Revolution übernahmen ihre Führer die Regierungen der Einzelstaaten Deutschlands. Die im März 1848 von der Volksbewegung proklamierten und weitgehend durchgesetzten Forderungen (vor allem Pressefreiheit, Schwurgerichte, Volksbewaffnung, gesamtdeutsches Parlament) beschrieben das Maß an erreichter programmatischer Vereinheitlichung.
Diese Einheit klammerte indes den gesellschaftspolitischen Bereich weitgehend aus; hier unterschieden sich die Interessen der am Revolutionsprozeß beteiligten Gruppen erheblich; häufig waren sie unvereinbar. Das betraf nicht nur den sozialen Protest der städtischen und ländlichen Unterschichten, die die liberalen Forderungen in ihrem Sinne auslegten (»Preßfreiheit« als umfassende Freiheit von Bedrückung oder sogar als Freiheit, die bisherigen Unterdrücker nun selber zu »pressen«), sondern auch sozialprotektionistische Bestrebungen wie die von Handwerksmeistern, die die Gewerbefreiheit ablehnten. Innerhalb der kapitalistischen Unternehmerschaft war in dem Streit über Freihandel oder Schutzzoll ein politisch brisanter Konflikt angelegt. In solchen

Fragen wandte sich die am 18. Mai 1848 in der Frankfurter Paulskirche zusammentretende Deutsche Nationalversammlung mit ihrem Votum für wirtschaftlichen uneingeschränkten Fortschritt und Wettbewerb gegen die Interessen und Wünsche eines Großteils der liberalen Basis.[107]

Die soziale Breite der Volksbewegung von 1848/49 spiegelte sich auch in der parteipolitischen Differenzierung wider. In der Deutschen Nationalversammlung kristallisierten sich bis zum Herbst 1848 acht Fraktionen heraus, die zu vier Hauptgruppierungen zusammengefaßt werden können: Neben dem Drittel der Abgeordneten, das zu diesem Zeitpunkt zu keiner Fraktion gehörte, zählten sich 6% zur konservativen »Rechten«, 33% zum konstitutionell-liberalen »rechten Zentrum«, 13% zum parlamentarisch-liberalen »linken Zentrum« und 15% zur demokratischen »Linken«. Die äußerste Rechte und die äußerste Linke waren nicht vertreten.[108] In der wichtigsten konstituierenden Versammlung der Einzelstaaten, der »Preußischen Nationalversammlung«, war der parteipolitische Schwerpunkt gegenüber der Paulskirche deutlich nach links verschoben.

In Konturen hatte sich das spätere deutsche Parteien-Spektrum sogar schon lange vor 1848 abgezeichnet. Politisch-weltanschaulich ausgerichteten Publikationen (neben dem erwähnten »Staatslexikon« ab 1834 für die Liberalen das »Politische Wochenblatt« und die »Historisch-politische Zeitschrift« ab 1830/31 für die Konservativen; die »Historisch-politischen Blätter« ab 1838 für die Katholisch-Konservativen; die »Hallischen Jahrbücher« ab 1838 und die »Rheinische Zeitung« 1842/43 für die Radikalen) hatten eine propagandistische und indirekt organisierende Funktion, auch wenn manche dieser Blätter nur einige Jahre erschienen. 1848/49 weiteten sich diese Ansätze zu einer weitverzweigten, täglich erscheinenden Massen- und Tendenzpresse aus; für 1849 werden 1700 Zeitungen geschätzt.

Für den Parteibildungsprozeß waren von noch unmittelbarerer Bedeutung die politischen und kryptopolitischen Vereine, die sich gleich nach Beginn der Revolution auf lokaler Ebene konstituierten.[109] Dabei traten die konstitutionell-liberalen und die demokratischen Strömungen entweder von vornherein getrennt an, oder die zunächst einheitlichen Vereine spalteten sich bald aufgrund konkreter Meinungsverschiedenheiten. Bei der nationalen Zentralisierung der Ortsverbände waren die Demokraten mit Abstand am erfolgreichsten, in deren Vereinen Kleinhandwerker und Gesellen (mit Angehörigen der freiberuflichen Intelligenz als Sprechern und Vorstehern) dominierten; bei den konstitutionellen Liberalen standen das Besitz- und das beamtete Bildungsbürgertum stärker im Vordergrund. In der Tendenz entsprach das dem Unterschied in der sozialen Zusammensetzung der Parlamentsfraktionen der Paulskirche. Bereits im Oktober 1848 gab es in Preußen schätzungsweise ca. 700 politische Vereine, von denen ca. 300 konstitutionell-liberalen, ca. 250 demokratischen, ca. 50 konservativen, 12 proletarischen und 6 katholischen Charakters gewesen sein sollen.[110] Die Konservativen konnten sich in Preußen 1848 außerdem auf Einrichtungen wie das »Junker-Parlament«, die »Kreuzzeitung« sowie auf die »Hofkamarilla« stützen.

Die Konservativen (nach der Zeitung Chateaubriands »Le Conservateur«) rekrutierten ihre Anhänger ursprünglich aus dem Abwehrkampf vorkapitalistischer Sozialgruppen, vor allem des grundbesitzenden Adels, zunehmend auch des zünftig orientierten Handwerks und eines Teils der Beamtenschaft, die bei den Theoretikern der Romantik (A. Müller, F. Schlegel) und der »Restauration« (K. L. von Haller) Begründungen ihrer ablehnenden Haltung gegenüber der modernen bürgerlichen Welt und ihrer Ideen fanden. Ideologisch ging der Konservativismus – wie sein liberales Gegenstück – noch auf die Zeit vor 1789 zurück. Als Reaktion auf die Aufklärung wurde er dann vor allem durch die Revolutionserfahrung belebt. Die Konservativen bekämpften nicht nur alle liberalen Tendenzen in Staat und Gesellschaft, sondern mehrheitlich auch den vereinheitlichenden und somit entfeudalisierenden bürokratischen Absolutismus der Reformbeamtenschaft; die »Autorität« und »Legitimität« des Monarchen verteidigten sie dagegen entschieden. Gegen Rechtsgleichheit und Atomisierung des Individuums beschworen die Konservativen die hierarchischen und korporativen Ordnungsprinzipien der feudal-ständischen Gesellschaft, wozu für sie maßgeblich auch die religiöse Bindung der Menschen und die Sicherung der kirchlichen Stellung gehörte. Den Nationalstaat lehnten die meisten Konservativen bis 1871 und teilweise noch darüber hinaus als Produkt der Ideen von 1789 ab.[111]

Allerdings ließ sich eine konservative und – im eigentlichen Wortsinn – sogar reaktionäre Opposition gegen die Reform der Verwaltungs- und Rechtsordnung durchaus mit Aufgeschlossenheit für ökonomische Modernisierung im eigenen Interesse verbinden wie schon seitens des märkischen Gutsbesitzers F. A. L. von der Marwitz (1777–1837). In der zweiten Hälfte des 19. Jahrhunderts akzeptierten namentlich die preußischen Konservativen zunehmend solche Aspekte des Kapitalismus, die dem Großgrundbesitz vorteilhaft waren, wie lange der Freihandel. In dem Maße, wie sich die »Junker« in die agrarkapitalistische »Rittergutsbesitzer-Klasse« (Hans Rosenberg) transformierten, veränderte sich auch die gesellschaftspolitische Qualität der konservativen Strömung.

Ein Massenphänomen wurde der Konservativismus in seiner mittelständisch-bäuerlichen Variante (die sich von dem adligen Altkonservativismus weitgehend emanzipierte) 1848/49 in Preußen, wo er strikt protestantisch geprägt war. Ende 1848 organisierten konservative Vereine Preußens rund 20000, ein halbes Jahr später, nach der definitiven Niederlage der Revolution, fast dreimal so viele Mitglieder, hauptsächlich in Kleinstädten und auf dem Lande, aber auch in den größeren Städten, darunter Beamte, Kaufleute, Handwerksmeister, Militärs und Geistliche sowie – außerhalb der Städte – Gutsbesitzer und Bauern.[112]

1848/49 deutete sich mit dem Appell an die bäuerlichen und kleinbürgerlichen Massen des Volkes die seit dem Ende der 1870er Jahre dann durchgesetzte Wandlung der Konservativen von einer Kampfgemeinschaft gegen die bürgerliche Gesellschaft zu einer Partei des Kampfes gegen den Liberalismus im Rahmen der bürgerlich-kapitalistischen Gesellschaft an. Auf staatstheoretisch-staatsphilosophischer Ebene hatte Friedrich Julius Stahl schon in den 1830er Jahren den Anschluß des Konservativismus an den zeitgenössischen Konstitutionalismus hergestellt.[113]

Erheblich kompliziert wurde die Situation des Konservativismus, aber auch des Liberalismus, in Deutschland durch die konfessionelle Spaltung, die ab 1815 fast kontinuierlich wieder an Bedeutung zunahm. Die politisch-katholische Bewegung war von vornherein die einzige wirkliche, sämtliche Klassen und Schichten umgreifende »Volkspartei«. Selbst ein Teil des west- und süddeutschen katholischen Bürgertums mit liberalen Sympathien in Verfassungsfragen engagierte sich dort. Seine Schubkraft gewann der politische Katholizismus dadurch, daß sich in ihm verbanden: die »ultramontanen« (ultra montes, jenseits der Berge, residierte der Papst), gegen jede Aufweichung von Dogma und Kirchenhierarchie gerichteten Tendenzen und die ungebrochene, sogar noch zunehmende Volksfrömmigkeit mit teils (im österreichischen Sinn) großdeutsch, teils partikularistisch motivierter Preußenfeindschaft und den Vorbehalten der kleinbäuerlich-kleinbürgerlichen Bevölkerungsgruppen gegen Staat, Kapital und großstadtbürgerlichen Freisinn. Da die religions- und kulturpolitischen Forderungen ein erhebliches Maß an Identität stifteten, konnte die katholische »Partei« in allgemeineren innen- und gesellschaftspolitischen Fragen – bei konservativer Disposition und frühzeitigen sozialen Akzentsetzungen – unklar bleiben. Aus der Tatsache, daß 1848/49 in der Paulskirche keine besondere katholische Parlamentsfraktion saß – die Parteiorganisationen entstanden erst seit den 1850er Jahren –, darf nicht auf die Schwäche der katholischen Bewegung geschlossen werden. In den etwa 400 »Pius-Vereinen« allein Badens sollen Ende Oktober 1848 100000 Mitglieder organisiert gewesen sein. Und im Vormärz hatte die katholische Kirche anläßlich des preußischen »Mischehestreits« der 1830er Jahre, der von massiven staatlichen Repressionen gegen kirchliche Amtsträger begleitet gewesen war, und der Ausstellung des »Heiligen Rocks« in Trier (1844) größere Massen mobilisiert als jede andere gesellschaftliche Kraft.[114]

Im Unterschied zu England und Frankreich hatte der Absolutismus in Deutschland keine nationale Monarchie hervorgebracht, sondern die einzelstaatliche Zersplitterung auf die Spitze getrieben. In der dadurch bedingten Überlagerung von Verfassungs- und Einigungsproblematik muß der wichtigste Grund für das politische Scheitern der Revolutionsbewegung 1848/49 gesucht werden. Wenn die rechtsliberale Hauptgruppierung der Nationalversammlung (Fraktionen »Casino«, »Landsberg« und »Augsburger Hof«) für die traditionellen Ideen des liberalen Konstitutionalismus eintrat, dann beinhaltete das zugleich die Festlegung auf einen – in den Einzelstaaten wie an der Spitze monarchischen – Bundesstaat. Die demokratische Linke (Fraktionen »Deutscher Hof« und »Donnersberg«) hing dem Prinzip der Volkssouveränität und dem allgemeinen gleichen Wahlrecht an: Sie wollte prinzipiell die großdeutsche Republik, war aber teilweise bereit, diese Forderung angesichts der Kräfteverhältnisse zugunsten der nach einer parlamentarisch-demokratischen Monarchie zurückzustellen, wie sie das linke Zentrum (Fraktionen »Württemberger Hof« und »Westendhall«) vertrat. Dieses fungierte mit seinen Vorstellungen, die an den entschiedenen Liberalismus des Vormärz anknüpften, als Klammer zwischen beiden Hauptrichtungen und zwang die eine wie die andere immer wieder zu Zugeständnissen.[115] Die regionalen Schwerpunkte der Linken und des linken Zentrums lagen in Südwest- und Mitteldeutschland; das rechte Zentrum besaß keine so ausgeprägten Hochburgen.

Das Verhältnis zwischen Zentralgewalt und Einzelstaaten stellte aber nicht nur eines der entscheidenden verfassungspolitischen Probleme dar. Die Sonderentwicklung in den verschiedenen deutschen Staaten und ihren auch in sich zum Teil noch wenig vereinheitlichten Regionen berührte vielmehr unmittelbar die Machtfrage – und das in einem ganz praktischen Sinn: Es gab kein nationales Zentrum, wie es Paris für Frankreich war, dessen Inbesitznahme die eine oder andere Partei an die Schalthebel der Macht hätte bringen können, und es gab daher auch keine vorwiegend auf nationaler Ebene konzentrierten sozialen und politischen Kämpfe. Die regional-partikularen Besonderheiten und entsprechend spezifischen Interessen der Liberalen und Demokraten begünstigten die gegenrevolutionären Bestrebungen der alten Herrschaftsträger, die nur gelähmt, nicht nachhaltig entmachtet waren. Das galt besonders dann, wenn ideologische und Kompetenzstreitigkeiten dazukamen, wie bei den Beziehungen der Deutschen Nationalversammlung zur verfassunggebenden Versammlung Preußens.

Das Verfassungswerk der Paulskirche vom 27. März 1849 kam nur zustande durch den Kompromiß der kleindeutsch (also letztlich propreußisch) orientierten gemäßigten Liberalen mit einem Teil der nunmehr vereinigten Linken. Die dabei verknüpften Antworten auf das konstitutionelle und auf das nationale Verfassungsproblem standen aber in einem Spannungsverhältnis. Vor allem wurde die Reichsverfassung zu einem Zeitpunkt vorgelegt, als sich die Gegenrevolution in den wichtigsten Einzelstaaten, Österreich und Preußen, militärisch bereits durchgesetzt hatte. Der von der Mehrheit des liberalen Bürgertums erstrebte Klassenkompromiß mit Fürsten und Adel scheiterte an der Dynamik des revolutionären Prozesses, der die Politik der Liberalen immer wieder zunichte machte: Wandten sich die bürgerlichen Führer eindeutig gegen selbständig agierende Massenbewegungen, liefen sie Gefahr, dem demokratischen Lager, das in manchen Staaten wie Sachsen und Baden die Volksmehrheit umfaßte, neue Anhänger zuzuführen und eine Polarisierung einzuleiten, deren Opfer sie selbst zu werden drohten. Suchten sie den Konsens aller liberalen und demokratischen Strömungen, so bestärkten sie die unnachgiebige Fraktion der aristokratisch-monarchistisch-bürokratischen Kräfte, die jedes wesentliche Entgegenkommen der Fürsten ablehnten und allenfalls zu taktischen Zugeständnissen bereit waren. In der Notwendigkeit, die traditionellen Eliten und die Volksmassen gegeneinander auszubalancieren, lag das kaum auflösbare Dilemma des liberalen Bürgertums in der Revolution von 1848/49.

Daß die Ziele auch des rechten Flügels der Revolutionsbewegung nicht erreicht wurden, liegt auf der Hand. Doch das Wiedererstarken der Monarchie und die politische Reaktion ab Sommer 1848 waren nicht ihr einziges Ergebnis. Schon auf den ersten Blick wird deutlich, daß in der Behördenorganisation, der Rechtspflege und der Verfassungsentwicklung, hinsichtlich der Presse- und Koalitionsfreiheit, der Judenemanzipation und der Vollendung der Agrarreformen das Rad nicht einfach zurückgedreht wurde. Vor allem setzte sich nach 1849 eindeutiger als im Vormärz eine prokapitalistische Wirtschaftspolitik durch. Es

entsprach zunehmend der Staatsräson zumindest der stärker industriell geprägten Staaten, das wirtschaftliche Wachstum zu begünstigen und dem Großbürgertum außerhalb der im engeren Sinne politischen Sphäre entgegenzukommen. Und auch der 1848 kulminierende politisch-soziale Emanzipationsprozeß des Bürgertums auf der lokalen Ebene während der 1840er Jahre war nicht mehr rückgängig zu machen.
Von daher sollte die für die Jahre nach 1849 viel beklagte Hinwendung des liberalen Bürgertums zu den »Grundsätzen der Realpolitik«[116] (A. L. v. Rochau) einerseits, zu wirtschaftlichen Aktivitäten andererseits nicht vorwiegend als Ausdruck politischer Resignation gedeutet werden. Denn diese Neubesinnung war an ein grundlegend optimistisches Bewußtsein und Lebensgefühl gebunden, das sich aus dem industriellen Aufschwung und dem ihm folgenden sozialen Aufstieg des Bürgertums speiste. Ohne daß die geistige Tradition des vormärzlichen Liberalismus durchweg und radikal abgerissen wäre, setzte sich doch zunehmend ein im großbürgerlichen Sinne eindeutiger interessenpolitisch bestimmter Forderungskatalog durch, in dem der angestrebte nationale Machtstaat mehr wirtschaftlich als historisch-romantisch, kulturnational oder demokratisch-naturrechtlich begründet wurde.[117] Dem entspricht, daß die Beteiligung von Unternehmern und zeitweise auch von bürgerlichen Gutsbesitzern an liberaler Politik nach der Jahrhundertmitte deutlich und fast kontinuierlich zunahm. Zwar blieben diese in nationalen Führungsgremien und Parlamenten eine Gruppe unter anderen, dominierten künftig jedoch vielerorts in Lokalkomitees. Das bedeutet allerdings nicht, daß die soziale Basis des deutschen Liberalismus bereits nach 1849 eingeengt worden wäre. Es handelte sich vielmehr um eine Verschiebung innerhalb der lokalen Führungsgruppen, deren Charakter sich im Zuge der Industrialisierung veränderte.[118]

Der Liberalismus als regierende Partei?

Nach einem knappen Jahrzehnt der Reaktion begann ein neuer Aufschwung des Liberalismus in Deutschland. Er zeigte sich außer in einer Reihe – teilweise überwältigender – einzelstaatlicher Wahlerfolge z. B. an der Gründung des Kongresses deutscher Volkswirte (1858) und des Deutschen Nationalvereins (1859) sowie an den Feiern zum 100. Geburtstag Schillers (1859). In Baden beauftragte Großherzog Friedrich I. 1860 die Führer der liberalen Mehrheitsfraktion im Landtag, ein neues

Ministerium zu bilden; er begründete damit erstmals in der deutschen Geschichte ein quasi parlamentarisches Regime.[119] Auf seiten der Machtträger kamen deutlicher einzelne liberale Fürsten und reformkonservative Kräfte zur Geltung. Im Zentrum der deutschen liberalen Bewegung stand während der 1860er Jahre – eindeutiger als in früheren Jahrzehnten – das Königreich Preußen. Die Übernahme der Regentschaft durch Wilhelm I. (1858) schien hier zunächst eine »Neue Ära« einzuleiten.

Der Konflikt um die beabsichtigte Heeresreform (vermehrte Rekrutenaushebung, Verlängerung der Dienstzeit von zwei auf drei Jahre, Beseitigung der, meist bürgerlich geführten, selbständigen Landwehr und entsprechend erhöhtes Steueraufkommen) bot jedoch schon bald ein anderes Bild. Die mit Konstituierung der Fortschrittspartei aus entschiedenen Liberalen und gemäßigten Demokraten (1861) radikalisierte liberale Mehrheit im preußischen Abgeordnetenhaus – 1862 und 1863 erreichten die Fortschrittspartei und das linke Zentrum zusammen 70 % der Mandate – bestand auf ihrer Mitwirkung an der Heeresreform und wollte die Regierung zu verfassungspolitischen Zugeständnissen zwingen. Ergebnis war ein Verfassungskonflikt (bis 1866), in dessen kritischer Phase König Wilhelm I. 1862 als Ultima ratio den anfangs meist als reinen Reaktionär mißverstandenen Otto von Bismarck zum Ministerpräsidenten ernannte.[120]

Das nach Drei-Klassen-Wahlrecht gewählte preußische Abgeordnetenhaus (die Zweite Kammer des Landtags) gehörte zu den bleibenden Errungenschaften der Revolution 1848/49. Im Unterschied zu der Ordnung vor 1848 sahen die Liberalen in der preußischen Verfassung vom 30. Januar 1850[121] ein Grundgesetz, das in liberalem Sinne ausgestaltet werden könnte, obwohl der Geist dieser Verfassung in den 1850er Jahren von der Exekutive und der hochkonservativen Rechten um die »Kreuzzeitung« und die Gebrüder Gerlach mißachtet und teilweise ganz in Frage gestellt wurde. Ein Experimentieren mit dem revolutionären Umsturz war nach den Erfahrungen von 1848/49 für die Liberalen tabu. Die Macht der Militärmonarchie, zugleich die als immer stärker empfundene »rote Gefahr« von unten standen dem entgegen. Die Wirtschaftspolitik der Regierung schien hingegen angesichts ökonomischer Prosperität eine gemeinsame Interessenbasis mit der Staatsführung geschaffen zu haben. Der preußische Abgeordnete und Staatsrechtler Rudolf Gneist begründete 1865 die »unerhörte Mäßigung« der Liberalen mit der Tatsache, daß »in allen Lebensideen der Staat nicht zu trennen (sei) von dem nächsten Interesse des bürgerlichen Seins«.[122]

Nach Bismarcks Teilerfolg bei der Lösung der »deutschen Frage«

1866/67 spaltete sich von der Fortschrittspartei eine – bald stärkere – Nationalliberale Partei ab, um die Opposition zu beenden. Nach der Reichsgründung erreichten die Nationalliberalen bis zu 30,1 % der Stimmen (zusammen mit der Fortschrittspartei bis zu 38,9 %) und stellten die stärkste Fraktion im Reichstag. Ihr Fraktionsvorsitzender Rudolf von Bennigsen hatte bis 1866 die liberale Parlamentsopposition in Hannover geführt und dem engeren Führungskreis des Nationalvereins angehört.
Die loyale, aber nicht unkritische Unterstützung Bismarcks durch die Liberalen in den Jahren 1867–78 brachte zweifellos gewisse Erfolge und befestigte, zusammen mit der schleichenden Verbürgerlichung der Gesellschaft, die Überzeugung, daß der Sieg des Liberalismus nicht mehr aufzuhalten sei. Bestätigten nicht die Gründung des Deutschen Reiches mit konstitutionell-monarchischer Verfassung, die Ablehnung der Bismarckschen Außen- und Innenpolitik durch die preußischen Altkonservativen und die Klerikalen, vor allem aber die liberale Gesetzgebungsarbeit der Dekade nach 1867 im Norddeutschen bzw. Deutschen Reichstag die Richtigkeit einer Strategie, deren Betreiber sich durch konstruktive Mitarbeit anstelle der Konservativen empfahlen? Rechtfertigten sie nicht, auf die innere Dynamik eines gesamtgesellschaftlichen Liberalisierungsprozesses zu hoffen, statt sich an Prinzipien zu klammern, die nicht auf einmal durchzusetzen waren?[123]
Entscheidende strukturelle Schwächen des Liberalismus hatten sich indessen bereits in der Konfliktzeit gezeigt. Faktisch hatten die Liberalen des 19. Jahrhunderts seit jeher die Mehrheit der Bevölkerung aus dem »eigentlichen Volk« hinausdefiniert. Entsprechend zu dieser Einstellung lag ihren großen Wahlerfolgen eine im Durchschnitt niedrige Wahlbeteiligung zugrunde (bei der Wahl zum preußischen Abgeordnetenhaus 1862, auf dem Höhepunkt des Verfassungskonflikts, 34,3 %, d.h. 61 % in der ersten, 48 % in der zweiten, 30,5 % in der dritten Klasse).[124] Auf der anderen Seite hatten wichtige Teile des Bürgertums, insbesondere die kapitalistische Bourgeoisie der Westprovinzen, aus der Einschätzung ihrer Interessenlage heraus anders als die Berliner Unternehmer den Verfassungskonflikt nicht als ihre Sache angesehen. Schließlich waren die Liberalen zunehmend der Konkurrenz ausgesetzt, die ihnen, außer von den Konservativen und den Demokraten, auch aus den frühen Organisationsansätzen der sozialistischen Arbeiterbewegung (ab 1863), vor allem aber aus der populistisch-antiliberalen Mobilisierung des katholischen Deutschland zu erwachsen begann.
Die 1870/71 gegründete Zentrumspartei ging aus dem »Kulturkampf«,

den der Obrigkeitsstaat – nachhaltig unterstützt von den Liberalen – mit der katholischen Kirche ausfocht, gestärkt hervor. Ihr Stimmenanteil bei den Reichstagswahlen erreichte zeitweise mehr als ein Viertel. Das als »reichsfeindlich« geächtete Zentrum und der hinter ihm stehende Klerus boten Schutz nicht nur den Katholiken, sondern auch den anderen Verlierern der preußisch-protestantischen Reichsgründung, den nationalen Autonomisten und den Partikularisten (wie den hannoverschen »Welfen«).

Im Kulturkampf, der im Kalkül der Nationalliberalen Bismarck noch stärker von der liberalen Rückendeckung abhängig machen sollte, tatsächlich aber vor allem eine Annäherung der Katholiken an den Liberalismus für die ganze folgende historische Epoche verhinderte, erschien das Zentrum, nicht der Liberalismus, als Verteidiger der Freiheit. Besonders in dem konfessionell gemischten, aber liberal-protestantisch regierten Baden war es dem politischen Katholizismus schon in den 1860er Jahren gelungen, die Auseinandersetzung um das Verhältnis von Staat und Kirche mit dem sozialen Protest der von Industrialisierung und wirtschaftlicher Entfesselung bedrohten kleinstädtischen und ländlichen Bevölkerung zu einer »großen antiliberalen Volksbewegung«[125] zu verknüpfen. Hatten die meist protestantischen Liberalen Badens im Katholizismus ein bildungs- und wirtschaftsfeindliches, verführbares und nicht zuletzt antinationales Element gesehen, so hatten die Ultramontanen den Liberalismus und die Staatsführung als Repräsentanten fremder Mächte – der Fabrikanten und Bankiers, der Advokaten und Beamten sowie der Juden – identifiziert, die sich die Zerstörung des vertrauten Lebensraums zum Ziel gesetzt hätten.[126]

Alle konkurrierenden politischen Strömungen bemühten sich im letzten Viertel des 19. Jahrhunderts, als der deutsche Liberalismus seine Blütezeit hinter sich hatte, diesen an Volkstümlichkeit zu übertreffen. Der Legitimitätsvorsprung der Liberalen als der nationalen Partei ging in dem Maße verloren, wie die übrigen Parteien die Lösung der deutschen Frage unter preußischer Vorherrschaft von 1870/71 akzeptierten. Die konjunkturelle Krise ab 1873 und die folgende krisenhafte Phase langsameren Wachstums offenbarten die inneren Gegensätze der Nationalliberalen Partei, die in den Augen der Bevölkerung über ein Jahrzehnt als eine Art Regierungspartei fungiert hatte. Bildung und Besitz, Groß- und Kleinbürgertum, Stadt- und Landbevölkerung unter liberaler Flagge zusammenzufassen, war nur unter den Bedingungen des prosperierenden Konkurrenzkapitalismus möglich gewesen. 1880 spalteten sich die Nationalliberalen im Anschluß an Bismarcks konservative Wende von 1878/79 in ihren freisinnig-freihändlerischen Flügel und den industriell-schutzzöllnerischen, agrarischen und gouvernementalen Rest. Trotzdem blieb die Wählerbasis der Rechtsliberalen breiter als die der mehr handels- und finanz- statt industrieorientierten, auch stärker kleinbürgerlichen Fortschrittspartei bzw. der aus dem ehemaligen freisinnigen Flügel der Nationalliberalen gebildeten »Liberalen Vereinigung«. Während das Schwergewicht der Nationalliberalen künftig in Süddeutschland, Sachsen und Hannover, also nicht- oder neupreußischen Gebieten, lag, standen die Hauptbastionen der Linksliberalen im östlichen Preußen, im Küstenbereich und in Thüringen. Zweifellos wirkten die Nationalliberalen im Kaiserreich weiterhin als eine wichtige staatserhaltende Partei. Zumal auf kommunaler Ebene, geschützt durch ungleiches Wahlrecht, behauptete sich der Liberalismus in seinen verschiedensten Richtungen vielfach als führende Kraft.

Die beherrschende Stellung des Liberalismus in der öffentlichen Meinung und im politischen Leben war indessen unwiderruflich dahin, weil andere Parteien die Interessen und Wünsche formulierten, die nicht oder nicht mehr in einen liberalen Politik- und Sinnzusammenhang zu integrieren waren. In gesellschaftsgeschichtlicher Sicht wurde der deutsche Liberalismus Opfer des demokratischen Reichstagswahlrechts und des rapiden Industrialisierungs- und damit Klassenbildungsprozesses. Dessen Ergebnis war zugleich das fast völlige Verschwinden selbständiger demokratischer Volksparteien und – auf der anderen Seite – die frühzeitige Herausbildung einer starken Sozialdemokratie.

4. Der starke Staat

Von Alf Lüdtke

Bürokratische Herrschaft

»Staat« bedeutete für die Menschen im 19. Jahrhundert keine neue Erfahrung. In den deutschen Territorien hatten sie staatliche Ansprüche und Praktiken in zwei (unterschiedlich verbundenen) Ausprägungen erlebt – nicht selten erlitten.
Die eine hatte sich vornehmlich als personale Fürsten- oder »Einherrschaft« gezeigt. Angefeuert durch das Beispiel der französischen Monarchen, besonders durch die Machtgebärden Louis XIV.[127], betrieben territoriale Herren, wie zum Beispiel die Herzöge von Hessen-Kassel oder Württemberg, ihre Herrschaft als eine Mischung aus persönlicher Pfründe und prunkvoller Herrschaftspose. Aber auch viele der kleineren »Duodez«-Fürsten verstanden sich als »absolute« Herren. Für die überwiegende Mehrheit der Untertanen hieß das: rigoroses Auspressen ihrer Arbeitskraft, Wegnahme ihrer Produkte durch Produkten- oder Geldrenten; die glanzvollen herrschaftlichen Inszenierungen konnten meistens nur aus respektvoller Ferne, eher von weitem und »von unten«, beobachtet werden.
Die andere Form, in der Staat und Staatsgewalt erfahrbar geworden waren, verwies auf den Steuer- und Militärstaat.[128] »Im Namen des Königs« (oder des Fürsten) hatten »Polizeireiter«, Steuereintreiber und kommissarische Beamte aus den Ministerien, nicht zuletzt aber auch Werbe- und »Preß«-Trupps des Militärs bare Zahlung für den Fiskus oder Dienst bzw. Einsatz des eigenen Lebens oder eigener Lebenszeit bei der »Fahne« verlangt. Sicherlich gab es Ausnahmen; der grundsässige Adel und (teilweise) die Stadtbürger waren »exempt«, blieben von einigen oder allen Steuer- und Dienstleistungen befreit. Für die bäuerlichen und unterbäuerlichen Massen wurde hingegen nur gelegentlich im Namen und Interesse des Fürsten Schutz vor lokaler Willkür gewährt – in solchen Fällen waren der Fürst und seine Beamten meistens weit.
»Einherrschaft« wie bürokratisches Regiment bedeuteten jedoch keineswegs Alternativen. Die Ausdehnung fürstlicher Ansprüche war

ohne bürokratischen Eintreibungsapparat kaum durchzuhalten; für die Beamtenschaft mußte oder konnte der rechtfertigende Verweis auf fürstliche Anordnung oder Absicherung in vielen Fällen notwendig sein. Die Exekutivgewalt durch Beamte, die nicht mehr an eine ständische Klientel gebunden, sondern vom Landesherren abhängig waren oder sein sollten, bedeutete jedoch ein grundlegend neues Element von Staatlichkeit. Auch hier war das französische Vorbild unverkennbar. War es bei den Intendanten des 17. Jahrhunderts in Frankreich vor allem um Erfassung und Registrierung von Sachen und Menschen gegangen, so erweiterte sich das Spektrum der Beamtentätigkeiten in den deutschen Territorien des 18. Jahrhunderts um die »Abrichtung« gehorsamer und willfähriger Untertanen. Der Beamtenausbau in Preußen unter der Herrschaft Friedrich Wilhelms I. (1713–1740) und Friedrichs II. (1740–1786) markierte besonders deutlich die Verknüpfung der fiskalischen, militärischen und disziplinären Zielsetzung des »modernen Staates«.[129] Dabei war Preußen im internationalen Vergleich der Zeit keineswegs so einzigartig, wie es im nachhinein scheint (neben Frankreich ist nicht zuletzt an Österreich zu denken). Zeitgenossen erschien Preußen aber bald als nachahmenswertes – oder abschreckendes – Modell staatlicher Organisation und Praxis.
Am Beispiel Preußens läßt sich auch andeuten, daß neben der direkten physischen Kontrolle der Menschen und der Abschöpfung geldwerter Arbeitserträge durch Steuern und Abgaben andere Formen wirksam wurden, die Untertanen in den Staatszusammenhang einzubinden. Friedrich II. – »der Große« – wurde nicht nur von späteren Jubel-Historikern gefeiert; auch Zeitgenossen, Betroffene wie Opfer, bezeugten diesem Fürsten Respekt. Es scheint, als habe sich hier die direkte Gewalt der Staatsorgane mit Formen von »sanfter Gewalt«[130] verbunden: Die Bewunderung militärischer Heldentaten, aber auch die Anerkennung für Bauernschutz- oder »Peuplierungs«-Maßnahmen durch zahlreiche Betroffene bzw. (bäuerliche) Nutznießer erleichterte immer auch die Hinnahme des Staates und seiner Herrschaftsansprüche.

Bürokratie in Preußen: Verselbständigung und Herrschaftsallianz mit der Junkerklasse

Das neuentwickelte staatliche Organ der zivilen Beamtenschaft sollte die herrschaftliche Gewalt gegen hergebrachte Vorrechte und Eigentümlichkeiten von Städten und Adelskorporationen im Alltag verkörpern und durchsetzen. Im Falle Preußens erlangte die Beamtenschaft, zumindest die Spitzen der Provinzialbehörden (die »Provinzialminister«), aber auch viele der Kabinettsräte in den Kollegien bei Hofe und in den Ministerien, eine erhebliche Eigenmacht. Dabei ging es jedoch nicht nur um eigensüchtige Machtgelüste oder persönliche Pfründe.[131] Der inhaltliche Anspruch der Beamten an ihre eigene Tätigkeit war weit gespannt – angesichts der Notlage nach Ende des Siebenjährigen Krieges (1763) schienen umfassende Kompetenzen besonders dringlich. Einer der führenden Vertreter der »Kameralwissenschaft«, der Lehre von Staatswissenschaft und Staatspraxis, die sich ebenfalls neu entwikkelt hatte, skizzierte den Bereich der administrativen Tätigkeit. J. H. G. von Justi nannte als wesentliche Aufgaben der »Policey«:

In weitläufigem Verstande begreifet man unter der Policey alle Maßregeln in innerlichen Landesangelegenheiten, wodurch das allgemeine Vermögen des Staats dauerhaftiger gegründet und vermehret, die Kräfte des Staats besser gebrauchet und überhaupt die Glückseligkeit des gemeinen Wesens befördert werden kann. (...) So folget daraus (...): Man muß dafür sorgen, daß die Untertanen solche Fähigkeiten und Eigenschaften besitzen und in solcher Zucht und Ordnung gehalten werden, als es der Endzweck der gemeinschaftlichen Glückseligkeit erfordert (...)«[132]

Justi war Polizeipraktiker gewesen, hatte dann an der neugegründeten (Hannoverschen) Universität in Göttingen über Policey- und Kameralwissenschaften gelehrt. In Wien lehrte – der zugleich weithin gelesene – Joseph von Sonnenfels. Er machte darauf aufmerksam, daß unerläßliche Voraussetzungen der »Glückseligkeit des gemeinen Wesens« die »innere Sicherheit des Staates« sei. Und dabei könne man nicht überall und stets auf »freiwillige Folgsamkeit« bauen. Daraus folgte: »das Maß der Kräfte der Widersetzung« müsse »stets kleiner sein (...) als das Maß der Zwangskräfte«.[133]

In dieser Sicht interpretierte auch die preußische Beamtenschaft das allgemeine Wohl und »gemeine Beste«. Mit der Auslegung der Staatszwecke mußten sich folgenreiche Eingriffe in die Lebensweise der »Untertanen« verknüpfen. Vor allem aber richtete sich dieses Verständnis der »Policey« gegen monarchische Allzuständigkeit und monarchischen Letztentscheid. Mit ihrem Definitionsanspruch des »gemeinen Besten« war für die Beamten sehr wohl zu vereinbaren, sich nüchtern auf die gesellschaftlichen Kräfteverhältnisse einzulassen – in Preußen bedeutete das: zumindest die Klasse der Rittergutsbesitzer. Diese Klasse, die bis zu den Reformen nach 1807 offiziell nur dem Adel offenstand, war nicht nur ökonomisch entscheidend. Vor allem garantierten die adligen Offiziere die Schlagkraft der Armee[134], des unerläßlichen Instruments für das zeitgenössische Ideal des »souveränen Machtstaates« (Otto Hintze). Der Finanzstaat, als Kernfunktion der zivilen Verwaltung, sollte in erster Linie das Militär »alimentieren«; die gesellschaftliche, soziale und rechtliche Vorrangstellung des Militärstaates war abzusichern. Das bedeutete zugleich, daß die Zivilbeamten das aus den Söhnen des Gutsadels rekrutierte Offizierskorps bedingungslos zu unterstützen hatten.

Der Prozeß bürokratischer Verselbständigung gegenüber dem Monarchen war und blieb verbunden mit unterschiedlichen gesellschaftlichen Umwälzungen. Zu verweisen ist zunächst auf die sich verdichtenden Anzeichen der »bürgerlichen Agrarumwälzung«. Am Ausgang des 18. Jahrhunderts zeichnete sich eine verstärkte Warenwirtschaft auf dem Land ab, war die Kapitalisierung der agrarischen Produktionsverhältnisse zum Teil unverkennbar (Geldrente, Lohnarbeit).[135] Zu gleicher Zeit waren in den städtischen Zentren, aber auch in den provinziellen Weiten, z. B. in Teilen Ostpreußens, Anzeichen »bürgerlicher« Emanzipationsanstrengungen zu vernehmen. Vor allem aber brachten die Erschütterungen durch die Französische Revolution einen Wachstumsschub für die Bürokratie (wie sie dann in der Terminologie des 19. Jahrhunderts hieß). Ausgedehnte, jedenfalls die Obrigkeiten beunruhigende Proteste von Bauern, Landarmen und Landlosen in Schlesien 1792 und 1793 hatten die Labilität der gesellschaftlichen und herrschaftlichen Verhältnisse signalisiert. Die militärische Niederlage gegen den napoleonischen Militärimperialismus machte schließlich eine umfassende Mobilisierung aller Kräfte zur Wiederherstellung der Unabhängigkeit nach außen und des gesellschaftlichen Status quo nach innen unerläßlich. ›Verändern, um zu bewahren‹ erforderte höchste Anspannung, insbesondere der bürokratischen Kräfte. Der Historiker Eckart Kehr hat die damit verbundenen Wandlungen des staatlichen Herrschaftsgefüges auf die bündige Formel gebracht: »Die absolute Monarchie wurde durch die absolute Bürokratie ersetzt.«[136]

Bürokratisierte Herrschaft, d. h. Relativierung unmittelbar personaler Herrschaftstitel und -verfahren, bedeutete gleichwohl keinen raschen oder umfassenden Übergang zu strikt formalisierter bzw. rechtsförmiger Herrschaftspraxis. Die Verwaltungsbürokratie vermochte vielmehr über das gesamte 19. Jahrhundert hinweg den Kernbereich »staatlicher Sicherheit« als Polizeimaterie zu reklamieren und allen Justizkontrollen vorzuenthalten (bis zur Einführung einer Verwaltungsgerichtsbarkeit 1872 wurden Justizkontrollen sogar zunehmend zurückgedrängt).

In ihren höheren Rängen (von den Regierungsräten an aufwärts) bestand diese (mit)herrschende Beamtenschaft über Jahrzehnte hinweg aus kaum mehr als 1300 Beamten, davon 40 % in den Provinzialverwaltungen. Die Stellungen der Präsidenten der Bezirksregierungen sowie der Ministerialbeamten waren bis in die 1880er Jahre weitgehend dem Adel vorbehalten (ca. ⅔ waren adelig; die sonstigen höheren Beamten in den Provinzen waren hingegen mehrheitlich bürgerlicher Herkunft). Allerdings zeigen die Ziffern für die Landräte, vielfach die untersten der höheren Beamten »vor Ort«, wieder ein deutliches und anhaltendes adeliges Übergewicht; hier stammten 75–80% aus adeligen Familien.[137]

Durchaus in Fortführung der bereits erwähnten Sorge um die »gemeinschaftliche Glückseligkeit« reklamierte die Beamtenschaft unverändert die Zuständigkeit für das »gemeine Beste«. Allerdings hatte sich bereits in den Diskussionen um die Kodifikation des »Allgemeinen Landrechts« ein neues Element als unabdingbar herausgestellt: das aus den älteren Verpflichtungen herausgelöste Institut des privaten Eigentums war ein Kernelement einer Gesellschaft, in der alle produktiven Kräfte mobilisiert waren bzw. werden sollten. Mit dieser neuen Akzentuierung widmete sich die Gruppe der Reformbürokraten nach 1807 in unermüdlicher Beratungs- und Schreibarbeit den Edikten für Verwaltungs-, Militär- und Finanzreformen, vor allem den Erlassen, welche die Besitzumschichtungen auf dem Land und die Neuordnung der gewerblichen Verhältnisse auf den Weg bringen sollten.

> Die Reform wollte die Revolution auffangen und die soziale Bewegung in eine geplante Richtung weisen.[138]

Und aus zeitgenössischer Sicht findet sich die Überlegung, es handele sich hier im Gegensatz zu der Revolution von unten um eine »Revolution von oben« (so der Minister Struensee 1799).[139] Insofern konnte es nicht überraschen, daß insbesondere sozial-ökonomisch folgenreiche Eingriffe, wie die Besitzregulierungen und Ablösungen auf dem Lande, nur im Rahmen der herrschenden gesellschaftlichen und herrschaftlichen Ungleichheiten akzeptiert wurden.

Die Freisetzung der bürgerlichen Gesellschaft, wie sie zumindest die Reformbeamten anstrebten, blieb also ein prekäres Projekt. Zunächst hat Hartmut Harnisch zu Recht darauf aufmerksam gemacht, daß »es realhistorisch immer nur um eine Reform für den Adel und günstigstenfalls mit dem Adel ging«.[140] Dabei ist gegen eine vorschnelle Schematisierung festzuhalten, daß der Adel keineswegs eine statische Größe war. Der Übergang zur kapitalistischen Gutswirtschaft seit dem späten 18. Jahrhundert hatte zwar viele Adlige ihr Gut gekostet, zugleich wandelte sich aber auch ein erheblicher Teil von ihnen in kapitalistisch wirtschaftende »Junker«. Adelige wie nun auch zunehmend bürgerliche

Agrarkapitalisten nutzten zugleich die Vorteile der z. T. unveränderten herrschaftlichen Strukturen auf dem Lande, insbesondere die gutsherrliche Polizeigewalt (formell bis 1872, faktisch darüber hinaus) sowie das besondere Gewaltverhältnis des Gesinderechts (bis 1918). Darüber hinaus verteidigte der grundbesitzende Adel auch die dominierende Rolle in administrativen Spitzenpositionen, vor allen Dingen aber in den Kommandostellen des Militärs.
Die Beharrungskraft der »Junker« konnte nicht allzusehr überraschen. Daneben irritierte aber die Beamten das beschleunigte Anwachsen der landlosen und landarmen Schichten in den ostelbischen Provinzen. Sie waren nicht als aktuelle Vetomacht zu behandeln, bedeuteten aber doch eine erhebliche, zudem wachsende Unsicherheit für die gesellschaftliche und herrschaftliche Ordnung.
Angesichts dieser Situation, in der sich wirtschaftsbürgerliche Gruppen erst allmählich nachdrücklicher regten, fand sich die Bürokratie mit der Junkerklasse in einer »Allianz«.

Von 1807 bis 1812 wurden die Grundlagen eines Zustandes gelegt, erschüttert und wieder ausgeglichen, den man als feste Allianz gegenüber allen Unbeteiligten und als schärfsten Kampf zwischen den Alliierten an jedem Punkte möglicher Berührung der eigenen Interessen bezeichnen kann.[141]

Mit vergleichsweise grobem Strich ist damit das Grundelement jener herrschaftlichen Konfiguration, ihrer Widersprüche und der Grenzen ihrer Wandlungsfähigkeit bezeichnet, wie sie für Preußen bis ins letzte Drittel des 19. Jahrhunderts bestimmend wurde. Die notwendigen Konkretisierungen sind hier nur anzudeuten: von einzelnen Politikfeldern – Steuerpolitik[142], Zollfragen, Gemeindeverfassung, Konstitution für den gesamten Staat, Gerichtsverfassung – bis zu den regionalen Unterschieden. Einzubeziehen wäre insbesondere die Entwicklungsdynamik, die mit der Entfaltung der Wirtschaftsbourgeoisie seit den 1830er Jahren in neuer Weise die Allianz belastete, jedoch nicht grundsätzlich veränderte oder erschütterte. Angemessen ist hier der Hinweis von Helmut Bleiber, das Etikett sei sekundär, »wenn nur der ›unreine‹, gemischte und mehrschichtige Charakter des Staates berücksichtigt wird«.[143]
Fragen nach der Funktion staatlichen Handelns und nach den sozialen Konfigurationen der Herrschenden und Mächtigen sind notwendig, reichen aber nicht aus. Denn damit ist nicht geklärt, wie diese »Allianz« in alltäglicher Praxis wirksam wurde. Welche Chancen und Leiden brachten staatliches Zugreifen, staatliche Drohung oder Verweigerung für die Masse der Beherrschten? Für die »Verwalteten« mochte jeden-

falls das Problem zweitrangig bleiben, ob sie von einer »Allianz« oder vielleicht von einer »symbiotischen« Verflechtung[144] von Beamten, Gutsherren und Militärs erfaßt und reguliert, kontrolliert oder auch brutal traktiert wurden. Die Frage, welche Folgen eine »Verbürgerlichung« der Beamtenschaft bzw. der bürokratischen Orientierungen, welche Konsequenzen rechtsförmige Herrschaftspraxis haben würden – wie sehr ein in mancher Hinsicht zunehmend »bürgerlicher« Staat das (Über-)Leben »der Vielen« verändern mochte: Dies entschied sich in alltäglichen, vielfach unauffälligen Konfrontationen mit der Staatsgewalt.[145]

Einen möglichen Zugang zu diesen Erfahrungen soll der folgende Abschnitt erneut am preußischen Beispiel umreißen.

Revolution und Reaktion 1848/49: Die Staatsgewalten behaupten sich

Private, mehr noch öffentliche Versammlungen jeder Art und Größe beunruhigten die Repräsentanten staatlicher Hoheit im Vormärz in zunehmendem Maße. Charakteristisch ist die nachdrückliche Erinnerung, die preußische Verwaltungsbeamte in einem ihrer Handbücher für den täglichen Dienst fanden: Aus jeder »Zusammenrottung vieler über ein bestimmtes Ereignis mißvergnügter Individuen« könne eine besondere Gefahr für den Bestand des »Staates im Ganzen« erwachsen.[146]

Lokale »Tumulte« gehörten zu den vorrangigen Ausdrucksformen städtisch-plebejischer wie bäuerlicher Massen im Ancien régime. Aber auch in den Jahrzehnten seit 1815 waren sie Teil der sozialen und politischen Realität.[147] Ursachen wie Anlässe, d. h. auch Zusammensetzung und Ziele, waren überaus vielfältig.[148] Die Liste der lokalen »Tumulte« in den Staaten des Deutschen Bundes ist lang (vgl. die Hinweise in der Fallstudie zur »Polizeipraxis«). Die Ängste der Besitzenden, die Befürchtungen der Beamten, wurden jedoch gebündelt und angetrieben durch die revolutionären und rebellischen Bewegungen vom Herbst 1830. Nachrichten von der Juli-Revolution in Paris wirkten als Auslöser: In vielen Städten sammelten sich Gesellen, Handarbeiter, Dienstboten – zahllose Besitzlose und Besitzarme, aber auch manche »gute Bürger« auf den Straßen.

In den 1840er Jahren fanden die »Weberunruhen« vom Sommer 1844 große Resonanz auch weit außerhalb der Schlesischen Mittelgebirge. Danach gab es keine Ruhe mehr: Im Herbst 1846 und besonders im

April/Mai 1847 wurden zahlreiche größere und kleinere Gemeinden in Pommern, in Ost- und Westpreußen, in der Provinz Sachsen, in Württemberg, aber auch in Schlesien von Teuerungs-Tumulten erschüttert; es ereigneten sich »Kartoffel-Revolten« oder »Brotunruhen«. Neben Frauen und Jugendlichen waren die Aktivisten auch hier verarmte Handwerksmeister, Gesellen und Lehrlinge ohne Hoffnung auf Arbeit oder gar selbständige Stellung.

Auch diejenigen unter den »guten Bürgern« und Beamten, die keine »Umsturzpartei« und ihre »Emissäre« als »Wühler« und Drahtzieher sahen, drängten nach 1830, mehr noch nach 1844, die staatlichen Gewalten müßten rasch und massiv einschreiten. Insbesondere sollte Militär ohne zu zögern eingesetzt oder angefordert werden. In Preußen schärften die zuständigen Ministerien nach Kirmes-Unruhen in Köln im August 1846 – die allerdings vom Militär selbst provoziert worden waren – den raschen und massiven Militäreinsatz noch einmal ausdrücklich ein. Die militärische Unterdrückung lokaler Proteste wurde 1846/47 in den Hungerunruhen zur Routine bei der »Beruhigung« und Pazifizierung der Massen.

Zu den unmittelbaren Vorbedingungen der Revolution von 1848/49 gehörten aber nicht nur »Tumulte« und Volksunruhen, sondern auch revolutionäre Bewegungen und politische Kämpfe im Ausland: Im Herbst 1847 erregten die Auseinandersetzungen um den Schweizer »Sonderbund« insbesondere die südwestdeutschen Regionen.[149] Im Januar 1848 verbreitete sich die Nachricht von der Erzwingung eines Verfassungsversprechens im Königreich »beider Sizilien«, zugleich von revolutionären Bewegungen in Norditalien. Als Sturmzeichen wirkten aber – wie 1830 – Massenversammlungen und Barrikadenkämpfe in Paris: Der »Bürgerkönig« Louis Philippe war ohne viel Federlesens gestürzt, nach kurzem Intermezzo am 24. Februar 1848 die »Republik« proklamiert worden. In den Zentren »bürgerlichen Lebens« in den deutschen Staaten, in Mannheim, Köln oder Breslau versammelten sich nun nicht mehr nur Fabrikarbeiter und Handwerksgehilfen, Tagelöhner oder Dienstboten. Auch kleine Kaufleute, Lehrer, Studenten und »Gebildete« unterschiedlicher Herkunft und unterschiedlichen Alters gesellten sich hinzu. Ähnliches geschah in den Hauptstädten, vor allem in München und Dresden, Wien und Berlin. Die Antwort der Obrigkeit war stereotyp: Militärpatrouillen, Verstärkungen von Garnisonen und Militärwachen, schließlich das Ausrücken größerer Einheiten und Verbände, das Androhen des Waffengebrauchs – scharfer Säbelhieb und scharfer Schuß. Die Staatsmacht setzte ihre Bataillone, Schwadronen und Geschütze »ohne Rücksicht auf Verluste« ein.

Die soziale Vielfalt und Ungleichheit der »Tumultierenden«, zugleich die Spannbreite der Parolen, von der »Preßfreiheit« zur »Freßfreiheit«[150], die Überlagerung und Gleichzeitigkeit, nicht selten die wechselseitige Anregung und Anfeuerung unterschied diese Bewegungen von allen lokalen Tumulten der Jahre und Jahrzehnte zuvor. Dabei dominierten jetzt vielfach auch die Überlebensnöte. Das gilt für die Bauern, die im Odenwald und im benachbarten Württemberg, aber auch in Hessen und in norddeutschen Territorien, die Ablösung immer noch andauernder feudaler Verpflichtungen forderten; in den Städten bestimmten die Szene nicht selten Handwerksmeister und -gesellen »ohne Nahrung«. Es kamen in der Konjunkturkrise des Winters entlassene Fabrikarbeiter hinzu (Berlin), nicht zuletzt die »Rotten« der Erdbauarbeiter, aber auch Diener, Knechte und Kutscher. Es blieb jedoch nicht dabei; denn seit Februar 1848 besuchten und organisierten vor allem Studenten, Intellektuelle und Literaten zahllose Versammlungen. Aber auch Beamte – zumal aus der Justiz – und Lehrer nahmen teil, redeten, schrieben und ließen drucken.

Ebenso charakteristisch wie folgenreich war die Gleichzeitigkeit der Forderungen: Veränderungen der unmittelbaren Lebensbedingungen und Veränderungen von »Politik« und »Gesellschaft«, vor allem »Constitution« und »Assoziation«. Es ging gegen den Grundherrn oder Bürgermeister, gegen Steuereintreiber und vielerlei Unzuträglichkeiten. Zugleich aber regten sich einzelne und Gruppen, die eine bürgerlich organisierte Politik anstrebten; Verfassung und Parlament sollten an die Stelle bürokratischer Allmacht und Willkür treten. Aber auch hier herrschte keine Einigkeit; denn den Befürwortern einer konstitutionellen Monarchie standen die Anhänger der »Volkssouveränität« oder »Republik« gegenüber. Daneben ertönte zunehmend auch der Ruf nach der »sozialen Republik«.

Die Aktivitäten konzentrierten sich freilich zunächst auf den Kampf um die Straßen: Barrikaden wurden gebaut, Hieb- und Stichwaffen eingesetzt, von Mistgabeln, Schwertern, Lanzen, bis hin zu einzelnen Schußwaffen, d. h. Pistolen, Jagdbüchsen, wohl auch erbeutete Militärwaffen oder, wie in Berlin, zwei »Messingböller« als Gegen-Artillerie. Opfer gab es nicht mehr nur auf der einen Seite der Barrikaden: In Berlin, wo während der Märzereignisse die heftigsten Kämpfe tobten, starben am 18. und 19. März 1848 bzw. in den Tagen danach mindestens 303 Zivilpersonen. Von den eingesetzten Soldaten und Offizieren fanden 24 den Tod. Die Distanz blieb freilich auch im Tode erhalten: In einem gewaltigen Demonstrationszuge wurden die zivilen »Märzgefallenen« am 22. März im Friedrichshain beigesetzt; die Leichen der Mili-

tärpersonen erhielten zwei Tage später ihre letzte Ruhe auf dem Invalidenfriedhof.
Die weiteren Ereignisse sind hier nur stichwortartig zu umreißen: Die Regierungen gaben überall zunächst den Volkserhebungen nach. Vertreter liberaler Positionen, vornehmlich aus dem Lager des wirtschaftenden Bürgertums, aber auch aus Beamtenkreisen, erhielten Regierungspositionen bzw. wurden mit den Regierungsgeschäften beauftragt. Das bedeutete zugleich das Einschlagen des parlamentarischen Weges: Im Reich wie in den Einzelstaaten wurden Wahlen auf der Grundlage des allgemeinen (Männer-)Wahlrechtes abgehalten, mit der Ausarbeitung von Verfassungen begonnen. Auch die neuen Regierungen blieben nicht untätig. In Preußen fielen z. B. in den ersten Wochen nach dem 18. März vor allem die Prügelstrafe und die Patrimonialgerichtsbarkeit (der in den Gutsbezirken der ostelbischen Provinzen mehr als die Hälfte der insgesamt dort wohnenden Menschen unterstanden hatte). Auch hier sollte Recht nur noch von berufsmäßig ausgebildeten, in einer besonderen Justizbehörde organisierten Richtern gefunden und gesprochen werden.
In Wien wie in Berlin – in allen politischen Zentren – waren insbesondere die Symbole des bisherigen »starken Staates« zurückgezogen worden. Besonders kennzeichnend scheint die Szenerie in Berlin[151]: Vom 19. bis 21. März hatten die normalerweise in der Stadt »garnisonierenden« Garderegimenter demonstrativ aus der Hauptstadt abmarschieren müssen. Die Truppen blieben freilich in Spandau, Potsdam und den umliegenden Landkreisen kaserniert oder einquartiert. Am 22. März folgte jedoch der ausdrückliche Befehl, »alle Vermutungen«, die Truppen würden einen Angriff gegen das nun von Bürgern behauptete Berlin vorbereiten, »recht sichtbar zu widerlegen«. Am 25. März erklärte der König Friedrich Wilhelm IV. den im Marmorsaal des Potsdamer Schlosses versammelten Offizieren der Gardetruppen, daß er sich »unter dem Schutze meiner Bürger« absolut sicher fühle.[152] Parallel zum Abzug der Truppen waren in Berlin die wenige Tage zuvor errichteten provisorischen, aus Zivilpersonen besetzten »Schutzkommissionen« in die »Bürgerwehr« umgewandelt worden. Und der König hatte schließlich befohlen, der herkömmlichen schwarz-weißen Kokarde die schwarz-rot-goldene hinzuzufügen. Diese »alten deutschen Farben« (Friedrich Wilhelm IV.) – tatsächlich die Farben der nach 1819 rigoros verfolgten Burschenschaften – waren von der Bundesversammlung bereits am 9. März zu den Bundesfarben erklärt worden; der König selbst hatte sie bei einem Umritt in Berlin am 19. März angelegt.
War der starke Staat schwach geworden? Die Offiziere der aus Berlin

zurückgezogenen Truppen fühlten sich zwar ihrer eigenen Einschätzung nach als »begossene Pudel« (von Prittwitz)[153], wenn man aber den Blick auf andere Schauplätze erweiterte, mußte sich ein weniger eindeutiges Bild zeigen. Mitte April 1848 wurde im Badischen Oberland die vom Advokaten Friedrich Hecker angeführte Freischarenbewegung aus Bauern, Gesellen und Intellektuellen niedergeschlagen. Das 8. Korps der Bundestruppen, d. h. hessische, badische und württembergische Truppen machte mit den (vielfach nur mit Sensen oder Spaten bewaffneten) Kämpfern für die »Republik« kurzen Prozeß. Die Bundesexekution funktionierte also auch nach Wochen revolutionärer Erschütterung. Gleichzeitig stockten Ansätze, alternative Ordnungsmächte zu etablieren. In Berlin erwies sich die Bürgerwehr beim Sturm von Erd-, Hand- und Maschinenbauarbeitern auf das Zeughaus am 14. Juni keineswegs als handlungsfähige Schutztruppe der neuen »Ordnung«. Das Kabinett der März-Minister sah sich genötigt, Landwehr einzuberufen und auf die bereits seit dem 30. März wieder in Berlin garnisonierenden Linientruppen zurückzugreifen. Wenige Tage später entschlossen sich die »Ordnungskräfte«, eine neue, militärisch organisierte Polizei, die »Schutzmannschaft«, aufzubauen. Ein weiterer Fall: Am 18. September 1848 sah sich der »Reichsverweser« Erzherzog Johann von Habsburg veranlaßt, gegen rebellische Proletarier und Plebejer in Frankfurt auf österreichisches und preußisches Militär zurückzugreifen. Auch die neue provisorische Zentralgewalt kam also nicht ohne die Zwangsmittel der alten Mächte aus. Die militärischen Stützen von Thron und Altar, von legitimer Ordnung, schienen für die Abwehr »ungebärdiger« Volksmassen unverzichtbar. Das zeigte sich Ende desselben Monats auch in Baden. Der erneute Versuch, die Republik zu installieren, wurde nach 4 Tagen (am 25. September) in Lörrach von regulären badischen Truppen zerschlagen.

Als am 16. Oktober 1848 die Berliner Bürgerwehr gegen protestierende Kanalarbeiter zum massiven Angriff überging und auch Schußwaffen einsetzte, war es für Formierung einer eigenständigen, d. h. einer »revolutionären« oder zumindest: bürgerlich-zivilen Zwangsgewalt schon zu spät. Das Vorgehen der Bürgerwehr forderte 11 Todesopfer unter den Arbeitern; damit waren offenbar die letzten Chancen für eine erneuerte revolutionäre Einheit vertan. Wenige Tage danach wurde dann deutlich, daß die Furcht vor der »Reaction«, die seit dem Frühjahr 1848 die Gemüter der »Revolutionäre« ganz unterschiedlicher Couleur bewegte, nicht grundlos gewesen war: Das Militär ergriff die Initiative und bestimmte auf längere Sicht den Kurs wie die Praxis der staatlichen Repression insgesamt.

Zunächst eroberten 70 000 Soldaten unter der Führung des Kaiserlichen Feldherrn Fürst Windischgrätz vom 26.–31. Oktober das demokratische Wien; mindestens 2000 Zivilopfer waren zu beklagen. Was hier ein blutiger Kampf war, ließ sich am 10. November in Berlin ohne Schuß durchführen. 80 000 Soldaten, d. h. das Vierfache der am 19. März abgezogenen Truppen, besetzten unter der Führung des General von Wrangel die Stadt. Der Belagerungszustand, dessen »beruhigende« Wirkung in Köln am 25. September ausprobiert worden war, wurde verhängt (am 12. November); und mit der Ausrufung des Kriegsrechts (14. November) zogen die Offiziere neben der Kontrolle der Presse und der Straße auch die Ausübung der Rechtsprechung an sich. Die preußische Nationalversammlung wurde nach Brandenburg verjagt; die Bürgerwehr zerstreute sich zum größten Teil ohne äußere Nachhilfe.

Fortan behielten die Militärs das Heft in der Hand – direkt oder indirekt. An zahlreichen Orten verhängten in den nächsten Monaten regionale Befehlshaber den Belagerungszustand. Im Mai 1849 setzte sich das Militär gegen die »zweite Revolution« endgültig durch. Dieser erneute Ansatz zur Revolution war stärker als zuvor angereichert mit »roten« Elementen. Sie zielten nicht nur auf die Durchsetzung der Reichsverfassung (das offizielle Ziel der Bewegung), sondern auch auf die Republik – auf die »soziale Republik«. In Sachsen wie im Wuppertal wurden diese Bewegungen massiv und blutig niedergemacht. Zwar gab es in Elberfeld ein momentanes Schwanken bei einigen der eingesetzten Linienkompanien. Aber nach kurzem Rückzug waren wenige Tage später die Schwarz-Rot-Goldenen unterworfen – die Roten überwältigt, erschossen oder auf der Flucht, vor allem in die Rhein-Pfalz und nach Baden.

Die militärische Garantiemacht der hergebrachten politischen und gesellschaftlichen Ordnung war die Triebkraft, in jedem Fall das Hauptinstrument der Gegen-Revolution. Insofern hatte der (ideologisch führende) preußische Oberstleutnant Griesheim nicht nur Ansprüche oder Hoffnungen einiger besonders scharfmacherischer Offiziere ausgedrückt. Er hatte im November 1848 bekräftigt: »Gegen Demokraten helfen nur Soldaten.« Und zumindest nachträglich bestätigte die militärische Gegen-Revolution, wie richtig es gewesen war, daß das Heidelberger Vorparlament als erste der vier Märzforderungen die nach Volksbewaffnung und freier Wahl der Offiziere genannt hatte.

Verändern, vielleicht umwälzen ließ sich eine so separierte, vierfach »geschlossene« Institution wie das Militär offenbar nur durch völlige Zerschlagung oder sehr langfristige innere Umgestaltung. Die Hoffnung, die Wehrpflichtigen würden sich als »Fleisch und Blut vom eigenen Volk« verhalten[154], ging in die Irre. Einige Fälle von Gehorsamsverweigerung, von zögerndem Einsatz, mochten zwar die Generale irritieren; Folgen hatte das nicht. Kennzeichnend blieb vielmehr eine kleine Episode vom 21. März 1848 in Berlin. Der General von Prittwitz berichtet, daß eine abziehende Eskadron der Garde du Corps von dem Führer der aufgebotenen Bürger-Schutzwache, dem Maler Hensel, verabschiedet worden sei. Hensel richtete einige Worte an die Truppe – vor allem: Die Soldaten würden doch alle mit ihm übereinstimmen: »Es lebe unser lieber König!« Darauf Stille, dann die Antwort der Schwadron kurz und scharf: »Es lebe Seine Majestät der König!« Und weiter: »Als der Major (der Schwadron) unmittelbar darauf ›Marsch‹ kommandierte, brachten die Bürger der Garde du Corps ein Hoch, das lautlos hingenommen wurde.«[155]

Offene Rebellion des Militärs erwuchs aus inneren Spannungen und den Anforderungen »von außen« nur in einem Fall: In Baden, dem Kernland der liberalen wie der demokratischen revolutionären Bewegungen, rebellierten am 12. Mai 1849 die badischen Truppen, die in der Bundesfestung Rastatt lagen. Aber hier trat erneut die Bundesexekution ein – jetzt unter Führung und Beteiligung preußischer Truppen. Vor allem diese Regimenter schlugen unbarmherzig zu. Am 23. Juli 1849 kapitulierten die letzten Revolutionäre in Rastatt. Es folgten Kriegsgerichte und Hinrichtungen – preußische Truppen blieben bis Ende 1850 im Land. Parallel reorganisierten preußische Beamte die badische Staatsverwaltung.

In den Jahren 1848 und 1849 gelang es nicht, den Staat zu jenem »gemeinen Wesen« zu machen, das vor allem viele Streiter für eine Verfassung, sei es eine republikanische oder eine konstitutionelle, im Sinn gehabt hatten. Dennoch: der Triumph des Militärs bezeichnet nur die eine Seite der Entwicklung. Denn die Organisation und die Praxis der Staaten änderte sich, nicht nur unter dem momentanen Schock der »März-Ereignisse«. Bleiben wir bei Preußen; es war ab Herbst 1848 zur treibenden Macht der Gegen-Revolution geworden. Aber auch Preußen erhielt eine Verfassung, selbst wenn sie »oktroyiert« wurde (am 5. Dezember 1848). In revidierter Form trat die Verfassungsurkunde unter dem 31. Januar 1850 in Kraft. Diese Verfassung verwandelte Preußen fraglos nicht in eine parlamentarische Monarchie. Gleichwohl räumte sie den »Staatsbürgern« Rechte ein, die bis dahin für die Vertreter eines legitimen Gottes-Gnaden-Königtums ganz undenkbar gewesen waren.[156] Immerhin lagen fortan Gesetzesinitiative und Budgetrecht beim Parlament; die Minister hatten sich zu verantworten (auch wenn sie nur vom König ernannt und entlassen wurden); die Versammlungs- und

Vereinigungsfreiheit waren grundsätzlich zugestanden, zumindest prinzipiell war jedem die persönliche Freiheit sowie die Unverletzlichkeit der Wohnung eingeräumt.
Freilich: gleichzeitig wurde den Behörden zugestanden, sich im Notfall über diese Rechte hinwegsetzen zu dürfen. Es blieb also ein halbierter Konstitutionalismus, oder: ein »Halb-Absolutismus« (H.-U. Wehler).[157] Der Kern war weiterhin das »militärische Superarbitrium« (O. v. Manteuffel)[158]; der Letztentscheid des Militärs in politischen Grundfragen – auch über den »Ausnahmefall« – blieb unangetastet. Das gilt insgesamt für die Armee: In der Sicht der führenden Militärs, zugleich der hochkonservativen Adelsgruppen, war der »eigentliche Staat« unverändert auf einer Armee außerhalb jeder Konstitution gegründet. Diese Kontinuität fand auch ihren gesetzestechnischen Ausdruck. Im Juni 1851, eineinhalb Jahre nach Verkündung der Verfassungsurkunde, wurde der Verfassungsparagraph über den Belagerungszustand (§ 111) in einem Gesetz konkretisiert.[159] Es sicherte den lokalen Militärkommandeuren freie Entscheidung. Sie sollten und konnten notfalls auch ohne »Requisition« durch die Zivilbehörden in die zivile Gesellschaft eingreifen, wenn sie für ihre Truppen, d. h. für die durch sie vertretene Staatsordnung »Gefahr im Verzuge« sahen.

5. Staatliche Gewalt und polizeiliche Praxis: Preußen im Vormärz

Von Alf Lüdtke

Wachsamkeit gegenüber den niederen Klassen

Der Polizeibeamte muß nie spazieren, d. h. ausgehen, wo er nicht irgend Etwas zu bestehen und zu untersuchen hat, möglichst selten in Begleitung gehen, damit er Augen und Ohren für den Dienst hat, und darauf sinnen, wie er den Dienst, mit Erfahrung und Vergnügen in Verbindung bringt. Ein solcher Mann wird am Ende Andern lästig, indeß er hat Zeit, um seine Geschäfte zu betreiben.[160]

Die zitierten Sätze gehören zu den Schlußbestimmungen der »Dienst-Unterweisung«, die der Bürgermeister von Minden am 2. Januar 1831 für den neuen Polizei-Inspektor erließ. Der Inspektor sollte das polizeiliche Exekutivpersonal anleiten, d. h. zwei »Polizeidiener« sowie mehrere Nachtwächter und »Bettelvögte« (zur Unterstützung konnten gegenüber den 10000 Zivileinwohnern von Fall zu Fall ein oder zwei militärisch organisierte Gendarmen zur Verfügung stehen). – Die Instruktion umfaßte 26½ eng beschriebene Folioseiten. Die Schlußpassage nimmt den Anfang wieder auf: Betonen die ersten Abschnitte, wie wichtig die Kontrolle der Auswärtigen, der Fremden sei, so verlängert der Schluß das angespannte Mißtrauen gegen Dritte bis in die Mußestunden des Polizeipersonals selbst. Zumindest der Leiter der exekutiven »Officianten« habe immer im Dienst zu sein.

Der Mindener Bürgermeister formulierte die Instruktion vor dem Hintergrund der Gesetze bzw. »Verordnungen« zur Neuorganisation der Staatsverwaltung, die im Zuge der Staatsreform 1808, 1815 und 1817 erlassen worden waren. Für die innere Verwaltung war darin ausdrücklich als Aufgabe vorgeschrieben: Ihnen obliege vielmehr ebenso die »Wahrung und Beförderung der allgemeinen Wohlfahrt«, oder in einer anderen Wendung: »die Fürsorge wegen des Gemeinwohls unserer Untertanen«. Die Polizei-Verwaltung sollte sich also nicht nur auf die »Abwendung der dem Publico oder einzelnen Mitgliedern desselben bevorstehenden Gefahren« beschränken. Diese restriktive Bestimmung des »Allgemeinen Landrechts für die Preußischen Staaten« (von 1794)[161] wird zwar heute häufig zitiert – sie fand aber bis gegen Ende des 19. Jahrhunderts kaum Beachtung. Für den Mindener Bürgermeister bestand somit kein Grund, an der Unendlichkeit der Polizei-Aufgabe zu zweifeln.[162] Dann war es jedoch nur folgerichtig, daß diese Pflicht den Polizeibeamten keine Pausen gestattete.

Die Polizei hatte jede nur denkbare Lebensäußerung der »Verwalteten« zu erfassen – in den Städten hieß das: der Einwohner und der mit kommunalem Wahlrecht ausgestatteten, insgesamt besser gestellten, dauerhaft ansässigen »Bürger«. Die unübersehbare Vielzahl der dabei zu regulierenden Details kümmerte den Verfasser der Mindener Instruktion freilich nicht. Dafür verwies er auf einschlägige Handbücher, die schon für den Dienstgebrauch geraffte Fassungen aller Bestimmungen gaben, freilich stets vielbändige Werke blieben. Der Bürgermeister vernachlässigte z. B. die Strafbestimmungen für Hühneraugenoperateure oder Verbote des Schneeballwerfens. Er konzentrierte sich vielmehr auf die grundlegende Einstellung der Beamten, auf ihren »Habitus« und auf die sicherheitsempfindlichen Problemzonen.

Die Schlußbestimmung der Instruktion signalisierte: Unausgesetzte Wachsamkeit tue not – nicht am Schreibtisch, sondern auf den Straßen. Diese Betonung zeigt unmißverständlich, daß die Mindener Instruktion für viele steht; sie war kein Einzelfall, sondern typisch. Generell galt bei den höheren Polizei- und Verwaltungsbeamten: Werde diese Wachsamkeit, die auch von den zuständigen Ministerien immer wieder eingeschärft wurde, auch tatsächlich praktiziert, dann könne »nichts Wesentliches unbemerkt« bleiben. Die (blau uniformierte) Obrigkeit sollte die lokalen Verhältnisse stets völlig im Auge haben. Zugleich mußte sie dabei immer wieder selbst sichtbar werden: Das »Auftauchen« eines Officianten drohte den »Verwalteten« durchaus möglichen Zugriff, zukünftige Ahndung und Strafe.

Konnte aber jedermann gleichermaßen als verdächtig gelten? Im Einklang mit der Gesetzgebung und der ministeriellen Erlaßflut, mit der Tendenz der Mittelbehörden war in der referierten Instruktion die »Paß- und Fremdenpolizei« an die erste Stelle gerückt. Durch Registrierung und lückenlose Kontrolle sollte sichergestellt werden, daß nur ja kein Unbekannter, niemand ohne polizeiliche Anmeldung in der Stadt Aufenthalt nahm oder gar übernachtete – vor allem niemand »geringeren Standes«:

Kein Fremder, d. h. hier nicht wohnhaft, darf ohne Wissen und Genehmigung hier übernachten. (...) Auch Familien, welche Fremde als Gäste aufnehmen, müssen diese anzeigen. Sind die Familien ganz unverdächtig und des ersten Standes und haben sie die Leute aus der Nachbarschaft aufgenommen, so wird eine strenge Durchführung viele Unannehmlichkeiten machen. Dagegen muß mit der größten

Strenge gegen die Leute verfahren werden, welche Fremde gewerbsweise aufnehmen und der Regel nach der polizeilichen Aufsicht entziehen.
Die Fremden-Polizei wird aus der Polizeistube selbst höchst mangelhaft nur geführt werden können. Auf den Straßen und in den verborgenen Winkeln müssen die Verdächtigen, der polizeilichen Aufsicht entzogenen Fremden aufgegriffen und zur Untersuchung gezogen werden, namentlich die Leute, welche von Haus zu Haus gehen, unsicheren Tritts sich auf der Straße umhertreiben, die oft fragen, sich zurechtweisen lassen. Diese Leute sind Bettler und Diebe und die größte Strenge ist durchaus notwendig. Können solche Leute sich durch Pässe, amtliche Bescheinigungen, Zeugnisse hiesiger Einwohner nicht legitimieren, so sind sie verdächtig. Sind es Inländer, so müssen sie, wenn sie sonst nicht wegen Vergehen zur Strafe zu ziehen sind, als Herumtreiber mit dem Antrage auf Ausstellung eines Zwangspasses an den Herrn Landrat geschickt werden. Sind es Ausländer und nicht als Vagabunden zu betrachten, so muß man sie gleich aufs Kreisgefängnis führen und sie solange sitzen lassen, bis die Überzeugung erfolgt, daß sie hier kein Vergehen begangen haben, und dann aus der Stadt verweisen. Sind solche aber eigentliche Herumtreiber, so müssen sie des Landes verwiesen werden.[163]

Zwei Besorgnisse überlagerten sich bei dieser besonderen Vorsicht vor Angehörigen der »ärmeren« Klassen: Die Furcht saß tief, womöglich mit widerwärtigen Krankheiten angesteckt zu werden, vorzüglich mit der angeblich besonders von wandernden Handwerksburschen und Tagelöhnern importieren Krätze. Zum einen ging es also um die Unbefleckheit der Einwohner und Bürger. Zugleich mußte aber auch die Schonung der Stadt- und Armenkasse im Auge behalten werden (sie hatte bei preußischen Untertanen notfalls die Pflegekosten zu dekken).
Peinigender war aber die Furcht, die gewohnte Ordnung der Personen und Dinge könnte gestört oder unmittelbar gefährdet werden. Konkrete Erfahrungen und diffuse Ängste durchmischten sich. Mußten nicht die umherstreifenden Besitzlosen, diese – je nach Jahreszeit und Konjunktur der Getreide- und Brotpreise – vielleicht um 10 %, vielleicht um 20–30 % der Bevölkerung das private Eigentum und damit die Grundlagen bürgerlicher Existenz antasten? Lockte sie nicht der kleine Besitz, der tägliches Auskommen ermöglichte, von den Nahrungsmitteln über die zum Trocknen aufgehängte Wäsche und Kleidung, die in den Höfen abgestellten Gerätschaften, bis zu dem in den Häusern verwahrten Bargeld?
Verletzungen privaten Eigentums forderten den umfassenden Einsatz staatlicher Autorität und Macht. Immerhin waren Sicherung und Entwicklung des Eigentums bzw. der verfügungsberechtigten Eigentümer in den Staats- und Rechtsreformen zu Beginn des 19. Jahrhunderts von der seinerzeit führenden Bürokratengruppe ausdrücklich als Kern-

element des »gemeinen Besten« bezeichnet worden.[164] Sosehr hier die exekutiven Polizei-Beamten gefordert waren – Ahndung von Eigentums-Verletzungen sollte den Gerichten und ihren in den Augen der höheren Beamten weiterreichenden Strafen vorbehalten bleiben. Die Justizstatistiken spiegeln den Umfang der Eigentumskriminalität. Im Jahre 1835 betrafen ca. 85 % aller in Preußen von der Justiz eingeleiteten Unternehmungen die Diebstahltatbestände.[165] Und zumindest in den 1830er und 40er Jahren waren davon wiederum drei Viertel Holzdiebstähle. Dirk Blasius hat gezeigt, daß im Vormärz die registrierte Diebstahlkriminalität in direkter Abhängigkeit zur Entwicklung der Getreidepreise zu- oder abnahm. Der besonders scharfe Anstieg der Lebensmittelpreise von 1845–47 war von parallelen Ausschlägen der Holzdiebstahlsuntersuchungen begleitet. Dabei war zumal für die Polizei wichtig, »daß Diebstähle ihren Schwerpunkt in den Städten hatten, Holzdiebstähle dagegen am häufigsten auf dem Land verübt wurden«. Das Aneignen von Feuerholz auf dem Land korrespondierte mit dem Diebstahl von Lebensmitteln oder Sachwerten in den Städten: Überlebenssicherung war offenbar das treibende Motiv – die zugleich von der sozio-ökonomischen Lage in Frage gestellt, wenn nicht blockiert wurde. Ein höherer Justizbeamter notierte, Zahlen wie Einzelfälle dokumentierten, daß vornehmlich die Klasse der »Tagelöhner und des Gesindes« straffällig würde.

Die Polizei mußte aber neben den (kleinen) Diebstählen auch eine mögliche Folge anhaltender oder sogar vermehrter »Gesetzlosigkeit« beunruhigen: Wie ließ sich vermeiden, daß diejenigen, die von Krisen der Hausindustrie und der (kleinbäuerlichen) Landwirtschaft, aber auch durch den strukturellen Arbeitsmangel auf den ostelbischen Gütern »mobilisiert« waren, sich mit den ansässigen Besitzlosen zusammentaten? In Städten wie Barmen oder Iserlohn machten die armen Einwohner immerhin bis zu 90 % der Bevölkerung aus! Waren diese Klassen der Bevölkerung nicht tatsächlich außer zum »Rottieren« zu nichts fähig (wie ein zeitgenössischer Publizist klagte)? War also nur unkalkulierbarer Protest zu besorgen, mit vielfach direkter Gewaltanwendung gegen Symbole und Vertreter der lokalen wie staatlichen Herrschaft? Man konnte sich doch an zahlreiche Beispiele erinnern: den großen Landwehrtumult im August 1817 in Breslau, Unruhen von hausindustriellen Produzenten in Eupen 1821, einen Steuertumult in Bünde 1821, antijüdische Unruhen in Werl 1826, mehrtägige Proteste der hausindustriellen Produzenten in Krefeld 1828. Und erst wenige Wochen zurück lagen die revolutionären oder doch rebellischen Bewegungen im August und September 1830, z. B. in Aachen, Köln und Elberfeld, aber auch in Berlin oder (außerhalb der Staatsgrenzen) in Dresden, Braunschweig und Hanau. Dabei war es für viele Zeitgenossen keine Frage, daß Gewalt von den Protestierern bzw. »Tumultuanten« sowie umherreisenden »Aufrührern« ausging – Unterstellungen, die in keiner Weise von der Wirklichkeit gedeckt waren.

Polizeilicher Zugriff: Aufsicht, Korrektionshaft, Prügel

Die polizeiliche Argwohn vor Unbekannten, vor nicht kalkulierbaren »Elementen« äußerte sich in denselben Stereotypen, in denen sich (pfahl-)bürgerliche Angst vor den angeblichen »gefährlichen Klassen« der Gesellschaft abbildete.
Vor allem das »Vagabundieren« und Betteln war stets Stein des Anstoßes, zumal wenn es sich um sogenannte »mutwillige« Bettler handelte. Bei Betteln wegen Erwerbsunfähigkeit durch Krankheit oder Alter sollten die Aufgegriffenen mit einem »Zwangspaß« in den »Heimatort« verschickt werden (diese sträubten sich stets nachdrücklich gegen die Belastungen ihrer Armenkasse). Ausländer waren auszuweisen, allerdings erst nach vorsorglicher (und nur durch lokale Sparsamkeit bei den Ausgaben für den Polizeiarrest begrenzter) Inhaftierung; es sollte zunächst geklärt werden, ob sie wegen irgendwelcher anderen Vergehen zu belangen waren. Um diese weithin ganz erfolglosen Gefangenentransporte einzuschränken (viele der Abgeschobenen kamen nach einiger Zeit zurück), wurde vielfach die Einweisung in ein Arbeits- oder »Korrektions«-Haus als Alternative gewählt. Bei den »mutwilligen« Bettlern sollte dies in jedem Fall die Regel sein. Die freilich nicht zu vermeidende Überfüllung dieser Häuser führte dann doch immer wieder zu Abschiebungen – ein Zirkel, dessen sozialstrukturellen Wurzeln eben nicht mit polizeilich-starker Hand beizukommen war!
Die Polizeibeamten waren in allen diesen Fällen – so formulierte es auch die Mindener Instruktion – auf ihre Beobachtungen, auf den »Augenschein« verwiesen. Im Regelfall sollte dieser zugleich als rechtlich ausreichender Beweis für den jeweiligen Vorwurf gelten. Ein »gesunder, arbeitsfähiger Bettler« mußte stets den Gegenbeweis führen – daß ihm keine Arbeit zugewiesen sei bzw. er sich vergeblich um Arbeit bemüht habe (so das Innenministerium 1834). Die Einweisung in ein Arbeitshaus galt zudem nicht als Strafmittel (die Polizeibehörden konnten überdies aus eigener Kompetenz »mäßige körperliche Züchtigung«, bis zu 6 Wochen Gefängnis oder bis zu 50 Talern Strafe in dem »polizeigerichtlichen« Verfahren verhängen; bei Strafen bis zu 14 Tagen Ein-

sperrung bzw. 5 Talern gab es keine Möglichkeit, gerichtlich dagegen anzugehen).
Die Willkür der Festsetzung war nicht nur in Kauf genommen, sie gehörte ausdrücklich zu diesem System der Einschüchterung und Disziplinierung der Besitzlosen. Dementsprechend wurde die Verwahrung im Arbeitshaus als »vorbeugende Maßregel« gerechtfertigt. Sie konnte bis zum Nachweis eines »ehrlichen Erwerbs« ausgedehnt werden. Und wenn jemand entlassen war, war er unausgesetzt weiter zu beobachten. Dafür gab es einmal eine gerichtlich zu verhängende »Polizeiaufsicht«; darüber hinaus sollten die Polizeibehörden besonders alle im Auge haben, »die wegen ihres bisherigen Lebenswandels oder durch den Mangel eines rechtlichen Broterwerbs der öffentlichen oder privaten Sicherheit gefährlich sind« (so der einschlägige Erlaß vom 12. September 1815). Zumindest in den Städten wurde erhebliche Aktivität der Polizei aktenkundig. In Berlin registrierten die Beamten 1846/47 mehr als 13 000 Fälle gerichtlich verhängter und von ihnen zu kontrollierender Polizeiaufsicht; das betraf immerhin 6–7 % der »Arbeitsleute« und Armen der Stadt.
Es bleibt freilich die Frage, wie intensiv und umfassend die ministeriellen Anweisungen tatsächlich umgesetzt werden konnten; offen ist auch, inwieweit die Absichten der Oberbeamten jeweils mit den Motiven und Interessen der ausführenden Organe in den lokalen Amtsstuben übereinstimmten. Bei einem Parallelinstitut zur Korrektionshaft, der »Detention« oder Einsperrung nach Verbüßen einer Strafhaft, drängten die Ministerialbeamten selbst bereits in den 1820er Jahren auf rasche Entlassung, vielfach auch gegen die Kritik der Justizbeamten.[166] Gefängnisse und Arbeitshäuser reichten nicht aus; Neubauten ließen sich nicht finanzieren. Ebenfalls war bei der Polizeiaufsicht – der gerichtlich angeordneten wie der allgemeinpolizeilichen – allen beteiligten Beamten klar, daß hier von einer fortwährenden und umfassenden Präsenz der Polizeidiener keine Rede sein konnte. Die am Beispiel Minden bereits angedeutete geringe zahlenmäßige Stärke »vor Ort« blockierte von vornherein eine buchstabengetreue Befolgung der einschlägigen Anordnungen. Wichtiger für die potentiell betroffenen Angehörigen der »niederen Klassen« war jedoch die Möglichkeit, immer wieder und vor allem unvorbereitet kontrolliert und auch eingesperrt zu werden. Und für obere wie untere Beamte war entscheidend, daß sie die Chance hatten, beinahe jederzeit eingreifen oder doch damit drohen zu können.
Selektive Härte und Willkür, im angeblich wohlverstandenen Interesse der Betroffenen, fand in umherziehenden Bettlern nicht nur Normenverletzer. Entscheidend war vielmehr, daß sich in der unsteten Lebens-

weise nicht selten auch demonstrativer Stolz auf eine andere Weise des (Über-)Lebens zeigte – Bettler praktizierten und symbolisierten Nicht-Anpassung. Die »Vagabunden« und Bettler waren nicht nur in der Lage, sondern z. T. auch nicht bereit, sich als »verlegte« Spinner und Weber, als Lohnabhängige auf dem Lande oder in Fabriken den Zwängen einer marktorientierten Ökonomie und staatlicher Disziplin zu unterwerfen.

Die Mühe bei der Ablieferung »vagabundierender« Bettler, der damit verbundene »Schreibkram«, aber auch Kompensations-Gelüste der Beamten für die eintönige Alltagsroutine beschleunigten nicht selten einen »kurzen Prozeß« bei der Behandlung Verdächtiger. Dazu die Beobachtung eines Anonymus aus einem ungenannten westfälischen Städtchen in den 1840er Jahren. Betroffen war eine Spezies von »Vagabunden«, die neben den besonders gefürchteten »Wanderjahren« aus Polen noch gesteigerte Aufmerksamkeit fand: die »Zigeuner«:

> Mein Gewährsmann sah einmal, wie sich Gevatter Bunte (ein Gefängnisschließer; d. Verf.) mit einem tüchtigen Stock auf den Amtshof begab, wo eine so eben eingefangene Bande Zigeuner aufgestellt war. Während nun der Herr Amtmann Möller im Fenster lag und mit kurzen und gemütlichen Worten den Rechtsakt dirigierte, ging Bunte an die einzelnen Menschenexemplare heran, durchsuchte ihre Schubsäcke, und wo er Eier, Speck, Schinken fand, da fuchtelte er mit seinem Stock los, und bei jedem Schlage fragte er so eifrig: ›Wo haste dat her, wo haste dat her‹, daß der gute Inquisit (der Beschuldigte; d. Verf.) gar nicht zum Antworten kommen konnte. Als er die Reihe durch war, so wurden die Kinder des Orients eingesteckt, um am nächsten Tage wieder in die weite Welt entlassen zu werden.[167]

Ermächtigungen durch gesetzliche Generalklauseln – von der »Ordnung« und »Wohlfahrt«, die zu sichern bzw. zu fördern seien – ließen sich allemal zitieren. Zumindest gaben die vorgesetzten Behörden Rückendeckung, denn für sie war ausgemacht: »Der kleinen Sünden sind die meisten, sie kommen häufig vor, die müssen schnell abgemacht sein; die Strafe, wenn sie werden soll, muß der Tat auf dem Fuße folgen.« Erst bei den »selteneren« Sachen von »erheblicher« Bedeutung sei auch die »Sicherstellung des Angeklagten vor Willkür und Härte« zu beachten (so das Staatsministerium am 22. September 1825 und der Staatsrat am 3. März 1826, in internen Gutachten). Und wenn ein Beamter besonders heftig prügelte, sei es bei einer Untersuchung, oder als ausdrückliche Strafe, dann war es selbst bei einer gerichtlichen Ahndung der Brutalität nicht undenkbar, daß der Innenminister nachträglich den »Übereifer« des Prüglers belobte – im Klartext ein »Weiter so!« signalisierte (dies gegenüber einem Landrat in Oberschlesien, 1844–46).

Die Anwendung physischer Gewalt hatte die sozialen Klassenlinien strikt zu respektieren. Formelle Prügelstrafen durften auch nur gegen Angehörige der »niedrigsten Volksklasse« verhängt werden, also gegen die Bettler, gegen »Straßenjungen und Fuhrleute«. Immerhin sollten »weibliche Personen über 10 Jahren« ab 1833 nicht mehr geprügelt werden (so ein Erlaß des Innenministeriums).

Polizeiliche Fürsorge: Kontrolle der Brottaxen

Zu den Aufgaben der polizeilichen Verwaltung zählten Ministerialbürokratie und zeitgenössische Juristen zweierlei: die Sicherheit (vor Gefahren), zugleich aber auch die Wohlfahrt der Untertanen. Dabei reichten Kontrollen und Unterdrückung nicht aus. Zur Legitimierung staatlicher Herrschaft sollte neben der direkten Gewalt die indirekte oder »sanfte Gewalt« polizeilichen Schutzes erfahrbar werden. Erforderlich waren also staatliche Anstrengungen, die Besitzarmen und Besitzlosen zumindest punktuell gegen Übergriffe und Übervorteilung zu schützen. Besonders sensibel war die Lebensmittelversorgung, vor allem die mit Brot und Getreide.

Seit Jahrhunderten waren Brotunruhen insbesondere in Nahrungs- und Erntekrisen aufgeflammt, hatten nicht zuletzt beim Aufbrechen der Volksbewegungen in der Französischen Revolution von 1789 eine wichtige Rolle gespielt. Auch in Preußen waren Bäckerläden gestürmt worden, z. B. in der Verteilungskrise von 1816/17 (angesichts einer katastrophalen Ernte). Den »Tumultuierenden« ging es dabei um Selbst-Versorgung – sie sollte aber sehr wohl über den Verkauf des Getreides bzw. der Backwaren erfolgen, freilich zu einem »gerechten« und keinem »Wucherpreis«.[168]

Vor dem Hintergrund dieser – für die Obrigkeiten bedrohlichen – Erfahrungen gehörten die Aufsicht auf die Brotgewichte und -preise zu denjenigen Tätigkeiten der lokalen Polizeibeamten, die von Vorgesetzten wie aus dem »Publikum« immer wieder angemahnt werden. Bestimmte Brotgewichte durften nur zu den von der örtlichen Polizei genehmigten Preisen verkauft werden; zudem sollten keine größeren Beimengungen das Mehl strecken. Die oben zitierte Instruktion hatte diesen Bereich der Lebensmittelpolizei in einem typischen (in der Handschrift vierseitigen) Paragraphen zu regeln versucht: Beim frischen Brot seien genaue Kontrollen häufig, aber unregelmäßig notwendig; fänden sich nur ein oder zwei Stück zu leichten Brotes, sollten diese angeschnitten, d. h. unverkäuflich gemacht werden. Bei mehreren Laiben seien diese zu beschlagnahmen, überdies ein Strafverfahren einzuleiten. Zumindest bei den angesessenen Bäckern sei aber – im Unterschied zu fahrenden Brothändlern – Rücksichtnahme geboten: nicht immer rechtfertige sich ein Verdacht:

> Das Brotnachwiegen ist eine die Bäcker tief kränkende Operation und geht selten ohne Reibung ab. Vorsicht in dem Benehmen und Überhören von bitteren Bemerkungen, sobald solches mit der Ehre verträglich ist, ist anzuraten.[169]

Anzufügen bleibt, daß die soziale Reichweite der polizeilichen Anstrengungen zur Kontrolle von Brottaxen nicht überschätzt werden darf. Denn unterstellt war, daß alle »Verwalteten« auch als kaufkräftige Konsumenten auftraten – wie viele von ihnen aber auch nur ein Minimum an barem Geld zur Verfügung hatten, blieb von vornherein außer acht.

Polizeiliche Kontrolle: Von der Duldung zur Verfolgung der »wilden Ehen«

Staatliche Ansprüche richteten sich an alle »Untertanen« oder »Staatsbürger«. Form und Intensität polizeilich-administrativer Zugriffe variierten aber erheblich mit dem Grad der den »Verwalteten« unterstellten Gefährlichkeit. Dabei erfaßte die Aufmerksamkeit der Beamten vornehmlich jene Lebensäußerungen, die sich auf Straßen und Plätzen, in Feldern und Gärten zeigten. Angesichts der Grenzenlosigkeit der Polizeiaufgabe reizte es die »Officianten« um so mehr, Einblick in das Treiben hinter Türen, Mauern und Zäunen zu erhalten. Die familialen Verhältnisse rückten ins Zentrum polizeilichen Interesses; sie markierten gleichermaßen die Schwelle wie das Scharnier zwischen öffentlichen und privaten Zuständigkeiten.

Die Kodifikationen des ausgehenden 18. Jahrhunderts hatten fraglos den sakramentalen Charakter des Instituts »Ehe« entschieden vermindert – Regelungen der Ehescheidung sind ein Beleg. In den aufgeklärten Konzepten von Gesellschaft galt Ehe weniger als Basis der Heilsordnung denn als Pfeiler staatlicher Zucht und gesellschaftlicher Prosperität. Damit erweiterten sich jedoch die Aufgaben der Behörden: Die Beamten sahen sich vermehrt angespornt, die Beziehungen zwischen den Geschlechtern nicht aus den Augen zu lassen – ungeachtet mancher gelehrter Räsonnements über eine besondere Sphäre individueller und nicht zuletzt familialer Privatheit.

Selbst in den Kodifikationen, die individuelle Rechte betonten, blieb das Bild der Ehe von der Vorstellung eines rigoros partriarchalisch zugerichteten Hauswesens geformt. Nicht nur in der Präsenz des Staates, sondern auch im Regiment des »Hausherrn« sollten individuelle wie gesellschaftliche Bewegungen einen ruhenden Pol finden. Bemerkenswert ist, daß ungeachtet dieses weithin geteilten Leitbildes die staatliche Praxis gegenüber Ehe- und Geschlechterbeziehungen dennoch im einzelnen (und in den einzelnen Staaten) sehr unterschiedlich blieb. Zur Erklärung wären die konkreten Formen und Tempi gesellschaftlicher Umwälzung einzubeziehen; allgemeine Verweise z. B. auf vermehrte Mobilisierung einer »Überschußbevölkerung« oder zunehmende Revolutionsfurcht der Herrschenden und Besitzenden, auf entwickelte oder rudimentäre Bürokratie reichen nicht aus.

In seiner Studie über Familienrecht und Ehescheidung in Preußen hat Dirk Blasius rechtliche Regelungen und Staatspraxis durchleuchtet und behutsam mit der ›Gemengelage‹ gesellschaftlichen Wandels in Beziehung gesetzt.[170] Zu beobachten ist, daß bis Anfang der 1840er Jahre untere und mittlere Verwaltungsbehörden aus der rechtlichen Privilegierung der Institution Ehe keineswegs den Anspruch oder die Verpflichtung ableiteten, die ganze Vielfalt der Formen des Zusammenlebens von Männern und Frauen zu regulieren.

Kennzeichnend für die Verwaltungspraxis sind die administrativen Anstrengungen zur Abgrenzung und Sicherung der Institution. Bei den »wilden Ehen« zeigt sich in den 1820er und 1830er Jahren vielfach abwartende Duldung durch die Beamten, zumal auf den unteren und mittleren Stufen der Hierarchie. Dieses »Geschehenlassen« korrespondierte mit dem landrechtlichen wie dem französischrechtlichen Konzept der Ehe (der Code Napoléon galt in den linksrheinischen Bezirken sowie in einigen rechtsrheinischen Landkreisen): Danach begründete die Heirat nicht nur keine unauflösliche Verbindung von Mann und Frau; vor allem sollte auch die Scheidung in »gegenseitiger Einwilligung« möglich sein. Dies war fraglos ein Element, das dem (vorherrschenden) Patriarchalismus zuwiderlief. Jedenfalls öffnete sich hier zumindest für Frauen in bäuerlichen oder bürgerlichen Verhältnissen eine Chance: Wenn sie das demütigende Verfahren durchstanden, konnte es einen legal akzeptierten Ausweg aus ehelichen Qualen geben. Hinzuzufügen ist, daß in den Gesetzes-Reformen gegen Ende des Jahrhunderts, vor allem im »Bürgerlichen Gesetzbuch« von 1900, das ›Gehäuse‹ der Ehe erheblich fester und lückenloser konstruiert wurde.

Das Zusammenleben und Zusammenwirtschaften von Männern und Frauen in Beziehungen, die nicht staatlich bzw. kirchlich sanktioniert waren, gehörte zu den vielfältigen, zugleich »von oben« wenig überschaubaren Lebensweisen der Besitzlosen. Zumal bei Tagelöhnern und anderen, die »von der Hand in den Mund« zu überleben hatten, waren Konkubinate offenbar nicht selten.[171]

Natürlich beschränkte sich weder das Elend der »niedern Klassen« – in Nahrungs- und Gewerbekrisen zusätzlich verschärft – noch die Praxis der wilden Ehen auf Preußen. In anderen deutschen Staaten setzten die Besitzenden, zumal die Gemeinde-Obrigkeiten, in ihrer Furcht vor der anschwellenden Zahl der »Armen« und deren Kinder jedoch weniger auf die Verwaltung als auf neue Gesetze. Rigorose Auflagen (u. a. Nachweis eines Mindest-Barvermögens) sollten Ehebeschränkungen durchsetzen. Zwischen der Mitte der 1830er und 1860er Jahre waren in Württemberg, im rechtsrheinischen Bayern, aber auch im Großherzogtum Hessen und in Baden entsprechende Gesetze in Kraft getreten (in Württemberg wurden in den 1850er Jahren etwa 6 % der angemeldeten Eheschließungen untersagt).[172] Demgegenüber galt in Preußen unverändert eine rechtlich gesicherte Verehelichungsfreiheit. Gleichwohl beobachteten »vor Ort« Pfarrer und Priester, aber auch Beamte, daß die »wilden Ehen« bei den Besitzlosen damit keineswegs überholt waren oder vermehrt legalisiert wurden.

In Preußen konzentrierten sich gerichtliche Kompetenzen vor allem auf die unehelichen bzw. »illegitimen« Kinder (d. h. auf eine minimale rechtliche Absicherung von Mutter und Kind). Die »wilden Ehen« blieben hingegen ein Polizeiproblem. Und hier reagierten die Polizei- und Verwaltungsbeamten auf Äußerungen von Unmut oder Abscheu kirchlicher Stellen zurückhaltend. Kirchliche Ansinnen, den Konkubinaten ein Ende zu bereiten, die »Unsittlichen« entweder aus ihren Wohnorten auszuweisen oder vor Gericht zu ziehen, beantworteten sie mit Untätigkeit oder widersprachen ihnen ausdrücklich (zumal, wenn sie von katholischer Seite kamen – in Preußen nicht überraschend). Die Beamten argumentierten, wilde Ehen seien nur dann gesetzwidrig, wenn sie zugleich ein »öffentliches Ärgernis« bedeuteten. In anderen Worten: Im sozialen Kontext von Dörfern wie Städten waren nichtlegalisierte eheähnliche Verhältnisse weithin akzeptiert. Offenbar sahen die meisten Beamten weder Anlaß noch Erfolgschancen, ihre Energien im Erzwingen von Änderungen zu verschleißen.

Für die Betroffenen wirkte diese Zurückhaltung der lokalen Polizei bzw. Bürgermeister, der Landräte und Regierungspräsidien als Schutz ihrer hergebrachten (Über-)Lebensweise. Vielen Beamten ging es allerdings in ihrer Halsstarrigkeit gegenüber kirchlichem Begehren vor allem darum, die Zudringlichkeit oder gar Machtansprüche von Pfarrern und Konsistorien, von Priestern und Bischöfen abzuweisen.

Nach 1840 bedeutete der Regierungswechsel zu Friedrich Wilhelm IV. auch eine Zäsur in der »wirklichen Herrschaft« (Max Weber), d. h. in der Verwaltungspraxis. Mit Datum vom 5. Juli 1841 wies die Staatsregierung die Behörden an, mit Nachdruck »die polizeiliche Verhinderung (...) des Zusammenlebens im Konkubinate« zu betreiben. Parallel zu nachdrücklichen Anstrengungen, die »heimatlosen« Armen durch scharfe Gesetze zu bändigen, sollten auch andere »Nester« von Unordnung oder Unruhe nicht mehr geduldet, sondern durch staatliche Zwangsmittel bekämpft werden.
In den 1850er Jahren erneuerte sich der Versuch, »von oben« Normentreue auf polizeilichem Wege zu erzwingen. Auch wenn entsprechende Anweisungen erst allmählich Resonanz »unten« fanden – die längerfristige Tendenz scheint eindeutig: »Es bildete sich in der zweiten Hälfte des 19. Jahrhunderts eine bürokratische Verfolgungstraditon von Konkubinaten heraus.«[173] Für die Betroffenen wurde also seit den 1840er und 1850er Jahren zunehmend spürbar, daß die Ausformung bürgerlicher Gesellschaft die »sanfte« und die »direkte« Staatsgewalt enger miteinander verknüpfte.

Staatliche Zwangsapparate: Zivilpolizei, Militär und gutsherrliche Polizei

»Staat« als herrschaftlich-polizeiliche Praxis zeigt sich in den hier skizzierten Handlungsfeldern in eigentümlicher Doppeldeutigkeit. Zum einen wiesen die Ministerialbeamten den lokalen »Officianten« ein hohes, im Einzelfall überaus dehnbares Maß an Kompetenzen zu. Die Verwaltungsbürokratie beanspruchte offenbar die Definitionsmacht über die Qualität sozialer Beziehungen, über die (Un-)Gefährlichkeit von Konfliktsituationen und Personen. Zugleich aber wurden in den Verordnungen die Klassenunterschiede erinnert und eingeschärft. Bei allen polizeilichen Anstrengungen zur »Korrektion« einzelner oder ganzer Gruppen sollte das Profil gesellschaftlicher Ungleichheit unangetastet bleiben.
In jedem Fall erforderte dieser Regelanspruch exekutive Organe, die ihm in der rauhen Alltäglichkeit nachhelfen, ihn vor allem mit der gebotenen sozialen Sensibilität durchzusetzen vermochten. Hier fällt jedoch die geringe Zahl und begrenzte Schlagkraft des Polizeiapparates[174], d. h. der zivilen Zwangsgewalten ins Auge. In den Städten war im Vormärz, nicht selten unverändert bis in die 1880/90er Jahre, eine Polizeidichte von 1:2000 oder 1:3000 die Regel; rechnerisch entfiel ein

exekutiver Beamter, vielfach ein invalider oder ausgedienter Soldat, auf 2000 oder 3000 Zivileinwohner.

Die relative Schwäche des polizeilichen Apparates darf nicht als Beleg für Übereinstimmung zwischen Herrschenden und Beherrschten genommen werden. Die Kleinkriminalität, vor allem aber zahllose Tumulte seit den späten 1820er Jahren zeigten doch: Die »sanfte Gewalt« von Rechtsstaatsanspruch, Preußen-Patriotismus und religiöser Weihe des Königtums reichte nicht aus, um die »niedern Volksklassen« in ihren ordnungs- und ruhestörenden Forderungen nach Arbeit und Brot zu dämpfen. Nur zu rasch hatten Beamte in militärischer Unterstützung gegenüber »Tumultuanten« den einzigen Ausweg gesehen. Gelegentlich waren auch lokale militärische Kommandeure von sich aus eingeschritten; sie sahen die Sicherheit des Staates angesichts fehlender oder angeblich unentschlossener ziviler Beamter nicht mehr gewährleistet. Andererseits hätte jede Erweiterung der lokalen Polizeien, mehr noch der Landgendarmerie (die letztere mit insgesamt ca. 1300 Beamten) die staatliche Finanzdecke gesprengt. Hier aber sah die Ministerialbürokratie im Vormärz keinen Ausweg. Denn zur Aufnahme von Krediten hätte die Zustimmung von Ständen eingeholt werden müssen – die suspendierte Verfassungsproblematik Preußens hätte mit einem Schlage auf der Tagesordnung gestanden.[175]

Die Kooperation und Arbeitsteilung mit dem Militär bei der alltäglichen Polizierung der »Verwalteten« hatte also eine sicherheitspolizeiliche wie eine fiskalische Räson. Diese zeigte sich auch darin, daß die Militärwachen in den ca. 200 ständigen Garnisonen vielfach die einzige Staatsgewalt waren, die fortwährend sichtbar und fühlbar wurde. Diese Militärwachen hatten immer auch polizeiliche Aufgaben. Für über 2 Millionen Preußen, d. h. für mehr als die Hälfte der Stadtbewohner (1840), waren die Wachtposten die Form staatlicher Gewalt, die ihnen am ehesten gewärtig war und gegenübertrat. Erst seit den 1880er Jahren wurden sie aus den Städten zurückgezogen und auf die Sicherung der Militäranlagen beschränkt.

Für die ländliche Bevölkerung in den ostelbischen Provinzen, d. h. bis in die späten 1860er Jahre ca. die Hälfte der Bevölkerung Preußens, war im Alltag fühlbarer als Landgendarmerie und Militär die Polizeigewalt der jeweiligen Gutsherren.[176] Bei den Gutsbesitzern lag – ohne Rücksicht auf ihre Herkunft – die lokale Polizeigewalt (auch nach den Staatsreformen ab 1807). Die gutsherrliche Polizei war dabei wesentlich wichtiger als die ebenfalls mit den Gütern, den »lokalen politischen Herrschaftszentren« in Preußen (Max Weber)[177] verbundene lokale Gerichtsgewalt, die Patrimonialgerichtsbarkeit. Letztere wurde wegen der damit verbundenen Kosten, wenn irgend möglich, an die staatlichen Gerichte abgetreten[178]; sie wurde auch 1848/50 endgültig aufgehoben. Die gutsherrliche Polizei blieb hingegen bis 1872 bestehen (und war danach faktisch kaum geschmälert). Sie verknüpfte sich mit den besonderen Rechten der Dienstherren für ländliches Gesinde – das ungeachtet eines »freien« Arbeitsvertrages besonderer hausherrlicher Gewalt unterlag. Die damit verbundene breite Palette von täglichen Sanktionen, Rügen und Strafen ließ sich für die Betroffenen nur bei intimer Kenntnis der »Herren« halbwegs kalkulieren. Das (schroffe) Nebeneinander von »gnädigem« Wohlwollen und physisch-brutalem Zugriff war stets zu gewärtigen.

Staatsgewalt in Preußen verkörpert sich also nicht nur in Polizeidienern. Für große Teile der Landbevölkerung, jedenfalls in den ostelbischen Provinzen, bedeutete sie alltägliche gewaltsame Willkür und willkürliche Gewalt ihrer Gutsherren. Für viele Stadtbewohner erwies sich das Militär als tägliche Polizei – für alle aber galt die Erfahrung, daß das Militär als Garantiemacht im Zweifelsfall rasch eingreifen oder zumindest anrücken würde.

Neuformierung nach 1850: Verpolizeilichung, Krieg und Königtum der sozialen Reform

Für die Bürokratie war spätestens in den revolutionären Anläufen von 1848/49 deutlich geworden, daß die gesellschaftlichen Bewegungen nicht mehr mit polizeilichem Zugriff und bürokratischer Regulierung ruhigzustellen waren.[179] Das betraf den Unmut von Bildungsbürgertum, von Gruppen des Handels-, Fabriken- und Manufakturkapitals. Vor allem aber sahen sich die Taglöhner und Waschfrauen, hausindustrielle Produzenten und Produzentinnen, deklassierte Handwerksmeister und Fabrikgesellen anhaltend, z. T. konjunkturell verschärft in ihren Überlebensmöglichkeiten gefährdet. Die gewaltträchtige, vielfach gewalttätige Belastung der »niedern Klassen« mit den Kosten »bürgerlicher Umwälzung« hatte bei den Betroffenen offenbar Grenzen der Hinnahme erreicht.

Die Spitzen der Bürokratie, aber auch führende Repräsentanten von Junkertum und Adel[180] und des sich kräftiger regenden Wirtschaftsbürgertums[181] versuchten oder stützten – zumindest: akzeptierten – zwei Strategien. Repression und Integrationsangebote sollten erreichen, daß »bürgerliche Umwälzung« mit der Fortschreibung gesellschaftlicher Ungleichheit verbunden bleiben konnte. Als unabdingbarer erster

Schritt galt freilich die Neuformierung der staatlichen Repressionsgewalt. Zumindest in den Brennpunkten der revolutionären Bewegungen wurde die Polizei neu organisiert.[182] Umittelbare staatliche Kontrolle bzw. straffer und militärisch geregelter Dienstbetrieb, ein relativ dichtes Netz von permanent besetzten Polizeiwachen sowie andauernde Patrouillen waren die Kennzeichen. Typisch und beispielgebend wurde die Berliner »Schutzmannschaft«, die 1848 als staatliches Gegenmittel zum »Bürgermilitär« gegründet worden war. Der Rückgriff auf militärische Verbände oder Patrouillen sollte zwar nicht ausgeschlossen, aber doch in seiner Alltäglichkeit reduziert werden. Zu beachten bleibt, daß die Voraussetzung dieser »Verpolizeilichung« der Versuch war, Habitus und Auftreten der Beamten militärisch zu prägen. Verdächtige und Kriminelle waren »Feinde«, im polizeilichen Alltag mußten sie nicht nur gehindert, sondern »bekämpft« und vollständig ausgeschaltet werden. – Der flächendeckende Ausbau dieser Polizei dauerte freilich Jahrzehnte. Das Militär blieb somit weiterhin Garantiemacht wie Machtmittel des Staates »nach innen«.
Gleichzeitig mit der Polizeiorganisation begann in der Arena parlamentarisch-publizistischer Politik ein Integrationsversuch; die oktroyierten Verfassungen von 1848 bzw. 1850 markierten Ansatzpunkte und Stoßrichtung.[183] Der damit verbundene Schritt zu regelmäßiger Teilhabe der »Staatsbürger« an politischer Macht, d. h. die Einräumung eines gestuften und auf Männer beschränkten Wahlrechts wirkte zugleich als »sanfte Gewalt«. Ungeachtet des vielfach beschränkten (Dreiklassen-)Wahlrechts (1849) wurden zumindest bei Besitz- und Bildungsbürgern Hoffnungen auf weitergehende politische Reformen angeregt oder gestützt. Sicherlich hatte sich die soziale Konfiguration der Herrschaftsträger nicht schlagartig geändert; wesentlich erweitert waren jedoch die Prinzipien politischer Machtausübung und Rechtfertigung.

> Seit 1848 (...) (standen) die verfassungsrechtlichen Bindungen der Exekutive und die unbeschränkte Verfügungsgewalt der Krone über die bewaffnete Macht, das Prinzip der Volkssouveränität und das der absoluten Monarchie nebeneinander. Der preußische Staat beruhte damit nicht mehr auf einem, sondern auf zwei staatsbildenden Prinzipien.[184]

In den folgenden Jahren und Jahrzehnten veränderte sich die soziale Konfiguration der Herrschaftsträger und -klassen. Die Junker erreichten in den 1850er und 60er Jahren den Höhepunkt ihrer ökonomischen Entwicklung. Zugleich waren sie aktiv dabei, sich durch »Pseudodemokratisierung« (Hans Rosenberg) den Veränderungen der politischen Arena anzupassen, genauer: ihre Ressourcen optimal zu nutzen. Das – überaus heterogene – Wirtschaftsbürgertum profitierte gleichzeitig von der ersten fabrikindustriellen Boomperiode (1850–57). Zugleich reorientierten sich seine politischen Fraktionen. Erkennbar wurde das nationalliberale Arrangement, das nach 1866 »offiziell« vollzogen wurde: Akzeptieren der extra-konstitutionellen Armee und der gouvernementalen Alleingänge Bismarcks – eine Politik der »Staatserhaltung«, die für die bürgerlichen Mit-Träger den Schutz vor der »roten Gefahr« einschloß.

In der Tradition der Analysen von Karl Marx und Friedrich Engels ist in diesem Zusammenhang wiederholt diskutiert worden, ob sich in den 1850er und 60er Jahren ein »relatives Klassengleichgewicht« zwischen Junkertum und Wirtschaftsbourgeoisie, mehr noch – zumindest als angsterregende Zukunftsprojektion – zwischen Junkertum und Wirtschaftsbourgeoisie einerseits und industriellem Proletariat andererseits erkennen lasse.[185] Deutlich ist immerhin, daß die Herrschenden in relativer Unabhängigkeit von eingeschliffenen Herrschaftsverfahren und -allianzen den unmittelbaren Appell an die Massen zu nutzen suchten. Das aber läßt sich als Kernstück »bonapartistischer« oder »cäsaristischer« Politik kennzeichnen.[186] In spektakulärer Weise nutzte der preußische Ministerpräsident Bismarck in diesem Sinne die Einführung des allgemeinen, gleichen Wahlrechts, für Männer im Norddeutschen Bund ab 1867 – aber auch die Kriege von 1864, 1866 und 1870/71: Der autokratische Repräsentant der junkerlich-bürokratischen Herrschaftsallianz wandte sich unmittelbar an große Teile der mißtrauisch beobachteten »niedern Klassen«.

In den 1860er und frühen 1870er Jahren wurde »Krieg als Integrationsmittel« und »Katalysator innerer Spannungen« genutzt; Sauer spricht von der »militärischen Phase« der »Revolution von oben« in Preußen-Deutschland.[187] Es war jedoch unverkennbar, daß staatliche Maßnahmen zur sozialen Pazifierung die Hinnahmebereitschaft vor allem der proletarischen Massen in den industriell verdichteten Regionen stabilisieren mußten. Streikwellen in der Berliner, sächsischen und linksrheinischen sowie bergischen Textilindustrie, im Maschinenbau, in den westdeutschen Zentren des Bergbaus und der Schwerindustrie, aber auch im großstädtischen Baugewerbe beunruhigten von 1869 bis 1872/74 manche Fabrikherren und lokale Obrigkeiten. Ab 1873 führte die Massenarbeitslosigkeit zu lokalen Ballungen von notleidenden und potentiell rebellischen Massen. Bei einzelnen Industriellen, vor allem aber in Kreisen der höheren Beamtenschaft zirkulierten Überlegungen, der Staat solle durch sozialpolitische Einflußnahmen Härten mildern und zugleich gesellschaftliche Ungleichheit konservieren helfen. Zumindest eine punktuelle Reduzierung der Überlebensrisiken des industriellen und gewerblichen Proletariats (das ländliche wurde zunächst ausgenommen) versprach einen ähnlichen Effekt wie das allgemeine Wahlrecht für das liberale Bürgertum.[188] In der Forderung Lorenz von Steins nach einem »Königtum der sozialen Reform« war die bonapartistische Wendung zur Sozialpolitik, die in Preußen-Deutschland ab 1881 in ersten Schritten eingeleitet wurde, bereits 1850 formuliert worden.[189]

Für die Beherrschten überlagerten sich freilich alte und neue Formen staatlicher Zugriffe. Zunächst blieb direkte Repression Teil ihrer Lebensweise – vor, während und nach der intensiven Phase des Kulturkampfes (1873 bis 1879), vor wie nach der Einräumung von Koalitionsfreiheit (1869), vor wie nach dem Erlaß des Sozialistengesetzes (1878), vor wie während der administrativen Germanisierungspolitik gegenüber polnischen »Staatsbürgern« (insbesondere in der Provinz Posen). Die Bürokratie mit ihren Zumutungen und ihrem polizeilichen Mißtrauen vermittelte aber auch die neuen staatlich organisierten Stützen bei Berufsinvalidität, Krankheit und Alter. Die Schroffheit gegenüber Antragstellern bei den Berufsgenossenschaften und Versicherungsämtern deckte sich für viele Betroffene mit Erfahrungen, die sie bereits mit staatlichen Verwaltern der »direkten Gewalt«, mit Soldaten und Polizisten hatten machen müssen.

Die neuen Verknüpfungen von »sanften« und »direkten« Gewalten wurden jedoch keineswegs passiv hingenommen. Erst in wenigen Ansätzen ist freilich versucht worden, die Mischung von alltäglichen Widersetzlichkeiten und Distanzierungen mit eigenständigen Selbstbehauptungen zu rekonstruieren. Es zeigt sich immer deutlicher, daß eine freiheitliche Organisation der gesellschaftlichen Beziehungen für die Masse der Menschen in der entfalteten »bürgerlichen Gesellschaft« preußisch-deutschen Zuschnitts unerreicht und weiterhin ein »Projekt« war. In dieser Sicht provozierten und ermöglichten die vielfältigen Veränderungen der Lebensweisen im Zuge der bürgerlichen Umwälzung neue Formen von Herrschaft; sie veränderten auch die Konfiguration der Herrschaftsträger. Die Herrschaftspraxis blieb jedoch weiterhin geprägt vom Modell der »Diktatur der Bürokratie«: Rechtsstaatsanspruch bei gleichzeitiger Neigung zu willkürlicher physischer Gewalt.

6. Reichsgründung

Von Peter Brandt

»Wir erkennen in der Dynastie der Hohenzollern, in den Prinzipien, durch die sie ihren Staat zusammengebracht, den Gegensatz alles wahren deutschen Wesens, den Gegensatz einer friedlichen, freiheitlichen Entwicklung (...)«.[190] So urteilte Onno Klopp Ende der 1860er Jahre im Blick auf die, Österreich ausschließende, deutsche Einigungspolitik Preußens. Der konservativ-»großdeutsche« Historiker und Publizist war 1866 im Gefolge des Königs Georg V. aus dem von Preußen annektierten Hannover nach Wien emigriert. Mit seiner Kritik stand Klopp nicht allein. Etliche am ehemaligen Heiligen Römischen Reich Deutscher Nation und an der Tradition fürstlicher »Libertät« orientierte Konservative, Katholiken, aber auch viele Demokraten und Sozialisten sahen die Reichsgründung von 1871 lediglich als Fortsetzung des Expansionsstrebens des altpreußischen Staates: Dieser sei in ständigem Kampf gegen das alte Reich und seine führende Dynastie, die Habsburger, Bündnisse mit ausländischen Mächten nicht scheuend, vom norddeutschen Territorialfürstentum zur europäischen Großmacht aufgestiegen. In spiegelbildlicher Umkehrung der Anklagen Onno Klopps feierten andere Historiker – am ausgeprägtesten Heinrich von Treitschke[191] – die »deutsche Mission« Preußens.

Tatsächlich entbehrte die Politik der preußischen Monarchie zumindest bis zur Reformzeit nach 1807 – den Zeitumständen entsprechend – jeder national-deutschen Komponente und war auch im 19. Jahrhundert an einer Vereinheitlichung Deutschlands nur in Verbindung mit eigenem Machtgewinn interessiert. Entsprechend ist der dominierende Einfluß des Staates Preußen einschließlich der ostelbischen Führungsschicht und seines Militärsystems im späteren Kaiserreich unübersehbar. Doch vernachlässigt die These vom ausschließlich großpreußischen Charakter der Reichsgründung die neuen Elemente, die durch die Westverschiebung Preußens 1815 (mit dem Zugewinn gewerblich relativ stark entwickelter Provinzen), die agrarkapitalistische Transformation der Gutsbesitzerklasse und den Einfluß der Reformbürokratie in die innere und äußere Politik des Königreichs eingeführt worden waren. Nicht ohne Grund standen die preußischen Altkonservativen der

Gesellschaftspolitik ihrer Regierung bereits im Vormärz skeptisch gegenüber. Die Ablehnung steigerte sich in dem Jahrzehnt nach 1866 bis zu massiver Feindseligkeit, teilweise auch gegen die Außenpolitik. Daneben liegt es nahe, die Reichsgründung in erster Linie als nachholende Konstituierung eines Nationalstaats auf deutschem Boden zu betrachten. Die Einigungskriege erschienen als verspätete Niederringung des Hochadels, wie die französischen und englischen Könige sie bereits im Spätmittelalter und in der Frühen Neuzeit geleistet hatten, und gleichzeitig als eine, in ihrem sozialen Inhalt bürgerliche, »Revolution von oben«.[192] Am ehesten böte sich die Parallele zur Hauptetappe des italienischen Risorgimento 1859/60 an. Das Kaiserreich schloß aber Millionen Deutsche in Österreich aus, das – wie in geringerem Maße auch Preußen – nur mit einem Teil seines Territoriums dem Heiligen Römischen Reich und dann dem Deutschen Bund angehört hatte, und überwand nach innen keineswegs radikal die partikularen Gewalten und Bewußtseinsformen. Der Grund dafür liegt letzten Endes in der Entstehung dieses Reiches: Nicht die in sich gespaltene Nationalbewegung, sondern die preußische Armee vollbrachte das Einigungwerk. Die Reichsverfassung vermochte nicht wirklich integrierend zu wirken: Weder die nationalen Minderheiten, zu denen außer Polen, Dänen und Franzosen subjektiv überwiegend auch die Elsässer und Deutsch-Lothringer gehörten, noch die sozialistischen Arbeiter konnten für diese Staatsnation gewonnen werden. Und die spätere Annäherung des Katholizismus und des konservativen Altpreußentums an das Kaiserreich war begleitet von der Abstoßung des entschiedenen Liberalismus. Ein Großteil der Bewohner dieses Reiches wurde von der Staatsführung als innere »Reichsfeinde« in mehreren Repressionswellen aus der Nation ausgegrenzt. Man hat daher zu Recht von einer – verglichen mit Westeuropa – »unvollendeten Nation« gesprochen.[193]

Drei Wege zur Lösung der deutschen Frage

Die »deutsche Frage«, wie sie in dem halben Jahrhundert zwischen 1815 und 1866/71 mit zunehmendem Nachdruck gestellt wurde, war durch die Auflösung des Heiligen Römischen Reiches, die antifeudalen Reformen in Preußen und den Rheinbundstaaten sowie den Sieg der Verbündeten über das napoleonische Frankreich aufgeworfen worden. Der Wiener Kongreß von 1814/15 institutionalisierte in Gestalt des Deutschen Bundes – rechtlich »kollektiver Staat« (W. von Humboldt) und internationale Institution zugleich – die territoriale Zersplitterung, den Gegensatz der beiden rivalisierenden Großmächte Österreich und Preußen und das Mitspracherecht der anderen europäischen Staaten in den deutschen Angelegenheiten.[194] Die Herausbildung einer gesamtdeutschen staatlichen Struktur war nach der Konstituierung des Deutschen Bundes im wesentlichen auf drei verschiedenen Wegen möglich, die sich in der Revolution von 1848/49 auch als Alternativen gegenüberstanden.[195] Andere Konzepte, wie die Idee der »Trias«, der eigenständigen und vermittelnden Rolle der kooperierenden Klein- und Mittelstaaten als »drittes Deutschland«, oder die Idee, Deutschland zwischen Österreich und Preußen in Einflußgebiete zu teilen, hätten im Falle ihrer Realisierung wohl nur Zwischenlösungen bieten können: Die Durchschlagskraft des nationalen Gedankens war im bürgerlichen Zeitalter zu groß; letztlich wäre es wieder auf eine der drei folgenden Alternativen hinausgelaufen.

Erstens konnte das deutsche Sprachgebiet, sofern es zu Staaten des Deutschen Bundes gehörte, ohne Rücksicht auf dynastische Grenzen zu einem Einheitsstaat zusammengefaßt werden: Das war die großdeutsch-demokratische Perspektive der Linken. Der großdeutsche Einheitsstaat hätte eine gesamtdeutsche revolutionäre Umwälzung bedeutet – nicht wegen des Problems einer monarchischen oder republikanischen Staatsspitze, sondern wegen der einzelstaatlichen und gesellschaftspolitischen Schranken, die zu überwinden waren. Eine solche radikale Lösung hätte vor allem wegen der Auflösung des österreichischen Vielvölkerstaats eine tiefgreifende Umwälzung des europäischen Staatensystems mit sich gebracht und daher neben den deutschen Monarchen sämtliche ausländischen Großmächte auf den Plan gerufen, das parlamentarisch-monarchische England ebenso wie das republikanische bzw. bonapartistische Frankreich und das autokratische Rußland. Eine realistische und geschlossene außenpolitische Konzeption konnte gerade die demokratische Linke nicht vorweisen; die Verständigung mit den teilweise konkurrierenden Nationalbewegungen in Italien, Dänemark, Polen, Böhmen und Ungarn erwies sich in der Praxis als zu diffizil. Ohnehin scheiterte die national-demokratische Option an der grundsätzlichen Haltung des (vielschichtigen) liberalen Bürgertums. Zumindest nach dem Scheitern der Revolution 1848/49 stellte die Einigung von unten bis 1871 nur eine theoretische Perspektive dar, wenn auch diese Variante als drohende Entwicklungsmöglichkeit das Denken und Handeln der Staatsführungen wie der bürgerlichen Politiker mitbeeinflußte.

Die Habsburgermonarchie, als eine katholische und übernationale Macht, repräsentierte – zweitens – für viele das alte Reich. Ihr unmittelbarer politischer Anhang fand sich in klerikalen, adligen und konservativen Kreisen vorwiegend Süddeutschlands. Stellte sich die Alternative: Preußen oder Österreich, konnte Österreich aber über seine eigentliche Klientel hinaus in andere politische Sektoren hineinwirken. Die große Mehrheit der Paulskirchenabgeordneten trat 1848 dafür ein, nur die dem Deutschen Bund zugehörigen Teile des österreichischen Vielvölkerstaats (also einschließlich tschechischer, slowenischer und kleinerer italienischer Gebiete) ans neue Deutsche Reich anzugliedern; zu den anderen Teilen der Monarchie sollte nur eine lose Verbindung aufrechterhalten werden.

Die Verwirklichung dieser Idee mußte aber unter konstitutionellen Bedingungen und bei der anderen Qualität der vorgesehenen neuen Reichsinstitutionen gegenüber den früheren Bundesinstitutionen faktisch zu einer Auflösung der Donaumonarchie führen. Es war daher folgerichtig, daß der österreichische Ministerpräsident Schwarzenberg am 9. März 1849, nach der Konsolidierung der Gegenrevolution, die Aufnahme des österreichischen Gesamtstaates in den künftigen deutschen Bundesstaat verlangte, wodurch statt des erstrebten Nationalstaats ein imperialer Nationalitätenstaat mit den Deutschen als beherrschendem »Reichsvolk« und Österreich als eindeutiger Hegemonialmacht entstanden wäre. In der Frankfurter Paulskirche setzten sich daraufhin die »Erbkaiserlichen« durch, deren Kern von Anfang an Preußen als Führungsmacht, den preußischen König als Deutschen Kaiser vorgesehen und sich damit faktisch für eine »kleindeutsche« Lösung entschieden hatte.

Die dritte Alternative: Eine, bisweilen auch schon national akzentuierte, Bewunderung für Preußen und seine Herrscher seitens mancher Gruppen des deutschen Bügertums läßt sich bis zur Mitte des 18. Jahrhunderts zurückverfolgen. In der Reformära verstanden preußische Staatsmänner wie Stein und Gneisenau Preußen als Modell für Deutschland und Kristallisationskern der antinapoleonischen »deutschen Erhebung«. Obwohl die Sympathien für Preußen im liberalen Bürgertum angesichts des Bruchs der königlichen Verfassungsversprechen von 1810 und 1815 und angesichts der im Hohenzollernstaat besonders eifrig betriebenen Demagogenverfolgungen in den 1820er Jahren deutlich zurückgingen, blieben sie latent vorhanden und erhielten seit Mitte der 1830er Jahre eine solidere Basis, als der Deutsche Zollverein der Industrialisierung und mit ihr der kapitalistischen Bourgeoisie die Entwicklung eines nationalen Marktes eröffnete.

Eine flexiblere und energischere preußische Führung hätte vielleicht schon unmittelbar nach der Wiederherstellung der – von der Revolution vorübergehend stark eingeschränkten – monarchischen Macht im November 1848 zwanzig Jahre früher etwas Ähnliches wie das Bismarckreich zustande bringen können. Die Unionspolitik des preußischen Außenministers Joseph von Radowitz, die auf einen kleindeutschen, engeren, preußisch geführten und einen großdeutschen, weiteren Fürstenbund unter Vorsitz von Österreich hinsteuerte, zielte in diese Richtung. Dieses Konzept hatte aber wohl keine Chance, nachdem Preußen durch die Intervention beim sächsischen, badischen und pfälzischen Aufstand im Frühjahr 1849 das wichtigste akute Druckmittel auf die süddeutschen Regierungen selber ausgeschaltet und Österreich sich mit der Niederschlagung des ungarischen Aufstands wieder ganz gefestigt hatte. Immerhin unterstützten neben den »Erbkaiserlichen« (jetzt – nach dem Tagungsort des Unionsparlaments – »Gothaer Partei«) zeitweise 26 deutsche Klein- und Mittelstaaten die Unionspläne, deren wichtigste (Sachsen und Hannover) aber bald wieder abfielen. Auf sich allein gestellt war Preußen indessen noch nicht stark genug, zumal die Konservativen im eigenen Land der Unionspolitik widerstrebten, die sie als national-deutsch und damit tendenziell revolutionär ansahen.[196]

Wohl aber gelang es Preußen, die Pläne Österreichs für ein großösterreichisch-mitteleuropäisches »Reich der 70 Millionen« »von der Adria bis zur Nordsee« zu hintertreiben. Dieses Konzept beinhaltete erstens eine Reform des restaurierten Deutschen Bundes, der unter der Hegemonie Österreichs institutionell weiterentwickelt werden sollte, und zweitens die Aufnahme Österreichs in den Deutschen Zollverein. Obwohl die Regierungen der deutschen Mittelstaaten politisch eher mit Österreich sympathisierten, weil sie in ihm die geringere Gefahr für ihre Eigenstaatlichkeit sahen, waren ihre Länder bereits in den 1850er Jahren wirtschaftlich so stark mit Preußen verflochten und vom Zollverein abhängig, daß ein Ausscheren ohne schwere Schädigung wirtschaftlicher Interessen nicht in Frage kam. Die von Preußen mit Druck und Drohungen durchgesetzte Ankoppelung des Zollvereins an das westeuropäische Freihandelssystem zu Beginn der 1860er Jahre, die im Interesse der exportorientieren Großlandwirte, der Kaufleute, Bankiers und zumindest eines erheblichen Teils der Fabrikanten lag, entschied wirtschaftspolitisch bereits den Kampf um die Hegemonie in Deutschland.[197]

Preußen setzte sich in dieser Auseinandersetzung durch, weil es gegenüber Österreich der relativ homogenere, wirtschaftlich entwickeltere und modernere Staat war. Es ist bezeichnend, daß die preußische Wirtschafts-, insbesondere die Außenhandelspolitik die fast uneingeschränkte Unterstützung der liberalen Opposition fand. Die preußische Industrie konnte dem Druck der grenzüberschreitenden freien Konkurrenz standhalten und in diesem Wettbewerb wachsen. Österreichs rudimentäre, verkehrsgeographisch ungünstig gelegene und sich weitaus langsamer entwickelnde Industrie benötigte zwingend hohe Zollmauern; eine enorme Staatsschuld lastete auf dem Habsburgerreich. 1865 besaß Preußen zwei Drittel der deutschen Dampfmaschinen und beherbergte die größten Banken, erzeugte die Hälfte der in Deutschland produzierten Textilien, neun Zehntel des Roheisens und der Kohle. Die entstehende deutsche Schwerindustrie konzentrierte sich in preußischen Territorien: in Oberschlesien, in der Provinz Sachsen und vor allem im Ruhrgebiet. Die deutschen Eisenbahnlinien waren um das preußische Netz angelegt und begünstigten die Bildung eines geeinten kleindeutschen Wirtschaftsmarktes. Über neun Zehntel des süddeutschen Handels wurden mit dem deutschen Norden abgewickelt. Das Ergebnis dieser Entwicklung, der wirtschaftliche Aufschwung des Großbürgertums, brachte wiederum das Bedürfnis nach stärkerer Vereinheitlichung des Zollvereinsgebiets hervor: gemeinsame Post, Währung und Maße, vollständige Freizügigkeit und Gewerbefreiheit, vor allem eine einheitliche Wirtschaftsgesetzgebung und ein einheitliches Gerichtswesen, nicht zuletzt den militärischen Schutz des deutschen Handels und der deutschen Industrie, wie sie (nach Anfängen im alten Zollverein) der Norddeutsche Bund bzw. der erneuerte Zollverein und das Deutsche Reich ab 1867 bzw. 1871 verwirklichten.

Die wirtschaftlichen Interessen und die Wirtschafts- und Außenhandelspolitik stimulierten also einen eindeutigen Trend zur kleindeutschen Lösung, so daß man in den militärischen Entscheidungen von 1866 und 1870 lediglich den Abschluß einer unausweichlichen Entwicklung sehen könnte. Aus der Perspektive der deutschen Nationalbewegung in den Jahren vor 1866 erschien indessen der preußisch-österreichische Kampf um die Vorherrschaft in Deutschland viel offener.

Zwar vertrat der 1859 von Liberalen und gemäßigten Demokraten gegründete »Deutsche Nationalverein« – mit bis zu 25 000 Mitgliedern in zahlreichen Ortsvereinen weitaus stärker als der 1862 gebildete »Deutsche Reformverein« mit höchstens 1500 großdeutsch-proösterreichischen Mitgliedern aus dem Spektrum von ganz rechts bis links, hauptsächlich im konservativen und katholischen Bereich – eine zumindest implizit kleindeutsche und propreußische Politik[198], und manche Nationalliberalen, deren Nation-Begriff – ohne sich von dem überlieferten

ethnisch-kulturellen Nationalismus zu lösen – zunehmend interessenpolitische und machtstaatliche Züge annahm, befanden sich nicht von vornherein zur Meinung des preußischen Ministerpräsidenten (seit 1862) Bismarck im Widerspruch, »nicht durch Reden und Majoritätsbeschlüsse«, sondern »durch Eisen und Blut« würden die »großen Fragen der Zeit« entschieden.[199] Allerdings traute man den konservativen Eliten Preußens und ihrem vermeintlichen Repräsentanten Bismarck eine energische nationale Einigungspolitik einfach nicht zu, solange im Innern der Streit mit der liberalen Fortschrittspartei – sozusagen der Partei des Nationalvereins in Preußen – um die Heeresreform als ein erbitterter Verfassungskonflikt geführt wurde. Angesichts dieses Prinzipienstreits kamen selbst im Nationalverein zunehmend antiborussische Tendenzen zum Ausdruck. In der Schleswig-Holstein-Bewegung von 1863/64 standen beide Sammelverbände der Nationalbewegung, Liberale, Demokraten und Sozialisten gegen Dänemark und die Politik der deutschen Hauptmächte Preußen und Österreich.
Während der Weg zum liberalen Verfassungsstaat in Preußen blockiert war, startete Österreich eine neue Initiative zur Reform des Deutschen Bundes. Sie schien deswegen erfolgversprechender als frühere Vorstöße, weil die Donaumonarchie 1860/61 den Neoabsolutismus hinter sich gelassen hatte und, nach einem kurzen ständisch-konservativen Intermezzo, in eine Phase konstitutionell-liberaler Experimente eingetreten war. Vordergründig scheiterte die Bundesreform an der – von Bismarck mit äußerstem Nachdruck durchgesetzten – Weigerung des Königs von Preußen, an dem Treffen aller deutschen Fürsten in Frankfurt am Main im August 1863 teilzunehmen. Letzten Endes konnte der Wiener Bundesreformplan aber auch die Nationalbewegung nicht befriedigen: Der Deutsche Bund sollte durch einige bundesstaatliche Elemente gefestigt, aber in seinem staatenbündischen Charakter beibehalten werden; insbesondere waren weder ein direkt gewähltes Nationalparlament noch eine wirkliche Exekutive vorgesehen. So hatte die österreichische Initiative längst ihre Schubkraft verloren, als im Sommer 1865 mit dem Rücktritt des Ministeriums Schmerling auch das Scheitern der innerstaatlichen Verfassungsreform nach deutsch-liberalem Muster offenkundig wurde.[200]

Der weiße Revolutionär

Otto von Bismarck galt der ehedem vorherrschenden, national-konservativen und nationalliberalen Geschichtsschreibung als »Reichsgründer« und gehört seit dem Zweiten Weltkrieg zu den umstrittensten Persönlichkeiten der deutschen Geschichte.[201] Bismarck hatte sich politisch Ende der 1840er/Anfang der 1850er Jahre als Vertreter der äußersten, junkerlichen Rechten profiliert, war dann als Diplomat für eine rücksichtslose, aber unideologische Machtpolitik Preußens eingetreten. Preußen sollte sich seiner Ansicht nach die Freiheit bewahren, auch solche Entwicklungen, die sich ohne sein Zutun oder sogar gegen die Wünsche seiner Staatsmänner vollzögen, ausschließlich nach den Anforderungen eigener Sicherheit und eigener Interessen zu nutzen. Dabei war Bismarck auch zunehmend bereit, mit Staaten zusammenzugehen, die ein »revolutionäres«, in den Augen seiner früheren hochkonservativen Freunde illegitimes Regime hatten wie das bonapartistische Frankreich. In seiner Zeit als Bundestagsgesandter in Frankfurt (1851–59) sammelte Bismarck Erfahrungen, die seine Aversion gegen den traditionellen Rivalen der Hohenzollern – unterstützt durch Affekte gegen die »faulige Gärung süddeutscher Gemütlichkeit«[202], in der die preußische Zucht aufgeweicht zu werden drohe – zum Fixpunkt seines außenpolitischen Denkens werden ließ. Österreich könne gar nicht anders, als Preußen die Gleichberechtigung als zweite deutsche Großmacht zu bestreiten: »Nach der Wiener Politik ist einmal Deutschland zu eng für uns beide...«[203] Die rücksichtslose Feindschaft gegen Österreich, solange es seinen Führungsanspruch in Deutschland aufrechterhielt, verband Bismarck mit einem Teil der Liberalen, die in der Donaumonarchie die Verkörperung feudaler Reaktion und katholischen Universalismus, ja den »Erbfeind Deutschlands«[204] sahen, und unterschied ihn von den preußischen Hochkonservativen, die zum österreichischen Kaiserstaat als einem Bollwerk der Gegenrevolution kein ausschließlich negatives Verhältnis hatten.

Konkret zeigte sich die Gemeinsamkeit Bismarcks mit einem Teil der Nationalbewegung (in diesem Fall sogar eher dem linken als dem rechten Flügel zugehörig) bereits während des Krieges, den Österreich im Sommer 1859 mit Frankreich und Piemont um seine norditalienischen Besitztümer ausfocht. Während die meisten derjenigen, die sich in Deutschland an der regen publizistischen Debatte beteiligten, den Krieg Österreichs unterstützten und Preußen wegen seiner zögernden Haltung kritisierten, drängten Männer wie der Liberale Konstantin Rössler, der Demokrat Arnold Ruge und der Sozialist Ferdinand Lassalle die Berliner Regierung, die prekäre Lage des Habsburgerreichs zur »Zerstückelung von Österreich« auszunutzen; damit »fällt das *besondere* Preußen von selbst (...), und Preußen und Deutschland *decken sich*«.[205] Ganz auf dieser Linie, wenn auch mit der Lassalle entgegengesetzten Intention, das »besondere Preußen« gerade durch territoriale Expansion über die Epoche der hochkapitalistischen Industrialisierung hinaus zu sichern, sah auch Bismarck, seinerzeit Botschafter in St. Petersburg, die Zeit gekommen, die deutsche Frage gewaltsam zu lösen. »Die historisch-politischen Interessenlagen, mit denen er in der Praxis konfrontiert war«, bemerkt der DDR-Historiker Ernst Engelberg dazu, »sah er einmal mit außerordentlicher Schärfe und praktischem Verstand, zum anderen aber wußte er die innere Konsequenz ihrer geschichtlichen Entwicklung gedanklich weiterzuverfolgen und für seine jeweiligen Zwecke zu nutzen.«[206]

Bismarck war kein militärischer Abenteurer; er führte seine Kriege zur Durchsetzung begrenzter politischer Ziele. Er spielte aber im ersten Jahrzehnt seiner Ministerpräsidentschaft mit dem Risiko, und sein politisches Schicksal und damit das seiner Konzeption zur Lösung der deutschen Frage hing mehr als einmal am seidenen Faden. Die Möglichkeit, den preußisch-österreichischen Dualismus ohne die Anwendung militärischer Gewalt zugunsten Preußens entscheiden zu können, erschien Bismarck zwar nicht ausgeschlossen, aber unwahrscheinlich. Seine Erfolge beruhten gleichermaßen auf der Fähigkeit, den jeweiligen Gegner diplomatisch in eine für ihn ungünstige Lage zu manövrieren, wie auf der Bereitschaft, innen- und außenpolitische Bündnisse im Bedarfsfall umzustürzen. So sprach er sich 1866, als er eben noch konkrete Vorbereitungen zur Unterstützung nationaler Befreiungsbewegungen der von Habsburg unterdrückten Völkerschaften getroffen hatte, im Anschluß an den triumphalen Sieg der Preußen bei Königgrätz mit Nachdruck gegen eine weitere Demütigung Österreichs aus und war schon kurz nach der Reichsgründung bestrebt, ein Bündnis der drei Kaiserstaaten Deutschland, Rußland und Österreich-Ungarn zustande zu bringen.

Die Interessen der europäischen Großmächte

Es trifft zwar zu, daß – im Vergleich mit dem mittleren und späten 20. Jahrhundert – die zwischenstaatlichen Konflikte im 19. Jahrhundert »kaum ideologisch aufgeladen waren«[207], aber sie waren doch bei näherem Hinsehen überall durch die gesellschaftlichen Widersprüche und innenpolitischen Parteibildungen mitbeeinflußt, die ihrerseits ursächlich zu den Konflikten zwischen den Staaten beitrugen. Indessen kannte die internationale Diplomatie der 1850er und 1860er Jahre keine festen Blockbildungen. Anstelle eines zentralen Konflikts, in dessen Sog alle anderen geraten wären – wie des zwischen faschistischen und parlamentarischen oder zwischen staatssozialistischen und kapitalistischen Ländern im 20. Jahrhundert –, existierte eine ganze Reihe verschiedener Konflikte nebeneinander, von denen zu einem Zeitpunkt der eine, zu einem späteren Zeitpunkt ein anderer in den Vordergrund treten konnte. Es gab Konstanten wie den russisch-englischen Gegensatz, aber gerade dieser trat weniger in Zentraleuropa als in außereuropäischen oder periphereuropäischen Regionen zutage.

Für das Britische Empire und das Russische Reich, in geringerem Maße auch für Frankreich, bedeutete Außenpolitik schon im 19. Jahrhundert auch Weltpolitik. Dabei gerieten seitens Englands und Frankreichs auch die USA in den Blick, deren ökonomische und politisch-militärische Dynamik zunehmend als bedrohlich empfunden wurden. Aber auch das Interesse an südstaatlicher Baumwolle war dafür verantwortlich, daß Großbritannien, wie auch Frankreich, im nordamerikanischen Bürgerkrieg von 1861–65 den Konföderierten den Rücken stärkte. Das globale, auch militärische Engagement der beiden »Flügelmächte« und der »Grande Nation«, etwa in Nordafrika und Mittelamerika, wo Frankreich in den mexikanischen Bürgerkrieg intervenierte, trug in der zweiten Hälfte der 1860er Jahre dazu bei, einen gewissen machtpolitischen Spielraum zu eröffnen, der die Reichsgründung überhaupt erst ermöglichte.[208]

Hatte die auf dem Wiener Kongreß ausgehandelte internationale Staatenordnung nach 1848/49 – unter verstärktem Einfluß Rußlands – wieder stabilisiert werden können, so ging der erste Anstoß zu einer Neugruppierung der Mächte von dem als »Krimkrieg« (1853–56) bekannten, eher einem Kabinettskrieg älteren Typs ähnelnden Konflikt zwischen dem zaristischen Rußland und der Türkei aus, in dem die westlichen, liberal-kapitalistischen Staaten England, Frankreich und Piemont-Sardinien (ab 1855) die Türkei unterstützten. In Preußen sympathisierte die junkerliche Rechte mit Rußland; die Liberal-Konservativen (»Wochenblatt-Partei«) suchten nach außen Anschluß an England und nach innen an das liberale Bürgertum. Im Ergebnis blieb Preußen strikt neutral, während Österreich sich mit den Westmächten verbündete, dann aber doch nicht in den Krieg eintrat. Die Niederlage Rußlands mit seiner Zurückdrängung aus dem Balkan und der Neutralisierung des Schwarzen Meeres schwächte den Druck des Zarenreichs auf Mitteleuropa ab und hinterließ in Petersburg zugleich ein antiösterreichisches Sentiment, da Österreich sich in keiner Weise für die Hilfe gegen das aufständische Ungarn 1849 und gegen Preußen 1850 revanchiert hatte.

Einen zweiten Stoß erhielt der europäische Status quo 1859/60 durch den erfolgreichen Krieg des monarchisch-liberalen Modellstaates Piemont-Sardinien im Bündnis mit dem Frankreich Napoleons III. gegen die norditalienische Hegemonialmacht Österreich. Die unmittelbare Folge waren Volksaufstände in Nord- und Mittelitalien, der legendäre »Zug der Tausend« unter Führung Garibaldis durch Sizilien und schließlich die (damals noch unvollständige) staatliche Einigung Italiens. Für später war wichtig, daß sich mit der Intervention in Italien zugunsten Piemonts nach Rußland nun auch Frankreichs Gegensatz zu Österreich verschärft hatte. Als der französich-österreichische Gegensatz nach 1866 zurücktrat, stand die »Römische Frage« zwischen dem unvollendeten italienischen Nationalstaat und den ihn umwerbenden Großmächten Frankreich und Österreich. Erst im Gefolge des preußisch-deutschen Siegs über Frankreich, die Schutzmacht des Kirchenstaats, konnten im September 1870 mit der Besetzung Roms die weltliche Macht des Papstes endgültig gebrochen und Italiens Einigung abgeschlossen werden.

Der russischen Führung hatte der Ausgang des Krimkriegs die Unumgänglichkeit innerer Reformen klargemacht, in deren Verlauf auch die Leibeigenschaft der Bauern aufgehoben wurde (1861). Gleichzeitig bemühte sich die wirtschaftspolitische Zentralbürokratie um ausländische Kapitalinvestitionen, die den Charakter der russischen Industrialisierung noch bis zur Oktoberrevolution bestimmten. Die Expansionsziele des Zarenreichs, die es in Gegensatz zu Österreich und England brachten – Balkan, Meerengen, Asien –, können nicht aus dem (noch kaum entwickelten) industriellen Kapitalismus erklärt werden; entscheidend waren vielmehr imperiale Tradition, ein neues nationalistisches Großmachtdenken und innere Legitimierungsbedürfnisse. Die zeitweilige Annäherung an Frankreich – auch in der Folgezeit immer wieder Gegenstand von Sondierungen – zerbrach nach dem polnischen Aufstand 1863, der statt dessen dem neuen preußischen Ministerpräsidenten Bismarck Gelegenheit gab, das seit dem 18. Jahrhundert auf der Teilung und gemeinsamen Niederhaltung Polens beruhende Einvernehmen zwischen Rußland und Preußen zu erneuern. Unter dem Protest Frankreichs und der polenfreundlichen Gruppen des deutschen und europäischen Liberalismus vereinbarten beide Staaten in der Alvenslebenschen Konvention eine Zusammenarbeit bei der Verfolgung polnischer Aufständischer. Obwohl die Abmachung gar nicht mehr in Kraft trat, beeinflußte sie die außenpolitische Orientierung Rußlands zugunsten Preußens. Dazu kam, daß das Zarenreich den Franzosen keinerlei Mitsprache auf dem Balkan einräumen wollte. Die Kooperation Rußlands mit Preußen, der die Ablösung Frankreichs als wichtigsten Wirtschaftspartner durch den Deutschen Zollverein entsprach, gipfelte 1868 in einer militärischen Übereinkunft, die Preußen russische Hilfe zusicherte, falls Österreich in einen preußisch-französischen Krieg intervenieren sollte, ohne Preußen im umgekehrten Fall entsprechend zu binden.

England war in den 1860er Jahren das einzige kapitalistische Land, das den industriellen Durchbruch hinter sich hatte, und zugleich die einzige wirkliche Weltmacht, internationales Finanz- und Handelszentrum. Im Vordergrund der Interessen seines herrschenden, adlig-bürgerlichen Klassenblocks standen die koloniale Expansion (um 1860 durch Aufstände in Indien, Jamaika und Neuseeland beträchtlich gefährdet), die Herrschaft über die Meere und die Förderung des Freihandels, in Europa die Eindämmung Rußlands, die Unabhängigkeit Belgiens (von Frankreich) und ein ungefähres Machtgleichgewicht. Umgestaltungen in Mitteleuropa erschienen nur dann wirklich bedrohlich, wenn sie die Bedingungen der Suprematie Englands in der Welt gefährdeten, was bei einer kleindeutschen Einigung meist nicht angenommen wurde. Preußen, das ja zudem ein protestantischer Staat und ein entschiedener Verfechter des Freihandels war, konnte sogar eine nützliche Funktion als »feste Barriere zwischen den beiden großen aggressiven Mächten des Kontinents«[209], also zwischen Frankreich und Rußland, dienen. Für die englische Zurückhaltung spielte auch eine wichtige Rolle, daß in den 1860er Jahren unter Disraeli und Gladstone beide großen Parteien um die Neuverteilung der Gewichte zwischen (ökonomisch verbürgerlichtem, aber privilegiertem und herrschaftsgewohntem) Adel und Bourgeoisie durch Verbreiterung der politischen Basis nach unten (Tory-Democracy versus liberale Reformpolitik) bemüht waren. Der Konzentration auf die Innenpolitik entsprach unter dem Ministerium Gladstone (1868–74) die »splendid isolation« nach außen.

Den wichtigsten Unruhefaktor in der internationalen Politik bildete in den Augen des konservativen, teilweise auch des liberalen Europa nicht Preußen, sondern das Frankreich Napoleons III. In seinem sozialen Charakter eindeutig bürgerlich, hatte die staatliche Exekutive unter Louis Napoleon in einem Zustand des annähernden Kräftegleichgewichts zwischen den gesellschaftlichen Klassen und politischen Parteien diesen gegenüber ein hohes Maß an Selbständigkeit erlangt. Zum Instrumentarium innenpolitischer Herrschaftssicherung und zur Legitimierung des monarchischen »Emporkömmlings« Louis Napoleon gehörten aber unverzichtbar außenpolitische Erfolge, die der Kaiser in – bisweilen hektischen – Aktivitäten zu erreichen suchte. Die Außenpolitik des bonapartistischen Frankreich war dabei bestrebt, die national-revolutionären Einheits- und Unabhängigkeitsbestrebungen anderer Völker den französischen imperialen Interessen dienstbar zu machen. Während das im Fall Italiens möglich schien, bestand gegenüber der deutschen Nationalbewegung allein wegen des Gewichts des östlichen Nachbarlandes ein offensichtliches Spannungsverhältnis.

Das übergeordnete Ziel der französischen Politik bestand darin, ein Wiedererstarken des im Krimkrieg zurückgedrängten Rußland zu Lasten Frankreichs zu verhindern – das bedeutete Opposition gegen die russische Balkan- und Mittelmeerpolitik – und möglichst das auf dem Wiener Kongreß 1815 als Sicherung gegen eine erneute französische Hegemonie begründete Staatensystem mit dem Deutschen Bund als Kernelement weiter zu schwächen. Die angestrebte kontinental-europäische Konföderation unter Führung Frankreichs war aber nur denkbar, wenn die Herausbildung eines konkurrierenden Machtzentrums in Mitteleuropa unterbunden wurde. Die Befürchtungen richteten sich zunächst mehr auf die österreichische Vision des »Reiches der 70 Millionen« Gesamtdeutschlands und Gesamtösterreichs; in der zweiten Hälfte der 1860er Jahre wurde dann Preußen zunehmend als militärischer und industrieller Gegner Frankreichs geortet.

Zwar befürwortete auch die französische Öffentlichkeit überwiegend das Recht der Deutschen auf nationale Einheit, zwar galt den Liberalen im Vergleich zu Österreich meist Preußen als Vertreter des Fortschritts; aber andererseits erhoben gerade Sprecher der populistischen Richtung des Bonapartismus die Forderung nach den »natürlichen Grenzen« Frankreichs am Rhein, und der preußische Verfassungskonflikt kühlte auch die liberale Zuneigung zu Preußen deutlich ab. Selbst diejenigen, die die Einheit Deutschlands nicht unbedingt verhindern wollten, erwarteten territoriale »Kompensationen« als Preis für die Duldung des Einigungsprozesses durch Frankreich.

Die Einigungskriege

1864, bei der ersten Etappe der militärischen Reichseinigung, dem Krieg gegen Dänemark, trat Bismarck zunächst noch als monarchischer Legitimist auf: Er berief sich auf das Londoner Protokoll von 1852, das Schleswig-Holstein der dänischen Krone, aber nicht ohne weiteres bzw. – im Fall des zum Deutschen Bund gehörenden Holstein – gar nicht dem dänischen Staat zusprach. Damit befand er sich in scharfer Gegnerschaft mit der volkstümlichen national-deutschen Schleswig-Holstein-Bewegung. Indem er jedoch die Niederlage der Revolutionsbewegung von 1848 im Kampf um Schleswig-Holstein militärisch revidierte, begann er bereits die Front seiner liberalen Gegner zu spalten. Die Einbindung Österreichs in den dänischen Feldzug hatte es erlaubt, am Bundestag und der öffentlichen Meinung vorbei zu operieren, ohne daß jenes daraus Vorteile ziehen konnte. Gleichzeitig bot die faktische Teilung der Elbherzogtümer, wobei Schleswig an Preußen und Holstein an Österreich fiel, die Möglichkeit, sowohl die Chance eines Modus vivendi zu prüfen, als auch Anlässe für eine spätere Generalabrechnung zu bieten.[210]
1866 führte Preußen samt den ihm verbündeten nord- und mitteldeutschen Kleinstaaten formal Krieg gegen den Deutschen Bund. Gleichzeitig kämpfte im Süden Italien, Preußens Verbündeter, gegen Österreich. Einen kleindeutschen Bundesreformplan einschließlich des (seit 1862 schon mehrfach gemachten, aber kaum ernst genommenen) Vorschlags, ein nach demokratischem Wahlrecht gebildetes deutsches Parlament zu schaffen, hatte Preußen noch kurz vor Eröffnung der Feindseligkeiten eingebracht. 1866 gilt zu Recht als die wichtigste, weil folgenreichste Etappe der Einigung Deutschlands, nach den Worten des liberalen Staatsrechtlers J. C. Bluntschli nichts anderes als »die deutsche Revolution in Kriegsform, geleitet von oben statt von unten, der Natur der Monarchie gemäß«.[211] Friedrich Engels sprach später von einer »vollständigen Revolution, mit revolutionären Mitteln durchgeführt«.[212] Vordergründig bezogen sich solche Einschätzungen vor allem auf die preußische Annexion des gesamten Territoriums von drei legitimen Fürsten (Hannover, Kurhessen, Nassau) sowie Schleswig-Holsteins, Frankfurts und Hessen-Homburgs. Wesentlicher war noch, daß die Blockade der deutschen Frage durch den preußisch-österreichischen Dualismus durchbrochen war, wenn auch die Bildung des Norddeutschen Bundes 1867 in kleindeutscher Zielperspektive nur eine Teillösung brachte. In der preußischen Politik bedeutete der »Deutsche Krieg« von 1866 den Bruch Bismarcks mit den feudal-abso-

lutistisch orientierten Altkonservativen, die seitdem für Jahre politisch ins Abseits gerieten und von denen sich – ebenso wie auf seiten der Liberalen – ein Pro-Bismarck-Flügel (Freikonservative Partei bzw. Deutsche Reichspartei) trennte.

Die Mehrheit der durch die am Tage von Königgrätz abgehaltenen Kammerwahlen parlamentarisch reduzierten preußischen Liberalen beeilte sich, das Angebot der Exekutive zur Beendigung des preußischen Verfassungskonflikts, die nachträgliche Zustimmung des Parlaments zu den von der Regierung eigenmächtig getätigten Ausgaben, erleichtert anzunehmen. Die Liberalen in den unmittelbar von Preußen neu annektierten Provinzen und den kleineren Staaten des Norddeutschen Bundes fühlten sich aus der Enge kleinstaatlicher Verhältnisse befreit und unterstützten überwiegend die Bismarck-freundliche Richtung. Die Zeit, als der nunmehrige Verfechter eines adlig-großbürgerlichen Klassenkompromisses Hermann Baumgarten »eine umfassende, zusammenhängende nationale Bewegung gegen die widerwilligen Regierungen, auslaufend in einen Sturz Bismarcks«, propagiert hatte[213], war längst vorbei. Bismarcks Rechnung war aufgegangen, die wichtigsten Bedürfnisse des Bürgertums zu befriedigen, um »der Revolution die Vorwände (zu) entziehen, welche ihr auch bei besser Gesinnten Eingang schaffen«.[214] Oder an anderer Stelle: »Soll Revolution sein, so wollen wir sie lieber machen als erleiden.«[215]

Allerdings entwickelte der Norddeutsche Bund auf die Bevölkerung Süddeutschlands nicht die Anziehungskraft, die die Bismarck-Anhänger, vor allem die kleindeutsch gesinnten Liberalen, erhofft hatten. Die in Süddeutschland Anfang 1868 nach norddeutschem Reichstagswahlrecht durchgeführten Wahlen zum Zollparlament brachten – außer in Hessen-Darmstadt – den verschiedenen antipreußischen Parteien eine deutliche Mehrheit. Klerikale, industriefeindliche, konservative und demokratische Motive flossen in einer partikularistischen und teils antimilitaristischen (Widerstand gegen die Übernahme des preußischen Militärsystems) Volksopposition zusammen. Die Bayerische Patriotenpartei wollte »die Selbständigkeit Bayerns auf das entschiedenste gewahrt wissen« und verwarf »jeden wie immer gearteten Anschluß, jede Anlehnung an den sogenannten norddeutschen Bund«.[216] Und die demokratische Deutsche Volkspartei bestritt in ihrem Stuttgarter Programm vom September 1868 kategorisch die Möglichkeit, daß die Regelungen von 1866 auch nur Ausgangspunkte einer Lösung der deutschen Frage sein könnten: »Die Wiedervereinigung und Wiederbefreiung des Gesamtvaterlandes ist und bleibt unverrückbar unser Ziel, und das ist gleichbedeutend mit dem Sturz des Werkes von 1866.«[217]

In der Politik Preußens bzw. des Norddeutschen Bundes gegenüber den süddeutschen Staaten nach 1866 unterschied sich Bismarcks Linie von der der Nationalliberalen nicht im Ziel, die (klein-)deutsche Einheit zu vollenden, wohl aber in den damit verbundenen verfassungspolitischen Erwartungen, in den Methoden und im Zeithorizont. Bismarck durfte trotz der unbefriedigenden Wahlergebnisse von 1868 darauf bauen, daß die Verbindungen zwischen Nord- und Süddeutschland bereits eine Intensität erreicht hatten, die mit Zustimmung der süddeutschen Fürsten früher oder später zur staatlichen Einheit führen würde. Es schien ihm daher wichtig, deutlich zu signalisieren, ein künftiges preußisch geführtes Deutschland werde hinsichtlich der inneren Machtverhältnisse »kein Instrument der Veränderung, sondern eines der Bewahrung sein«.[218]

Eine solche liberale Ausgestaltung der norddeutschen Bundesverfassung gerade durch Expansion des Kernstaats nach Süden erstrebten aber die Nationalliberalen. Eine offensive, stärker auf die Parlamente und die öffentliche Meinung im Süden gerichtete Einigungspolitik mochte vermittels der damit verbundenen nationalen Mobilisierung diesem Ziel dienen. Eher als für Bismarck lag für die Nationalliberalen der Gedanke nahe, eine Entscheidung notfalls auch im deutschen Nationalkrieg gegen Frankreich zu suchen – mit allen immerhin denkbaren umwälzenden Implikationen auch nach innen.

Der Widerstand gegen die Erweiterung des Norddeutschen Bundes nach Süden – unterstützt und abgesichert von Österreich und Frankreich – konnte faktisch dann auch erst durch den dritten von Bismarck, aber nicht nach dem Rezept der Nationalliberalen, geführten Krieg, den preußisch-französischen, und den in seinem Gefolge auch unter Katholiken und Preußen-Kritikern entfachten antifranzösischen Nationalismus überwunden werden.[219] Bei der Handhabung der konfliktauslösenden Thronkandidatur einer Nebenlinie der Hohenzollern in Spanien (im Anschluß an die dortige liberale Revolution von 1868) erwies sich Bismarck ein weiteres Mal als überlegener Taktiker. Über militärische Schutz- und Trutz-Bündnisse schon seit 1866 an Preußen gebunden und von der Massenstimmung getrieben, konnten sich die süddeutschen Fürsten der Beteiligung am Krieg gar nicht entziehen. Die Gewährung einiger Reservatrechte an Bayern und Württemberg, größere Geldzahlungen an Ludwig II. von Bayern und die Drohung Bismarcks mit dem Appell an die deutsche Nationalbewegung (nach italienischem Vorbild) veranlaßten die süddeutschen Monarchen, der Reichsgründung zuzustimmen. Baden wäre am liebsten schon früher dem Norddeutschen Bund beigetreten.

Der Sturz des Bonapartismus in Frankreich machte den Krieg aus einem auf den ersten Blick rein dynastischen zu einem, der neben dem nationalen jetzt auch von einem Gegensatz der politischen Systeme geprägt wurde. Dieser Tatbestand, die Forderung nach Annexion Elsaß-Lothringens, die dann auch das französischprachige Gebiet um Metz einschloß und die Beschießung von Paris verstärkten im Ausland wieder die Antipathien gegen Preußen-Deutschland, während der proletarisch-kleinbürgerliche Aufstand der Pariser Commune (März bis Mai 1871) dem Ansehen des neugegründeten Deutschen Reiches als einer konservativen Ordnungsmacht zugute kam. Viele Zeitgenossen erkannten jetzt, daß die zentrale Tatsache der Jahreswende 1870/71 die nationale Einigung Deutschlands war. Der britische konservative Oppositionsführer Benjamin Disraeli faßte den für ihn schockierenden Vorgang in die drohende Feststellung, die »Deutsche Revolution« habe das europäische Kräftegleichgewicht zu Lasten Englands vollständig zerstört.[220]

Ein wichtiges Ergebnis der Kriege von 1866 und 1870/71 war die – abgesehen von Hitlers Großdeutschem Reich in den Jahren 1938–45 – definitive Abtrennung Deutsch-Österreichs vom deutschen Nationalverband. Aus der Sicht vieler Deutscher handelte es sich – in Erinnerung an eine tausendjährige gemeinsame Geschichte – um die Teilung der gesamtdeutschen Nation, die den Preis für die Konstitutierung des kleindeutschen Nationalstaats darstellte. Die von Österreich repräsentierte übernational-universalistische, mitteleuropäische und katholisch-konservative Reichsidee war tot, die großdeutsch-demokratische Strömung ebenfalls geschlagen.

Die Verdrängung der Habsburgermonarchie aus Deutschland und Italien durch den Krieg von 1866 wurde 1870 zu einer unwiderruflichen Tatsache, auf deren Boden sich die in Wien politisch Führenden überraschend schnell stellten. Bismarcks Aussagen zugunsten der Weiterexistenz des übernationalen Staates als südosteuropäische Ordnungsmacht schienen glaubwürdig. Die Expansionsinteressen Habsburgs wurden durch die Waffengänge von 1866 und 1870/71 eindeutiger als vorher in Richtung des (großenteils noch unter türkischer Herrschaft stehenden) Balkans gelenkt und damit auf diejenige Region, die Rußland – auch vermittels der von ihm geförderten panslawistischen Bestrebungen – als seine Einflußsphäre beanspruchte.

Zur außenpolitischen Umorientierung Österreichs trug auch die Reorganisation des Staates als Doppelmonarchie (mit den Ungarn als zweitem Hegemonialvolk) bei. Die dualistische Verfassung von 1867 mißachtete aber die Bestrebungen der slawischen Völker und konnte

die Verschärfung der Nationalitäten- und Verfassungskämpfe am Ende der 1860er Jahre nicht verhindern. Die innere Schwächung Österreich-Ungarns beeinträchtigte natürlich auch seine außenpolitische Handlungsfähigkeit. Das ins Auge gefaßte und im Grundsatz vereinbarte Dreier-Bündnis mit Frankreich und Italien gegen Preußen, mit dem die Ergebnisse von 1866 noch einmal hatten revidiert werden sollen, ermangelte tragfähiger Gemeinsamkeiten. Es trat 1870 angesichts der schnellen preußisch-deutschen Erfolge gar nicht erst in Aktion.[221]
Das im 18. Jahrhundert entstandene und auf dem Wiener Kongreß 1815 erneuerte System der »Pentarchie«, das von den fünf Großmächten England, Frankreich, Rußland, Österreich und Preußen bestimmte »Europäische Konzert«, ging durch den Sieg der Deutschen 1870 nicht zugrunde, wurde aber erheblich verändert. Die dominierende Kontinentalmacht, vor Frankreich und weit vor Österreich-Ungarn, mindestens gleichauf mit Rußland, war jetzt das preußisch-deutsche Reich. Es entsprach aber den innersten Überzeugungen Bismarcks, daß es nicht zu einem Umsturz des gesamten Systems, insbesondere zu einer Auflösung des habsburgischen Vielvölkerstaates, kam, wie sie in der revolutionären Logik des Nationalgedankens gelegen hätte. Statt dessen gelang es unter maßgeblicher Beteiligung des preußischen Ministerpräsidenten und deutschen Reichskanzlers, die internationale Ordnung wieder so zu stabilisieren, daß sie noch mehr als vier Jahrzehnte erhalten blieb.

Der Charakter der Reichsgründung

Die Verfassung des neuen Deutschen Reiches, die in der des Norddeutschen Bundes im wesentlichen vorweggenommen war[222], enthielt ein kompliziertes, kalkuliert ungleichgewichtiges System aus diktatorischen und parlamentarischen, hegemonialen und partikularen, föderativen und unitarischen Elementen. Dabei verblieb der monarchischen Spitze eine dominierende Stellung, weil der nach (seinerzeit durchaus ungebräuchlichem) allgemeinem, direktem und gleichem Wahlrecht gewählte Reichstag über keinen unmittelbaren Einfluß auf die Exekutive verfügte, während andererseits das Recht zur Auflösung des Reichstags dem Kaiser und dem Bundesrat zustand, und weil die Armee weitestgehend der Verfügungsgewalt des Königs von Preußen und Deutschen Kaisers unterlag. Über den Bundesrat, vom Status her eine Mischung aus förderativer Reichsexekutive und legislativem Staatenhaus, war die Führungsrolle Preußens, für dessen Abgeordnetenhaus weiterhin das Drei-Klassen-Wahlrecht von 1849/50 galt, im Reich faktisch abgesichert. Allerdings handelte es sich eben nicht mehr um das alte feudal-absolutistische bzw. bürokratisch-absolutistische Preußen der Zeit vor 1848, sondern um einen nicht unwesentlich veränderten Staatstypus. Ob die Bismarcksche Verfassung überhaupt Möglichkeiten einer konstitutionell-parlamentarischen Weiterentwicklung bot und inwieweit reale Tendenzen in diese Richtung vor 1918 wirksam wurden, ist umstritten. Es geht aber nicht an, die moderne Massendemokratie zum Beurteilungsmaßstab des deutschen Kaiserreichs zu machen, wie es häufig unausgesprochen geschieht, und dabei außer acht zu lassen, daß die parlamentarische Regierungsform mit demokratischem Wahlrecht (für Männer) in Europa um 1870 die Ausnahme war und nicht die Regel – außer Frankreich, das gerade zur Republik zurückkehrte, könnte nur die Schweiz genannt werden. In England war nach den Wahlreformen von 1867 immer noch nur eine Minderheit der männlichen Bevölkerung wahlberechtigt. Auch für die gesellschaftlichen und politischen Privilegien des Adels in Preußen-Deutschland gab es durchaus Parallelen in Europa. Dabei ist nicht nur an den Osten und Südosten des Kontinents zu denken, sondern teilweise auch an den Süden und selbst an das hochkapitalistische Großbritannien. Die Annährung und Verflechtung von Adel und Großbürgertum waren ein gesamteuropäisches Phänomen. Obwohl dieser Vorgang in England, Italien und Frankreich (wo er trotz der Revolutionen von 1789, 1830, 1848 und 1870 ebenfalls nachzuweisen ist) stärker bürgerlich dominiert war, gab es doch auch dort Tendenzen zur Angleichung von Teilen des Großbürgertums an den Adel im Sozialverhalten und im Normengefüge. Von einer »Feudalisierung« des deutschen Bürgertums zu sprechen, ist im Hinblick auf die ökonomische und großenteils auch gesellschaftliche Modernität des Kaiserreichs von 1871 mindestens mißverständlich und verbietet sich andererseits schon deshalb, weil die soziale Annäherung von Großbürgertum und Adel – etwa im Heiratsverhalten, in der beruflichen und persönlichen Lebensführung – in Deutschland faktisch nicht stärker, sondern schwächer ausgeprägt war als in anderen Teilen Europas, gerade auch schwächer als in Westeuropa.[223]

Dieser Tatbestand unterstreicht offenbar Besonderheiten der Entwicklung der bürgerlichen Gesellschaft in Deutschland, die aber nicht darin bestanden, daß diese gar nicht erst ins Leben trat.

Was Preußen-Deutschland auszeichnete, waren die relative, wenn auch abnehmende, ökonomische Stärke des agrarkapitalistischen (adligen wie bürgerlichen) Großgrundbesitzes auf der Basis unternehmerisch betriebener Getreideproduktion und die Verknüpfung von kapitalistischem Junkertum und Militärwesen. Die soziale Bedeutung des Militärs und des Militärischen gaben dem Kaiserreich sein besonderes Gepräge.[224] Der moderne Militarismus sollte jedoch nicht mit einer Beherrschung des Bürgertums durch eine (als solche gar nicht mehr existente) Feudalklasse verwechselt werden. Großindustrielle, besonders der Schwerindustrie, und Bankiers gehörten im neuen Reich mit tendenziell wachsendem Einfluß zu dem herrschenden »junkerlich-bourgeoisen« Machtblock hinzu.

Die Reichseinigung war – wie wir sahen – nicht das Werk des Bürgertums, genauer: der liberalen Politiker als der wichtigsten Formation bürgerlicher Politik. Ohne die von der Bourgeoisie und den anderen bürgerlichen Sozialgruppen vorangetriebene Kommerzialisierung und Industrialisierung und nationale, auch kulturelle, Integration, und ohne die in den 1860er Jahren gipfelnde liberal-nationale Mobilisierung breiter Bevölkerungsschichten mit dem Bürgertum als Kern sind die Orientierung der preußischen Militärmonarchie auf die Herstellung der nationalen Einheit Deutschlands und deren erfolgreiche Durchsetzung indessen gar nicht vorstellbar. Trotz der parlamentarischen Defizite der Reichsverfassung stellte aus der Sicht des Bürgertums die Reichsgründung einen epochalen Erfolg dar, indem sie nicht nur die institutionellen Formen für die weitere, ungehinderte Durchsetzung des Industriekapitalismus und einen gesamtnationalen Rahmen bürgerlicher Politik bereitstellte, sondern auch die Gestaltung einer Rechtsordnung ermöglichte, die in hohem Maße bürgerlich-liberalen Prinzipien entsprach sowie die Entfaltung der bürgerlich geprägten deutschen Wissenschaft und Kultur förderte, zumindest diese nicht hinderte. Daher war in den überschwenglichen Äußerungen der Zeitgenossen wie der des bereits früher zitierten Liberalen Hermann Baumgarten, der den »heilvollen Krieg von 1870« und dessen Resultat, den »gewaltigen Baum deutscher Einheit, deutscher Macht, prangend in herrlichstem Blütenschmuck«[225] pries, doch mehr enthalten als ein dem deutschen Bürgertum für die Zeit nach 1866 vielfach angelasteter irrationaler und gegenüber den traditionellen Eliten serviler Chauvinismus.

III. Die Vorkriegsgesellschaft – Gesellschaftliche Alternativen im Imperialismus

1. Das Kaiserreich um 1900 – Eine Skizze

Von Franz-Josef Brüggemeier und Elisabeth Domansky

Um die Jahrhundertwende war das deutsche Kaiserreich zur politisch, militärisch und wirtschaftlich führenden Macht des europäischen Kontinents aufgestiegen, übertroffen lediglich von England. Knapp eine Generation nach der Reichsgründung hatte es sich als eine politisch einflußreiche Großmacht etablieren können; ›Made in Germany‹ stand als Gütezeichen für Qualität sowie hohen technischen Standard; auch auf dem Gebiet der Wissenschaft und Kultur, insbesondere der Musik, wurde der Beitrag Deutschlands international anerkannt. Es gab Anlaß genug, selbstbewußt Bilanz über die Wilhelminische Gesellschaft zu ziehen. Dabei jedoch ergab sich ein überaus vielfältiges und widersprüchliches Bild.

Das wohl auffälligste und wichtigste Merkmal der gesellschaftlichen Entwicklung war ein Wachstum auf nahezu allen Gebieten. Die Produktion hatte sich mehr als verdoppelt, und die Bevölkerungszahl war von 40 auf 60 Mio. gestiegen, ein zunehmend großer Anteil davon in Städten; zum Zeitpunkt der Reichsgründung lebten noch 65 % der Deutschen in Orten mit weniger als 2000 Einwohnern, 1910 nur noch 40 %; der Anteil der Großstadtbewohner hatte von 4,8 % auf 21,3 % zugenommen. Die Streckenlänge der Eisenbahn war von 19000 auf knapp 52000 km angewachsen, ihre Förderleistung um das Sechsfache. Auch Schulen und Universitäten hatten expandiert, ebenso Krankenhäuser, in denen es mehr als 255000 Betten gab gegenüber nicht einmal 100000 dreißig Jahre zuvor. Die neuen Großzechen des Ruhrgebiets reichten in mehr als 1000 m Tiefe hinab, und die chemische Industrie entlang des Rheins war führend in der Welt. Immer neue Schornsteine wurden errichtet, die mehr als andere Bauwerke symbolische Bedeutung besaßen: ihr Rauch zeigte Aktivität und reges Treiben an, er verkörperte Wachstum, das sich jedoch nicht in immer höheren Produktionsziffern erschöpfte. Wachstum war mehr, es bedeutete Wohlstand, und es bedeutete Fortschritt.[1]

Fortschritt war nahezu überall abzulesen. An steigenden Produktionsziffern und technischen Errungenschaften, dem Wachstum der Städte und einer Blüte der Kultur, einer Zunahme der Lebenserwartung und dem internationalen Ansehen des Deutschen Reiches. Besonders beeindruckend waren die Fortschritte der Wissenschaft, sei es der Chemie oder Physik, der Medizin oder Biologie. Die Evolutions-Lehre Darwins, entwickelt an Beispielen aus der Tierwelt, wurde auf nahezu jeden Bereich gesellschaftlichen Lebens angewandt; sie verkörperte in ausgeprägter Form zentrale Elemente zeitgenössischen Denkens: die Überzeugung, Teil eines evolutionären Prozesses zu sein, dessen Fortschritt eine andere, bessere Welt hervorbringe. Darüber allerdings, wie diese Welt aussehen werde, gab es unterschiedliche Anschauungen.[2]

Ein deutlich ausgeprägtes Vertrauen auf die heilbringende Kraft des Fortschritts fand sich bei der sozialistischen Arbeiterbewegung. Sie stützte sich auf die Marxsche These vom Klassenkampf, war in ihrer Praxis jedoch nicht minder durch darwinistische Überlegungen beeinflußt und ging davon aus, daß die weitere Entwicklung zum Sozialismus unaufhaltsam fortschreite und abgewartet werden könne.[3] Zwiespältiger war die Einschätzung des Bürgertums. Auf der einen Seite herrschte die Zuversicht, daß Deutschland im Kreis der Großmächte eine zunehmend wichtigere Rolle spielen und selbst Weltmacht werden könne, mit eigenen Kolonien und einer eigenen Flotte. Andererseits jedoch wurde befürchtet, das Kaiserreich komme zu spät, da die Welt bereits unter die anderen Großmächte aufgeteilt sei.[4] Hinzu kam, daß die Stellung des Bürgertums innerhalb des Reiches weiterhin widersprüchlich war. Seine wirtschaftliche und gesellschaftliche Bedeutung hatte zugenommen. Politisch hingegen dominierte immer noch – im engen Bündnis mit der Schwerindustrie – der großenteils adlige Großgrundbesitz, der auch die wichtigsten Posten im Militär und in der Bürokratie besetzte. Zugleich hatte die sozialistische Arbeiterbewegung ihre Position ausgebaut; bei den Reichstagswahlen von 1903 gewann die SPD 81 der 397 Mandate und stellte nach dem Zentrum mit 100 Abgeordneten die zweitstärkste Fraktion gegenüber nur 51 Vertretern der Nationalliberalen. Drei Millionen Wähler (31,7 %) hatten für die Sozialdemokraten gestimmt, knapp 1 Mio. mehr als bei der vorangegangenen Wahl im Jahre 1898.[5]

Der wachsende Stimmenanteil der SPD wurde bei nahezu allen Gruppierungen außerhalb der Arbeiterbewegung als Bedrohung angesehen und war der wohl deutlichste Ausdruck dafür, daß Wachstum nicht unbedingt mit Fortschritt gleichgesetzt und vor allem nicht immer positiv bewertet wurde. So ging das Wachstum der Städte auf Kosten der ländlichen Gebiete und der Aufschwung von Industrie und Technik zu Lasten der Landwirtschaft. Der Anteil der Erwerbstätigen in der Landwirtschaft ging von nahezu 50 % im Jahre 1871 auf nur noch etwa 31 % im Jahre 1907 zurück, während in Industrie und Handwerk 11,3 Millionen Personen (42,2 %) beschäftigt wurden gegenüber nur 6,4 Millionen (34,8 %) eine Generation zuvor (1882).[6] Von Vorteil war die Entwicklung in erster Linie für das Wirtschaftsbürgertum, für die wachsende Gruppe der Angestellten, Beamten und sog. Professionen (Ärzte, Anwälte), aber auch für qualifizierte Arbeiter. Zu den Leidtragenden gehörten kleinere bäuerliche Betriebe sowie diejenigen selbständigen Handwerker, Gesellen oder Facharbeiter, deren Qualifikationen angesichts neuer Techniken nicht länger benötigt wurden; ferner die große Gruppe ungelernter Fabrik- und Gelegenheitsarbeiter, deren Situation sich zwar allmählich besserte, häufig jedoch von kaum erträglichen Arbeits- und Lebensbedingungen gekennzeichnet blieb.

Abgesehen von der Frage nach den Gewinnern und Verlierern dieser Veränderungen, bedeuteten allein schon Tempo und Ausmaß des Wachstums eine enorme individuelle und gesellschaftliche Herausforderung. Alte Anschauungen mußten aufgegeben und neue entwickelt werden, Verhaltensweisen und Anforderungen änderten sich, neue Familienformen entstanden, und es war nicht abzusehen, wie die weitere Entwicklung verlaufen würde. Viele sahen darin eine Chance, die sie zu nutzen wußten, andere eine Belastung, mit der sie nur schwer umgehen konnten. Selbst bei den Teilen des Bürgertums, deren wirtschaftliche und soziale Position sich verbesserte, gab es ein großes Maß an Unsicherheit und Ängsten, die sich zu einem nicht geringen Teil in einem aggressiven Nationalismus entluden, wie er nach den 1890er Jahren von zahlreichen Verbänden vertreten wurde. Die nationalistische Agitation war ein Symptom dafür, daß das politische System des Kaiserreiches auch dreißig Jahre nach der Reichsgründung noch durch große innere Spannungen gekennzeichnet war.

Damit ist die Frage der politischen Stabilität und Herrschaftssicherung angesprochen, die in den Diskussionen um das Kaiserreich im Vordergrund steht. Hierüber wird unter Historikern bis heute eine erbitterte Debatte geführt, in deren Mittelpunkt der Ausbruch des Ersten Weltkrieges steht. Diskutiert wird, ob das Kaiserreich zusammen mit den anderen europäischen Mächten in den Krieg hineingeschlittert ist, oder ob der Krieg als Versuch der kaiserlichen Regierung bzw. der konservativen Eliten anzusehen ist, nicht mehr lösbare innere Spannungen nach außen abzuleiten. Die Debatte hat zu wichtigen Ergebnissen geführt, neigt jedoch dazu, nahezu jedes Ereignis und jede Entwicklung daraufhin zu untersuchen, inwieweit sie zum Kriegsausbruch beigetragen haben. Angesichts der Schrecken des Ersten Weltkrieges ist die Fragestellung verständlich, doch zugleich kann sie dazu führen, Untersuchungsgegenstände und Perspektiven unnötig einzuschränken.

Wir werden die Ursachen und die Folgen des Ersten Weltkriege behandeln, bemühen uns jedoch darüber hinaus, möglichst vielfältige Ansätze und Perspektiven vorzustellen – soweit der knappe Platz dies zuläßt. Im einzelnen hat das Kapitel folgenden Aufbau:

- einleitend ein knapper Überblick über die politische Geschichte zwischen Reichsgründung und Kriegsbeginn;
- daran anschließend zwei Exkurse zum Imperialismus sowie zur These vom deutschen Sonderweg. Hierbei handelt es sich um zwei Erklärungsansätze, die über unseren zeitlichen Rahmen hinaus von grundlegender Bedeutung sind;
- eine Fallstudie über den Privatgelehrten Arons, dem am 20. Januar 1900 aufgrund seiner Mitgliedschaft in der SPD die akademische Lehrbefugnis durch das preußische Staatsministerium entzogen wurde – gegen den Widerstand der Universität, die um die Freiheit der Wissenschaft fürchtete. Ausgehend von diesem Konflikt werden die Entwicklung von Wissenschaft und Universitäten beschrieben;
- eine Fallstudie über den Deutschen Werkbund. In diesem waren namhafte Architekten, Künstler und Firmen zusammengeschlossen, um durch die Entwicklung eines selbständigen Geschmacks und Stils zu einer eigenständigen bürgerlich-industriellen Ästhetik beizutragen, in bewußter Absetzung von weitverbreiteten agrarromantischen und großstadtfeindlichen Strömungen innerhalb des Bürgertums;
- eine Fallstudie über den Bau von Kanalisationen in deutschen Großstädten. Sie führt in ökologische Fragestellungen ein, die innerhalb der Geschichtswissenschaft bisher erst ansatzweise bearbeitet werden. Behandelt werden sozialpolitische Initiativen und sanitäre Reformen, eine Begeisterung für großtechnische Lösungen sowie ökologische Weichenstellungen, deren Folgen teilweise erst heute deutlich werden;
- ein Längsschnitt über die Entwicklung der Arbeiterbewegung, die während des Kaiserreichs von einer kleinen Protestpartei zu einer Massenbewegung anwuchs, es jedoch nicht vermochte, einen nennenswerten Einfluß im politischen System des Kaiserreiches zu erlangen;
- eine Erörterung über Voraussetzungen des Ersten Weltkrieges und die Folgen der Kriegserfahrung insbesondere für das Geschlechter-

verhältnis, die aus diesem ersten totalen Krieg in der Geschichte der Neuzeit resultierten. Sowohl für die beteiligten Soldaten wie für das Selbstverständnis der bürgerlichen Gesellschaft verkörperte er eine entscheidende Zäsur.

Im Vordergrund der Ausführungen wird die preußische Entwicklung stehen; damit kommen Entwicklungen in den süddeutschen Staaten etwas kurz, doch scheint uns diese Vorgehensweise wegen der Vorherrschaft Preußens im Deutschen Reich von 1871 vertretbar zu sein.

2. Politische Geschichte

Von Franz-Josef Brüggemeier

Überblick 1871–1890

Die Reichsgründung hatte die seit langem ersehnte deutsche Einheit gebracht. Der Nationalstaat war Wirklichkeit geworden und umgriff einen nationalen Wirtschaftsraum, in dem der »materielle Verkehr, fast auf allen Gebieten von hemmenden Schranken befreit« mit großer Kraft und Lebendigkeit pulsierte – so 1873 der berühmte Arzt Rudolf Virchow, Mitbegründer der liberalen Fortschrittspartei. Die ebenfalls angestrebte grundlegende Demokratisierung des politischen Systems hingegen – so fuhr er fort – sei ausgeblieben, so daß es langer und ernsthafter Arbeit bedürfe, »um die Lücken der Reichsverfassung und Reichsgesetzgebung im Sinne einer wahrhaft constitutionellen Entwicklung auszufüllen«.[7] Der Reichstag wurde zwar nach dem – im Vergleich zu anderen Staaten – fortschrittlichen allgemeinen Wahlrecht für Männer gewählt, doch sein parlamentarischer Einfluß war gering.

Gesetze bedurften der Zustimmung des Bundesrates, in dem Preußen eine entscheidende Bedeutung hatte. Das Militär blieb dem Kaiser unterstellt, der auch den Reichskanzler ernannte. Dem Monarchen und nicht dem Parlament gegenüber waren Kanzler und Minister verantwortlich, wobei dem Kanzler im Entscheidungsgeflecht von Kaiser, Bundesrat und Reichstag eine Schlüsselrolle zukam, die Bismarck zu nutzen wußte. Angesichts der nicht klar geregelten Zuständigkeiten vermochte er es, sich eine starke Position zu sichern, im Gegensatz zu seinen Nachfolgern, die keine vergleichbaren Freiräume für eigenständiges Handeln gewannen.[8]

Wichtigstes Machtmittel des Reichstages war das Budgetrecht. Der Regierung standen lediglich Verbrauchssteuern (indirekte Steuern) sowie Zölle als eigene Einnahmequelle zur Verfügung. Diese wurden von den einzelnen Bundesstaaten erhoben und an das Reich abgeführt; der Zugriff auf direkte Steuern, insbesondere Einkommenssteuern, blieb der Reichsregierung verwehrt. Damit waren gewichtige Einschränkungen für die Handlungsfähigkeit der Regierung verbunden: eine Abhängigkeit von den Ländern, die die Zolleinnahmen erhoben und im Bundesrat Sitz und Stimme hatten; die Befürchtung, durch eine Erhöhung der Verbrauchssteuern die unteren und mittleren Einkommensgruppen zu belasten und dadurch sozialdemokratischer Agitation Vorschub zu leisten; schließlich der Widerstand konservativer Gruppierungen gegen die Einführung direkter Steuern, die zu ihren Lasten zu gehen drohten – zur Debatte standen nach der Jahrhundertwende vor allem die Erbschafts- und Grundsteuer. Angesichts dieser Konstellation waren Fragen der Reichsfinanzen überaus empfindliche politische Streitpunkte.[9]

Die Begeisterung über den siegreichen Krieg von 1870/71 gegen Frankreich sowie die endlich erfolgte nationale Einigung hatten anfangs darüber hinweggetröstet, daß die Einigung von oben erfolgt war und die dominierende Stellung traditioneller Gruppen gewahrt hatte. Die Forderungen nach grundlegenden demokratischen Reformen wurden zwar – wie im letzten Abschnitt beschrieben – schon in der 1848er Revolution nur noch von einer Minderheit im bürgerlich-liberalen Lager vertreten, doch ganz aufgegeben waren sie nicht. Insbesondere bei der Nationalliberalen Partei bestand die Erwartung, die fortschreitende wirtschaftliche und gesellschaftliche Entwicklung werde auch die ausstehenden Reformen mit sich bringen, darunter vor allem einen stärkeren Einfluß des Parlamentes. Die »schönste Hoffnung« der Nationalliberalen hatte sich erfüllt, den »Norden und den ganzen Süden umfaßt jetzt das deutsche Reich und seine Verfassung«. Ihre Aufgabe sah die Partei darin, »den anerkannten Mängeln der gemeinsamen Verfassung abzuhelfen und unser öffentliches Wirken einer Reform zu widmen, welche (...) die Freiheit auf dem gesicherten und fruchtbaren Boden des deutschen Staates ununterbrochen fortbildet, das Recht und die Vorschriften der Gesetze zum unbeugsamen Maßstabe der bürgerlichen Pflichten erhebt«.[10] Bald jedoch zeigte sich, daß diese Vorstellungen nicht leicht zu verwirklichen waren; dafür gibt es mehrere Gründe.

Bismarcks Politik hatte schon vor der Reichsgründung darauf abgezielt, weitere innenpolitische Reformen zu verhindern. Dieses Ziel stand bei ihm auch in den folgenden Jahren im Vordergrund, gestützt von den konservativen Parteien und Gruppierungen zumal in Preußen, denen selbst die beschränkten Konzessionen an das liberale Bürgertum zu weit gegangen waren. Das Bürgertum selbst bildete keine homogene Gruppe mit einheitlichen Zielvorstellungen. Nur eine Minderheit war entschlossen, für eine weitere Demokratisierung einzutreten und diese gegen Widerstände durchzusetzen; die Mehrheit war mit dem Erreichten zufrieden, zumal zu befürchten war, daß die Nutznießer weiterer demokratischer Reformen nicht die liberalen Parteien, sondern die Sozialdemokratie sowie das katholische Zentrum sein würden. Während die liberalen Parteien bis nach der Jahrhundertwende von bürgerlichen Honoratioren geprägt waren, vermochten es das Zentrum und die Sozialdemokratie, eine Massenbasis aufzubauen. Der Versuch, hier gleichzuziehen, bestimmte liberale Politik seit den 1890er Jahren, indem gezielt um den Mittelstand, Bauern und Arbeiter geworben wurde bzw. diese Gruppierungen ihrerseits innerhalb der Parteien etablierte Honoratioren verdrängten. Die Basis der bürgerlichen Parteien wurde dadurch breiter, und ihre Politik radikalisierte sich – auch gegenüber den traditionellen Eliten und der Regierung, doch sie strebten nicht vordringlich eine weitere Demokratisierung an. Bestimmend war vielmehr eine Mischung aus aggressiv nationalen, außenparlamentarischen und selbst antistaatlichen Elementen, die wesentlich zur Krise des Kaiserreichs am Vorabend des Ersten Weltkrieges beitrugen.

In den 1870er Jahren war diese Entwicklung noch nicht abzusehen; der Gründerboom bestimmte die Wahrnehmung und trug dazu bei, bestehende Konflikte zu verdecken. Unmittelbar nach der Reichseinigung hatte es, gestützt durch französische Reparationszahlungen, eine glänzende Konjunktur gegeben, die jedoch 1873 schlagartig umkippte: das Gründungsfieber endete im Gründerkrach. Darauf folgte eine mehrjährige Wirtschaftskrise: vor allem in der Landwirtschaft und der Schwerindustrie gingen die Erträge deutlich zurück.[11] Hierfür wurde insbesondere der Import von Kohle und Eisen sowie von Getreide verantwortlich gemacht, so daß der Ruf nach Schutzzöllen erhoben wurde. Gegen diese wandte sich mit Nachdruck die Nationalliberale Partei, die für einen ungehinderten Außenhandel eintrat.

Auch Bismarck wandte sich anfangs gegen Schutzzölle, änderte dann jedoch seine Meinung. Gerade in der zweiten Hälfte der 1870er Jahre verschärfte sich der chronische Finanzmangel des Reiches, wodurch die Abhängigkeit des Kanzlers vom Parlament und hier vor allem von den Nationalliberalen größer zu werden drohte. In der Auseinandersetzung um die Schutzzölle wurde deutlich, daß die liberalen Hoffnungen auf weitere Parlamentarisierung und die von Bismarck betriebene Sicherung des Status quo nicht miteinander zu vereinbaren waren; es kam zum Bruch zwischen dem Reichskanzler und den Nationalliberalen, die als eine Art Regierungspartei den Rückhalt für Bismarcks Politik im Reichstag gebildet hatten. Auch fortan stimmten sie mit Bismarck in den meisten Fragen überein, doch die bis dahin bestehende enge Bindung war aufgelöst. Davon profitierte vor allem das katholische Zentrum, das in den Jahren zuvor vom Staat heftig bekämpft worden war (Kulturkampf). Im Konflikt um die Schutzzölle trat das Zentrum zum ersten Mal als wichtiger Bündnispartner des Reichskanzlers in Erscheinung und erwies sich auch in den folgenden Jahrzehnten als regierungsnahe Partei.

Diese Veränderungen in der Parteienkonstellation waren der sichtbare Ausdruck eines neuen gesellschaftlichen Kompromisses, der bis zum Ende des Kaiserreichs innenpolitischen Bestand hatte und als Sammlungspolitik bezeichnet wird: ein Zusammengehen des meist adligen Großgrundbesitzes mit Teilen der Industrie, des Wirtschafts-, Bildungs- und Kleinbürgertums sowie der Bauernschaft. Die parteipolitische Basis der Sammlungspolitik waren die beiden konservativen Parteien, das Zentrum sowie die – von ihrem linken Flügel getrennten – Nationalliberalen. In Ergänzung zur äußeren Reichsgründung im Jahre 1871 wird hierin die zweite, innere Reichsgründung gesehen.[12] Ihr entscheidendes Fundament bildeten die Schutzzölle, die Landwirtschaft und Schwerindustrie ökonomisch absicherten und zugleich erhöhte Einnahmen für das Reich bedeuteten.

Nicht weniger wichtig war die Ausgrenzung und Verfolgung der Arbeiterbewegung durch das Sozialistengesetz. Am 8. Oktober 1878 wurde mit großer Mehrheit im Reichstag das Gesetz gegen die ›gemeingefährlichen Bestrebungen der Sozialdemokratie‹ verabschiedet, das den sozialistischen Organisationen das Versammlungs- und Publikationsrecht nahm und der Regierung die Möglichkeit gab, Personen auszuweisen, die der Agitation für die Sozialdemokratie verdächtigt wurden. Bei den Reichstagswahlen allerdings konnte die SPD weiterhin Kandidaten aufstellen, so daß Wahlagitation und Stimmabgabe zum zentralen Moment ihrer Politik wurden.

1874 hatte die SPD lediglich 7 % und 1877 erst 9 % der Wählerstimmen erzielt, wobei Wahlrecht und Wahlkreiseinteilung die Sozialdemokraten so sehr benachteiligten, daß ihnen 1877 nur 3 % der Mandate im Reichstag zufielen. Auch in den folgenden Jahren stieg ihre Stimmenzahl trotz des Sozialistengesetzes von 440000 im Jahre 1878 auf mehr als 760000 1887 an. Ihren prozentualen Anteil hingegen konnte die SPD nur auf 10 % steigern, was die Reichsregierung jedoch nicht davon abhielt, die SPD als gefährliche Bedrohung für Kaiser und Vaterland hinzustellen. In konservativen, liberalen und katholischen Kreisen galten Sozialdemokraten als vaterlandslose Gesellen, als Umstürzler und Anarchisten, sie waren der Feind im Innern, den es zu bekämpfen galt.

In den Jahren zuvor hatte die katholische Kirche während des Kulturkampfes als innenpolitischer Sündenbock herhalten müssen. In der Absicht, die preußische und damit protestantische Vormachtstellung zu stärken und die Liberalen an sich zu binden, hatte Bismarck versucht, den Katholizismus als eigenständige politische Kraft auszuschalten. Er konnte sich auf eine weitverbreitete antiklerikale bzw. antikatholische Strömung im liberalen Bürgertum stützen und im Reichstag mehrere Gesetze gegen die katholische Kirche einbringen. Innerhalb kurzer Zeit waren alle katholischen Bischöfe in Preußen verhaftet worden oder ins Ausland geflohen, und zahlreiche Geistliche wurden zu hohen Haft- oder Geldstrafen verurteilt; 1876 besaßen 1400 katholische Gemeinden im Deutschen Reich keinen eigenen Geistlichen, doch das angestrebte Ziel wurde nicht erreicht. Im Gegenteil, die Zentrumspartei wuchs fester zusammen und konnte bei den Wahlen ihren Stimmenanteil verdoppeln, mit Schwerpunkt im Rheinland und in den katholischen Gebieten Süddeutschlands, wo das Gesetz nicht mit derselben Härte angewandt wurde wie in Preußen. Angesichts dieser Stärkung des Zentrums ging Bismarck schließlich dazu über, Kompromißmöglichkeiten zu erkunden und eine Einigung mit dem Katholizismus anzustreben.[13]

Dieser Meinungswandel war auch deshalb erforderlich, um die Stimmen des Zentrums für die angestrebte Schutzzollpolitik und das Sozialistengesetz zu sichern. Während des gesamten Kaiserreiches bestand zwischen dem Zentrum und den politischen sowie gewerkschaftlichen Organisationen der sozialistischen Arbeiterbewegung ein bis zur Feindschaft reichender Gegensatz, der von unterschiedlichen Reichsregierungen zur Stabilisierung ihrer Position ausgenutzt wurde, erstmalig und mit nachhaltigen Folgen beim Sozialistengesetz.

Parallel zur Verfolgung der Sozialdemokratie war in den 1880er Jahren die Grundlage der staatlichen Sozialpolitik gelegt worden. Die Arbeiter sollten nicht nur mit Druck und Verfolgung, sondern auch mit dem Lockmittel sozialpolitischer Zugeständnisse an das System des Kaiserreiches gebunden werden. 1883 wurde das Krankenversicherungsgesetz verabschiedet, 1884 das Unfallversicherungsgesetz und 1889 das Alters- und Invaliditätsgesetz. Angesprochen war damit die Gruppe männlicher Handwerksgesellen und qualifizierter Industriearbeiter, aus denen sich die Sozialdemokratie überwiegend rekrutierte; Landarbeiter wurden erst nach langwierigen Auseinandersetzungen mit eingeschlossen[14], während Angestellte nach der Jahrhundertwende eine eigene Altersversicherung zugestanden bekamen und damit eine bis heute anhaltende Trennlinie innerhalb der Gruppe der abhängig Beschäftigten etablierten. Gar nicht bedacht wurden Frauen, sofern sie nicht selbst erwerbstätig waren. Die Mehrzahl von ihnen war lediglich als Anhängsel ihrer Ehemänner anspruchsberechtigt – auch dies eine

Weichenstellung, die bis heute fortwirkt, wie zuletzt in der Diskussion um Hausfrauenrente und Zahlungen an die sog. Trümmerfrauen deutlich wurde.[15]

Das Sozialistengesetz blieb zwölf Jahre in Kraft; dreimal wurde es im Reichstag verlängert, stieß jedoch auf wachsenden Widerstand, bis ein großer Streik der Ruhrbergleute 1889 das Scheitern der Bismarckschen Politik gegenüber der Arbeiterbewegung nachdrücklich vor Augen führte. Die Wahlen vom 20. Februar 1890 bestätigten die innenpolitische Krise der Regierung Bismarck; sie machte die Sozialdemokratie mit nahezu 1,5 Mio. Stimmen bzw. 19,8 % zur stärksten Partei, brachte ihr jedoch nur 35 von 397 Reichstagssitzen (8,8 %).

Am 20. März 1890 reichte Reichskanzler Otto von Bismarck sein Rücktrittsgesuch ein; seit mehr als zwei Jahrzehnten war er der dominierende Politiker in Deutschland und darüber hinaus in Europa gewesen, und es war offensichtlich, daß sein Rücktritt das Ende einer Epoche markierte.[16] Er hatte den deutschen Nationalstaat geschaffen und die gleichberechtigte Stellung des Kaiserreichs im Konzert der europäischen Mächte durch eine vorsichtige Außenpolitik gesichert; innenpolitisch hatte er sich bemüht, die Vorherrschaft der traditionellen Machtgruppen in Adel, Militär, Landwirtschaft, Bürokratie und Industrie zu erhalten. In diesem Punkt war er auf den ersten Blick ebenfalls erfolgreich gewesen und hatte die Forderungen nach weiteren Reformen zurückhalten können, allerdings um den Preis zunehmender politischer und sozialer Spannungen. Es würde jedoch zu kurz greifen, Bismarck lediglich als Vertreter traditioneller Interessengruppen und in Frontstellung zum Bürgertum zu sehen; seine Politik fand vielmehr auch innerhalb des Bürgertums weite Unterstützung; das gilt für die Außen- und Wirtschaftspolitik, aber auch für den Kulturkampf und für die Politik gegenüber der Sozialdemokratie. Hier setzte sich zwar die Überzeugung durch, das Sozialistengesetz sei ein ungeeignetes Mittel, doch vorherrschend blieben eine Ablehnung und Bekämpfung der Arbeiterbewegung.

Überblick 1890–1914

Nach Bismarcks Rücktritt schien eine grundsätzliche Orientierung deutscher Politik nötig und möglich zu sein.[17] Caprivi, sein Nachfolger, schlug einen vorsichtigen Reformkurs ein, gekennzeichnet durch eine Bereitschaft zu sozialen Reformen und die Nichtverlängerung der Schutzzölle. Er knüpfte damit an Strömungen innerhalb des Zentrums und des liberalen Bürgertums an, die jedoch nicht mehrheitsfähig waren, zumal Katholiken und Linksliberale über die Frage kirchlichen Einflusses zerstritten blieben. Die Sozialdemokratie kam als Partner nicht in Betracht; sie war selbst für bürgerlich-liberale Gruppen nicht akzeptabel, und ihrerseits nicht bereit, von den weitreichenden sozialistischen Forderungen Abstand zu nehmen.

Schon bald formierte sich Widerstand gegen Caprivis Politik, ausgehend von den konservativen Gruppierungen. Innenpolitisch wollten diese an den Zielen der Sammlungspolitik und zumal den Zöllen festhalten, um landwirtschaftliche und schwerindustrielle Interessen zu schützen. Neu waren zwei Aspekte, die eng miteinander zusammenhingen und schließlich zum Sturz Caprivis führten: zum einen die Unterstützung konservativer Forderungen durch neu entstehende nationalistische Bewegungen wie den Alldeutschen Verband, und darüber hinaus die Forderung nach einem radikalen Kurswechsel in der Außenpolitik, die insbesondere vom jungen Kaiser Wilhelm II. mitgetragen wurde.

Bismarcks Außenpolitik hatte sich darauf beschränkt, den mit der Reichsgründung erreichten Status einer kontinentalen Großmacht zu sichern. Er konzentrierte sich auf Europa und wollte vor allem ein Zusammengehen der westlichen (Frankreich) und östlichen (Rußland) Nachbarn verhindern. Das Reich erwarb zwar 1884/85 Kolonien in Afrika (Togo, Kamerun, Südwest-Afrika, Teile von Ostafrika) sowie einen Teil Neu-Guineas, doch eine systematische Kolonialpolitik wurde nicht betrieben, zum wachsenden Unwillen zahlreicher Nationalisten, die eine Weltmachtpolitik forderten.[18] Ihr Vorbild war England mit seinem weitgespannten Kolonialreich, dessen Beispiel die deutsche Politik nacheifern sollte, um – so das angestrebte Ziel – einen Platz an der Sonne zu erlangen.

Die Verfechter einer imperialistischen Expansion forderten, ebenfalls überseeische Besitzungen zu erwerben. Doch die Phase kolonialer Erwerbungen war vorüber, nahezu alle in Frage kommenden Gebiete waren bereits aufgeteilt. Daher wurden verstreute Stützpunkte eingerichtet, um Präsenz und Einfluß zu demonstrieren; der Erwerb von Territorien hingegen blieb begrenzt. Als Ausgleich sollte eine große und schlagkräftige Flotte aufgebaut werden, um sich im internationalen Konkurrenzkampf der Großmächte behaupten zu können. Derartige Forderungen waren bereits vor Bismarcks Rücktritt erhoben worden, hatten jedoch nur geringe offizielle und öffentliche Unterstützung gefunden. In den 1890er Jahren änderte sich das Bild. Wilhelm II. befürwortete lautstark den Übergang zur Weltpolitik, und auch die neuen nationalistischen Vereinigungen agitierten dafür, vorerst allerdings mit diffusen Programmen und unklaren außenpolitischen Zielvorstellungen.

Auch die Schaffung eines innenpolitischen Bündnisses fiel schwer; die gemeinsame Ablehnung der Reformpolitik Caprivis, der 1894 zurücktreten mußte, bedeutete noch keine tragfähige Basis für einen neuen Kompromiß. Eine vorläufige Lösung wurde um die Jahrhundertwende in einer Neuauflage der Sammlungspolitik gesucht; zu einem erneuten Sozialistengesetz hingegen kam es nicht, trotz weiterbestehender Diskriminierung und mehrfacher Ansätze, Sondergesetze gegen die Arbeiterbewegung zu verabschieden. Kontrovers beurteilt wurde in diesem Zusammenhang die Forderung nach einer offensiven Außenpolitik, die verheißungsvolle Ziele bieten, innere Konflikte nach außen leiten und dadurch die Nation einen sollte. Ihr deutlichster Ausdruck war die von Tirpitz propagierte Flottenpolitik, die militärstrategische, technische sowie außen- und innenpolitische Aspekte vereinte, begleitet von einer bis dahin nicht gekannten Mobilisierung der Öffentlichkeit.[19]

In der Flottenpolitik trafen sich unterschiedliche Interessen. Sie bedeutete wirtschaftliche Aufträge und versprach die Sicherung ökonomischer Interessen im Ausland; sie bot eine nationale Aufgabe für das Bürgertum und Beschäftigung für Arbeiter; sie stellte Ruhm und Ehre in Aussicht und sollte die Großmachtstellung des Reiches sichern. Tirpitz schrieb 1898: »Meiner Ansicht nach sinkt Deutschland im kommenden Jahrhundert schnell von seiner Großmachtstellung, wenn jetzt nicht energisch, ohne Zeitverlust und systematisch diese allgemeinen Seeinteressen vorwärtsgetrieben werden. Nicht zu einem geringen Grad auch deshalb, weil in der neuen großen nationalen Aufgabe und dem damit verbundenen Wirtschaftsgewinn ein starkes Palliativ gegen gebildete und ungebildete Sozialdemokraten liegt.«[20]

Im Bürgertum, vor allem unter den akademisch gebildeten Schichten, war die Begeisterung für Tirpitz' Argumente groß; zahlreiche Professoren unterstützten durch Vorträge und Broschüren seine Agitation, auch der Kaiser war begeistert. Die Zustimmung der Konservativen hingegen und zumal der Agrarier war nicht so leicht zu gewinnen. Sie befürchteten steigende Ausgaben, die ihnen keinen Vorteil boten, und betrachteten die Abkehr von der Bismarckschen Außenpolitik mit Argwohn. Eine Lösung bot erst die Wiedereinführung von Schutzzöllen. Sie sicherten den Absatz der Landwirtschaft und Schwerindustrie, die zudem Rüstungsaufträge erhielt; die Reichsfinanzen mehrten sich, und eine Quelle zur Finanzierung der erforderlichen Ausgaben wurde erschlossen. Es ist jedoch wichtig zu betonen, daß die neue Sammlungspolitik eine Massenbasis hatte, die weit über die unmittelbar beteiligten Interessengruppen hinausging. Auch beschränkte sie sich nicht darauf, die Sozialdemokratie auszugrenzen und zu unterdrücken. Sie zeigte vielmehr neue Ziele auf, die das Bürgertum, aber auch die Arbeiterschaft ansprechen sollten. Im Bürgertum zumindest wurde die angestrebte Unterstützung erreicht, deutlich sichtbar an den Mitgliederzahlen des Alldeutschen Verbandes oder des Flottenvereins.

Die Basis der Sammlungspolitik war breiter als in den 1870er und 1880er Jahren, doch sie war zugleich schwankender. Neben die traditionellen Eliten waren außerparlamentarische Massenbewegungen getreten, darunter auch der Bund der Landwirte, die sich fest organisierten und mit wenig Rücksichtnahme ihre partikularen Interessen verfochten. Es bestand eine kaum überschaubare Gemengelage unterschiedlicher Gruppen und Interessen, die sich am ehesten auf eine nationale Expansionspolitik verständigen konnten. Davon abgesehen liefen die Interessen auseinander und führten zur Konfrontation, die den Handlungsspielraum der Regierungen empfindlich einengte.[21] Ein gutes Beispiel dafür bietet die sog. Hottentottenwahl des Jahres 1907.

In Deutsch-Südwest-Afrika hatten sich die Stämme des Hereros und etwas später der Hottentotten erhoben und dadurch die koloniale Frage, insbesondere die koloniale Praxis in den Mittelpunkt des öffentlichen Interesses gerückt. Von der Sozialdemokratie war die in der Kolonie herrschende Ausbeutung und Mißwirtschaft schon zuvor beklagt worden; dieser Kritik schloß sich nun das Zentrum an, das weitverbreitete Mängel, Ausschreitungen und Skandale ans Licht brachte und grundlegende Abhilfe forderte.

Die Erhebung der einheimischen Bevölkerung wurde mit erheblichem militärischen Einsatz niedergeschlagen. Truppenverstärkungen aus Deutschland waren erforderlich (17000 Soldaten), und nach verlustreichen Kämpfen mußten die aufständischen Stämme kapitulieren. Auf deutscher Seite gab es 1626 Gefallene, während innerhalb eines Jahres nahezu 80 % der Stammesangehörigen der Hereros getötet wurden.

Die Kämpfe hatten 405 Mio. Mark gekostet, und dem Reichstag mußte ein Nachtragshaushalt vorgelegt werden, dessen Bewilligung auf Schwierigkeiten stieß, so daß sich die Reichsregierung erneut in einem finanziellen Engpaß befand; diese Situation wollte das Zentrum nutzen, um grundsätzlich größere parlamentarische Mitsprache und darüber hinaus im konkreten Fall wesentliche Veränderungen in der Kolonialpolitik durchzusetzen. Auf konservativer Seite wurde jede Kritik an der Kolonialpolitik zurückgewiesen, und der Reichskanzler Bülow

stellte den Konflikt als eine Frage des nationalen Überlebens dar. Er erklärte, die kolonialpolitische Zukunft sowie die Stellung Deutschlands in der Welt seien gefährdet; vor allem befürchtete er einen Machtzuwachs des Zentrums bzw. des Parlamentes generell. Seine Ausführungen konnten die Mehrheit der Abgeordneten jedoch nicht überzeugen, die erforderlichen Mittel wurden nicht bewilligt.
Bülow löste daraufhin den Reichstag auf und bemühte sich um eine neue liberal-konservative Mehrheit unter Ausschluß des Zentrums. Den Wahlkampf führte er unter der Parole: ›Für Ehr und Gut der Nation, gegen Sozialdemokraten, Polen, Welfen und Zentrum.‹[22] Mit Hilfe enormer Zuschüsse seitens der Industrie, von größeren Wirtschaftsvereinigungen, vom Alldeutschen Verband und vom Flottenverein organisierte er eine überaus wirkungsvolle Propaganda. Die Erörterung innenpolitischer Probleme wurde konsequent ausgeklammert und statt dessen an das patriotische Gefühl appelliert; es sei die Pflicht eines jeden Deutschen, den Feinden im Innern einen Denkzettel zu verpassen.
Der liberal-konservative Block errang 216 Sitze, ein Zuwachs von mehr als 30 Mandaten; allerdings gewann auch das Zentrum 5 Sitze hinzu und selbst die polnische Fraktion weitere 4. Lediglich die SPD verlor 38 Mandate von zuvor 81 – dies jedoch eine Folge geänderter Wahlkreiseinteilungen, einer höheren Wahlbeteiligung und eines neuen Stichwahlverfahrens. Die absolute Stimmenzahl der Sozialdemokratie stieg um 250000 auf 3,26 Mio.
Einig war sich die konservativ/liberale Allianz vornehmlich in außenpolitischen Fragen, wo sie betont nationale bis nationalistische Standpunkte vertrat. Im Bereich der Innenpolitik hingegen brachen die Unterschiede bald wieder auf, als die aufgeheizte Atmosphäre des Wahlkampfes abgeklungen war. Die linksliberalen Partner im neu gebildetetn Bülow-Block forderten Reformen, insbesondere eine Liberalisierung des Schul- und Vereinsgesetzes sowie eine Änderung des Dreiklassenwahlrechts in Preußen, stießen damit jedoch auf konservativen Widerstand.
Hinzu kam das Problem der Reichsfinanzen. Die Regierung beabsichtigte die Einführung einer direkten Einkommens- und Vermögenssteuer, eine Ausweitung der Erbschaftssteuer sowie höhere Lasten für Grundbesitz. Der Bund der Landwirte und die Konservativen lehnten derartige Pläne kompromißlos ab, während die Linksliberalen ausdrücklich für eine stärkere Besteuerung des Bodens eintraten. Bülow konnte den Konflikt nicht beilegen und mußte schließlich abdanken. Sein diffamierender, das politische Klima vergiftender Wahlkampf

hatte nur kurzzeitig die innenpolitischen Gegensätze und Probleme vergessen lassen.
Die bei den ›Hottentottenwahlen‹ deutlich gewordene Konstellation blieb auch in den Folgejahren bestimmend: weitere Versuche, die parlamentarische Einflußnahme zu stärken und ein Abblocken dieser Bestrebungen durch Regierung und traditionelle Eliten; wachsende Bedeutung außerparlamentarischer Organisationen neuer Prägung (nationalistische und wirtschaftliche Massenverbände) – neben den tradierten Machtfaktoren Krone und Militär; außenpolitische Ambitionen und militärische Aufrüstung. Hinzu kam, daß die Sozialdemokratie bei der Reichstagswahl von 1912 einen spektakulären Erfolg erzielte: sie erreichte nahezu 35 % der Stimmen und gewann 110 Mandate. Sie war dadurch die mit Abstand stärkste Partei und stellte erstmalig auch die stärkste Fraktion.[23] Spätestens mit diesem Wahlergebnis war deutlich geworden, daß das Parteiensystem des Kaiserreichs »in eine Sackgasse«[24] geraten war, aus der im Juli 1914 der Krieg einen Ausweg versprach.

3. Imperialismus

Von Franz-Josef Brüggemeier

Das letzte Drittel des 19. und die ersten Jahrzehnte des 20. Jahrhunderts werden gemeinhin als Zeitalter des Imperialismus bezeichnet. Von Beginn an war die Bedeutung dieses Begriffs schillernd, und bis heute ist er nicht präzise faßbar. Es war und ist ein politischer Kampfbegriff, ist von zentraler Bedeutung in unterschiedlichen wissenschaftlichen Theorien und hat mehrere Konjunkturen erlebt, die letzte während der Studentenbewegung um 1970. Ganz allgemein formuliert, meint Imperialismus eine Phase, in der industrialisierte Länder sich bemühen, Kolonien zu erwerben und durch direkte oder indirekte Herrschaft Absatzmärkte und Rohstoffe zu sichern. Diese Definition ist wenig präzise und wird durch eine Vielzahl weiterer Angaben ergänzt, die jedoch nicht allgemein geteilt werden. So wird z. B. diskutiert, ob der Imperialismus im Gefolge des Ersten Weltkrieges aufhörte oder ob er bis heute andauert.[25]

Von Beginn an war umstritten, ob es sinnvoll ist, mit diesem Begriff eine neuartige und eigenständige historische Phase zu bezeichnen. Zahlreiche Zeitgenossen wie auch nachfolgende Historiker sahen im Übergang zur Weltpolitik und dem Streben nach Kolonien eine Fortsetzung vertrauter Machtpolitik. Erwerb von Gebieten, Sicherung von Einflußsphären und Eroberungszüge – dies waren vertraute Elemente europäischer Politik, die jetzt lediglich auf einem erweiterten, die ganze Welt umfassenden Schauplatz stattfand. Der Prozeß territorialer Besitznahme hatte schon seit Jahrhunderten außereuropäische Gebiete erfaßt und wird üblicherweise mit dem Begriff »Kolonialismus« gekennzeichnet. Ökonomische Faktoren haben – so wird eingeräumt – im Verlaufe des 19. Jahrhunderts eine zuvor nicht bekannte Bedeutung erlangt, doch dadurch sei der traditionelle Kolonialismus nicht verdrängt, sondern lediglich überlagert worden.

Demgegenüber gibt es eine Vielzahl von Definitionen, die den Imperialismus als eine eigenständige Periode auffassen. Als entscheidend wird die Durchsetzung der industriellen Revolution und damit im Zusammenhang die Etablierung eines kapitalistischen Wirtschaftssystems gesehen, das notwendig krisenhaft sei. Aus dem zyklischen Verlauf der

Konjunktur ergebe sich die Notwendigkeit, Absatzmärkte zu sichern, wobei die zunehmende Konkurrenz der industrialisierten Nationen untereinander ab etwa 1870 neue Lösungen erfordert hätte: zum einen die Verabschiedung von Schutzzöllen, zum anderen ein Ausweichen in die Kolonien. Imperialismus bezeichnet demzufolge eine bestimmte Phase in der Entwicklung kapitalistischer Länder, die aus deren wirtschaftlichen und gesellschaftlichen Widersprüchen zu erklären ist.

Eine sehr einflußreiche ökonomische Imperialismus-Interpretation hat der Engländer Hobson um die Jahrhundertwende entwickelt. Ihm zufolge war der Imperialismus durch eine unzureichende Nachfrage im Innern bei gleichzeitig überschießender Kapitalbildung gekennzeichnet. Die mangelnde Nachfrage erklärte er aus dem niedrigen Lohnniveau, das durch die Klassenstruktur der Gesellschaft, d. h. die überlegene politische und wirtschaftliche Macht der herrschenden Klassen bedingt sei. Daraus resultiere eine zu geringe Binnennachfrage, die wiederum die Investitionsmöglichkeiten begrenze, so daß sich überschüssige Kapital bilde, das nach außen dränge und in den Ländern Afrikas und Asiens Kolonien bzw. Absatzmärkte zu erwerben suche.

Der Hinweis auf die wachsende Konkurrenz wurde vor allem von den Befürwortern einer imperialistischen Politik vertreten. Dagegen allerdings wandte sich Hobson. Er wies für England nach, daß der Kapitalexport in die Kolonien sowie der Handel mit ihnen für die Volkswirtschaft keine große Bedeutung hatten, sondern lediglich einigen wenigen Profiteuren nützten. Deren Politik sei gesamtgesellschaftlich ein Verlustgeschäft, dessen Kosten auf den Staat abgewälzt würden. Er forderte deshalb, an Stelle einer kolonialen Expansion eine Politik sozialer Reformen durchzuführen, um dadurch die Binnennachfrage zu steigern. Der Binnenmarkt sei unbegrenzt expansionsfähig, sofern die ungleiche Einkommens- und Vermögensverteilung beseitigt werde.

Die von Hobson entwickelten Argumente blieben in der weiteren Diskussion von großer Bedeutung, allerdings weniger in Deutschland, wo, beeinflußt von der marxistischen Tradition, eine umfassende theoretische Debatte geführt wurde. Karl Marx hatte in seinen Arbeiten die These aufgestellt, daß das kapitalistische System durch wachsende Kapitalakkumulation einerseits und eine fallende Profitrate andererseits gekennzeichnet sei. Er prognostizierte einen notwendig krisenhaften Verlauf der wirtschaftlichen Entwicklung, die schließlich zum Scheitern des Systems führen werde. Diese Thesen waren Bestandteil des sozialdemokratischen Parteiprogramms, das von der Erwartung eines sicher kommenden Zusammenbruchs geprägt war – trotz aller Kritik, die seit den 1890er Jahren daran geübt wurde; um diese Zeit setzte eine

bis zum Vorabend des Ersten Weltkrieges anhaltende Aufschwungsphase ein.
Mehrere marxistische Theoretiker versuchten, eine Erklärung für den offensichtlich werdenden Widerspruch zwischen Prognose und historischer Entwicklung zu finden, darunter Rosa Luxemburg, Karl Kautsky und Rudolf Hilferding. Sie sahen sich vor das Problem gestellt, daß es zwar wirtschaftliche Krisen gab, die sich jedoch nicht entscheidend zuspitzten, sondern mit langfristigem Wachstum verbunden waren. Marx selbst hatte die Entwicklung des Imperialismus nicht vorhergesehen, so daß es galt, seine Argumentation weiterzuentwickeln. Von besonderer Bedeutung wurde die Auffassung Lenins, die mit dem Sieg der Oktoberrevolution in Rußland zu einer Art offiziellen Lehrmeinung aufrückte.
Lenin führte die Überlebensfähigkeit des Kapitalismus auf die Bildung von Kartellen und Monopolen zurück. Diese hätten den kapitalistischen Weltmarkt unter sich aufgeteilt und es vermocht, dank ihrer beherrschenden Stellung und dank der Ausbeutung von Kolonien Extraprofite zu erzielen. Hieraus resultiere eine vorübergehende Stärkung des Kapitalismus und eine Abschwächung der Krisen. Zudem böten die Extraprofite die Möglichkeit, den besonders qualifizierten Arbeitern, der sog. Arbeiteraristokratie, höhere Löhne zu zahlen und sie dadurch politisch zu neutralisieren. Die Herrschaft werde durch das ›Finanzkapital‹ ausgeübt, das durch eine Verschmelzung des Bankkapitals mit dem Industriekapital entstanden sei. Typisch für den Imperialismus sei die besondere Bedeutung des Kapitalexports im Unterschied zum Warenexport.
Die von Lenin entwickelte, hier nur grob skizzierte Argumentation hat unter Sozialisten, namentlich in der Dritten Welt, eine große Bedeutung gehabt. Sie schien zu erklären, warum der vorhergesagte Zusammenbruch ausblieb und warum die Praxis der europäischen Arbeiterbewegungen so wenig revolutionär war. Mittlerweile ist jedoch deutlich geworden, daß sie eine allenfalls begrenzte Erklärungskraft besitzt. Lenins Argumentation war sehr stark von Hobson beeinflußt, und er hatte die für England erhobenen Befunde verallgemeinert. Die Imperialreiche sind jedoch nach dem Zweiten Weltkrieg zerfallen, und das kapitalistische Wirtschaftssystem hat gerade in den letzten Jahrzehnten eine enorme Expansionsfähigkeit erwiesen. Lenins These, das kapitalistische System sei ohne den von ihm beschriebenen Imperialismus nicht überlebensfähig, wurde durch die historische Entwicklung widerlegt.
Anstelle derartiger globaler, bis heute ausgreifender Thesen hat die

theoretische und historische Diskussion der letzten Jahre nicht die Überlebensfähigkeit des kapitalistischen Systems schlechthin, sondern vielmehr die besondere Situation einzelner Länder in abgrenzbaren Phasen untersucht. In dieser Diskussion wird der Begriff Imperialismus auf die Jahre ab etwa 1870 angewandt, als in den europäischen Ländern der Übergang zu einem kontinuierlichen, sich selbst stützenden, jedoch krisenhaften Wirtschaftswachstum vollzogen wurde, das zu imperialistischer Erwerbspolitik führte. Als Endpunkt wird die Zeit nach dem Ersten Weltkrieg angesehen, in der die Kolonialreiche zwar noch weiterbestanden, jedoch allmählich aufgegeben werden mußten. Die wesentliche Funktion des Imperialismus wird in einer Abfederung wirtschaftlicher Krisen sowie in einer darüber hinausgehenden Stabilisierung der politischen und gesellschaftlichen Strukturen gesehen.

Es fällt auf, wie sehr schon Zeitgenossen davon überzeugt waren, daß imperialistische Expansion für das Weiterbestehen der existierenden Gesellschaftsordnung erforderlich sei. Der damalige liberale britische Oppositionsführer und spätere Premierminister Gladstone erklärte 1872, daß seiner Meinung nach kein Minister seine Pflicht tue, »der eine Gelegenheit versäumt, so weit wie möglich unser koloniales Weltreich wiederaufzubauen«.[26] Der spätere Reichskanzler Bülow führte 1897 aus: »Nur eine erfolgreiche Außenpolitik kann helfen, versöhnen, beruhigen, sammeln, einigen«, und Holstein, vortragender Rat im Auswärtigen Amt und in den 1890er Jahren die graue Eminenz der deutschen Außenpolitik, schrieb im gleichen Jahr: »Die Regierung Kaiser Wilhelms braucht einen greifbaren Erfolg nach außen, der dann nach innen zurückwirken würde. Dieser Erfolg ist nur zu erwarten entweder als Ergebnis eines europäischen Krieges, eines weltgeschichtlichen Hasardspiels oder einer außereuropäischen Erwerbung.«[27]

Diese Äußerungen beschreiben die Politik des Imperialismus als ein nüchternes Kalkül mit der Absicht, die bestehende Gesellschaftsordnung zu sichern. Hobson und andere Kritiker hatten demgegenüber argumentiert, daß politische und soziale Reformen notwendig seien und daß sich diese unter Beibehaltung des bestehenden politischen und wirtschaftlichen Systems durchführen ließen. Für die konservativen Gruppierungen jedoch bedeutete diese Argumentation keinen Trost: es waren ihre Privilegien, die zur Debatte standen, wie systemkonform die Reformen auch immer ausfielen. Sie bevorzugten eine Politik, die eine für sie angenehmere Wahrung des Status quo versprach.

In der innenpolitischen Zielrichtung wird von der sozialgeschichtlichen Richtung um Hans-Ulrich Wehler die eigentliche Funktion deutscher Weltmachtpolitik gesehen. Wehler bezeichnet sie als »Sozialimperialismus«. Damit ist der Versuch gemeint, durch Manipulation von oben innere Konflikte nach außen zu lenken und über äußere Erfolge sowie wirtschaftliche Vorteile Loyalität im Innern zu sichern. Das Streben nach zusätzlichen Profiten sei wichtig gewesen, da trotz der Hochkonjunktur von 1896 bis 1913 unsicheres Wachstum und unsichere Kalkulation fortbestanden hätten, doch das ökonomische Motiv habe nur einen Teil der Antriebskraft gebildet. Durchweg gegenwärtig und handlungsbestimmend sei darüber hinaus die Absicht gewesen, den gesellschaftlichen und politischen Status quo zu verteidigen. Erreicht worden sei dieses Ziel durch die bereits erwähnte Neuauflage der Sammlungspolitik, die über die von Bismarck in den 1870er und 1880er Jahren angesprochenen Gruppen hinaus weite Teile des Bürgertums erfaßte und selbst kleinere Gruppen der Arbeiterschaft ansprach. Der sichtbarste Ausdruck dieser Politik war die bedeutend vergrößerte Flotte, die den deutschen Anspruch auf Weltpolitik sinnfällig verkörperte. Sie versprach eine gleichberechtigte Stellung gegenüber England, griff in die Welt hinaus und manifestierte deutsches Sendungsbewußtsein.[28]

Die Sozialimperialismus-These wie das Imperialismus-Konzept generell ermöglichen wichtige Einsichten, doch bei genauerem Hinsehen ergeben sich selbst bei einer Beschränkung auf die Zeit zwischen 1870 und etwa 1940 Probleme: Es ist überaus umstritten, welche ökonomische Bedeutung der Imperialismus für die europäischen Mächte hatte; und es ist fraglich, inwieweit von einer Manipulation von oben gesprochen werden kann. Nicht weniger wichtig ist die Frage, ob die erhoffte stabilisierende Wirkung im Innern überhaupt eintrat.

Exakte Zahlen zum Handel mit den Kolonien lassen sich nur begrenzt ermitteln, doch mittlerweile herrscht weitgehend Übereinstimmung, daß deren Bedeutung für die industrialisierten Länder recht gering war. So lag bis in die 1930er Jahre hinein der Anteil importierter Rohstoffe in den entwickelten kapitalistischen Ländern bei knapp 5 % ihres Verbrauches; etwa 99 % des benötigten Metalls beispielsweise wurden in den industrialisierten Ländern selbst gewonnen und nahezu 100 % der Energie. Grundlegende Änderungen ergaben sich erst nach dem Zweiten Weltkrieg, deutlich sichtbar während der Ölkrise der 1970er Jahre. Vergleichbare Zahlen gelten für den Export. Zwischen 1800 und 1938 gingen weniger als 20 % des Exportes der Industrieländer in Länder der Dritten Welt, davon etwa 9 % in die Kolonien. Da im Durchschnitt nicht mehr als 8–9 % des Bruttosozialproduktes exportiert wurden, lag der Anteil des Handels mit den Ländern der Dritten Welt bei weniger als 2 %, der Handel mit den Kolonien lag unter 1 %. Eine Ausnahme bedeutete lediglich Großbritannien, das nahezu 40 % des Exports mit diesen Ländern abwickelte; auch konnte der Anteil in einzelnen Wirtschaftszweigen höher liegen oder mit der Konjunktur schwanken, doch insgesamt war die wirtschaftliche Bedeutung der Kolonien für die Industrieländer gering.[29]

Diese Feststellung ließe sich gut mit der Sozialimperialismus-These vereinbaren, die das Bemühen in den Vordergrund stellt, innere Konflikte nach außen abzuleiten, doch auch hier gibt es offene Fragen. So ist die Suche nach einem außenpolitischen Ventil für innere Spannungen kein neuartiges, auf die Phase des Imperialismus begrenztes Phänomen, ebensowenig die Krisenhaftigkeit kapitalistischer Gesellschaften; vor allem jedoch ist dieser Ansatz auf die Situation in Europa fixiert und betrachtet die Kolonien lediglich als Spielbälle europäischer Machtpolitik. Demgegenüber läßt sich zeigen, daß politische Entwicklungen in den Ländern Afrikas und Asiens zumindest ebenso wichtig waren wie Ereignisse in den Industrieländern. So erfolgte der Übergang zu direkter kolonialer Herrschaft in der Regel deshalb, weil bereits bestehende informelle Abhängigkeiten nicht anders gesichert werden konnten. Die Politik in den Kolonien orientierte sich vordringlich an den lokalen und regionalen Bedingungen. Die Hauptstädte Europas lagen weit entfernt, und die Eigenmächtigkeit kolonialer Statthalter, der Widerstand einheimischer Eliten oder der Bevölkerung sowie die unmittelbare Konkurrenzsituation der europäischen Mächte waren oftmals entscheidender als politische Vorgaben aus den Metropolen.[30]

Die große Bedeutung der Peripherie wurde insbesondere beim Untergang der Imperialreiche deutlich. Der Rückzug der Kolonialmächte war nur sehr bedingt eine Folge veränderter innenpolitischer Bedingungen in Europa, entscheidend waren vielmehr der wachsende Widerstand und die Kämpfe in den Kolonien selbst. Spätestens der Erfolg der Unabhängigkeitsbewegungen hat den Blick dafür geschärft, daß die Länder Afrikas und Asiens eine eigene Geschichte und eigene Interessen hatten, selbst wenn sie diese nicht immer durchsetzen konnten.

Auch der Stellenwert innenpolitischer Faktoren hat eine neue Bewertung erfahren; das betrifft vor allem die Frage, inwieweit tatsächlich eine Manipulation von oben stattfand. Daß Politiker wie Bülow oder Tirpitz diese anstrebten, steht nicht zur Debatte; fraglich jedoch ist, ob sie von oben herab manipulierten oder nicht vielmehr durch Druck von unten gedrängt wurden. So läßt sich zeigen, daß Vereinigungen wie der Alldeutsche Verband und andere nationalistische Gruppierungen kein willfähriges Werkzeug der Regierung und traditioneller Eliten waren, sondern vielmehr ihrerseits großen Druck ausübten und weite Teile des

Bürgertums und Kleinbürgertums zur Unterstützung einer aggressiven Außenpolitik mobilisierten.

Eine erfolgreiche imperialistische Politik stärkte, wie bereits Max Weber erkannte, »normalerweise mindestens zunächst auch ›im Innern‹ das Prestige und damit die Machtstellung und den Einfluß derjenigen Klassen, Stände, Parteien, unter deren Führung der Erfolg errungen ist«.[31] Da der Übergang zur Weltpolitik bzw. zum Imperialismus eine Forderung des Bürgertums war, könne eine konsequent imperialistische Politik »ebensogut zur Aufsprengung der alten, vorwiegend konservativen oder konservativ gewordenen Führungseliten« führen.[32] »Das neue bürgerliche Ideal«, so schrieb der Sozialist Karl Kautsky um die Jahrhundertwende, »ist die Eroberung eines großen Kolonialreiches: dies ist der bürgerliche Zukunftsstaat, an den die überschwenglichsten Hoffnungen geknüpft, für den die riesenhaftesten Mittel aufgewendet werden.«[33]

Aus diesen Hoffnungen gewann das Bürgertum neues Selbstbewußtsein, es hatte eine Alternative zum Sozialismus der Arbeiterbewegung gefunden, doch die Folgen erwiesen sich als verheerend. Außerparlamentarische Gruppierungen ergriffen die Initiative und drängten auf eine expansive Politik, die das überkommene innere Gleichgewicht gefährdete. Hierdurch wurden Spannungen nicht nach außen abgeleitet, sondern verschärft und die Aussichten auf Reformen angesichts des aufgeputschten politischen Klimas weitgehend zerstört, wie anläßlich der Hottentotten-Wahl deutlich wurde. Zudem hatte die Weltpolitik Deutschland außenpolitisch isoliert und in eine überaus prekäre militärische Situation gebracht. Die Folgen sind bekannt: der Erste Weltkrieg ging verloren, und das Kaiserreich brach zusammen. Absicht und Wirkung der imperialen Weltpolitik lagen denkbar weit auseinander.

Diese Folgen der Weltpolitik wurden während des Kaiserreichs nicht vorhergesehen, und Hinweise auf die geringe ökonomische Bedeutung des Imperialismus wurden nicht beachtet. Eine große Zahl der Zeitgenossen war vielmehr von der Notwendigkeit einer imperialistischen Politik überzeugt; bestimmend war die Ansicht, daß zwischen den Nationen ein Kampf stattfinde, den nur überleben könne, wer entschlossen sei, die eigenen Interessen zu vertreten und Weltpolitik zu betreiben. In den Worten Max Webers:

> Es gibt keinen Frieden auch im wirtschaftlichen Kampf ums Dasein (...) Nicht Frieden und Menschenglück haben wir unseren Nachfahren mit auf den Weg zu geben, sondern den ewigen Kampf um die Erhaltung und Emporzüchtung unserer nationalen Art. Und wir dürfen uns nicht der optimistischen Hoffnung hingeben, daß mit der höchstmöglichen Entfaltung wirtschaftlicher Kultur bei uns die Arbeit getan sei

und die Auslese im freien und friedlichen ökonomischen Kampfe dem höher entwickelten Typus alsdann von selbst zum Siege verhelfen werde.[34]

Der Einfluß des Sozialdarwinismus auf diese Äußerung ist unverkennbar; er ist in der Einleitung als zentrales Merkmal der Vorkriegsgesellschaft beschrieben worden und fand im Imperialismus seine wohl deutlichste Ausprägung in der Überzeugung, daß die weiße Rasse überlegen und zur Herrscherin über die als minderwertig betrachteten Völker in den Kolonien bestimmt sei. Das Bürgertum sah sich als Sendbote einer höheren Zivilisation, doch die koloniale Praxis war vielfach durch rohes Vorgehen und grausame Unterdrückung sowie – langfristig folgenreicher – die Zerstörung von Traditionen, Kultur und Selbstbewußtsein der unterworfenen Völker gekennzeichnet.

Gerade vor diesem Hintergrund wird der Begriff Imperialismus heutzutage verwendet, um das Verhältnis von Industrieländern und den Staaten der Dritten Welt zu kennzeichnen, doch er deckt derart unterschiedliche Erscheinungen ab, daß seine begriffliche Schärfe verlorengegangen ist. So wurde er benutzt, um die Politik so entgegengesetzter Systeme wie der USA (z. B. in Vietnam) und der UdSSR (z. B. in Afghanistan) zu kennzeichnen; er bezeichnet die Politik internationaler Konzerne, deren Einfluß jedoch allenfalls in Ausnahmefällen mit der Macht der europäischen Staaten um die Jahrhundertwende zu vergleichen ist. Auch der Hinweis auf wirtschaftliche Ausbeutung hilft nur wenig weiter. Zum einen haben sich gerade diejenigen Staaten (Korea, Taiwan, Singapur) rapide entwickelt, deren Wirtschaft in engem Austausch mit den industrialisierten Ländern steht, während die ärmsten Nationen darunter leiden, daß sie in den Welthandel nicht einbezogen sind. Auch ist nicht klar, auf welchem Wege die Ausbeutung erfolgt; am ehesten spielen ungleiche Voraussetzungen (z. B. Versorgung mit Rohstoffen, Infrastruktur, technischer Standard) eine Rolle, doch die Bedeutung dieser Faktoren läßt sich mit dem Hinweis auf kapitalistische Marktmechanismen hinreichend erklären; die zusätzliche Verwendung des Begriffes Imperialismus trägt nicht zum besseren Verständnis bei, sondern stiftet eher Verwirrung. Hinzu kommt, daß die politische Unabhängigkeit die ehemaligen Kolonien von der Bevormundung durch europäische Staaten befreit hat, nicht selten jedoch nationale Eliten an die Macht brachte, deren Herrschaft für die Masse der Bevölkerung neue Formen der Abhängigkeit und Ausbeutung etablierte.

Auch auf die industrialisierten Länder läßt sich der Begriff nicht mehr anwenden; hier haben sich vielmehr in unterschiedlichen Varianten die von Hobson entwickelten Empfehlungen durchgesetzt: durch soziale

Reformen und die Kämpfe einer erstarkten Arbeiterbewegung ist ein bedeutender Binnenmarkt entstanden. Dieser hat die Grenzen der Nationalstaaten überschritten, doch der Handel findet zum allergrößten Teil zwischen den Industrieländern statt, während für viele Staaten der Dritten Welt die Gefahr besteht, zu vernachlässigten Randzonen zu werden. Daneben wird, zumal in den USA, ein wesentlicher Teil des Absatzes durch massive Rüstungsausgaben gesichert, die allerdings mittlerweile die Leistungsfähigkeit der US-Wirtschaft selbst gefährden. Es fällt auf, daß die beiden erfolgreichsten Volkswirtschaften der Nachkriegszeit (Japan und West-Deutschland) eine vergleichsweise gering entwickelte Rüstungswirtschaft aufweisen.

Zusammenfassend läßt sich sagen, daß das Imperialismus-Konzept in erster Linie auf die Jahre von 1870 bis zum Zweiten Weltkrieg angewandt werden sollte. In dieser Zeit haben die industrialisierten Länder eine Politik territorialer und ökonomischer Expansion betrieben, die mit weitreichender Unterdrückung und Ausbeutung in den Kolonien verbunden war, während für die europäischen Länder und die USA die ökonomische Bedeutung dieser Politik gering blieb. Die imperialistische Expansion war weniger das Ergebnis einer Manipulation von oben, sondern fand breite Unterstützung. Vorübergehend hat sie den Status quo in den Industrieländern gefestigt, auf lange Sicht jedoch hier wie auch in den Kolonien fatale Konsequenzen gehabt.

Heute hingegen besteht der um die Jahrhundertwende verbreitete Imperialismus nicht mehr. Damit ist nicht gesagt, daß für die Länder der Dritten Welt politische und wirtschaftliche Abhängigkeiten sowie Ausbeutung nicht länger existieren. Auch leiden viele ehemalige Kolonialländer immer noch darunter, daß einheimische Industrien zerstört, Monokulturen errichtet und Rohstoffe weggeschafft wurden bzw. noch werden, doch der Begriff Imperialismus ist zu pauschal, um als umfassender Erklärungsansatz für die Entwicklungen nach dem Zweiten Weltkrieg zu dienen.

4. Der deutsche Sonderweg

Von Franz-Josef Brüggemeier

1980 veröffentlichten zwei englische Historiker ein Buch, das innerhalb der historischen Zunft großes Aufsehen erregte und heftige Diskussionen auslöste. Es trug den Titel »Mythen deutscher Geschichtsschreibung. Die gescheiterte bürgerliche Revolution von 1848« und griff die sog. Sonderwegsthese an, die nach Meinung der Autoren zentraler Bestandteil einer von Mythen durchsetzten Sichtweise der neueren deutschen Geschichte ist.[35]

Die These vom deutschen Sonderweg wird seit den 1960er Jahren von den Befürwortern eines sozialgeschichtlichen Ansatzes vertreten, um zu erklären, weshalb die deutsche Geschichte innerhalb weniger Jahrzehnte in zwei Katastrophen führte: der Ausbruch des Ersten Weltkrieges und der Nationalsozialismus. Der entscheidende Grund wird darin gesehen, daß in Deutschland die wirtschaftliche, soziale und politische Entwicklung auseinanderliefen: der Kapitalismus habe sich durchgesetzt und das Bürgertum die ökonomisch entscheidende Stellung errungen; es sei dem Bürgertum jedoch nicht gelungen, auch die politische Macht und die soziale sowie kulturelle Hegemonie zu erringen. Vor allem die erforderliche Demokratisierung habe es nicht vorangetrieben. Statt dessen konnten sich traditionelle Eliten behaupten, die angesichts wachsender innerer Spannungen schließlich – nach dem Vorbilde Bismarcks – in einem Krieg den letzten, verzweifelten Ausweg sahen. Die Vormachtstellung traditioneller Gruppierungen habe nach dem Ersten Weltkrieg fortgedauert, eine erhebliche Belastung der Weimarer Republik bedeutet und schließlich entscheidend zum Nationalsozialismus beigetragen. Erst die Veränderungen im Gefolge des Zweiten Weltkrieges, als durch die Besetzung und Teilung Deutschlands die preußischen Führungsschichten ihren Besitz und Einfluß verloren, hätten die erforderlichen Strukturreformen bewirkt und eine stabile demokratische Gesellschaft begründet: fortan befand sich die deutsche Geschichte nicht länger auf einem Sonderweg, sondern hatte den Pfad der westlichen Demokratien beschritten.

Zur Abgrenzung wird auf das Vorbild Englands verwiesen, wo der Übergang zum Kapitalismus zugleich parlamentarisch-demokratische

Regierungsformen hervorgebracht habe, so daß dort keine vergleichbaren inneren Konflikte entstanden seien. Die Sonderwegsthese ist somit durch zwei Elemente gekennzeichnet: zum einen geht sie von der idealtypischen Annahme aus, daß die Geschichte kapitalistischer Gesellschaften üblicherweise einem Weg folge, auf dem wirtschaftliche Entwicklung, bürgerlicher Liberalismus und Demokratie Hand in Hand gingen; zum anderen sieht sie in England das empirische Modell für einen derartigen Verlauf.[36]

Im eingangs erwähnten Buch werden beide Elemente kritisiert: der angenommene Idealtypus sei theoretisch fragwürdig, und die Entwicklung in England sei nicht so harmonisch und modellhaft verlaufen wie unterstellt. Das deutsche Bürgertum sei nicht gescheitert, sondern vielmehr ökonomisch so erfolgreich gewesen, daß keine Veranlassung bestand, auf weitere Demokratisierung zu drängen. Der behauptete Dreiklang von Kapitalismus, Parlamentarismus und Demokratie sei weder theoretisch noch empirisch zwingend. Entscheidend für die Interessen des Bürgertums sei nicht, ob es selbst die Regierung stelle, wichtiger sei vielmehr, ob die politischen, sozialen und ökonomischen Voraussetzungen für wirtschaftliches Wachstum gegeben seien – was in Deutschland fraglos der Fall war. Zudem habe gerade in England die Aristokratie bis zum Ersten Weltkrieg ihre politisch führende Stellung behauptet, und die innere Entwicklung sei von großen Spannungen geprägt gewesen. Damit sind grundsätzliche Probleme historischen Arbeitens sowie der Interpretation der deutschen Geschichte vom 18. bis zum 20. Jahrhundert angesprochen: ob die deutsche Geschichte einen besonderen Weg genommen habe und inwieweit zur Beurteilung dieser Frage bzw. historischer Prozesse generell Idealtypen und Theorien eingesetzt werden dürfen oder müssen.

Im 19. Jahrhundert galt die Französische Revolution als weltgeschichtliches Vorbild, dessen Ideale der Freiheit, Gleichheit und Brüderlichkeit auch in Deutschland zu verwirklichen waren – so zumindest die Hoffnungen der Demokraten. Sie stützten sich über das konkrete französische Vorbild hinaus auf die Naturrechtstheorie der Aufklärung, derzufolge politische Herrschaft und die Entstehung der Staaten aus einem Vertrag resultierte, »den die gleichen und freien Individuen des Naturzustandes miteinander abschließen, um ihr Leben, ihre Freiheit und ihren durch Arbeit erworbenen Besitz gegen Angriffe von außen oder vor inneren Unruhestiftern zu schützen«.[37] Daraus folgte, daß politische Herrschaft nicht von Gott gegeben war, sondern aus einer freien Vereinbarung der Bürger resultierte und sich diesen gegenüber verantworten mußte. Zugleich wurde Geschichte als ein Emanzipationsprozeß aufgefaßt, dessen Ziel darin bestand, die Ideale der Aufklärung zu verwirklichen. In den bekannten Worten Hegels, geschrieben unter dem Eindruck der Revolution von 1789: »Solange die Sonne am Firmamente steht und die Planeten um sie herumkreisen, war das nicht gesehen worden, daß der Mensch sich auf den Kopf, das ist auf den Gedanken stellt und die Wirklichkeit nach diesem erbaut. Anaxagoras hatte zuerst gesagt, daß der Nous die Welt regiert; nun aber ist der Mensch dazu gekommen zu erkennen, daß der Gedanke die geistige Wirklichkeit regieren sollte. Es war dies somit ein herrlicher Sonnenaufgang. Alle denkenden Wesen haben diese Epoche mitgefeiert. Eine erhabene Rührung hat in jener Zeit geherrscht, als sei es zur wirklichen Versöhnung des Göttlichen mit der Welt nun erst gekommen.«[38]

Die Französische Revolution hatte diesen Erwartungen Auftrieb gegeben, zugleich jedoch unter dem Eindruck der gewaltsamen Ereignisse eine konservative Gegenbewegung begründet. Gegen die »brausende Gärung der Gegenwart, die alles zertrümmert, was war und galt«[39] wurde eine Orientierung gesetzt, die den Wert des historisch und organisch Gewachsenen betonte und normative Vorgaben zurückwies. Politisch war damit eine Ablehnung radikaler oder gar revolutionärer Veränderung verbunden. Staat und politische Herrschaft seien nicht die Folge eines ideellen Vertrages, sondern aus dem innersten Wesen der Nation selbst und ihrer Geschichte selbst hervorgegangen. Die besonnene Tätigkeit jedes Zeitalters aber müsse darauf gerichtet werden, »diesen mit innerer Notwendigkeit gegebenen Stoff zu durchschauen, zu verjüngen und frisch zu erhalten«.[40]

Theoretisch ging diese Argumentation mit der konservativen Hauptströmung des sog. Historismus einher, der an die Stelle geschichtsphilosophischer Entwürfe die Auffassung setzte, daß jede Ausprägung der menschlichen Existenz als einzigartige historische Individualität anzuerkennen sei. Das gelte insbesondere für die Geschichte der Nationen, die keinem vorgegebenen welthistorischen Entwurf folgten; jede für sich sei vielmehr einzigartig und befinde sich, um den aktuellen Begriff aufzugreifen, auf einem Sonderweg.

Die Sonderwegsthese war somit anfangs konservativ geprägt und diente zur Rechtfertigung der deutschen Entwicklung, die geprägt war durch einen starken Staat, eine Reichsgründung von oben und eine schwache Stellung des Parlaments. Hierin wurden allerdings von konservativer Seite keine Versäumnisse gesehen, sondern Vorzüge der deutschen Geschichte, erhöht in der Gegenüberstellung von Zivilisation und Kultur. Deutsches Wesen und deutsche »Kultur« wurden positiv von der liberalen, auf schnödem Materialismus beruhenden westlichen »Zivilisation« (und von der östlichen »Barbarei«) abgesetzt, bis hin zum Ersten Weltkrieg, der als schicksalhaftes Ringen zwischen den Kräften der Kultur und der Zivilisation galt.[41]

Auch nach dem Ersten Weltkrieg blieb die konservativ geprägte Sonderwegsthese vorherrschend. Außenseiter wie vor allem Eckart Kehr entwickelten abweichende Auffassungen, die in den vermeintlichen Vorzügen Defizite sahen. Kehr betonte den Vorrang der Innenpolitik zum Verständnis des Kaiserreiches; er arbeitete die anhaltende Herrschaft der traditionellen Eliten heraus und sah in der ausgebliebenen Demokratisierung einen der wesentlichen Gründe für den spezifisch militaristischen Charakter deutscher Politik und Gesellschaft, die schließlich zum Kriege geführt hätten. Seine Thesen wurden jedoch nicht aufgenommen, sondern heftig bekämpft und verdrängt, bis sie in den 1960er Jahren im Anschluß an die Fischer-Kontroverse innerhalb des sozialgeschichtlichen Ansatzes weiterentwickelt wurden.[42]

Der Hamburger Historiker Fritz Fischer hatte in einem 1961 erschienenen Buch die Hauptverantwortung für den Ausbruch des Ersten Weltkrieges dem Kaiserreich angelastet und damit einen Aufschrei nationaler Empörung ausgelöst. Die Schuld der Nationalsozialisten für die Schrecken des Zweiten Weltkrieges war unbestreitbar; jetzt drohte Deutschland auch für den vorangegangenen Krieg verantwortlich zu sein, seine Geschichte schien einer Abfolge von Gewalttaten und Katastrophen gleichzukommen.[43] Fischer hatte sich auf die offiziellen Akten gestützt und diese traditionell politikgeschichtlich ausgewertet.

Methodisch und argumentativ weiter ging der sozialgeschichtliche Ansatz: Er beklagte, daß die deutsche Geschichtsschreibung unter einem Theoriedefizit leide, und griff auf Theorien und Methoden der systematischen Sozialwissenschaften zurück. Mit ihrer Hilfe wurden die politischen, wirtschaftlichen sowie sozialen Strukturen des Kaiserreiches untersucht und eine Argumentation entwickelt, derzufolge wesentliche Ursachen für den Ausbruch des Ersten Weltkrieges aus diesen Strukturen zu erklären sind: ein Überhang konservativer Eliten; Sozialimperialismus zur Abwehr wirtschaftlicher und politischer Bedrohung; Schwäche des Bürgertums; unzureichender Einfluß des Parlaments und übergroße Bedeutung des Militärs.

Damit waren gegenüber der bisherigen Geschichtsschreibung drei neue Elemente gegeben: dem Kaiserreich wurde die Hauptverantwortung für den Ausbruch des Krieges zugewiesen; die Innenpolitik erhielt einen Primat gegenüber der Außenpolitik; und die Notwendigkeit eines systematischen Einsatzes von Theorien für die historische Arbeit wurde unterstrichen.[44] Historische Phänomene sollten nicht länger einzigartig und lediglich dem Verstehen zugänglich sein; bei deren Untersuchung war vielmehr der explizite Einsatz sozialwissenschaftlicher Methoden und Theorien gefordert.[45] Erneut wurde die deutsche Entwicklung als Sonderweg beschrieben, doch mit umgekehrten Vorzeichen. Zugleich wurde die Besonderheit Deutschlands nicht – wie im Historismus – geschichts-philosophisch gesetzt, sondern aus einem theoretisch angeleiteten, vergleichenden Ansatz entwickelt, bei dem England als Modell einer geglückten Entwicklung galt.

Diese Auffassung bedeutete einen Bruch mit der etablierten konservativen Geschichtswissenschaft und wurde entsprechend heftig bekämpft, konnte jedoch in den folgenden Jahren ihre Fruchtbarkeit beweisen und erlangte einen dominierenden Einfluß. Um so überraschender kam die Kritik der eingangs erwähnten englischen Historiker. Das gilt zum einen für das Argument, die englische Geschichte sei von den Vertretern der Sonderwegsthese zu romantisch und harmonisierend dargestellt worden[46], vor allem jedoch für die Kritik an idealtypischen Modellen, die eine normative Vorgabe bedeuteten. Dieser Einwand schien sich gegen die so mühsam durchgesetzte Auffassung zu richten, daß historisches Arbeiten auf Theorien angewiesen sei. Entsprechend heftig war die Reaktion, deren Ton – abgesehen von der polemischen Schärfe der englischen Autoren – wohl auch deshalb so scharf ausfiel, weil eine gerade etablierte Richtung sich in ihrem Status bedroht sah.

Die in der Debatte angesprochenen Fragen sind von grundsätzlicher geschichtstheoretischer Bedeutung; sie sind durch eine komplexe politische Kontexte geprägt, die – wie dargestellt – in den letzten 200 Jahren manche Wendung erfuhr, und sie behandeln einen langen Zeitraum deutscher Geschichte, der die Gegenwart mit einschließt. Blackbourn und Eley wenden sich u. a. gegen die These einer zunehmenden Feudalisierung und betonen statt dessen, wie sehr sich etwa in den Bereichen der Kultur, Freizeit oder Mode bürgerliche Vorbilder durchsetzten. Vor allem jedoch unterstreichen sie, daß das Kaiserreich als eine eigene Epoche zu sehen ist und nicht so sehr als Durchgangsstadium zum Nationalsozialismus. Gerade die Politik der liberalen Parteien bzw. des Bürgertums sei aus der besonderen Situation zu erklären, in der diese sich während des Kaiserreichs befunden hätten. So sei die weitere Parlamentarisierung nicht nur wegen des großen Einflusses überständiger konservativer Gruppen ins Stocken geraten, sondern auch deshalb, weil das Bürgertum keine homogene Gruppe bildete, keine einheitlichen Interessen besaß, unterschiedliche politische Ziele verfolgte und nur in einer Minderheit grundlegende Reformen unterstützte. Generell sind Blackbourn und Eley skeptisch gegenüber der These, daß entscheidende Entwicklungen wie z. B. der Flottenbau oder die Weltpolitik als Folge einer Manipulation von oben zu sehen sind; sie betonen statt dessen, daß gerade im Bürgertum eine breite Basis hierfür bestanden habe. Eine weitergehende Parlamentarisierung hätte insofern nicht unbedingt ein Ende dieser aggressiv nationalistischen Politik bedeutet, sondern sie möglicherweise bestätigt. Manipulation von oben ist für sie kein zentrales Merkmal eines deutschen Sonderweges, und ein Mehr an Demokratie und Parlamentarismus hätte nicht zwangsläufig eine weniger spannungsgeladene Gesellschaft hervorgebracht, möglicherweise jedoch bessere Bedingungen geschaffen, mit den Spannungen umzugehen.

Die sozialgeschichtliche These eines deutschen Sonderwegs ermöglicht, so viel läßt sich feststellen, wichtige Einblicke, und sie hat dazu beigetragen, ein besseres Verständnis der jüngeren deutschen Geschichte zu gewinnen. Ihre Verfechter neigen allerdings dazu, Entwicklungen und Ereignisse allzusehr auf den Kriegsausbruch 1914 oder den Nationalsozialismus zu beziehen. Es war und ist wichtig, belastende Traditionen herauszuarbeiten und nach möglichen Verbindungen zwischen z. B. 1848 und 1933 zu fragen. Wenn dieser Bogen jedoch überspannt wird, kann das Jahr 1945 als Stunde Null erscheinen, als ein Neuanfang, der den Ballast der Vergangenheit abwarf und alle Kontinuitäten enden ließ. Die Gegenwart wird dadurch zu einer geschichts- und traditionslosen Phase, an die keine kritischen Fragen mehr gestellt werden müssen. Ohne neue Fragen an die Gegenwart jedoch werden auch neue Fragen an die Vergangenheit blockiert, und es ist kein Zufall, daß sich gerade die Geschichtswissenschaft schwergetan hat, Impulse aufzunehmen, die von der Frauenbewegung, der Ökologiedebatte oder der Alltagsgeschichte ausgingen.

5. Arbeiterbewegung

Von Franz-Josef Brüggemeier

Bestandsaufnahme zur Jahrhundertwende

Nach der Jahrhundertwende war die deutsche sozialistische Arbeiterbewegung führend in Europa. Unter Berufung auf Karl Marx und Friedrich Engels prägte sie die Theorie-Diskussion, sie besaß die beste Organisation und verfügte über die meisten Mitglieder. Innerhalb weniger Jahre war die Stimmenzahl der SPD von etwas mehr als 2 (1898) auf 4 Millionen (1912) angestiegen; 1913/1914 zählte die Partei über 1 Mio. Mitglieder, übertroffen noch von den Freien (= sozialistischen) Gewerkschaften, denen im ersten Halbjahr 1914 rund 2,5 Mio. Arbeiter und Arbeiterinnen angehörten.[47]
Die Bedeutung der sozialistischen Arbeiterbewegung ist mit diesen Zahlen noch nicht hinreichend erfaßt. Hinzuzuzählen sind die Genossenschaften sowie die zahlreichen Kulturorganisationen wie Gesang- und Turnvereine, Freidenkergruppen, Naturfreunde, Freie Volksbühne und viele andere, die von der Wiege bis zur Bahre den Lebensweg eines Sozialisten begleiteten. Sozialist zu sein, konnte im Kaiserreich weit über die bloße Mitgliedschaft in Partei und Gewerkschaft hinausgehen und eine eigene Lebensform bedeuten, die nahezu alle Bereiche alltäglichen Lebens abdeckte: vom Einkauf in den Konsumgenossenschaften und gewerkschaftlich organisierten Ausflügen über Bildungsveranstaltungen, Schulungen oder Tanz bei sozialdemokratischen Festveranstaltungen bis hin zur Weihnachtsfeier mit der Familie im Gewerkschaftshaus. In all diesen Bereichen bot die Arbeiterbewegung eine Alternative zur bürgerlichen Gesellschaft.[48]
Gerade die Entwicklung und Orientierung der deutschen Arbeiterbewegung lassen sich treffend mit dem Begriffspaar Wachstum und Fortschritt kennzeichnen: ein quantitatives Wachstum, das in kürzester Zeit erfolgte und eine Massenbasis schuf; die Erwartung, dieses Wachstum werde anhalten, eine Mehrheit verschaffen und nahezu automatisch die politische Macht bringen; eine damit verbundene politische Orientierung, die dem Ausbau der eigenen Organisationen Vorrang einräumte, deren wachsende Größe Symbol und Bestätigung erfolgrei-

cher Politik waren; die Überzeugung, daß Wachstum in Wirtschaft und Gesellschaft generell Fortschritt bedeute und schließlich die Erwartung, daß die historische Entwicklung folgerichtig zum Sieg des Sozialismus führe.[49]
Das Wachstum der organisierten Arbeiterbewegung verlieh ihren Anhängern Zuversicht, löste im bürgerlichen Lager sowie bei Staat und Unternehmern jedoch Ängste aus und führte zu Gegenmaßnahmen. Konflikte mit Polizeibehörden, Benachteiligungen vor Gericht oder Schwierigkeiten, Versammlungsräume zu bekommen, gehörten zu den alltäglichen Erfahrungen. Das Sozialistengesetz war zwar gescheitert, doch die Gefahr von Ausnahmegesetzen gegen die Sozialdemokratie damit keineswegs gebannt. Die sog. Umsturzvorlage des Jahres 1894, aber auch Vorstöße der Unternehmer in den Jahren nach 1910, Streikposten zu kriminalisieren, machten deutlich, daß die Arbeiterbewegung weiterhin bekämpft wurde. Macht und Einflußmöglichkeiten von SPD und Gewerkschaften blieben eng begrenzt, doch sie hofften, diese Schwierigkeiten bald überwinden zu können, eine überaus verständliche Haltung, da ihre Geschichte bis dahin einem beispiellosen Erfolg gleichkam.[50]

Allmählicher Beginn

Die Arbeiterbewegung in Deutschland hatte – wie in den anderen europäischen Ländern – mehrere Vorläufer, unter denen Gesellenvereinigungen und andere Zusammenschlüsse im Handwerk von besonderer Bedeutung waren. Die Liberalisierung von Wirtschaft und Handel hatte die alte Zunftverfassung außer Kraft gesetzt und zunehmende Interessenunterschiede zwischen Meistern und Gesellen begründet. Neben der seit langem bestehenden Heimarbeit und dem Verlagswesen gewannen allmählich entstehende Fabriken und damit freie Lohnarbeit eine wachsende Bedeutung, die neue Orientierung und Zusammenschlüsse erforderte. Die repressive staatliche Politik im Vormärz hatte dazu geführt, daß die neuen Organisationen der Gesellen (darunter auch der Bund der Kommunisten) sich vielfach im Ausland bildeten, wo sie vor dem Zugriff deutscher Behörden sicher waren. Sie wirkten dennoch auch auf deutschem Gebiet, und während der Revolution von 1848 beteiligten sich zahlreiche Gesellen und Arbeiter an den Kämpfen. Gerade sie traten nachdrücklich für eine soziale Demokratie ein, weckten dadurch jedoch Befürchtungen beim Bürgertum, die die Innenpolitik der nächsten Jahrzehnte kennzeichneten.[51]

1848 fand in Berlin der Gründungskongreß der Allgemeinen deutschen Arbeiterverbrüderung statt, der erste bedeutende Versuch, eine nationale gewerkschaftliche Interessenvertretung zu begründen. Die politische Repression der folgenden Jahre ließ diesen und andere Versuche jedoch Episode bleiben. Die eigentliche Formierung der Gewerkschaftsbewegung erfolgte während der 1860er Jahre, als das Koalitionsrecht schrittweise durchgesetzt und vor allem Streiks wieder legalisiert wurden. Kennzeichnend für die deutsche Entwicklung war, daß parallel dazu eine politische Organisierung stattfand, der anfänglich Vorrang zukam. Angesichts der politischen Verhältnisse war die Ansicht verbreitet, zunächst den Kampf um politische Rechte zu führen, um die Grundlage für gewerkschaftliche Arbeit überhaupt erst zu legen. 1863 wurde der Allgemeine Deutsche Arbeiterverein (ADAV) gegründet, der unter seinem Führer Lassalle gewerkschaftliche Organisierung mit großer Skepsis betrachtete. 1869 erfolgte unter Führung von August Bebel und Wilhelm Liebknecht die Gründung der von Marx beeinflußten Sozialdemokratischen Arbeiterpartei (SDAP) in Eisenach.

Die Schaffung eigener politischer Organisationen bedeutete eine Loslösung der Arbeiterbewegung von den liberalen Parteien, eine »Trennung der proletarischen von der bürgerlichen Demokratie«. Dieser Prozeß setzte in Deutschland sehr viel früher ein als z. B. in England, wo die Labour Party erst nach der Jahrhundertwende gebildet wurde und anfänglich eng mit den Liberalen zusammenarbeitete. In Deutschland hingegen bestand zwischen Arbeiterbewegung und Liberalismus sehr früh eine Konfrontation, die bis zum Ende des Kaiserreichs anhielt; nur vereinzelt kam es zu vorsichtiger Annäherung und begrenzter Zusammenarbeit.[52]

Auf dem Gothaer Parteitag (1875) schlossen sich die beiden Arbeiterparteien zur »Sozialistischen Arbeiterpartei Deutschlands« zusammen. Die antigewerkschaftliche Auffassung Lassalles lehnte die neu gegründete Arbeiterpartei ab, doch es bestand Einigkeit darüber, die Gewerkschaften in erster Linie als Vorschule der Partei zu betrachten, eine Haltung, die auch von den bestehenden Gewerkschaften nicht grundsätzlich in Frage gestellt wurde, zumal die anhaltende wirtschaftliche Depression wenig Erfolgsaussichten für Arbeitskämpfe bot. 1877 gehörten lediglich 50000 Arbeiter einer freien Gewerkschaft an, darunter allein 8100 Zigarrenarbeiter, 5500 Buchdrucker und Schriftsetzer sowie 5100 Tischler; die liberalen Verbände zählten 20000 bis 25000 Mitglieder und die christlichen Arbeitervereine knapp 10000, d. h., nicht mehr als 2–3 % aller gewerblichen Arbeiter waren gewerkschaftlich organisiert.[53]

Der Durchbruch zu Massenorganisationen

Das Sozialistengesetz und die wirtschaftliche Krise der 1870er Jahre bedeuteten eine massive Belastung, vermochten es jedoch nicht, die sozialistische Arbeiterbewegung zu zerschlagen. Im Gegenteil, sie ging gestärkt aus den Verfolgungen hervor. Ende der 80er Jahre brachen erneut zahlreiche Streiks aus, und 1890 zählten die freien Gewerkschaften bereits knapp 300000 Mitglieder. Der eigentliche Aufschwung stand erst noch bevor: zur Jahrhundertwende war die Zahl der Mitglieder auf etwa 700000 gestiegen und 1913 betrug sie 2,5 Mio. Auch die SPD hatte unter dem Sozialistengesetz ihre Stimmenzahl von 440000 (1878) auf 770000 (1887) steigern können; 1890 erfolgte ein Sprung auf 1,4 Mio. Vor diesem Hintergrund wurde 1891 das Erfurter Programm verabschiedet, das bis 1921 (Görlitzer Programm) die Grundlage für die Orientierung der Partei bildete. In seinem ersten Teil hieß es:

Die ökonomische Entwicklung der bürgerlichen Gesellschaft führt mit Naturnotwendigkeit zum Untergang des Kleinbetriebs, dessen Grundlage das Privateigentum des Arbeiters an seinen Produktionsmitteln bildet. Sie trennt den Arbeiter von seinen Produktionsmitteln und verwandelt ihn in einen besitzlosen Proletarier, indes die Produktionsmittel das Monopol einer verhältnismäßig kleinen Zahl von Kapitalisten und Großgrundbesitzern werden. Hand in Hand mit dieser Monopolisierung der Produktionsmittel geht die Verdrängung der zersplitterten Kleinbetriebe durch kolossale Großbetriebe, geht die Entwicklung des Werkzeuges zur Maschine, geht ein riesenhaftes Wachstum der Produktivität der menschlichen Arbeit. Aber alle Vorteile dieser Umwandlung werden von den Kapitalisten und Großgrundbesitzern monopolisiert. Für das Proletariat und die versinkenden Mittelschichten – Kleinbürger, Bauern – bedeutet sie die wachsende Zunahme der Unsicherheit ihrer Existenz, des Elends, des Drucks, der Knechtung, der Erniedrigung, der Ausbeutung.
Immer größer wird die Zahl der Proletarier, immer massenhafter die Armee der überschüssigen Arbeiter, immer schroffer der Gegensatz zwischen Ausbeutern und Ausgebeuteten, immer erbitterter der Klassenkampf zwischen Bourgeoisie und Proletariat, der die moderne Gesellschaft in zwei feindliche Heerlager trennt und das gemeinsame Merkmal aller Industrieländer ist.[54]

Dieser erste Teil des Programmes befaßte sich mit der zu erwartenden gesellschaftlichen Entwicklung und sagte eine zunehmende Verschärfung der Klassenkonflikte sowie den Zusammenbruch des Kapitalismus voraus; jegliche Kooperation wurde abgelehnt, da diese nur dazu beitrage, das Überleben des Systems künstlich zu verlängern. Der zweite Programmteil hingegen drückte die Absicht aus, durch konkrete Reformen die Lebens- und Arbeitsbedingungen der Arbeiter bereits im Kapitalismus zu verbessern. Gefordert wurden u. a. die Erweiterung der staatsbürgerlichen Rechte, die gesetzliche Gleichstellung der Frau, die Beseitigung der Gesindeordnung, die Sicherung des Koalitionsrechts, eine Steuerreform, Verbesserung der Arbeiterschutzgesetze und die Übernahme der Arbeiterversicherung durch das Reich.

Das Programm zeigt deutlich die widersprüchliche Situation, in der sich die Sozialdemokratie nach dem Auslaufen des Sozialistengesetzes befand. Zum einen spiegelt es die Erfahrung von Verfolgung und Unterdrückung wider, die den Klassencharakter des Kaiserreichs offenbart hatten und die Partei an ihrer grundsätzlichen Opposition festhalten ließen; sie erwartete den kommenden Zusammenbruch, zumal die überstandene Verfolgung und die wachsende Mitgliederzahl die Annahme zu bestätigen schien, daß die Sozialdemokratie von der historischen Entwicklung profitiere. Hier zeigt sich der Einfluß Marxscher Thesen, die jedoch nur in sehr verkürzter Form aufgenommen wurden; nicht weniger wichtig waren von Darwin entlehnte Ideen, deren Betonung evolutionärer Entwicklungen angesichts des beeindruckenden Wachstums auf fruchtbaren Boden fielen.[55]

Gleichzeitig jedoch nahmen vor allem auf gewerkschaftlicher und kommunaler Ebene, in den Krankenkassen usw. die Einflußmöglichkeiten zu, so daß eine Reformpolitik der kleinen Schritte sinnvoll erschien. Hinzu kam eine Angst vor erneuten Ausnahmegesetzen, die auch den Verfechtern einer revolutionären Programmatik ein vorsichtiges, an den bestehenden Gesetzen orientiertes Vorgehen nahelegte.

Zwischen dem ersten, radikalen, und dem zweiten, reformorientierten, Teil des Programmes bestand eine Diskrepanz, die jedoch nicht überbetont werden darf. Beide Teile sind vielmehr als zwei einander ergänzende Orientierungen aufzufassen. Die radikale Vision des ersten Teils vermittelte eine grundsätzliche Orientierung und Zuversicht, die angesichts der weitgehenden Isolierung der Arbeiterbewegung sowohl benötigt als auch immer wieder bestätigt wurde. Zugleich war sie abstrakt genug gehalten, um als ideologische Klammer zu dienen. Eine politische Praxis, die graduelle Reformen und materielle Verbesserungen anstrebte, war dadurch nicht ausgeschlossen, und sie wurde in den folgenden Jahren in wachsendem Umfang praktiziert. Problematisch war allerdings, daß das Nebeneinander von radikalem Programm und reformerischer Praxis nach der Jahrhundertwende zunehmend fragwürdig wurde. Die ideologische Klammer vermittelte zunehmend nicht nur Halt, sondern erwies sich als ein beengendes Korsett. Das zeigte sich auf mehreren Ebenen.

Das Wachstum von SPD und Gewerkschaften bestätigte den eingeschlagenen Weg, warf zugleich jedoch neuartige Probleme auf. So wurde gefordert, die numerische Stärke in unmittelbar wirksame politische und wirtschaftliche Einflußnahme umzusetzen, anstatt die Entwicklung abzuwarten; dafür plädierten vor allem die Gewerkschaften sowie die reformistischen süddeutschen Parteiorganisationen. Zudem veränderte sich die Zusammensetzung der Arbeiterschaft und damit auch der Organisationen; alte Handwerke verloren an Bedeutung, die Großindustrie kam auf, und ungelernte Arbeiter vom Land zogen in die Städte. Traditionelle Unterschiede innerhalb der Arbeiterklasse verloren an Bedeutung, doch angesichts der verbreiterten Basis fiel es überaus schwer, eine Orientierung zu bieten, die diese unterschiedlichen Gruppierungen ansprechen konnte. Erschwerend kam hinzu, daß auch die Unternehmer sich organisierten und die Arbeiterbewegung – teilweise äußerst heftig – bekämpften.

Trotz dieser Schwierigkeiten war den sozialistischen Gewerkschaften in der zweiten Hälfte der 1890er Jahre der Durchbruch zu Massenorganisationen gelungen; sie hatten im Handwerk sowie den Klein- und Mittelbetrieben Einfluß gewinnen und Tarifverträge abschließen können, doch die Großbetriebe, ganz besonders in der Schwerindustrie, blieben ihnen bis zum Ersten Weltkrieg überwiegend verschlossen. Nach der Jahrhundertwende sahen sie sich zudem einem massiven Gegenangriff der Unternehmer ausgesetzt, die sich in straff geleiteten Verbänden zusammenschlossen, deren Schlag- und Finanzkraft die der Gewerkschaften bedeutend übertraf. Es gelang den Unternehmern sogar, die Gewerkschaften nicht nur in ihrer Ausbreitung zu hemmen, sondern sie darüber hinaus aus den neuen Industrien zu verdrängen. So wurden die Freien Gewerkschaften sowohl bei Siemens in Berlin als auch bei Bosch in Stuttgart zugunsten unternehmerfreundlicher sog. gelber Gewerkschaften zerschlagen.[56]

Auch der politische Einfluß wuchs nicht im erhofften Maße. Auf kommunaler und regionaler Ebene gab es eine begrenzte Zusammenarbeit mit Behörden und bürgerlichen Gruppierungen, die in den südlichen Ländern besonders ausgeprägt war. Kurzzeitig wurde diese Zusammenarbeit selbst in den Parlamenten praktiziert. Auch wuchs der Einfluß von Arbeitervertretern in einigen Selbstverwaltungsorganen, doch eine darüber hinausgehende Teilhabe an der Macht blieb auf der Reichsebene und insbesondere in Preußen verwehrt. In Preußen blieb bis zur Revolution 1918/1919 das Dreiklassenwahlrecht bestehen; einige Städte – Aufsehen erregte das Hamburger Beispiel – verschlechterten sogar nach der Jahrhundertwende ihre Zensusbestimmungen für die Kommunalwahlen, um den sozialdemokratischen Einfluß zurückzudrängen.[57]

Begrenzt blieb schließlich auch die Basis von SPD und Gewerkschaften, trotz der beeindruckenden Zahlen. Katholische Arbeiter konnten nahezu gar nicht gewonnen werden, ebensowenig Landarbeiter sowie die aufkommende Schicht der Angestellten. Gut organisiert waren in erster Linie qualifizierte Facharbeiter und Handwerker in Klein- und Mittelbetrieben der traditionellen Industriegebiete, während ungelernte Arbeiter nur in geringem Maße als Mitglieder zu gewinnen waren. Diese Arbeiter fanden sich in großer Zahl in den neuen industriellen Zentren und den wuchernden städtischen Ballungsräumen mit ihren günstigen Arbeitsmöglichkeiten; sie waren vielfach vom Lande zugewandert, wechselten häufig den Wohn- und Arbeitsort und verfügten über geringe Qualifikationen. Diese Arbeiter mochten bereit sein, der SPD ihre Stimme zu geben, doch es fiel schwer, sie dauerhaft zu binden.

Flugsand der Geschichte. Arbeiterbewegung und mobile Arbeiter

Die enormen Wanderungsbewegungen, die innerhalb weniger Jahre mehrere hunderttausend Zuwanderer vom Lande in die städtischen Ballungsräume führten, bildeten ein zentrales Merkmal der Sozialgeschichte des Kaiserreichs. Berlin z. B. verzeichnete zwischen 1880 und 1910 6,2 Mio. Zuzüge, zugleich jedoch knapp 5,2 Mio. Abzüge. Nicht immer waren die Zahlen derart dramatisch, doch im ganzen Reich verzeichneten die Städte eine enorme Mobilität.[58]

Die Ankunft in einer Stadt war häufig nur der erste Abschnitt eines mühsamen Weges. Viele konnten nicht heimisch werden und versuchten andernorts ihr Glück; andere zogen innerhalb der Stadtgrenzen um, sei es, daß sie die Wohnung wechseln mußten oder daß sich ein besserer Arbeitsplatz bot. In Breslau z. B. entfielen im Jahre 1910 78 Umzüge auf 100 Einwohner. Im Kaiserreich gab es eine große Gruppe der Bevölkerung, deren hohe Mobilität an ›städtische Nomaden‹ erinnerte, die in ›steinernen Zelten‹ nur vorübergehende Unterkunft fanden und die Zeitgenossen als »Flugsand« bezeichneten. Es handelte sich hierbei überwiegend um ungelernte, meist jüngere Arbeiter, aber auch um ältere, deren Kräfte aufgebraucht waren oder deren Qualifikation infolge der technischen Entwicklung wertlos geworden war. Bereits mit dem 40. Lebensjahr galten Arbeiter als alt und fanden nur schwer Arbeit.

Es liegt auf der Hand, daß allein schon die hohe Mobilität zahlreiche Probleme für SPD und Gewerkschaften aufwarf, und es kann unter diesem Gesichtspunkt nicht überraschen, daß dem Ausbau der Organisationen eine hohe Priorität eingeräumt wurde, um in dem Meer beständig umherziehender, kaum greifbarer, vielfach unbekannter und als fremd empfundener Arbeiter eine schlagkräftige Organisation als ruhenden Pol und Gegenmacht zu etablieren. Die hohe Mobilität der Arbeiter war mit einer enormen Mitgliederfluktuation verbunden; die Gesamtsumme von Zugängen und Abgängen überschritt häufig die durchschnittliche Mitgliederzahl. So traten in den Metallarbeiterverband zwischen 1892 und 1913 2,1 Mio. Arbeiter und Arbeiterinnen einmal oder mehrfach ein; 1,6 Mio. verließen im gleichen Zeitraum einmal oder mehrfach die Metallgewerkschaft, der als Ergebnis dieser riesigen Ein- und Austrittsbewegungen ein Mitgliederzuwachs von gut einer halben Million blieb.[59] Kontinuierliche Arbeit, Agitation und Schulung ließen sich unter diesen Bedingungen allenfalls mit großen Schwierigkeiten und nur für einen Teil der Mitglieder erreichen.

Dabei orientierte sich die Arbeiterbewegung am Vorbild des Staates und vor allem der Unternehmer, die überaus effektive Organisationen aufgebaut hatten. 1890 wurde die »Generalkommission der Gewerkschaften Deutschlands« gegründet, die unter ihrem Vorsitzenden Carl Legien anfänglich Koordinierungsaufgaben wahrnahm, nach der Jahrhundertwende jedoch eine Führungsfunktion übernahm. Die Organisationen wurden weiter ausgebaut und gefestigt, Streikreglements und Satzungen erlassen und die Zentralverbände gegenüber den lokalen Zahlstellen gestärkt. Die Gewerkschaften sahen ihre Aufgabe darin, auf dem »Boden der heutigen bürgerlichen Gesellschaft« für eine Verbesserung der Lebens- und Arbeitsbedingungen zu kämpfen. Damit war allerdings eine Formalisierung der Interessenvertretung verbunden, die zu Konflikten mit den Berufstraditionen und dem Lokalismus von Handwerkern führten und auch mit den unsteten Lebensbedingungen und Erfahrungen ungelernter mobiler Arbeiter nur schwer zu vereinbaren war.[60] Gefordert wurde ein hohes Maß an organisatorischer Disziplin, die geordnete, stabile Lebensverhältnisse voraussetzte. Die häufig wechselnden, neue Reaktionen und Gegenwehr herausfordernden Lebens- und Arbeitsverhältnisse waren mit diesen Anforderungen und einer langfristigen Orientierung nur schwer in Einklang zu bringen. Das Bestreben, eine zentrale gewerkschaftliche Organisation durchzusetzen, stieß auf Schwierigkeiten; es rief Spannungen hervor, die u. a. zu spontanen, gegen den Willen der Gewerkschaften geführten Streiks beitrugen.

Es ist zu betonen, daß die Gewerkschaften bzw. die Arbeiterbewegung insgesamt sich in einer überaus schwierigen Situation befanden. Angesichts der schlagkräftigen Unternehmerverbände waren die Erfolgsaussichten für Streiks nicht groß, wie entschlossen die betroffenen Arbeiter auch gewesen sein mochten. Das Sozialistengesetz war zwar gescheitert, und erneute Versuche, Ausnahmegesetze zu verabschieden, fanden keine Mehrheit, doch die Erfahrung der Verfolgung und weiterbestehende Diskriminierungen ließen es angezeigt erscheinen, unnötige Auseinandersetzungen zu vermeiden.

In den Parlamenten bot sich ebenfalls wenig Handlungsraum, wenngleich es in Süddeutschland Annäherungen an das Zentrum und die Liberalen gab, die in Baden zu konkreten Absprachen mit den Liberalen zur Bildung einer gemeinsamen parlamentarischen Mehrheit führten. Im Reichstag hingegen blieb die SPD isoliert, und die Parteileitung verurteilte die Politik der badischen Genossen, deren »Großblockpolitik« 1913/1914 schließlich daran scheiterte, daß die Mehrheit der Liberalen keine weitere Zusammenarbeit wünschte. Gleichwohl, es eröffneten sich Handlungsräume, und es bestand ein Bedarf, sich neu zu orientieren. Es genügte nicht, angesichts der erwarteten Zuspitzung pauschal den Untergang vorherzusagen.

Bereits Ende der 1890er Jahre hatte sich Eduard Bernstein in mehreren Reden und Schriften gegen die Zusammenbruchserwartung ausgesprochen. Er wies darauf hin, daß der Kapitalismus seine Überlebensfähigkeit bewiesen und zu einer Verbesserung der Lebensbedingungen geführt habe. Deshalb trat Bernstein dafür ein, die grundsätzliche Opposition aufzugeben und die Marxsche Theorie zu revidieren; statt dessen sollten durch eine aktive Reformpolitik die Arbeiterbewegung gestärkt und dadurch zugleich die Voraussetzungen für den angestrebten Sozialismus geschaffen werden. Mit dieser Auffassung blieb er jedoch in der Minderheit, und auf dem Desdener Parteitag 1903 wurden seine Thesen offiziell zurückgewiesen.[61]

Mit dieser Abstimmung war eine neue theoretische Orientierung zurückgewiesen worden, nicht hingegen die alltägliche praktische Reformarbeit. Auch die Vertreter einer Politik kleiner Schritte (Reformismus) hatten gegen Bernstein gestimmt. Die Zustimmung zur tradierten revolutionär-sozialistischen Programmatik schien ihnen erforderlich, um ihre Reformpolitik gegenüber der Gesamtpartei absichern zu können. So schwankte die Arbeiterbewegung in den Jahren bis 1914 zwischen den Polen fundamentaler Opposition einerseits und praktischer Reformarbeit andererseits, und unterschiedliche Gruppierungen und Strömungen gewannen an Bedeutung. Am Vorabend des Weltkrieges gab es innerhalb der Arbeiterbewegung »eine sozialrevolutionäre Linke; eine republikanisch-antimilitaristische Linke; eine auf die Verbindung von Organisationspartei und Massenorganisation hoffende ›marxistische‹ Richtung; eine sozial-liberale, entschieden demokratische Richtung; eine gewerkschaftlich-sozialpolitisch orientierte, an politischen Systemalternativen wenig interessierte Mehrheit; eine staatssozialistisch ›national‹ eingestimmte Richtung«.[62] Daneben gab es die große Zahl der Arbeiter, die zwar die SPD wählte und sich auch an Streiks beteiligte, den Organisationen selbst jedoch fernstand und keiner der unterschiedlichen Gruppierungen eindeutig zuzurechnen waren.

Die politische und gesellschaftliche Isolierung der Arbeiterbewegung und der damit verbundene Druck von außen ließen diese Richtungen nur ansatzweise deutlich werden, etwa anläßlich der Massenstreikdebatte. Unter dem Eindruck der Russischen Revolution von 1905 forderte eine Gruppe um Rosa Luxemburg, einen politischen Massenstreik als politisches Kampfmittel einzusetzen, doch die große Mehrheit unter Führung der Gewerkschaften hielt am abwartend-legalen Kurs fest.[63] Als jedoch während des Krieges und in der Weimarer Republik SPD und Gewerkschaften an der Regierungsverantwortung beteiligt wurden, brachen die Unterschiede massiv auf und führten zur Spaltung der Arbeiterbewegung.

Trotz der täglich erfahrenen Isolierung waren Arbeiterbewegung und Arbeiter nicht nur negativ in die deutsche Gesellschaft zu Beginn des 20. Jahrhunderts integriert. Sie hielten an ihren demokratischen Forderungen fest, lehnten den Obrigkeitsstaat ab, vertraten grundlegend andere Überzeugungen und hatten Ansätze zu einer eigenständigen Arbeiterkultur entwickelt. Zugleich jedoch teilten sie in vielen Bereichen (klein)bürgerliche Auffassungen: ein traditionelles Verständnis des Verhältnisses von Männern und Frauen; eine Begeisterung für Technik und wirtschaftliches Wachstum; oder die Vorstellungen von Zivilisation und Kultur. So kritisierte die SPD die deutsche Kolonialpolitik, betrachtete zugleich jedoch die Kolonialvölker als unzivilisiert; Bebel zufolge konnten sie erst durch die Begegnung mit der europäischen Kultur »auf die Dauer gehoben werden«.[64]

Einen Erziehungsauftrag sah die Arbeiterbewegung vor allem innerhalb der eigenen Gesellschaft. Sie sah sich als die eigentliche Erbin deutscher Kultur und Demokratie, nicht hingegen das Bürgertum. Dieses habe sich materiellen Zielen verschrieben, sei von den bürgerlich-liberalen politischen Zielen abgerückt und habe darüber hinaus seinen kulturellen Auftrag verleugnet.[65] Mit dieser Argumentation wurden politische Forderungen begründet, zugleich wurde jedoch eine Verantwortung gegenüber der Nation übernommen, die sich besonders offenkundig in der zunehmenden Bereitschaft äußerte, die Militärausgaben mitzutragen. Zur Rechtfertigung wurde vor allem die Bedrohung des

deutschen Kulturstaates durch das despotische und rückständige Zarenreich beschworen, ein Argument, das von der Regierung im Juli/August 1914 mit Erfolg aufgegriffen wurde.
Die radikale Rhetorik der Arbeiterbewegung und ihre politische und gesellschaftliche Isolierung hatten diese Entwicklungen verdeckt und nicht offenkundig werden lassen, daß die große Mehrheit der organisierten Arbeiter zwar weiterhin für grundlegende Veränderungen eintrat, jedoch keinen revolutionären Umsturz anstrebte. Bedeutend gefährlicher für den Zusammenhalt und die Existenz der deutschen Gesellschaft des Kaiserreichs waren die agrarischen und bürgerlichen Massenbewegungen, die ihrem Selbstverständnis zufolge national, konservativ und monarchistisch waren. Innen- und außenpolitisch verfolgten sie jedoch einen Kurs, der das Kaiserreich in eine Sackgasse führte und entscheidend zu dessen Untergang führte.

6. Der Fall Leo Arons oder die Freiheit der Wissenschaft

Von Elisabeth Domansky

Am 20. Januar 1900 entzog das preußische Staatsministerium einem Privatdozenten der Physik an der Berliner Universität, Leo Arons, aufgrund seiner Mitgliedschaft in der sozialdemokratischen Partei die akademische Lehrbefugnis (venia legendi).[66] Da die Privatdozenten keinen Beamtenstatus besaßen und aufgrund der geltenden Rechtslage in Berlin allein der disziplinarischen Gewalt ihrer Fakultät unterstanden, war im Frühsommer 1898 in beiden Häusern des preußischen Landtags eigens ein »Gesetz betr. die Disziplinarverhältnisse des Privatdozenten« verabschiedet worden, das die rechtliche Grundlage für das Vorgehen im Falle Arons schuf.[67] Es dehnte die Disziplinarkompetenz des Staates auf die nichtbeamteten Privatdozenten aus und ermöglichte es dem Kultusminister, Privatdozenten die Befugnis zur akademischen Lehre zu entziehen, ohne auf die Zustimmung der jeweiligen Fakultät angewiesen zu sein. Laut Gesetz sollte dies im Falle jedes Privatdozenten möglich sein, der »1. die Pflicht verletzt, die ihm seine Stellung als akademischer Lehrer auferlegt, oder 2. sich durch sein Verhalten in oder außer seinem Berufe der Achtung, des Ansehens oder des Vertrauens, die seine Stellung erfordert, unwürdig erweist«.[68]

Entgegen Beteuerungen von Regierungsseite, zwischen diesem Gesetz und dem Fall Arons' bestünde kein direkter Zusammenhang, war man sich in den Universitäten und in der Öffentlichkeit darüber im klaren, daß mit einem Sondergesetz die Grundlage für einen Präzedenzfall geschaffen werden sollte, so daß das Gesetz allgemein als »Lex Arons« bezeichnet wurde.

Die Schaffung eines Sondergesetzes hatte sich als nötig erwiesen, weil sich die Berliner Philosophische Fakultät im Laufe einer achtjährigen Auseinandersetzung mit dem preußischen Kultusministerium stets geweigert hatte, disziplinarisch gegen Leo Arons vorzugehen, der seit 1890 als Privatdozent an der Universität lehrte. Er machte aus seiner Zugehörigkeit zur Sozialdemokratie keinen Hehl, die er aufgrund seiner Vermögensverhältnisse finanziell großzügig unterstützte. So trug er wesentlich zur Finanzierung der (revisionistischen) Sozialistischen Monatshefte bei und half, was weniger bekannt ist, durch die Gewährung eines zinslosen Darlehens von 50000 Mark, die finanziellen Mittel zum Bau des Berliner Gewerkschaftshauses, das 1901 eröffnet wurde, aufzubringen.[69]

Das Tauziehen um Leo Arons begann bereits 1892, als das Kultusministerium den Vorschlag der Berliner Philosophischen Fakultät ablehnte, ihn zum außerordentlichen Professor zu ernennen. Im Mai 1894 wurde die Fakultät dann zum erstenmal angewiesen, zu prüfen, ob sie gegen Leo Arons disziplinarisch vorzugehen hätte. Die Fakultät lehnte dies jedoch ab und hielt an dieser Haltung auch in den Jahren 1895 und 1898 fest, als sie erneut vom Ministerium zur Einleitung von Disziplinarverfahren aufgefordert wurde. Auch in dem auf der Grundlage des neuen Gesetzes, gegen das in einer von Theodor Mommsen verfaßten Petition 41 namhafte Professoren protestiert hatten, durch das Ministerium eröffneten Disziplinarverfahren lehnte die Fakultät in erster Instanz die Entlassung Arons' ab. Daraufhin entzog das Ministerium selbst Arons im Januar die Privatdozentur.

In der Begründung ihres Widerstandes gegen die staatliche Kultusbürokratie im Falle Arons verwies die Fakultät ausdrücklich auf drei Aspekte. Zum einen hob sie hervor, daß qualitative Forschung und Lehre in einem Klima politischer Repression und ohne ein hohes Maß an »geistiger Freiheit« nicht möglich seien[70], ein Argument, das in der liberalen Presse aufgenommen wurde, die sich besonders für die Verteidigung der akademischen Freiheit einsetzte. Zum zweiten verwies die Fakultät darauf, daß Leo Arons seine parteipolitische Betätigung nicht in die Universität hineingetragen habe, und sie keinen Anlaß sähe, gegen jemanden vorzugehen, »der mit Erfolg und Glück fast ausschließlich seiner Wissenschaft lebt, der unseres Wissens nie auf die Studenten in sozialdemokratischem Sinne einzuwirken gesucht hat, und der nur in unklarer Schwärmerei für seine Pflicht hält, sich offen zu den politischen Plänen zu bekennen, die ihm als die richtigen gelten«.[71] Zum dritten wies die Fakultät ausdrücklich darauf hin, daß Maßregelungen von gemäßigten Sozialdemokraten nur geeignet seien, den radikalen Kräften in dieser Partei Auftrieb zu geben und so die Strategie gefährdeten, durch allmähliche Integration der Sozialdemokratie in die Gesellschaft den Charakter dieser Partei von einem revolutionären zu einem reformerischen zu verändern. Je stärker die »anderen sozialen Klassen mit den sozialdemokratischen Arbeitern in den Stadtverordnetenversammlungen, Gewerbegerichten, Krankenkassen usw. zusammen tätig sind, desto mehr tritt die Gefahr eines akuten Ausbruchs zurück, desto mehr wird die sozialdemokratische Partei eine solche, welche einseitig die Arbeiterinteressen vertritt, die daneben noch an gewissen sozialistischen Idealen hängt, aber daran sich gewöhnt, diese nicht ohne weiteres verwirklichen zu können«.[72]

Die Kombination der Betonung von akademischer Lehrfreiheit und dem Vertreten eindeutig »kathedersozialistischer« Positionen macht deutlich, daß es nicht um die Verteidigung einer Wissenschaft im »Elfenbeinturm« ging. Vielmehr wehrte sich die Berliner Fakultät gegen zunehmende Eingriffe des Staates in die Autonomie der Hochschulen. Der Fall Arons verweist somit auf einen Gesamtzusammenhang, der im folgenden näher erläutert werden soll.

In den Jahren von 1890 bis 1914 erfolgten tiefgreifende Veränderungen in der Größe, der Organisation und der Finanzierung des deutschen Wissenschaftsbetriebs.[73] Mit der Gründung des Kaiserreichs wurde der Ausbau des stagnierenden Bildungssektors in Angriff genommen. Seit 1875 stiegen die Studentenzahlen absolut und relativ an, wobei die Mitte der 90er Jahre einen erneuten Schub gegenüber den vorangegangenen beiden Jahrzehnten brachte. Im gesamten Deutschen Reich stiegen die Studentenzahlen von knapp 30000 zu Beginn der 1890er Jahre auf über 60000 bei Kriegsausbruch. Damit nahm deren Anteil von 38,6 auf 96,2 je 100000 Einwohner oder von 8,8 auf 22 je 10000 Männer zu.[74] Parallel dazu kam es zu einer sozialen Umstrukturierung der Studentenschaft. Unter den Eltern der Studenten war die Unterschicht mit etwa einem Prozent zwar weiterhin fast gar nicht vertreten, doch ging der Anteil des Adels ebenso zurück wie der des Bildungsbürgertums, während sich Besitzbürgertum und Kleinbürgertum als vorherrschende Elterngruppen durchsetzten. Letzteres stellte in Preußen 1911/1912 rund 50% der Studenteneltern.[75] In diesen Jahrzehnten entstand die moderne Massenuniversität, oder auch »Großwissenschaft«, wie Theodor Mommsen schon 1890 bemerkte.[76] Diese Entwicklung führte zu einer zunehmenden Entfremdung zwischen Studenten und Dozenten, aber auch zu einer ersten Arbeitsmarktkrise größeren Ausmaßes für Hochschulabsolventen, die den Begriff vom »akademischen Proletariat« hervorbrachte. Es ist nicht zu verkennen, daß diese Entwicklung dazu beitrug, in den 1890er Jahren eine Schärfung des Bewußtseins gerade der Geisteswissenschaften oder »Kulturwissenschaften«, besonders der Nationalökonomie, für die soziale Frage zu erreichen.

Hinzu kamen Umstrukturierungen in der Wissenschaftsorganisation, die einerseits die Bedeutung der Technischen Hochschulen gegenüber den traditionellen Universitäten vergrößerten und andererseits durch die gezielte Gründung von Seminaren mit eigenen Bibliotheken und Laboratorien, wissenschaftlichen Schwerpunkten an verschiedenen

Universitäten und von reinen Forschungsinstituten unter finanzieller Beteiligung der Industrie, dem »Bund von Wissenschaft und Kapitalismus«[77], zur Herausbildung des »Großbetriebs der Wissenschaft« führten, wie der Theologe Adolf von Harnack 1905 formulierte.[78]
Diese Entwicklung, die in Preußen maßgeblich vom damaligen Leiter der Hochschulabteilung im preußischen Kultusministerium, Friedrich Althoff, vorangetrieben wurde, war ohne massive staatliche Lenkung nicht möglich, die sich zunehmend auch in gezielter Einflußnahme auf die Berufungspolitik ausprägte.[79] Diese Entwicklung mußte einerseits zu einem veränderten Verhältnis von Staat und Universitäten, andererseits aber auch zu einem veränderten Selbstverständnis der Hochschullehrer führen, Veränderungen, die sich im Fall Arons wie in einem Brennpunkt verdichteten.
Es entsprach dem Selbstverständnis von Hochschullehrern im Kaiserreich, sich nicht offen parteipolitisch zu engagieren, aber doch kraft wissenschaftlicher Autorität zu politischen Fragen Stellung zu nehmen.[80] Dieser »unpolitische Führungsanspruch«, der aus dem hohen Ansehen der Universitäten in der Öffentlichkeit resultierte, erhielt durch die nach Bismarcks Entlassung von der Regierung vorübergehend verfolgte Politik des »Neuen Kurses« in der Sozialpolitik einen ungeheuren Auftrieb.[81] Seit 1890 entwickelte sich an den Universitäten ein Interesse an der sozialen Frage, das im Rahmen einer neuen gesellschaftlichen Standortbestimmung des Bildungsbürgertums zu sehen ist.
Wissenschaftliche Vereine wie der Verein für Socialpolitik (gegr. 1872), aber auch der Evangelisch-Soziale Kongreß (gegr. 1880) oder Friedrich Naumanns Nationalsozialer Verein (gegr. 1886) belegen den Willen, zur Lösung der sozialen Frage beizutragen, geben aber auch Auskunft über die Erfolgsaussichten dieser Bemühungen.[82] So schufen die Untersuchungen des Vereins für Socialpolitik eine empirische Basis für die Sozialpolitiker in den Ministerien, und es kam zu einem engen Kontakt zwischen reformorientierten Professoren und Verwaltungsbeamten.
Nicht nur als Mitglieder solcher Vereinigungen, sondern auch in ihrer Eigenschaft als Vertreter »der Universität« erzielten die Hochschullehrer politische Erfolge. So scheiterte 1892 im Preußischen Abgeordnetenhaus die Volksschulvorlage nicht zuletzt aufgrund des massiven Protestes von Hochschullehrern.[83] An den Protesten gegen die – 1895 ebenfalls im Reichstag gescheiterte – »Umsturzvorlage« waren die deutschen Universitäten in exponierter Weise beteiligt. Dasselbe galt für die Diskussion um die sog. »Zuchthausvorlage« im Jahre 1899.[84]
Diese Proteste wurden besonders von Vertretern der »Kulturwissen-

schaften«, und unter diesen wiederum besonders der modernen Nationalökonomie, getragen. Bestimmt durch ausgeprägte Vorstellungen von sozialer Gerechtigkeit setzten viele Vertreter dieses Faches, denen es in den 90er Jahren gelang, einflußreiche Lehrstühle zu besetzen, auf die Zähmung der Sozialdemokratie durch innenpolitische Kompromißbereitschaft und sozialpolitische Zugeständnisse.
Dieses sozialpolitische Engagement vieler Sozialreformer und »Kathedersozialisten« äußerte sich nicht nur in wissenschaftlicher Beschäftigung mit der sozialen Frage, sondern führte auch zu praktischen Solidaritätsaktionen. Zum Beispiel setzte sich der prominente Soziologe Ferdinand Tönnies in einem Spendenaufruf für die Unterstützung der 1896/1897 streikenden Hamburger Hafenarbeiter ein.[85] Das soziale Engagement bekannter Professoren blieb in industriellen und Regierungskreisen nicht unbeachtet, vor allem seit sich seit der Mitte der 1890er Jahre der innenpolitische Repressionskurs wieder verschärfte. Zwischen 1895 und 1897 setzte der saarländische Schwerindustrielle und freikonservative Abgeordnete, Freiherr von Stumm-Halberg, eine massive Pressekampagne gegen die Kathedersozialisten in Gang, nachdem er in einer Reichstagsrede im Januar 1895 von einem »vollständigen Universitätssozialismus«, vor allem in Berlin, gesprochen und dann auch besonders die evangelische Geistlichkeit angegriffen hatte.[86]
Gegen diese auch in industriellen Kreisen teilweise als massiv empfundene Kampagne formierte sich rasch ein Proteststurm in den Universitäten, der sowohl die Kritik am sozialpolitischen Engagement als auch die darin enthaltenen Angriffe auf die akademische Lehrfreiheit zurückwies. Der Fall Arons muß in diesem Zusammenhang auch aus der Sicht der Universitäten als Präzedenzfall angesehen werden, den es zur Verteidigung ihrer Position durchzufechten galt. Wie kam es nun zur Niederlage der Berliner Universität in diesem Falle?
Neben den bereits geschilderten Gesamttendenzen der Universitätsentwicklung, die auch zu einer zunehmenden Interessendifferenzierung innerhalb der Hochschullehrerschaft selbst führten[87], ist dafür in erster Linie der Versuch der Regierung anzuführen, die Hochschullehrer mit einer Kombination aus Umwerbung und Abschreckung an sich zu binden. Dies zeigen das Vorgehen der Regierung in der Frage der Militärvorlage 1893, in der Flottenvorlage 1898/1900 und ihr Vorgehen in den Fällen Delbrück und Arons.
1892/1893 beschritt Reichskanzler Caprivi erstmals den Weg, bekannte Gelehrte wie Hans Delbrück (Geschichte), Heinrich Dernburg (Jura), Adolf von Harnack (Theologie), Gustav Schmoller, Adolph Wagner (beide Nationalökonomie) u.a. in eine publizistische Kam-

pagne zur Unterstützung der heftig umstrittenen Heeresvorlage einzubeziehen. Dieses erfolgreiche Experiment wurde 1897/1898 und 1899/1900 wiederholt, als zahlreiche Professoren dazu beitrugen, die anfängliche öffentliche Zurückhaltung in eine Begeisterung über die Flottenrüstung umschlagen zu lassen.[88]

In beiden Fällen hoben die beteiligten Professoren den überparteilichen Charakter ihrer Aktionen hervor. So betonte Delbrück 1893:

»Es ist in unserem Lande immer eine erfreuliche Erscheinung, wenn man einmal sagen kann, die Parteigegensätze sollen verstummen und wir wollen uns alle vereinigen zu *einem* großen Werk in *einem* Sinn, in den Empfindungen des Patriotismus.«[89]

Neben macht- und handelspolitischen Argumenten vertraten in der Flottenkampagne zahlreiche beteiligte Professoren sozialpolitische Argumente. Von der durch den Bau der Flotte erhofften Förderung der Stellung Deutschlands auf dem Weltmarkt versprach man sich positive Auswirkungen auf die Sozialreform und auf eine innenpolitische Demokratisierung. In diesem Zusammenhang sind wieder Friedrich Naumann und sein Nationalsozialer Verein als Exponenten dieser Position zu nennen, die es sogar in Teile der sozialdemokratischen Arbeiterschaft zu tragen gelang.[90]

Die amtlichen Werbeaktionen – alle wesentlichen Aktivitäten gingen vom Reichsmarineamt aus, das sich mit der Bitte um Stellungnahme an mehr als 100 Professoren wandte – verfehlte nicht ihre Wirkung auf die Gelehrten. Diese suchten in Zukunft ihre sozialpolitischen Positionen in Übereinkunft mit den Regierungsstellen und auf dem Wege interner Besprechungen zur Geltung zu bringen.

Als Warnung hatte in diesem Zusammenhang die Einleitung eines aufsehenerregenden Disziplinarverfahrens gegen den Historiker Hans Delbrück gedient, der 1898 in einem Artikel in den von ihm herausgegebenen Preußischen Jahrbüchern die Minderheitenpolitik der Regierung, besonders die Massenausweisung dänischer Staatsangehöriger aus den nördlichen Provinzen, hart angegriffen hatte.[91] In diesem Verfahren, an dessen Ende Delbrück nicht verurteilt wurde, sondern nur einen Verweis und eine Geldstrafe auferlegt erhielt, sahen viele Professoren nicht zu Unrecht einen Angriff auf ihr sozialpolitisches Engagement. Doch engagierte sich die Professorenschaft in dieser Frage wesentlich weniger als später im Falle Arons, was aber wiederum für die Regierung zum Anlaß wurde, »nach diesem Testfall (...) nach jahrelangen vergeblichen Bemühungen nun (...) Leo Arons mit aller Strenge zu ›delbrücken‹«.[92]

In den Jahren nach der Jahrhundertwende ging das publizistische Enga-

gement der Hochschullehrer zwar nicht zurück, doch vertraten sie ihre Positionen stärker als einzelne Gelehrte denn als Vertreter der Gesamtuniversität. Die Universitätsangehörigen konzentrierten sich vielmehr darauf, ein eigenes Gruppenbewußtsein zu entwickeln und Standesvertretungen wie den Deutschen Hochschullehrertag (1905) und den »Verein Deutscher Hochschullehrer« (1911) ins Leben zu rufen, um die Unabhängigkeit von Forschung und Lehre sowie eine selbständige Reform der Universitäten durch die Hochschulen selbst gegenüber den staatlichen Autoritäten zu vertreten.[93]
An die Stelle der Konzentration auf die soziale Frage trat die Konzentration auf die eigenen Belange. Sosehr dies gegen die Entwicklung gerichtet war, die die Universitäten in den vorangegangenen beiden Jahrzehnten erfaßt hatte, so sehr entsprach die von den Hochschullehrern der älteren Generation kritisierte Wendung zu einer Berufsorganisation doch der Entwicklung der Universitäten zu »Großbetrieben«.[94]

7. Der Deutsche Werkbund

Von Elisabeth Domansky

Am 5. und 6. Oktober 1907 tagte in München ein Initiativausschuß von 12 Architekten und Künstlern sowie 12 Firmen, der den Deutschen Werkbund (DWB) gründete.[95] Der Zweck dieser vor 1914 in Europa einmaligen Einrichtung sollte »die Veredlung der gewerblichen Arbeit im Zusammenwirken von Kunst, Industrie und Handwerk durch Erziehung, Propaganda und geschlossene Stellungnahme zu einschlägigen Fragen« sein.[96]

Der Gründung war ein handfester Skandal vorangegangen, der die Brisanz der im Werkbund verfolgten Ziele deutlich machte. Hermann Muthesius, damals als hoher Beamter im Preußischen Handelsministerium tätig und gleichzeitig erfolgreicher Architekt, hatte 1907 in einem Vortrag in der Berliner Handelshochschule dem deutschen Bürgertum einen Hang zur »Prätension, der Sucht, mehr zu scheinen als man ist« vorgehalten, der die ursprüngliche Gediegenheit gewerblicher Produktion allmählich zum Verschwinden gebracht habe. Die Fabrikanten ihrerseits hätten zu diesem Prozeß dadurch beigetragen, daß sie sich am angeblichen »Geschmack des großen Publikums« ausgerichtet hätten. Fabrikanten und Konsumenten hätten so gemeinsam verhindert, daß das deutsche Bürgertum einen »selbständigen Geschmack« und eine »überlegene nationale Kultur« habe entwickeln können. Demgegenüber forderte Muthesius die Entwicklung einer neuen Formgestaltung, die auf dem Prinzip der »inneren Wahrhaftigkeit« und der »werklichen Gediegenheit« basieren sollte. Der Zweck eines Gegenstandes und die Beschaffenheit seines Materials sollten die Form bestimmen.[97]

Diese Absage an den ornamentalen Prunkstil des Wilhelminismus stieß auf erbitterten Widerstand.[98] Der »Verband für die wirtschaftlichen Interessen des Kunstgewerbes« verlangte Muthesius' Entlassung aus dem Handelsministerium, zahlreiche Unternehmer protestierten und griffen Muthesius in seiner Position als Vorsitzender des Berliner Kunstgewerbevereins an. Trotz dieser Widerstände und trotz der daneben bestehenden Gleichgültigkeit eines großen Teils der deutschen Industrie gelang es dem DWB in den folgenden Jahren allmählich, eine Vorreiterrolle in der Entwicklung einer neuen Formgestaltung zu übernehmen und dazu beizutragen, daß das Ansehen deutscher Produkte im Ausland nicht nur hinsichtlich ihrer technischen Qualität, sondern auch ihres Designs entscheidend verbessert wurde. Welches waren die Hintergründe dieser Entwicklung, wer waren ihre Träger und Förderer, und welche Ziele verfolgten diese mit der Werkbundarbeit?

Der Aufschwung der Wirtschaft in den 80er und 90er Jahren des vergangenen Jahrhunderts hatte die technische Qualität deutscher Produkte entscheidend verbessert. »Made in Germany«, das ursprünglich von der englischen Regierung zur Absetzung englischer Erzeugnisse von deutschen Waren minderer Qualität verlangte Kennzeichen, war zu einem Qualitätsmerkmal geworden.

Der ästhetische Standard deutscher Produkte konnte sich jedoch weder mit den Erzeugnissen des französischen noch des englischen Kunsthandwerks messen. Dies hing nicht zuletzt damit zusammen, daß das Bürgertum mit der Reichsgründung 1871 nicht zugleich einen eigenständigen Nationalstil zu entwickeln verstand. Der Rückgriff auf den Formenkanon der Renaissance vermochte sich weder im Inland selbst noch auf dem Auslandsmarkt durchzusetzen.[99] Die als »französisch« interpretierten Stilelemente des Barock und Rokoko trafen offensichtlich den deutschen Zeitgeschmack und setzten sich durch. Hinzu kam, daß das wirtschaftlich erstarkte Bürgertum sein neues gesellschaftliches Gewicht zunächst durch die Imitation aristokratischer Lebensweise hervorzuheben suchte. Die Kruppsche Villa Hügel in Essen ist eines der bekanntesten Beispiele der daraus resultierenden Repräsentationsarchitektur, die Hermann Muthesius als »Talmi-Aristokratenkunst«[100] abkanzelte.

Die Suche nach einer anti-feudalen eigenständigen bürgerlichen Kultur ging Hand in Hand mit dem Erstarken des liberalen Flügels der deutschen Bourgeoisie. Die exportorientierte Fertigwarenindustrie, Handels- und Großbanken griffen seit der Mitte der 1890er Jahre zunehmend die Zollpolitik von Junkern und Schwerindustriellen, aber auch deren reaktionäre Haltung in innenpolitischen Fragen an. Zwar waren sich beide Flügel der Industrie in der Betonung der Bedeutung ökonomischer Expansion einig, doch sah die nicht monopolisierte Fertigwarenindustrie die für eine erfolgreiche Exportpolitik nötige innenpolitische Stabilität eher durch innenpolitische Reformen garantiert als durch das Festhalten an einem harten Unterdrückungskurs.[101]

Die ökonomische und politische Auseinandersetzung des liberalen Flügels des deutschen Bürgertums mit der Allianz aus konservativem Bürgertum und Junkern war begleitet von einer Offensive zur Modernisierung der gegenständlichen Welt. Zeitschriften wie »Der Baumeister« oder »Moderne Bauformen«, die seit der Mitte der 1890er Jahre in zunehmender Zahl publiziert und gelesen wurden, dokumentieren den umfassenden Gestaltungswillen des deutschen Bürgertums. In vielen Städten entstanden Kunstgewerbevereine, in denen Künstler und Produzenten zusammengeschlossen waren. Zahlreiche Kunstgewerbeausstellungen dokumentierten den Zusammenhang zwischen der Suche nach neuen bürgerlichen Lebensformen und einer neuen Ästhetik. Der DWB entstand auf der Grundlage dieser Strömungen, ging in seinen Zielen jedoch weit über die Bestrebungen all dieser Vereine und Zeitschriften hinaus. Dies galt für den im Werkbund vertretenen konsequenten Gestaltungswillen, der alle Bereiche der materiellen Kultur, vom »Sofakissen bis zum Stadtplan«[102] erfassen wollte. Werkbundkünstler entwarfen nicht nur öffentliche Gebäude, Fabriken, Wohnhäuser und Möbel, sondern auch Schrifttypen, Tapeten- und Teppichmuster, Hausrat und Lampen, kümmerten sich um optimale Schaufenstergestaltung, beeinflußten Werbung und Plakate. Nicht nur einzelne Gegenstände, sondern die gesamte Umwelt sollte auf der Grundlage einer neuen Formensprache umgestaltet werden.[103]

Von den verbreiteten kunstgewerblichen Bestrebungen setzte sich der Werkbund aber auch dadurch ab, daß er nicht an der prinzipiellen Bevorzugung handwerklicher Produkte gegenüber den Erzeugnissen industrieller Massenproduktion festhielt, wie sie zum Beispiel für die englische Arts- und Crafts-Bewegung typisch gewesen war, die die deutsche Bewegung stark beeinflußt hatte.[104] Statt dessen setzte der Werkbund gerade auf die qualitative und ästhetische Verbesserung industrieller Erzeugnisse.

Auch in seiner engen Verknüpfung von nationalpolitischen mit ästhetischen Zielen unterschied sich der DWB von zeitgenössischen Strömungen. Am eifrigsten verfocht Friedrich Naumann, der die Werkbund-Arbeit nachhaltig beeinflußte, diesen Aspekt. Naumann, der als liberaler Politiker – er gründete den Nationalsozialen Verein (1896), trat 1903 mit diesem zur Freisinnigen Partei über und gehörte 1910 zu den Gründern der Fortschrittlichen Volkspartei – bekannt ist, entwickelte eine Theorie, nach der die durchgreifende Veränderung der gesellschaftlichen Verhältnisse auf der Grundlage der modernen Technik erfolgen könne.[105] Mit ihrer Hilfe sollten Qualitätsprodukte geschaffen werden, die die Eroberung des Weltmarktes ermöglichten. Dies wiederum sollte dazu beitragen, den Lebensstandard des gesamten deutschen Volkes zu heben und auf diesem Wege soziale Spannungen abzubauen.

Die Exportoffensive konnte nach Naumann aber nur dann erfolgreich sein, wenn sich höchste technische und höchste ästhetische Qualität der Exportwaren miteinander verbanden. Ingenieure und Künstler, aber auch Arbeiter, von deren Arbeitsfreude und Interesse am erzeugten Produkt das Gelingen dieser Idee maßgeblich abhing, wurden so zu einer nationalen Gemeinschaftsaufgabe zusammengefaßt. Technische Intelligenz und Künstler erhielten einen neuen gesellschaftlichen Stellenwert, indem ihre Arbeit in einen volkswirtschaftlichen und politischen Kontext gestellt wurde. Die Arbeiter sollten durch Konzessionen in Lohn- und Arbeitsplatzfragen gewonnen werden. Denn »die Nation, die die meiste Freude an der Arbeit zu erzeugen imstande ist, hat die beste Hoffnung, die Kunstführung zu erringen«. Und »je mehr wir uns der Qualitätserzeugung zuwenden, desto besser wird es um die Durchschnittshöhe der deutschen Menschen stehen. Hier ist der Punkt, wo Kunst und Handelspolitik und Sozialpolitik sich berühren.«[106]

Naumann ergänzte auf diese Weise das Streben vieler reformfreudiger Mitglieder des Bürgertums nach Eigenständigkeit und Behauptung gegenüber den stark vom Adel geprägten kulturellen Leitbildern durch die Theorie, die die Absicherung der bürgerlichen Lebensweise und Lebensziele nach unten, gegenüber der Bedrohung durch die Arbeiterbewegung, nicht auf dem Wege politischen Drucks, sondern der Integration ermöglichen sollte. Seine Lösung der sozialen Frage nicht nur mit politischen, sondern auch mit ästhetischen Mitteln faszinierte viele sozialreformerisch eingestellte Künstler.

Karl Schmidt, neben Muthesius und Naumann der dritte entscheidende Protagonist der Werkbundgründung, versuchte in seiner eigenen Firma, die Naumannschen Ideen konsequent anzuwenden.[107] Er hatte als Tischler in London Berührung sowohl mit der Arts- und Craft-Bewegung als auch mit der englischen Arbeiterbewegung gehabt. Nach seiner Rückkehr nach Deutschland versuchte er einerseits, Qualitätsprodukte unter Einsatz von Maschinen, aber unter maßgeblicher Mitarbeit qualifizierter Arbeiter, herzustellen und bemühte sich andererseits um vorbildliche Arbeiterschutzmaßnahmen und hygienische Einrichtungen und tolerierte die politischen Auffassungen seiner Mitarbeiter. Von Muthesius, der in erster Linie an der Verbesserung bürgerlicher Wohnkultur interessiert war, unterschied Schmidt sich dadurch, daß er großen Wert auf die Serienproduktion einfacher, aber guter Möbel legte, die den herrschenden Geschmacksverirrungen entgegenwirken sollten. Seine Möbel erwiesen sich jedoch als schwer verkäuflich. Dem wohlhabenden Bürgertum waren sie nicht luxuriös genug, für Arbeiter aber blieben sie zu teuer. Die Käufer der Schmidtschen Möbel rekrutierten sich im wesentlichen aus dem Bildungsbürgertum.[108]

Der soziale Gedanke war bei Schmidt am ausgeprägtesten. Als er 1909 seinen Betrieb nach Hellerau verlegte, gründete er gleichzeitig eine Baugenossenschaft für seine Arbeiter, deren Bauten unter Beteiligung der späteren Bewohner entworfen wurden. Zusätzlich wurde eine Gartenstadtgesellschaft gegründet, deren Leitung der erste Sekretär des DWB übernahm. Das Beispiel Hellerau verdeutlicht am prägnantesten die Verflechtung des Werkbundes mit anderen bürgerlichen Reformbestrebungen der Zeit, so der Gartenstadtbewegung und der Lebensreformbewegung. In Hellerau wurde z. B. eine Tanzschule gegründet, die dem Gedanken der Eurythmie verpflichtet war.[109]

Die positive Haltung gegenüber der industriellen Produktion und gegenüber industriell gefertigten Produkten sowie die Suche nach neuen Formkriterien einten alle Werkbundmitglieder, doch gab es keinen einheitlichen Stil, der für die Werkbundprodukte typisch gewesen wäre. Die Zusammensetzung der Mitglieder war dazu zu heterogen. Dazu gehörten so unterschiedliche Persönlichkeiten wie Josef Hoffmann, der in Wien luxuriöse bürgerliche Interieurs entwarf, Peter Behrens, der für die Berliner AEG eine Turbinenhalle plante und Haushaltsgegenstände entwarf, aber auch Heinrich Tessenow, der sich der Gestaltung von einfachen Möbeln verschrieb. Der Verzicht auf die Herausbildung eines durchgängigen Werkbundstils erfolgte bewußt, um die Wirksamkeit des Bundes zu erhöhen, die angesichts des verbreiteten Unverständnisses gegenüber den Werkbundideen andernfalls eingeschränkt worden wäre. Aus denselben Gründen verzichtete der DWB auch auf eine straff zentralistische Struktur. Er gab kein Zentralorgan heraus, um regionale Konflikte zu vermeiden, und ließ den regionalen Filialen soweit wie möglich freie Hand.

In seiner Mitgliederwerbung – Mitglieder wurden berufen – konzentrierte sich der DWB neben der Gewinnung von Künstlern auf die Heranziehung kleiner und mittlerer Industrie- und Handwerksbetriebe, aber auch auf Schiffahrts- und Hotelgesellschaften. Kaufleuten und Zwischenhandelsfirmen stand er dagegen wegen deren größerer Abhängigkeit vom Geschmack ihrer Konsumenten reservierter gegenüber.

1908 zählte der Werkbund 491, 1915 1972 Mitglieder, darunter Einzelpersonen und Firmen.[110] Zu letzteren gehörten die Krupp-Werke, die Daimler-Motoren-Gesellschaft, die Mannesmann-Röhrenwerke und die Berliner AEG.[111] Diese Namen machen bereits deutlich, daß der Einfluß des Werkbundes nicht an der Zahl seiner Mitglieder gemessen werden kann. Vielmehr zählten das Gewicht der industriellen Auftraggeber von Werkbundkünstlern, aber auch die Unterstützung durch Institutionen wie den Dürerbund, der an der Erziehung der Käufermassen mitwirken sollte, aber auch die Verbreitung von Werkbundideen durch zahlreiche angeschlossene oder ihm nahestehende Hochschullehrer.

Sie alle trugen dazu bei, das neue Credo einer funktions- und materialgerechten, »sachlichen« Form zu verbreiten und ein Schönheitsideal zu schaffen, nach dem Zweckmäßigkeit schön und Schönheit auch zweckmäßig war. In der praktischen Arbeit der Werkbundmitglieder konnte die Absage an ornamentalen Zierat oder eklektizistischen Umgang mit historischen Stilelementen jedoch nicht immer durchgehalten werden. Auch die Werkbundkünstler waren an Vorgaben ihrer Auftraggeber gebunden, nicht alle fühlten sich zudem strenger Sachlichkeit verpflichtet. Die Ausrichtung auf den Export deutscher Waren führte zudem zu einer gewissen Anpassung an die Wünsche zahlungskräftiger Auftraggeber im Ausland.

Trug diese Entwicklung auf der einen Seite zur allgemeinen Anerkennung des Werkbundes entscheidend bei, so bildete sich innerhalb des Werkbundes eine Fraktion heraus, die in Opposition zu diesen Tendenzen stand. Zu ihnen gehörten Hans Poelzig, Peter Behrens, Walter Gropius und Bruno Taut, die einerseits mit dem Bau von Fabriken neue Bauaufgaben gegenüber dem bevorzugten Wohnhausbau übernahmen und andererseits daran festhielten, aus Baustoffen wie Glas, Stahl, Eisen und Beton neue Gestaltungsmöglichkeiten zu entwickeln.[112] Rückhalt fanden diese Mitglieder des Werkbundes, die später zum Teil die Entwicklung des Bauhauses entscheidend prägten, in Industriezweigen wie der Elektro- oder chemischen Industrie, die ihr Image als fortschrittliche, moderne Industrien durch eine konsequent moderne Gestaltung ihrer Produktionsanlagen wie ihrer Produkte zu unterstreichen suchten.

Ist die innenpolitisch liberale Grundeinstellung vieler Werkbundmitglieder auch nicht zu verkennen, so ist doch hervorzuheben, daß diese vielfach eng mit imperialistischen Vorstellungen verknüpft war. Hatte schon Naumann in einer Werbebroschüre 1908 den Beitrag, den der Werkbund zur Eroberung des Weltmarkts leisten könne, hervorgehoben und betont: »Ich stelle den Werkbund in dieser Hinsicht in Vergleich mit den Bestrebungen, den Gedanken der deutschen Flotte volkstümlicher zu machen«[113], so veranlaßte der selbstbewußt zur Schau getragene deutsche Gestaltungswille des Bundes zur Kritik am »Produzentenjunkertum«, das »der Welt seinen Formwillen aufprägen wolle«, wie Adolf Loos formulierte.[114]

In seiner politischen wie ästhetischen Widersprüchlichkeit ist der DWB eine Einrichtung, an der sich wichtige gesellschaftliche Tendenzen im

Kaiserreich aufzeigen lassen. Er zeigt uns zum einen die Bereitschaft und den Willen eines maßgeblichen Teils des deutschen Bürgertums, die Gesellschaft des Kaiserreichs in allen Lebensbereichen zu einer ganz und gar bürgerlichen umzuformen. Wie es an der Wende vom 18. zum 19. Jahrhundert dem Bürgertum allmählich gelang, seinen Leitwert der »Leistung« als einen gesamtgesellschaftlich akzeptierten durchzusetzen, so sollte nun ein neuer Begriff der Schönheit, in dem Zweckmäßigkeit, Funktionalität und ästhetische Form eine untrennbare Verbindung eingingen, nicht mehr nur ein ideeller gesellschaftlicher Leitwert werden, sondern alle Lebensbereiche konkret formen. Die vermeintliche Gewinnung der neuen ästhetischen Kriterien aus dem Material und der Funktion der produzierten Gegenstände verdeckte den hegemonialen Kulturwillen einer gesellschaftlichen Schicht, die daranging, die gesamte Gesellschaft nach ihren Vorstellungen zu formen. Wie die wissenschaftliche Arbeitsorganisation im Betrieb, so trug die Bewegung zur Ästhetisierung der materiellen Kultur dazu bei, den Charakter der deutschen Gesellschaft als einer Klassengesellschaft zu verhüllen.[115]

Diese Tendenzen wurden nicht gleichzeitig und nicht einheitlich von allen Mitgliedern des deutschen Bürgertums vertreten. Sie waren nicht nur gegen eine mögliche Bedrohung der bürgerlichen Gesellschaft durch die Arbeiterschaft gerichtet, sondern spiegeln auch politische Frontstellungen innerhalb des bürgerlichen Lagers wider. Insofern zeigen sie, daß die Gesellschaft des Kaiserreichs keineswegs allein unter Hinweis auf die »Feudalisierung« des Bürgertums, den »halbabsolutistischen Scheinkonstitutionalismus« oder auf das Machtkartell von Junkertum und Schwerindustrie zureichend zu beschreiben ist.[116] Die Tendenzen zur Modernisierung der Gesellschaft, die teilweise, wie im Verhältnis vieler bürgerlicher Liberaler und Sozialreformer zur Arbeiterschaft, auch mit Demokratisierungstendenzen verknüpft waren, sind unverkennbar.

Ebenso deutlich ist allerdings, daß Sozialreform nach innen für einen Teil des Wilhelminischen Bürgertums nahtlos mit imperialistischen Bestrebungen nach außen zu verbinden war. Der Beitrag des DWB zur Durchsetzung bürgerlicher Herrschaftsansprüche bestand darin, einen scheinbar »klassenlosen« Formenkanon zu entwickeln, der dann – seit den 20er Jahren – für die Sachkultur aller Industrieländer verbindlich werden sollte.[117]

8. Zauberlehrlinge. Vom unbedachten Umgang mit der Natur

Von Franz-Josef Brüggemeier

1877 erhielt Hamburg hohen Besuch. Kronprinz Friedrich traf in der Hansestadt ein, begleitet von seinem Sohn Wilhelm, dem späteren Kaiser, und mehreren hochgestellten Adligen. Zu ihrem Programm gehörte eine Bootsfahrt – in einer Hafenstadt nichts Ungewöhnliches. Diese Bootsfahrt jedoch fiel aus dem Rahmen: sie fand auf den Gewässern der gerade fertiggestellten Kanalisation statt. Der Kronprinz und seine Begleitung waren gekommen, um diese neueste Sehenswürdigkeit Hamburgs zu besichtigen. Die unterirdische Kanalisation war errichtet worden, um die Abwässer der Großstadt zu beseitigen, und galt als ein technisches Meisterwerk, dem zahlreiche andere Städte nachstrebten. Deren Bemühungen waren jedoch nicht unumstritten.

In demselben Jahr, am 1. September 1877, war in Preußen eine Verfügung erlassen worden, die auf ein Einleitungsverbot für städtische Abwässer in Flüsse hinauslief und dadurch die Kanalisationsprojekte empfindlich störte. Diese wurden errichtet, um die Städte zu säubern, doch die gesammelten Abwässer wurden weitgehend ungereinigt in umliegende Gewässer geleitet und verschmutzten diese erheblich, bei kleineren Flüssen – so in einem Gutachten zur Situation in Köln – »bis zur Vernichtung alles aquatischen Lebens«.[118]

Wenig später fand in Nürnberg eine Versammlung des ›Deutschen Vereins für öffentliche Gesundheitspflege‹ statt, der zu den lautstärksten Befürwortern der Kanalisationsprojekte zählte. Der Erlaß der preußischen Regierung bedeutete einen erheblichen Rückschlag; um so deutlicher fiel die Stellungnahme aus, vorgetragen von Reinhard Baumeister, Bauingenieur und Professor in Karlsruhe. Die Gewässer, so führte er aus, seien die »natürlichen Wege zur Beseitigung alles Unrathes«. Es handele sich hierbei um ein »natürliches Recht«, von dem »überall Gebrauch gemacht worden ist, so lang die Welt besteht«. Der Verzicht darauf würde eine so große Menge von »Verlegenheit, Kosten und Übelständen erzeugen, daß unsere ganze Lebensweise auf den Kopf gestellt« werde.[119] Die Versammlung richtete deshalb eine Eingabe an den Reichskanzler und bat, das Einleitungsverbot aufzuheben. Zudem sollten Kanalisationsprojekte in Zukunft weniger streng geprüft und darüber hinaus systematische Untersuchungen angestellt werden, um exakte Normen aufstellen zu können.

Die Stellungnahme war eindeutig ausgefallen, doch es gab Gegenstimmen, die allerdings in der Minderheit blieben. Kurze Zeit später, ebenfalls noch 1877, gründeten die in Nürnberg unterlegenen Hygieniker einen eigenen Verband, den ›Internationalen Verein gegen Verunreinigung der Flüsse, des Bodens und der Luft‹. Ihr Ziel war es, »Bestrebungen entgegenzutreten, die darauf ausgehen, unsere Flüsse in Cloaken herabzuwürdigen«.[120] In diesem Sinne hatte sich zuvor bereits die preußische Wissenschaftliche Deputation geäußert. Sie räumte die Notwendigkeit ein, »Fäkalstoffe zweckmäßig« aus den Städten zu entfernen, doch diese seien »von den Wasserläufen fernzuhalten«, da Flußwasser »für die Wasserversorgung vieler Städte unumgänglich nothwendig und durch keine andere Wasserquelle zu ersetzen« sei. Es sei unwirtschaftlich, diese vor die Notwendigkeit zu stellen, das durch planlose Ableitungen »unreine Wasser mit großen Kosten für ihre Zwecke wieder nutzbar zu machen«.[121] Fäkalstoffe sollten nicht weggeschwemmt, sondern – wie bisher – zur Düngung verwandt werden, um den Ertrag der Landwirtschaft zu steigern und sie vom Import ausländischer Düngemittel (vor allem Guano) unabhängig zu halten.

Der Kronprinz wird nicht alle Einzelheiten der Auseinandersetzung gekannt haben, doch er dürfte darüber informiert gewesen sein, denn sie wurde erbittert und mit großer öffentlicher Resonanz geführt, auch in Berlin, wo zu dieser Zeit ebenfalls eine Kanalisation gebaut wurde. Für uns ist die Debatte aus mehreren Gründen interessant. In ihrem Verlauf wurden die Versorgung mit Trinkwasser und die Beseitigung von Abwässern auf eine Weise geregelt, deren Folgen erst jetzt deutlich werden. Sie gibt Auskunft über einen verschwenderischen Umgang mit natürlichen Ressourcen, der für die Industrialisierung charakteristisch war und bis heute verbreitet ist. Schließlich wird eine Technikbegeisterung und damit verbunden eine Tendenz deutlich, gesellschaftliche Probleme technokratisch lösen zu wollen, die ebenfalls über das vorgestellte Beispiel hinaus von Bedeutung ist.

Eine Verschmutzung von Flüssen und Schwierigkeiten bei der Abwässerbeseitigung hatte es schon zuvor gegeben, doch mit der Industrialisierung und dem enormen Städtewachstum stellten sich die Probleme in einer bis dahin nicht gekannten Größenordnung.[122] Städte wie Berlin oder Hamburg zählten mehrere hunderttausend Einwohner und dehnten sich über enorme Flächen aus. Bis zum Bau von Kanalisationen in der zweiten Hälfte des 19. Jahrhunderts war es üblich, Abwässer in Gräben, Straßenrinnen, Gewässer oder Gruben zu schütten, so daß sie weggeschwemmt wurden oder versickerten, zunehmend jedoch die Städte verschmutzten. Ein Teil wurde abtransportiert und zur Düngung umliegender Felder benutzt, doch ein planvolles System hatte sich nicht herausgebildet. Trinkwasser wurde überwiegend aus Brunnen gewonnen, ergänzt durch Zuleitungen aus nahen Quellen und Gewässern, deren Wasserqualität mit zunehmender Verschmutzung der Städte immer mehr nachließ. Abwässer sickerten in das Grundwasser und von da in die Brunnen, während die zufließenden Gewässer sich immer weniger zur Trinkwassergewinnung eigneten. An den Oberläufen gab es wenig Grund zur Klage, doch unterhalb größerer Orte herrschten vielfach katastrophale Zustände, die durch den Bau von Kanalisationen noch schlimmer zu werden drohten.

Kanalisationen wurden errichtet, um innerhalb der Stadtgrenzen für hygienischere Verhältnisse zu sorgen. Die Übertragung von Infektionen durch Trinkwasser war noch nicht nachgewiesen, ebensowenig die Bedeutung von Bakterien, doch es gab zahlreiche Anhaltspunkte dafür, daß mangelnde Hygiene eine gesundheitliche Gefährdung bedeutete. Als nicht weniger wichtig wurden der große Schmutz und Gestank empfunden, die durch umherliegenden Unrat verursacht wurden. Berlin z. B. galt als eine der »übelriechendsten« Hauptstädte Europas, deren Bewohner man andernorts »an dem Geruche ihrer Kleider erkennen« könne.[123] Auch liege der Dreck so hoch, daß selbst Stiefel bei Nässe nicht genügend Schutz böten; zusätzlich müßten Überschuhe getragen werden, um ohne »zu großen Nachteil für die Reinlichkeit und für seine Gesundheit« fortkommen zu können.[124]

Die Errichtung von Kanalisationen versprach Abhilfe. Sie sollten sämtliche Abwässer aufnehmen und aus der Stadt herausleiten, direkt in Flüsse oder auf Rieselfelder, wo sich die festen Bestandteile wie Schlamm und Exkremente absetzen konnten. Die Anlage von Rieselfeldern jedoch verursachte Kosten, so daß die Stadt Frankfurt z. B. darauf verzichten und ihre Kanalisation direkt in den Main einleiten wollte. Gegen derartige Pläne richteten sich das Einleitungsverbot und die Gründung des Internationalen Vereins.

Vorbild bei der Anlage von Kanalisationen war London, wo in den 1850er und 1860er Jahren unter erheblichem Aufwand ein neues Abwässersystem errichtet worden war. Das Ergebnis beeindruckte und kündete von der Leistungsfähigkeit der Ingenieurskunst. So wurde einer der Hauptkanäle auf einer Länge von mehr als 6 km bis zu 30 Metern unter den Straßen im Tunnelbau erstellt, ein anderer durch ein schmiedeeisernes Aquädukt von rund 50 Metern Spannweite über eine Eisenbahnlinie geführt.[125] Zusätzliche Aquädukte wurden errichtet,

Dämme und Tunnel gebaut, Kanäle sowie Auffangbecken. Eine Vielzahl technischer Probleme war zu lösen, etwa die Frage, wie stark das Gefälle sein müsse, damit der anfallende Dreck nicht steckenblieb; welches Material am besten die ungewohnten Belastungen aushalte; welcher Querschnitt kostengünstig sei und zugleich einen reibungslosen Abtransport gewährleiste oder in welchem Winkel die einzelnen Kanäle aufeinandertreffen sollten. Eine Besichtigung der Londoner Kanalisation gehörte zum Pflichtprogramm von Ingenieuren sowie Hygienikern, und englische Fachleute waren in Deutschland, z. B. in Frankfurt und Hamburg, mit dem Bau vergleichbarer Systeme beauftragt.

Sie errichteten Mischsysteme, bei denen sämtliche Abfälle miteinander vermengt wurden, ohne daß es möglich war, verwertbare Stoffe wie vor allem Fäkalien gesondert zu erfassen. Nicht weniger folgenreich war, daß die Schwemmkanalisation nur funktionierte, wenn erhebliche Wassermengen zur Verfügung standen, um eine ausreichende Spülung sicherzustellen. Als Folge stieg der Bedarf an Wasser sprunghaft an, und in kurzer Zeit mußten neue Wasserleitungen errichtet und Versorgungsgebiete erschlossen werden, zumal als Folge der Kanalisation der Grundwasserspiegel sank, so daß die bis dahin gebräuchlichen Brunnen austrockneten.

In der öffentlichen Auseinandersetzung war vorgeschlagen worden, separate Ver- und Entsorgungssysteme zu errichten, um z. B. Brauch- und Trinkwasser voneinander trennen zu können. Brauchwasser hätte dann in einem eigenen Kreislauf fließen und mehrfach benutzt werden können, wodurch der Wasserbedarf niedriger ausgefallen wäre. Zudem wäre die Abwassermenge reduziert worden, und es hätte sich ferner die Möglichkeit eröffnet, verwertbare Bestandteile gesondert aufzufangen.[126] Um dies zu erreichen, wurde ein System vorgeschlagen, das allerdings technisch nicht weniger aufwendig war als die Mischkanalisation, die von Charles T. Liernur entwickelte »pneumatische Städtereinigung«.

Liernur wollte ein dreistufiges System einführen: ein Kanalnetz, um das Grundwasser zu regulieren; ein weiteres Netz für Regenwasser und Hausabwässer, in das kein ungeklärtes gewerbliches Abwasser gelangen durfte; schließlich die bereits erwähnte pneumatische Kanalisation zur Entfernung der Exkremente. Diese lief darauf hinaus, eigens entwickelte Aborte mit Hilfe von Röhren an mehrere, über die Stadt verteilte Reservoirs anzuschließen. Durch mit Dampfkraft betriebene Vakuumpumpen sollten die Aborte einzeln entleert werden, wozu allerdings ein kompliziertes System von Ventilen bedient werden mußte, um den erforderlichen Unterdruck sicherzustellen. Von den Reservoirs schließlich sollten die Exkremente zu einer Zentrale befördert und zu Trockendünger verarbeitet oder direkt in der Landwirtschaft verwandt werden.[127]

Dieses System war sehr umstritten, wobei in der Debatte leider, muß man heute sagen, die Forderung nach getrennten Systemen kaum erörtert wurde, während die pneumatische Kanalisation im Vordergrund stand. Die Befürworter verwiesen vor allem auf die Bedeutung des dadurch gewonnenen Düngers und stützten ihre Argumente auf Liebig, der Anfang der 60er Jahre die Einführung von Misch-Kanalisationen als »wahre Landes-Calamität« bezeichnet hatte[128]; der Vorrat an Guano ginge zur Neige, so daß eine ausreichende Düngung und damit die Fruchtbarkeit des Bodens nicht länger gesichert seien. Ohne ausreichende Düngung sei nicht auszuschließen, daß »Hunderttausende auf den Straßen sterben« würden. Komme ein Krieg hinzu, »so werden die Mütter wie im Dreißigjährigen Krieg die Leiber der erschlagenen Feinde nach Hause schleppen, um mit ihrem Fleische den Hunger ihrer Kinder zu stillen, man wird wie in Schlesien im Jahre 1847 die Leichen der an Krankheiten gestorbenen Thiere aus der Erde graben, um mit dem Aas die Agonie zu verlängern«.[129]

Derartige Prophezeiungen klangen dramatisch, doch sie konnten nicht überzeugen. Immer wieder wurde nachgewiesen, daß die getrennte Abfuhr von Fäkalien sich nicht rechnete und daß diese nur mit Mühe als Dünger abgesetzt werden konnten. Auch bot auf lange Sicht die Verwendung künstlichen Düngers einen Ersatz, wenngleich diese Entwicklung sich Anfang der 1870er Jahre noch nicht durchgesetzt hatte. So engagierten sich gerade Vertreter der Landwirtschaft in der Debatte und lehnten die Mischkanalisation ab, doch ihre Argumente erwiesen sich von zweischneidiger Bedeutung. Sie hoben auf wirtschaftliche Vorteile ab, so daß die Diskussion auf eine Debatte über Kosten-Nutzen-Rechnungen hinauslief; in deren Mittelpunkt standen unterschiedliche wirtschaftliche Interessen, wobei die Befürworter der Mischkanalisation die besseren Argumente hatten, zumal gegenüber den städtischen Steuerzahlern, die die Kosten zu übernehmen hatten. Die Forderungen der Landwirtschaft fanden bei ihnen kein geneigtes Publikum.[130]

Die pneumatische Stadtreinigung war sehr aufwendig und anfällig, sie kam über bescheidene Ansätze nicht hinaus. Das Londoner Beispiel hingegen zeigte, daß eine Mischkanalisation zwar einen hohen technischen Standard voraussetzte, jedoch beherrschbar war und funktionierte. Sie wirkte überzeugender und kam der Vorliebe für großtechnische Lösungen entgegen; auch war leicht einzusehen, daß die Errichtung nur eines Systems billiger war. Vor allem jedoch versprach sie eine einfache Lösung: die störenden Stoffe sollten schlicht weggeschwemmt werden, verborgen vor den mittlerweile sensibilisierten Sinnen. Die unterirdischen Kanäle waren nicht zu sehen, und ihr Inhalt war kaum noch zu riechen. Die gewaltigen Wassermassen bewirkten eine derartige Verdünnung, daß Besucher wie der Kronprinz Bootsfahrten unternehmen konnten. Darüber hinaus ermöglichten sie die Einführung von Wasser-Closetts, von denen in Frankfurt z. B. 1875 erst 400–500 an die Kanalisation angeschlossen waren: ein Zug an der Strippe, und die Haushalte wurden sauber.[131]

Nicht nur die Straßenrinnen sollten gereinigt werden, der Bau von Kanalisationen war Bestandteil einer umfassenden Sozialreform, die vordringlich auf die unhygienischen Verhältnisse in den Quartieren und Wohnungen der unteren Schichten abzielte. Kein Geld, so Rudolf Virchow, der wohl prominenteste Vertreter einer öffentlichen Gesundheitspolitik, sei »rentabler angelegt, als dasjenige, welches für die Gesundheit aufgewendet wird. Möge man das nie vergessen, wenn es sich darum handelt, mit der Landwirtschaft abzurechnen.«[132] James Hobrecht, der für die Berliner Kanalisation verantwortlich war, stimmte dieser Argumentation zu, verengte sie jedoch zugleich. Virchow, der in der Revolution von 1848 auf den Barrikaden gekämpft hatte, hielt politische und soziale Reformen für unerläßlich, um die hygienischen Zustände und vor allem die Lebensbedingungen zu verbessern. Hobrecht hingegen war politisch zurückhaltender und setzte auf technische Lösungen. Die Ziele der öffentlichen Gesundheitspflege, so führte er aus, seien zwar seit langem bekannt, doch erst jetzt stünde die Technik zur Verfügung, um Stadt und Wohnung rein zu halten, insbesondere durch eine geregelte Wasserversorgung und Stadtentwässerung.[133]

Für die Stadtverordneten und vor allem die Hausbesitzer, die durch Steuern oder Abgaben die Vorhaben finanzieren sollten, waren die Kosten trotz der begrenzten Zielsetzung noch hoch genug. Nicht zuletzt aus diesem Grunde waren Kanalisationen umstritten, doch ihre Notwendigkeit war nach der Mitte des 19. Jahrhunderts nicht mehr zu leugnen, sollten die Städte sauberer werden. Eine ganz andere Frage war, was mit den Abwässern geschehen sollte; in diesem Punkt wurde jede zusätzliche Ausgabe gescheut. Hobrecht hatte in Berlin die Errichtung von Rieselfeldern durchgesetzt, für die auch die bereits genannte wissenschaftliche Kommission plädiert hatte. Das Einleitungsverbot war vornehmlich deshalb erlassen worden, um Städte wie Frankfurt zu deren Anlage zu verpflichten. In Frankfurt wurde argumentiert, daß kein geeignetes Gelände zur Verfügung stehe, bis schließlich eine Kläranlage gebaut werden mußte, die nur begrenzt wirksam war. Generell war die Säuberung der Abwässer wenig befriedigend, wie u. a. die Stadt Worms erfahren mußte.

Worms konnte seinen Wasserbedarf nicht allein durch Grundwasser stillen; der Bau einer Fernleitung wurde als zu kostspielig angesehen, so daß die Stadt sich in den 1890er Jahren entschloß, Trinkwasser aus dem Rhein zu gewinnen. Kurz zuvor (1892) hatte die Hamburger Cholera-Epidemie mit Nachdruck die Bakterien-Theorie von Robert Koch bestätigt, wonach verunreinigtes Trinkwasser Seuchen verursachen konnte.[134] Die Wormser wehrten sich deshalb gegen Pläne der flußaufwärts liegenden Stadt Mannheim, die Abwässer der dort gerade errichteten Kanalisation in den Rhein zu leiten. Die Anlage von Rieselfeldern war in Mannheim von der zuständigen Behörde nicht vorgeschrieben worden, trotz heftiger Proteste der umliegenden Gemeinden. Statt dessen wurden Fettfänger und andere mechanische Einrichtungen eingebaut, die jedoch nur den gröbsten Dreck zurückhalten konnten. So kam es in der Folgezeit zu zahlreichen Beschwerden, die zurückgewiesen wurden, bis schließlich 1904 eine Kommission des Reichsgesundheitsrates die Situation begutachtete.[135]

Der Zustrom der Mannheimer Kanalisation erschien der Kommission auf den ersten Blick »nur in mäßiger Ausdehnung als Schmutzstreifen«. Bald jedoch änderte sich der Eindruck: »In der Nähe des Ufers steigen Gasblasen auf, mit dem Bootshaken fühlt man den schlammigen Untergrund, der bei Berührung größere Gasmengen austreten läßt.« Etwas weiter flußabwärts war die Ludwigshafener Einleitung als ein »breiter, aber auch bald sich auflösender Schmutzstreifen« zu erkennen. Die Abwässer der ›Badischen Anilin- und Sodafabrik‹ waren als rote Farbe »linksseitig im Randstrom weit abwärts bis gegen Worms verfolgbar«. Bereits 1892 hatte die Landwirtschaftliche Untersuchungsanstalt in Speyer festgestellt, daß wegen der starken Verunreinigung auf 2 km Länge »das Wasser nicht einmal für Gebrauchszwecke zu verwenden war«. Es folgte die Frankenthaler Kanalisation, »ein schmutziges Wasser mit allerlei schwimmenden Resten von Unrat, der rote Streifen der Abwässer der Anilinfabriken läßt sich noch gut erkennen«.

Die Gutachter wiesen die Beschwerden der Stadt Worms jedoch ab, denn – so führten sie aus – »ein offener Flußlauf besitzt niemals den Charakter eines gesunden Trinkwassers«. Ein Fluß wie der Rhein nehme, »auch abgesehen von den Zuläufen aus den Städten und Flüssen, viele dem menschlichen Haushalt direkt und indirekt entstammende Substanzen auf, so daß jeder, der auch von dem anscheinend klaren Wasser trinkt, persönlich die Gefahr einer Gesundheitsschädigung übernehmen muß«.[136] Das gelte auch für die Stadt Worms, die selbst Sorge für unbedenkliches Trinkwasser tragen und dieses gegebenenfalls reinigen müsse. Die eingangs zitierte Befürchtung der preußischen Wissenschaftlichen Deputation hatte sich bewahrheitet: da keine effektive Kontrolle und Säuberung der Abwässer gegeben war, mußte ein mühsamer und kostspieliger Klärprozeß in Gang gesetzt werden, um Trinkwasser zu gewinnen. Die Verursacher mußten sich nicht einmal an dessen Kosten beteiligen.

Besonders gut kam im Gutachten der Kommission sowie in der Mehrzahl zeitgenössischer Stellungnahmen die Industrie weg. Als gefährlich galten in erster Linie organische Abfälle, die dem ›menschlichen Haushalte‹ entstammten. Hier wirkten alte medizinische Vorstellungen fort, die noch nicht durch neue Erkenntnisse verdrängt waren.[137] Allmählich jedoch änderte sich das Bild. In Sachsen z. B. wurden Ende der 1870er Jahre bei einer Rundfrage in 140 Ortschaften Beschwerden über starke Flußverunreinigungen geäußert; nur 7% davon waren auf städtische Abwässer zurückzuführen, 93% hingegen gingen zu Lasten der Industrie. Im Einzugsgebiet von Chemie- und Papierfabriken sowie Kali- oder Zuckerwerken erstarb nahezu jedes Leben in den Gewässern; die Landwirtschaft wurde geschädigt, und der Fischfang kam zum Erliegen.[138] Die Proteste von Fischern oder Bauern zeigten jedoch wenig Wirkung. Auch hier verengte sich der Konflikt auf eine Auseinandersetzung zwischen unterschiedlichen wirtschaftlichen Interessen, prägnant ausgedrückt in einem Gutachten, das Konrad Jurisch, Dozent an der Technischen Hochschule in Berlin, 1890 für die chemische Industrie erstellte.

Jurisch forderte dazu auf, die jeweiligen Interessen gegeneinander abzuwiegen und »bei entgegenstehenden und nicht zu versöhnenden (...) das größere wirtschaftliche Interesse zu schützen«. So lasse sich nachweisen, »daß für ganz Deutschland der wirtschaftliche Wert der Industrien, welche Abwässer liefern, ca. 1000mal größer ist, als der Wert der Binnenfischerei in Seen und Flüssen. (...) Haben sich an einem kleinen Flusse, wie z. B. Wupper, Emscher, Boden und anderen, so viele Fabriken angesiedelt, daß die Fischzucht in denselben gestört wird, so muß man dieselbe preisgeben. Die Flüsse dienen dann als die wohltätigen, natürlichen Ableiter der Industrieabwässer in die Meere.«[139]

Etwas zurückhaltender argumentierte der preußische Landwirtschaftsminister, Freiherr von Hammerstein, 1898 vor dem Abgeordnetenhaus: »Wo eine ausgedehnte Industrie besteht und die Landwirtschaft weniger beteiligt ist, ist die Verunreinigung der Flüsse mit möglichster Schonung der Interessen der Industrie zu regeln; umgekehrt liegt es da, wo die landwirtschaftlichen Interessen prävalieren, dort müssen die Interessen der Landwirtschaft in den Vordergrund gestellt werden.«[140]

Die hier entwickelte Kompromißformel hatte in der Praxis jedoch nur wenig Bestand; der Industrie gehörte die Zukunft, und sie erfreute sich eines besonderen Schutzes, auch in wenig entwickelten agrarischen Gebieten, wo sie Aufschwung und Arbeitsplätze garantieren sollte. Hinzu kam, daß dieser Kompromiß auf Kosten der Natur ging. Er strebte einen Ausgleich zwischen wirtschaftlichen Interessen an, darüber hinausgehende Gesichtspunkte spielten noch keine Rolle. Zur Rechtfertigung dieser Orientierung wurde vor allem auf die Selbstreinigungskraft der Gewässer verwiesen, die selbst »die schmutzigsten Bäche und Flüsse« säubern könne. Die Berührung der Schadstoffe mit dem Erdreich des Flusses sowie »mit Licht und der Luft und dem Sauerstoff in dem bewegten Flußwasser« würden – so die Annahme – die verschmutzten Gewässer säubern.[141] Kritiker wiesen darauf hin, daß von einer Säuberung keine Rede sein könne, es handele sich lediglich um eine Verdünnung und Ablagerung der Schadstoffe. Erst nach den 1890er Jahren war allgemein bekannt, daß Mikroorganismen einen biologischen Abbau von Schadstoffen bewirken können; entsprechende biologische Kläranlagen setzten sich jedoch erst nach dem 2. Weltkrieg durch. Bestimmend blieb das Vertrauen auf die Selbstreinigungskraft der Flüsse und die unendliche Weite der Ozeane, in denen die fortgeschwemmten Schadstoffe schon irgendwie verschwinden würden.

Heute wissen wir, daß diese Erwartungen sich nicht erfüllten. Organische Abfälle haben sich als weniger bedenklich erwiesen als die nicht mehr überschaubare Zahl chemischer Verbindungen oder Schwermetalle; gerade bei diesen stoßen biologische Klärmethoden an ihre Grenzen. Durch die Verdünnung wurden akute Gefährdungen reduziert, und es wurde Zeit gewonnen, doch eine Beseitigung der Schadstoffe war damit nicht zu erreichen. Sie verschwanden nicht in der Tiefe des Meeres, sondern verteilten sich großflächig und sind mittlerweile nahezu überall anzutreffen, angereichert im Eis der Antarktis, jedoch auch in den Gebirgsquellen, aus denen das Trinkwasser gewonnen werden soll. Der Kreis hat sich geschlossen. Die Aufbereitung verschmutzter Wasser ist nicht nur unwirtschaftlich, sie ist unsinnig geworden.

Weder der Kronprinz und seine Begleitung, noch die Hygieniker des Internationalen Vereins, die geschädigten Landwirte oder die Fischer haben diese Entwicklung vorausgesehen. Die zeitgenössischen Warnungen richteten sich in erster Linie gegen die Verschwendung eines bisher gebräuchlichen Düngers, und sie waren durch ein Kosten-Nutzen-Denken bestimmt, das allenfalls in Ansätzen auf heutige ökologische Argumente verweist. Gerade bei den zahlreichen Auseinandersetzungen zwischen Industrie und Landwirtschaft bzw. Fischerei ging es um unterschiedliche wirtschaftliche Nutzungsmöglichkeiten, nicht um den Schutz einer Ressource oder den Erhalt natürlicher Kreisläufe. Derartige Argumentationen haben erst in der jüngsten Zeit Bedeutung erlangt, als die Folgen der hier beschriebenen Entscheidungen deutlich zutage traten. Im 19. und dem größten Teil des 20. Jahrhunderts hingegen herrschten Überlegungen und Verhaltensweisen vor, wie sie am Beispiel der Wasserver- und -entsorgung deutlich wurden: ein Vertrauen auf die Ingenieurskunst, das um so ausgeprägter war, je gewaltiger der technische Aufwand ausfiel; die Hoffnung, durch Verteilung und Verdünnung Schadstoffe unschädlich machen zu können, was z. B. bei der Luftverschmutzung zum Bau immer höherer Schornsteine führte, die wie andere technische Monumente zugleich Symbole des Fortschritts und wirtschaftlichen Aufschwungs waren; die Schaffung künstlicher Kreisläufe und vor allem ein Primat wirtschaftlichen Denkens, das bei Konflikten die ökonomisch Stärkeren zu Lasten der Umwelt begünstigte, für die kein auf dem Markt realisierbarer Preis bestand und bis heute besteht. Diese Orientierungen wirkten nicht ungebrochen fort; es gab Gegenbewegungen und Ansätze zu einem Schutz der Umwelt, doch deren Reichweite ist begrenzt geblieben. Gerade beim Umgang mit der Umwelt beginnen wir erst jetzt, uns mit dem Erbe des ausgehenden 19. Jahrhunderts auseinanderzusetzen.

9. Der Erste Weltkrieg

Von Elisabeth Domansky

Die Geschichte des Kaiserreiches endete, wie sie begonnen hatte: mit einem Krieg. Doch unterschieden sich diese beiden Kriege so grundlegend voneinander, daß es für Zeitgenossen wie für spätere Beobachter kaum vorstellbar war, sie derselben historischen Zeit zuzuordnen. In Briefen, Memoiren, Filmen und Literatur finden wir immer wieder den Versuch, die Neu- und Andersartigkeit des Ersten Weltkrieges im Bild vom Tod des 19. Jahrhunderts auf den Schlachtfeldern dieses Krieges einzufangen.

Ein Zeitalter schien zu Ende, eine Welt untergegangen zu sein. Den Tod fanden nicht nur die letzten Nachfahren adliger Helden, sei es, daß sie, wie in Jean Renoirs »La Grande Illusion«, die Götterdämmerung ihrer Welt als Beteiligte und zugleich Zuschauer erlebten, sei es, daß sie als »Ritter der Lüfte« wie die Richthofen-Brüder, einer Vorstellungswelt zu einer letzten kurzen Blüte verhalfen, die lange vorher von neuen, bürgerlichen Wertvorstellungen und Ehrbegriffen in den Schatten gedrängt worden war.[142] Auch diese bürgerliche Welt versank im Schlamm der Schlachtfelder. Der Fortschrittsoptimismus und der Glaube an das Gute im Menschen, die das Bürgertum als jugendlichen Helden beseelt hatten, machten dem »Unbehagen in der Kultur«[143] Platz, einem Unbehagen, das bereits vor dem Kriege um sich gegriffen hatte, aber erst unter dem Einfluß des Krieges seine endgültige Bestätigung wie seine Erklärung zu finden schien. In seinem Aufsatz »Zeitgemäßes über Krieg und Tod« (1915) formulierte Sigmund Freud, was viele seiner Zeitgenossen empfanden: daß die dunklen Triebkräfte der menschlichen Natur den dünnen Schleier der Zivilisation, der sie verhüllte, immer wieder zu zerreißen drohten.[144] Hatten einst wissenschaftlicher und technologischer Fortschritt in den Augen des Bürgertums gesellschaftliche Konflikte zu entschärfen, wenn nicht abzuschaffen versprochen, so schien nun eine unveränderliche Triebstruktur des Menschen die endlose Wiederkehr gewaltsamer Konflikte zu garantieren. Was war es, das den Ersten Weltkrieg – anders als seine Vorgänger – zu einem traumatischen Erlebnis für alle Zeitgenossen werden ließ, das sie, wie besessen, in Gedenkfeiern, Reden, Literatur und Filmen immer wieder heraufbeschworen und doch nicht zu bewältigen vermochten?

Die Neuartigkeit des Krieges von 1914–1918 gegenüber den vorangegangenen, an die sich die europäischen Gesellschaften zu erinnern vermochten, bestand zum einen darin, daß dieser Krieg von Anfang an ein gesamteuropäischer Krieg war und zu einem Weltkrieg wurde. Nicht nur europäische, sondern auch außereuropäische Mächte, wie Japan und die USA, zählten zu den kriegführenden Staaten, Nebenkriegsschauplätze lagen im Osmanischen Reich, in Ägypten, Armenien, Persien und China, und England und Frankreich setzten in großem Umfang Truppen aus ihren Dominien bzw. Kolonien ein.[145]

Wichtiger für das Kriegserlebnis der beteiligten europäischen Gesellschaften war jedoch, daß dieser Krieg zum anderen der erste totale Krieg in der Geschichte der Neuzeit war. Die kriegführenden Länder Europas mobilisierten jedes Mitglied ihrer nationalen Gesellschaften für den Kampf an Front und »Heimatfront«. Die Barriere zwischen Militär und ziviler Gesellschaft geriet dadurch ebenso ins Wanken wie die Schranken zwischen den Klassen, Geschlechtern und Alterskohorten. Zudem führte der Einsatz modernster Waffentechnik zur Industrialisierung des Krieges und zu einer Vernichtung von Menschen und Material in einem bis dahin ungeahnten Ausmaß, das den Glauben an die Humanität nicht nur der bürgerlichen europäischen Gesellschaften, sondern des Menschen überhaupt nachhaltig erschütterte und alle sinnstiftenden Konzeptionen von Leben und Tod fragwürdig werden ließ. Die Veränderung einer Gesellschaft im Krieg und durch den Krieg wollen wir näher untersuchen.

Ein Kriegsanfang und kein Ende

Wir alle kennen die Bilder der singenden Soldaten mit blumengeschmückten Helmen, die bei Kriegsausbruch von applaudierenden Menschenmengen, blumenwerfenden Mädchen und Spielzeuggewehre schulternden Jungen bei ihrem Auszug aus den deutschen Städten begleitet wurden. Die karnevalesken Züge des »Augusterlebnisses« sind vielfach beschrieben worden.[146] In den Tagen zwischen Mobilmachung und Auszug der Truppen wurde die gesellschaftliche Ordnung auf den Kopf gestellt. Die Klassenschranken schienen aufgehoben; zu junge und zu alte Männer suchten sich freiwillig zu melden, und auch die herrschende Moral schien für viele Frauen und Männer außer Kraft gesetzt zu sein. Eilige Eheschließungen und hastige sexuelle Beziehungen zeugen davon.

Diese verkehrte Welt wurde sehr schnell wieder zurechtgerückt, als der Kriegsalltag sich in einen endlosen Aschermittwoch verwandelte, und bereits im ersten Kriegsjahr finden wir die allerersten Anfänge der Massenbewegungen, die das Kriegsende mit herbeiführen sollten. Während die anfängliche Kriegsbegeisterung der deutschen Bevölkerung oft und gern betont worden ist, blieb es jedoch während der Weimarer Republik hauptsächlich der politischen Rechten überlassen, auf die Rolle der Anti-Kriegsbewegung für die Beendigung des Krieges hinzuweisen. Bereits kurze Zeit nach dem Kriegsende brachten führende Militärs und rechtsgerichtete Kräfte die These in Umlauf, die deutsche Armee sei »im Felde unbesiegt« geblieben und nur durch einen »Dolchstoß« der Heimat in den Rücken der kämpfenden Truppe zur Aufgabe gezwungen worden.[147] Diese unhaltbare, von der Linken als »Dolchstoßlegende« charakterisierte These spielte in den politischen Auseinandersetzungen der Weimarer Republik eine große Rolle. Sie diente den Rechtsparteien einschließlich der NSDAP zur Diskreditierung der Sozialdemokratie, deren Anhängerschaft für den »Dolchstoß« verantwortlich gemacht wurde. Sie lieferte jedoch nicht nur Munition für die Angriffe gegen die Sozialdemokratie, deren Vertreter den Versailler Friedensvertrag mit unterzeichnet hatten, sondern auch für Angriffe auf das ungeliebte »Weimarer System« im allgemeinen. Die Politik geriet für die Rechte, in Umkehrung der Clausewitzschen Formel, zur Fortsetzung des Krieges mit anderen Mitteln.[148]

Rein militärtechnisch gesehen, darin ist der damaligen deutschen Rechten beizupflichten, hätte der Krieg durchaus noch einige Monate weitergeführt werden können. Das heißt aber nicht, daß ein deutscher Sieg oder die Erkämpfung günstigerer Friedensbedingungen möglich gewesen wären. Auch ist die These vom »Dolchstoß« insofern eine Legende, als sich keineswegs ein Gegensatz zwischen kampfwilliger Truppe und kriegsmüder Heimat konstruieren läßt. Vielmehr streikten Teile der Streitkräfte selbst gegen die Weiterführung des Krieges und fanden Unterstützung durch die breite, während des Krieges entstandene Anti-Kriegsbewegung. Die Revolution von 1918/1919 begann als Militär- und Anti-Kriegsstreik, ehe sie – sehr schnell – in eine Revolution mit dem Ziel, die gesellschaftlichen Verhältnisse grundlegend umzugestalten, überging.[149]

Die Massenbewegungen zur Beendigung des Krieges hatten sich auch gegen die Mehrheitssozialdemokratie und die ihr nahestehenden Gewerkschaften gerichtet.[150] Das Selbstverständnis des rechten Flügels der Sozialdemokratie gründete wesentlich auf dem Bewußtsein, die

Kriegsanstrengungen des Deutschen Reiches loyal unterstützt zu haben. Die interne Stabilisierung der wiedervereinigten SPD (1922) sowie die Profilierung gegenüber der KPD hingen deshalb auch davon ab, wie schnell die Geschichte der oppositionellen Bewegungen verdrängt werden konnte. Deren entscheidender Anteil an der Beendigung des Krieges geriet damit zur unbewältigten Vergangenheit der SPD. Auch für sie war, wenn auch auf andere Weise als für die politische Rechte, der Krieg nicht beendet.

Dies setzte sich bis in die Bundesrepublik fort. Als sich in den frühen 1960er Jahren eine durch die Fischer-Kontroverse und später eine durch die Außerparlamentarische Opposition und die Studentenbewegung geprägte Generation von Historikern auf die Suche nach dem »anderen Deutschland«, den demokratischen Traditionen der deutschen Gesellschaft machte, wurden auch die Revolutionen von 1848 und 1918/1919 neu entdeckt. Die Rätebewegung und die Sozialisierungskampagne der Jahre 1918/1919 wurden in diesem Zusammenhang hauptsächlich als demokratische Experimente untersucht, die Alternativen zu tradierten Formen und Institutionen der bürgerlich-parlamentarischen Demokratie darstellten. Ihr Zusammenhang mit der Anti-Kriegsbewegung wurde weniger beachtet und schien von untergeordneter Bedeutung zu sein.

Die Forschung der DDR beschritt einen anderen Weg, und ihr verdanken wir die bis heute einzige Gesamtdarstellung des Ersten Weltkrieges, in die die Geschichte der Massenbewegungen im Krieg integriert worden ist.[151] Dies hing damit zusammen, daß mit der Teilung Deutschlands nach dem Zweiten Weltkrieg nicht nur zwei deutsche Staaten mit getrennter Gegenwart entstanden waren. Auch die Vergangenheit durchzog von da an eine Demarkationslinie. Während die Bundesrepublik eine neue Identität über reeducation und die Eingliederung in das westliche Bündnissystem fand, verstand sich die DDR als legitime Erbin der demokratischen Traditionen der deutschen Geschichte von den Bauernkriegen bis zur Revolution von 1918/1919 und dem Antifaschismus der 1930er und 1940er Jahre. Sie schuf sich eine eigene Geschichte, in dem auch die Massenbewegungen zur Beendigung des Krieges aufgehoben waren. In diesem Sinne hatte der Erste Weltkrieg in der DDR ein Ende gefunden.

In der Bundesrepublik wurde dagegen zu Beginn der 1960er Jahre noch einmal eine wahre Schlacht über den Ersten Weltkrieg geschlagen. Gekämpft wurde um die gültige Interpretation des Kriegsausbruchs, d. h. um die Frage, welcher der beteiligten Staaten in erster Linie für den Kriegsausbruch verantwortlich gewesen sei. Diese Frage war bereits in der Weimarer Republik ein Politikum gewesen. Die Zurückweisung der im Versailler Vertrag festgeschriebenen deutschen Verantwortung für den Kriegsausbruch hatte damals dazu gedient, die deutschen Interessen gegenüber den ehemaligen Kriegsgegnern, den Siegermächten, zu vertreten. In der Bundesrepublik dagegen diente sie dazu, die gemeinsamen Interessen mit den neuen Verbündeten zu betonen. Dies ist nur zu verstehen, wenn wir uns die Geschichte des Kriegsausbruchs vergegenwärtigen.

In der krisenhaften Situation vom Juli 1914 hatte die deutsche Reichsregierung alles darangesetzt, den drohenden Krieg als einen Verteidigungskrieg Deutschlands und des mit ihm verbündeten Österreich-Ungarns gegen das aggressive zaristische Rußland darzustellen. Dies war nicht ganz einfach, weil Österreich-Ungarn als erstes Land mobil machte und dem von Rußland unterstützten Serbien den Krieg erklärte. Auch die deutschen Kriegserklärungen an Rußland und Frankreich sowie die Verletzung der belgischen Neutralität durch deutsche Truppen standen einer solchen Interpretation im Wege. Daher wurde die Formel vom »präventiven« Verteidigungskrieg erfunden. Deutschland, so hieß es, werde von Rußland bedroht und ergreife die Initiative, um Rußland zuvorzukommen.[152]

Diese Darstellung ermöglichte ein klassenübergreifendes Kriegsbündnis innerhalb Deutschlands. Kaiser Wilhelm II. erklärte in seiner Rede zur Eröffnung des Reichstags am 4. August 1914: »Ich kenne keine Parteien mehr, ich kenne nur noch Deutsche.«[153] Damit war die Kompromißformel für den sogenannten »Burgfrieden« vom August 1914 gefunden. Jegliche Verfolgung von SPD und Gewerkschaften durch staatliche Behörden sollte eingestellt, und beide Organisationen sollten als gleichberechtigt mit den übrigen Parteien und Interessenvertretungen behandelt werden. Die Gegenleistung der Sozialdemokratie bestand in deren Zustimmung zu den Kriegskrediten und damit zum Krieg im Reichstag, die der Gewerkschaften in der Einstellung aller Arbeitskämpfe für die Dauer des Krieges und der finanziellen Unterstützung derjenigen Mitglieder, die aufgrund des Krieges arbeitslos wurden.[154]

Der innerdeutsche Konsens über den Charakter des Krieges und mit ihm der Burgfrieden zerbrachen sehr schnell. Linke wie rechte Gruppen stellten die offizielle These eines Verteidigungskrieges in Frage, erstere mit dem Ziel, ein Ende des Krieges herbeizuführen, letztere, um weitgehende annexionistische Kriegsziele durchzusetzen. Diese Spaltung vertiefte sich im Verlauf des Krieges immer mehr, und die Gruppe der Kriegsgegner fand immer größeren Zulauf. Daher rief die Feststellung der Siegermächte in Artikel 231 des Versailler Vertrages, Deutschland und seine Verbündeten trügen die alleinige Verantwortung für den Krieg, in der deutschen Bevölkerung bei weitem nicht solche Emotionen hervor, wie später von der politischen Rechten, aber auch den liberalen Parteien behauptet wurde.[155] Für die Mehrzahl der Deutschen war bei Kriegsende die Tatsache, daß der Krieg beendet wurde, wichtiger als die Frage, wie er beendet wurde.[156] Die Niederlage als solche scheint in erster Linie eine traumatisierende Wirkung auf die traditionalen Eliten und die in der Vorkriegs- und Kriegszeit politisierten und politisierenden Intellektuellen ausgeübt zu haben. Deren psychische Verfassung wurde von Politik wie Wissenschaft als ein die gesamte Nation kennzeichnender Zustand ausgegeben, um entweder – in der Weimarer Republik – die deutsche Position gegenüber den Alliierten zu stärken, oder – in der Zeit nach dem Zweiten Weltkrieg – das Scheitern der Weimarer Republik zu erklären.

Die Feststellung von der Verantwortung Deutschlands und seiner Verbündeten für den Krieg diente vor allem zur Rechtfertigung der Gebietsabtretungen und Reparationsforderungen der Alliierten. Sie sollte aber nicht ausschließlich unter Hinweis auf deren ökonomische Interessen erklärt werden. Erst ihre symbolische Bedeutung macht sie voll verständlich. Art und Ausmaß der Vernichtung in diesem Krieg, den die beteiligten Großmächte, mit Ausnahme Rußlands, bis zum Ende durchhielten, versetzten alle beteiligten Gesellschaften in einen Schockzustand. Der Versuch, einen Schuldigen zu benennen, diente auch der eigenen Befreiung von der Last dieser Verantwortung.

Das galt auch für die Deutschen. So erklärt sich auch, warum sich die Liberalen wie die Rechte auch unabhängig von der Frage der Revision des Versailler Vertrages und der Verringerung der Reparationslasten geradezu besessen von der Kriegsschuldfrage zeigten. Denn es waren gerade diese Gruppen gewesen, die in der unmittelbaren Vorkriegs- und in der Kriegszeit den Krieg als Mittel der Gesellschaftspolitik befürwortet hatten. Zentrum, SPD und Kommunisten dagegen konnten ihre Unterstützung einer auf Revision des Versailler Vertrages gerichteten Politik losgelöst von der Schuldfrage betrachten. Das Zentrum, weil es während des Krieges den Schwenk zu einem Verständigungsfrieden vollzogen hatte; die SPD, weil sie nicht zu den kriegstreibenden Kräften gehört hatte, und die Kommunisten, weil sie den Krieg als Ergebnis der imperialistischen Strukturen der Vorkriegsgesellschaft und nicht so sehr als Resultat des Handelns einzelner Politiker oder politischer Gruppen betrachteten.

Sogleich nach Kriegsende wurde eine Vielzahl von Organisationen und Institutionen geschaffen, die sich mit der Klärung der Kriegsursachen und damit der Kriegsschuld befassen sollten. Trotz deren intensiver Propagandatätigkeit blieb das Interesse der deutschen Öffentlichkeit an der Kriegsschuldfrage während der Weimarer Republik eher gering. Probleme der Sozial- und Herrschaftsstruktur der Republik mobilisierten weit mehr ihrer Bürger als die Kriegsschuldfrage.[157] Es ist schwer zu beurteilen, ob sich daran in den letzten Jahren der Weimarer Republik etwas geändert hat. Die Propaganda gegen den Versailler Vertrag nahm in dieser Zeit an Umfang und Schärfe zu, doch erfüllte sie immer weniger außenpolitische Funktionen und diente zunehmend allein dem Kampf der Rechten gegen Sozialdemokratie und Liberalismus, die die »Schmach von Versailles« zugelassen hätten. Die Zunahme der Propaganda ist von vielen Historikern mit ihrer vermuteten Wirkung gleichgesetzt worden. Doch fehlen bislang überzeugende Belege für die Richtigkeit dieser Annahme.

Die These von der innenpolitischen Bedeutung der Kriegsschuldfrage hat sich aus zweifachem Grund so hartnäckig bis heute gehalten. Zum einen waren viele deutsche Historiker, die diese These nach dem Zweiten Weltkrieg vertraten, in der Weimarer Republik aktiv an der Zurückweisung der Schuldthese beteiligt gewesen. Zum anderen bot das Beharren auf den negativen materiellen wie immateriellen Folgen der »ungerechten«, mindestens aber psychologisch »ungeschickten« Friedensbedingungen[158] ein Erklärungsmuster für das Scheitern der Weimarer Republik und den Sieg des Faschismus, das von der eigenen Verantwortung der Deutschen für diesen Teil ihrer Vergangenheit ablenken sollte. Wenn der Erfolg des Nationalsozialismus aus der Instabilität der Weimarer Republik herrührte und diese Instabilität im wesentlichen auf die negativen Auswirkungen der Versailler Friedensbestimmungen zurückzuführen war, dann trugen die Siegermächte von 1918 für den Verlauf der deutschen Geschichte seit dem Ersten Weltkrieg eine entscheidende Verantwortung.

Dieser Argumentationszusammenhang, der hier überspitzt wiedergegeben worden ist, diente der psychologischen Entlastung der Deutschen im allgemeinen und der politischen Entlastung der traditionellen Eliten der deutschen Gesellschaft im besonderen. Er lenkte von deren Verantwortung sowohl für den Ausbruch des Ersten Weltkriegs als auch für das Ende der Weimarer Republik, die sie bekämpft oder bestenfalls als »Vernunftrepublikaner« toleriert hatten, ab. Er bildete darüber hinaus eine der Grundlagen für die erfolgreiche Westintegration der Bundesrepublik nach dem Zweiten Weltkrieg sowie für die

Herausbildung eines innerdeutschen Konsenses über die Interpretation der jüngsten Vergangenheit als eines bedauerlichen Zwischenfalls in einer ansonsten makellosen deutschen Vergangenheit.
Dieses ebenso kunstvolle wie künstliche Gedankengebäude wurde durch die Arbeiten des Hamburger Historikers Fritz Fischer ins Wanken und schließlich zum Einsturz gebracht. Die Kontroverse, die sich zu Anfang der 1960er Jahre über seine Thesen entwickelte, blieb nicht auf die Geschichtswissenschaft beschränkt. Sie fand ein breites publizistisches Echo, und selbst Regierungsstellen sahen sich zum Eingreifen veranlaßt.[159] Worum ging es?
Fritz Fischer hatte in seinem 1961 veröffentlichten Buch »Griff nach der Weltmacht«[160] die These vertreten, daß von einem »Hineinschlittern« Deutschlands in den Ersten Weltkrieg keine Rede sein könne. Vielmehr habe Deutschland in der Julikrise des Jahres 1914 den österreichisch-serbischen Krieg »gewollt, gewünscht und gedeckt«, und es habe im Vertrauen auf seine militärische Überlegenheit bewußt »einen Konflikt mit Rußland und Frankreich« in Kauf genommen. Daher trage »die deutsche Reichsführung einen erheblichen Teil der historischen Verantwortung für den Ausbruch des allgemeinen Krieges«.[161] Im Verlauf der äußerst polemischen Debatte über seine Studien spitzte er seine These dahingehend zu, daß sich die aggressive Hegemonialpolitik, deren Ziel es gewesen sei, Deutschland zur Weltmacht zu machen, bis in das Jahr 1912 zurückverfolgen lasse und daß seitdem der Krieg von deutscher Seite planmäßig vorbereitet worden sei.[162] Fischer sah seine Ergebnisse nicht nur als einen Beitrag zur Geschichte des Kriegsausbruchs, sondern auch zum Problem der Kontinuität in der deutschen Geschichte an.
Mit diesen Thesen stieß Fritz Fischer in ein Wespennest. Sein Hauptkontrahent unter den Historikern war Gerhard Ritter, der auf dem ersten deutschen Historikertag nach dem Zweiten Weltkrieg den »Sieg der deutschen Hauptthesen«[163] in der Debatte um den Ausbruch des Ersten Weltkriegs als Erfolg der deutschen Geschichtswissenschaft gefeiert hatte. Ritter warf Fischer vor, zur »Verwirrung« und »Verdunkelung« des deutschen Geschichtsbewußtseins beizutragen und »Tendenzhistorie« zu schreiben.[164] Diese Vorwürfe kennzeichnen den Charakter der Debatte. Es gab kaum eine Diskussion über Fischers methodischen Ansatz, d. h. darüber, ob man allein aus Akten historische Vorgänge und die Intentionen der beteiligten Personen rekonstruieren könne und ob man die sich in solchen Quellen niederschlagenden Intentionen als diejenigen einzelner Personen oder aber auch breiter Interessengruppen betrachten könne. Diese Fragen bildeten eher einen

»Nebenkriegsschauplatz«. Die Debatte konzentrierte sich von Anfang an auf das Problem, welche Auswirkungen Fischers Thesen auf das Geschichtsbewußtsein der Deutschen hätten. Es wurde gefragt, ob sie nicht allein deshalb abzulehnen seien, weil sie drohten, den identitätsstiftenden historischen Konsens der Bundesrepublik zu zerstören. Da Deutschlands Verantwortung für den Zweiten Weltkrieg nicht zu bezweifeln war, schienen die Konsequenzen der Anerkennung seiner Verantwortung für einen weiteren Weltkrieg von geradezu ungeheuerlicher Tragweite zu sein. Vor allem mußten dadurch alle Versuche, das Dritte Reich als einen »Betriebsunfall« in der deutschen Geschichte anzusehen, nachhaltig erschüttert werden. Eine solche Interpretation war nur möglich, wenn man an der bereits in der Weimarer Republik einsetzenden Apologie des Kaiserreichs als dem Goldenen Zeitalter der Deutschen Geschichte des 19. und 20. Jahrhunderts festhielt, das die Erfüllung des mehr als tausend Jahre alten Traumes eines geeinten deutschen Nationalstaates gebracht hätte. Diese Sehweise war nicht aufrechtzuerhalten, wenn diese Traumzeit deutscher Geschichte den Alptraum des Weltkrieges hervorgebracht haben sollte. Letzteren ebenfalls als einen bedauerlichen Zwischenfall in der deutschen Geschichte zu erklären, verbot sich von selbst. Der amerikanische Historiker Fritz Stern faßte diese Einsicht 1964 in der Feststellung zusammen, es sei nicht möglich, »eine Folge von Betriebsunfällen in der deutschen Geschichte anzunehmen (...), ohne auf den Gedanken zu verfallen, daß in dem Betrieb etwas nicht gestimmt habe«.[165]

Genau um dieses Problem kreiste die Fischer-Kontroverse. Sie enthüllte in aller Deutlichkeit das Selbstverständnis der damals größtenteils konservativen deutschen Geschichtswissenschaft. Diese verstand ihr Fach als Legitimationswissenschaft zur Unterstützung der bestehenden politischen Kultur, als »Lieferant« von historischer Identität. Zudem war sie von tiefem Mißtrauen gegenüber dem politischen Urteilsvermögen der deutschen Bevölkerung geprägt. Die Sinnstiftung und damit die Konstruktion der neuen deutschen Gesellschaft schien nicht in die Hände aller Bürger dieser Gesellschaft, sondern in die von »Experten« zu gehören.

Die Herstellung von historischer Identität durch den Rückgriff auf das Kaiserreich – der Weimarer Republik vermochten die konservativen Historiker keine identitätsstiftenden Aspekte abzugewinnen – war nach den Studien Fischers nicht mehr möglich. Deren nachhaltigstes und bis heute andauerndes Verdienst besteht darin, entscheidend zu einem Paradigmenwechsel in der Geschichtsschreibung über das Kaiserreich beigetragen zu haben. Fischers Thesen zum Kriegsausbruch werden dagegen in ihrer zugespitzten Form heute nicht mehr akzeptiert.

Fischers Studien beeinflußten die Vertreter der sogenannten »Historischen Sozialwissenschaft« nachhaltig.[166] Deren Untersuchungen zur Geschichte des Kaiserreiches, die in den späten 1960er und frühen 1970er Jahren erschienen, interpretierten den Kriegsausbruch weder als Zufall noch allein als die Folge der aggressiven Politik einzelner Politiker. Sie erklärten ihn vielmehr als Ergebnis der ökonomisch-politischen Struktur des Kaiserreichs. Deren Besonderheit habe in der Diskrepanz zwischen im ökonomischen Bereich wirksamen Modernisierungstendenzen und der rückständigen Verfassungsstruktur des Kaiserreiches bestanden. Die Unfähigkeit der Vorkriegsgesellschaft zu einer umfassenden politischen Reform habe zu Blockierungen geführt, aus denen nur die Flucht in den Krieg einen Ausweg zu bieten schien. Der Krieg habe den gesellschaftlichen Status quo sichern und gleichzeitig die inneren Spannungen abbauen sollen, die andernfalls, so habe man im Deutschen Reich jedenfalls befürchtet, zu einer Revolution geführt hätten.

In der Analyse der Kriegsursachen weist diese Forschungsrichtung deutliche Parallelen zur marxistischen Interpretation der Kriegsursachen auf, doch unterscheidet sie sich von jener in ihrer ideologischen Prämisse. Diese besteht in der zumeist unausgesprochenen Annahme, die Entwicklung des Kaiserreichs wäre friedfertiger verlaufen, wenn sich im Gefolge innenpolitischer Reformen eine (sozial-)liberale Demokratie herausgebildet hätte. Der Krieg wird demnach nicht, wie in marxistischer Sicht, als der bürgerlich kapitalistischen Gesellschaft inhärentes Element betrachtet. Er wird vielmehr darauf zurückgeführt, daß die deutsche Gesellschaft noch nicht »bürgerlich« genug, d. h. demokratisch im Sinne einer bürgerlich-parlamentarischen Demokratie gewesen sei. Die westdeutsche Historische Sozialwissenschaft übernahm damit das tiefe Mißtrauen ihres Vordenkers Max Weber gegen das Bürgertum seiner Zeit, das er für nicht regierungsfähig hielt. Unterscheiden sich in diesem Punkt auch Historische Sozialwissenschaft und marxistische Forschung, so interpretieren sie doch beide Geschichte als Ergebnis gesellschaftlicher Strukturen bzw. deren Veränderung. Die Frage nach den Veränderern, d. h. den gesellschaftlichen Akteuren, wird entweder nicht gestellt, oder aber die handelnden Individuen und Gruppen werden von vornherein als den Strukturen ausgeliefert betrachtet.

Diese Perspektive wurde von einer neuen Generation von Forschern kritisiert, die den Einfluß populistischer Bewegungen auf die Entstehung eines radikalen Nationalismus sowie auf die Kriegsbereitschaft der deutschen Regierung betonten.[167] Patriotische Vereine und Gesellschaften wie die »Deutsche Kolonialgesellschaft«, der »Verein für das Deutschtum im Ausland«, der »Allgemeine Deutsche Schulverein«, der »Ostmarken-Verein«, der »Deutsche Flottenverein« und der »Alldeutsche Verband« seien nicht einfach als Instrumente der Regierung zu betrachten, mit deren Hilfe diese ihre Vorstellungen von Nationalismus und Weltmachtpolitik in der Bevölkerung zu verbreiten gesucht habe. Vielmehr hätten diese Vereine, die im wesentlichen vom Bildungsbürgertum getragen wurden, einen aggressiven Nationalismus entwickelt, mit dem sie die Regierung unter Druck gesetzt hätten. Deren Politik sei nämlich vielen dieser Vereine nicht radikal genug gewesen. Diese hätten aber nicht nur zur Verbreitung eines aggressiven Nationalismus, sondern auch zur Durchsetzung des Militarismus in der deutschen Gesellschaft beigetragen. Dessen Pflege sei das Hauptziel der Kriegervereine gewesen, die 1914 immerhin fast 3 Millionen Mitglieder zählten.[168] Schule und Armee hätten ebenfalls die Verbreitung nationalistischer und militaristischer Einstellungen gefördert. Beide Institutionen hätten auch die Mitglieder der Arbeiterbewegung erreicht, von denen viele den Stolz auf nationale Symbole durchaus mit ihrer Mitgliedschaft in der SPD und den Freien Gewerkschaften hätten vereinbaren können.

Rekapitulieren wir noch einmal die bislang vorgestellten Interpretationen. Fritz Fischer und seine Schüler machten den Herrschaftswillen der traditionellen deutschen Eliten für den Kriegsausbruch verantwortlich. Die Vertreter der Historischen Sozialwissenschaft hoben die halbfeudalen Strukturen des Kaiserreiches hervor. Die jüngste Generation von Interpreten des Kriegsausbruchs verweist auf die Rolle der populistischen Organisationen des Kaiserreiches. Nun haben alle diese Faktoren sicherlich zum Kriegsausbruch beigetragen, doch vermögen sie ihn weder für sich genommen noch im Verein nicht hinreichend zu erklären. Das liegt zum einen daran, daß alle diese Ansätze, auch der »strukturalistische«[169], den Ausbruch des Krieges als etwas Außergewöhnliches und Unfaßbares verstehen und zum anderen daran, daß sie zu sehr auf die deutsche Situation fixiert sind. Beides erklärt sich einerseits aus dem Wissen um die Art und den Verlauf dieses Krieges sowie aus der Erfahrung des Zweiten Weltkrieges. Diese doppelte Ex-Post-Perspektive verstellt den Blick für die Normalität des Krieges in der Situation von 1914. Sowohl die Erklärung des Krieges aus der »Anomalität« einer antagonistischen politischen Struktur und einer damit zusammenhängenden Angstpsychose der herrschenden Schichten (Wehler) als auch diejenige, die ihn auf die Pressionen rechtsradikaler Massenbewe-

gungen zurückführt, übersieht, daß er im Zentrum des Staates, von der Regierung und der überwiegenden Mehrheit der Parlamentarier als möglich, wenn nicht gar als unvermeidlich akzeptiert wurde.[170]
Ausgenommen von dieser allgemeinen Kriegsbereitschaft blieben im Deutschen Reich neben pazifistischen linksbürgerlichen Splittergruppen im wesentlichen die Sozialdemokraten. Auch sie stellten sich nach Kriegsausbruch auf die Seite der Regierung, doch sollte darüber nicht vergessen werden, daß Arbeiterorganisationen wie Arbeiterschaft noch in den letzten Tagen vor Kriegsausbruch Hunderttausende ihrer Mitglieder für Friedensdemonstrationen mobilisierten. Die Entscheidung der SPD, die Regierungspolitik zu stützen, resultierte nicht zuletzt aus der Furcht der Sozialdemokratie, daß ein russischer Sieg die Errungenschaften der deutschen Arbeiterbewegung gefährden werde. Der auch in der Arbeiterbewegung vorhandene Patriotismus, der die Bereitschaft beinhaltete, in einem Verteidigungskrieg die Heimat zu schützen, unterschied sich grundlegend von dem aggressiven imperialistischen Denken, das in den genannten populistischen Gruppen und Bewegungen vorherrschte.[171]
Vergleichende Studien haben ergeben, daß eine allgemeine Kriegsbereitschaft, wie wir sie für Deutschland beschrieben haben, auch in anderen europäischen Ländern, in Österreich-Ungarn, Frankreich und Großbritannien vorhanden war. Auch in diesen Ländern galt ein europäischer Krieg als kalkulierbares Risiko.[172] Im Unterschied dazu finden wir in Deutschland jedoch außer einer allgemeinen Kriegsbereitschaft einen weitreichenden Konsens, der einen Krieg als Mittel der Politik akzeptierte. Deutschland betrieb den Krieg, weil er möglich schien, während die anderen beteiligten europäischen Mächte ihn nicht verhinderten, obwohl er möglich schien. Die allgemeine europäische Kriegsbereitschaft wie Deutschlands aktive Kriegspolitik sind nur zu erklären, wenn wir die internationalen politischen Beziehungen mit berücksichtigen. Diese waren zum einen durch die Stärkung der nationalen Befreiungsbewegungen, vor allem in Ost- und Südosteuropa, gekennzeichnet. Zum anderen wurden sie durch das Bestehen eines Kalten Krieges geprägt, der sich in der Entwicklung von Feindstereotypen und Blockbildungen zwischen den europäischen Mächten zeigte.[173]
Diese Blockbildung führte überall in Europa zu einer Verschärfung nationaler Gegensätze. Innerhalb dieser allgemeinen Ausgangslage entwickelte sich in Deutschland und in Österreich-Ungarn ein besonders aggressiver Anspruch auf Dominanz und Weltgeltung. Deutsch-Österreicher und Ungarn konnten sich, wie unterschiedlich ihre politischen Vorstellungen auch sonst waren, doch darauf einigen, daß sie die Her-

ren auf dem Balkan seien. Das wilhelminische Bürgertum glaubte fest an ein »Recht« Deutschlands auf Weltherrschaft. Dieser Anspruch wurde unter Hinweis auf die Weltgeltung legitimiert, die das Deutsche Reich in der Zeit seines Bestehens ökonomisch und wissenschaftlich bereits erlangt habe. An diesen unerschütterlichen Glauben an ein wilhelminisches »Modell Deutschland«, der einen breiten Grundkonsens in der deutschen Gesellschaft darstellte, appellierten sowohl rechtsradikale Gruppen als auch Regierung und Militär, welche letztlich den Entschluß zum Krieg faßten.

Diese Entscheidung bedeutete die Eskalation eines Kolonialkrieges zu einem europäischen und dann zu einem Weltkrieg. Diese drei Ebenen des Krieges blieben während seines gesamten Verlaufes erhalten. Der Krieg war zunächst ein Unterdrückungskrieg Österreich-Ungarns gegen national-ethnische Emanzipationsbewegungen vor dem Hintergrund der Auflösung des Ottomanischen Reiches. Dieser »Dritte Balkankrieg«, wie er in der Forschung zutreffend genannt worden ist[174], wurde durch Deutschlands Entschluß, Österreich-Ungarn vorbehaltlos zu unterstützen, auf die Ebene eines kontinentaleuropäischen Hegemonialkrieges mit Rußland und dessen Verbündetem, Frankreich, gehoben. Da Europa im imperialistischen Zeitalter – zum letztenmal – in der Mitte der Welt lag, mußte der Kampf um die Hegemonie in Europa zugleich eine Herausforderung an die imperiale Weltmacht England darstellen.[175]

Lösen wir uns in diesem Sinne von der deutschen Nabelschau im Hinblick auf den Ersten Weltkrieg, so können wir dessen imperialen Charakter betonen, ohne die Rolle Deutschlands für die Auslösung dieses Krieges zu verharmlosen. So wichtig der letztere Aspekt für das Verständnis von Politik und Gesellschaft im Kaiserreich ist, so wichtig ist ersterer für das Verständnis von Art und Umfang dieses Krieges sowie seiner Auswirkungen auf die beteiligten Gesellschaften. Während England und Frankreich für den Krieg mobilisierten, indem sie auf die Ressourcen von Weltmächten zurückgriffen, beschritten Österreich-Ungarn und Deutschland den Weg der Selbstausbeutung ihrer nationalen Gesellschaften.

Die deutsche Gesellschaft im Krieg

In den vier Jahren, die der Erste Weltkrieg dauerte, veränderte sich die deutsche Gesellschaft so grundlegend, daß häufig implizit oder explizit der Krieg als umfassende Modernisierungsbewegung dargestellt wird.

Durch die kriegsbedingten Veränderungen des politischen wie des ökonomischen Systems hätten bereits in der Vorkriegszeit feststellbare säkulare Entwicklungstendenzen einen Akzelerationsschub erhalten, der die Entwicklung Deutschlands zu einem »modernen« bürgerlichen Staat entscheidend vorangetrieben habe. Dies wird neuerdings auch im Hinblick auf die Emanzipation von Frauen zur Diskussion gestellt.[176]

Eine solche Sehweise beruht auf der Annahme, daß eine Ausweitung von Partizipation mit einem Zugewinn von Emanzipation und daß Mobilisierung mit Demokratisierung gleichzusetzen seien. Diese Annahme ist falsch. Die Geschichte des Ersten Weltkriegs zeigt, wie die anderer historischer Phasen auch, daß die Erweiterung von Partizipation Teil einer Herrschaftsstrategie sein kann, die auf eine Zunahme von Kontrolle abzielt. Die umfassende Mobilisierung der deutschen Gesellschaft für den Krieg bedeutete zunächst eine Depolitisierung von Interessenkonflikten.[177] Die Partizipation an der Organisierung des Krieges in zahlreichen neu geschaffenen Institutionen wie Arbeiterausschüssen oder Frauenreferaten bedeutete zum Beispiel weder für die Arbeiterschaft noch die Frauen, daß ihre politische Entscheidungsgewalt über den Krieg ausgeweitet worden wäre. Sie stellte vielmehr deren Eingliederung in den nationalen Kriegsapparat und damit dessen Kontrolle über diese Gesellschaftsschichten dar. Diese mußten sich ihre politische Entscheidungsgewalt über den Krieg außerhalb und gegen die zahlreichen Institutionen zur Mobilisierung der Gesellschaft für den Krieg erkämpfen.

Der Krieg wird inzwischen in der historischen Forschung längst nicht mehr nur unter diplomatie- oder militärgeschichtlichen Gesichtspunkten behandelt. Vielmehr sind auf Jürgen Kockas Pionierstudie zur »Klassengesellschaft im Krieg«[178] zahlreiche Untersuchungen zur Gesellschaftsgeschichte des Krieges gefolgt. Diese Studien konzentrieren sich jedoch ausnahmslos auf die Entwicklungen in der »Heimat«.[179] Letztere wird als gesellschaftliche Normalität, d. h. als zivile Gesellschaftsorganisation im Ausnahmezustand dargestellt. Die Front, das Niemandsland, in dem die deutschen Soldaten kämpften, blieb dagegen bis heute auch das Niemandsland der deutschen historischen Forschung. Studien zur Sozialgeschichte der Front fehlen ebenso wie solche, die den Krieg als einen Front und Heimat integrierenden Gesamtzusammenhang auffaßten und die Segmentierung von Front und Heimat überwänden.

Letzteres hängt damit zusammen, daß sich das an der Realität des 19. Jahrhunderts orientierte Bild von der Trennung zwischen Militär und Gesellschaft recht hartnäckig hält, nicht zuletzt vermutlich wegen der Separation von Militär- und allgemeiner Geschichte. Die Aussparung bestimmter Bereiche der Geschichte der Heimatfront ist dagegen auf die Dominanz eines männlichen Wissenschaftsdiskurses zurückzuführen.[180] Dieser zeigt sich nicht allein in der Ausschließung von Frauen aus der Geschichte gesellschaftlicher Gruppen im Krieg, obwohl es durchaus festgehalten zu werden verdient, daß z. B. die gesamte Forschung zur Kriegsmentalität bislang die von Frauen veröffentlichten Tagebücher, Kriegsberichte und Kriegsromane nicht zur Kenntnis genommen hat. Doch ist dies eher ein Nebenaspekt. Entscheidender ist die Tatsache, daß eines der charakteristischen Merkmale des männlichen Wissenschaftsdiskurses, nämlich seine Konzentration auf den Bereich der gesellschaftlichen Produktion unter Vernachlässigung des Bereichs der gesellschaftlichen Reproduktion, zu entscheidenden Lükken in der Forschung zur Gesellschaftsgeschichte des Krieges geführt hat. So blieben gerade diejenigen Bereiche, in denen sich die Konsequenzen des Kriegsbedarfs an Menschen und Material sowie die der ungeheuren Vernichtung von Menschen und Material zuerst und am nachhaltigsten niederschlugen, unberücksichtigt. Das gilt für die Institution der Familie ebenso wie für das gesellschaftliche Verhältnis von Geschlechter- und Altersgruppen.[181] Das gilt darüber hinaus für das Element, das den sozialen Protest im Krieg mit dem Militärstreik verband. Es sind die von Frauen und Jugendlichen getragenen Lebensmittelunruhen, die die Vermittlung zwischen Produktionsstreiks und Anti-Kriegsbewegung herstellten und die Rhetorik der Anti-Kriegsbewegung prägten. In letzterer verbanden sich die Forderungen nach dem Erhalt der Familie, nach sozialer Gerechtigkeit und nach Beendigung des Krieges unauflöslich miteinander.

Auch die amerikanische und englische Forschung zum Ersten Weltkrieg ist eine »männliche«, doch verdanken wir ihr ausgezeichnete Studien zur Front- und Kampferfahrung sowie zur literarischen Verarbeitung des Krieges. Die deutsche Geschichtsforschung hat – anders als die deutsche Literaturwissenschaft – diese Studien bislang kaum wahrgenommen. Letzterer verdanken wir dagegen einige wichtige neuere Arbeiten zum Ersten Weltkrieg, doch werden auch sie von der deutschen Geschichtswissenschaft nur zögernd rezipiert.[182]

Es ist wichtig, diesen Zusammenhang zu sehen, um die Schwerpunktsetzung der deutschen Forschung zum Ersten Weltkrieg als Resultat von deren Geschichte und Interessen und nicht als Ergebnis einer sich aus dem historischen Verlauf ergebenden Hierarchie von »wichtigen« und »marginalen« Themen zu begreifen. Ein Teil der folgenden Ausführungen muß aufgrund dieser Situation als Hypothesenbildung auf der Grundlage erster, zum Teil nicht speziell für Deutschland angestellter Forschungen gelesen werden. Wir werden dies an gegebener Stelle deutlich machen.

Krieg und Militär

Die Bereitschaft der deutschen Gesellschaft, einen Krieg zu führen, hing nicht zuletzt damit zusammen, daß sich die Vorstellungen über eine Kriegführung an den Einigungskriegen des 19. Jahrhunderts orientierten. Trotz vereinzelter Warnungen, so zum Beispiel denjenigen des älteren Moltke und denen Friedrich Engels', daß ein neuer Krieg von langer Dauer sein werde, rechnete man allgemein damit, daß der Krieg nach wenigen Wochen, allenfalls Monaten, vorbei sein werde. Die beiden Beispiele eines modernen Krieges, der amerikanische Bürgerkrieg und der russisch-japanische Krieg von 1904/1905 wurden weder in der Wissenschaft noch in der Presse rezipiert. Man ging davon aus, daß die deutsche Armee den anderen europäischen Armeen qualitativ überlegen sei, da ihre Ausbildung und Bewaffnung besser seien. Man kalkulierte zudem damit, daß sie über mehr Reservetruppen verfügen könne und daß sich die Armeekorps auf mehr Artillerie stützen könnten.[183]
Alle diese Berechnungen zeigen sehr deutlich, daß man zwar Menschen und Material zählen, sich den Krieg im Grunde aber nicht vorstellen konnte.
Das Militär seinerseits vertraute auf den der deutschen Strategie zugrundeliegenden Aufmarsch- und Operationsplan, den Schlieffenplan. Dieser sah einen Zweifrontenkrieg vor. Der größte Teil des deutschen Heeres sollte innerhalb von sechs Wochen Frankreich erobern, um danach an die Ostfront verlegt zu werden und, gemeinsam mit Österreich-Ungarn, Rußland besiegen zu können. Dieser Plan scheiterte. Der deutsche Vormarsch kam bereits im September 1914 zum Stehen, die Westfront erstarrte im Stellungskrieg. Auf beiden Seiten der Front zogen sich die kämpfenden Parteien in Schützengräben zurück und kämpften mit wechselndem Erfolg um geringfügige Geländegewinne in einem etwa 50 km breiten Frontabschnitt. Daran änderte sich bis zum Kriegsende trotz der großen Offensiven an der Somme und bei Verdun im Jahre 1916 und der letzten Offensive im Frühjahr 1918 nichts.
Die Situation auf dem östlichen Kriegsschauplatz schien auf den ersten Blick eine günstigere zu sein. Die erfolgreichen Schlachten bei Tannenberg und den Masurischen Seen im August und September 1914, die Eroberung Litauens, Kurlands und Polens im Sommer 1915 sowie die

deutschen Erfolge im Kampf gegen Rumänien im Jahre 1916 waren geeignet, die deutsche Öffentlichkeit darüber hinwegzutäuschen, daß auch die deutsche Ostfront sehr bald und immer wieder im Stellungskrieg erstarrte. Auch trugen die Erfolge im Osten dazu bei, zu übersehen, daß die Westfront der Schauplatz war, auf dem sich der Krieg entschied.

Im Westen zeigte sich der neue Charakter des Krieges, unter dessen Einfluß sich das deutsche Militär grundlegend veränderte, in aller Deutlichkeit.[184] Der Krieg geriet zu Materialschlachten ungeahnten Ausmaßes, in denen die Waffentechnik wie die Rüstungsproduktion entscheidender wurden als die operativen Fähigkeiten der Offiziere und die Kampftüchtigkeit der einzelnen Soldaten. Der Krieg wurde zur »Kriegsmaschine«. Dies bedeutete mehrerlei. Zum einen führte der Übergang von der personal- zur materialintensiven Rüstung, zum »Maschinenkrieg«, zu einer Veränderung des Verhältnisses von Militär und Rüstungsindustrie. Unter der 3. Obersten Heeresleitung (OHL) ging die Kontrolle über die Rüstung auf die Industrie über, das Militär wurde zum bloßen Abnehmer von Rüstungsgütern. Zum anderen erhielten der Einsatz von Arbeitskräften in der Rüstungsindustrie und die Arbeitsleistung von Arbeitern und Arbeiterinnen zentrale Bedeutung für das Kriegsgeschehen. Zum dritten änderte sich die Taktik selbst. Die neuen Waffen und deren Einsatzmöglichkeiten wurden zu ihrem Dreh- und Angelpunkt. Das beeinflußte nicht nur die Ausbildung der Soldaten, sondern auch die disziplinarische Struktur der Armee, da auch das Verhalten der Soldaten im Feld stärker von den Sachzwängen des Maschinenkrieges als von der Leitung und Kontrolle durch Offiziere bestimmt wurde. Dieser Zusammenhang wird als »Industrialisierung« des Krieges bezeichnet. Damit ist sowohl die Unterordnung der Kriegführung unter die Sachzwänge der Waffentechnologie und Rüstungsproduktion als auch die Subsumierung aller Bereiche von Wirtschaft und Gesellschaft unter die Bedingungen der Rüstungsproduktion gemeint. Die Industrialisierung des Krieges markiert die Wende in der Kriegführung vom 19. zum 20. Jahrhundert.

Kriegswirtschaft

Der unerwartete Kriegsverlauf hatte die deutsche Wirtschaft völlig unvorbereitet getroffen. Es lagen keine Planungen für einen langdauernden Krieg vor. Dennoch verlief die Umstellung der deutschen Wirtschaft auf die Kriegsproduktion nach anfänglichen Schwierigkeiten recht erfolgreich.[185] Dies war der Militarisierung des gesamten gesellschaftlichen Lebens sowie der Einrichtung zentraler Instanzen zur Regelung der Kriegswirtschaft zu verdanken.

Mit der Verhängung des Kriegszustands war die Exekutivgewalt auf die Stellvertretenden Kommandierenden Generäle übergegangen. Verwaltung, innere Sicherheit, Pressezensur, aber auch der Einsatz von Arbeitskräften sowie die Versorgung der Bevölkerung fielen in den Zuständigkeitsbereich der Wehrkreiskommandos. Diese bedienten sich der bestehenden Zivilbehörden, die sie unter militärische Aufsicht stellten. Auch einzelne Betriebe konnten »militarisiert« werden, ein Verfahren, das bisweilen angewandt wurde, um drohende Streiks zu verhindern oder bestehende abzubrechen.[186]

Die Politik der Wehrkreiskommandos war nicht einheitlich. Auch genügte sie den Anforderungen der neuen industrialisierten Kriegführung nicht. Im Zusammenhang mit den Anstrengungen der 3. OHL im Jahre 1916, die Rüstungsproduktion entscheidend zu steigern, die zu der beschriebenen Veränderung des Verhältnisses von Militär und Rüstungsindustrie führten, wurde Ende 1916 im preußischen Kriegsministerium ein »Kriegsamt« eingerichtet. Dieses umfaßte die wichtigsten militärischen Beschaffungsstellen und besaß Richtlinienkompetenz gegenüber den Militärbefehlshabern. Seine Aufgabe bestand darin, den Ausbau der Rüstungsindustrie von staatlicher Seite zu unterstützen. Zu den vorgesehenen Maßnahmen gehörten Verhandlungen mit Industriellen über die Stillegung und Konzentration von Betrieben, die Regelung der Rohstoffversorgung, die Verhängung von Lohn- und Preisstopps u. ä. Seine tatsächliche Leistung lag in der Verwaltung und Organisierung von Ressourcen, doch erlangte es keinerlei Kontrolle über die Rüstungsproduktion. Pläne, die Inflation durch Lohn- und Preisstopps zu kontrollieren, scheiterten ebenso wie Versuche, die Zusammenarbeit zwischen Unternehmern und Arbeitervertretern auf nationaler Ebene zu organisieren.

Auch die Arbeitskräftepolitik zeitigte nicht ganz die gewünschten Resultate. Im Dezember 1916 trat das Gesetz über den »Vaterländischen Hilfsdienst« in Kraft, welches bestimmte, daß jeder deutsche Mann zwischen dem 17. und 60. Lebensjahr zur Arbeit zwangsverpflichtet werden könne. Das Recht auf freie Wahl des Arbeitsplatzes wurde eingeschränkt. Als Ausgleich sah das Gesetz vor, daß Betriebe mit mehr als 50 Beschäftigten von Unternehmern und Gewerkschaften beschickte Ausschüsse zur Regelung von Streitfragen, die das Arbeitsverhältnis betrafen, einsetzen mußten. Zudem wurde eine »angemessene Verbesserung der Arbeitsbedingungen« als Grund für einen Wechsel des Arbeitsplatzes anerkannt. Von dieser Möglichkeit wurde so häufig Gebrauch gemacht, daß die Fluktuation zwischen den Betrieben entgegen den Absichten des Gesetzes hoch blieb.

Die Wirkung des Kriegshilfsdienstes ist bis heute umstritten. Die Einrichtung der Schlichtungsausschüsse bedeutete die Einführung einer alten Forderung der Arbeiterbewegung, die als Anerkennung ihrer Position durch Staat und Unternehmer gedeutet werden konnte. Auf der anderen Seite sollten Gewerkschaften und SPD die Arbeiter von Protestaktionen abhalten und sich damit zum verlängerten Arm von Staat und Regierung machen lassen. Wie immer man diesen Sachverhalt beurteilen mag, ist doch eines sicher: Die Auswirkungen des Gesetzes hinsichtlich der sozialen Kontrolle der Arbeiterschaft blieben aufgrund der Versorgungslage gering.

Diese hatte sich seit 1915 unter dem Einfluß der englischen Blockade und der Unfähigkeit der deutschen Behörden, die Verteilung von Lebensmitteln effizient zu organisieren, kontinuierlich verschlechtert. Im »Steckrübenwinter« von 1916/17 erreichte der Versorgungsmangel einen ersten traurigen Höhepunkt. Zwangsbewirtschaftung und Rationierung von Lebensmitteln konnten keine geregelte Versorgung der Bevölkerung sicherstellen. Es gelang den Behörden auch nicht, Schleichhandel und Schwarzmarktwirtschaft zu unterbinden. Der aufgrund dessen entstehende Unmut der Bevölkerung richtete sich einerseits gegen Agrarproduzenten, Händler und Schieber, aber auch gegen die Behörden, die ihre Aufgaben nicht erfüllen konnten.

Widerstand regte sich auch unter den Industriellen, die ein Fortbestehen des staatlichen Dirigismus, so beschränkt seine Erfolge auch waren, über die Kriegszeit hinaus befürchteten. Eine solche Entwicklung zu verhindern, war im Herbst 1918 einer der Beweggründe der Schwerindustriellen, eine Zentralarbeitsgemeinschaft mit den Freien Gewerkschaften zu bilden, die sie bis dahin vehement abgelehnt hatten. In dieser wie in anderer Hinsicht produzierte die Kriegswirtschaft die Widerstände gegen sich, statt sie zu verringern.

Politisches System

Mit Ausbruch des Krieges trat eine weitere Instanz zur Lenkung des Deutschen Reiches neben die Reichsleitung und den Reichstag, nämlich das Große Hauptquartier, für das sich seit Ende 1914 die Bezeichnung Oberste Heeresleitung einbürgerte. Diese war nach der Reichsverfassung als eine Instanz gedacht, die dem Kaiser, welcher formal den

Oberbefehl über die deutschen Streitkräfte innehatte, zur Seite stehen sollte. Der Kaiser trat seine Befehlsgewalt aber von Anfang an an die militärische Führung ab. Diese wurde im Verlauf des Krieges immer einflußreicher, bis sie, zur Zeit der 3. OHL unter Hindenburg und Ludendorff (seit August 1916), entscheidenden Einfluß auf alle innen- und außenpolitischen Fragen nahm oder zu nehmen versuchte.[187]

Es war die 3. OHL, die das schon mehrfach erwähnte Programm zur Ausweitung der Rüstung im Jahr 1916, das sogenannte Hindenburg-Programm, entwickelte; auf sie ging das Gesetz über den »Vaterländischen Hilfsdienst« zurück, und sie setzte die Entscheidung über den Eintritt Deutschlands in den unbeschränkten U-Boot-Krieg im Jahre 1917 durch, welche den Kriegseintritt der USA im April desselben Jahres nach sich ziehen sollte. Zudem betrieb sie erfolgreich den Sturz des Reichskanzlers Bethmann Hollweg im Jahre 1917, da ihr der Kanzler innenpolitisch zu reformfreundlich war und in der Frage der Kriegsziele ihrer Ansicht nach nicht weit genug ging. In der Literatur ist daher früher oft von der »Diktatur der 3. OHL«[188] gesprochen worden. Diese Bezeichnung verkennt jedoch die Entwicklung der politischen Strukturen während des Krieges. Der Erste Weltkrieg konnte nur mit Hilfe einer umfassenden Mobilisierung der gesamten Gesellschaft geführt werden. Daher war die militärische Führung auf die Mitarbeit der vorhandenen politischen Institutionen angewiesen. Diese waren zwar grundsätzlich zu einer Unterstützung der militärischen Führung bereit, doch hieß das nicht, daß sie alle Maßnahmen der OHL gutgeheißen hätten. Vielmehr entwickelten sich starke Widerstände gegen einige der Pläne und Aktionen der OHL. So führte der Mißerfolg des U-Boot-Krieges zu scharfer Kritik an den Militärs. Das Zentrum, das ursprünglich den U-Boot-Krieg gestützt hatte, wandelte sich zu einer Partei, die einen Verständigungsfrieden anstrebte. Die OHL hatte auch die sozialreformerischen Aspekte des Hilfsdienstgesetzes nicht verhindern können, und das Gesetz erfüllte nur bedingt die mit ihm verknüpften Erwartungen. Selbst der Sturz Bethmann Hollwegs war keineswegs allein auf die OHL zurückzuführen, vielmehr hatte auch der Reichstag dazu beitgetragen.

Der Reichstag gewann während des Krieges an politischer Bedeutung. Dies ist oft als eine »Parlamentarisierung« des deutschen politischen Systems beschrieben worden.[189] Dafür spricht, daß der Einfluß des Parlaments auf die Verwaltung des Krieges stetig anwuchs. Dafür spricht auch, daß es zunehmend beanspruchte, über die Kriegspolitik mit zu entscheiden. Bereits 1916 forderte eine »Reformkoalition«, die aus der Sozialdemokratie, der Fortschrittlichen Volkspartei, dem Zentrum und den Nationalliberalen bestand, eine stärkere Einflußnahme des Reichstags auf Belange der Außenpolitik. Im Oktober 1916 beschlossen die vier genannten Parteien die Umwandlung des Haushaltsausschusses in einen ständigen Hauptausschuß, der auch in den sitzungsfreien Perioden des Parlaments tagen sollte. Zudem wurde ein Verfassungsausschuß eingerichtet, dessen Aufgabe darin bestand, über eine Verfassungsreform zu beraten.

Diese Entwicklung setzte sich unter dem Eindruck des Scheiterns des U-Boot-Krieges sowie der inneren Unruhen im Jahre 1917 fort. Nach der erwähnten Kursänderung des Zentrums bildeten Zentrum, Sozialdemokratie und Fortschrittliche Volkspartei eine neue parlamentarische Mehrheit, die sich in der »Friedensresolution des deutschen Reichstags« für einen Verständigungsfrieden »ohne Sieger und Besiegte« aussprach. Diese Gruppierung richtete sich im »Interfraktionellen Ausschuß« ein neues, ständiges Beratungsgremium ein.[190] Damit hatte sich im Krieg und durch den Krieg die Koalition herausgebildet, die die erste Regierung der Weimarer Republik stellen sollte (Zentrum, SPD, DDP). Es gelang ihr, die Stellung des Reichstags weiter zu stärken. Der zweite Nachfolger Bethmann Hollwegs im Amt des Reichskanzlers, Graf Hertling, verständigte sich *vor* Amtsantritt mit den Mehrheitsparteien darauf, seine Politik im Sinne der Friedensresolution zu führen und die Wahlrechtsreform in Preußen voranzubringen. De facto war damit die Verantwortlichkeit des Reichskanzlers gegenüber dem Reichstag hergestellt, bevor sie in der Verfassung festgeschrieben wurde.

Alle diese Veränderungen markieren einen Wandel der wilhelminischen politischen Struktur auf eine Parlamentarisierung hin. Allerdings sollte nicht übersehen werden, daß allen Ansprüchen des Reichstags auf eine Mitgestaltung der Ziele der Kriegspolitik während der Dauer des Krieges kein Erfolg beschieden war. Im Gegensatz zur Zunahme an Einfluß in der institutionellen Verwaltung des Krieges blieben die Versuche, Herrschaft über den Krieg zu gewinnen, im Bereich der Rhetorik stekken. Allerdings konnte auch die OHL die politischen Kriegsziele nicht mehr allein definieren. Während beide Seiten sich weiterhin der Organisierung des Krieges widmeten, wobei das Parlament an Bedeutung gewann, wurde die Frage, wer die Ziele der Kriegspolitik zu definieren habe, aus dem Bereich der OHL wie dem des Parlaments hinaus verlagert. Sie wurde zum Gegenstand der Auseinandersetzungen außerparlamentrischer Bewegungen für und gegen den Krieg.[191]

Diese Entwicklung war auch mit derjenigen des Parteiensystems im Krieg verbunden. Der Positionswechsel des Zentrums wurde bereits erwähnt. Noch folgenreicher sollte die sich im Krieg vollziehende Spaltung der deutschen Arbeiterbewegung werden.[192] In der SPD waren bereits Ende 1914 Zweifel an der These vom Verteidigungskrieg laut geworden. Als die annexionistischen Kriegsziele der Regierung bekannt wurden und die bürgerlichen Parteien diesen ihre Unterstützung zusagten, war der Solidarität der SPD mit der Kriegspolitik der Regierung im Grunde der Boden entzogen. Die Mehrheit der Partei beschloß aber dennoch, ihren regierungstreuen Kurs fortzusetzen. Allerdings stimmten immer mehr Abgeordnete der SPD im Reichstag gegen die Kriegskredite oder blieben zumindest den Abstimmungen fern. Insgesamt blieb die Anzahl dieser Abgeordneten gering, doch fanden sie zunehmend Unterstützung durch Massenaktionen von Arbeitern und Arbeiterinnen, die nicht mehr bereit waren, die Politik der Parteimehrheit wie der Gewerkschaften zu akzeptieren.

Anfang 1916 schloß die SPD-Fraktion die oppositionellen Abgeordneten aus der Fraktion aus. Diese bildeten daraufhin eine eigene Fraktion als »Sozialdemokratische Arbeitsgemeinschaft«, aus der heraus die Unabhängige Sozialdemokratische Partei (USPD) entstand (April 1917). Zur gleichen Zeit gründeten Rosa Luxemburg und Karl Liebknecht den Spartakusbund, der sich zunächst der USPD anschloß, im Dezember 1918 den Kern der Kommunistischen Partei Deutschlands (KPD) bildete. Der KPD sollte sich 1920 die Mehrheit der USPD anschließen, während die in der USPD Verbliebenen 1922 zur Mehrheitssozialdemokratie (MSPD) zurückkehrten. Während des Krieges wurde die USPD zu der Anti-Kriegspartei schlechthin, die in sich eine Vielzahl heterogener Elemente vereinigte. Deren Konsens bestand in der Gegnerschaft zum Krieg und damit zugleich zur regierungstreuen Parteipolitik der MSPD und zu den Durchhalteparolen der Gewerkschaften. Die großen Massenaktionen der Jahre 1916 bis 1917 wurden größtenteils ohne bzw. gegen die bestehenden Gewerkschaften geführt.

Zeitgleich zur Entstehung dieser Anti-Kriegspartei schlossen sich die Befürworter annexionistischer Kriegsziele in der »Vaterlandspartei« zusammen, die von Militär und Schwerindustrie unterstützt wurde.[193] Die Gründung dieser Partei markiert die Wandlung des deutschen Konservativismus von einer traditionellen Interessengruppierung zu einer militarisierten Massenbewegung, die, wie wir im folgenden sehen werden, ihre eigene Rhetorik entwickelte. Mit der Entstehung von USPD und Vaterlandspartei setzte sich die Spaltung der Gesellschaft in eine Pro- und eine Anti-Kriegsbewegung in das Parteienspektrum fort.

Eroberungskrieg und »Weltgericht«: Die Pro-Kriegsbewegung im Ersten Weltkrieg[194]

Eine öffentliche Diskussion der Kriegsziele war bis zum Dezember 1916 untersagt. Dennoch stellten schon sehr bald Wirtschaftsverbände, nationalistische Organisationen und Persönlichkeiten des öffentlichen Lebens in Eingaben und Denkschriften der Regierung ihre Kriegsziele vor. Diese Eingaben wurden trotz der Geheimhaltungs- und Zensurvorschriften in der Öffentlichkeit bekannt, diskutiert und zum Teil mit Gegeneingaben beantwortet. Diese Eingaben und Denkschriften bestätigen, daß die deutsche Regierungspolitik breite Zustimmung fand. Zum Teil gingen sie in ihren Forderungen sogar über die Regierungsvorstellungen hinaus.[195]

Die Kriegsziele, die Bethmann Hollweg im sogenannten Septemberprogramm von 1914 formuliert hatte, kreisten um die Schwächung Frankreichs und Rußlands sowie die Schaffung eines mitteleuropäischen Wirtschaftsraumes unter deutscher Führung. Im einzelnen sahen sie Abtretungen französischer Industriegebiete an Deutschland, Kriegskostenentschädigungen, die partielle Angliederung Belgiens an das Deutsche Reich sowie die Eingliederung Luxemburgs als Bundesstaat in das Reich vor.

Die rasch vorgelegten Denkschriften gingen darüber weit hinaus. Bereits Anfang September 1914 hatte der Vorsitzende des Alldeutschen Verbandes, Heinrich Claß, eine Denkschrift vorgelegt, im Mai 1915 reichten die sechs führenden Wirtschaftsverbände eine Petition ein, und am 20. Juni folgte die »Denkschrift der deutschen Intelligenz«, auch »Professoreneingabe« genannt. Letztere war von Künstlern, Schriftstellern und Beamten, darunter weit über 300 Professoren, unterzeichnet worden. Zwar war die Denkschrift von Claß die extremste, aber auch die beiden anderen zeigten deutlich den Einfluß alldeutschen Gedankengutes. Sie sahen eine Angliederung Belgiens sowie französischer Industriegebiete an das Deutsche Reich vor. Die Bevölkerung dieser Gebiete sollte dabei allerdings einen minderen Rechtsstatus als die deutsche erhalten. Im Osten sollten große landwirtschaftliche Gebiete erworben werden. Einen Teil der dort ansässigen Bevölkerung wollte man vertreiben oder in eine Reservearmee von Arbeitskräften für die deutsche Landwirtschaft verwandeln. Deutschland sollte die Hegemonie in Europa erringen und damit Weltmacht werden.

Diese Vorstellungen wurden ergänzt durch ein ebenso aggressiv formuliertes Programm von Deutschlands Mission als Kulturnation. Diese wurde verknüpft mit der Vorstellung von einer inneren Neugründung Deutschlands durch die Katharsis des Kriegserlebnisses.[196] Letzteres wurde als eine Gemeinsamkeit stiftende Erfahrung beschrieben, die gezeigt habe, daß das deutsche Volk sich in der Stunde der Not als zu einer geistigen Erneuerung fähig erwiesen habe, die alle trennenden Interessenkonflikte hinweggefegt habe. Der »Weltenbrand« wurde zum reinigenden Feuer, das die deutsche Nation zur Volksgemeinschaft zusammengeschweißt habe. Diese neue Gesellschaft, deren Ziel die Erzeugung von Harmonie und die Abschaffung von gesellschaftlichen Interessenkonflikten war, sollte sich eine ständisch geordnete politische Struktur anstelle einer parlamentarisch-demokratisch organisierten Interessenregelung geben. Der »Deutsche Sozialismus«, d. h. eine vom Klassenkampf von oben wie von unten befreite Gesellschaft, sei im Krieg geboren worden, wie zahlreiche Philosophen, Historiker und Journalisten, die diese »Ideen von 1914« entwickelten, nicht müde wurden zu versichern. Die »Ideen von 1914« wurden denen von 1789, d. h. der Geburt der westlichen Demokratie, entgegengestellt, die die Welt mit krassem Materialismus und Konfliktsucht infiziert hätten. Diese gelte es nicht nur innerhalb Deutschlands zu bekämpfen. Das deutsche Bildungsbürgertum deutete den Krieg auch als »Weltgericht«, das die Welt durch den im Krieg geborenen deutschen Geist vom in der Französischen Revolution geborenen »Gespenst der Freiheit«[197] erlösen solle. Eine deutsche Kultur der »Eigentlichkeit« werde die oberflächliche, profitorientierte, gleichmacherische westliche Zivilisation besiegen. Auf diese Weise sollten die »Ideen von 1914« die Grundlage einer neuen Weltordnung werden, innerhalb derer Deutschland eine führende Rolle übernehmen sollte.

Die Pro-Kriegsbewegung entwickelte mit dieser Rhetorik Konzeptionen, die über die Formulierung einer konservativen Interessenpolitik weit hinausgingen. Sie stellten vielmehr Vorstellungen zur gesellschaftlichen Sinnstiftung dar und übernahmen damit die Produktion von Legitimität in der Gesellschaft, eine Aufgabe, die – zumindest in der liberalen Theorie – eigentlich dem Parlament zukam.[198]

Die von der Pro-Kriegsbewegung entwickelten ökonomischen wie kulturellen Kriegsziele sollten erst im Zweiten Weltkrieg teilweise verwirklicht werden. Für das Verständnis des Ersten Weltkriegs ist wichtig, daß die Pro-Kriegsbewegung die Grundlagen des Burgfriedens aufkündigte und zur Politisierung der Gesellschaft entscheidend beitrug. Sie tat dies nicht nur, indem sie den Erhalt des territorialen Status quo zugunsten der Forderung nach Annexionen aufgab. Darüber hinaus entwickelte sie in den »Ideen von 1914« ein gesellschaftliches Ordnungsmodell für Deutschland wie für die internationalen Beziehungen, das dem in der Arbeiterbewegung verankerten diametral entgegengesetzt war.

Klassengesellschaft statt Volksgemeinschaft: Die soziale Lage der Arbeiterschaft und die Anti-Kriegsbewegung

Der Burgfrieden wurde nicht allein durch das Bekenntnis von Regierung, bürgerlichen Parteien und rechten Interessengruppen zu annexionistischen Kriegszielen gegenstandslos gemacht. Er zerbrach für die Arbeiterschaft bereits kurz nach Kriegsbeginn über der Erfahrung, daß die Lasten des Krieges höchst ungleich verteilt waren.[199] Die deutsche Arbeiterklasse erlebte im Krieg einen Verelendungsprozeß, den viele Arbeiter im Kaiserreich kaum noch für möglich gehalten hatten. Dies betraf ihre Arbeitsmöglichkeiten, Arbeitsbedingungen, die Versorgungslage und ihren Gesundheitszustand.

Der Ausbruch des Krieges bedeutete zunächst für viele Arbeiter und Arbeiterinnen eine Periode der Arbeitslosigkeit, da zahlreiche nicht unmittelbar kriegswichtige Betriebe geschlossen wurden, um die verfügbaren Ressourcen auf die Kriegsindustrie konzentrieren zu können. Abgesehen von Arbeitslosigkeit, die im allgemeinen nur von kurzer Dauer war, bedeutete die Umstellung der Friedens- auf die Kriegswirtschaft eine grundlegende Umstrukturierung des Arbeitskräftemarktes. Die Anzahl der Beschäftigten in den Kriegsindustrien stieg um 44 %, während die in der Friedensindustrie um 40 % abnahm. Eine der Folgen davon war »ein beispielloses Ausmaß an Fluktuation, Wanderungen und Belegschafts-Unstetigkeit«.[200] Die Umstrukturierung, die mit Rationalisierungsmaßnahmen einherging, brachte auch eine Abnahme der gelernten zugunsten der an- und ungelernten Arbeit mit sich. Da trotz zahlreicher Zurückstellungen vom Kriegsdienst der aufgrund des Kriegsverlaufs eintretende Arbeitermangel nicht gedeckt werden konnte, wurden verstärkt Frauen und Jugendliche in Metall- und Maschinenbauindustrie sowie im Bergbau beschäftigt. Deren Eindringen in reine Männerdomänen prägte die Wahrnehmung der Öffentlichkeit von der qualitativen Veränderung des Arbeitsmarktes nachhaltig, obwohl Frauen wie auch Jugendliche beiderlei Geschlechts ihren Anteil an der Gesamtarbeiterschaft nicht dramatisch erhöhten.[201]

Die Arbeitsverhältnisse verschlechterten sich rapide, da sukzessive Arbeitsschutzmaßnahmen abgebaut wurden. Überlange Arbeitszeiten, Nacht- und Schichtarbeit mit durchgehender Arbeitszeit waren zudem von einem Sinken des Realverdienstes begleitet. Dieser sank während des Krieges im Durchschnitt um ein Drittel, da die teilweise steigenden Nominallöhne die Verteuerung der Lebensmittel nicht auffangen konnten. Hinzu trat eine Beschränkung der Rechte der Arbeiterschaft. Die freie Wahl des Arbeitsplatzes war nur bedingt möglich, und Streiks waren außer Kraft gesetzt.

Der Umstrukturierungsprozeß des Arbeitsmarktes führte teils zu einer Homogenisierung, teils zu einer neuen Differenzierung der Arbeiterklasse. So nahmen die Unterschiede zwischen den Löhnen für Gelernte und Ungelernte, zwischen Frauen und Männern und zwischen Jugendlichen und Erwachsenen ab. Andererseits vertieften sich die Lohnunterschiede zwischen den Kriegs- und Friedensindustrien bis zum letzten Kriegsjahr. Von da an glichen sich die Unterschiede wieder aus, da die am niedrigsten bezahlten Arbeiter und Arbeiterinnen höhere Lohnerhöhungen erhielten, damit ihre Existenzbedingungen nicht völlig unter das Mindestmaß sanken. Die bevorzugte Versorgung der Beschäftigten in den Kriegsindustrien mit Lebensmittelzuteilungen vertiefte ebenfalls zu Anfang die Unterschiede in der Arbeiterschaft.

Trotz der Einebnung von Lohnunterschieden gegenüber erwachsenen männlichen Arbeitern litten Frauen und Jugendliche stärker unter den Kriegsfolgen als Männer. Während des Krieges stiegen Arbeitsunfälle insgesamt stark an, doch trafen sie besonders häufig Frauen und Jugendliche, die Arbeiten verrichteten, mit denen sie nicht vertraut waren.

Arbeiterinnen litten zudem stärker unter den langen Arbeitszeiten und der Aufhebung von Arbeitsschutzmaßnahmen, da sie zumeist noch für die Versorgung ihrer Familien zuständig waren. Stundenlanges Anstehen für Lebensmittel war mit einem Arbeitsplatz in der Industrie nicht zu vereinbaren. Aus Berichten von Arbeiterinnen wissen wir, daß viele von ihnen mit ihren Kindern nur überlebten, weil Mütter oder Nachbarinnen aushalfen und Einkäufe oder Hamsterfahrten für sie übernahmen. In Betrieben, in denen hauptsächlich Frauen arbeiteten, waren Ohnmachten und Arbeitsunfälle besonders häufig. Viele der entkräfteten Frauen verzichteten nämlich zugunsten der männlichen Familienmitglieder oder ihrer Kinder auf die ihnen zustehenden Rationen. Viele Frauen waren aufgrund ihrer Entkräftung auch nicht mehr in der Lage, ihre Säuglinge zu stillen, so daß die Sorge um die Kleinstkinder den psychischen Streß der Frauen noch erhöhte.[202]

Der bereits 1915 einsetzende Mangel an Grundnahrungsmitteln wie Kartoffeln, Fleisch und Brot traf die Arbeiterschaft besonders hart. Zum einen konnte sie die hohen Schwarzmarktpreise nicht zahlen, zum anderen war das zeitraubende Anstehen nach Lebensmitteln für Alleinverdienende wie für arbeitende Ehepaare kaum zu leisten. Die Sterbeziffer der Zivilbevölkerung stieg im Gefolge der Mangel- und Unterernährung stark an. Dabei zeigten sich Tuberkulose, Lungenentzündung und Grippe erneut als soziale Krankheiten, die die Arbeiterschaft und die untere Mittelschicht stärker trafen als die obere Mittel- und Oberschicht, aber auch stärker als die Landbevölkerung.[203] Ähnliches galt für die »Hungeramenorrhoe«, das Ausbleiben der Regelblutung aufgrund von Unterernährung. Daran litten vor allem Frauen aus der Unterschicht.[204]

Die Kriegsfolgen wurden von der Arbeiterschaft deutlich als klassenspezifische wahrgenommen. Es kam jedoch zu einer gewissen Annäherung zwischen der Arbeiterschaft und Angehörigen des neuen Mittelstandes – kleinen Beamten, Angestellten und Festlohnempfängern –, die unter den Kriegsfolgen ebenso litten wie die Arbeiter. Dagegen verschärfte sich der Gegensatz zwischen Stadt und Land sowie zwischen Arbeitern und Ladenbesitzern bzw. Lebensmittelhändlern. Viele Bauern horteten ihre Ernten, um ihre Produkte teuer zu verkaufen, und Ladenbesitzer verkauften heimlich angeblich nicht mehr vorhandene Waren zu weit überhöhten Preisen. Viele Protestaktionen richteten sich daher ebenso gegen Bauern und Ladeninhaber wie gegen die Behörden, die ihrer Aufgabe zur Versorgung der Bevölkerung nicht gerecht wurden.

Vereinzelte Munitionsarbeiterstreiks und Hungerunruhen begannen bereits 1915.[205] Aufgrund der sich weiter verschlechternden Ernährungslage, aber auch wegen der Kriegszielpolitik der Regierung und der bürgerlichen Parteien sowie als Reaktion auf politische Aktionen gegen die Arbeiterklasse kam es zu den ersten politischen Massenstreiks im Sommer 1916 in Berlin, Leipzig, Bremen und Braunschweig. Sie wiederholten sich im Sommer 1917, und im Januar 1918 streikten in Berlin zeitweise 400 000, in ganz Deutschland ca. 1 Million Arbeiter und Arbeiterinnen für die Beendigung des Krieges. Friedensdemonstrationen fanden seit 1916 statt. Dasselbe galt für Hungerunruhen in verschiedenen Teilen des Reiches, die oft mit der Forderung nach Beendigung des Krieges verbunden waren. Die Entstehung und allmähliche Politisierung dieser Massenbewegungen für den Frieden bildeten das Rückgrat für den Militär- und Anti-Kriegsstreik vom November 1918.

Es kann kein Zweifel daran bestehen, daß sich die Klassengegensätze in Deutschland im Krieg verschärften und daß innerhalb der Klassen Umschichtungsprozesse folgenreicher Art stattfanden. Daneben wurden Konflikte zwischen anderen gesellschaftlichen Gruppen, die sich bereits in der Vorkriegszeit angebahnt hatten, krisenhaft zugespitzt. Das gilt für den Konflikt der patriarchalisch strukturierten Gesellschaft mit der Jugend[206] ebenso wie für den mit den Frauen, mit Gruppen also, die während des Krieges gesellschaftlich neu definierte Rollen ausfüllten und ihrerseits versuchten, ihre Rolle in der Gesellschaft neu zu bestimmen. Das galt auch für durch den Krieg neu erzeugte Gruppen, wie die Kriegsopfer und Kriegerwitwen, die sich zwar in Gruppen unterschiedlicher politischer Provenienz organisierten, gegenüber der deutschen Gesellschaft aber doch ein deutliches Gruppenbewußtsein entwickelten.[207]

Der Burgfrieden der Geschlechter: Zwischen altem Patriarchalismus und neuem Antifeminismus

Dem Burgfrieden der Klassen schien zu Beginn des Krieges ein Burgfriede der Geschlechter zur Seite zu treten. Der Bund deutscher Frauenvereine (BDF), der organisatorische Dachverband der bürgerlichen Frauenbewegung, stellte sich dem Staat ebenso zur Verfügung wie die Organisationen der Arbeiterbewegung. Der BDF gründete gemeinsam mit konfessionellen und vaterländischen Frauenvereinen im August 1914 den »Nationalen Frauendienst« (NFD), der Fürsorge- und Pflegemaßnahmen organisierte, Arbeitsvermittlung betrieb, Sammlungen veranstaltete und sich in der Verwundetenpflege engagierte.[208] Zudem organisierte er den Propagandafeldzug führender rechter Vertreterinnen der Frauenbewegung für den Krieg. Deren Durchhalteparolen und patriotische Bekenntnisse standen denen der Männer in nichts nach. Die zahlenmäßig unbedeutende Friedensbewegung, zu der auch der kleine linke Flügel der bürgerlichen Frauenbewegung gehörte, wurde von ihnen heftig bekämpft.

Die Mitglieder der bürgerlichen Frauenbewegung erhofften sich von ihrer Mitarbeit während des Krieges die Gewährung des Frauenwahlrechts nach dem Krieg sowie die verstärkte Öffnung von Positionen im öffentlichen Dienst für Frauen. Die Perspektiven dafür schienen während des Krieges vielversprechend zu sein. Bei Kriegsende arbeiteten rund 1000 Frauen bei den unterschiedlichen amtlichen Stellen für Frauenfragen. Ähnlich wie im Falle der Arbeiterbewegung ist diese Ausweitung von Partizipation an der Verwaltung des Krieges jedoch nicht einfach mit einer politischen Emanzipation der Frauen, d. h. ihrem Recht auf Mitentscheidung über die Kriegspolitik, gleichzusetzen. Die Behörden suchten vielmehr die Beteiligung von Frauen an der Verwaltung des Krieges zu nutzen, um eine möglichst umfassende Mobilisierung der Frauen für den Krieg zu gewährleisten. In diesem Zusammenhang kann die Geschlechterfrage auch nicht losgelöst von der Klassenfrage betrachtet werden. Frauen aus der oberen Mittelschicht und der Oberschicht litten nicht nur weniger unter den Kriegsfolgen als Frauen aus der Unterschicht, sondern sie wurden auch eingesetzt, um Arbeiterfrauen für den Krieg zu organisieren, zu mobilisieren und damit auch zu kontrollieren.

Es wäre jedoch verkürzt, allein diesen Zusammenhang zu betonen. Vielmehr entwickelte sich im Krieg in Staat und Gesellschaft eine neue Frauenfeindlichkeit, die bislang noch kaum untersucht worden ist.[209] Deren Ursprung zu erklären, ist ähnlich schwierig, wie die Ursachen des Antisemitismus aufzuzeigen. Man gerät nur allzuleicht in die Fallstricke von Erklärungen, die die Ursachen dafür entweder bei den Opfern, d. h. in deren gesellschaftlicher Rolle, oder aber bei den Tätern, d. h. in deren paranoiden Angstpsychosen suchen. Tatsächlich haben wir es aber mit einem komplexen und komplizierten Beziehungsfeld zu tun. Dies auszuleuchten, wollen wir im folgenden in aller Vorsicht versuchen.

Das System der patriarchalisch geordneten Geschlechterbeziehungen war bereits vor dem Ersten Weltkrieg ins Wanken geraten, doch wurden die bereits sichtbaren Konfliktfelder im Krieg krisenhaft verschärft. Dieser Prozeß zeigte sich vor allem auf zwei Ebenen, der des Besitzes bzw. Einkommens und der der Kriegführung. Auf beiden wurde die traditionelle männliche Dominanz in Frage gestellt.

Wenden wir uns zunächst der Frage des Besitzes und Einkommens zu. In der traditionellen Geschlechterordnung des patriarchalischen Systems war eine der Säulen männlicher Dominanz die Zuständigkeit der Männer für die Schaffung von Besitz und Einkommen und damit die Sicherung von Heim und Familie von außen. Diese Aufgabe sicherte ihren Status. Umgekehrt beruhte die weibliche Subordination auf dem Ausschluß von diesen Aufgaben. Nun war diese Rollenverteilung zwischen den Geschlechtern bereits vor dem Krieg in Frage gestellt worden, doch wurde sie erst im Krieg nachhaltig erschüttert, als Frauen als Arbeitskräfte und Familienernährerinnen eine neue Rolle zu spielen begannen. Zunächst ließ ihr Eindringen in Männerdomänen in der Industrie wie in Berufe des öffentlichen Dienstes, als Straßenbahnschaffnerinnen, Briefträgerinnen, aber auch Fahrerinnen von Militärlastwagen, Frauen als gesellschaftliche Gruppe, die Männeraufgaben erfüllte, »sichtbar« werden. Hinzu kam, daß aufgrund des Krieges die Frage der gesellschaftlichen Reproduktion eine neue Bedeutung erlangte. Zahlreiche Bereiche, die bis dahin der Sphäre des »Privaten« und damit nach der geltenden Definition von Geschlechterrollen der Sphäre von Frauen angehört hatten, wurden Gegenstand »öffentlichen« Interesses. Hauswirtschaft, Gebärverhalten, Kinderversorgung und Krankenpflege wurden zu gesamtgesellschaftlich wichtigen Fragen, von denen die Kriegführung ebenso abhing wie von der Gewährleistung der Kriegsproduktion.[210] Von der Fähigkeit der Frauen, mit wenigen oder aber Ersatz-Lebensmitteln sich selbst und ihre Familien zu ernähren, hingen die Kriegsproduktion wie das demographische Überleben der deutschen Gesellschaft ab. Kriegskochrezepte, der sparsame Gebrauch von Heizmaterialien und die Wiederverwendung von Kleidung wurden Gegenstand öffentlicher Vorträge, Zeitungsartikel und des Schulunterrichts.

Die schon vor dem Krieg ansatzweise vorhandene Besessenheit von Bevölkerungswissenschaftlern und Politikern durch den Gedanken der demographischen Überlebensfähigkeit des deutschen Volkes geriet im Krieg zur Hysterie. Die Kriegsverluste der Zivil- wie der Militärbevölkerung alarmierten bürgerliche Beobachter und Politiker. Der Staat reagierte darauf nicht nur mit der Wiedereinführung von Arbeitsschutzmaßnahmen oder der Einrichtung von Kindergärten, Spielstuben und der Gründung der Kinderlandverschickung. Er ergänzte diese Schutzmaßnahmen vielmehr durch Regelungen, die den Frauen immer mehr Verfügungsgewalt über ihren Körper entzogen. Der Verkauf empfängnisverhütender Mittel wurde verboten, und die Strafen gegen Abtreibungen wurden verschärft. Diese Maßnahmen trafen alle Frauen, auch wenn die bessergestellten unter ihnen mehr Möglichkeiten hatten, sie zu umgehen.

Die neue Rolle der Frauen als Familienernährerinnen und Garantinnen der Kriegsproduktion wie -reproduktion erschütterte das Geschlechtergefüge nachhaltig, da sie die Männer tendenziell ihrer wichtigsten, ihren Status sichernden Funktion beraubte. Dies führte zu zahlreichen Versuchen, die Frauen wieder in ihre alte Rolle zurückzudrängen. So machte man deutlich, daß die Mobilisierung der Frauen als Arbeitskräfte in der Produktion nur als Übergangsmaßnahme gedacht war. Nach dem Krieg sollten sie ihre Positionen für die heimkehrenden Männer wieder räumen.[211] Dies galt aber nicht nur für bezahlte Tätigkeiten. Die deutsche bürgerliche Jugendbewegung bietet ein gutes Beispiel dafür, daß mehr auf dem Spiel stand als der Gewinn materieller Unabhängigkeit, den die Frauen nun genossen.[212] Obwohl die Jugendbewegung den Krieg organisatorisch nur überlebte, weil Frauen die Positionen von Männern übernahmen, flammte gerade im Krieg die

Debatte um Geschlechterrollen in der Jugendbewegung mit neuer Heftigkeit auf. Der verderbliche, »verweiblichende« Einfluß von Frauen auf Jungen und junge Männer wurde gebrandmarkt. Konsequent wurden Frauen nach dem Krieg aus gemischten Verbänden ausgeschlossen, und in ihrer bündischen Phase war die Weimarer Jugendbewegung eine reine Männerdomäne.

Dies war keine Einzelerscheinung. Auch erwachsene bürgerliche Frauen mußten erkennen, daß ihrer Partizipation im Krieg Grenzen gesetzt waren. So wurden zum Beispiel in Deutschland Ärztinnen nicht an die Front geschickt. Aufgrund des militärischen Ranges, der mit der Position eines Arztes verknüpft war, wären sie Männern rangmäßig überlegen gewesen. Das aber schien unzumutbar zu sein. Dagegen bot man Ärztinnen, wie wir aus den Erinnerungen Käte Frankenthals wissen, an, als Krankenschwester an die Front zu gehen.[213]

Diese Einstellung repräsentiert auf der einen Seite noch alte Rollenklischees. Sie verweist aber auf der anderen Seite auf einen weiteren Bereich der traditionellen patriarchalischen Männerrolle, die im Kriege erschüttert wurde. Männer waren nicht nur ihrer Rolle als Ernährer und Garant der bürgerlichen Familie beraubt, sondern auch der als Beschützer. Die erfolgreiche Kriegführung hing nicht mehr allein von ihrem Einsatz als Soldaten an der Front oder aber als Arbeitskräfte in der Kriegsproduktion ab, sondern beruhte ebensosehr auf der Mitarbeit der Frauen in der Kriegsproduktion und ihrer Verantwortung für die Reproduktion der Kriegsgesellschaft.

Der Patriarch, der für Familie und Vaterland einen heldenhaften Kampf kämpft, starb im Krieg eines mehrfachen Todes. Er starb in der Materialschlacht, die ihn zum Rädchen in der industrialisierten Kriegsmaschine werden und seine Träume vom heldenhaften Kampf in Nichts zerrinnen ließ. Er starb auch an der sinnlichen Erfahrung dieses Krieges, die von allem abwich, was bis dahin vorstellbar gewesen war. Die Anonymität des Kampfes, in dem Gegner wie gegnerische Waffen oft unsichtbar blieben, wurde zu einer unerträglichen Belastung, die Männer die Nerven verlieren und schreiend aus den Gräben laufen ließ. Männer wurden verrückt aus dem Gefühl des Eingeschlossenseins heraus oder weil sie den Lärm des Geschützdonners nicht lange ertragen konnten. Verschüttete erlitten Nervenzusammenbrüche: Männer gebärdeten sich »wie Frauen«.[214]

Versehrtheit als Körpererfahrung, die die Grenzen zwischen Leben und Tod bewußt machte und partiell aufhob, führte dazu, daß Männer sich ihrer existenziellen Schwäche und Verletzbarkeit bewußt wurden, eine ebenfalls »weibliche« Erfahrung vor dem Hintergrund der bestehenden Geschlechterrollenklischees. Die daraus resultierende Unsicherheit ging so weit, daß der Verlust der körperlichen Unversehrtheit, wie wir aus zahlreichen Berichten wissen, zur Selbstmordgefährdung von Männern führte. Noch zahlreicher und beklemmender sind die Berichte von Soldaten, die lange Zeit mit Toten und Verwesenden in Schützengräben verbrachten, über Leichen klettern mußten und in sich auflösende Leichen und Schlamm fielen.[215] Die von Klaus Theweleit beobachtete Körperfeindlichkeit von Weltkriegskämpfern, die oftmals in einen Haß auf Frauen umschlug, scheint uns eher in diesen Erlebnissen ihre Grundlage zu haben als in einer in der männlichen Triebstruktur verankerten Furcht vor Körperlichkeit. Das gilt auch für die Faszination der rechten politischen Propaganda in der Weimarer Republik durch Bilder vom Kampf gegen Schlamm und Sumpf, die immer wieder beschworen wurden.[216]

Die Ängste und Verunsicherungen, die durch die Kriegsrealität hervorgerufen wurden, weiteten sich aus zur Angst, als verletzter und verletzlicher Mann von Frauen nicht mehr akzeptiert zu werden. Die Frage, ob die Freundin, Verlobte oder Frau einen Krüppel als Lebensgefährten akzeptieren werde, findet sich in zahllosen Berichten und Briefen. Auch wurden Erzählungen, daß Frauen sich im Theater angeekelt von einer Gruppe von Kriegsverletzten abgewandt hätten, die mit einer Krankenschwester eine Vorstellung besuchten, immer wieder kolportiert.[217]

Diese Ängste und Erfahrungen konnten zu Versuchen führen, das Geschlechterverhältnis auf positive Weise neu zu bestimmen. Die Vorstellung von der Frau als »Kameradin« und die Erfindung der kameradschaftlichen Ehe scheinen uns auf solche positiven Verarbeitungen hinzuweisen. Dieser Zusammenhang ist bislang allerdings nicht einmal ansatzweise untersucht worden.[218] Wir wissen mehr über diejenigen Reaktionen, die den Verlust von Männlichkeit und die dadurch mobilisierten Kastrationsängste in Frauenhaß umschlagen ließen.

Frauen gerieten während des Krieges in Briefen, Zeitungsartikeln, Karikaturen, aber auch in Denkschriften in den Totalverdacht der Leichtlebigkeit, Vergnügungssucht, Verführbarkeit und Prostitution. Die »Sittengeschichte des Ersten Weltkrieges« von Magnus Hirschfeld ist eine Fundgrube für die Entwicklung der neuen »Feind«-Stereotypen.[219] Frauen, die Verwundete pflegten, wurden verdächtigt, Verhältnisse mit gutaussehenden Leutnants anzustreben. Arbeitende Frauen hatten sich dem Vorwurf der »Vermännlichung« auszusetzen. Die Frau mit kurzem Haar, ohne Busen und Hüften, findet sich nicht erst in der Karikatur der Weimarer Republik.

Die Verunsicherung, Angst und Gewaltbereitschaft von Männern gegenüber Frauen lassen sich am Beispiel der Krankenschwestern verdeutlichen. Wie Etappenhelferinnen galten sie einerseits als bessere Prostituierte, welche aus Vergnügungssucht an die Front gegangen seien. Andererseits gab es das Gegenbild der Krankenschwester als Engel der Verwundeten. Beide hatten mit der realen Situation der Frontschwestern nichts zu tun. Diese stießen als erfahrene Krankenschwestern oft auf die Arroganz unerfahrener, d. h. nicht als Chirurgen ausgebildeter Ärzte. Wurden sie aber wegen ihres Einsatzes – sie assistierten bei Operationen, reinigten die Instrumente, wickelten Verbandszeug auf usw. – anerkannt, dann stießen sie in den knapp bemessenen Stunden der Freizeit außerhalb des Lazaretts auf die altbekannten Geschlechtergrenzen.[220]

Die Kriegspropaganda entwarf ein dubioses Bild von Krankenschwestern, das sie entweder als rettenden oder aber als Todesengel darstellte. Auf allen Seiten gab es Legenden darüber, daß Krankenschwestern der Gegenseite verwundete Kriegsgefangene folterten oder vergifteten.[221] Der Zusammenbruch der traditionellen Männerrollen im Krieg konnte, wie dieses Beispiel zeigt, zu ausgesprochener Hysterie führen. Das prominenteste Beispiel dafür sind die wütenden frauenfeindlichen Ausfälle des Oberstleutnants Bauer, des engsten Beraters Ludendorffs in der 3. OHL, in seinen Denkschriften zu kriegswirtschaftlichen und innenpolitischen Fragen.[222]

Die einsetzende Entfremdung zwischen Frontkämpfern und Heimat sollte nicht weniger folgenreich für Frauen sein, da sie in den traditionellen Bildern, die zur Interpretation einer Kriegsgesellschaft zur Verfügung standen, die Heimat symbolisierten, für die an der Front gekämpft wurde. Wenn diese Trennung auch für die Realität des Weltkriegs nicht mehr galt, so wurden diese Bilder doch weiterverwendet, um das Kriegsgeschehen zu deuten, wie Abbildungen auf Feldpostkarten, aber auch Gedichte, Lieder und Geschichten zeigen. Wenn die Bewältigung des Kriegsgeschehens sich nicht in Hysterie Luft machte, konnte der bald einsetzende Verdrängungsprozeß zum Schweigen der Soldaten führen, das sie jedoch nicht als Folge ihrer Erlebnisse, sondern des Unverständnisses der Zuhausegebliebenen deuteten.[223] Der allgemeine Entfremdungsprozeß zwischen Front und Heimat, der in der literarischen Verarbeitung des Krieges einsetzte, schloß prinzipiell auch die Männer in der Heimat ein. Da Frauen aber weiterhin diese Heimat, die zunehmend zur Fremde wurde, symbolisierten, schien der Rückzug auf die Kameradschaft im Männer(ver)bund einen Ausweg aus der allgemeinen Verunsicherung und den Fremdheitsgefühlen zu bieten. In dieser Hinsicht waren die Geschlechter zu Ende des Krieges durch tiefere Gräben getrennt als bei Kriegsbeginn.

Es gibt bislang keine Untersuchung darüber, wie Frauen auf die Veränderung der traditionellen Geschlechterbeziehungen reagierten. Es wird allgemein vorausgesetzt, daß sie diese eher auf positive Weise verarbeiteten, da sie mit einer Ausweitung weiblicher Partizipation in der Gesellschaft verbunden war. Diese Annahme vermag jedoch nicht zu überzeugen. Dafür spricht zum einen die Tatsache, daß es wenig Protest gegen die beabsichtigte Zurückdrängung der Frauen in die Familien am Ende des Krieges gab. Zum anderen deuten die Erlebnisberichte von Frauen aus der Kriegszeit darauf hin, daß auch sie die Veränderungen des traditionellen Rollenverhältnisses vielfach als beunruhigend, erschreckend und über ihre Kraft gehend erlebten. Daß dies bislang noch nicht untersucht worden ist, rührt aus einem doppelten Sexismus her. Zum einen wurden Frauen bislang allgemein von der Forschung vernachlässigt, zum anderen galten schwache Nerven, Hysterie und Angstpsychosen als mit der weiblichen Natur verbundene Zustände, die keiner besonderen medizinisch-historischen Erklärung bedürften.[224]

Wir wissen auch kaum etwas über die Reaktion von Frauen auf die neue Frauenfeindlichkeit, die sich während des Krieges entwickelte. Eine Untersuchung über England kommt zu dem Schluß, daß sich unter den Frauen der oberen Mittelschicht und Oberschicht eine ausgesprochene Männerfeindlichkeit entwickelt habe, die teilweise den Tod der Männer auf den Schlachtfeldern als Befreiung empfunden, ja geradezu gewünscht habe.[225] Die Beschreibung des Heldentums deutscher Frauen im Krieg in einer stark sexualisierten Sprache könnte auf ähnliches hindeuten.[226] Allerdings wissen wir zuwenig, um darüber auch nur spekulieren zu können. Es muß in der Interpretation solcher Zusammenhänge jedenfalls größte Vorsicht angewandt werden, um nicht Ursachen und Wirkungen unzulässig miteinander zu verknüpfen. So könnte zum Beispiel die Männerfeindlichkeit englischer Feministinnen auch Ergebnis des Selbstschutzes unverheirateter Frauen in einer immer noch auf Ehe und Familie ausgerichteten Gesellschaft sein, die für die Frauen, die sie durch den Krieg ihrer Heiratschancen beraubt hatte, wenig Verständnis und um so mehr Spott aufbrachte.[227]

Am Ende des Ersten Weltkrieges war die deutsche Gesellschaft stärker mobilisiert und politisiert als zu Beginn des Krieges. Die folgenden Jahre waren geprägt durch das Ringen der unterschiedlichen gesellschaftlichen Kräfte und Interessengruppen um die politische Macht in der Weimarer Republik. Deren politisches System und deren politische Kultur waren Ergebnis dieser Auseinandersetzungen, nicht hingegen unmittelbare Folge des Krieges. Doch lebte dieser in der Weimarer Gesellschaft fort. Die deutsche Nachkriegsgesellschaft war, wie die ihrer europäischen Nachbarn, geradezu besessen in ihrer Auseinandersetzung mit diesem so schockierenden Krieg und seiner nachträglichen Sinndeutung.

Diese Sinnstiftungsversuche waren bzw. wurden auch zu Versuchen, sich mit der bestehenden Gesellschaft auseinanderzusetzen. Das literarisierte Kriegsbild wurde zur Kritik der Weimarer Gesellschaft ebenso benutzt wie als Baustein für Entwürfe einer zukünftigen Gesellschaft, für die rechtsgerichtete Kreise immer wieder die – nach dem Krieg erfundene – Schützengrabengemeinschaft zitierten. Wir können diese Kriegsrhetorik nur dann angemessen verstehen, wenn wir sie in diesem Kontext betrachten. Sie kann dagegen nicht als Beschreibung der Kriegsrealität verstanden werden.

Die umfassende Auseinandersetzung mit dem Krieg diente nicht nur der Bewältigung gesellschaftlicher, sondern auch derjenigen individueller Neurosen. Das galt für diejenigen Frontkämpfer, die die Erinnerung an die Schlachtfelder nicht loswurden und für diejenigen der (Über-)Lebenden, die mit Schuldkomplexen gegenüber den Toten zu kämpfen hatten.[228] Damit hängt zusammen, daß Totenkult und Totenehrung den Tod der Kriegsgefallenen – nicht der zivilen Opfer – in ein neues Leben umdeuteten.[229] Sie existierten als ein Schattenheer in der Gesellschaft der Weimarer Republik weiter.

Es bleibt die Frage, ob nicht auch die Versuche, den Ersten Weltkrieg als Phase gesellschaftlichen Fortschritts zu deuten, als Sinnstiftungsversuche für einen immer noch unbewältigten Krieg aufgefaßt werden müssen.

IV. Der kompromittierte Kompromiß – Die Grenzen des bürgerlichen Entwurfs in der Weimarer Republik

1. Das Neue und das Alte – eine Einführung

Von Bernd Weisbrod

»Bonn ist nicht Weimar.« Dieser Satz ertönt immer dann, als Warnung und als Beschwörung zugleich, wenn der Schatten der ersten deutschen Republik über die Erfolgsgeschichte der zweiten zu fallen droht.
Nach den traumatischen Erfahrungen des »Tausendjährigen Reiches« und der nationalen Katastrophe am Ende des Zweiten Weltkrieges etablierte sich die bundesdeutsche Gesellschaft in einem verbissenen Prozeß der kollektiven Normalisierung. Sie reagierte damit auf die Kollektivschuldthese, aber auch auf das Stigma, das ihr besonders in den Augen der Westalliierten anhaftete: nicht nur die Unfähigkeit zu trauern, sondern auch die Unfähigkeit zur demokratischen Willensbildung. Die Sicherung stabiler parlamentarischer Verhältnisse und die Formalisierung eines breiten gesellschaftlichen Konsenses wurden zu erstrangigen politischen Zielen, wodurch die einmal verunglückte deutsche Demokratie ein für allemal auf den anscheinend bewährten Pfad der westlichen Entwicklung gebracht werden sollte.
Das Scheitern der Weimarer Republik ist zweifellos der Fluchtpunkt der politischen Entwicklung der bürgerlichen Gesellschaft in Deutschland im 20. Jahrhundert. Die bewußte Bezugnahme auf das politische Scheitern Weimars diente der Nachkriegsgesellschaft nicht nur als ein adäquates Mittel, die fließenden Übergänge gesellschaftlicher und wirtschaftlicher Kontinuität durch die scharfen politischen Zäsuren der sogenannten »Machtergreifung« und der »Stunde 0« zu überdecken; sie eignete sich auch in vielfältiger Weise zur historischen Legitimierung politisch opportunen Handelns. Im folgenden Kapitel kommt es deshalb darauf an, jenseits einer plakativen Schuldzuweisung für die »deutsche Katastrophe« zu fragen, inwiefern das Weimarer System Vorbild für die nach 1945 gefundene Lösung, aber auch Vorgeschichte der nationalsozialistischen Herrschaft war. Insofern offenbart sich im Scheitern der Weimarer Republik die historische Grammatik des politischen Diskurses, der unser gesellschaftliches Zusammenleben noch heute bestimmt.
Es ist relativ leicht, das in der Öffentlichkeit herrschende Bild von der Weimarer Republik auf ein allgemeines Vorurteil zu reduzieren: Wei-

marer Verhältnisse, das ist der Inbegriff politischer Instabilität. Es fällt nicht schwer, auf Anhieb zwei oder drei der praktischen Lehren zu benennen, die die Verfassungsväter der Bundesrepublik, die Alliierten oder die großen politischen Parteien aus dem Scheitern der Weimarer Republik gezogen haben.

So wurde unter Berufung auf Weimar das plebiszitäre Element im Grundgesetz eingedämmt. Etwa durch die indirekte Wahl des Bundespräsidenten, um die willkürliche Handhabung des Diktaturparagraphen durch einen »Ersatzkaiser« wie Reichspräsident von Hindenburg zu verhindern – und doch war es gerade die Festschreibung einer parlamentarischen Notstandsverfassung, die 1968 entscheidend zur Formierung einer starken außerparlamentarischen Opposition beitrug. Der Auftrag der Parteien, »bei der politischen Willensbildung des Volkes« mitzuwirken (Art. 21 GG), wurde in der Verfassung verankert, die etablierten Parteien wurden noch zusätzlich durch das Wahlrecht privilegiert – und doch vermochte die 5%-Hürde den Einzug der Grünen in die Parlamente nicht aufzuhalten, obwohl ihre Prinzipienpolitik in die pragmatische Praxis der etablierten Parteien nicht zu integrieren war. Dazu zählt drittens – und dies ist im internationalen Vergleich besonders auffällig – auch der Ministerpräsidentenerlaß von 1972, mit dem die großen Parteien Angehörige als radikal eingestufter Organisationen vom öffentlichen Dienst fernzuhalten versuchten – und doch gilt die, dem Rehabilitierungsritual der Entnazifizierungsverfahren nicht vergleichbare, systematische Gesinnungsüberprüfung im westlichen Ausland kaum als Ausweis demokratischer und liberaler Tugenden, ganz abgesehen davon, daß es das sozialdemokratisch regierte Preußen in Weimar weder gegenüber den Kommunisten noch gegenüber den Nationalsozialisten an Beweisen wehrhafter Demokratie hat fehlen lassen. Bei der politischen Wende von 1980/82 schließlich wurde an den Bruch der großen Koalitition von 1930 erinnert, und die »Flick-Spenden-Affäre« weckte Erinnerungen an die politische Korruption der Weimarer Zeit.

Selbst die zwei großen Gespenster der Vergangenheit, denen man als exogene Faktoren allzu gerne das Scheitern der Weimarer Republik anlastet, scheinen in verwandelter Form wieder zum Leben zu erwachen: einerseits die Bedrohung der Stabilität des politischen Systems durch die wirtschaftlichen Wechselbäder von Inflation und Weltwirtschaftskrise, andererseits die mangelnde Bewältigung der nationalen Frage durch die von den Alliierten am Ende des Krieges gesetzten Bedingungen. Epochale Vergleiche dieser Art hinken jedoch noch mehr als historische Vergleiche üblicherweise: Der Marshall-Plan war keine

Dawes-Anleihe, und die Reintegration in den Weltmarkt diente nach 1945 nicht mehr der Erwirtschaftung von Überschußleistungen zu Reparationszwecken. Ebensowenig lassen sich die im Versailler Vertrag festgelegten territorialen Verluste des Reiches, vor allem in Oberschlesien, in Posen-Westpreußen und in Elsaß-Lothringen, mit der nationalen Spaltung nach 1945 vergleichen. Gleichwohl sieht sich das politische System der Bundesrepublik nach dem Ende der Schönwetterperiode des »Wirtschaftswunders« mit der Tatsache konfrontiert, daß die gelungene Westintegration sowohl im Hinblick auf die Abhängigkeit von weltwirtschaftlichen Krisenerscheinungen als auch im Hinblick auf die »deutsche Frage« mit einer spezifischen Ohnmachtserfahrung erkauft ist, auf die eine endgültige Antwort der bürgerlichen Gesellschaft in Deutschland noch aussteht.

Wird das Bild der Weimarer Republik im öffentlichen Bewußtsein gelegentlich noch durch die Erinnerung an künstlerische Höchstleistungen in den »goldenen zwanziger Jahren« aufgehellt, so erscheint es in der wissenschaftlichen Diskussion spätestens seit der Durchsetzung strukturanalytischer Studien in den 60er Jahren fast ausschließlich als ein breit angelegtes Tableau der Voraussetzungen für den Niedergang der Republik und den Aufstieg des Nationalsozialismus. Die inzwischen fast unüberschaubare Spezialliteratur bietet eine verwirrende Fülle von Erklärungen an. Da gibt es entweder leicht identifizierbare Übeltäter, wie die industriellen Finanziers der NSDAP, vermeintliche Grundübel, wie die Revolution von 1918 oder ganz im Gegenteil deren unvollendeter Charakter, manchmal auch nur diffuse Ursachenbündel, die das Ende der Weimarer Republik als das Ergebnis einer tragischen Verstrickung ohne jede politische Verantwortlichkeit erscheinen lassen.

Im Kern geht es jedoch bei allen diesen Erklärungsversuchen um die Zuschreibung historischer Verantwortung. Ist der Schlüssel für das Scheitern der Weimarer Republik aber wirklich darin zu suchen, daß die Sozialdemokratie in der Revolution von 1918 es nicht vermochte, die in Deutschland vermeintlich versäumte demokratische Revolution durch die Entmachtung der militärischen, bürokratischen, agrarischen und industriellen Eliten des Kaiserreichs nachzuholen? Wäre die bürgerliche Republik wirklich zu retten gewesen, wenn die Arbeiterbewegung angesichts der heraufziehenden faschistischen Gefahr zu gemeinsamem Handeln gefunden hätte? Drängte die Krise des kapitalistischen Wirtschaftssystems wirklich unabweislich zu einer faschistischen Krisenlösung? Hätten die Wählermassen, die sich den Nationalsozialisten in der Weltwirtschaftskrise zugewandt hatten, wirklich der NSDAP den Rücken gekehrt, wenn Brüning rechtzeitig den Übergang zu einer

Keynesianischen Politik, d. h. der Arbeitsbeschaffung durch Staatsverschuldung, gefunden hätte? Solche Annahmen liegen den meisten Darstellungen zur Geschichte der Weimarer Republik zugrunde. Sie erklären jedoch unweigerlich die Entwicklung der Weimarer Republik von ihrem Ende her, gewissermaßen als geschlossenes System.

Andererseits geriete eine Argumentationsweise, die von den Folgen der historischen Entwicklung absehen oder auf die Gewichtung der historischen Verantwortung verzichten zu können glaubte, in die Gefahr eines gesichtspunktlosen Relativismus. Die Akkumulation einzelner Krisenphänomene läßt das Ende der Weimarer Republik dann nur zu leicht als das Ergebnis einer tragischen Verstrickung erscheinen, an der man nur ästhetisch leiden, aus der man aber nichts lernen kann. So betrachtet, lassen sich die Gründe für das Scheitern des Weimarer Experimentes dann nur noch tautologisch beschreiben: »Bevölkerung, Gruppen, Parteien und einzelne Verantwortliche haben das Experiment Weimar scheitern lassen, weil sie falsch handelten, indem sie falsch dachten.«[1]

Verständlicherweise wurde nicht nur die Geschichte der Weimarer Republik, sondern mehr oder weniger die ganze deutsche Geschichte von den Historikern nach Konstellationen durchforscht, die die spezifischen Bedingungen für den Durchbruch des Faschismus in Deutschland zu erklären versprachen. Anders als die meisten Studien der vergleichenden Faschismusforschung, die die Parallelität von Entwicklung in verschiedenen Ländern herausstellte, bezogen sich die Studien über die deutschen Sonderbedingungen für den Aufstieg des Faschismus in einem stillen Umkehrschluß auf die Verhältnisse im klassischen Land der bürgerlichen Demokratie und des liberalen Kapitalismus: England. Der deutsche Sonderweg wurde als Abweichung von einem idealisierten Modell westlicher Entwicklung verstanden. Die verspätete nationale Einigung, die gewaltsame Staatsbildung, der aggressive Nachzügler-Kapitalismus, die Dominanz vormoderner Eliten, die etatistisch-bürokratische Überformung der gesellschaftlichen Interessenkonflikte, all dies scheint letztlich darauf zurückzuführen zu sein, daß es die bürgerliche Gesellschaft in Deutschland nie zu einer bürgerlichen Revolution gebracht hat. Der spezifische Herrschaftskompromiß, den sie einzugehen gezwungen war, besiegelte gleichsam ihr Schicksal im Faschismus.

Diese Interpretation des deutschen Sonderweges gehörte zum Grundbestand der Umerziehungs-Ideologie der Nachkriegszeit. In abgewandelter Form war sie freilich auch fester Bestandteil der nationalen politischen Kultur sowohl der Weimarer Republik als auch schon des Kaiserreiches gewesen.[2]

Zwei jüngere angelsächsische Historiker[3] haben jedoch kürzlich auf den

irreführenden Charakter einer Argumentation hingewiesen, welche auf eine spezifische Rückständigkeit der deutschen Entwicklung abziele. Zum einen läßt sich zeigen, daß der spezifische Herrschaftskompromiß der bürgerlichen Gesellschaft in England im 19. Jahrhundert als Sonderfall gelten kann: Bekanntlich halten sich gerade dort vormoderne Vermögensverhältnisse, Herrschaftspraxis und Konfliktaustragungsrituale recht hartnäckig. Zum anderen läßt sich ein Bild des kaiserlichen Deutschland und mehr noch der Weimarer Republik zeichnen, das gerade im Vergleich mit England durch bahnbrechende Innovationen und richtungweisende »Modernität« gekennzeichnet ist.
Vor allem in den prosperierenden Städten im Westen und im Süden des Kaiserreiches entfaltete sich seit den 1890er Jahren ein wachsendes bürgerliches Selbstbewußtsein, das dem militärisch-aristokratischen Herrschaftsstil preußischen Zuschnitts widersprach. Ein modernes aufgeklärtes Bürgertum bekannte sich etwa im Bereich des Mäzenatentums zu neuen Formen der gesellschaftlichen Selbstdarstellung oder im Bereich der Sozialpolitik zu wissenschaftlich begründeten Entwürfen einer umfassenden Sozialreform. Gleichzeitig entwickelte sich ein neuer, populistischer Konservatismus, etwa im Flottenverein, eine moderne Form der Massenpartizipation, die mit der Fernsteuerung durch traditionelle Eliten kaum hinreichend erklärt werden kann. Solche Aspekte sind in der Geschichtsschreibung bisher unterbelichtet worden. Sie verstärkt hervorzukehren, heißt, den Aufstieg des Faschismus nicht einfach aus einer allgemeinen deutschen Rückständigkeit zu erklären, sondern durchaus auch in den spezifischen Formen bürgerlicher Modernität nach Gründen für diese Entwicklung zu suchen.
Für die Geschichte der Weimarer Republik folgt daraus der Versuch, diese nicht nur als Vorgeschichte des Dritten Reiches, sondern geradezu als Modellfall der bürgerlichen Gesellschaft in Deutschland zu verstehen. Um Mißverständnissen vorzubeugen: Nichts wäre gewonnen, wenn die Weimarer Republik lediglich als eine verfehlte Bundesrepublik erschiene, die aus bedauerlichen Gründen nicht so sein konnte, wie sie hätte sein müssen. In diese Richtung tendierte beispielsweise in der Zeit der sozialliberalen Koalition eine These, die die Zähmung des Klassenkonfliktes in den Mittelpunkt der Argumentation stellt.[4] War Weimar mit seiner hochentwickelten Form des organisierten Kapitalismus und der weit fortgeschrittenen Verrechtlichung der Arbeitsbeziehungen und den vielfältigen Absprachen zwischen den Arbeitgeberverbänden und Gewerkschaften seinerseits nicht der Entwicklung in anderen Ländern weit voraus? War nicht die spezifisch deutsche Form des Korporativismus, wie sie etwa in der berühmten Zentralarbeitsgemein-

schaft zwischen Arbeitgebern und Gewerkschaften vom November 1918 zu erkennen ist, das prominenteste Beispiel für die Herausbildung eines neuen »Gesellschaftsvertrages«[5], der die Kosten der Anpassung der bürgerlichen Gesellschaft an die Herausforderung durch die organisierte Arbeiterbewegung minimiert und sich etwa in England erst in den 1950er und 60er Jahren durchgesetzt hat? Nach der »Wende« ist es um dieses korporatistische Erklärungsmodell politisch stiller geworden, und auch die wissenschaftliche Korporativismuswelle scheint abzuebben. Die Frage nach dem Charakter und der Beständigkeit des neuen »Gesellschaftsvertrages« liefert jedoch den Schlüssel für die volle politische Entfaltung der »bürgerlichen Gesellschaft«, die in Weimar erstmals in der deutschen Geschichte möglich zu sein schien.

Diese Frage hebt sich bewußt von solchen Textbuchinterpretationen ab, die etwa in den vorindustriellen Eliten die heimlichen Herren von Weimar sehen oder der Sozialdemokratie, als Revolutions- und Staatspartei, das Scheitern der Weimarer Republik anlasten wollen. Das zentrale politische Problem Weimars liegt in der Mitte: Waren die seit den 1890er Jahren auch politisch erstarkten bürgerlichen Gruppen in der Lage, zusammen mit jenen Kräften der organisierten Arbeiterbewegung, die ihre, die bürgerliche Republik, unter dem Druck der Novemberrevolution überhaupt erst ermöglicht haben, einen neuen gesellschaftlichen Konsens zu entwickeln? Weimar war die Epoche, in der die bürgerliche Gesellschaft in Deutschland erstmals in ihr eigenes Recht trat. Ihre Bereitschaft, an dem neuen Konsens festzuhalten, war letztlich für die Überlebensfähigkeit des politischen Systems entscheidend.

Dabei läßt sich eine solche Frage nicht einfach auf der Ebene des politischen Systems oder der Ereignisgeschichte behandeln, aus der die eingangs erwähnten Weimarer Versatzstücke im politischen Legitimationshaushalt der Bundesrepublik in der Regel stammen. Ihr gesellschaftliches Substrat, das Bürgertum, befand sich schon in Auflösung und verabschiedete sich von den liberalen Traditionen, die Voraussetzung für jenen Konsens gewesen wäre.[6] Diese großen politischen Zusammenhänge lassen sich mit Hilfe teilweise vorzüglicher Handbücher mühelos rekonstruieren.[7]

Statt dessen wird es im folgenden um eine Überprüfung der genannten Fragestellungen in ausgewählten Bereichen gehen:

– Im Vordergrund steht zunächst die Entwicklung des Verhältnisses zwischen Kapital und Arbeit, das seit dem großen Ruhrbergarbeiterstreik von 1889 zur entscheidenden Herausforderung für die Entwicklung eines neuen Sozialvertrages wurde, mit dessen Hilfe der Klassenkonflikt domestiziert und in rechtsförmige Bahnen gelenkt werden sollte. Es wird zu fragen sein, ob es gelang, den Klassenkonflikt durch korporative Abreden stillzustellen, oder ob und wie sich dieser Konflikt selbst in den neuen Formen wieder Bahn brach und das integrative Projekt der bürgerlichen Gesellschaft von innen heraus bedrohte.

– Die Herausbildung korporativer Absprachen zwischen Kapital und Arbeit war in Deutschland entscheidend von staatlicher Intervention bzw. gesetzlicher Regelung abhängig. Der Staat war darüber hinaus Träger und Katalysator eines weiteren integrativen Projektes der bürgerlichen Gesellschaft: der Entwicklung eines sozialpolitischen Instrumentariums, das über die defensive Absicherung kollektiver Lebensrisiken hinaus einen sozialreformerischen Anspruch formulierte. Dieser war in der Sozialversicherungsgesetzgebung des Kaiserreiches angelegt und wurde in den sozialstaatlichen Verfassungsvorschriften der Weimarer Reichsverfassung konkretisiert. Staatliche und öffentliche Fürsorge, die hier am Beispiel der Jugendfürsorge konkretisiert wird, trugen dabei sowohl den Keim für die wohlfahrtsstaatlichen Zweckverwaltungen nach dem Zweiten Weltkrieg als auch für die Einübung sozialer Kontrolle und Ausgrenzung in sich.

– Der politische Kompromiß am Beginn der Weimarer Republik eröffnete auch der anderen Hälfte der Gesellschaft emanzipatorische Rechte: Die Weimarer Reichsverfassung gab den Frauen das Wahlrecht, und deren rechtliche Diskriminierung im Bereich der politischen Partizipation und Organisierung sowie im Bildungswesen wurde abgebaut. Wie diese Chancen in der gesellschaftlichen Wirklichkeit genutzt wurden, wird am Beispiel des Zugangs von Frauen zu privilegierten Berufen durch ein Studium gefragt. In welche Widersprüche wurden die beteiligten Frauen verwickelt, welchen Widerspruch erfuhren sie von männlicher Seite? Daß die NS-Bewegung die Figur des Kriegers zum Leitbild bürgerlicher Öffentlichkeit machte und männliche Führung feierte, gibt einen allgemeinen, freilich im einzelnen schwer analysierbaren Hinweis auf die Bedeutung dieser Frage. Andererseits werden auch hier in der Weimarer Republik Frühformen eines gesellschaftlichen Entwicklungs- und Konfliktpotentials sichtbar, das sich erst in den letzten Jahrzehnten voll zu entfalten begonnen hat.

– War der groß angelegte Versuch zur Neuformulierung eines Gesellschaftsvertrages in den entscheidenden Trägerschichten der bürgerlichen Gesellschaft, dem breiten Spektrum vom Groß- zum Kleinbürgertum, mehrheitsfähig? War der neue Kompromiß nicht mit der steigenden Bereitschaft dieser Gruppen zur politischen Abwanderung nach rechts, die Ernst Troeltsch schon 1919 im städtischen Bildungsbürgertum, in der evangelischen Kirche und der Studentenschaft festgestellt hatte, sowie schließlich mit der zunehmenden Gewaltdisposition unzureichend integrierter Gruppen aus allen, namentlich aber den mittleren Schichten, zu teuer erkauft? Am Beispiel der Gewaltsozialisation »alter Kämpfer« soll dieser Frage nachgegangen werden.

– Der Siegeszug der Nationalsozialisten wird schließlich auch aus der Zerstörung des traditionellen Politikverständnisses der bürgerlichen »Mitte« und der Krise ihres sozialen Milieus heraus begreifbar. Am Beispiel der Landvolkbewegung in Schleswig-Holstein wird nach der Rolle zu fragen sein, die die Erschütterung des Legitimationsanspruches bürgerlicher Parteien und Verbände und eine daraus sich ableitende Opposition bürgerlicher Milieus zur Republik für den Aufschwung der nationalsozialistischen Sammlungsbewegung spielte.

Mit diesen Beispielen soll versucht werden, die Weimarer Epoche mit ihren politischen, gesellschaftlichen und wirtschaftlichen Problemen im Kern als das zu begreifen, was sie im Bereich der Kunst und Kultur völlig unbestritten ist: eine bürgerliche Epoche.[8] Mit der Neuen Sachlichkeit, mit dem Bauhaus, mit dem Theater Piscators, Brechts und Reinhardts kam das Ende der Ismen, die im künstlerischen Leben seit der Jahrhundertwende dominant gewesen waren: des Kubismus, Futurismus, Expressionismus und Dadaismus. Berlin löste in allen Bereichen der Hochkultur Paris als Zentrum der Moderne ab.

Die Intensivierung vielfältiger Kommunikationssysteme durch Presse, Film und Rundfunk sowie durch den Ausbau der städtischen Infrastruktur bahnte einer Massenkultur den Weg, die insbesondere ein großstädtisches Lebensgefühl vermittelte. Die Begeisterung für Massensport und Technik verband sich mit neuen Konsumansprüchen zu einem allgemeinen »Amerikanismus«, der bis weit in die Kreise der organisierten Arbeiterschaft hineinreichte. Sozialdemokratische Unterstützung beförderte linksbürgerliche Reformprojekte, sei es im Städtebau wie in Frankfurts Siedlungswesen oder wie unter Preußens parteilosem Kultusminister H. C. Becker in der Schulreform.

Die künstlerische Avantgarde in der Weimarer Republik lebte von einem hohen Maß an politischer Konfliktbereitschaft und gesellschaftlichem Anspruch. Ihr dominantes Erscheinungsbild in der Öffentlichkeit darf jedoch nicht darüber hinwegtäuschen, daß sich vor allem in den kleinstädtischen und ländlichen Gebieten Deutschlands eine zivilisations- und kulturkritische Gegenbewegung verstärkte, die sich sehr wohl der neuen Formen der Massenkultur zu bedienen verstand. Auf der anderen Seite profitierte auch die unabhängige, proletarische Kulturbewegung mit ihren Arbeiterkorrespondenten und Arbeitertheatern von dieser Öffnung der linksbürgerlichen Avantgarde-Kultur sowie ihrer massenkulturellen Umsetzung. Der Feldzug, den Alfred Rosenbergs nationalsozialistischer »Kampfbund für deutsche Kultur« gegen den »Kulturbolschewismus« führte, richtete sich eigentlich gegen dieses radikale kulturelle Projekt bürgerlicher Modernität, das im Werkbund schon erste Konturen gezeigt hatte.

2. Kapital und Arbeit: Der umstrittene Gesellschaftsvertrag

Von Bernd Weisbrod

Die Zentralarbeitsgemeinschaft

»Auf das Bürgertum, wie es einmal in Deutschland war, ist in wirtschaftspolitischen Dingen leider kein Verlaß.«
Mit diesen Worten erklärte Jakob W. Reichert, der Geschäftsführer des Vereins Deutscher Eisen- und Stahlindustrieller, am vorletzten Tage des Jahres 1918 den Mitgliedern der Rheinisch-westfälischen Industrie- und Handelskammer den Abschluß des »Stinnes-Legien-Abkommens« vom 15. November 1918, das eine Zentralarbeitsgemeinschaft zwischen den Arbeitgeberverbänden und den Gewerkschaften begründen sollte. Noch während des militärischen Zusammenbruchs war man im Unternehmerlager zu der Erkenntnis gelangt, deren Verbreitung durch die revolutionären Ereignisse Anfang November in Berlin noch beschleunigt wurde, daß nur noch die organisierte Arbeiterschaft den Lauf der Dinge beeinflussen könne:

> Inmitten der allgemeinen großen Unsicherheit, angesichts der wankenden Macht des Staates und der Regierung gibt es für die Industrie nur auf seiten der Arbeiterschaft starke Bundesgenossen, das sind die Gewerkschaften.[9]

Diese Einsicht fiel insbesondere den schwerindustriellen Arbeitgebern des Ruhrgebietes schwer. Sie hatten den Bergarbeiterverbänden seit dem großen Streik von 1889 hartnäckigen Widerstand geleistet und sich dem Siegeszug des Tarifvertrages und der Anerkennung der gewerkschaftlichen Organisation in der Eisen- und Stahlindustrie prinzipiell und mit anhaltendem Erfolg widersetzt. Nun hatten sie dem geschickten Kurswechsel von Hugo Stinnes ein Abkommen zu verdanken, das, in den Worten Reicherts, »nichts weniger bedeutet als die Erhaltung des Unternehmertums, damit die Sicherung unserer Wirtschaftsordnung und zum dritten: die Erhaltung der Schichtung der bürgerlichen Gesellschaft«.[10]
Was war der Preis, den die Arbeitgeber für die Erhaltung der bürgerlichen Gesellschaft im Nachkriegsdeutschland zu zahlen hatten, und wie stabil war die Geschäftsgrundlage des neuen Gesellschaftsvertrags,

der erstmals offen auf dem Klassenkompromiß aufbaute und in ein korporativistisches Arrangement zur langfristigen Zusammenarbeit von Kapital und Arbeit überführt werden sollte?
Die Gewerkschaften wurden als »berufene Vertreter der Arbeiterschaft« anerkannt (Punkt 1), die Arbeitsbedingungen sollten durch »Kollektivvereinbarungen« geregelt werden (6). Die Arbeitgeber verpflichteten sich, die Koalitionsfreiheit nicht zu beschränken (2), die wirtschaftsfriedlichen Werkvereine (die von den Unternehmern bis dahin geförderten »gelben« Arbeitervereine) »fortan vollkommen sich selbst (zu) überlassen« (3). In Betrieben mit mehr als 50 Beschäftigten war ein Arbeiterausschuß einzusetzen, der »in Gemeinschaft mit dem Betriebsunternehmer darüber zu wachen hat, daß die Verhältnisse des Betriebs nach Maßgabe der Kollektivvereinbarungen geregelt werden« (7). Außerdem wurde die Einrichtung von paritätischen Arbeitsnachweisen und Schlichtungsausschüssen vereinbart. Schließlich, und dies galt beiderseits als Begründung für die Notwendigkeit der Kooperation, sah das Abkommen zur reibungslosen Abwicklung der Demobilmachung die Wiedereinstellung der Kriegsteilnehmer und gemeinsame Anstrengungen zur Inganghaltung der Betriebe vor (4). Über die Durchführung der Vereinbarung sollte ein paritätisch zusammengesetzter Zentralausschuß mit »beruflich gegliedertem Unterbau« wachen, der außerdem befugt sein sollte, weitere Maßnahmen »zur Demobilisierung, zur Aufrechterhaltung des Wirtschaftslebens und zur Sicherung der Existenzmöglichkeiten der Arbeitnehmerschaft« zu ergreifen. Bei Streitigkeiten, die mehrere Berufsgruppen zugleich betrafen, sollte der Zentralausschuß als letzte Schlichtungsinstanz gelten (10 u. 11). Das materiell und symbolisch bedeutsamste Zugeständnis war jedoch die Einführung des achtstündigen Maximalarbeitstages »für alle Betriebe« bei vollem Lohnausgleich (9). Die Verwirklichung dieses traditionellen Ziels der Arbeiterbewegung wurde jedoch in einem Zusatzprotokoll von einer entsprechenden internationalen Regelung für »alle Kulturländer« abhängig gemacht. In einer weiteren Absprache wurde eingeräumt, daß die Werkvereine nach einer kurzen Karenzzeit wieder zugelassen werden konnten.[11]
Hugo Stinnes, der eigentliche Motor der Verhandlungen, mag mit deren Abschluß tatsächlich mehr im Sinne gehabt haben als lediglich eine Rückversicherung gegen revolutionäre Sozialisierungsforderungen. Er hoffte, zusammen mit den Gewerkschaften die erwartete Nachkriegskonjunktur zur Festigung der deutschen Welthandelsposition benutzen zu können, um auf diese Weise die Kriegsverluste und -folgen zu kompensieren. Die inflationäre Entwicklung würde dabei die günsti-

gen Rahmenbedingungen schaffen: Die internationale Abwertung der Mark erhöhte die deutschen Exportchancen, sicherte Vollbeschäftigung und ermöglichte hohe Lohnzuwächse.[12]

Die meisten Unternehmer dürften jedoch ähnliche Befürchtungen gehegt haben wie der Zechenverbandsvorsitzende Alfred Hugenberg. Auf der Tagung Ende 1918 antwortete er Reichert, diese Konzessionen hätten nur im Falle eines Sieges gewährt werden dürfen. »Nun machen wir alles das in dem Augenblicke, wo wir unterlegen sind. Und daß das nicht haltbar ist, darüber habe ich gar keinen Zweifel.«

Für Hugenberg war das Abkommen mit den Gewerkschaften lediglich ein »Notprodukt«, keineswegs die Voraussetzung für eine kunstvolle Organisation industrieller Selbstverwaltung. Letztlich, so führte er aus, seien die Arbeiter, die die »Zersetzung in unser Vaterland« hineingetragen hätten, selbst schuld, daß diese gemeinsame Aktion, deren Erfolg er ihnen von Herzen wünsche, nach der Niederlage kaum noch Aussicht auf Erfolg habe.[13]

Die Gewerkschaften ihrerseits verzichteten darauf, die Gunst der Stunde politisch voll auszunutzen. Ihre zurückhaltende Politik war jedoch ein Wechsel auf die Zukunft. Carl Legien, der Vorsitzende der freigewerkschaftlichen Generalkommission, berief sich auf die evolutionäre Lesart der sozialdemokratischen Parteidoktrien: Ein politischer Umsturz könne in wenigen Stunden oder Wochen erfolgen, so argumentierte er in Anlehnung an Marx, die Sozialisierung, auf die die Vereinbarung vorbereite, werde jedoch Monate und Jahre dauern.[14]

Selbst wenn man die Hoffnung des sozialdemokratischen Reichswirtschaftsministers Rudolf Wissell nicht teilte, der in der Zentralarbeitsgemeinschaft die notwendige Vorstufe für die kommende Gemeinwirtschaft sah, so erschien die Politik der Gewerkschaftsführung im Lichte der gewerkschaftlichen Ziele nur konsequent. Legien rechtfertigte seine Politik vor dem Deutschen Metallarbeiterverband, der schon 1919 unter Führung der USPD-Opposition seine Mitarbeit an der Arbeitsgemeinschaft aufkündigte:

> Sie behaupten, daß die Arbeitsgemeinschaften, die wir geschaffen haben, ins Leben gerufen worden sind, um den Kapitalismus zu schützen. Das ist falsch. Die Arbeitsgemeinschaften sind nichts anderes als die Fortsetzung unserer bisherigen Gewerkschaftspolitik. (...) Die Arbeitsgemeinschaften sind nichts weiter als die Fortsetzung der Tarifpolitik, und das wird jeder von ihnen zugestehen müssen: die Tarifpolitik hat uns erst mächtig und stark gemacht.[15]

Ein Abkommen, das auf dermaßen divergierenden Absichten beruhte, konnte, auch ungeachtet der revolutionären Ereignisse, kaum Bestand haben. Das korporativistische Arrangement der Spitzenverbände von

Kapital und Arbeit führte weder dazu, daß ihre Interessen wirklich verflochten und ihr Grundkonsens verbreitert wurde, noch konnten sie dadurch den Staat aus ihrem selbstverwalteten Aktionsbereich verdrängen. Zwar gelang es den Partnern der Arbeitsgemeinschaft, für die in ihrer Problematik weit überschätzte Demobilmachung die Einrichtung einer eigenen Behörde zu erzwingen. Schon in der zentralen Frage der Arbeitszeitregelung war Stinnes jedoch klar, daß es höchstens galt, einer staatlichen Regelung »freiwillig« zuvorzukommen: Am 12. November 1918 hatte der Rat der Volksbeauftragten schon den Achtstundentag verkündet, am 23. Dezember per Demobilmachungsverordnung dekretiert. Eine Reihe von weiteren Demobilmachungsverordnungen setzte die sozialpolitischen Zugeständnisse etwa im Schlichtungswesen und Tarifvertragswesens in staatliches Recht um.[16]

Die Berufung auf die Arbeitsgemeinschaft hat den Unternehmern zweifellos geholfen, von den Kontrollen der Kriegswirtschaft z. B. im Bereich der Preis- und Devisenpolitik freizukommen. Es handelt sich dabei jedoch nur in sehr eingeschränktem Sinne um eine »Konterrevolution gegen die staatliche Wirtschaftskontrolle« (Feldman). Die »Produzenten-Allianz« zwischen Arbeitgebern und Gewerkschaften beruhte auf den Spielräumen einer inflationären Politik, die noch bis 1922 die paritätische Verwaltung von Gemeinwirtschaftskörpern, etwa im Bergbau, erlaubten. Die Arbeitsgemeinschaft selbst war jedoch ein Zweckbündnis, das seinen Ursprung den politischen Veränderungen vom Oktober 1918 verdankte, und dessen politische Sinngebung beinahe unmittelbar umstritten war. Hinzu kam, daß nicht nur die revolutionäre Rätebewegung von Anfang 1919, sondern auch die Beratungen in der verfassunggebenden Nationalversammlung die Existenzberechtigung der Zentralarbeitsgemeinschaft in Frage stellten. Die von dem sozialdemokratischen Theoretiker Hugo Sinzheimer vertretene Idee der »sozialen Selbstverwaltung« diente jedenfalls eher dazu, die politische Brisanz der Rätebewegung zu entschärfen, als die Arbeitsgemeinschaftspolitik in Verfassungsrang zu erheben.[17] Faktisch ersetzte der auf Sinzheimer zurückgehende Räteartikel der Weimarer Reichsverfassung (Artikel 165 WRV) jedoch den organisatorischen Kern des Stinnes-Legien-Abkommens mit Bezirks-, Reichsarbeiter- und Wirtschaftsräten, ohne allerdings deren arbeitsrechtliche Funktion zu definieren. Die einzige Organisation, die schließlich auf dieser Grundlage 1920 verwirklicht wurde, der vorläufige Reichswirtschaftsrat, war jedoch weitgehend auf gutachterliche Funktion beschränkt, der Zentralarbeitsgemeinschaft blieb lediglich das Ernennungsrecht.[18]

Der »Geist der Arbeitsgemeinschaft« sollte später wiederholt beschworen werden; er war jedoch schon tot, noch bevor sie diese konkrete Gestalt angenommen hatte. Nichts zeigt sich deutlicher als die unrühmliche Rolle, die die ZAG im Verlauf des Kapp-Putsches spielte. Die Gewerkschaftsseite sah weder Grund noch Anlaß, den Aufruf zum Generalstreik gegen die Putschisten im Rahmen der ZAG zu beraten, und die Arbeitgeber erwiesen sich dieses Mißtrauens durchaus würdig, indem sie sich als Vermittler zwischen der alten, legitimen und der neuen putschistischen Regierung anboten. Lediglich die Arbeitsgemeinschaft der Chemischen Industrie stellte sich uneingeschränkt hinter die politische Aussage des Generalstreiks, auch indem sie eine Entschädigungsverpflichtung gegenüber den streikenden Arbeitern übernahm, eine Selbstverpflichtung, der sich die Arbeitgeberseite in der ZAG auch nach Beseitigung der Kapp-Regierung zu entziehen versuchte.[19]

Nachdem so offensichtlich keine Einigung über den politischen Sinn des neuen sozialen Grundvertrags erzielt werden konnte, stand auch der sozialpolitische Kernbereich des ZAG-Abkommens zur Disposition, sobald sich die praktischen Vorteile des inflationären Interessenausgleiches erschöpft hatten. In einer Ende 1922 kursierenden Denkschrift zu einem Grundsatzprogramm des Reichsverbandes der Deutschen Industrie forderte der rheinische Braunkohlenindustrielle Paul Silverberg unumwunden die Rückkehr zur freien Vereinbarung anstelle des Tarifvertrages, die Verlängerung der Normalarbeitszeit notfalls durch richterliche Entscheidung, Streikverbot in öffentlichen Betrieben, den Ausschluß der Gewerkschaften aus den Betriebsvertretungen, die Vereinigung des Wirtschafts- und des Arbeitsministeriums, alles unter dem Motto: »Sozialpolitik kann nicht Selbstzweck sein.«[20]

Schließlich benutzte Hugo Stinnes, der Vater der ZAG, die Gelegenheit der Ruhrbesetzung durch die Franzosen und Belgier wegen angeblicher Rückstände bei den Reparationszahlungen, um die Besatzungsbehörde für die Beseitigung des Achtstundentages zu gewinnen. Als dies mißlang, versuchte er, die in ihrer Bewegungsfreiheit empfindlich eingeschränkte Regierung zur Hinnahme der einseitig verlängerten Arbeitszeit in den Zechen zu zwingen. Mit Wiedereröffnung der Betriebe im Ruhrgebiet im Oktober 1923 und der gleichzeitigen Währungsstabilisierung war den Arbeitgebern, wieder unter Führung von Stinnes, die sozialpolitische Revision endgültig gelungen. Die Kündigung des ZAG-Abkommens durch die Gewerkschaften war nur mehr eine Formsache.[21] Arbeitgeber und Gewerkschaften standen sich Anfang 1924 wegen der wiederverlängerten Arbeitszeit in heftigen Arbeitskämpfen gegenüber, in denen die Arbeiterschaft in der Regel unterlag. Es war schließlich nur dem Taktieren des Reichsarbeitsministers Heinrich Brauns (Zentrum) zu verdanken, der die ersten Mehrarbeitsabkommen in der Schwerindustrie persönlich vermittelte, daß die faktische Außerkraftsetzung des Achtstundentags in der Arbeitszeitverordnung vom 21. Dezember 1923 an die Aufrechterhaltung des Tarifvertrages gebunden war, den die Scharfmacher auf der Arbeitgeberseite am liebsten auch gleich mit verschwinden lassen wollten.[22]

Die Gewerkschaften sind wohl kaum nur wegen ihrer Arbeitsgemeinschaftspolitik in diese ausweglos erscheinende Situation geraten. Sicher ist jedoch, daß nicht die Politik der Kooperation mit den Arbeitgebern, sondern die Abstützung auf den Staat und dessen kompensatorische Sozialpolitik sie in der Phase der relativen Stabilisierung vor dem Schlimmsten bewahrte. Es ist deshalb nur zu verständlich, daß sie weiteren Avancen der Arbeitgeberschaft zur Wiederbelebung der Arbeitsgemeinschaft mit besonderer Vorsicht begegneten, zumal sie sich einer deutlich ansteigenden Aussperrungsaktivität der Arbeitgeber gegenübersahen.[23] Zu offensichtlich war die taktische Absicht, mit der wiederholt der »Geist der Arbeitsgemeinschaft« beschworen wurde, wann immer die Arbeitgeber eine Verzichtsleistung der Gewerkschaften erwarteten. Zu offensichtlich war auch die konsequente Feindschaft, mit der prinzipiell antigewerkschaftlich eingestellte Arbeitgeber – nicht nur in der Schwerindustrie – solche Annäherungsversuche im eigenen Lager behinderten.

Im September 1926 beteuerte Silverberg, die Unternehmerschaft stehe auf dem Boden des neuen Staates. Er rief die Sozialdemokratie zur Übernahme von Regierungsverantwortung und zur Wiederbelebung der Arbeitsgemeinschaft auf. Dieses Angebot, das die Forderungen einer wieder erstarkenden Arbeiterbewegung vorwegzunehmen suchte, war jedoch in der Industrie selbst nicht mehrheitsfähig. Vor allem der schwerindustrielle Westen blockierte eine solche Entwicklung, die den schlechten Kompromiß einer Arbeitsgemeinschaft auf »unehrlicher Basis« festzuschreiben drohe: Die Arbeiterschaft sei noch nicht reif für eine »veredelte Arbeitsgemeinschaft«, so führte der sozialpolitische Direktor von Krupp, Heinrich Vielhaber, aus. Stinnes habe 1918 auf dem Gebiet der Wirtschaftspolitik nur deshalb Sieger bleiben können, weil er Legien den Sieg in der Sozialpolitik überlassen habe. In der »veredelten Arbeitsgemeinschaft« müsse die Arbeiterschaft aber auch die »Siegessteine« Achtstundentag, Anerkennung als »Monopolgewerkschaften« und »Entwurzelung der Wirtschaftsfriedlichen« aufgeben.[24]

Noch einmal wurde der »Geist der Arbeitsgemeinschaft« beschworen:

Im Juni und Dezember 1930 versuchte die Regierung Brüning über eine offene Kooperation zwischen den Arbeitgeberverbänden und den Gewerkschaften eine verbreiterte außerparlamentarische Basis für ihre Deflations- und Sparpolitik zu gewinnen. Vertreter der Elektro- und der Verarbeitungsindustrie – die auch den Vorstoß von 1926 unterstützt hatten – suchten in den Gewerkschaften Partner für eine gegen die Schutzzollinteressen der Landwirtschaft und gegen die Ausgabenwirtschaft der öffentlichen Hand gerichtete Politik. Aber wieder waren es die sozialpolitischen Interessen der Schwerindustrie und anderer Arbeitgebergruppen, die eine Verständigungsbasis zerstörten: Sie wollten sich nicht die Freiheit nehmen lassen, die Deflationspolitik zu einer Durchbrechung des Tarifvertragsprinzips selbst zu benutzen. Auch vermochte das verständliche Interesse der Gewerkschaftsführung am Zustandekommen eines »Burgfriedens« unter den Bedingungen der Weltwirtschaftskrise nichts gegen das Mißtrauen der Einzelgewerkschaften: Sie wollten angesichts des Lohnabbaus und der kommunistischen Opposition in den eigenen Reihen wenigstens an ihrer tarifpolitischen Position festhalten.[25]

Von Arbeiter- und Soldatenräten zu Betriebsräten

Die Arbeitsgemeinschaftspolitik, mit der sich die Gewerkschaftsführung als Geburtshelfer in der bürgerlichen Republik von Weimar einen unverzichtbaren Anspruch auf die gleichberechtigte Gestaltung der Wirtschafts- und Sozialverfassung gesichert zu haben glaubte, war jedenfalls gründlich gescheitert. Auf dem Gebiet der Wirtschaftsverfassung blieb die »Wirtschaftsdemokratie« Utopie; die Betriebsverfassung schien dagegen zunächst mehr Ansatzpunkte für die demokratische Mitbestimmung zu bieten. Die Triebkraft für diese Entwicklung ging jedoch nicht von dem ZAG-Abkommen, sondern von der spontanen Rätebewegung aus, die die eigentliche soziale Dynamik der revolutionären Ereignisse von 1918/19 ausmachte.
Mit einer gewissen zeitlichen Verzögerung setzte sich Anfang 1919 in großen Teilen der Arbeiterschaft die Erkenntnis durch, daß die politische Revolution keine grundlegende Veränderung der wirtschaftlichen Verhältnisse mit sich gebracht hatte. Die breite Masse der Industriearbeiterschaft erwartete die Sozialisierung nicht als Einlösung marxistischer Gesetzmäßigkeiten, sondern als die praktische Verwirklichung sozialer Gerechtigkeit, insbesondere im Betrieb selbst. Nach der spontanen Bildung von Arbeiter- und Soldatenräten in den ersten Revolu-

tionstagen kam es daher überall im Reich zu einer revolutionären Betriebsrätebewegung.[26] Die spontane Volkserhebung knüpfte in Berlin an die Erfahrungen der revolutionären Obleute aus den Januar-Streiks 1918 an, im Ruhrgebiet an die bergbauspezifische syndikalistische Tradition. Die Enttäuschung der sozialistischen Erwartungen durch die Staatsumwälzung vom November 1918 entlud sich in einer Streikwelle, die sowohl das noch in den Geburtswehen liegende politische System als auch die bürgerliche Gesellschaftsordnung selbst aus den Angeln zu heben drohte.[27] Die spontane Selbstorganisation der industriellen Arbeiterschaft mit ihren regionalen und überregionalen Zusammenschlüssen stellte die politische Willensbildung der Parteien in der Nationalversammlung sowie die Arbeitsgemeinschaftspolitik der Gewerkschaften prinzipiell in Frage. Sie forderte darüber hinaus auch die Bildung von bürgerlichen Selbstschutzorganisationen heraus. Aus dieser gewaltsamen Konfrontation erwuchs das eigentliche Revolutionstrauma der bürgerlichen Gesellschaft in Weimar.

In der systematischen Rätetheorie, die Richard Müller und Ernst Däumig von der Berliner Betriebsräte-Zentrale als Programm der USPD etablierten, waren die Räte Mittel und Zweck zugleich auf dem Weg zur »proletarischen Demokratie«. In der Praxis zeigte sich jedoch, daß die Räte ihre Tätigkeit keineswegs als unvereinbar mit derjenigen der politischen Parteien der Arbeiterbewegung oder der Gewerkschaften verstanden: Der erste Reichsbetriebsrätekongreß im Dezember 1918 stimmte mit überzeugender Mehrheit für die Einberufung der Nationalversammlung, und die Rätebegeisterung ging mit einem lawinenhaften Anstieg der Gewerkschaftsmitgliedschaft einher.[28] Das linksradikale Modell, nach dem die Räte allein Organe demokratischer Kontrolle sein sollten, dürfte jedenfalls nur bei einer kleinen Minderheit der Räte, etwa in Bremen, ausschlaggebend gewesen sein. Die Vorstellung jedoch, auf den Räten eine demokratische Wirtschaftsverfassung aufzubauen, die die politische Demokratie ergänzen sollte, war weitverbreitet. Sie fand auf dem zweiten Betriebsrätekongreß im April 1919 in Form eines SPD-Antrags zur Einrichtung von Arbeiterkammern eine Mehrheit und schließlich in dem Räteartikel der Weimarer Reichsverfassung ihren konkreten Niederschlag.

Die spontane Rätebewegung stellte die Sozialdemokratie keineswegs vor die prinzipielle Alternative »bolschewistischer Rätediktatur« oder »parlamentarische Demokratie«. Sie erschloß vielmehr das Potential für eine Demokratiegründung, die eine demokratische Fundierung der Republik auch in der Wirtschaft, der Verwaltung und im Militär hätte bewirken können.[29]

Die freien Gewerkschaften sahen jedoch zunächst »kein Bedürfnis« für die Räte (Legien). Der Betriebsegoismus der Räte schien die Grundlage des Arbeitsgemeinschaftsgedankens, die Tarifvertragspolitik, zu bedrohen. Rätetheoretiker wie Richard Müller geißelten darüber hinaus den untauglichen Versuch, Interessengegensätze durch Arbeitsgemeinschaften zu überbrücken, »ein Versuch, der nur Verwirrung in die Reihen der Arbeiter trägt und den erforderlichen Klassenkampf unterbinden muß«.[30] Die revolutionäre Rätebewegung, die erst mit und aufgrund des Verlaufes der Revolution entstand, brachte den spontanen Protest der Industriearbeiterschaft gegen die soziale Ungerechtigkeit ihrer Lebenslage zum Ausdruck. Ihr unmittelbares Hauptziel bestand darin, die Forderungen nach Sozialisierung und unmittelbarer Betriebsdemokratie in die Verhandlungen über den neuen Gesellschaftsvertrag einzubringen.

Die grundsätzliche Berechtigung dieser Revolte erkannte auch Sinzheimer an, der in der Nationalversammlung erklärte, die Demokratie müsse das Vertrauen der Arbeiterschaft gewinnen:

> Dazu gehört aber das eine, daß die Arbeiter als Menschen behandelt werden. Das ist der Grundgedanke, der das ganze Rätesystem durchzieht: Der Mensch will aufhören, Maschinenteil zu sein, nur Auge und Hand, er will endlich Mensch werden und seine Lebenssphäre erweitern.[31]

Gemessen an der politischen Radikalität der reinen Rätetheorie und dem revolutionären Impuls der Rätebewegung, die sich in den Massenstreiks im Frühjahr 1919 entlud, war das Betriebsrätegesetz vom 4. Februar 1920 jedoch nur ein »Staatsbegräbnis erster Klasse« (Kolb).

Von der gleichberechtigten Mitwirkung bei der Regelung der Lohn- und Arbeitsbedingungen sowie der gesamten wirtschaftlichen Entwicklung der produktiven Kräfte, wie sie der Räteartikel der Weimarer Verfassung versprach, blieb lediglich eine Betriebsverfassung, in der die demokratischen Mitwirkungsrechte des Betriebsrats weitgehend auf soziale Belange beschränkt waren. Daran konnte auch die Massendemonstration am 13. Januar 1920 anläßlich der Beratung des Betriebsrätegesetzes nichts ändern, in deren Verlauf 43 Demonstranten vor dem Reichstag erschossen wurden. Das BRG folgte in seiner Grundkonzeption Vorschlägen der Gewerkschaftsführung und knüpfte noch im Wortlaut an die Zwecksetzung der Arbeiterausschüsse in der Preußischen Bergrechtsnovelle von 1905 und im Vaterländischen Hilfsdienstgesetz von 1916 an, die schon das »gute Einvernehmen« mit der Betriebsleitung zum gleichrangigen Zweck der betrieblichen Interessenvertretung erklärt hatten. Die USPD, die zusammen mit der DVP und der DNVP das Betriebsrätegesetz ablehnte, kritisierte nicht nur die Unterordnung der Betriebsrätearbeit unter den Betriebszweck (§ 1 BRG) und die Verpflichtung zur Wahrung des Betriebsfriedens (§ 66), sondern auch die Einrichtung von getrennten Angestelltenräten (ein Zugeständnis an die DDP) und das Fehlen eines imperativen Mandats für Betriebsräte sowie eines Beitragsrechtes für übergreifende organisatorische Arbeit.

Auf der anderen Seite stießen die schwächlichen Versuche zur wirtschaftlichen Kontrolle der Betriebsleitung durch das Recht zur Bilanzeinsicht und zur Entsendung von bis zu zwei Vertretern in den Aufsichtsrat (§§ 72 u. 73) auf ebenso heftigen Widerstand der inzwischen wieder erstarkten Industrie- und Arbeitgeberverbände. Auch die vorgesehene Mitwirkung des Betriebsrates bei der Verwaltung von Wohlfahrtseinrichtungen, der Erstellung von Arbeitsordnungen, der Konkretisierung von Tarifverträgen in Betriebsvereinbarungen und insbesondere bei Einstellungen und Kündigungen waren ihnen nicht geheuer: »Der Arbeiter ist sachverständig für die Ausführung der Arbeit, der Arbeitgeber ist sachverständig für die Leitung der Betriebe«, so führte Generaldirektor Albert Vögler auf der Protestveranstaltung der Industrie am 11. Dezember 1919 aus; das BRG müsse deshalb fallen, »weil es gegen eines der vornehmsten Gesetze verstößt (...) (und) weil es der Anfang der Verkörperung der sozialistischen Wirtschaftstheorie ist«.[32]

In der Praxis fanden die Arbeitgeber – trotz anfänglichen Entgegenkommens einiger Großbetriebe in der Frage der Freistellung von Betriebsräten – genug Gelegenheit, die Arbeit des Betriebsrates zu paralysieren. Die Bilanzeinsicht wurde wegen der Bilanzierungspraxis vieler Unternehmen zur Farce: den Betriebsräten, die zur Geheimhaltung von Geschäftsgeheimnissen verpflichtet waren, wurde sogar verboten, während des Bilanzvortrages Notizen zu machen. Den Arbeitervertretern im Aufsichtsrat wurde durch die Manipulation des Geschäftsganges faktisch der Einblick in die wirtschaftlichen Abläufe verwehrt. Die wichtigste Veränderung der »Betriebsverfassung« infolge des BRG, die jedoch in der Regel unbeachtet bleibt, dürfte die Einrichtung und der Ausbau der sozial- und arbeitspolitischen Abteilungen in den großen Betrieben gewesen sein, die mit ihrer bürokratischen und juristischen Einengung der Betriebsratsarbeit den Grundstein für die moderne soziale Betriebsführung und die professionelle Arbeitswissenschaft legten.[33]

Am wirksamsten gestaltete sich das Mitwirkungsrecht des Betriebsrates durch das Einspruchsrecht bei Kündigungen (§ 81 ff.). Der Betriebsrat übte hier auch gegenüber der Belegschaft eine gewisse Kontrollfunktion aus, da ihm eine Vorentscheidung über die Berechtigung des Widerspruchs zustand. Dies konnte in Fällen von »unbilliger Härte« oder bei »Änderungskündigungen« zu Desolidarisierungserscheinungen in der Belegschaft führen. Das Einspruchsrecht bei Kündigungen stellte jedoch insgesamt nicht nur in Einzelfällen einen sozialen Schutz dar, es hatte auch im Falle von Maßregelungskündigungen eine wichtige politische Bedeutung. Dabei galt das Diskriminierungsverbot nicht nur im Falle der Mitgliedschaft bei politischen und gewerkschaftlichen Organisationen, sondern auch wegen Religions- und Geschlechtszugehörigkeit. Für Frauen war der Kündigungsschutz jedoch praktisch außerordentlich beschränkt: Nach einem Gesetzeskommentar galt er nicht für eine Frau, »die nicht wegen ihres Geschlechtes, sondern etwa deshalb gekündigt worden ist, um einem bedürftigen Mann an der Arbeitsstelle Platz zu machen«(!).[34]

Trotz dieser sehr beschränkten Befugnisse und praktischen Schwierigkeiten in der Betriebsratsarbeit erwiesen sich die Betriebsräte für die Gewerkschaften als außerordentlich nützlich. Sie wirkten als »verlängerter Arm« der Gewerkschaften im Betrieb bei der Kontrolle über die Durchführung von Tarifverträgen. Sie stellten auch ein beachtliches Rekrutierungspotential für die gewerkschaftliche Arbeit dar. Vor allem aber gaben die jährlichen Betriebsratswahlen den politischen Richtungsgewerkschaften der Weimarer Republik Gelegenheit zur Selbstdarstellung und politischen Mobilisierung. Zwar gab es 1930 nur in zwei Drittel der gesetzlich dafür vorgesehenen Betriebe Betriebsvertretungen; Angestelltenräte kamen oft ohne Listenwahl zustande, und überwiegend weibliche Belegschaften mußten oft völlig auf ihre Betriebsvertretung verzichten.

In Großbetrieben mit konkurrierenden Gewerkschaftslisten gewährten die Betriebsratswahlen jedoch einen detaillierten Einblick in die politische Loyalität der Arbeitnehmerschaft: So läßt sich die Enttäuschung und Verbitterung der Ruhr-Bergarbeiterschaft über die Arbeitsgemeinschaftspolitik des sozialdemokratischen Alten Verbandes nirgends deutlicher ablesen als an dem Stimmenzuwachs der Unionisten und Syndikalisten, die 1924 – nach dem Scheitern der Rätebewegung, dem Versanden der Sozialisierungsbewegung und der endgültigen Niederlage in der Arbeitszeitfrage – den Stimmenanteil des Alten Verbandes (32,2 %) mit 41,65 % deutlich übertrafen. Auch in der Weltwirtschaftskrise, als die Kommunisten wieder mit einer eigenständigen Revolutionären Gewerkschaftsopposition an den Wahlen teilnahmen, erreichte der Anteil der Proteststimmen 1931 wieder fast 30 %. Der

Stimmenblock für die christlichen Gewerkschaften blieb im Ruhrbergbau konstant bei etwa einem Viertel. Die Nationalsozialisten spielten dagegen 1931 mit 4,2% keine nennenswerte Rolle. Ihnen gelang höchstens in den Angestelltenräten ein Achtungserfolg, wo die Unterstützung für die sozialdemokratischen Organisationen schon seit 1924 abgebröckelt war.[35]

Nach der Aussetzung der Betriebsratswahlen für 1932 brachten die unter terroristischem Druck durchgeführten Teilwahlen im März/April 1933 einige herausragende Erfolge: Im Ruhrbergbau zogen die Nationalsozialisten z. B. mit einem Stimmenanteil von etwa 30% mit den freien Gewerkschaften gleich. Das Regime sah sich trotzdem veranlaßt, durch das Gesetz über Betriebsvertretungen und wirtschaftliche Vereinigungen vom 4. April 1933 weitere Wahlen auszusetzen, kommissarische Betriebsräte zu ernennen und das Einspruchsrecht im Falle von politischen Maßregelungskündigungen zu beseitigen. Die Ergebnisse der 1934 erstmals auf der Grundlage des Arbeitsordnungsgesetzes vom 20. Januar 1934 durchgesetzten Vertrauensleutewahlen wurden nie bekanntgegeben. Die akklamatorische Zustimmung zu den einzig zur »Wahl« zugelassenen NSDAP-Listen war offensichtlich ausgeblieben. Noch 1935 bezog sich die propagandistisch herausgestellte 85%ige Zustimmung nur auf die abgegebenen Stimmen. Die Industriearbeiterschaft reagierte zu Beginn des Dritten Reiches mit massivem Wahlboykott auf die Beschneidung ihrer bescheidenen Mitbestimmungsrechte nach dem BRG. Der im neuen Arbeitsordnungsgesetz vorgesehene Vertrauensrat war kein autonomes Organ der Belegschaft mehr, sondern ein Kollegialorgan unter Vorsitz des Betriebsführers, das die nationalsozialistische Betriebsgemeinschaft nun ganz und gar dem Betriebszweck unterordnete.[36]

Das Reichsarbeitsgericht hatte schon in der Weimarer Republik die Unterordnung der Betriebstätigkeit unter den Betriebszweck zur Idee der »sozialen Arbeits- und Betriebsgemeinschaft« weiterentwickelt. Diese werksgemeinschaftliche Ausrichtung der Rechtsprechung kam z. B. in der Lehre vom Betriebsrisiko zum Ausdruck. Demnach verloren Arbeitnehmer auch bei von ihnen nicht selbst verursachten Produktionsausfällen, wie etwa in Folge von Teilstreiks, den Anspruch auf Lohnfortzahlung. Auch im Bereich des Tarifvertragsrechts wich die Rechtsprechung gegen Ende der Weimarer Republik deutlich von einer der Grundvoraussetzungen der gewerkschaftlichen Politik seit 1918 ab: Während kommunistischen Organisationen die Tariffähigkeit mit dem Argument verweigert wurde, Klassenkampforganisationen könnten die dem Tarifvertrag entsprechenden Bindungen nicht eingehen, wurde wirtschaftsfriedlichen Verbänden die Tariffähigkeit prinzipiell zuerkannt. Damit hatte das Reichsarbeitsgericht eine der in der Tarifvertragsordnung vom 23. Dezember 1918 definierten Voraussetzungen für die gewerkschaftliche Funktion als Tarifpartei preisgegeben, nämlich die Kampffähigkeit und Kampfbereitschaft von unternehmerunabhängigen Organisationen.[37]

Das Schlichtungswesen

Es mag im nachhinein übertrieben erscheinen, wenn der sozialdemokratische Rechtstheoretiker Otto Kahn-Freund, selbst Arbeitsrichter in Berlin, aus der Rechtsprechung des Reichsarbeitsgerichts der Weimarer Republik den Schluß zog, »daß das Reichsarbeitsgericht mit seinem Sozialideal in allen Punkten die faschistische Idee verwirklicht«. Er hatte aber grundsätzlich richtig erkannt, daß aus dem Arbeitsrecht, »einem Hilfsmittel der unterdrückten Klasse zu ihrem Aufstieg«, ein »Mittel des Staates zur Niederhaltung der Klassengegensätze und zum Schutz des Individuums« zu werden drohte.[38]

Das eigentliche Fundament der gewerkschaftlichen Stellung im Weimarer Staat war in der Tat weder die Organisation der Zentralarbeitsgemeinschaft noch die gesetzliche Regelung der Betriebsverfassungen in Ausführung des Räteartikels 165 WRV. Entscheidend war vielmehr die Verankerung des kollektiven Arbeitsrechts in der Tarifvertragsordnung vom 21. Dezember 1918 als unmittelbare Folge des Stinnes-Legien-Abkommens, mit der die »überbetriebliche Vereinbarung arbeitsrechtlicher Normen überhaupt erst in die Rechtsordnung eingeführt (wurde)«[39]. Während hier noch die freie Einigung der Tarifpartner im Schlichtungsverfahren im Vordergrund stand, machte es die Streikwelle in den ersten Jahren der Weimarer Republik erforderlich, die Verbindlichkeit des Schlichtungsanspruchs rechtlich zu regeln – zunächst nur in einer Demobilmachungsverordnung zur Regelung von Einstellungen und Entlassungen vom 4. und 24. Januar 1919. Daraus entstand die Notwendigkeit eines Schlichtungsrechts überhaupt.

Nach Beendigung des Ruhrkampfes und der schleichenden Erosion der gewerkschaftlichen Machtstellung in der Hyperinflation von 1923 kam es schließlich zu einer Verordnung über das Schlichtungswesen (30. Oktober 1923), die zur Vermeidung von Arbeitskämpfen und zur »Hilfeleistung zum Abschluß von Gesamtvereinbarungen« die Möglichkeit einer staatlichen Zwangsschlichtung vorsah.[40] Zusammen mit der in der Arbeitszeitverordnung (21. Dezember 1923) vorgesehenen tariflichen Einigung über die zulässige Mehrarbeit wurde dadurch erst der Kernbestand des kollektiven Arbeitsrechts, der Tarifvertrag, überhaupt abgesichert: Solange die Arbeitgeber auf staatliche Unterstützung bei der Außerkraftsetzung des Achtstundentages rechnen konnten, waren sie bereit, ihre prinzipiellen Einwände gegen die staatliche Erzwingung des verbindlichen Tarifvertrages, die 1924 wieder lautstark geäußert worden waren, vorerst hintanzustellen. In dem Maße jedoch, wie die konjunkturelle Erholung von 1927 der Regierung ein Entgegenkommen gegenüber den Gewerkschaften angezeigt erscheinen ließ, mehrten sich im Arbeitgeberlager wieder die Stimmen gegen die staatliche Zwangsschlichtung. Die Gewerkschaften, die zunächst durchaus um ihre Kampffreiheit fürchteten, suchten nun verstärkt staatlichen Schutz zur Durchsetzung ihrer lohnpolitischen Forderungen. Dies verstärkte nur das Vorurteil der Arbeitgeber, die dem staatlichen Schlichtungswesen eine vermeintliche »Lohnerhöhungsautomatik« zur Last legten.

Schon 1927 bereiteten die Arbeitgeber der Schwerindustrie eine prinzipielle Auseinandersetzung mit den Gewerkschaften vor, als diese mit Hilfe des Reichsarbeitsministers den Übergang vom Zwei- zum Dreischichtensystem durchsetzen konnten.[41] Durch die kalkulierte Mißachtung eines staatlichen Schiedsspruches im November 1928 suchten die rheinisch-westfälischen Arbeitgeber in der Eisen- und Stahlindustrie schließlich eine Kraftprobe mit dem Reichsarbeitsministerium und den Gewerkschaften. Die vierwöchige Aussperrung von über 220000 Arbeitern im Ruhreisenstreik markierte eine Wende in der sozialpolitischen Auseinandersetzung. Es ging dabei nur vordergründig um die Stärkung der Tarifautonomie, zu der sich im Prinzip beide Seiten bekannten. Juristisch erzielten die Arbeitgeber einen Teilerfolg insofern, als nach einer Serie sich widersprechender Urteile schließlich der Einmannschiedsspruch des staatlichen Schlichters für unzulässig erklärt wurde. Politisch mußte jedoch die eklatante Mißachtung der staatlichen Schlichtungstätigkeit auf der Grundlage geltenden Rechts als Provokation empfunden werden, der sich die Gewerkschaften und die Regierung relativ hilflos ausgesetzt sahen. Der Erpressungsversuch der schwerindustriellen Arbeitgeber wurde bis weit in das bürgerliche Lager hinein mißbilligt und war auch in den eigenen Reihen wegen der offensichtlichen politischen Stoßrichtung umstritten. Insgesamt führte er jedoch den Gewerkschaften deutlich vor Augen, wie sehr sie zur Absicherung ihrer Position auf den staatlichen Schutz des Tarifvertragswesens angewiesen waren. Entgegen der Arbeitgeberthese vom »Gewerkschaftsstaat« bestand gerade im fehlenden staatlichen Schutz die spezifische Schwäche der Gewerkschaften in der zweiten Hälfte der Weimarer Republik.

Im Ruhreisenstreik war auch schon das Szenario für die sozialpolitische Auseinandersetzung in der Weltwirtschaftskrise zu erkennen, die sich wenig später in ganz Deutschland bemerkbar machte: War es der Schwerindustrie 1928 erkennbar nur um die Ausschaltung des staatlichen Schlichtungswesens gegangen, so rückte seit 1930, trotz wiederholter Versuche zur Wiederbelebung der Arbeitsgemeinschaft, die Auflockerung der Tarifverträge selbst in den Vordergrund.[42]

Den Gewerkschaften waren in dieser Situation nicht nur politisch die Hände gebunden: aufgrund des Wahlerfolgs der NSDAP im September 1930 glaubten sie, ebenso wie die SPD, zu einer Politik der Tolerierung gegenüber der Regierung Brüning gezwungen zu sein. Unter dem Druck der verheerenden Arbeitslosigkeit und der wachsenden kommunistischen Erfolge bei den Betriebsratswahlen waren sie davon abhängig, daß die Regierung, die die staatliche Verbindlichkeitserklärung nunmehr zur deflatorischen Lohnsenkung einsetzte und mit zahlreichen Notverordnungen direkt in laufende Tarifverträge eingriff, wenigstens das Tarifvertragsprinzip aufrechterhielt. Erst die Regierung von Papen hat die Gültigkeit der Tarifverträge unter bestimmten Bedingungen außer Kraft gesetzt. Die »Regierung der nationalen Konzentration«, Hitlers Koalition mit den Deutschnationalen, löste dieses Problem 1933 auf anderem Wege: Die Gewerkschaften wurden gewaltsam ausgeschaltet, die Tarifverträge zu staatlichen Tarifordnungen umgeformt, über deren Ausführung die staatlichen Treuhänder der Arbeit und nicht einmal mehr die betrieblichen Vertrauensräte zu wachen hatten.

Die Gewerkschaften standen aber schon zuvor vor dem Scherbenhaufen einer Politik, die zu Beginn der Weimarer Republik zugunsten der Arbeitsgemeinschaft mit den Arbeitgebern auf eine durchgreifende Demokratisierung der Wirtschaft verzichtet hatte und später zur Sicherung der sozialpolitischen Kompensation auf die Garantie des demokratischen Staates angewiesen war.

»Verfassungsfragen sind Machtfragen.« Diese These Lassalles trifft nicht nur auf die politische Verfassung zu. Auch die Wirtschaftsverfassung und die Betriebsverfassung der ersten deutschen Republik erwiesen sich als höchst instabile Kompromißstrukturen. Der neue Sozialvertrag mit der organisierten Arbeiterschaft, der die Entstehung der Weimarer Republik überhaupt erst ermöglicht hatte, wurde, was seinen konkreten Gehalt betraf, in einem ständigen Prozeß des Nachverhandelns immer weiter zugunsten der konservativen Interpretation verschoben. Dieser Prozeß der Reetablierung autoritärer Herrschaftsformen unter den veränderten Bedingungen der Nachkriegszeit war keineswegs auf Deutschland beschränkt.[43] Die Vision eines dauerhaften Ausgleichs, die sich in zaghaften Ansätzen sowohl im reformerischen Teil der Arbeiterschaft als auch in einigen modernen Industriebranchen zeigte, blieb Utopie. Über die Verwirklichung der »sozialen Demokratie« entschied letztlich die Stärke der gesellschaftlichen Interessengruppen. Insofern sah Otto Kirchheimer in der Weimarer »Verfassung ohne Entscheidung« bestätigt, was Karl Marx schon Mitte des 19. Jahrhunderts für die demokratischen Verfassungen bürgerlicher Gesellschaften diagnostizierte:

Sie (die Verfassung) zwingt die politische Herrschaft der Bourgeoisie in demokratische Bindungen, die jeden Augenblick den feindlichen Klassen zum Sieg verhelfen und die Grundlagen der bürgerlichen Gesellschaft selbst in Frage stellen. Von den einen verlangt sie, daß sie von der politischen Emanzipation nicht zur sozialen fort-, und von den anderen, daß sie von der sozialen Restauration nicht zur politischen zurückgehen.[44]

Die bürgerliche Republik von Weimar, die nach den Worten des Historikers Arthur Rosenberg »das Werk der Arbeiterklasse« war, scheiterte schließlich nicht an dem »instrumentellen« Verhältnis der Gewerkschaften zur Sozialpolitik – wie in letzter Zeit wieder vermehrt zu hören ist –, sondern daran, daß die bürgerliche Gesellschaft nicht bereit war, den Preis für die quasi-korporatistische »Sozialpartnerschaft« zu zahlen. Auch auf die Wirtschafts- und Sozialverfassung von Weimar trifft zu, was Kurt Tucholsky schon 1919 bemerkte:

Wir haben in Deutschland keine Revolution gehabt – aber wir haben eine Gegenrevolution.[45]

3. Wohlfahrtsstaat und Lebenswelt

Von Detlev J. K. Peukert

Sozialstaat als Verfassungsidee

Mit der Weimarer Reichsverfassung vom 11. August 1919 erhielt der Sozialstaat Verfassungsrang.[46] Der Zweite Hauptteil definierte »Grundrechte und Grundpflichten der Deutschen« in fünf Abschnitten. Sozialstaatliche Regelungen fanden dabei besonders Eingang in den Abschnitt »Das Gemeinschaftsleben«: Art. 119: »Reinerhaltung, Gesundung und soziale Förderung der Familie ist Aufgabe des Staates und der Gemeinden (...)«; Art. 120: »Erziehung des Nachwuchses zur leiblichen, seelischen und gesellschaftlichen Tüchtigkeit« als Recht der Familie, über dessen Ausführung der Staat wacht; Art. 121: kompensatorische Gleichstellung benachteiligter unehelicher Kinder; Art. 122: Jugendschutz und Fürsorgeerziehung; Art. 127–131: öffentlicher Dienst.

Hinzu kamen Bestimmungen im Abschnitt »Bildung und Schule« sowie im Abschnitt »Das Wirtschaftsleben«, das nach Art. 151 »den Grundsätzen der Gerechtigkeit mit dem Ziel der Gewährleistung eines menschenwürdigen Daseins für alle entsprechen« müsse. Außerdem gab Art. 157 den Auftrag an das Reich, Arbeitsschutz und Arbeitsrecht zu regeln, sicherte Art. 159 die Freiheit wirtschaftlich-sozialer Interessenvertretung, sah Art. 165 die Bildung von Arbeiter- und Wirtschaftsräten als Mitbestimmungsorgan vor.

Besondere Bedeutung hatten die Art. 161 und 163, die Rechtsgarantien zur Sozialversicherung und zur Arbeitsbeschaffung gaben:

Art. 161: Zur Erhaltung der Gesundheit und Arbeitsfähigkeit, zum Schutz der Mutterschaft und zur Vorsorge gegen die wirtschaftlichen Folgen von Alter, Schwäche und Wechselfällen des Lebens schafft das Reich ein umfassendes Versicherungswesen unter maßgebender Mitwirkung der Versicherten. (...)

Art. 163: Jeder Deutsche hat unbeschadet seiner persönlichen Freiheit die sittliche Pflicht, seine geistigen und körperlichen Kräfte so zu betätigen, wie es das Wohl der Gesamtheit erfordert. Jedem Deutschen soll die Möglichkeit gegeben werden, durch wirtschaftliche Arbeit seinen Unterhalt zu erwerben. Soweit ihm angemessene Arbeitsgelegenheit nicht nachgewiesen werden kann, wird für seinen notwendigen Unterhalt gesorgt. Das Nähere wird durch besondere Reichsgesetze bestimmt.

Die Verfassungsväter von 1919 waren die allerersten, die die öffentliche Regelung sozialer Probleme in den Rang des höchsten staatlichen Rechts erhoben. An dieser Feststellung ist auch dann nicht zu rütteln, wenn ein kritischer Blick auf die Inszenierung des Stücks »Sozialstaat« in der Weimarer Republik schwerwiegende Mängel in Konzeption und Regie zeigt und wenn eine historische Betrachtung seiner seitherigen Spielzeit massive Widersprüche, Unterlassungssünden und Krisen in der Realisierung des Konzepts aufweist.

Es ist die Absicht dieses Kapitels, einigen dieser Probleme im historischen Längsschnitt nachzugehen. Dabei wird es nötig sein, einen einleitenden Blick auf die Jahre des Kaiserreichs zu werfen, weil in ihnen jene wohlfahrtsstaatlichen Konzepte erdacht, erprobt und zumindest soweit praktiziert wurden, daß die Weimarer Verfassungsväter sich in das Abenteuer eines so ambitiösen Programms stürzen zu können glaubten. Unsere Leitfrage ist dann, wie dieses wohlfahrtsstaatliche Konzept in die Lebenswelten der Deutschen eingreifen wollte, und ob und in welchem Umfang ihm dies gelang.

Der Wohlfahrtsstaat ist uns heute selbstverständlich, unbeschadet der langwierigen Debatten der Fachöffentlichkeit über die »Krise des Soziatstaats« und der häufigen politischen Nachrichten über Veränderungen in Höhe und Auszahlungsmodus bestimmter Leistungen wie Rentenzahlung und Arbeitslosengeld. Bei diesem Streit um das Was? und Wie? im einzelnen steht das Daß! im allgemeinen nicht in Frage.

Läßt man sich näher auf die Geschichte des Sozialstaats ein, dann verschwinden die Vertrautheiten und Gewißheiten schnell:

- Ist nicht das Massenelend in der Weltwirtschaftskrise nur 10 Jahre nach der optimistischen Verfassungskonzeption von 1919 ein mahnendes Beispiel, daß wir den Garantien des Wohlfahrtsstaats so bedingungslos durchaus nicht trauen können?
- Was wollten die Vordenker des Wohlfahrtsstaats eigentlich, was war die Absicht hinter all den Maßnahmen, die unser Leben heute so selbstverständlich weitgehend strukturieren?
- Auf welche sozialen Probleme reagierten die Erfinder des Sozialstaats? Wie waren die Betroffenen damit zuvor umgegangen, und wie veränderte sich das Verhalten der Betroffenen unter dem Einfluß der neuen Sozialpolitik?

Diese Fragen können hier nicht hinlänglich beantwortet werden. Aber es ist schon viel gewonnen, wenn man sich ihrer bewußt wird und damit den scheinbaren Selbstverständlichkeiten des heutigen zu einem wohlfahrtsbürokratischen Dschungel ausgewucherten Sozialstaats nicht mehr unkritisch ausgeliefert ist.

Bei der Betrachtung einer »Normalbiographie« und ihrer Krisen zeigt sich, daß wir heute unsere im Leben anfallenden Probleme in drei große Gruppen einteilen können: in den normalen Lebenslauf, zu dem neben einigen wenigen allgemeinmenschlichen Lebenssituationen eine Fülle von Schritten gehört, die gesellschaftlich exakt vorgeprägt sind. Nicht alle, aber viele werden durch staatliche Institutionen sowohl geschaffen wie gelöst (z. B. Meldezwang, Schulpflicht).

Daneben widerfahren uns viele Lebenskrisen, die mit einer gewissen statistischen Wahrscheinlichkeit immer wieder auftauchen (z. B. Krankheit, Unfall). Hier stoßen wir auf die meisten sozialstaatlichen Institutionen (Arbeitsamt, Krankenversicherung), aber auch auf ein für unser Gesellschaftssystem charakteristisches Ineinandergreifen von bezahlten Dienstleistungen, die über den Markt zugänglich sind (Arzt), und staatlicher Rahmenregelung, Eingriffe, Kompensationen. Und dann gibt es natürlich auch noch persönliche Probleme, in denen einfach andere Personen helfen, ohne daß sie Geld bezahlen oder einen Haufen Formulare ausfüllen müssen. Aber es zeigt sich, daß sehr häufig der Staat oder der Markt eingreifen, um ein Problem zu lösen. Das verweist einerseits auf einen Mangel an Hilfsbereitschaft, andererseits auf ein dichtes »soziales Netz«.

Damit sind wir mitten in einer Wertungskontroverse, die seit gut einhundert Jahren, seit der Erfindung der modernen Sozialpolitik, nicht abgeflaut ist.[47] Wer in einer Zeitung von 1884 auf die Berichte über eine Parlamentsdebatte in Sachen Sozialpolitik stößt, wird manches vertraute Argument finden, aber auch manche befremdliche politische Absichtserklärung. Gerade in dieser »Gründungszeit« ist über Absichten und Ziele besonders offenherzig gesprochen worden.[48] Schon in der Weimarer Verfassung sind die Ziel- und Absichtserklärungen relativ wolkig gehalten, einmal, weil es sich um einen Verfassungskompromiß weltanschaulich so verschiedener Partner wie der Sozialdemokraten, des katholischen Zentrums und der Liberalen handelt, zum anderen, weil in erstaunlich kurzer Zeit jene Sozialpolitik – in den 1880er Jahren noch höchst kontrovers – inzwischen etabliert und konsensträchtig geworden war. Insofern zog die Weimarer Verfassung in vielen Bestimmungen nur Bilanz. Wo sie darüber hinausging, haben die Politiker in den folgenden Jahren bei der Realisierung der Bestimmungen selten eine glückliche Hand gehabt.

Eine genaue kritische Analyse der programmatischen Absichten der Weimarer Verfassung in Sachen Sozialstaat kann hier nicht geleistet werden.[49] Aber einige Einsichten vermittelt schon die aufmerksame Lektüre. Sie seien hier in Thesenform skizziert:

1. Die Verfassung beanspruchte nicht nur, wie im 19. Jahrhundert, Rahmendaten für das im engeren Sinne politische Leben zu setzen, sondern auch für die Gesellschaft, ja sogar für den persönlichen Lebenslauf. Noch das Grundgesetz des modernen Privatlebens, das Bürgerliche Gesetzbuch von 1900, hatte der Staatsintervention in die Sphären der Wirtschaft und der Person enge Grenzen gesetzt. Dies stieß schon im Kaiserreich auf den Widerspruch der Sozialreformer und Sozialpolitiker. »Weimar« nun installierte das neue Prinzip des Sozialstaats, in dem der Bürger einerseits in seinem sozialen und persönlichen Leben öffentliche Hilfe beanspruchen kann, andererseits aber der Staat auch den institutionellen und normativen Rahmen dafür setzt, wie ein »normales« (staats)bürgerliches Leben verlaufen solle.
2. Wo die Weimarer Verfassung materielle Rechte garantierte, verwies sie zwar immer wieder auf erst noch zu schaffende reichsgesetzliche Grundlagen. Die Verfassungsgarantien waren also nicht unmittelbar einklagbar. Aber im Prinzip war eine Ordnung vorgesehen, in der der (Staats-)Bürger einen Rechtsanspruch auf soziale Hilfe hatte. Das ist uns heute selbstverständlich, war aber damals neu. Nicht mehr der moralische persönliche Appell an die Hilfe von Freunden und Verwandten, nicht mehr die Notvorsorge der traditionellen Gemeinden, der sozialen Standesgenossen oder der patriarchalischen Herren, auch nicht mehr allein die restriktiv gehandhabte Wohlfahrtshilfe der gemeindlichen Armenverbände sollten in Notlagen eingreifen. Vielmehr sollte es rechtlich gesicherte Ansprüche geben, die ohne Ansehen der Person und ohne Diskriminierung erfüllt werden sollten. Die Kehrseite dieses Verrechtlichungsprozesses war die Anonymität des Verfahrens, seine bürokratisierten Abläufe und das Anwachsen großer, professionell betriebener Wohlfahrtsbürokratien, deren Formularwesen und Bearbeitungsrichtlinien der einzelne oft ähnlich gedemütigt gegenüberstand wie zuvor den wohltätigen Obrigkeiten.
3. Die Form der sozialen Hilfe war also nicht mehr personal, sondern institutionell verfaßt. Zwar sah etwa Art. 161 die Mitwirkung der Betroffenen an der Sozialversicherung vor (übrigens kein neuer Zug, sondern Organisationsprinzip seit den 1880er Jahren), aber das änderte nichts an dem Prinzip der Institutionalisierung der sozialen Leistungen. Schon die Notwendigkeit, die Mitwirkung der Betroffenen zu regeln, verweist ja darauf, daß nicht vom Selbsthilfegedanken, sondern von der (staatlichen oder verbandlichen) Institution ausgegangen wurde. Erwähnenswert ist auch die innere Seite dieses sozia-

len Bürokratisierungsprozesses: es wuchs die Zahl der angestellten oder beamteten Mitarbeiter. Soziale Arbeit, soziale Verwaltung als Professionen erfaßten immer mehr Menschen, prägten einen bis heute anwachsenden Teil der neuen, abhängig beschäftigten Mittelschichten (im Gegensatz zum alten, selbständigen Mittelstand). Besonders Frauen fanden im Bereich der »Fürsorge« neue Berufschancen.

4. Das sozialstaatliche Programm »Weimars« konzentrierte sich auf zwei Brennpunkte, aus denen sich alle Weiterungen ergaben:
– auf das öffentliche Interesse an einem sozial geordneten Leben: die Gesundheit der Familie, die soziale Tüchtigkeit des Kindes waren Selbstzweck, damit Recht, aber auch Pflicht des einzelnen;
– auf einen vagen, aber doch vielsagenden Normalitätskatalog, der die Sollwerte des persönlichen und sozialen Lebens benannte: das Grundgesetz des Staates weiß, wie die Normalbiographie verlaufen soll. Entstehungsgeschichtlich ist dieser Normalitätskatalog dem Verfassungskompromiß zwischen dem katholischen Zentrum (Wert der Ehe, Familie, des sittlichen Jugendschutzes) und der Sozialdemokratie (Recht und Pflicht zur Arbeit, soziale Garantie eines »menschenwürdigen Daseins«) zu verdanken.

Beide Argumentationsschwerpunkte brachten soziale Fortschritte, konnten aber auch in fatale Richtungen führen; man denke an die Konsequenzen sozialhygienischer und Volkstumspolitik nach 1933 oder an die vergeblichen Versuche des Gesetzgebers, Kinozensur und Zensur von sogenannten Schund- und Schmutzschriften im vorgeblichen Interesse des Jugendschutzes mit den Verfassungsgeboten der Freiheit der Meinung und der Kunst zu vereinbaren. Ähnlich verhält es sich mit der Schattenseite des Normalitätskatalogs: Wann schlug die staatliche Hilfe beispielsweise bei der erzieherischen Korrektur von Defiziten in Zwang um? Welcher Ort blieb für »Abweichler«, die sich nicht den Normalitätsstandards anpassen konnten oder wollten?

5. Der Sozialstaat verknüpfte also, wie etwa Art. 163 zeigt, den Rechtsanspruch auf Hilfe mit der Pflicht zur Leistung, indem er den doppelten (staatlichen und privaten) Anspruch auf Normalität proklamierte. Die Anonymität der rechtlichen Verfahren und die Bürokratie der sozialstaatlichen Institutionen trugen dazu bei, daß sich die Tendenz zur Normalisierung inhaltlich ebenso durchsetzte, wie sie formal die Einübung der Sozialdisziplin bei den Betroffenen (und dies waren vom Anspruch her alle Staatsbürger) bewirkten.

6. Dennoch zeigt schon ein kritischer Blick auf den Verfassungstext,

mehr noch jede Untersuchung der Verfassungswirklichkeit, daß dieses Programm weder widerspruchsfrei formuliert war, noch gar lükkenlos realisiert werden konnte.

- Neben weitreichenden Kompetenzzuweisungen an den Staat im Bereich der Sozialpolitik finden sich auch Grenzziehungen gegen zuviel Staatseinfluß, zumindest soweit ein traditionelles Leitbild der katholischen Verfassungsväter tangiert wurde (Religionserziehung, Familie), oder der politische Grundrechtskanon, von den Sozialdemokraten und Liberalen traditionell verfochten, angesprochen war.
- Die Einlösung der Verfassungsversprechen wurde zudem auf erst noch zu beschließende Gesetze abgewälzt. Diese aber waren von der konkreten politischen Konstellation abhängig. Folglich blieben zentrale Verfassungsaufträge unerfüllt (Wirtschaftsräte, Arbeitsrecht).
- Auch die inhaltliche Korrektur des Sozialstaatsprogramms war von dem historisch gewachsenen und entsprechend heterogenen Bestand an bisherigen sozialpolitischen Einzelmaßnahmen abhängig. Der Auftrag zur umfassenden Neuordnung blieb ungelöst.
- Ebenso sorgte das sogenannte Subsidiaritätsprinzip (das den Staatseingriff nur »subsidiär« zuließ, wenn private Maßnahmen wirkungslos blieben) für eine dem Betroffenen nahezu unentwirrbare Mischung aus Kompetenzen der Wohlfahrtsverbände (die sich ebenfalls institutionalisierten und verbürokratisierten) und verschiedener Staatseinrichtungen.
- Nicht zuletzt blieb der Normalitätskatalog des bürgerlichen Sozialverhaltens, der die gewünschten Ziele helfenden, regulierenden und erzieherischen Eingriffs festlegen sollte, schwammig und dank ideologisch unterschiedlicher Autoren widersprüchlich. Daraus ergaben sich zwei Konsequenzen: einmal wechselte seine Deutung mit den politischen Machtverhältnissen und diente besonders in den 1920er Jahren als Vehikel einer Bürgerblockmehrheit zur heimlichen Einführung der Zensur im angeblichen Interesse des sittlichen Jugendschutzes. Zum anderen führte das Fehlen wirklich gemeinsamer Werte bei den Verfassungsvätern dazu, daß man sich am ehesten auf einen Minimalkonsens zur Stigmatisierung der Außenseiter einigte.

Wenn man nicht genau sagen konnte, wie im positiven Sinne ein richtig erzogener Fürsorgezögling auszusehen hätte, wußte man sich wenigstens im Wissen einig, was verwahrlost und asozial sei. Zu dieser Tendenz trug bei, daß die meisten sozialpolitischen Maßnahmen bei der Identifizierung eines Defizits ansetzten, während der zu erreichende Standard vage oder kontrovers blieb.

Diese Widersprüche und Unvollkommenheiten des sozialstaatlichen

Programms müssen aber nicht nur als Negativa beurteilt werden; denn erstens spiegeln sie nur die Grundtatsache, daß das Projekt Wohlfahrtsstaat in der industriellen Klassengesellschaft immer widersprüchlich und unvollkommen sein wird, zweitens ließen die Lücken auch Raum, der von den Betroffenen eventuell in eigener Initiative gefüllt werden konnte. Im Zentrum der Erörterung dieser Probleme stehen die Begriffe des Wohlfahrtsstaats und des Sozialstaats.

Mit Wohlfahrtsstaat meinen wir, ausgehend von unserer heutigen, bundesdeutschen Erfahrung, einen Staat, der sorgend, vorsorgend, korrigierend und kompensierend in die Lebenswelten seiner Bürger eingreift. Diese Eingriffe geschehen heute direkt über bürokratische Institutionen, indirekt über die Beeinflussung der Marktbedingungen für den Unterhalt der Bürger, und subsidiär, indem der Staat einspringt, wenn private oder nichtstaatliche öffentliche Versorgung versagt. Grundidee ist, daß jeder Bürger ein Recht auf menschenwürdiges Dasein hat. Zugleich werden über diese garantierten Lebensstandards auch Erwartungen an den Bürger formuliert, wie er sich normalerweise zu verhalten habe.

Im Begriff »Wohlfahrtsstaat« kommt zudem zum Ausdruck, daß in erster Linie der Staat, also eine nach Rechtsnormen arbeitende bürokratische Institution, diese Sorgepflicht für den einzelnen Bürger ausübt. Nicht zu Unrecht ist daher heute das Wort vom »Vater Staat« geläufig. Dieses wohlfahrtsstaatliche Verständnis, wie sich Staat und Bürger zueinander verhalten sollen, hat eine über 200 Jahre alte Tradition, bei der sich grob folgende Phasen unterscheiden lassen:

Im 18. Jahrhundert, dem Zeitalter von Absolutismus und Aufklärung, der Zersetzung der alteuropäischen feudalen und ständischen Ordnung, der Herausbildung moderner Staatsbürokratien und marktwirtschaftlicher Gesellschaften, gewinnt die Idee des Wohlfahrtsstaates zum ersten Mal Konturen: Man bezeichnet eine sorgende und zugleich beaufsichtigende sowie sozial disziplinierende bürokratische »Wohlfahrt« für den Bürger und Untertanen als »gute Polizey«.

In der ersten Hälfte des 19. Jahrhunderts verfechten die selbstbewußter gewordenen Bürger die Idee der gesellschaftlichen Selbstregulierung und – wo Hilfe nötig ist – der Selbsthilfe. Dem Staat wollte man in dieser frühen liberalen Theorie nur die Rolle als Eingreifreserve für Notfälle zuerkennen. Zu diesem Leitbild vom »Nachtwächterstaat«, das sich so idealtypisch gerade in Deutschland nicht realisieren läßt, gehört das Konzept, daß öffentliche Hilfe, auch nur minimalsten Umfangs, nur für die Ärmsten und Arbeitsunfähigen gewährt werden sollte, wenn private Wohltätigkeit versagt.

Mit dem Durchbruch zur industriellen Klassengesellschaft in den 1860er Jahren wird die mangelnde Wirksamkeit von Selbsthilfe und Wohltätigkeit offensichtlich. Die Idee, daß eine staatliche »Sozialpolitik« unumgänglich ist, um die Lebensrisiken der Marktgesellschaft abzumildern, setzt sich durch. Gegen Ende des 19. Jahrhunderts häufen sich die sozialpolitischen Projekte und Maßnahmen auf den verschiedensten Gebieten so sehr, daß die Umrisse einer weitgespannten bürgerlichen Sozialreformbewegung deutlich werden. In der Weimarer Republik stellt sich dann der Staat, wie geschildert, zum erstenmal systematisch und mit verfassungsmäßigen Garantien in nahezu alle sozialpolitischen Aufgabenfelder, so daß das Wort vom »Sozialstaat« zumindest dem Anspruch nach einen konkreten Inhalt bekommt. Nach dem Zweiten Weltkrieg weiten sich die sozialstaatlichen Angebote und Leitlinien schließlich in einer Weise aus, daß wir heute vom »Wohlfahrtsstaat« sprechen können.

Lebenszyklus und Lebensrisiken

Ansatzpunkt der Sozialpolitik in der zweiten Hälfte des 19. Jahrhunderts war in Deutschland das Projekt der Sozialversicherung. Bis heute blieb es Kernstück des Systems sozialer Sicherheit. Mit den in der sogenannten Kaiserlichen Botschaft von 1881 vorgeschlagenen und in abgewandelter Form bis 1880 realisierten Versicherungen für den Krankheitsfall, für Unfall, Invalidität und Altersarmut sollten jene Lebensrisiken durch öffentliche Regelungen abgefangen werden, die die Existenz als lohnabhängiger Beschäftigter in der industriellen Klassengesellschaft mit hoher Regelmäßigkeit produzierte.

Der – nach dem einprägsamen Wort von Marx – »doppelt freie Lohnarbeiter« (frei von feudaler oder ständischer Bindung der Person, aber auch frei von Besitz) besaß weder eigene Mittel, sich Nothilfe als Dienstleistungen auf dem freien Markt zu kaufen, wie der Besitzbürger, noch konnte er länger auf die ehemaligen Bindungen an Dorfgemeinde, Standesgenossenschaft und patrimoniale Herren zurückgreifen. Im Zeitalter der massenhaften Stadt-Land-Wanderung und der Mobilität innerhalb der Städte verloren auch Verwandtschaftsbeziehungen ihre Bindekraft, die durch spontan entstandene Netze informeller Solidarität zwar kurzfristig, nicht aber dauerhaft ersetzt werden konnten.

Der Lebenszyklus des Industriearbeiters war nun einem doppelten Risiko ausgesetzt, das durch den Lohn nicht abgefangen werden konnte: der Altersarmut und dem Verdienstausfall bzw. dem zusätzlichen

Geldbedarf durch Krankheit oder Unfall. Ein ungelernter Arbeiter begann mit ca. 14 Jahren nach der Schulentlassung auf einem im Vergleich zu seinen Altergenossen, die in die Lehre gingen, hohen Verdienstniveau, erreichte aber auch schon früh, vielleicht mit 20, den ihm möglichen Spitzenlohn. Auf diesem Niveau blieb er, allerdings mit extremen Schwankungen durch Arbeitsplatzwechsel, Arbeitslosigkeit, saisonbedingter Über- oder Unterbeschäftigung. Wenn seine Kräfte nachließen, begann der Abstieg in die Altersarmut. Der gelernte Arbeiter brauchte länger, bis er nach der Lehre seinen Spitzenlohn erreichte, der dann aber deutlich über dem des Ungelernten lag. Für jene, die über den Gesellenstatus zum Meister aufstiegen, war der entsprechende Anstieg der Lebensverdienstkurve noch ausgeprägter. Ob dieser Lohn dann wirklich zum anständigen Leben ausreichte, hing in hohem Maße von der Stetigkeit der Beschäftigung ab. Mit 40 Jahren etwa begann, nach Branchen unterschiedlich, das altersbedingte Sinken des Lohns. Am Ende stand die Altersarmut.[50]

Eine mögliche Strategie, die Risiken der Lebensverdienstkurve abzumildern, lag im Familienzyklus begründet. Auf dem Höhepunkt der Lebensverdienstkurve wurden die Ehefrau und die Kinder miternährt, beim altersbedingten Absinken konnten die erwachsenen Kinder – wenn sie im Hause wohnten – und die von der Versorgung der Kinder entlastete Ehefrau zum Haushaltseinkommen beitragen, eventuell konnten der alte Arbeiter oder seine Witwe zu den Kindern ziehen. Die Verpfändung oder der Verkauf wertvolleren Hausrats konnten ebenfalls punktuelle Risiken überbrücken oder die Altersarmut hinauszögern. Der alte Arbeiter konnte auch, wenn er für die Fabrik nicht mehr leistungsfähig war, kleinere Verdienste durch Heimarbeit, Hausierhandel, Kleinhandel überhaupt machen. Wenn alles dies nichts half, blieb nur noch der Gang zur örtlichen Armenpflege, deren Leistungen mit sozialer Diskriminierung verbunden waren und zudem definitionsgemäß unter dem niedrigsten Lohnarbeitereinkommen lagen, oder die Rückkehr in die Heimatgemeinde. Auch dieser Weg bot keine wesentlich besseren Aussichten; dieser sehr abstrahierte Lebenszyklus stellte aber nur den Normalfall dar – wenn alles »gutging«. Größere Einkommensausfälle durch Beschäftigungslosigkeit (wegen Entlassung oder Krankheit) und/oder durch besondere Ausgaben (etwa für Arzt oder Medizin) konnten in jeder Lebensphase zur Katastrophe führen. Die Unterschichtenexistenz in der industriellen Klassengesellschaft des 19. Jahrhunderts war also nicht ausreichend durch die durchschnittliche Lohntüte bestimmt, sondern zusätzlich durch alltägliche Lohnschwankungen, den Aufstieg und Fall der Lebensverdienstkurve mit dem schier unausweichlichen Ende der Altersarmut und durch die Existenzunsicherheit im Krankheitsfall.

Das Projekt der Sozialversicherung griff hier kompensierend ein. Jedoch deckten die tatsächlich gewährten Leistungen keineswegs die anfallenden Kosten. Vor allem in den Genuß der Altersrentenversicherung, die erst mit dem 70. Lebensjahr ausgezahlt wurde, kamen angesichts der niedrigen Lebenserwartung nur wenige. Zudem konnte man von ihr allein nicht leben. Allerdings war auch das nicht beabsichtigt. Vielmehr sollte der auf die Hilfe der Verwandtschaft angewiesene alte Mensch quasi einen Haushaltszuschuß durch seine Rente beisteuern.

Beschränkt waren nicht nur die Leistungen für die Versicherten. Vor allem kam auch zunächst nur eine kleine Bevölkerungsgruppe überhaupt in den Genuß solcher Versicherungen. Diese Einschränkung hat eine im historischen Verlauf veränderliche (und veränderte) Dimension, aber auch eine prinzipielle (und entsprechend schwer veränderliche) Seite:

- Um die neuen Versicherungen nicht gleich zu überlasten und zuerst jene Arbeitsgruppen zu erreichen, die man der gleichzeitig durch das Sozialistengesetz von 1878 bekämpften Sozialdemokratie abspenstig machen wollte, waren zunächst nur die gewerblichen Arbeiter (und auch diese nur unter bestimmten Bedingungen) versicherungspflichtig. Landarbeiter, Angestellte, Dienstmädchen blieben unversichert. Allerdings weitete sich im Laufe der Zeit sowohl der Kreis der Versicherungspflichtigen aus (jedoch erhielten die Angestellten, um zu verhindern, daß sie sich mit den Arbeitern solidarisierten, eine gesonderte und privilegierte Versicherung), als auch der Kreis der im Versicherungsfall Versorgten (indem Kinder und Ehepartner bzw. Witwen und Waisen einbezogen wurden).
- Prinzipiell griff das Sozialversicherungssystem nur bei den ständig auf dem kapitalistischen Arbeitsmarkt Beschäftigten; denn nur für diese wurden regelmäßig Beiträge gezahlt. Hingegen blieben unregelmäßig Beschäftigte weitgehend ausgeschlossen (Saisonarbeiter, Tagelöhner). Ebensowenig erfaßt waren jene, die nicht vollständig in den formellen kapitalistischen Arbeitsmarkt integriert waren (Heimarbeiter, Frauen, die Aushilfstätigkeit leisteten usw.).

Insofern erreichte noch in der Weimarer Republik (und erst recht angesichts des Sozialabbaus in der Weltwirtschaftskrise) der Sozialstaat nur einen Teil der Bevölkerung und sicherte auch bei diesem nur einen Teil seiner Lebensrisiken ab.

Wichtiger als die Altersrente war die Invalidenrente. Gerade hier aber zeigte sich das Doppelgesicht dieses Systems sozialer Sicherung. Zwar hatte man bei Invalidität einen Rechtsanspruch auf Rente (dies war ein Fortschritt gegenüber der alten Armenpflege); wann aber Invalidität vorlag, wurde im bürokratischen Kontrollverfahren (mit Anträgen, Verfahrensabläufen, ärztlichen Gutachten nach zunehmend strengeren Kriterien) entschieden. An die Stelle der alten personalen Abhängigkeit trat die unpersönliche Abhängigkeit von der Versicherungsbürokratie. (In dieser Hinsicht milderten die Selbstverwaltungselemente der Versicherung die Schärfe der Kontrollverfahren keineswegs, weil die Gesamtheit der Versicherten natürlich ein Interesse an der zurückhaltenden Verausgabung des Versicherungsvermögens hatte.) Das gleiche gilt sinngemäß auch für die Kranken- und Unfallversicherungen.

Neben der Sozialdisziplinierung durch bürokratische Verfahren trat aber noch eine zweite Front der sozialen Disziplinierung, die Sozialhygiene. Die Sozialhygiene entstand im wesentlichen aus drei Prozessen[51]:

- Mit der schnellen Urbanisierung am Ende des 19. Jahrhunderts wuchsen die Probleme einer angemessenen Wohnungsversorgung, der Infrastruktur (Trinkwasser, Kanalisation usw.) und der Seuchengefährdung durch Zusammenballung von Menschen. Alle diese Probleme wurden zudem durch den zeitgenössischen – bürgerlichen – Beobachter als Teilaspekt einer umfassenden Bedrohung eines geordneten, zivilisierten bürgerlichen Lebens durch halbwilde Arbeitermassen begriffen. Wohnungsversorgung, Infrastruktur und sanitäre Maßnahmen hatten aus dieser Sicht nicht nur eine technische Seite, sondern konnten nur erfolgreich sein, wenn sie zur Zivilisierung der Unterschichten beitrugen. Sozialreform wollte den Zivilisationsprozeß befördern, den Arbeitern sozialhygienisch angemessene Verhaltensweisen anerziehen.
- Die Fortschritte der medizinischen Wissenschaft vor allem auf dem Gebiet der Seuchenbekämpfung beruhten auf einer Kombination von im engen Sinne medizinischen Techniken (Impf- und Heilverfahren) mit ausgefeilten Entwürfen zur Prävention (Verhinderung von Ansteckung). Diese soziale Seite der modernen Medizin fand nun in den Zuständen der Industriestädte ein zweifaches Feld der Kritik: zum einen machte sie klar, daß alle im engeren Sinne medizinische Verbesserung wirkungslos bliebe, solange die gesellschaftlich bedingten Mißstände (Wohnungssituation, schlechte Ernährung, nicht ausreichender Kälteschutz usw.) als Nährboden der Krankheiten unverändert blieben. Die Sozialhygiene forderte also aus medizinischer Sicht die Eindämmung des sozialen Elends als Krankheitsursache. Zum anderen zielte sie aber auch auf die Verhaltensweisen der

Unterschichten (Alkoholismus etwa), die krankheitsfördernd waren, und entwickelte umfassende detaillierte Verhaltenskataloge für ein rationales, kontrolliertes, den wissenschaftlichen Erkenntnissen Tribut zollendes Leben der Unterschichten. Für den Betroffenen bedeutete dies, einem Forderungskatalog ausgesetzt zu sein, der sich nicht aus der eigenen Erfahrung ableitete, sondern aus den erzieherischen Absichten einer fremden sozialen Schicht.

– Vor allem die Krankenversicherung führte schon im Kaiserreich zu einer bisher nicht dagewesenen Medikalisierung der Unterschichten. Die Kassenärzte stießen in ihrer täglichen Praxis immer wieder auf die geschilderten sozialhygienischen Probleme. Schon die äußeren Formen des Umgangs mit dem Arzt, erst recht die Befolgung seiner Verhaltensratschläge trugen zum Einüben zivilisierten Verhaltens bei.

Für die historische Beurteilung dieses sozialhygienischen Disziplinierungsprozesses ist es natürlich nicht unerheblich, ob sich dadurch die Lebenslage und die Gesundheit der Unterschichten verbesserte. Daß hier entscheidende Fortschritte erzielt wurden, steht außer Frage. Aber es interessiert auch der Wandel in der Logik sozialen Verhaltens. In Konkurrenz zur lebensweltlichen Erfahrung trat ein von außen herangetragenes formal rationales, systematisch angelegtes Verhaltensmodell. Der Sinn dieses Verhaltensmodells war der begrenzten Alltagserfahrung aber nicht immer sofort, wenn überhaupt, einsichtig. Er leitete sich aus dem wissenschaftlichen System der Medizin ab. Vermittelt wurde der neue Verhaltenskatalog durch Vertreter der sozial fremden, bürgerlichen Welt, den Ärzten und den Beamten oder Angestellten der Sozialbürokratien. Sicher handelte es sich dabei um teilweise dem Zweck der Gesundheitsvorsorge »objektiv« dienliche Verhaltensstandards. Das Problem ist nur, daß dies von den Betroffenen im Einzelfall kaum überprüft werden konnte und daß die Sozialhygieniker selbst neben medizinisch erwiesenermaßen wirkungsvollen Verhaltensweisen und untrennbar damit verbunden eine Idee vom richtigen Leben schlechthin propagierten, die aus ihrer bürgerlichen Erfahrungswelt abgeleitet war. Sie trugen ihre Zivilisationsstandards in den Großstadtdschungel mit dem gleichen Selbstbewußtsein, wie es die Missionare und Beamten zur gleichen Zeit in den europäischen Kolonien taten. Einer der Väter moderner Sozialarbeit, Johann Hinrich Wichern, hatte diese Parallele mit der Gründung der »Inneren Mission« zur Organisationsparole gemacht.

Sozialpolitik und Sozialarbeit, soziale Pädagogik wie soziale Hygiene betrieben diese »innere Kolonialisierung«, die die Lebenswelten der

Unterschichten nach bürgerlichem Bilde umzubilden versuchte. Das Angebot an Hilfe, der Anspruch auf Kontrolle, die Gewährung des Rechts auf ein menschenwürdiges Leben und die Erziehung zur Normalität einer im bürgerlichen Sinne methodischen Lebensführung waren hierbei untrennbar miteinander verwoben.

Das Elend und die Freiheit

Schon die Geschichte der Sozialhygiene hat darauf verwiesen, daß das sozialpolitische Programm nicht bei der (Ver-)Sicherung gegen Lebensrisiken stehenblieb. Tatsächlich entfaltete sich das Projekt der Sozialreform zusammen mit der praktischen Ausbreitung sozialer Hilfe und Disziplinierung auf allen Gebieten des gesellschaftlichen Lebens. Ein besonders interessanter Bereich, die Jugendfürsorge, sei hier beispielhaft herausgegriffen, weil er ebenfalls in der Weimarer Republik seine programmatische gesetzliche Fassung gefunden hat: das Reichsjugendwohlfahrtsgesetz von 1922, das, mit einigen Novellierungen, noch heute in Kraft ist.

Seine Vorgeschichte reicht gut vierzig Jahre zurück: In den 1880er Jahren, zur gleichen Zeit, als die Sozialversicherung eingeführt wurde, erfolgte die Entdeckung des »Jugendlichen« als Problemfall und die Erfindung der modernen Jugendfürsorge als Problemlösungsstrategie. Selbst das Wort »Jugendlicher« gab es zuvor noch nicht. Man sprach z. B. vom männlichen Jugendlichen als dem »Jüngling« und assoziierte den jungen Bürgerlichen.

Mit der Durchsetzung einer verstädterten Industriegesellschaft trat jedoch in zwei Bereichen ein neuer Problemfall auf: Die Gewerbeaufsicht meldete das rapide Anwachsen »jugendlicher Fabrikarbeiter«, die nach ihrer Schulentlassung nicht mehr in die Gebundenheit des Gesindes, der Lehrlinge oder Gesellen kamen, sondern (auch hinsichtlich des Einkommens) die Rolle des früherwachsenen industriellen Lohnarbeiters einnahmen. Man entdeckte plötzlich die »Kontrollücke zwischen Schulbank und Kasernentor«, in der dieser industriegesellschaftliche Typ des männlichen Jugendlichen lebte. Aufsichtslosigkeit und Aufsässigkeit assoziierten sich in den Augen der bürgerlichen Pädagogen mit diesem Typ. Dies neue Elend war die Freiheit.

Ein stetiges Ansteigen der seit 1881 statistisch erfaßten Jugendkriminalität sowie deren hohe Rückfallquote verwies auf ein zweites Problemfeld.

Als Ursache der Jugendkriminalität galt in charakteristischer Verknüpfung der beiden Problemzonen die als Verwahrlosung interpretierte Ungebundenheit und Aufsichtslosigkeit des Arbeiterjungen. Um sie zu steuern und die Kontrollücke zu füllen, mußte öffentliche Ersatzerziehung, die gegen Eltern und Kind erzwungen werden konnte, installiert werden. Daraus entwickelte sich die öffentliche »Zwangserziehung« oder, wie man ab 1900 zunehmend sagte, »Fürsorgeerziehung«.

Parallel dazu forderte man die Pädagogisierung des Jugendstrafrechts. An die Stelle (oft nur kurzfristiger und daher unwirksamer) Ahndung jugendlicher Bagatelldelikte durch geringe Geld- oder Haftstrafen sollte bei Diagnose von Verwahrlosung die langfristige (und deshalb als wirksamer erachtete) Zwangserziehung bis zur Erreichung der Volljährigkeit treten. Zu guter Letzt sah man seit den 1890er Jahren verstärkt sogenannte jugendpflegerische Maßnahmen zur Freizeitgestaltung der (noch) nicht verwahrlosten »Jugendlichen« vor, um die Kontrollücke nicht nur durch Zwang zu verengen, sondern sie auch durch positive Angebote zu füllen.

Das Reichsjugendwohlfahrtsgesetz von 1922 stellte nun seiner zusammenfassenden Kodifizierung dieser Maßnahmen den an den Verfassungsartikeln 120–122 orientierten berühmten § 1 voran: »Jedes deutsche Kind hat ein Recht auf Erziehung zur leiblichen, seelischen und gesellschaftlichen Tüchtigkeit. (...) Insofern der Anspruch des Kindes auf Erziehung von der Familie nicht erfüllt wird, tritt (...) öffentliche Jugendhilfe ein.«

Hier ist der Doppelcharakter sozialer Hilfe in klassischer Form greifbar. Erziehungsnorm ist die »Tüchtigkeit«. Und wo ist dann Platz für die aus subjektiven oder objektiven Gründen »Untüchtigen«? Ein »Recht auf Erziehung« wird proklamiert. Da dies der noch Unmündige nicht selbst vertreten kann, muß der Staat für dessen Erfüllung sorgen, wenn die Familie versagt. Das Recht des Kindes auf Erziehung wird zum Einfalltor der Staatsintervention in der Familie, falls Verwahrlosungsverdacht besteht. Die Schlüsselfrage zur Legitimation des staatlichen Eingriffs ist die Gewährleistung von sozialer Normalität. Bei Abweichungen wird eingeschritten. Die Existenzberechtigung der vielen neuen professionellen Fürsorger und ihrer Ämter, Heime und Verbände liegen im Problem der sozialen Abweichung und im Auftrag zu deren Normalisierung.

Das sicherte vielen Kindern und Jugendlichen Gesundheit, Ausbildung und vielleicht sogar einen gewissen sozialen Halt, den ihre Familien nicht geboten hatten. Das band die betroffenen Kinder und ihre Familien aber auch an die Verhaltensmodelle, die den Fürsorgern,

Vertretern einer fremden, bürgerlichen sozialen Schicht, als ordnungsgemäß vorschwebten. Ein Erfolg konnte in solcher Fürsorgeerziehung nur eintreten, wenn der Zögling bereit war, den eigenen sozialen Erfahrungshorizont aufzugeben und sich auf das neue Modell seiner Erzieher einzulassen. In diesem Feld der Sozialdisziplinierung war nicht nur die zivilisatorische Durchdringung der Unterschichten-Lebenswelt beabsichtigt, sondern ihre Beseitigung und Ersetzung durch die Verwirklichung eines Modells rationaler Lebensführung in ehrbarer Armut.

Die Krise des Sozialstaats

Hatte die Weimarer Reichsverfassung die Koordination und Erweiterung der verschiedenen Bereiche sozialer Hilfe angestrebt, so entwikkelte sich in der Verfassungswirklichkeit der Weimarer Republik jedoch die Krise des Sozialstaats. Die Inflationsjahre bis 1923 hatten die Bezieher von Geldleistungen, besonders die Rentner, schwer geschädigt, zudem den Staatshaushalt so belastet, daß auch in den stabileren Jahren ab 1924 die Finanzdecke für Reformen zu kurz blieb. Schon beim Inkrafttreten des 1922 beschlossenen Reichsjugendwohlfahrtsgesetzes im Jahre 1924 wurden kostenintensive, ursprünglich vorgesehene Leistungen entweder ganz gestrichen oder nur fakultativ gemacht.

Ähnlich verhielt es sich mit der Arbeitslosenversicherung und dem System der Erwerbslosenhilfe. In Erfüllung des Verfassungsartikels 163 wurden 1927 die Arbeitslosenversicherung und die öffentliche Arbeitsvermittlung gesetzlich eingerichtet. Die Massenarbeitslosigkeit der Weltwirtschaftskrise ab 1929 sprengte dann schnell die Versicherungskasse, und die gleichzeitige staatliche Sparpolitik ließ die Maschen der sozialen Auffangnetze immer weiter werden.

Insgesamt geriet der Sozialstaat am Ende der Weimarer Republik in eine dreifache Existenzkrise:

– Das soziale Netz riß an vielen Stellen, weil es nicht mehr zu finanzieren war. Zahllose Betroffene wurden auf jene demütigenden oder gar wirkungslosen Mittel der Existenzsicherung zurückverworfen, die abzuschaffen die Sozialpolitik 50 Jahre zuvor angetreten war. Aus der Perspektive der Sozialbürokraten wurde bei Finanzknappheit die zweckmäßige Verteilung der Unterstützung zum Leitkriterium. Nicht mehr die persönliche Hilfsbedürftigkeit stand im Zentrum, sondern die Effektivität des Mitteleinsatzes. In diesem Zweck-Mittel-Denken mit Erfolgsorientierung störten die Untüchtigen, ärgerten die Unwilligen. Unter Auslesegesichtspunkten waren sie bestenfalls »Verwahrungsfälle«.

- Schon vor der Weltwirtschaftskrise waren wichtige Bereiche der sozialen Hilfe, etwa die Fürsorgeerziehung, in eine Struktur- und Legitimationskriste geraten. Heimerziehungsskandale wurden öffentlich diskutiert, Erziehungsnormen und -methoden konnten nicht mehr mit dem selbstbewußten Zivilisierungspathos der Pädagogen kritikfrei an die Betroffenen herangetragen werden. Man mußte mit Gegenwehr und mit der Intervention einer weltanschaulich pluralistisch verfaßten Öffentlichkeit rechnen. Das Ringen um eine Verwahrlostenpädagogik, die einer pluralistischen und demokratischen Gesellschaft angemessen wäre, war 1933 noch nicht zum Abschluß gelangt, als der Nationalsozialismus zur Erleichterung der konservativen Pädagogen die Debatte gewaltsam abbrach.
- Aber die Krise des Sozialstaats reichte noch tiefer: 50 Jahre lang hatte man zur Behebung der im spontanen, marktgeregelten gesellschaftlichen Leben entstandenen Probleme auf vermehrte Staatsintervention gesetzt. Jetzt wurden die inneren und äußeren Grenzen solcher Sozialpolitik als öffentlicher kompensierender Hilfe und als öffentlich normierender Sozialdisziplinierung auf allen Fronten erreicht. Diese Erfahrung, an die Grenzen der Sozialpolitik zu stoßen, wurde durch die Weltwirtschaftskrise noch katastrophal verschärft.

1933 bot sich mit der nationalsozialistischen Machtergreifung ein scheinbarer Ausweg aus der Krise an[52], der auf alle drei Grundprobleme eine fatale Antwort parat hatte:

- Die Erfolgsorientierung sozialer Hilfe wurde durch die rassebiologische Scheidung von fördernswerten Volksgenossen und auszumerzenden »Gemeinschaftsfremden« ideologisch überhöht und mit mörderischer Konsequenz praktiziert.
- Das nationalsozialistische Erziehungsideal des militaristisch gedrillten und autoritätshörigen zukünftigen Kriegers konnte die bedrohten konservativen Leitbilder stabilisieren und grenzte emanzipatorische Kritik per definitionem aus. (Daß sich dieses Erziehungskonzept bei seiner Realisierung in praktischen Widersprüchen verfing, steht auf einem anderen Blatt.)
- Die gerade erfahrenen Grenzen der Sozialpolitik wollte man im Entwurf der Nationalsozialisten durch kriegerische Grenzüberschreitung nach außen durchbrechen. Die Expansion sollte dem Herrenvolk den allgemeinen Volkswohlstand bescheren.

Das Ende dieses Projektes ist bekannt.

4. Studentinnen in der Weimarer Republik[53]

Von Dorothee Wierling

Anfang 1933 erschien in der Zeitschrift »Archiv für Rassen- und Gesellschaftsbiologie« ein Untersuchungsbericht, der ein Jahr zuvor, im Januar 1932, als Dissertation am Hygienischen Institut der Universität München eingereicht worden war. Der Titel der Arbeit lautete: »Über die rassenbiologische Wirkung der akademischen Frauenberufe mit besonderer Berücksichtigung der Ärztinnen und Zahnärztinnen.« Die Arbeit war von einer Frau verfaßt, Charlotte Graetz-Menzel, Ärztin in München.[54] Frau Graetz-Menzel hatte in ihrer Arbeit das »generative Verhalten« von ca. 900 Ärztinnen und Zahnärztinnen untersucht und dabei festgestellt, daß diese nicht nur später und seltener heirateten als die durchschnittliche deutsche Frau, sondern auch weniger Kinder zur Welt brachten und sich öfter scheiden ließen.
Die Gründe für dieses außergewöhnliche Verhalten der Ärztinnen sah die Autorin in der langen Ausbildung, die ein späteres Heiratsalter erzwang, im Anspruch auf eine standesgemäße Heirat (während männliche Ärzte »standesgemäße« Partnerinnen auch außerhalb der Universität finden konnten), in der anstrengenden Berufsarbeit der Ärztinnen und ihrer ökonomischen Unabhängigkeit – also ganz allgemein in der Tatsache ihrer akademischen Ausbildung und Berufsausübung. Dabei, so die Autorin, sei »eine ausreichende Fortpflanzung der Akademikerinnen (...) im Interesse des Volksganzen wünschenswert«[55], denn sie glaubte wie viele ihrer Zeitgenossen an die Erblichkeit von Intelligenz und Begabung. Sie kam deshalb zu dem Ergebnis, der akademische Frauenberuf übe eine »im rassenbiologischen Sinne schädigende Wirkung«[56] aus, da er die betreffenden Frauen davon abhalte, ihrer Fortpflanzungspflicht in genügendem Maße nachzukommen. Und im Anschluß an einen scharfen Kritiker des Frauenstudiums, Prof. Bumm, der gefordert hatte, Mütter müßten ausgeruhte Gehirne haben, und ihren Doktorvater, den Eugeniker Friedrich Lenz, schloß Frau Graetz-Menzel aus ihren Darlegungen:

Es kommt nicht darauf an, daß Deutschland jährlich ein paar tausend Akademikerinnen mehr hervorbringt, sondern, daß der größtmögliche Prozentsatz der begabten Mädchen heiratet und eine ausreichende Nachkommenschaft hinterläßt (...) Das

Beste, was diese Frauen für die Volksgemeinschaft und die Kultur tun können, ist, dafür zu sorgen, daß ihre Erbmasse sich erhält.[57]

Wie kam ausgerechnet eine Frau dazu, eine Dissertation vorzulegen, die den Frauen das Recht auf Studium und Beruf absprach, und sie statt dessen zur »Gebärmaschine« degradieren wollte? Noch dazu eine Frau, die, während sie diese Forderungen zu Papier brachte, die zudem auf äußerst zweifelhaften Untersuchungsmethoden beruhten[58], als Ärztin arbeitete, also ein Studium erfolgreich abgeschlossen hatte? Ihre eigene Situation wird in der Arbeit nicht reflektiert, so daß der Eindruck einer völlig gespaltenen Persönlichkeit entsteht, bei der eigene Lebenspraxis und »wissenschaftliche« Schlußfolgerungen in größtem Gegensatz zueinander stehen – selbst wenn sie, wie der Doppelname vermuten läßt (der Name des Vaters ist Menzel), verheiratet gewesen sein sollte, eventuell sogar Mutter war. Wäre sie in diesem Fall nicht der lebende Gegenbeweis ihrer Thesen?
Einige Anzeichen sprechen dafür, daß die in der Arbeit zum Ausdruck kommende Schizophrenie eine von außen erzwungene sein könnte – Frau Graetz-Menzel beginnt nämlich mit anerkennenden Worten über die Frauenbewegung, der »wir diesen Erfolg (die Zulassung der Frau zum Studium und akademischen Beruf; d. Verf.) verdanken«.[59] Es folgt ein geschichtlicher Abriß der Frauenbewegung und des Frauenstudiums, und erst danach heißt es ziemlich abrupt: »1930 haben wir in Deutschland 10000 berufstätige Akademikerinnen, und es fragt sich nun, wie weit sich diese Gruppe durch ihre Fortpflanzung erhält.«[60]
Nachdem die Studentinnen bezüglich ihrer sozialen Herkunft und körperlichen Gesundheit positiv dargestellt worden sind, beginnt Frau Graetz-Menzel endgültig mit der Behandlung ihres Themas, die sie mit den Worten einleitet: »(...) und es war meine Aufgabe, diesbezügliche Untersuchungen anzustellen.«[61]
Die in dieser Formulierung zum Ausdruck kommende Fremdbestimmung der Arbeit verweist darauf, daß Dissertationen in der autoritär strukturierten Universität der 1930er Jahre häufig professorale Auftragsarbeiten waren. Lenz, ihrem Doktorvater und einem erklärten Gegner des Frauenstudiums, mag es angemessen erschienen sein, der praktizierenden Ärztin ein Thema zu stellen, das sie in das Dilemma zwischen Promotion und Identität brachte – eine Zwangslage, in der sich die Doktorandin für ihre Promotion entschied. Heute läßt sich nicht mehr feststellen, ob es auf die von mir skizzierte Weise zu der Arbeit kam, oder ob der Konflikt schon verinnerlicht und die Selbstverleugnung unbewußt war.

Die Irritation, die aus diesem »Fall« erwächst, soll aber als Anstoß dienen, um die Situation der Studentinnen in der Weimarer Republik näher zu untersuchen und vielleicht zu einer Erklärung für das Zustandekommen einer so widersprüchlichen Arbeitssituation zu kommen. Während sich doch zunächst vermuten läßt, daß die Öffnung der Universitäten für die Frauen, die mit der Novemberrevolution zu Ende geführt wurde, diesen einen Zuwachs an positiven Entfaltungsmöglichkeiten bot, scheint es auch äußere und innere Hemmnisse einer solchen Entfaltung gegeben zu haben. Wie nutzten die Studentinnen ihre Chancen, wie bewältigten sie ihre Schwierigkeiten? Und wo läßt sich schließlich in der ambivalenten Situation der Studentin der Zuwachs an »Emanzipation« ausmachen, der ein Licht auf die Veränderungen wirft, die sich in dieser Phase für die gesellschaftliche Stellung der Frauen allgemein ergaben?

Die zahlenmäßige Entwicklung des Frauenstudiums bis 1933

Der Kampf um das Recht auf Bildung und die Zulassung zum Studium auch für Frauen hatte von Anfang an zu einem Hauptarbeitsgebiet der Frauenbewegung des 19. Jahrhunderts gehört.[62] Bis 1865 gab es nur sehr vereinzelte und kurzlebige Versuche, Frauen-Akademien mit der Möglichkeit wissenschaftlicher Bildung einzurichten. Aber mit der Gründung des »Allgemeinen Deutschen Frauenvereins« entstand erstmals eine Bewegung, die die öffentliche Diskussion um Bildungsrecht und Bildungswillen der Frauen systematisch in Gang setzte und in vielen kleinen Schritten, nach manchen Rückschlägen, erreichte, daß im Jahre 1896 die ersten sechs Abiturientinnen in einer externen Prüfung an einem Knabengymnasium ihre »Reifeprüfung« mit Erfolg bestanden, auf die sie sich in einem vierjährigen »Gymnasialkurs« vorbereitet hatten. So wie diese Frauen dank der Zähigkeit und des Erfindungsreichtums der Frauenbewegung eine Prüfung abgelegt hatten, die für sie im deutschen Schulsystem überhaupt nicht vorgesehen war, bedurfte es weiterer Hartnäckigkeit, um sich die Möglichkeit eines wissenschaftlichen Studiums zu erkämpfen. Denn Frauen erhielten in Deutschland erstmals 1900 das Immatrikulationsrecht, aber zunächst nur an badischen Universitäten. Das Schlußlicht bildete Preußen im Jahre 1908. Vor dieser Zeit hatten Frauen nur einen Gasthörerstatus, mit dem sie dann vom Wohlwollen desjenigen abhängig waren, dessen Veranstaltungen sie besuchen wollten. Dieses »Reservatrecht« bestand in Preußen noch bis 1918. Luise Berthold z. B., 1923 die erste Dozentin

in Marburg und eine bekannte Altgermanistin, konnte 1909 in Berlin dieses Fach nicht studieren, weil der Lehrstuhlinhaber, Gustav Roethe, Frauen aus seinen Veranstaltungen verbannt hatte.[63]
Trotzdem: im Jahre 1902 waren in Deutschland 70 Studentinnen immatrikuliert (ohne Ausländerinnen, die weniger Beschränkungen unterlagen) gegenüber 36082 Studenten. 1907 waren es 312 Studentinnen (44769 Studenten), im WS 1908/09 1132 Studentinnen (46632 Studenten). Während des Ersten Weltkrieges, der den Frauen neue Belastungen, aber auch neue Chancen brachte, stieg die Zahl der Studentinnen weiter. Helene Lange, die Führerin der bürgerlichen Frauenbewegung, ehemalige Lehrerin und Initiatorin der »Gymnasialkurse« für Frauen, sah sich ganz nah am Ziel ihrer Wünsche, als sie 1915 über das Immatrikulationsrecht der Frauen schrieb:

Die Zulassung der Frauen zu den höchsten Bildungsanstalten war eine Erfüllung innerster geistiger Antriebe der Frauenbewegung, die Aufhebung einer Schranke, deren Bestehen im Grunde *mehr* Geringschätzung der Frau ausdrückte als manche Rechtsbeschränkung. Es war die Zulassung der Frauen zu der Möglichkeit, ihr geistiges Wesen mit den höchsten Mitteln der Zeit auszuprägen, der Besitz der besseren Methoden, die eigene Lage im sozialen und kulturellen Leben der Nation zu begreifen, die Freiheit, in Berufen geistigen Inhalts den besonderen Beitrag zu dieser Kultur zu leisten, zu dem sich die Frauen außerhalb der Familie fähig fühlten. Die Eröffnung der Universitäten bedeutete die Entzündung neuen inneren Lebens in tausenden von jungen durstigen Seelen, bedeutete neue Ziele, zu denen frische Kräfte sich spannen, neue Lebensformen, in denen sie sich entfalten konnten.[64]

Und am Ende des Krieges, als sich große gesellschaftliche Veränderungen in Deutschland ankündigten, stellte Marianne Weber, Juristin und Mitarbeiterin ihres Ehemannes Max Weber, klar:

Wird die Frau von ihrer allgemeinen menschlichen Seite aus betrachtet, so ist sie grundsätzlich zu jeder Art von Kulturarbeit mitberufen, zu der ihre individuellen Gaben sie irgend befähigen, und es ist zweifellos, daß ihr Mitschaffen am Reiche der objektiven Kultur notwendige Ergänzung und wertvolle Bereicherung des Kulturschatzes bedeutet. Es gibt gar kein Schaffensgebiet, sei es nun Technik, Recht und Sitte oder Kunst, Wissenschaft, Philosophie und Religion, von dem sie mit Recht ausgeschlossen werden darf.[65]

Die neuen Studentinnen

Bei einer Untersuchung der Lage der Studentinnen, die 1927 vom Deutschen Akademikerinnenbund durchgeführt wurde, waren von 2384 Studentinnen
32,7 % Töchter von höheren Beamten und Angestellten,

Zahlenmäßige Entwicklung der Studentinnen in verschiedenen Fachrichtungen[66]

Semester	Universitäten überhaupt			Technische Hochschulen			Medizinstudium			Rechts- und Staatswiss.		
	abs. Zahl	Anteil	+/–	abs. Zahl	Anteil	+/–	abs. Zahl	Anteil	+/–	abs. Zahl	Anteil	+/–
WS 18/19	7339	9,5		286	2,3		2078	10,4		200	1,3	
WS 19/20	8244	9,2	–0,3	289	1,4	–0,9	2108	10,0	–0,4	457	2,5	+1,2
WS 20/21	8173	9,4	+0,2	286	1,2	–0,2	2055	11,7	+1,7	560	3,0	+0,5
WS 21/22	8030	9,6	+0,2	345	1,3	+0,1	1868	12,2	+0,5	626	3,2	+0,2
WS 22/23	8206	9,9	+0,3	418	1,5	+0,2	1723	12,8	+0,6	662	3,1	–0,1
WS 23/24	8338	10,8	+0,9	472	1,8	+0,3	1521	14,1	+1,3	858	3,8	+0,7
WS 24/25	6675	10,9	+0,1	297	1,3	+0,5	1321	15,5	+1,4	581	3,2	–0,6
WS 25/26	6767	11,4	+0,5	381	1,6	+0,3	1194	15,5	±0	473	2,7	–0,5
WS 26/27	8086	12,5	+1,1	382	1,7	+0,1	1312	15,3	–0,2	511	2,7	±0
WS 27/28	9680	13,5	+1,0	441	2,0	+0,3	1562	15,9	+0,6	604	2,9	+0,2
WS 28/29	12305	14,9	+1,4	513	2,3	+0,3	2082	16,7	+0,8	826	3,7	+0,8
WS 29/30	14958	16,4	+1,5	658	2,9	+0,6	2718	17,3	+0,6	1058	4,9	+1,2
WS 30/31	17183	17,9	+1,5	828	3,4	+0,5	3396	18,3	+1,0	1135	5,5	+0,6
WS 31/32	17955	18,8	+0,9	948	4,2	+0,8	4267	19,5	+1,2	1092	6,1	+0,6
WS 32/33	17192	18,5	–0,3	922	4,5	+0,3	4913	20,2	+0,7	981	6,0	–0,1

30,1 % Töchter von mittleren Beamten und Angestellten,
12,4 % Töchter von Kaufleuten, Ingenieuren oder Chemikern,
10,0 % Töchter von Freiberuflern,
7,5 % Töchter von Handels- und Gewerbetreibenden,
3,3 % Töchter von unteren Beamten und Angestellten,
2,6 % Töchter von Landwirten und
1,2 % Töchter von Arbeitern und Rentnern,
0,8 % machten keine Angaben.

Damit lagen die Studentinnen, was ihren Sozialstatus anging, über dem der gesamten Studentenschaft, die zwar ebenfalls zu einem großen Teil aus dem gehobenen und Bildungsbürgertum stammte, bei der der Anteil von Mittel- und Unterschichtstudenten aber höher lag.[67] Das bestätigt die Erwartung, daß in diesen Schichten, falls das Studium eines Kindes überhaupt in Frage kam, dies eher den Söhnen zugestanden wurde.

Mit welchen Motiven und Erwartungen Studentinnen an die Hochschule kamen, läßt sich nur annähernd erfassen, und deshalb sollen im folgenden die mögliche Motivation und vor allem die Studiumserfahrung durch eine Beschreibung von Studieninhalten, Lebensperspektiven, frauenfeindlichen Diskriminierungen und materiellen Problemen erschlossen werden. Zunächst läßt sich aber festhalten, daß die Voraussetzungen, unter denen die Studentinnen der Weimarer Republik ihr Studium planten und begannen, sich von denjenigen, unter denen die erste Generation der Studentinnen arbeitete, stark unterschieden. Letztere hatten in und durch die Frauenbewegung ein Stück Menschwerdung erlebt. Das Gefühl, die Möglichkeit des Studiums dieser Bewegung zu verdanken, verpflichtete sie auch, durch ernsthafte und erfolgreiche Arbeit dieser Bewegung zumindest »mittelbar einen Dienst (zu) leisten«[68]; vielleicht sogar unmittelbar, etwa durch die sozialwissenschaftliche Erforschung der Lage der Frauen oder durch die spätere Arbeit in der Mädchenbildung als Pädagoginnen. Dieses Bewußtsein einer sozialen Verpflichtung, das sich durch den Glauben an die »besondere Kulturaufgabe der Frau« auf die gesamte Gesellschaft beziehen konnte und das Studium zumindest dem Anspruch nach auf die Ebene einer »Berufung« hob, verlor in der folgenden Studentinnengeneration seine moralische Verbindlichkeit. Die Ansprüche der Studentinnen waren jetzt sehr viel bescheidener, was eventuelle Postulate bezüglich ihrer feministisch-kulturellen Bedeutung betraf, nicht aber, was persönliche Leistung, wissenschaftliches Renommee und berufliche Wirkungsmöglichkeiten anging. Überspitzt könnte man sagen: Was der ersten Generation die Berufung, war der zweiten die Berechtigung. Die »Alten« nahmen es enttäuscht zur Kenntnis.[69]

Die Universität – eine männliche Institution

Die Tatsache, daß die Universitäten als rein männliche Institution gewachsen waren, wirkte sich in vielerlei Hinsicht auf das Frauenstudium aus. Das gesamte »studentische Leben« war nach männlichen Bedürfnissen geprägt. Studentische Verbindungen und Korporationen beherrschten die Szene und boten mit ihrem militärischen Gehabe, ihren hierarchischen Strukturen und ihren ritualisierten Trinkgelagen für eine junge Studentin der 1920er Jahre keinen Platz. Es handelte sich um geschlossene Männerbünde. Außerhalb dieser Verbände konnten sich natürlich über gemeinsame Arbeit und Ausflüge freundschaftliche Kontakte zwischen den Geschlechtern ergeben. Es gab aber auch den Versuch, eigene Organisationen aufzubauen, Studentinnenvereine zu gründen. Ihre Zahl blieb jedoch gering. Zum Teil handelte es sich, wie bei den männlichen Pendants, um Selbsthilfe- und Geselligkeitsvereine, um soziale Bezugspunkte in einer fremden Stadt und Institution. Ein politischerer Eindruck entsteht aus den Verlautbarungen des Verbands der Studentinnenvereine Deutschlands (V. St. D.), in dem alle nichtkonfessionellen Studentinnenvereine organisiert waren. Dort findet sich eine deutliche Abgrenzung von der alten Frauenbewegung, Abwehr gegen »Suffragettentum«, Distanzierung vom Geruch der »Emanzipation«, den »männlich gerichteten Gedanken, die uns wesensfremd sind« und eine stärkere Propagierung von »Frauentum«, »Gemütswerten« und »Weiblichkeit«.[70] Während solche Verlautbarungen, konsequent zu Ende gedacht, darauf hinausliefen, das Frauenstudium überhaupt in Frage zu stellen, verteidigten die Artikel in der »Frau«, dem Organ der Frauenbewegung, die Fähigkeit und Verpflichtung der Frauen zum Studium, das die Wissenschaftssphäre kulturell bereichern sollte. Sie distanzierten sich damit nicht nur von der »neuen Weiblichkeit«, sondern auch von der Masse der Studentinnen, die weder frauenbewegt noch »weiblich« sein wollten, sondern sich um ihre Ausbildung, ihre materielle Lage und ihre Berufsperspektive sorgten.[71]

Bei der Ausbildung war die männliche Dominanz in der geistigen Institution Wissenschaft sehr viel schwerer zu durchschauen als in der äußeren Institution Universität. Die Wissenschaft trat den Studentinnen scheinbar »geschlechtsneutral« gegenüber und beinhaltete außer in wenigen Bereichen, z. B. Pädagogik und Sozialwissenschaften, kein Angebot, in dem Studentinnen leicht eine Verbindung zwischen ihrer gesellschaftlichen Situation als Frau und universitärer Lehre und Forschung herstellen konnten. Von den 5949 Doktorarbeiten, die Frauen zwischen 1908 und 1933 schrieben, beschäftigten sich nur 425 mit einer

frauenspezifischen Thematik.[72] Die möglichen Gründe hierfür lassen sich am Beispiel der Geschichtswissenschaft deutlich machen. Hier war der Anteil der »Frauenthemen« mit 24 von 412 besonders niedrig. Geht man die Titel dieser Arbeiten durch, so beschäftigen sich 15 von ihnen mit Herrscherinnen oder adligen Frauen (Beispiel: »Dorothea, Herzogin von Dino und Sagan, ihr Leben mit besonderer Berücksichtigung ihrer Beziehungen zum preußischen Königshause und zu deutschen Politikern«). Mit Klöstern oder anderen kirchlichen Zusammenhängen beschäftigten sich 7 Arbeiten (Beispiel: »Die Anfänge der sächsischen Frauenklöster«). Zwei Arbeiten stellen intellektuelle Frauen in den Mittelpunkt (Beispiel: »Henriette Feuerbach. Eine Studie zur Geistesgeschichte des 19. Jahrhunderts«). Zwei Arbeiten beschäftigen sich mit Frauenkleidung (»Frauentrachten in Dresden um die Mitte des 18. Jahrhunderts«), und eine Arbeit behandelte »Die Ehe der Rumänen«. Die genannten 27 Schwerpunkte ergeben sich aus der Kombination mehrerer Aspekte in einigen Arbeiten, z. B.: »Stellung Maria Theresias zu Religion und Kirche.«[73]
Ein Blick auch auf die anderen Themen der historischen Doktorarbeiten, die Frauen in diesem Zeitraum schrieben, zeigt, daß die Geschichtswissenschaft der Weimarer Republik stark geprägt war von der »großen Persönlichkeit« als Motor der Geschichte, der Diplomatie als zentralem historischen Geschehen und der Geschichte der Ideen, durch die Veränderungen herbeigeführt würden. Damit hatte die Historie einen Gegenstandsbereich abgesteckt, der im engeren Sinne auf Öffentlichkeit begrenzt war und in dem herausragende Führerpersönlichkeiten als besonders bedeutsam galten. Diese Beschränkung grenzte Frauen nicht nur als Personen weitgehend aus, sondern ignorierte auch all das, worin sie (und auch die Masse der Männer) durch ihre Arbeit, ihre Kämpfe um Verbesserungen ihrer Lebenschancen und durch die Bewältigung ihres privaten Alltags zur Entwicklung der menschlichen Geschichte beigetragen hatten. Die Zahl der großen Männer, mit denen Studenten sich identifizieren und so über ihren eigenen Lebenszusammenhang »erheben« konnten, war allerdings größer als die der Frauen, die es zu einer so definierten »Größe« gebracht hatten.
Das Beispiel der Geschichte zeigt, wie die Struktur einer Wissenschaft Fraueninteressen von vornherein ausgrenzte. Wollten Frauen trotzdem innerhalb der Universität reüssieren, so mußten sie zu einem größeren Maß an Selbstentfremdung bereit sein als ihre männlichen Kollegen. Männliche Dominanz von Wissenschaft bedeutete aber noch etwas Allgemeineres als nur die Tatsache, daß Frauen sich nicht selbst zum Thema machen konnten. Die Propagandistinnen des Frauenstudiums

ebenso wie enttäuschte Studentinnen wiesen mehrfach darauf hin, daß das Studium den Frauen nicht genug Gelegenheit böte, ihre spezifisch weiblichen Fähigkeiten zu entwickeln, die sie vor allem im sozialen Bereich sahen, und ihr Bedürfnis zu befriedigen, die Wissenschaft mit Sinn, mit lebenspraktischer Bedeutung, mit beruflicher Nützlichkeit zu verbinden, daß diese weibliche Zugangsweise ihnen erschwert werde, daß Theorie um ihrer selbst willen betrieben werde, daß Frauen zur Analyse gezwungen würden, statt daß ihnen das Studium zu einer neuen Synthese verhelfe. Unter der Trennung von Wissenschaft und Leben litten sie als Frauen stärker als die männlichen Studenten. Sie selbst sahen sich dadurch in ihrer »Veranlagung« bestätigt, die sie vielleicht zum Studium untauglich mache, weil sie Frauen waren.[74] Nur eine Minderheit erkannte, daß hier ein langjähriges Training zur »Weiblichkeit« vorlag, das mit Veranlagung nichts zu tun hatte. Noch geringer war die Zahl derjenigen, die aus ihrer Enttäuschung den selbstbewußten Schluß zogen, der Fehler liege nicht bei ihnen, sondern bei der Wissenschaft, bei der von Männern durchgesetzten Trennung von Universität und Leben.

Materielle und soziale Probleme der Studentinnen

Die materielle Lage der Studierenden in der Weimarer Republik war schwierig. Zwar stammten die meisten von ihnen aus dem Bürgertum, aber mehr aus dem Beamten- und Bildungsbürgertum als aus dem wohlhabenden Besitz- und Wirtschaftsbürgertum. Die Unterhaltskosten des Studiums waren Investitionen in die Zukunft, und die im Elternhaus dafür zur Verfügung stehende Summe war vielleicht hoch, aber doch nicht unbegrenzt und zudem krisenanfällig. Verschiedene Untersuchungen zur wirtschaftlichen Lage der Studentinnen[75] ergaben, daß im WS 1921/22 nur ca. drei Viertel über einen monatlichen Wechsel verfügten, mit dem sie ihr Existenzminimum bestreiten konnten; nur ca. die Hälfte erhielt die Summe, die für Medizinerinnen als das Minimum galt. Ähnlich sah es bei den männlichen Studenten aus. Allerdings hatten Studentinnen es besonders schwer, ein preiswertes Zimmer zu mieten, denn die Hauswirte gingen davon aus, daß die weiblichen Studenten sich öfter zu Hause aufhielten, ihre Zimmer auch zum Waschen und Kochen nutzen wollten und des öfteren Gäste empfingen, während die männlichen Studenten in der Regel ihre Mahlzeiten im Verbindungshaus, in der Mensa und der Kneipe einnahmen und dort auch einen Großteil ihrer Freizeit verbrachten.[76] Doch Schwierigkeiten dieser Art waren nicht allein ein Symptom der Krise. Auch in den »guten Jahren« 1927/28 verfügte nur ein Viertel der erfaßten Studentinnen über 120 M monatlich, als 1 Kilo Brot 50 Pfg., ein Kilo Bauchspeck 2,50 M kosteten. 40% der befragten Studentinnen konnten sich keine Bücher leisten, dies traf jedoch nur auf 11,4% der Studenten zu.[77] Die Weltwirtschaftskrise verschärfte die Situation besonders für die Studentinnen, für die es noch weniger Möglichkeiten des Nebenverdienstes gab als für ihre männlichen Kommilitonen, zumal sie offensichtlich stärker als diese auf »standesgemäße« Beschäftigung aus waren. Typische Erwerbsarbeiten waren z.B.: Annoncensammeln, Bürofräulein, Fachbücherbesprechung, Gartenarbeit, Handarbeiten, Kindermädchen, Marktforschung, Nachhilfeunterricht, Praktikantin, Rhythmischer Tanzkurs, Schulunterricht, Tabellen anfertigen, Übersetzungen.[78]

Obwohl sich die Studentinnen der Weimarer Republik nicht mehr wie die erste Studentinnengeneration dunkel gekleidet in den Hörsälen fast verstecken mußten, um einem feindseligen Dozenten oder Studenten möglichst nicht aufzufallen, sondern z. T. sogar »mit merkbarem Wohlwollen beobachtet« wurden[79], wurden sie doch in vielen Fällen, je nach Studienort und Studienfach unterschiedlich, mit einem negativen Fremdbild und frauenfeindlichen Verhaltensweisen konfrontiert. Beim Versuch einer Gesamtschau der Inhalte dieses Fremdbildes ergibt sich die für Vorurteile typische, widersprüchliche Struktur. So wurden Studentinnen einerseits angefeindet wegen der ökonomischen Konkurrenz, die sie angesichts der »Überfüllungskrise« der Universitäten und akademischen Berufe für männliche Studenten darstellen – während ihnen gleichzeitig die intellektuelle Leistungsfähigkeit abgesprochen wurde. Sie wurden kritisiert als »Typ eleganter Damen, für die die Hörsäle nur Mittel zum Zweck sind, zu flirten und an den Mann zu kommen«[80], andererseits ging an sie der Vorwurf, sie zögen den Beruf der Ehe und Mutterschaft vor. In einer Version hieß es, das Wesen der Frau sei mehr durch Gefühl als durch Verstand geprägt, sie sei schwächer und kränklicher als der Mann und deshalb für wissenschaftliche Arbeit ungeeignet. Der Erfolg wiederum, der den Frauen im Studium unbestreitbar beschieden war, führte zu der Variante, Studentinnen müßten ihre mangelnde Begabung durch größeren Fleiß ausgleichen.

Diese Ansammlung von feindseligen Elementen im Bild der Studentin entsprang der Angst vor der vermeintlichen Bedrohung durch die weiblichen Eindringlinge im »Lebensraum des Mannes«.[81] Es wäre verfehlt, diese Angst nur auf ökonomische Abwehr zu reduzieren – die männliche Verunsicherung war viel allgemeiner gegen die neuen An-

sprüche gerichtet, mit denen Frauen sich nicht mehr auf den häuslichen Bereich beschränken ließen, sondern ihren Einfluß auf die öffentliche Sphäre ausweiteten. Die Angst ging aber auch tiefer; sie hing, wie die Thematisierung von Flirt, Ehe und Mutterschaft zeigt, mit der Bedrohung zusammen, die eine von den Schranken der Mutterschaft und Ehe befreite weibliche Sexualität bedeuten konnte.
Wie immer die psychischen Mechanismen der studentischen Abwehr gegen die Kommilitoninnen waren – in ihren Äußerungen beschränkten sie sich nicht auf polemische Schriften, sondern versuchten, die Studentinnen zu verunsichern, sie im Labor und Hörsaal hilflos zu machen. Eine Jurastudentin berichtete 1930:

Eine Studentin braucht nur den Mund aufzutun, ganz gleich, ob zu guter oder zu schlechter Antwort, und es wird nach deutsch-akademischer Sitte getrampelt, gescharrt oder blöd gelacht. Ist im Kolleg die Rede von den vorsintflutlichen Bestimmungen unseres Familienrechts und von vergangenen herrlichen Zeiten, als die Frau noch ganz unter ehelicher Gewalt stand, zeigen die Jünger am Geiste auf ebenso höfliche Weise begeisterte Zustimmung. Moderne Reformbestrebungen mißbilligen sie aufs schärfste. Als einmal ein Professor sagte, die Frauen könnten jetzt auch Handelsrichterinnen werden, war das ganze Kolleg so tief entrüstet, daß der Dozent erst nach zehn Minuten fortfahren konnte. Kommt eine Studentin zu spät ins Kolleg – die Herren erlauben sich das öfter – wird heftig gescharrt.[82]

Angesichts so massiver materieller und psychischer Belastungen stellt sich die Frage, warum die Zahl der Studentinnen dennoch stieg – und es liegt nahe, die Frage mit den durch das Studium eröffneten neuen Berufsperspektiven für Frauen zu beantworten. Dabei zeigt sich eine z. T. erhebliche prozentuale Steigerung bei sehr niedrigen absoluten Zahlen.
Um die Bedeutung dieser Zahlen zu ermessen, reicht es nicht, die Zahl der Studentinnen seit 1908 einfach den Zahlen der berufstätigen Akademikerinnen gegenüberzustellen. Denn die Verweildauer an der Universität, die Abbrecherquote bei Frauen, die Heiratsquote der Studentinnen, der Abbruch der Berufstätigkeit bei einer Heirat oder nach der Schwangerschaft müßten dabei berücksichtigt werden. Da entsprechende Zahlen jedoch nicht vorliegen, können wir uns über die Berufsaussichten der Studentinnen nur indirekt einen Eindruck verschaffen, und das auch nur für einzelne Berufstypen. Dabei war z. B. die Diskriminierung bei den Juristen so offensichtlich, daß sie von vornherein die Studentinnenzahlen niedrig hielt.
Bevor wir die spezifischen Aussichten der Studentinnen untersuchen, müssen wir uns allerdings klarmachen, daß die Weimarer Republik als Zeit der »Hochschulüberfüllung« und »Akademikerschwemme« galt.

Entwicklung der Berufsperspektiven von Frauen zwischen 1925 und 1933[83]

Zahl der berufstätigen Frauen 1925	Berufe	Zahl der berufstätigen Frauen 1933
ca. 2500	Studienrätinnen	5428
2572	Ärztinnen	4367
835	Zahnärztinnen	1250
10	Tierärztinnen	53
2720	Apothekerinnen	3716
–	Richterinnen und Staatsanwältinnen	36
55	Rechtsanwältinnen und Notarinnen	251
16	Theologinnen	168
921	Chemikerinnen	863
ca. 25	Hochschullehrerinnen (ohne nebenamtliche oder in der Lehrerinnenbildung tätige)	52
ca. 9654		ca. 16184

Die Zahl der studentischen Anwärter übertraf bei weitem die Zahl der Stellen, die etwa der Staat für Studienräte und Richter zur Verfügung stellte. Aber auch im nichtstaatlichen Sektor wachten die Kammern der Ärzte und Rechtsanwälte darüber, daß die Zahl der Neulinge möglichst klein blieb.

Gerade in den Bereichen, in denen nach der Berufszählung die Chancen von Frauen relativ gut waren, läßt sich ihre Benachteiligung deutlich zeigen: Beispiel Medizin: Von den 47208 Ärzten im Sommer 1930 waren 2011 = 4,2% Frauen, während ihr Anteil am Medizinstudium 18% betrug. 1931 lag die Diskrepanz bei 5,6% zu 18,9%. Allerdings täuschen die Zahlen insofern, als in der älteren Generation dieser Branchen überhaupt keine Frauen vorhanden waren. Der jährliche Nachwuchsbedarf, wie er von den Ärztekammern errechnet wurde, beinhaltete die Festlegung eines Quotierungssystems, demzufolge Frauen nicht mehr als 5% der zur Verfügung stehenden Arztstellen erhalten sollten.[84]

Beispiel Öffentlicher Dienst: Auch hier wurden Männer in der Einstellungspraxis der Behörden eindeutig bevorzugt. 1927 warnte ein Studienrat die ca. 2000 Philologiestudentinnen davor, sich auf eine Einstellung zu verlassen. Und die Warnung wurde 1930 verschärft, als den

3848 Studienreferendarinnen nur 70 Stellen avisiert wurden.[85] Obwohl diese Praxis dem Gleichheitsgrundsatz der Weimarer Verfassung widersprach, entsprach sie doch ähnlichen Vorgehensweisen im Öffentlichen Dienst, denn zu konkreten Gesetzen zur Durchsetzung dieses Grundsatzes kam es nicht – um so weniger, als mit zunehmender Sparpolitik und allgemeiner Arbeitslosigkeit der ökonomische Konkurrenzkampf gegen die Frauen immer härter wurde.

Dabei war es vor allem die verheiratete Frau, deren Anspruch auf ökonomische Unabhängigkeit unterhöhlt wurde. Anfang 1925 entließen die Reichsbehörden 13,9 % ihrer Beamten (und 45,1 % ihrer Angestellten sowie 24,7 % ihrer Arbeiter). Die Gehälter der restlichen wurden drastisch gekürzt. Als die Maßnahme im August desselben Jahres gestoppt wurde, blieb nur eine Bestimmung der »Reichspersonalabbauverordnung« in Kraft: der Art. 14, nach dem verheiratete Beamtinnen jederzeit ohne Anspruch auf Ruhegeld entlassen werden konnten, wenn ihre Versorgung gesichert sei. Diese Bestimmung blieb bis 1929 bestehen. 1932, auf dem Höhepunkt des Kampfes gegen das »Doppelverdienertum«, trat dann wieder ein Gesetz in Kraft, demzufolge eine Beamtin bei Verheiratung automatisch ihren Status verlor.[86]

Nicht nur durch öffentliche Diskriminierung, auch durch die bürgerliche Tradition von Familie und Häuslichkeit lag den meisten Studentinnen die Verbindung von Ehe und Beruf wohl fern. Andererseits unterschieden sie sich von früheren Studentinnengenerationen, die oft das »Zölibat« bewußt auf sich nahmen, um sich ganz ihrem Studium, ihrem Beruf, der Frauenbewegung und ihrer kulturellen Aufgabe zu widmen. Die Studentinnen der 1920er Jahre sahen ihren späteren Beruf nicht nur pragmatischer auch als Gelderwerb – sie waren auch bereit, ihn für eine Ehe aufzugeben. Denn da sie weniger gebunden waren an überpersönliche Ideale, waren sie emotional freier für die Ehe. Die Wirtschaftskrise und die eigenen schlechten Berufsaussichten legten diese Perspektive auch aus ökonomischen Gründen nahe.

Identitätssuche und Auswege

Angesichts der offenen und versteckten Diskriminierungen, der materiellen Probleme, der Lebensferne von Wissenschaft und der mangelnden Berufsperspektive stellt sich nun endgültig die Frage, was die jungen Frauen zum Studium motivierte, was ihre Eltern dazu brachte, dafür den monatlichen Wechsel auszustellen. Die Antworten können nur den Charakter von thesenartigen Überlegungen haben.

- Die Weimarer Republik brachte in vielen Hinsichten eine Veränderung im Status von Frauen mit sich. Die Frauenbewegung, die Erfahrung des Ersten Weltkriegs, die Demokratisierung des öffentlichen Lebens, der Kultur, der Presse, der Schulbildung ließen einen neuen Frauentyp entstehen, der persönliche Qualifizierung und Entfaltung als nicht weiter begründbares Menschenrecht beanspruchte. In einer bestimmten sozialen Schicht und bei ausreichender Begabung führte dies zum Studium. Was Motive und Ernsthaftigkeit anging, waren die weiblichen Studierenden sicher so verschieden wie ihre männlichen Kommilitonen – aber der Anspruch auf (Aus)bildung verband Wissenschaftsbesessene, Frauenbewegte und »Karrierefrauen«. Was sie außerdem verband und von den Studenten unterschied, war die Tatsache, daß diese sich in den männlich gewachsenen Institutionen Universität und Wissenschaft auch als Männer heimisch fühlen konnten, während die Studentinnen öfter in Konflikt mit ihrer Situation als Wissenschaftlerinnnen zu stehen schienen.
- Aus der zahlenmäßigen Entwicklung der Studentinnen läßt sich indirekt schließen, daß es vielen gelang, diesen Widerspruch aufzulösen oder zu ignorieren. Autobiographien von Wissenschaftlerinnen, die in dieser Zeit studierten, zeigen, daß intellektuelle Neugier, erste Erfolgserlebnisse, studentische Arbeitsgemeinschaften, vorurteilsfreie Freundschaften das Studium bestimmen konnten[87] – am ehesten wohl da, wo das studierte Fach (Medizin, Pädagogik, Sozialwissenschaften, Philologie) mit den »weiblichen« Fähigkeiten des Heilens, der Mütterlichkeit, des Einfühlens in Verbindung gebracht werden konnte. Diese geschlechtsspezifischen Fähigkeiten mochten Produkt gesellschaftlicher Erwartung und Erziehung sein – sie waren aber vorhanden und bestimmten auch die Wahl des Studienfaches. Die meisten Studentinnen hatten mit dem Studium auch eine Alternative zu einem Leben im Elternhaus – ohne sinnvolle Beschäftigung, ohne Anregung und unter elterlicher Kontrolle – gewählt. Fanden sie noch eine Universität in der Großstadt, wo die Vorurteile geringer und die kulturellen Angebote zahlreicher waren, konnte das Studium ein Genuß sein.
- Wahrscheinlich vor allem im mittleren Bürgertum durfte das Studium aber nicht nur intellektueller Genuß sein, es mußte einem Berufsziel dienen. Doch die Studentinnen und ihre Eltern reagierten erst spät auf die Tatsache, daß fachliche und faktische Berufsberechtigung so weit auseinanderfielen. Sie ließen sich zunächst auf den verschärften Konkurrenzkampf ein, hofften vielleicht auch auf den

vorübergehenden Charakter der Krise und auf die Einlösung des Gleichberechtigungsparagraphen.

– Die mangelnde Berufsperspektive und der in manchen Fächern vergebliche Versuch, Wissenschaft für sich zu entdecken, führten leicht zu Frustrationen, die durch persönliche Diskriminierung noch verstärkt wurden und dann nur wenig Energie zur Bewältigung des Alltags übrigließen. Die Gefahr lag nahe, ein solches negatives Erfahrungsbündel, das ja tatsächlich mit der Geschlechtszugehörigkeit zusammenhing, in einer gegen sich selbst gerichteten Weise zu interpretieren – das negative Fremdbild also zu akzeptieren und pragmatisch zu nutzen. In diese Richtung scheinen jene Studentinnen gegangen zu sein, die ihre »Weiblichkeit« einsetzten, um, wenn schon nicht als Wissenschaftlerin, doch wenigstens als Frau anerkannt zu werden – kurzfristig beim Flirt in der Mensa, langfristig als Ehepartnerin. Diese scheinbare Anpassung an die Erwartungen männlicher Kommilitonen führte allerdings erneut in eine soziale Falle: Angesichts des geteilten Frauenbildes der bürgerlich sozialisierten Studenten, die ihre sexuellen Erfahrungen vor der Ehe nicht mit den Frauen ihrer Schicht, sondern mit den »Mädchen des Volkes« machten und denen es bei einer Eheschließung wenig auf die akademische Bildung ihrer zukünftigen Frau ankam, durch die ihre Dominanz in der Ehe ja eher gefährdet worden wäre, war auch die Betonung von Weiblichkeit nur von begrenztem Erfolg.

Die folgenden Äußerungen stammen von Studentinnen, die an einer Einstellungsuntersuchung zum Selbstverständnis teilgenommen hatten. Gefragt wurden sie nach Studienmotivation, Berufsziel, Heiratsplänen und Studienerfahrung. Wir haben eine kleine Auswahl getroffen, die möglichst verschiedene Antworten erfassen sollte. Damit möchten wir die vorherigen Ausführungen illustrieren, teilweise auch relativieren. In Klammern hinter den Aussagen finden sich jeweils Alter der Studentin, Semesterzahl, Studienfach und Berufswunsch.[88]

S. 13:
»Ich bin, seitdem ich über meinen Beruf überhaupt nachdenke, fest überzeugt, daß der Beruf der Ärztin der ist, zu dem ich einzig und allein passe. Ich habe mir die Erlaubnis zu gerade diesem Studium schwer erringen müssen bei meinem Vater, der mir jedes andere Studium gern erlauben wollte. Doch ich stand auf dem Standpunkt: zum Studium gehört ein großer Idealismus und ein großes Feuer für den zukünftigen Beruf; den konnte ich für kein anderes Studium aufbringen.« (21 J., 8. S., Medizin, Ärztin)

S. 14:
»Sie wollen wissen, wie ich zum Studium gekommen bin. Ich glaube, so wie die meisten anderen auch. Man ging auf die höhere Schule, weil es jetzt so üblich ist, wenigstens bis zum Einjährigen. Dann wußte ich nicht, was ich anfangen sollte, schob die Entscheidung also noch drei Jahre hinaus, und machte erst mal das Matur. Na, und wenn man das einmal hat, so wird man nicht Schreibmaschinenmädel oder so was Ähnliches, sondern man studiert eben, wenn man nicht auf schnelles Geldverdienen angewiesen ist (...) Wie ich gerade auf die Juristerei verfallen bin, weiß ich heute nicht mehr genau (...)« (20 J., 3. S., Jura, Richterin oder Rechtsanwältin)
S. 20:
»Ich kann wohl sagen, daß sich meine innere Einstellung zum Studium geändert hat. Es wird mir immer lieber. War es anfangs ganz Mittel zum Zweck, nämlich einen Beruf zu erlangen, so tritt doch sehr stark daneben die Freude am Studieren an sich. Auf dem Fragebogen nannte ich das Studieren einen Kriegsersatz fürs Heiraten. Heute würde ich nicht mehr so scharf urteilen. Ein Ersatz bleibt es immer, doch er ist vollwertiger, als ich dachte (...) Das Studium gibt mir die Möglichkeit, meinen Blick zu weiten und zu einer selbständigen Weltanschauung und Lebensauffassung zu kommen, und das ist mir das Köstliche daran (...)« (24 J., 2. S., Studienrätin)
S. 22:
»Daß mir das Studium anfangs sehr zusagte, lag vor allem daran, daß es für mich einen so wohltuenden Kontrast zur Schule bildete (...) Lernen, ohne beobachtet zu werden, fand ich sehr erfreulich! Nicht nur das, auch die Überzeugung, daß mein Beruf der schönste Ersatz für den natürlichen Beruf der Frau ist, machte mich damals froh. Der Umschwung kam im dritten Semester. Dem wirklichen Leben gegenüber kam mir die Wissenschaft kalt und tot vor, ich merkte selbst, daß ich den Wert der Verstandestätigkeit überschätzt hatte (...) Ich muß gestehen, daß ich mein Studium, von dem ich in den ersten zwei Semestern wirklich begeistert war, jetzt nur noch als Mittel zum Zweck (d. h. zum Beruf) betrachte (...)« (21 J., 4. S., Deutsch, Geschichte, Englisch, Philosophie, Pädagogik, Studienrätin)
S. 44:
»Wie jedes Mädchen heute wollte auch ich mir den Weg zu einem Lebensberuf sichern, um nicht auf das Heiraten angewiesen zu sein. Ich hätte schon, bevor ich ans Studium ging, heiraten können, wollte mich aber nur aufs Heiraten einlassen für den Fall, daß es mir ganz entsprach. Um so ganz unabhängig zu sein, dachte ich an einen Beruf (...)

Auch ich finde, wie viele Kommilitoninnen, daß Heiraten schließlich doch die schönste und eigentliche Aufgabe der Frau ist (...) Jetzt, wo sich mir eine Gelegenheit bot, die meinen Wünschen entsprach, verzichte ich gerne auf den Beruf. Mein Studium schließe ich noch ab, da ich noch 2 ½ Jahre Wartezeit vor mir habe und eine so fast fertige Sache ohne Abschluß nichts Rechtes ist.« (22 J., 7. S., Deutsch, Geschichte, Englisch, Studienrätin)

S. 57:

»Um auf Ihre letzte Frage, die das Heiraten betrifft, einzugehen, muß ich wohl zugeben, daß sie mich noch gar nicht viel beschäftigt hat. Sagen muß ich nur, daß, um mich dazu zu bringen, mein Studium und meinen jetzigen Arbeitskreis aufzugeben, noch eine ziemliche Umwandlung in mir vorgehen müßte. Ob diese einmal durch das Eintreten eines anderen Menschen, der mir besonders wert wird, vollzogen werden kann, weiß ich nicht. Vorläufig bezweifle ich es noch.« (19 J., 1. S., Biologie, Chemie, Geographie, Studienrätin)

S. 62:

»Ich würde weder Studium noch Beruf um einer Verlobung oder Heirat willen aufgeben, im Gegenteil in Bestimmung des letzteren ganz den Weg weitergehen, der vielleicht der Ehe entgegengesetzt ist, nämlich der Ehe, wie sie früher war.« (20 J., 4. S., Germanistik, Französisch, Geschichte, Kunstgeschichte, Privatdozentin für neuere Literaturkritik)

S. 66:

»Ich persönlich schätze das Frauenstudium nicht und glaube seine Zunahme wohl vielfach den allgemeinen schlechten finanziellen Zuständen zuschieben zu dürfen. Ich habe das Gefühl, daß die Frau, wohl zum Lernen begabt, in den meisten Fällen nur zur Interpretin wird, während der Mann doch immerhin verhältnismäßig produktiver ist.« (18 J., 1. S.)

S. 74 f:

»Was mich auch zum Studium trieb, ist die Aussicht, daß ich später einen mir entsprechenden Wirkungskreis finden werde, den ich wahrscheinlich auch im Falle der Verheiratung nicht aufgeben würde. Ich würde mich im engen Kreis des Haushalts auf die Dauer nicht wohl fühlen, weil ich mir sage, daß die heutige Haushaltsführung in unserer sonst so praktischen und technisch fortgeschrittenen Zeit ein arg zurückgebliebenes Ding ist (...) Ich glaube nicht, daß die Kinder der akademisch gebildeten Frau vernachlässigt würden (viele Frauen ohne Beruf finden auch nur wenig Zeit für ihre Kinder), im Gegenteil, dadurch, daß die wissenschaftliche Schulung der Frau ihren Gesichtskreis

erweitert, fühlt sie auch ihren Kindern gegenüber eine stärkere Verantwortung.
Was die ›spezifisch weiblichen‹ Anlagen betrifft, bin ich der Meinung, daß der Unterschied von denen des Mannes sicher besteht, aber seine Bedeutung nicht derart groß ist, wie allgemein angenommen wird. Die Frau hatte eben bisher nicht die Gelegenheit zur Entfaltung ihrer verschiedenartigen Fähigkeiten.« (20 J., 2. S., Jura)

Michael Kater wundert sich angesichts der Probleme der Studentinnen über »die einzigartige Faszination, die die neu entstehende Nationalsozialistische Deutsche Arbeiterpartei Adolf Hitlers auf viele ausgeübt hat«[89] und versucht dies zu erklären mit der Flucht in das Ideal von Ehe und Mutterschaft (eine etwas vereinfachende Analyse angesichts der komplexen Identitätsprobleme), aber auch mit der relativen Liberalität der NS-Studenten gegenüber den nationalsozialistischen Kommilitoninnen. Es habe sich unter den Studentinnen wohl »herumgesprochen (...), daß Studentinnen neben Studenten in den ersten NSDStB-Hochschulgruppen völlig gleichberechtigt standen und als gleichwertige Mitstreiterinnen (...) geschätzt wurden«.[90]
Erst 1930 habe Baldur von Schirach, der Reichsstudentenführer, der politischen Aktivität der NS-Studentinnen ein Ende gemacht und sie zu reinen Befehlsempfängerinnen der männlichen Kommilitonen degradiert. Irmgard Weyrather hat dagegen darauf verwiesen, daß bei den Studentinnen von einer »einzigartigen Faszination« kaum die Rede sein konnte, waren doch bis 1933 nur 750 von ihnen, das sind 4,1 % aller Studentinnen, in der Arbeitsgemeinschaft nationalsozialistischer Studentinnen (ANSt) organisiert, während der Anteil der organisierten Nationalsozialisten unter den Studenten doppelt so hoch lag.[91] Trotzdem – selbst die niedrigen Zahlen bedürfen einer Erklärung, denn die Ideologie der Nationalsozialisten war eindeutig gegen das Frauenstudium gerichtet. Zwar hat Weyrather gezeigt, daß die organisierten Studentinnen selbst sich teilweise sowohl für das Frauenstudium aussprachen, als sich auch vage als Nachfolgerinnen der alten Frauenbewegung definierten, aber die meisten NS-Anhängerinnen unter den Studentinnen werden sich angesichts ihrer konkreten Probleme und persönlichen »Heimatlosigkeit« durch das NS-Frauenbild bestätigt und entlastet gefühlt haben.
Mit dem Sieg des Nationalsozialismus verschärfte sich die Gesetzgebung gegen das »Doppelverdienertum«. Die Zahl der Lehrerinnen und Ärztinnen wurde reduziert. Die Nationalsozialisten erließen Ende Dezember 1933 eine Art Numerus clausus, demzufolge Frauen bei den

Studienanfängern einen Anteil von 10% nicht überschreiten durften. Von den 54 Dozentinnen in Deutschland emigrierten 16; 1934 wurde verheirateten Ärztinnen die Kassenzulassung entzogen. Schon in diesem Jahr sank der Anteil der Frauen an der Studentenschaft auf 12,5%. Die ANSt, deren Mitgliederzahl auf 75% aller Studentinnen gestiegen war, beschwerte sich, daß »die Nichtbeachtung der Kommilitoninnen in Nichtachtung und Haß ausartet«.[92] Ab 1935 mußten höhere Schülerinnen eine Hauswirtschaftsprüfung ablegen, von deren Bestehen der Übergang in die Oberstufe des Gymnasiums abhängig gemacht wurde. 1936 wurde der Numerus clausus für Frauen wieder aufgehoben, da der Anteil der Studentinnen mittlerweile unter 10% lag. Ebenso war der Anteil der Mädchen an den höheren Schulen gesunken – er betrug 1938 nur noch 34,5% gegenüber 37% im Jahre 1933.

Die Situation der Studentinnen in der Weimarer Republik zeigt, wie begrenzt die Erfolge waren, die die Frauenbewegung mit der Erkämpfung formaler Rechte erreicht hatte. Die sozialen und psychischen Strukturen männlicher Dominanz wurden durch das Wahlrecht der Frauen und den Gleichheitsparagraphen der Verfassung nicht gebrochen. Diese waren eher ein Versprechen, um dessen Einlösung bis heute gesellschaftliche Auseinandersetzungen stattfinden. Die Ansprüche von Frauen wurden zwar bestätigt und ermuntert. Da Mentalitäten aber sehr viel stabiler sind als Gesetze, kamen in den 15 kurzen Jahren vor dem Faschismus weder Männer noch Frauen zu einer grundlegenden Veränderung ihres Verhältnisses, sondern steckten noch in der Phase der Verunsicherung und Angst vor einer solchen Veränderung, als die Nationalsozialisten ihnen schon wieder eindeutigere »Rollen« anboten.

5. Politische Gewalt und die Krise der Weimarer Republik

Von Richard Bessel

In einem vielzitierten Buch über politische Gewaltverbrechen der Rechten nach dem Ersten Weltkrieg und deren milde Behandlung durch die deutsche Justiz dokumentierte Emil Julius Gumbel Hunderte von politischen Morden zwischen 1918 und 1923. Gumbel warf damit die Frage auf:

> Wie sind solche Dinge in einem früher so geordneten Land möglich, das sicher zu den führenden Kulturnationen unserer Zeit gehört und das nach seiner Verfassung eine freiheitliche, demokratische Republik ist?[93]

Seine Antworten – daß die Ursachen dieses Schreckens u. a. in der Geschichte des preußisch-deutschen Militarismus, in einer »systematischen Irreführung der öffentlichen Meinung« durch die Presse, der »Knebelung der öffentlichen Meinung« während des Krieges durch den Staat, den Verlauf einer Revolution, die »nicht das Resultat des Aufstrebens der deutschen Bürger, sondern die Folge der Niederlage seiner Generäle« war und in der durch die »imperialistische Politik der Entente« verursachten Bedingungen des Versailler Friedens zu finden sei – bieten wichtige Ansatzpunkte. Es bleibt aber auch zu fragen, ob die Welle von Gewalt, die die Geburtsstunden der Weimarer Republik begleitete, nicht nur eine unmittelbare Nachwirkung des Weltkrieges auf die deutsche Innenpolitik, sondern auch Ausdruck weitverbreiteter gesellschaftlicher Werte war, die das Leben in Deutschland allgemein prägten. Inwieweit waren es auch die Strukturen und Werte der spezifischen bürgerlichen Gesellschaft in Deutschland, die »solche Dinge in einem früher so geordneten Land« möglich machten?

Nach der klassischen Definition Max Webers wird der Staat durch sein Monopol über den legitimen Gebrauch von Gewalt gekennzeichnet. Alle Staaten und politischen Systeme stützen sich auf Gewalt, und der Fortbestand eines Staates hängt von diesem allgemein akzeptierten Gewaltmonopol ab. Wäre diese Gewalt auch ein normaler Bestandteil der bürgerlichen Öffentlichkeit und der Parteipolitik, dann würde die Stabilität des politischen Systems und des Staates in Frage gestellt. Die Weimarer Republik bildet das nahezu klassische Beispiel eines unstabilen politischen Systems, in dem der Staat faktisch nicht über dieses Gewaltmonopol verfügt. In allen Staaten und gesellschaftlichen Systemen spielt Gewalt eine Rolle: innerhalb der Familie, bei persönlichen Auseinandersetzungen, bei wirtschaftlichen Kämpfen (wie z. B. bei sozialen Protesten oder Streiks) oder als bewaffnete Macht des Staates. Und in vielen anderen Staaten war alltägliche Gewalt verbreiteter als im Deutschen Reich: Gewaltverbrechen (Mord, Totschlag usw.) kamen z. B. in den Vereinigten Staaten viel häufiger vor als in Deutschland. Unter den entwickelten Industriegesellschaften erschien die Weimarer Republik aber gerade in der Hinsicht bemerkenswert, daß die Gewalt nicht nur im persönlichen Bereich blieb oder durch den Staat ausgeübt wurde, sondern darüber hinaus von zentraler Bedeutung in den politischen Auseinandersetzungen war. Dies deutet darauf hin, daß während der Weimarer Republik die Spielregeln der (bürgerlichen) Politik und die Rolle des Staates im Fluß waren.

Sowohl die Gründung als auch der Untergang der Weimarer Republik wurden durch ein soziales und politisches Klima gekennzeichnet, das durch eine weitverbreitete und weitgehend akzeptierte Anwendung politischer Gewalt geprägt war. Die beiden deutlichsten und meistdiskutierten Vorgänge sind die Ereignisse der unmittelbaren Nachkriegszeit (Gewaltanwendung der Freikorps usw.) und der keineswegs friedliche Kampf der nationalsozialistischen Bewegung um die Macht.

Es ist kein Geheimnis, daß die Entstehung der Weimarer Republik von einer nicht unerheblichen Menge politischer Gewalt begleitet wurde. Obwohl die politische Revolution im November 1918 verhältnismäßig friedlich verlief, kam es bald danach zu einer Reihe gewaltsamer politischer Auseinandersetzungen, die erst 1924 ein Ende fanden. Revolutionäre Bestrebungen linker Gruppen, soziale Proteste der Arbeiter in verschiedenen Industriegebieten und Aufstände der polnischen Minderheit in Oberschlesien wurden bekämpft und oft blutig niedergeschlagen.

In diesem Zusammenhang wird den Kreuzrittern des »weißen Terrors« nach dem Ersten Weltkrieg, den Mitgliedern des Freikorps, viel Aufmerksamkeit geschenkt. Sie vor allem waren es, die im Auftrag der Regierungen Proteste und revolutionäre Bestrebungen der deutschen Arbeiter blutig niederkämpften. Obwohl die Freikorpseinheiten durch die demokratische Regierung zur Sicherung der neuen politischen Ordnung finanziert und eingesetzt wurden, standen sie der jungen Republik überwiegend feindlich gegenüber. Viele der Freikorpsmitglieder waren während des Weltkrieges Offiziere gewesen, und Offiziere bildeten einen viel größeren Anteil mancher Freikorpseinheiten, als das sonst in Heereseinheiten üblich war. Es gab sogar Fälle, bei denen fast ein Drittel der gesamten Mitgliedschaft aus ehemaligen Offizieren bestand.

Die Freikorpsmannschaften rekrutierten sich aus vielen Gruppen: Bauern, Kleinbürger, Flüchtlinge aus den verlorengegangenen Grenzgebieten und (insbesondere) Studenten und Schüler; sie entstammten also überwiegend bürgerlichen und kleinbürgerlichen Milieus.[94] Die einzige große soziale (männliche) Gruppe, die in den Reihen der Freikorps nicht vertreten war, waren gewerkschaftlich organisierte Arbeiter, die sich mit der Arbeiterbewegung identifizierten. Geht man von der sozialen Herkunft der Freikorps aus, so läßt sich feststellen, daß die hier verursachte politische Gewalt der Nachkriegsjahre ein Produkt bürgerlicher Gruppen dieses »früher so geordneten Landes« war.

Oft werden die Freikorpsmitglieder als Männer charakterisiert, die wegen ihrer Kriegserfahrungen in den Jahren 1914–1918 nicht mehr fähig waren, sich in die normale Gesellschaft einzuordnen. Zum Beispiel schreibt Hagen Schulze in »Freikorps und Republik« über die ehemaligen Soldaten, die in die Freikorps gingen, daß sie »nach dem langjährigen Krieg den Sprung in das Zivilleben nicht mehr schafften«.[95] Die These, daß die politische Gewalt der ersten Nachkriegsjahre in erster Linie durch die Erfahrungen in den Schützengräben verursacht wurde, wird aber sowohl durch die soziale Struktur der Freikorps als auch durch die allgemeine Sozialgeschichte der militärischen Demobilmachung in Frage gestellt.

1. Die Freikorpsmitglieder (und politische Gewalttäter überhaupt) bildeten nur eine kleine Minderheit der gesamten »Frontgeneration«. Insgesamt wurden etwa sechs Millionen Männer Ende 1918/Anfang 1919 vom deutschen Militär entlassen; die Freikorps zählten im April 1919 nur etwa 250000 Mann. Die überwältigende Mehrheit der zurückgekehrten Soldaten wollte nichts mehr mit bewaffnetem Kampf zu tun haben. Es drängte sie zurück in ihre Heimat, zu ihrer zivilen Arbeit, ihren alten (Vorkriegs-)Familienverhältnissen, ihren Frauen. Wie es in einem im 1936 vom Reichskriegsministerium veröffentlichten Buch über die Rückführung des Ostheeres beschrieben wurde, »entwickelte sich in der Truppe eine Stimmung, die nur einen einzigen Gedanken in den Gehirnen aufdämmern ließ: Nach Hause um jeden Preis!«[96] Dies sollte kaum überraschen, aber für eine Erklärung der politischen Gewalt der Nachkriegsjahre (und auch der letzten Jahre der Weimarer Republik) ist diese Tatsache sehr wichtig. Charakteristisch an der Sozialgeschichte der Demobilmachung erscheint nicht die Politisierung der früheren Frontkämpfer und deren angebliche Unfähigkeit, »den

Sprung in das Zivilleben zu schaffen«, sondern eine meist erfolgreiche Rückkehr ins Private.
2. Man muß erkennen, daß die Rückkehr der deutschen Soldaten in die zivile Gesellschaft nicht auf einmal geschehen ist, obwohl die Tatsache, daß Deutschland den Krieg verlor, den Demobilmachungsprozeß im Jahre 1918 beschleunigte. Ein Großteil der »Frontgeneration« war schon vor dem November 1918 nach Deutschland zurückgekehrt; Tausende von Soldaten wurden 1916 und 1917 wegen Mangel an Arbeitskräften zum Einsatz in kriegswichtige Industrien zurückgeholt[97]; viele Verwundete (die deutsche Frühjahrsoffensive hatte ihre Zahl erheblich gesteigert) waren entweder in Krankenhäusern, Lazaretten oder wieder zu Hause; und das deutsche Besatzungsheer war im Herbst 1918 größer als das Feldheer.[98] Im Oktober 1918 zählte das Westheer etwa 2,5 Millionen Mann, dagegen das Besatzungsheer etwa 2,9 Millionen. Die Trennlinie zwischen Fronterlebnis und Heimaterfahrung war nicht immer so deutlich, und der tatsächliche Verlauf der Demobilmachung (also des »Sprungs in das Zivilleben«) war komplexer, als oft angenommen wird.
3. Die Freikorps waren nicht unbedingt der typische Ausdruck der politischen oder psychologischen Haltung der Veteranen des Weltkriegs. Eine der größten Organisationen der ehemaligen Soldaten war der sozialdemokratisch gesinnte »Reichsbund der Kriegsbeschädigten, Kriegsteilnehmer und Kriegshinterbliebenen«, der 1922 etwa 830000 Mitglieder in ca. 7000 Ortsgruppen zusammenfaßte – also viel mehr Menschen als alle Freikorpseinheiten zusammen.[99] Auch spätere Hinweise zeigen, daß das Kriegserlebnis nicht unbedingt einen Hang zur Gewalt unter den Veteranen der Schützengräben erzeugt hat. So schrieb z. B. im »Deutschland-Bericht« der Exil-SPD vom April 1935 ein Beobachter aus Sachsen unmittelbar nach der Wiedereinführung der allgemeinen Wehrpflicht:

> Die früheren Kriegsteilnehmer, welche wir über ihre Meinung zur Einführung der allgemeinen Wehrpflicht befragen konnten, brachten in versteckter Form zum Ausdruck, daß sie nicht gewillt seien, die Jahre 1914–1918 wieder zu erleben.[100]

Und viertens: Es bleibt fraglich, ob die überwiegende Mehrheit der Freikorpskämpfer tatsächlich ehemalige Frontsoldaten waren. Sicherlich waren die Freikorpsoffiziere Veteranen des Krieges, aber waren es auch die Mannschaften? In manchen Orten, wo Freikorpseinheiten versuchten, neue Mitglieder zu rekrutieren, wurden diese Bemühungen von den tatsächlichen Veteranen der Schützengräben scharf abgelehnt.[101] Viele Freikorpsmitglieder, die weder die Schützengräben in

Nordfrankreich noch die Kämpfe an der Ostfront gesehen hatten, wollten offensichtlich auch ihren Krieg haben. Es waren also nicht unbedingt direkt die Erfahrungen des Krieges, sondern auch die allgemeine politische Kultur – eine Kultur, die in vielfacher Hinsicht Gewalt befürwortete und auch die Kriegsbegeisterung vom August 1914 ermöglicht hatte –, die eine durch Gewalt geprägte politische Öffentlichkeit der Weimarer Republik verursachte. Oder anders formuliert: die Ursachen der fehlenden Integration mancher deutscher Bürger in eine friedliche bürgerliche Politik nach 1918 sind nicht nur in der Geschichte des Ersten Weltkrieges und in den politischen Vorfällen der unmittelbaren Nachkriegszeit zu suchen, sondern auch in der langfristigen Entwicklung der bürgerlichen Gesellschaft und bürgerlichen Werte in Deutschland.

Die politische Gewalt der Nachkriegsjahre und insbesondere die Tätigkeit der Freikorps werden oft als Auftakt für den erfolgreichen Feldzug der Nationalsozialisten gegen die Weimarer Republik dargestellt. Obwohl es gute Gründe gibt, am Urteil des amerikanischen Politologen Peter Merkl zu zweifeln, daß die schlimmste Konsequenz des Ersten Weltkriegs »die Mißerziehung einer ganzen Generation, ihre Probleme in einer militärischen und autoritären Art zu lösen«, gewesen sei[102], durchzieht die Gewalt doch die politische Geschichte Weimar-Deutschlands wie ein roter Faden. Die Freikorps werden als »Vorhut des Nationalsozialismus« geschildert[103], und man kommt leicht zu dem Schluß, daß die Weimarer Republik schon früh auf ihr Ende programmiert war. Eine ganze Reihe führender Männer des »Dritten Reiches« hatte ihre erste aktive Teilnahme am innenpolitischen Leben in den Reihen des Freikorps, so u. a. Reinhard Heydrich, Erich Koch, Manfred von Killinger und Martin Bormann.

Welche Rolle spielte die Gewalt in der Kampagne der Hitler-Bewegung, die Weimarer Republik zu zerstören und ein »Drittes Reich« an ihrer Stelle zu errichten? Die Sprecher der nationalsozialistischen Bewegung sprachen oft in positiven Tönen von der Gewalt. Etwa Joseph Goebbels:

> Der SA-Mann will kämpfen, und er hat auch ein Recht darauf, zum Kampf geführt zu werden. Seine Existenz gewinnt erst im Kampf ihre Berechtigung.[104]

Oder der offizielle Historiker der Berliner SA:

> Denn nicht die Archive zu schaffen war der Sinn der Stürme, sondern den Gegner zu schlagen.[105]

Und die nationalsozialistischen Sturmabteilungen hatten bereits vor der Ernennung Hitlers zum Reichskanzler etwa 500 000 Mitglieder. In den Zeitungen der NSDAP wurden die »Märtyrer« der Bewegung geehrt, und es gab Dutzende von Anhängern Hitlers, die im »Dienst« der Bewegung ihr Leben verloren (allein zwischen Januar und August 1932 waren es 70)[106], und Tausende von Verletzten. Zweifelsohne bildete das gewaltsame Ethos der Hitler-Bewegung eine große Attraktion für viele jüngere Männer, die in den Einheiten der SA mitmachten und Adolf Hitler »fanatisch« folgten. Aber auch in der breiteren politischen Öffentlichkeit hatte das militante Verhalten der NS-Bewegung seine Wirkung.

In diesem Zusammenhang ist die Geschichte des Potempa-Mordes sehr aufschlußreich. Der Potempa-Mord – der brutale Mord an einem arbeitslosen Sympathisanten der Kommunistischen Partei durch eine betrunkene Bande von Nationalsozialisten in einem oberschlesischen Grenzdorf im August 1932 – wurde damals zu einer cause célèbre aus zweierlei Gründen: Zum einen war es das erstemal, daß Gewalttäter durch neue, im Sommer 1932 verkündete antiterroristische Gesetze vor ein Sondergericht wegen Ermordung eines politischen Gegners gebracht wurden. Zum anderen verkündete der Führer der damals größten politischen Partei Deutschlands (und der Partei mit der größten Unterstützung aus den Mittelschichten), Adolf Hitler, seine Sympathie und Verbundenheit mit den Mördern in aller Öffentlichkeit. Trotz des brutalen Charakters dieses Verbrechens und der Zustimmung des Chefs der NSDAP erhielt Hitlers Partei bei den Reichstagswahlen im November immer noch mehr als 11 Millionen Stimmen. Politische Gewalt und ihre Billigung durch den Führer der nationalsozialistischen Bewegung haben also Millionen deutscher Bürger von dieser politischen Richtung nicht abgeschreckt. Im Gegenteil: Ian Kershaw hat in seiner Arbeit über Volksmeinung im »Dritten Reich« festgestellt, daß die brutale Kampagne gegen die Kommunisten in den ersten Wochen der Hitler-Regierung im Jahr 1933 »bei der Mehrzahl der einfachen bürgerlichen und ländlichen Schichten kaum Kritik, sondern wiederum eher positive Aufnahme fand«.[107]

In der Konsequenz des Aufstiegs einer politischen Bewegung, die vor physischer Gewalt nicht zurückschreckte, wurde dieses Verhalten in der deutschen Innenpolitik allgemein immer mehr akzeptiert, und die NS-Gegner sahen sich gezwungen, die Nationalsozialisten mit ähnlichen Methoden zu bekämpfen. Der nicht sehr erfolgreiche Führerkult um Karl Höltermann, den Führer (ab Juni 1932) des sozialdemokratisch dominierten Reichsbanners Schwarz-Rot-Gold, und die Bereitschaft der Kommunisten, ihrerseits gewaltsame und sogar terroristische Aktionen durchzuführen, sind Ausdruck dieses Phänomens.[108] Auch war die aktive politische Gewalt für die NS-Bewegung eine wichtige Waffe in ihren Kämpfen gegen die anderen Parteien. Die Angriffe auf Versammlungen und Führer anderer Parteien hatten die Wirksamkeit traditioneller Formen friedlicher Politik stark reduziert. Darüber hinaus hat die Bereitschaft der Nationalsozialisten, Gewalt anzuwenden, die Anziehungskraft der NSDAP wahrscheinlich erhöht, denn hier stand endlich eine nationalistische Partei, deren Ruf »den Marxismus zu zerschlagen«, nicht bloß ein Lippenbekenntnis war. Die Nazis lieferten den Beweis auf der Straße. Die politische Gewalt der NS-Bewegung vor 1933 hat den Verlauf der ersten Monate des »Dritten Reiches« entscheidend geprägt, sie bildete einen Vorgeschmack auf die Terrorfeldzüge gegen die Linken in den ersten Monaten nach der Machtübernahme.

Aber die politische Gewalt der Nationalsozialisten vor 1933 war auch deshalb effektiv, weil sie sich innerhalb von akzeptierten Grenzen bewegte. Dadurch wurde anscheinend vielen »anständigen« deutschen Bürgern, die vielleicht mit der Bereitschaft anderer Leute, »die Roten zu vermöbeln«, sympathisierten, ein echter Bürgerkrieg erspart. Trotz ihrer aggressiven Rhetorik scheuten sich die Nationalsozialisten vor direkten Konfrontationen mit dem Staat. Sie hatten aus der Niederwerfung ihres Münchner Putschversuchs im Jahre 1923 gelernt. Auch im August 1932 – als die SA in manchen Gebieten (vor allem Schlesien und Ostpreußen) echte Terrorkampagnen gegen meist sozialdemokratische Ziele durchführte – warfen die SA-»Fanatiker« ihre Granaten nicht gegen Polizeireviere oder Reichswehrkasernen.[109] Obwohl die politische Gewalt in den letzten Jahren Weimars auf den Straßen Deutschlands weit verbreitet war, wuchs sie sich nicht zu einem Bürgerkrieg aus. Wenn man die Anzahl der jungen Männer in den politischen Kampfverbänden in Deutschland um 1932 betrachtet, überrascht eher die geringe Zahl der in politischen Konfrontationen Getöteten. Und Vergleiche mit den Zahlen der Opfer der politischen Auseinandersetzungen, die die Auflösung der parlamentarischen Demokratie in der Türkei Anfang der 1980er Jahre begleiteten, oder des Untergrundkampfs der IRA in Nordirland in den letzten 20 Jahren deuten darauf hin, wie begrenzt die Straßenkämpfe der Nationalsozialisten während der letzten Jahre der Weimarer Republik tatsächlich waren.

Die nationalsozialistische »Bewegung« und ihr so rapide anwachsender Erfolg bei der deutschen Wählerschaft vor 1933 sind freilich nicht allein durch das Phänomen der Gewalt erklärbar. Die überwältigende Mehrheit der passiven Anhänger Hitlers, und sogar die Mehrheit der Mitglieder der NSDAP haben nicht an den gewaltsamen politischen Auseinandersetzungen der letzten Jahre der Weimarer Republik teilgenommen. Auch unter den SA-Männern kann man wahrscheinlich nur eine Minderheit als eine aktive Kerngruppe betrachten, die zwischen 1930 und 1933 tagtäglich an politischen Versammlungen und Straßenkämpfen beteiligt war und in den SA-Heimen (die insbesondere im Jahre 1931 in vielen deutschen Städten durch die NSDAP eröffnet wurden) Unterkunft fanden. Die NSDAP konnte als breite Sammlungsbewegung des Protests gegen die Weimarer Republik mit Erfolg Unterstützung aus allen gesellschaftlichen Gruppierungen rekrutieren.[110] Als anti-elitäre Protestbewegung war es der NSDAP möglich, von den zunehmenden wirtschaftlichen Problemen der letzten Jahre der Weimarer Republik, dem Fehlen einer wirkungsvollen und integrierenden Politik der parteipolitischen »Mitte«, und der Unfähigkeit der linken Parteien, die ganze unorganisierte Arbeiterschaft und breite Teile der Mittelschichten auf ihre Seite zu ziehen, zu profitieren.

Viele der Leute, die zur NSDAP und SA strömten, blieben jedoch nur vorübergehend: Im November 1932, als es schien, daß Hitler wegen der Erschöpfung aller möglichen Wahlreserven und der Ablehnung durch Hindenburg doch nicht an die Macht kommen würde, haben mehr als zwei Millionen ehemalige Nazi-Wähler dieser Partei den Rücken gekehrt; etwa ein Drittel der bis 1933 eingetretenen Mitglieder waren beim Machtantritt Hitlers bereits wieder aus der Partei ausgetreten; und in den letzten Monaten des Jahres 1932 haben manche NSDAP-Ortsgruppen fast die Hälfte ihrer Mitglieder verloren.[111] Die außerordentliche Ausdehnung der NS-Bewegung zwischen 1929 und 1933 ist in erster Linie als Ausdruck von Desintegrationstendenzen in anderen politischen und gesellschaftlichen Bereichen zu verstehen. Die hohe Fluktuation in Mitglied- und Wählerschaft ist darüber hinaus ein wichtiges Indiz dafür, daß die politischen und gesellschaftlichen Integrationsangebote der NSDAP nur bedingt an Tiefe gewannen.

Es erscheint jedoch aufschlußreich, daß es einer Partei, deren Führer und deren Ideologie die Gewalt in der Politik ausdrücklich bejahten, möglich war, eine breite, wenn nicht sehr tiefe Unterstützung insbesondere in bürgerlichen Kreisen zu finden. Ähnlich wie bei dem Antisemitismus der NSDAP (da nur eine Minderheit der NSDAP-Wähler fanatische Antisemiten waren) haben viele deutsche Bürger den gewalttätigen Aspekt der NS-Bewegung entweder gebilligt oder geduldet. Aber nicht jeder Nationalsozialist konnte eine Karriere auf politischer Gewalt aufbauen, und die Regierungspraxis der Nationalsozialisten nach 1933 wirft die Frage auf, ob die Ablehnung »bürgerlicher Werte« tatsächlich ein wesentliches Element des Nationalsozialismus war. Um dieser Fragestellung etwas näher zu kommen, schließen wir mit einer kurzen Skizze der Karrieren von zwei Männern, die der NS-Bewegung zugehörten und unterschiedliche Werdegänge durchliefen: Edmund Heines war ein Aktivist der »Kampfzeit«, der die »Systemphase« des »Dritten Reiches« nicht überlebte; er wurde zusammen mit Ernst Röhm im Sommer 1934 in München umgebracht. Jürgen Stroop trat erst 1932 in die Bewegung ein, wurde SS-Offizier und im März 1952 in Warschau hingerichtet; seine Karriere fiel zusammen mit Aufstieg und Niedergang des Regimes.

Edmund Heines wurde in einem 1934 veröffentlichten und schnell wieder vergriffenen Buch über die schlesische SA als »rein deutsches Schicksal« beschrieben.[112] 1897 wurde er in München geboren. Als 17jähriger ging Heines Anfang 1915 als Kriegsfreiwilliger beim 9. Bayer. Feld-Artillerie Regiment ins Feld. Er blieb während der zwanziger Jahre und sogar bis zu seinem Tode fast immer in Uniform. Seine Polizeiakte, zusammengestellt, als er 1928 wegen seiner Beteiligung an einem »Feme«-Mord in Stettin vor Gericht gestellt wurde, bezeugte seine Mitgliedschaft in verschiedenen militärischen und paramilitärischen Organisationen und seine Mittäterschaft an einer langen Reihe von gewaltsamen Zwischenfällen.[113] Offiziell als »Kaufmann« ausgewiesen, blieb er doch seit seinem 17. Lebensjahr fast durchgängig entweder Soldat, »politischer Soldat« oder Gefangener: Im Januar 1918 wurde er Leutnant der Reserve, kam 1919 zum Freikorps »Oberland«, mit dem er an der Niederwerfung der Räteherrschaft in München teilnahm, und danach zu den Truppen unter Führung von Gerhard Rossbach. Heines kämpfte 1919 im Baltikum, nahm 1920 an der Zerschlagung des Ruhraufstandes teil, kämpfte 1921 gegen den polnischen Aufstand in Oberschlesien und wurde 1922 in seiner Geburtsstadt Führer einer »Hundertschaft« der nationalsozialistischen SA. Als aktiver Anhänger Hitlers wurde er mehrmals wegen Teilnahme an politischen Gewaltaktionen angeklagt und spielte bei dem mißlungenen Hitler-Putsch im November 1923 eine prominente Rolle, als er bei der Besetzung des Hotels »Vier Jahreszeiten« mitwirkte. Wegen dieser Teilnahme am Hitler-Putsch kam er für kurze Zeit ins Gefängnis, war aber schon ab Februar 1925 wieder bei einer neuen Rossbach-Organisation namens »Frontbann« aktiv. Sein Versuch, sich als Kaufmann zu etablieren, scheiterte kläglich: 1925 wurde er Inhaber der Firma »Sportversand Schill«, die »wehrsportliche Bekleidungs- und Ausrüstungsgegenstände« vertrieb und schon im September 1926 Konkurs machte. In den darauffolgenden Jahren mehrmals festgenommen (z. B. wegen Landfriedensbruch, Beteiligung an Schlägereien usw.), war er Anfang 1927 wieder bei der SA. Im September 1930 wurde er in den Reichstag gewählt und im Sommer 1931 zum Führer der schlesischen SA ernannt, um schließlich eine wichtige Rolle bei der Terrorkampagne im August 1932 zu spielen. Während der Anfangsphase des »Dritten Reiches« machte er zunächst weiter Karriere: Im März 1933 wurde er Polizeipräsident in Breslau und nutzte diese Gelegenheit, ein eigenes Konzentrationslager in der Umgebung von Breslau aufzubauen. Als enger Mitarbeiter Ernst Röhms aber wurde er zusammen mit seinem »Stabschef« am 30. Juni 1934 umgebracht.

Eine bürgerliche Laufbahn? Zweifelsohne waren viele der Werte, die Heines in seinem öffentlichen Leben vertrat, in der bürgerlichen Gesellschaft Deutschlands verbreitet und allgemein geschätzt: Härte, soldatisches Benehmen usw. Die Tatsache, daß Heines homosexuell war, spielte erst nach seiner Ermordung in Presseveröffentlichungen eine Rolle. Aber mit seinem gewaltsamen und »soldatischen« Verhalten ging Heines zu weit; die Art, wie er z. B. das Breslauer Polizeipräsidium und das Konzentrationslager in Dürrgoy bei Breslau verwaltete, erzeugte in weiten Kreisen Unbehagen und wurde scharf kritisiert. Professor Friedrich Grimm, der Heines bei dem Fememord-Prozeß verteidigte, hat diesen »Paladin« der NS-Bewegung wie folgt beschrieben:

> Heines (...) hatte den Anschluß an das bürgerliche Leben verpaßt (...) ein unausgeglichener Mensch, voll Sturm und Drang, ein Kindskopf (...) Er war eine ausgesprochene Landsknechtsnatur, für das normale Leben verdorben.[114]

Es ist vielleicht kein Zufall, daß ein Mann, der »den Anschluß an das bürgerliche Leben verpaßt« hatte, nicht geeignet war, eine große Karriere im »Dritten Reich« zu machen. Die Säuberungsaktion im Sommer 1934 war nicht nur ein Schlag gegen die Leute und Organisationen, die den Zielen der Reichswehr feindlich gegenüberstanden; sie war auch, wie Mathilde Jamin betont, ein Versuch,

> die SA zu einer gesellschaftlich respektablen Organisation zu machen. Für diesen klassischen Typ des »Alten Kämpfers« der SA war im nationalsozialistischen Staat kein Platz mehr; er wurde dem Ordnungs- und Sicherheitsbedürfnis der Bevölkerung geopfert.[115]

In klarem Gegensatz zu Heines steht die Person Jürgen Stroops. Anders als der schlesische SA-Führer kam Stroop ziemlich spät zur nationalsozialistischen Bewegung, hatte aber im »neuen Deutschland« nach 1933 eine große Karriere machen können, bis er im Juli 1944 von Hitler zum »Generalleutnant der Waffen-SS und der Polizei« ernannt wurde.[116]

Der spätere Generalleutnant der Waffen-SS und Leiter der »Größtaktion« zur Vernichtung des Warschauer Ghettos im Sommer 1943 wurde 1895 als Joseph Stroop, Sohn eines katholischen Polizeibeamten, in Detmold geboren. Beim Ausbruch des Ersten Weltkrieges meldete sich Stroop kurz vor seinem 19. Geburtstag zum Militär und war schon im September an der Westfront. Er wurde 1914 in Frankreich verwundet, kämpfte auch an den östlichen Kriegsschauplätzen und verließ die deutsche Armee im Dezember 1918 als Vizefeldwebel. Danach wurde er Angestellter des Detmolder Katasteramtes und heiratete im Juli 1923 eine evangelische Frau aus Stendal. Ihr erstes Kind kam 1928 zur Welt. Die Weimarer Jahre erlebte Stroop als »guter Bürger« in einem »ordentlichen Haushalt«. Obwohl seine politischen Sympathien deutlich bei den Rechten lagen, wurde er erst 1932 politisch aktiv, als er der NSDAP und SS beitrat. Während der letzten Monate der nationalsozialistischen »Kampfzeit« führte Stroop die kleine SS Detmolds; im Februar 1933 wurde er »SS-Truppenführer« und im März zum Führer der »Hilfspolizei« des Landes Lippe ernannt. Danach stieg er innerhalb der SS-Organisation kontinuierlich auf, mit dem »Dritten Reich« entwikkelte sich auch Stroops Karriere: Im März 1934 wurde er SS-Hauptsturmführer (beim Heer Hauptmannsrang) und kurz danach Stabschef des SS-Abschnitts in Münster. 1935 ging er als SS-Sturmbannführer (Major) und Führer der SS-Standarte nach Hamburg. 1936 folgte die Beförderung zum SS-Obersturmbannführer (Oberstleutnant) und 1937 zum SS-Standartenführer (Oberst). Im Oktober 1938 übernahm er die Führung der SS in Karlsbad im Sudetenland, ein Jahr später wurde er nach Posen versetzt. 1940 wurde er Befehlshaber eines SS-Abschnitts in Gnesen. Nach Beginn des Feldzugs gegen die Sowjetunion kämpfte er mit der Waffen-SS kurz an der Ostfront. Im Jahre 1941 übernahm Stroop den »rein germanischen« Vornamen seines 1934 bald nach der Geburt gestorbenen Sohnes Jürgen. 1942 wurde er SS-Brigadeführer und Generalmajor der Polizei, und im April des folgenden Jahres übernahm er die Leitung der deutschen »Großaktion« gegen den jüdischen Aufstand in Warschau. Nach der Liquidierung des Warschauer Ghettos ging Stroop nach Griechenland als deutscher Polizeiführer, kehrte im November 1943 nach Deutschland zurück, wo er bis

März 1945 in Wiesbaden hoher SS- und Polizeiführer war und die Polizeimacht über einen großen Teil von Westdeutschland ausübte. Im Mai 1945 kam er in amerikanische Gefangenschaft, wurde 1947 an die polnischen Behörden ausgeliefert, 1951 in Warschau verurteilt und 1952 hingerichtet.

Obwohl Stroop wie Heines die Ausübung von Gewalt zum Beruf machte, verlief seine Karriere in fast allen entscheidenden Punkten anders als die von Heines. Seine Erfahrungen im Ersten Weltkrieg waren für ihn sicher von großer Bedeutung, aber Stroop gehörte offensichtlich nicht zu den Männern, die unfähig waren, »den Sprung in das Zivilleben zu schaffen«. Obwohl er politisch schon Anfang der 1920er Jahre nach rechts tendierte, führte er während der Weimarer Zeit ein normales und geordnetes Leben. Heines hingegen war nicht geeignet, sich in die zivile bürgerliche Gesellschaft wieder zu integrieren – und deshalb auch unfähig, eine Karriere im »Dritten Reich« erfolgreich aufzubauen. Während Heines dem Ordnungs- und Sicherheitsbedürfnis der Bevölkerung geopfert wurde, konnte der anständige Bürger Stroop seine Karriere in der deutschen Polizei auf diesem Ordnungs- und Sicherheitsbedürfnis aufbauen. Während die öffentliche Gewalt bei Heines oft spontan war – man denke an die wiederholten Gerichtsverfahren wegen Landfriedensbruch oder seine Rolle bei der politisch naiven und von der NSDAP später mißbilligten Terrorkampagne der schlesischen SA im August 1932 –, übte Jürgen Stroop öffentliche Gewalt ausschließlich auf Befehl aus. Stroop war »ordentlich«, »anständig«, »aufrecht«, bis hin zum Massenmord an den Juden, an dem er – wiederum auf Befehl – 1943 in Warschau teilnahm.

Kommen wir hier zu Max Weber zurück. Was die Gewaltanwendung von Heines und die von Stroop unterscheidet, ist die Tatsache, daß die von Stroop nicht spontan, sondern »legitim« geschah. Heines war es nicht möglich gewesen, »den Sprung in das Zivilleben zu schaffen«, er »spielte« zeitweilig als aktives Mitglied verschiedener radikaler politischer Gruppen Soldat. Sein Verhalten (und das Verhalten seiner Kameraden in der SA) wurde geduldet, bis der Nationalsozialismus fest an der Macht war. In einer Lage, da der Weimarer Staat von weiten Kreisen des Bürgertums nicht als legitim betrachtet wurde, konnte man das nicht ganz ordentliche Benehmen der braunen Kämpfer für die »nationalsozialistische Idee« noch dulden. Aber Heines und seine Gesinnungsgenossen blieben eine Minderheit: die meisten früheren Soldaten schafften während der Weimarer Republik den Sprung in das Zivilleben. Und die allgemeine Sehnsucht nach Ordnung blieb bestehen. Insoweit war Jürgen Stroop sowohl für das deutsche Bürgertum als auch für die »Frontgeneration« von 1914–1918 repräsentativer als Edmund Heines. Letztlich fand die Gewaltneigung in dem gutbürgerlichen, anständigen und treuen Familienvater und SS-Offizier Jürgen Stroop eine legitime und weitaus mörderischere Realisierung als in dem Desperado-Typ Edmund Heines. Demnach war es Stroop und nicht Heines, dessen Leben den Prototyp eines »deutschen Schicksals« bildete.

6. Die Krise der Mitte oder: »Der Bauer stund auf im Lande«

Von Bernd Weisbrod

Am 28. Jan. 1928 war ganz Schleswig-Holstein in Bewegung: 140 000 Menschen zogen zu Fuß, mit Fahrrädern und Pferdewagen in die Kreisstädte, um dort – von Itzehoe bis Flensburg und von Husum bis Plön – auf den Marktplätzen zu demonstrieren. Kein Verband und keine Partei hatte sie gerufen. Sie folgten einem Aufruf des Büsumer Hofbesitzers Otto Johannsen. Die Parole pflanzte sich im Schneeballverfahren über die vielfältigen privaten und halböffentlichen Querverbindungen auf dem flachen Land und in den Landstädten fort. Innerhalb weniger Wochen entstand eine große spontane Versammlungsbewegung, die das bisherige Gefüge der berufsständischen Organisationen zerschlagen und den traditionellen Führungsanspruch der politischen Parteien zerstören sollte. Diese Radikalisierung der politisch heimatlosen Landvolkbewegung bahnte schließlich dem Nationalsozialismus in Schleswig-Holstein den Weg.[117]

Schleswig-Holstein war keineswegs die bedeutendste der preußischen Provinzen, und im Hinblick auf die Machtergreifung wäre man vielleicht eher geneigt, das Augenmerk auf die Heimat der Junker, der ostelbischen Großgrundbesitzer, zu richten, die in der Ära der Präsidialkabinette ihren beträchtlichen Einfluß bei Reichspräsident von Hindenburg für eine Hitler-Lösung geltend machten. Schleswig-Holstein war jedoch der Reichstagswahlkreis, in dem die NSDAP am frühesten und am nachhaltigsten zum Durchbruch kam: Im Mai 1928 lag sie mit 4 % der Stimmen schon deutlich über dem Reichsdurchschnitt (2,6 %), im September 1930 erzielte sie mit 27 % das beste Ergebnis aller Wahlkreise (Reich 18,3 %) und im Juli 1932 mit 51 % sogar die absolute Mehrheit (Reich 37,3 %). Auch nach dem Einbruch vom November 1932 blieb Schleswig-Holstein mit 45,7 % der Wahlkreis mit dem besten NSDAP-Ergebnis (Reich 33,1 %).[118]

Am stärksten profitierte die NSDAP bei dem politischen Erdrutsch im Reich im September 1930 von dem Zustrom aus dem bürgerlich-protestantischen und dem Nichtwählerlager. Dabei hatten die Anfangserfolge in Schleswig-Holstein dazu beigetragen, den Propagandafeldzug der NSDAP von den städtischen Zielgruppen, die sie seit 1926 ohne großen Erfolg mit vagen »sozialistischen« Programmpunkten umworben hatte, auf das flache Land zu lenken, wo sie schließlich den ersten Durchbruch mit ausgesprochenen Mittelstandsparolen erzielte. Tatsächlich gelang es ihr, im Verlauf der Weltwirtschaftskrise in einem Omnibuseffekt von allen sozialen Schichten ausreichend Zulauf zu erhalten, um im Vorgriff auf die vielbeschworene Volksgemeinschaft als echte Sammlungsbewegung des Protests gegen die Weimarer Republik zu erscheinen.[119]

Nach den neuesten Wählerwanderungsschätzungen dürfte schon 1930 jeder zehnte SPD-Wähler von 1928 der NSDAP seine Stimme gegeben haben. Im Sommer 1932 bekannte sich sogar etwa ein Viertel der Arbeiterschaft zur NSDAP.[120] Auch müssen ein Viertel bis ein Drittel der Neuzugänge an Parteimitgliedern zwischen 1928 und 1933 der Arbeiterschaft zugerechnet werden. Es ist jedoch völlig offen, was dies angesichts der enormen Fluktuationen der Mitgliedschaft für das öffentliche Erscheinungsbild und den Zusammenhalt der Partei bedeutete; immerhin hatten bis zur Machtergreifung etwa 40% der Parteimitglieder die Partei schon wieder verlassen.[121] Ein Einbruch in das sozialistische Arbeiterlager gelang jedenfalls ebensowenig wie in das traditionelle katholische Milieu.

Auf der anderen Seite des sozialen Spektrums scheint demgegenüber keine ähnlich resistente Gruppierung auszumachen zu sein. Die Attraktivität der NSDAP war nicht nur auf kleinbürgerlich-mittelständische Kreise begrenzt. Im Sommer 1932 zeigten auch bürgerliche Wähler in guten Wohngegenden großer Städte, Reisende an Bahnhöfen, in Ferienorten und auf Luxusdampfern eine überdurchschnittliche Neigung, den Parolen Hitlers zu folgen.[122] Den bedrohlichen Rückschlag in den Reichstagswahlen vom November 1932 konnte sich die NSDAP selbst nur mit dem Wanken solcher bürgerlicher Mitläufer erklären.[123]

Der Charakter der NSDAP als breite Sammlungsbewegung des Protests gegen die Weimarer Republik, die sich – allerdings mit unterschiedlichem Erfolg – prinzipiell aus allen gesellschaftlichen Schichten rekrutierte, ist am Beispiel einer primär ländlichen Provinz nur schwer deutlich zu machen. Der Aufstand der schleswig-holsteinischen Bauern kann jedoch das Augenmerk auf die Frage richten, welche Rolle die Erschütterung des Legitimationsanspruchs bürgerlicher Parteien und Verbände als Voraussetzung für den Siegeszug der NSDAP gespielt hat. Der Nationalsozialismus scheint in Schleswig-Holstein weniger selbst ein »Extremismus der Mitte«[124] gewesen zu sein als vielmehr der Nutznießer einer politischen »Krise der Mitte«, die das traditionelle bürgerliche Politikverständnis zerstörte und die sozialen Milieus der Mittelschichten auf den Umschwung vorbereitete.[125]

Programmatisch waren die Forderungen, die Otto Johannsen am 28. Januar 1928 auf dem Marktplatz von Heide in Dithmarschen vor fast 20000 Demonstranten erhob, keineswegs neu.[126] Es war eine Mischung aus Versatzstücken der konservativen Agrarideologie und völkisch-nationalistischen Parolen, die sich auf ganz konkrete materielle Ziele richtete. Von den Konservativen stammte die Forderung, die deutsche Handelspolitik auf die Erfordernisse des inneren Marktes umzustellen, von den Völkischen die Forderung, den Kriegsschuldparagraphen des Versailler Vertrags aufzukündigen und eine Revision der Reparationsverpflichtungen in die Wege zu leiten. Konkret ging es um den Schutz der bäuerlichen Produzenten vor dem Agrarpreisverfall auf dem Weltmarkt und die Sicherung der bedrohten Ertragslage durch staatliche Entlastung bei den steigenden Zins- und Steuerverpflichtungen.

Das konkrete politische Ziel war noch obskur, die zündende Parole des »Steuerstreiks« oder gar des »Reparationsstreiks« noch nicht geboren. Zunächst ging es nur darum, eine Einheitsfront zwischen dem großagrarischen Landbund und den Bauernvereinen zu erzwingen, die sich bisher wegen ihres Bekenntnisses zur Weimarer Demokratie und zur politischen Neutralität einem Zusammenschluß widersetzt hatten. Diesen Luxus glaubten sich die erregten Bauern angesichts des Preisverfalls für Agrarprodukte und der Kreditverknappung seit Sommer 1927 und angesichts der bevorstehenden Wahlen nicht mehr erlauben zu können.[127]

Konservative Agrarier mußten schon vorher um ihre Schutzzollinteressen fürchten, die in der kleinen Zolltarifnovelle von 1925 nach dem Wegfall der handelspolitischen Beschränkungen des Versailler Vertrags wenigstens ansatzweise abgesichert worden waren. Die Handelsvertragsverhandlungen der folgenden Jahre zeigten jedoch, daß die agrarischen Schutzzölle als Verhandlungszölle den Exportinteressen der Industrie schrittweise geopfert wurden. Nur notdürftig konnte dieser Interessengegensatz durch direkte Absprachen zwischen Industrie und Landwirtschaft im »Esplanade-Kreis« überbrückt werden.[128]

Otto Johannsens Berufung auf die »Nahrungsmittelfreiheit vom Ausland« beanspruchte jedoch auch unabhängig von den handelspolitischen Erfordernissen der Nachkriegszeit eine sozialpolitische Ordnungsfunktion. Die agrarkonservative Warnung vor einer Überindustrialisierung und die Forderung nach einem ausgeglichenen Agrar- und Industriestaat diente selbst dem Präsidenten des Kieler Instituts für Weltwirtschaft, Bernhard Harms, als Vehikel für eine staatspolitisch motivierte Mittelstandspolitik:

Einseitig industrielle Entwicklung führt zur Aufspaltung des Volkskörpers in eine große Masse von Lohnarbeitern und eine kleine Zahl von Unternehmern und ihnen Gleichgestellten. Darin liegt ein Gefahrenmoment für die Gesellschaft überhaupt, weil die dauernde Gesunderhaltung eines Volkes und seines Staates nicht zuletzt durch das Vorhandensein eines lebensfähigen, selbständigen Mittelstandes bedingt ist (...) Man muß sich aber klar darüber sein, daß jener Mittelstand, dem im heutigen Deutschland die angedeutete soziale Funktion im wesentlichen obliegt, seine Hauptstütze im Bauerntum hat.[129]

Tatsächlich war die Landwirtschaft durch die Agrarkrise, die der Weltwirtschaftskrise vorausging, in ihrer Existenz bedroht. In der deutschen Agrarstruktur überwog zwar der Klein- und Mittelbetrieb bis 50 ha, der sich insbesondere im Norden und Westen des Reiches sowie im Alpenvorland auf Ackerbau und intensive Vieh- und Veredelungswirtschaft konzentrierte, politisch und sozial dominierten aber die Großagrarier Ostelbiens.[130] Sie verstanden es, ihre Weizenanbauinteressen zu einem nationalpolitischen Abwehrkampf im Osten zu überhöhen und damit ihr Preisniveau auch in der Weltwirtschaftskrise relativ konstant zu halten, während die Öffnung der Preisschere zwischen Industrie- und Agrarprodukten unmittelbar auf die Klein- und Mittelbetriebe der Veredelungswirtschaft durchschlug, deren Interesse an billigen Futtermittelimporten noch zusätzlich durch die Weizen-Lobby geschädigt wurde. Die geforderte »Nahrungsmittelfreiheit vom Ausland« führte schließlich ungeachtet der Denunziation der »hemmungslosen Ausgabenwirtschaft« der öffentlichen Hand in der Weltwirtschaftskrise zu einer gigantischen Subventionierung der ostelbischen Großlandwirtschaft, die der Brüningschen Deflationspolitik, aber auch den ökonomischen Interessen der Bauernschaft diametral widersprach.[131]

Die Landwirtschaft der Nachkriegszeit litt aber auch unabhängig von den inneragrarischen Interessengegensätzen unter einer andauernden Strukturkrise, die selbst durch die Wiederaufrichtung von Zollschranken nicht zu bewältigen war. Während 1914 20 % des Grundnahrungsmittelbedarfs importiert werden mußten, forderte der Reichslandbund in der Nachkriegszeit trotz des Wegfalls agrarischer Überschußgebiete im Osten die Selbstversorgung nicht nur als eine nationale Aufgabe, sondern auch als eine betriebswirtschaftliche Notwendigkeit. Die »Produktionssteigerung um jeden Preis« ohne Rücksicht auf die Rentabilität mochte in der inflationären Nachkriegszeit ein Gebot der

Stunde gewesen sein. Nach der Stabilisierung, als sich die Schere zwischen Agrar- und Industriepreisen öffnete, sollte die Produktionssteigerung jedoch die Verschlechterung des Ertrags auf Kosten des Verbrauchers wettmachen.[132] Trotz zunehmender Mechanisierung und erhöhten Kapitaleinsatzes erreichte die Produktivität jedoch nur mühsam wieder in etwa den Vorkriegsstand. Die Neuverschuldung stieg nach der Entschuldung durch die Inflation in kürzester Zeit wieder auf den Vorkriegsstand, ohne daß dadurch die Ertragslage entscheidend verbessert worden wäre. Die verschärfte Kreditlage zwang die deutsche Landwirtschaft zudem, von langfristigen Hypothekenkrediten auf kurzfristige Personalkredite zu hohen Zinssätzen umzusteigen, so daß sie angesichts des schon 1926 beginnenden Preisverfalls auf dem Weltmarkt zunehmend in Zahlungsschwierigkeiten geriet.[133] Nirgendwo fiel das nationalsozialistische Schlagwort von der »Brechung der Zinsknechtschaft« auf fruchtbareren Boden als gerade in der überschuldeten Landwirtschaft.

In der schleswig-holsteinischen Landwirtschaft machte sich die Agrarkrise besonders früh und besonders stark bemerkbar, weil ihre Produkte dem internationalen Wettbewerb nicht zuletzt durch handelsvertragliche Konzessionen besonders ausgesetzt waren. Darüber hinaus war die marktnahe und arbeitsintensive Produktion von Nahrungsmitteln elastischen Bedarfs, vor allem Fleisch- und Milcherzeugnissen, direkt von der Entwicklung der Massenkaufkraft abhängig.[134] Nach dem ersten Sturz der Schweinepreise und der Verengung des Kreditspielraums nahm die Zahl der Zwangsversteigerungen in Schleswig-Holstein schon 1928 sprunghaft zu. Die Krise erfaßte die verschiedenen Agrarregionen der Provinz jedoch nicht gleichzeitig mit voller Stärke. In den westlichen Marschgegenden mit Gräser- und Viehwirtschaft dominierte der kapitalistisch kalkulierende Großbauer mit bürgerlichem Lebenszuschnitt, in den Getreide-Gebieten Ost-Holsteins der adlige Gutsherr, der für den Getreideanbau auf Tagelöhner und Gesinde angewiesen war; das breite Zwischenland der Geest war gekennzeichnet durch einen bodenständigen Bauerntyp und kleinere Familienbetriebe mit Viehhaltung. Nach den Reinerträgen zu urteilen, konnten sich die großbetrieblichen Getreideproduzenten im Osten der Provinz zunächst noch besser über Wasser halten als die Großbauern im westlichen Marschgebiet und die kleineren Familienbetriebe in der Geest. Dort nahm die Landvolkbewegung ihren Ausgang.

Der Aufruf Otto Johannsens war der zündende Funke, der den bäuerlichen Protest zum Flächenbrand werden ließ. Er war auch eine Antwort der schleswig-holsteinischen Bauern auf die Zerstrittenheit der landwirtschaftlichen Verbände. Der »Schleswig-Holsteinische Bauernverein«, ein Produkt der nachrevolutionären bäuerlichen Organisationswelle, stand in Konkurrenz zum »Landbund«. Während der Bauernverein klein- bis großbäuerliche Betriebe vertrat und über die reichsweite »Vereinigung der deutschen Bauernvereine« mit den bäuerlichen Veredelungsinteressen insbesondere in katholischen Teilen Süd- und Westdeutschlands verbunden war, dominierten im Landbund, vermittelt durch den 1920 neugegründeten »Reichslandbund«, die am preußischen Konservativismus orientieren Interessen des Großgrundbesitzes. Trotz gelegentlicher Aktionseinheit – etwa in den nachrevolutionären Selbstschutzverbänden, die sich im Kapp-Putsch zusammen mit der Provinzverwaltung und der Reichswehr auf die Seite der Putschisten stellten[135] – vermochten die agrarischen Verbände selbst in der hereinbrechenden Agrarkrise nicht zu einer einheitlichen Position zu finden. Der vermeintlich »überparteiliche« Landbund verfolgte eine entschieden deutschnationale Oppositionstaktik und denunzierte die Führung des wesentlich größeren Bauernvereins wegen ihrer traditionellen Anhänglichkeit an die DDP, obwohl der Verband offiziell seit 1924 mit der DDP gebrochen hatte und sich inzwischen ebenfalls im Fahrwasser der antirepublikanischen Rechtsopposition befand. Solche politischen und organisatorischen Rivalitäten wurden jedoch von den lokalen Zusammenschlüssen in Kreisbauernschaften im Vorfeld der großen Protestdemonstration hinweggefegt.

Die Idee einer berufsständischen Vereinigung von unten hatte schon vor Ausbruch der Krise zu einer »fast totalen Entmachtung« der bürgerlichen Parteien auf Kommunal- und Provinzebene geführt.[136] Der Stahlhelm als nationaler Wehrverband übernahm nach 1926 mit seinem Organisationsgefüge und seiner öffentlichen Präsenz zunehmend die Rolle der bürgerlichen Parteien auf dem flachen Land. Bei den Kreistags- und Provinzlandtagswahlen mußten sich diese ohnehin mit untergeordneten Plätzen auf Wirtschafts- und Sammellisten der mittelständischen Berufsverbände begnügen. Hinzu kam, daß der Jungbauernverband in der von der Jugendbewegung geprägten Heimvolkshochschulbewegung eine Mobilisierungschance außerhalb der politischen Parteien und agrarischen Verbände bot. Insgesamt bildete die schleswig-holsteinische Grenzland-Ideologie und Volkstumsbewegung den ideologischen Kitt, der im Verlauf der Weimarer Republik die nachrevolutionären Selbstschutzverbände, den Stahlhelm, die Landvolkbewegung und die NSDAP in einer großen »Los-von-Weimar«-Bewegung – zum Teil auch personell – miteinander verband.[137]

Die Versammlungsbewegung von Anfang 1928 entwickelte nun, enttäuscht von den organisatorischen Querelen der Agrarverbände und verbittert über den schwankenden Regierungskurs der DNVP und über die Niederlage der bürgerlichen Parteien in den Reichstagswahlen von 1928, eine eigene Dynamik. Ausgehend vom westlichen Marschgebiet überrollte die »Landvolkbewegung«, wie sie bald hieß, die ganze Provinz. Über persönliche Kontakte in den berufsständischen Organisationen und völkischen Verbänden entstand eine Sammlungsbewegung des bäuerlichen Protests gegen den parlamentarischen Staat mit einer eigenen Zeitung, dem »Landvolk«, und plebiszitären Führerfiguren. Wilhelm Hamkens, früher Stahlhelmer aus Eiderstedt, und Claus Heim agitierten für den passiven Widerstand gegen das politische System und riefen dazu auf, Steuern zu verweigern, Pfändungen und Zwangsvollstreckungen zu verhindern und die Behörde zu boykottieren. In Beidenfleth verhinderten die Bauern durch Strohfeuer auf den Landstraßen den Abtransport gepfändeter Ochsen, in Neumünster lieferten sie der Polizei eine Straßenschlacht um die schwarze Sensenfahne, die zum Symbol der Bewegung wurde.[138]

Das bäuerliche Milieu schuf ideale Voraussetzungen für solidarische Aktionen. Traditionen der landwirtschaftlichen Selbstschutzverbände aus der Revolutionszeit wurden wiederbelebt, nun aber auch gegen die meist bäuerlichen Amts- und Gemeindevorsteher gewendet. Mit der Einrichtung einer »Nothilfe« versuchte die Landvolkbewegung im Frühjahr 1929 schließlich eine Art Selbstregierung zu etablieren, die jedoch von dem sozialdemokratischen Oberpräsidenten in Schleswig unter Androhung von Hochverratsprozessen rasch zerschlagen wurde. Erste Verurteilungen wegen Steuerstreiks erhöhten noch die Verbitterung, die in der »Landvolk«-Zeitung von dem jungen Schriftsteller Bruno von Salomon noch weiter geschürt wurde.

Es war kennzeichnend für die zunehmende Radikalisierung der Selbstschutzrhetorik, daß nun auch nationalrevolutionäre Parolen Anklang fanden.[139] So schrieb der Bruder des Schriftleiters, Ernst von Salomon, der 1922 wegen Beihilfe zum Mord an Walther Rathenau zu fünf Jahren Zuchthaus und zum Verlust der bürgerlichen Ehrenrechte verurteilt worden war, in der »Landvolk«-Zeitung unter Berufung auf Gandhis Methoden des passiven Widerstands und des »selfgovernment«:

> Gerade weil er (d.h. der Bauer) konservativ ist, muß er revolutionär sein. In allen Versammlungen des kämpfenden Landvolkes taucht immer wieder der Satz auf, der Bauer sei staatsbejahend, mehr noch staatserhaltend, aber weil er es sei, müsse er sich gegen die Bestrebungen des gegenwärtigen, einer Staatsfiktion unterliegenden, Systems wehren.[140]

Der »Staat im Staat«, den es zum Schutz der bäuerlichen Substanz vor der Reparationssteuer zu errichten gelte, werde auch den Maschinengewehren des preußischen Innenministers standhalten!
Das Fußvolk war zu solchen Heldentaten nicht unbedingt bereit. Immerhin war es schon ein Erfolg, daß die Bauernschaft die Stadt Neumünster monatelang boykottierte, bis die requirierte schwarze Sensenfahne der Landvolkbewegung wieder herausgegeben wurde. Es klang aber eher wie eine Beschwörung, wenn von Salomon mit der Behauptung, das kämpfende Landvolk habe sich »zum nationalrevolutionären Gedanken bekannt«, zu revolutionären Taten aufrief:

Bauer, es ist so, daß Du Dir eine Mission geschaffen hast! Es kommt nur einmal der Augenblick, daß Gottes Mantel vorüberweht. Dann Bauer, greife zu![141]

Das »Landvolk« schlug immer radikalere Töne an: Es berichtete regelmäßig vom Bürgerkrieg in Mexiko, von bolschewistischen Greueltaten und von Fememordprozessen. Es vermeldete nur Abschätziges aus den »Quasselbuden« der Republik, rief zum Boykott jüdischer Warenhäuser auf und denunzierte die »jüdischen Enteignungssteuern«. Angesichts der blutigen Straßenschlachten zwischen Kommunisten und sozialdemokratischer Polizei in Berlin zum 1. Mai konnte es sogar »ein ganz klein wenig Schadenfreude« nicht unterdrücken[142] und steigerte sich schließlich während der Reparationsverhandlungen in Paris in eine regelrechte Systemhetze hinein.
Verbots- und Verfolgungsmaßnahmen der Regierung auf der Grundlage des Republikschutzgesetzes bestärkten das »Landvolk« nur noch in seiner Polemik gegen den diktatorischen »Verwaltungsapparat«, gegen die »Partei des organisierten Landesverrats«, die SPD, und das »jüdisch-parlamentarische System mitsamt seinen Parteien, Bonzen und Cliquen«: Man berief sich auf die Verfassungsartikel 1 (»Die Staatsgewalt geht vom Volke aus«) und 164 (»Der selbständige Mittelstand in Landwirtschaft, Gewerbe und Handel ist in Gesetzgebung und Verwaltung zu fördern und gegen Überlastung und Aufsaugung zu schützen«)[143], um – unabhängig von der »verfassungsmäßig festgestellten Staatsform«, die allein durch das Republikschutzgesetz geschützt war – den rücksichtslosen Feldzug gegen das »jüdische Aussaugungssystem« und für »ein besseres drittes Reich« zu legitimieren. So schrieb Bruno von Salomon zum 1. Mai 1929:

Mit den Juden – wenn es einzig auf sie ankäme – wollten wir schon fertig werden! Das Schlimmste unserer Meinung nach ist, daß das gesamte System (nicht die Verfassung, auch nicht die Republik an sich! Herr Staatsanwalt) von Grund auf morsch und faul, verlogen, heuchlerisch und verdammungswürdig feige ist. Daß das System, so wie es sich uns darstellt, nicht den Willen zum Staat hat, das ist in unseren Augen sein größtes Verbrechen! Das gibt uns in unseren Augen nicht nur das moralische Recht, sondern die sittliche Pflicht, dieses System zu hassen und zu bekämpfen.[144]

Die radikalen Parolen der »Landvolk«-Schriftleitung knüpften zweifellos an die traditionellen nationalistischen und antisemitischen Vorbehalte der Bauernschaft gegenüber dem Weimarer Staat an. So hatte es Bauer Hamkens dem »Landvolk« unter dem Motto: »Der Bauer stund auf im Lande« zur heiligen Pflicht gemacht, die »Sklavenketten« zu brechen und dem »Deutschtum« zum Siege zu verhelfen.[145] Die nationalrevolutionären Hoffnungen der Schriftleitung vermochten die Bauern jedoch kaum über symbolische Aktionen des Ungehorsams gegen die verhaßte Regierung oder trotzige Demonstrationen der Stärke hinauszuführen, obwohl die blutige Polizeiaktion am 1. August 1929 in Neumünster, wo ein Dutzend Polizisten mit blankem Säbel 3000 demonstrierenden Bauern ihre Fahne abnahm, zu einem Aufschrei der Empörung führte.[146]

Es war eher ein Zeichen der politischen Frustration, daß Claus Heim, früher Landwirt in Südamerika, Hamkens zu immer spektakuläreren Aktionen drängte. Im Sommer und Herbst 1929 organisierte eine kleine Gruppe mit Hilfe der »Organisation Consul« eine Serie von Bombenanschlägen, bei denen zum Teil noch wohl gehütete Handgranaten aus der Freikorps-Zeit zum Einsatz kamen. Der Sachschaden an Finanz- und Landratsämtern war erheblich, Personen kamen jedoch nicht zu Schaden. Der überregionale Propagandaeffekt dürfte allerdings größer gewesen sein als der regionale. Immerhin wehrte sich das »Landvolk« zunächst dagegen, daß diese Bombenanschläge der Bauernschaft in die Schuhe geschoben würden. Die »Propaganda der Tat« setzte selbst die Parteien, die von der Landvolkbewegung zu profitieren hofften, in Verlegenheit: nicht nur die DNVP, auch die Hitler-Bewegung distanzierte sich von den Bombenlegern, zumal sich um den Schriftleiter der nationalsozialistischen »Schleswig-Holsteinischen Tageszeitung«, Bodo Uhse, eine dissidente sozialrevolutionäre Gruppe bildete, deren Abspaltung 1930 jedoch rasch überwunden werden konnte.[147]

Gleichzeitig begann eine Heroisierung der revolutionären Landvolkbewegung in anderen Teilen des Reiches. Die Landvolkführer agitierten selbst in der sächsischen Altmark und in Pommern. Der Mythos lebte fort, auch nachdem Heim gefaßt und vom Altonaer Schwurgericht im Oktober 1930 zu sieben Jahren Zuchthaus verurteilt worden war.[148] Seine trotzige Art – er schwieg fast während des ganzen Prozesses – machte ihn zur Personifizierung des Landvolk-Schlachtrufes: »Lewwer duad ues Slaav!« Politisch ließ er sich jedoch vor niemandes Karren spannen. Während sich Bruno von Salomon sowie Bodo Uhse später der KPD und einer seiner engsten Mitarbeiter der NSDAP anschlossen, verweigerte sich Heim dem Lockruf beider Parteien, obwohl ihn etwa die angebotene Reichstagskandidatur auf der NSDAP-Liste vor Strafverfolgung geschützt hätte. Im Juli 1932 wurde er auf Grund des gemeinsamen Amnestie-Antrags der KPD, NSDAP und DNVP im preußischen Abgeordnetenhaus vorzeitig entlassen.

Die Landvolkbewegung als spontane Versammlungsbewegung war innerhalb eines Jahres an ihre politischen Grenzen gestoßen. Sie hatte aber den Weg gebahnt für die radikale Sammlungsbewegung des Nationalsozialismus, der nun in die Positionen einrückte, die durch die Diskreditierung der traditionellen bürgerlichen Parteien und etablierten Interessenverbände frei geworden waren. Die NSDAP tat sich allerdings zunächst recht schwer mit der autonomen Landvolkbewegung. In Itzehoe konkurrierte die erste nationalsozialistische Tageszeitung außerhalb Münchens, die »Schleswig-Holsteinische Tageszeitung«, mit Mühe gegen die »Landvolk«-Zeitung. Auch schien ihr der Jungdeutsche Orden in einigen Gegenden der Provinz vorübergehend die Erbschaft streitig zu machen.[149]

Erst als es im März 1929 bei einem Provokationsmarsch der SA in Wöhrden zu einem Handgemenge mit Kommunisten kam und zwei bäuerliche »Opfer der Bewegung« – und ein Kommunist – zu beklagen waren, faßte die Agitation der NSDAP auch im Landvolk Fuß. Hitler hatte Gelegenheit, seine Totenmesse zu zelebrieren:

> Es liegt einer vor uns, dessen ganze Schuld nur war, sein Volk und Vaterland mehr geliebt zu haben, als die Verderber von beiden.[150]

So rief er über dem Grab, und Hunderte neue Parteigenossen strömten in die Partei.[151]

Das »Landvolk« stand diesem Erfolg der Hitler-Partei durchaus ambivalent gegenüber. Einerseits wurde die Parole ausgegeben: »Das System ist der Mörder!« und der Blutzeuge für »alle, die zu kämpfen gewillt sind«, reklamiert[152], andererseits glaubte man, die Nationalsozialisten daran erinnern zu müssen, daß sie ohne die »Staats- und Herrschaftsgesinnung« der revolutionären Nationalisten »nicht den Willen erzeugen können, der die Voraussetzung für eine staatliche Revolution bildet«.[153] Bruno von Salomon warnte gar – trotz des »wundervollen Menschenmaterials« – vor den Gefahren einer Massenpartei im parlamentarischen System:

Braunhemden! Noch vor 2 Jahren war euch der verspießte Bürger Feind. Heute steht er bereits, wenn ihr marschiert, am Fenster und betrachtet euch wägend und abschätzend. Hütet euch vor dem Tag, da er euch zujubeln wird![154]

Die NSDAP ihrerseits denunzierte unter Führung des Gauleiters Lohse die Landvolkbewegung als »reine Klassenbewegung« und »reine Putschorganisation« und drohte ihren Aktivisten mit dem Parteiausschluß. Dies war in den Augen des »Landvolk« nicht nur Verrat an der Landvolkbewegung, sondern auch am Nationalsozialismus.[155]

Das Angebot einer klaren politischen Alternative machte sich jedoch bezahlt. Schon bei den Wahlen zum Provinziallandtag und zu den Kreistagen im November 1929 konnte die NSDAP den bisherigen Trend im bürgerlichen Lager durchbrechen, Kommunalwahlen als reine Wirtschaftswahlen zu betrachten: Im Provinziallandtag errang sie neben der bürgerlichen Einheitsliste »Heimat und Wirtschaft« (25,3 %), anderen Gewerbe- und Landwirtschaftslisten (13,0 %), der Wirtschaftspartei (5,5 %) und der DDP (3,7 %) mit 10,3 % (nach 4,0 %) einen Achtungserfolg. In Gegenden, in denen die Landvolkbewegung besonders stark war, profitierte die NSDAP überproportional. An der Westküste gewann sie in drei Kreisen mehr als 20 %, in Niederdithmarschen sogar 36,6 % der Stimmen.[156]

Der Einbruch der NSDAP in die Wählerschaft der bäuerlichen und mittelständischen Wirtschafts- und Berufsstandslisten zeigte sich besonders deutlich bei der Verteilung der Kreistagssitze[157]:

	1925	1929
Deutsch Völkische / NSDAP	–	12,4
DNVP	17,7	15,6
DVP	14,4	15,8
DDP	7,3	4,8
Wirtschaftspartei	–	2,2
Berufsständische Listen	29,6	15,5
SPD	25,5	28,5
KPD	4,5	4,1
Andere (Dänen, Zentrum)	1,0	1,1

Das »Landvolk« hatte dieser Entwicklung nichts mehr entgegenzusetzen. Es heizte zwar im August 1930 durch eine sensationelle Berichterstattung über den »Bombenprozeß« die Stimmung an, enthielt sich aber jeglicher Wahlpropaganda. Den Erdrutschsieg der NSDAP bei den Reichstagswahlen im September 1930 quittierte das offizielle Organ der Landvolkbewegung mit dem lapidaren Bekenntnis:

Der Kampf um ein gesundes reines Deutschtum, der Frontkampf gegen das System, gegen alles Volksfeindliche, gegen den Zipfelmützengeist im Deutschen selbst, dieser unser Kampf geht weiter. (...) Denn unser Kampf geht nicht um die Mandate in Berlin. (...) Nicht daß das Volk »gut« gewählt hat, bürgt dafür, daß die entscheidende Stunde im deutschen Sinne schlägt. Dafür bürgt allein die Haltung, mit der das gesunde Volk in der ausbrechenden Entscheidungsstunde in den letzten Abschnitt des Kampfes um Freiheit oder Tod seiner Kinder geht.[158]

Die NSDAP, deren Siegeszug nun in vollem Gange war, beerbte die politisch ohnmächtige Landvolkbewegung. Dabei folgte sie dem Ausbreitungsmuster der Landvolkbewegung selbst, das von der »politischen Atmosphäre« in den verschiedenen Landschaften Schleswig-Holsteins mit ihren spezifischen agrarischen Betriebsformen und Wirtschaftsweisen geprägt war.[159] Den nachhaltigsten Erfolg erzielte sie in der Geest, wo die Familienbetriebe mit Schweinehaltung am stärksten von der Agrarkrise betroffen waren und wo das relativ geschlossene Sozialmilieu der Landvolkbewegung den größten Rückhalt gegeben hatte, sodann in der Marsch mit gemischter Gräser- und Viehwirtschaft und erst verzögert in den Getreideanbaugebieten im Osten der Provinz: Bei dem Spitzenergebnis in der Reichstagswahl vom Juli 1932 (51,0 %) stimmten die Gemeinden unter 2000 Einwohnern in der Geest fast geschlossen für die NSDAP (Stadt 44,8 % / Land 63,8 %, davon: Geest 78,7 %, Marsch 61,6 %, Hügelland 57,1 %).[160]
Die Chancen für die NSDAP waren in Schleswig-Holstein, ganz abgesehen von der ideologischen Prägung als Grenzland-Provinz, schon deshalb günstig, »weil die hemmenden Faktoren: Großgrundbesitz, Katholizismus, großindustrielles Proletariat schwach, die begünstigenden Faktoren wie Bauerntum, Kleinbürgertum und Protestantismus für norddeutsche Verhältnisse stark vertreten waren«.[161] Im einzelnen hatte aber das Verbreitungsmuster der Landvolkbewegung den Siegeszug der NSDAP vorgeprägt. Hinzu kam eine verstärkte politische Mobilisierung der bäuerlichen Jugend und der gewerblichen Mittelschichten in den Kleinstädten, die den traditionellen Führungsanspruch der konservativen Honoratioren prinzipiell in Frage stellten. Schließlich gelang es, durch Doppelmitgliedschaft den konservativen Landbund zu unterwandern, der sich mit dem kleinbäuerlichen Bauernbund zusammengeschlossen hatte. Auf diese Weise verloren die Reste der Landvolkbewegung auch organisatorisch an Boden, die 1931 noch einmal

erfolglos den Versuch machte, »Schicksalsgemeinschaften« zur Nachbarschaftshilfe aufzubauen.
Die politische Linke konnte trotz des wütenden Ansturms der Nationalsozialisten in den letzten Wahlen der Weimarer Republik noch etwa zwei Fünftel der Stadtbevölkerung und ein Viertel der Landbevölkerung in Schleswig-Holstein für sich gewinnen. Die NSDAP, die schon 1927 den Führer der Studentenschaft an der »Nordmark-Universität« Kiel stellte[162], hatte jedoch als Sammlungsbewegung des Protests gegen die Weimarer Republik die politische Erbschaft der bürgerlichen Mitte angetreten: Sie war »fast konkurrenzlos Sprecher eines Bürger- und Bauerntums, dessen Denken verbittert um die Bewahrung oder Wiedergewinnung der bedrohten, teilweise schon verlorenen wirtschaftlichen Substanz kreiste«.[163]
Der konkrete Forderungskatalog der Landvolkbewegung war an sich nicht neu gewesen. Als revolutionär hatte sich allerdings die Bereitschaft der Bauern erwiesen, im Wege der Selbsthilfe ihr vermeintliches Recht einzuklagen, wenn die agrarischen Berufsverbände und die politischen Parteien versagten. Erst die Radikalisierung der Methoden führte zu einer Herausforderung der staatlichen Autorität und schließlich zur Auflösung der traditionellen Verbandshegemonie und ihrer Rückbindung in das politische Parteiensystem. Hierin lag die entscheidende Voraussetzung für den Siegeszug der NSDAP.
Das Fallbeispiel Schleswig-Holsteins läßt sich nicht ohne weiteres auf die anderen ländlichen Regionen des Deutschen Reiches übertragen, obwohl die NSDAP auch in den großagrarisch geprägten, protestantischen Ostprovinzen überdurchschnittliche Gewinne erzielen konnte.[164] Die NSDAP lernte schnell aus ihren Erfolgen als »Agrarpartei« und zog unter Leitung ihres agrarpolitischen Experten Walter Darré einen reichsweiten agrarpolitischen Apparat auf, mit dessen Hilfe sie nach den Septemberwahlen 1930 überall das lokale Verbandswesen unterwandern und schließlich übernehmen konnte.[165] Hinhaltenden Widerstand gab es bezeichnenderweise in den Gegenden, in denen die regionalen Landbünde selbst in offener Gegnerschaft zum Weimarer Staat standen oder in denen die katholischen Bauernvereine dominierten. Das schleswig-holsteinische Muster wiederholte sich jedoch in Abwandlungen in Thüringen, Sachsen, Franken, Pommern und Ostpreußen sowie in den Klein- und Mittelstädten, in denen die Wirtschaftspartei eine ähnliche Vorreiterrolle spielte wie die Landvolkbewegung in Schleswig-Holstein.[166] Selbst in katholisch-ländlichen Räumen in Bayern gelang es der NSDAP, den Bayerischen Bauernbund zu beerben, allerdings bei stärkerer Resistenz der Bayerischen Volkspartei.[167]

Der Modellfall Schleswig-Holstein war zusätzlich gekennzeichnet durch eine spezifische regionale Tradition der politischen Opposition gegen das in Berlin jeweils herrschende Regierungssystem. Dies erklärt auch, warum die Wähler in Schleswig-Holstein vom Kaiserreich bis zur Weimarer Republik ihre Prioritäten von der Fortschrittspartei über die Deutschnationalen zu den Nationalsozialisten verlagerten. Darin kam jeweils der regionale Protest eines relativ geschlossenen Sozialmilieus zum Ausdruck, dessen politisches Orientierungssystem national entkoppelt war. Die Landvolkbewegung in Schleswig-Holstein stellt insofern ein klassisches Beispiel für die Repräsentations- und Legitimationskrise in den verschiedenen bürgerlichen Milieus dar: »Das Milieu hatte sich gegen seine eigenen Organisationen erhoben und griff in zunehmender Radikalisierung zur Selbsthilfe, bis es schließlich nach Bombenattentaten und Verhaftungen führerlos zusammenbrach.«[168]
Die in der allgemeinen Wahlentwicklung der Weimarer Republik erkennbare Zersplitterung des bürgerlichen Parteienspektrums durch kleine und oft auch regionale Interessenparteien, die dem Siegeszug der NSDAP vorausging, sollte deshalb nicht als eine politische Auflösung der bürgerlichen Mitte mißverstanden werden.[169] In relativ geschlossenen bäuerlichen Sozialmilieus, wie in Schleswig-Holstein, oder in relativ geschlossenen bürgerlichen Sozialmilieus, wie beispielsweise in den Universitätsstädten Marburg oder Tübingen[170], schufen vorpolitische gesellschaftliche Organisationsformen die Voraussetzungen für den Umschwung.
Entscheidend war dabei nicht so sehr die »Panik im Mittelstand« an sich, die schon damals für den Zustrom ökonomisch und sozial bedrohter Mittelstandsgruppen zur NSDAP verantwortlich gemacht wurde[171], sondern vielmehr die Herausbildung eines neuen populistischen Politikverständnisses breiter bürgerlicher Gruppen. So wie die Landvolkbewegung das Bauerntum in Schleswig-Holstein, so mobilisierte auch der Stahlhelm mit Massenaufmärschen und politischer Nachbarschaftsarbeit das Provinzbürgertum im protestantischen Niedersachsen – unabhängig vom berufsständischen »Verbandspatriotismus« – für den politischen Aufstand der bürgerlichen Milieus gegen den verhaßten demokratischen Staat und gegen die bürgerliche Honoratiorenpolitik.[172] Die »Krise der Mitte« schlug sich in einer neuen Praxis bürgerlicher Politik von unten nieder, die die NSDAP als radikalste Sammlungsbewegung des Protests in eine tödliche Herausforderung für den Weimarer Staat verwandelte. Die Entwicklung der Landvolkbewegung in Schleswig-Holstein liefert somit quasi den historischen Laborfall für die politische Neuformierung eines spezifisch alt-mittelständischen So-

zialmilieus in der Weimarer Republik. Sie enthüllt die Mechanik, mit der gerade die vermeintlich unpolitischen Verkehrsformen der bürgerlichen Gesellschaft zum Transmissionsriemen der neuen Bewegung werden konnten.

V. Die Dynamik der Gewalt – Der gescheiterte Versuch der national-sozialistischen Krisenlösung

1. 1933 und die »Rekonsolidierung bürgerlicher Herrschaft«

Von Ulrich Herbert

Am 4. September 1926 hielt der rheinische Braunkohlenindustrielle Paul Silverberg, einer der politisch einflußreichsten Wirtschaftsführer in der Weimarer Zeit, auf der Mitgliederversammlung des Reichsverbandes der Deutschen Industrie (RDI) in Dresden eine Rede, die in der Öffentlichkeit ebenso erhebliche Aufmerksamkeit wie Kritik entfachte. Silverberg hatte ausgeführt, daß das deutsche Unternehmertum in der Anfangsphase der Republik eine »geschlossen ablehnende Haltung« gegenüber dem neuen Staat habe einnehmen müssen, weil es sich in der Revolutionsphase existenziellen Angriffen gegenübergesehen habe. Nunmehr aber habe sich die Lage soweit stabilisiert, daß von einer gedeihlichen Zusammenarbeit zwischen Wirtschaft und Staat gesprochen werden könne – seine Ausführungen gipfelten in dem Satz: »Das deutsche Unternehmertum steht restlos auf staatsbejahendem Standpunkt« und damit auch auf dem »Boden des heutigen Staates und der Reichsverfassung«.[1]

Die vorgebliche Akzeptanz des republikanischen Regierungssystems durch die Unternehmer verband Silverberg zugleich mit einer Kampfansage an die sozialpolitischen Maßnahmen der Regierungen seit 1918, die er als »Hineinschliddern in den Fürsorgestaat« und »quantitative Überspannung sozialer Fürsorge« kritisierte, sowie an den staatlichen Einfluß auf die Wirtschaft und die Sozialpolitik, die »behördliche Fürsorge und Bevormundung der Arbeitszeit- und Lohnregelung«.

Ziel dieser Überlegungen war eine Art Koppelgeschäft – so, wie die Unternehmer die staatspolitischen Ergebnisse der Novemberrevolution akzeptierten, sollte die Gesellschaft zu einer »Bejahung der Wirtschaftsform« kommen: ein von staatlichen Eingriffen weitgehend freier Privatkapitalismus, dessen Regelungsmechanismen von Arbeiterschaft und Unternehmern ohne Staatsintervention selbst auszuhandeln seien. Dazu gehört nach Auffassung Silverbergs in erster Linie der Abbau von Sozialleistungen. Dieses war aber nach seiner Einschätzung ohne die Mithilfe der Sozialdemokratie nicht möglich, deren Beteiligung an der Regierung er konsequenterweise forderte – eine Art politischer Arbeitsgemeinschaft also, allerdings unter Führung der Unternehmer.

Unumstritten innerhalb der wirtschaftlichen Führungskreise war die grundlegende Zielsetzung Silberbergs: Abbau der Sozialleistungen und Zurückdrängung der Einflußmöglichkeiten des Staates auf die Wirtschaft. Silverbergs Vorschläge, Unternehmerverbände und Gewerkschaften den Wirtschaftsprozeß »autonom« gegenüber dem Staat in eigener Verantwortung organisieren und eine »gezähmte« SPD in der Regierung die sozialpolitischen Forderungen der Arbeiterschaft eindämmen zu lassen, trafen allerdings auf den scharfen Widerspruch zahlreicher Industrieller vor allem in schwerindustriellen und klein- und mittelbetrieblichen Unternehmen. Deren Konzept nämlich bestand kurzfristig in der »Sicherung der durch Gewerkschaften und Sozialismus gefährdeten Machtpositionen im Betrieb durch materielle und ideologische Einwirkung auf die Belegschaften«[2], langfristig in der Zerschlagung aller überregionalen Arbeitnehmerorganisationen und des Tarifsystems. »Wir lassen uns nichts aufoktroyieren, was wir bekämpfen«, faßte der »Verband sächsischer Industrieller« diese Haltung in einer Stellungnahme zur Rede Silverbergs zusammen.[3]

Silverbergs »Einbindungskonzept«, das vor allem in der Finanzwirtschaft, der Chemie-, Elektro- und Fertigwarenindustrie Unterstützung fand, ging hingegen davon aus, daß die organisierte Arbeiterbewegung so lange nicht auszuschalten war, wie sie über eine so starke politische und soziale Machtbasis in der Arbeiterschaft und innerhalb des Staates verfügte. Sollte diese Machtbasis aber einmal erodieren – so die Schlußfolgerung aus dieser Annahme –, stände eine »Einbindung« auch für die Silverberg-Gruppe nicht mehr zur Debatte.

Die Großindustrie war sicherlich – wie im einzelnen noch zu zeigen sein wird – die einflußreichste Gruppe innerhalb der Führungsschicht der Weimarer Zeit; die in der »Silverberg-Kontroverse« deutlich gewordene Frontstellung gegen die Arbeiterbewegung und darüber hinaus gegen die Weimarer Verfassung vor allem bei der Schwerindustrie war jedoch auch bei den anderen Gruppen der gesellschaftlichen Eliten der Weimarer Republik feststellbar, ja, sie stellte in gewisser Weise das verbindende Element zwischen Industrie, Großlandwirtschaft, Militär und Bürokratie dar, um nur die wichtigsten Elitegruppen zu nennen, während in anderen Bereichen durchaus verschiedene, zum Teil gegensätzliche Interessen verflochten wurden.

Bei der *Großlandwirtschaft* war die Ablehnung des Weimarer Staats generell und der Arbeiterbewegung im besonderen vielleicht am stärksten, forciert noch durch die strukturelle Krise der Agrarwirtschaft, die 1927/28 erneut virulent wurde und den politischen und sozialen Status der Junker massiv zu gefährden drohte.[4] Andererseits war sie gerade durch diese Strukturprobleme auf protektionistische Maßnahmen der Reichsregierungen angewiesen – also auch der Sozialdemokratie, die seit 1928 unter Hermann Müller die Regierung führte. Fiel diese Abhängigkeit einmal weg, so war von dieser Seite ein Eintreten für das parlamentarische System Weimars nicht zu erwarten.

Dies ließ sich auch von der *Reichswehr* sagen, deren spezifisches Interesse in der durch den Versailler Vertrag verbotenen Ausdehnung der Rüstung und der Heeresstärke lag. Auch hier war es aber seit 1926 schrittweise zu einem gewissen Ausgleich zwischen Staat und Reichswehr gekommen; vor allem, seit die Regierung Müller die geheimen und illegalen Rüstungsarbeiten sowohl in personeller wie in materieller Hinsicht offiziell durch Kabinettsbeschluß genehmigt hatte.[5] Die anhaltende Kritik an der Rüstungspolitik von seiten der linken SPD und vor allem seitens der sozialdemokratischen Regierung in Preußen unter Otto Braun aber belebte die antisozialistischen Tendenzen in der Reichswehrführung, für die die organisierte Arbeiterbewegung nach den alliierten Auflagen das entscheidende Hindernis auf dem Weg zum Wiederaufstieg eines starken deutschen Militärapparates bedeutete.

Die höhere *Beamtenschaft* in Bürokratie und Justiz schließlich war 1918 in ungebrochener Kontinuität in den neuen Staat übernommen worden – antirepublikanische und vor allem antisozialistische Ideen prägten ihre Gedankenwelt.[6] Ihre Loyalität gegenüber dem Staat von Weimar stand von Beginn an auf tönernen Füßen, band sich aber an dessen Funktionieren – eine Option für den »starken Staat«.

Insgesamt also war – etwas vergröbert – das Verhalten des überwiegenden Teils der Führungseliten in der Stabilisierungsphase der Weimarer Republik gekennzeichnet von zwar prinzipieller Ablehnung des Weimarer Verfassungsstaates und insbesondere des Einflusses der organisierten Arbeiterbewegung auf ihn, angesichts der offenbaren Stärke der das »System« tragenden Kräfte jedoch und unter dem Druck zu außen- und kreditpolitischen Rücksichtnahmen war man dazu übergegangen, mit ihnen partiell zu kooperieren und sie zu tolerieren. Eine Erosion der Machtbasis der Arbeiterbewegung, so das Zwischenfazit, würde diese partielle Kooperation und Zustimmung binnen kurzem zerplatzen lassen.

Die Reichstagswahlen von 1928 aber hatten die führende Rolle der Sozialdemokratie in eindrucksvoller Weise bestätigt, während die bürgerlichen Parteien, vor allem die DNVP, Verluste aufzuweisen hatten – eine bürgerliche Mehrheit im Parlament war vorerst nicht mehr zu erwarten. In dieser Phase begannen dann auch in einzelnen Gruppen der bürgerlich-konservativen Eliten erste Überlegungen, ob und wie die bürgerliche Herrschaft auch ohne Parlament zu gewährleisten sei. Gleichzeitig spitzte sich die Frontstellung der Großindustrie gegen die sozialpolitischen Resultate der Novemberrevolution zu; ihren deutlichsten Ausdruck fand diese Entwicklung beim sogenannten »Ruhreisenstreit« (hierzu vgl. Kap. 4) – dem Wendepunkt in den sozialpolitischen Auseinandersetzungen der Weimarer Zeit, der das Ende aller korporativen Konzepte und den Übergang zur Offensive der Großindustrie gegen die Sozialstaatsprinzipien der Weimarer Verfassung markierte. Große Teile der Industrie begannen seitdem, auf den Sturz der sozialdemokratisch geführten Regierung Müller hinzuarbeiten; verstärkt wurde dieser Kurs in zunehmendem Maße von der seit dem Winter 1928/29 deutlich abflauenden Konjunktur – die Zahl der Arbeitslosen stieg auf fast drei Millionen. Durch die Umwandlung der Erwerbslosenfürsorge in eine Arbeitslosenversicherung (16. Juli 1927) waren die Sozialabgaben der Arbeitgeber noch gestiegen, mit der drastischen Steigerung der Arbeitslosenzahlen aber war die neugegründete »Reichsanstalt für Arbeitsvermittlung und Arbeitslosenversicherung« finanziell bald völlig überlastet; der Staat mußte einspringen, was die ohnehin bedrohliche Lage der Reichsfinanzen weiter verschärfte. Im Winter 1928/29 wurde deutlich, daß die Macht der organisierten Arbeiterbewegung sowohl im gewerkschaftlichen wie im parteipolitischen Bereich im Rückgang begriffen war: Die steigende Zahl der Arbeitslosen schwächte die Position der Arbeitervertreter bei Tarifauseinandersetzungen, die im Gefolge der abflauenden Konjunktur zunehmenden Finanzprobleme des Staates blockierten die Durchsetzung der sozialpolitischen Programmatik der SPD und verschärften die Gegensätze innerhalb der Regierungskoalition zwischen Sozialdemokraten und den bürgerlichen Parteien. An diesen Punkten setzte auch die Intervention der industriellen Führungskreise ein, die jetzt massive Forderungen stellten: Herabsetzung der Kapital- und Produktivsteuern, Erhöhung der Kopf- und Verbrauchssteuern, Senkung der Sozialabgaben, radikale Einschränkungen bei den Sozialversicherungsgesetzen – eine offene Kampfansage an die Arbeiterschaft.

Allerdings stand einer sofortigen Ablösung der Regierung Müller ein außenpolitischer Faktor vorerst entgegen: Der Young-Plan brachte als Ergebnis langer Verhandlungen um die Reparationsfrage zwar erhebliche finanzielle Vorteile für Deutschland – und das wurde auch im überwiegenden Teil der Großindustrie so gesehen –, andererseits war er Zielscheibe heftiger Agitation der Rechtsparteien, die sich in der Kampagne für ein Volksbegehren gegen den Young-Plan zusammengefunden hatten (darunter auch erstmals die NSDAP). Die Sprengung der Großen Koalition und die parlamentarische Verabschiedung des Young-Plans waren zu »konkurrierenden Zielen« (Neebe) geworden; denn eine sofortige Ablösung Müllers hätte entweder die Gefährdung des Young-Plans bedeutet oder – nach Übernahme der Macht durch eine rechte Regierung – deren Verantwortlichkeit für ein vorher so vehement abgelehntes Abkommen.

Die Initiative zur Ablösung der Großen Koalition wurde deshalb bis nach Verabschiedung des Young-Plans verschoben, danach wurde über die unter industriellem Einfluß stehende DVP der Koalitionsbruch anhand der Auseinandersetzung über die Erhöhung des Arbeitgeberanteils bei der Arbeitslosenversicherung vollzogen. Da nun aber eine bürgerliche parlamentarische Mehrheit nicht zur Verfügung stand, hatte es im Umkreis des Reichspräsidenten Hindenburg und vor allem bei der Reichswehrführung bereits seit längerem Überlegungen gegeben, wie auch ohne parlamentarische Mehrheit zu regieren wäre. Schon im Januar 1930 war hier ein Konzept entworfen worden, ein Notverordnungskabinett

> mit dem Auftrage, ohne Befragung der Fraktionen und ohne irgendwelche Koalitionsbindungen eine Regierung von Persönlichkeiten zu bilden, die bereit sind, die wirtschaftliche und finanzielle Sanierung ohne Rücksicht auf Parteien und Länder durchzuführen.[7]

Die auf dieser Grundlage installierte Regierung Brüning wurde jedoch zunächst nur als Zwischenschritt auf dem Wege zu einer grundlegenden Veränderung des Regierungssystems begriffen, wie sie sich unter dem Schlagwort »Reichsreform« abzeichnete: Stabilisierung einer vom Parlament unabhängigen Regierung sowie die Zerschlagung der bedeutenden Rolle der preußischen Staatsregierung, die unter Otto Braun mehr und mehr zum letzten Bollwerk sozialdemokratischer Macht geworden war. Die Alternative zu einer solchen autoritären Lösung war kurzzeitig in der Bildung einer neuen bürgerlichen Sammlungspartei auf der Basis der DNVP, der kleinen bürgerlichen Parteien sowie von Teilen des Zentrums gesehen worden. Die vorgezogenen Reichstagswahlen vom September 1930 hatten diese Hoffnungen jedoch zerstört und statt dessen einen neuen Faktor in die politische Arena eingeführt, der von nun an in wachsendem Maße die Überlegungen über die Rekonsolidierung der bürgerlichen Herrschaft bestimmen sollte: die NSDAP.

Für Brüning hingegen stand die Bildung einer parlamentarisch gestützten Koalitionsregierung nicht mehr auf der Tagesordnung; in Übereinstimmung mit dem Reichspräsidenten und der Reichswehrführung weigerte er sich vielmehr strikt, sich mit den Sozialdemokraten in einer Koalition zu verbinden. Daß diese Abkehr von einer parlamentarischen Regierungsform längerfristige Perspektiven hatte, war schon vor den Wahlen deutlich geworden. Im Juli hatte der Reichstag eine Gesetzesvorlage der Regierung abgelehnt, die daraufhin per Notverordnung erlassen wurde; weil der Reichstag von seinem verfassungsmäßigen Recht Gebrauch gemacht hatte, wurde er von Hindenburg aufgelöst, sozusagen zur Strafe.[8]

Für Brüning war die Befreiung des Reiches von den Reparationszahlungen das oberste Ziel. Die wirtschaftlich katastrophale Lage in Deutschland nach dem Zusammenbruch des Weltwirtschaftssystems im November 1929 und die Massenarbeitslosigkeit wollte er hingegen in erster Linie nicht bekämpfen, sondern nutzen, um mit Hilfe einer rigorosen Spar- und Deflationspolitik die Staatsfinanzen zu sanieren und den Siegermächten angesichts des Massenelends in Deutschland die offenbare Zahlungsunfähigkeit des Reiches und die Unerfüllbarkeit ihrer Forderungen vor Augen zu führen. Danach sollten eine tiefgreifende Verfassungsreform durchgeführt, die Monarchie restauriert und die Regierung den Rechtsparteien überlassen werden.[9]

In diesem Stufenprogramm kam er den politischen und sozialpolitischen Interessen großer Teile der bürgerlichen und konservativen Führungsschichten entgegen. Das Problem bestand nur darin, daß Brüning für diese Politik vorerst im Reichstag noch Unterstützung benötigte. Er suchte sie zunächst bei der Rechten, wurde aber von der NSDAP brüsk zurückgewiesen. So kam es zu der grotesken Entwicklung, daß die Sozialdemokratie sich zu einer Tolerierung Brünings bereit fand und damit eine Regierung unterstützte, die mit dem ausdrücklichen Ziel etabliert worden war, die Macht der Arbeiterbewegung zu brechen. Ausschlaggebend war dabei für die SPD-Führung, daß sie dadurch zum einen die Regierungskoalition in Preußen (SPD, Zentrum, DDP) zu stützen hoffte, zum anderen, daß mit dem rapiden Aufstieg der NSDAP auf dem rechten Flügel eine radikale Alternative aufgetaucht war, die Brünings sukzessives Entparlamentarisierungsprogramm noch als das kleinere Übel erscheinen ließ.

Auch in der Industrie, der Reichswehr und bei den Junkern war die Hitler-Partei in zunehmendem Maße Gegenstand strategischer Planspiele geworden. Zwar wurde Brünings Politik von der Mehrheit der Großindustrie zunächst durchaus gutgeheißen; vor allem beim Ruhrbergbau und im »Verein Deutscher Eisen- und Stahlindustrieller« (VDStI) aber wurden Stimmen laut, daß durch Brünings Kurs die innenpolitische Krise weiter verschärft, der Aufstieg der Kommunisten begünstigt und der Einfluß des Staates auf die Wirtschaft noch verstärkt würde. Statt Brünings Deflationspolitik wurde hier die radikale Lösung eines rechten Blocks unter Einfluß der NSDAP, wie er sich im Oktober 1931 in der »Harzburger Front« präsentierte, bevorzugt, um die »Reichsreform«, die Zurückdrängung der organisierten Arbeiterbewegung und den Abschluß der Reparationszahlungen nicht schrittweise, sondern mit einem Schlage durchzusetzen und andererseits den Abbau von Sozialleistungen und Staatsinterventionismus zu forcieren. Gegen Brünings Politik sprachen nicht nur die sich beständig verschärfende Wirtschaftskrise und das Fortdauern der Reparationsverpflichtungen. Sein größter Fehler bestand in den Augen der Schwerindustrie wie der Reichswehr, der Junker wie des Reichspräsidenten in seiner Abhängigkeit von der SPD. Gerade dadurch aber war das Hauptziel seiner Kanzlerschaft aus Sicht dieser Kreise nicht erreicht.

Seit dem Sommer 1931 nahm die Opposition gegen Brüning konkrete Formen an: Der Reichspräsident, und mit ihm die Großlandwirtschaft, verübelte ihm seine Abhängigkeit von den Sozialdemokraten; auch bei der Industrieführung setzten sich die Gegner der Politik des Reichskanzlers durch. Reusch, Chef der Gute-Hoffnungs-Hütte, rief die großindustriellen Unternehmer auf,

> daß Herr Brüning, nachdem die Erwartungen, die wir auf ihn gesetzt haben, sich nicht erfüllt haben und nachdem er nicht den Mut hat, sich von der Sozialdemokratie zu trennen, von der Wirtschaft und vom Reichsverband auf das Allerschärfste bekämpft werden muß und daß ihm die Industrie ganz offen ihr Mißtrauen aussprechen soll.[10]

Diese Überzeugung gewann jetzt bald die Mehrheit innerhalb der bürgerlichen und konservativen Führungsgruppen, auf der anderen Seite aber zeichnete sich zu Brüning durchaus noch keine personelle und programmatische Alternative ab – vor allem die Rolle der NSDAP war auch nach dem Harzburger Aufmarsch noch weitgehend unklar. Insbesondere die »sozialistischen« Aspekte im nationalsozialistischen Wirtschaftsprogramm wurden von Industrie und Großlandwirtschaft mit heftigem Mißtrauen betrachtet, auch wenn sich führende Nationalsozialisten um eine industriefreundliche Interpretation der entsprechenden Passagen bemühten.

Gleichzeitig wurde vor allem in der Industrie den Verhandlungen Brünings um eine Revision der Reparationszahlungen, die offenbar vor einem baldigen Erfolg standen, erhebliche Bedeutung beigemessen. Im Herbst 1931 war also das politische Risiko einer Regierungsübernahme durch den Rechtsblock doch zu groß. Der frühere Fraktionsvorsitzende der DNVP, Graf von Westarp, faßte die Bedenken, die von der Großindustrie überwiegend geteilt wurden, im Oktober 1931 zusammen:

Wer sich der Regierungsfähigkeit der Rechtsopposition nicht sicher ist, (...) muß den Preis eines solchen Versuches zur Zeit für zu teuer halten. Der Versuch setzt nicht nur das Gelingen der außenpolitischen Arbeit Brünings durch einen inmitten einer einheitlich angelegten Aktion vorgenommenen Führerwechsel auf das Spiel, sondern beschwört Verschärfungen der Krise von Außen her herauf. Im Innern kann niemand die Gefahr in Abrede stellen, daß eine Regierung Hitler/Hugenberg mit den Gewerkschaften und der sozialdemokratischen Partei auch sehr große Massen der Arbeiterschaft auf die Straße und an die Stelle der Kommunisten treiben würde. Würde schließlich die Rechtsopposition, wie ich ganz bestimmt fürchte, unter Führung Hitlers bei diesem Versuch scheitern, so würde das auf lange Zeit hinaus ein unwiederbringlicher Schaden auch für die nationale Bewegung selbst sein. Erst nach Gläubigerakkord und Tributrevision und nach Beginn besserer Verhältnisse wird der Versuch einer nationalsozialistisch geführten Reichsregierung – die deutschnationale Führung kommt praktisch kaum noch in Betracht – durchgeführt werden müssen und können.[11]

Zwei Voraussetzungen waren zum Sturz Brünings und seiner Ersetzung durch eine Regierung der Harzburger Front also noch zu erfüllen: der erfolgreiche Abschluß der Reparationsverhandlungen in Lausanne – in erstaunlicher Parallele zu den Umständen des Sturzes der Regierung Müller – und zumindest eine Herabminderung des Risikos durch die Arbeiterbewegung, deren Stärke allerdings politisch mittlerweile fast allein auf der Preußischen Regierung beruhte. Im April 1932 waren diese Voraussetzungen gegeben. Die parlamentarische Mehrheit der »Preußen-Koalition« war bei den Landtagswahlen am 24. April 1932 gebrochen, und die Verhandlungen in Lausanne standen vor dem Abschluß.

Der Sturz Brünings war dann das gemeinsame Werk der Führungsgruppen in Industrie, Landwirtschaft und Reichswehr sowie der Kamarilla um Hindenburg. Gesuchter Anlaß war der Protest der Großagrarier gegen Brünings Konzept der Zwangsenteignung nicht mehr entschuldungsfähiger Großgüter – dahinter aber stand vor allem die Reichswehrführung um Schleicher, der mit Brünings Sturz das Konzept der langfristigen Etablierung eines von der Reichswehr getragenen antiparlamentarisch-autoritären Präsidialregimes unter Einbeziehung der NSDAP verfocht, das in der Verschmelzung von militärischem und zivilem Sektor auf die Begründung eines diktatorial geführten »Wehrstaates« hinauslief.[12]

Dieses Konzept der »Einbindung« der Nationalsozialisten allerdings war in der Industrieführung durchaus nicht unumstritten. Zwar hatte

Hitler bei seiner bekannten Rede vor dem Düsseldorfer Industrieclub am 26. Januar 1932 durch seine Betonung des »Kampfes gegen die Gewerkschaften« und der »Rolle der Persönlichkeit« durchaus Eindruck bei den großindustriellen Zuhörern hinterlassen, die sozialistische Phraseologie in der nationalsozialistischen Propaganda und die Angst vor einer revolutionären Eigendynamik vor allem des kleinbürgerlichen Massenanhangs und der SA ließen bei den traditionellen Führungsgruppen jedoch ein Konzept entstehen, wonach ein Präsidialregime ohne parlamentarische Absicherung, aber toleriert von den Rechtsparteien inclusive NSDAP den Weg in Richtung »Reichsreform« und wirtschafts- und sozialpolitischer Kehrtwende zu beschleunigen hätte.

Die am 1. Juni 1932 angetretene Regierung Papen verfolgte genau diesen Weg. Nachdem durch den Abschluß der Reparationsverhandlungen der außenpolitische Druck wegfiel, wurden binnen kurzem lang gehegte Pläne der bürgerlichen und konservativen Führungsgruppen eingelöst. Sozialpolitisch griff Papen mit der Möglichkeit der Unterschreitung der Tariflöhne einen Eckpfeiler der sozialpolitischen Errungenschaften der Arbeiterbewegung an, wirtschaftspolitisch wurden gegen den »grundlegenden Irrtum, daß der omnipotente, unpersönliche Staat an die Stelle der persönlichen Verpflichtung des Arbeitgebers treten könne«, die »Verantwortlichkeiten, die aus der *gottgewollten* organischen Regelung der Dinge erwachsen«[13], betont, aber auch eine aktive Konjunkturpolitik der öffentlichen Hand betrieben – was Papen den nahezu uneingeschränkten Beifall von seiten der Industrie einbrachte.

In der Konstellation der Papen-Regierung wurde hier nunmehr das Konzept auch für eine langfristige Lösung gesehen, wie sie etwa Reusch im August 1932 formulierte:

> Wir kommen in Deutschland nur weiter, wenn die Parteien bei der Regierungsbildung in Zukunft ausgeschaltet werden. Das vorzunehmende Reformwerk ist so ungeheuerlich groß, daß man vorläufig nicht daran denken kann, die Parteien im Reich und in Preußen irgendwie wieder an die Regierung heranzulassen.[14]

Das letzte bezog sich auf die aus dieser Sicht erstaunlich einfache staatsstreichartige Absetzung der preußischen Regierung durch Papen am 20. Juli 1932. Dieser sogenannte »Preußenschlag« hatte neben den wirtschafts- und sozialpolitischen Zielen auch den unter »Reichsreform« firmierenden Bestrebungen gedient, die letzte staatliche Machtbasis der Arbeiterbewegung zu zerschlagen. Dies war erleichtert worden durch die Wahlniederlage der SPD in Preußen im April 1932, seitdem war eine

Regierungsbildung hier nicht möglich gewesen. Widerstand gegen den »Papenputsch« schien der SPD-Führung zwecklos, denn zu einem Generalstreik besaßen die Gewerkschaften angesichts von sechs Millionen Arbeitslosen kaum eine Basis, und gegen den bewaffneten Widerstand von preußischer Polizei und Reichsbanner war die Reichswehr zu militärischem Einsatz bereit und entschlossen: Seit dem 20. Juli hatte die Arbeiterbewegung aufgehört, eine entscheidende Kraft in der deutschen Innenpolitik darzustellen; in den folgenden Monaten ging es nicht mehr darum, *ob*, sondern *wie* die Entmachtung von Parlament und Arbeiterparteien zu bewerkstelligen sei.

Das Projekt einer parlamentsungebundenen autoritären Elitendiktatur wurde in der Folgezeit gerade von jener Seite unterlaufen, die als Juniorpartner den Massenstützpunkt der ungeteilten bürgerlichen Herrschaft darstellen sollte: der NSDAP, die in der Juliwahl 1932 ihre Stimmenzahl auf fast 14 Millionen hatte verdoppeln können und zur stärksten Partei im Reichstag aufgerückt war. Die NSDAP war so stark geworden, daß sie aus dem Konzept der Tolerierung eines Papen-Kabinetts ausscherte und die Regierungsführung verlangte. Dadurch wurde das gesamte Projekt hinfällig, wie die vernichtende Abstimmungsniederlage Papens im Reichstag am 12. September in aller Deutlichkeit bewies, bei der 512 Abgeordnete gegen den Reichskanzler und ganze 42 für ihn stimmten. Autoritäre Politik ohne Massenbasis war in dieser Form nicht durchführbar.

Welche Alternativen standen nun zur Verfügung? Die Grundlagen aller Überlegungen der bürgerlichen und konservativen Führungsgruppen bestanden in drei Punkten: erstens: keine Rückkehr zum Parlamentarismus, zweitens: Ausschaltung der Arbeiterbewegung, drittens: Fortsetzung des wirtschafts- und sozialpolitischen Kurses der Regierung Papen.

Als erste Möglichkeit bot sich eine Fortsetzung des Papen-Konzepts an: Präsidialregierung ohne parlamentarische Mehrheit – das aber würde angesichts der erneuten Auflösung des Parlaments den offenen Verfassungsbruch herausfordern, wovor Hindenburg zurückschreckte. Papen vertrat diese Lösung mit Unterstützung der DNVP dennoch, ließ sie aber fallen, als deutlich wurde, daß NSDAP und Zentrum bei Nichtansetzung von Neuwahlen den Reichspräsidenten wegen Verfassungsbruchs anklagen würden.

Verfolgte man diesen Gedanken weiter, so hätte das nach Überzeugung der Beteiligten unweigerlich eine bürgerkriegsähnliche Situation herbeiführen müssen, der nur mit Hilfe des militärischen Einsatzes der

Reichswehr beizukommen wäre – das aber hätte in der Konsequenz eine Militärdiktatur bedeutet. Es gab in der Reichswehrführung durchaus starke Kräfte, die eine solche Perspektive guthießen – ein militärischer Einsatz der Reichswehr im Innern wurde jedoch für äußerst bedenklich gehalten, sah die Reichswehrführung ihre Aufgabe doch in erster Linie in der Aufrüstung nach außen und mittelfristig in der Revision der Ergebnisse des Ersten Weltkrieges, wie sie in Versailles festgeschrieben worden waren. Dennoch verschwand dieses Konzept bis zum Januar 1933 nie völlig aus der Diskussion, zumal es in einigen osteuropäischen Ländern, wie z. B. Polen, ja bereits mit scheinbarem Erfolg ausprobiert worden war. Wohl zu Recht fürchtete man bei der Reichswehrführung allerdings, daß eine solche Lösung in einem industriell so weit entwickelten Land mit einer schon zahlenmäßig so starken Arbeiterbewegung anders als im weitgehend agrarisch strukturierten Osteuropa mit erheblichen Risiken verbunden war, die das Militär zu lang anhaltendem und blutigem innenpolitischen Engagement gezwungen hätten. Zudem war in einem solchen Fall damit zu rechnen, daß jedenfalls Teile der von der Machtteilhabe ausgeschlossenen NSDAP-Anhängerschaft ebenfalls von der Reichswehr hätten unterdrückt werden müssen. Vor einem Kampf gegen rechts *und* links jedoch mußte die Militärführung zurückschrecken; an ein Bündnis mit der NSDAP aber band Hitler die Übernahme der Führung als Voraussetzung.

Die dritte Möglichkeit bestand in einer parlamentarischen oder in einer Präsidialregierung unter Führung der Nationalsozialisten. Die parlamentarische Variante wurde vor allem durch Kontakte zwischen NSDAP und Zentrum nach den Juliwahlen 1932 aktuell, die bei Industrie und Großagrariern nun geradezu Befürchtungen über eine dadurch in Gang kommende »Reparlamentarisierung« auslösten. Eine solche braunschwarze Koalition drohte den bereits erreichten Zustand der Entmachtung des Parlaments zurückzudrehen und sollte daher unter allen Umständen verhindert werden.

Eine Regierung des Rechtsblocks aber war nur als Präsidialregierung möglich: das Angebot Papens und Hindenburgs an die NSDAP nach der Juliwahl bestand in einer solchen Regierung mit NSDAP-Ministern unter einem Kanzler Papen: Als Hitler dieses Angebot am 13. August ablehnte und kompromißlos die Führung in einem Präsidialkabinett verlangte, war aber nicht nur dieses Konzept gescheitert. Die »Abfuhr« Hitlers durch Hindenburg bedeutete auch eine demonstrative Niederlage für den Führer der NSDAP, der seitdem für die Mehrheit der bürgerlich-konservativen Führungsgruppen nicht mehr die Schlüsselrolle für eine Krisenlösung innehatte, es kamen vielmehr neue Überlegungen ins Spiel.

Die eine bestand in einer quasi-parlamentarischen Aushebelung der Hitler-Partei. Den Gedanken der »bürgerlichen Sammlung« um die DNVP aufgreifend, wurde von führenden Industriellen versucht, die parlamentarische Mehrheit von NSDAP und Zentrum mit Hilfe einer Verlagerung der Rechtsstimmen hin zu einer solchen bürgerlichen Sammlungspartei zu brechen. Es gelang jedoch nicht, eine derartige Bewegung zu konsolidieren, so daß die Option der bürgerlich-konservativen Führungsgruppen weiterhin für eine parlamentarisch nicht abgesicherte Regierung Papen ausschlug. Diese Strategie schien sich bei den Novemberwahlen durch die Stimmenverluste der NSDAP auch tatsächlich auszuzahlen. Der schier unaufhaltsame Aufwärtstrend der Hitler-Partei war gebrochen, die Rücksichtnahme auf die rechtsradikale Massenbewegung bei autoritär-diktatorialen Plänen schien in naher Zukunft an Bedeutung zu verlieren. Die faschistische Krisenlösung – die Übergabe der Führung eines rechten Präsidialregimes an die Nationalsozialisten – war nun offenbar von nicht mehr so zwingender Konsequenz wie nach der Wahl im Juli.

In diesen Zusammenhang ist auch die berühmte Eingabe an den Reichspräsidenten vom November 1932 zu stellen, in der die nationalsozialistisch orientierte Minderheit bei den Großagrariern und der Industrie Hindenburg aufforderte, »die Übertragung der verantwortlichen Leitung eines mit den besten sachlichen und persönlichen Kräften ausgestatteten Präsidialkabinetts an den Führer der größten nationalen Gruppe« nunmehr zu vollziehen.[15] Die Eingabe wurde aber nur von wenigen führenden Köpfen der bürgerlich-konservativen Elite unterstützt und ist eher als »letzter Versuch« der Durchsetzung der nationalsozialistischen Variante angesichts ihres offenbar drohenden Niedergangs zu interpretieren, denn als Ausdruck mehr- oder gar einheitlichen Willens bei Junkern und Industriellen, Hitler jetzt zum Kanzler machen zu wollen. Hier wurden durch das Wahlergebnis vielmehr die Anstrengungen zur Stabilisierung des Papen-Regimes auf längere Sicht verstärkt. Allerdings blieb das Dilemma der fehlenden Massenunterstützung einer solchen Regierung bestehen.

Mit diesem Problem setzten sich auch die Silverberg nahestehenden »Deutschen Führerbriefe« im September 1932 auseinander. Unter dem Titel »Die soziale Rekonsolidierung des Kapitalismus« beschrieb dabei der Sozialwissenschaftler Alfred Sohn-Rethel in präziser Zuspitzung das Dilemma der konservativ-bürgerlichen Führungsspitze:

Die Aufgabe, um die es seit den letzten Monaten und auch über die augenblickliche Zuspitzung hinaus geht, ist die Rekonsolidierung des bürgerlichen Regimes in Deutschland. Die jetzige Regierung von Papen bedeutet diese Rekonsolidierung noch nicht. (...)
Das Problem der Konsolidierung des bürgerlichen Regimes im Nachkriegsdeutschland ist allgemein durch die Tatsache bestimmt, daß das führende, nämlich über die Wirtschaft verfügende Bürgertum zu schmal geworden ist, um seine Herrschaft allein zu tragen. Es bedarf für diese Herrschaft, falls es sich nicht der höchst gefährlichen Waffe der rein militärischen Gewaltausübung anvertrauen will, der Bindung von Schichten an sich, die sozial nicht zu ihm gehören, die ihm aber den unentbehrlichen Dienst leisten, seine Herrschaft im Volk zu verankern und dadurch deren eigentlicher oder letzter Träger zu sein.

Dieser »Massenstützpunkt für die Herrschaft des Bürgertums« sei lange Zeit die Sozialdemokratie gewesen; die aber habe ihre Machtbasis verloren, eine Rekonsolidierung bürgerlicher Herrschaft sei mit ihr nicht möglich. Statt dessen stehe die Frage an, ob diese Rolle von den Nationalsozialisten übernommen werden könne, ob es also »für den Nationalsozialismus eine *spezifische soziale Möglichkeit* gibt, durch die er aus einer faschistischen Bewegung in ein Teilorgan der bürgerlichen Herrschaft verwandelt werden kann«.[16]
Die Lösung dieser Frage sah Sohn-Rethel in einer Annäherung von Gewerkschaften und Nationalsozialismus – die NSDAP im Austausch für die SPD als politische Führung der Gewerkschaftsbewegung.
Diese Analyse Sohn-Rethels wurde in ihrem politischen Kern auch von dem mächtigsten der zahlreichen politischen Intriganten der letzten Monate der Republik geteilt, dem Reichswehrgeneral von Schleicher, der unter Papen Reichswehrminister war. Ihm schwebte eine Konzeption vor, die es ermöglichte, erstens die Fortentwicklung des Präsidialregimes zu einer autoritären Elitendiktatur (unter Führung der Reichswehr) zu gewährleisten, zweitens die in ihrem absoluten Führungsanspruch maßlos und in ihren wirtschaftspolitischen Forderungen der Industrie suspekt erscheinende NSDAP-Führungsgruppe um Hitler aus der Trägerschaft der Regierung herauszuhalten, drittens aber dennoch durch Herausbrechen der »vernünftigen« Teile des Nationalsozialismus und deren Verbindung mit den Gewerkschaften die rechtsradikale Massenbewegung in das Herrschaftskartell einzubeziehen und so der antizipierten Diktatur einen »Massenstützpunkt« zu verschaffen, der auch ein Eingreifen der Reichswehr zu vermeiden versprach. Diese komplizierte Konstruktion war so abwegig nicht, wie sie von heute aus scheinen mag: sie war zumindest nicht abenteuerlicher als Papens Vorschlag im November, nämlich Ausschaltung des Reichstages, Verhängung des Ausnahmezustands, Unterdrückung aller Parteien und paramilitärischen

Organisationen durch Reichswehr und Polizei, »Verfassungsreform« als Grundlage für ein nicht parlamentarisches, autoritäres System. Schleicher, der unmittelbar nach seiner Ernennung zum Reichskanzler Verbindung zum Strasser-Flügel der NSDAP und zu den Gewerkschaften aufnahm, scheiterte aber daran, daß es ihm nicht gelang, die NSDAP zu spalten. Daraufhin mußte er seine Strategie der Teilintegration der Nationalsozialisten aufgeben und kehrte zu dem ursprünglichen Konzept der Präsidialdiktatur zurück. Um die befürchtete Bürgerkriegssituation zu vermeiden, versuchte er allerdings, den Kurs Papens insoweit zu modifizieren, daß er eine Art plebiszitären Kryptoparlamentarismus propagierte, den er mit sozialpolitischen Zugeständnissen (Arbeitsbeschaffungspläne, Aufwertung der Gewerkschaften, liberaler Zollpolitik, Siedlungsprogramm im Osten) und ideologischer Phrasierung (»gegen Kapitalismus und Sozialismus«) abfederte. Damit hatte sich die gegen Arbeiterbewegung, Weimarer Sozialpolitik und Parlamentarismus gerichtete Offensive zur »Rekonsolidierung der bürgerlichen Herrschaft« überdreht und begonnen, sich gegen die Interessen der sozialen Träger dieser Offensive zu wenden. Industrie und Großlandwirtschaft opponierten dementsprechend massiv gegen die Pläne Schleichers, in denen sie das »Schreckgespenst eines Bündnisses zwischen Militär und Arbeiterschaft gegen die kapitalistische Führungsschicht« (Kolb) heraufziehen sahen, wodurch angesichts der sich verbessernden Konjunkturlage das gesamte Unternehmen in Gefahr zu geraten schien, wie Reusch es Ende Dezember 1932 Schleicher vorwarf:

> Gerade jetzt in der Krise noch müssen die entscheidenden Schnitte am staatlichen Organismus gemacht werden! Der Reformwille läßt sich nicht beliebig lange auf Eise legen! Wenn nach einer Besserung der Wirtschaftslage der finanzielle Druck erst wieder soweit von unserem staatlichen Organismus genommen ist, daß dieser wieder einigermaßen tief Luft holen kann, dann ist der stärkste Impuls für die Durchführung einer wahrhaft großzügigen Reform unwiederbringlich dahin.[17]

Die sich ankündigende Verbesserung der Wirtschaftslage also machte eine baldige Entscheidung unabdingbar und setzte die bürgerlich-konservative Führungsschicht unter Zeitzwang. Ende Dezember 1932 standen noch drei Möglichkeiten zur Debatte:

1. Auflösung des Parlaments und Neuwahl. Angesichts des nahenden Konjunkturaufschwungs und der offenbaren Unfähigkeit der bürgerlichen Protagonisten zur Regierungsbildung konnte das keine Vorteile im Sinne der Rechtsparteien bringen, sondern barg die Gefahr eines erneuten Erstarkens der Arbeiterparteien und damit entweder einer Machtteilhabe der Kommunisten oder einer Restabilisierung des Weimarer Systems in sich.

2. Die Variante Schleichers, der auf Suspendierung des Reichstages und Errichtung einer Militärdiktatur mit sozialen Komponenten zuarbeitete. Diese Konzeption hatte bis zum Januar 1933 noch Unterstützung in den Führungsgremien von RDI und DIHT, war aber bei der Mehrheit von Industrie und Großlandwirtschaft durch Schleichers sozial- und bündnispolitische Alleingänge mehr und mehr diskreditiert worden. Zudem verlor Schleicher auch in der Reichswehrführung wegen der mit seinem Konzept verbundenen Bürgerkriegsgefahr an Rückendeckung.
3. Blieb nur noch die Variante Papens, der sich nach wie vor der Zustimmung der Mehrheit der bürgerlich-konservativen Führungsgruppen erfreute. Nachdem die Spaltung der NSDAP mißlungen war, mußte man bei jeder Kooperation mit der NSDAP nun Hitlers Führungsanspruch akzeptieren. Mit Hitler war zwar die Gewähr für eine stabile Regierung gegeben; gleichzeitig war damit die Gefahr verbunden, daß die Eigendynamik der nationalsozialistischen Massenbewegung die vorgesehene Teilpartnerschaft der NSDAP an einer bürgerlichen Regierung in eine Alleinherrschaft umwandeln würde und sich unter Umständen sogar die sozialrevolutionären und antikapitalistischen Strömungen vor allem in der SA verselbständigen würden. Auf der anderen Seite war dies als kleineres Übel anzusehen, wenn genügend starke Sicherungen gegen solche Verselbständigungstendenzen eingebaut würden.

An eben einem solchen Sicherungssystem arbeitete Papen seit Mitte Dezember: Das alte »Einrahmungskonzept« wurde hier wieder aktualisiert, nun aber in der ursprünglich abgelehnten Version mit Hitler als Reichskanzler: durch Papen als Vize-Kanzler und Hugenberg als »Wirtschaftsdiktator«, durch Hitlers Erklärungen für den Fortbestand einer autonomen kapitalistischen Wirtschaft, durch die zahlenmäßige Schwäche der NSDAP-Vertreter in dem avisierten Präsidialkabinett Hitler/Papen schienen die Gefahren der Verselbständigung der NSDAP zwar nicht gebannt, angesichts der zu Gebote stehenden Alternativen aber hinnehmbar.

In diesem Zusammenhang aber war es von wesentlicher Bedeutung, daß die Position der bürgerlich-konservativen Führungsgruppen nicht einheitlich genug war, um eine Alleinherrschaft der Eliten ohne nationalsozialistische Partner als »Massenstützpunkt« zu ermöglichen.

Innerhalb der Industrie hatten die Auseinandersetzungen zwischen drei Fraktionen mit unterschiedlichen politischen Ansichten an Schärfe zugenommen: zum einen die eine nationalsozialistische Lösung befürwortende Gruppe vor allem mittelständischer und schwerindustrieller Unternehmer um Thyssen; die Gruppe um Reusch, die nach wie vor ein autoritäres Papen-Regime auf verbreiterter Grundlage favorisierte, und drittens die Führung der industriellen Spitzenverbände, die für Schleicher votierte und explizit gegen die Hitler-Papen-Variante auftrat. Bei allen Differenzierungen wird man aber nicht übersehen dürfen, daß es sich dabei um verschiedene Varianten einer gemeinsamen autoritären, gegen Arbeiterschaft, Parlament und Sozialpolitik gerichteten politischen Zielsetzung handelte – aber um Varianten mit folgenschweren Unterschieden. Darüber hinaus war der seit langem schwelende Konflikt in der Frage der Landwirtschaftspolitik zwischen – in dieser Frage einheitlich agierender – Industrie und den durch den bereits stark nationalsozialistisch durchsetzten Reichslandbund (RLB) vertretenen Großagrariern im Januar 1933 offen ausgebrochen. Während die Industrie die exportfreundlichen Maßnahmen der Schleicher-Regierung – und ihrer Vorgänger – mehrheitlich begrüßte, sprach der RLB, der an einer restriktiven Zollpolitik interessiert war, durch die die landwirtschaftlichen Erzeugerpreise hochgehalten wurden, in diesem Zusammenhang von der »Ausplünderung der Landwirtschaft zugunsten der allmächtigen Geldbeutelinteressen der international eingestellten Exportindustrie und ihrer Trabanten«.[18] Von einem einheitlichen Vorgehen der Führungseliten am Vorabend des Dritten Reiches kann angesichts so weitreichender Differenzen nicht gesprochen werden.

Bei einer solchen Konstellation besaßen die anderen Varianten – ohne NSDAP –, die zunächst eine starke, einheitliche Interessenartikulation der bürgerlich-konservativen Führungsgruppen erfordert hätten, von vorneherein noch weniger Aussichten auf Realisierung, als dies angesichts der offenbaren Risiken ohnehin der Fall war. Zwar gab es bis zum 30. Januar 1933 Alternativen zur Machtübertragung an die NSDAP, angesichts der Gefahr einer Restabilisierung des Weimarer Staates aber war das »Einbindungskonzept« Papens die einzig erfolgversprechende Möglichkeit zur Entmachtung von Parlament und Arbeiterbewegung, zur Erfüllung der – miteinander zum Teil konkurrierenden – sozial- und wirtschaftspolitischen Zielsetzungen der industriellen und landwirtschaftlichen Machtträger; zur »Rekonsolidierung bürgerlicher Herrschaft« – auch wenn dabei das Risiko einer partiellen oder vollständigen Verselbständigung des Nationalsozialismus gesehen und in Kauf genommen werden mußte.

Seit Anfang Januar arbeitete Papen – offenbar in enger Tuchfühlung zu den mit ihm sympathisierenden Gruppen der Großindustrie – an den Vorbereitungen zum Sturz Schleichers. Den letzten Ausschlag gaben dabei wiederum die massiven Beschwerden der Großlandwirtschaft bei Hindenburg über Schleichers Politik und ihr Votum für eine Regierung Hitler/Papen. Als Schleicher vom Reichspräsidenten nicht die gewünschte Vollmacht zur Reichstagsauflösung erhielt und somit einer Niederlage bei der Reichstagssitzung am 31. Januar entgegensah, reichte er den Rücktritt ein – der Weg für Hitler war frei.

Versucht man nun ein Fazit zu ziehen und die Frage nach dem Anteil der traditionellen Eliten bei der Machtübernahme der Nationalsozialisten zu beantworten, so wird man hier zunächst eine Verständigung über die Fragerichtung erzielen müssen. Lange Zeit ist bei diesem Problem nahezu ausschließlich über die Großindustrie gesprochen worden und dabei wiederum in erster Linie über deren finanzielle Unterstützung der NSDAP vor dem Januar 1933. Beides engt aber auf unzulässige Weise den Blick für die Zusammenhänge ein.
Denn zum einen gab es unter den führenden Gruppen von Industrie, Großagrariern, Reichswehr und Bürokratie insgesamt einen antiparlamentarischen Fundamentalkonsens, dessen Wurzeln im ungeliebten Revolutions-Kompromiß von 1918 lagen und der sich in erster Linie gegen die Arbeiterbewegung richtete. Die Artikulation dieser gemeinsamen Grundhaltung überwölbte die unterschiedlichen Zielsetzungen der einzelnen Gruppen so lange, wie der Gegner nicht endgültig am Boden lag, und wurde in jenem »antiliberalen Netzwerk der neokonservativen Ringbewegung« organisiert, in das »gut zwei Drittel der maßgebenden politischen Eliten« eingebunden waren.[19] Die unmittelbaren Anlässe zu Entscheidungen gingen dabei oft von den Großagrariern mit ihrem engen Kontakt zu Hindenburg aus, während die strategischen Entwürfe und langfristigen Perspektiven eher von der Großindustrie und – seit 1930 in zunehmendem Maße – der Reichswehrführung entwickelt worden sind.
Was die Unterstützung der Nationalsozialisten durch die Großindustrie angeht, so hat die Konzentration auf die Frage der Spendengelder, die lange Zeit die Diskussion beherrschte, hier nicht weitergeholfen. Denn so wenig, wie sich von der Höhe und dem Zeitpunkt der an die NSDAP geflossenen Industriegelder – es handelte sich vor 1933 um eher unbedeutende Summen[20] – die These, das Großkapital habe Hitler an die Macht gebracht[21], beweisen läßt, so wenig läßt sich die entgegengesetzte Schlußfolgerung halten, wie sie etwa Klaus Hildebrand zugespitzt formuliert hat: »Es war ja keineswegs so, daß die Großindustrie und ›das Kapital‹ Hitler in entscheidendem Maße an die Macht gebracht hätten. Sie unterstützten ihn vielmehr erst finanziell in erheblichem

Maße, als es nach der ›Machtergreifung‹ darum ging, die Märzwahlen des Jahres 1933 zu finanzieren.«[22]
Die Finanzierung der NSDAP war für deren Machtübernahme nicht ausschlaggebend; hingegen war einer der wesentlichen Faktoren, die Hitlers Machtantritt ermöglicht haben, das massive und stetige Hinarbeiten der Großindustrie auf einen autoritären Diktatorialstaat unter bürgerlicher Führung; dabei war, als die anderen Möglichkeiten durchgespielt waren, die NSDAP ein ungeliebter, aber akzeptabler Bundesgenosse, zu dem die Großindustrie gerade wegen ihrer Rivalitäten in zunehmende Abhängigkeit geriet. Im Vergleich zu der in anderen Ländern installierten Militärdiktatur war dabei, wie Heinrich August Winkler betont, die Zuhilfenahme einer rechtsradikalen Massenbewegung sowohl als »Massenstützpunkt« wie als Gehilfe für die Schmutzarbeit bei der notwendig werdenden Unterdrückung der Arbeiterbewegung der »modernere« Weg, die plebiszitäre Verkleisterung eines diktatorialen Regimes. Denn »wo es bereits eine starke sozialistische Industriearbeiterschaft gab, mußte auch eine rechte Gegenbewegung sich auf Massen stützen. Wo sich Teile der ›Machtelite‹ solcher Massen bedienen wollten, konnten sie nicht wählerisch sein.«[23]
Die Zustimmung der traditionellen Eliten zu dem Versuch, den Machtkompromiß aus den Jahren 1918/19 rückgängig zu machen und ihre Herrschaft mit Hilfe der nationalsozialistischen Massenbewegung zu »rekonsolidieren«, implizierte die Akzeptanz politischer Gewalt als Mittel eben dieser »Rekonsolidierung«. Die Ausschaltung des Interessenausgleichs und der Machtteilung verhieß eine »reine« ungeteilte Form der Herrschaft – für dieses Ziel schien die Instrumentalisierung politischer Gewalt ein unangenehmer, aber unumgänglicher und mithin akzeptabler Weg zu sein, solange man die Dynamik der Gewalt durch entsprechende politische Vorsichtsmaßnahmen unter Kontrolle behielt.
Aber schon bald nach dem 30. Januar 1933 wurde deutlich, daß die langgehegten und intrigant verfolgten »Eindämmungs-« und »Einrahmungspläne« der alten Eliten unter der Wucht und Dynamik der nationalsozialistischen Massenbewegung und des Machtwillens ihrer Führer schnell zur Makulatur und das Konzept, Hitler und seine Partei für die Interessen von Junkern, Reichswehr und Kapitalisten zu instrumentalisieren, nahezu ins Gegenteil umgekehrt wurden.
Die ersten politischen Entscheidungen der neuen Regierung waren allerdings durchaus von dem Bemühen geprägt, die noch unsichere Verbindung zu den alten Eliten zu festigen und daraus ein Bündnis werden zu lassen. Dies gilt auch für die erneute Ausschreibung von Neuwah-

len. Zwar wurde dies bei den konservativen Gruppen wiederum als gefährliche Tendenz zur Reparlamentarisierung beargwöhnt, aber mit Görings Versicherung gegenüber der Großinustrie am 20. Februar, dies würden »für zehn, vielleicht sogar für hundert Jahre« die letzten Wahlen sein, gab man sich zufrieden, zumal eine parlamentarische Absicherung der ins Auge gefaßten »Reichsreform« durchaus von Vorteil sein konnte. Daß durch die »Reichstagsbrandverordnung« vom 28. Februar 1933 die Zerschlagung des Parlamentarismus eng mit dem »Kampf mit dem Bolschewismus« verbunden werden konnte, der bei den Führungsschichten in Deutschland auf ungeteiltere Zustimmung traf als die Hitler-Papen-Regierung selbst, erwies sich dabei als glücklicher Zufall, der nicht nur die Durchbrechung der Verfassung popularisierte, sondern mit den Kommunisten die gesamte »marxistische« Arbeiterbewegung denunzieren und isolieren half und so ihre endgültige Zerschlagung vorbereitete. So sind das Ermächtigungsgesetz vom 23. März 1933 und die Gleichschaltung der Länder und der Parteien durchaus im Kontext der »Reichsreform«-Pläne zu gewichten und auf entsprechende Zustimmung bei den gesellschaftlichen Führungsgruppen gestoßen: So oder so ähnlich war das seit 1930 bereits vorgedacht worden. Was nunmehr durch den Terror der SA besorgt wurde, hätte – ein nicht unerheblicher Unterschied – ohne 30. Januar die Reichswehr übernehmen müssen. Bereits in der ersten Sitzung des Hitler-Kabinetts am 30. Januar hatte der neue Reichswehrminister Blomberg den Verzicht der Reichswehr auf die von ihr beanspruchte und ausgeübte innenpolitische Ordnungsfunktion bekräftigt. Im Gegenzug bestätigte Hitler die relative Autonomie der Reichswehr als »wichtigste Einrichtung des Staates« und den Verzicht auf die in der NSDAP zum Teil geforderte Umformung der Reichswehr in ein nationalsozialistisches Herrschaftsinstrument. Vielmehr betonte er schon ein Jahr nach der Machtübernahme die Exklusivität der Reichswehr als »einzigen Waffenträger der Nation« sowie den Primat der außenpolitischen Funktion der bewaffneten Macht, aufbauend auf einer umfassenden Aufrüstung, was den militär- und rüstungspolitischen Absichten der Reichswehrführung exakt entsprach. Hier entstand die Grundlage für das »Bündnis« zwischen Militär und Nationalsozialismus, das in den folgenden Jahren einer der Stützpfeiler der Stabilität des Regimes wurde.[24]

Was die Interessen der Großindustrie angeht, so kann es angesichts der Maßnahmen des neuen Regimes in den ersten Monaten nach Machtantritt keinen Zweifel daran geben, daß die Nationalsozialisten genau das taten, was die Industriellen von ihnen erwarteten: Ausschaltung der Gewerkschaften und damit das Ende der Tarifhoheit der »Sozialpartner«, das Verbot und die Verfolgung der Kommunisten und der Sozialdemokraten; die »Wiederherstellung« der uneingeschränkten Macht des Unternehmers in seinem Betrieb durch das »Gesetz der Ordnung der nationalen Arbeit« (AOG), Einfrieren der Löhne auf dem niedrigen Stand der Weltwirtschaftskrise – das entsprach den authentischen Zielen der Großindustrie.[25]

Dies läßt sich auch für die Großagrarier und die Bürokratie sagen: Mit der Zurückweisung aller Pläne zur Enteignung von Großgrundbesitz im Osten durch das »Reichserbhofgesetz« vom 29. September 1933 einerseits, mit der ideologischen Aufwertung alles Bäuerlichen andererseits lagen die Interessen von Nationalsozialisten und Junkern weitgehend parallel.

Für die Bürokratie bedeutete das »Gesetz zur Wiederherstellung des Berufsbeamtentums« vom 7. April 1933, daß zwar – in Anknüpfung an eine in Preußen bereits seit dem 20. Juli 1932 geübte Praxis – der Staats- und Verwaltungsapparat von republiktreuen, vor allem sozialdemokratisch orientierten, nun aber auch von »nicht arischen« Beamten »gesäubert« wurde, daß aber andererseits die befürchtete Ablösung der traditionellen Beamtenschaft durch »Alte Kämpfer« zunächst nicht eintrat. Die Folge davon war, daß 1937 zwei Drittel aller Beamten in Deutschland Parteimitglieder waren, aber nur jeder Zehnte seit der Zeit vor 1933.[26]

Die mit diesen Maßnahmen der ersten Regierungsmonate des nationalsozialistisch dominierten Kabinetts zum Ausdruck kommende »Verbeugung Hitlers vor den alten Eliten« fand ihren propagandistischen Höhepunkt in der Inszenierung des »Tags von Potsdam«, in der mit großem Pomp die Vereinigung des »alten Preußen« mit der »jungen Bewegung«, repräsentiert durch Hindenburg und Hitler, demonstriert wurde – der Abschluß des »Bündnisses der Eliten« war das aber noch nicht. Denn trotz der offenbaren Interessenkoinzidenz zwischen NS-Staat und Eliten stellte die organisierte Massenbasis der NSDAP in der SA und ihr »revolutionäres« Gebaren für die alten Führungsgruppen ein wachsendes Ärgernis dar. Waren für die Industrie und Landwirtschaft die nach der Machtergreifung wieder lauter gewordenen »sozialistischen« Töne der Stein des Anstoßes, bedeutete die SA für die Reichswehr in zunehmendem Maße eine Konkurrenz als Waffenträger. Der Massenterror der SA-Gruppen hatte deren Selbstbewußtsein in den Monaten nach dem Januar 1933 gewaltig gestärkt, so daß Hitlers Versprechungen über die exklusive Rolle der Reichswehr gefährdet schienen. Es hat in der Reichswehrführung und auch in den Kreisen um Papen im Sommer 1934 offenbar Überlegungen gegeben, durch die

Verhängung des militärischen Ausnahmezustands und die Umbildung der Regierung die verspätete Variante »Militärputsch« nachzuholen.[27] Indem Hitler durch die Liquidierung der SA-Führung am 30. Juni 1934 solchen Plänen zuvorkam und die Reichswehrführung das nicht nur zuließ, sondern den Mordaktionen Hitlers ausdrücklich applaudierte, wurde die Generalität moralisch korrumpiert und dadurch aus der Position relativer Unabhängigkeit heraus in die Abhängigkeit von der nationalsozialistischen Führungsgruppe gezogen.[28] Ähnlich wie der »Tag von Potsdam« die Machtergreifung ideologisch absicherte, wurde kurz nach der »Röhm-Revolte« durch die Vereinigung der Ämter von Reichspräsident und Reichskanzler das Bündnis Hitlers mit den alten Eliten bekräftigt und deren Zustimmung zur nun unumschränkten Macht des »Führers« bekundet. Durch die Lösung des nationalsozialistischen Regimes von der Unterstützung durch seine paramilitärischen Massenverbände beendete es aber auch die Phase der Teilung der direkten Machtausübung mit den alten Eliten.
Durch die Unterstützung von Hitlers Vorgehen gegen die SA und andere, konservative Konkurrenten sicherten sich die bürgerlich-konservativen Eliten zwar vor den sozialrevolutionären Strömungen in der NS-Bewegung, verhalfen dem Nationalsozialismus jedoch damit gleichzeitig zur uneingeschränkten politischen Macht.

Spätestens seit der Weltwirtschaftskrise war deutlich geworden, daß die deutsche Wirtschaft – der Agrarbereich ebenso wie der überwiegende Teil der Industrie – aufgrund der niedrigen Kapitaldecke und der vergleichsweise niedrigen Produktivität international nur bedingt konkurrenzfähig zu sein schien; zahlreiche Wirtschaftsvertreter plädierten deshalb für eine Abwendung vom freien Welthandel, für Importbeschränkung, Einfuhrzölle und eine Konzentration auf den deutschen bzw. den mitteleuropäischen Binnenmarkt. Nur eine sehr kleine Gruppe von kapitalstarken und hochproduktiven Weltkonzernen wie der Chemiegigant IG-Farben, die Vereinigten Stahlwerke oder Siemens traten für eine deutsche »Exportoffensive« ein und vertrauten auf ihre Stärke auf dem Weltmarkt. Mit dieser Konzeption waren »Autarkie«-Pläne, wie sie in den wirtschaftsprogrammatischen Äußerungen führender Nationalsozialisten eine bedeutende Rolle spielten, nicht vereinbar. Aber auch den marktschwächeren Unternehmen war klar, daß ein Ausscheren aus dem Weltmarkt angesichts der Wirtschaftsstruktur des Deutschen Reichs keine Alternative darstellen konnte.[29]
Seit längerer Zeit war jedoch ein Konzept in den Vordergrund geraten, das – deutlich am Modell der USA orientiert – eine gangbare Synthese

zwischen Export- und Binnenwirtschaft aufzuzeigen schien. Nach dem Vorbild des amerikanischen Kontinentalimperialismus sollte das Gebiet des geschützten Binnenmarktes erheblich erweitert werden – ein »europäischer Großraum« unter deutscher Führung. Dieser »Großraum« sollte gleich mehrere Probleme lösen helfen: Durch zunächst wirtschaftliche, dann zunehmend politische Verflechtungen mit den Staaten vor allem des europäischen Südostens sollte ein agrarischer Ergänzungsraum, eine erweiterte Rohstoffbasis für die deutsche Industrie sowie ein quasi binnenwirtschaftlicher Absatzraum für deutsche industrielle Produkte geschaffen werden. In einem solchen Wirtschaftsgebiet würde sich die deutsche Überlegenheit schnell durchsetzen, so daß in diesem etwa 300 Millionen Menschen umfassenden Raum der deutschen Wirtschaft abseits von Konkurrenz und Weltmarktpreisen privilegierte Absatzchancen und erhebliche Rohstoffmengen zur Verfügung stehen würden, ohne daß die Konkurrenz anderer Industriemächte zu befürchten wäre.

Hier gab es deutliche Überschneidungen zwischen industrieller »Großraumkonzeption« und nationalsozialistischer »Lebensraum«-Theorie: weg vom Weltmarkt und hin zu einem deutsch dominierten mitteleuropäischen Großraum als Grundlage wirtschaftlichen und nationalen Wiederaufstiegs.

War jedoch die etwa im Umkreis des »Mitteleuropäischen Wirtschaftstages« entwickelte Europakonzeption in erster Linie ökonomisch ausgerichtet und auf eine Art »Lateinamerikanisierung« Südosteuropas ausgerichtet, stellte sie bei den Nationalsozialisten ein Element der rassistischen Ideologie des »natürlichen Imperialismus« dar. Und war bei den Großraumtheoretikern eher an einen durch den notwendigen Druck einer Großmacht gebührend verstärkten Wirtschaftsimperialismus gedacht, war für Hitler »das Gerede von der ›wirtschaftsfriedlichen‹ Eroberung der Welt (...) der größte Unsinn, der jemals zum leitenden Prinzip der Staatspolitik erhoben wurde« – und der »Appell an das Schwert nicht nur Notwendigkeit, sondern auch Recht«.[30]

Dem Ziel der »Erweiterung des Lebensraumes« im Osten sollte danach in mehreren Stufen zugearbeitet werden. Es galt zunächst, die wirtschaftliche Verflechtung mit den südosteuropäischen Nachbarn voranzutreiben, sodann das Deutsche Reich um die 1918 abgetretenen Gebiete sowie um Österreich, das Sudetenland und Teile Polens zu erweitern, um durch die schrittweise erweiterten Ressourcen und Produktionskapazitäten schließlich den Krieg um den »Lebensraum im Osten« zu beginnen. Damit verbanden sich wirtschaftlich und rassenideologisch motivierte kontinentalimperialistische Pläne mit der populären Propagierung einer gegen »Versailles« gerichteten Revisionspolitik einerseits und mit den in der Reichswehr entworfenen langfristigen Plänen zur Wiederaufrüstung Deutschlands im großen Stil andererseits.

An eine kontinentalimperialistisch ausgerichtete, auf Revision der Ergebnisse des Ersten Weltkrieges orientierte Wiederaufstiegspolitik banden sich zwar in Europa anders als in Amerika ganz erhebliche wirtschaftliche, politische und vor allem militärische Risiken: angesichts der Möglichkeit, mit Hilfe eines Aufrüstungsprogramms, aber auch schneller als mit jeder anderen Methode die Arbeitslosigkeit zu beseitigen und die divergierenden Interessen der Industriegruppen und der Landwirtschaft zusammenführen zu können, wurde jedoch auch dieses Risiko von den alten Eliten akzeptiert.

Durch die Ausschaltung der Arbeiterbewegung waren in der Industrie zudem die Vorbehalte gegen eine aktive Konjunkturpolitik des Staates abgebaut worden und standen der auf Kreditschöpfung aufbauenden Politik der »Ankurbelung« der Wirtschaft nicht mehr im Wege; der Erfolg der durch massive öffentliche Investitionen geförderten zivilen Arbeitsbeschaffungsmaßnahmen in den ersten beiden Jahren nach der Machtergreifung ließ eine umfassende Aufrüstung seit Ende 1934 auch finanzierbar – und politisch durchsetzbar – erscheinen; denn das rasche Sinken der Arbeitslosenzahlen seit 1934 hatte das NS-Regime erheblich stabilisiert und ihm in der Bevölkerung wie in den nicht nationalsozialistischen Führungsschichten Glaubwürdigkeit und Vertrauen erworben.

Seit 1935 überstiegen die öffentlichen Investitionen für die Rüstung diejenigen des zivilen Sektors, 1936 waren sie bereits mehr als doppelt so hoch. Mit dem »Vierjahresplan« von August 1936 wurde aber deutlich, daß das Anheizen der Wirtschaft über die Rüstungsprogramme binnen kurzem zu einer Überhitzung der Konjuktur und Überlastung der Wirtschaft führen mußte. Aus dieser Sackgasse gab es nur mehr zwei Lösungswege: entweder ein Rückschrauben der Aufrüstung zugunsten des Konsumsektors und eines langsameren, aber solideren Wachstums – das aber hätte nicht nur die nationalsozialistische »Lebensraum«-Politik gestoppt, sondern auch zwischen Industrie, Landwirtschaft und Reichswehr aufs neue zu heftigen Konkurrenzen und Verteilungskämpfen geführt. Die andere Möglichkeit bestand darin, weiter in höchstem Tempo aufzurüsten, um in kurzer Zeit eine große, modern ausgerüstete und einsatzfähige Armee aufzubauen, um damit »im Wechselspiel von militärischer Aggression und diplomatischem Druck die ökonomische Basis des Reiches durch territorialen Zuwachs und sukzessiv zu verbreitern. Fortan sollte sich die Wehrwirtschaft auf-

grund der gegebenen Verhältnisse an den Bedürfnissen des später so bekannten Blitzkrieges ausrichten.«[31]
Eine Aufrüstungspolitik in solchem Stil war geeignet, sowohl die Interessen der verschiedenen Industriegruppen wie diejenigen der Landwirtschaft zu befriedigen und ihnen zu einem rapiden wirtschaftlichen Aufschwung in kurzer Zeit zu verhelfen – aber es war ein Aufschwung auf Pump, dessen Kosten nur durch die erhoffte Erweiterung der Ressourcen bei der mit diplomatischem und militärischem Druck sowie durch begrenzte Kriege zu erreichenden Schaffung des europäischen Großwirtschaftsraumes hereinzuholen waren. Dieses Konzept erwies sich bis 1940/41 als überaus erfolgreich, als über die Stationen Remilitarisierung des Rheinlands, Angliederung Österreichs, Besetzung der Tschechoslowakei und schließlich der Siege in den sogenannten »Blitzkriegen« gegen Polen, in Nord- und Südosteuropa und vor allem gegen Frankreich halb Europa nicht nur mit vergleichsweise geringem militärischen Aufwand von Deutschland besetzt und abhängig gemacht wurde, sondern auch in wirtschaftlicher Hinsicht eine in solcher Größenordnung nie dagewesene Beute darstellte. Mit der erfolgreichen Verwirklichung des Großraum-Konzeptes durch die nationalsozialistische Führung einher ging eine Welle der Zustimmung zu Hitlers Politik, die nach dem Sieg über Frankreich ihren absoluten Höhepunkt erreichte. Gleichzeitig aber verloren die Eliten in Wehrmacht und Wirtschaft zunehmend ihre Eigenständigkeit. Doch ist der schrittweise Verlust ihrer politischen und industriellen Autonomie in den Jahren vor Kriegsbeginn nicht als nachgeholte Gleichschaltung wie gegenüber Parteien und Gewerkschaften nach 1933 zu bewerten, sondern als zunehmende Verschmelzung der Interessen von Staat, Partei, Wirtschaft und Wehrmacht. Das dokumentierte sich auch in der Durchdringung staatlicher Wirtschaftsorgane durch Vertreter der »freien Wirtschaft«, aber auch in einem zunehmend unübersichtlicher werdenden Wildwuchs der Kompetenzen, der zu immer schärferen Auseinandersetzungen zwischen einzelnen Machtträgern führte. Ob man allerdings so weit gehen kann und in dem »Gegensatz zwischen den traditionellen Eliten und den konkurrierenden nationalsozialistischen Führungsgruppen« den »Grundantagonismus des Systems« zu suchen[32], scheint in dieser Zuspitzung nur für die Auseinandersetzungen zwischen militärischer und politischer Führung einsichtig. In anderen Bereichen, etwa der Rüstungswirtschaft oder dem Arbeitseinsatz, standen sich bei Kompetenzkonkurrenzen nicht so sehr Nationalsozialisten auf der einen und traditionelle Führungsgruppen auf der anderen Seite gegenüber, sondern einzelne Ressorts und Teilsysteme verselbständigten sich

und führten in Folge der völligen Überdehnung der wirtschaftlichen und administrativen Ressourcen Kämpfe um Zuständigkeit, Personal und Geld – letztlich um den Zugriff auf die bei den »Blitzkriegen« gemachte Beute. Dabei gingen die Fronten quer durch alte und neue, nationalsozialistisch geprägte Eliten.[33]

Auf jeden Fall wird deutlich, daß durch die Ausschaltung der Arbeiterbewegung als organisierter Gegenmacht die Gegensätze innerhalb der Eliten nicht aufhörten, sondern an Schärfe noch zunahmen. Diese Gegensätze wurden teilweise durch eine Stilisierung der Figur Hitlers zur quasi »überparteilichen« letzten Instanz ausgeglichen, vor allem aber durch die aggressive Politik des deutschen Imperialismus nach außen gemäßigt und abgelenkt.

Aus dem »Bündnis der Eliten« mit dem Nationalsozialismus war – markiert durch die Stationen »Röhm-Putsch« und Rüstungspolitik – eine Abhängigkeit der alten Eliten von der nationalsozialistischen Führung geworden, die sich in wesentlichen Bereichen bis hin zur Verschmelzung der Interessen und Institutionen alter und neuer Eliten ausweitete. Als das widersinnig gewordene Bündnis mit der nunmehr erfolglosen Diktatur von manchen Vertretern der alten Eliten durch den Umsturzversuch des 20. Juli 1944 aufgekündigt wurde, waren die Widerstandskämpfer nicht nur in der Bevölkerung wie in der Führung politisch isoliert, es wurde auch deutlich, daß sowohl die adlige Großgrundbesitzerschicht wie die alte Ministerialbürokratie und die Wehrmachtsführung, das großindustrielle Bürgertum wie die bildungsbürgerlichen Führungsgruppen durch die Interessenverquikkung und institutionelle Verschmelzung mit dem Verbrecherregime des Dritten Reiches nicht nur ihre politisch-moralischen Grundlagen, sondern auch ihre soziale Homogenität und die Fähigkeit der Artikulation spezifischer Interessen verloren hatten. Aus dem Projekt der »Rekonsolidierung der bürgerlichen Herrschaft«, bei dem man sich im Bewußtsein ihrer vermeintlichen Existenzgefährdung zum Risiko eines Bündnisses mit einer terroristischen Diktatur bereit gefunden und dessen Gewaltpolitik nach innen und außen, solange sie erfolgreich war, akzeptiert wurde, war im Ergebnis der Zusammenbruch der bürgerlichen Gesellschaft in Deutschland und der Verlust der sozialen Identität ihrer traditionellen Führungsgruppen geworden.

2. Die Planung der wirtschaftlichen Ausbeutung der UdSSR

Von Ulrich Herbert

Am 2. Mai 1941 fand in Berlin eine Konferenz führender Wirtschaftspolitiker des »Dritten Reichs« statt, in der über die wirtschaftspolitischen Grundsätze des für Anfang Juli des Jahres geplanten Überfalls auf die Sowjetunion verhandelt wurde. Das Ergebnisprotokoll ist erhalten und soll hier zunächst im Wortlauf wiedergegeben werden:

1. Der Krieg ist nur weiterzuführen, wenn die gesamte Wehrmacht im 3. Kriegsjahr aus Rußland ernährt wird.
2. Hierbei werden zweifellos zig Millionen Menschen verhungern, wenn von uns das für uns Notwendige aus dem Land herausgeholt wird.
3. Am wichtigsten ist die Bergung und Abtransport von Ölsaaten, Ölkuchen, dann erst Getreide. Das vorhandene Fett und Fleisch wird voraussichtlich die Truppe verbrauchen.
4. Die Beschäftigung der Industrie darf nur auf Mangelgebieten wieder aufgenommen werden, z. B. die Werke für Verkehrsmittel, die Werke für allgemeine Versorgungsanlagen (Eisen), die Werke für Textilien, von Rüstungsbetrieben nur solche, bei denen in Deutschland Engpässe bestehen.

Aufmachung von Reparaturwerkstätten für die Truppe natürlich in erhöhtem Ausmaß.

5. Für die Sicherung der weiten Gebiete zwischen den Rollbahnen müssen besondere Truppen bereitgestellt werden, vielleicht wird man den RAD oder Ergänzungsformationen des Heeres hereinlegen.

Notwendig ist, die besonders wichtigen und daher zu schützenden Bereiche herauszusuchen.

Das Dokument wurde von den Alliierten nach dem Kriege bei den Unterlagen des General Thomas gefunden, der bis 1942 Chef des Wirtschafts- und Rüstungsamtes des OKW und der führende kriegswirtschaftliche Planer des Regimes bis dahin war.[34] Ort und Teilnehmer der Konferenz sind nicht genau bekannt. Sicher ist, daß Göring und General Thomas die Sitzung leiteten. Daneben waren auf jeden Fall anwesend: Generalleutnant Schubert, Leiter des »Wirtschaftsrates Ost«, und die Staatssekretäre Körner, Backe, Syrup und Albers. Wahrscheinlich anwesend waren; die Staatssekretäre Neumann, Landfried, Keppler, von Schell, Reinhardt, Kleimann sowie die Ministerialbeamten Schlotterer, Rieke und Mansfeld; eventuell auch Rosenberg und Jodl.

Im folgenden soll nun der Versuch gemacht werden, den historisch-politischen Kontext dieses erschütternden Dokuments näher zu betrachten und die Frage zu beantworten, welche Vorstellungen die Konferenzteilnehmer zu solchen Aussagen brachten – was muß in diesen Menschen vorgegangen sein, um solche Überlegungen anzustellen.

Am 31. Juli 1940 – einen Monat nach dem Sieg über Frankreich – gab Hitler seine Entscheidung bekannt, im Mai 1941 den Überfall auf die Sowjetunion durchzuführen. Sein Entschluß stieß innerhalb der nationalsozialistischen Führungsspitze auf keine Überraschung, sondern auf breite Zustimmung und Verständnis. Gleichfalls unbestritten war, daß es sich dabei um einen Feldzug neuen Typs handelte, in dem es nicht nur um die Ausschaltung eines Rivalen unter den Großmächten, sondern um die Erfüllung lang gehegter deutscher Träume vom Ost-Imperium und dem »Lebensraum im Osten« ging und daß dabei wirtschaftliche Gesichtspunkte von Anfang an im Vordergrund standen.
Nicht unbestritten war es jedoch, in welcher Weise aus der Eroberung des europäischen Teils der Sowjetunion ökonomischer Gewinn zu ziehen sei. Während General Thomas und der Staatssekretär im Landwirtschaftsministerium, Backe, und mit ihnen die Mehrzahl der mit der Vorbereitung der wirtschaftlichen Ausbeutung der Sowjetunion Beschäftigten der Auffassung waren, Rußland müsse in erster Linie als koloniales Hinterland dienen, dessen landwirtschaftliche und Rohstoff-Ressourcen dem unmittelbaren Zugriff der deutschen Stellen zur Verfügung stehen und so auch kurzfristig Gewinn mit sich bringen müßten, gab es beim OKH und im Außenministerium Stimmen, die vor zu großen Erwartungen auf schnelle Gewinne warnten und höchstens mittel- und langfristig wirtschaftliche Vorteile für Deutschland aus der Besetzung der Sowjetunion erwarteten.
So befürchtete etwa der Reichsfinanzminister Lutz Graf Schwerin von Krosigk, daß die deutsche Versorgungslage sich nach einer Besetzung großer Teile der Sowjetunion eher verschlechtern würde und eventuell zu erwartende Gewinne durch die Verlängerung des Krieges mehr als aufgewogen würden.[35] Prinzipiell war aber auch er Befürworter eines Angriffs auf die Sowjetunion, seine Einwände bezogen sich auf eine mögliche Überspannung der deutschen Kräfte, er plädierte daher dafür, das Erreichte zunächst einmal zu stabilisieren.
Für die wirtschaftliche Ausbeutung der Sowjetunion gab es demnach zwei Wege: Entweder ein organischer Wiederaufbau der Gesamtwirtschaft in den besetzten Gebieten und damit auf längere Sicht der Aufbau eines industriell wie landwirtschaftlich leistungsstarken kolonialen

Ergänzungsraumes, was aber bedeutete, daß mit wirtschaftlichen Gewinnen im größeren Umfang erst nach längerer Zeit zu rechnen war – oder die Herauslösung ökonomisch effektiver Teilbereiche aus der sowjetischen Gesamtwirtschaft und deren unmittelbare Nutzung für deutsche Interessen bei Vernachlässigung der übrigen Wirtschaftsbereiche; damit kurzfristige Gewinne, jedoch ohne längere Perspektive. Angesichts der kritischen Ernährungslage in Deutschland und der damit verbundenen Frage der Loyalitätssicherung der deutschen Bevölkerung, die der Versorgung des Reichs höchste politische Priorität verlieh, kam der Ausbeutung der sowjetischen Landwirtschaft besondere Bedeutung zu. Staatssekretär Backe hatte Hitler 1940 versprochen, der Besitz der Ukraine werde ihn von allen Sorgen bei der Ernährungsfrage befreien. Tatsächlich aber hatten entsprechende Untersuchungen Anfang 1941 klargemacht, daß die Ukraine kaum noch Agrarüberschüsse hervorbrachte – die nördlichen und mittleren Teile der Ukraine waren stark besiedelt und industrialisiert und mithin selbst landwirtschaftliche Zuschußgebiete. Aber selbst wenn man die Höhe der bisherigen sowjetischen Getreidelieferungen an Deutschland (2,5 Mio. t Getreide) weiter einplante, so war durch den Bedarf des Ostheeres mit mehr als drei Millionen Mann und die Versorgungsengpässe im Reich ein Bedarf von 8–10 Millionen Tonnen Getreide vorhanden, die irgendwie aus Rußland herausgeholt werden sollten.
Die sich ergebende Schlußfolgerung war einfach: Schnitt man erstens die Zufuhr von Getreide aus dem Süden in den Norden der Ukraine ab und lenkte sie statt dessen über das Schwarze Meer nach Mitteleuropa und ernährte die deutschen Truppen im mittleren und nördlichen Abschnitt der Ostfront ebenfalls aus der dortigen landwirtschaftlichen Produktion, so mußte ein Getreideüberschuß für das Deutsche Reich von mehr als acht Millionen Tonnen erreicht werden können.
Die Folgen dieser Pläne lagen auf der Hand: Der nördliche Teil der Ukraine und damit viele Millionen Menschen wären von der Zufuhr von Nahrungsmitteln abgeschnitten und dem Hungertod preisgegeben worden. Genau dies aber beinhalteten die Beschlüsse der eingangs zitierten Konferenz vom 2. Mai: Versorgung des Ostheeres aus den besetzten Gebieten (1.), vorrangige Ausbeutung der landwirtschaftlichen Überschußgebiete des Südens (3.) unter Vernachlässigung der weniger ertragreichen Gebiete (5.). Da auf solche Weise die Industriegebiete im Norden der Ukraine nicht mehr versorgt werden konnten, sollte die Industrie dort bis auf wenige Bereiche, die für die deutsche Industrie weiter von Bedeutung waren, stillgelegt werden (4.). Die

Konsequenz aus diesen Planungen wird in Punkt 2 angesprochen: »Hierbei werden zweifellos zig Millionen Menschen verhungern, wenn von uns das für uns Notwendige aus dem Land herausgeholt wird.«
Daß es sich bei diesem Satz, der wie nebenher in einer Reihe mit Ölkuchen und Reparaturwerkstätten steht, nicht um einen verbalradikalen Ausfall handelte, zeigte die weitere Entwicklung: Drei Wochen später differenzierte die Gruppe Landwirtschaft der Wirtschaftsorganisation Ost – der Zentralstelle für die wirtschaftliche Ausbeutung der Sowjetunion – die Beschlüsse der Staatssekretär-Konferenz folgendermaßen:

Die Bevölkerung dieser Gebiete, insbesondere die Bevölkerung der Städte, wird größter Hungersnot entgegensehen müssen. Es wird darauf ankommen, die Bevölkerung in die sibirischen Räume abzulenken. Da Eisenbahntransport nicht in Frage kommt, wird auch dieses Problem ein äußerst schwieriges sein. (...) Viele zehn Millionen werden in diesem Gebiet überflüssig und werden sterben oder nach Sibirien auswandern müssen. Versuche, die Bevölkerung dort vor dem Hungertode dadurch zu retten, daß man aus der Schwarzerdezone Überschüsse heranzieht, können nur auf Kosten der Versorgung Europas gehen. Sie unterbinden die Durchhaltemöglichkeit Deutschlands und Europas. Darüber muß absolute Klarheit herrschen.[36]

Diese Richtlinien waren nun nicht das Produkt von Rassefanatikern in der SS-Führung oder der Partei, sondern eines Gremiums, in dem vorwiegend Agrarexperten saßen; das zeigt, wie weitgehend die Übereinstimmung war, daß die sowjetische Bevölkerung in den deutschen Kriegszielplanungen im Frühjahr 1941 keine Rolle spielte. Der Hungertod von »vielen zehn Millionen Menschen« wurde nüchtern einkalkuliert.
Die Grundlagen für derartige Überlegungen und Beschlüsse waren vielfältig. Zum einen zeigt eine Betrachtung der politischen Haltung der deutschen Führungsgruppe in Politik, Wirtschaft und Militär, daß hier nach dem Sieg über Frankreich eine megalomanische Stimmung des »Alles ist machbar« vorherrschte. Ob es sich um die Neuordnung Europas, völlig überdimensionierte Prachtstädte auf dem Reißbrett oder um industrielle Träume von der wirtschaftlichen Vormachtstellung in der Welt handelte – kein Projekt war zu groß, kein Ziel zu phantastisch, kein Plan zu größenwahnsinnig, daß er nach dem Einmarsch in Paris nicht konkrete Formen annehmen konnte. Um so mehr, wenn es sich um Projekte handelte, die der deutsche Kontinentalimperialismus schon während des Ersten Weltkrieges im Auge gehabt hatte, wie das deutsche »Ostimperium« als Kernstück des zu schaffenden »Großwirtschaftsraumes«.
Solche Überlegungen verbanden sich bei den deutschen Führungsgrup-

pen mit ausgeprägten Traditionen des Antisemitismus, Antislawismus und Antikommunismus. Alle drei Linien trafen sich in dem Bild, das man in Deutschland von der sowjetischen Bevölkerung hatte, zumal eine weitverbreitete Vorstellung von der »Leidensfähigkeit« dieser Menschen auftretende Zweifel beruhigte: »Armut, Hunger und Genügsamkeit erträgt der russische Mensch schon seit Jahrhunderten. Sein Magen ist dehnbar, daher kein falsches Mitleid«, hieß es etwa in den »12 Geboten für Landwirtschaftsführer« vom Juli 1941, einer Art Leitfaden des Wirtschaftsstabes Ost für die landwirtschaftliche Ausbeutung der besetzten Gebiete der UdSSR.

Die Entscheidung vom 2. Mai 1941, die bis 1944 für die Offiziere und Kriegsverwaltungsbeamten der Wirtschaftsorganisation Ost Gültigkeit behielt, war für die Beteiligten das Ergebnis von vermeintlichen Sachzwängen, deren rassistische Grundlagen so selbstverständlich vorausgesetzt wurden, daß sie weiterer Begründungen gar nicht bedurften. Der Rußland-Feldzug war insofern ein spezifisch nationalsozialistischer Krieg, als die politischen Zielsetzungen der Kriegführung stark von der nationalsozialistischen Rasse- und Lebensraumideologie beeinflußt waren. Die Zustimmung zu diesen Zielsetzungen aber, soweit sie den Ost-Feldzug betrafen, war innerhalb der militärischen, wirtschaftlichen und administrativen Elite größer als zur nationalsozialistischen Politik und Ideologie insgesamt.

Die bei den Vorbereitungen auf die wirtschaftliche Ausbeutung der UdSSR projektierte Aushungerung der sowjetischen Bevölkerung fand durch den tatsächlichen Kriegsverlauf ihre Grenze – die deutsche Wirtschaft war vor allem nach dem militärischen Rückschlag vor Moskau gezwungen, die industriellen Ressourcen der eroberten Gebiete stärker als geplant für sich zu nutzen; dadurch war das völlige Abschneiden dieser Gebiete von der Ernährungszufuhr nicht im vorgesehenen Umfang möglich, weil große Teile der Industrie in den besetzten Gebieten für deutsche Zwecke benötigt wurden und also die einheimische Arbeiterbevölkerung aus den landwirtschaftlichen Überschußgebieten des Südens ernährt werden mußte.

Daß die hier beschlossenen Grundsätze aber keine Planspiele waren, sondern in riesenhaftem Umfang Wirklichkeit wurden, machte dann die Behandlung der sowjetischen Kriegsgefangenen deutlich: Obwohl schon frühzeitig klar war, daß auf deutscher Seite mit enormen Zahlen sowjetischer Kriegsgefangener zu rechnen sein würde, wurde weder die ausreichende Versorgung noch die Unterbringung entsprechend vorbereitet. Eine Verwendung als Arbeitskräfte im Reich war zudem aus »rassischen« und »sicherheitspolitischen« Gründen bereits vor dem

Krieg explizit ausgeschlossen worden. So wurden die sowjetischen Gefangenen seit dem Sommer 1941 dem Tode durch Verhungern, Seuchen oder Erfrieren preisgegeben. Von den etwa 5,7 Millionen sowjetischen Gefangenen, die während des Krieges in deutsches Gewahrsam kamen, starben etwa 3,3 Millionen; davon allein bis Ende 1941 etwa 2 Millionen.[37]

Die hier sehr gedrängt entwickelten Zusammenhänge zwischen den kriegswirtschaftlichen Planungen der Konferenz der Staatssekretäre und der Ausrottungs- und Vernichtungspolitik der deutschen Besatzungsmacht in den eroberten Gebieten der Sowjetunion sowie dem durch Aushungern herbeigeführten Tod von Millionen sowjetischer Kriegsgefangener – diese Zusammenhänge sind in ihrer Abfolge und Konsequenz offensichtlich und von der Forschung deutlich belegt. Die Frage ist aber, ob die Verantwortlichen, wie in diesem Fall die Teilnehmer an der Konferenz vom 2. Mai, diese Konsequenzen aus ihren Planungen als Resultat der eigenen Verantwortlichkeit empfanden oder ob sie nicht eine persönliche Schuld am Tod von Millionen Menschen in den besetzten Gebieten der Sowjetunion und am Hungertod der sowjetischen Kriegsgefangenen weit von sich gewiesen hätten – so wie es die meisten in den Kriegsverbrecherprozessen der Nachkriegszeit auch taten: Ihre Aufgaben seien begrenzt, ihre Kompetenzen eng umrissen, ihre Planungen von politischen Zielvorgaben der Regimeführung bestimmt, der Tod von Millionen Menschen das Ergebnis von »Sachzwängen« gewesen, die unter den Bedingungen des Krieges vorher unabsehbare Folgen nach sich gezogen hätten.

Tatsächlich ist die Erklärung, wie ein solches Gremium von nationalsozialistischen Wirtschaftsfachleuten derartige, wahrhaft barbarische Beschlüsse fassen konnte, nicht allein mit Hinweisen auf die Traditionen des Antislawismus und Antisemitismus zu leisten. Einen wichtigen Faktor der Erklärung dieser Zusammenhänge hat in den letzten Jahren Hans Mommsen entwickelt:

> Die relative Effizienz des NS-Systems beruhte geradezu auf dem von Hitler forcierten Prinzip, unbegrenzte Vollmachten für spezifische Aufgaben zu erteilen, eine politische Koordination jedoch nur für die unvermeidlich beteiligten Institutionen zuzulassen. Dies förderte die Segmentierung der Verantwortlichkeiten. In Nürnberg wie in den weiteren Kriegsverbrecherprozessen beriefen sich die einstigen Satrapen des Regimes stets darauf, nur ein Rad in der gesamten Maschinerie gewesen zu sein. Niemand war bereit, die Gesamtverantwortung zu übernehmen oder über die politischen Konsequenzen der ihm übertragenen Einzelentscheidungen nachzudenken. Hitler unterstützte dies durch eine systematische Unterbindung von institutionalisierter Kommunikation zwischen den nachgeordneten Herrschaftsträgern. Nichtkommunikation und kollektive Verdrängung ergänzten einander, und wo diese Me-

chanismen ausklinkten, setzte das unklare Bewußtsein ein, daß die Verstrickung in die Eskalation des Verbrechens zu weit gediehen sei, um noch dagegen anzugehen.[38]

Diese Überlegungen treffen auch für den hier besprochenen Zusammenhang zu, aber ihre Erklärungskraft ist doch begrenzt; denn es handelte sich hierbei ja um ein politisches Koordinationsgremium, das zudem die Konsequenzen seiner Planungen für die betroffene Bevölkerung in der Sowjetunion explizit aussprach. Von »Befehlsnotstand« konnte also keine Rede sein, im Gegenteil: der Hinweis auf die zu erwartenden Millionen von Toten ist fester Bestandteil all dieser Planungen der »Bevölkerungsverschiebung« im Osten. Die Verantwortlichkeit wurde also geradezu gesucht.
In diesem Zusammenhang ist es wesentlich, den ideologischen Kontext der Vorbereitungen auf den »Rußland-Feldzug« zu berücksichtigen. Der Krieg gegen die Sowjetunion unterschied sich von den bisherigen »Feldzügen« grundsätzlich; er wurde bis weit hinunter in die mittleren Chargen des politischen und militärischen Apparats als ein »Schicksalskampf«, als Endpunkt jahrhundertelanger Auseinandersetzungen begriffen. Ein Beispiel: schon Anfang Mai 1941 ordnete der Chef der Panzergruppe 4, Generaloberst Hoepner – später einer der Männer des 20. Juli – über die Kampfführung gegen die Rote Armee an:

Der Krieg gegen Rußland ist ein wesentlicher Abschnitt im Daseinskampf des deutschen Volkes. Es ist der alte Kampf der Germanen gegen das Slawentum, die Verteidigung europäischer Kultur gegen moskowitisch-asiatische Überschwemmung, die Abwehr des jüdischen Bolschewismus. Dieser Kampf muß die Zertrümmerung des heutigen Rußland zum Ziele haben und deshalb mit unerhörter Härte geführt werden (...)[39]

Die in solchen Befehlen regelmäßig erscheinenden Hinweise auf das »Historische« an der Auseinandersetzung zwischen »Deutschtum und Slawentum« finden sich auch in den Planungsakten der Kriegswirtschaftstechnokraten und sind wesentlich zum Verständnis von Entscheidungsprozessen wie in dem hier behandelten Fall.
In diesem Kontext erschienen nämlich die bei der Umsetzung der Planungen der Ausbeutung der Sowjetunion zu erwartenden »zig Millionen« Toten als unumgängliche Nebenerscheinungen wirtschaftspolitischer Maßnahmen, die in der Perspektive von Jahrhunderten die europäische Geschichte zugunsten Deutschlands verändern sollten. Die Berufung auf die »weltgeschichtlich einzigartigen Vorgänge«, auf Jahrhunderte zurückliegende Ereignisse (den »Mongolensturm«, das Römische Imperium, das Napoleonische Weltreich), die gerade in die-

ser Phase des Krieges bei den Kriegsplanungen immer wieder feststellbar ist, gab den eigenen Entscheidungen und ihren fatalen Konsequenzen eine Dimension und Perspektive, in der »Opfer« auch in Millionenhöhe zu rechtfertigen bzw. zu vernachlässigen waren. Der universelle Machtrausch, der sich nicht auf die Person Hitlers oder die engere Führungsschicht des Regimes beschränkte, sondern große Teile des politischen, wirtschaftlichen und militärischen Managements ergriffen hatte, gab den eigenen Planungen des Massenmords etwas ebenso Weltgeschichtliches und Heroisches wie Unwirkliches, das die vorstellbare Wirklichkeit eines Massenexodus der sowjetischen Bevölkerung und deren Hungertod gar nicht berührte.
Als dann Teile dieser Planungen in den folgenden Jahren in die Praxis umgesetzt wurden, wurde etwa der Ostminister Rosenberg, der an den entsprechenden Beschlüssen ja selbst mitgewirkt hatte, nicht müde, sich entsetzt über die barbarische Behandlung der Bevölkerung in den besetzten Gebieten der UdSSR zu beschweren – ohne Erfolg; die »weltgeschichtliche Mission« Deutschlands im Osten, so wurde ihm entgegengehalten, verlange Härte und Opfer, denen gegenüber alle Gefühle zurückzustehen hätten. Oder mit seinen eigenen Worten: »Wir wissen, daß das eine harte Notwendigkeit ist, die außerhalb jeden Gefühls steht.«[40]
Diese Betonung des weltgeschichtlich Einmaligen, der historischen Situation (»die man erleben durfte«), der »Größe der Aufgabe« setzte bei den kriegswirtschaftlichen Entscheidungsträgern alle moralischen Bedenken und Vorbehalte außer Kraft, die sie in anderen Situationen vor der Planung von Mord und Massenmord möglicherweise hätten zurückschrecken lassen. Von der Aufgabe, statt wie bisher die Kontingentierung der niedersächsischen Weizenproduktion nun die Neuordnung der Welt planen zu sollen, ging eine derartige Faszination aus, daß moralische Kriterien angesichts der »Bewährung vor der Geschichte« als überholt und zu klein erschienen. Der deutsche Sieg, so das Kalkül dieser Denkweise, würde die eingesetzten Mittel angesichts der Bedeutung der dann erreichten Ergebnisse rechtfertigen: wo es in solcher Perspektive um »die Sache« ging, waren »Sachzwänge« auch in solchen Größenordnungen unvermeidlich.
Das Beispiel der Planung und Vorbereitung der Ausbeutung der UdSSR ist aber noch in anderer Hinsicht von Bedeutung, die wiederum an das Zitat von Mommsen anschließt. Die hier getroffenen Entscheidungen sind auch Ausdruck einer Herrschaftsform, in der die Entscheidungsträger – in diesem Fall die Konferenz der Staatssekretäre oder die in der »Wirtschaftsorganisation Ost« kooperierenden Vertreter von Partei,

Behörden und Wirtschaft – sich bei politischen Zielsetzungen und Methoden in Konkurrenz um Einfluß, Befugnisse und »Erfolgsmeldungen« gegenseitig an Radikalität, Brutalität und Linientreue zu überbieten suchten, wobei das jeweils nächste Projekt das vorherige an Radikalität noch übertraf. »Kumulative Radikalisierung« ist dieser Prozeß zutreffend genannt und als eines der wesentlichen Merkmale nationalsozialistischer Herrschaft herausgearbeitet worden.[41]

Für die Funktionsträger in der NS-Führungsspitze waren dabei Kriterien wie »Vernunft« oder »Rechtlichkeit« bei ihren Entscheidungen nicht von Belang. Ja, Stärke und Härte des einzelnen maßen sich in den Augen der Regimeführung gerade daran, wie sehr er angesichts der »harten Notwendigkeiten« solche Kriterien außer acht ließ. Die prinzipielle Absage der Nationalsozialisten an den Kanon bürgerlicher Grundwerte zeigte hier ihre entsetzlichen Folgen. Ohne den Bezug zu moralischen Kategorien, aber auch ohne Öffentlichkeit und gesellschaftliche Gegenkräfte, die durch öffentliche Kritik ein Gegengewicht gegen die Dynamik der Gewalt der Herrschenden hätte bilden können, beschleunigte sich der Prozeß der kumulativen Radikalisierung seit Kriegsbeginn immer mehr und führte zu Entscheidungen wie den hier beschriebenen. Dabei waren die Entscheidungsträger durchaus nicht immer, ja nicht einmal in der Mehrzahl der Fälle vom Werdegang her brutale Gewaltfanatiker, sondern in der Regel Personen mit bürgerlichen Elternhäusern, Karrieren und Wertvorstellungen.

Die Berauschung an den »weltgeschichtlichen Perspektiven« des Nationalsozialismus und die Eigendynamik des Radikalismus einer gegenüber Kritik abgeschlossenen Führungsgruppe setzten die Suspendierung der Regulationsmechanismen und Wertvorstellungen einer bürgerlichen Gesellschaft voraus. Daß und wie dies aber im nationalsozialistischen Deutschland funktioniert hat, macht auf beklemmende Weise deutlich, daß modernen Gesellschaften ein solches Ausklinken aus ihren eigenen politischen und moralischen Grundlagen nicht wesensfremd, sondern inhärent ist. Eine Garantie oder selbsttätige Gegensteuerung gegen eine solche Entwicklung gibt es offenbar nicht.

3. Arbeiterschaft unter der NS-Diktatur

Von Ulrich Herbert

Eines der erstaunlichsten Phänomene bei der Machtergreifung der Nationalsozialisten war es, daß der von vielen Seiten erwartete Aufstand der Arbeiterbewegung gegen die Errichtung der Diktatur ausblieb.[42] Demonstrationsaufrufe, Proteste der Organisationsführungen, Flugblätter mit scharfen Erklärungen – aber keine aktive Gegenwehr, weder Streikbewegungen noch gar bewaffnete Aktionen. In wenigen Monaten war die größte und am besten organisierte Arbeiterbewegung der Welt zerschlagen – im März 1933 durch den Haftbefehl gegen die kommunistischen Mandatsträger zunächst die KPD, am 2. Mai die Gewerkschaften, am 22. Juni die SPD und die sozialistischen Arbeitervereine. Die Auswirkungen waren tiefgreifend und weitreichend, um so mehr als – anders als nach den Kämpfen der Ruhrarbeiter 1920 – nicht einmal symbolische Abwehrkämpfe Hoffnungen und das Gefühl, nicht gänzlich ohnmächtig zu sein, hatten entstehen lassen.

Die Gründe für diese Niederlage sind oft diskutiert worden, sie können hier nur vergröbert zusammengefaßt werden: Die Stärke der deutschen Arbeiterschaft hatte vor allem auf der Stärke ihrer Organisationen beruht; deren politische wie soziale Fundamente waren aber seit 1930 durch die Wirtschaftskrise und den konzentrierten Angriff der Rechten schrittweise zerstört worden. Die Millionenzahlen der Arbeitslosen lähmten die Schlagkraft der Gewerkschaften nahezu vollständig, und die allmähliche Entmachtung der Sozialdemokratie hatte schon in der Absetzung der Preußischen Regierung im Juli 1932 und der daraus folgenden »Säuberungswelle« im Verwaltungs- und Polizeiapparat einen ersten Höhepunkt erfahren. Die Spaltung der Arbeiterbewegung tat ein übriges; selbst im Februar 1933 arbeiteten Kommunisten und Sozialdemokraten in erster Linie gegen- und nicht miteinander, und eine Vorbereitung auf die Illegalität gab es weder bei den einen noch den anderen.

Zudem hatte die Arbeiterbewegung in der deutschen Gesellschaft keinerlei Bündnispartner mehr – sie war bereits bei Machtantritt Hitlers nahezu vollständig isoliert, und die Liquidierung der Arbeiterorganisationen durch die Nationalsozialisten im Frühjahr 1933 verlief auch deshalb so reibungslos, weil die Entmachtung der SPD- und Gewerkschafts-»Bonzen« und die »Zerschlagung des Bolschewismus« weit über den Kreis der NSDAP-Anhängerschaft hinaus populär waren. Hinzu kamen Faktoren wie ein gerade unter Sozialdemokraten verbreiteter Legalismus, der der spezifisch nationalsozialistischen Kombination aus Straßenterror und einem Anstrich von Recht und Ordnung ziemlich hilflos gegenüberstand, oder die ausgeprägte Fixierung der Arbeiterschaft auf die Führungen ihrer Organisationen, die einen spontanen Massenwiderstand erschwerte.

Die Hoffnung vieler Sozialisten und Kommunisten aber, daß die politische Arbeit und der Zusammenhalt untereinander nach der Zerschlagung der Organisationen durch das halbprivate Geflecht von Sozialdemokraten in den Arbeitersiedlungen und den Betrieben gewährleistet werden würde, daß also ähnlich wie unter Bismarcks Sozialistengesetz unterhalb der polizeilich erfaßbaren politischen Öffentlichkeit in den proletarischen Sozialmilieus der Zusammenhalt als Klasse gewahrt, wenn nicht gar gestärkt würde, trog; denn die Nationalsozialisten versuchten von Anfang an, in diese Milieus einzudringen und mit Einschüchterung und Terror die gewachsenen informellen Solidarstrukturen der Arbeiterklasse zu zerstören. Der Zusammenhalt unter der Arbeiterschaft innerhalb dieser Sozialmilieus konnte dabei von den Nazis nicht gänzlich unterbunden werden, aber er wurde entpolitisiert. Der Zusammenhang zwischen der kleinen, aber entschlossenen Minderheit der aktiven Widerstandskämpfer und der Masse der Arbeiterschaft in den proletarischen Wohnbezirken wurde zerrissen und dadurch die traditionelle Trennung zwischen Aktivisten und Anhängern der Arbeiterbewegung noch verstärkt. Was blieb, war der mutige, aber aussichtslose Kampf proletarischer Widerstandskämpfer im Untergrund, deren erbarmungslose Verfolgung und Vernichtung durch den nationalsozialistischen Terrorapparat und die Verbreitung von demütigender Furcht unter der Masse der Arbeiterschaft, die sich dem Terror zunächst der SA, dann immer mehr der staatlichen Repressionsorgane in Polizei und Justiz schutzlos ausgeliefert sah.[43]

Die Auswirkungen der Niederlage der Arbeiterbewegung im Frühjahr 1933 auf die Arbeiterschaft lassen sich bis in die späte Kriegszeit verfolgen, besonders greifbar und umfassend waren sie jedoch in den ersten Jahren nach der Machtergreifung. Resignation und Desillusionierung weiteten sich zu Skepsis und Rückzug aus; Konzentration auf Familienleben und Arbeit, Entpolitisierung und Individualisierung waren die vorherrschenden Haltungsmuster – verbunden mit Einschüchterung und Furcht vor der allgegenwärtigen Geheimpolizei. Durch das rasche Absinken der Arbeitslosenzahlen aber, vor allem seit dem Einsetzen der forcierten Rüstungskonjunktur, mußten die Berichterstatter der Sopade entsetzt feststellen, daß die Arbeiterschaft durchaus nicht immun war gegen nationalsozialistische Propaganda, wenn sie nur mit einem sicheren Arbeitsplatz verbunden war. Die Erinnerung an die lange Phase der Unsicherheit des Arbeitsplatzes, die ja nur durch eine kurze Phase relativer Stabilität in der Mitte der 1920er Jahre – und auch nicht für alle – unterbrochen worden war, wirkte bei vielen Arbeitern geradezu traumatisch und ließ einem sicheren Arbeitsplatz selbst bei relativ niedrigem Lohn eine überragende Bedeutung zukommen. In einem Bericht der Sopade-Korrespondenten aus Sachsen vom Juli 1936 heißt es:

Die Arbeiter sind, soweit sie Angst haben, mit ihrer Lage im allgemeinen zufrieden, weil sie sehen, daß es den Arbeitslosen und den jungen Leuten im Arbeitsdienst und beim Militär noch schlechter geht als ihnen. Die politische Unfreiheit und Unterdrückung empfinden sehr viele nicht als ein Übel, weil man ihnen hat einreden können, daß die demokratischen Freiheiten, um welche die Arbeiterklasse jahrzehntelange Kämpfe geführt hatte, ihr auch kein wirtschaftliches Wohlergehen verschaffen können. Diese Enttäuschung wirkt sich heute als politisches Lähmungsmoment aus. Trotzdem wäre es falsch, anzunehmen, daß diese Arbeiter Hitler-Anhänger geworden wären. Sie sind einfach unpolitisch geworden, sind in völlige politische Indifferenz verfallen (...) Das zeigt, bis zu welchem Grade die klassenverräterische Einzelgängerei als Frucht der nationalsozialistischen Aufspaltungstaktik schon gediehen ist. Das Interesse am Klassenschicksal ist zum größten Teil völlig verschwunden, an seine Stelle ist der kleinlichste Einzel- und Familienegoismus getreten.[44]

Immer wieder und mit zunehmender Tendenz klagten die Sopade-Berichterstatter über Entpolitisierung, Rückzug ins Familienleben und Gleichgültigkeit bei der großen Masse der Arbeiterschaft. Die sich daraus ergebende Konsequenz war, daß die Kluft zwischen denjenigen, die untereinander Kontakt hielten und sich in ihrer Gegnerschaft zum Nationalsozialismus unterstützten, und der Mehrheit der Arbeiterschaft immer größer wurde. So schrieben die Sopade-Berichte im März 1937:

Man muß nach wie vor unterscheiden zwischen der Haltung der politisch geschulten Minderheit, die vor dem Umsturz den Gewerkschaften und der Partei angehört hat, größtenteils dem Regime auch heute noch feindlich gegenübersteht und wohl auch niemals für das Regime gewonnen werden wird – und der Haltung der unpolitischen Masse, die kritik- und gedankenlos mitläuft.

Und im September 1937 konstatierten die Sopade-Redakteure zusammenfassend, daß »die Arbeiterschaft passiv sei und alles über sich ergehen lasse, daß es aber den Nationalsozialisten bis jetzt nicht gelungen sei, sie wirklich zu gewinnen«.[45] Diese Einschätzung kann man bei der Mehrheit der Arbeiter wohl für die gesamte Zeit der Diktatur gelten lassen; gleichwohl kamen hier etwa in der Phase der verschärften Rüstungsanstrengungen seit Mitte 1936 neue Aspekte hinzu.

Die rapide anschwellende Rüstungskonjunktur, die etwa im Bereich der Metallindustrie schon 1934 einen Mangel an Facharbeitern mit sich gebracht hatte, führte seit 1936 in fast allen rüstungswichtigen Bereichen zu einem Arbeitskräftemangel im großen Stil, und die Klagen über den Arbeitermangel klangen von nun an als Grundakkord durch alle wirtschafts- und sozialpolitischen Berichte bis in die ersten Kriegsjahre hinein. In diesen Entwicklungen drückten sich die Marktgesetze aus; die Knappheit an Arbeitskräften hatte stillschweigende, aber nicht unerhebliche Lohnerhöhungen zur Folge, und insbesondere durch Verbesserungen der betrieblichen Sozialleistungen wurde der Anreiz für Arbeiter, die Arbeitsstelle zu wechseln, erhöht. Die Versuche vor allem von Großunternehmen, durch höhere Angebote Arbeitskräfte anderer Firmen »wegzuengagieren«, wurden seitdem zur ebenso häufigen wie für die Behörden ärgerlichen Praxis.[46]

Für die Arbeiterschaft bedeutete die Verknappung der Ware Arbeitskraft eine Erhöhung ihres Marktwertes. Da es aber entsprechende Tarifauseinandersetzungen in organisierter Form nach Zerschlagung der Gewerkschaften nicht mehr gab, die Zwangsorganisation »Deutsche Arbeitsfront« (DAF) aber zwischen dem Druck von unten zur Vertretung sozialpolitischer Forderungen an die Unternehmen und den Zwang von oben zur Unterstützung der Aufrüstungspolitik des Regimes gelähmt wurde, waren die Arbeiter darauf angewiesen, »Tarifpolitik auf eigene Faust« zu betreiben und den Arbeitskräftemangel individuell für sich zu nutzen.

Diese in den Jahren vor dem Krieg in weitem Maße zu beobachtende Entwicklung hatte einen durchaus zwiespältigen Charakter: Einerseits bot ihre Unentbehrlichkeit der Arbeiterschaft Raum zur verstärkten Durchsetzung ihrer Interessen; »Widersetzlichkeit«, »Arbeitsbummelei«, Kritik an schlechten Arbeitsbedingungen, niedrigen Löhnen, langen Arbeitszeiten nahmen zu und traten zuweilen sogar in Form solidarischen Protests kleiner Gruppen bis hin zu regelrechten Streiks auf. Diese Form der »Arbeiteropposition«, wie Tim Mason sie genannt hat[47], wurde bis 1940 zu einem großen Problem für die nationalsozialistische Führung, die in der Zwickmühle zwischen der Notwendigkeit zur Pazifizierung der Heimatfront angesichts des nahen Krieges und wirtschaftlichen Zwängen stand. Sie belegt auch, daß man tatsächlich

von einer Kontinuität des Klassenkampfes im nationalsozialistischen Deutschland sprechen muß, wenn auch die Bedingungen und Formen dieses Kampfes sich geändert hatten.
Auf der anderen Seite aber verstärkte diese Entwicklung den schon vorhandenen Trend zur Individualisierung der Arbeiterschaft noch:

Das Bewußtsein der Unentbehrlichkeit stärkt allgemein das Kraftgefühl der Arbeiter, veranlaßt sie zu kleinen, unorganisierten und unpolitischen Bemühungen um Verbesserung der Arbeitsbedingungen und wirkt sich im Ganzen und im Zusammenhang mit all den anderen Erscheinungen in und um Deutschland in einem regeren gesellschaftlichen und schließlich politischen Interesse aus (...) Man darf sich aber keine übertriebenen Vorstellungen über die neue Aktivität in Deutschland machen. Zweifellos sind ›Lohnbewegungen‹ vorhanden. Aber wie vollziehen sie sich? In völlig atomisierter, völlig individualistischer Form. Die Arbeiter bemühen sich um Lohnverbesserungen, aber indem sie einzeln an den Meister oder den Unternehmer herantreten und unter Hinweis auf ihre Arbeitsleistung Zulagen herauszuholen versuchen oder indem sie sich bemühen, trotz aller Hindernisse, die Arbeitsstelle zu wechseln.[48]

Diese Überlegungen in einem Sopade-Bericht aus Berlin Ende 1936 bezeichnen präzise das auch längerfristige Problem, ob nicht diese Erfahrungen der individuellen Verbesserung des Arbeitslohnes sich verbanden mit dem Rückzug auf die Privatsphäre (und Klein-Familie) und einen auch auf lange Sicht wirkenden Einstellungswandel in Gang setzten, der statt auf Klassenbewußtsein, Solidarität und Klassenkampf auf Selbstbewußtsein, Höherqualifizierung und individuelle Leistungssteigerung setzte.
Kann man diese Elemente der Unterdrückung, der Resignation, des Rückzugs, der Individualisierung und »Arbeiteropposition« allesamt jedenfalls nicht als Ausdruck aktiver Zustimmung zur Politik der Nationalsozialisten begreifen, worin sich die Arbeiterschaft von allen anderen Klassen und Schichten der deutschen Gesellschaft in den unmittelbaren Vorkriegsjahren unterschied, so gab es gleichzeitig Versuche von seiten des Regimes, die Arbeiterklasse nicht nur politisch zu neutralisieren, sondern darüber hinaus zumindest Teile von ihr auch positiv für sich zu gewinnen. In diesen Zusammenhang gehören vor allem die sozialegalitäre Phraseologie des Regimes, die propagandistische Kompensation der Unterdrückung der Arbeiterschaft durch ihre ideologische Erhöhung sowie das, was Tim Mason sehr treffend »fürsorgliches Gehabe« genannt hat. Was mit »sozialegalitärer Phraseologie« gemeint ist, kann durch ein drastisches Beispiel wiederum der Sopade-Berichte verdeutlicht werden: Im Februar 1935 waren zwei Stenotypistinnen aus dem Reichswehrministerium, beide adlig, wegen Spionage

zum Tode verurteilt und hingerichtet worden. Über die Reaktionen in der Berliner Bevölkerung wurde berichtet, man könne

> bei der Unterhaltung mit Geschäftsleuten und kleinbürgerlichen Gewerbetreibenden ein leises Bedauern über die Härte der Strafe feststellen. In Arbeiterkreisen, unorganisierten, uns fernstehenden, hörte ich andere Meinungen. Dort wurde gesagt, die Strafe wäre gerecht, gerade weil es adlige Damen waren, die hier gegen Geld militärische Geheimnisse verraten hätten. Ein nationalsozialistisch angehauchter, aber nicht in der NSDAP oder NSBO organisierter Arbeiter sagte wörtlich: »Das ist das Richtige, der Adolf geht auch gerade diesem Pack zu Leibe!«[49]

Diese Mobilisierung von Ressentiments gegen »Reaktion«, »Bonzen«, gegen Wohlhabende, tatsächlich oder vermeintlich Privilegierte knüpfte an die sozialrevolutionäre Tradition des »linken« Flügels der NSDAP – ihres Inhalts entleert und reduziert auf das propagandistische Klischee – an und war durchaus in der Lage, mit der Stilisierung des »ehrlichen Arbeiters« als positives Gegenbild vorhandene Elemente des Klassenbewußtseins anklingen zu lassen; letztlich beruhte die gesamte Ideologie der »Volksgemeinschaft« auf dieser Konstruktion.
Aber über solche krude Propaganda hinaus versuchten die Nationalsozialisten, die Arbeiter mit sozialen Angeboten aus ihrer passiv-abwartenden Haltung herauszuholen und stärker aktiv in die nationalsozialistische Gesellschaft einzugliedern. Nicht wenige dieser Angebote entpuppten sich bei näherem Hinsehen aber als Schimären, als »fürsorgliches Gehabe« – die allgegenwärtige »Winterhilfe«, die Programme zur »Schönheit der Arbeit«, die »Betriebsabende« mit Belegschaft und Betriebsleiter, auch die zahlreichen sozialpolitischen »Betreuungsmaßnahmen« durch NSV oder die Verstärkung der betrieblichen Sozialpolitik – von der Jubilarfeier bis zum Theaterabend – waren oft nicht mehr als unablässiger Aktivitätsnachweis, ohne daß sich dadurch die soziale Lage der Arbeiterschaft tatsächlich verändert hätte. Aber es gab eben auch wirksame soziale Verbesserungen, die auf die Einstellung der Arbeiterschaft gegenüber dem Regime einige Auswirkungen hatten. Von Bedeutung waren dabei vor allem die freizeitpolitischen Maßnahmen – Einführung eines Mindestjahresurlaubs von im Durchschnitt sechs Tagen, Aufbau einer Massentourismus-Organisation in Gestalt der »Kraft durch Freude«, die 1938 immerhin 10,3 Millionen Urlaubsreisen organisierte und sonstige Freizeitveranstaltungen mit mehr als 54 Millionen Teilnehmern durchführte.[50] Besondere Aufmerksamkeit kommt in diesem Zusammenhang auch der Familienpolitik zu; hier lag der Schwerpunkt der sozialpolitischen Zielsetzung der Nationalsozialisten. Zinslose Darlehen für junge Ehepaare, die dann, anstatt zurückgezahlt, »abgekindert« werden konnten, steuer-

liche Ermäßigungen und Vorteile bei der Wohnraumbeschaffung für Kinderreiche[51] – solche Maßnahmen konnten zum Teil an die seit der Machtergreifung verstärkten Tendenzen zum Rückzug auf kleine, überschaubare soziale Einheiten, auf Nachbarschaft und Familie anknüpfen und sie kanalisieren. Der wachsende Stellenwert der Kleinfamilie ist dabei aber nicht nur als Moment von Manipulation und Resignation zu begreifen, sondern hier wurden auch nach Überwindung der Massenarbeitslosigkeit Wünsche befriedigt, die schon lange vor dem Nationalsozialismus bestanden hatten, als die enge Einbindung in die halböffentliche Sphäre der Arbeitermilieus durchaus nicht mehr vorwiegend als Aufgehen in einer Solidargemeinschaft, sondern auch als durch die wirtschaftliche Misere erzwungene Zwischenlösung empfunden wurde, der man durch Gründung einer eigenen Familie mit einer eigenen Wohnung möglichst bald zu entkommen hoffte.[52]

Auch die Löhne der Arbeiterschaft erhöhten sich bis zum Kriegsbeginn – und wiederum auch nicht. Denn die Drückung der Lohnkosten war ja eines der Hauptziele der politischen Offensive der Industriellen vor 1933 gewesen. Die durchschnittlichen Bruttoverdienste pro Stunde erreichten bis 1938 nicht einmal mehr den Vorkrisenstand von 1929 (1936 = 100; 1929: 129,5; 1938: 105,6)[53]; berechnet man aber die durch Erhöhung der Arbeitszeiten und Überstunden erreichten Wochenarbeitslöhne, so liegen die Steigerungen bei etwa 15 %, nach der Kaufkraft bei etwa 10 % – in den rüstungswichtigen Betrieben allerdings um einiges höher. Dabei muß noch berücksichtigt werden, daß die Zahl der verdienenden Familienmitglieder im Durchschnitt höher war als früher und das Familieneinkommen dementsprechend auch.

Durch den zunehmenden Arbeitskräftemangel kamen oft betriebliche Sondervereinbarungen hinzu, so daß die Lohnsituation vor allem der in kriegswichtigen Industrien beschäftigten Arbeiter sich gegenüber 1929 merklich, gegenüber 1933 – und hier lag die politisch brisante Vergleichsmarge – erheblich verbessert hatte. Aber um welchen Preis! Denn übereinstimmend sprechen nahezu alle Korrespondenten der Sopade und die Berichte der »Treuhänder der Arbeit« davon, daß in den Betrieben durch den Produktionsdruck die Leistungsanforderungen an die Belegschaften enorm zugenommen hatten. Überstunden, Schichtsystem, überlange Arbeitszeiten und eine oft gnadenlose Arbeitshetze waren die Voraussetzungen für die im Vergleich dazu nun wieder eher kläglich anmutenden Lohnverbesserungen:

BERLIN: Die Arbeiter verdienen im allgemeinen ganz gut, müssen aber zuviel arbeiten. Die Arbeitszeit beträgt häufig zehn bis zwölf Stunden am Tage, und in der Rüstungsindustrie muß außerdem noch jeden zweiten Sonntag gearbeitet werden...

Die Arbeiter sind sich darüber klar, daß der Verdienst, umgerechnet auf die Arbeitszeit, sehr viel niedriger ist als früher. Sie klagen sehr darüber, daß sie den ganzen Tag in der Tretmühle stehen und schimpfen viel, weil ihnen jede Freizeit fehlt und jede Möglichkeit genommen ist, sich nach ihrem Belieben zu betätigen.[54]

Mit der Verschlechterung der Arbeitsbedingungen nahm die Unzufriedenheit in der Arbeiterschaft zu; höhere Krankenziffern, »Arbeitsbummeln«, niedrigere Produktivität waren die Folgen, die politisch aber schwer einzuschätzen sind. Auch die Redaktion der Sopade-Berichte hatte damit Probleme:

Diese Erscheinungen, die zu einer Gefahr für die gesamte Wirtschaftspolitik des Regimes werden kann, läßt verschiedene Bedeutungen zu. Es gibt Berichterstatter, die darin das Ergebnis bewußter Sabotage und passiver Resistenz sehen, während die Mehrzahl solche Zusammenhänge leugnet. Es spricht in der Tat vieles dafür (...), daß der Leistungsrückgang weniger die Folge einer bewußten Handlungsweise als der Ausdruck einer weiter um sich greifenden Ermüdung ist.[55]

Versucht man, die bis jetzt zusammengetragenen Indizien über die Haltung der Arbeiterschaft in der Zeit etwa kurz vor Kriegsbeginn zusammenzufassen, so zeigt sich, daß sozialpolitische Maßnahmen der Nationalsozialisten im Verein mit dem zunehmenden Mangel an Arbeitskräften vorhandene Tendenzen zur Individualisierung und zur Orientierung auf Familie und Beruf verstärkten und zusammen mit vorwiegend propagandistischer Aufwertung der Arbeiterschaft zu gewissen Erfolgen für das Regime in der Arbeiterschaft führten, auch wenn dadurch die Unzufriedenheit über die Verschärfung des Arbeitstempos in den Betrieben nicht stillgelegt wurde, sondern sich eher verstärkte. Es hat aber den Anschein, als hätten die Erfolge der Nationalsozialisten diese Unzufriedenheit nicht vor, sondern neben Elemente der Zustimmung zu einzelnen Aspekten der Politik gesetzt. In der Haltung der Arbeiterschaft trat an die Stelle aktiver oder passiver Ablehnung oder Gleichgültigkeit gegenüber dem Regime insgesamt mehr und mehr eine Gleichzeitigkeit von positiver Aufnahme der einen und Ablehnung von anderen Maßnahmen der Regierung – eine »Dissoziierung des Bewußtseins«, die stärker noch als bei der Sozialpolitik in der Wahrnehmung Hitlers als Führerfigur und in außenpolitischen Bereichen feststellbar ist.
So fällt auf, daß die Figur Hitlers auch in Arbeiterkreisen auf größere Zustimmung stieß als das NS-Regime insgesamt – der »Hitler-Mythos« verfing auch hier, wenn auch in geringerem Maße als in anderen Bevölkerungsgruppen.[56] Dies gilt vor allem für die »außenpolitischen Erfolge« in der Vorkriegszeit, die, den Sopade-Korrespondenten zufolge, bei der Arbeiterschaft eine Mischung aus Niedergeschlagenheit und

Bewunderung für Hitler hinterließen, dem »offenbar alles gelinge«: Nach dem Einmarsch in Österreich, wurde aus Sachsen gemeldet, war »überall eine gewaltige Begeisterung und Freude über diesen Erfolg zu bemerken, der Jubel kannte fast keine Grenzen mehr (...) Selbst Kreise, die sich bisher gegen Hitler kühl und ablehnend verhalten haben, gestanden nun ganz hingerissen ein, daß Hitler doch ein großer und kluger Staatsmann sei, der Deutschland aus der Niederlage von 1918 wieder zu Größe und Ansehen emporführen werde.«[57]
Sich dem nationalsozialistischen Sog solcher unablässigen »Erfolge« zu entziehen, war schwer und gelang nur wenigen vollständig, die auch politisch untereinander Kontakt hielten und den Zusammenhang zwischen den Gebietserweiterungen des Jahres 1938 und einem unweigerlich kommenden Krieg deutlich sahen. Der Krieg war in keiner Bevölkerungsgruppe populär, am allerwenigsten bei den Arbeitern; aber es gab doch so etwas wie »Patriotismus« in der Arbeiterschaft, und eine gegen »Versailles« gerichtete Revisionspolitik fand hier auch positive Resonanz. Tim Mason geht sogar so weit zu meinen, Patriotismus sei eine »Basis für die politische Integration der Arbeiterklasse« gewesen: »Gemeinsam mit der Verbreitung von Hitlers persönlicher Popularität trug die Ausnutzung dieses Patriotismus wahrscheinlich am stärksten zum Erfolg des Regimes auf diesem Gebiet der Innenpolitik bei.«[58] Dagegen wird man einwenden müssen, daß die Kriegspolitik Hitlers weit über die Arbeiterschaft hinaus zu Angst und Verzweiflung führte – Elemente, die eher zur Desintegration eines gewissen Konsensus über die Berechtigung der Revisionspolitik führten, wie die Quellen deutlich ausweisen, und daß die Warnungen der Arbeiterbewegung und des proletarischen Widerstands, »Wer Hitler wählt, wählt Krieg«, sich nun als nur zu berechtigt erwiesen.
Spätestens bei Kriegsbeginn zeigte sich aber, daß innerhalb der Arbeiterschaft ein neuer Aspekt aufgetaucht war, der die relative Homogenität der Klasse weiter untergrub und in den Folgejahren immer deutlichere Auswirkungen hatte. Denn mittlerweile war eine Generation in die Betriebe eingerückt, die ihre politische Sozialisation bereits vorwiegend im Nationalsozialismus erfahren hatte und durch HJ, Reichsarbeitsdienst (RAD) und Militärdienst wesentlich geprägt worden war. Zwar waren »die Jungen« durchaus nicht in der Mehrheit NS-Anhänger, die politische Schulung und das Erlebnis proletarischer Solidarität in der Arbeiterbewegung hatten sie jedoch nicht mehr kennengelernt. Die Elemente der Individualisierung waren hier oft noch stärker ausgeprägt als bei »den Alten«, ebenso eine zumindest teilweise Zustimmung zu einzelnen Aspekten der nationalsozialistischen Herrschaft – unter

anderem eben auch Militarismus und Nationalismus.[59] Natürlich war unter den Jüngeren auch der Anteil der mit Kriegsbeginn zum Militärdienst Eingezogenen größer, aber gerade in den Rüstungsbetrieben wurden in den ersten beiden Kriegsjahren nur relativ wenige Arbeiter Soldaten, so daß dieser Faktor der Desintegration der Arbeiterschaft auch am Arbeitsplatz für längere Zeit wirksam wurde.

Es ist dem Regime bis 1939 zweifellos gelungen, die Arbeiterschaft politisch mindestens zu neutralisieren; Teile von ihr jedenfalls partiell auch zu integrieren. Nicht alles daran war Ergebnis eines langfristig angelegten Meisterplanes der Herrschenden; in vielen Punkten sind hier auch längerfristige Entwicklungen und bloße Zufälle ausschlaggebend gewesen. Aber auch als potentielle Gegenmacht war die Arbeiterschaft bei Kriegsbeginn ausgeschaltet; die Regimeführung wußte allerdings, daß sie das vor allem der sozialen Entwicklung der Arbeiterschaft und dem – schon damals so genannten – nationalsozialistischen »Wirtschaftswunder« zu verdanken hatte. Dementsprechend nervös waren die Reaktionen der Herrschenden auf die Zunahme der Unzufriedenheit in der Arbeiterschaft nach Inkrafttreten der »Septembererlasse«, eine Reihe von Sozialgesetzen bei Kriegsbeginn, die deutliche Verschlechterungen für die Arbeiter beinhalteten und die Überspannung der Ressourcen des Reiches auf Kosten der Arbeiterschaft ausgleichen sollten.

Der deutschen Arbeiterschaft konnte sich das NS-Regime durchaus nicht sicher sein; sollte die »Ruhe an der Heimatfront« sichergestellt sein, reichten Drohungen und Terror nicht aus – eine Beibehaltung des sozialen Standards der Vorkriegszeit war hier unbedingte Voraussetzung. Eben dies aber war bei einem längeren Krieg nicht zu gewährleisten; sollte die Arbeiterschaft bei der Stange gehalten werden, mußten hier neue Mechanismen greifen.

Mit Kriegsbeginn versuchten die Nationalsozialisten, den Erfordernissen des Krieges im wirtschaftlichen Bereich stärker Rechnung zu tragen: Lohnkürzungen, Freigabe der Arbeitszeit, Streichung des Urlaubs sollten dazu beitragen, die Auswirkungen der Überhitzung der Wirtschaft zu dämpfen und die durch die Einziehungen zum Militär noch verschärfte Arbeitskräfteknappheit wenigstens zum Teil auszugleichen. Der Eindruck des Kriegsausbruches, so hoffte man, würde den Widerstand in der Arbeiterschaft gegen derartige Maßnahmen einschränken. Die ersten Monate nach Kriegsbeginn zeigten aber, daß dies eine Fehlspekulation war – der Krieg war weder bei der Arbeiterschaft noch in der Gesamtbevölkerung populär; die durch die nationalsozialistische Propaganda mit größtmöglicher Lautstärke verkündeten Erfolge der Wehrmacht und das schnelle Ende des »Polenfeldzugs« ließen die Notwendigkeit von »Opfern« zudem auch wenig glaubwürdig erscheinen. Und sosehr der Sieg gegen Polen in der Bevölkerung Erleichterung und verbreitet auch Bewunderung und Stolz hervorrief, so wenig waren damit vor allem in der Arbeiterschaft Ansätze zu »Opferbereitschaft« und klagloser Hinnahme der Verschlechterung der Lebensbedingungen verbunden. Im Gegenteil: Die bereits in der Vorkriegszeit vermehrt aufgetretenen Elemente von aktiver Unzufriedenheit verstärkten sich noch, die Auflehnung gegen Lohnkürzung und Arbeitszeitverlängerung, vor allem aber gegen die Urlaubssperre wurde aus allen Teilen des Reiches gemeldet. Den Machthabern wurde deutlich vor Augen geführt, daß die Neutralisierung und partielle Integration der Arbeiterschaft in erster Linie auf materiellen Verbesserungen, auf ausreichender Versorgung und erträglichen Lebensverhältnissen beruhte. Deutlich tauchte das Trauma von 1918 in den Überlegungen der Regimeführung auf, das daran erinnerte, daß es – jedenfalls in deren Interpretation – die miserablen Lebensbedingungen der Arbeiterschaft gewesen waren, die während und vor allem gegen Ende des Krieges die »Heimatfront« zum Wanken gebracht und zum Sturz der Regierung geführt hatten. Die »Septembererlasse« wurden, ermöglicht durch die schnellen militärischen Erfolge, bis zum Frühjahr 1940 weitgehend rückgängig gemacht; statt dessen wurden sogar Verbesserungen bei der Versorgung mit Lebensmitteln und Bekleidung veranlaßt.[60]

Die Versorgung der Bevölkerung mit Lebensmitteln, Hausbrand und Kleidung besaß von nun an für die nationalsozialistische Sozialpolitik wie Propaganda höchste Priorität. Bis in die letzte Kriegsphase hinein wurde in der Presse und vor allem in der Wochenschau immer wieder anschaulich demonstriert, wie sehr sich die Lebensmittelversorgung von der des Ersten Weltkrieges unterscheide. Und in der Tat kann man feststellen, daß das Versorgungsniveau der deutschen Bevölkerung, von den letzten Kriegsmonaten abgesehen, durchweg relativ hoch war; daß es zwar allenthalben Engpässe und Verknappungen gab, andererseits aber bis zum Herbst 1944 die deutsche Bevölkerung keinen Hunger leiden mußte und auch mit Kleidung und Hausbrand ausreichend versorgt war. Das Konzept des Blitzkrieges, mit den eroberten Ressourcen des einen den Krieg gegen das nächste Land führen zu können, ließ sich in ähnlicher Form auch auf die Sozialpolitik in Deutschland anwenden. Mit der Beute aus den besetzten Gebieten und der Ausbeutung ihrer Bevölkerung ließ sich ein relativ hoher Le-

bensstandard der deutschen Bevölkerung und damit die Ruhe an der »Heimatfront« herstellen, die notwendig war, um den Krieg nach außen führen zu können.
Die Einberufungen zum Militär hatten angesichts des chronischen Arbeitermangels in der gewerblichen Wirtschaft die Arbeiterschaft vor allem in den rüstungswichtigen Betrieben in der ersten Kriegsphase unterdurchschnittlich betroffen. Da aber auch die Zuweisung von ausländischen Arbeitskräften und Kriegsgefangenen in relevantem Umfang zunächst nur für die Landwirtschaft genehmigt wurde, verstärkten sich die in der Vorkriegszeit bereits aufgetretene Arbeitskräfteknappheit und die damit verbundene Verbesserung der Marktsituation der Arbeiterschaft noch. Trotz kontinuierlicher Versuche der Behörden, dies zu verhindern, kam es weiter zu teils offiziellen, teils individuellen Lohnerhöhungen auf relativ breiter Basis. Selbst Dienstverpflichtete und Rentner erhielten erhöhte Bezüge – Ergebnisse beständiger betrieblicher Auseinandersetzungen, die für die Zeit bis etwa 1941 geradezu kennzeichnend sind. Diese Entwicklung hatte jedoch auch eine Kehrseite. Denn zum einen stiegen durch Schichtverlängerung und Überstunden die Arbeitszeiten weiter bis an die Grenze des Ertragbaren, und die Lohnkämpfe in den Betrieben absorbierten alle darüber hinaus verfügbare Energie. Die Lebensmittelrationierungen brachten zusätzliche Belastungen für die Frauen, die oft stundenlang damit beschäftigt waren, Schlange zu stehen und nach günstigen Einkaufsmöglichkeiten zu suchen. Im Vergleich zur späteren Entwicklung waren diese Belastungen zwar noch sehr begrenzt, aber die Bevölkerung hatte diesen Vergleich nicht, sondern sah, daß sich ihre Lebensbedingungen seit Kriegsbeginn verschlechterten. So entsteht insgesamt der Eindruck, daß große Teile der Bevölkerung und gerade der Arbeiterschaft in der ersten Kriegsphase vorwiegend damit beschäftigt gewesen sind, sich das in der Vorkriegszeit mühsam erreichte Niveau des Lebensstandards durch den Krieg nicht zerstören zu lassen; die Stabilität der Höhe der Verbraucherausgaben bis 1941 spricht dafür, daß dies bis dahin einigermaßen gelungen ist.
Man wird also die Zunahme von Unzufriedenheit und sozialpolitischen Auseinandersetzungen nicht unmittelbar in Verbindung bringen dürfen mit dem Verhältnis der Arbeiterschaft zum Nationalsozialismus insgesamt. Wie bereits in der Vorkriegszeit, aber deutlich schärfer ausgeprägt, traten seit Ende 1939 Elemente von sozialer Unzufriedenheit und partieller Zustimmung im politischen Bereich gleichzeitig auf. Die »Dissoziierung des Bewußtseins« machte während der gesamten Kriegszeit weitere Fortschritte, zumal eine politische Einwirkung

überzeugungsfester Gegner des Nationalsozialismus auf die Masse der Arbeiterschaft, die die einzelnen Erscheinungsformen der Diktatur miteinander hätte in Beziehung setzen können, auch durch den seit Kriegsbeginn noch verstärkten Terror gegen alle Ansätze organisierten Widerstands ausfiel.

Nachdem der Überfall auf Polen in der deutschen Bevölkerung zunächst Skepsis, Angst und Widerwillen ausgelöst hatte und danach der schnelle Sieg dem Ansehen des Regimes, vor allem aber der Wehrmacht genützt hatte, ohne jedoch patriotische Wallungen auszulösen, kann der Sieg gegen Frankreich ohne Zweifel als absoluter Höhepunkt der Zustimmung, ja Begeisterung in fast allen Teilen der Bevölkerung und auch der Arbeiterschaft betrachtet werden: »Die Nachricht vom Einmarsch deutscher Truppen in die kampflos übergebene französische Hauptstadt versetzte die Bevölkerung in allen Teilen des Reiches in eine bisher in diesem Maße noch nicht erlebte Begeisterung. Auf vielen Plätzen und Straßen kam es zu lauten Freudenkundgebungen und herzlichen Begeisterungsszenen«, meldete der SD – der innenpolitische Geheimdienst der SS – am 17. Juni 1940; und ähnliche Berichte liegen in großer Zahl vor.[61] Sie zeigen auch, daß der Sieg gegen Frankreich die Einflußmöglichkeiten der Gegner des Nationalsozialismus fast völlig zum Erliegen gebracht hatte:

Unter dem Eindruck der großen politischen Ereignisse und im Banne der militärischen Erfolge hat sich im gesamten deutschen Volke eine bisher noch nicht erreichte innere Geschlossenheit und enge Verbundenheit von Front zu Heimat herausgebildet. Der Tätigkeit der Gegnergruppen ist überall der aufnahmefähige Boden entzogen. Alles schaut dankbar und mit Vertrauen auf den Führer und seine von Sieg zu Sieg eilende Wehrmacht. Gegnerisches Wirken stößt überall auf Ablehnung. Der überwiegend verbreitete gesunde Abwehrwille der Bevölkerung verschließt sich wirksam hetzerischen und miesmacherischen Einflüssen. Man beachtet sie entweder gar nicht oder lehnt sich empört dagegen auf (...) Innerhalb der früher kommunistisch und marxistisch eingestellten Kreise kann von einer organisierten Gegnertätigkeit nicht mehr die Rede sein. Hier haben die Kriegserfolge besonders lähmend gewirkt und größtenteils Ansätze zu gegnerischen Einflüssen im Keime erstickt. Nur mehr vereinzelt kommt es noch zu völlig unbedeutenden Meckereien, Wandbeschmierungen, Verbreitung ausländischer Nachrichten oder Verteilung von Hetzschriften und -zetteln.[62]

Diese weitverbreitete Zustimmung und Begeisterung für den Krieg Hitlers in der Bevölkerung kann allerdings nicht nur als kurzfristige Reaktion auf den Sieg gegen Frankreich begriffen werden – sie hatte zumindest mittelfristige Auswirkungen; denn Zustimmung hatten im Volk bis dahin nur jene außenpolitischen Maßnahmen der NS-Führung erhalten, die unter das Stichwort »Revision der Versailler Bestimmungen« einzuordnen waren, während die darüber hinausgehenden Maßnahmen auf erhebliche Reserve stießen. Seit dem Fall von Paris aber war hier ein Umschwung fühlbar geworden: Der Erfolg schien Hitler recht gegeben zu haben, und es gab nurmehr wenige, die nicht von einem deutschen Sieg überzeugt waren oder sich gar eine Niederlage Nazideutschlands wünschten. Waren die Bewunderung für die außenpolitischen Erfolge der Nationalsozialisten und die Zustimmung zu ihrem Regime bis dahin zwei Dinge gewesen, so wurden diese Übergänge jetzt fließend, und die anhaltende Unzufriedenheit mit einzelnen Verhältnissen im Reiche oder Maßnahmen der Behörden muß mehr und mehr auf dem Hintergrund einer jedenfalls grundsätzlichen Zustimmung zur Regierung Hitlers verstanden werden.

Innerhalb der politisch bewußten Teile der Arbeiterschaft hatte dazu auch die Irritation und Lähmung beigetragen, die der Hitler-Stalin-Pakt bei den Anhängern der Kommunisten ausgelöst hatte:

Am niederschmetterndsten war die Wirkung des Paktabschlusses in der Arbeiterschaft, berichteten die Sopade-Korrespondenten aus Oberschlesien. Stalin hat die gesamte internationale Arbeiterbewegung verraten, hieß es, und Diktatoren sind eben zu jedem Verrat fähig, wenn es sich um die Erhaltung ihrer Macht handelt. Nun sei es erwiesen, daß zwischen Hitler und Stalin kein Unterschied bestehe. Zum Verständnis dieser Reaktion muß man wissen, daß innerhalb der Arbeiterschaft seit den letzten Jahren eine gemeinsame Kampffront gegen das Nazi-System bestand und insbesondere in den letzten Monaten die Gegensätze zwischen Kommunisten, Gewerkschaftern und Sozialdemokraten gegenüber dem Kampf gegen den gemeinsamen Gegner sehr zurückgetreten waren.[63]

Der Kredit, den viele Kommunisten als standhafte Gegner des Nationalsozialismus und als Opfer der Unterdrückung bei vielen Arbeitern genossen, war durch die Nachricht vom Hitler-Stalin-Pakt weiterhin verspielt, um so mehr, als einige KPD-Funktionäre den Pakt als Beleg für das Genie Stalins werteten und Hoffnungen auf legale Aktionsmöglichkeiten der Partei und eine Amnestie der kommunistischen Gefangenen verbreiteten.[64]

Eine realistische politische Alternative zum »Dritten Reich« schien in dieser Phase nicht mehr zu existieren; der politische Widerstand war beinahe restlos isoliert und eine Geschlossenheit in der Zustimmung zur Politik Hitlers erreicht worden, die die Unzufriedenheit im Alltag, selbst Verhaltensweisen wie Langsamarbeiten oder Lohnkämpfe auf die Ebene sozusagen »normaler« sozialer Auseinandersetzungen reduzierte, wie sie in jeder hochentwickelten Industriegesellschaft unumgänglich sind.

Es ist schwer, bei Untersuchungsgegenständen wie diesem eine präzise Periodisierung vorzunehmen. In Erinnerungsinterviews mit Arbeitern aus dem Ruhrgebiet hat sich gezeigt, daß von den meisten ein deutlicher Einschnitt dort gesehen wurde, wo die Auswirkungen des Krieges für den einzelnen jeweils unmittelbar spürbar wurden; sei dies die Einberufung zum Militär, der Beginn der Großangriffe der alliierten Luftflotte auf die eigene Stadt, die Evakuierung der Familie oder die Verlagerung des Betriebs, in dem man beschäftigt war, in weniger luftgefährdete Regionen.[65]

Aus militärgeschichtlicher Sicht sind die deutlichsten Einschnitte mit dem Stillstand der deutschen Offensive vor Moskau im Herbst 1941 und der Niederlage in Stalingrad im Januar 1943 bezeichnet, und mit jeweils einigen Wochen Verzögerung gelten diese Wendepunkte auch für die deutsche Kriegswirtschaft, die seit Anfang 1942 von den Bedingungen des Blitzkriegs auf einen langen Abnutzungskrieg umgestellt wurde. Damit waren erneut Versuche der Regimeführung verbunden, die Konsumgüterproduktion zu drosseln und die zum Teil noch friedensähnlichen Lebens- und Arbeitsbedingungen der Bevölkerung den Erfordernissen eines langen Krieges entsprechend einzuschränken.

Das erste Viertel des Jahres 1942 bedeutete auch für die »Stimmung und Haltung« der Bevölkerung, die der SD genau verfolgte, eine Wende. Die Hochstimmung, die durch das schnelle Vorrücken der Wehrmacht im Osten nach dem Überfall auf die Sowjetunion wieder zu verzeichnen gewesen war, wich nach den ersten Rückschlägen einer besorgten Haltung, und die warnenden Stimmen, die weitere Rückschläge befürchteten, wurden lauter. Dennoch war das Zutrauen in die »unbesiegbare deutsche Wehrmacht« nach wie vor ungebrochen, und der Glaube an einen deutschen Sieg nahezu ungeteilt.

Viel mehr Aufregung verursachten hingegen die zunehmenden wirtschaftlichen Probleme im Innern, vor allem bei der Ernährungslage. Als am 6. April 1942 dann eine fühlbare Rationenkürzung in Kraft trat, verschlechterte sich die Stimmung in der Bevölkerung drastisch.[66] Derartige Berichte über die Auswirkungen der Rationenkürzungen lassen sich bis zum Herbst 1942 verfolgen und stellen zweifellos in dieser Zeit das beherrschende innenpolitische Thema dar. Neben den Klagen über den Nahrungsmangel standen in der Arbeiterschaft aber vor allem die Klagen über mangelnde »Gerechtigkeit« bei der Lebensmittelversorgung im Vordergrund, und die Regimeführung beeilte sich, diesen Klagen durch propagandistisch stilisierte Maßnahmen der »gerechten Verteilung« entgegenzuwirken. Insbesondere die Ausgabe von Lebensmittelkarten an Schwer- und Schwerstarbeiter bekam jetzt zunehmende

Bedeutung – wer nur »Normalkarten« erhielt, mußte mit weniger als zweitausend Kalorien auskommen, so daß die Zusatzkarten auch ein gezieltes sozialpolitisches Steuerungsinstrument darstellten.
Die Ernährungsprobleme drohten das bis dahin ja durchaus wirksam gewesene Integrationsinstrument der Sicherstellung materieller Grundbedürfnisse wirkungslos zu machen; zwar wurden im Herbst 1942 die Rationen wieder heraufgesetzt, erreichten aber das vorherige Niveau nie mehr – die Versorgung mit Grundnahrungsmitteln blieb gewährleistet, die allmähliche Verschlechterung der Lebensbedingungen durch die Entwicklung des Krieges war jedoch unaufhaltsam.
Die logische Folge der Verknappung und fast vollständigen Rationierung der Lebensmittel war die Ausbreitung einer zweiten Ökonomie: Hamsterfahrten und Schwarzschlachtung, Tauschhandel und Schwarzmarkt, Hortungen, Schiebereien, Fälschung von Lebensmittelkarten und eine dem polizeilichen Zugriff schwer zugängliche illegale Substruktur weiteten sich aus und gewannen bis Kriegsende stetig an Bedeutung. Nun ist eine solche Entwicklung überall da, wo Mangel entsteht und rationiert wird, geradezu mit Gesetzmäßigkeit zu erwarten und bestand zum Beispiel auch in England. In Deutschland aber, wo der Staat mit dem Anspruch auftrat, die gesamte gesellschaftliche Entwicklung in allen Bereichen zu kontrollieren, untergruben solche Erscheinungen sichtbar die Autorität der Verwaltung und des Regimes insgesamt. Da die Löhne relativ hoch waren, der Kaufkraft aber kein entsprechendes Warenangebot entsprach, war diese Entwicklung trotz des oft brutalen Eingreifens der Gestapo und martialischer Urteile der Justiz nicht aufzuhalten. Die Bedeutung der »Zweiten Ökonomie« wie der gesamten, am Ende des Krieges Millionen von Menschen in Deutschland umfassenden illegalen Substruktur während der Zeit des Nationalsozialismus ist in der wissenschaftlichen Literatur bislang nur wenig berücksichtigt worden, und der Schwarzmarkt wird weitgehend als ein Phänomen der Nachkriegszeit dargestellt. Es ist aber wohl so, daß von hier aus viele Phänomene des allmählichen Abbröckelns des Glaubens an die Effektivität der nationalsozialistischen Verwaltung erklärt werden können. Für die Bevölkerung bedeutete diese Ausbreitung des Schwarz- und Tauschhandels darüber hinaus aber auch ein weiteres, wichtiges Element der Individualisierung und des Auf-sich-gestellt-Seins.
Wenn bisher von »Arbeiterschaft« die Rede war, so bezog sich das auf die Arbeiter in den Industriebetrieben und ihre Familien – ein erheblicher Teil der 25 Millionen männlichen deutschen Arbeitskräfte war jedoch zum Militär eingezogen worden – im Mai 1941 etwa 5,5, 1942

7,6, bis Kriegsende etwa 11 Millionen. Die Einziehung der in der rüstungswichtigen Industrie beschäftigten Arbeiter geschah zwar später und in geringerem Umfang als in der Gesamtwirtschaft (hier waren 1943 35 % der männlichen Beschäftigten eingezogen, in der eisenschaffenden Industrie hingegen nur 28 %, im Bergbau gar nur 14 %), dennoch ist es für die hier angeschnittene Fragestellung von schwer zu überschätzender Bedeutung, daß mehr als die Hälfte der männlichen Arbeiter im wehrfähigen Alter als Soldaten oft für viele Jahre aus der gewohnten sozialen Umgebung heraus und in die klassenunspezifische Männergemeinschaft der Wehrmacht hineingesetzt wurde, die in fast ganz Europa als Eroberer, Unterdrücker und Vertreter deutschen Herrschaftsanspruchs auftrat. Die Sozialgeschichte der Wehrmacht ist bislang allerdings nicht geschrieben, auch nicht, was besonders dringlich wäre, eine sozial- und erfahrungsgeschichtliche Analyse einer Division oder einer anderen Einheit.

Hier sind wir also bisher auf Vermutungen und Fragen angewiesen, nicht nur, was die aktive Beteiligung von Truppenteilen an Kriegsverbrechen angeht, die eine unmittelbare Verstrickung auch der einzelnen Soldaten in Hitlers Vernichtungsfeldzug vor allem im Osten zur Folge hatte – hier sind die Beteiligung von regulären Wehrmachtseinheiten an der Deportation polnischer und sowjetischer Arbeitskräfte, an den Verbrechen an der Zivilbevölkerung etwa im Zusammenhang mit der Partisanenbekämpfung in der UdSSR oder in Jugoslawien und am millionenfachen Tod sowjetischer Kriegsgefangener in deutschen Gefangenenlagern im Osten nur einige Stichworte. Zu fragen ist darüber hinaus, welche Auswirkungen im Hinblick auf die politische und soziale Perspektive der Soldaten es hatte, wenn sie über Jahre hinweg als Vertreter der Besatzungsmacht in den besetzten Ländern auftraten, von den Privilegien des Siegers profitierten, darüber hinaus einige Aufstiegschancen hatten und etwa als Unteroffiziere administrative Befugnisse besaßen, die weit über das hinausgingen, was sie zu Hause als Schlosser, Landwirt oder Briefträger sich je hatten vorstellen können. Die Vermutung liegt nahe, daß die politischen und sozialen Desintegrationsprozesse der deutschen Arbeiterschaft durch die Erfahrungen der Soldaten unter ihnen besonders tiefgreifend und langfristig folgenreich gewesen sind.

Welche soziale Orientierung besaß nach der Kriegszeit, um ein Beispiel zu geben, ein Arbeiter des Jahrgangs 1918, der nach vielleicht vierjähriger Erfahrung als Lehrling und Hüttenarbeiter 1937 zum RAD kam, dann den Wehrdienst ableistete, dann am Polenfeldzug teilnahm, dort Gefreiter wurde, dann als Besatzungssoldat ein Jahr in Frankreich war, dann nach Rußland marschieren mußte, dort verwundet, befördert, wieder verwundet wurde, ein knappes Jahr als Rekonvaleszent eine Gruppe sowjetischer Gefangener in Oberschlesien beaufsichtigte, wieder an die Westfront kam, dort Unteroffizier wurde, Orden erhielt, in einer Reparatureinheit für fast vierzig Männer Vorgesetzter war, wieder an die Ostfront kam, dort Ende 1944 gefangengenommen wird, sechs Jahre in russischer Gefangenschaft saß und Anfang 1951 in seine zerstörte Heimat zurückkam, in der weder Wohnviertel noch Fabrik mehr standen, die er 13 Jahre zuvor als Neunzehnjähriger verlassen hatte und in die er jetzt als fast Dreiunddreißigjähriger zurückkehrte?

Aber auch die Kriegserfahrungen der Arbeiterschaft in den Betrieben wurden nach der ersten Kriegshälfte einschneidender und existentieller, der Krieg hatte endgültig alle Deutschen unmittelbar erreicht. Das Hochschnellen der Zahlen der zum Militär Einberufenen hatte für die »unabkömmlich« (uk-)gestellten Arbeiter zur Folge, daß durch die Drohung der Einberufung ein äußerst wirksames Disziplinierungsinstrument in den Händen der Betriebe und Behörden lag. Ihre bis dahin oft vorteilhafte Unentbehrlichkeit angesichts der Arbeitskräfteknappheit wich der Unsicherheit und Abhängigkeit von den Vorgesetzten, die nun bei »Aufsässigkeit« oder ungenügender Arbeitsleistung statt umständlicher betrieblicher oder polizeilicher Strafmaßnahmen nur den »uk«-Vermerk des Betroffenen bei den monatlichen Belegschaftsprüfungen zu streichen brauchten.[67]

Seit Anfang 1942 war nämlich der deutsche Arbeiter im Betrieb durchaus ersetzbar. Durch die Ausweitung des »Arbeitseinsatzes« ausländischer Zivilarbeiter und Kriegsgefangener auf die Industrie, vor allem den Masseneinsatz sowjetischer Zivilarbeiter – mehr als die Hälfte von ihnen Frauen –, konnten die durch die Einberufungen entstandenen Lücken in den Belegschaften gestopft werden.[68] Insgesamt arbeiteten 1944 mehr als 7,6 Millionen ausländischer Arbeitskräfte in Deutschland, der Anteil der ausländischen Zivilarbeiter und Kriegsgefangenen lag in den Gesamtbelegschaften im Baubereich z. B. bei über 50%, in der Metall- und Chemieindustrie sowie im Bergbau bei etwa einem Drittel; etwa die Hälfte von ihnen kam aus Polen und der Sowjetunion. Politische Intention der nationalsozialistischen Behörden und weitgehend auch betriebliche Praxis war es, daß die deutschen Arbeiter generell Vorgesetzte der Ausländer waren. Zwar gab es durchaus auch Potentiale für gemeinsame Interessen zwischen Deutschen und Ausländern im Betrieb, und die Zahl der berichteten Fälle von Hilfsbereitschaft gegenüber den »Fremdarbeitern« ist nicht gering. Sie waren jedoch in der Regel Ausdruck von Mitleid, nicht von

internationalistischer Klassensolidarität; die nationale Orientierung vor der sozialen und internationalen. In manchen Betrieben, vor allem im Bergbau, zeigte sich aber auch, daß die deutsche Arbeiterschaft nicht immun war gegen Mißhandlungen der ihnen Untergebenen, vor allem der sowjetischen Arbeiter. Insgesamt aber ergibt sich aus dem Mosaik der Einzelfälle ein Bild, in dem die meisten Deutschen am Schicksal der Ausländer wenig Interesse zeigten, sich weder an Mißhandlungen beteiligten noch mit den Ausländern sympathisierten. Man hatte genug mit sich selbst zu tun, das Elend der anderen verlor seine Exklusivität, je schlechter die eigenen Lebensbedingungen wurden. Die Diskriminierung der Polen und Russen wurde dabei als gegeben hingenommen, auch die eigene bevorrechtigte Stellung ihnen gegenüber war nichts Exzeptionelles, nichts, worüber man sich Gedanken machte.
Bei allen notwendigen Differenzierungen und der sehr unterschiedlichen Situation in einzelnen Industriezweigen und -betrieben verweist die Haltung der deutschen Bevölkerung zu den ausländischen Arbeitern während des Krieges auf eine Einstellung, die nationale und rassische Ungleichheit stillschweigend voraussetzte und die Instrumentalisierung des einzelnen als aktiven Faktor rassistischer Innenpolitik gar nicht mehr als etwas Besonderes wahrnahm. Für die deutsche Arbeiterschaft hatte das auch langfristige Konsequenzen. Denn durch den nationalsozialistischen Ausländereinsatz wurde eine ganze Schicht unter ihnen plaziert, im täglichen Leben sichtbar diskriminiert, von den deutschen Arbeitern beaufsichtigt, angelernt, verwahrt, reglementiert. Unabhängig davon, wie sich die einzelnen den Ausländern gegenüber individuell und moralisch verhielten, wurde dadurch, zumal in Arbeiterregionen, die traditionelle Zweiteilung der Gesellschaft »oben« und »unten« gesprengt: Die Anwesenheit der Ausländer ermöglichte in einem bis dahin ungeahnten Ausmaß individuelle Aufstiegsmöglichkeiten. Mehr noch als das Ausleben der neuen Rolle als Vorgesetzter war die Erfahrung von Bedeutung, daß die Perspektive für den einzelnen über das »Unten-sein-und-unten-Bleiben« hinausgehen konnte.

Mit dem Einsetzen der alliierten Großangriffe auf deutsche Städte und der deutschen Niederlage in Stalingrad verband sich militärisch wie in der Erfahrung der Bevölkerung der Beginn der Niederlage Deutschlands. 7000 Tote im Reichsgebiet durch Bomben im Monatsdurchschnitt 1943, im Durchschnitt des Jahres 1944 in Köln einmal täglich Luftalarm – solche Zahlen mögen die Bedeutung der Luftangriffe für das Leben der Bevölkerung hervorheben.

Die Arbeiterschaft war von der Ausweitung des Luftkrieges mehr als andere Bevölkerungsgruppen betroffen. Industrieanlagen und Industriestädte waren bevorzugte Ziele der Bombenangriffe; in Essen z. B. wurden durch die Angriffe auf die Krupp-Werke die fabriknahen Arbeiterviertel besonders stark in Mitleidenschaft gezogen; hier betrug der Anteil der zerstörten Gebäude etwa 85 %, während die bürgerlichen Wohnviertel sehr viel weniger oder gar nicht beeinträchtigt waren.[69] Die damit einhergehenden Belastungen waren erheblich: Arbeitszeiten und Arbeitsorte veränderten sich; in manchen Betrieben wurde seitdem überwiegend am Tag gearbeitet, während nachts Luftschutzdienst geleistet werden mußte. Hinzu kam oft Dienst bei der Flak, bei betrieblichen Aufräumungstrupps, bei der Werksfeuerwehr usw. In einem Betrieb mit 1919 deutschen Belegschaftsmitgliedern z. B. wurden 1943 insgesamt 2469 nebenamtliche Ämter und Tätigkeiten gezählt. Die Folgen dieser dauernden Überbelastung der Arbeiterschaft, schrieb der SD, beständen in der »Überbeanspruchung zahlreicher Gefolgschaftsmitglieder, und zwar gerade derjenigen, die überall ihren Dienst gewissenhaft ausfüllen. Diese Auswirkungen zeigten sich deutlich bei der eigentlichen Arbeit im Betriebe, wo die Betreffenden dann übermüdet, weniger leistungsfähig und meist auch leicht reizbar (Folge: Störung bzw. Gefährdung des Betriebsfriedens) seien.«[70]

Dementsprechend sanken die Arbeitsleistungen der Arbeiterschaft kontinuierlich, ebenso wie die »Stimmung« der Bevölkerung insgesamt, die vor allem in den besonders bombengefährdeten Städten allmählich in Resignation und Apathie umschlug. Die Nationalsozialisten befürchteten nicht zu Unrecht, daß nunmehr die Zunahme von Illoyalität und Widerwillen gegen das NS-Regime zu erwarten wäre, und registrierten aufmerksam alle Berichte, die in die Richtung wiesen. Ein offenbar verbreiteter Witz vom Sommer 1943 verdeutlichte den Stimmungsumschwung auf drastische Weise: Ein Berliner und ein Essener unterhielten sich über das Ausmaß ihrer Schäden. Der Berliner führte aus, das Bombardement in Berlin sei so schlimm gewesen, daß noch fünf Stunden nach dem Angriff die Fensterscheiben aus den Häusern gefallen seien. Der Essener antwortete, das bedeute noch gar nichts, denn in Essen wären noch vierzehn Tage nach dem letzten Angriff die Führerbilder aus den Fenstern geflogen.[71]

Der Bombenkrieg war ohne Zweifel das entscheidende Element zur Desintegration des pro-nationalsozialistischen Konsensus in der deutschen Bevölkerung, der 1940/41 seinen Höhepunkt erfahren hatte. Die Reduktion der sozialen Wahrnehmung auf den unmittelbaren Zusammenhang der eigenen Existenz, das wachsende Desinteresse an allen gesellschaftlichen und politischen Ereignissen waren Ausdrucksformen dieser Entwicklung. Aber es entstanden daraus keine Elemente verbreiteter politischer Opposition in der Bevölkerung. Dazu trugen neben dem Terror der Nazis und der wachsenden Regression auf das eigene Überleben aber auch Faktoren bei, die unmittelbar von den Luftangriffen selbst ausgingen. Denn zweifellos lösten diese Angriffe außer Hoffnungslosigkeit und Angst auch Wut und Verbitterung über den überlegenen Gegner aus, eine Form des Patriotismus, die zwar nicht mehr an die nationalsozialistische Führung gerichtet war, aber von ihr genutzt werden konnte. In weiten Kreisen der Bevölkerung, auch der Arbeiterschaft, war darüber hinaus die Angst vor einer Niederlage Deutschlands, insbesondere gegenüber der Sowjetunion, immens und stellte den wichtigsten Anknüpfungspunkt für die nationalsozialistische Propaganda der letzten beiden Kriegsjahre dar.

Die Bomben der alliierten Luftflotten zerstörten aber nicht nur Menschenleben, Fabriken und Wohnhäuser, sondern auch gewachsene soziale Strukturen. Die alten Arbeitermilieus, die bei aller sozialen Desintegration während der NS-Zeit aber doch materiell noch bestanden, waren davon besonders betroffen. Belegschaften, Nachbarn, Freunde, Verwandte wurden auseinandergerissen, ein vielfältiges Netz sozialer Kontakte zerstört, das ja die Grundlage sowohl der organisierten Arbeiterbewegung als auch der informellen Arbeitermilieus gewesen war.

Hinzu kamen Betriebsverlagerungen und in zunehmendem Maße Evakuierungen, die schließlich auch noch die Familien – oft für lange Zeit – von ihren Vätern trennten. An diese Evakuierungsmaßnahmen banden sich die heftigsten sozialen Auseinandersetzungen der letzten Kriegsphase. Wiederum in Essen z. B. hatten von den vor Beginn der großen Bombenangriffe hier lebenden 170555 Kindern und Jugendlichen unter achtzehn Jahren bis Ende 1943 fast 100000 die Stadt verlassen. Im April 1945 lebten noch etwa 50000 in Essen.[72] Auch zahlreiche Frauen von Industriearbeitern waren in weniger luftgefährdete Gebiete evakuiert worden. Viele von ihnen fuhren aber bald auf eigene Faust zurück, auf die daraufhin erfolgte Sperrung ihrer Lebensmittelkarten reagierten sie mit heftiger Empörung. In Witten, Hamm, Lünen, Bochum kam es zu regelrechten Protestdemonstrationen; Bergleute drohten in aller Öffentlichkeit, daß sie ihre Arbeitsleistung einschränken würden, wenn ihre Familien nicht bei ihnen bleiben dürften.[73]

Für die letzte Kriegsphase lassen sich in der Arbeiterschaft zwei scheinbar paradoxe Entwicklungen feststellen. Auf der einen Seite nahmen die negativen und ablehnenden Äußerungen der Arbeiter gegenüber dem Regime ständig zu und wurden, je näher das Kriegsende rückte, immer schärfer. Auf der anderen Seite konnten die »Meldungen aus dem Reich« immer wieder und bis in die letzten Kriegswochen feststellen, daß überall dort, wo dies noch möglich war, unvermindert weitergearbeitet wurde. Es gibt viele Berichte darüber, daß buchstäblich erst die ersten amerikanischen Artilleriegeschosse die Belegschaften der großen Industriebetriebe im Westen dazu brachten, ihre Arbeitsstelle zu verlassen.
Aber beide Faktoren standen zueinander nur scheinbar im Widerspruch. Denn die bis zum letzten Kriegstag feststellbare Orientierung auf den Betrieb bedeutete das Festhalten an dem einzigen Ort, der »wenigstens einen Abglanz von Normalität« (Werner) in einer völlig chaotisch gewordenen Umwelt bot. Außerdem war für die Arbeiterschaft nur mit einem Arbeitsplatz eine Perspektive für die Zeit nach dem Kriegsende denkbar. Dadurch, daß im Betrieb neben dem an Bedeutung verlierenden Lohn auch die Lebensmittelzulagekarten ausgegeben wurden, wurde dieser Rückzug auf den Betrieb noch verstärkt. Durch die starke Zerstörung der Wohnviertel war aber der Betrieb oftmals auch der einzige Ort, wo die Arbeiterschaft als Gruppe und gemeinsam auftrat. Hier wurden teilweise auch wieder alte Arbeiterführer aus der Zeit vor 1933 organisierend aktiv, oder auch solche, die sich während der NS-Zeit das Vertrauen der Kollegen erworben hatten. Diese Gemeinsamkeit schien in den letzten Wochen und Tagen des Krieges auch Gewähr dafür zu sein, den eigenen Arbeitsplatz und das eigene Leben zu verteidigen – sei es gegen die Versuche der Nationalsozialisten, Hitlers Befehl zur Zerstörung der Industrie- und Verkehrsanlagen in letzter Minute noch auszuführen, sei es gegen die ausländischen Arbeiter, deren Rache in vielen Belegschaften nicht zu Unrecht erwartet wurde.

In der letzten Kriegsphase setzten aber auch die Bemühungen zur Reorganisation der Arbeiterbewegung ein, wobei man zwei verschiedene Entwicklungen deutlich voneinander unterscheiden kann. Anknüpfend an die Traditionen des Widerstands und auf die politischen Vorbereitungen der Exilvorstände aufbauend, gewannen die politischen Arbeiterorganisationen nach dem Einmarsch der Sieger schnell wieder an organisatorischem Profil, setzten sich aber zum Teil sehr deutlich von den politischen Erfahrungen der Arbeiterschaft im Dritten Reich ab. Hier gewann die nach der Machtergreifung von den Führungskadern so beklagte Trennung zwischen Basis und Führung ihren politischen Ausdruck.

Auf der anderen Seite entstanden mit den Antifa-Komitees lokale Basisorganisationen, die in keinem direkten Kontakt zu den Parteiführungen standen.[74] Die »Antifas« sind gelegentlich als Beleg für die spontane, quasi-revolutionäre, jedenfalls radikale Linkstendenz in der Arbeiterschaft der unmittelbaren Nachkriegszeit genommen worden. Die Aktivitäten der Antifa-Komitees hatten jedoch eine andere Stoßrichtung: Sie bestanden vor allem in der Unschädlichmachung lokaler NS-Führer sowie in der Überwindung der wirtschaftlichen Lähmungskrise: Trümmerräumen, Reparatur von Versorgungsanlagen, Beschaffung von Lebensmitteln, Bau- und Brennmaterial, Wiederinstandsetzung von Betriebsanlagen, Verhinderung von Plünderungen (vor allem durch Ausländer), Aufstellung einer Hilfspolizei sowie Aufbau eines Organisationskerns.[75]

Die Kontinuität zur Orientierung auf den Betrieb in der letzten Kriegsphase ist offensichtlich, in den Trümmern der Städte und Fabriken entstand nicht der Keim zum Aufbau einer sozialistischen Gesellschaft – dazu waren auch die Antifas zu klein und zu isoliert –, sondern eine Zwischenlösung in einer Übergangszeit, als die nationalsozialistische Organisation und Verwaltung nicht mehr und die alliierte noch nicht funktionierte, mit dem Ziel, die Arbeitsplätze und Wohnungen der Arbeiterschaft vor weiterer Zerstörung zu bewahren und wenn möglich zu erhalten, darüber hinaus elementare Sicherheitsbedürfnisse der Bevölkerung und die Kontinuität der zweiten Ökonomie beim Zusammenbruch der ersten zu gewährleisten. Ihre Fortsetzung fanden die Antifas nach ihrem Verbot durch die Alliierten (meist noch im Frühjahr oder Sommer 1945) in den Betriebsräteorganisationen, die nach der Etablierung der alliierten Verwaltung, von allen politischen Aufgaben befreit, sich auf die unmittelbaren Interessen der von ihnen vertretenen Belegschaften konzentrierten.

»In dieser Phase«, beschreibt Lutz Niethammer die Jahre der Nachkriegszeit und die Bedeutung der Betriebsräte, »übernahmen die Betriebsräte Vermittlungsfunktionen, welche die Lücken der gespaltenen Ökonomie in einer zwar gesamtwirtschaftlich sicher nur marginalen, für ihre Klientel im Betrieb aber essentiellen Weise überbrückten. Und indem sie das taten, füllten sie sogleich die Lücke zwischen den Organisationsführungen der Arbeiterbewegungen, deren sozialistische Programmperspektiven mit ihren geringen Kompetenzen nicht befördert werden konnten, und Belegschaften mit hungrigen Familien, die vor allem an Wohnungen und Nahrungsmitteln interessiert sein mußten, aber die notwendige Kompensationskraft am Schwarzen Markt nicht als Individuum, sondern nur als Betriebskollektiv entfalten konnten.«[76]

Die »Reorganisation der Arbeiterbewegung« als Kollektivierung des Schwarzmarkts? Tatsächlich spielte die politische Programmatik der Arbeiterparteien eine ganz untergeordnete Rolle, und die Orientierung der Arbeiterbevölkerung auf ihre unmittelbaren Interessen, auf die Zusammenführung der Familie, Reparatur der Wohnung, auf Heizung und Lebensmittel, vor allem aber auf einen Arbeitsplatz, überragte alles andere so sehr, daß ideologische Aspekte nur ganz am Rande standen.

Das kann angesichts der in dieser Skizze deutlich gewordenen Erfahrungen der Arbeiterschaft in der NS-Zeit und vor allem im Krieg nicht überraschen: Familienleben, Arbeitsplatz, soziale Sicherung sind deutlich genug als zentrale Orientierungspunkte der Arbeiterbevölkerung seit etwa 1935 sowohl von den Arbeiterkadern wie von den NS-Geheimdiensten beschrieben worden – das ist aber nur die eine Seite. Denn darüber hinaus war die sozialistische Orientierung eines Großteils der Arbeiterschaft durch politische Teilintegration in den imperialistischen Konsens der nationalsozialistischen Politik auch irreparabel gebrochen und zum Teil auch moralisch diskreditiert worden. Die Erfahrungen als Sendbote des deutschen Militärstaats in den besetzten Ländern, die Hinnahme oder Akzeptanz der Überordnung über eine Kaste rechtloser und ausländischer Arbeitskräfte, die Zustimmung (jedenfalls während der siegreichen Phasen) zu den Eroberungen Hitler-Deutschlands haben auch so große Teile der Arbeiterschaft mit einbezogen, daß in der Nachkriegszeit außer den Widerstandskämpfern, den politischen Häftlingen und den aus dem Exil Zurückgekehrten nur die wenigsten bruchlos an die Tradition der sozialistischen Arbeiterbewegung vor 1933 anknüpfen konnten.

Die Integration in den NS-Staat war aber innerhalb der Arbeiterschaft nie so weitgehend und tiefgreifend wie in anderen gesellschaftlichen Schichten gewesen; die Bombenangriffe, die allmähliche Aushöhlung der Effektivität der nationalsozialistischen Organisation, die rigide Rationierung der Lebensmittel und nicht zuletzt die Niederlage selbst haben das ihre dazu beigetragen, um bei Kriegsende die Ideologie des Nationalsozialismus als überwunden, widerlegt, überholt, erledigt erscheinen zu lassen – was man in dieser Zuspitzung etwa für kleinbürgerliche und bäuerliche Schichten nicht wird sagen können. Aber das Syndrom nationalsozialistischer Sozialpolitik gegenüber der Arbeiterschaft aus Sicherheit des Arbeitsplatzes, relativ hohen Löhnen, sozialer Versorgung, Freizeitangeboten und Familienorientierung hatte nachhaltige, positive Erinnerungen hinterlassen.[77] Alle zukünftige Politik, das ließ sich aus solchen Erfahrungen ableiten, würde sich bei der Arbeiterschaft an diesen Maßstäben messen lassen müssen.

4. Traditionen des Rassismus

Von Ulrich Herbert

Am 18. September 1942 trafen der Reichsminister der Justiz, Thierack, und der Reichsführer SS, Himmler, folgende Vereinbarung:

Auslieferung asozialer Elemente aus dem Strafvollzug an den Reichsführer SS zur Vernichtung durch Arbeit. Es werden restlos ausgeliefert die Sicherungsverwahrten, Juden, Zigeuner, Russen und Ukrainer, Polen über 3 Jahre Strafe, Tschechen oder Deutsche über 8 Jahre Strafe nach Entscheidung des Reichsjustizministers. Zunächst sollen die übelsten asozialen Elemente unter letzteren ausgeliefert werden.[78]

In einem Schreiben an den Leiter der Parteikanzlei, Bormann, erläuterte Thierack das Ziel dieser Übereinkunft:

Zweifellos fällt die Justiz jetzt schon sehr harte Urteile gegen solche Personen, aber das reicht nicht aus, um wesentlich zur Durchführung des oben ausgeführten Gedankens beizutragen. Es hat auch keinen Sinn, solche Personen Jahre hindurch in solchen Gefängnissen und Zuchthäusern zu konservieren, selbst dann nicht, wenn, wie das heute weitgehend geschieht, ihre Arbeitskraft für Kriegszwecke ausgenutzt wird.[79]

Kurz darauf wurden die Leiter der Strafanstalten von der »Abgabe asozialer Gefangener an die Polizei« informiert, und die Aktion begann. Zunächst erschienen in den Gefängnissen Kommissionen des Reichsjustizministeriums, die die »asozialen« Gefangenen auszuwählen hatten. Dafür waren entsprechende Kriterienkataloge ausgearbeitet worden; darüber hinaus entschied der persönliche Eindruck, den die Beamten von den einzelnen Häftlingen gewannen.[80] Bis zum April 1943 waren im Rahmen dieser Aktion bereits 12658 »Sicherungsverwahrte« und »Schwerverbrecher« – unter ihnen eine große Anzahl ausländischer Zwangsarbeiter, vorwiegend aus den osteuropäischen Ländern – in Konzentrationslager eingeliefert worden, mehr als zwei Drittel von ihnen nach Mauthausen-Gusen; 5935 von ihnen waren bis zu diesem Zeitpunkt bereits umgekommen.[81]

Betrachtet man die Begründungen für diese Aktion sowie die Kriterien für »Asozialität« näher, so wird der politische und ideologische Zusammenhang deutlich, in dem die Vernichtung der »asozialen Gefangenen« zu sehen ist. In einem Rundschreiben des Rassepolitischen Amtes der

NSDAP vom Juli 1942 wurden als »gemeinschaftsunfähig (asozial)« all jene Menschen bezeichnet, »die aufgrund einer anlagebedingten und daher nicht besserungsfähigen Geisteshaltung nicht in der Lage sind, den Mindestanforderungen der Volksgemeinschaft an ihr persönliches, soziales und völkisches Verhalten zu genügen«. Dazu zähle, wer »infolge verbrecherischer, staatsfeindlicher und querulantischer Neigungen fortgesetzt mit den Strafgesetzen, der Polizei und anderen Behörden in Konflikt gerät«, wer als »arbeitsscheu«, als »Rentenjäger« oder »Versicherungsschmarotzer« zu gelten habe, wer »den Unterhalt für seine Kinder dem Staat aufbürdet oder vom Kindergeld zu leben versucht«, wer sich als »besonders unwirtschaftlich und hemmungslos« erweise und keinen »geordneten Haushalt« führe sowie »Trinker, Straßendirnen, Zuhälter, Sittlichkeitsverbrecher, Homosexuelle usw.«[82]

In diesem Katalog fällt zunächst auf, daß er scheinbar wahllos vom notorischen Ladendieb über den Sittlichkeitsverbrecher bis zur »liederlichen Hausfrau«, dem Homosexuellen und dem »Arbeitsscheuen« alles nebeneinanderstellt, was den engen Rahmen der Wohlanständigkeit zu verlassen scheint – ein Katalog der sozialen Disziplinierung. Auf der anderen Seite ist bemerkenswert, daß hier von einer »anlagebedingten und nicht besserungsfähigen Geisteshaltung« gesprochen wird und daß dieses Schreiben vom »Rassepolitischen Amt« der Partei herausgegeben wurde. – Was aber haben Versicherungsbetrüger, Dirnen oder Säufer mit »Rassismus« zu tun?

Neben die Kennzeichnung der äußeren Erscheinungsformen von »Asozialität« tritt in dem Schreiben ein weiteres, strukturelles Merkmal:

> Biologisch ist für die Gemeinschaftsunfähigen kennzeichnend: 1. die Erblichkeit der entscheidenden körperlichen und geistigen Anlagen und Merkmale, welche die Gemeinschaftsunfähigkeit bedingen. Es liegen Untersuchungen vor, welche die Beständigkeit der Gemeinschaftsunfähigkeit über mehr als zehn Generationen hinweg dartun. Damit ist auch der geringe Erfolg erklärt, der den vielfachen Erziehungs-, Besserungs- und Fürsorgemaßnahmen des Liberalismus an diesen beschieden war. 2. Die Gattenwahl erfolgt häufig aus dem gleichen schlecht veranlagten Menschenkreis. Das hatte zur Folge, daß die Nachkommenschaft immer unbrauchbarer wird.[83]

Hinter den verschiedenen Erscheinungsformen von »Asozialität« stand diesem Denken zufolge also ein gemeinsames Prinzip: anlage-, also erblich bedingte Unfähigkeit zur Einpassung in die Gemeinschaft. Aus sozialer Abweichung wurde hier eine biologische Deformation, eine »rassische« Kategorie. Der Hinweis auf »Untersuchungen« über die Erblichkeit von »Asozialität« verweist darauf, daß hinter diesem

Denken nicht nur Vorurteile und Vernichtungswille gegenüber gesellschaftlich Abweichenden stehen, sondern eine ganze wissenschaftliche Schule. »Die von uns geforderte rassenhygienische Sonderbehandlung dieser aus asozialer Sippe stammenden chronisch Gemeinschaftsunfähigen ist (...) in jeder Weise auch wissenschaftlich begründet«, formulierte etwa der Gießener Rassehygieniker H. W. Kranz im Jahre 1942.[84] Die »Ausmerzung der Gemeinschaftsunfähigen«, wie sie von Thierack und Himmler im September 1942 vereinbart worden war, entsprach den Forderungen von Rassehygienikern und Kriminalbiologen.

»Rassismus« läßt sich also nicht darauf reduzieren, daß den Angehörigen verschiedener Völker bzw. Rassen je verschiedene Eigenarten und davon abgeleitet unterschiedliche Werte zugeschrieben werden. Vielmehr ist unter Rassismus im allgemeinen und der rassistischen Praxis während der nationalsozialistischen Herrschaft im besonderen ein Weltbild zu verstehen, das sich sowohl nach innen wie nach außen richtet und als umfassende »Biologisierung des Gesellschaftlichen« definiert werden kann. Dieses Konzept wurde ganz oder in Teilen bereits vor 1933 von zahlreichen Wissenschaftlern zahlreicher Disziplinen vertreten; von Soziologen, Psychologen und Psychiatern ebenso wie von Kriminologen, Medizinern, Bevölkerungswissenschaftlern und Anthropologen. Darüber hinaus stießen wesentliche Teile gerade des nach »innen« gerichteten Rassismus, der abweichendes Verhalten ebensosehr auf Erbanlagen zurückführte wie einen Großteil der psychischen Krankheiten, auch in der Bevölkerung auf eine gewisse Zustimmung, weil er sich auf verbreitete Bedrohungsgefühle und Ablehnung gegenüber Abweichenden stützen konnte und insofern als nur graduelle Verschärfung des Umgangs mit »Verbrechern«, »Asozialen«, »Irren« usw. wahrgenommen wurde, wie er seit längerer Zeit üblich und gewohnt war.[85]

Die Entwicklung und schließliche Durchsetzung eines globalen rassistischen Ansatzes ist dabei vor allem als Ausdruck der rasanten sozialen, politischen und wirtschaftlichen Veränderungen seit der Mitte des 19. Jahrhunderts zu verstehen. Vor allem die damit einhergehenden Veränderungen im gesellschaftlichen Bereich wurden von Teilen des Bürgertums und gerade in den Mittelschichten als bedrohlich und irritierend empfunden, zumal wenn es sich um Erscheinungen handelte, die den bürgerlichen Verhaltensnormen widersprachen und als Phänomene des Industrialismus, der Großstadt, der »Vermassung« der Gesellschaft wahrgenommen wurden, wie der tatsächliche oder vermeintliche Anstieg von Kriminalität, Prostitution, Homosexualität, »Verwilderung der Jugend« und auch der Geisteskrankheiten. Mit der popularisierten Form der Lehre Darwins wurde nun eine Erklärung für diese Entwicklung gefunden, die einleuchtend und, was für dieses fortschritts- und wissenschaftsgläubige Jahrhundert besonders wichtig war, naturwissenschaftlich abgesichert schien. Darwins Erkenntnisse, wonach die Ursache für die Evolution der Organismen in der »Natural Selection« zu suchen sei, wurde später von ihm selbst in seinem Buch »The Descent of Men and the Selection in Relation to Men« sowie in Deutschland vor allem von Ernst Haeckel auf den Menschen ausgedehnt.[86] Nach Darwin war die Selektion in der Natur deshalb notwendig, um das Mißverhältnis zwischen dem Nachkommenüberschuß und den vorhandenen Nahrungsquellen auszugleichen; dabei überlebten im Kampf ums Dasein jeweils nur die Stärksten, was Voraussetzung für eine stete Verbesserung und Höherentwicklung der Art sei. Hier lag nun der Anknüpfungspunkt für die Übertragung des Darwinschen Modells aus der Biologie in die Sphäre des Gesellschaftlichen. Dieses Prinzip, so wurde argumentiert, habe auch die Regeln des menschlichen Zusammenlebens beherrscht; in dem Moment aber, als die Voraussetzungen für den Kampf ums Dasein entfielen – durch das Ausbleiben von Hungersnöten etwa als Folge der Modernisierung der Landwirtschaft – und die moderne Zivilisation durch Medizin, Wohlfahrtspflege und soziale Fürsorge die Schwachen, die vorher in diesem Kampf unterlegen gewesen und »selektiert« worden wären, nunmehr unterstützte und der Notwendigkeit des »Kampfs ums Dasein« enthob, sei das Naturgesetz der Selektion außer Kraft gesetzt worden. Da nun aber die Schwachen nicht mehr auf natürliche Weise ausgesondert würden, vermehrten sie sich in erheblicher Zahl, wodurch die Grundlage der Evolution, das Überleben nur der Starken, entfiel. Es seien also gerade die Auswirkungen der aus der bürgerlichen Tradition von Humanität und Gleichheitspostulat auf der einen, der christlichen Anschauung des Menschen als Geschöpf Gottes auf der anderen Seite heraus entwickelten Formen der staatlichen Hilfe gegenüber Bedürftigen und Schwachen, die die Weiter- und Höherentwicklung der Menschheit bzw. eines Volkes bedrohten oder gar verhinderten.

Diese hier grob skizzierte gedankliche Entwicklung fand vor allem deshalb so viel Unterstützung, weil sie der Überlegenheit und daraus abgeleitet dem Herrschaftsanspruch der gesellschaftlichen Führungsschichten des Kaiserreichs eine naturwissenschaftliche, damit »naturgesetzliche« Grundlage zu geben schien. Sie stand zudem in deutlichem Konnex zu den Fortschritten der Medizin und der Hygienebewegung im Kampf gegen die großen Volkskrankheiten während dieser Zeit.

Denn so wie es gelang, körperliche Krankheiten durch naturwissenschaftliche Analysen ihrer Ursachen zu erkennen und erfolgreich zu bekämpfen, so müßte es diesem Gedanken zufolge nach der Entdekkung der naturwissenschaftlichen Ursachen für gesellschaftliche Fehlentwicklungen, für »Krankheiten am Volkskörper«, nun auch gelingen können, dagegen auf höchst wissenschaftlicher Ebene wirksame Gegenmittel zur Heilung zu entwickeln.
Diese Vorstellungen wurden von ihren Vertretern am Ausgang des 19. Jahrhunderts in durchaus unterschiedlicher Weise entwickelt und bezogen sich auch auf recht verschiedene Gruppen, die als »minderwertig« empfunden wurden – das reichte von den »Schwachsinnigen« über Menschen mit angeborenen körperlichen Krankheiten, über »Gewohnheitsverbrecher« bis hin zu »lieblosen« und »häßlichen« Menschen, wie etwa von Alexander Tille gefordert, einem der radikalsten Vertreter der »Wiedereinführung« harter Auslese, der 1893 u. a. empfahl, daß »jedermann um so weniger zu essen haben soll, je untüchtiger er ist, so daß die Untüchtigen unfehlbar zugrunde gehen«.[87]
Alfred Ploetz, einer der führenden Sozial-Darwinisten, der 1904 die »Gesellschaft für Rassenhygiene« begründete, faßte die verschiedenen Forderungen der Gesellschaftsbiologen im Jahre 1895 in 3 Punkten zusammen:

> 1. Erzeugung möglichst vieler Devarianten. 2. Schärfere Ausjätung des schlechteren Teil der Convarianten, dessen Größe im richtigen Verhältnis stehen muß zu der Differenz zwischen erzeugten Individuen und erreichbaren Nährstellen. Keine Erleichterung der Gesamtgröße der selectorischen Einflüsse. 3. Keine Contraselection, d. h. keine Ausmerzung gerade der guten, und kein besonderer Schutz der schlechten Convarianten; also keine Kriege, keine blutigen Revolutionen, kein besonderer Schutz der Kranken und Schwachen.[88]

Kurz gefaßt bedeutete dies: Die menschliche Fortpflanzung müsse so organisiert werden, daß möglichst viele erblich »Starke« zu produzieren seien, während nur so viele »Schwache« zugelassen werden dürften, wie »Nährstellen« – damit waren Arbeitsplätze oder Nahrungsmittel gemeint – vorhanden seien. Die »natürliche Selection«, etwa durch Krankheiten, aber auch durch Armut und Hunger, dürfe nicht behindert werden. Ereignisse, bei denen insbesondere die »Starken« umkämen, seien zu vermeiden.
Um die noch junge Disziplin der Rassenhygiene voranzubringen, bot der Essener Großindustrielle Friedrich Alfred Krupp im Jahre 1900 50000 RM für ein Preisausschreiben auf, in dem die besten Arbeiten zum Thema »Was lernen wir aus den Prinzipien der Descendenztheorie in Beziehung auf die innerpolitische Entwicklung und Gesetzgebung

der Staaten?« prämiert werden sollten.[89] Gewinner des Wettbewerbs wurde der Münchner Arzt Wilhelm Schallmayer mit seiner Arbeit »Vererbung und Auslese im Lebenslauf der Völker, eine staatswissenschaftliche Studie aufgrund der neueren Biologie«[90]. Darin versuchte er zu zeigen, wie sehr durch die Errungenschaften der modernen Zivilisation die natürliche Selektion der Minderwertigen ausgeschaltet worden und die »Contraselection« – die Ausschaltung der besonders Begabten – ausgebreitet worden sei. Im Rechtswesen sei der alte Brauch, Kriminelle einfach umzubringen und mithin auch zu verhindern, daß die ihrem Tun zugrundeliegenden schädlichen Erbanlagen durch Fortpflanzung weitervererbt würden, durch eine Rechtsprechung abgelöst worden, die der Schwere der Tat, nicht der Veranlagung des Täters gerecht zu werden trachtete. Dadurch werde aber die Aufgabe des Rechtswesens verfehlt, »nämlich als selektiver Faktor in bezug auf soziale Eignung zu wirken« – ein Gedanke, der auch die Grundlage des sich entfaltenden Zweigs der »Kriminalbiologie« darstellte.[91] Ebenso sei das moderne Sozialwesen geeignet, gerade diejenigen Teile der Bevölkerung zu unterstützen, die besonders schlechte Erbanlagen besäßen und so in die Lage versetzt würden, in überdurchschnittlichem Maße Nachkommen in die Welt zu setzen. Ein Gleiches gelte für die Medizin, die durch erfolgreiche Bekämpfung der großen Volkskrankheiten, insbesondere aber der Säuglingssterblichkeit, die Mechanismen der »natürlichen Selection« weithin außer Kraft gesetzt habe. Durch diese und andere Entwicklungen sei die Struktur der Erbanlagen der deutschen Bevölkerung insgesamt verschlechtert worden. Dem müsse mit allen Mitteln entgegengearbeitet werden, und zwar in quantitativer Hinsicht durch ein Bündel von Maßnahmen zur Hebung der Geburtenziffern, in qualitativer Hinsicht durch staatliche »Fruchtbarkeitsbeeinflussung«, um Menschen mit schlechten Erbanlagen, etwa durch Zwangssterilisierung oder durch staatliches Eheverbot, von der Fortpflanzung auszuschließen, während die Bevölkerungsteile mit überdurchschnittlichen Erbanlagen zu erhöhter Kinderproduktion zu bewegen seien, etwa durch steuerliche Begünstigungen und entsprechende sozialpolitische Maßnahmen.

Die hier knapp skizzierte Argumentation Schallmayers fand in den folgenden Jahren zunehmende Verbreitung – nicht so sehr in der Öffentlichkeit, sondern vorwiegend unter den »Fachleuten«, also innerhalb der betroffenen Wissenschaftszweige sowie bei den Praktikern der Sozialfürsorge. Gemeinsam war ihnen, daß sie hinter dem Erscheinungsbild eines Individuums, dem »Phänotypus«, den »Genotypus« zu erkennen meinten – die Erbverfassung des einzelnen. Dieses Denken war nun durchaus nicht auf Deutschland oder gar auf rechtsradikale Kreise in Deutschland beschränkt. So forderte etwa auch Alfred Grotjahn, der Verfasser des gesundheitlichen Programms der SPD, »den menschlichen Artprozeß durch Abhaltung ganzer Gruppen von Minderwertigen von der Fortpflanzung in großem Maßstabe zu beeinflussen«, sowie »das gesamte Krankenhaus- und Anstaltswesen in den Dienst der Ausjätung der körperlich und geistig Minderwertigen zu stellen«.[92] In seiner Schrift »Krankenhauswesen und Heilstättenbewegung im Lichte der sozialen Hygiene« hatte Grotjahn gefordert, diejenigen Arbeiter abzusondern und in Asyle zu stecken, die »tuberkulös, geschlechtskrank, nervenkrank, verrückt, epileptisch, blind und taub, verkrüppelt, trunksüchtig, siech, schwer unfallverletzt und invalid« waren.[93]

Rassenhygiene und »Eugenik« als Bestandteile gesellschaftsbiologischen Denkens waren im ersten Drittel des 20. Jahrhunderts zudem auch in anderen westlichen Ländern unter Sozialwissenschaftlern, Medizinern und Kriminologen verbreitet, so etwa in England, den skandinavischen Ländern und vor allem den USA, wo die rassenhygienischen Postulate der Galton-Society und insbesondere des Eugenikers Charles B. Davenport einigen Einfluß auf die amerikanische Einwanderungspolitik gewannen.[94] In 26 amerikanischen Bundesstaaten gab es Gesetze zur Unfruchtbarmachung aus eugenischen Gründen, ebenso wie in Dänemark und Teilen der Schweiz und Kanada.[95] Auf der anderen Seite beschränkte sich die Praxis der »Eugenik« in diesen Ländern auf Sterilisierungen auf freiwilliger Grundlage; zudem gerieten die Gesellschaftsbiologen dieser Länder seit Ende der 1920er Jahre wissenschaftlich ebenso wie praktisch mehr und mehr in die Defensive.

In Deutschland hingegen gewannen Rassenhygiene und gesellschaftsbiologisches Denken insgesamt vor allem seit dem Ersten Weltkrieg zunehmend an Bedeutung. In den 20er Jahren war die Rassenhygiene an fast allen Universitäten im Lehrplan vertreten, mit der Tendenz zur Etablierung als medizinische Spezialdisziplin; 1927 wurde – von allen Reichstagsparteien unterstützt – das »Kaiser-Wilhelm-Institut für Anthropologie, menschliche Erblehre und Eugenik« gegründet.[96] Gleichzeitig konkretisierten sich die Forderungen der Rassehygieniker und wurden zunehmend radikaler. Die Konsequenz einer »wissenschaftlich« festgeschriebenen Zweiteilung der Gesellschaft in »Hochwertige« und »Minderwertige« lag in der Forderung nach Ausgrenzung, schließlich nach »Ausmerzung« der als »minderwertig« Bezeichneten.

Dieser letzte Schritt war gedanklich spätestens mit der Schrift »Die Freigabe der Vernichtung lebensunwerten Lebens. Ihr Maß und ihre Form« getan, die von dem Freiburger Psychiatrie-Professor Alfred

Hoche und dem berühmten Rechtswissenschaftler Karl Binding 1920 herausgegeben worden war.[97] Die beiden Autoren forderten darin – angesichts der Opfer des Ersten Weltkrieges erschreckt und tief beeindruckt von der Lehre von der »negativen Auslese« –, vornehmlich die Geisteskranken nicht länger in Heimen zu pflegen, sondern sie zu töten; es gäbe »weder vom rechtlichen noch vom sozialen, noch vom sittlichen, noch vom religiösen Standpunkt aus schlechterdings keinen Grund, die Tötung dieser Menschen, die das furchtbare Gegenbild echter Menschen bilden und fast in jedem Entsetzen wecken, der ihnen begegnet, freizugeben – natürlich nicht an jedermann«. Voraussetzung für solche Maßnahmen aber sei es, so lautete die Schlußfolgerung beider Autoren, sich von überholten ethischen Prinzipien zu lösen und neue Werte zum Maßstab zu machen: »Es gab eine Zeit, die wir jetzt als barbarisch betrachten, in der die Beseitigung der lebensunfähig Geborenen oder Gewordenen selbstverständlich war; dann kam die jetzt noch laufende Phase, in welcher schließlich die Erhaltung jeder noch so wertlosen Existenz als höchste sittliche Forderung galt; eine neue Zeit wird kommen, die von dem Standpunkte einer höheren Sittlichkeit aus aufhören wird, die Forderungen eines überspannten Humanitätsbegriffes und einer Überschätzung des Wertes der Existenz schlechthin mit schweren Opfern dauernd in die Tat umzusetzen.«[98]
Damit war die politische Perspektive dieses Denkens angedeutet: die radikale Absage an die politisch-philosophischen Prinzipien der Gleichheit und des Schutzes der Schwachen – sei es in politisch-philosophischer oder in religiöser Überzeugung fundiert – sowie die unbedingte Vorrangstellung der Interessen der Gemeinschaft vor denjenigen des Individuums. »Man glaube doch nicht«, schrieb dazu bereits 1918 der Biologe Oskar Hertwig, einer der schärfsten Kritiker der Sozialdarwinisten, »daß die menschliche Gesellschaft ein halbes Jahrhundert lang Redewendungen wie unerbittlicher Kampf ums Dasein, Auslese des Passenden, des Nützlichen, des Zweckmäßigen, Vervollkommnung durch Zuchtwahl usw. in ihrer Übertragung auf die verschiedensten Gebiete wie tägliches Brot gebrauchen kann, ohne in der ganzen Richtung der Ideenbildung tiefer und nachhaltiger beeinflußt zu werden.«[99]
Dies wird besonders augenfällig, wenn man die mit der Ausbreitung des Sozialdarwinismus einhergehende »Rasseforschung« der Rasseanthropologen in die Betrachtung mit einbezieht.[100] Zunächst weithin mit Körper- und Schädelmessungen beschäftigt, um die Unterschiedlichkeit und unterschiedliche Wertigkeit der verschiedenen Menschenrassen empirisch nachzuweisen, erhielten sie durch die Lehre Darwins so-

wie die (Wieder-)Entdeckung der Mendelschen Vererbungsregeln einen enormen Aufschwung. Anstatt eines bis dahin vorwiegend durch Anschauung geprägten Rassebegriffs schien der hieraus zu entwickelnde populationsgenetische Rassebegriff die Möglichkeit zu bieten, Unterschiedlichkeit und unterschiedliche Wertigkeit der Rassen biologisch zu beweisen, indem man objektive rassische Verschiedenheiten mit Wertmaßstäben und sozialen Eigenschaften kombinierte und so etwa »Rasse« mit Intelligenz, Kulturniveau oder seelischen Eigenschaften gleichsetzte.[101] Ähnlich wie bei den Sozialdarwinisten gegenüber allem Abweichenden innerhalb einer Gesellschaft argumentierten die Rasseanthropologen in bezug auf das Verhältnis der verschiedenen Menschenrassen untereinander, wobei angesichts der mangelnden wissenschaftlichen Grundlage darunter z. T. auch Nationen, Kulturkreise etc. subsumiert wurden: Abweichendes, Fremdes, Irritierendes wurde mit Hilfe wissenschaftlicher Kategorien als »weniger Wertvolles« definiert; aus dem sozialen Bedrohungsgefühl wurde ein gleichsam objektivierter biologischer Bedrohungstatbestand. Durch die in Deutschland sich ausbreitende »Kombination des sozialdarwinistischen Ausleseprinzips mit einem typologisch verengten und den verschiedensten ideologischen Inhalten ausgeführten Rassenbegriff (...) nach dem die nordische Rasse auf der Rassenskala die qualitativ hochwertigste aller Rassen sei und deshalb auch End- und Zielpunkt der Auslese sein müsse«, wurden, wie der Leipziger Historiker Kurt Nowak hervorgehoben hat, »innerer« und »äußerer« Rassismus miteinander verbunden.[102]

Damit war auch Anschluß gefunden an den traditionellen, sich aus sozialen und religiösen Motiven speisenden Antisemitismus, der nun eine gleichsam wissenschaftliche Untermauerung erhielt und zum Rassenantisemitismus wurde. Nunmehr wurden die im antijüdischen Vorurteil fixierten negativen Eigenschaften der Juden auf biologische Andersartigkeit zurückgeführt; kennzeichnend ist dabei die enge Verbindung von »biologischen« mit »seelischen«, sozialen, kulturellen und historischen Faktoren – geradezu die klassische Überführung vom sozialen Vorurteil in eine »wissenschaftliche« Kategorie.[103]

Der Erste Weltkrieg hatte vor allem deshalb ein Aufleben gesellschaftsbiologischer Argumentation zur Folge, weil er in den Augen der »Eugeniker« und »Rassewissenschaftler« eine »Contraselection« in größtem Ausmaße darstellte; gerade die Besten seien es gewesen, die auf dem Schlachtfeld geblieben seien. Und zusammen mit dem weiteren Ausbau der Sozial- und Fürsorgepolitik, der Medizin und moderner Strafvollzugsmethoden während der Weimarer Zeit, dem gleichzeiti-

gen Rückgang des Geburtenüberschusses in der deutschen Bevölkerung, hervorgerufen durch den Trend gerade in bürgerlichen und mittelständischen Familien zur Ein- oder Zwei-Kinder-Ehe, schienen die seit langer Zeit geäußerten Befürchtungen der Gesellschaftsbiologen in dramatischer Weise aktuell geworden zu sein. Gegenmaßnahmen schienen dringend notwendig zu sein, sowohl »positiver« Art – durch entsprechende staatliche Hilfe für den »wertvollen« Teil der Bevölkerung, insbesondere zur Steigerung der Geburtenrate sowie durch moderne sozialpolitische Maßnahmen, als auch »negativer« Art – etwa durch staatliche Eingriffe, um die Vermehrung des »unwerten« Bevölkerungsteils zu verhindern oder doch einzudämmen. Gleichzeitig, wenn auch nicht durchweg von denselben Wissenschaftlern, wurden Maßnahmen gegen die Vermischung der Rassen gefordert, weil diese ebenfalls zur Verschlechterung der biologischen Substanz der deutschen Bevölkerung beitrügen.
Am Ende der Weimarer Republik war gesellschaftsbiologisches Denken in den einschlägigen Wissenschaftszweigen weit verbreitet; stieß aber ebensosehr auf entschiedene Ablehnung, insbesondere, wo es um die von Binding und Hoche geforderte »Vernichtung lebensunwerten Lebens« ging, während – etwa von seiten führender Juristen – die Forderung nach »Sterbehilfe« für unheilbar Kranke positiver aufgenommen wurde.[104] Waren jedoch die Diskussionen um praktische Maßnahmen gegenüber »Minderwertigen« in den vorausgegangenen Jahren im wesentlichen auf Wissenschaftler und Praktiker der Sozialfürsorge beschränkt gewesen, so war die biologische Erklärung gesellschaftlicher Vorgänge und insbesondere die Zurückführung ungewöhnlichen, normbrechenden, »anormalen« Verhaltens auf dahinterstehende biologische, ererbte und vererbbare Faktoren durchaus verbreitet. Das »rassenhygienische Paradigma« ist zutreffend als »Resonanzboden für bildungsbürgerlich geprägte Deutungsmuster gesellschaftlicher Wirklichkeit« bezeichnet worden, das dem gesellschaftlichen Status quo gegen alle Gefährdungen und Irritationen eine »wissenschaftliche Grundlage« zu geben schien.[105] Dabei trafen offenbar vor allem solche Argumente auf Zustimmung, die auf die finanzielle Belastung der Gesellschaft durch die »Aufbewahrung« und Pflege der Geisteskranken und Körperbehinderten, auf die Kosten des Strafvollzugs oder der Sozialhilfe für »Asoziale« verwiesen, zumal, wenn diese Kosten durch die postulierte Vererbbarkeit der Behinderung oder des »asozialen Verhaltens« auf die Kinder übertragen und somit immer weiter ansteigen würden.
Bei den Nationalsozialisten liefen diese verschiedenen Linien zusam-

men. Der nationalsozialistische Rassismus als konsequent gesellschaftsbiologische Weltanschauung wurde dabei explizit durchaus nicht von einer Mehrheit in der Bevölkerung geteilt. Aber in ihm bündelten sich die Angst vor einem Bevölkerungsrückgang in Deutschland – seit langem schon eine Art imperialistischer Alptraum –, Abwehr gegenüber allem Fremden, Irritierenden und Abweichenden sowie Antisemitismus und Antislawismus und wurden unter Hinweis auf den »wissenschaftlichen« Rassismus aus der Sphäre des Dünkels und des Vorurteils auf eine quasi objektive Ebene gehoben. Wie sehr diese einzelnen Aspekte dabei miteinander verbunden waren, mag beispielhaft eine Schrift des Leiters des Rassepolitischen Amtes der NSDAP, Dr. Walter Gross, von 1934 belegen, die ein Jahr nach der nationalsozialistischen Machtübernahme die »rassischen« Positionen des neuen Staates zusammenfaßte.[106]

Gross hob in seiner programmatischen Schrift »Rassenpolitische Erziehung« drei Prozesse hervor, »die in der Vergangenheit Völker zerstörten und die wir nun alle drei auch in unserem deutschen Volke heute ablaufen sehen seit Jahrzehnten, z. T. seit Jahrhunderten (...): der quantitative Rückgang der Zahl, die qualitative Verschlechterung des erblichen Wertes eines Volkes und namentlich die Mischung mit fernstehenden Rassen, die im Grunde dazu führt, daß die brauchbaren und wertvollen Anlagen beider zur Mischung kommenden immer wieder durchkreuzt und zerstört werden«. Der quantitative Bevölkerungsrückgang würde, wenn er sich in der bisherigen Weise fortsetzte, dazu führen, daß in knapp 50 Jahren

> Deutschland zahlenmäßig etwa auf zwei Drittel seines heutigen Bestandes zurückgegangen sein wird, etwa nur noch die Einwohnerzahl des heutigen Polens vielleicht haben wird, während dieses gleiche Polen z. B., wenn es auch nur ungefähr die Geburtenziffern hält, die es jetzt hat, in der gleichen Zeit anschwellen wird auf die Bevölkerungsstärke des heutigen Deutschen Reiches, was dann bedeutet, daß diese beiden Staaten, rein zahlenmäßig gesehen, einfach ihre Rollen getauscht haben, die Großmacht Deutschland aufgehört hat und im Herzen Europas nichts mehr ist als ein kleines Vasallenstaatsgebilde, das zwangsläufig von dem gewaltig angeschwollenen und im Rahmen seiner Grenzen keinen Raum mehr findenden polnischen Volkstum erdrückt werden muß.

Die »quantitative Verschlechterung« hingegen sei vor allem die

> Folge eines humanitären und liberalen Geistes gewesen (...), daß man geglaubt hat, man könne und dürfe ungestraft die großen Gesetze der Auslese der Natur für das Reich des Menschen außer Kraft setzen, man könne und dürfe mit künstlichen Mitteln jene brutale und rücksichtslose, aber im tiefsten gerechte, wenn wir so wollen: göttliche Ordnung der Dinge der Natur durchbrechen, die darin besteht, daß immer und immer wieder das ausgemerzt wird, was nicht zumindest einem guten Durch-

schnitt genügt, und daß bloß das bevorzugt sich durchsetzt im Leben der Natur, der Tierwelt, der Pflanzenwelt, der primitiven Menschenwelt, was über den Durchschnitt hinausragt. Sie wissen, wie wir das gedanklich durchbrochen haben durch die Lehre von der Gleichheit, die keine Unterschiede mehr kennt und kennen darf und Unterschiede in der Wertigkeit zwischen den verschiedenen Menschen zurückführt auf äußerliche Momente der Umwelt, des Milieus und sie damit also bagatellisiert (...) Aber gleich sind die Wertigkeiten nirgends, und wenn nun in einem Volke der Teil, auf dessen Seite die geringeren Werte insgesamt aus erblichen Gründen liegen, zahlenmäßig anwächst und stärker wird gegenüber dem anderen, der an sich wertvoll sein könnte, so vermindert sich am Ende der Wert des ganzen Volkes und damit seine Stärke nach innen und außen (...) Während gesunde deutsche Familien im Durchschnitt eine lächerlich geringe Kinderzahl haben, bringen es die Familien mit erblicher Belastung, die Familien der Schwachsinnigen auf 3, auf 4, auf 5 Kinder im Durchschnitt, die selbstverständlich nichts anderes darstellen als die Fortsetzung der minderwertigen und unterwertigen Anlagen der Eltern (...), eine Erkenntnis, die, zunächst rein abstrakt-theoretischer Art, auf der praktischen Seite zur Forderung von Maßnahmen geführt hat, wie wir sie etwa im Gesetz zur Verhütung erbkranken Nachwuchses heute ins Rollen bringen. Der dritte Prozeß, von dem ich heute sprach: Die Mischung mit Menschen ganz fremder und fernster Rassenbestandteile. Aus den Erlebnissen des letzten Jahres weiß man, wie stark ein solcher fremder Blutseinschlag in unserem Volke bereits geworden ist. Wenn es auch eigentlich für 70 Millionen immer nur kleine Bruchteilchen darstellt, so ist doch in der Durchführung des Gesetzes zur Wiederherstellung des Berufsbeamtentums und der anderen Arier- und Nichtarierparagraphen an den Dienststellen mit Erschütterung festgestellt worden, daß der Einbruch fremder Blutselemente in unser Volk unendlich viel weitergegangen ist, als wir es selbst uns hätten träumen lassen.

Das bedeutet aber nichts anderes, als daß eben auch die Harmonie, das Gesamtgefüge dieses Volkes leiblich, geistig, seelisch, charakterlich in sich morsch zu werden beginnt, denn wenn in den Menschen und Familien, im einzelnen oder in ganzen Gruppen, immer wieder zwei Seelen in der Brust miteinander ringen müssen, dann kann nichts anderes dabei herauskommen, als innere Unruhe und Zerrissenheit und nicht das, was Völkern Stärke und Staaten Zukunft gibt. Die Konsequenz aus dieser Erkenntnis ist dann das schon erwähnte Gesetzgebungswerk gewesen, das nun für die Zukunft durch alle möglichen gesetzlichen Bestimmungen ein weiteres Einsickern fremden Blutes unmöglich zu machen versucht.

In dieser Ansprache Gross' wurde in gedrängter Form ausgesprochen, wie eng zum einen »eugenischer« und »anthropologischer« – »innerer« und »äußerer« – Rassismus zusammenhängen, wie sehr dies zweitens mit Hinweisen auf wissenschaftliche Erkenntnisse und naturgesetzliche Entwicklungen objektiviert und abgesichert wurde, und drittens, daß die Nationalsozialisten als ihr spezifisches Verdienst die unmittelbare Verbindung zwischen wissenschaftlicher Erkenntnis und politischer Praxis betrachteten, während vorher zwar bereits das Wissen, nicht aber die Bereitschaft zum Handeln existiert habe. Das rassistische Paradigma selbst, das gesellschaftsbiologisches Denken zur Grundlage sozialen Handelns erhob, war also nichts spezifisch Nationalsozialistisches. Es bestand vielmehr als weitgehend ausgebildetes Theorem bereits vor 1933 und fand innerhalb der beteiligten Professionen auch breite Unterstützung. Aber es traf ebensosehr auch auf erhebliche Kritik und Ablehnung – sowohl was seine wissenschaftliche Seriosität als auch die ethischen Implikationen betraf; dadurch waren Versuche der Umsetzung von der Theorie in praktisches Handeln vor 1933 weitgehend abgeblockt worden. Selbst Pläne zur Zulassung eugenisch indizierter Sterilisation auf freiwilliger Grundlage waren – im Gegensatz zur Entwicklung in anderen westlichen Ländern – über das Stadium vorparlamentarischer Beratung noch nicht hinausgekommen.[107] Durch die Machtübernahme der Nationalsozialisten wurde diese Balance beseitigt – die Befürworter rassistischen Denkens rückten in entscheidungsberechtigte Stellen ein, während ihre Kritiker mundtot gemacht wurden oder von sich aus verstummten. Gleichzeitig begann die Umsetzung des bis dahin nur Gedachten in die Praxis – und ein Prozeß der steten Radikalisierung dieser Praxis.

Das »Gesetz zur Verhütung erbkranken Nachwuchses«[108], auf das sich Gross bezieht, ist als erster Schritt auf dem Wege der Verwirklichung eines umfassend angelegten Programms zur »Reinigung des Volkskörpers« zu verstehen. Es wurde bereits am 14. Juli 1933 verabschiedet und sollte im Januar 1934 in Kraft treten; es bestimmte, daß Erbkranke, die an »angeborenem Schwachsinn« litten, zu sterilisieren seien, wobei unter Schwachsinn »jeder im medizinischen Sinne als deutlich abnorm diagnostizierbare Grad von Geistesschwäche« verstanden wurde.[109] Am gleichen Tag wie das Sterilisierungsgesetz wurde auch das »Gesetz gegen gefährliche Gewohnheitsverbrecher und über Maßregeln der Sicherung und Besserung«[110] beschlossen, nachdem ursprünglich gehegte Pläne, Gewohnheitsverbrecher ebenfalls unter das »Gesetz zur Verhütung erbkranken Nachwuchses« fallen zu lassen, aufgegeben worden waren, da eine sichere Definition, wer als aus erblicher Veranlagung Krimineller anzusehen sei, von den Fachleuten der Rassenhygiene und der Kriminalbiologie noch nicht endgültig zu erbringen sei. Allerdings könne, so wurde im offiziellen Gesetzeskommentar ausdrücklich betont, im Prinzip »gar kein Zweifel daran bestehen, daß auch die Anlagen zum Verbrecher erblich bedingt sind«.[111]

Die dritte von Gross angesprochene Maßnahme betraf vor allem die Juden, die vom Zugang zum Staatsdienst ausgeschlossen wurden: Der erste Schritt zur rechtlichen Diskriminierung der Juden, dem, wie Gross richtig voraussagte, bald immer weitere und immer radikalere folgen sollten.[112]

Der Weg, der hier beschritten wurde, führte von der Sterilisierung und »Absonderung« zur »Ausmerze«: zum Massenmord in bis dahin unvorstellbaren Dimensionen. Dadurch, daß das hemmende Element der Opposition gegen den Rassismus in der Politik und das gesellschaftsbiologische Denken in der Wissenschaft ausgeschaltet war, setzte ein Prozeß ein, in dessen Verlauf sich innerhalb des nationalsozialistischen Machtgefüges in zunehmendem Maße die jeweils radikalere Variante durchzusetzen begann. Dabei wurden »Rassepolitik« und »soziale Frage« immer mehr miteinander verschmolzen: die Beseitigung gesellschaftlicher Probleme durch die Beseitigung derjenigen, die man als Verursacher dieser Probleme ansah. Hier liegt der Zusammenhang zwischen der Politik der Nationalsozialisten gegenüber Angehörigen »minderwertiger Rassen bzw. Völker« - insbesondere der Juden, der Zigeuner und nach Kriegsbeginn auch der Bevölkerung Polens und der Sowjetunion – und den »Minderwertigen« innerhalb der deutschen Bevölkerung, wie etwa »Wanderer«, »Trinker«, »Hilfsschüler«, »Prostituierte«, »Arbeitsscheue«, »Homosexuelle«, »Gewohnheitsverbrecher«, die in den nun folgenden Jahren verfolgt wurden, weil ihr von der normativen Auffassung von Normalität abweichendes Verhalten als für die Volksgemeinschaft in doppelter Hinsicht schädlich angesehen wurde: gesellschaftlich – weil sie der Gemeinschaft schadeten, ihr Kosten aufbürdeten, ihre moralische Standfestigkeit in Frage stellten etc., und biologisch – weil ihr schädliches Verhalten als anlagebedingt, als vererbt und vererbbar angesehen wurde.[113] Ebenso erging es den »Geisteskranken«, wobei dieser Begriff eine außerordentliche Ausdehnung erfuhr. Vom Beginn der Sterilisierungsaktionen bis zu den ersten »Euthanasie«-Morden an »Geisteskranken« waren es nur fünf Jahre; in dieser Zeit wurde der Rahmen, der in gesellschaftsbiologischem Sinne »Auszumerzenden« immer weiter gesteckt. Wesentlich war dabei die Verbindung von populärem Vorurteil gegenüber sozialen Minderheiten und wissenschaftlicher Objektivierung. Es waren Fürsorgebeamte, Jugendpfleger, Anstaltsleiter, Beamte der Arbeitsverwaltung, Ärzte der Gesundheitsämter sowie eine anwachsende Zahl vorwiegend junger, karrierebewußter Wissenschaftler verschiedener Sparten, die hier die Chance sahen, aufbauend auf den Prinzipien der Gesellschaftsbiologie, zu einer umfassenden, totalen und in ihren Dimensionen bis dahin undenkbaren »Reinigung des Volkskörpers« zu schreiten.

Die Ermordung der europäischen Juden stellt dabei den Kulminationspunkt dieser Entwicklung dar, standen sie doch im Schnittpunkt des »äußeren« und des »inneren« Rassismus. Zum einen repräsentierten die Juden in den Augen der Rassisten innerhalb der Gesellschaft beinahe alle irritierenden und abzulehnenden Entwicklungen der Neuzeit; seien dies »Wucher« und Kapitalismus, »Intellektualismus«, Großstadtleben und »jüdischer Bolschewismus« der in die deutsche Gesellschaft integrierten Juden – oder »Schleichhandel«, Armut und kulturelle Fremdartigkeit der Ostjuden; in jedem Falle wurde das ihnen zugeschriebene Verhalten als Ausdruck ihrer minderwertigen biologischen Konstitution angesehen. Auf der Grundlage der langen Tradition des religiös oder »kulturell« motivierten, populären Antisemitismus war hier das aufklärerische Postulat der Gleichheit ebenso wie die christliche Auffassung vom Menschen als Geschöpf Gottes besonders leicht umzustürzen. Dies mag auch erklären, warum nach Kriegsbeginn innerhalb der Kirche, aber auch in den Kreisen der bürgerlich-konservativen Opposition zwar die »Euthanasie-Aktionen« auf Widerspruch stießen, kaum aber die Deportation und Ermordung der Juden thematisiert wurden.

In der »Auslieferung der asozialen Elemente an den Reichsführer SS« vom September 1942, die eingangs beschrieben wurde, werden die verschiedenen Aspekte des Rassismus in einer einzigen Aktion deutlich. Als Kriterien galten hier das »Maß der Asozialität«, festgestellt durch die Strafdauer, sowie die »rassische Zugehörigkeit«, hier geteilt in zwei Gruppen: Deutsche und Tschechen auf der einen Seite; Juden, Zigeuner, Polen, Ukrainer, Russen auf der anderen. »Sicherungsverwahrte« waren in jedem Falle auszuliefern, bei ihnen war ja die »Anlagebedingtheit« der Kriminalität bereits gerichtlich festgestellt worden.

Der nationalsozialistische Rassismus ist in historischer Perspektive also als die konsequent ins Extrem radikalisierte Praktizierung einer Weltanschauung zu begreifen, die den irritierenden Erscheinungsformen der modernen Industriegesellschaft dadurch begegnet, daß sie jene auf vermeintlich naturwissenschaftlich feststellbare, biologische Ursachen zurückführt. Die daraus entwickelte Perspektive, der »natürlichen Ausmerze« durch entsprechende staatliche Maßnahmen »wieder« zu ihrem Recht zu verhelfen, um die der Natur zuwiderlaufende Entwicklung der vergangenen Jahrzehnte oder Jahrhunderte anzuhalten und umzukehren und so die gesellschaftsbiologisch »saubere«, konfliktfreie Gesellschaft zu schaffen, fand vor allem aus drei Gründen so erhebliche Unterstützung gerade bei einem Teil der jungen, akademisch ausgebildeten Elite von Natur- und Gesellschaftswissenschaftlern:

1. Sie schien im Einklang mit dem »Fortschritt« und der »modernen Entwicklung« in Naturwissenschaft und Technik zu stehen und selbst mit außerordentlich »modernen« Methoden, wie etwa den Vorläufern der Genforschung zu arbeiten.

2. Sie war kombiniert mit der Propagierung moderner und fortschrittlicher Methoden der Sozialpolitik zur Unterstützung der »biologisch Wertvollen«. Von daher ist zu betonen, daß die nationalsozialistische Sozialpolitik gegenüber den nichtausgegrenzten »Volksgenossen« – von der Familienpolitik über Wohnungsbau bis zur Forcierung von Breitensport oder den Vorläufern des Massentourismus – als integraler Bestandteil einer »ganzheitlichen«, »organischen« Gesamtkonzeption zu verstehen ist, die das »Gute schützt« und das »Schlechte ausmerzt«.
3. Diese Konzeption verlangte von dem einzelnen keine persönliche emotionale Anteilnahme. Der Arzt, der die »Schwachsinnigen« für den nächsten Tötungstransport auswählte; der Arbeitsamtsbedienstete, der einen »Arbeitsverweigerer« zur Einweisung ins KZ vorschlug, der Sozialarbeiter, der eine »asoziale Sippe« entdeckte ebenso wie der Sachbearbeiter im Reichssicherheitshauptamt, der die Deportation von Juden oder von Zigeunern organisierte – sie konnten ihr Handeln als Ausdruck eines »objektiv« notwendigen, mit der »Natur« übereinstimmenden Konzepts zur biologischen Bereinigung des Volkskörpers verstehen oder doch legitimieren.

Voraussetzung dafür aber war, daß die Postulate von der Gleichheit der Menschen und vom Schutz der Schwachen aufgegeben worden waren. Die Bereitschaft, die Gesellschaft als biologisch strukturiertes System zu begreifen, das nicht nach humanen, sondern nach »natürlichen« Prinzipien zu organisieren sei, stellt sich geistesgeschichtlich als einer der zentralen Faktoren des hier in Gang gesetzten Prozesses dar. Zudem stießen aber auch in der deutschen Bevölkerung jedenfalls Teile des rassistischen »Ausmerze«-Programms wohl nicht auf Zustimmung, so doch auf eine Art von desinteressierter Sympathie, sofern davon solche Gruppen betroffen waren, die besonders auffällig den Normen bürgerlicher Wohlanständigkeit zu widersprechen schienen, wie »Gewohnheitsverbrecher«, »Prostituierte«, »Zigeuner«, »Homosexuelle« und andere. Mit zunehmender Radikalisierung und Beschleunigung dieses Programmes jedoch war »durch die terroristische Ahndung alles abweichenden Sozialverhaltens« potentiell jeder betroffen, wie Detlev Peukert hervorhebt, »der Terror fraß sich also – bei zunehmender gleichzeitiger Aggressivität – vom Rande der Gesellschaft in ihr Zentrum hinein«.[114]

Der nationalsozialistische Rassismus ist nur als ganzer zu bezeichnen; reduziert auf bestimmte Teile der Ausgrenzungs- und Vernichtungspolitik kann man ihn weder verstehen noch zutreffend einordnen. Dahinter steht die Vorstellung, gesellschaftliche Probleme auf biologische

Ursachen zurückführen zu können. In der polykratisch strukturierten NS-Diktatur wurde dabei die dem rassehygienischen Paradigma innewohnende Tendenz zur beständigen Ausweitung des auszugrenzenden Teils der Gesellschaft zur Praxis – von der Diffamierung zur Absonderung und schließlich zur millionenfachen Vernichtung.

In der deutschen Gesellschaft der Nachkriegszeit jedoch wurde der totale, »ganzheitliche« Charakter des nationalsozialistischen Rassismus lange Zeit nicht herausgehoben und zum Gegenstand der Debatte gemacht – wohl auch deshalb, weil sich die Empfindung, es habe sich dabei um Verbrechen gehandelt, durchaus nicht auf alle Aspekte der nationalsozialistischen Vernichtungspolitik erstreckte. Sei es, daß etwa die »Asozialen« in den Konzentrationslagern und als Opfer der Tötungsmaschinerie des Dritten Reiches in der wissenschaftlichen Beschäftigung mit der Terrorpolitik der Nationalsozialismus (in der Bundesrepublik ebenso wie in der DDR) nicht oder – oft apologetisch – nur am Rande behandelt wurden; sei es, daß ein großer Teil der vom »inneren«, »sozialen« Rassismus Betroffenen in der westdeutschen Wiedergutmachungsgesetzgebung nicht als »Opfer« des Nationalsozialismus anerkannt wurden, ob es sich um Zwangssterilisierte, »Asoziale« oder »Geisteskranke« handelte[115]; oder sei es, daß populäre Stammtischsentenzen wie, Hitler habe aber wenigstens mit den Verbrechern aufgeräumt und man habe nachts wieder gefahrlos über die Straße gehen können, nach wie vor auf eine gewisse Zustimmung stoßen: Die Erkenntnis des verbrecherischen Charakters nationalsozialistischer Rassepolitik in ihrer Gesamtkonzeption hat sich erst nach und nach und mit zunehmendem zeitlichen Abstand durchgesetzt; dieser Prozeß ist noch nicht abgeschlossen.

5. Von der »Reichskristallnacht« zum »Holocaust«

Von Ulrich Herbert

Die seit der Machtübernahme von den Nationalsozialisten betriebene Aufhebung der staatsbürgerlichen Gleichheit der jüdischen Bevölkerung in Deutschland war mit den Nürnberger Rassegesetzen im September 1935 jedenfalls juristisch und formal erreicht worden.[116] Nachdem es wegen der 1936 in Garmisch und Berlin stattfindenden Olympischen Spiele während dieser Zeit zu einer Atempause bei den antijüdischen Maßnahmen des Regimes gekommen war, setzte im Herbst 1936 und verstärkt dann im Verlaufe des Jahres 1937 erneut eine heftige antisemitische Kampagne ein, ausgehend insbesondere von der Parteikanzlei, dem Propagandaministerium und einigen Gauleitern; Schwerpunkt der von hier aus geforderten Maßnahmen sollte die »endgültige Eliminierung der Juden aus der Wirtschaft« sein. Zwar lebte in Wirklichkeit ein großer Teil der jüdischen Bevölkerung bereits von der Substanz, und die Mehrzahl der jüdischen Firmen war bereits »arisiert« – sei es durch behördliche Maßnahmen, sei es in Form der »wilden« Arisierungen lokaler und regionaler Behörden, die in enger Zusammenarbeit mit Banken und örtlichen Firmen die jüdischen Inhaber zum Aufgeben gezwungen hatten.[117] Bei den Versuchen, auch die übrigen Firmen, insbesondere die größeren Unternehmen, ihren jüdischen Inhabern zu entreißen, entstanden aber erhebliche Widerstände. Denn hier waren die Grundlagen geregelter Geschäftsbeziehungen in Gefahr, was zu Kritik von seiten der Wirtschaftsverbände und des Wirtschaftsministeriums unter Hjalmar Schacht führte, die derartigen illegalen und willkürlichen Maßnahmen nicht zustimmten. Und als dann im Juli 1938 vom Reichsinnenministerium der Vorschlag gemacht wurde, ein Gesetz zur sofortigen, vollständigen und zwangsweisen Ausschaltung der Juden aus der Wirtschaft sowie der Konfiszierung ihres Vermögens zu verabschieden, protestierten der Reichsfinanzminister unter Hinweis auf zu erwartende Steuereinbußen, die Reichsbank unter Hinweis auf die Gefährdung des Kapitalmarkts und – von heute aus vielleicht überraschend – der Sicherheitsdienst (SD) der SS, der zu dieser Zeit die Beschleunigung der Auswanderung der Juden nach Palästina favorisierte und zur Finanzierung der Auswanderung ebenso wie zur Beglei-

chung des Unterhalts der im Reich verbleibenden Juden das Vermögen der Juden heranzuziehen gedachte; so wie es seit dem Frühjahr 1938 in Wien vom Leiter der »Zentralstelle für jüdische Auswanderungen«, Eichmann, betrieben wurde.
So war es im Herbst 1938 unsicher und ganz offen, in welche Richtung sich die antijüdische Politik des Regimes entwickeln würde: hin zu einer langsamen, über 10 bis 15 Jahre sich erstreckenden Ausschaltung der Juden aus dem deutschen Wirtschaftsleben und einer verstärkten Auswanderung – oder in Richtung auf eine schnelle, radikale Herausdrängung aus der Wirtschaft, selbst unter Hinnahme volkswirtschaftlicher Nachteile. Diese Frage war nicht entschieden, und es war keineswegs sicher, ob und wie Hitler hier entscheiden würde, dem die umständliche und an Gesetzen orientierte Politik der Ministerien zwar seit langem ein Dorn im Auge war, der aber andererseits auch die Auswanderungspolitik des SD gebilligt und zudem am außenpolitischen Renommee seines Regimes das größere Interesse hatte, zweifellos von der Art seines Denkens her aber eher schnellen und radikalen Lösungen zuneigte.

In diese Situation – massive antisemitische Kampagne einerseits, stokkende antijüdische Maßnahmen andererseits – platzte am 7. November die Nachricht von dem Pariser Attentat auf den Legationsrat von Rath durch einen 17jährigen polnischen Juden, und es war von Beginn an allen Beteiligten klar, daß dies angesichts der aufgeheizten Atmosphäre in Deutschland in jedem Falle zu scharfen Reaktionen führen würde.
Es hat in der Wissenschaft längere Zeit eine Diskussion darüber gegeben, ob es sich bei den nun folgenden Mord-, Brandstiftungs- und Plünderungsaktionen tatsächlich um spontane Handlungen der Bevölkerung oder allein um das Werk der Partei und ihrer Gliederungen handelte und ob die Aktionen bereits vor dem Attentat geplant und die Tat Herschel Grünspans nur ein gesuchter Anlaß gewesen seien oder nicht.[118] Hier ist sich die Forschung mittlerweile ganz einig: Die Aktionen des 9. und 10. November 1938 waren

1. von oben zentral angeordnet;
2. sie waren nicht längerfristig geplant oder vorbereitet, sondern kurzfristig nach dem Bekanntwerden des Attentats initiiert worden;
3. sie wurden von Parteistellen und Einheiten der SA, oft in Zusammenwirken mit anderen Parteigliederungen, insbesondere der HJ, sowie Behördenstellen, insbesondere der Polizei und Feuerwehr, durchgeführt; nach ihrer Ingangsetzung allerdings nahmen auch nicht-organisierte Menschen in fast allen Städten in nicht unerheb-

lichem Ausmaß an den Ausschreitungen teil; dies gilt insbesondere für die Plünderungen jüdischer Geschäfte und Wohnhäuser.

Durchweg versuchten die beteiligten Parteistellen, ebenso wie in den folgenden Tagen die Presse, den Eindruck zu erwecken, es habe sich bei den Aktionen um eine spontane Reaktion der Bevölkerung auf das Attentat gehandelt. Daß dies nicht gelang, sondern daß sowohl in Deutschland selbst wie im Ausland die Aktion als zentral koordiniertes Werk von Partei und SA erkannt wurden, wurde auch vom NS-Parteigericht, das die Ereignisse später untersuchte, bestätigt und kommt auch in dem spöttischen Begriff von der »Reichskristallnacht« zum Ausdruck, der im Volksmund den quasi behördlichen Charakter der Exzesse in ironischer Aufnahme der NS-Propagandasprache heraushob.

Die Aktionen selbst liefen überall im Reich gleich oder ähnlich ab.[119] Zwischen 10 und 12.00 Uhr nachts erhielten die örtlichen Stellen, soweit sie erreichbar waren, von ihren in München weilenden Leitern die entsprechenden Anordnungen; dann wurde der örtliche Parteileiter bzw. der SA-Führer informiert, der seinerseits die entsprechenden Einheiten beauftragte. Das war oganisatorisch schon deshalb so einfach, weil überall im Reich Mitglieder der SA-Stürme nach den Feiern zum »Marsch auf die Feldherrnhalle« in ihren Stammlokalen saßen und sich betranken. Entsprechend den Anordnungen zog man sich daraufhin oft – nicht immer – Zivilkleidung an, meist einfach einen Mantel über die Uniform, besorgte Werkzeug und ähnliche Instrumente, begab sich zum nächstgelegenen Haus oder Geschäft eines Juden oder zur Synagoge und begann, bald angefeuert von hinzueilenden Kameraden, HJ-Kindern oder Gaffern, und in der Regel stark betrunken, mit dem Zerstörungswerk. Das Anzünden der Synagogen war offenbar nicht selten schwierig und gelang, wie in Essen, erst nach fachkundigem Einsatz der Feuerwehr, die ansonsten nur darauf achtete, daß die Feuer nicht auf die benachbarten Häuser übergriffen. Dort, wo in der Nacht telefonisch niemand hatte erreicht werden können oder wo die Funktionäre, wie es häufig geschah, zu betrunken gewesen waren, um Anordnungen entgegenzunehmen, wurden die Aktionen am Morgen des darauf folgenden Donnerstags, dem 10. November, verspätet durchgeführt, so etwa in Hohenlimburg, wo es erst am späten Vormittag zu Ausschreitungen kam.

Es war Propagandaminister Goebbels, der die Möglichkeiten, die das Attentat für die Forcierung einer radikalen Judenpolitik bot, erkannt und am entschlossensten genutzt hatte. Als die Nachricht vom Tode von Raths am Abend des 9. November während der Feierlichkeiten zum 15. Jahrestag des Hitler-Putsches im Alten Rathaus in München, wo sich die Spitzen von Partei und SA um ihren Führer versammelt hatten, bekannt wurde, hielt Goebbels nach kurzer Absprache mit Hitler, der die Versammlung dann verließ, eine flammende Rede, in der er auf judenfeindliche Kundgebungen, die in einigen Städten als Reaktion auf das Attentat bereits stattgefunden hätten, hinwies und die anwesenden Partei- und SA-Größen unverblümt aufforderte, in ihren Zuständigkeitsbereichen für entsprechende Reaktionen zu sorgen. Daraufhin eilten Gauleiter und SA-Führer nach kurzen Besprechungen untereinander zum Telefon und instruierten ihre heimatlichen Stellen, daß und wie sie gegen Synagogen, jüdische Häuser und Geschäfte vorzugehen hätten, wobei allerdings der Eindruck einer gelenkten Aktion unbedingt zu vermeiden sei.

Diese Anordnungen trafen insbesondere bei der SA auf lang aufgestaute Wünsche. Die Bürgerkriegsarmee der Nationalsozialisten, die seit der sogenannten »Röhm-Revolte« an Bedeutung innerhalb des Regimes stark verloren hatte, sah in dem Auftrag, gegen die Juden vorzugehen, nicht nur ein Betätigungsfeld, das ihren Traditionen entsprach, sondern auch eine seit langem erhoffte Gelegenheit, sich durch besondere Diensteifrigkeit und Radikalität vor ihrem Führer und der gesamten Bewegung zu rehabilitieren und insbesondere gegenüber der so mächtig gewordenen Konkurrenzorganisation, der SS, Einfluß zurückzugewinnen.

Der Reichsführer SS Heinrich Himmler, Reinhard Heydrich und die anderen Spitzen von Gestapo, SS und SD hingegen wurden von der Entwicklung des 9. November vollständig überrascht. Als sie in ihrem Münchner Hotel davon erfuhren, waren die Aktionen bereits in vollem Gange, und die örtlichen Stellen der Sicherheits- und Ordnungspolizei wurden denn auch nur angewiesen, in die Aktionen nicht einzugreifen. Den Akademikern an der Spitze von SD und Sicherheitspolizei war diese Form des Pöbel-Antisemitismus nicht nur unangenehm, sie widersprach auch der seit dem Juni 1934 von Himmler, Heydrich und Best mit Erfolg eingeschlagenen Linie einer weltanschaulich legitimierten, aber leidenschaftslos, rechtsförmig und mit Hilfe des staatlichen Beamtenapparats durchgeführten Politik der »Säuberung des Volkskörpers von Krankheitsherden« mit Hilfe polizeilicher Mittel und Methoden. Eine solche Aktion wie die vom 9. November aber mußte zurückführen auf die Ebene der Straße und lief dadurch Gefahr, die Politik des »seriösen Antisemitismus« zu gefährden, die Bündnispartner des Regimes in den Spitzen von Militär, Verwaltung und Wirtschaft zu beunruhigen und die außenpolitische Isolation des Reichs zu verfestigen.

Auch in der deutschen Bevölkerung, das berichten nicht nur die NS-Quellen, sondern auch die ausländischen Augenzeugen weitgehend in Übereinstimmung, stießen die Plünderungen, Brandschatzungen und Zerstörungsaktionen weithin auf Ablehnung, und zwar durchaus auch bei ansonsten pro-nationalsozialistisch und antisemitisch eingestellten Personen. Es wird aber auch deutlich, daß sich die Ablehnung in der Bevölkerung wie bei den Eliten vorwiegend auf diese Art und Weise des Vorgehens gegen die Juden bezog und nicht auf scharfe antijüdische Maßnahmen an sich. Auch ist auffallend, daß über das schrecklichste Ergebnis dieser Nacht, nämlich die beinahe 100 Morde an jüdischen Menschen, viel weniger gesprochen wurde als über die »unnötige Vernichtung von Werten«, über die Öffentlichkeit und Ungeregeltheit des Tuns und vor allem darüber, daß solche an das Mittelalter gemahnenden Aktionen als »einer modernen Kulturnation unwürdig« empfunden wurden. Der Regierungspräsident der Oberpfalz zum Beispiel berichtete in seinem Monatsbericht Anfang Dezember:

Die jüdische Mordtat an dem deutschen Gesandtschaftsrat in Paris löste in allen Kreisen der Bevölkerung helle Empörung aus: allgemein wurde ein Einschreiten der Reichsregierung erwartet. Die gegen das Judentum gerichteten gesetzlichen Maßnahmen fanden deshalb vollstes Verständnis. Um so weniger Verständnis brachte der Großteil der Bevölkerung für die Art der Durchführung der spontanen Aktionen gegen die Juden auf; sie wurde vielmehr bis weit in Parteikreise hinein verurteilt. In der Zerstörung von Schaufenstern, von Ladeninhalten und Wohnungseinrichtungen sah man eine unnötige Vernichtung von Werten, die letzten Endes dem deutschen Volksvermögen verlorengingen und die im krassen Gegensatz stehe zu den Zielen des Vierjahresplanes, insbesondere auch zu den jetzt gerade durchgeführten Altmaterialsammlungen. Auch die Befürchtung wurde laut, daß bei den Massen auf solche Weise der Trieb zum Zerstören geweckt werden könnte. Außerdem ließen die Vorkommnisse unnötigerweise in Stadt und Land Mitleid mit den Juden aufkommen.[120]

Die gleiche Tendenz kam in Bemerkungen selbst von Spitzenfunktionären des Regimes zum Ausdruck, so etwa von Göring, der sich gegenüber Goebbels und anderen NS-Spitzen über die durch die Aktionen hervorgerufenen Schäden in Millionenhöhe dadurch auftretenden »versicherungsrechtlichen Probleme« erboste und bemerkte, es wäre besser gewesen, 200 Juden zu erschlagen, als solche Werte zu vernichten.[121]

Die Botschaft, die die Reaktionen der deutschen Bevölkerung auf die Aktionen der Mordnacht des 9. November enthielten, wurde in der Regimeführung wohl verstanden; sie lautete: keine beunruhigenden Straßenaktionen, keine öffentlichen Exzesse mehr; wenn schon Maßnahmen gegen die Juden, dann still, geordnet und so, daß sie das Bild von Ruhe und Normalität des deutschen Alltags nicht beeinträchtigten.

Politisch kann man die Folgen des 9. November entsprechend in drei Punkten zusammenfassen:

1. Der von oben inszenierte Pogrom durchschlug die Verwicklungen und Stockungen der antijüdischen Politik des Regimes und führte zur Forcierung einer schnellen, radikaleren und rücksichtsloseren Linie gegenüber den Juden.
2. Als Reaktion auf die Proteste gegen die öffentlichen Exzesse des 9. November wurde die Form der antijüdischen Politik geändert, die Politik selbst aber verschärft. Gegen die Ausschaltung der Juden aus der Wirtschaft wie generell gegen die nun rapide forcierte Diskriminierung und Entrechtung der jüdischen Bevölkerung erhob sich nun weder in Ministerien noch aus der Wirtschaft noch von anderen gesellschaftlichen Eliten noch aus der Bevölkerung ein bemerkbarer Protest; denn die in den nun folgenden Monaten und Jahren praktizierten Maßnahmen gegen die Juden wurden von staatlichen Behörden, in rechtsförmigem Gewand, vor allem aber still, reibungslos und ohne Verletzung des Stilempfindens durchgeführt. Ausdruck dieser Entwicklung war vor allem, daß die Verantwortung für die Koordination der Judenpolitik bei Himmler und Heydrich und ihrem Organisations- und Behördenverband aus SS, SD, Gestapo, Kripo und Ordnungspolizei konzentriert wurde.
3. Dadurch entstand gleichzeitig ein Radikalisierungsdruck; denn der Polizeiapparat wie die anderen Behörden standen nun unter dem Druck, beweisen zu müssen, daß sie mit ihren stillen und legalen Formen der Judenpolitik nicht weniger radikal und dabei noch effektiver waren als die SA mit ihren Straßenexzessen.

Aus dieser Konstellation entwickelte sich eine Dynamik, die in weniger als drei Jahren zu Beginn der organisierten Massenvernichtung der Juden führte. In den bis Kriegsbeginn noch verbleibenden 10 Monaten seit dem 9. November 1938 wurden die beiden bis dahin konkurrierenden Ziele der wirtschaftlichen Ausschaltung der Juden und der Förderung der Auswanderung gleichzeitig und mit verschärfter Beschleunigung durchgeführt. Auf der einen Seite wurden in schneller Folge all jene bis dahin umstritten gewesenen Maßnahmen zur »wirtschaftlichen Liquidierung des Judentums« im gesetzlichen Gewand oder auf dem Verordnungswege ergriffen; am 12. November 1938 die »Verordnung über eine Sühneleistung der deutschen Juden« in Höhe von 1 Milliarde RM, am gleichen Tag die »Verordnung zur Ausschaltung der Juden aus dem deutschen Wirtschaftsleben«, die zu »Arisierung« auch der großen jüdischen Unternehmen in kurzer Zeit unter Federführung der Deutschen Bank und der Dresdner Bank führte; am 3. Dezember 1938 die Verordnung zur Zwangsveräußerung jüdischer Gewerbebetriebe; am 9. Dezember 1938 der Erlaß über die Nichtzulassung von Juden zu handwerklichen und kaufmännischen Prüfungen und so fort.[122]

Auf der anderen Seite wurde durch die Errichtung der »Reichszentrale für die jüdische Auswanderung«, zu deren Leiter Heydrich ernannt wurde, der die Organisation später dann dem in Wien so bewährten Eichmann übertrug, die Forcierung der Auswanderungspolitik offiziell bestätigt. Um den Schrecken des 9. November für die Juden zu verlängern, die Auswanderungswilligkeit zu erhöhen – dies aber, ohne die deutsche Öffentlichkeit zu beunruhigen – und wahrscheinlich auch, um die Effektivität des Apparates des Reichsführers SS zu demonstrieren, ließ die Sicherheitspolizei in den Tagen nach dem Pogrom etwa 30 000 jüdische Männer in Schutzhaft nehmen und für einige Wochen in die Konzentrationslager sperren. Auch den Zweiflern unter den deutschen Juden wurde vor Augen geführt, daß nicht nur ihre gesellschaftliche Position, sondern auch ihr Leben in Gefahr war; und dieser Schrecken war es, der in den Folgemonaten die Auswanderungszahlen hochschnellen ließ, so daß Heydrich sich im Sommer 1940 rühmte, seit dem Januar 1939 seien mehr als 200 000 Juden aus dem Reichsgebiet ausgewandert. Unter den Auswanderern war der Anteil jüngerer Menschen überdurchschnittlich hoch; 1939 waren 75 % der zurückgebliebenen Juden älter als 40 Jahre. Die meisten von ihnen waren verarmt; aus ihren Stellungen, oft auch den Wohnungen vertrieben und in sogenannten Judenhäusern in den Städten untergebracht; nur 16 % von ihnen waren als Beschäftigte gemeldet. Die Behandlung dieser noch im Reich befindlichen Juden war nunmehr für die Behörden in erster Linie ein Polizeiproblem; denn zweifellos entsprachen diese verarmten, isolierten, beschäftigungslosen Juden nun den Vorstellungen der antisemitischen Propaganda von den schmutzigen, arbeitsscheuen und kriminellen Juden, mit denen dann entsprechend zu verfahren sei. Genau in diese Richtung argumentierte die SS-Zeitung »Das Schwarze Korps«, die in einem Artikel vom 24. November 1938 bemerkte, daß die Isolierung und Pauperisierung die Juden in eine elende Existenz hinabstoßen würden, wodurch sie »allesamt in die Kriminalität absinken« müßten. »Im Stadium einer solchen Entwicklung ständen wir daher vor der harten Notwendigkeit, die jüdische Unterwelt genau so auszurotten, wie wir in unserem Ordnungsstaat Verbrecher eben auszurotten pflegen: mit Feuer und Schwert! Das Ergebnis wäre das tatsächliche und endgültige Ende des Judentums in Deutschland, seine restlose Vernichtung.«[123]

Im Weltbild des nationalsozialistischen Rassismus in seiner, wie es genannt wurde, »seriösen Form«, der sich von dem leidenschaftlichen Gefühls- und Radauantisemitismus etwa der SA erheblich unterschied, ist das ursprüngliche, »blutlich reine« deutsche Volk insbesondere im Gefolge der Herausbildung der modernen Gesellschaft seit dem 18. Jahrhundert durch zwei Prozesse in der kollektiven erblichen Substanz geschädigt worden: durch das Eindringen fremden Volkstums in das deutsche Volk, insbesondere durch die Juden, die (im Zuge des Assimilations- und Emanzipationsprozesses den Deutschen äußerlich mehr und mehr angeglichen) die völkische Substanz der Deutschen aushöhlten. Zum anderen hätte der moderne Zivilisationsprozeß dazu geführt, daß innerhalb des deutschen Volkes die kränklichen, degenerativen Elemente nicht mehr, wie vordem, durch natürliche Selektion ausgemerzt, sondern infolge der Fortschritte in der Hygiene und des Ausbaues der Sozialpolitik naturwidrig geschützt würden und sich entsprechend überproportional vermehrten.[124]

Da durch die Juden die Eigenschaften einer »minderwertigen«, weil von der Veranlagung her »parasitären« Rasse, ins deutsche Volkstum eingedrungen seien und hier fördernd und belebend auf die »minderwertigen« Teile des deutschen Volkstums einwirkten, müßte also zur Wiedergenesung des deutschen Volkes die Belastung in der »völkischen Erbsubstanz« beseitigt, mithin die »Minderwertigen« innerhalb des eigenen Volkstums und die eingedrungenen »Fremdrassigen«, in erster Linie die »jüdischen Elemente«, aus dem deutschen Volke herausgenommen werden. Und so wie die Wehrmacht das deutsche Volk nach außen vor seinen Feinden schütze und ihm einen seinem Wert entsprechenden herausragenden Platz als Führungsvolk in Europa zu verschaffen habe, so sei die Polizei unter Führung der SS dazu da, das deutsche Volk vor seinen inneren Feinden zu schützen, und dies seien nach der schnellen Ausschaltung der politischen Gegner vor allem Juden und andere »Minderwertige«. Die Aufgabe der deutschen politischen Polizei, so Werner Best, der Stellvertreter Heydrichs und führender Theoretiker der Sicherheitspolizei, bestehe dementsprechend darin, »jedes Krankheitssymptom am deutschen Volkskörper rechtzeitig zu erkennen, die Zerstörungskeime festzustellen und mit jedem geeigneten Mittel zu beseitigen«.[125]

Mit Kriegsbeginn im September 1939 wurde von seiten der nationalsozialistischen Führung der Schritt von der Ausgrenzung zur »Ausmerze der Schädlinge am deutschen Volkskörper« vollzogen. Dabei ist es von ausschlaggebender Bedeutung für das Verständnis der hier behandelten Entwicklung, die einzelnen Maßnahmen gegen die verschiedenen Gruppen der als minderwertig Stigmatisierten im Zusammenhang zu sehen.
Bei Kriegsbeginn begannen zwei große Mordaktionen; zum einen die Massentötung der deutschen Geisteskranken, die bis heute mit dem verniedlichenden Begriff »Euthanasie« bezeichnet wird, und die Aktionen der polizeilichen Einsatzgruppen des Reichsführers SS hinter der Front in Polen. Aufgabe dieser aus Ordnungspolizei, Kripo, Gestapo und SD zusammengesetzten Trupps unter Führung von Juristen aus der Behörde Heydrichs war es vor allem, die polnische Intelligenz »auszuschalten«, um einem möglichen Widerstand der Polen die Führung zu nehmen; dabei wurden etwa 90000 Menschen umgebracht. Ohne besonderen Befehl hatten sich diese Aktionen auch gegen die jüdischen Organisationen in Polen gerichtet, und bereits im September 1939 war es in Galizien zu einem Massaker an etwa 300 Juden durch eine Einsatzgruppe gekommen.[126]
Seit dem schnellen Ende des Polen-Feldzuges hatte sich nun die Zahl der in von Deutschland beherrschtem Gebiet befindlichen Juden vervielfacht, so daß im Vergleich dazu die etwa 250000 noch in Deutschland befindlichen Juden zu einer unbeachtlichen Restgröße gerieten. In Polen wurde nun in ein paar Wochen das vollzogen, wozu man in Deutschland sechs Jahre gebraucht hatte. Heydrich hatte schon am 21. November im Reichssicherheitshauptamt – dem organisatorischen Zusammenschluß von Kriminalpolizei, politischer Polizei und SD – angekündigt, daß die polnischen Juden sowohl in dem ans Reich angeschlossenen Wartheland als auch im Generalgouvernement in einigen größeren Städten zu konzentrieren seien. Aber auch dies sei nur ein Zwischenschritt, weil zu dieser Zeit verschiedene Modelle einer endgültigen Lösung kursierten – die Auswanderung war die eine, die Schaffung eines Judenreservats »irgendwo im Osten« war eine weitere; und als nach den Siegen über Frankreich und in Südosteuropa sowie in Nordeuropa die Zahl der im deutschen Machtbereich befindlichen Juden immer weiter anstieg, wurde von seiten des Auswärtigen Amtes und des RSHA der Plan entwickelt, die europäischen Juden in der von Frankreich zu übernehmenden Insel Madagaskar anzusiedeln, wo sie – so die heimliche, aber quellenmäßig fixierbare Überlegung dabei – über kurz oder lang angesichts der dort herrschenden Bedingungen

zweifellos vermindert, wenn nicht gar bald ganz aussterben würden. Angesichts der Größenordnungen aber, das wurde spätestens im September 1940 klar, war an eine Auswanderung in relevantem Umfang nicht mehr zu denken; das Judenproblem, so Heydrich gegenüber Ribbentrop im Juni 1940, sei angesichts von 3 ¼ Mio. Juden im deutschen Einzugsbereich nicht mehr »durch Auswanderung«, sondern nur noch durch eine »territoriale Endlösung« lösbar. Endgültig gestoppt wurde die Auswanderung allerdings erst im Oktober 1941.[127]

Die die historische Forschung der Bundesrepublik in den vergangenen etwa 15 Jahren bestimmende Frage, ob die Entwicklung hin zur Vernichtung der Juden auf einen längerfristigen Plan und einen relativ frühzeitigen Entschluß Hitlers zurückzuführen sei – oder ob sie das Ergebnis der durch Kompetenzanarchie und kumulative Radikalisierung bestimmten Struktur der Regimeführung gewesen sei, ist von daher in dieser Polarisierung vermutlich nicht ganz richtig gestellt. Die Vielzahl der Pläne und »Zwischenlösungen« und die Ernsthaftigkeit, mit der sie betrieben wurden, steht in offensichtlichem Widerspruch zu Vorstellungen vom Abwickeln eines frühzeitig gefaßten Vernichtungsentschlusses. Aber wie ernsthaft auch immer die einzelnen Pläne und Konzepte betrieben wurden, es entsteht dabei bei den Verantwortlichen, insbesondere bei Heydrich, gleichwohl der Eindruck, als solle durch Ausarbeitung und Scheitern dieser zahlreichen Pläne und Konzepte zur »Lösung der Judenfrage« Schritt um Schritt bewiesen werden – anderen, und womöglich sich selbst –, daß man schließlich alles versucht habe, so daß mehr und mehr Sachzwänge aufgetürmt wurden, die schließlich nur noch einen einzigen Ausweg ließen.

Zu den von Heydrich im September 1939 angekündigten Maßnahmen hatte auch gehört, die im Reich verbliebenen deutschen Juden sowie die jüdische Bevölkerung der annektierten polnischen Gebiete so schnell wie möglich in großen Gettos im Generalgouvernement zu konzentrieren, wobei dem Ziel, das Reich möglichst bald »judenfrei« zu machen, besondere Bedeutung beigemessen wurde. Die deutsche, nicht-jüdische Bevölkerung spielte bei all diesen Überlegungen zur »Lösung der Judenfrage« keine Rolle und wurde nicht als zu berücksichtigender Faktor ins Kalkül gezogen. Die Beteiligung der deutschen Stellen am Projekt, das Reich »judenfrei« zu machen, verlief reibungslos – vom Gesundheitsamt, Wohnungsamt, Arbeitsamt, Ordnungs- und Meldeamt, über die beteiligten Firmen, die jüdische Betriebe übernahmen oder jüdische Arbeiter abgeben mußten, bis zur Reichsbahn, die die Transporte nach Fahrplan durchführte. Das beinahe lautlose Verschwinden der Juden wurde in der Bevölkerung zwar bemerkt, aber

gerade wegen seines behördlichen, offiziellen, lautlosen Charakters nicht debattiert, sondern hingenommen; zumal damit der Stein des Anstoßes für die häßlichen Szenen der »Reichskristallnacht« aus dem Blickfeld verschwand.
Der von Heydrich angekündigte Plan, die deutschen Juden nach Polen zu deportieren, stieß dort aber auf Widerstände. Denn weder der Gauleiter im Wartheland, Greiser, noch der Generalgouverneur in Restpolen, Frank, waren daran interessiert, in ihren Gebieten große »Judenreservate« auf Dauer anzulegen, sondern wollten den Charakter einer »Zwischenlösung«, eines vorübergehenden Zustandes betonen, um ebenfalls in absehbarer Zeit dem »Führer« einen »judenfreien« und damit germanisierungsfähigen Raum zur Verfügung stellen zu können. Aus diesem Grunde lehnten beide Administrationen die Schaffung großer, kostspieliger und nur auf lange Zeit möglicherweise rentabler Massenlager in ihren Gebieten ebenso ab wie den Aufbau entsprechender Vorrichtungen zum Arbeitseinsatz der nach Polen deportierten bzw. dort konzentrierten Juden. Vielmehr kam es für beide Administrationen darauf an, durch Schaffung möglichst offensichtlicher »unhaltbarer« Verhältnisse auf eine Lösung des »Judenproblems« hinzuarbeiten, bei der beide Territorien von Juden »entlastet« würden.[128]
Unter diesen Gesichtspunkten war die Konzentration der Juden in Gettos im Vergleich zu den Lagern für Frank und Greiser die bessere, weil billigere und deutlicher auf einen »Zwischenaufenthalt« verweisende Lösung; seit dem Frühjahr 1940 wurde sie verstärkt, wenn auch stockend und uneinheitlich in Angriff genommen. Die Verhältnisse aber, unter denen die in diesen Gettos zusammengepferchten Menschen leben mußten, wurden in kurzer Zeit so fürchterlich, daß sie sowohl von den Verwaltungsspitzen des Generalgouvernements und des Warthelands gegenüber den Berliner Behörden wie von Himmler und Heydrich gegenüber den übrigen beteiligten Stellen als Druckmittel auf die Entscheidung für eine endgültige, radikale Lösung benutzt werden konnten. Dabei funktionierte der gesamte Prozeß nach dem Prinzip einer self-fulfilling-prophecy; die Notwendigkeit der Gettoisierung der Juden war mit – je nach Zuständigkeit der einzelnen Beamten unterschiedlich – »rationalen« Argumenten begründet worden: mit den durch die Deportationszüge anwachsenden Ernährungsproblemen und dem »jüdischen Schleichhandel« mit Nahrungsmitteln, mit den von Juden angeblich verbreiteten Seuchen, mit der Arbeitsunwilligkeit der Juden oder mit Sicherheitsproblemen. Nach wenigen Monaten in den Gettos war tatsächlich der Schmuggel von Lebensmit-

teln für viele Juden der einzige Weg, um etwas zu essen zu bekommen; Fleckfieber und andere Seuchen waren tatsächlich verbreitet; immer mehr Gettobewohner waren durch die unzureichende Ernährung tatsächlich arbeitsunfähig, und die »Sicherheitsprobleme« hatten sich in den Augen der Polizeiführer weiter verschärft.
Allein im Warschauer Getto, in dem ca. 470000 jüdische Menschen auf engstem Raum konzentriert wurden, starben im Jahr 1941 mehr als 50000. Die Zahl der Arbeitsunfähigen stieg beständig, die Lebensmittelversorgung wurde immer schlechter, und die Fleckfieberseuche griff immer weiter um sich. Wenn aber von seiten der Beamten der deutschen Verwaltung in Polen Vorschläge gemacht wurden, durch den Aufbau umfangreicher Produktionsstätten das Getto zur Selbstversorgung zu befähigen und für die deutsche Kriegswirtschaft zusätzliche Kapazitäten zu erschließen, so hielt Frank dem entgegen, der Führer habe ihm »versprochen, daß das Generalgouvernement als erstes von Juden völlig befreit werden solle. Es handele sich danach nicht um eine dauernde Belastung, sondern um eine typische Kriegserscheinung.« Frank nutzte seit dem Sommer 1940 jede Gelegenheit, um auf dieses »Versprechen des Führers« hinzuweisen und die Vorläufigkeit der Konzentration der Juden im Generalgouvernement und ihres Arbeitseinsatzes zu betonen. Der dauernde Nachweis der »Unhaltbarkeit« der Zustände in den Gettos und der dadurch entstehenden finanziellen Belastungen war vielmehr ein geeignetes Mittel, um die Einlösung des Versprechens zu beschleunigen.[129]

Mit den Vorbereitungen des Rußland-Feldzuges seit dem Herbst 1940, verstärkt seit dem Frühjahr 1941, kamen nun ganz neue Dimensionen ins Spiel. Von einer »Reduzierung« der sowjetischen Bevölkerung um 30 bis 40 Millionen war dabei die Rede, von »Bevölkerungsverschiebungen«, bei denen »zweifellos zig Millionen Menschen verhungern werden«[130]. Daß das bolschewistische System mit Stumpf und Stiel ausgerottet werden müsse, daß dazu vor allem die kommunistischen Funktionäre sowie die »jüdisch-bolschewistische Intelligenz« »erledigt« werden müßten, war nicht nur feste Überzeugung von Kriegswirtschaftsplanern und Sicherheitspolizei, sondern wurde auch von der deutschen Generalität geteilt, die sich bereit erklärte, die Politoffiziere der Roten Armee entweder selbst liquidieren zu lassen oder den polizeilichen Einsatzgruppen zu übergeben; die zudem von den Befehlen an die Einsatzgruppen in Kenntnis gesetzt wurde und unter deren Verantwortung die sowjetischen Kriegsgefangenen nach Kriegsbeginn im Hinterland der Front zu Millionen verhungerten und an Seuchen starben, weil sie von den Deutschen nicht gebraucht und daher von der Wehrmacht nicht versorgt wurden.[131]

Was die jüdische Bevölkerung der Sowjetunion betraf, so hat es (im April 1941) möglicherweise einen Führerbefehl zur Liquidierung sowjetischer Juden durch die Einsatzgruppen gegeben; aber selbst dieser Befehl ist vermutlich nicht Teil eines allgemeinen Befehls zur »Endlösung der Judenfrage« gewesen. Daß die Einsatzgruppen unmittelbar nach Kriegsbeginn mit der systematischen Ermordung der jüdischen Bevölkerung begannen – in der Regel durch Erschießen –, ist vielmehr vor allem als radikale Konsequenz aus den Erfahrungen in Polen zu bewerten. Statt wie im Wartheland und im Generalgouvernement umständliche und ganz offenbar zu den besprochenen »unhaltbaren Zuständen« führende Zwischenlösungen von Gettoisierung und »uneffektivem« Arbeitseinsatz in Angriff zu nehmen, wurde in der Sowjetunion von vornherein eine endgültige Lösung, die massenhafte Tötung durch Polizeieinheiten, praktiziert.

Zur gleichen Zeit wurden in Polen aus den bisherigen Erfahrungen der Judenpolitik und angesichts der Zustände in den Gettos Überlegungen in die gleiche Richtung angestellt; der Posener SD-Chef Höppner schrieb am 17. Juli an Eichmann, angesichts der Verhältnisse im Getto Litzmannstadt suche man im Amt des Reichsstatthalters Greiser nach neuen Lösungen, etwa die Errichtung eines Lagers für 300000 Insassen; aber auch dies sei letztlich nicht ausreichend: »Es besteht in diesem Winter die Gefahr, daß die Juden nicht mehr sämtlich ernährt werden können. Es ist ernsthaft zu erwägen, ob es nicht die humanste Lösung ist, die Juden, soweit sie nicht arbeitseinsatzfähig sind, durch irgendein schnellwirkendes Mittel zu erledigen. Auf jeden Fall wäre dies angenehmer, als sie verhungern zu lassen.«[132]

Der Hinweis Höppners auf die »schnellwirkenden Mittel« ist zu verstehen, wenn man berücksichtigt, daß die Erschießungen von Zehn- und Hunderttausenden von Juden durch die Einsatzgruppen in der Sowjetunion zu erheblicher Aufmerksamkeit und zu Protesten geführt hatten; vor allem, weil die damit beauftragten Einheiten der Einsatzgruppen dem psychisch nicht gewachsen seien und »zu verrohen drohten«. Allein bis zum Frühjahr 1942 meldeten die Einsatzgruppenchefs etwa 700000 ermordete sowjetische Juden! Als Göring dann am 31. Juni 1941 Heydrich zum Bevollmächtigten für die »Vorbereitung einer Gesamtlösung der Judenfrage im deutschen Einflußbereich in Europa« ernannte, bestand dessen Aufgabe in der Zusammenführung zweier Entwicklungen zu einer Gesamtlösung: in Polen den »unhaltbaren Zuständen« auf radikale Weise ein Ende zu machen und die Deportationen aus dem Westen durchzuführen, ohne das Generalgouvernement zu »belasten«, und andererseits aus den entstandenen »Problemen« bei den Erschießungsaktionen in der Sowjetunion zu lernen und nach weniger auffälligen Methoden für die »Endlösung« in Polen zu suchen.[133]

Der naheliegendste Schritt dazu war es, auf die Erfahrungen des Personals der sogenannten »T-4-Aktionen«, der Ermordung von etwa 70000 Geisteskranken, zurückzugreifen, wobei seit Herbst 1939 Giftgas (Kohlenmonoxyd) verwendet worden war.[134] Organisatoren, Ärzte und Mitarbeiter des Euthanasieprogrammes, das gerade abgeschlossen worden war, wurden daraufhin im Spätsommer 1941 ins Generalgouvernement geschickt, um dort mit Vergasungswagen, später mit Gaskammern, Methoden zu entwickeln, große Menschenmengen auf weniger auffällige, schnelle und – so wörtlich – »humane« Weise umzubringen. Nach wie vor aber gab es wahrscheinlich keinen allgemeinen Endlösungsbefehl; vielmehr funktionierte weiterhin das System der Sachzwänge. So kündigte Himmler am 18. September 1941 gegenüber Greiser an, im Zuge der »Entjudung« des Reichsgebiets kämen demnächst Transporte aus dem Reich nach Litzmannstadt – jenes Getto also, für das bereits im Juli angesichts der sogenannten »unhaltbaren Zustände« »humane« Tötungsmethoden angeregt worden waren. Die Proteste der Behörden in Litzmannstadt waren so groß, daß die nächsten Transporte am 16. Oktober direkt in die Sowjetunion geleitet wurden, wo die Juden unmittelbar nach ihrer Ankunft in Riga, Minsk und Kowno erschossen wurden. Als die nächsten Transporte von etwa 20000 Juden (vor allem aus Berlin, Hamburg, Hannover, Dortmund, Münster, Düsseldorf und Köln) dann wieder nach Litzmannstadt fuhren, begannen im nahe gelegenen Chelmno die ersten Massentötungen durch Giftgas, um, wie es hieß, das Getto von »Arbeitsunfähigen zu entlasten«[135]. Um die Kapazitäten zu erhöhen, war bereits der Befehl zum Bau weiterer Vernichtungsstationen gegeben worden: Auschwitz-Birkenau, Belzec, Sobibor, später Majdanek, Treblinka.

Irgendwann im Spätherbst 1941 ist dann vermutlich auch ausgesprochen worden, was im Kreis der Entscheidungsträger ohnehin angesichts der Entwicklung als unausweichlich erschien: die Vernichtung aller europäischen Juden; aber angesichts der Situation im Oktober 1941 war dies vermutlich nicht einmal als etwas so Absonderliches angesehen worden: die erste Welle der Ermordung der deutschen Geisteskranken war bereits abgeschlossen; in den Lagern der Wehrmacht im Osten starben Millionen sowjetischer Gefangener einen qualvollen Tod, allein bis Jahresende waren es 1,4 Millionen; in den besetzten Gebieten der Sowjetunion erreichten die Massenerschießungen von Juden durch die Einsatzgruppen ihren Höhepunkt. In diesem Klima reifte der Entschluß, die Vernichtung der Juden total durchzuführen; vermutlich in dem Bewußtsein, daß man ja alles andere versucht habe, daß es keine andere »Lösung« mehr gebe; und daß angesichts der Härte des Krieges im Osten sich jede Rücksichtnahme ausgerechnet auf den rassischen Erbfeind von selbst verbiete. Von seiten der deutschen Behörden oder der Wehrmacht waren Proteste nicht zu erwarten, solange die Mordaktionen nicht unter so öffentlichen und spektakulären Umständen vor sich gingen wie bei den Massenerschießungen in der Sowjetunion. Als dann auf der Wannsee-Konferenz im Januar den beteiligten Ressorts mitgeteilt wurde, die arbeitsfähigen Juden würden im Osten zur Arbeit eingesetzt, wurde diese Kaschierung von den Spitzenbeamten nur zu gerne aufgenommen, obwohl jedem klar war, daß die »Nichtarbeitsfähigen« auf jeden Fall umgebracht wurden und gar keine Vorbereitungen für den Arbeitseinsatz der Juden im Osten geschaffen worden waren. Der tatsächliche Arbeitseinsatz von Juden blieb auch bis 1944 eine marginale Randerscheinung, aber er lieferte für alle Beteiligten die Fiktion der Zweckmäßigkeit.[136]

Kehren wir am Schluß noch einmal zum 9. November 1938 zurück. In rückwärtiger Sicht waren die Aktionen der sogenannten »Reichskristallnacht« insofern ein Wendepunkt, als die öffentliche Aufregung über die als barbarisch apostrophierten Methoden der SA und des Straßenmobs das Ende der tradierten Formen des Antisemitismus in Deutschland bedeutete und den Formenwandel hin zum Konzept des »wissenschaftlich fundierten«, weltanschaulich legitimierten, leidenschaftslosen, von staatlichen Stellen in rechtsförmigem, gesetzlichem Gewand exekutierten, »modernen« Antisemitismus, zur umfassenden »Säuberung des deutschen Volkskörpers« einleitete.

Die Exzesse des 9. November kann man womöglich als »irrational« bezeichnen; die seitdem erfolgte Entwicklung vermutlich nicht, denn sie beruhte gerade nicht auf Leidenschaften, Haß oder Mordlust, sondern auf einem Konzept vom völkischen Staat, von politischer Biologie und Rassenhygiene auf der Basis einer zu dieser Zeit für wissenschaftlich gehaltenen, im Gegensatz zu Metaphysik und Idealismus des 19. Jahrhunderts geradezu als materialistisch empfundenen Lehre, und auf den lautlos funktionierenden, rechtsförmigen Methoden des modernen Staates.

Insofern wirken die Ereignisse der Reichskristallnacht vielleicht tatsächlich wie ein Rückfall in die Barbarei des Mittelalters, und ein Gedenken an diesen Tag hat insofern etwas Beruhigendes, als es sich mit etwas Anachronistischem und evident Unwiederholbarem beschäftigt. Die nach dem 9. November eingetretene Entwicklung aber ist für das Gedenken sehr viel beunruhigender, weil wir darin das Gesicht der modernen Gesellschaft erkennen.

6. Widerstand und Traditionsbildung – das Beispiel des Attentäters Georg Elser

Von Ulrich Herbert

Eine der Grundtatsachen des deutschen Widerstandes – im Unterschied zur Résistance in den von Deutschland besetzten Ländern – bestand darin, daß er sich notgedrungen im Gegensatz zu der nationalen Einstellung der Bevölkerung befand, insbesondere unter den Bedingungen des Zweiten Weltkrieges (...) Der Widerstand war, bei aller Vielfältigkeit der Ebenen und der sozialen Träger, ein Widerstand ohne Volk.[137]

Mit diesem Diktum des vielleicht besten Kenners der Geschichte des deutschen Widerstands gegen den Nationalsozialismus ist der Versuch, aus der Geschichte des Widerstandes eine Traditionsbrücke in die Bundesrepublik auf der Basis des »anderen«, des »besseren Deutschland« zu bauen, in Frage gestellt. Der Widerstand war in Deutschland eine Sache von politischen und sozialen Randgruppen der Gesellschaft und kam nicht aus ihrer Mitte.

An die beiden wichtigsten und größten dieser Gruppen – die kommunistischen und sozialdemokratischen Kämpfer des Arbeiterwiderstands und die nationalkonservativen Kreise um die Offiziere des 20. Juli – banden sich seit der Nachkriegszeit die öffentlichen Traditionsbekundungen in den beiden deutschen Staaten. Die DDR definierte und legitimierte sich in der Tradition des Arbeiterwiderstands, die Bundesrepublik schöpfte ihren Legitimationsbedarf aus dem zum Gedenktag gemachten 20. Juli. Zwar gab es hier seit den späten 70er Jahren in beide Richtungen deutliche Erweiterungen des Blickfelds, das politische Selbstverständnis beider Staaten war ohne die legitimatorische Affinität zum Widerstand gegen den Nationalsozialismus aber schwer denkbar. Für die hier vorrangig interessierende Gesellschaft in der West-Republik ist der Umgang mit dieser Tradition allerdings schwierig – denn worauf sollte sie sich inhaltlich gründen? Der Arbeiterwiderstand, vor allem der der KPD, bestand zwar aus expliziten Gegnern des Nationalsozialismus, die aber gleichwohl politisch in der Gesamtgesellschaft vor 1933 (und seit etwa 1935 in zunehmendem Maße auch in der Arbeiterschaft) isoliert und eine Randgruppe waren. Die Tatsache ihres aktiven antifaschistischen Widerstands mag mittlerweile auch in der Bundesrepublik als traditionsbildend akzeptiert sein, die politische Tradition und Programmatik der KPD sind es weniger denn je. Diese isolierte Stellung wurde auch während der Jahre der Diktatur deutlich, der Widerstand der KPD mußte sich unter dem Druck des Terrors und unter dem Mangel an gesellschaftlicher Integration mehr und mehr als stete Abwehr der Verfolgung darstellen. Der Widerstand war zudem von den Nationalsozialisten erwartet worden und konnte dementsprechend schnell zerschlagen werden.[138]

Befragt man die Geschichte des national-konservativen Widerstands, welche Traditionsinhalte von ihm ausgehen und was eine Gesellschaft aus ihm lernen kann, so stößt man auf ähnliche Probleme. Der 20. Juli wurde in der Bundesrepublik als »Aufstand des Gewissens« tradiert, betrachtet man jedoch die spezifisch politischen Ziele der Kreise um Goerdeler, Beck und Stauffenberg, so ist die Traditionsfähigkeit bald an ihrem Ende. Und tatsächlich gab es in der Nachkriegszeit ja nur höchst vereinzelte Stimmen, die sich die Zukunft Deutschlands wie die Verschwörer in der Bendlerstraße als plebiszitär abgesicherte Militärdiktatur vorstellen wollten. Eine Widerstandsbewegung hat es während des Dritten Reiches weder aus der Mitte der Gesellschaft noch mit auf längere Sicht konsensfähigen Zielsetzungen gegeben.

Aus dieser Problemlage heraus wurde in der Traditionsbildung der Bundesrepublik die individuelle, ethisch und moralisch fundierte Motivation der einzelnen Widerstandskämpfer hervorgehoben. Die dabei auftretende Schwierigkeit besteht aber darin, daß die Ethik und Moral der Beteiligten eben höchst individuelle waren und in ihrem Entstehungszusammenhang nicht auf die Gesamtgesellschaft zurückverweisen. Dies gilt auch für diejenigen Widerstandskämpfer, deren politische Haltung vielleicht noch am ehesten Elemente der Traditionsfähigkeit enthalten, wie Bonhoeffer, Pfarrer Kolbe, Stauffenberg oder auch die Geschwister Scholl, um nur wenige zu nennen. Das hervorstechende Merkmal ihres Widerstands ist die Individualität ihrer Motive, die Außenseiterposition, die sie innerhalb der Gesellschaft durch ihren moralischen und ethischen Rigorismus einnahmen. Und fragt man nun nach dem daraus entstehenden Lernpotential, so bleibt die Frage offen, weil die Bonhoeffers, Scholls und Kolbes durch ihre individuelle Motivation am Rande der Gesellschaft standen und die Entstehung ihrer Motivation gesellschaftlich nicht nachformbar ist. Was anderes – um es überspitzt auszudrücken – kann eine Gesellschaft tun, die aus dem moralischen Rigorismus von Außenseitern Traditionen bilden und also lernen will, als darauf hoffen, daß es in ihr möglichst viele derartige Außenseiter gibt, um politische Katastrophen wie die Diktatur des Nationalsozialismus zu verhindern?

Für den individuellen Widerstand aus individuellen Motiven gibt es ein extremes Beispiel: den schwäbischen Handwerker Georg Elser. Seine Geschichte soll hier kurz vorgestellt werden, um dann an diesem Fall den bis hierhin geführten Gedankengang wieder aufzunehmen.

Am 8. November 1939 fand im Bürgerbräukeller in München die traditionelle Feierstunde der Nationalsozialisten zur Erinnerung an den »Marsch zur Feldherrnhalle«, den mißlungenen Putschversuch unter Führung von Ludendorff und Hitler am 8./9. November 1923, statt. Wie jedes Jahr, so sprach auch diesmal Hitler im Kreise seiner »Alten Kämpfer«; früher als üblich verließ er bereits kurz nach 21 Uhr den Saal, um nach Berlin zurückzukehren. Zehn Minuten nach seinem Fortgang ging an der Säule, vor der Hitler bei seiner Rede gestanden hatte, eine Bombe hoch; ein Teil der Decke stürzte ein, tötete acht Menschen und verletzte mehr als sechzig Personen. Der Attentäter war bald ermittelt: der 36jährige Georg Elser aus Königsbrunn in Schwaben. Trotz intensiver Recherchen konnten die Ermittlungsbehörden etwaige Hintermänner (in der Presse wurden der englische Geheimdienst oder gar Otto Strasser[139] verantwortlich gemacht) nicht ausfindig machen, sondern stellten fest, daß Elser allein und ohne Mitwisser gehandelt hatte. Auch die bis in die sechziger Jahre in der Bundesrepublik kolportierten Gerüchte, es habe sich bei dem Attentat um einen »Trick« der Gestapo gehandelt, um die Geschlossenheit der Bevölkerung und die Sympathien für den Führer zu erhöhen, sind restlos widerlegt worden. Die Alleintäterschaft Elsers steht fest.[140]

Elser war von Beruf Schreinergeselle, nach der Lehre und der Wanderschaft arbeitete er längere Zeit in einer Konstanzer Uhrenfabrik, war während der Wirtschaftskrise für einige Jahre arbeitslos, bis er schließlich seit 1936 in einer Rüstungsfabrik Arbeit fand. Er war ein ausgesprochen geschickter und präzisionsversessener Handwerker, er wird als freundlicher, ruhiger, zurückgezogener Mensch geschildert, unverheiratet, aber nicht einsam, unauffällig und zuverlässig.

Bei seiner Vernehmung durch die Gestapo berichtete er über seine politische Einstellung und seine Motive zur Tat:

Ich selbst habe außer der bereits erwähnten Möbel- und Bauschreinerzeit bis jetzt noch nicht eine Zeitung regelmäßig gelesen (...) Persönlich bin ich nie politisch hervorgetreten. Nach Erreichung des Wahlberechtigtenalters habe ich immer die Liste der KPD gewählt, weil ich dachte, das ist eine Arbeiterpartei, die sich sicher für die Arbeiter einsetzt. Mitglied dieser Partei bin ich jedoch nie gewesen, weil ich dachte, es genüge, wenn ich meine Stimme abgebe (...) Ich war Mitglied der Gewerkschaft des Holzarbeiterverbandes, weil dies der Verband der Arbeiter meines Berufes war und weil man Mitglied dieses Verbandes sein sollte (...) Für das Programm der KPD

habe ich mich nie interessiert (...) In den Versammlungen ist lediglich davon gesprochen worden, daß mehr Lohn gezahlt werden soll, bessere Wohnungen geschafft werden sollen und ähnliche Dinge (...)
Nach meiner Ansicht haben sich die Verhältnisse in der Arbeiterschaft nach der nationalen Revolution in verschiedener Hinsicht verschlechtert. So habe ich z. B. festgestellt, daß die Löhne niedriger und die Abzüge höher wurden (...) Der Stundenlohn eines Schreiners hat im Jahre 1929 eine Reichsmark betragen, heute wird nur noch ein Stundenlohn von 68 Pf. bezahlt. Es ist mir erinnerlich, daß 1929 sogar ein Stundenlohn von 1,05 RM tarifmäßig bezahlt worden ist. Aus Unterhaltungen mit verschiedenen Arbeitern ist bekannt, daß auch in anderen Berufsgruppen nach der nationalen Erhebung die Löhne gesenkt und die Abzüge größer wurden (...) Ferner steht die Arbeiterschaft nach meiner Ansicht seit der nationalen Revolution unter einem gewissen Zwang. Der Arbeiter kann z. B. seinen Arbeitsplatz nicht mehr wechseln wie er will, er ist heute durch HJ nicht mehr Herr seiner Kinder, und auch in religiöser Hinsicht kann er sich nicht mehr so frei betätigen (...) Im Herbst 1938 wurde nach meinen Feststellungen in der Arbeiterschaft allgemein mit einem Krieg gerechnet (...) Auch ich vermute, daß es wegen der Sudetenfrage ›schiefgeht‹, d. h., daß es zu einem Krieg kommt. Ich war bereits um diese Zeit der Überzeugung, daß es bei dem Münchener Abkommen nicht bleibt, daß Deutschland anderen Ländern gegenüber noch weitere Forderungen stellen und sich andere Länder einverleiben wird und daß deshalb ein Krieg unvermeidlich ist (...) Die seit 1933 in der Arbeiterschaft von mir beobachtete Unzufriedenheit und der von mir seit Herbst 1938 vermutete unvermeidliche Krieg beschäftigten stets meine Gedankengänge (...) Die von mir angestellten Betrachtungen zeitigten das Ergebnis, daß die Verhältnisse in Deutschland nur durch eine Beseitigung der augenblicklichen Führung geändert werden könnten. Unter Führung verstehe ich die »Obersten«, ich meine damit Hitler, Göring und Goebbels. Durch meine Überlegungen kam ich zu der Überzeugung, daß durch die Beseitigung dieser 3 Männer andere Männer an die Regierung kommen, die an das Ausland keine untragbaren Forderungen stellen, ›die kein fremdes Land einbeziehen wollen‹ und die für eine Besserung der sozialen Lage der Arbeiterschaft Sorge tragen werden (...) Den Nationalsozialismus wollte ich damals nicht beseitigen. Ich war davon überzeugt, daß der Nationalsozialismus die Macht in seinen Händen hatte und daß er diese nicht wiederhergeben werde. Ich war lediglich der Meinung, daß durch die Beseitigung der genannten 3 Männer eine Mäßigung in der politischen Zielsetzung eintreten wird (...) Der Gedanke der Beseitigung der Führung ließ mich damals nicht mehr zur Ruhe kommen, und bereits im Herbst 1938 – es war dies vor dem November 1938 – hatte ich auf Grund der immer angestellten Betrachtungen den Entschluß gefaßt, die Beseitigung der Führung selbst vorzunehmen.[141]

Anfang November 1938 fuhr er nach München, um die Traditionsfeiern am 8./9. November zu beobachten; er stellte fest, daß die Bedingungen für ein Attentat hier sehr günstig waren und fuhr nun mit der festen Entschlossenheit nach Hause zurück, sein Vorhaben im darauffolgenden Jahr durchzuführen. Ein Jahr lang arbeitete er ausschließlich auf dieses Ziel hin: Er besorgte sich Pulver und Sprengkapseln, nahm eine Stellung im Steinbruch an, um sich die nötigen Kenntnisse im

Sprengen anzueignen, fuhr erneut nach München, um den Ort des Attentates und die genaue Stelle für die Unterbringung einer »Höllenmaschine« in Augenschein zu nehmen, konstruierte durch Experimente und Zeichnungen eine geeignete Apparatur, zog schließlich Anfang August 1939 nach München. In den folgenden drei Monaten arbeitete er tagsüber an der komplizierten Konstruktion seiner Bombe und nachts im Bürgerbräukeller, in den er sich unbemerkt einschließen ließ. Die von ihm erdachte Zeitzünderbombe befestigte er in der betreffenden Säule, die er vorher ausgehöhlt hatte und die mit Hilfe zweier Uhrwerke ausgelöst wurde, so daß sie von außen nicht bemerkt werden konnte. Am 6. November 1939 setzte er sie in Gang, löste seine Wohnung auf und versuchte am 8. November, dem Tag des Attentats, über die grüne Grenze bei Konstanz in die Schweiz zu gelangen. Dort wurde er um 20.45 Uhr – eine halbe Stunde bevor die Bombe hochging – von Zöllnern gefaßt. Nach langen Verhören und Mißhandlungen durch Kriminalpolizei und Gestapo wurde er als »Sonderhäftling« ins KZ Sachsenhausen gebracht, wo er als »Kronzeuge« für einen Schauprozeß gegen den englischen Geheimdients »konserviert« (!) wurde. Als er für die SS »wertlos« wurde, wurde er am 9. April 1945 im KZ Dachau auf Weisung des Reichssicherheitshauptamtes getötet.

Kehren wir nun zu den Ausgangsüberlegungen zurück: welche Möglichkeiten der Traditionsbildung oder besser: des politischen Lernens bieten sich einer Gesellschaft wie derjenigen der Bundesrepublik aus der Geschichte des Attentäters Georg Elser? Die soziale Entwicklung Elsers unterschied sich nicht von der von Millionen anderen Menschen dieser Zeit: stellungsloser Facharbeiter, der dann im Zuge der Rüstungskonjunktur Arbeit fand. Auch seine politische Haltung war nicht originär: ein Sympathisant der KPD bis 1933, aber kein Mitglied oder Aktivist, sondern einer, der vor allem seine sozialen Interessen politisch vertreten sehen wollte. Er war offenbar höchst mäßig interessiert am politischen Tagesgeschehen, las kaum Zeitung, lebte eher zurückgezogen und für sich, ein Tüftler und Grübler, der seine Überzeugungen und Entscheidungen mit sich selbst ausmachte. Seine politische Vorstellungskraft reichte nicht weit, seine einmal angenommenen Überzeugungen aber dachte er konsequent durch. Seine Überzeugung, daß Hitler Krieg bedeutete, führte zu der Konsequenz, daß Hitler deshalb aus dem Wege geräumt werden müsse. Und da dies kein anderer tat, tat er es selbst. Mit keinem Menschen hatte er bis zum Tag des Verhörs durch die Gestapo über sein Vorhaben gesprochen, das Attentat bereitete er mit großer Präzision und Entschlossenheit vor. Sein

Entschluß muß lange gereift und dann so tiefgründig gewesen sein, daß Elser sich durch nichts mehr davon abbringen ließ. Erstaunlich ist auch die Naivität, mit der er die Sicherheitskräfte um Hitler herum ignorierte. Für jemanden, der täglich Zeitung las und die andauernde Selbstdarstellung der unumschränkten Macht des Regimes und seines Führers auf sich einwirken ließ, wäre eine solche ebenso schlichte wie verblüffend logische Herangehensweise wohl nicht vorstellbar gewesen.

Es ist müßig, danach zu fragen, ob Elsers Kalkül, daß Hitlers Tod den Krieg verhindert hätte, zutrifft, zumal er kurz vor seinem Attentat vom Krieg gewissermaßen doch noch eingeholt worden war. Entscheidend ist, daß wir die Entstehung der Motive Elsers nur ungenau erkennen, sie aber jedenfalls nicht in erster Linie gesellschaftlich definieren können, sondern als individuelle Motive eines außenseiterischen und einzelgängerischen Grüblers – wie aber soll man damit bei der Suche nach den Traditionslinien und Lernangeboten umgehen?

Die politischen Vorstellungen Elsers waren ungenau, eine längere Perspektive besaßen sie nicht – hier kann Elser nicht traditionsbildend sein. Seine Tat selbst war im konkreten Fall nur zu berechtigt – aber Schlußfolgerungen, was daraus für eine Gesellschaft zu lernen sei, die in ihrer Mitte Resistenzpotentiale gegen das Umkippen in eine Diktatur entwickeln will, ergeben sich daraus nicht. Elser kann, konkret gesprochen, kein Vorbild sein; eine Gesellschaft der einzelgängerischen Grübler ist nicht vorstellbar, auch nicht wünschbar, von der Frage nach der Legitimität von Gewaltanwendung ganz abgesehen. Aber können die Geschwister Scholl, können Bonhoeffer, Kolbe, Stauffenberg – nach denen ja allesamt Schulen benannt sind – Vorbilder sein? Vielleicht als Individuen; als Menschen mit verallgemeinerbaren, »lernbaren« Eigenschaften sind sie es ebensowenig wie Elser. Zu einzelgängerischen, moralischen Rigoristen, deren individualer Widerstandswille in den genannten Fällen ja gerade Produkt ihrer Isolierung und Verzweiflung war, kann man nicht erzogen werden.

Moderne Diktaturen entwickeln aus der Mitte ihrer Gesellschaft offenbar nicht ein »eingebautes« Oppositionselement; das deutsche Beispiel zeigt zudem, daß die großen Widerstandsgruppen keinen Massenanhang hatten und als Organisationen vom Regime ausrechenbar und deshalb zerstörbar waren. Von daher bietet sich kein positives Lernpotential, das eine historische Traditionsbildung mehrheitsfähig und sinnvoll machen würde. Der individuelle Widerstand einzelner aber ist in seiner Motivlage so unterschiedlich und eben individuell, daß von dort aus historische Traditionsbildung und politisches Lernen nicht möglich ist. Daraus ergibt sich die Schlußfolgerung, daß eine zielgenaue Absi-

cherung moderner Gesellschaften gegen ihren diktatorialen Kollaps nicht möglich ist. Es gibt kein Lernen aus der Geschichte des Widerstands, das systematische Methoden vermitteln würde, wie eine Gesellschaft gegen dem Nationalsozialismus vergleichbare Entwicklungen gefeit werden könnte. Insofern führt die Erfahrung aus der Geschichte hier zu Aporie und einem beklemmenden Gefühl von Unsicherheit.
Dennoch kann man dieses Ergebnis auch positiv wenden, und dies ist in vergleichbarer Weise in der Nachkriegszeit auch getan worden. Denn sowohl die Westalliierten wie führende Gruppen in den demokratischen Parteien betonten nicht ohne Grund bei der Debatte um die Neuordnung solche Aspekte wie: Dezentralisierung, Föderalismus, Machtverteilung. Von heute aus weitergedacht finden sich dann in den Erfahrungen des Widerstands doch Handlungshinweise.
Wenn nämlich der wirksame Widerstand nicht aus der Mitte der Gesellschaft, sondern von ihren Rändern, und nicht aus gesellschaftlich akzeptierten, sondern isolierten Motiven, und nicht von ihren Protagonisten, sondern von Einzelgängern, Außenseitern und Individualisten ausging, dann liegt das Lernpotential für eine moderne Gesellschaft ja in einer Haltung, die Außenseiter und Individualisten, politische und soziale Randgruppen, Moralisten und Einzelgänger nicht zur Anpassung und Integration zwingt, sondern pflegt; die Begriffe wie Pluralismus, Vielschichtigkeit und Toleranz – zusammengefaßt: Liberalität – nicht als Feiertagsüberzeugung, sondern als Lebensversicherung begreift. Nicht weil man in den einzelnen Nischen und Randexistenzen *spezifische* Widerstandspotentiale erblickt – schon allein nicht, weil man ja noch gar nicht weiß: wogegen –, sondern weil in der Differenziertheit und Andersartigkeit von Existenzen am Rande des mainstream eine Bremse existiert gegen die Eigendynamik und Verselbständigung von modernen Gesellschaften, die die Mittel zur eigenen Vernichtung besitzen, aber keine Garantie dafür, daß aus ihr selbst Kräfte erwachsen, die sie daran hindern, diese Mittel auch zu nutzen.

VI. Nachfaschistische Alternativen – Die Wachstumsgesellschaft und ihre Kosten

1. War die bürgerliche Gesellschaft in Deutschland 1945 am Ende oder am Anfang?

Von Lutz Niethammer

Zunehmend wird die deutsche Geschichte nach dem Zweiten Weltkrieg unter den Gesichtspunkten eines der Nachfolgestaaten des »Großdeutschen Reiches« betrachtet: der Entfaltung des westdeutschen Nachkriegskapitalismus und seiner liberaldemokratischen Ordnung[1], des bürokratischen Aufbaus einer sozialistischen Gesellschaft in der DDR[2] oder der österreichischen Identität[3]. In bald einem halben Jahrhundert sind diese Bezugsgrößen den Betroffenen vertraut geworden. Insofern sollen auch im abschließenden Kapitel dieses einführenden Überblicks nur einige exemplarische Probleme aus der Geschichte der Bundesrepublik Deutschland betrachtet werden, denn ein aus ihrer Problematik gespeistes historisches Interesse hat uns ja die jüngere deutsche Geschichte unter dem Gesichtspunkt bürgerlicher Gesellschaft thematisieren lassen.
Indessen kann man die Geschichte des Reiches nicht umstandslos in die eines seiner nachfolgenden Teile münden lassen. Denn dazwischen liegt die Phase alliierter Verfügung über Deutschland, die in der Regel mit der Besatzungszeit 1945–1949 gleichgesetzt wird. Sie gehört zu den kompliziertesten Abschnitten der deutschen Geschichte, insofern in einem interdependenten Prozeß, an dem alle Weltmächte beteiligt waren und auf den sich alle deutschen gesellschaftlichen Kräfte beziehen mußten, soziostrukturelle, ordnungspolitische und staatliche Entscheidungen von langfristiger Tragweite zustande kamen. Das Studium dieses Prozesses, der sich nicht auf wenige Ereignisse oder Strukturen reduzieren läßt, kann in unserem Zusammenhang nur empfohlen[4], aber nicht vollzogen werden. Statt dessen soll durch eine Zwischenüberlegung die gesellschaftliche Weichenstellung, als welche die Besatzungszeit im Übergang »vom Reich zur Bundesrepublik«[5] erscheint, charakterisiert werden.

Etappen deutscher Nachkriegsgeschichte

Eine solche Überlegung wird dadurch erleichtert, daß man sich zunächst die Rohdaten vergegenwärtigt.[6] Die wesentlichen Voraussetzungen dieser Periode sind die totale militärische Niederlage Deutschlands, das durch seine kontinental-imperialistische Expansion die führenden Weltmächte zu einem zeitweiligen Zweckbündnis zusammengedrängt hatte, und seine Diskreditierung als geschichtliche und sittliche Größe infolge der NS-Politik zur Vernichtung der Juden und zur Unterjochung des größeren Teils Europas, insbesondere Osteuropas. Diskreditierung und Niederlage machten Deutschland zum Objekt alliierter Disposition mit der Folge einer territorialen Neugliederung Mitteleuropas (Unterstellung der deutschen Ostgebiete unter polnische bzw. sowjetische Verwaltung und Wiederherstellung der österreichischen Republik) und der Übernahme der Regierungsgewalt im Rumpf des Bismarck-Reiches durch den Alliierten Kontrollrat im Sommer 1945.

In der ersten Nachkriegsphase 1945–1947 erwies sich die Konsensgrundlage dieses interalliierten Regimes (Entmilitarisierung und Entnazifizierung) als geringer als seine internen Interessengegensätze in bezug auf das deutsche wirtschaftliche Potential (insbesondere Reparationen) und die ordnungspolitische Form des gemeinsamen Ziels einer Demokratisierung. Wo immer sich der Kontrollrat nicht einigen konnte, gingen die Besatzungsmächte in ihren Zonen selbständig vor, wodurch die Demarkationslinien – besonders zur sowjetischen, teilweise auch zur französischen Zone – Grenzcharakter bekamen. Die Unfähigkeit zur Einigung über Deutschland als wirtschaftliche und politische Einheit dokumentierte sich 1947 im Scheitern der interalliierten Moskauer Außenministerkonferenz, der Münchener Ministerpräsidentenkonferenz sowie des Versuchs zur Bildung einer nationalen Repräsentation deutscher Parteien gegenüber den Alliierten.

Die zweite Phase 1947–1949 wird durch die Initiative der USA zur Eindämmung des sowjetischen Einflusses und zur Konsolidierung des übrigen Europas unter amerikanischer Führung (Marshall-Plan) eingeleitet. Sie führt einerseits zur Unterordnung der beiden übrigen Westmächte unter die amerikanische Politik und zum Zusammenschluß der Westzonen Deutschlands als marktwirtschaftliche Einheit (Bizone, Währungsreform) und als Staat mit föderativer, rechtsstaatlicher und parlamentarisch-demokratischer Struktur (Frankfurter Dokumente, Grundgesetz). Andererseits wird sie von der Sowjetunion mit der Selbstabschottung ihres Einflußbereichs in Europa und dessen beschleunigter ordnungspolitischer Veränderung nach sowjetischem Vorbild beantwortet (Gründung des Kominform 1947, Prager Umsturz 1948). Im Zuge dieser Reaktion wird auch in der SBZ eine »volksdemokratische« Ordnung durchgesetzt und staatlich verselbständigt (DDR-Gründung), nachdem territoriale Alternativlösungen (Blockade West-Berlins; Verhinderung der Konstituierung der Bundesrepublik durch die Volkskongreßbewegung) gescheitert waren.

Die erste Hälfte der 1950er Jahre bildet eine dritte Phase, insofern diese zunächst provisorischen Entscheidungen im Ergebnis nicht revidiert, sondern bis zur – wenn auch im Fall der Bundesrepublik und der DDR durch Vorbehaltsrechte der Alliierten eingeschränkte – Souveränität aller drei Staaten 1955 weiterentwickelt werden. Während Österreich jedoch in seiner Zwitterstellung zwischen einem befreiten und einem besetzten Land seine Einheit durch Bündnisfreiheit erreichen kann (Staatsvertrag), werden Bundesrepublik und DDR wiederbewaffnet und in gegeneinander gerichtete Militärbündnisse (EVG 1952 bzw. NATO und Warschauer Pakt 1955) integriert. Zugleich entwickeln sie sich ordnungspolitisch und ökonomisch zu Musterschülern ihrer Führungsmächte in den beiden Blöcken (deutsch-amerikanische bzw. deutsch-sowjetische Freundschaft), wobei sich die Lebensverhältnisse im Westen wesentlich zügiger verbessern, nicht zuletzt, weil die sowjetischen Reparationsforderungen an Kontrollrats-Deutschland im wesentlichen aus der SBZ/DDR befriedigt werden.

Etwa ein Sechstel ihrer Bevölkerung wandert unter diesen Bedingungen nach Westen, nachdem bereits über zwei Drittel der Vertriebenen aus den Ostgebieten in der Bundesrepublik aufgenommen worden sind. Die Oder-Neiße-Grenze wird von der DDR 1950 anerkannt; das Saarland kehrt 1955 von Frankreich an die Bundesrepublik zurück. Die Verklammerung beider deutscher Staaten in Berlin bliebt ungelöst und damit ein alliierter Reservatbereich in Deutschland erhalten. Ein formeller Friedensvertrag mit Deutschland oder beiden deutschen Staaten kommt nicht zustande, sondern wird substantiell in einem Prozeß von Einzelregelungen zwischen den Kriegsgegnern bzw. zwischen den deutschen Staaten teilweise ersetzt. Neben der Konstituierung der Staaten 1949 und ihrer Entlassung aus allierter Kontrolle 1955 sind hier die entscheidenden Schwellen in der ersten Hälfte der 50er Jahre (Londoner Schuldenabkommen und Wiedergutmachung an Israel; Rückgabe der sowjetischen Aktiengesellschaften an die DDR) und Anfang der 70er Jahre (Neue Ostpolitik, Viermächteabkommen über Berlin und Grundlagenvertrag).

Das Ende bürgerlicher Autonomie

Als die Alliierten im Frühjahr 1945 Deutschland besetzten, ließen sie bis zum Sommer einen Landkreis unbesetzt: Schwarzenberg, ein abgelegener, stark industrieller Teil des Erzgebirges. Im Westen stand die US-, im Osten die Rote Armee. Obwohl ein solcher Rest nicht einfach für das Ganze genommen werden darf, ist es doch interessant zu betrachten, wie sich die deutschen politischen Kräfte verhielten, wenn ihnen nicht befohlen wurde: Wer handelte nach dem Zusammenbruch des NS-Regimes? Gab es eine gemeinsame Alternative? Grob gesprochen entstand in Schwarzenberg – und diese Konstellation läßt sich auch in den meisten besetzten Städten wieder auffinden – eine Doppelherrschaft zweier Eliten mit unterschiedlichen Perspektiven, während die Masse der Bevölkerung sich individuell um alltägliche Überlebensprobleme kümmerte und politisch passiv blieb und die rückflutenden Wehrmachtsangehörigen und NS-Funktionäre auf der Flucht einen erheblichen Unsicherheitsfaktor darstellten.

Der bürgerliche Teil handlungswilliger Eliten war schmal und handelte aus der Autorität bestehender Institutionen (Verwaltung, Kirche, selten Betriebe); durch eine unpolitische Notverwaltung wollte er das Chaos überbrücken und setzte auf eine Stabilisierung der Verhältnisse und den Einmarsch der Amerikaner. Die andere Gruppierung war ebenfalls begrenzt, wenn auch größer: es handelte sich um sog. Antifa-Ausschüsse aus ehemaligen Funktionären der Arbeiterbewegung auf kommunaler und betrieblicher Ebene, die in Räteform ebenfalls Aufgaben einer Notverwaltung übernehmen, diese aber mit einer antifaschistischen Säuberung der Öffentlichkeit, mit der Aufklärung und Mobilisierung der Bevölkerung sowie mit dem Aufbau politisch-gewerkschaftlicher Organisationen verbinden wollten. Vor allem das praktische Handlungspotential beider Gruppierungen war begrenzt, ihre Perspektiven – politische Überbrückung oder Nutzung der Krise – waren gegensätzlich, und da beide nicht den erhofften Widerhall in der Bevölkerung fanden, suchten sie Rückhalt bei den jeweiligen Besatzungsmächten, um sich mit abgeleiteter Macht durchzusetzen. In diesem Fall gewann die Antifa zunächst die Oberhand, da im Sommer die Russen einmarschierten, aber damit war ihr Ansatz auch überholt, da das Personal sich nun in die von der Militärverwaltung vorgegebenen Organisations- und Befehlsstrukturen umgruppieren mußte und sich nicht viel an der politischen Passivität der Bevölkerung änderte, von der Abwanderung vieler Bürgerlicher nach Westen abgesehen.[7]

Die Schwarzenberger Konstellation gibt einen Einblick in den Rohzustand einer bürgerlichen Gesellschaft, deren Traditionsvoraussetzungen durch den Faschismus und seinen Zusammenbruch unterbrochen sind. Hierdurch unterscheidet sich das Ende des Zweiten Weltkriegs in Deutschland von 1918. Auch damals gab es die Konstellation einer Doppelherrschaft, aber die tragenden gesellschaftlichen Kräfte waren angesichts des Fortbestehens staatlicher Gewalt einerseits und der Massenbasis der Arbeiterbewegung und ihrer partiellen Bewaffnung andererseits zu einem anfänglichen Kompromiß gezwungen worden, um den Bürgerkrieg zu begrenzen und eine gegenüber den Siegern handlungsfähige Regierungsgewalt aufrechtzuerhalten. 1945 jedoch war der Kontakt zwischen den Funktionären der Arbeiterbewegung und ihrer Basis über ein Jahrzehnt weitgehend abgerissen und konnte allenfalls durch Organisation, Überzeugung und Anpassung schrittweise wiederhergestellt werden. Gegen einen Bürgerkrieg stand nicht nur die Autorität der Alliierten, sondern auch die Friedenssehnsucht und Perspektivlosigkeit der Masse der Besiegten.

War den Kerngruppen der ehemaligen Arbeiterbewegung zwar nur ein enger Handlungsspielraum, aber doch eine Perspektive, ein Streben nach Vereinigung der Kräfte und meist auch ein gutes Gewissen verblieben, so bestand eine autonome Perspektive des Bürgertums nur noch als Fiktion. Das verbreitete Konzept, durch eine Art Verwaltungsdiktatur die revolutionären Risiken der Zusammenbruchskrise zu überbrücken und Politik erst wieder unter konsolidierten Verhältnissen zuzulassen, war angesichts des Zusammenbruchs des Staatsapparats und seiner Zwangsmittel nur noch als von den Besatzungsmächten abgeleitete Macht denkbar. Da insofern die jeweiligen Alliierten ohnehin direkt herrschten und das bürgerliche Konzept den Interessen der Linken im Ansatz zuwiderlief, entfiel auch der konsensuale Boden, die nationalen Interessen gegenüber den Siegern zu repräsentieren.

Der Verlust bürgerlicher Autonomie in der Ausbildung einer nachfaschistischen Alternative reicht aber weiter zurück als die Unangemessenheit des Überbrückungskonzepts im Zusammenbruch. Dieses Konzept stammt aus den Planungen des konservativen Widerstands gegen Hitler[8], die ihrerseits auf die Phase der Präsidialkabinette vor Hitler zurückverweisen. Die kleinen bürgerlich-aristokratischen Initiativgruppen, die sich seit der Kriegswende vermehrt zum Putsch entschlossen, standen vor dem doppelten Problem, daß sie bei einem Zusammenbruch der Macht- und Loyalitätsstrukturen des Dritten Reiches mit einer Revolution von Links rechneten, während die Massenbasis bürgerlicher Politik zu den Nazis übergelaufen war und enttäuschte und resistente Kräfte allenfalls von den Kirchen aus hätten neu formiert werden können. Insofern blieb für die Übergangsphase nach dem Putsch nur der Weg einer Militärdiktatur. Dieser Weg war aber wieder mit einem doppelten Risiko verbunden. Einerseits hofften die wenigen Repräsentanten der Linken, die an diesen Planungen beteiligt waren, daß eine solche Diktatur auf tönernen Füßen stehen werde, denn wenn die Verhältnisse erst einmal in Fluß gekommen seien, würden sie eine revolutionäre Dynamik entfalten, die von einigen Generalstabsoffizieren nicht mehr gesteuert werden könne. Daß das Militär auch durch innere Führung an den NS rückgebunden sei und sich seinem instrumentellen Einsatz gegen das Dritte Reich verweigern werde, dieses andere Risiko war realer. Schon der Hauptmann eines der ersten Truppenteile, die am 20. Juli 1944 durch einen Befehl der Militäropposition in Berlin bewegt werden sollten, verweigerte den Befehl und brachte den Putsch im Ansatz zum Scheitern.

Zwar haben zahlreiche Bürgerliche als Einzelperson Widerstand geleistet oder sich vom NS-Regime ferngehalten; das Bürgertum als gesellschaftsgeschichtliche Kraft drohte aber, mit dem Faschismus unterzugehen. Das politische Personal des Dritten Reiches war wesentlich aus dem Kleinbürgertum rekrutiert; das Groß- und Bildungsbürgertum war die funktionale Stütze seines Funktionierens in Kultur, Wirtschaft, Bürokratie und Militär gewesen. Wollte es das Ende des Dritten Reiches überleben, mußte es den nationalen Rahmen überwinden, sich vom Faschismus lösen und im Anschluß an die Westalliierten einen Ort in einer künftigen internationalen bürgerlichen Ordnung suchen. Diese im Verhältnis zum heroischen nationalen Widerstand realistischere Perspektive wurde gegen Ende des Krieges von führenden Managern der Industrie und von wirtschaftspolitischen Planern (sowohl von SS-Angehörigen als auch von NS-Gegnern) ausgearbeitet.[9] Zwar ließ sie sich bei Kriegsende nicht bruchlos verwirklichen, da gerade die Amerikaner die Masse des einschlägigen Personals als »Wehrwirtschaftsführer« zunächst einmal in Arrest nahmen. Aber es war damit eine entwicklungsfähige Grundlage für die langfristige Orientierung der deutschen Großindustrie nach dem Krieg geschaffen, jedenfalls soweit sie im Einflußbereich Amerikas zu liegen kam.

Freilich verblieben vier Hauptprobleme einer solchen Umorientierung auf den Westen als externen Garanten bürgerlicher Interessen in einer neu im Verbund mit dem Westen zu schaffenden bürgerlichen Gesellschaft. Sie zeigen die unmittelbare Abhängigkeit bürgerlicher Perspektiven von den Alliierten. Nur wenn (1) die reparations- und ordnungspolitische Mitsprache der Sowjetunion zurückgedämmt wurde und wenn (2) die westliche Entnazifizierung zu keiner dauernden Depossedierung der deutschen Kapitaleigner oder zur Lähmung ihres Managements führte, würde es mittelfristig überhaupt noch verteidigenswerte bürgerliche Interessen geben. Die beiden anderen Probleme lagen in den politischen Rahmenbedingungen einer bürgerlichen Gesellschaft: in den industriellen Nachkriegsplanungen war nämlich – unrealistisch genug und abweichend vom westlichen Konsens – keine selbständige politisch-gewerkschaftliche Organisierung des Produktionsfaktors Arbeit (3) vorgesehen. Und war diese erst einmal entstanden, so bedurfte es im politischen Raum (4) einer breiten antisozialistischen und doch nicht NS-kompromittierten Sammlung, wenn die westliche Ordnung nicht zum Gefäß autonomer Sozialisierungspolitik werden sollte.

Zunächst schien alles für diese letztgenannte Möglichkeit zu sprechen. Zwar wollten die Bürgerlichen in den deutschen Auftragsverwaltungen der Alliierten in aller Regel 1945 mit ihrem Konzept unpolitischer Überbrückung den sozialistischen Zug der Zeit aufhalten; analytisch waren sie sich aber mit den Vertretern der Linken einig, daß dies der Zug der Zeit sei. Als seit Mitte 1945 zunächst die Sowjets und dann die Amerikaner aber Parteien zuließen, wurde das Konzept bürokratischer Überbrückung obsolet, wenn die zügige parteipolitische Reorganisation der Linken nicht diese zur einzigen Repräsentantin nicht-nationalsozialistischer deutscher Politik machen sollte. Der Spielraum zwischen Entnazifizierung und Sozialismus schien aber zunächst schmal, und die Versuche zur Reorganisation alter bürgerlich-liberaler Parteien entfalteten keine Massenwirksamkeit. Als erfolgversprechende neue Kraft jenseits der alten Linken erwies sich allein die christliche Sammlungsbewegung, deren innerer Funktionärsstamm aus einem Brückenschlag zwischen dem Zentrum und Teilen der Deutschnationalen und der Liberalen hervorging. Sie wurde von den Kirchen gestützt, die von den Westalliierten weitgehend als antinationalsozialistische Kräfte anerkannt wurden.[10]

Diese Sammlung war aber keineswegs von vornherein auf bürgerliche Interessen oder Identität festgelegt. 1945 überwogen vielmehr zunächst »christlich-sozialistische« Vorstellungen aus der katholischen Arbeiterbewegung und aus dem christlichen Widerstand, und der Massenzulauf speiste sich eher aus religiösen und regionalen Motiven, agrarischen Interessen und aus der vagen Suche nach einer Alternative zur Linken als aus bürgerlicher Programmatik oder Lebensform. Diese Lebensform war bereits im Faschismus politisch mediatisiert und durch die Wahllosigkeit, mit der die Kriegsfolgen (Menschenverluste, Kriegsschäden, Vertreibung) in allen Gesellschaftsschichten fühlbar

wurden, materiell durchlöchert. In der »Zusammenbruchgesellschaft« schien sie vollends »vor die Hunde« zu gehen.[11] Zudem waren große Teile des selbständigen Mittelstands und vor allem der Beamtenschaft, die bürgerlichen Positionen erst die nötige Breite geben konnten, als ehemalige Trägerschichten des NS von der Entnazifizierung bedroht und vor der Hand vom Wahlrecht und als funktionstüchtige Stützen von Verwaltung und Versorgung ausgeschlossen.
Insofern war zunächst völlig offen, ob es über die formale Grundlegung eines parlamentarischen und rechtsstaatlichen Regierungssystems in den einzelnen Ländern hinaus auch zu jener inhaltlichen Auffüllung einer bürgerlichen Gesellschaft kommen würde, die einerseits in der Trennung von Privatwirtschaft und öffentlicher Rechtssetzung und andererseits in der Ablösung von Fremdherrschaft durch die Selbstverwaltung der Gesellschaftsmitglieder bestehen mußte. Als 1946/47 die Parlamente in zwei Ländern – damals noch unter Beteiligung der CDU – durch Willensbekundungen zur Sozialisierung der Grundstoffindustrie Einschränkungen des ersten Grundsatzes beschlossen, erwies sich auch der zweite Grundsatz als unwirksam, denn die amerikanische Militärregierung ließ diese Beschlüsse nicht in Kraft treten.[12] Darin kam zum Ausdruck, daß sie gesonnen war, in ihrem Einflußbereich eine bürgerliche Gesellschaft einschließlich einer kapitalistischen Marktwirtschaft zu etablieren, und zwar ungeachtet der derzeitigen politischen Kraft eines autonomen Bürgertums in Deutschland, das in ihr einen übermächtigen Stellvertreter fand.

Die Polarisierung

Dem Versuch der Alliierten, Deutschland durch den Kontrollrat gemeinsam zu regieren, entsprachen auf deutscher Seite Auftragsverwaltungen, die schrittweise durch eine pluralistische, aber einheitlich handelnde Repräsentation der deutschen politischen Kräfte, die sog. Lizenzparteien, auf Länder- oder Zonenebene abgelöst werden sollten.[13] Da davon ausgegangen werden mußte, daß die Mehrheit der Deutschen noch stark vom Nationalsozialismus geprägt sei, versprach ein solches Regime ein kontrolliertes Einwachsen der politischen Kräfte des »anderen Deutschlands« und die Vermeidung einer nationalistischen Opposition gegen die alliierte Politik. Für ein solches einheitliches Vorgehen sprachen – neben den gemeinsamen Zielen einer Entmilitarisierung und Entnazifizierung Deutschlands – auf alliierter Ebene vor allem die Interessen der Sowjetunion an Reparationen aus dem gesamten deutschen Wirtschaftspotential und der anfängliche amerikanische Versuch, durch eine gemäßigte Kooperationspolitik den Zerfall der deutschen Wirtschaftseinheit und den Verlust westlichen Einflusses jenseits der Elbe zu verhindern.

Auf deutscher Ebene gab es gleichfalls Argumente für das, was Kommunisten die »antifaschistisch-demokratische« Einheit nannten: für die anfänglich schwache Rechte gewährte sie eine Mitsprache, die sie im Falle von Mehrheitsregierungen außerhalb agrarischer Gebiete nirgends erwarten konnte, solange eine gemeinsame Kontrolle der Anti-Hitler-Koalition anhielt. Für die Linke versprach sie die Einbindung der Rechten in einen subsidiären Erziehungs- und Umstruktierungsprozeß der deutschen Gesellschaft. Speziell die Kommunisten als die einzige Partei, die unmittelbar mit einer der alliierten Mächte koordiniert war, wollten keine organisierte Opposition gegen eine antifaschistische Erziehungsdiktatur und ihre These von der abgestuften Kollektivschuld bzw. -verantwortung des deutschen Volkes als Grundlage der sowjetischen Reparations- und Gebietsforderungen entstehen lassen und boten dafür bündnispolitisch die einstweilige Zurückstellung ihrer früheren revolutionären Programmatik an.[14]

Die Belastungen eines solchen Einheitsregimes machten sich aber von Anfang an bemerkbar und wuchsen sich innerhalb von zwei Jahren vollends zu einer Blockierung aus. Schon 1945 schätzten britische politische Planer eine Kooperation mit der Sowjetunion als Illusion ein, und die mit ihren Sicherheits- und Reparationswünschen isolierten Franzosen blockierten jegliche positive Maßnahme des Kontrollrats.[15] Beides mag nicht entscheidend gewesen sein, aber es verhinderte das Wachsen einer gemeinsamen Praxis als Gegengewicht gegen die weltpolitische Rivalität der USA und der UdSSR. Noch bevor 1947 deren größere geostrategische Gegensätze auch in Deutschland wirksam wurden[16], kam ihre Konfrontation vor allem auf zwei Gebieten zum Ausdruck.

Auf ökonomischem Gebiet wehrten sich die USA dagegen, das Industriepotential Deutschlands auf das Niveau der Sowjetunion herunterdemontieren zu lassen, da sie befürchteten, im Anschluß die Deutschen aus politischen und humanitären Gründen ernähren und damit indirekt die Reparationen bezahlen zu müssen. Da sich die ökonomische Kontrolle der anderen Allierten auf die SBZ als unwirksam erwies, stoppten die USA die Reparationen aus dem Westen. Auf politischem Gebiet setzten die Amerikaner dem sowjetischen Konzept einer Erziehungsdiktatur durch einen starren Parteiblock, in dem der KPD die Schlüsselrolle zukam, eine Mobilisierung durch beständige Wahlkämpfe entgegen, die die Linke aufspalten und die Kommunisten isolieren mußte. Als darauf in der SBZ mit dem Anschluß des sozialdemokratischen Potentials an die kommunistische Führung in Gestalt der SED-Gründung reagiert wurde, war auch hier der Austrag der Konflikte in je besondere territoriale Strukturen zerfallen. Ähnlich, wenn auch vielleicht nicht ebenso irreversibel, territorialisierte sich die Auseinandersetzung um die Frage, ob gesellschaftliche Strukturreformen mit der politischen Säuberung in Zusammenhang gebracht werden sollten oder nicht. Entsprechend weitreichend fielen in der SBZ die Bodenreform und die Überführung industrieller Anlagen in volkseigenen oder sowjetischen Besitz sowie der Personalaustausch in staatlichen und kulturellen Einrichtungen aus, während die USA die Personalsäuberung in einen abgeltbaren Sühneprozeß mit nur geringen dauernden Auswirkungen auf die Sozialstruktur münden ließen und Sozialisierung und Bodenreform in der Bizone davon abgetrennt und verzögert wurden, um schließlich weitgehend im Sande zu verlaufen.[17]

Der Verlierer dieser Territorialisierung der Antworten auf die deutsche Frage nach dem Dritten Reich war der demokratische Sozialismus, der zunächst als gemeinsamer Nenner einer autonomen Antwort auf den totalitären und imperialistischen Charakter des NS-Regimes hätte erscheinen und im nationalen Zusammenhang eine erhebliche Breitenwirkung entfalten können. Im Osten verschwand er aber als selbständiger politischer Faktor und damit sein demokratischer Impuls, im Westen verpuffte seine Ausgleichsfunktion und damit die Chance zu einer sozialistischen Umgestaltung. Zwar war die innere Kohärenz des demokratischen Sozialismus gering, wie sich im Winter 1945/46 an der Kompromißunfähigkeit zwischen Schumacher und Grotewohl – trotz weitgehender programmatischer Übereinstimmung – zeigte.[18] Im Kern ist er aber als nationale Position in der Polarisierung zwischen Ost und West zerrieben worden, die sich seit 1947 im sog. Kalten Krieg zunehmend irreversibel verhärtete.[19]

Deutsche Politik wurde nun wesentlich als Ausgestaltung der Position einer der beiden Führungsmächte wirksam und mußte sich von daher legitimieren. Ob man nun sagt, unter dem Druck der alliierten Polarisierung habe keine nationale Alternative zum NS gefunden und ausdiskutiert, ausgehandelt und ausgekämpft werden können, oder ob man umgekehrt die Ansätze zu einer solchen Position in der Gesellschaft des Zusammenbruchs für so schwach hält, daß die wenig verankerten politischen Eliten des »anderen Deutschland« nur die bereits in territoriale Alternativen auseinandergefallenen Perspektiven ihrer jeweiligen Schutzmächte ausgestalten konnten[20] – beides zeigt im Rückblick denselben charakteristischen Befund: Der gesellschaftliche Zerfall, der zum Faschismus geführt hatte und durch seine Expansionsmaschinerie überformt worden war, war an seinem Ende so weit fortgeschritten, daß er keine gesamtgesellschaftliche Konsequenzen in nationaler Kontinuität erlaubte. Vielmehr knüpften die beiden in der Folge in Deutschland entstandenen Nachkriegsordnungen zugleich mit der Nachahmung ihrer »Schutzmächte« an partielle Konsenselemente des »anderen Deuschland« an – hier den anti-totalitären, dort den antiimperialistischen Konsens. Aber die ausgeschlagenen Teile des Erbes hängen beiden Systemen bis heute an und verweisen sie unentrinnbar immer wieder auf die gemeinsame Vergangenheit.

Konturen deutscher Erbteilung

Der wichtigste Teil des Erbes, das Volk, schien zunächst auf beiden Seiten dasselbe zu sein, wenn auch in sehr unterschiedlichen Zahlen (die DDR hat etwas mehr Einwohner als Nordrhein-Westfalen und Hamburg). Es war dasselbe Volk, das zu einem großen Teil Hitler zugejubelt und sich vor den Zumutungen des Regimes ins Privatleben zurückgezogen hatte, das den Krieg getragen und die Niederlage erduldet hatte, das das Verschwinden der Juden registriert und die Beschäftigung von Millionen Zwangsarbeitern in der Kriegswirtschaft als Aufstieg durch »Unterschichtung« erfahren hatte.[21] Über ein Drittel des Volkes war nun direkt oder über Familienangehörige indirekt von der Entnazifizierung betroffen, fast ein Viertel betrug der Anteil der Flüchtlinge und sonstigen Zwangsmobilen, größer noch war die Zahl derer, die infolge des Krieges Verwandte verloren oder ihre Habe eingebüßt hatten. Von diesem Volk hatten sich die jetzt aktiven Politiker, soweit sie dem politischen Widerstand oder der inneren oder (selten) der äußeren Emigration angehört hatten, im letzten Jahrzehnt isoliert gefühlt. Dieser Graben mußte nun überbrückt werden – was bei den freien Wahlen im Westen notwendiger war als im Osten, wo das Blockwahlsystem einen Zuspruch fingieren half, der im Alltag fehlte. Daß in beiden Systemen alle Ansätze zur direkten Demokratie bei der Verfassungsgebung vermieden wurden, bringt diesen Graben aber noch heute in den Blick: vor der Hand und zur Not sollte die Demokratie in ihrer alltäglichen Praxis nicht von den Meinungen dieses Volkes abhängen.[22]

Volksvertreter, die nicht aus der Identität der Erfahrung heraus sprechen konnten, mußten sich in anderen Sprachen verständlich zu machen versuchen, wenn sie angesichts weitverbreiteter Orientierungslosigkeit in der Integrationskrise deutscher Politik nach der Besatzungszeit bestehen wollten.[23] Sie mußten von den existentiellen Erfahrungen der jüngsten Vergangenheit, die auch ihnen so sinnlos erschienen, wie die Literaten aller Couleur nun den Krieg beschrieben[24], ablenken, in abstrakten größeren Zusammenhängen, die der Entschuldung ihrer Klientel dienen konnten, um das Volk werben und sich um seine alltäglichen Überlebenssorgen kümmern. Dieser politische Diskurs über die Geschichte unter den Zwängen der Abstraktion und der Entschuldung hatte die langfristige Wirkung, daß die private Geschichtserfahrung mit ihrer ganzen affektiven Prägekraft ungedeutet blieb und von öffentlichen Geschichtsbildern überformt wurde, deren labile Abstraktheit sie für ständige Nachfragen und Revisionen anfällig machte.

Merkwürdig mußte auf einen unvoreingenommenen Beobachter auch die pragmatische Arbeitsteilung wirken, mit der die beiden entstehenden Systeme die Erblasten des Nationalsozialismus auf sich nahmen: die kleine östliche Hälfte hatte für die Schäden der großen Sowjetunion aufzukommen, die westliche entschloß sich mühsam für ein Wiedergutmachungsangebot an die Juden und den Staat Israel. Wer keinen Fürsprecher hatte, kam auf keiner Seite zu seinem Recht, so die Zwangsarbeiter oder die Zigeuner.[25] Auch ideell erwiesen sich die Systeme in ihrer selektiven Geschichtswahrnehmung[26] als aufeinander angewiesen: der Westen nahm den »Hitler in uns«, den Totalitarismus, den Hitler-Stalin-Pakt auf sich, der Osten die Kapitalisten und Junker als Steigbügelhalter Hitlers, als Militaristen und Kriegsgewinnler. Erst aus einer gewissen Entfernung machte der Stereoton gesamtdeutscher Geschichtsbewältigung Sinn.[27]

Die durch vielerlei gemeinsame Erfahrungen und Verwandtschaften verwobene Nachbarschaft verhärtete und erleichterte zugleich die Entwicklung auseinanderstrebender Gesellschaftssysteme in beiden deutschen Staaten. Für diese Ambivalenz ist die innerdeutsche Grenze besonders bezeichnend. Viele, die sich von der gesellschaftlichen Umwälzung im Osten unmittelbar oder in ihren Lebensperspektiven betroffen fühlten, konnten vor dem Bau der Mauer ohne die besonderen Erschwernisse einer Emigration in eine fremde Kultur die Seite wechseln. Das hat der DDR viel von dem eigentlich zu erwartenden Widerstand genommen und die Opfer – im Verhältnis zu anderen revolutionären Gesellschaften – in Grenzen gehalten. Auf der anderen Seite hat der ständige Aderlaß an Initiative und Herausforderung den sozialistischen Aufbau von oben mit dem Grauschleier autoritärer Hinnahme überzogen, während die verwandtschaftlichen Bindungen an den Westen wuchsen und dem Vergleich der sich entwickelnden Lebensniveaus eine besonders kränkende und persönliche Note verliehen. Als die Führung der DDR sich schließlich gezwungen sah, diesen Aderlaß an Arbeitskraft und Nachwuchskadern durch den Mauerbau zu stoppen, zwang sie zwar ihre Bevölkerung zur praktischen Orientierung ihrer Perspektiven auf die eigene Gesellschaft, konnte in ihr aber nicht jene Initiative wecken, die aus freier Zustimmung erwüchse. Seither ist ihr Legitimationsdefizit versteinert.

Für den Westen war diese »Abstimmung mit den Füßen« ein propagandistischer Dauererfolg, aber die Zuwanderung hatte auch Probleme für die soziale und politische Kultur. Einmal enthielt der Zustrom im ersten Nachkriegsjahrzehnt einen unverhältnismäßig großen Anteil an NS-Belasteten[28] (auch unter den weiterwandernden Vertriebenen), der den peinlichen Geschmack des Restaurativen an der Liberalisierung in Westdeutschland verstärkte und der dem offiziellen Antifaschismus als Ersatzlegitimation der DDR auch dann noch empirischen Anhalt bot, als dieser zunehmend von deren tatsächlichen Problemen abzulenken begann. Zweitens wurde der Wiederaufbau in der Bundesrepublik mit einem unerschöpflich erscheinenden Nachschub an Qualifikationen versorgt, der eine quantitative ohne eine qualitative Modernisierung der Gesellschaft erlaubte und den Irrglauben einwurzelte, daß es auch in einer dynamischen Gesellschaft das Beste sei, »keine Experimente« zu machen.[29] Schließlich wurde die Bundesrepublik mit einer externen antitotalitären Legitimation versorgt, die sich nicht nur als Entwicklungshemmung der Linken auswirkte, sondern auch interne Diskussionen um Legitimation und Identität so lange vertagte, bis einer nachfolgenden Generation das ganze System trotz liberaler Institutionen und wachsender Prosperität hohl erschien.

Dieses Beispiel mag hier dafür genügen, daß sich die deutsche Nachkriegsgeschichte kaum ausreichend einer systematischen Betrachtungsweise wie dem verbreitetenden Systemvergleich zwischen der Bundesrepublik und der DDR erschließt, da sich der Bezug aufeinander und auf die gemeinsame Vergangenheit nicht als ein quasi externer Faktor aus der Wirkungsweise der Gesellschaftsordnungen isolieren läßt. Andererseits können die nationalen Bezüge diese Ordnungen nicht erklären, weil die Eingriffe der Besatzungsmächte, die in der Logik des Zusammenbruchs des nationalsozialistischen Deutschlands lagen, eine Kontinuitätsvermittlung hervorbrachten, die auf ordnungspolitische Neuanfänge zielten.

Nachklänge des deutschen Sonderwegs

Dabei muß man zunächst noch einmal hinter die Entgegensetzung von Kapitalismus und Sozialismus, parlamentarischem Rechtsstaat und Diktatur des Proletariats (bzw. einer diesbezüglichen Partei) zurückgreifen, da die historische Einschätzung des deutschen Wegs im letzten Jahrhundert in den ersten Nachkriegsjahren durchaus gemeinsame Elemente aufwies.

1948 wurde allenthalben in Deutschland auf das Jahrhundert seit der 48er Revolution zurückgeblickt und häufig auch auf die 30 Jahre seit dem Ende des Kaiserreichs. Bei aller Unterschiedlichkeit der historischen Blickwinkel war hier ein gemeinsames Leitthema der Traditionsbildung durchaus noch erkennbar, nämlich daß das Dritte Reich nicht als ein Endstadium deutscher Geschichte im bürgerlichen Zeitalter betrachtet wurde, sondern als eine Abart, die sich aus dem gescheiterten Durchbruch einer bürgerlichen Gesellschaft in der Revolution von 1848 im preußisch-deutschen Sonderweg ergeben habe. Der Rückgriff hinter die Reichsgründung auf die Ansätze bürgerlicher Demokratie hatte schon in der Emigrationsprogrammatik eine zentrale Rolle gespielt, etwa wenn Heinrich Mann von den Berlinern 1945 forderte, sie hätten endlich ihre Revolution zu machen, oder wenn die kommunistische Selbstkritik die bürgerliche Demokratie als Verteidigungsbastion gegen den Faschismus entdeckte.[30] Nach dem Zweiten Weltkrieg war der deutsche Militarismus besiegt, Preußen zerstückelt, die Junkerklasse vertrieben oder enteignet – mit einem Wort: was die langfristige deutsche Gesellschaftsentwicklung vom Entwicklungspfad einer bürgerlichen Gesellschaft abgebracht haben mochte, war seinerseits geschichtlich zu Ende gegangen.

Die These vom deutschen Sonderweg[31] enthielt ja aber nicht nur diesen negativen Aspekt, dessen Abgelebtheit ihr in der Bundesrepublik einen zunehmend affirmativen Charakter verlieh. Sie diagnostizierte auch ein – im Verhältnis zu westlichen Gesellschaften – schwaches Bürgertum, zu schwach jedenfalls, um sich zur herrschenden Klasse aufzuschwingen und die Grundlagen und Prinzipien einer bürgerlichen Gesellschaft durchzusetzen. Das Ende Preußens war aber nicht gleichbedeutend mit einem Durchbruch des Bürgertums, sondern – wie wir gesehen haben – mit seiner tiefsten Krise. Wo es wieder zu Kräften kommen sollte, verdankte es dies den Westalliierten, insbesondere den Amerikanern, an deren ordnungspolitische Konzeption es sich anpassen mußte.[32] Insofern war in dieser externen Restabilisierung und Restrukturierung einer bürgerlichen Gesellschaft im größeren Teil Deutschlands ein Teil des zu Ende gegangenen Sonderwegs, nämlich der Mangel an Autonomie und politischer Kraft des Bürgertums, aufgehoben und die oft gestellte Frage »Neubeginn oder Restauration?«[33] obsolet.

Denn war der deutsche Sonderweg mit Hilfe der Alliierten zur Sackgasse gemacht worden, so stellte sich nun erneut die Frage von 1918 nach dem Verhältnis zwischen demokratischer Selbstverwaltung und gesellschaftlichen Machtstrukturen, da die Fiktion des ökonomisch selbständigen Individuums als politischen Subjekts durch die Entwicklung der kapitalistischen Klassengesellschaft überholt war. Der Ansatz der Republik von Weimar, diesen Widerspruch durch einen Kompromiß der organisierten Interessen von Kapital und Arbeit zu neutralisieren, hatte sich als instabil erwiesen, da dieser Kompromiß der Politik vorausging und sie von seiner Entwicklung abhängig machte.[34] Nun, nach dem Faschismus, waren diese Interessen unklar und selbst auf der Seite der Arbeiterbewegung nicht auf höherer Ebene wirksam organisiert; insbesondere gab es keine handlungsfähige Vertretung der Kapitalseite oder des in seinem Klassencharakter in Frage gestellten Bürgertums. Die Machtstrukturen waren vorübergehend in letzter Instanz überhaupt nicht aus der Gesellschaft des Zusammenbruchs, sondern von den alliierten Militärregierungen bestimmt, die als Treuhänder gesellschaftlicher Gruppierungen wirken, ihre Konstellation beeinflussen und ihre eigenständige Organisation als Machtfaktoren gegenüber der politischen Ebene verzögern konnten. In diesem Primat der Politik, dem bereits vor dem Kriegsende mit der Mediatisierung gesellschaftlicher Interessenorganisation durch die politische Führung des Dritten Reiches vorgearbeitet war, lag der entscheidende Unterschied zu Weimar.

Ein solcher Primat der externen politischen Faktoren umfaßte aber auch bei einer Territorialisierung der alliierten Perspektiven keine völlige Dispositionsfreiheit, sondern enthielt gesellschaftliche Zwänge. Zwar konnte man die gesellschaftliche Schwäche des Bürgertums zu einer weitgehenden Verstaatlichung und zur Etablierung einer stalinistisch formierten Machtelite aus Führungskadern der Arbeiterbewegung nutzen, wie die Sowjetunion das in ihrer Zone tat. Eine solche beschleunigte Transformation von oben hatte aber den doppelten Nachteil, daß damit auch das Bürgertum aus der Verantwortung für die Nachkriegslasten entlassen war und der Aufbau eines Sozialismus von oben zusätzlich mit den Problemen der Reparationen und der Teilung belastet wurde, dadurch schwerlich populär und im nationalen Vergleich konkurrenzfähig werden konnte, mithin die DDR als Sicherheitsvorfeld der Sowjetunion nach Westen sicher ebensoviel Probleme schaffte wie sie löste. Außerdem wurden dadurch die autoritären Strukturen in der Gesellschaft nicht unterbrochen und die Wahrnehmung von Politik als zentralstaatliche Verfügung fortgesetzt. Schließlich wurde die bündnispolitische Glaubwürdigkeit im internationalen Rahmen langfristig unterhöhlt, denn wer würde nach der Erfahrung der ostmitteleuropäischen Volksdemokratien die kommunistische These von der nachzuholenden bürgerlich-demokratischen Revolution noch ernst nehmen?

Auch die Etablierung einer liberalen Gesellschaft im Westen und Süden Deutschlands war nicht ohne Abstriche möglich, wenn auch nach allen Kriterien der Selbststabilisierung und der Prosperität wesentlich erfolgreicher. Die Besatzungsmächte mußten auf dem Weg dahin mehrfach freie Parlamentsentscheidungen desavouieren und sich als Treuhänder unterrepräsentierter bürgerlicher Interessen zu erkennen geben. Und als im Zuge der Korea-Krise die Interessenorganisation der politischen Systemgründung nachwuchs und sie ergänzte und leistungsfähig machte[35], entsprachen ihr hochentwickelter korporativer Zusammenhalt und die personelle Kontinuität gegenüber dem Dritten Reich in diesen Bereichen wie auch in der Beamtenschaft keineswegs einem liberalen Leitbild. Es war nur eine Frage der Zeit, bis die ursprünglich handverlesenen politischen und publizistischen Eliten auf diese korporativen und restaurativen Trends einschwenken würden.

Neue Normalität

Angesichts des politischen Primats der Systemgründung mag es merkwürdig anmuten, daß die erste knappe wirtschaftsgeschichtliche Synthese anhebt: »Die Bundesrepublik gleicht einer Wirtschaft auf der Suche nach ihrem politischen Daseinszweck.«[36] Der Satz akzentuiert, was die westdeutsche Gesellschaft bis heute zusammenhält und wo ihre Unsicherheiten liegen. Die meisten Interpreten der Nachkriegszeit sind sich einig, daß die Ausbildung einer eigenständigen Identität und der Westorientierung der Westdeutschen und die Konventionalisierung des parlamentarisch-demokratischen Regierungssystems der expansiven Dynamik des wirtschaftlichen Wiederaufbaus zu verdanken ist. Dafür lassen sich mindestens drei wichtige Faktoren nennen: die günstigen Bedingungen der Rekonstruktion, ein internationaler Rahmen, der die Fortsetzung wirtschaftlicher Expansion über den Wiederaufbau hinaus erleichterte, und eine Perspektive, in der sich Systemdynamik und alltägliche Erwartungen verbanden.

Die meisten europäischen Länder haben ein Wirtschaftswunder erlebt, nämlich das Wiederzusammenfügen des verbliebenen Kapitalstocks mit einem qualifizierten Arbeitsvermögen unter den Bedingungen unendlich erscheinender Bedürfnisse. In Westdeutschland waren die Voraussetzungen dazu besonders günstig: in der Bilanz hatten die Bomber die deutsche Industrie nicht ausgelöscht, sondern ihre Expansion im Krieg abrasiert, die Menschen- und Qualifikationsverluste des Krieges wurden durch den Zuzug aus dem Osten und die Leistungsbereitschaft der auf ein elementares Existenzniveau herabgedrückten Bevölkerung mehr als ausgewogen. Dadurch waren zunächst die objektiven Faktoren für einen dynamischen Aufbau gegeben, besonders wenn der Prozeß ihrer Optimierung durch den Abbau von Restriktionen gefördert und durch strukturelle und substantielle Eingriffe nicht gestört, sondern durch Selbstorganisation unterstützt wurde. Diese Bedingungen ergaben sich durch den Zusammenschluß der westlichen Zonen, die Aussetzung von Strukturreformen, die Kürzung von Reparationslasten, die Währungsreform ohne Lastenausgleich, die Reintegration des Ruhrgebiets und die korporative Verflechtung der Wirtschaftsinteressen Anfang der 50er Jahre.[37]

Besonders unter den Bedingungen versagter Rüstungsproduktion und anfänglicher internationaler Isolierung konnten solche Faktoren im Schoße des Wiederaufbaus eine Orientierung von Produktion und Verteilung auf die Entwicklung des inneren Marktes bewirken. Diese erleichterte dann weiteres Wachstum, auch wenn die Zerstörungen des Krieges und die Lähmung der Nachkriegszeit überwunden waren, die Wirtschaft also wieder auf ihren – wie die Ökonomen sagen – in der Regel flacher ansteigenden »Wachstumspfad« aus der Zeit vor den Weltkriegen zurückgekehrt war. In der Bundesrepublik, in der diese Bedingungen anfangs bestanden, geschah beides: Einerseits wurde der innere Markt durch die Hebung der Massenkaufkraft entwickelt, andererseits weitete sich durch den Korea-Boom, die Wiederaufrüstung, die Einbeziehung in den Welthandel der westlichen Welt und die Europäische Wirtschaftsgemeinschaft die Nachfrage stark aus.

Obwohl aus zwei Sonderkonstellationen herausgewachsen, verbanden sich die Wirkungen dieser doppelten Expansion im zeitgenössischen Begriff der »Amerikanisierung« und verhalfen Westdeutschland insofern zur Vorreiterrolle eines europäischen Juniorpartners im Rahmen der Westintegration. Auf der Ebene der Lebenshaltung ergab sich daraus eine lang anhaltende Phase der Verbesserung, die trotz beständiger und häufig wachsender sozialer Ungleichheit eine Aufwärtsbewegung fast aller umfaßte und nicht nur gegenüber der Trümmergesellschaft von 1945 zu intensiven Fortschrittserfahrungen verhalf, sondern auch für untere und mittlere Schichten besonders seit der zweiten Hälfte der 50er und in den 60er Jahren weit über den Lebensstandard und die soziale Sicherheit der Vorkriegszeit hinausführte.[38] Aber sie knüpfte sich an die seit Mitte der 30er Jahre in Sicht gekommenen Erwartungen auf Einkommensverbesserung, Arbeitsplatzsicherheit, Technisierung, Urlaub und Massenkommunikation. Dieser reale Materialismus ließ alle marxistischen Einsprüche (»relative Verelendung«) als Nörgelei erscheinen und wurde später unter dem Titel »Konsumdemokratie« enger mit der Nachkriegsordnung verbunden. Daß er tatsächlich eingelöst wurde, liegt an der im verlängerten Wiederaufbau entwickelten Wachstumsmaschinerie der »langen 50er Jahre«[39], in der die Optimierung der Kapitalverwertung mit der Hebung der Massenkaufkraft Hand in Hand ging und den Gewerkschaften die Etablierung sozialer Besitzstände ermöglichte. Daß die Wertorientierung und die Leistungsbereitschaft des Wiederaufbaus – trotz ungleicher Teilhabe und trotz wachsender humaner und ökologischer Kosten – weitgehend im Konsens aufrechterhalten wurden, als es längst nicht mehr um Grundbedürfnisse ging, ist nicht nur dem Lerneffekt des Wiederaufbaus, sondern auch der affektiven Leere des öffentlichen Lebens und der zwischenmenschlichen Räume in der nachfaschistischen Gesellschaft zuzuschreiben.[40]

Von diesen Anfängen kann sich die bürgerliche Gesellschaft im nachbürgerlichen Deutschland entfernen, aber nicht lösen. Freilich besteht aber ihre Problematik immer weniger in Rückbezügen auf ihre Entstehung und immer mehr in der in ihr Struktur gewordenen Dynamik. Erfolg und Mediatisierung gesellschaftlicher Machtträger haben diese zu Berücksichtigungspotentialen einer Politik versachlicht, die durch vielfältige Gewaltenhemmung und internationale Verflechtung nur wenig wirksame Entscheidungsmöglichkeiten hat. Sie geht deshalb meist den Weg kumulativer Problemlösungen, aus denen Wachstum auch dann resultiert, wenn es keinen Sinn hat oder schadet. Dieser Expansionsdrang des Systems meint weniger räumliche oder militärische Ausdehnung als vielmehr eine Ausdehnung gleichsam nach innen, die den Zugriff der Gesellschaft auf ihre natürlichen und humanen Voraussetzungen erweitert. In dem Maße, in dem die Transformation der Gesellschaft in einen – wie Kant sagte – Automaten, der sich selbst erhält, in greifbare Nähe zu rücken scheint, entwickeln sich Ängste, daß Selbststeuerung Unsteuerbarkeit heißen könnte, daß sinnlose Opfer für sinnlose Erträge gefordert werden und das Restrisiko der Selbstvernichtung wächst.

2. Bürgerliche Wechseljahre – zur Konjunktur erinnerter Gefühle einer Klasse

Von Lutz Niethammer

Als es auf Weihnachten 1953 zuging, saß eine 46jährige Frau in einer kleinen Wohnung in einem schwäbischen Dorf vor einer dicken, leeren, in Wachstuch gebundenen Kladde und schrieb auf die erste Seite »Rundbuch«[41]. Vor drei Jahren war Ria in den Westen gekommen, wo ihr Mann zuerst eine kleine und später eine leitende Anstellung bei dem in den Westen verlagerten Teil jenes Unternehmens gefunden hatte, in dem er auch vor 1945 ein führender Techniker gewesen war. Von ihren fünf Kindern waren zwei schon früher weggegangen, weil sie in der SBZ nicht auf die Ober- bzw. die Hochschule gehen durften, und auch die übrigen waren jetzt aus dem Haus, bis auf den kleinen Nachkömmling, der noch in die Volksschule ging. Mit dem Rundbuch wollte sie eine Brücke schlagen zur »unbeschwerten und vergnügten Klassengemeinschaft von anno dazumal«, nämlich jener Klasse bürgerlicher Mädchen, mit denen zusammen sie 1925 an einem Dresdener Lyzeum das Einjährige gemacht hatte und von denen sich viele mittlerweile aus den Augen verloren hatten. Als eine Art Klassentreffen im Umlaufverfahren sollte jede in Briefform in das Buch eintragen, was in den letzten drei Jahrzehnten mit ihr geschehen und aus ihr geworden war, und jede sollte so viele Adressen als möglich beitragen. Als das Buch herumgewandert und die Anschriftenliste fast komplett war, zeigte sich, daß von den 32 ehemaligen Schulabgängerinnen drei mittlerweile verstorben waren und von vieren jede Spur fehlte; sechs wohnten noch in der alten Heimat, 17 lebten mittlerweile in den unterschiedlichsten Gegenden von Westdeutschland, und zwei waren sogar nach Übersee ausgewandert.

Als das Rundbuch, dessen Nachfolger noch bis in die 1970er Jahre zwischen den alten Klassenkameradinnen zirkulierten, seine erste Runde absolviert hatte und vollgeschrieben war, hatten 16 Frauen, von denen 6 noch in Sachsen lebten und 10 in Westdeutschland, einen Abriß ihrer Geschichte auf jeweils wenige Seiten geschrieben. Drei der Westdeutschen waren schon in den 30er Jahren im Zuge der beruflichen Versetzung ihrer Männer ins Rheinland und ins Ruhrgebiet gekommen, die übrigen seit 1945 geflohen, davon eine am Ende des Dritten Reiches,

drei in der unmittelbaren Nachkriegszeit, zwei 1950 und die letzte Anfang 1953. Die meisten dieser Frauen kamen aus mittel- oder kleinbürgerlichen Verhältnissen.[42]
Über die Hälfte von ihnen war nach dem Lyzeum durch den Besuch eines Mädchenpensionats in der Schweiz, durch ausgedehnte Auslandsreisen oder durchs Studium viel herumgekommen, und drei von vieren hatten eine Berufsausbildung absolviert und meist auch bis zur Heirat entsprechende Berufe ausgeübt. Sieben waren in der Kranken- und Kinderpflege sowie in der Gymnastik tätig, drei waren Lehrerinnen, und zwei hatten studiert, immerhin gegen den Trend Naturwissenschaften. Zwei hatten beim Vater oder bei Verwandten im Geschäft mitgeholfen, eine hatte sich sogar mit einem kleinen Dienstleistungsbetrieb selbständig gemacht. Alle bis auf eine hatten zwischen 1930 und 1942 geheiratet und nach der Hochzeit oder beim ersten Kind ihren Beruf aufgegeben. Die Männer gehörten durchweg zur höheren Mittelschicht, darunter fünf mittlere und höhere Beamte, fünf leitende oder wissenschaftlich-technische Angestellte; vier waren Selbständige, darunter ein größerer Industrieller. Nur zwei der Verheirateten blieben kinderlos; allein sieben der Ehefrauen gebaren zwischen 1931 und 1945 vier oder gar fünf Kinder. Von prägenden politischen Engagements oder Orientierungen der Männer oder gar der Frauen ist nirgends die Rede. Man könnte sagen, eine ganz normale Gruppe junger bürgerlicher Frauen der 20er und 30er Jahre, die vor allem im Gefolge des Krieges auseinandergerissen wurden und nun die alten Kontakte wieder auffrischen wollten, da die Kinder zunehmend aus dem Hause gingen und sie sich z. T. etwas einsam fühlten.
Es war dieses Gefühl erlebter und auch bei anderen zu unterstellender Normalität, das Ria ihre Lebensgeschichte mit den Worten beginnen ließ: »Wie Ihr ja alle wißt, heiratete ich 1930 und war stolz und glücklich und erwartete unglaublich viel vom Leben.« Und nachdem sie Bilder ihrer Kinder eingeklebt hatte, fuhr sie fort: »Von 1930 bis 1939 ging das Leben sehr schön, und man konnte sich seines Lebens freuen, mir ging es gut, die Kinder gediehen, und ich vertrug mich glänzend mit meinem Ehegemahl (...) 1939 kam der unselige Krieg, aber auch da ging es uns noch gut, mein Mann war immer u. k.[43] Und auch sonst hatten wir politisch nichts auszustehen.« Aber plötzlich bricht in dieses ungeschichtliche Gleichmaß des Familienglücks die Politik in Gestalt alliierter Bomber, die das bis dahin verschonte Dresden in einer Nacht zertrümmern.[44] Ria fährt unmittelbar fort: »13. Februar 1945 – in dieser Nacht verlor ich alles, was ich besaß – nur blieben wir alle gesund am Leben, nun standen wir mit dem, was wir auf dem Leibe hatten, vor

den rauchenden Trümmern unseres Hauses. Nun hieß es weiterwursteln.«
Damit nicht genug. Jetzt, nach dem Krieg, stellt sich heraus, daß die unversehrte Normalität bürgerlichen Familienlebens zuvor ihren Tribut gefordert hatte: Der Ehemann war, wie wir jetzt anläßlich seiner Entlassung aus seiner beruflichen Stellung erfahren, Parteigenosse der NSDAP und wird nun für zwei Jahre Hilfsarbeiter. Fünf Kinder sind hungrig, und Ria geht auf den Schwarzmarkt, auf Landpartien zum Hamstern und übernimmt Heimarbeit. Offenbar war der Mann aber nur ein kleiner PG, oder er ist ein kaum entbehrlicher Fachmann oder beides; jedenfalls erhält er nach zwei Jahren wieder eine gute Stellung bei einer Privatfirma (seine frühere Firma ist jetzt volkseigen), steigt, »weil andere eingesperrt wurden«, Sprosse um Sprosse auf in verantwortliche Posten und hat sogar mehrfach mit dem Hauptquartier der Besatzungsmacht zu tun. Entsprechend geht es zwar wieder aufwärts, und man hat auch eine Wohnung und »alles recht schön«; aber es ist eine bürgerliche Existenz in Unsicherheit, da der Mann es mehrfach ablehnt, erneut den Sicherheitstribut zu zahlen, in die Partei zu gehen oder Schulungen mitzumachen: »Ein Leben in dauernder Sorge und Angst: was passiert morgen?« Es scheint diese Unsicherheit zu sein und kein spezifischer Anlaß, der sie eines Tages aufbrechen läßt nach Westen, jeder wenigstens mit einem Köfferchen bewaffnet, um dort noch einmal von neuem anzufangen. Der Mann schafft zwar erneut mit seinen Qualifikationen den Aufstieg, aber für Ria sind die Lebensumstände anfangs fremd und primitiv. Das ist die Lage, aus der sie Kontakt zu ihren alten Klassenkameradinnen sucht.
Vergleicht man dieses biographische Stenogramm mit den anderen des Rundbuches, so fallen zwei gegensätzliche Tendenzen auf: einmal die Differenzierung der konkreten Erfahrung, andererseits aber die relative Einheitlichkeit der Muster, innerhalb deren diese Erfahrungen verarbeitet werden. Diese Einheitlichkeit besteht nicht nur in der anfänglichen Anlehnung an die sog. weibliche Normalbiographie mit ihrem Wechsel von Erwerbs- und Hausfrauenarbeit, im späten Einbruch des Bombenkriegs vor allem bei denen, die in und um Dresden geblieben waren, und in der Häufung von Familienkatastrophen 1945. Einheitlich ist vor allem, daß diese Katastrophen vollkommen passiv und zusammenhanglos aufgefaßt werden und daß diesen Einbrüchen einer Politik, zu der es scheinbar keinerlei Rückkoppelung gibt, Strecken des Glücks oder des Wohlbefindens oder zumindest der Auskömmlichkeit gegenübergestellt werden, die sich zunächst ungeachtet aller sonstigen Geschichte zu erstrecken scheinen und sich nach dem Krieg wie Ni-

schen ausnehmen, in denen sich das Private gegen die Geschichte einigelt.
Bevor ich darauf zurückkomme und versuche, diese Konjunktur der im Rundbuch erinnerten Gefühle als Ausgangspunkt bürgerlicher Einstellungen und Erwartungen der Nachkriegszeit näher zu veranschaulichen, muß aber zunächst die Differenz der Erfahrungen beleuchtet werden, um in den Unterschieden das Gemeinsame gleichsam von außen her abzustecken. Ich berichte über die drei deutlichsten Gegenbeispiele:
Da ist zunächst jene Wilhelmine, die in der Schule noch allgemein »Minchen« hieß, aber deren Energie als erwachsene Frau in der Anrede als »Willi« anerkannt wurde. Als Gymnastiklehrerin ist sie so tüchtig, daß sie selbst eine Schule gründen kann, zahlreiche »Kraft-durch-Freude«-Kurse durchführt, in die Berufsvertretung geholt wird und sich nachts noch erfolgreich zur Opernsängerin ausbilden läßt. Das alles wirft sie hin, als sie 1936 einen Fabrikanten heiratet, der in den Folgejahren sein Unternehmen zum internationalen Konzern ausbaut, während sie drei Kinder zur Welt bringt und sich vom Eigenheim in bester Wohnlage noch zur Landhausvilla verbessert. Als die Kampflinie näher rückt, flieht die Familie auf Anraten der örtlichen Führung mit dem letzten ihrer 12 Autos, einem Dienstmädchen, zwei Kartoffelsäkken und einigen Wertsachen nach Westen, dieweil ihr Werk in Dresden weitgehend ausgebombt und ihre Unternehmen in anderen Ländern enteignet werden. »Wir wurden wunderbar behütet. Ob im Walde oder auf der Landstraße, ob bei Russen, Negern oder Amerikanern, obzwar wir auch Hunger, Frost und das Nichts kennenlernen mußten – überall stand das Licht der Gnade und die Gewißheit der Führung über uns (...) Es war eine tolle, aber herrliche Zeit, als wir beide, zunächst mehr auf der Landstraße liegend (...) zusammen von vorn anfingen mit nichts als unserem Willen, Mut und dem Bewußtsein, beieinander zu sein als größtes Geschenk. Drei Jahre später wurde unsere Fabrik zu klein, und wir zogen mit Kind und Kegel, allen Kesseln, Rohren, Rohstoffen, Arbeitern und Familien, allen Angestellten (von Franken nach Oberbayern in eine frühere Munitionsfabrik). Wir arbeiteten Tag und Nacht, mein Mann war noch dazu viel in Dresden. Jetzt laufen beide Fabriken auf vollen Touren, von Dresden aus wird der ostdeutsche, von Bayern aus Westdeutschlands Markt versorgt etc. Dieses Jahr haben wir unsern Betriebsausflug mit fünf Omnibussen nach Österreich gestartet, und vor 10 Jahren fing mein Mann als ›Ein-Mann-Betrieb‹ an. Nein – es ist nicht unser Verdienst – ich sagte es Euch schon: Es ist alleine Gnade.« Ihren zurückgebliebenen Klassenkameradinnen be-

richtet sie, daß sie sich gerade ein wunderschönes Haus in großem Gelände gebaut haben, von dem sie die Zugspitze sieht, in ihrem Wagen in 90 Minuten nach Innsbruck fahren und nachmittags schon am Gardasee Kaffee trinken kann. Was sie sich mit ihrem körperbehinderten Mann erkämpft hat, hat sie weiblich empfangen. »Ich habe einen Engel von Mann und drei sehr liebe Jungens, die mich alle miteinander verwöhnen. Glückliche Jahre und Notzeiten (...) schweißten unsere kleine Familie eng zusammen.« Was zunächst wie eine Realsatire des Wirtschaftswunders klingt, signalisiert ein weibliches Selbstverständnis, das über die konventionellen Muster der Weiblichkeit hinausgeht. Willi hat Witterung fürs Geschäft und packt an wie ein Mann; als Zugabe wird das Weibliche als Eitelkeit und Demut inszeniert. Willi ist nicht nur glücklich, sie hat auch Glück, und sie macht es.

Grete ist die einzige, die immer berufstätig und unverheiratet geblieben ist. Sie ist auch die einzige, die im Krieg war (als eingezogene Krankenschwester), die 1945 einen Aufstieg macht (sie wird Abteilungsleiterung eines Krankenhauses) und die ihre Lebenszufriedenheit aus ihrem Beruf herleitet. Und das nicht erst in der DDR, sondern auch schon in den 30er Jahren, als sie, die aus Geldmangel wenig reisen kann, sich alle paar Jahre in eine andere Stadt quer durch Deutschland versetzen ließ, um die Welt kennenzulernen, und die schönsten Jahre ihres Lebens kurz vor dem Krieg in Ostpreußen verbrachte. Als einzige hat sie die Kriegswirklichkeit der Front in Lazaretten in Rußland, Polen, Belgien und am Ende in der Heimat erlebt. Als einzige ist sie auch wenig geneigt, über ihr Leben zu berichten, und muß von einer Freundin gedrängt werden, wenigstens eine frugale Seite zu schreiben. Vielleicht liegt es auch an dem Berg von Babys, Familienglück und Nachkriegskatastrophen der Klassenkameradinnen, dem sie, die ihr Frausein professionalisiert hat, ihre welterfahrene Skepsis entgegensetzt: »Ich weiß nämlich nicht so recht, was ich schreiben soll – ein Lebenslauf kann bunt aussehen, und es steht nichts dahinter und umgekehrt.«

Auch Lotte wird in der Krankenpflege ausgebildet, hat keine Kinder und erlebt die Nachkriegszeit in der SBZ zunächst positiv; im übrigen aber könnte ihr ausführlicher und emotionaler Bericht nicht gegensätzlicher sein, leitet sie ihren Lebenssinn doch von ihren Partnern her. Zunächst, in den 30er Jahren, ist das ihr Bruder, als dessen Hausdame sie in Gesellschaft Prominenter aus Theater und Film in der Hauptstadt eine »herrliche Zeit« verlebt und sogar eine kleine Rolle beim Film bekommt. Zur Krönung angelt sie sich 1935 einen substantiellen Privatbankier und leidenschaftlichen Segler, mit dem sie auf vielen Auslandsreisen und in seinem Haus an der See »sehr glücklich« ist. Dann aber kommt der »dämliche Krieg«: Schon am ersten Tag wird ihr Mann eingezogen, »und das Leben hat plötzlich seinen Sinn verloren«. Hier ist das einzige Mal in allen 16 Briefen, daß ein Konflikt mit dem Nationalsozialismus angedeutet wird, insofern der Mann im Krieg bespitzelt und als Offizier degradiert wird; einflußreiche Freunde können die Scharte zwar auswetzen, aber als dem Mann angeboten wird, wieder Offizier zu werden, lehnt er ab. Immerhin kehrt er bei Kriegsende gesund nach Hause, und die beiden werden sich einig, daß ihnen ja nun nichts passieren könne. Also blieben sie in ihrem Haus an der See, und die sowjetische Besatzungsmacht holte den Mann auch bald zum Aufbau des Bankwesens. »Und als der Laden wieder lief, sollte er sich auch politisch entscheiden, und das hat er dann auch getan. 1950 zu Weihnachten kamen wir mit nichts in Berlin an und sind jetzt im Ruhrgebiet.« Beruflich ist es ein tiefer Fall, denn er ist jetzt Filialangestellter einer Bank. Der Schornstein beginnt indessen wieder zu rauchen, die Wohnung ist klein, aber hübsch, bald auch ein Sommerhäuschen an der See wieder erworben, und neuerdings steht ein Volkswagen vor der Tür. Lottes Mann hat Heimweh und hofft auf Wiedervereinigung und Heimkehr – auch dies wird nur in diesem Brief erwähnt; sie selbst hat übrigens keinen Glauben daran. Mit Lottes Bericht sind wir wieder beim Muster der ersten Geschichte: ein auf privates Glück orientiertes Frauenleben in Abhängigkeit von einer politisch beeinflußten bürgerlichen Karriere des Mannes, nur mit umgekehrten politischen Vorzeichen: Nicht näher bezeichnete Konflikte des Mannes mit den Nationalsozialisten während der Militärzeit privilegieren zu einer Führungsposition in der SBZ, aber das Ende ist dasselbe: Ablehnung politischer Vereinnahmung, Flucht, beruflicher Abstieg und (hier: verspäteter) Start im Wettlauf um Ziele, die man in den 30er Jahren schon einmal erreicht hatte.

Eingerahmt von diesen gegensätzlichen, für die Frauen offenbar sinnlosen, aber folgenreichen politischen Verwicklungen der Männer und von den gegensätzlichen Weiblichkeitsauffassungen leistungsorientierter und aktiver Frauen soll nun versucht werden, die Leitmotive privates Glück und politische Katastrophe in den erinnerten Gefühlen der gesamten Gruppe als eine zugleich individuelle und überindividuelle Geschlechts- und Klassenerfahrung zu verdeutlichen. Dies möchten wir in zwei Schritten versuchen. Erstens werden wir alle wesentlichen Aussagen aus den Berichten in ein kumulatives Schaubild[45] umsetzen und zweitens die Konjunktur dieser erinnerten Gefühle im historischen Zusammenhang noch einmal zu interpretieren versuchen. In den Erzählungen sind nämlich die Erinnerungen an Gefühle meistens auf Jahre genau datiert bzw. der Bericht über die Auswirkung von Ereignissen mit deutlichen Gefühlsäußerungen verknüpft. Unabhängig davon, daß im einzelnen stereotypisierte Aussagen vorliegen mögen (z. B. daß der Krieg negativ konnotiert wird, selbst wenn man von positiven Erfahrungen in dieser Zeit sprechen möchte) oder daß es in dieser Generation auch eine Art sozialer Verpflichtung zum Glücklichsein gegeben haben mag, werden diese Aussagen dadurch interessant, daß nur affektiv aufgeladene Inhalte im Langzeitgedächtnis haften. Das soll nicht heißen, daß es nicht noch eine Vielzahl anderer Erinnerungen in den Köpfen dieser Frauen gegeben habe; daß sie aber gerade diese affektiv aufgeladenen Aussagen innerhalb ihrer halböffentlichen Gruppierung auf knappem Raum herausstellen, sagt zugleich etwas über ihre bedeutendsten Erfahrungen und über die gesellschaftlichen Kulturmuster, die diese Erfahrungen prägen, stützen, bewahren oder zensieren.[46]

Während sich der Verlauf der – wie ich nun abkürzend sagen werde – Glücks- und Unglückskurven in jedem einzelnen Fall vielerlei individuellen Schicksalskonstellationen verdankt, ist dieser kumulative Grobverlauf charakteristisch für Klasse, Alter, Geschlecht und Region, also für mittleres Bürgertum, jüngere Ehefrauen und (überwiegend: ehemalige) Dresdener, von denen drei Fünftel Mitte der 50er Jahre in der Bundesrepublik lebten. Das Fünftel, das bereits vor 1940 nach Westdeutschland gekommen war, erhöht insbesondere das Niveau der Glückskurve, während es das Niveau der Unglückskurve nur unwesentlich berührt, woraus man zunächst nur soviel wird schließen dürfen, daß eine vergleichbare Darstellung für bürgerliche Familien in Westdeutschland nicht grundsätzlich anders, wohl aber in der Nachkriegsentwicklung etwas positiver und durch den früheren Einfluß des Bombenkrieges etwas negativer im Krieg ausfallen würde.

Daß dem Glücksboom der 30er Jahre fast gar keine negativen Erfahrungen entgegengestellt werden, ist sicher teilweise der Tatsache geschuldet, daß sich hier Frauen erinnern, die damals in ihrem dritten Lebensjahrzehnt und in der Familiengründungsphase standen; bei einer älteren Generation wären gewisse Ausgleiche schon durch gesundheitliche und Verwandtschaftsprobleme zu erwarten. Die grundsätzliche Wahrnehmung jedoch, daß weder die Weltwirtschaftskrise noch der Anbruch der NS-Herrschaft sich irgendwie negativ bemerkbar machen oder auch nur erwähnt werden, dürfte ebenso von allgemeiner Bedeutung sein wie der Anstieg eines positiven Lebensgefühls bis in den Anfang des Krieges hinein. Die positive Enwicklung in der privaten Lebenshaltung führt zur Ausblendung jeglicher Wahrnehmung der gesellschaftlichen Entwicklung, ihrer Risiken und Opfer, sei

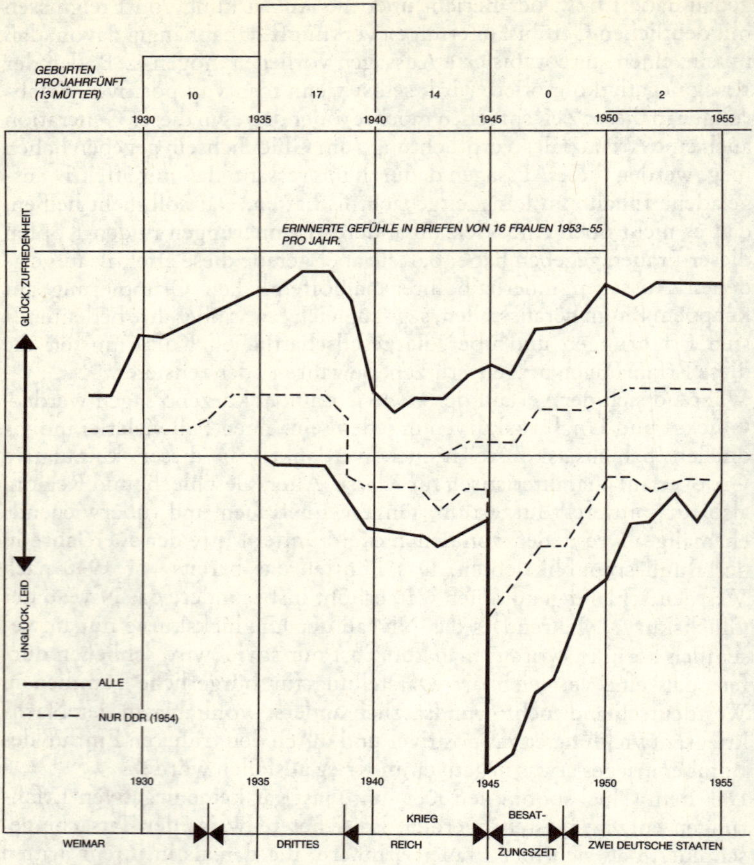

QUELLE: RUNDBUCH (1. KLADDE) WALTER KEMPOWSKI ARCHIV
16 FRAUEN *1908/09 IN DRESDEN (HÖHERE SCHULE)

es, daß diese Wahrnehmung schon damals vermieden wurde, sei es, daß sie im Rückblick verweigert wird, weil sie als belastend erscheinen konnte. Die positiven Aussagen beziehen sich in dieser Phase auf Freude am Beruf, glückliche Ehejahre, herrliche Auslandsreisen, gesellschaftlichen Verkehr oder insgesamt die schönsten oder auch die sorglosesten Jahre des Lebens. Bis dahin befindet sich Ria im Gleichschritt mit ihrer Klasse.

Der Kriegsbeginn bedeutet jedoch aufs Ganze gesehen eine deutliche Wende, die charakteristischerweise bei den in der DDR Verbliebenen sehr viel schärfer ausfällt als bei den nach Westen Gegangenen: Während bei den ersten zwischen 1939 und 1945 so gut wie überhaupt keine positiven Gefühle erinnert werden, sondern eine Depression, die durch den Abzug von Angestellten im Krieg, durch die Abwesenheit des Ehemanns und in einem Fall durch den teilweise kriegsbedingten Tod mehrerer Verwandter verursacht ist, und die Kurve erst mit dem Terrorangriff auf Dresden im Februar 1945 einen drastischen Ausschlag nach unten nimmt, ist für die Kriegsphase der übrigen eine Polarisierung auf niedrigem Niveau bezeichnend: Hier finden wir eine gewisse Malaise, meist durch die Trennung vom Partner oder durch allgemeine Einsichten in den »unseligen Krieg« bedingt, im Einzelfall auch durch die Begegnung mit dem Bombenkrieg im Westen. Die positiven Gefühle resultieren daraus, daß die meisten von einer wirklichen Begegnung mit dem Krieg weitgehend verschont worden sind: Mehrere Männer wurden nicht zum Krieg eingezogen, die Frauen hatten keine oder nur wenige Bombenangriffe zu gewärtigen, sie hatten damals »eine schöne Wohnung«, sie erinnern sich an ein »ruhiges Leben« oder sogar an ein »Leben wie auf einer friedlichen Insel«. Und z. T. gab es sogar Freudenerfahrungen wie die u. k.-Stellung eines ursprünglich eingezogenen Mannes gegen Kriegsende oder im mitteldeutschen Raum die überraschende Besetzung durch amerikanische anstelle der befürchteten sowjetischen Truppen. Probleme der alltäglichen Lebensführung werden hier nirgendwo negativ vermerkt, also kein Hunger, keine Wohnungsprobleme, ja in einem Fall wird sogar ausdrücklich erinnert, daß man im Dritten Reich bei leichten Luftkriegsschäden das Haus sofort auf Staatskosten reparieren lassen konnte. Kriegsdienstverpflichtungen hat es nur in einem Fall gegeben (die erwähnte Krankenschwester), wo dies klaglos in lakonischer Kürze berichtet wird. In zwei anderen Fällen gibt es eine Wiederaufnahme der Berufstätigkeit im Krieg, wobei es bei beiden keinerlei negative Nebenklänge gibt. Die eine ist eine Chemikerin, die in Abwesenheit ihres Mannes Assistentin an der Universität wird, nachdem dort alle Mitarbeiter zum Krieg eingezogen worden sind; die andere übernimmt nach der Kriegsverpflichtung ihres Mannes die Fortführung seines Reisebüros (neben ihren drei Kindern), wobei der Stolz über die Leistung die Überbelastung offenbar aufwiegt.

Die Katastrophe kommt im ersten Halbjahr 1945. Sie hat drei Dimensionen: Bomben, Russen und politische Belastung (und d. h. jetzt: sozialen Abstieg). Jede vierte der Briefschreiberinnen wurde total ausgebombt, bei jeder achten wurde das der Familie gehörende Geschäft völlig zerbombt. Erstaunlich gering sind hingegen in dieser Gruppe die Personenschäden; die meisten kamen mit einem tiefsitzenden Schock davon. Ähnlich war es mit der Besatzungsmacht, vor der fast ein Drittel floh; weniger als die Hälfte von diesen haben aber, als sie dann überrollt wurden, konkrete negative Erfahrungen mit den Russen gemacht oder sich unmittelbar von ihrer Anwesenheit in ihrer Lebensplanung nachhaltig beeindrucken lassen. Der stärkste Einbruch war der direkt politische[47]:

Einer Frau, die Parteigenossin gewesen war, drohte die Wegnahme der Wohnung (da ihr Mann nicht in der Partei gewesen war, konnte er dies abwenden). Ein Kriegsteilnehmer gilt 1945 für zwei Jahre verschollen (der Grund wird nicht genannt). Als er zurückkehrt, verlebt die Frau mit ihm das glücklichste halbe Jahr ihres Lebens, bevor der Mann an Lungenentzündung stirbt. Ein Pfarrer verschwindet für 1½ Jahre in der Tschechoslowakei, als er zurückkehrt, verliert er seine Pfarrstelle und bekommt nach einem halben Jahr eine andere auf dem Dorf. Ein Förster wird 1945 entlassen, ob als Beamter oder (wahrscheinlicher) als NSDAP-Mitglied, wird nicht gesagt, immerhin muß er sich fast 7 Jahre als Holzarbeiter durchschlagen, bevor er eine Stelle an einer einschlägigen Fachhochschule bekommt. Ein Studienassessor wird ebenfalls entlassen (ob PG, wird nicht erwähnt) und wird für 4 Jahre Schwerarbeiter, bevor er eine Dozentur an einer TH erhält. Dem bereits erwähnten Industriellen werden seine Auslandsbesitzungen in den ehemals von Deutschland besetzten Ländern konfisziert. Ein Mann findet bis 1950 nicht in den Beruf zurück, ohne daß seine Frau einen Grund dafür angibt (aus dem Text ist aber erkennbar, daß er Berufsoffizier war, und zwar vermutlich der Waffen-SS). Ein Wissenschaftlerehepaar wird durch die Schließung des Forschungsinstituts entlassen und sieht in der SBZ eine »unaufhaltsame Auflösung«. Der im Krieg u. k. gestellte Syndikus eines Verbandes wird entlassen und muß Bauarbeiter werden, bis ihm 1947 im Westen eine der früheren Tätigkeit vergleichbare Position angeboten wird. Ein leitender Angestellter eines großen Werkes wird als PG entlassen und muß Hilfsarbeiter werden (ab 1948 erhält er in einem anderen Betrieb eine gute Stelle).

Ex post stellen sich in mehr als der Hälfte der Fälle die Existenzen im Dritten Reich als wesentlich politikabhängiger dar, als sie zunächst erschienen; Politik wird aus der Familienperspektive erst im Falle der Sanktionierung bemerkenswert. Für die Entlassungen wird weder Verständnis gezeigt noch werden sie als schweres Unrecht angeprangert; sie erscheinen als Schicksal. Diesem Unglück steht bei den übrigen keine vergleichbare Beglückung durch Befreiung gegenüber. Während

zwei von nur leichten Störungen 1945 berichten, die aber die Berufstätigkeit ihrer Männer nicht beeinträchtigten, wird in drei Fällen eine positive Auswirkung der Befreiung auf die eigene bzw. die Familienperspektive erwähnt: Neben Grete und Lotte handelt es sich um einen Manager, der in den Zwanzigern 10 Jahre in Amerika gewesen war und nun von der amerikanischen Besatzungsmacht als Dolmetscher eingestellt wurde, wodurch sich Wohnungs- und Essenssorgen für die Familie erübrigen. Auch in diesen Fällen gibt es kein Wort über eine positive politische Perspektive. Immerhin sind diese drei, für die 1945 keine persönliche Katastrophe stattfand, die einzigen, für die die Besatzungszeit mit gar keinen oder vergleichsweise gleichmütigen Gefühlserinnerungen (etwa Arbeit, Zufriedenheit, wenig zu essen, »wir waren wieder gut behütet«) konnotiert ist.
Für alle anderen zeigt sich ein merkwürdiges Phänomen, nämlich eine Ausweitung und Intensivierung des Erlebnisraums, die nur bei dreien als eine durchweg negative Erfahrung »schwerer« oder »böser Jahre« bewahrt worden ist: ein ländlicher Kleinhändler, der wegen Auflagen und Lasten sein gerettetes Haus nicht halten kann, sondern verkaufen muß; die siebenköpfige Familie jenes Försters, der über sieben Jahre zum Holzarbeiter degradiert bleibt; eine Witwe, die 10 Jahre um die Aufrechterhaltung des Geschäfts ihres Mannes kämpft, um schließlich 1953 durch eine Lastenausgleichsauflage zur Geschäftsaufgabe gezwungen zu werden, nachdem zwei ihrer Söhne wegen Behinderung ihrer Berufsausbildung bereits nach Westen gegangen sind. Für zwei Drittel unserer Briefschreiberinnen bleiben hingegen die Erfahrungen in den beengten und entfremdeten Verhältnissen nach der Katastrophe nicht einfach negativ, so daß der Ausschlag der Unglückskurve alles Glück vernichtete; vielmehr steigt zur selben Zeit die Glückskurve erneut an. Die Ehefrau eines Akademikers in der amerikanischen Zone bezeichnet das Muster: »Mit Anstand durch die nächsten Jahre gehungert, gefroren und gezuckerrübt, aber glücklich vereint und im Beruf.« Nirgendwo assoziiert sich das Glück oder die positive Perspektive mit etwas Politischem oder Gesellschaftlichem, das über den privaten Familienraum hinausginge. Es ist vielmehr das Glück derer, die noch einmal davongekommen sind und die Not gemeinsam gemeistert haben.[48]
Bei genauerer Betrachtung läßt sich dieses private Glück, das im Gegensatz zu den 30er Jahren nicht mit, sondern gegen die Gesellschaft erfahren wird, nach Art und Perspektive zwischen denen im Osten und denen im Westen unterscheiden, wie dies bereits ein Vergleich von Rias Bericht mit dem von »Willi« nahelegt. Ich zeichne den Unterschied hier noch einmal an zwei noch expliziteren Beispielen.

Im Osten dissoziiert sich in den bürgerlichen Familien die Verunsicherung in der beruflichen und politischen Außenwelt (oder die dortige Unterwerfung) vom Innenraum familiärer Gefühle, der sich immer mehr abschließt. Eine Frau, die lange Zeit als Selbständige im Beruf stand und in der NSDAP war, konzentriert sich jetzt in der Besatzungszeit auf die Erziehung ihres einzigen Kindes. Ihr Mann hat zwar z. T. gute Stellungen inne, als politisch Nichtkompromißbereiter wird er aber im Zuge von irgendwelchen Umorganisationen alle paar Jahre entlassen, versetzt und (z. T. auf höherer Ebene) wiedereingestellt – und zwar weit weg von der Familie, so daß der Vater zum in »Feiertagsstimmung« erwarteten Wochenendbesuch wird. »Wegen der ewigen Unsicherheit« zieht die Familie nicht nach. »Persönlich geht es uns sehr gut, solange wir in unseren vier Wänden bleiben, mit erprobten Freunden zusammen sind und nach innen leben.« Dieses Muster gilt für die meisten dieser bürgerlichen Familien, die in der DDR bleiben und sich beruflich arrangieren können, bis weit in die 50er Jahre hinein. Der außerhäusliche Erlebnisverzehr ist auch dann noch gering; nur einmal wird eine Ferienreise (nach Thüringen) erwähnt, später einmal ein Motorrad.

Auch im Westen fällt man nach 1945 als ehemaliger Berufsoffizier nicht sogleich auf die Füße. Ilse ist ihrem Mann seit 1935 mit Verzögerungen von einem Truppenübungsplatz zum anderen nachgezogen, nur um festzustellen, daß die nächste Versetzung schon bereitlag. Angesichts dieser Instabilität kommen die Kinder erstaunlich regelmäßig alle zwei Jahre und erhalten alle nordische Namen mit dem Anfangsbuchstaben »H«. Ein letztes Kind, das nach anderthalb Jahren sterben wird, bringt sie mitten im Zusammenbruch auf der Flucht auf freiem Feld zur Welt. Als ihr Mann 1946 aus der Kriegsgefangenschaft in seine frühere Heimat ins Rheinland zurückkehrt, trifft sie ihn dort und baut mit ihm in einer ehemaligen Fremdarbeiterbaracke in einer Kiesgrube eine neue Selbstversorgerexistenz mit Gartenbau und Kleinvieh auf. Sozial sind sie völlig isoliert. »Wir schufteten wie die Sklaven, aber wir waren glücklich wie nie zuvor!« Die Währungsreform wird als Schwelle positiver Erwartungen bezeichnet, 1950 macht sich der Mann als Industrieberater selbständig und wird offenbar schnell erfolgreich. Sie bekommen eine anfangs noch kleine Wohnung in der Stadt und werden »Menschen unter Menschen«. Die Isolierung hat auch hier einen bezeichnenden Weg nach innen gewiesen: In der Kiesgrube hat sie sich einer dänischen Sekte angeschlossen, deren »Überreligion« alle anderen Religionen zusammenfaßt. Mitte der 50er Jahre ist diese Orientierung bereits mit der äußeren Rehabilitation verwoben: Man hat jetzt einen

Wagen, sie begleitet den Mann auf seinen Geschäftsreisen ins Ausland, am liebsten nach Dänemark.

Weniger zugespitzt, aber in der Anlage ähnlich, öffnet sich häufig bei denen im Westen die »tolle Zeit« der ersten Nachkriegsjahre für die »geordneten Bahnen« der 50er Jahre; fast regelmäßig werden Auslandsreisen, die Schönheit oder doch die Einrichtung der Wohnung, Häuser oder Autos erwähnt. Freilich tun sich auch bürgerliche Flüchtlinge manchmal mit der Teilhabe am Wirtschaftswunder schwer und sind Mitte der 50er Jahre schon froh, wenn sie ihre Wohnung wieder richtig eingerichtet haben. Aber man muß schon sehr spät hinzugestoßen sein, wie jene Frau eines 1953 herübergekommenen Selbständigen, wenn man die »Westschuhe« mit Kreppsohlen, die man an den Füßen trägt, noch im Rundbuch der Erwähnung würdig findet. Wer schon vor dem Krieg im Westen gewohnt hat und nicht ausgebombt wurde, der hat im Urlaub jetzt das Zelten schon hinter sich und fährt mit dem eigenen Wagen nach Italien.[49] Die Frau, die dies berichtet, erinnert sich an ihre »sorglosesten Jahre« von 1933 bis 1937 (als ihr Mann nach Westdeutschland versetzt wurde, wo sie damals Eingewöhnungsprobleme hatte), und jetzt fühlt sie sich »frisch und fröhlich wie früher«.

Ist es wie früher? Sicher nicht in der DDR. Hier hält auch in den 50er Jahren der »bewußte Druck« an, der die bürgerlichen Familien in die Verinnerlichung und in der Mehrheit schließlich über die Grenze treibt, nämlich dann, wenn der Druck die Verinnerlichung aufsprengen und über das bloße Funktionieren hinaus ein öffentliches Engagement zugunsten der neuen Ordnung herbeiführen soll – oder auch wenn sich Anknüpfungspunkte für einen Neuanfang im Westen konkretisieren. Ist die Unsicherheit der alltäglichen Lebensbedingungen der Familien als politische Bedrückung im Osten ein depressiver Begriff, so erweist sich die anfänglich selbe Unsicherheit im Westen als eine zukunftsoffene ökonomische Struktur, die als persönliche Herausforderung aufgenommen werden kann, wenn die soziale Ungleichheit – auch wenn man selbst unter ihr leidet – als Bedingung der Möglichkeit einer Renormalisierung akzeptiert wird. Der Statusverlust des Übergangs – sechs von sieben der geflohenen Ehemänner finden zunächst keine der früheren vergleichbare berufliche Stellung, und vier müssen zwischen zwei und vier Jahre warten, bis sie über Aushilfstätigkeiten hinauskommen – läßt zunächst nach rückwärts blicken. Aber die damaligen Bedingungen des Glücks vor dem Kriege sind (besser) nicht mehr zu greifen, und das familiäre Überlebensglück der ersten Nachkriegsjahre bleibt nach der Währungsreform nicht in der Verinnerlichung stecken, sondern erweist sich – zusammen mit der Berufsqualifikation des Ehe-

manns – als Energiezelle in der kapitalistischen Leistungs- und Konsummaschinerie des Wiederaufbaus. Von Politik, von Demokratie, von Öffentlichkeit ist nirgendwo die Rede. Dieses Nachkriegsbürgertum mag noch Hausmusik machen, aber es hat keine öffentliche Kultur mehr, geschweige denn eine kulturelle Hegemonie. Geschichte und Gesellschaft sind wie ausgeblendet; der Fokus richtet sich auf Gefühle, die mit ihrem Zusammenhang ihre Dramatik verloren haben, und trifft auf Sachen. Die Politik ist jetzt nicht mehr aufdringlich, und da sie nicht stört, kann man ihr auch zustimmen. Aber das ist nirgendwo erwähnenswert. So ähnlich sehen nun in der Erinnerung auch die 30er Jahre aus: Man fühlt sich »wie früher«, man will »wieder normal« sein.
Und doch sind die damaligen Selbstverständlichkeiten nach der Katastrophe nicht mehr selbstverständlich; vielmehr wird man auf eine neue, materiellere Weise in eine neue Normalität sozialisiert. In ihr ist die kapitalistische Industriegesellschaft der vorgegebene Rahmen für die Integration, den Wiederaufstieg und einen neuen Konsens ohne Alternative. Vor dem Krieg war nur ein Viertel der Ehemänner in der Industrie beschäftigt, aber fast ein Drittel waren Selbständige, und der Rest arbeitete im öffentlichen Dienst, in Kirchen und Verbänden. Mitte der 50er Jahre sind vier Fünftel der im Westen lebenden Ehemänner unserer Autorinnen mehr oder minder leitende Angestellte in der Industrie, und die beiden übrigen – Fabrikant und Verbandssyndikus – arbeiten in derselben Welt. Damit erweisen sich die Zugezogenen als Trendsetter, freilich nicht auf dem Wege zur »nivellierten Mittelstandsgesellschaft«[50], sondern zur Ausbildung einer industriellen »Dienstklasse«[51], oft mit erheblicher Verfügungsgewalt und hohem Einkommen, aber ohne selbstverständliche oder zugemutete politische Verantwortung. Insofern sind sie allenfalls Staatsbürger, aber ihre Bildung verspricht Besitz.
Der Blick zurück trügt auch bei den Frauen selbst, denn nicht einmal die alten Selbstverständlichkeiten – etwa das Glück der kinderreichen Mutter in bürgerlichen Verhältnissen – waren natürlich, sondern gesellschaftlich gestützt, politisch bekräftigt und als kulturell tradierte Norm widersprüchlich zur neuen Berufstätigkeit. Die Renaissance ihrer Selbstverständlichkeit im Dritten Reich zerbricht im allgemeinen Zusammenbruch. 44 Kinder wurden von 13 Frauen des »Rundbuchs« in 14 Jahren geboren, die letzten drei in den letzten Kriegsmonaten. 1945 ist damit Schluß, und wie um zu zeigen, daß der Grund hierfür nicht die noch lange nicht erreichten Wechseljahre der Frauen, sondern die Wechseljahre einer kompromittierten Kultur sind, bringt wenigstens eine Klassenkameradin in den 50er Jahren und in der DDR noch ihr

fünftes und sechstes Kind zur Welt – dort lebendige Zufuhr einer neuen, nach innen gekehrten, von der Kirche gestützten Welt: »Wir haben viel Freude an den Kindern. Durch all die schweren Jahre, durch Krankheit, Not und Todesgefahr, aus denen wir glücklich heraus sind, haben wir zutiefst die Kraft und das Heil des Wortes Gottes erfahren, daß wir uns nun auch bemühen, unsere Kräfte und Gaben der Gemeinde hier in den Dienst zu stellen (...) Das Opfer an Zeit macht sich reich belohnt.«

3. Der Volkswagen, eine konkrete Erfahrung des Wirtschaftswunders

Von Heidrun Edelmann

Der Personenkraftwagen ist ein augenfälliges Symbol des sozio-ökonomischen Systems der Bundesrepublik Deutschland. Er ist ein bedeutender Wirtschaftsfaktor, für den ein erheblicher gesellschaftlicher und privater Aufwand getrieben wird; zugleich ist er ein Medium, in dem moderne Formen von Individualität und Differenzierung in der Masse »erfahren« werden. Die laufend für einen Pkw aufzuwendenden Kosten werden inzwischen von Beziehern mittlerer und selbst niedriger Einkommen als tragbar empfunden, und der Individualverkehr hat Massenhaftigkeit angenommen. Mehr als 80 % aller Pkw befinden sich im Besitz privater Halter.

Zwischen den Weltkriegen war es in Deutschland nicht zu einer Pkw-Dichte wie in vergleichbaren Industrieländern, etwa Großbritannien oder Frankreich, gekommen. Da das Automobil international als Symbol für Volkswohlstand galt, wurde dies als Zeichen wirtschaftlicher und gesellschaftlicher Rückständigkeit empfunden. Das nationalsozialistische Regime verstand es, diesen kollektiven Minderwertigkeitskomplex in seiner Propaganda geschickt zu nutzen; die Ankündigung der »Massenmotorisierung« mit dem »Volkswagen« verhalf ihm zu beträchtlichem Ansehen. Während die zunehmend dem Ziele kriegerischer Expansion untergeordnete NS-Wirtschaft eine nennenswerte Steigerung des privaten Konsums an Pkw per se ausschloß, dürfte der »KdF-Wagen« – benannt nach der »Kraft-durch-Freude«-Organisation der »Deutschen Arbeitsfront«, die Bau und Vertrieb des Fahrzeugs übernehmen sollte – immerhin so etwas wie »Vorfreude« verbreitet und den Anspruch auf ein eigenes Auto bei der Masse der Deutschen eingepflanzt haben.

In der unmittelbaren Nachkriegszeit war davon auszugehen, daß es in Deutschland auf absehbare Zeit nicht zu einer nennenswerten Pkw-Produktion kommen werde. Der von den Siegermächten im Rahmen des Potsdamer Abkommens beschlossene und bis zum Sommer 1947 gültige »Industrieplan« beschränkte deren Umfang auf rund ein Sechstel der Kapazität von 1936.[52] Der einstige Marktführer Opel in Rüsselsheim reduzierte die Pkw-Produktionskapazität zugunsten der

Lastwagenfertigung erheblich, und die Anlagen der Werke der Auto Union, die zuletzt einen Anteil von rund einem Viertel am zivilen Pkw-Markt gehabt hatten, gingen als Reparationsleistung an die Sowjetunion. Den Firmen Adler, Ford, BMW und Hanomag fehlte infolge der Demontage von Ambi-Budd, einem seit 1926 in Berlin existierenden Spezialbetrieb für Wagenaufbauten, der gemeinsame Karosseriehersteller. Daimler-Benz, zuletzt mit weniger als zehn Prozent am zivilen Pkw-Inlandsmarkt beteiligt, hatte erhebliche Bombenschäden zu beheben. Dem Volkswagenwerk (VWW) – es war als Anbieter von Pkw für den privaten Bedarf bislang noch gar nicht auf den Plan getreten – sollten diese Umstände zum Vorteil gereichen. Luftangriffe hatten das Werk zwar zu 60 Prozent zerstört, aber ein beachtlicher Teil der maschinellen Fertigungseinrichtungen war durch Auslagerungen erhalten geblieben.[53]

Als Vermögensbestandteil der aufgelösten nationalsozialistischen »Deutschen Arbeitsfront« (DAF) wurde das VWW aufgrund eines Gesetzes des Alliierten Kontrollrats beschlagnahmt. Die Militärregierung setzte zugleich deutsche Treuhänder ein. Noch 1945 begann in kleinem Umfang die Montage von Fahrzeugen für Behörden der Besatzungsmacht, die ihrerseits die Roh- und Brennstoffe beschaffte. Ende 1946, als die ersten 10000 »Käfer« bereits produziert waren, wurde in anderen Unternehmen über eine Wiederaufnahme der Pkw-Produktion noch nachgedacht. Das VWW antwortete auf den immensen Nachholbedarf zunächst ohne nennenswerte Konkurrenz.

Von anhaltenden Auseinandersetzungen zwischen Betriebsrat und Werkskommandantur um eine konsequente Entnazifizierung der Werksleitung blieb die Produktionssphäre weitgehend unberührt. Nachdem die britischen Militärs Heinrich Nordhoff, ein ehemaliges Vorstandsmitglied von Opel, Anfang 1948 zum Geschäftsführer ernannt hatten, galt dieses Problem formell als gelöst. Die Währungsumstellung im Juni, in deren Folge die Nachfrage nach Pkw sprunghaft anstieg, und die Aufhebung der Treibstoffbewirtschaftung ermutigten zu Planungen, die einen Aufschwung des Individualverkehrs ins Kalkül zogen. 18,3 Millionen DM wurden noch im selben Jahr investiert; die Zahl der Beschäftigten überschritt zehntausend. 19244 »Käfer« verließen noch im Jahr 1948 das Werk, annähernd doppelt soviel Fahrzeuge, wie mittlerweile auch bei anderen westdeutschen Automobilfirmen zusammen produziert wurden. 23 % der 1948 hergestellten »Käfer« wurden exportiert. Durch den günstigen Nachkriegsstart hatte das VW-Werk aus dem Stand die Rolle des einstigen Marktführers Opel übernommen. Sein Marktanteil pendelte sich bei einem Drittel ein. Das

VWW trug erheblich dazu bei, daß der Vorkriegsbestand an Pkw im Gebiet der Bundesrepublik Deutschland 1951 annähernd wieder erreicht wurde.
Bereits kurz nach Kriegsende meldeten die Gewerkschaften, deren Vermögen bei ihrer Zerschlagung 1933 in die Kassen der DAF geflossen war, erste Besitzansprüche an dem wiederbelebten Werk an. Aber zu einer endgültigen Klärung der Eigentumsverhältnisse kam es auf absehbare Zeit nicht. Eine Verordnung der Britischen Hohen Kommission, die im September 1949 in Kraft trat, übertrug lediglich die Regelungskompetenz über den Vermögenskomplex »Volkswagenwerk GmbH« auf die nach dem Grundgesetz zuständigen deutschen Stellen. Fortan wurde die Kontrolle im Namen und auf Weisung der Bundesregierung vom Land Niedersachsen ausgeübt. Die ungeklärten Eigentumsverhältnisse beeinträchtigten die rasche Expansion der Kapazitäten aber keinesfalls. Neben überdurchschnittlich hohen Löhnen, die an die Spitzenlöhne im Ruhrbergbau heranreichten, dürfte die Tatsache, daß diese Fabrik gewissermaßen niemandem und jedem gehörte und die Aussicht auf Umwandlung in eine öffentliche Stiftung im Gespräch war, die Einsatzbereitschaft der Produzierenden ebenso erhöht haben wie die 1954 erstmals gewährte Erfolgsprämie von 4 Prozent des Jahresverdienstes.
Die Besatzungsmächte lehnten eine Förderung der massenhaften Verbreitung von Pkw in Deutschland zunächst ab. Anfang 1946 wurde die seit 1933 bestehende weitgehende Befreiung der Pkw von einer pauschalen Steuer aufgehoben. Für einen »Mittelklassewagen« (1000 bis 1500 ccm Hubraum) war fortan eine Jahressteuer von 180,– bis 270,– Mark zu entrichten. Als Grund für diese Belastung wurden fiskalische Notwendigkeiten genannt. Auch in den ersten Jahren der Bundesrepublik hatte das Auto noch das Image eines gehobenen Lebensstandards, woraus auf eine Finanzkraft des Besitzers geschlossen wurde, die eine hohe Besteuerung angemessen und fiskalisch lohnend erscheinen ließ. Dies geht aus den Begründungen entsprechender Gesetzentwürfe hervor. Daß es zu weiteren Steueranhebungen dennoch nicht kam, lag daran, daß der Pkw sich als wichtiger Exportartikel erwies, unentbehrlich zur Sicherung der Einfuhr dringend benötigter Rohstoffe und später auch Maschinen. Jede Steigerung der fiskalischen Belastung hätte den Inlandsabsatz gebremst, die Produktionsmengen verringert, die Herstellung damit verteuert und die internationale Konkurrenzfähigkeit eingeschränkt.
Eine aktive Exportpolitik, wie sie die Bundesregierung von Anfang an betrieb, förderte also nicht nur die Steigerung der Kraftfahrzeugaus-

fuhr; sie trieb die Rationalisierung voran und verhalf der Automobilbranche zur Stückkostendegression durch größere Produktionsvolumen. Ausfuhrgeschäfte wurden steuerlich begünstigt, und ihr Risiko wurde vom Staat vermindert. Der Anteil der überwiegend von der Pkw-Industrie repräsentierten Kraftfahrzeugwirtschaft am Gesamtexport der Bundesrepublik stieg von 1,6 % 1949 auf 7,4 % 1955 an. Bereits 1951 ging jedes dritte Auto ins Ausland. Mit 86635 Pkw und Kombiwagen bestritt das VWW 1954 allein fast 39 Prozent dieser Ausfuhr. Als 1955 der einmillionste »Käfer« vom Band lief, wurden 54 Prozent der Produktion im Ausland abgesetzt. Parallel zur Ausdehnung des Exports war mit dem Ausbau eines Netzes von überseeischen Montagewerken u. a. in Brasilien (1950), Südafrika (1951), Australien (1954) und Mexiko (1956) begonnen worden. 1953/54 errichtete VW in Brasilien eine komplette Automobilfabrik.
Mit dem »Käfer« gelang darüber hinaus etwas, was angesichts des traditionellen Kräfteverhältnisses in der internationalen Automobilindustrie seit Ende des Ersten Weltkrieges für unmöglich gehalten worden war: ein nachhaltiger Einbruch in den US-amerikanischen Markt. 1954 wurden dort rund 8900 Wagen abgesetzt, 1955 bereits knapp 36000. Der Erfolg auf dem US-Markt war vor allem darauf zurückzuführen, daß das Unternehmen sich neben der Massenfertigung eines weiteren amerikanischen Rezepts bediente. Seit 1950 wurde dort systematisch der Aufbau einer verzweigten Händlerorganisation betrieben, die zugleich die Ausgangsbasis für ein dichtes Netz von Volkswagen-Servicestationen bildete. Eine Vertriebsgesellschaft in Kanada und eine Niederlassung in Brasilien folgten.
In der Bundesrepublik Deutschland kam es trotz beachtlicher Zuwächse des Bestandes an Personenkraftwagen – von 1946 (192438 Stück) auf 1950 (539853 Stück) und auf 1955 (1675873 Stück) erfolgte jeweils rund eine Verdreifachung – noch nicht zu einer Annäherung an die Pkw-Dichte der traditionellen Vergleichsländer Frankreich und Großbritannien mit 1955 jeweils 14 Einwohnern pro Pkw. Statistisch gesehen teilten sich in der Bundesrepublik noch 31 Einwohner ein Auto.[54] Daß eine erhebliche Nachfrage nach Individualkraftfahrzeugen bestand, zeigt die Menge der im Verkehr befindlichen Motorräder (1955: 2494503, Mopeds und Mokicks nicht mitgerechnet). Sie überstieg die Anzahl der Autos mit ihren höheren Anschaffungs- und Haltungskosten um das Eineinhalbfache. Die Mehrheit konnte sich ein Auto noch nicht leisten.
Hinzu kam ein Steuersystem, das die gewerbliche Nutzung von Pkw und Kombi hemmte. Nach den Einkommensteuerrichtlinien von 1950

wurde etwa bei Gastwirten, Hoteliers, Metzgern, Bäckern, Einzelhändlern, Apothekern, Ärzten usw. die Haltung eines Kraftfahrzeugs als beruflich bedingt in der Regel nicht anerkannt. Die Kosten für ein Auto galten als durch die »Lebensführung« entstanden und waren bei der Ermittlung der Steuer nicht absetzbar. Für Arbeiter und Angestellte stand eine Abzugsfähigkeit der Kosten für die Kraftfahrzeughaltung noch gänzlich außerhalb jeder Erwägung. Einem Urteil des Bundesfinanzhofs von 1953 lag die Auffassung zugrunde, daß diese frühestens dann in Frage kommen werden, wenn Automobile in einem solchen Umfange benützt würden, daß das Halten eines Kraftwagens, wie etwa in Amerika, als üblich anzusehen wäre. Weiterhin blieben nur die Fahrpreise der öffentlichen Verkehrsmittel als »notwendige Aufwendungen des Arbeitnehmers für Fahrten zwischen Wohnung und Arbeitsstätte« von der Steuer absetzbar.[55]
Diese fiskalischen Prinzipien erschienen in mehrerlei Hinsicht immer fragwürdiger. Es war zu einer gewissen Deckung des Bedarfs mit herkömmlichen Konsumartikeln gekommen, und eine Umschichtung der Nachfrage zugunsten längerfristiger Konsumgüter zeichnete sich ab. Obwohl der Anteil der Einkommen aller abhängig Beschäftigten am Volkseinkommen unverändert blieb, verbesserten sich mit der raschen Steigerung der Reallöhne nach 1950 die allgemeinen Konsumchancen deutlich.[56] Gerade in bezug auf den Pkw schlugen nun Sehnsüchte vollends in Ansprüche um. In einer Broschüre der IG Metall hieß es Mitte der 1950er Jahre:

Die neueste Industrialisierungswelle ist durch die Produktion langlebiger Konsumgüter des gehobenen Bedarfs gekennzeichnet: Nähmaschinen, Fahrräder, Radios, Fernsehgeräte, Kühlschränke, Haushaltsmaschinen. Das repräsentativste Gut dieser Konsumgüterwelle ist der Personenkraftwagen, er ist vielleicht auch ihr wichtigstes, denn er kommt in geradezu idealer Weise den Bedürfnissen des modernen Menschen entgegen. Er ermöglicht seinem Besitzer, sich von den schienen- und fahrplangebundenen Massenverkehrsmitteln zu lösen. Er macht ihn damit sehr beweglich und erweitert seinen Lebenskreis. Der Personenkraftwagen individualisiert und erleichtert den Verkehr zugleich, was ihn zum meistbegehrten Konsumgut macht. Ein eigener Wagen ist heute der Traum jeder Familie. Sein Besitz ist zur Voraussetzung für einen angemessenen Lebensstil in unserer Zeit geworden.[57]

Die Tatsache, daß es in der Bundesrepublik erheblich mehr Motorräder als Pkw gab, wertete die IG Metall als »Zeichen der Armut und sozialen Diskriminierung der unteren Bevölkerungsschichten durch Staat und Industrie«. Von der Bundesregierung wurde gefordert, »im Interesse aller einzugreifen« und »eine echte Mengenkonjunktur und

Preissenkungen« zu erzwingen. Da das Volkswagenwerk, das den bundesdeutschen Markt zu einem Drittel beherrschte, Staatseigentum sei, solle es als »Bahnbrecher« genutzt werden, um »wirkliche Massenproduktion« durchzusetzen. Die Bundesregierung habe vor allem gegen die zögernde Investitionspolitik des VWW einzuschreiten. Zudem gehöre die pauschale Treibstoffsteuer abgeschafft, um die Haltungskosten zu senken und die Belastungen gerechter zu verteilen. Wichtigste Voraussetzung sei jedoch eine »Einkommenserhöhung der unteren Verbraucherschichten«, damit überhaupt hinreichend Kaufkraft für die Anschaffung von Autos vorhanden sei. Der Anspruch auf das Automobil für jedermann wurde eingebettet in die sozialpolitischen Forderungen dieser Zeit:

> Für den Massenkonsum von Automobilen ist zudem ausreichende Freizeit, ein langes Wochenende notwendig. Das Auto ist ein Familienbesitz, und die ganze Familie wird es zu gemeinsamen Ausflügen benutzen. Während der Besitz von Motorrädern die Familie am Wochenende auseinanderführt, wird das Auto wieder zu einem einigenden Band werden. Es schafft zugleich eine sinnvolle Verwendung der Freizeit.

Als der Vorstand der IG Metall diese Expertise im April 1956 veröffentlichte, rannte er offene Türen ein. Die Automobilindustrie hatte ihre Preise – nach deren zeitweiligem Anstieg als Folge des Koreakriegs (»Korea-Boom«) – seit 1953 schrittweise reduziert; der amtliche Erzeugerpreisindex verminderte sich von 1952 bis 1956 um fast 20%. Mindestens ebenso wichtig dürfte eine unterdessen veränderte Einstellung der Bundesregierung gegenüber dem Pkw gewesen sein, die in eine Reihe von Maßnahmen zur Erleichterung von dessen Haltung einmündete.

Seit etwa 1954 schälte sich eine staatliche Konzeption gegenüber dem Kraftverkehr heraus, für die ein deutlicher Motivwechsel bei der Behandlung des Pkw-Verkehrs charakteristisch war. Bemerkenswert ist das ernsthafte Bemühen der Regierung, einen erheblichen Teil des angewachsenen Straßengütertransports aus volkswirtschaftlichen und die Sicherheit des Verkehrs betreffenden Erwägungen durch eine empfindliche Belastung des Lkw-Betriebs »auf die Schiene« (zurück) zu verlegen. Für die wegfallende Lkw-Produktion sollte die Kfz-Industrie gewissermaßen durch zusätzliche Pkw-Absatzchancen entschädigt werden. 1955 wurde nach langwierigen Beratungen eine Reform der noch von den Besatzungsmächten angeordneten Sätze der Kraftfahrzeugsteuer vorgenommen. Das Verkehrsfinanzgesetz vom 6. April 1955 brachte eine zwanzigprozentige Senkung der Pauschalsteuer für Pkw. Sie wurde durch die Erhöhung der – fahrleistungsabhängigen –

Besteuerung des Kraftstoffes ausgeglichen. Etwa gleichzeitig erfolgte eine Steuerreform, die Einkommen- und Lohnsteuertarife senkte und auf diese Weise durch die Freisetzung von Kaufkraft indirekt zur Steigerung der privaten Motorisierung beitrug. Eine Lohnsteueränderungsverordnung bestimmte, daß fortan Arbeitnehmer einen Pauschalbetrag pro Arbeitstag für die Fahrkosten zwischen Wohnung und Arbeitsplatz absetzen konnten. Da dieser Betrag unabhängig von den effektiven Kosten anzurechnen war, deckte er bei mittleren und kleinen Kraftwagen bereits einen Teil der fixen Haltungskosten.[58]

In aller Deutlichkeit zeichnete sich jetzt die Verschiebung des Absatzes vom Kraftrad zum kleinen Personenkraftwagen ab. Dieser Trend setzte sich in der zweiten Hälfte der 50er Jahre beschleunigt fort. Hatte der Anteil von Arbeitern und Angestellten an den Käufen neuzugelassener Personenkraftwagen 1952 lediglich 7,6 % betragen, so machte er 1956 bereits fast 30 % aus. Die Quote der auf Arbeitnehmer umgeschriebenen gebrauchten Autos, die vielfach als »Einstiegswagen« dienten, wuchs parallel dazu von knapp 18 auf 44 %. Den kombinierten Maßnahmen der Regierung wurde 1956 die Wirkung bescheinigt, »in erstaunlichem Maße sowohl den Neuwagen- als auch den Altwagenmarkt für einen Käuferkreis zu erweitern, der bisher bei der fortschreitenden Motorisierung noch abseits« gestanden habe.[59]

Die Ausgaben für den Straßenaus- und -neubau stiegen in der zweiten Hälfte der 50er Jahre stärker an als der Kfz-Bestand. Ihr Anteil an den öffentlichen Gesamtausgaben verdoppelte sich bis Mitte der 60er Jahre von rund 4 auf rund 8 %. Parallel zur Entwicklung des Pkw-Bestandes verzehnfachte sich die Höhe der Ausgaben für Straßen von 1950 bis 1965, wobei die reinen Bauausgaben um mehr als das Fünfzehnfache anstiegen. Der Ausbau des Fernstraßennetzes und die Schaffung »autogerechter« Städte erfolgten ausdrücklich auch um der »Gesunderhaltung des den Kraftverkehr tragenden mittelständischen Gewerbes« willen.[60]

Die Bemühungen des Staates, den Absatz von Pkw zu fördern, hatten nicht zuletzt eine Ursache darin, daß dieser das Volkswagenwerk nach wie vor in Händen hielt und somit selbst der größe Produzent von Personen- und Kombiwagen auf dem westdeutschen Markt war. Dadurch, daß die rechnerischen Dividenden des Unternehmens auf einem Sonderkonto belassen und bis zur endgültigen Klärung der Eigentumsverhältnisse an der VWW GmbH mit jährlich 5–6 % verzinst wurden, konnte die Direktion des VWW sämtliche Gewinne zum weiteren

Ausbau des Betriebs verwenden. Das Unternehmen befand sich damit gegenüber seinen Konkurrenten erneut im Vorteil. Der Wettlauf zwischen den Massenproduzenten VW, Opel und Ford zwang diese zur laufenden Modernisierung ihrer Anlagen. Von wenigen Ausnahmejahren abgesehen, führte VW seit 1950 die Rangfolge der jährlichen Investitionen an. Der Anteil des Volkswagenwerkes an den gesamten bis dahin in der westdeutschen Automobilindustrie getätigten Bruttoinvestitionen machte 1961 33,5 aus.[61]

Nachdem Mitte 1955 der einmillionste »Käfer« vom Band gelaufen war, war im Dezember 1957 die zweite, im Sommer 1959 die dritte Million voll. Von 1961 an wurden jährlich rund eine Million Wagen produziert. 1956 und 1957 entstanden zusätzliche Produktionsstätten in Hannover und Kassel. Seit 1962 wurde das Ein-Typen-Programm des »VW 1200« im Pkw-Bereich vorsichtig durch den »VW 1500« ergänzt; und ein Sechstel der Produktion wurde jetzt mit Transportern (»Bully«) bestritten. Zwar konnte der Anteil an den Neuzulassungen auf dem heimischen Markt von rund einem Drittel vor allem wegen des Nachdrängens von Opel lediglich bis 1961 gehalten werden, aber beim Anteil an der Gesamtproduktion aller westdeutschen Pkw-Werke erreichte das VWW 1962 den Spitzenwert von 49,7 %. Während der Exportanteil an der Produktion der gesamten deutschen Pkw- und Kombi-Industrie 1961 46,5 % ausmachte, betrug er bei VW knapp 60 %.

In der Frage, wem dieses zum Umsatzriesen herangewachsene Unternehmen denn nun »gehören« sollte, bewegte sich bis in die späten 50er Jahre nichts. Man war sich zwar weitgehend einig, das Werk nicht länger in der bisherigen Form in öffentlicher Hand zu belassen, jedoch bereits die Zuständigkeit für das Vermögen der GmbH als Konkursmasse des »Dritten Reiches« war zwischen der Bundesregierung und dem sozialdemokratisch geführen Land Niedersachsen heftig umstritten. Nach Ansicht des Landes hatte die NSDAP die VWW GmbH vollständig beherrscht und die Kampagne zur Werbung von Volkswagensparern als politisches Propagandainstrument benutzt. Gemäß der entsprechenden Kontrollratsgesetze bzw. Direktiven aus der unmittelbaren Nachkriegszeit gehöre es daher als ehemaliger nationalsozialistischer Vermögenswert dem Land, in dem es sich befinde. Bundesregierung und Bundesgerichtshof hielten dem entgegen, daß für die Annahme, das VWW sei maßgeblich zum Zwecke der Festigung nationalsozialistischer Herrschaft gegründet worden, nicht genügend Anhaltspunkte vorlägen. GmbH-Anteile aller Art wurden zudem nicht unter die angeführten Kontrollratsbestimmungen fallen. Nicht

zuletzt beweise das Weiterbestehen der VWW GmbH, daß das Unternehmen auch ohne die Herrschaft der NSDAP dem ursprünglichen Ziel der Automobilproduktion dienen könne. Über dieses ›Nachkriegs-Werk‹ habe laut Grundgesetz allein der Bund zu bestimmen, der folglich auch für die Klärung der Eigentumsfrage zuständig sei.
Gleichermaßen umstritten war, nach welchem gesellschaftspolitischen Modell die Umwandlung der Eigentumsverhältnisse zu geschehen habe. Die SPD war gegen eine Privatisierung der GmbH. Ein wirklicher Vorteil für bisher Vermögenslose durch die erwogene breitgestreute Emission von »Volksaktien« wurde von ihr bezweifelt. Den SPD-Vorschlag, das gesamte Unternehmen in eine Stiftung umzuwandeln, lehnte wiederum die CDU im Bundestag als »getarnte Vergesellschaftung« ab – eine Stiftung Volkswagenwerk sollte nach Auffassung der Bundesregierung erst nach erfolgter Privatisierung gegründet werden. Nachdem sich im Juli 1959 auch der Betriebsrat des Werkes Wolfsburg namens der Belegschaft für die Stiftungslösung ausgesprochen hatte, einigten sich Bund und Land Niedersachsen im September des Jahres über die Umwandlung der VWW GmbH in eine Aktiengesellschaft und die Errichtung einer Stiftung. Bund und Land erhielten je 20% des Grundkapitals, 60% wurden in Form von Kleinaktien veräußert. Der Erlös aus den Kleinaktien und die jährlichen Gewinne aus den Anteilen von Bund und Land sollten in eine »Stiftung Volkswagenwerk« eingebracht werden, zu deren Zweck die Förderung von Wissenschaft und Technik in Forschung und Lehre bestimmt wurde. Die »Volksaktien« zogen im Kurs rasch steil an und wurden schon bald zu Tausenden an die Banken zurückverkauft.
Als weiteres Problem hing noch die Entschädigung ehemaliger »KdF-Wagen«-Sparer an. Sie hatten zum Teil bis weit in den Krieg hinein wöchentlich jeweils eine 5-RM-Sparmarke gekauft, und etliche hatten den angesetzten Preis von RM 990,– voll aufgebracht. Keiner war jedoch in den Besitz eines »KdF-Wagens« gelangt, da dessen Produktion nach dem Aufbau des Werkes in den Jahren 1938/39 bei Kriegsbeginn zugunsten von Militärfahrzeugen und anderem Kriegsgerät aufgegeben worden war. Auch hier ging es um so grundsätzliche Fragen wie die, ob nicht der Verkauf der Sparmarken ein nationalsozialistisches Betrugsmanöver zur Abschöpfung von Kaufkraft und Finanzierung der Rüstung gewesen sei und ob die bundesdeutsche VWW GmbH bzw. AG – die seit Kriegsende tatsächlich für den zivilen Markt produzierte – überhaupt als Rechtsnachfolgerin der nationalsozialistischen VWW GmbH angesehen werden müsse. Nach einem zwölf Jahre andauernden Prozeß durch mehrere Instanzen, dem

»monströsesten Zivilprozß der Nachkriegszeit«[62], kam es 1961 vor dem Bundesgerichtshof zu einem Vergleich. Gestaffelt nach der angesparten Summe wurde auf einen »Käfer« ein Preisnachlaß zwischen 150 und 600 DM gewährt, bei Kaufverzicht ein Barbetrag zwischen 25 und 100 DM ausgezahlt. Für die VWW AG war die Entschädigung kein schlechtes Geschäft. Zum einen gingen die eingefrorenen Spareinlagen von rund 300 Millionen RM, abgewertet auf 5 %, nun in deren Besitz über, und zum anderen konnte selbst der maximal zu gewährende Rabatt insofern leicht verkraftet werden, als bei der vereinbarten direkten Lieferung der Wagen an die »Sparer« der übliche Händlerrabatt von 15–20 % am Endpreis entfiel.
Mit Beginn der 60er Jahre zeichnete sich eine Umstrukturierung des Automobilmarktes ab, die das Ende ununterbrochener Nachfrageexpansion ankündigte. 1960 überstieg der Anteil privater Halter an den Neuzulassungen erstmals die 50-%-Marke. In den vorhergehenden Jahren hatten private Käufer bereits das Geschehen auf dem Gebrauchtwagenmarkt entscheidend bestimmt. Der Pkw in seiner Eigenschaft als »Konsumartikel« begann nun gegenüber dem »Investitionsgut«, das direkt zur Ausübung eines Gewerbes oder Berufes diente, zu dominieren. Die Pkw-Dichte in der Bundesrepublik überstieg 1960 mit 81 Wagen pro 1000 Einwohner den westeuropäischen Durchschnitt (75 : 1000). Noch gingen rund 85 % des Absatzes an Erstkäufer, nur 15 % an solche, die zum zweiten oder wiederholten Mal kauften; bis 1967 sollte sich auch dieses Verhältnis genau umgekehrt haben.[63]
Angesichts der Rasanz, mit der die Entwicklung des Pkw zum allgemeinen Konsumgut und der Automobilindustrie zur Schlüsselbranche auch für den Export verlief, wurde das in Massen hergestellte und gekaufte Automobil in den Augen der Zeitgenossen zu einem Kennzeichen des bundesdeutschen »Wirtschaftswunders«. Seine Vorzeigbarkeit machte diesen Konsumartikel (anders als etwa Kühlschrank und Waschmaschine) sowohl bei den Nachbarn in der Straße als auch bei denen in Europa dafür besonders geeignet. Zugleich erschien die »Demokratisierung« des Automobils als Beweis nun erstmals gegebener egalisierter Konsumchancen für jedermann – und das sogar für das einstige Luxus- und Prestigeobjekt Auto. Dem Augenschein nach glichen sich die Lebensstile ehemals deutlich unterscheidbarer Klassen und Schichten auf gehobenem Niveau aneinander an. Dies trug zu dem Eindruck bei, daß die Überwindung der traditionellen »Klassengesellschaft« zugunsten einer »nivellierten Mittelstandsgesellschaft«[64] anstünde.

1962/63 wurden erstmals seit 1951 die Lieferfristen kürzer. Produktion und Absatzmöglichkeiten rückten damit in ein engeres Abhängigkeitsverhältnis; der private Kunde war auf dem Wege, zum umworbenen »König« des Marktes zu werden. Auch die Struktur der Nachfrage änderte sich deutlich: Die Ansprüche an Komfort und Fahreigenschaften wuchsen, und zunehmend wurden leistungsstärkere Modelle nachgefragt. Diese Verschiebungen bekam auch der »Käfer« zu spüren, der stets als ein »auf breite Nachfrageschichten zugeschnittenes Modell«[65] gegolten hatte. Sein Marktanteil an den Neuzulassungen belief sich zwar bis in die Mitte der 60er Jahre noch auf mindestens 30 %, aber sein Vorsprung wurde nun durch die Erfolge des kleineren »Kadett«-Modells von Opel erschüttert, das preislich zwar über dem »Käfer« lag, jedoch mehr Nutzraum und bessere Fahrleistungen bot.

Mitte der 60er Jahre ging die vom Ausbau eines modernen Fertigungsapparates gekennzeichnete Periode der Pkw-Produktion zu Ende. Die Differenzierung des Marktes rückte in den Vordergrund. Fortgesetzte Rationalisierungsmaßnahmen hatten den Fixkostenanteil am einzelnen Wagen stetig weiter sinken lassen, und die Großproduzenten verfügten über vergleichbare Leistungsfähigkeit. Nicht zuletzt war der Markt inzwischen sehr weitgehend erschlossen. Preissenkungen kamen also immer weniger in Frage, und der Konkurrenzkampf wurde zunehmend mit anderen Mitteln ausgetragen. Während das VWW bis 1961 lediglich zum Jahresende in ganzseitigen Zeitungsinseraten mit Erfolgsmeldungen geworben hatte, wurden im ersten Halbjahr 1963 bereits rund 10 Millionen DM in Reklame investiert. Von 1960 bis 1962 stieg der meßbare Werbeaufwand der gesamten Automobilindustrie von 46 auf 63,3 Millionen sprunghaft an. Das Anbieten einer immer breiteren Modellpalette pro Werk (»full product line«) sowie sparsame tatsächliche oder lediglich kosmetische Veränderungen am Produkt (»face-lifting«) waren und sind die Mittel, mit denen die Anbieter angesichts der veränderten Marktstruktur versuchen, zum Umsteigen auf jeweils ihre Modelle und zur Vorverlegung von Neuanschaffungen zu animieren. Seit 1963 erweiterte das VWW sein Modellangebot in der Mittelklasse. Aus dem »Käfer« wuchsen die Bundesdeutschen langsam heraus, und auch beim VWW brachte es die Masse allein immer weniger. Parallel zur Mehrausstattung mit Sicherheit und Komfort stiegen die Preise der Autos. Die Bedeutung der einst so spektakulären Mengenumsätze trat nach und nach hinter die der Wertumsätze zurück.

Im Zuge der Umstrukturierung des Binnenmarktes veränderte sich auch die Rolle des Exports. Um die Vorteile der stückkostengünstigen Massenfertigung optimal zu nutzen, waren die Firmen zunehmend gezwungen, ihren Auslandsabsatz zu steigern. Fast zwei von drei in der Bundesrepublik produzierten Pkw wurden während der sechziger Jahre exportiert. Der Standort eines weiteren VW-Inlandwerks in Emden, in dem die Produktion 1964 anlief, wurde nicht zuletzt unter dem Gesichtspunkt der Anbindung an einen Seehafen gewählt. Es zeichnete sich jedoch bereits eine tendenziell rückläufige Exportquote ab, und ein neuer Weg im Kampf um die Weltmarktanteile gewann an Bedeutung. Seit Mitte der sechziger Jahre setzte allgemein eine Verlagerung der für überseeische Märkte bestimmten Produktionen in die Absatzgebiete ein. Das VWW spielte bei solchen Direktinvestitionen eine Vorreiterrolle.

Das westdeutsche Wirtschaftswunder ist heute Geschichte. Der Familienvater, der am Wochenende, das um den Samstag verlängert worden war, sein Auto, »des Bundesbürgers liebstes Kind«, herausputzte, ist unterdessen zu einer historischen Figur geronnen, derer sich mancher mit Selbstironie erinnert. Zwar bildet bei der Wahl eines anzuschaffenden Pkw die Befriedigung eines Transportbedürfnisses nach wie vor keinesfalls das einzige und in der Regel wohl auch nicht das ausschlaggebende Kriterium[66], aber die Haltung gegenüber diesem »Gegenstand des täglichen Bedarfs« ist seit den 70er Jahren merklich sachlicher geworden. Dieser Versachlichung dürfte auch die Erkenntnis zugrunde liegen, daß das Automobil in erheblichem Maße die Umwelt verschmutzt, Roh- und Treibstoffe verschwendet, Städte und Landschaften verschandelt und dort, wo es geballt auftritt, den begehrten Gewinn an Mobilität nicht selten ad absurdum führt, indem es seine Fahrbahnen selbst verstopft. Außerdem ist das Unfallrisiko des Individualverkehrs weit höher als das der Massenverkehrsmittel, und dieses Risiko für Leben, Gesundheit und Eigentum ist auch bei erheblichem infrastrukturellem Aufwand nur teilweise einzuschränken. In Vorbehalten gegenüber dem Automobil schwingt zunehmend die Selbstkritik einer Gesellschaft mit, die seit den späten 60er Jahren wirtschaftliche Effizienz und Steigerung der individuellen Konsumchancen als Legitimierungsbasis ihres sozioökonomischen Systems nicht mehr als ausreichend zu empfinden begonnen hat.

Indes ist eine durchsetzungsfähige Alternative zum Individualpersonenkraftwagen gegenwärtig nicht in Sicht. Die Verkehrsverhältnisse und der Lebensstil einer Mehrheit der Bevölkerung sind in so hohem Maße auf den Pkw abgestimmt, daß dessen allgemeine Benutzung unumgänglich erscheint. Vorerst bietet sich offenbar lediglich der ›bessere‹ Personenkraftwagen an – ein Fahrzeug, das weniger Schadstoffe emittiert und weniger Treibstoff verbraucht, dessen Bestandteile sich für ein Recycling eignen und dessen Benutzung sowohl durch technisch-konstruktive als auch verkehrsinfrastrukturelle Veränderungen weniger Unfälle verursacht.

4. Wiederaufbaudynamik und Wertewandel

Von Irmgard Wilharm

Der folgende Teil versucht die Frage »Was ist bürgerlich an der bürgerlichen Gesllschaft?« für die Bundesrepublik noch einmal unter drei verschiedenen Aspekten aufzugreifen:

1. Wenn es richtig ist, daß gesellschaftliche Führungsschichten etwas aussagen über die Gesellschaft, die sie dazu hat werden lassen, so muß die Frage nach den Eliten für unsere Leitfrage ergiebig sein.
2. Wenn es richtig ist, daß eine Gesellschaft durch die von ihrer Mehrheit akzeptierten Normen charakterisiert werden kann, so muß die Untersuchung von Bildungspolitik als einem Bereich, in dem gesellschaftliche Zielvorstellungen immer wieder formuliert werden, aussagekräftig sein für die Analyse der Wertstruktur einer Gesellschaft.
3. Wenn sich in der Bundesrepublik seit dem Ende der Wiederaufbauphase ein »Wertewandel« vollzogen hat, wie ihn die einen optimistisch, die anderen warnend konstatieren, so empfiehlt sich die Überprüfung an einigen damals fraglos positiven Begriffen, die in den Jahren des Wiederaufbaus weithin und fraglos als positiv galten.

Soweit möglich, werden charakteristische Ähnlichkeiten und Gegensätze in der DDR berücksichtigt; nicht um ein umfassendes Bild zu zeichnen, sondern um andere gesellschaftspolitische Zielsetzungen zu zeigen und damit Distanz zu dem uns Bekannten und häufig Selbstverständlichen zu gewinnen.

Deutsche Eliten nach 1945

Die Elitenforschung ist in der Soziologie unbeliebt geworden, wie fast alle neueren Arbeiten, wenn auch mit unterschiedlicher Begründung, feststellen. Eines der immer wiederkehrenden Argumente lautet: Elite in einer demokratischen Gesellschaft ist ein Widerspruch in sich. Dahinter steckt ein Mißverständnis des Elitenbegriffs im Sinne geborener Eliten der Ständegesellschaften. Dagegen setzt Dieter Claessens:

Elite ist ein Grundwert repräsentativer Demokratie! Wird von den Soziologen der Elitebegriff abgelehnt, so kann also noch eine tiefere Dimension hinter jener Naivität vermutet werden. Es ist zu fragen, ob hinter der Ablehnung des Elitebegriffes nicht insgeheim Ablehnung von Demokratie steckt, selbstverständlich nicht Ablehnung von Demokraite *an sich*, aber doch von einer, die einen selbst nicht zum Erwählten, zu Elite im demokratischen Sinn gemacht hat. Die Ablehnung des Elitenbegriffs mag so paradoxerweise damit zusammenhängen, daß man selbst ein Erwählter sein möchte (...)[67]

Auffälligste Veränderung gegenüber den Eliten der Kaiserzeit und auch noch der Weimarer Republik ist der Funktionsverlust des Adels und der Wegfall der gesellschaftlichen Sonderstellung der hohen Militärs. Aber was hat sich darüber hinaus verändert, welche Verschiebungen in der Elitenstruktur sind eingetreten? Die westdeutsche Elitenforschung ist maßgeblich von Dahrendorfs Arbeiten geprägt. Ausgehend von der von ihm als ungenau kritisierten These »Der Platz an der Spitze der Gesellschaft ist leer«, formuliert er seine Definition von Machtelite:

Es gibt in der deutschen Gesellschaft der Gegenwart – wie übrigens in jeder Gesellschaft – die Spitzenpositionen der verschiedenen institutionellen Bereiche, zu deren Rolle es gehört, Herrschaftsentscheidungen zu treffen. Die Positionen sind überdies besetzt. Es gibt also die soziale Kategorie der Träger von Spitzenpositionen, und es ist terminologisch völlig korrekt, diese Kategorie als Oberschicht oder dann, in bestimmterer Begrenzung, als Elite, Machtelite, politische Klasse zu bezeichnen. Selbstverständlich hat die deutsche Gesellschaft der Gegenwart eine Machtelite. In Frage steht nicht ihre Existenz, sondern ihre Eigenart.[68]

Dahrendorfs Machtelite ist demnach durch Spitzenpositionen und die Kompetenz zu Herrschaftsentscheidungen gekennzeichnet. Damit sind die beiden wichtigsten soziologischen Methoden zur Identifikation von Eliten angesprochen: die Positions- oder Funktionsmethode und die Entscheidungsmethode. Letztere geht von Fällen herrschaftsrelevanter Entscheidungen aus und definiert die daran Beteiligten als Elite[69], die erste untersucht die Inhaber von Spitzenpositionen einer Gesellschaft als funktionale Elite. Beide Methoden, wie auch eine dritte, die Eliten aufgrund ihrer Reputation in Befragungen ermittelt, haben Schwächen. Bei Dahrendorf verbinden sich Positions- und Entscheidungsansatz insofern, als er die Inhaber von Spitzenpositionen nicht als solche, sondern soweit sie zu den »Mächtigen« gehören, zur Machtelite zählt. Sein Thema ist

die Schar von vielleicht zweitausend oder dreitausend Männern (denn Frauen sind unter ihnen kaum zu finden), die zwar in sich noch erheblich geschichtet ist (...), aber in ihrer Gesamtheit doch das darstellt, was man die Machtanteile nennen kann.[70]

Fragt man nach der deutschen Machtelite der Nachkriegszeit, so stellt man zwar einerseits einen deutlichen Bruch mit der engeren politischen Elite der NS-Zeit fest, aber andererseits im administrativen, wirtschaftlichen und militärischen Bereich eine bemerkenswert hohe personelle Kontinuität.[71] Die u. a. von Lasswell vertretene These, daß sich innerhalb autoritärer Systeme Gegeneliten ausbilden, die autoritäre Eliten ablösen, scheint für die deutsche Entwicklung kaum anwendbar, vor allem weil das Dritte Reich weit über ein »autoritäres System« hinausging.[72] Viele, die zu »Gegeneliten« gehörten, sind in den faschistischen Lagern umgekommen oder nach dem 20. Juli 1944 umgebracht worden, manche sind in der Emigration geblieben oder haben sich nach der Rückkehr für den anderen deutschen Staat entschieden. Nachdem spontane antifaschistische Aktivitäten in den östlichen und westlichen Besatzungszonen unterbunden wurden, konnten neue Gegeneliten kaum entstehen, weil jede gemeinsame Basis fehlte. Dahrendorf macht seine These von der nicht etablierten Elite oder Elite wider Willen unter anderem fest an den Sozialbiographien und möglichen Gesprächsthemen der drei Parteivorsitzenden:

> Worüber hätten sich Konrad Adenauer, Erich Ollenhauer und Erich Mende wohl unterhalten sollen? Über Rosenarten? Über neue Vorschläge zur Veränderung der Regeln beim Skat? Über Probleme einer juristischen Habilitation? Als der eine sich das Ritterkreuz erwarb, saß der andere bei Benediktinern in sicherer Abgeschiedenheit und der dritte als Parteisekretär in London in der Emigration.[73]

Hintergrund dieser ironischen Anmerkung ist die Vorstellung des englischen oder französischen Establishments, also einer Funktionsbereiche und Fraktionen übergreifenden soziokulturellen Oberschicht, die politische Konfliktaustragung erleichtert. Im Falle einer nicht etablierten Elite besteht nach Dahrendorf die Gefahr, daß Konflikte eher verdrängt als diskutiert werden, um zerstörerische Folgen zu vermeiden, oder daß grundsätzliche Zweifel an der politischen und gesellschaftlichen Verfassung beide gefährden. Dabei produziert das stillschweigende Kartell der ängstlichen Eliten aus seiner defensiven Position heraus autoritäre Wirkungen.[74]

Autoritäre Züge lassen sich im Gesellschaftsbild von Politikern, Unternehmern, Militärs, Wissenschaftlern und Journalisten der 50er und frühen 60er Jahre nachweisen[75], besonders deutlich an der Konfliktverdrängung und »Gemeinwohl«-Orientierung der von Erhard propagierten »Formierten Gesellschaft«. Im Anschluß an Jürgen Habermas stellt Oskar Negt den Widerspruch der von rationaler Kontrolle abgelösten Begriffe von Gemeinnutz und Gemeinwohl zum Selbstverständnis des klassischen Bürgertums im 18. und 19. Jahrhunderts fest, weil die Kompromißbildung der öffentlich-rationalen Diskussion entzogen, aus der parlamentarischen Öffentlichkeit in vorparlamentarische Instanzen verlagert wird.[76] Im Jahrbuch des deutschen Unternehmers von 1964 schrieb H. Gross:

Der Gleichklang von Wirtschaft, Gesellschaft und Politik ist nicht erst in der parlamentarischen Auseinandersetzung zu bringen oder zu erzwingen. Die parlamentarische Ebene wäre unzureichend und zu spät. Der Gleichklang im Grundsätzlichen muß bereits bestehen, ehe die Debatten im Parlament beginnen.

Der Journalist Rüdiger Altmann, der später Erhards Ghostwriter wurde, wollte Ende der 50er Jahre »aus dem gesellschaftlichen Interessenpluralismus eine geformte Öffentlichkeit (...) entwickeln«. Aber: »Die Gesellschaft angreifen heißt heute kompakte soziale Machtgruppen attackieren – wer wollte das wagen!«[77] Noch deutlicher formulierte der Politikwissenschaftler Eric Voegelin 1964 die Notwendigkeit, konfliktverursachende Interessengruppen wie die Gewerkschaften zu schwächen:

Die Gewerkschaften, die ihre Politik unter dem obsoleten Klischee des Klassenkampfes betreiben, sind auf dem besten Wege, sich in der westlichen Industriegesellschaft (...) in die Rolle einer Organisation parasitärer Existenzen zu manövrieren, die sich unsittliche Profitanteile auf Kosten ihrer Gesellschaftspartner appropriieren wollen. Während das Bild des ausbeuterischen Unternehmertums des 19. Jahrhunderts verblaßt, gewinnt das Bild des ausbeuterischen Arbeiters des 20. Jahrhunderts an Farbstärke.[78]

Die Ablehnung, Interessenkonflikte offen und öffentlich auszutragen, findet ihren vorläufigen Höhepunkt in Erhards Krisenlösungskonzept einer »Formierten Gesellschaft«, die er während der beginnenden Strukturkrise im Ruhrgebiet auf dem XIII. CDU-Parteitag in Düsseldorf im März 1965 entwickelte.

Nur diese ›Formierte Gesellschaft‹, die nicht mehr von sozialen Kämpfen zerrissen ist (...), nur eine solche von den Funktionen gebundene, aber keineswegs in der Form erstarrende Gesellschaft ist in der Lage, dem modernen Staat in seiner wirtschaftlichen, technischen und wissenschaftlichen Entwicklung ein festes Fundament zu geben (...) Es heißt, daß diese Gesellschaft nicht mehr aus Klassen und Gruppen besteht, die einander ausschließende Ziele durchsetzen wollen, sondern daß sie (...) ihrem Wesen nach kooperativ ist, d. h. daß sie auf dem Zusammenwirken aller Gruppen und Interessen beruht.[79]

Diese Zitate von Politikern, Wissenschaftlern und Journalisten ließen sich aus dem Unternehmer- und Militärbereich leicht fortsetzen und belegen das von Dahrendorf aus der Elitenstruktur gewonnene Gesellschaftsbild.

Hinsichtlich der Eliten zeichnet sich mit dem Ende der Ära Adenauer zumindest in den politischen Spitzenpositionen eine Verjüngung ab. Die neuen »Mächtigen« seit den 60er Jahren haben ihre Sozialisation nicht mehr in der Weimarer Republik, sondern während der NS-Zeit erfahren, je nach politischer Richtung auch in der Emigration. Die ausführlichste Datenbasis (Befragung von etwa 800 Spitzenpositionsträgern verschiedener Funktionsbereiche der westdeutschen Gesellschaft) ist 1968 an der Universität Mannheim erstellt und mit unterschiedlichen Fragestellungen bearbeitet worden.[80] Udo Enke hat in seiner Analyse die sozialstrukturellen Daten von politischen, Verwaltungs-, Interessengruppen- und Kommunikationseliten berücksichtigt. Seine erste Feststellung wird in allen Elitestudien bestätigt: Westdeutsche Eliten sind männlich.[81] Ihr Durchschnittsalter liegt, anders als in der Anfangsphase nach 1945, bei 51 bis 55 Jahren. Regional ist die Herkunft einigermaßen gleichmäßig verteilt, wobei städtische Herkunft mit 70 % überwiegt. Trotz der gegenüber dem Deutschen Reich ausgeglicheneren konfessionellen Struktur dominieren weiterhin Protestanten in den Spitzenpositionen mit deutlich über 50 %.[82] Von größerem Interesse für die Frage der Bürgerlichkeit sind soziale Herkunft und Ausbildungsgrad. Die Daten verweisen auf insgesamt hohe Mittelschichtrekrutierung (79,9 %) in den Spitzenpositionen, bei bürgerlichen Parteien und Wirtschaftsverbänden sogar um 90 %. Überdurchschnittliche Unterschichtrekrutierung gibt es bei Gewerkschaftern (37,6 %) und SPD-Parlamentariern (31,6 %). Überdurchschnittlich hohe Oberschichtrekrutierung weisen nur Professoren (21,1 %), Manager (16 %) und hohe Funktionäre in der evangelischen Kirche (15,4 %) auf.[83] Die Kongruenz zwischen dem Bildungsgrad der Eltern und jenem der Inhaber von Spitzenpositionen ist erwartungsgemäß hoch.

Unter den akademisch Ausgebildeten können Juristen als »herrschende Profession« bezeichnet werden (48 %) mit besonderer Dominanz in den politisch relevanten Funktionsbereichen (91,7 % der Oberbürgermeister, 73,7 % der Verwaltungsleiter, 81,4 % der Finanzmanager).[84] Dahrendorf widmet dem Einfluß des Jurastudiums auf das Sozialprofil westdeutscher Eliten ausführliche Überlegungen.[85] Danach ist die Entscheidung für das Jurastudium in den 50er und 60er Jahren eine bewußte Entscheidung für eine Eliteausbildung, weniger wegen der vermittelten Studieninhalte als wegen der »vielfältigen Begleiterscheinungen« des Studiums (studentische Korporationen, Pflege gesellschaftlicher Beziehungen). Die Homogenität der Juristen stellt sich auf dieser Ebene her und schließt sozial nicht Dazugehörige aus. Folgt man Analysen von Urteilsbegründungen aus der politischen Justiz, so ist das

Gesellschaftsbild traditioneller Juristen konservativ bis autoritär geformt.
Trotz der relativ hohen Homogenität unter den Juristen bestätigt Enkes Untersuchung Dahrendorfs Annahme über die Unverbundenheit der Eliten untereinander.[86] Eine Zirkulation zwischen den Eliten von Wirtschaft, Politik, Wissenschaft wie zum Beispiel in den USA findet nicht statt. Wenn die bisherigen Überlegungen über Konfliktabwehr bzw. -verdrängung, über das stillschweigende Kartell der disparaten Eliten und über die relativ hohe Kontinuität in den Wirtschafts- und Administrationseliten zutreffen, muß angenommen werden, daß angesichts der Schwäche der politischen Eliten die »Mächtigen« in den 50er und 60er Jahren in den Kontinuitätsbereichen von Wirtschaft und Verwaltung zu suchen sind. Die Macht der großen Vermögen taucht in der Elitenforschung selten auf, wurde aber z. B. in Korruptionsaffären bis hin zum Parteispendenskandal der 80er Jahre immer wieder deutlich.
Die Befunde lassen erkennen, daß die Bundesrepublik nach der Ära Adenauer nicht von einem bürgerlichen Establishment geleitet wurde, sondern von bereichsspezifischen Eliten, deren Zirkulation und stilbildende Kommunikation in der Öffentlichkeit verhältnismäßig gering war. Während den administrativen und ökonomischen »Leistungseliten« weitgehend bürgerliche Bastionen geblieben waren, ist der politische Bereich von größerer sozialer Mobilität gekennzeichnet, worin seine Implantation in der Besatzungszeit nachwirkt und sich seine durchgehende Professionalisierung in der Bundesrepublik ausdrückt. Das Medium zwischen den Eliten ist weniger eine bürgerliche Öffentlichkeit als eine administrative Expertise in juristischen Verfahrensabläufen.
Dieser Mangel an öffentlichem Austausch und Konfliktaustrag zwischen den Eliten deutet zugleich auf wenig entwickelte öffentliche Kommunikation zwischen den Eliten in den Apparaten und der Gesellschaft »draußen im Lande«. Gerade auch der demokratisch legitimierte Teil der Machtelite repräsentiert insofern eher die professionellen Assimilationsmuster von Eliten in der sozialen Mobilitätsschleuse, welche der politische Aktionsraum geworden ist, als primäre soziokulturelle und politische Positionen.
Die Rolle der Intellektuellen ist für diesen Zusammenhang bisher nicht berücksichtigt. In den 50er und 60er Jahren waren sie als Kritiker schwach, sonst hätten sie führende Politiker wie Erhard oder Strauß schwerlich als »Pinscher« titulieren können. Erste politische Wirkung von größerem Ausmaß zeigten die Pressekommentare zur

Spiegel-Affäre vom Herbst 1962, die immerhin zu einer Regierungsumbildung führten.[87] Der Anteil der Intellektuellen[88] an der sozialliberalen Koalition sollte nicht überschätzt werden, aber das kritische Engagement innerhalb der Gesellschaft hat die Reformphase bis etwa 1972 in neuer Weise geprägt. Vermutlich kann die neue Wirksamkeit der Intellektuellen nur auf dem Hintergrund der seit 1965 sprunghaften Ausbildungsverbreiterung erklärt werden, worauf im nächsten Abschnit zurückzukommen sein wird.

Die Entwicklung in der DDR ist andere Wege gegangen. Der bewußte Bruch mit der deutschen Kontinuität (durch einen weitgehenden Personalaustausch im öffentlichen Dienst im Zusammenhang mit der Entnazifizierung, durch die schrittweise Verstaatlichung aller größeren Produktionsvermögen, die Benachteiligung der traditionellen Führungsschichten bei umfangreicher technischer Qualifizierung und sozialer Mobilität) hat auch zu anders strukturierten Eliten geführt. Ähnlich wie in der UdSSR und anderen osteuropäischen Staaten spielt die technische Intelligenz neben Parteikarriere und Wirtschaftsausbildung eine wesentliche Rolle in den Spitzenpositionen. Dabei wäre es nach den vorliegenden Untersuchungen[89] falsch, anzunehmen, daß zwischen den Experten und den Parteifunktionären größere Interessengegensätze entstehen. Zwar hat der Einfluß der Experten in der Phase der DDR-Wirtschaftsreformen 1963–1967 zugenommen, aber durchaus in Übereinstimmung mit der an Produktions- und allgemeiner Leistungssteigerung orientierten Parteipolitik. Größere Abweichungen gab es eher bei Intellektuellen wie Filmemachern und Literaten, die z. B. die Invasion in der ČSSR kritisierten.

Für die Bundesrepublik stellt sich die Frage, ob die breitere Schicht intellektueller Kritiker seit den frühen 70er Jahren und die schrumpfenden Wachstumsraten seit 1973/74 zu einer veränderten Konstellation zwischen Eliten und Nicht-Eliten führen oder schon geführt haben. Die zynische Prognose auf einer Tagung der Arbeitsgemeinschaft Selbständiger Unternehmer von 1963, es würde

> in jedem größeren Kollektiv einen gewissen Prozentsatz von Menschen geben, die den Erziehungsanforderungen, den Ansprüchen der Arbeitsdisziplin usw. einer Industriegesellschaft nicht gewachsen sind und daher nie als vollwertige Mitglieder in den Gesamtprozeß eingefügt werden können,

dürfte keine Lösung sein; schon gar nicht die Annahme »phantasievoller Nationalökonomen«, nach der für »etwa 1980« mit dem

> weiteren Ansteigen des gesellschaftlichen Gesamtwohlstandes es wieder sehr viele Hausangestellte geben wird, die sich aus den Kreisen der Personen rekrutieren, die

den Anforderungen eines Normalarbeitsplatzes im Produktions- und Dienstprozeß der Industriegesellschaft nicht gewachsen sind.[90]

Zieht man den Zynismus ab, so bleibt einerseits die schlichte Fehleinschätzung der Arbeitsmarktlage, andererseits aber eine Feststellung, die nachdenklich macht: die selbstverständlichen Kosten des »gesellschaftlichen Gesamtwohlstandes«, die auf dem Rücken der zu Schwachen ausgetragen werden. Tatsächlich sind die Träger der sozialen Kosten seit etwa Mitte der 70er Jahre in steigendem Maße – trotz beruflicher Qualifikation – arbeitslos (vor allem Büroangestellte, Lehrer, Ingenieure und Facharbeiter sogenannter strukturschwacher Branchen und Regionen), vor allem aber die armen Länder der Dritten Welt, die mit sinkenden Rohstoffpreisen und Exportbeschränkungen das weitere Wachstum der Industriestaaten bezahlen.

Bildungspolitik im Nachkriegsdeutschland

Die Alliierten gingen davon aus, daß das NS-Erziehungssystem auf allen Ebenen zur Stabilisierung des Regimes beigetragen habe und daß die Umerziehung deshalb dort ansetzen müsse. So wurde im Potsdamer Abkommen (2. August 1945) unter Punkt 7 formuliert:

Das Erziehungswesen in Deutschland muß so überwacht werden, daß die nazistischen und militaristischen Lehrsätze völlig entfernt werden und eine erfolgreiche Entwicklung der demokratischen Ideen möglich gemacht wird.

Was das konkret heißen sollte, war nicht nur in den Besatzungszonen verschieden, auch innerhalb der amerikanischen Reeducation-Politik gab es unterschiedliche Positionen. Relative Einigkeit bestand über die Ablehnung des traditionellen deutschen dreigliedrigen Schulsystems (Volksschule, Realschule, Gymnasium) mit seinen sozialen Barrieren. Noch ehe die in der US-Zone intendierte Gesamtschule eingeführt wurde, war die Kompetenz für die Schulpolitik an die neuen Länder übergegangen. Traditionelle deutsche Vorstellungen setzten sich durch und ließen die Grundstruktur von Schulen und Universitäten in den westlichen Besatzungszonen weitgehend unverändert.
Die große Diskrepanz zwischen dem Umerziehungsanspruch und den deutschen Bildungstraditionen wird in der Reaktion deutscher, auch reformorientierter Pädagogen auf alliierte Pläne deutlich. So bildete sich nach Kriegsende ein Kreis um Adolf Grimme, Heinrich Landahl und Hermann Nohl, der im Anschluß an die Reformpädagogik der Jahrhundertwende und der 20er Jahre Grundsätze für das neue deut-

sche Bildungswesen entwickeln wollte. Die alliierten Richtlinien wurden abgelehnt,

weil sie nicht historisch waren, d. h. ohne Zusammenhang mit der echten deutschen Überlieferung und in einem falschen Sinne revolutionär.

Dem entspricht die Präambel zu den im Juli 1945 von diesem Kreis beratenen »Marienauer Lehrplänen«, so genannt nach dem Beratungsort: sie sahen Reformen im Bereich der Bildungsinhalte und der Fächerdifferenzierung vor, nicht im dreigliedrigen Schulsystem:

Unsere Schule will deutsche Menschen erziehen, die, gebildet an den edelsten Erinnerungen unseres Volkes und innig vertraut mit dem abendländischen Kulturgut, als wertvolle Mitglieder eintreten können in die Gemeinschaft aller friedliebenden Völker, die für das Wohl und die Steigerung der Menschlichkeit arbeiten (...) Gesund an Leib und Seele, in Treue zu unserem Volk, in standhaftem Glauben an eine geistige Welt und in Ehrfurcht vor dem Ewigen, soll unsere Jugend mit Selbstvertrauen und Mitverantwortung hineinwachsen in die schweren Aufgaben, die die Gegenwart uns auferlegt hat (...)[91]

Der Tenor der Präambel findet sich in vielen einschlägigen Texten der bürgerlichen Parteien zur Bildungspolitik wieder und entspricht auch den z. B. von Friedrich Meinecke (Die deutsche Katastrophe, 1947) formulierten Vorstellungen: Orientierung an allgemeiner Humanität und am abendländischen Kulturerbe zur Bewältigung der schweren Aufgaben der Gegenwart. Auch die Entschließung der Erziehungsminister der deutschen Länder zur Frage der Schulreform vom 19./20. Februar 1948 beschränkt sich auf die Erziehung zum guten Menschen:

In bewußter Abkehr von der zurückliegenden Zeit muß das Ziel der Erziehung die Heranbildung des selbständig urteilenden, verantwortungsbewußt handelnden und guten Menschen für Beruf und Leben sein.

Deutlichere Ablehnung struktureller Reformen gab es in den Universitäten. Sie gründete jedoch nicht allein ein Beharrungsvermögen der von der Entnazifizierung nur relativ wenig berührten Professorenschaft. Vielmehr gab es auch kaum gesellschaftlichen Druck auf strukturelle Reformen – gerade auch bei den aus dem Krieg heimgekehrten Studenten, bei denen vielfach Fachqualifizierung und Innerlichkeit den Impulsen der Reeducation entgegengesetzt wurden. In der Göttinger Universitätszeitung vom 27. Februar 1948 hatte z. B. der damalige Hochschulreferent in Hannover, Peter von Oertzen, einen Artikel »Reform vor Autonomie« geschrieben und darin verlangt, die Hochschule habe »junge Menschen zu verantwortungsbewußten Staatsbürgern zu erziehen«. Darauf antwortete am 25. Juni 1948 ein R. v. Zastrow, cand. rer.nat. aus Göttingen:

In einer Demokratie zumindest gibt es keine ›Erziehung zum Staatsbürger‹. Nebenbei: Was sollte es auch für einen Sinn haben, zum bayerischen, niedersächsischen oder Bremer Staatsbürger erzogen zu sein? Jenes Bild des Menschen (...) als Erziehungs- und Lebensideal (...) steht viel höher als jeder mögliche Staatsbürger. Absolute Wahrhaftigkeit und Sachlichkeit im Denken, freies Verantwortungsbewußtsein und warmes Helfen- und Schaffenwollen, das sind die höchsten Qualitäten, die an keine Nationalität gebunden sind. Solche Menschen aber sind dann – neben Familienvätern und -müttern und guten Berufstätigen – auch die besten Staatsbürger (...)

Strukturelle Reformen blieben aus. Immerhin erhielt die schon zitierte Entschließung der Erziehungsminister vom Februar 1948 den Hinweis:

Jedem Kind muß die Möglichkeit zur allseitigen Entfaltung seiner körperlichen, geistigen und sittlichen Kräfte gegeben werden. Der Bildungsgang der Jugend darf nicht abhängig sein von der sozialen und wirtschaftlichen Lage des Elternhauses.

Das hier angesprochene Bürgerrecht auf Bildung war in der Bundesrepublik bis in die 60er Jahre hinein durch Universitätsgebühren, anfangs auch Schulgeld und geringe Förderung der sozial Schwachen eingeschränkt. In der SBZ/DDR und zunächst auch in Groß-Berlin wurde eine bewußte Abkehr vom traditionellen deutschen Schulsystem vollzogen mit der Einrichtung der zwölfklassigen »Einheitsschule«, in der die Schüler vom 7. Schuljahr an nach Begabung und Bildungswillen aufgegliedert wurden. Der Besuch der öffentlichen Schulen und Kindergärten war unentgeltlich.[92]

Die bildungspolitische Beschaulichkeit wurde im Westdeutschland der 50er Jahre durch den Wanderungsüberschuß an Qualifikationen im Zuge der Vertreibung aus den Ostgebieten und der Flucht aus der DDR ermöglicht. Als diese Reserven aufgebraucht waren bzw. versiegten, wurde Bildungspolitik wieder ein Thema. Dramatische Wahrnehmungen waren hinzugekommen.

Erst in den frühen 60er Jahren setzte in den westlichen Industriestaaten und auch in der Bundesrepublik das Nachdenken über den »Produktionsfaktor Wissenschaft« ein, ausgelöst durch den sogenannten Sputnik-Schock, die Befürchtung, technologisch von den Warschauer-Pakt-Staaten überholt zu werden. Amerikanische wie westdeutsche Bildungsökonomen und -politiker stellten einen engen Zusammenhang zwischen Bildungspolitik und Wirtschaftswachstum her. Im entsprechenden Arbeitskreis beim CDU/CSU-Wirtschaftstag 1965 bemerkte Prof. Rodenstock:

Arbeitskräfte und Kapital sind knapp und nur beschränkt vermehrbar. Rascher Fortschritt, wie wir ihn wünschen, ist nur mit Hilfe geistiger Leistungen zu erwarten. Wir müssen möglichst viele intellektuelle Einfälle produzieren. Die alten Römer hätten bekanntlich mehr als 90 % des Mauerwerkes ihrer grandiosen Aquädukte einsparen können, wenn sie das Gesetz der kommunizierenden Röhren gekannt hätten. Die Folgen des intelligenten Einfalls gehen also in eine ganz andere Größenordnung als die der fleißigen Arbeit, und so ist die Förderung der geistigen Leistung, die Bildungspolitik, auch ein wirtschaftspolitisches Anliegen ersten Ranges.

Im Anschluß daran wurde in diesem Sinne die Ausschöpfung aller »Begabungsreserven«, eine Verbesserung der Ausbildung in allen Schultypen, eine Verkürzung der Ausbildungs- und Studienzeiten samt den dazu notwendigen Reformen, die im Hochschulbereich die Universitäten selbst leisten sollten, gefordert. Voraussetzung für all das sollte eine gesicherte langfristige Finanzplanung sein.[93]
Die andere Voraussetzung bildungspolitischer Reformen kam von den Kritikern innerhalb der alten Institutionen. Eines der frühen Beispiele ist ein Artikel von Georg Picht in einer Universitätsbroschüre von 1963 über »Tradition und Zukunft der Universität«. Die Teilabdrucke von Pichts Buch »Die deutsche Bildungskatastrophe« im »stern« führten dann 1964 zu beträchtlicher Unruhe. Picht knüpfte an die Tradition der Humboldtschen Universität an und forderte von den Wissenschaftlern in einer verwissenschaftlichten Welt, die Theorie als wirkende Praxis zu erkennen und die Folgen der Wissenschaft mit zu denken – eine Forderung, die seit der Antiatombewegung hohe Aktualität bekommen sollte und an die bürgerlichen Traditionen des selbständigen Raisonnement im 18. und 19. Jahrhundert anknüpfte. Der Artikel war ein Plädoyer gegen geistlose und gefährliche Spezialisierung und für wissenschaftlich begründete Planung der Wissenschaft. Von ihr hänge nicht nur die Zukunft der Hochschulen und der eigenen Gesellschaft ab, sondern möglicherweise die der gesamten Menschheit in ihrer Existenz. Diese aktuell gebliebene Vorstellung ging unter dem Schlagwort der Ablehnung des »Fachidioten« in die Studentenbewegung ein.[94]
Zur bildungsökonomischen und wissenschaftstheoretischen Begründung der Bildungsreform kam die Orientierung am individuellen Recht auf Bildung, das in der sozialliberalen Koalition größeren Raum einnahm und im Zuge der Reformen zur beschleunigten Expansion der Bildungsinstitutionen führte. Die Regierung der Großen Koalition ließ eine »Vergleichende Darstellung des Bildungswesens im geteilten Deutschland«[95] erstellen. Die Studie kam 1969 zu dem Schluß, daß die Diagnose der Entwicklungen in den beiden Industriestaaten zwischen 1964 und 1968 weitgehend übereinstimme und daß auch die Prognosen in die gleiche Richtung wiesen. Die Ähnlichkeiten wurden zutreffend in der in beiden Staaten als notwendig erkannten Expansion der Bildungseinrichtungen gesehen.

Die Motive in der DDR sind am deutlichsten formuliert in der Präambel des Gesetzes über das einheitliche sozialistische Bildungssystem vom 25. Februar 1965[96]: Recht auf Bildung für alle, Bewältigung der »technischen Revolution«, Steigerung der Arbeitsproduktivität, Erziehung zum Sozialismus. Die Bildungsreform in der DDR und die anschließende Dritte Hochschulreform vollzogen sich in einer Phase ökonomischer und politischer Stabilisierung. Die DDR-Bestrebungen zur Bildungsreform setzten sich im Schul- und Vorschulbereich auch nach 1970 fort. Im Hochschulbereich gingen dagegen die Studentenzahlen ab 1971 zurück. Auf 10000 Personen kamen 1974 in der DDR noch 80 Studenten (Bundesrepublik 1972 101). Der VIII. Parteitag der SED 1971 stellte eine Art bildungspolitische Wende dar. Es wurde festgestellt, daß die Expansion im Hochschulbereich dem gesamtgesellschaftlichen Bedarf nicht mehr entsprach.

Vergleicht man das Bildungssystem vom Vorschulalter bis zum Hochschulabschluß in beiden deutschen Staaten, so fällt die größere Differenzierung der Institutionen und des Zugangs zu ihnen in der DDR auf (Fernstudium, Abendstudium, Weiterbildungsinstitute). Dahinter steht die Absicht, in den Bildungseinrichtungen die gleichen Relationen wie im sozialen Aufbau der Gesellschaft zu schaffen. Der Weg dahin sollte über eine langfristige Bedarfsplanung im Rahmen eines volkswirtschaftlichen Gesamtplanes gehen, wobei aber die prinzipiellen Schwierigkeiten einer so langfristigen Planung auch in der DDR bis heute nicht gelöst sind. Außerdem bedeutet Realisierung solcher Planung weitgehende Einschränkung individueller Wahlmöglichkeiten.[97]

In der Bundesrepublik wurden größere Differenzierungen im Schul- und Hochschulsystem erst eingeführt, als das Ziel der Erfassung von »Begabungsreserven« allgemein akzeptiert war. Gesamtschulen und Gesamthochschulen sollten dabei den Übergang zwischen den verschiedenen Bildungsgängen erleichtern. Die langfristige Planung sollte durch Bildungsrat und Wissenschaftsrat unterstützt werden, die finanzielle Planung schien durch die Schillersche Globalsteuerung machbar zu sein.[98]

Zum Ende der Reformen in den 70er Jahren gehört, daß unter Kostengesichtspunkten wie unter Aspekten von gesamtgesellschaftlichem Bedarf Reformansätze zunächst eingefroren und dann unterlaufen wurden. Da Bedarfslenkung im Bildungsbereich mit dem Grundrecht auf freie Berufswahl kollidiert, laufen Umstrukturierungen in den Ländern der Bundesrepublik über Sparmaßnahmen, deren Folgen (Beispiel Lehrerarbeitslosigkeit) die nächste Studentengeneration von einem entsprechenden Bildungsweg abschrecken.

Trotz ihrer strukturellen Unterschiede und ihres gewissen zeitlichen Versatzes sind die Expansion des Bildungswesens und die Rückdrehung der Reformen in der Bundesrepublik und in der DDR in ihrem Grundproblem vergleichbar: nämlich einerseits im Widerspruch zwischen individuellem Bildungsanrecht und der Ökonomisierung des wissenschaftlichen Ausbildungssystems und andererseits in den praktischen und prognostischen Problemen bildungsökonomischer Prioritätenfestsetzung und Planrealisierung. Die bildungsökonomische These vom »Produktionsfaktor Wissenschaft« erwies sich als nicht so simpel in der Anwendung, die Kosten überstiegen – volkswirtschaftlich gesehen – den »Nutzen«, das Bürgerrecht auf Bildung geriet in die Sackgasse.

Überblickt man die westdeutsche Bildungsentwicklung und die jeweiligen Begründungen noch einmal seit 1945 im Zusammenhang mit den oben dargestellten Elitebildungen, so ergibt sich als vorläufiges Fazit:

1. Die überwiegend aus der Mittelschicht aufsteigenden Eliten hatten bis Mitte der 60er Jahre aufgrund ihrer Formalqualifikation sichere Aufstiegschancen. Diese verringerten sich mit der breiten Durchsetzung des Rechts auf Bildung, weil der »Nutzen« aus der neuen Bildungsschicht nicht im erwarteten Maß eintrat.
2. Übriggeblieben sind das Recht auf Bildung ohne ökonomische Anschlußperspektive und die konservative Forderung nach einer »wirklichen Elite«, die überwiegend als naturwissenschaftlich-technische gedacht wird und auf die Umlenkung der Ressourcen auf die Förderung einer extrem selektiven quartären Bildungsebene hinausläuft.
3. Das bürgerliche Konzept im Sinne Humboldts, nach dem Bildung den Menschen zur Realisierung aller seiner Möglichkeiten bringen und dann erst zu einem der Gesellschaft und dem Staat nützlichen Bürger machen soll, ist nicht Gegenstand der offiziellen Bildungspolitik. Es scheint aber in der Motivation der Betroffenen in veränderter Weise aufzuleben, gerade weil die Chancen der »Nutzung« von Bildung sich verringert haben.

Wertewandel

Abschließend sollen die schon mehrfach angesprochenen Annahmen über den Wertewandel seit der Wiederaufbauphase genauer betrachtet werden.

»Wertewandel« wird von den Konservativen häufig warnend als »Werteverfall« beschworen und u. a. mit dem Hinweis auf mangelndes Geschichtsbewußtsein bedacht. Von der anderen Seite, besonders den Alternativbewegungen und ihrer parlamentarischen Vertretung, werden eher die realen Veränderungen betont, auf die die Bürger mit der Veränderung ihrer Wertvorstellungen nur reagieren. Im Mittelpunkt der Auseinandersetzungen stehen Begriffe wie Leistung, Arbeit, Eigentum, Wachstum, Fortschritt – alle charakteristisch für die Wiederaufbauphase.
Nach 1945 dominierten angesichts der zerstörten sozialen Großgefüge der Rückzug auf kleinere Gemeinschaften (Familie, Gemeinde), der Rückzug aus der Politik zugunsten der Besinnung auf »private Tugenden«, die Konzentration auf den Wiederaufbau bei gleichzeitigem Abbruch emotionaler Bezüge und Erinnerungen an die Vergangenheit. Die Ich-Entwertung auf der Bewußtseinsebene wurde so umgangen, was zu nahezu rückhaltloser Identifikation mit der Aufbauleistung führte. Neue politische Identität in sehr vagem Sinne stiftete die Ablehnung des Kommunismus als unfrei, wodurch man wenige Jahre nach dem Ende des Nationalsozialismus auf der Seite der Freiheit stand, und leistungsfeindlich, was die eigene Aufbauleistung aufwertete. Charakteristisch ist eine Rangordnung bürgerlicher Pflichten noch aus dem Jahr 1962[99] (siehe folgende Tabelle).

Frage: Was sind ihrer Meinung nach die Pflichten, die jeder Bürger gegenüber seinem Land hat?

Seine Arbeit richtig machen; seine Kinder richtig erziehen, hilfsbereit und verantwortungsbewußt im persönlichen Leben sein	31 %
Steuern zahlen	30 %
Die Gesetze beachten; Behörden respektieren	23 %
Sein Land lieben, gut darüber sprechen, es im Ausland gut vertreten	21 %
Sein Land verteidigen, wenn nötig in der Bundeswehr dienen	12 %
An öffentlichen und politischen Angelegenheiten teilnehmen, seine Meinung sagen, wenn nötig, die Regierung kritisieren	4 %
Versuchen, Regierungsangelegenheiten zu verstehen und sich darüber auf dem laufenden zu halten	3 %
Keine oder andere Angaben	16 %

Der Priorität von Arbeit können die unangefochtenen Werte von Fortschritt und Leistung zugeordnet werden, während Partizipation, Durchsetzung eigener Interessen als bürgerliche Prinzipien irrelevant sind.
Mit der Großen Koalition wird ein Wechsel politischer Positionen auf mehreren Ebenen vollzogen (Wirtschaft, Justiz, Bildungspolitik), aber es gibt keinen grundlegenden Wertewandel, nur eine Akzentverschiebung: ökonomische Schwierigkeiten, die zur Großen Koalition geführt hatten, durch rationale Planungsinstrumentarien überwindbar und vermeidbar zu machen. Die versuchte technokratische Globalsteuerung zusammen mit den den westlichen Industriestaaten gemeinsamen Veränderungen der Rahmenbedingungen (Verlangsamung des Wachstums, Lockerung der Ost-West-Konfrontation mit der Aufweichung klarer Feindbilder, Bewußtwerden der Ansprüche der Dritte-Welt-Staaten nach der Dekolonisation) produzierten politische Gegenbewegungen; die Entpolitisierung der Aufbauphase erwies sich als Schein. Bürgerliche Grundforderungen im Sinn der Französischen Revolution – Freiheit/Demokratisierung, Gleichheit/Gerechtigkeit, Brüderlichkeit/Solidarität – wurden aktuell: »Freiheit« nicht als westlicher Kampfbegriff gegen den Kommunismus, sondern als Demokratisierungsforderung; »Gleichheit« nicht als dem Kommunismus und Sozialismus unterstellte Nivellierung, sondern als moralisch begründete Gerechtigkeit; »Brüderlichkeit« im Sinne von Solidarität mit Befreiungsbewegungen der Dritten Welt. Leistung und Fortschritt im Sinn der Planung und Realisierung von Vernünftigem waren 1968 noch Positivbegriffe. Aber die Zielsetzung einer vernünftigen Gesellschaft stand zur Debatte.
In dem Maß, in dem ökonomische und politische Hindernisse der Politik der »inneren Reformen« deutlich wurden, brach die weitgehende Identifikation mit traditionellen bürgerlichen Werten zusammen. Der Einschnitt zu Beginn der 70er Jahre mit dem Bewußtwerden von ökonomischer und ökologischer globaler Krise ist grundsätzlicher als die 68er Bewegung, weil bürgerliche Grundkategorien von Rationalität, Planbarkeit und Fortschritt zweifelhaft wurden. Das gilt nicht für die Gesamtgesellschaft. Aber die Ränder, die den Mehrheitskonsens nicht mehr fraglos teilen, sind breiter geworden, umfassen Teile der traditionellen Eliten und sind in der Ausbildung von Gegenpositionen stabiler geworden. Auch der Konsens der Mitte über zentrale bürgerliche Werte wie Eigentum und Recht ist brüchig geworden, zumindest lassen etwa Reaktionen auf Wohnungs-Instandbesetzungen eine solche Annahme zu.
Sichere Aussagen über Wertewechsel bedürfen einer empirischen Basis

von miteinander vergleichbaren Aussagen über einen längeren Zeitraum hinweg. Derartige Untersuchungen liegen bisher nicht vor, wohl aber eine Repräsentativumfrage unter Arbeitnehmern in der Bundesrepublik im Alter von 19–60 Jahren[100] zur Präzisierung der bisherigen Annahmen: es gibt eine Ablösung konventioneller Leistungsethik auf breiter Basis, aber offenbar ein Nebeneinander unterschiedlicher Wertmuster. Die Ablehnung traditioneller Leistungsethik zugunsten größerer Spielräume im Privatbereich findet sich hauptsächlich in Berufen des tertiären Sektors (Dienstleistungsbereich), weniger im Bereich der direkten Produktion. Jüngere Befragte lehnen konventionelle Werte stärker ab. Dies kann zwar generationsbedingt sein (»...legt sich im Alter!«), beruht aber vermutlich eher auf der Erfahrung (etwa 1968 bis 1974/75) von breiterem Bildungszugang und dem vorübergehenden Eindruck der möglichen Überwindung materieller Knappheit. Beides fördert das Nachdenken über konkrete Alternativen.

Das Nebeneinander von Wertmustern läßt erwarten, daß das Arbeitsmarktproblem sich keineswegs dadurch lösen wird, daß sich breite Kreise der Bevölkerung von konventionellen Leistungsformen abwenden. Vielmehr besteht die reale, sich bereits abzeichnende Möglichkeit »kultureller Segmentierung in relativ abgeschottete Subkulturen«[101] parallel zu realen Ausgrenzungen aus der Mehrheitsgesellschaft.

In dem Maß, in dem sich die verbindlichen Werte in einer Gesellschaft wandeln, muß sich auch die Legitimierung der Gesellschaft wandeln, und die bisherigen integrierenden Faktoren werden durch andere ersetzt. Was also bedeutet es für die Integrationskraft der reichen Industriegesellschaften westlicher und östlicher Spielart, wenn das kontinuierliche Wachstum, das den gesellschaftlichen Konsens seit 1949 ermöglichte, nicht haltbar ist?[102]

Was heißt es für politische und ökonomische Durchsetzung von Veränderungen, wenn die ökologische Bedrohung von Wasser, Luft und Boden so groß ist, daß die bisherigen Produktionsstrukturen, die die Nebenkosten auf die Gesellschaft abwälzten, nicht mehr vertretbar sind?[103]

Was heißt es für die Legitimation der hochgerüsteten Blöcke, wenn, wie der Slogan heißt, Rüstung nicht nur im Krieg tötet, sondern durch die unproduktiven Investitionen das Weltwirtschaftsgefüge so verzerrt, daß die Hungertoten in den armen Staaten mehr werden statt weniger?

Die Fragen werden dringender werden, wenn die traditionelle Legitimation im Sinne der 30er und 50er Jahre – bedingt durch Generationswechsel – auch in der Erfahrung der Bürger schwindet.

5. Arbeits- und Lebensrealität von Angestellten

Von Brigitte Löhr unter Mitarbeit von Rita Meyhöfer

Angestellte werden heute als die »neue Mehrheit«[104] innerhalb der Erwerbstätigen bezeichnet. Allerdings besteht mittlerweile Einigkeit in der Wissenschaft, daß man von »den Angestellten« nicht sprechen kann, sondern daß es sich um eine höchst differenzierte Gruppe handelt. Dem wollen wir mit den zwei Fallbeispielen Rechnung tragen. Handelt es sich bei den technischen Angestellten um eine in der Mehrzahl männliche Gruppe mit hohem Einkommen und entsprechendem Sozialprestige, so bilden die weiblichen Büroberufe eher die untere und mittlere Position in der betrieblichen und gesellschaftlichen Hierarchie. Die Ursache dieser Differenzen liegt in der geschlechtsspezifischen Arbeitsteilung, in der Trennung von Berufs- und Hausarbeit. Auch aus diesem Grund werden wir uns im folgenden Teil mit Veränderungen in der Familie beschäftigen, um zu fragen, ob es hier Ansätze zu partnerschaftlichen Veränderungen gibt. Zunächst verbleiben wir jedoch in der klassen- bzw. schichtungssoziologischen Betrachtungsweise.
Die traditionelle Sozialstrukturanalyse unterscheidet zwischen Arbeitern, Angestellten, Beamten, Selbständigen und mithelfenden Familienangehörigen. In den Statistiken zeichnet sich ein bemerkenswerter Wandel ab, der gekennzeichnet ist durch einen Rückgang der Selbständigen und mithelfenden Familienangehörigen einerseits, der Arbeiter andererseits, dem eine Zunahme der Angestellten und Beamten gegenüberstehen. Die Zahl der Selbständigen ging zwischen 1950 und 1983 von 15,1 auf 9,3 % zurück, die der mithelfenden Familienangehörigen sogar von 14,8 auf 3,5 %.[105] Waren 1950 noch 50 % der Erwerbstätigen Arbeiter, so sank der Anteil bis 1983 auf 39,9 %, während derjenige der Angestellten von 20,2 auf 47,3 % stieg.
Diese Daten weisen auf tiefgreifende Veränderung in der Gesellschaft hin. So nahm vor allem die Bedeutung des primären Sektors[106] mit seinem hohen Anteil von Selbständigen und mithelfenden Familienangehörigen ab, während Handel und Dienstleistungen ausgebaut wurden. Hieraus und durch die Verwissenschaftlichung der Produktion erklärt sich die Zunahme der Angestellten. 1982 waren von den abhängig Beschäftigten nur noch 1,1 % im primären Sektor tätig (1950: 7,4 %),

Erwerbsbevölkerung nach Stellung im Beruf, 1862–1983[107]

Jahr	Stellung im Beruf					insgesamt
	Selbständige	Mithelfende	Angestellte/ Beamte	Arbeiter	Abhängige[1)]	
	%	%	%	%	%	1000
1882	29,8	10,4	4,9	54,9	59,8	18630
1895	27,0	9,4	6,0	57,7	63,7	21879
1907	21,3	15,4	7,5	55,9	63,4	27918
1925	16,6	17,1	16,2	50,2	66,4	31760
1933	16,2	16,5	17,4	49,9	67,3	32113
1939	13,9	16,3	18,9	50,8	69,7	34601
1950	15,1	14,8	20,2	50,0	70,2	21590
1961	13,0	10,7	28,5	48,0	76,5	26529
1970	9,3	6,4	38,7	45,6	84,3	26431
1982	8,7	3,0	47,0	41,2	88,2	26837
1983[2)]	9,3	3,5	47,3	39,9	87,2	25187

[1)] Angestellte, Beamte und Arbeiter.
[2)] Vorläufiges Ergebnis.

Quelle: Eigene Zusammenstellung und Berechnungen nach: *Kleber* 1983: 70; Statist. Jahrbuch 1983: 97; Statist. Jahrbuch 1984: 98.

46,9% im sekundären (1950: 54,3%) und 51,9% im tertiären Sektor (38,3%).[108] Dieser Strukturwandel hatte spezifische Auswirkungen auf die Frauenerwerbstätigkeit. Waren 1950 noch 30,7% der weiblichen Erwerbstätigen als mithelfende Familienangehörige tätig, sank dieser Anteil bis 1984 auf 7,4%. Demgegenüber stieg der Anteil der weiblichen Angestellten und Beamten um mehr als das Doppelte von 21,3 auf 44,4% 1970.[109]

Arbeiter und Angestellte

Wodurch unterscheiden sich überhaupt Arbeiter und Angestellte als die beiden größten Gruppen innerhalb der Erwerbstätigen bzw. der Lohnabhängigen? Diese Frage beschäftigt die Sozialwissenschaften schon seit dem späten 19. Jahrhundert, ebenso wie der Versuch, generalisierende Aussagen über *die Angestellten* zu machen.[110] Jürgen Kocka hat eine Typisierung versucht:

Im Unterschied zu Arbeitern sind Angestellte in kaufmännischen, verwaltungsmäßigen, arbeitsvorbereitenden, kontrollierenden und koordinierenden Funktionen beschäftigt – nicht in der eigentlichen Produktion. Sie gehen ihren Tätigkeiten meist in räumlicher Distanz zu den Produktionsstätten nach, in speziellen Büroabteilungen und in speziellen Institutionen wie Handelsunternehmungen, Banken, Verwaltun-

Weibliche Erwerbstätige nach Stellung im Beruf[1]

Zeitpunkt	Selbständige	Mithelfende Familien-angehörige	Beamtinnen und Angestellte	Arbeite-rinnen	Gesamt in 1000
			Reichsgebiet		
5. 6. 1882	18,7	16,7	1,5	63,1	5542
14. 6. 1895	16,8	17,6	2,4	63,2	6578
12. 6. 1907	11,5	33,5	3,9	51,1	9493
16. 6. 1925	9,4	36,0	12,6	41,9	11478
16. 6. 1933	8,2	36,1	14,8	40,9	11479
17. 5. 1939[2]	6,4	36,3	16,0	41,4	12798
			Bundesgebiet		
17. 5. 1939	6,9	38,2	17,0	38,0	7931
13. 9. 1950	7,6	30,7	21,3	40,4	8486
6. 6. 1961	7,3	22,0	34,4	36,3	9932
27. 5. 1970[3]	5,6	14,2	44,4	35,8	9535
6. 1984[4]	5,6	7,4	87,0		10171

[1] Nach Statistisches Bundesamt 1972, S. 145
[2] Gebietsstand vom 31. 12. 1937
[3] Nach Statistisches Jahrbuch 1974, S. 138
[4] Nach Statistisches Jahrbuch 1986, S. 102

gen usw. Angestellte sind ausschließlich oder vorwiegend mit nicht-körperlicher Arbeit beschäftigt, deren Gegenstand vor allem Informationen, nicht aber Sachen sind. Häufig sind Tätigkeiten von Angestellten komplexer, in ihrem Erfolg weniger leicht meßbar und deshalb schwerer direkt zu kontrollieren als die von Arbeitern. Büroarbeit und andere Angestellten-Tätigkeiten sind in der Regel weniger laut, sauberer und mit weniger physischer Belastung verbunden als körperliche Arbeit in Landwirtschaft und Gewerbe; dies hat wichtige Folgen für die verschiedenartigen Arbeits-Milieus und die verschiedenartige Arbeits-Kultur von Arbeitern und Angestellten. Die Vergesellschaftung, Mechanisierung und Automatisierung der Angestellten-Arbeit begann später und blieb unvollkommener als die der Werkstatt-Arbeit; selbst in höchstmechanisierten Bürobereichen scheinen die maschinisierten Arbeitsprozesse die Bewegungen und Rhythmen der Beschäftigten weniger eindeutig zu determinieren, als es in hochmaschinisierten Werkstätten der Fall ist. Der durchschnittliche Angestellte kann Aufstiegschancen erwarten, die wenigstens etwas besser sind als die des durchschnittlichen Arbeiters, weil der Bürobereich vertikal differenzierter ist als der Werkstattbereich und weil vergleichsweise viele Übergangsmöglichkeiten von unteren in mittlere – manchmal auch in höhere – Bürostellungen gegeben sind. Viele Angestellte sind, im Unterschied zu fast allen Arbeitern, Träger delegierter Anordnungsbefugnis; sie rangieren also nicht wie die Arbeiter auf der untersten Ebene der hierarchischen Ordnungen, die für wirtschaftliche Unternehmen und öffentliche Verwaltungen typisch sind. Im Unterschied zu Arbeitern erhalten Angestellte Gehalt (nicht Lohn). Das heißt, ihr Verdienst ist auf der Basis längerer Zeitperioden – meist Monate – berechnet und klarer voraussagbar, weniger abhängig von kurzfristigen Änderungen des Marktes und von den meßbaren Leistungen des jeweiligen Individuums. Gehälter sind eher mit Senioritätskriterien vereinbar als Akkord-, Stunden-, Tages- oder Wochenlöhne. Im Durchschnitt verdienten und verdienen Angestellte mehr als Arbeiter, obwohl gerade in dieser Hinsicht die Unterschiede stark nachgelassen haben. Überall haben diese Unterschiede dazu beigetragen, daß den Angestellten-Positionen – (...) – mehr soziale Anerkennung entgegengebracht wird als Arbeiter-Positionen. Überall haben diese Unterscheidungen vom Arbeitsplatz auf das allgemeine soziale und politische Leben hin ausgestrahlt. Arbeiter-Angestellten-Unterschiede finden sich im Verbrauchsverhalten, im Lebensstil, in Freundschafts- und Heiratsmustern, in der sozialen Selbst-Identifikation, im Organisationswesen, im politischen Verhalten etc.[111]

An der vorsichtigen und relativierenden Wortwahl Kockas wird deutlich, wie schwierig die Abgrenzungen gegenüber Arbeitern sind. Das war nicht immer so, denn ursprünglich, im 19. Jahrhundert, bildeten die Angestellten als Gehilfen des Unternehmers eine relativ kleine Gruppe. In den 1920er Jahren hieß es dann kurz und bündig: »Angestellter ist, wer angestelltenversicherungspflichtig ist.«[112] Die Existenz unterschiedlicher Sozialversicherungen für Arbeiter und Angestellte, im Kaiserreich nicht zuletzt als Mittel gedacht, um die Angestellten von der Sozialdemokratie fernzuhalten, war und ist noch immer das eindeutigste Abgrenzungskriterium vor allem der unteren Angestellten-Positionen zu den Arbeitern.
Im Kaiserreich und in der Weimarer Republik grenzten sich Angestellte durch die Bildung eigener Interessenvertretungen und durch ihre Selbstinterpretation als »neuer Mittelstand« scharf von der sozialdemokratischen und kommunistischen Arbeiterbewegung ab.[113] Es gab zwar eine Angestelltengewerkschaft bei den Freien Gewerkschaften, den Afa-Bund, doch blieb sie in der Minderheit und prägte nicht das Bild der Angestellten in den gesellschaftlichen Auseinandersetzungen, besonders in der Endphase der Weimarer Republik, auch wenn die These, daß die Angestellten überproportional den Aufstieg des Nationalsozialismus begünstigt hätten, heute relativiert wird.[114]
Nach 1945 wollten die Gewerkschaften die Zersplitterung aufheben, die den Aufstieg des Nationalsozialismus begünstigt hatte. Der Deutsche Gewerkschaftsbund gründete sich nach 1945 als Einheitsgewerkschaft, in dem sowohl unterschiedliche politische Parteien und Weltanschauungen vertreten sein sollten als auch die verschiedenen Kategorien von Arbeitnehmern, also Arbeiter, Angestellte und Beamte. 1949 konstituierte sich nach Differenzen mit dem DGB die Deutsche Angestellten-Gewerkschaft als eigenständiger Verband[115], die jedoch nicht im gleichen Umfang Angestellte organisieren konnte wie der DGB und sich nach einigen Ausnahmen in den 50er Jahren überwiegend auf die

berufsfachliche Interessenvertretung beschränkte. Sozialdemokraten wie Siegfried Aufhäuser, der ehemalige Vorsitzende des Afa-Bundes im Allgemeinen Deutschen Gewerkschaftsbund, arbeitete in der Deutschen Angestellten-Gewerkschaft mit und versuchte, Standesabgrenzungen abzumildern, die es auf seiten der Angestellten immer noch gab. Sie fanden einen sichtbaren Ausdruck in der erneuten Gründung getrennter Versicherungen (Landesversicherungsanstalten für Arbeiter und Bundesversicherungsanstalt für Angestellte in der Tradition der Reichsversicherungsangestalt für Angestellte von 1911), in der eigenen Gewerkschaft und in besonderen Privilegien im Arbeits- und Sozialrecht. Erst im Zuge der langandauernden wirtschaftlichen Prosperität schwanden allmählich der Angestelltendünkel und das entsprechende Mittelstandsbewußtsein. Der Boom sorgte unter anderem auch für die Integration der Arbeiterschaft in die neue Republik und begünstigte auch von dieser Seite eine Annäherung der beiden großen Lohnabhängigen-Gruppen. Zudem wird die tradierte Trennung in Arbeiter und Angestellte auch durch die Entstehung einer Gruppe qualifizierter Produktionsarbeiter neuen Typs zunehmend in Frage gestellt.[116]

Einen wesentlichen Durchbruch zur Verwirklichung der Idee des einheitlichen »Arbeitnehmers« stellte der 1987 von der Industriegewerkschaft Chemie, Papier, Keramik durchgesetzte gemeinsame Entgelttarifvertrag für Arbeiter und Angestellte dar, der freilich nicht auf Einebnung sozialer Differenzierungen zielte, sondern diese anhand von Qualifikationsmerkmalen anders formulierte.

Infolge des wirtschaftlichen Wachstums und einer erhöhten Bildungsbeteiligung schon seit etwa Mitte der 60er Jahre konnten Arbeiter verstärkt in Angestelltenpositionen aufsteigen, während das Risiko des Abstiegs deutlich geringer war. Um 1970 machte der Anteil der Arbeiterkinder unter den Angestellten rund ein Drittel aus, der Anteil der Arbeiter aus Angestelltenfamilien betrug demgegenüber nur gut ein Zwölftel. Die »Kragenlinie« zwischen »white-collar«- und »blue-collar«-Arbeitern wurde als Ausdruck größerer sozialer Mobilität in der Wachstumsphase flüssiger, während ausländische Arbeiter die Plätze der Arbeitergruppe auffüllten. Die Mobilität darf allerdings nicht überschätzt werden. Trotz Bildungsreform besuchten 1982 nur 11,3 % der Söhne und 11,6 % der Töchter von Arbeitern das Gymnasium, das immer noch der wichtigste Zugangsweg für akademische Berufe ist.[117]

In den 50er und 60er Jahren waren Unterschiede zwischen Arbeitern und Angestellten deutlicher ausgeprägt. In der ersten Hälfte der 50er Jahre gab es sogar Anzeichen für eine erneute »Mittelstands«-Politik der DAG. Mit ihrem Kampf gegen eine einheitliche Sozialversicherung und mit Kampagnen gegen die »Unterbewertung der geistigen Arbeit« versuchte sie, gegen vermeintliche Nivellierungstendenzen vorzugehen. Diese Ansätze bildeten einen wichtigen Anstoß für die Renaissance der Angestelltensoziologie, die vornehmlich um das besondere Angestelltenbewußtsein, etwas Besseres zu sein, kreiste. Bis Ende der 60er Jahre konnten Angestellte tatsächlich solche Hoffnungen hegen. In der gesellschaftlichen Einschätzung wurden Angestellte selbst dann in der sozialen Hierarchie höher eingestuft als Arbeiter, wenn sie gleichviel oder sogar weniger verdienten.[118]

Der Büro- und Verwaltungsbereich und mit ihm die geistige Arbeit galten als nicht so rationalisierungsanfällig wie die Produktion. In den 50er Jahren wurden zwar schon die ersten Computeranlagen installiert, sie bedrohten aber noch nicht das berufliche Selbstverständnis der qualifizierten Angestellten, ihr Gefühl, unersetzbar, also auch unkündbar zu sein, ihre individuelle Leistungs- und Aufstiegsorientierung. Erst seit Beginn der 70er Jahre hielt die Computertechnologie, bedingt durch die Verbilligung der Produktionskosten und durch die Verbilligung der Geräte, verstärkt Einzug in die Büros und machte nun auch die Angestelltentätigkeiten anfällig für Rationalisierung. Der Einsatz von EDV erfolgte ungleichzeitig und über einen längeren Zeitraum, in Großbetrieben eher als in Kleinbetrieben. In den Anfangsphasen konnte zunächst ein erhöhter Arbeitsanfall entstehen, weil die Geräte noch in der Erprobungsphase waren und keine geeigneten Programme (Software) zur Verfügung standen, sie also erst einmal alle Kinderkrankheiten durchmachen mußten. Dadurch konnte das Gefühl der Angestellten verstärkt werden, unersetzbar zu sein. Allerdings hat sich in den letzten Jahren immer mehr gezeigt, daß insbesondere bei den routiniertesten, monotonsten Arbeitsplätzen das Rationalisierungspotential noch lange nicht ausgeschöpft ist und Entlassungen bzw. Arbeitsplatzvernichtung in großem Umfang erst noch bevorsteht.

Die progressive Angestelltensoziologie der 70er Jahre, die, nach den spontanen Septemberstreiks von 1969 und beeinflußt durch die französische Industriesoziologie, überwiegend klassentheoretisch analysierte, interpretierte die Lage der Angestellten nun nicht mehr als Mittelstand, sondern in ihrer Zugehörigkeit zur »Arbeiterklasse«, die technisch-wissenschaftliche Intelligenz gar als neue »Arbeiterklasse«, die nun zum Motor des gesellschaftlichen Fortschritts werden sollte, nachdem die alte »Arbeiterklasse« hoffnungslos in das kapitalistische System integriert erschien.

Eine solche Betrachtungsweise setzte sich von den Annahmen der 50er und 60er Jahre ab, daß mit der Zunahme der Angestellten und mit der

Ausweitung des Dienstleistungssektors zugleich die alten Klassenkampfgedanken und die industriellen Konflikte zwischen Kapital und Arbeit überholt seien (»nivellierte Mittelstandsgesellschaft«).
Indes: beide Positionen lassen sich empirisch nicht eindeutig belegen. Die schon in den 50er Jahren prognostizierte Bedrohung der Angestellten durch Rationalisierung und der Verlust selbständigen Arbeitens haben sich nur unwesentlich in einer erhöhten gewerkschaftlichen Organisationsbereitschaft niedergeschlagen, wie es die klassentheoretischen Ansätze vermuteten. Die Mitgliederstruktur des DGB entspricht eher der Beschäftigtenstruktur der 50er denn der späten 80er Jahre.
Mit der Einführung neuer Techniken, vor allem der Mikroelektronik, werden nun sogar statt der bisher angenommenen Dequalifizierung Arbeitsanreicherung und eine Zunahme qualifizierter Tätigkeiten prognostiziert, deren Reichweite und Umfang allerdings sehr umstritten sind. Dadurch könnten eine individualistische Perspektive, die Betonung der eigenen Leistung und der eigenen Anstrengung gefördert werden, was freilich nicht die zwangsläufige Folge sein muß. Auf der anderen Seite gibt es Hinweise, daß auch Angestellte sich an Arbeitskampfmaßnahmen beteiligen und ein hohes Interesse für die Gestaltung ihrer Arbeitsbedingungen aufweisen. Hinzu kommt, daß durch die neuen sozialen Bewegungen Konfliktfelder außerhalb der Arbeitswelt thematisiert wurden wie Ökologie, Frieden und die Gleichstellung zwischen Frauen und Männern, die Bewußtsein und Verhalten ebenso beeinflussen können wie Veränderungen in der Arbeitswelt. Entsprechende ganzheitliche, auf die gesamte Lebenssituation bezogene Untersuchungen stehen freilich noch aus. Bei der mittlerweile sehr umfangreichen Angestelltenliteratur[119] ist auffallend, daß es sich bei den Angestellten um eine zwar viel *be*forschte, aber doch weitgehend un*er*forschte Gruppe handelt, unser Wissen über sie also sehr begrenzt ist – abgesehen von der Aussage, daß der Angestelltenbegriff als sozialstrukturelle Kategorie keine analytische Tragfähigkeit mehr besitzt.
Die empirischen Studien sind, sofern sie nicht auf wenig aussagekräftigen Massenumfragen beruhen, in der Regel Betriebsstudien, also örtlich und zeitlich eng begrenzte Momentaufnahmen, die zwar ein hohes Maß an Anschaulichkeit und Illustration zulassen, aber nur wenig generalisierende Aussagen erlauben.[120] In Gesellschaften, die wie die unsere einem außerordentlich raschen sozialen Wandel unterworfen sind und wo der zeitliche Abstand, mit dem wir sie betrachten können, sehr kurz ist, kann vor allzu raschen Verallgemeinerungen deshalb nur gewarnt werden.
Vor diesem Hintergrund sollen die beiden Fallstudien über technische

Angestellte und weibliche Büroangestellte Unterschiede und Gemeinsamkeiten deutlich machen und in einem notwendigerweise weitgespannten zeitlichen Bogen Veränderungen aufzeigen.

Technische Angestellte

Das Berufsbild der Techniker und Ingenieure ist alt. Aber die betriebliche Funktion und soziale Bedeutung der »technischen Intelligenz« ist erst mit der sogenannten »zweiten industriellen Revolution« um die Mitte des 20. Jahrhunderts deutlich geworden. Seither haben Arbeiten zugenommen, die vor dem eigentlichen Produktionsprozeß liegen oder die ihn begleiten.[121] Gemeint ist damit die Entwickung der Produkte und die Beratung der Produktion durch einen verwissenschaftlichten Stab. Vor allem handelt es sich um Rationalisierung, Technisierung und Professionalisierung der unmittelbaren Produktionsabläufe.
In der Bundesrepublik haben diese Tätigkeiten vor allem in der Wiederaufbauphase nach dem Zweiten Weltkrieg zugenommen. Zwischen 1950 und 1970 stieg der Anteil der akademisch ausgebildeten Ingenieure, der graduierten Ingenieure mit Fachhochschulabschluß und der Techniker von 1,4% auf 3,9% der Erwerbstätigen an.[122] Gleichzeitig wurden die Ausbildungsmöglichkeiten erheblich verbreitert, durch den Ausbau der Universitäten, die Einrichtung des Zweiten Bildungsweges und durch Technikerschulen für Facharbeiter. Mittlerweile gibt es mehr als 1,7 Millionen technische Angestellte, davon ca. 600000 mit Hochschul- bzw. Fachhochschulabschluß.[123] Mit der dritten industriellen Revolution, der Einführung computerunterstützter und computerintegrierter Produktion seit Mitte der 80er Jahre wird ihre Zahl und ihre Bedeutung weiter anwachsen.
Graduierte und diplomierte Ingenieure sind vor allem im Bereich Forschung und Entwicklung sowie in der Projektleitung beschäftigt. In den Arbeitsbereichen Konstruktion und Fertigung, also in produktionsnahen Bereichen, arbeiten ungefähr je zur Hälfte Ingenieure und Techniker ohne akademischen Abschluß.[124]
Im Vergleich zu Handarbeitern und schlechter gestellten Angestelltengruppen führen technische Angestellte komplexere Arbeitsaufgaben aus. Das war und ist ein wesentliches Kriterium der Abgrenzung gegenüber Arbeitern und Teil der Grundlage eines entsprechenden Angestelltenbewußtseins.
Je nach Auftrag nehmen die Aufgaben mehrere Stunden bis mehrere

Wochen in Anspruch. Kontrollen der Arbeitsausführung und der Zeiteinteilung finden in vielen Fällen nicht statt oder sind nicht möglich, weil zwischendurch der Arbeitsplatz gewechselt wird oder ein Außendienst anfällt. Oft scheitern Kontrollen an der fehlenden fachlichen Kompetenz der Kontrolleure. Zwar gibt es regelmäßige Gespräche mit den Vorgesetzten und Terminabstimmungen. Gewöhnlich werden aber erst das Arbeitsergebnis und der Arbeitsaufwand beurteilt. Konsequenzen ergeben sich dann frühestens bei der Planung des nächsten Projektes oder bei Beförderungsentscheidungen.[125]
Das gilt verstärkt für akademisch ausgebildete Ingenieure mit Arbeitsaufgaben, die Kreativität erfordern. Ein Ingenieur, der als wissenschaftlicher Berater in einer Stabsabteilung eines großen Konzerns für Modernisierung und Erweiterung der Planungsmethoden arbeitet, hat etwa folgende Phasen von Tätigkeiten:

1. Aus eigener Betriebskenntnis stößt er auf Probleme, deren Lösung ihm vielversprechend erscheint.
2. Er trägt erste Ideen an die zuständigen Stellen und erwirkt den Auftrag, sich um dieses Problem zu kümmern.
3. Es wird ein Konzept erarbeitet. Alternative Möglichkeiten werden aufgezeigt.
4. Eine Phase der Halbaufarbeitung soll ein fundiertes Urteil über die Alternative und die Erfolgschancen ermöglichen.
5. Damit verbunden ist oft eine Phase des Lernens, in der notwendige, aber nicht vorhandene Kenntnisse schnell erarbeitet werden.
6. In der nächsten Phase werden Ideen aus verschiedenen Sachgebieten zu einer allmählichen Lösung formiert.
7. Schließlich wird die Konzeption fertig erarbeitet und
8. endlich praktisch aufbereitet.[126]

Formalisierte Kontrollen sind auf dieser Ebene noch seltener.[127] Dennoch schaltet dies Leistungsdruck nicht aus, er speist sich nur aus anderen Quellen. In vielen Bereichen ist der Personalstand im Verhältnis zum Auftragsvolumen chronisch unterbesetzt, und die Arbeiten müssen unter Termin- und Zeitdruck erledigt werden. Hier schafft die spezifische Arbeitssituation, Handlungsdisposition und Handlungsverantwortung Zeit- und Leistungszwang. Außerdem werden technische Probleme immer komplizierter, technische und Verwaltungsvorschriften nehmen zu. Mit der Betriebsgröße erhöht sich die Konkurrenz zwischen den Angestellten um bevorzugte Aufstiegspositionen. Es wachsen sowohl das Gefühl als auch die Notwendigkeiten, sich im Konkurrenzkampf durch erhöhte Leistungsbereitschaft durchsetzen zu müssen. Das gilt nicht nur für Ingenieure, die Leitungsfunktionen erreichen wollen. Die Techniker ohne Hochschulabschluß sehen sich zunehmend der Konkurrenz durch graduierte und diplomierte Ingenieure sowie durch qualifizierte Facharbeiter ausgesetzt. Durch den verstärkten Einsatz von EDV wird lebenslanges Lernen auch außerhalb der Arbeitszeit zur Pflicht, weil die Kenntnisse aus der Ausbildung nicht mehr ausreichen.[128]

Mit dem Einsatz leistungsfähiger EDV-Systeme ist es für das Management erstmals möglich, auch die Ingenieurarbeit stärker als bisher zu rationalisieren und zu kontrollieren. Erste Stufe des Rationalisierungsprozesses stellt die ständige Steigerung des Kosten- und Termindrucks in den technischen Büros dar. Laut Befragungen fühlten sich Mitte der 80er Jahre nur je 10 % der Ingenieure und Sachbearbeiter bei der Arbeit nicht unter Streß, während es in den 70er Jahren noch 25 % bzw. 41 % gewesen waren.[129]

Auf der zweiten Stufe werden durch Eingriffe von außen arbeitsorganisatorische Maßnahmen getroffen, die das Gefüge der Arbeitsteilung und der Kooperation verändern. Der Arbeitsprozeß wird in formalisierte Routinetätigkeiten auf der einen und kreative Anteile auf der anderen Seite zerlegt; erstere werden so der Rationalisierung zugänglich, die ein Teil der Ingenieure und Techniker zu »Detailarbeiten« mit nur noch geringen Spielräumen werden läßt. Die dritte Stufe ist dann die Einführung von EDV-Systemen, die nicht mehr als »Arbeitsmittel«, sondern als eine Maschinerie fungieren, die die Arbeit weitgehend bestimmt.

Dennoch wird der Einsatz von EDV weitgehend positiv erlebt, da er zunächst Arbeitserleichterung und eine Entlastung von Routinetätigkeiten bewirkt. Skeptischer sind die Prognosen für die Zukunft, da der Einsatz von EDV offenbar längst noch nicht seine Routinephase erreicht hat. Für die Zukunft befürchten die befragten Ingenieure und Techniker, daß der Handlungsspielraum am Arbeitsplatz kleiner wird (56 %), der Arbeitsstreß größer (69 %) und die Befriedigung bei der Arbeit eher abnehmen wird (54 %).[130]

Die Arbeit der technischen Intelligenz befindet sich im Umbruch, soviel ist sicher. In welche Richtung sie sich entwickeln wird, ist derzeit Gegenstand betrieblicher und gewerkschaftlicher Aushandlungsprozesse. Allzu großer Optimismus, daß der Einsatz von EDV für die beschäftigten Ingenieure und Techniker Aufgabenanreicherung und eine größere Arbeitszufriedenheit mit sich bringen wird, erscheint nicht berechtigt.

Mit der Rationalisierung in den technischen Büros verschlechtert sich die Lage auf dem Arbeitsmarkt. Ende 1984 waren 20500 stellungslose Ingenieure mit abgeschlossener Hochschul- oder Fachhochschulausbildung und rund 30000 Techniker bei den Arbeitsämtern arbeitslos

gemeldet. Die befragten Ingenieure schätzen ihre Arbeitsplatzsicherheit allerdings immer noch als hoch ein, weniger allerdings die Chance, beim Verlust eines Arbeitsplatzes einen neuen zu finden. Hier gibt es deutliche Unterschiede, was Ausbildung und Alter anbelangt. Die höher qualifizierten und die jüngeren Ingenieure haben die geringsten Befürchtungen, denn im Ernstfall bevorzugen die Betriebe die jungen, mit neuestem Hochschulwissen versorgten Ingenieure.
Für technische Angestellte dürfte die Erwartung vom sozialen Aufstieg und der Karriere meist schon bei der Berufswahl und bei der Entscheidung zum Studium eine wichtige Rolle spielen. Im Berufsleben stellt sich oft heraus, daß wirkliche Verbesserungen im Vergleich zur sozialen Lage und Arbeitssituation von Arbeitern nach Einkommen, Tätigkeit, sozialer Sicherheit und Sozialprestige hinter den Erwartungen zurückbleiben und daß Aufstiegspositionen in der Unternehmenshierarchie knapp sind. Langfristige Aufstiegserwartungen und tatsächlich eingenommene Positionen klaffen in vielen Fällen auseinander und führen zu individueller Enttäuschung. Da jedoch eine nicht unbeträchtliche Zahl während des Berufslebens tatsächlich herausgehobene Positionen erreicht, haben die anderen zumindest als Möglichkeit das Beispiel der Erfolgreichen vor Augen. Insofern ist es begreiflich, daß Techniker und Ingenieure – gelegentlich entgegen den eigenen Erfahrungen – für eine Bezahlung nach Leistung plädieren; ebenso dafür, daß sich jeder seinen Fähigkeiten und seinem Willen entsprechend entfalten kann. Das heißt, sie orientieren sich unmittelbar an der Konkurrenzwirtschaft, und das heißt auch, an den Vorstellungen von Chancengleichheit und Aufstiegsmöglichkeiten sowie an Arbeitsidealismus und Arbeitsmoral. Tatsächlich erscheinen Techniker und Ingenieure als stark berufsorientiert und -interessiert.[131] Die hohe Befriedigung, die sie aus ihrer Arbeit ziehen, resultiert zumeist aus dem Gefühl, qualifizierte Tätigkeiten zu verrichten. Das Klischee vom guten Ingenieur beschreibt ihn als sehr genau, als jemand, der seine Aufgabe mit großem Verantwortungsgefühl wahrnimmt und sich mit der ganzen Person einsetzt. Das technische Interesse an der Arbeit ist oft stark ausgeprägt. Die Arbeit befriedigt zwar in gewisser Weise den Spiel- und Basteltrieb, doch herrschen zugleich Nüchternheit im beruflichen Denken und auch im Privatleben vor. Exaktheit und sogar Pedanterie gelten als wichtige Eigenschaften. Wer erfolgreich sein will, muß jung, dynamisch, hart und erfolgreich sein, um im innerbetrieblichen Konkurrenzkampf bestehen zu können. Die Computerfirma Nixdorf beispielsweise rühmt sich, solche Mitarbeiter zu haben bzw. in betriebseigenen Stätten vom Lehrling bis zum Meister heranzubilden.[132]

Allerdings sind Anspruchshaltungen und Wertorientierungen bei der wissenschaftlich-technischen Intelligenz nicht mehr einheitlich. Durch aufgestiegene Facharbeiter, die Einflüsse der Studentenbewegung und auch durch öffentliche Diskussionen über die irreversiblen Gefahren moderner Großtechnologien ändern sich Habitus und gesellschaftspolitische Orientierungen. Uli Ludwig hat drei Typen herausgearbeitet:

Typ A: Er gehört zu der Kategorie der wissenschaftlich-technischen Intelligenz, die über der Produktion steht. (...) Es handelt sich um eine hochdotierte Gruppe, die in der betrieblichen Sozialhierarchie etwa auf der Stufe des Abteilungsleiters beginnt. (...) Der sich nahezu ausschließlich aus Männern rekrutierende standesbewußte und karriereorientierte Typ A der wissenschaftlich-technischen Intelligenz ist bisher durch alle wirtschaftlichen Schwankungen gut durchgekommen, er verdient gut, hat häufig Grund- und Bodenbesitz erworben, ist sozial etabliert und geht technikgläubig in seiner Arbeit auf. (...)
Typ B: Diese Gruppe umfaßt den für die Produktion arbeitenden Ingenieur. Von der betrieblichen Stellung her als technischer Angestellter zu bezeichnen, leistet er feinplanerische Zuarbeit für die Produktion. Er ist in den Forschungs-, Planungs- und Produktionsabteilungen der Großunternehmen vorwiegend konstruierend, reparierend und programmierend tätig. (...) Das Niveau ihres Einkommens liegt deutlich über dem der Arbeiter und der Masse der einfachen Angestellten. Auch finden wir hier ein stark karrierebezogenes und standesbewußtes Denken. Doch finden sich in dieser Gruppe erste Ansätze von Technikkritik. (...)
Typ C: Hier treffen wir auf die untere Gruppe der wissenschaftlich-technischen Intelligenz, also diejenigen technischen Angestellten, die Annäherungstendenzen zu den oberen Qualifikationsgruppen der Arbeiterklasse aufweist. Diese Gruppe weist bereits ein bemerkenswert entwickeltes gesellschaftspolitisches und betriebsbezogenes gewerkschaftliches Interesse auf. Wir treffen hier auf Aufsteiger aus dem Arbeitermilieu, die sich entweder innerbetrieblich weiterqualifiziert haben, oder auf jüngere Fachhochschulingenieure, die oftmals ebenfalls aus dem gehobenen Arbeiter- bzw. mittleren Angestelltenmilieu stammen. Die Ausbildung (der jungen Ingenieure; d. Verf.) vollzog sich in Krisenzeiten, die zudem reich an außerparlamentarischen Bewegungen waren. (...) Der Typ C ist bei weitem nicht so technikgläubig wie die anderen beschriebenen Gruppen. (...) Oftmals sieht er die Gefahren der Technik, will mitreden, muß aber damit leben, daß er seine Ansprüche an die eigene Arbeit nicht verwirklichen kann, da sein Einfluß als lohnabhängig Beschäftigter begrenzt ist.[133]

In der letzten Gruppe ist die Aufgeschlossenheit gegenüber Gewerkschaften am größten, sie nimmt bei Typ B wesentlich ab und ist bei Typ A so gut wie gar nicht anzutreffen. Beim Typ C sind auch diejenigen anzutreffen, die sich in betrieblichen und gewerkschaftlichen Arbeitskreisen Gedanken über Produktkonversion, z. B. von Rüstungsgütern auf sinnvolle zivile Produkte machen und Alternativen zur traditionellen Technikgestaltung entwickeln wollen.
Technische Angestellte sind aufgrund ihrer hohen beruflichen Ausbildung und der überdurchschnittlichen Gehälter auch in der Freizeit eine

anspruchsvolle Gruppe. Ob es sich um Wohnraum oder Umfeld handelt, um Konsum- und Freizeitmöglichkeiten, um kulturelle Angebote, um Erziehungs- und Ausbildungschancen der Kinder oder um medizinische Versorgung – die Ansprüche sind hoch und werden aufgrund der materiellen Möglichkeiten (entsprechendes Steueraufkommen in den Kommunen) und der wirksamen Artikulationsfähigkeit der wissenschaftlich-technischen Intelligenz auch realisiert. Nicht zufällig ist Erlangen, durch die Siemens-Werke eine typische Stadt der gehobenen Angestellten, zum international beachteten Vorbild für Verkehrs- und Stadtplanung geworden. Seit Jahren gibt es dort ein Radwegenetz; Radfahrer und Fußgänger werden gegenüber Autos als gleichberechtigte, zum Teil sogar bevorzugte Verkehrsteilnehmer betrachtet, und »grüne Achsen« durchziehen die Stadt. Außerdem ist die Stadt ein Einkaufszentrum für gehobene Konsumwünsche geworden. Nicht nur die betrieblichen Positionen, vor allem die »feinen Unterschiede«[134] im Konsum und im Bildungsverhalten bestimmen gesellschaftliche Differenzierung. »Prestige«-Rasierwasser und »Lacoste«-Hemden statt namenloser Ware, Barockmusik statt Fußball, und die höheren Ausgaben für Wohnungen, für Bücher und für Erziehung und Ausbildung der Kinder heben seit den 70er Jahren hauptsächlich die Angestellten von den Arbeitern ab.[135]

Das alles gilt für die in der Regel männlichen technischen Angestellten in den oberen Rängen der betrieblichen Hierarchie. Frauen sind hier nur selten anzutreffen. So beträgt der Anteil von Frauen bei den technischen Angestellten in der Metallverarbeitung nur 8 %, bei den kaufmännischen Angestellten dagegen 51 %.[136] Wenn Frauen technische Angestellte sind, dann sind sie zumeist technische Zeichnerinnen oder in Assistenzberufen, Gruppen, die hier nicht berücksichtigt wurden. Erst seit etwa Mitte der 70er Jahre starteten Kampagnen, »Mädchen in Männerberufe« zu bringen. Hierbei traten allerdings erhebliche Widerstände bei Arbeitgebern auf, und sie fanden nicht das ungeteilte Interesse bei den jungen Mädchen, die sich in einer ihnen fremden Männerkultur behaupten sollten. Diejenigen, die das Angebot wahrnahmen, sind nun allerdings der sichtbare Beweis, daß Frauen nicht »von Natur aus« technisch unbegabt sind.[137]

Weibliche Büroangestellte

Lange Zeit galt die Vorstellung, daß Technik Männersache sei. Das Vorurteil von der technisch unbegabten Frauen diente als Rechtfertigung dafür, Frauen von entsprechenden Berufen und Studiengängen fernzuhalten.
Ein Blick zurück in die Anfänge der weiblichen Büroarbeit ergibt freilich ein anderes Bild. Als die Schreibmaschine erfunden wurde, verweigerten sich Männer in der Regel der neuen Technik. Sie verteidigten das gewohnte Schreiben mit der Feder und befürchtete einen Qualifikationsverlust und vor allem einen Lohnverlust ihrer Arbeit. Frauen hatten diese Berührungsängste nicht, und so begann die Feminisierung der Büroberufe. Den Männern schadete ihre Technikangst freilich nicht. Sie wurden zu besser bezahlten Sachbearbeitern, die sich ihrer repetitiven Arbeiten entledigten und an die schlechter bezahlten Frauen delegierten.[138] Nicht nur diese Arbeitsteilung setzte sich schon am Ende des 19. Jahrhunderts durch. Es ist bis in unsere Zeit üblich geblieben, daß Männer »wissen, wie die Technik funktioniert«, während Frauen sie anwenden.
Wenn wir unseren Blick auf Veränderungen und Kontinuitäten richten, können wir feststellen, daß sich die *Erwerbsquote* von Frauen in den letzten 100 Jahren nur wenig verändert hat. Die Zahlen geben zwar zunächst ein anderes Bild. Danach stieg die Frauenerwerbstätigkeit zwar von 37,5 % 1882 auf 52,9 % 1980, doch ist dabei zu berücksichtigen, daß im 19. Jahrhundert die Gruppe der mithelfenden Familienangehörigen enger gefaßt wurde und wir von daher von einer Untererfassung der Frauenarbeit ausgehen müssen.[139]
Geändert hat sich allerdings das Erwerbs*verhalten*. War Berufstätigkeit für ledige Frauen akzeptiert, so galt das bis in die 1950er Jahre nicht für verheiratete Frauen, zumal dann, wenn Kinder zu versorgen waren. Eine begrenzte Änderung trat erst in den 60er Jahren ein. 1950 betrug die Quote der erwerbstätigen Ehefrauen 25 % und stieg bis 1980 kontinuierlich auf 40,6 %. Für verheiratete Frauen ist also Berufstätigkeit normaler geworden, als es lange Zeit der Fall war.
Darüber hinaus ist bedeutsam, daß in den 50er und 60er Jahren die außerhäusliche Erwerbsarbeit expandierte. Der Rückgang der mithelfenden Familienangehörigen wurde durch den Ausbau von Handel und Dienstleistungen mehr als kompensiert. Frauen waren insbesondere an der Ausdehnung des öffentlichen Dienstes beteiligt. Die Zahl der dort Beschäftigten hat sich von 3 Millionen 1960 auf 4,6 Millionen im Jahr

Indikatoren der Erwerbsbeteiligung von Frauen, 1882–1980[140]

Indikator	Jahr 1882	1895	1907	1925	1933	1939[c)]	1950[d)]	1961	1970	1980[e)]
1. Erwerbsquote der Frauen im erwerbsfähigen Alter (a)	(37,5)[b)]	(37,4)[b)]	(45,9)[b)]	48,9	48,0	49,8	44,4	48,9	49,6	52,9
2. Erwerbsquote der Männer im erwerbsfähigen Alter (a)	95,9	95,0	95,2	95,3	93,9	95,6	93,5	93,5	91,1	86,4
3. Erwerbsquote der alleinstehenden Frauen im erwerbsfähigen Alter (a)	69,4	67,5	71,7	73,8	73,7	77,2	68,7	69,2	68,1	62,0
4. Erwerbsquote der verheirateten Frauen im erwerbsfähigen Alter (a)	(9,5)[b)]	(12,2)[b)]	(26,3)[b)]	29,1	30,1	33,8	26,4	36,5	40,9	48,3
5. Anteil der mithelfenden Ehefrauen an allen Ehefrauen	32,2 (3,1)[b)]	23,4 (4,7)[b)]	19,7 (17,4)[b)]	19,7	19,8	20,6	15,4	12,7	7,8	4,7
6. Anteil der marktbezogen erwerbstätigen Ehefrauen an allen Ehefrauen	6,1	7,3	8,6	9,0	9,4	11,9	9,6	20,6	27,4	35,9
7. Anteil der erwerbstätigen Ehefrauen an allen Ehefrauen (5+6)	38,3	30,7	28,3	28,7	29,2	32,5	25,0	32,8	35,2	40,6

a) 1882, 1950–1989: 15 bis unter 60 Jahre; 1895–1939: 16 bis unter 60 Jahre

b) Die mithelfenden Familienangehörigen sind in den Berufszählungen 1882, 1895 und 1907 deutlich enger gefaßt worden als in den späteren Zählungen. Die erhobenen Werte wurden deshalb in Klammern gesetzt. Realistischere Zahlen ergeben sich, wenn man annimmt, daß in der Landwirtschaft auf jeden verheirateten männlichen Selbständigen eine mithelfende Ehefrau zu rechnen ist. Diese Schätzung wird im weiteren verwendet, wenn von der gesamten Erwerbsbevölkerung (statt der Personen im erwerbsfähigen Alter) die Rede ist.

c) Gebietsstand des Deutschen Reichs von 1937

d) Gebietsstand der Bundesrepublik Deutschland ohne Berlin und Saarland

e) Ergebnisse des Mikrozensus

1986 erhöht. Die Zahl der weiblichen Beschäftigten ist von 844000 (1960) auf 1,9 Millionen (1986) gestiegen; dies entspricht einer Zunahme um 1,05 Millionen oder 125%. Aufgrund dieser Entwicklung erhöhte sich der Frauenanteil im öffentlichen Dienst in diesem Zeitraum kontinuierlich von 28 auf 41%, er stieg vor allem bei den Teilzeitbeschäftigten.[141]

Hinter diesen dürren Zahlen verbergen sich massive gesellschaftliche Umbrüche, die gerade für Frauen äußerst konfliktreich abliefen. Frauenarbeit ist nicht nur Erwerbsarbeit, sondern beinhaltet immer auch Hausarbeit. Diesen spezifisch »weiblichen Lebenszusammenhang« (Ulrike Prokop) müssen wir berücksichtigen, wenn wir uns mit Frauenerwerbstätigkeit beschäftigen, und zwar nicht nur im Hinblick auf Arbeitsbelastung, sondern auch im Hinblick auf widersprüchliche, ja zum Teil gegensätzliche Anforderungen.[142] Nach dem Zweiten Weltkrieg sollten die Frauen, wie schon nach dem Ersten Weltkrieg, die Arbeitsplätze wieder räumen, die sie anstelle der Männer eingenommen hatten.

Frauen pochten aus mehreren Gründen darauf, ihren Arbeitsplatz zu behalten. 1946 gab es 7283000 mehr Frauen als Männer, davon waren allein 6–7 Millionen im heiratsfähigen Alter.[143] Aufgrund des – wenn auch teilweise nur vorübergehenden – Männermangels war eine ökonomische Absicherung durch die Ehe für viele nicht mehr möglich, sie waren also auf Erwerbstätigkeit angewiesen. Das gesellschaftliche Leitbild, wie es durch die Medien vermittelt wurde, beschäftigte sich allerdings nicht mit solchen Situationen und Sorgen, sondern schürte die Konkurrenz der Frauen um das knappe Gut »Ehemann«:

> In den Filmen dieses Genres (Ledige Frauen; d. Verf.) wird für eine ledige, berufstätige Frau eine zufriedenstellende Perspektive nur durch eine Verheiratung aufgezeigt. Berufstätigkeit kommt nur im vorehelichen Stadium in Betracht oder als Ersatz für die Versagung der Liebe des Mannes. Der Frauenüberschuß der 50er Jahre hatte Männer zu einem seltenen Gut werden lassen, so daß geheiratet werden zum Glück an sich stilisiert wurde. Die permanente Darstellung der Komplettierung durch einen Mann verhinderte die gesellschaftliche Anerkennung von Frauen, die ohne die Unterordnung innerhalb der Ehe oder in einer sonstigen Partnerschaft mit einem Mann lebten. Daß sich eine Frau in den 50er Jahren gegen die Ehe und für ein Alleinleben bewußt entschied, wurde von solchen Filmen in den Bereich der Unvorstellbarkeit gerückt.[144]

Es gibt jedoch auch Hinweise, daß Frauen die neugewonnene Selbständigkeit begrüßten[145] und auf soziale Kontakte und Anerkennung in der Berufstätigkeit nicht mehr verzichten wollten. So berichtet Frau Meißner, Sachbearbeiterin bei Thyssen nach dem Krieg:

(...) und dann hat es auch nicht lange gedauert, dann kriegte ich mein eigenes Sachgebiet (...) Dann konnte ich selber disponieren, und dann habe ich den Kundenkontakt gehabt, (...) und konnte so schalten und walten (...) Also für mich war nur noch ein Ziel und Streben, meine Arbeit.[146]

Hinzu kam, daß das Einkommen des Mannes oft nicht ausreichte, um die Familie zu ernähren und vor allem, um die vielen notwendigen bzw. sozial erforderlichen Neuanschaffungen nach dem Krieg zu bezahlen. Außerhäusliche Erwerbstätigkeit blieb also für viele Frauen eine Notwendigkeit, wenngleich das gesellschaftlich akzeptierte und propagierte Frauenbild dem entgegenstand und verheiratete Frauen unter der Doppelbelastung durch Erwerbs- und Familienarbeit litten.

Ökonomischer Hintergrund der Einbeziehung der verheirateten Frauen war der wirtschaftliche Boom, der namentlich zwischen 1958 und 1973 der Bundesrepublik eine erstaunliche Phase des wirtschaftlichen Wachstums bescherte. Von der ersten Nachkriegsrezession 1966/67 abgesehen, herrschte nicht nur Voll-, sondern Überbeschäftigung. Lange Zeit lag die Erwerbslosenquote unter einem Prozent. Frauen waren nun auch als bezahlte Arbeitskräfte gefragt, was nicht ohne Auswirkungen auf ihr berufliches Selbstverständnis blieb.

Das als Dreiphasen-Modell bekannte Muster weiblicher Erwerbstätigkeit, die Berufsausübung bis zum ersten Kind, Berufsunterbrechung für Familienaufgaben, Wiedereinstieg in den Beruf nach der Erziehung der Kinder, galt in den 60er und 70er Jahren noch als schicklich. Wir können dieses Bild als eine »sozial mächtige normative Vorstellung« begreifen, »an der die Individuen ihr Handeln orientieren«.[147] Es sagt aber wenig darüber aus, wie sich Frauen tatsächlich verhalten haben, vor allem solche, die aufgrund des niedrigen Familieneinkommens dazuverdienen mußten.

Heute stellt diese weibliche Normalbiographie für die jüngeren Frauen kein allgemein akzeptiertes Muster mehr dar, eingefordert wird vielmehr die Vereinbarkeit von Berufs- und Familienarbeit.[148] Das stößt jedoch auf objektive Schwierigkeiten. Arbeitszeiten und Arbeitsorganisation sind auf den männlichen Alleinverdiener zugeschnitten, dem die Ehefrau die Familienarbeit abnimmt. Teilzeitbeschäftigung blieb und bleibt daher eine individuelle Ausweichmöglichkeit für Frauen, um beides miteinander vereinbaren zu können.[149] In der Literatur wird häufig vermutet, die Technisierung der Haushalte, Fertignahrung und Wegwerfwindeln hätten die Integration der Frauen in den Arbeitsmarkt möglich gemacht und den Haushalt auf reinen Konsum reduziert. Dafür sind aber die Aufgaben anspruchsvoller geworden – Wäsche waschen zum Beispiel ist zwar bedeutend leichter geworden, dafür

wird die Wäsche heutzutage häufiger gewechselt, muß also öfter gewaschen und gebügelt werden, und Kindererziehung ist trotz staatlicher Kindergärten immer noch außerordentlich zeitintensiv.
Für spürbare Verbesserungen sorgte die Bildungsreform seit Ende der 1960er Jahre, die für die »bildungsfernen« Arbeiter- und unteren Angestelltenschichten gedacht war. Sie kam vor allem den Frauen zugute. 1950 verfügten erst 17% der jungen, abhängig erwerbstätigen Frauen über Volksschulabschluß und kaufmännische Lehre, 1970 waren es bereits mehr als 27%.[150] 1985 hatten 40,8% der Frauen eine Lehr- bzw. Anlernausbildung abgeschlossen, von den Männern 51,1%.[151] Auffallend ist, daß Frauen mittlerweile in den Schulabschlüssen mit den jungen Männern gleichgezogen haben, sich das jedoch nicht in vollem Umfang auf dem Arbeitsmarkt niederschlägt, weil dort andere Selektionsmechanismen greifen, die sich nachteilig für Frauen auswirken.[152]
Dennoch haben die Bildungsreform und die Ausweitung des Dienstleistungssektors dazu beigetragen, daß Frauen heute auch qualifizierte Berufspositionen wie Sachbearbeitung, Krankenpflege und pädagogische Tätigkeiten offenstehen. Bevor wir zu den Veränderungen heutiger Büroarbeit kommen, wollen wir noch einen Blick auf die Nachkriegszeit werfen.
In der Nachkriegszeit waren bei Sekretärinnen und Vorzimmerdamen neben technischen und fachlichen Kenntnissen vor allem persönliche Qualitäten gefragt. Nach einem Sekretärinnen-Handbuch, das 1958 erschien, kommt es insbesondere auf folgende soziale und charakterliche Eigenschaften an: »Hervorragende Zuverlässigkeit, gutes Gedächtnis und außergewöhnliche Kombinationsgabe, Dispositions- und Organisationsvermögen, Selbständigkeit und Initiative, Verschwiegenheit und Kontaktfähigkeit.« Und als »wichtigste charakterliche Voraussetzung« wird zum Schluß noch einmal herausgestellt: »Eine Sekretärin sollte bei aller sonstigen Vollkommenheit vor allem frei von Egoismus, frei von selbstsüchtigem Machtstreben sein; denn sie soll jederzeit dem Unternehmen und ihrem Chef *dienen*, nicht etwa beide zu beherrschen versuchen.«[153]
Die in der Erziehung und in der Familienarbeit erworbenen Fähigkeiten von Frauen, sich anzupassen und zu dienen, machten sie also für Arbeitgeber attraktiv, ohne daß diese Fähigkeiten etwa in der Arbeitsbewertung oder in Tarifverträgen honoriert wurden, was eine Frau zu der resignativen Bemerkung veranlaßte: »Daß man als Frau wohl arbeiten durfte, aber das Geld, das verdienten sich die Männer.«[154]
Frauen wurden zunächst auf den unteren Plätzen der betrieblichen Hierarchie eingesetzt. Legitimiert wurde diese Praxis mit der angeb-

lichen Monotoniebegabung von Frauen, die sie für Fließbandarbeit, fürs Prämienschreiben und für die Datenerfassung besonders geeignet mache. Das folgende Schaubild zeigt die Verteilung von weiblichen und männlichen Bürokaufleuten nach Statusgruppen[155]:

Schaubild: Männer und Frauen nach Stellung im Betrieb: Bürokaufleute[156]

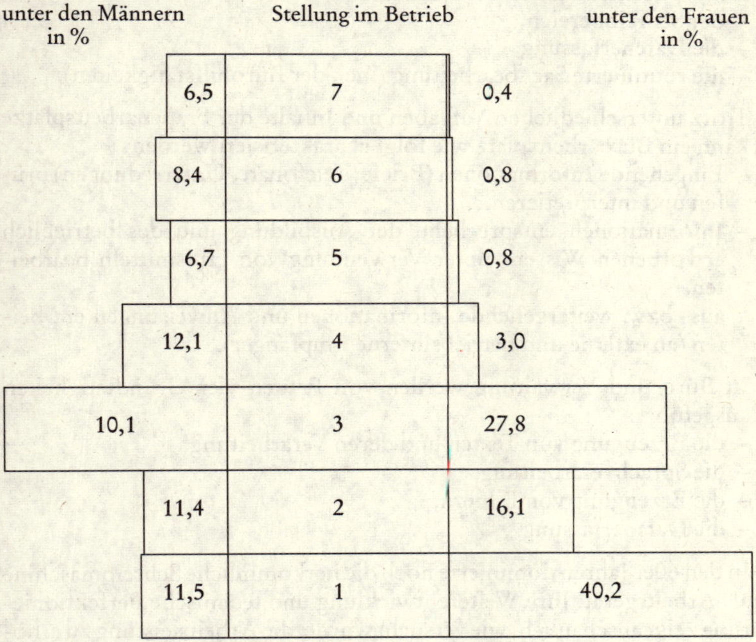

Danach sind 40,2 % der Frauen in der untersten Statusgruppe der Ungelernten bzw. Angelernten beschäftigt gegenüber 11,5 % der Männer. Bei der mittleren Position der Sachbearbeiter erreichen sie mit 27,8 % annähernd den Anteil von Männern (30,1 %). In den oberen Etagen wird die Luft für Frauen ausgesprochen dünn: auf der Ebene Abteilungsleiter/Prokurist sind sie mit 0,8 % vertreten (gegenüber 8,4 % der Männer), auf der Ebene Direktor/Amtsleiter/Betriebsleiter gar nur zu 0,4 % gegenüber 6,5 % der Männer. Das wirkt sich natürlich auch auf Löhne und Gehälter aus: Verdiente ein männlicher Angestellter 1981 durchschnittlich 43 004 DM brutto jährlich, so erreichte eine weibliche

Angestellte nur 28557 DM. Damit liegt ihr Verdienst sogar noch unter dem der männlichen Arbeiter mit 34403 DM.[157] Ein wesentlicher Grund für die durchschnittlich niedrigeren Gehälter von Frauen liegt darin, daß der Lohn bzw. das Gehalt als Familienlohn gedacht ist, Frauen also nur als »Dazuverdienerinnen« gelten.

Die typischen Frauenarbeitsplätze für Frauen im Büro sind:
- der Schreibbereich,
- die Datenerfassung,
- die routinierte Sachbearbeitung (incl. der Bürohilfstätigkeiten).

Trotz unterschiedlicher Aufgaben und Inhalte der Frauenarbeitsplätze kann ein Büroarbeitsplatz wie folgt charakterisiert werden:
- Eingehende Informationen (Briefe, Telefonate, Unterredungen) prüfen und interpretieren,
- Informationen entsprechend der Ausbildung und des betrieblich erworbenen Wissens unter Verwendung von Hilfsmitteln bearbeiten,
- aus- bzw. weitergehende Informationen und Anweisungen erarbeiten (an externe und betriebsinterne Empfänger).

In Büro und Verwaltung werden von Frauen vier Grundtätigkeiten ausgeführt:
- die Erzeugung von Texten und deren Verarbeitung,
- die Sprachverarbeitung,
- die Erzeugung von Bildern,
- die Datenerfassung.[158]

In den 60er Jahren dominierte noch die herkömmliche Schreibmaschine als Arbeitsgerät. Ihre Weiterentwicklung und technische Perfektionierung zeigt anschaulich, wie versucht wurde, die Arbeitsleistung zu erhöhen, und markiert sowohl technischen Wandel als auch die beschränkten Versuche der Bürorationalisierung, die zunächst darauf abzielten, einzelne Arbeitsleistungen zu optimieren. Die elektrische Schreibmaschine löste die mechanische ab, der Kraftaufwand wurde geringer, die Anschlagszahlen erhöht. Mit der Einführung von Speicherschreibmaschinen konnten Korrekturen noch schneller erledigt werden. Schließlich wird mit Personalcomputern und anspruchsvollen Programmen die Textver- und -bearbeitung möglich. Standardtexte werden über Textbausteine abrufbar, die persönliche Erstellung von Massenschriftstükken über Adreßverwaltungsprogramme, Routinetätigkeiten entfallen, die persönliche und eigenverantwortliche Erledigung von Schriftstücken, wie sie bei Sekretärinnen noch üblich war, allerdings auch.

Der Büroarbeitsplatz war zunächst dadurch gekennzeichnet, daß Frauen in winzige Räume abgeschoben wurden, in denen sie unsichtbar für den normalen Betriebsablauf Schreibarbeiten verrichteten. Mit der Einführung von Schreibsälen wurde die Arbeit intensiviert. Warnungen von Industriesoziologen, daß sich Büroarbeit nicht fabrikmäßig organisieren läßt und sich eine allzu starke Zerstückelung der Arbeit auch für den Arbeitgeber nicht »rechnet«, wurden in den Wind geschlagen. Den Humanisierungsanspruch, das Versprechen, große und helle Arbeitsräume zu schaffen, führten Lärmbelastung und Prämienschreiben als büromäßige Akkordarbeit ad absurdum. Durch den Einsatz von EDV, die in größerem Umfang erst in den späten 70er und in den 80er Jahren eingesetzt wurde, entstanden neue Arbeitsbedingungen.

Die Arbeitsplätze der Datenerfasserinnen, Stenotypistinnen und Schreibkräfte zeichnen sich durch monotone, immer wiederkehrende Arbeitsabläufe aus, die den Bedingungen industrieller Massenproduktion ähnlich sind. Das führt zu erheblichen gesundheitlichen Belastungen wie Sehnenscheidenentzündungen, Muskel- und Gelenkbeschwerden sowie Nervenentzündungen. An den neuen Bildschirmarbeitsplätzen wird die Arbeit zwar körperlich leichter, doch treten neue Belastungsfaktoren auf, vor allem die Belastung der Augen durch den Bildschirm, Rücken- und Nackenschmerzen durch falsche Körperhaltung und Überanstrengung der Muskeln durch wiederholte rasche Bewegungen. Nicht zuletzt wird befürchtet, daß sich durch die Strahlenemmission der Bildschirmgeräte die Gefahr erhöhter Fehlgeburten ergibt. Eine Zwanzigjährige beschreibt ihre Arbeit bei einem süddeutschen Automobilhersteller:

Ich schaffe in der Bestellabteilung am Computer. Wir haben gleitende Arbeitszeit, eine Viertelstunde Pause morgens und nachmittags und eine Stunde mittags. Man braucht den ganzen Tag nichts anderes, als Zahlen von den Telexmeldungen auf den Computer eintippen. Die Telexmeldungen, das sind Bestellungen aus dem Inland, manche haben 120, 180, 200 Posten. Wenn es zum Beispiel ein Sonderauftrag ist, ruft man die entsprechende Maske am Computer ab, und dann tippt man Kundennummer, Menge, Bestellnummer, Farbe. Die Reihenfolge auf dem Telex ist schon die Reihenfolge, in der man eintippt. Es ist komisch, daß man etwas machen soll, von dem man gar nichts weiß, den Weg kann man gar nicht zurückverfolgen. Das geht ins Lager, und dort werden die Teile abgerufen, eingepackt und verschickt. Man weiß nicht einmal, wie das Teil aussieht, dessen Zahl man gerade eintippt. Man muß es gar nicht wissen, was es bedeutet. Wenn man einen Fehler macht und merkt es nicht oder die Kontrolle merkt es nicht, also statt 36 63 tippt, geht der Auftrag statt nach Aachen nach Hawaii. Andere, die mehr können, bekommen auch andere Aufträge, und wer sich auskennt, darf eine Woche Bildschirmarbeit machen und eine Woche Kontrolle. Wir sind da lauter Frauen und ein Mann, das ist der Chef; der regelt die Bestellungen und sitzt meist am Telefon. Von den Frauen sind manche angelernt, manche haben

Abitur, manche haben Informatiklehrgänge gemacht und sonst keine Arbeit gekriegt. Viele sind Ausländer, Gastarbeiterfrauen. Als Sekretärin hätten sie keine Chance, aber für Computer muß man kein Deutsch mehr können. Während der Arbeitszeit ist nicht drin, daß man miteinander spricht. Man muß total konzentriert sein. Das Ziel ist, möglichst viele Posten in den Computer einzugeben, weil man Angst hat, daß kontrolliert wird, wann wieviel Aufträge eingegeben worden sind. In den Pausen kann man gar nicht abschalten. Man sitzt im Ruheraum und stiert und brütet vor sich hin. Es ist schwer, sich zu konzentrieren, man kann zwar Helligkeitsstufen am Computer einstellen, aber nach ein paar Jahren haben alle eine Brille. Man macht das nur wegen dem Geld, daß man sich selbst etwas leisten kann, etwas kaufen kann, die Arbeit ist egal.[159]

Die »typischen« weiblichen Büroarbeitsplätze sind mittlerweile stark durch Rationalisierung gefährdet, die nunmehr auch den Büro- und Verwaltungsbereich ergreift.[160] In der wissenschaftlichen und politischen Diskussion wird heute darüber gestritten, ob mit der Einführung der neuen EDV-Techniken »die Vertreibung der Frauen aus Büro und Verwaltung bevorsteht«[161] oder ob sie eine Feminisierung der Arbeit und neue kulturelle Definitionen von »weiblich« und »männlich« bedeuten und damit neue Chancen für Frauen eröffnen.[162] Diese Frage läßt sich heute noch nicht abschließend beantworten, die Zahlen stützen jedoch skeptische Bewertungen. Die Beschäftigungszahl der Stenotypistinnen, Schreibkräfte und Bürohilfskräfte sank von 1961 bis 1982 um über 100000 (– 21 %), dagegen nahm die Zahl der »Schreibtischberufe« mit überwiegender Dienstleistungstätigkeit im gleichen Zeitraum um 330000 Personen (+ 190 %) zu. Im selben Zeitraum sank zum erstenmal der Anteil von weiblichen Erwerbstätigen in den Büroberufen, während derjenige der männlichen Erwerbstätigen anstieg.[163] Nun konnten zwar auch Frauen von dem Anwachsen der höherwertigen Tätigkeiten profitieren, blieben jedoch gegenüber Männern in der Minderheit, wie das Schaubild über die Statusverteilungen zeigt.
Immerhin haben sich aber Anschauungen zum Thema »Frauen und Technik« in den letzten Jahren geändert. Die Behauptung, daß Frauen kein technisches Verständnis besitzen, ist der Annahme von unterschiedlichen geschlechtsspezifischen Zugangsweisen zum Computer gewichen.[164] Mittlerweile gibt es spezielle Computer-Kurse für Frauen, damit sie nicht den Anschluß an die neuen Entwicklungen verpassen. Mit Frauenförderplänen wird versucht, auch Frauen die Teilnahme an Weiterbildungsmöglichkeiten zu sichern und für einen gleichen Anteil von Frauen in allen Statusgruppen zu sorgen.
Allerdings ist es allein mit technischer Schulung nicht getan. Mit dem Einsatz von EDV werden neue Formen der Arbeitsteilung diskutiert. Statt Arbeitsaufgaben in viele kleine Einzelschritte zu zerlegen und an

unterschiedliche Personen zu delegieren, wie es bisher üblich war, überlegt man nun, bisher getrennte Aufgaben wieder zusammenzuführen (integrierte Sachbearbeitung). Obwohl noch keineswegs sicher ist, daß sich diese Form der Arbeitsorganisation massenhaft durchsetzen wird, ist sie für Frauen äußerst zwiespältig. Für die älteren Frauen, die oft ohne entsprechende Berufsausbildung in Zeiten des wirtschaftlichen Booms in die Büros geholt wurden oder die – inzwischen abgeschaffte – zweijährige Schmalspurausbildung zur Bürogehilfin durchlaufen mußten, kann eine solche Entwicklung das berufliche Ende bedeuten, wenn nicht entsprechende fachliche Weiterbildungsmöglichkeiten in der Arbeitszeit angeboten werden.

Belastete früher die geistige Unterforderung durch monotone Arbeiten, so kann bei an sich wünschenswerter Arbeitsanreicherung schnell eine Überforderung entstehen. Für die jüngeren, qualifizierten Frauen besteht dagegen die Möglichkeit, interessantere und abwechslungsreiche Arbeitsplätze zu erhalten. Freilich konkurrieren sie nun mit Männern, die verstärkt in die zukunftsträchtigen Dienstleistungsberufe strömen und die knapper werdenden bezahlten Arbeitsplätze für sich in Anspruch nehmen wollen. Da EDV als Rationalisierungsinstrument im Sinne »systemischer«, d. h. umfassender und systematischer Rationalisierung eingesetzt wird und nicht mehr wie im Fall der Schreibmaschine auf einzelne Arbeitsabläufe begrenzt ist, besteht darüber hinaus die Gefahr, daß das Heer der arbeitsuchenden Frauen vergrößert wird. Ein Beispiel für Stellenabbau, der vorrangig Frauenarbeitsplätze betrifft, bietet die Einführung der Digitaltechnik in der Fernsprechvermittlung der Deutschen Bundespost. Dort werden Tausende von Arbeitsplätzen beseitigt, die Neugestaltung der Telefonauskunft wird weitere Tausende Arbeitsplätze vernichten.[165]

Dennoch ist kaum zu erwarten, daß Frauen künftig ohne jede Gegenwehr eine solche Entwicklung zulassen werden. Zu groß sind die Ansprüche und das Bewußtsein über gesellschaftliche Benachteiligungen geworden, zu unsicher die Perspektive, eine ökonomische Versorgung über die Ehe zu erhalten. Als Fazit können wir vielleicht festhalten, daß sich für Frauen viel verändert hat, obwohl die im Grundgesetz verankerte Chancengleichheit längst noch nicht realisiert ist. Angeglichen hat sich weniger das Erwerbsverhalten von Frauen und Männern, sondern von verheirateten und unverheirateten Frauen, zumindest was Dauer und Kontinuität der Beschäftigung anbelangt. Zugleich differenziert es sich in dem Maße aus, in dem einige wenige Frauen hohe und mehr Frauen mittlere Positionen einnehmen können. Unbestritten ist zwar, daß mit dem veränderten Bildungsverhalten, der größeren Plan-

barkeit der Familie durch die modernen Verhütungsmittel und der gesellschaftlichen Akzeptanz der Frauenerwerbsarbeit Frauen heute sehr viel bessere Möglichkeiten haben, gut bezahlte und qualifizierte Arbeitsplätze einzunehmen, als das noch für die Generationen ihrer Mütter und Großmütter der Fall war. Dennoch sind die Unterschiede zwischen Frauen und Männern in der Arbeitswelt nach wie vor beträchtlich. Es haben sich nicht nur klar getrennte Frauen- und Männerberufe herausgebildet[166], auch die innerbetriebliche Hierarchie ist nach Frauen- und Männerarbeitsplätzen segmentiert. »Durchmischungen« wie derzeit die Förderung junger Frauen in gewerblich-technischen Berufen und das Eindringen von Männern in bisher typisch weibliche Berufe (z. B. qualifizierte Büroberufe, Krankenpflege) sind im historischen Verlauf häufig nur Durchgangsstadien auf dem Weg zu neuen geschlechtsspezifisch geteilten Berufsstrukturen gewesen.
Allerdings ist das Bewußtsein über die ungleich verteilten Berufs- und damit auch Lebenschancen in den letzten zwanzig Jahren sprunghaft angestiegen und hat sich in kommunalen Gleichstellungsstellen, in Frauenbeauftragten und in Frauenförderplänen institutionalisiert. Bisher eröffnen jedoch im Hinblick auf soziale Mobilität von Frauen Heiratsbeziehungen nach wie vor größere Möglichkeiten des sozialen Aufstiegs als die eigene Erwerbstätigkeit.[167]

6. Wandel in Ehe und Familie

Von Brigitte Löhr unter Mitarbeit von Rita Meyhöfer

Im ersten Kapitel war die Rede von der Entstehung der bürgerlichen Familie und der Erfindung des »Geschlechtscharakters«. Der dort beschriebene Typ von »bürgerlicher Familie« ist nicht mehr für alle Schichten unserer Gesellschaft das verbindliche Leitbild. Von konservativer Seite wird seit langem von einer »Krise der Familie« geredet, bedingt durch die Erwerbstätigkeit von Frauen, aber auch durch die Verlagerung familiärer Funktionen auf den Staat (Kindererziehung, Altenbetreuung). Zudem sinkt die Zahl der Heiraten, die Ehen ohne Trauschein nehmen zu, die Scheidungszahlen steigen immer schneller.[168] Die Klagen über die Krise der Familie haben freilich Tradition. Sie bestimmten z. B. auch die familiensoziologischen Untersuchungen in den 50er Jahren.[169]

Von einer Krise der Familie konnte in den 50er Jahren kaum die Rede sein. Einige der damaligen familiensoziologischen Untersuchungen betonen die destabilisierenden Faktoren, die hohe Scheidungsquote von Kriegsende an bis 1948, den Geburtenrückgang bis 1953 und die große Anzahl unvollständiger Familien, in denen die Frauen die Ernährer- und Erzieherrolle übernahmen. Diese Situation änderte sich aber schon zu Beginn der 50er Jahre. Von daher verweisen andere Studien auf innere Stabilisierungstendenzen, die unter dem Druck äußerer Not zustande gekommen seien. Gerade die Erfahrung von Wirren und Heimatlosigkeit hätten in jenen Jahren die Familie zu einem privaten Fluchtpunkt werden lassen. Und schließlich seien mit dem wirtschaftlichen Aufschwung und der gesamtgesellschaftlichen Stabilisierung in den 50er Jahren die Familien neu gefestigt worden.

Wie Befragungen in den 50er Jahren ergaben, war das traditionelle Familienleitbild mit seiner patriarchalischen Orientierung mehrheitlich vom – damals so bezeichneten – »Gefährten- oder Partnerschaftsideal« abgelöst worden. Das meint zunächst nicht mehr als die Anerkennung der von Mann und Frau geleisteten Arbeit als »gleichwertig«, ohne allerdings an den tradierten Rollen zu rütteln und ohne die väterliche Autorität über die Familie, also auch über die Frau, grundsätzlich in Frage zu stellen.

Die Familie gilt als Ort für die Zeugung und Erziehung der Kinder und als Ort der Bildung der »sozial-kulturellen Persönlichkeit« (René König). Zur »Vollfamilie« zählen Frau, Mann und Kind(er). Daneben gibt es andere Formen der Familie, die Gattenfamilie und die unvollständigen Familien, die in der Regel durch Scheidung oder durch den Tod eines Ehepartners entstehen. Nach dem Zweiten Weltkrieg wurde die Familie besonders als Sozialisationsinstanz und als Einrichtung zur Aufstockung der durch den Krieg stark dezimierten Bevölkerung gefördert, 1954 wurde eigens zu diesem Zweck ein Bundesfamilienministerium eingerichtet.

Der von 1954 bis 1962 amtierende Bundesfamilienminister Franz Joseph Wuermeling verstand die Aufgabe der Familie als Erziehungsinstitution und als Ausgleich gegen die negativen Auswüchse des Wirtschaftswunders. In ihr werden seiner Ansicht nach maßgebliche Eigenschaften wie Selbstverantwortung und Hilfsbereitschaft gegenüber Mitmenschen, Anpassungsfähigkeit und Rücksichtnahme ausgebildet. Die Familie sei nicht nur der Schutz des einzelnen vor physischer Not, sondern auch ein Gegengewicht zur Inanspruchnahme des Menschen im Erwerbsleben, gegen Unrast, materialistische Interessengebundenheit und gegen Vermassung, ja sogar ein letztes Bollwerk gegen Staatssozialismus und Kommunismus, gegen die (erwerbstätigen) »Hosenweiber« in der DDR. Die Frau sollte als »verständnisvolle Lebensbegleiterin des Mannes und Vaters und als pflegende und aufopfernde Erzieherin der Kinder dienen«.[170]

Außerhäusliche Erwerbsarbeit wirke hierbei »störend«. In einer Untersuchung über Kinder erwerbstätiger Mütter stellte der Familiensoziologe Otto Speck einen »Erziehungsnotstand« fest und nannte diese Mütter einen »Familienstörfaktor«.[171] Das von ihm 1956 thematisierte Problem der »Schlüsselkinder« wurde intensiv in den 60er Jahren diskutiert, als das wirtschaftliche Wachstum die Einbeziehung der Frauen in die Erwerbsarbeit nötig machte.

In den ersten Nachkriegsjahren hatte aufgrund der schlechten materiellen Situation auf den Zuverdienst von Frauen nicht völlig verzichtet werden können. 1950 lag der Jahresbruttolohn von knapp der Hälfte der Einkommensbezieher unter 2400 DM bei Arbeitszeiten von 49 Stunden die Woche.[172] Als mithelfende Familienangehörige konnten Frauen sogar ohne schlechtes Gewissen das Haushaltseinkommen aufbessern, weil sich das mit den Familienaufgaben in Übereinstimmung bringen ließ, ebenso mit Saisonarbeit und stundenweiser Erwerbsarbeit, die in keiner Statistik auftauchte. Noch um 1960 mußten oder wollten 87,5 % der Industriearbeiterfrauen »mitarbeiten«[173]. Berufstätige Mütter, stellten Untersuchungen fest, arbeiteten aber nur mit größtem Schuldbewußtsein ihrer Familie gegenüber und identifizierten sich selten mit ihrer Berufstätigkeit.[174] Das gilt um so mehr, wenn die Erwerbstätigkeit nicht aufgrund von finanziellen Notwendigkeiten geleistet wurde, sondern mitunter gegen den Willen des Ehemannes durchgesetzt werden mußte. In der öffentlichen Meinung sahen sich die Frauen dem Vorwurf ausgesetzt, »Rabenmütter« zu sein, die allein wegen materieller Interessen das Wohl ihrer Kinder vernachlässigen.

Nun sind aber nicht alle Ehefrauen zugleich Mütter und nicht zu allen Phasen der Mutterschaft gleichmäßig intensiv belastet. Innerhalb des Typus der vollständigen Familien können wir zwei Phasen unterscheiden, die Vollfamilie und die Gattenfamilie.[175] Ihre jeweilige Dauer ist abhängig von der Lebenserwartung, dem Heiratsalter, der Kinderzahl und den Geburtenabständen. Die meisten Männer heirateten um 1970 im Alter von ca. 25 Jahren, die Frauen im Alter von ca. 22 Jahren. Die durchschnittliche Kinderzahl lag bei zwei Kindern. Der Geburtszeitraum umfaßte durchschnittlich, vom Tag der Eheschließung an gerechnet, ca. 5 Jahre. Daraus ergibt sich für die Vollfamilie eine Zeitspanne von 25 Jahren; dies unterstellt, daß das jüngste Kind 20 Jahre in der Familie verbleibt. Die »Gattenfamilie« dauert ca. 21 Jahre.

Das Leitbild »Vollfamilie« beinhaltet eine ausschließlich im Haushalt beschäftigte Ehefrau und Mutter und den allein das Familieneinkommen verdienenden Ehemann. In der ersten Familienphase läßt sich die Tätigkeit der Hausfrau und Mutter durch vielerlei Aufgaben begründen. Insbesondere Erziehungsaufgaben stehen im Vordergrund. In den anderen Phasen ist die Belastung durch die täglich anfallenden Hausarbeiten zwar immer noch hoch, führt aber doch bei vielen Frauen zu dem Wunsch, nebenbei erwerbstätig sein zu wollen, um der eintönigen Routine der Hausarbeit zu entfliehen und um soziale Kontakte knüpfen zu können.

Bis in die 60er Jahre galt es als Merkmal für gehobenes Sozialprestige, wenn Frauen sagen konnten: »Ich habe es nicht nötig, arbeiten zu gehen«, doch können wir annehmen, daß einige dieser Frauen die wirtschaftliche Eigenständigkeit durch ein eigenes Einkommen herstellen wollten. Helge Pross fand in den 70er Jahren, daß Frauen um so weniger Verfügungsgewalt über das Familieneinkommen haben, je höher der soziale Status ihres Mannes ist.[176] Arbeiterfrauen waren nicht in dem Maße auf die wirtschaftliche Eigenständigkeit angewiesen, weil etwa die Hälfte von ihnen ohnehin das schmale Budget der Familie verwaltete. So unterschiedlich die Motive für die Aufnahme der Erwerbstätigkeit sein mögen, der Ausspruch einer Arbeiterin: »Eines ist

zuwenig, beides ist zuviel«[177] charakterisiert das klassische Dilemma vieler Frauen, die ihre Familie schätzen, sich aber dennoch nicht nur auf sie beschränken wollen.
Die frühe Nachkriegsgesellschaft hatte einen enormen Nachholbedarf an Grundversorgung und Konsum.[178] In den 50er Jahren entstanden die ersten genormten Trabantenstädte. In den zumeist engen Wohnungen breitete sich der Stil der knappen »funktional organischen Sachlichkeit« aus; Nierentisch und Tütenlampen gingen mitsamt der hell furnierten Wohnzimmergarnitur in Serienproduktion.
Das Wirtschaftswunder bescherte den Massenkonsum für breite Schichten. Anfang der 60er Jahre gehörten der Besitz von Radio, Plattenspieler, Tonbandgerät, Waschmaschine und Kühlschrank zur Standardausrüstung breiter Bevölkerungskreise. 1951/62 hatten 35% der Arbeiter ein Auto und 38,5% einen Fernseher. Das Fernsehen war für großstädtische Arbeiterkreise und auf dem Land zu dieser Zeit noch Mittel der Kommunikation, Fernsehgemeinschaften mehrerer Familien üblich. Angestellte hingegen achteten mehr auf die Intimität des Familienlebens, auf den gezielten Umgang mit engen Freunden und Bekannten. Diese soziale Isolation, verbunden mit Erwartungen an die Familie, die emotionale Erwartungshaltung untereinander bei gleichzeitiger starrer Regelhaftigkeit, Konventionalität und Problemtabuisierung dürfte Spannungen innerhalb der Kleinfamilie begünstigt haben, zumal trotz vermehrter freier Zeit die Angestelltenväter sich weniger am Familienleben beteiligten, als dies in Arbeiterfamilien üblich war. Mütter und Kinder waren in Angestelltenfamilien also noch stärker aufeinander angewiesen.
Für Arbeiterfamilien war charakteristisch, daß die Väter häuslicher wurden. Mit der verbesserten Wohnraumversorgung und der Möglichkeit für manche, ein eigenes Haus zu bauen, oft unter eigener Mitarbeit und mit der Hilfe von Freunden und Verwandten, wurde auch für Arbeiter die Familie zum Ort der Erholung, nicht mehr der Gang ins Wirtshaus oder in andere Institutionen proletarischer Öffentlichkeit, wie es noch für das männliche Arbeiterleben in der Weimarer Republik typisch war. Arbeiter kümmerten sich nun intensiver um ihre Familie, unternahmen gemeinsame Aktivitäten mit den Kindern und machten sich durch handwerkliche Arbeiten in der Familie nützlich.[179]
Generell setzte sich die Auffassung durch, daß durch eigene Anstrengung und Leistung ein bescheidener »Wohlstand für alle« (Ludwig Erhard) möglich sei. Mithalten lautete die Devise, Erfolglosigkeit war die neue Schuld. Im materiellen Wohlstand drückten sich Lebenszufriedenheit und Lebensglück aus. Diese Leistungs- und Konsumideologie

wurde erst seit den mittleren 60er Jahren durch die Jugend-, Studenten- und Frauenbewegung erschüttert. Nun kritisierten Wohlstandskinder den schnöden Materialismus ihrer Eltern, die autoritäre Struktur der Familie wurde in Frage gestellt, mit Kommunen und Kinderladenexperimenten probierte die rebellische Generation neue Formen des Zusammenlebens und der Kindererziehung aus. Die Frauenbewegung kritisierte (zeitlich) parallel die geschlechtsspezifische Arbeitsteilung und machte mit ihrer Forderung nach »Lohn für Hausarbeit« Haus- und Familienarbeit als Arbeit sichtbar.

Dieses heftige Aufbegehren gegen elterliche, väterliche oder männliche Autorität, gegen die Abgrenzung durch Statussymbole und »Konsumterror« beschränkte sich real nur auf eine kleine Minderheit, erregte aber intensives öffentliches Interesse und bewirkte breitere Diskussionen um Familie, familiäre Lebensformen und familienbestimmte Werthaltungen. Das hatte vor allem Auswirkungen auf die bürgerliche Intelligenz, der die protestierende Generation ja überwiegend entstammte, mit ihren abstrakten rigiden Normen, die sich allmählich lockerten.

Auch die Politik folgte – zögernd – diesem Bewußtseinswandel. Im Bericht des Ministeriums für Familie, Jugend und Gesundheit von 1973 wurden nun auch andere Familienformen als die Vollfamilie (Vater, Mutter, Kind[er]) zur Kenntnis genommen und anerkannt, auch unvollständige Familien, die es ja nach dem Krieg in großer Zahl gab, durften nun Ansprüche auf staatliche Hilfen stellen, uneheliche Kinder erhielten gleiche Rechte wie eheliche Kinder.[180]

Auch die rechtliche Benachteiligung von Frauen minderte sich erheblich in den 70er Jahren. Schon das Grundgesetz hatte für Frauen erstmalig die Gleichberechtigung garantiert (Artikel 3 Abs. 2). Dieser Gleichberechtigungsgrundsatz geriet jedoch fortwährend in Konflikt mit dem ebenfalls garantierten Schutz der Familie (Artikel 6 Abs. 1) und mit dem Ehe- und Familienrecht.[181] Bis 1953 galt das Letztentscheidungsrecht des Ehemannes in sämtlichen die Ehe betreffenden Angelegenheiten (Paragraph 1354 BGB). Dann wurde es für verfassungswidrig erklärt und außer Kraft gesetzt. Als Zugeständnis für die Gleichberechtigung der Frau wurde nunmehr festgestellt, daß die Hausfrau den Haushalt in *eigener* Verantwortung führt und nicht mehr nach den Anweisungen des Ehegatten. Sie war nur *berechtigt*, erwerbstätig zu sein, soweit dies mit ihren Pflichten in Ehe und Familie vereinbar war. *Verpflichtet* wurde die Ehefrau zur Erwerbstätigkeit dann, wenn die Arbeitskraft des Mannes und die Einkünfte der Ehegatten nicht zum Unterhalt ausreichten (Paragraphen 1356 und 1360).

Mit diesen Bestimmungen wurde die unbezahlte Arbeit der Frau nicht nur ideologisch, sondern auch rechtlich hergestellt. Sie sicherten gleichzeitig die Verfügbarkeit von Frauen für den Arbeitsmarkt, sofern dieser es erforderte. Dieser staatliche Eingriff in die Arbeitsverteilung wurde erst 1977 mit der Reform des Ehe- und Familienrechts beseitigt. Seitdem können die Ehepartner selbst entscheiden, wie die Arbeitsverteilung geregelt ist. Für den verbesserten Schutz von Ehefrauen sorgte auch die Novellierung des Scheidungsgesetzes, die nun nicht mehr das Schuldprinzip, sondern das Zerrüttungsprinzip in den Vordergrund stellte. Bis dahin konnten schon kleine »Verfehlungen« zum Verlust der Unterhaltsansprüche führen, wie das folgende Beispiel zeigt.

Auch die sexuelle Verfügbarkeit der Ehefrau ist durch das Bürgerliche Gesetzbuch festgelegt (Paragraph 1353, Pflicht zur ehelichen Lebensgemeinschaft) und durch Richterrecht konkretisiert: So heißt es in einem Scheidungsurteil von 1967:

> Die Frau genügt ihren ehelichen Pflichten nicht schon dann, wenn sie die Beiwohnung teilnahmslos geschehen läßt. Wenn es ihr infolge Veranlagung oder aus anderen Gründen (...) versagt bleibt, im ehelichen Verkehr Befriedigung zu finden, so fordert die Ehe doch von ihr eine Gewährung in ehelicher Zuneigung und Opferbereitschaft und verbietet es, Gleichgültigkeit oder Widerwillen zur Schau zu tragen (...)[182]

Ein solches Urteil ist in den 80er Jahren, nachdem die Frauenbewegung Gewalt gegen Frauen als Unrecht ins öffentliche Bewußtsein gerückt hat, kaum mehr vorstellbar. Es wird dennoch zur Begründung herangezogen, um zu beweisen, daß es in der Ehe keine Vergewaltigung geben könne. Entsprechende Gesetzesvorlagen, das sexuelle Selbstbestimmungsrecht von verheirateten Frauen zu sichern, wurden bisher noch abgewehrt.

Haben sich die gesellschaftlichen Veränderungen, die in der Bundesrepublik stattgefunden haben, und das geänderte Erwerbsverhalten im Sinne von vermehrter Gleichberechtigung in der Familie ausgewirkt? Wie ist es in der Praxis tatsächlich um das Gefährten- oder Partnerschaftsideal bestellt? Die Verkehrsformen in der Familie und die Verteilung der häuslichen Arbeit sind wichtige Handlungsfelder; hier müssen sich Thesen zu Veränderungen bewähren.

Nicht nur die Beziehung der Ehepartner zueinander, sondern auch das Verhältnis zu den Kindern gibt uns Aufschlüsse über »Partnerschaftlichkeit« in der Familie. Hierbei können wir ebenfalls Veränderungen feststellen. 1964 sprach ein »ABC der Säuglingspflege« die junge Mutter folgendermaßen an:

> Sie und Ihr Mann haben Ihrem Kinde Anlagen mitgegeben, die aus Ihnen beiden und aus Ihren Ahnen stammen, Anlagen des Körpers, Anlagen des Geistes. Diese Anla-

gen schlummern in Ihrem Kinde, und aus diesen Anlagen sollten Sie auch alles Gute, sollten Sie das Beste herausziehen, was überhaupt herauszuholen ist. Ihr Kind soll doch einmal ein lebenstüchtiger Mensch werden, der allen Anforderungen des Lebens positiv entgegentritt, fest und tatkräftig, aber heiteren Gemütes. Es soll seine eigenen Triebe beherrschen lernen, nicht dem Genuß, der Freude leben. (...) Sie haben ihm zum ersten Male die Brust gereicht und nach 4 Stunden zum zweiten Male. Schon ist der erste Erziehungsdienst zur Ordnung geleistet. (...) Sind Sie immer pünktlich! Geben Sie die Mahlzeiten zur Minute, baden zur Zeit, halten Sie die Ruhestunden ein und heben es später zu seiner Zeit über den Topf, damit es bald zur Reinlichkeit erzogen wird. (...) Wenn Sie jetzt nachgeben, müssen Sie auch bei der nächsten Schwierigkeit wieder nachgeben. (...) Erziehen Sie Ihr Kind so, daß ihm bald die notwendigen Verrichtungen zur absoluten Gewohnheit werden.[183]

Ein 1981 erschienener »Gegen-Leitfaden« von Barbara Sichtermann entwirft dagegen folgendes Konzept, das sich zudem nicht nur an die Mütter richtet:

Es liegt auf der Hand, daß durch Reglementierung des Tagesablaufs mit der Uhr (...) die Entwicklung abrupt gestört werden kann. Das Oktroy der Uhr ist Gewalt im Leben eines Säuglings.[184]

Ein Vergleich zeigt, daß sich nicht nur die Erziehungsmethoden und -ziele geändert haben, sondern auch die Adressaten. Der zweite Text wendet sich mit Selbstverständlichkeit an beide Elternteile und darüber hinaus an andere Erwachsene. Die Autorin erklärt nämlich kurz und bündig das »ausschließliche Aufeinandergewiesensein« von Mutter und Kind für die Quelle von Unglück in den Beziehungen zwischen den Generationen. Sie plädiert daher dafür, daß mindestens der Vater, besser noch zwei, drei Erwachsene, egal ob verwandt oder nicht, sich kontinuierlich um das Kind kümmern. Nur so sieht sie eine Chance, daß eine Mutter »ein eigenes, nicht ganz vom Kind aufgefressenes Leben«[185] führt.

Zweifellos ist die Erziehung der Kinder unter anderem durch den Wunsch der Mütter, es »besser« zu machen als ihre Mütter, durch verbesserte materielle Möglichkeiten und durch die Studenten- und Frauenbewegung mit ihren Kinderläden und den Versuchen antiautoritäter Erziehung wesentlich demokratischer geworden. Nicht mehr allein elterliche Autorität, sondern Überzeugung und Argumentation sind zu neuen Maßstäben geworden. Das darf allerdings nicht darüber hinwegtäuschen, daß in vielen Familien immer noch Schläge und Mißhandlungen vorkommen und daß Kinder das schwächste Glied in der Familienhierarchie darstellen.

Die Beteiligung der Väter oder gar anderer Personen ist, aufs Ganze gesehen, immer noch mehr Anspruch und Wunsch denn Realität, auch wenn sich hier bedeutende Veränderungen ergeben haben. In den 50er Jahren war es kaum denkbar, daß ein Vater in der Öffentlichkeit den Kinderwagen schob, ohne befürchten zu müssen, daß seine Männlichkeit angezweifelt wurde. Heute sind solche Bilder keine Seltenheit mehr, ebenso das Füttern und Wickeln von Babys durch Männer.

Hier sind aber erhebliche schichtenspezifische Unterschiede zu berücksichtigen. Waren in den 50er und 60er Jahren eher Arbeiter als Angestellte bereit, ihre Freizeit mit den Kindern zu verbringen, so sind es heute eher die Männer der neuen Mittelschichten, vor allem jüngere Akademiker, die sich um ihre Kinder kümmern. Allerdings dominiert auch hier der Typus des Freizeit-Papas, der abends und am Wochenende mit den Kindern spielt. Die Möglichkeit des Erziehungsurlaubs wird nur von einer winzigen Minderheit von Männern genutzt. Ansonsten bleibt die Arbeit mit den Kindern Sache der Frau, selbst in solchen Pädagogenfamilien, die einer partnerschaftlichen Erziehung aufgeschlossen gegenüberstehen.[186] Die Autorinnen der Studie »Der Mann«[187], eine Nachfolgeuntersuchung der 1976 von Helge Pross durchgeführten Studie zum »deutschen Mann«, konstatieren, daß Männer zwar verbal für Gleichberechtigung und Partnerschaft eintreten, im Ernstfall aber biologische Gründe dafür anführen, daß nach der Geburt eines Kindes selbstverständlich die Frau zu Hause bleibt. Neben dem biologischen Argument, daß Frauen die Kinder gebären, liegt ein weiterer wichtiger Grund in dem im Durchschnitt niedrigen Verdienst von Frauen, was dazu führt, daß im Ernstfall die Frau ihre Berufstätigkeit unterbricht oder aufgibt, wobei der niedrigere Verdienst vor allem traditionell mit der Familienbindung der Frauen in Zusammenhang gebracht wird.

Ein Versuch, partnerschaftliche Erziehung zu gewährleisten, wird vielfach in der Ausübung von Teilzeitarbeit von beiden Partnern gesehen. Das Bundesfamilienministerium beauftragte deshalb Anfang der 80er Jahre ein ganzes Forscherteam, die seltenen Exemplare teilzeitarbeitender Männer und Hausmänner (weniger als ein Prozent aller männlichen Erwerbstätigen) ausfindig zu machen und zu interviewen. Dabei stellte sich heraus, daß Teilzeitarbeit bei Männern entweder unfreiwillig geleistet wird oder aber von den Arbeitgebern nicht gern gesehen wird, Hausmänner hingegen am »Hausfrauensyndrom« litten, also Isolation und Frust über die immer wiederkehrenden Arbeiten sowie fehlende Anerkennung beklagten.[188]

Nicht nur die Erziehung und Pflege der Kinder sind immer noch höchst ungleich verteilt, sondern auch die übrigen Hausarbeiten. Ehemänner berufstätiger Frauen beteiligen sich zwar häufiger an der Hausarbeit als

Männer, deren Ehefrauen nicht berufstätig sind, die Hauptlast liegt jedoch weiterhin bei den Frauen. So gaben laut Studie »Der Mann« mehr als die Hälfte der Männer an, nie zu bügeln (87 %), nie Wäsche zu waschen (79 %), nie Fenster zu putzen (73 %), nie naß zu wischen (65 %) und nie Wäsche aufzuhängen (64 %), gelegentlich räumen sie aber auf (72 %), kaufen ein (63 %), saugen Staub (61 %), waschen ab (55 %) oder trocknen ab (57 %).[189] Die Mitarbeit der Männer sinkt, wenn Kinder zur Welt kommen, also wenn die Arbeitsbelastung größer wird. Einschränkend muß hinzugefügt werden, daß in dieser Studie auch Männer befragt wurden, die keine erwerbstätige Partnerin hatten, die alleinige Durchführung der Hausarbeit durch die Frau also als klare Arbeitsteilung gerechtfertigt erschien.

Wir haben die nicht erwerbstätigen Ehefrauen aufgrund des Zusammenhangs mit den Fallbeispielen zur Angestelltenrealität nur unzureichend berücksichtigt, obwohl es sich bei ihnen um die Mehrheit der Ehefrauen handelt. Auch an ihnen sind die gesellschaftlichen Veränderungen nicht spurlos vorübergegangen. Aufgrund des geänderten Erwerbsverhaltens vor allem der jüngeren Frauen und der verstärkten Diskussion um Gleichberechtigung im Erwerbsleben sehen sie sich zunehmend als »Nur-Hausfrauen« denunziert.

Dabei ist die Arbeitsverteilung nicht nur dem bösen Willen oder der »Schlitzohrigkeit«[190] von Männern geschuldet. Das Normalarbeitsverhältnis (vollzeitige und lebenslange Beschäftigung) impliziert unausgesprochen den Zweipersonenberuf und setzt die traditionelle Familie voraus, d. h. einen berufstätigen Ehemann mit einer Hausfrau im Hintergrund. Das gilt in besonderem Maße für die im ersten Fallbeispiel vorgestellten Ingenieure in Leitungsfunktionen, für die Überstunden als Selbstverständlichkeit gelten. Gerade am Beispiel der Ingenieure können wir auch die unterschiedlichen Anforderungen von der »Männerwelt Beruf« und der »Frauenwelt Familie«[191] feststellen. Herrschen im Beruf Konkurrenz, Planbarkeit, Nüchternheit, Sachlichkeit und Rationalität vor, soll gerade die Familie die entgegengesetzten Pole von Harmonie, Emotionalität, Zwischenmenschlichkeit und der nicht planbaren Sorge für andere garantieren, Eigenschaften und Fähigkeiten, die für eine lebenswerte, menschliche Gesellschaft vermutlich unabdingbar, mit denen die Familien aber häufig überfordert sind.

Seit einigen Jahren mehren sich die Stimmen, die erwerbstätigen und erwerbssuchenden Frauen die »Alternativrolle Familie« (Claus Offe) wieder schmackhaft machen wollen. So legten die Sozialausschüsse der CDU 1981 eine Schrift mit dem Titel »Die sanfte Macht der Familie« vor, in der sie die »besonderen weiblichen« Fähigkeiten und ihre Aus-

gleichsfunktion für die Berufswelt herausstellen. Der ideologischen Aufwertung der familiären Arbeit stehen aber keine entsprechenden finanziellen Leistungen gegenüber. Seit 1985 werden immerhin Kindererziehungszeiten auf die Rentenversorgung angerechnet. Erziehungsgeld und -urlaub sollen sinkenden Geburtenraten deutscher Kinder entgegenwirken. Angesichts hoher struktureller Arbeitslosigkeit und leeren öffentlichen Kassen sollen außerdem Aufgaben, die bisher der Sozialstaat garantierte, wie öffentliche Kinderbetreuung durch Kindergärten und die Pflege alter und kranker Menschen, in die Familie zurückverlagert werden.[192] Gibt es eine Renaissance der Familie?
Die hohe Scheidungsrate, der Geburtenrückgang, die Zunahme von nichtehelichen Lebensgemeinschaften, von unvollständigen Familien und Einpersonenhaushalten scheinen zunächst eine andere Tendenz anzudeuten. Die Zahl der »freien« Lebens- und Wohngemeinschaften, der Probeehen oder Ehen ohne Trauschein wird auf 1–2 Millionen geschätzt[193], wobei schlüssige Definitionen und Abgrenzungen zwischen den verschiedenen Erscheinungsformen kaum möglich sind. Viele dieser Lebensgemeinschaften gehen aber später in eine Ehe über, so daß man sie auch als »Ehe auf Probe« bezeichnen kann. Die unvollständigen Familien sind zum Teil durch Scheidung oder Tod eines Ehepartners entstanden und nicht in jedem Fall freiwillig und auf Dauer unvollständig. Der Anteil der vollständigen Familien (die in unserem Sprachgebrauch aus Mutter, Vater und Kind[ern] bestehen) ist, gemessen an allen Haushalten, in etlichen europäischen Ländern bereits auf unter 40%, in manchen Städten schon auf 20% gesunken[194], der Anteil der Einpersonenhaushalte macht bereits ein Viertel aus.[195]
Wir können aufgrund fehlender Vergleichszahlen keine Angaben darüber machen, ob die Veränderungen im Verlauf der letzten Jahrzehnte tatsächlich so gravierend sind, daß wir von einem Funktionsverlust der Familie oder von abnehmender Bindungsfähigkeit in der »individualisierten Gesellschaft«[196] sprechen können. Wenn wir einen Blick auf die Nachkriegsjahre werfen, in denen es ja ebenfalls viele unvollständige Familien und alleinstehende Frauen gab und einen Vergleich wagen wollen, können wir sagen, daß es heute eine breitere gesellschaftliche Akzeptanz für unterschiedliche Lebensentwürfe und Lebensstile gibt. Sie ist allerdings auf dem Land wesentlich schwächer ausgeprägt als in den Großstädten. Und es gilt auch, daß mit zunehmender ökonomischer Selbständigkeit von Frauen Zuneigung und Sympathie eine größere Rolle spielen als der Versorgungsgedanke. Damit mögen Ehen und Beziehungen kürzer werden, vielleicht aber auch glücklicher und intensiver. Sollte die strukturelle Arbeitslosigkeit noch zunehmen, und

vieles spricht dafür, könnten den Familien allerdings wieder wichtige Funktionen zukommen. Sollte sich die Abstinenz von Männern an der Familienarbeit fortsetzen, ist nicht auszuschließen, daß bereits erfolgte Verbesserungen im Leben von Frauen zurückgeschraubt werden.

Die bundesdeutsche Gesellschaft hat den alten Arbeiter-Angestellten-Unterschied eingeebnet, dafür aber neue Differenzierungen innerhalb der Arbeiter und der Angestellten geschaffen, wie wir am Beispiel der technischen Angestellten und der weiblichen Büroangestellten gesehen haben.

Insgesamt sind klassen- bzw. schichtspezifische Grenzen durchlässiger geworden, ohne deshalb ganz verschwunden zu sein. Innerhalb der Gruppe der Frauen haben Angleichungen im Erwerbsverhalten zwischen verheirateten und unverheirateten Frauen stattgefunden. Mit der zunehmenden Integration in den Arbeitsmarkt bilden sich neue Unterschiede zwischen Frauen heraus.

In der Familie hat ein deutlicher *Bewußtseinswandel* in bezug auf partnerschaftliches Verhalten stattgefunden, der in der *Praxis* aber nur *geringe Auswirkungen* hat. Das alte bürgerliche Ideal der Gleichheit schloß Frauen aus und mußte sie vielleicht sogar ausschließen, damit die typische Dualität von Öffentlichkeit und Privatheit, von Beruf und Familie, von Verstand und Emotionalität funktionieren konnte. Wird das immer so bleiben? Der Soziologe Ulrich Beck ist skeptisch: »Es war – aus Männerperspektive – eine außerordentlich kurzsichtige und naive Strategie, den Frauen durch Bildung den Blick zu schärfen und darauf zu setzen, sie würden die durchsichtigen männlichen Rechtfertigungen der geschlechtlichen Ständeordnung in Familie, Beruf und Politik nicht durchschauen und in alle Zukunft hinnehmen.«[197] Im Geschlechterverhältnis dürften von daher in Zukunft noch allerlei Turbulenzen zu erwarten sein.

7 Ausblick: Ende oder Wandel bürgerlicher Gesellschaft?

Von Irmgard Wilharm

Am Anfang dieser Kurseinheit wurde der Verlust bürgerlicher Autonomie konstatiert – der nicht erst 1945 begann – und die Absicht mindestens der amerikanischen Militärregierung, in ihrem Einflußbereich eine bürgerliche Gesellschaft zu etablieren, ungeachtet der Ohnmacht des Bürgertums und seiner Belastung durch den Faschismus. An dieser Stelle soll nun noch einmal nach der Tragfähigkeit des Konzepts »bürgerliche Gesellschaft« gefragt werden. Wenn nach 1945 in den westlichen Besatzungszonen des ehemaligen Deutschen Reiches und in der daraus entstandenen Bundesrepublik Deutschland eine bürgerliche Gesellschaft ungeachtet der Ohnmacht des Bürgertums etabliert werden konnte, bedeutet das, daß eine bürgerliche Gesellschaft auch ohne stabiles Bürgertum existieren kann. Was ist dann aber bürgerlich an der bürgerlichen Gesellschaft?

Man könnte sich aus dem Dilemma helfen, indem man die fraglichen Begriffe im Sinn Max Webers als Idealtypen versteht, deren konkrete Entsprechung sich mit dem historischen Prozeß veränderte. Damit würde man zwar der immer konstatierten Eigenart historischer Begriffe gerecht[198], aber die analytische Trennschärfe nimmt damit nicht zu. Nun hat Kant in seiner Schrift »Idee zu einer allgemeinen Geschichte in weltbürgerlicher Absicht«, die am Anfang unserer Darstellung steht, nicht den Endzustand einer bürgerlichen Gesellschaft gezeigt; auch sein Begriff von Bürgertum bleibt vage, aber sein Konzept weist über seine Entstehungszeit (1784) hinaus, ist als Prozeß einer ständigen, sich in Widersprüchen vollziehenden Annäherung gedacht. So gesehen ist die Vielfalt der historischen Erscheinungsformen von bürgerlicher Gesellschaft, wie sie in den vorangehenden Kapiteln dargestellt ist, Teil des von Kant gedachten Prozesses.

Wenn es also kaum möglich ist, einen analytisch klaren Begriff von Bürgertum zu entwickeln, der die historischen Erscheinungsformen von ständischem Bürgertum, Besitz- und Bildungsbürgertum, Kleinbürgertum und neuem Mittelstand der Angestellten umfaßt, so scheint es leichter zu sein, bürgerliche Verhaltensweisen und Wertvorstellungen auszumachen.[199] Sie können Teil der hegemonialen Kultur einer

Gesellschaft sein, auch wenn Bürgertum als autonome politische Kraft in der Gesellschaft nicht mehr dominiert.
Diese Situation scheint in der Gesellschaft des westdeutschen Teilstaates nach 1945 gegeben zu sein. Sie ist wesentlich von der quantitativ und qualitativ gewachsenen Bedeutung der Angestellten geprägt (vgl. die vorangegangene Fallstudie). Im Sinne von Lepsius wäre zu fragen, wie weit eine »Verbürgerlichung«[200] im Sinn der Übernahme bürgerlicher Wertvorstellungen stattgefunden hat.

Bürgerliche Wertvorstellungen und Verbürgerlichung

Zu den zentralen bürgerlichen Wertvorstellungen, die sich gegen die ständische, durch Geburt bestimmte Ordnung bildeten, gehören selbstbestimmte und selbstverantwortete Tätigkeit und daraus resultierendes Eigentum. Arbeit als Leistung war ein wesentlicher Bestandteil des bürgerlichen Ethos, verbunden mit der Ausgrenzung der Müßiggänger, mit Vorstellungen von Fortschritt und Effizienz; die selbstbestimmte Leistung erforderte als Voraussetzung planendes Denken und Urteilsvermögen.
Die mit der Kategorie Arbeit verbundenen Werte waren in der sich nach 1945 etablierenden westdeutschen Gesellschaft in besonderer Weise gültig. Angesichts der Zerstörung sozialer Großgefüge dominierte der Rückzug auf kleinere Gemeinschaften (Familie, Gemeinde) und aus der Politik heraus zugunsten der Besinnung auf »private Tugenden«. Die Mehrzahl der Westdeutschen konzentrierte sich auf den Wiederaufbau bei gleichzeitigem Abbruch emotionaler Bezüge und Erinnerungen an die Vergangenheit. Die Ich-Entwertung auf der Bewußtseinsebene wurde so umgangen, was zu nahezu rückhaltloser Identifikation mit der Aufbauleistung führte. Neue politische Identität in sehr vagem Sinne stiftete die Ablehnung des Kommunismus als unfrei (wodurch man wenige Jahre nach dem Ende des Nationalsozialismus auf der Seite der Freiheit stand) und als leistungsfeindlich (was die eigene Aufbauleistung aufwertete).
Die gesamtgesellschaftlichen Umbrüche der 60er Jahre führen dagegen zu einem Schub an »Verbürgerlichung« im Sinn von mehr Partizipation und mehr Kritik bei Studenten, einem Teil der organisierten Arbeiterschaft, bei Lehrlingen und Schülern. Willy Brandts Ankündigung »Mehr Demokratie wagen« war ein im besten Sinn »bürgerliches« Programm. Auch die gegenüber den 50er Jahren gestärkte Position der Intellektuellen, vor allem der Literaten, Geistes- und Sozialwissenschaft-

ler, die Einfluß auf die sozialliberalen Regierungsprogramme z. Zt. des ökonomischen Booms 1969–1972 gewannen, gehört in das Bild einer wiederbelebten bürgerlichen Gesellschaft. Das Ende der 60er Jahre erscheint in der Bundesrepublik von heute her gesehen als bürgerlich-aufgeklärter Aufbruch mit dominierendem Glauben an Fortschritt und dessen Machbarkeit, an Arbeit als ökonomische Basis der sozialen Wertschätzung.

Der konjunkturelle Einbruch von 1974/75 hat mit wachsender Arbeitslosigkeit (1974 erstmals wieder 1 Mio. Arbeitslose in der Bundesrepublik; z. Zt. in den OECD-Ländern durchschnittlich 10 % Arbeitslose) zu Diskussionen um die »Krise der Arbeitsgesellschaft« geführt. Dieses Stichwort war – mit Fragezeichen versehen – Thema des 21. Deutschen Soziologentages in Bamberg 1982. Dabei stellte sich heraus, daß der Zusammenhang zwischen sozioökonomischen Strukturveränderungen und Wertewandel hinsichtlich der Einschätzung von Erwerbsarbeit keineswegs so eindeutig und direkt ist, wie das teilweise in Diskussionen über postindustrielle Gesellschaft und Postmoderne angenommen wird.[201] Ziemlich unumstritten ist, daß die gesamtgesellschaftlich vorhandene Erwerbsarbeit auf lange Sicht kontinuierlich abnimmt. Ralf Dahrendorf[202] sieht die Richtigkeit der Annahme, daß »der Arbeitsgesellschaft die Arbeit ausgeht«, vor allem in drei Gründen: 1. in der seit 100 Jahren laufenden Verkürzung der Arbeitszeiten; 2. in der versteckten Arbeitslosigkeit derer, die nicht auf den Arbeitsmarkt drängen (Frauen, Studenten); 3. in dem eigentlichen Problem der späten Arbeitsgesellschaft, der Unterbeschäftigung, die je nach politischer Lage von staatlichen Maßnahmen aufgefangen wird, aber das Problem nur verhüllt, nicht löst.

Wenn man sich bewußt macht, daß Arbeit in ihren verschiedenen Formen – als selbstbestimmte Tätigkeit, als notwendige Erwerbsarbeit und als Instrument der Disziplinierung – zur zentralen Kategorie der nicht mehr ständisch geordneten bürgerlichen Gesellschaft geworden ist, wird deutlich, daß eine Abnahme der verfügbaren Erwerbsarbeit, wenn sie Folgen auf der Ebene des subjektiven Bewußtseins hat, die bestehende Gesellschaft prinzipiell in Frage stellen kann. Wie weit dies wirklich der Fall ist, ist strittig und keineswegs pauschal zu beantworten. Zwar gibt es eine Repräsentativumfrage mit Arbeitnehmern im Alter von 19 bis 60 Jahren[203] zum Zusammenhang von »unkonventionellen Werten« und Arbeitsbeteiligung. Danach erfolgt eine Ablösung konventioneller Leistungsethik auf breiter Basis, aber es existieren unterschiedliche Wertmuster nebeneinander. Die Ablehnung traditioneller Leistungsethik zugunsten größerer Spielräume im Privatbereich findet sich hauptsächlich in Berufen des tertiären Sektors (Dienstleistungsbereich), weniger im Bereich der direkten Produktion. Jüngere Befragte lehnen konventionelle Werte stärker ab. Dies kann zwar generationsbedingt sein, beruht aber vermutlich eher auf der Erfahrung (etwa 1968 bis 1974) von breiterem Bildungszugang und dem damals gewonnenen Eindruck von möglicher Überwindung materieller Knappheit. Beides fördert das Nachdenken über konkrete Alternativen.

Das Nebeneinander von Wertmustern läßt erwarten, daß das Arbeitsmarktproblem sich keineswegs dadurch lösen wird, daß sich breite Kreise der Bevölkerung von konventionellen Leistungsformen abwenden. Vielmehr besteht die reale, sich bereits abzeichnende Möglichkeit der kulturellen Abschottung von Subkulturen parallel zu Ausgrenzungen aus der Mehrheitsgesellschaft.

So plausibel die Differenzierung nach Altersgruppen und Nähe zur direkten Produktion klingt, ist sie doch nicht ausreichend. Kern und Schumann[204] gehen bei der Analyse des Arbeitsverständnisses von Industriearbeitern vom Theorem des doppelten Bezugs auf Arbeit aus, d. h. Arbeit aus der Perspektive des Lohnarbeiters (Instrumentalisierung) und Arbeit aus der Perspektive des Subjekts (als selbstbestimmte Tätigkeit im Sinn der oben benutzten Begriffe). Die These der Untersuchung lautet, daß der doppelte widerspruchsvolle Bezug auf Arbeit weder in der einen noch in der anderen Richtung aufgelöst ist, sondern: »Es gib einen grundlegenden Wandel im Verhältnis von Arbeiter und Arbeit, doch ist dieser nicht Vereinseitigung, sondern Neukonturierung des Bezugs auf Arbeit.«[205] Industriearbeit ist als fremdbestimmte Lohnarbeit weiterhin existent und wird es auch bleiben, die Industriegesellschaft ist nicht am Ende, aber der soziale Rahmen ist verändert: die Entwicklung ist als »Erweiterung der Spielräume zur Abkehr von Arbeit« interpretierbar. Nachgewiesen wird dies

1. an der veränderten zeitlichen Relation von Arbeit zu Nicht-Arbeit: Mitte der 50er Jahre kamen bei einem erwerbstätigen männlichen Arbeiter im Jahresdurchschnitt auf 1 Arbeitsstunde 2,9 Nicht-Arbeitsstunden, 1980 betrug das Verhältnis 1 zu 4,1;
2. an der Vermehrung des ausgabefähigen Einkommens: bezogen auf einen Vier-Personen-Arbeitnehmerhaushalt hat es sich von Mitte der 50er Jahre bis heute real verzweieinhalbfacht.

Arbeit hat objektiv im Lebenszusammenhang von Arbeitern einen geringeren Stellenwert bekommen. Zugleich ist der Subjektbezug von Arbeit intensiviert – für diejenigen, die Erwerbsarbeit behalten haben: Rationalisierung und Anwendung neuer Techniken sind zum Teil einvernehmlich zwischen Arbeitern und Betriebsleitung im Sinne von Effizienzsteigerung durchgesetzt. Das neue Leistungsbewußtsein könnte zu einem neuen Kollektivbezug unter Einschluß von Technikern, Wissenschaftlern und Ingenieuren führen anstelle des traditionellen Arbeiterbewußtseins. Kehrseite dieser Entwicklung ist die Marginalisierung der Arbeitskräftegruppen, die aus dem Produktionsprozeß herausgefallen sind.

Die Untersuchung von Kern und Schumann ist für die Frage nach der Übernahme bürgerlicher Werte insofern zentral, als zum einen der doppelte Bezug auf Arbeit (fremdbestimmt und selbstbestimmt) thematisiert wird, und zum zweiten die reale Tendenz in der industriellen Produktion gezeigt wird, partiell ein neues Leistungsbewußtsein zu stärken im Sinne ganzheitlicher Nutzung von Arbeitskraft mit Konsequenzen für das traditionelle Arbeiterbewußtsein.

Bleibt die Frage, welche Antwort die Gesellschaft auf das Problem der Marginalisierung von Teilen der Bevölkerung durch abnehmende Erwerbsarbeit parat hat. Im Prinzip gibt es mehrere politische Möglichkeiten der Reaktion: die großen Utopien seit Th. Morus' Utopia gehen von der Verringerung der notwendigen Erwerbsarbeit zugunsten von Freiräumen für selbstbestimmte Tätigkeiten aus. Dieser Rationalität entsprechen gegenwärtige Forderungen der Umverteilung vorhandener Erwerbsarbeit bei gleichzeitiger Arbeitszeitverkürzung. Diese ist im Prinzip auf allen Seiten anerkannt, strittig ist das Wie der Durchführung. Gerade davon hängt aber ab, ob das Maß selbstbestimmter Tätigkeit für alle zunimmt, ein wesentlicher Wert im bürgerlichen Selbstverständnis also gestärkt wird, oder eben nicht. Dies ist nicht der Ort, die Auseinandersetzung um Verkürzung der Lebensarbeitszeit oder der Wochenarbeitszeit, die buntschillernde »Flexibilität« am Arbeitsplatz und die Folgen der neuen Heimarbeit zu diskutieren, zumal die Literatur dazu ständig zunimmt.[206] Eine konkretere Aussage über Wertewandel hinsichtlich des zentralen Begriffes Arbeit muß aber die differenzierten und widersprüchlichen Prozesse am Arbeitsmarkt und in der Produktion einbeziehen. Eine pauschale Aussage zum Wertewandel im Hinblick auf eine Absage an – oder schlichte Kontinuität von nicht näher definiertem Leistungsprinzip gibt es nicht. Damit stellt sich die Frage nach dem Realitätsgehalt der Selbstreflexionen über bürgerliche Gesellschaft, die deren Ende diagnostizieren.

Selbstreflexion von bürgerlicher Gesellschaft

Kants »Idee zu einer allgemeinen Geschichte in weltbürgerlicher Absicht« ist einer der großen Texte zum Selbstverständnis bürgerlicher Gesellschaft in ihrer Frühphase. Die »Dialektik der Aufklärung«, von Adorno und Horkheimer im amerikanischen Exil gegen Ende des Nationalsozialismus geschrieben, 1947 in Amsterdam veröffentlicht, formuliert unter dem Eindruck der »Barbarei« in Deutschland durchaus in Kantischer Tradition den prinzipiellen Zweifel an der Aufklärung, die zur Selbstzerstörung tendiert. In der gegenwärtigen Diskussion über die Postmoderne, die wesentlich von der Schrift Lyotards über »Das postmoderne Wissen« beeinflußt ist, wird die mit der Aufklärung in Gang gesetzte Moderne zu einer Geschichte von Zwang und Terror. Die aufklärerische Rationalität hat als kritische Instanz abgedankt. Für Lyotard gibt es nicht mehr den Dualismus von funktionalem positivistischem Wissen und kritisch-reflexivem Denken, das Werte und Ziele in Frage stellt, sondern:

> Wir schließen uns dieser Teilungslösung nicht an. Wir behaupten, daß die Alternative, die sie zu lösen sucht, aber nur reproduzieren kann, bezüglich der uns interessierenden Gesellschaften keinen Erklärungswert mehr besitzt und selbst noch einem Gegensatzdenken angehört, das den lebendigsten Weisen des postmodernen Wissens nicht entspricht. Die durch die Veränderung der Techniken und Technologien geförderte ökonomische »Wiederentwicklung« in der aktuellen Phase des Kapitalismus geht, wie gesagt, mit einem Funktionswandel der Staaten einher. Von diesem Syndrom aus formt sich ein Bild der Gesellschaft, das zu einer ernsthaften Überprüfung der in Alternativen vorgetragenen Annäherungen zwingt. Sagen wir der Kürze halber, daß die Funktionen der Regulierung und daher der Reproduktion mehr und mehr den Verwaltern entzogen und Automaten anvertraut werden. Das große Problem wird zunehmend in der Verfügung über die Information liegen, die von diesen Automaten zu speichern sein werden, damit die richtigen Entscheidungen getroffen werden. Die Verfügung über die Informationen fällt immer mehr in die Zuständigkeit von Experten aller Art. Die herrschende Klasse ist und wird schon nicht mehr durch die traditionellen politischen Klassen gebildet, sondern von einer bunt aus Unternehmenschefs, hohen Funktionären, Leitern von großen beruflichen, gewerkschaftlichen, politischen und konfessionellen Verbänden zusammengewürfelten Schicht.[207]

Was bedeutet diese, auf der deskriptiven Ebene zunächst einleuchtende Position für den Prozeß der Selbstreflexion von bürgerlicher Gesellschaft? Wenn das Entscheidungsproblem auf die Verfügung über die Daten speichernden Automaten verlagert wird und die Entscheidungen nicht mehr den politischen Klassen angehören, ist dies das

Ende bürgerlicher Gesellschaft im Sinn von rationaler autonomer Planung und Entscheidung unter kritischer Kontrolle von Öffentlichkeit.

Lyotard zieht am Ende seiner Schrift das euphorische Fazit, daß die »Informatisierung der Gesellschaften« »das ›erträumte‹ Kontroll- und Regulierungsinstrument des Systems des Marktes werden, bis zum Wissen selbst erweitert werden und ausschließlich dem Prinzip der Performativität gehorchen« könne. Diese Informatisierung bringt den Terror mit sich, kann aber auch den »über die Metapräskriptionen diskutierenden Gruppen dienen, indem sie ihnen die Informationen gibt, die ihnen meistens fehlen, um in Kenntnis der Sachlage zu entscheiden.« Voraussetzung dafür sei freier öffentlicher Zugang zu Speichern und Datenbanken. »Es zeichnet sich eine Politik ab, in der der Wunsch nach Gerechtigkeit und der nach Unbekanntem gleichermaßen respektiert sein werden.«[208]

Gerechtigkeit einer Gesellschaft nicht mehr aufgrund rationaler Annäherung an eine von vernünftigen Prinzipien geordneten Gesellschaft, sondern als Ergebnis totaler Information aus gespeicherten Daten. Soweit diese Absage an die Gattung Mensch als Subjekt der Geschichte als endgültig verstanden wird, was aber nicht generell für die Verfechter der Postmoderne gilt, berührt sich die Postmoderne mit der weitergehenden These vom Posthistoire: dem gedachten Ende der Geschichte, insofern keine Veränderung nach dem Ende der großen Gesellschaftsentwürfe von Liberalismus, Konservativismus und Sozialismus mehr zu erwarten sei.[209]

Wie verhält sich diese gegenwärtige Diskussion, die nicht nur innerhalb der Rechten, sondern auch zum Teil von der intellektuellen Linken geführt wird, zu Kants Entwurf der bürgerlichen Gesellschaft als einem Prozeß ständiger, aber widersprüchlicher Annäherung an einen Zustand, der »teils durch die bestmögliche Anordnung der bürgerlichen Verfassung, teils durch eine gemeinschaftliche Verabredung und Gesetzgebung äußerlich (...) einem bürgerlichen gemeinen Wesen ähnlich, so wie ein Automat sich selbst erhalten kann.« (Siebenter Satz)

Kants Bild vom Automaten ist schon am Ende der »Zwischenüberlegung zu nachfaschistischen Alternativen« auf die Gegenwart bezogen worden. Tatsächlich ähnelt die gegenwärtige westdeutsche Industriegesellschaft auf den ersten Blick weniger einem sich selbst steuernden Automaten in Kants Sinn als vielmehr Lyotards Automaten, die die totale Information liefern, aber keine rationale Entscheidungsinstanz, d. h. keine Selbststeuerung der Gesellschaft. Die Informatisierung der Gesellschaften bringt – auch nach Lyotard – unvermeidlich Terror mit sich, solange die gespeicherten Informationen nicht öffentlich zugänglich sind. Dieser Zustand scheint derzeit eingetreten zu sein, aber nach Kant müßte sich dagegen Widerstand entwickeln und zu einem neuen labilen Gleichgewicht führen. Kants gedachter Automat funktioniert als der dauernde Ausgleich von Widersprüchen, nicht als einlinige Beschleunigung. Kriege, Zerstörung und Revolution sind nach Kant notwendige, wenn auch vom Menschen nicht intendierte Mittel auf dem Weg zu einer vernünftig organisierten Gesellschaft. Die Entwicklung dahin wird durch Aufklärung, die »nach und nach bis zu den Thronen hinauf« steigt (achter Satz), gestützt, so daß schließlich aus Einsicht die wechselseitige Zerstörung einem allgemeinen weltbürgerlichen Zustand weichen wird.

Zwei prinzipielle Probleme ergeben sich von heute her gegenüber Kants Konzept:

1. Es sind Grade von Zerstörung möglich geworden, die Kant noch nicht denken konnte und gegen die kein Gleichgewicht mehr entwickelt werden kann.
2. Der von Kant gedachte Fortschritt baut auf der Lernfähigkeit der Gattung Mensch auf, d. h. auf der Kumulation von Erfahrung über Generationen hinweg. Wie aber, wenn dieses Vermögen zur Vermittlung von Erfahrung in einer für Kant nicht vorstellbaren Weise zerstört wäre?

Walter Benjamin formuliert den Verlust von Erfahrung nach dem Ersten Weltkrieg stellvertretend für viele:

Es ist, als wenn ein Vermögen, das uns unveräußerlich schien, das Gesichertste unter dem Sicheren, von uns genommen würde. Nämlich das Vermögen, Erfahrungen auszutauschen. Eine Ursache dieser Erscheinung liegt auf der Hand: die Erfahrung ist im Kurse gefallen. Und es sieht aus, als fiele sie weiter ins Bodenlose. Jeder Blick in die Zeitung erweist, daß sie einen neuen Tiefstand erreicht hat, daß nicht nur das Bild der äußeren, sondern auch das Bild der sittlichen Welt über Nacht Veränderungen erlitten hat, die man niemals für möglich hielt. Mit dem Weltkrieg begann ein Vorgang offenkundig zu werden, der seither nicht zum Stillstand gekommen ist. Hatte man nicht bei Kriegsende bemerkt, daß die Leute verstummt aus dem Felde kamen? nicht reicher – ärmer an mitteilbarer Erfahrung. Was sich dann zehn Jahre später in der Flut der Kriegsbücher ergossen hatte, war alles andere als Erfahrung gewesen, die von Mund zu Mund geht. Und das war nicht merkwürdig. Denn nie sind Erfahrungen gründlicher Lügen gestraft worden, als die strategischen durch den Stellungskrieg, die wirtschaftlichen durch die Inflation, die körperlichen durch die Materialschlacht, die sittlichen durch die Machthaber. Eine Generation, die noch mit der Pferdebahn zur Schule gefahren war, stand unter freiem Himmel in einer Landschaft, in der nichts unverändert geblieben war als die Wolken und unter ihnen, in einem Kraftfeld zerstörender Ströme und Explosionen, der winzige gebrechliche Menschenkörper.[210]

Trotz dieser resignativen, eigentlich hoffnungslosen Beschreibung hält Benjamin an der Notwendigkeit und – unter besonderen Bedingungen – auch Möglichkeit der Erfahrung fest. In den geschichtsphilosophischen Thesen (These VI) heißt es:

Vergangenes historisch artikulieren heißt nicht, es erkennen, ›wie es denn eigentlich gewesen ist‹. Es heißt, sich einer Erinnerung bemächtigen, wie sie im Augenblick einer Gefahr aufblitzt (...) Nur dem Geschichtsschreiber wohnt die Gabe bei, im Vergangenen den Funken der Hoffnung anzufachen, der davon durchdrungen ist: auch die Toten werden vor dem Feind, wenn er siegt, nicht sicher sein. Und dieser Feind hat zu siegen nicht aufgehört.[211]

Es ist das Erlebnis des Faschismus, das Benjamin, der sich 1940 an der spanischen Grenze auf der Flucht vor den Faschisten das Leben nahm, wie auch Adorno und Horkheimer dazu brachte, die Aufklärung als Tradition prinzipiell in Zweifel zu ziehen. Benjamin hat dies u. a. in den Geschichtsphilosophischen Thesen (These XI) im Hinblick auf den Zusammenhang von Naturbeherrschung, Rückschritt der Gesellschaft und technokratische Züge des Faschismus getan. Dieser bei Benjamin auf die Sozialdemokratie und ihre Fortschrittsgläubigkeit bezogene Gedankengang wird zu einer Grundidee in der »Dialektik der Aufklärung«. In der Vorrede stellen Horkheimer und Adorno die zentrale Frage, »warum die Menschheit, anstatt in einen wahrhaft menschlichen Zustand einzutreten, in eine neue Art von Barbarei versinkt«.

Das ist, anders formuliert, die Frage nach dem Zusammenhang von bürgerlicher Gesellschaft und Faschismus. Die »Dialektik der Aufklärung« besteht darin, daß sie sich selbst zerstört, wenn sie sich nicht selbst in Frage stellt, sondern fortschrittsverhaftet auf Realisierung drängt. Das seiner selbst bewußt gewordene Denken hat seine eigene Konstituierung mit der Entfremdung und Unterwerfung von Natur bezahlt mit dem Ergebnis, daß die als außerhalb des Menschen unterworfen geglaubte Natur wiederum den Menschen beherrscht. Das den Gegebenheiten angepaßte Denken, das sich nicht selbst in Frage stellt, wird technokratisch-zerstörerisch und tendenziell faschistisch; in Horkheimers und Adornos Worten aus der Vorrede:

Wir hegen keinen Zweifel – und darin liegt unsere petitio principii –, daß die Freiheit in der Gesellschaft vom aufklärenden Denken unabtrennbar ist. Jedoch glauben wir, genauso deutlich erkannt zu haben, daß der Begriff eben dieses Denkens, nicht weniger als die konkreten historischen Formen, die Institutionen der Gesellschaft, in die es verflochten ist, schon den Keim zu jenem Rückschritt enthalten, der heute überall sich ereignet. Nimmt Aufklärung die Reflexion auf dieses rückläufige Moment nicht in sich auf, so besiegelt sie ihr eigenes Schicksal. Indem die Besinnung auf das Destruktive des Fortschritts seinen Feinden überlassen bleibt, verliert das blindlings pragmatisierte Denken seinen aufhebenden Charakter, und darum auch die Beziehung auf Wahrheit. An der rätselhaften Bereitschaft der technologisch erzogenen Massen, in den Bann eines jeglichen Despotismus zu geraten, an ihrer selbstzerstörerischen Affinität zur völkischen Paranoia, an all dem unbegriffenen Widersinn wird die Schwäche des gegenwärtigen theoretischen Verständnisses offenbar.

Der Ausweg und damit die »Dialektik der Aufklärung« liegt darin, daß sie zu sich selbst kommt und

das falsche Absolute, das Prinzip der blinden Herrschaft aufzuheben wagt. Der Geist solcher unnachgiebigen Theorien vermöchte den des erbarmungslosen Fortschritts selber an seinem Ziel umzuwenden.

Wie Benjamin halten Horkheimer und Adorno an der sich selbst reflektierenden Aufklärung fest. Der bei Kant noch selbstverständliche, wenn auch in Widersprüchen fortschreitende Lernprozeß der Menschheit ist zum dialektischen Prozeß geworden, ohne den die Aufklärung zur Selbstzerstörung verurteilt ist. Mit Bezug auf die Automatenbilder: die Selbstzerstörung der Aufklärung ist in den informationsspeichernden Automaten, deren »Wissen« nur noch angewandt und nicht mehr bezweifelt wird, vollendet, soweit sich dagegen kein Widerspruch ausbildet und zu einem neuen labilen Gleichgewicht im Sinne des Kantischen Automaten führt.

Bezogen auf unsere heutige Gesellschaft heißt das, daß die Kritik an nur technokratischer Rationalität mit Tendenz zur Selbstzerstörung ein Element von bürgerlichem Widerstand im ursprünglichen Sinn bildet, daß die ursprünglichen Leitvorstellungen einer bürgerlichen Gesellschaft sich kritisch gegen die existierende Form bürgerlicher Gesellschaft wenden. Dieser Vorgang ist an sich historisch nicht neu: in dem Maße, in dem Konzepte sich einer Realisierung nähern, werden sie an den im Konzept angelegten Möglichkeiten gemessen. Diejenigen, die Kritik formulieren, sind selbst notwendiger Teil der bürgerlichen Gesellschaft, die ohne ihre eigenen Kritiker deformiert wäre wie die faschistische Gesellschaft, die ihre potentiellen und realen Kritiker vernichtete.

Im Rahmen dieses Nachvollzugs von bürgerlicher Selbstreflexion erscheinen die Verfechter von Postmoderne und Posthistoire als die eine Seite des Widerspruchs, die sich – im traditionellen Verständnis von Avantgarde – als maßgebend für das Ganze begreift.[212] Wie weit von der anderen Seite her auf der real-historischen Ebene ein neues Gleichgewicht in einer veränderten Gesellschaft erreicht werden kann, die an sich selbst reflektierender Aufklärung orientiert ist und somit »bürgerlich« bleibt, hängt von den rationalen Entscheidungen dieser Gesellschaft selbst ab und dem Maß an innerer Kritik, das sie ertragen kann.

Anhang

Anmerkungen

Vorwort

1 Für einen ersten Überblick s. »Historikerstreit«. Die Dokumentation der Kontroverse um die Einzigartigkeit der nationalsozialistischen Judenvernichtung, München/Zürich, 3. Aufl. 1987; D. Diner (Hg.): Ist der Nationalsozialismus Geschichte? Zu Historisierung und Historikerstreit, Frankfurt a. M. 1987; H.-U. Wehler: Entsorgung der deutschen Vergangenheit? Ein polemisches Essay zum Historikerstreit, München 1988.

2 S. E. Nolte: Zwischen Geschichtslegende und Revisionismus?, in: »Historikerstreit«, S. 13–15, hier: S. 24, dergl.: Die Sache auf den Kopf gestellt, in: »Historikerstreit«, S. 223–231, hier S. 228f.

Einführung: Bürgerliche Gesellschaft als Projekt

1 Kant lebte von 1724 bis 1804 in Königsberg, wo er als Sohn eines Riemermeisters geboren und pietistisch erzogen wurde. Studium der Philosophie, Mathematik und Naturwissenschaft 1740–46, danach Hauslehrer. 1755 Privatdozent in Philosophie, 1765 Unterbibliothekar, 1770–97 Professor für Metaphysik und Logik. Nachdem er diese lange herbeigesehnte Stelle verhältnismäßig spät erhalten hatte, wurde er nach Publikation seiner Hauptwerke (Kritik der reinen Vernunft 1781, Kritik der praktischen Vernunft 1788, Kritik der Urteilskraft 1790, Die Metaphysik der Sitten 1797) schnell in ganz Deutschland und darüber hinaus bekannt, mehrmals Rektor der Universität und Senior der Akademie. Kant blieb unverheiratet und hat nie eine größere Reise unternommen. Er war von kleiner Statur und schwächlicher Konstitution und erhielt sich seine Leistungskraft durch Selbstdisziplin und einen extrem geregelten Tagesablauf. Den Stoff zu seiner lebhaften Anteilnahme an den Neuerungen seiner Zeit, vor allem in England und Frankreich, gewann er außer aus Lektüre aus einer allmittäglichen Tischgesellschaft, vorzugsweise mit befreundeten Notablen und Kaufleuten. Eine gute Einleitung in sein Leben und Werk gibt O. Höffe: Immanuel Kant, München 1983, eine knappe M. Schultz: Immanuel Kant, Reinbek 1965 u. ö.

2 Zur Textgeschichte vgl. I. Kant: Kleinere Schriften zur Geschichtsphiloso-

phie, Ethik und Politik, hg. v. K. Vorländer, Hamburg 1913, Nachdruck 1973, S. VIII ff.

3 So in einer Anmerkung Kants zum Titel seines Aufsatzes.

4 Vgl. dazu G. Beyerhaus: Kants ›Programm‹ der Aufklärung aus dem Jahre 1784, in: Kant-Studien 26 (1921) S. 1–16, jetzt auch in Z. Batscha (Hg.): Materialien zu Kants Rechtsphilosophie, Frankfurt a. M. 1976 (TB) S. 151 ff.

5 Zit. nach I. Kant: Gesammelte Schriften. Hg. v. der Königlich Preußischen Akademie der Wissenschaften, später von der Akademie der Wissenschaften zu Berlin, 23 Bde. Berlin 1900–1955, 1. Abth. Werke, Bd. VIII, S. 17–31.

6 Vgl. Höffe, Kant S. 22 f. Allerdings hat ihn der Zwang seiner Erziehung im pietistischen Milieu diesem entfremdet.

7 Kant, Idee, S. 21 aus einem noch zit. Teil der Erläuterung des Vierten Satzes.

8 Th. Hobbes: Leviathan, or the Matter, Forme, and Power of a Common-Wealth Ecclesiastical and Civil (1651), Teil I Kap. 13 (Ausg. Oxford 1962, S. 94 ff).

9 Vgl. ebenda S. 128 ff.

10 Vgl. z. B. Sigmund Freud: Das Unbehagen in der Kultur, (1930) Abschnitt VII, in: ders. Studienausgabe, Bd. 9, Frankfurt 1974, S. 250 ff.

11 Vgl. hierzu auch den Aufsatz von W. Euchner: Kant als Philosoph des politischen Fortschritts, in: Batscha (Hg.), S. 390 ff, der S. 399 f kritisiert, daß Kant die Ursachen der Kriege zu sehr im Fürstenstaat und zu wenig in den bürgerlichen Interessen suche.

12 Kant, Idee, S. 24 f aus einem oben noch nicht zit. Teil der Erläuterungen des Siebten Satzes. Vgl. auch Kants Schrift »Zum ewigen Frieden« von 1795, in ders., Kleinere Schriften, S. 115 ff.

13 Wer sich weiter mit der Geschichtsphilosophie Kants beschäftigen möchte, kann hier nur auf die Literatur verwiesen werden. Zur ersten Orientierung die Einleitung von K. Rossmann (Hg.): Deutsche Geschichtsphilosophie von Lessing bis Jaspers, Bremen o. J. (1959) bes. S. XLII ff.
Spezialstudien: K. Weygand: Kants Geschichtsphilosophie, Köln 1963; S. Axinn: A Study of Kant's Philosophy of History, Philadelphia 1955. Aus der älteren Literatur K. Vorländer: Kant und Marx, Tübingen 1911; H. Rickert: Kant als Philosoph der modernen Kultur, Tübingen 1925; Th. Litt: Kant und Herder, Leipzig 1930.

14 Metaphysik der Sitten (1797) § 46 (Werke, Bd. VI, S. 314): »Der Geselle bei einem Kaufmann oder bei einem Handwerker; der Dienstbote (nicht der im Dienste des Staates steht); ... alles Frauenzimmer und überhaupt jedermann, der nicht nach eigenem Betrieb, sondern nach der Verfügung anderer (außer der des Staates) genötigt ist, seine Existenz (Nahrung und Schutz) zu erhalten, entbehrt der bürgerlichen Persönlichkeit, und seine Existenz ist gleichsam nur Inhärenz« (d. h. haftet dem an, von dem seine

Existenz abhängt). In einer Auseinandersetzung mit Hobbes hatte er bereits 1793 (kleinere Schriften, S. 92f u. Anm.) als Qualifikation des Bürgers als Staatsbürger und Träger des Stimmrechts bestimmt: männliches Geschlecht, Volljährigkeit und ein Eigentum, das ihn ernährt. Zu diesem Eigentum wollte er auch Kunst, Wissenschaft und Handwerk rechnen, verstrickte sich aber in schwierige Abgrenzungen von Handwerkern und Arbeitern bzw. dienstleistendem Personal. Ein Großteil der neueren sozialphilosophischen Literatur zu Kant ist der Rolle des *Eigentums* als Kern seiner politischen Anthropologie und Gesellschaftslehre gewidmet, vor allem in seinen späteren Werken. Vgl. R. Saage: Eigentum, Staat und Gesellschaft bei Immanuel Kant, Stuttgart u. a. 1973 und neuerdings für Leser mit philosophischer Schulung: W. Kersting: Wohlgeordnete Freiheit. Immanuel Kants Rechts- und Staatsphilosophie, Berlin/New York 1984.

15 A. Smith: An Inquiry into the Nature and Causes of the Wealth of Nations (1776), Bd. 1, London/New York 1970, S. 400. Vgl. H. Medick: Naturzustand und Naturgeschichte der bürgerlichen Gesellschaft. Die Ursprünge der bürgerlichen Sozialtheorie als Geschichtsphilosophie und Sozialwissenschaft bei Samuel Pufendorf, John Locke und Adam Smith, 2. Aufl. Göttingen 1981; A. Oucken: Adam Smith und Immanuel Kant, 1877.

16 Vgl. R. Koselleck (Hg.): Studien zu Beginn der modernen Welt, Stuttgart 1977.

17 Vgl. Arbeit, Periodisierung, Neuzeit, in: W. Besson (Hg.): Geschichte (Fischer Lexikon, Bd. 24), Frankfurt a. M. 1961, S. 257ff.

18 Zum folgenden vgl. R. Koselleck: Vergangene Zukunft. Zur Semantik geschichtlicher Zeiten, Frankfurt a. M. 1979.

19 Zur Einführung L. Bergeron/F. Furet/R. Koselleck: Das Zeitalter der europäischen Revolution (Fischer Weltgeschichte Bd. 26), Frankfurt a. M. 1969 u. ö., S. 88ff. Vgl. auch die übrigen Aufsätze in Koselleck, Studien.

20 Kant, Werke, Bd. 7, 1–116.

21 Siehe Anm. 22. Eine Kurzerläuterung in K.-G. Faber: Geschichtswissenschaft heute, in: Funk-Kolleg Geschichte, Bd. 2, Frankfurt a. M. 1981, S. 371ff, bes. S. 383ff. Vgl. auch R. Koselleck (Hg.): Historische Semantik und Begriffsgeschichte, Stuttgart 1978.

22 Die folgende Übersicht beruht auf dem umfassenden Artikel von M. Riedel: Gesellschaft, bürgerliche, in: Brunner/Conze/Koselleck (Hg.), Bd. 2, S. 719–800. Vgl. auch den breiter angelegten Forschungsbericht von U. Haltern: Bürgerliche Gesellschaft. Sozialtheoretische und sozialhistorische Aspekte, Darmstadt 1985.

23 So bereits im Eröffnungssatz von Aristoteles: Politik (Philosophische Bibliothek, Bd. 7), 3. Aufl., Hamburg 1958, 1252a (nach der dort als Marginalie angegebenen Werkszählung), u. ö.

24 Belege dafür von Albertus Magnus, Melanchthon, Suarez, Bacon, Hobbes, Locke, Kant u. a. bei Riedel, Gesellschaft.

25 Vgl. als klassischen Text O. Brunner: Das »Ganze Haus« und die alteuro-

päische Ökonomie, in: ders.: Neue Wege der Verfassungs- und Sozialgeschichte, Göttingen, 2. Aufl., 1968.

26 Ganz zufällig ist sie indes nicht, da sich »Bürger« vom freien, nicht adeligen Einwohner einer mittelalterlichen Stadt (Burg) herleitet, wo sich am ehesten polis-artige Verfassungsverhältnisse in Mitteleuropa entwickelten. Die neuere Forschung hat die Unterschiedlichkeit der sozialen Befindlichkeiten (z.B. um 1800 Stadtbürger, Wirtschaftsbürger, Bildungsbürger), die mit dem Bürgerbegriff verdeckt wurden, zunehmend verdeutlicht. Vgl. dazu unten Kap. 1 und zusammenfassend z.B. J. Kocka: Bürgertum und Bürgerlichkeit als Probleme der deutschen Geschichte vom späten 18. zum frühen 20. Jahrhundert, in: ders.: Bürger und Bürgerlichkeit im 19. Jahrhundert, Göttingen 1987, S. 21 ff. Ansätze zur Differenzierung aus der DDR bei H. Zwahr: Zur Klassenkonstituierung der deutschen Bourgeoisie, in: Jb. f. Geschichte 18 (1978), S. 21 ff; W. Küttler/G. Seeber: Forschungsprobleme der Geschichte des deutschen Bürgertums und der deutschen Bourgeoisie, in: Zs. f. Geschichtswissenschaft 28 (1980), S. 203 ff.

27 G. W. F. Hegel, Werke, Bd. 7, Frankfurt 1970, S. 292 ff (Die Sittlichkeit).

28 Vgl. z.B. E. Topitsch: Die Sozialphilosophie Hegels als Heilslehre und Herrschaftsideologie, 2. Aufl., München 1981.

29 Vgl. z.B. E. Bloch: Subjekt-Objekt. Erläuterungen zu Hegel, Frankfurt a. M. 2. Aufl. 1972.

30 Hegel, Werke, S. 389 ff, Zitat § 245, S. 390.

31 So heißt es z.B. im Kommunistischen Manifest: »Die moderne Staatsgewalt ist nur ein Ausschuß, der die gemeinschaftlichen Geschäfte der ganzen Bourgeoisieklasse verwaltet«. K. Marx/F. Engels: Ausgewählte Schriften in zwei Bänden, 18. Aufl., Berlin (DDR) 1970, Bd. 1, S. 28.

32 Vgl. den klassischen Aufsatz von W. Conze: Vom »Pöbel« zum »Proletariat«, in: H.-U. Wehler (Hg.): Moderne deutsche Sozialgeschichte, 2. Aufl. Köln 1968 (u. ö.), S. 111 ff.

I. Alte Ordnung und Veränderung – Das Bürgertum entdeckt sich selbst

1 O. Hintze: Der preußische Militär- und Beamtenstaat im 18. Jahrhundert, in: ders., Regierung und Verwaltung, Göttingen 1967, S. 419–428.

2 E. Brandes: Betrachtungen über den Zeitgeist in Deutschland in den letzten Decennien des vorigen Jahrhunderts, Hannover 1808, ND Kronberg 1977, S. 57 f.

3 O. Büsch: Die Militarisierung von Staat und Gesellschaft im alten Preußen, in: M. Schlenke (Hg.): Preußen. Beiträge zu einer politischen Kultur, Reinbek 1981, S. 45–60, hier S. 54; Hintze, Militär- und Beamtenstaat, S. 426.

4 O. Büsch: Militärsystem und Sozialleben im Alten Preußen 1713–1807. Die Anfänge der sozialen Militarisierung der preußisch-deutschen Gesellschaft, Berlin 1962.

5 Vgl. dazu O. Hintze: Staat und Gesellschaft unter dem ersten König, in: ders., Regierung, S. 313–418.

6 Büsch: Militarisierung, S. 54; G. Hohorst: Wirtschaftswachstum und Bevölkerungsentwicklung in Preußen 1816 bis 1914, Diss. Münster 1978, S. 131.

7 A. Armengaud: Die Bevölkerung Europas von 1700–1914, in: C. M. Cipolla/K. Borchardt (Hg.): Bevölkerungsgeschichte Europas, München 1971, S. 123–180, hier S. 130.

8 H. Schissler: Preußische Agrargesellschaft im Wandel. Wirtschaftliche, gesellschaftliche und politische Transformationsprozesse von 1763 bis 1847, Göttingen 1978, S. 72f.

9 P. Brandt u. a.: Preußen. Zur Sozialgeschichte eines Staats, Reinbek 1981, S. 24.

10 Zur relativ privilegierten Lage der Domänenbauern und den bereits 1763 einsetzenden Domänenreformen vgl. Schissler, Agrargesellschaft, S. 94f, 106f.

11 Zit. bei P. Brandt, Sozialgeschichte, S. 35.

12 Schissler, Agrargesellschaft, S. 95.

13 W. Abel: Landwirtschaft 1648–1800, in: H. Aubin u. W. Zorn (Hg.), Handbuch der deutschen Wirtschafts- und Sozialgeschichte, Bd. 1, Stuttgart 1971, S. 517; W. Zorn: Sozialgeschichte 1648–1800, in: ebenda, S. 597; C. Dipper: Landwirtschaft und ländliche Gesellschaft um 1800, in: Berding/Ullmann, S. 281–295, v. a. S. 285f.

14 H. Medick: Zur strukturellen Funktion von Haushalt und Familie im Übergang von der traditionellen Agrargesellschaft zum industriellen Kapitalismus: die protoindustrielle Familienwirtschaft, in: W. Conze (Hg.): Sozialgeschichte der Familie in der Neuzeit Europas, Stuttgart 1976, S. 254–282; P. Kriedte u. a.: Industrialisierung vor der Industrialisierung, Göttingen 1976, v. a. S. 171–186; J. Mooser: Ländliche Klassengesellschaft 1770–1848. Bauern und Unterschichten, Landwirtschaft und Gewerbe im östlichen Westfalen, Göttingen 1984, S. 88f, fand dagegen heraus, daß die Mehrzahl der Heuerlinge ihr Heiratsverhalten (hohes Heiratsalter) an das bäuerliche Vorbild anglichen.

15 M. Mitterauer: Der Mythos von der vorindustriellen Großfamilie, in: H. Rosenbaum (Hg.): Seminar: Familie und Gesellschaftsstruktur, Frankfurt 1978, S. 128–151.

16 W. Fischer: Rural Industrialization and Population Change, in: CSSH, Jg. 15, 1973, S. 158–170.

17 W. Mager: Haushalt und Familie in protoindustrieller Gesellschaft: Spenge (Ravensberg) während der ersten Hälfte des 19. Jahrhunderts, in: N. Bulst u. a. (Hg.): Familie zwischen Tradition und Moderne, Göttingen

1981, S. 141–181; H. Harnisch: Bevölkerung und Wirtschaft. Über die Zusammenhänge zwischen sozialökonomischer und demographischer Entwicklung im Spätfeudalismus, in: Jahrbuch für Wirtschaftsgeschichte II/1975, S. 57–87.

18 J. Peters: Ostelbische Landarmut, in: Jahrbuch für Wirtschaftsgeschichte, I/1967, S. 97–126.

19 H. Harnisch: Produktivkräfte und Produktionsverhältnisse in der Landwirtschaft der Magdeburger Börde von der Mitte des 18. Jahrhunderts bis zum Beginn des Zuckerrüberenanbaus in der Mitte der dreißiger Jahre des 19. Jahrhunderts, in: H.-J. Rach/B. Weissel (Hg.), Landwirtschaft und Kapitalismus, Teil I.1, Berlin 1978, S. 67–173.

20 Schissler, Agrargesellschaft, S. 82ff

21 H. Schissler: Die Junker. Zur Sozialgeschichte und historischen Bedeutung der agrarischen Elite in Preußen, in: H.-J. Puhle/H.-U. Wehler (Hg.): Preußen im Rückblick, Göttingen 1980, S. 89–122, hier S. 96.

22 R. Koselleck: Preußen zwischen Reform und Revolution, Stuttgart ^{2}1975, S. 80.

23 Zu diesen Vorrechten gehörten z. B., außer dem bereits erwähnten Konnubium mit dem Adel, weitgehende Steuerbefreiungen, ein anderer Gerichtsstand, andere Strafmaße, etwa bei Beleidigungen. S. dazu Koselleck, Preußen, S. 89ff.

24 Zum »neuen Bürgertum« vgl. K. Schwieger: Das Bürgertum in Preußen vor der Französischen Revolution, Diss. Kiel 1971, v. a. S. 317ff; H. H. Gerth: Bürgerliche Intelligenz um 1800. Zur Soziologie des deutschen Frühliberalismus, Göttingen 1976; R. Vierhaus: Der Aufstieg des Bürgertums vom späten 18. Jahrhundert bis 1848/49, in: J. Kocka (Hg.): Bürger und Bürgerlichkeit im 19. Jahrhundert, Göttingen 1987, S. 64–78; U. Frevert: »Tatenarm und gedankenvoll«? Bürgertum in Deutschland 1780–1820, in: H. Berding u. a. (Hg.): Deutschland und Frankreich im Zeitalter der Französischen Revolution, Frankfurt 1989, S. 263–292.

25 Vgl. dazu K. Hinze: Die Arbeiterfrage zu Beginn des modernen Kapitalismus in Brandenburg-Preußen 1685–1806, Berlin 1963, S. 163f; W. Mager: Absolutistische Wirtschaftsförderung (am Beispiel Frankreichs und Brandenburg-Preußens), in: SOWI, Jg. 3, 1974, S. 4ff; G. Schmoller: Studien über die wirtschaftliche Politik Friedrich des Großen und Preußens überhaupt von 1680–1786, in: Jahrbuch für Gesetzgebung, Verwaltung und Volkswirtschaft im Deutschen Reich, NF, Jg. 8, 1884, S. 15–61.

26 Dies zeigt am Beispiel der Berliner Seidenindustrie H. Kisch: Die hausindustriellen Textilgewerbe am Niederrhein vor der industriellen Revolution, Göttingen 1981, S. 71ff; zur Revision der »Hohenzollernlegende« vgl. ebd., S. 152ff.

27 I. Mittenzwei: Zur Klassenentwicklung des Handels- und Manufakturbürgertums in den deutschen Territorialstaaten, in: ZfG, Jg. 23, 1975, S. 179–190; dies.: Preußen nach dem Siebenjährigen Krieg. Auseinander-

setzungen zwischen Bürgertum und Staat um die Wirtschaftspolitik, Berlin 1979; Schwieger, Bürgertum, S. 240ff.

28 R. Vierhaus: »Sie und nicht wir« – Deutsche Urteile über den Ausbruch der Französischen Revolution, in: J. Voss, (Hg.): Deutschland und die Französische Revolution, München 1983, S. 1–15; H. Günther (Hg.): Die Französische Revolution. Berichte und Deutungen deutscher Schriftsteller und Historiker, Frankfurt 1985.

29 Zur Reformgesetzgebung insgesamt: B. Vogel (Hg.): Preußische Reformen 1807–1820, Königstein 1980; dies.: Allgemeine Gewerbefreiheit, Göttingen 1983; T. Nipperdey: Deutsche Geschichte 1800–1866, München 1983, S. 33–69.

30 E. Hölzle: Das alte Recht und die Revolution. Eine Politische Geschichte Württembergs in der Revolutionszeit 1789–1805, München 1931.

31 Vgl. hierzu die zeitgenössischen Definitionen bei H. Fischer: Schwäbisches Wörterbuch, Bd. 1, Tübingen 1904 Sp. 1535ff: Artikel »Bürger«.

32 Zur Unterscheidung von »gemeinem« Bürgertum und patrizischem Bürgertum s. Schwäbisches Wörterbuch, Artikel »Bürger«, Sp. 1535f, hier Sp. 1535; und auch Schweizerisches Idiotikon. Wörterbuch der Schweizerdeutschen Sprache, Bd. 4, Frauenfeld 1901, Sp. 1579ff, Artikel Bürger, bes. Sp. 1581; hier auch die zeitgenössische Unterscheidung zwischen »Bürgerli« aus niederem Stande und vornehmen »Burgern«. Zum zeitgenössischen Verständnis von »Kleinbürgertum« s. H. Möller: Die kleinbürgerliche Familie im 18. Jahrhundert. Verhalten und Gruppenkultur, Berlin 1969, S. 2ff.

33 Zur Unterscheidung des älteren »Bürgerstandes« vom Wirtschafts- und Bildungsbürgertum des 19. Jahrhunderts vgl. J. Kocka: Bürgertum und Bürgerlichkeit als Probleme der deutschen Geschichte vom späten 18. zum frühen 20. Jahrhundert, in: ders. (Hg.): Bürger und Bürgerlichkeit im 19. Jahrhundert, Göttingen 1987, S. 21–63, hier S. 21ff. Kocka übersieht jedoch die entscheidenden sozialen und politischen Differenzierungen innerhalb des älteren »Bürgerstands«; deutlicher wird dies, von seiner Perspektive auf soziale Ungleichheit her bei H.-U. Wehler: Deutsche Gesellschaftsgeschichte Bd. 1, 1700–1815, Kap. III, 5: »Stadtbürger–Bürgerliche–Staatsbürger«, S. 202–210, München 1987.

34 E. Hölzle, Das Alte Recht, S. 3.

35 S. Karte VI, 2 in: Historischer Atlas von Baden-Württemberg, hg. von der Kommission für Geschichtliche Landeskunde in Baden-Württemberg, Stuttgart 1972.

36 Informativ hierzu: J. A. Vann: The Making of a State. Württemberg 1593–1793, Ithaca und London 1984. Den besten kurzen Einstieg in die im folgenden behandelten Probleme bietet E. Hölzle, Das alte Recht, Kap. I, S. 3–43. Die wichtigsten Daten der württembergischen Geschichte vom 16.–19. Jahrhundert sind erläutert bei W. Grube, in: Das Land Baden-Württemberg. Amtliche Beschreibung nach Kreisen und Gemeinden,

Bd. 1: Allgemeiner Teil, 2. Aufl. Stuttgart 1977, S. 187ff.; eine brillante, kurze Darstellung der württembergischen Sozial- und Herrschaftsstruktur und ihres Wandels während der frühen Neuzeit findet sich in der Einleitung zu: D. Sabean: Das zweischneidige Schwert. Herrschaft und Widerspruch im Württemberg der frühen Neuzeit. Berlin 1987.

37 S. hierzu J. A. Vann, The Making of a State, Kap. 6 und 7, S. 215–296; eine materialreiche ältere Darstellung ist: Herzog Karl Eugen v. Württemberg und seine Zeit (hg. v. Württembergischen Geschichts- und Altertumsverein), 2 Bde., Esslingen 1907–1909.

38 S. E. Adam: Herzog Karl und die Landschaft, in: Herzog Karl Eugen v. Württemberg und seine Zeit, Bd. 1, S. 246: als Summe werden hier 270000 französische livres genannt (unter Zugrundelegung des zeitgenössischen Wechselkurses von 2,5 Gulden pro livre beträgt die Gesamtsumme der Voltairschen Anleihen 700000 Gulden).

39 S. Stern: Jud Süß. Ein Beitrag zur deutschen und jüdischen Geschichte, Berlin 1929, S. 34.

40 Zur frühneuzeitlichen bürgerlichen Ehrbarkeit Württembergs, bes. im 18. Jahrhundert s. Kap. II in der interessanten Arbeit von M. Hasselhorn: Der altwürttembergische Pfarrstand im 18. Jahrhundert, Stuttgart 1958, S. 24–38; H. M. Decker-Hauff: Die Geistliche Führungsschicht Württembergs, in: G. Franz (Hg.): Beamtentum und Pfarrerstand 1400–1800. Limburg 1972, S. 52–80.

41 S. die Statistik bei J. A. Vann, The Making of a State, S. 299f (soziale Zusammensetzung des Geheimen Rats zwischen 1630 und 1793).

42 L. T. Spittler: Entwurf einer Geschichte des Engern landschaftlichen Ausschusses (1796), in: ders.: Sämtliche Werke, Bd. 13, Stuttgart und Tübingen 1837, S. 16f.

43 G. W. Fr. Hegel: Über die neuesten innern Verhältnisse Württembergs (1798) und ders.: Verhandlungen in der Versammlung der Landstände des Königreichs Württemberg im Jahre 1815 und 1816–1817, in: G. Lasson Hg.: Hegels Schriften zur Politik und Rechtsphilosophie, Leipzig 1913, S. 150–154 und S. 157–281, hier S. 261.

44 H. Lehmann: Die württembergischen Landstände im 17. und 18. Jahrhundert, in: D. Gerhard Hg.: Ständische Vertretungen im 17. und 18. Jahrhundert, Göttingen 1969, S. 183–207; V. Press: Der württembergische Landtag im Zeitalter des Umbruchs 1770–1830, in: Zeitschrift für württembergische Landesgeschichte 42. 1983, S. 255–281, und der materialreiche und lesenswerte »Klassiker«: W. Grube: Der Stuttgarter Landtag 1457–1957, Drittes Buch, S. 379–488: Von den Landständen zum demokratischen Parlament, Stuttgart 1957.

45 J. J. Moser: Neues Deutsches Staatsrecht, Stuttgart und Frankfurt 1766–1775, Bd. 13, S. 840.

46 Zu Moser vgl. die beiden hervorragenden Biographien: R. Rürup: Johann Jacob Moser: Pietismus und Reform, Wiesbaden 1976. M. Walker: Johann

Jacob Moser and the Holy Roman Empire of the German Nation, Chapel Hill, N. C. 1981.

47 S. hierzu den interessanten Aufsatz: W. Grube: Dorfgemeinde und Amtsversammlung in Altwürttemberg, in: Zeitschrift für Württembergische Landesgeschichte 13. 1954, S. 194–219.

48 S. hierzu etwa meine Arbeit: Buchkultur auf dem Lande, Laichingen 1748–1820, in: Glaube, Welt und Kirche im Evangelischen Württemberg. Ausstellungskatalog zur 450-Jahr-Feier der Evangelischen Landeskirche Stuttgart 1984, S. 46–68, in der u. a. der Nachweis erbracht wird, daß gegen Ende des 18. Jahrhunderts der durchschnittliche Buchbesitz der Haushalte dieses ländlichen Fleckens, der von Landwirtschaft und intensiv betriebener ländlicher Leineweberei lebte, den durchschnittlichen Buchbesitz der Haushalte der Schwäbischen Geistesmetropole und Universitätsstadt Tübingen nicht unerheblich übertraf.

49 Zur Ausbreitung ländlich-gewerblicher Warenproduktion in der frühen Neuzeit, vor Einsetzen der fabrikmäßigen Industrialisierung s. allgemein: P. Kriedte / H. Medick / J. Schlumbohm: Industrialisierung vor der Industrialisierung. Gewerbliche Warenproduktion auf dem Land in der Formationsperiode des Kapitalismus, Göttingen 1977; speziell zu den württembergischen Verhältnissen habe ich folgende Studien vorgelegt: Privilegiertes Handelskapital und »kleine Industrie«. Produktion und Produktionsverhältnisse im Leinengewerbe des alt-württembergischen Oberamts Urach im 18.Jahrhundert, in: AfS, 23, 1983, S. 267–310; ferner: »Freihandel für die Zunft«. Ein Kapitel aus der Geschichte der Preiskämpfe im Württembergischen Leinengewerbe des 18. Jahrhunderts, in: Mentalitäten und Lebensverhältnisse. Beispiele aus der Sozialgeschichte der Neuzeit. Rudolf Vierhaus zum 60. Geburtstag, Göttingen 1982, S. 277–294.

50 Anon., Geographie und Statistik Wirtembergs, Laibach 1797, S. 12.

51 Hierzu D. Sabean: Intensivierung der Arbeit und Alltagserfahrung auf dem Lande, in: Sozialwissenschaftliche Informationen für Unterricht und Studium, 6, 1977, S. 148–152.

52 Anon.: Geographie und Statistik Wirtembergs, S. 48.

53 H. Scheel: Süddeutsche Jakobiner. Klassenkämpfe und Republikanische Bestrebungen im Deutschen Süden Ende des 18. Jahrhunderts, Berlin (DDR) 1962. Zu Württemberg, S. 35 ff, S. 291 ff, S. 452 ff. Scheel überschätzt m. E. aber das politische Gewicht und die Zahl der württembergischen Jakobiner.

54 S. o. Anm. 36.

55 E. Hölzle, Das Alte Recht, S. 25.

56 Zit. bei W. Grube, Der Stuttgarter Landtag, S. 448 f.

57 Hierzu W. Grube, Der Stuttgarter Landtag, S. 448 f.

58 Hierzu E. Hölzle, Das Alte Recht, S. 18.

59 Vgl. J. A. Vann, The Making of a State, S. 256 ff.

60 M. Hasselhorn, Der altwürttembergische Pfarrstand, S. 28.

61 Hierzu H. Medick, Privilegiertes Handelskapital und »kleine Industrie«. S. 270ff.

62 Zur Calwer Zeughandlungskompagnie s. den Klassiker: W. Troeltsch: Die Calwer Zeughandlungskompagnie und ihre Arbeiter. Studien zur Gewerbe- und Sozialgeschichte Alt-Württembergs, Jena 1897.

63 Ch. Meiners: Bemerkungen auf einer Herbstreise nach Schwaben. Geschrieben im November 1793, in: ders.: Kleinere Länder- und Reisebeschreibungen, Bd. 2, Berlin 1794, S. 235–380.

64 M. Hasselhorn, Der altwürttembergische Pfarrstand, S. 30, S. 31.

65 J. Chr. Burk: Johann Albrecht Bengels Leben und Wirken, Stuttgart 1831, S. 147.

66 Auch ein paar nicht unbedeutende Worte über die schädlichen Familien-Verhältnisse auf den Rathäusern und in den Magistraten sowie über andere den Unterthanen drückende Misbräuche. Der Landesversammlung ans Herz gelegt. März 1797 (Landtagsschriften, Sammlung der Universitätsbibliothek Tübingen Bd. 5) S. 8.

67 Aufzeichnungen von Johann Christoph Schwab von 1796, zit. bei H. Scheel, Süddeutsche Jakobiner, S. 45.

68 Die ausführlichste Gesamtdarstellung findet sich bei H. Scheel, Süddeutsche Jakobiner, S. 35ff, S. 105ff, S. 127ff, Kap. V S. 291–352, S. 425ff; ferner ausführlich auch E. Hölzle, Das Alte Recht, S. 88ff; wichtige Quellen finden sich bei H. Scheel (Hg.): Jakobinische Flugschriften aus dem deutschen Süden am Ende des 18. Jahrhunderts, Vaduz 1980, S. 184ff. Konzentrierter Überblick zur Politik- und Verfassungsgeschichte der Zeit bei V. Press: Südwestdeutschland im Zeitalter der Französischen Revolution und Napoleons, in: Baden und Württemberg im Zeitalter Napoleons (Ausstellung des Landes Baden-Württemberg 1987), Stuttgart 1987, Bd. 2, S. 9–24.

69 Der Fall ist dargestellt bei Scheel, Süddeutsche Jakobiner, S. 44f.

70 Zitiert ebenda, S. 44.

71 Ebenda, S. 44.

72 Der Fall ist dargestellt bei H. Scheel, Süddeutsche Jakobiner, S. 46f.; ferner auch bei A. Grießinger: Das symbolische Kapital der Ehre. Streikbewegungen und kollektives Bewußtsein deutscher Handwerksgesellen im 18. Jahrhundert, Berlin 1981, S. 189ff.

73 H. Scheel, Süddeutsche Jakobiner, S. 43ff.

74 H. Scheel, Süddeutsche Jakobiner, S. 127ff., Zitat ebend. S. 130.

75 Anon. Johann Gottfried Pahl: Geheimnisse eines mehr als fünfzigjährigen württembergischen Staatsmannes, o. O. 1799, S. 96.

76 J. U. Wandel: Verdacht des Democratismus? Studien zur Geschichte von Stadt und Universität Tübingen im Zeitalter der Französischen Revolution, Tübingen 1981, bes. S. 47ff.

77 H. Scheel, Süddeutsche Jakobiner, S. 452ff; zur Kritik an Scheels Konzept deutscher Jakobiner, einer Kritik, die allerdings für die württembergischen

Verhältnisse nicht durchgängig zutrifft: S. Graf: Bayerische Jakobiner? Kritische Untersuchung sog. »jakobinischer Flugschriften« aus Bayern Ende des 18. Jahrhunderts, in: Zeitschrift für bayerische Landesgeschichte, 41, 1978, S. 117 ff.

78 H. Scheel, Jakobinische Flugschriften, S. 185 ff.

79 In Abwandlung von E. Hölzle, Das Alte Recht, S. 92 f.

80 Hierzu W. Grube, Der Stuttgarter Landtag, S. 450 ff und H. Scheel, Süddeutsche Jakobiner, Kap. V. S. 291 ff; zu den unterschiedlichen Tendenzen beider Arbeiten s. die Bemerkungen Scheels, ebend. S. 346 f.

81 Ursprünglich französischer Terminus: »cahier« = Schreibheft, auch »cahier des doléances« waren Beschwerdeschriften der Wahlbezirke, die, in Übernahme einer sehr viel älteren ständischen Tradition, der französischen Nationalversammlung von 1789 in großer Zahl überreicht wurden.

82 B. Vopelius-Holtzendorf: Das Nagolder Cahier und seine Zeit. Beschwerdeschrift mit Instruktionn für den Abgeordneten zum württembergischen Landtag von 1797 (Edition) in: Zeitschrift für Württembergische Landesgeschichte, 37, 1978, S. 122–178.

83 Zum folgenden vor allem W. Grube, Der Stuttgarter Landtag, S. 450 ff; H. Scheel, Süddeutsche Jakobiner, S. 325 ff und E. Hölzle, Das Alte Recht, S. 171 ff.

84 Zum spärlichen Agrarprogramm des Reformlandtags und den Ursachen dieses Mangels ausgezeichnet W. v. Hippel: Die Bauernbefreiung in Württemberg Bd. 1, Boppard 1977, S. 307.

85 H. Berding: Napoleonische Herrschafts- und Gesellschaftspolitik im Königreich Westfalen 1807–1813, Göttingen 1973. S. 111.

86 P. Sauer: Der schwäbische Zar. Friedrich – Württembergs erster König, Stuttgart 1984.

87 E. Hölzle, Das Alte Recht, S. 308 ff.

88 Durch die Rheinbundakte vom 12. Juli 1806 wurde eine Konföderation von zunächst 16 deutschen Fürsten unter französischem Protektorat begründet, mit Hilfe deren Napoleon einerseits seine Herrschaft in Mitteleuropa konsolidierte, die aber als Offensiv- und Defensivallianz gleichzeitig eine Basis zum Ausbau seiner imperialen Stellung bot. Am 1. August 1806 erklärten die Rheinbundstaaten ihren Austritt aus dem Verband des alten deutschen Reiches, das am 6. August 1806 mit der Niederlegung der Kaiserwürde durch den Habsburger Franz II. auch sein formelles Ende fand.

89 Gesamtdarstellungen: V. Press: Süddeutschland im Zeitalter der Französischen Revolution; ders.: König Friedrich I. – Der Begründer des modernen Württemberg, in: Baden und Württemberg im Zeitalter Napoleons, Stuttgart 1987, Bd. 2, S. 25–40.

90 E. Locher: Das württembergische Hofkammergut, Tübingen 1925, S. 24.

91 Hierzu die Biographie von P. Sauer, Der Schwäbische Zar, bes. S. 341 ff.

92 Zahlen bei W: Grube, in: Das Land Baden-Württemberg. Amtliche Beschreibung nach Kreisen und Gemeinden, Bd. 1: Allgemeiner Teil, 2. Aufl. Stuttgart 1977, S. 234.

93 Zum Gesamtzusammenhang s. B. Wunder: Die Entstehung des modernen Staates in Baden und Württemberg, in: Baden und Württemberg im Zeitalter Napoleons, Stuttgart 1987, Bd. 2, S. 103–120, hier S. 108 ff.

94 Zit. bei A. Rieger: Die Entwicklung des württembergischen Kreisverbands, rechts. und wirtschaftswiss. Diss. Tübingen 1952 (masch.), S. 47; ebda. auch gute Schilderung der Verwaltungsreformen.

95 E. Hölzle, Württemberg im Zeitalter Napoleons, S. 60 f.

96 Die altwürttembergischen Schreiber waren handwerklich, nicht akademisch ausgebildete Privatbeamte, die gegen Zahlung von Gebühren staatlich vorgeschriebene Rechtsgeschäfte erledigten, wie etwa die Anfertigung der in Württemberg obligatorischen Heirats- oder Sterbeinventare. Ihr außerordentliches Selbstbewußtsein wird aus dem Selbstzeugnis eines Schreibers deutlich, der es unter günstiger Konjunktur später zum Finanzminister brachte: F. A. Weckherlin: Apologie des wirttembergischen Schreiberstands, nebst einem Vorschlag zu seiner Vervollkommnung, 1793 S. VIII f: »Unser Beruf, der Beruf unseres Standes, ist groß und wichtig. Lasset einen Tag das Rad stelle stehen, und der ganzen Maschine droht Zerrüttung. Wir sind das Mittel, wodurch vom Throne, von Kollegien aus herab auf die niederen Volksclassen und von diesen zurück auf jene gewirkt wird.«

97 M. Miller: Die Organisation und Verwaltung von Neuwürttemberg unter Herzog und Kurfürst Friedrich, Kap. III, in: Württembergische Vierteljahrshefte für Landesgeschichte, 37, 1931, S. 266 ff, hier S. 306.

98 »Die Einheit im System«, so verkündete ein Minister Friedrichs I., habe die Aufhebung der Adelsvorrechte erfordert, zit. bei E. Hölzle, Württemberg im Zeitalter Napoleons, S. 89, zum folgenden ebda. S. 88 f.

99 Zit. ebda. S. 108.

100 S. W. v. Hippel, Die Bauernbefreiung, S. 310.

101 Vgl. hierzu die Andeutungen bei H. Harnisch: Zum Stand der Diskussion um die Probleme des »preußischen Weges« kapitalistischer Agrarentwicklung in der deutschen Geschichte, in: G. Seeber und K. H. Noack, Hg.: Preußen in der deutschen Geschichte, Berlin 1983, S. 125; in gewissem Widerspruch hierzu ders.: Kapitalistische Agrarreform und industrielle Revolution, Weimar 1984, S. 60.

102 S. hierzu meine unveröffentlichte Arbeit Teuerung, Teuerungspolitik und Hunger in Württemberg 1816 und 1817, Mkpt. Göttingen 1989; Kurzfassung in: Beiträge zur Historischen Sozialkunde, Wien 1985.

103 Friedrich Buchholz: Der neue Leviathan, Tübingen 1805; gegen die Schrift Buchholz', die, von einer Philosophie des Realismus ausgehend, das Selbstherrschertum Napoleons rechtfertigte, schrieb der abgesetzte Landschaftskonsulent Eberhard Friedrich Georgii zwischen seiner Eidverweigerung gegenüber dem neuen König und seinem späteren Eintritt in den Staats-

dienst als »Oberjustizrat« die anonyme Schrift: Anti-Leviathan oder über das Verhältnis der Moral zum äußeren Recht und zur Politik, Göttingen 1807.

104 Bester ausführlicher Überblick W. v. Hippel: Bevölkerungsentwicklung und Wirtschaftsstruktur im Königreich. Überlegungen zum Pauperismusproblem in Südwestdeutschland, in: U. Engelhardt, V. Sellin, H. Stuke (Hg.): Soziale Bewegung und Politische Verfassung. Beiträge zur Geschichte der modernen Welt, Stuttgart 1976, S. 270–271; vgl. auch ders., Auswanderung aus Südwestdeutschland. Studien zur württembergischen Auswanderung und Auswanderungspolitik im 18. und 19. Jahrhundert, Stuttgart 1984, insbes. S. 148 ff.

105 G. Rümelin: Bevölkerungsstatistik, in: Das Königreich Württemberg, 2. Aufl. Bd. 2/1, Stuttgart 1884, S. 148 ff.

106 Hierzu jetzt H. Harnisch: Kapitalistische Agrarreform und Industrielle Revolution.

107 Zur Kritik am häufig angenommenen Modellcharakter des »Preußischen Weges« in der deutschen Geschichtsschreibung, zur Nichtübertragbarkeit dieses »Modells« auf Württemberg und zu den Besonderheiten der württembergischen Bauernbefreiung s. W. v. Hippel, Die Bauernbefreiung im Königreich Württemberg Bd. 1, S. 578 ff.

108 Zum Gesamtzusammenhang der Industrialisierung Württembergs s. K. Megerle: Württemberg im Industrialisierungsprozeß Deutschlands. Ein Beitrag zur regionalen Differenzierung der Industrialisierung, Stuttgart 1982; guter Überblick mit hervorragenden Illustrationen bei G. Arns, Über die Anfänge der Industrie in Baden und Württemberg, Stuttgart 1986.

109 Hierzu K. Megerle, Württemberg im Industrialisierungsprozeß, S. 82 ff, S. 93 ff; anschaulich, mit reichem biographischen Material: O. Borst: Staat und Unternehmer in der Frühzeit der württembergischen Industrie, in: Tradition, Zeitschrift für Firmengeschichte und Unternehmerbiographie 11. 1966, S. 105–125, S. 153–174; zur Korrektur der biographischen Perspektive Borsts s. D. Langewiesche, Liberalismus und Demokratie in Württemberg zwischen Revolution und Reichsgründung, Düsseldorf 1974, S. 30 f.

110 Vgl. hierzu die eindringlichen Bemerkungen bei W. Kaschuba und C. Lipp: 1848 Provinz und Revolution. Wandel und soziale Bewegung in Württemberg, Tübingen 1979, S. 31 ff, S. 57 ff (Heilbronn), S. 66 ff (Eßlingen).

111 Hierzu W. Kaschuba/C. Lipp, 1848 – Provinz und Revolution, S. 79 ff; O. Borst, Staat und Unternehmer, S. 121 ff. »Altwürttemberger sind unter den Unternehmern der ersten württembergischen Industrie, diese Feststellung ist wichtig, in der Minderzahl« (S. 121).

112 W. Kaschuba/C. Lipp, 1848 – Provinz und Revolution, S. 82.

113 Tabelle übernommen aus: K. Megerle, Württemberg im Industrialisierungsprozeß, S. 94.

114 Megerle, Württemberg im Industrialisierungsprozeß, S. 95.
115 Hierzu Megerle, Württemberg im Industrialisierungsprozeß, S. 98ff.
116 Nach H. Schultz: Landhandwerk und ländliche Sozialstrukturen um 1800, in: Jahrbuch für Wirtschaftsgeschichte 1981, H. 2, S. 11–50, hier S. 25ff und bes. Tabelle S. 36 erreichte die Handwerksdichte in Württemberg um 1800 ein Maximum unter allen mitteleuropäischen Regionen.
117 Arns, Anfänge der Industrie, S. 134ff.
118 K. Megerle, Württemberg im Industrialisierungsprozeß, S. 107ff.
119 Hierzu W. Grube, Der Stuttgarter Landtag, S. 502, E. Hölzle, Württemberg im Zeitalter Napoleons, S. 255ff; die grundlegende Arbeit von H. Brandt: Parlamentarismus in Württemberg 1819–1870. Anatomie eines deutschen Landtags, Düsseldorf 1987, erschien erst nach Abschluß des Manuskripts.
120 W. Grube, Der Stuttgarter Landtag, S. 502ff.
121 Zit. ebenda, S. 504.
122 S. den interessanten Aufsatz von H. Brandt: Gesellschaft, Parlament und Regierung in Württemberg 1830–1840, in: G. A. Ritter (Hg.): Gesellschaft, Parlament und Regierung. Zur Geschichte des Parlamentarismus in Deutschland, Düsseldorf 1974, S. 101–118.
123 Vgl. L. Gall: Der Liberalismus als regierende Partei. Das Großherzogtum Baden zwischen Restauration und Reichsgründung, Wiesbaden 1968, S. 39.
124 W. Kaschuba / C. Lipp, 1848 – Provinz und Revolution, S. 147.
125 H. Brandt, Gesellschaft, Parlament und Regierung in Württemberg, S. 109.
126 Zum folgenden D. Langewiesche, Liberalismus und Demokratie, S. 71ff, hier S. 74.
127 Tabelle nach: D. Langewiesche, Liberalismus und Demokratie, S. 73.
128 Etwa D. Langewiesche, Liberalismus und Demokratie, S. 72.
129 H. Brandt, Gesellschaft, Parlament und Regierung, S. 106.
130 Ebenda, S. 107.
131 Der Hochwächter Nr. 169, 15. Juni 1831, zit. bei H. Brandt, Gesellschaft, Parlament und Regierung, S. 107.
132 D. Langewiesche, Liberalismus und Demokratie, S. 76; vgl. auch dessen treffenden Satz ebenda, in Aufnahme einer Äußerung von H. Brandt: »Das deutsche Bürgertum war im Vormärz nur Teil eines sozial-ständisch gegliederten Untertanenverbandes, nicht Avantgarde im Kampfe für eine mobile Leistungsgesellschaft und politische Selbstregulierung« (S. 72).
133 S. W. v. Hippel, Die Bauernbefreiung im Königreich Württemberg, Bd. 1, S. 578ff.
134 Ebenda, S. 332ff.
135 Megerle, Württemberg im Industrialisierungsprozeß, S. 178.
136 Hierzu kurz und prägnant: W. Kaschuba und C. Lipp: Zur Organisation des bürgerlichen Optimismus – Regionale Formierungsprozesse des Bürgertums im Vormärz und während der Revolution 1848, in: Sozialwissen-

schaftliche Informationen für Unterricht und Studium, 8, 1979, S. 74–82; dies.: Revolutionskultur 1848. Einige (volkskundliche) Anmerkungen zu den Erfahrungsräumen und Aktionsformen anti-feudaler Volksbewegungen in Württemberg, in: Zeitschrift für Württembergische Landesgeschichte, 39, 1980, S. 141–164, hier bes. S. 153ff.

137 Zur Konfrontation von »Familie« und »Salon« vgl. J. Habermas: Strukturwandel der Öffentlichkeit. Untersuchungen zu einer Kategorie bürgerlicher Gesellschaft, Neuwied 1971, 5. Aufl., S. 60ff; zur (berechtigten) Kritik an diesem Konfrontationsmodell s. L. Pikulik: Leistungsethik contra Gefühlskult. Über das Verhältnis von Bürgerlichkeit und Empfindsamkeit in Deutschland, Göttingen 1984, S. 109ff.

138 A. Hauser: Sozialgeschichte der Kunst und Literatur, München 1972, S. 491 (Hauser beschreibt in erster Linie die Kunst-Salons in Frankreich). S. auch E. Badinter: Emilie, Emilie. Weiblicher Lebensentwurf im 18. Jahrhundert, München 1984, S. 29ff.

139 Bekannte Salons gab es auch in anderen Städten: in Weimar (Johanna Schopenhauer), in Wien (Fanny Arnsteiner), in Hamburg (Eva König), in Jena, wo Caroline Schlegel ein offenes Haus führte. S. dazu I. Drewitz: Berliner Salons, Berlin 1965; G. Dischner: Caroline und der Jenaer Kreis, Berlin 1979; E. Horvath: Die Frau im gesellschaftlichen Leben Hamburgs – Meta Klopstock, Eva König, Elise Reimarus, in: Wolfenbüttler Studien zur Aufklärung, Bd. 3, Wolfenbüttel 1976, S. 175–194; P. Schmid: Zeit des Lebens – Zeit des Fühlens. Anfänge des deutschen Bildungsbürgertums, Berlin 1985, S. 189ff.

140 Zit. bei G. von Brinkmann: Rahel. Brief an Varnhagen von Ense, nach dem Tode seiner Gattin, in: K. A. Varnhagen von Ense: Vermischte Schriften, 3. Teil, Leipzig 1876, 3. Aufl., S. 221.

141 H. Arendt: Rahel Varnhagen. Lebensgeschichte einer deutschen Jüdin aus der Romantik, München 1983, 4. Aufl., S. 45.

142 Brinckmann, Rahel, S. 226.

143 J. W. v. Goethe: Wilhelm Meisters Lehrjahre, Frankfurt 1980 (insel-tb), S. 300ff.

144 Zur »Theorie« des Salons s. F. D. E. Schleiermacher: Versuch einer Theorie des geselligen Betragens (1799), in: ders.: Philosophische Schriften, hg. v. J. Rachold, Berlin 1984, S. 39–64.

145 Brinckmann, Rahel, S. 226f.

146 Anon.: Der Salon der Frau Varnhagen (Berlin, im März 1830), in: K. A. von Varnhagen: Vermischte Schriften, 3. Teil, Leipzig 1876, 3. Aufl., S. 183.

147 Vgl. dazu den Sammelband v. R. Vierhaus (Hg.): Deutsche patriotische und gemeinnützige Gesellschaften, München 1980, sowie für die Schweiz U. Im Hof: Das gesellige Jahrhundert. Gesellschaft und Gesellschaften im Zeitalter der Aufklärung, München 1982. Grundsätzlich zum bürgerlichen Vereinswesen: T. Nipperdey: Verein als soziale Struktur in Deutschland im späten 18. und frühen 19. Jahrhundert, in: ders.: Gesellschaft, Kultur,

Theorie, Göttingen 1976, S. 174–205. Wichtig als Zusammenschau: R. van Dülmen: Die Gesellschaft der Aufklärer, Frankfurt 1986.

148 Vgl. dazu F. Kopitzsch: Die Hamburgische Gesellschaft zur Beförderung der Künste und nützlichen Gewerbe (Patriotische Gesellschaft von 1765) im Zeitalter der Aufklärung. Ein Überblick, in: Vierhaus, Gesellschaften, S. 71–118, bes. S. 87f; ders.: Grundzüge einer Sozialgeschichte der Aufklärung in Hamburg und Altona, Hamburg 1982, S. 269–297, 328–565; W. Ruppert: Bürgerlicher Wandel. Studien zur Herausbildung einer nationalen deutschen Kultur im 18. Jahrhundert, Frankfurt 1981, S. 137ff.

149 Zit. bei U. Frevert: Krankheit als politisches Problem 1770–1880. Soziale Unterschichten in Preußen zwischen medizinischer Polizei und staatlicher Sozialversicherung, Göttingen 1984, S. 152f.

150 Prämiert wurde die Einsendung von F. W. Wilcke: Über Entstehung, Behandlung und Erwehrung der Armuth, Halle 1792.

151 M. Lindemann: Bürgerliche Karriere und patriotische Philanthropie: Armenpolitik in Hamburg vor und nach der Reform von 1788, in: C. Sachße / F. Tennstedt (Hg.): Jahrbuch der Sozialarbeit 4, Reinbek 1981, S. 157–180.

152 Zit. bei Frevert, Krankheit, S. 95; hier auch eine ausführlichere Darstellung der bürgerlichen Armenreform im späten 18. und frühen 19. Jahrhundert. Vgl. auch C. Sachße / F. Tennstedt: Geschichte der Armenfürsorge in Deutschland. Vom Spätmittelalter bis zum Ersten Weltkrieg, Stuttgart 1980, S. 125ff (mit vielen Dokumenten).

153 Kopitzsch, Gesellschaft, S. 78.

154 E. J. Hobsbawm: The Age of Capital 1848–1875, London 1975, S. 237ff (dt.: die Blütezeit des Kapitals, München 1977). S. auch den Überblick bei R. Sieder: Sozialgeschichte der Familie, Frankfurt 1987, S. 125–145.

155 E. Brandes: Betrachtungen über den Zeitgeist in Deutschland in den letzten Decennien des vorigen Jahrhunderts, Hannover 1808, ND Kronberg 1977, S. 197.

156 Vgl. dazu den Artikel »familia« in: Großes Universallexikon aller Wissenschaften und Künste..., Bd. 9. Verlegt v. J. H. Zedler, Halle 1735, Sp. 205f., sowie den grundlegenden Aufsatz von O. Brunner: Das »Ganze Haus« und die alteuropäische »Ökonomik«, in: ders.: Neue Wege der Verfassungs- und Sozialgeschichte, Göttingen 1968, 2. Aufl., S. 103ff.

157 J. G. Krünitz: Oeconomische Encyklopädie, oder allgemeines System der Staats-, Stadt-, Haus- und Landwirtschaft, T. 14, Brünn 1788, Artikel »Frau«, S. 790f.

158 Zur Geschlechtsgebundenheit von Werkzeugen und Arbeitsabläufen vor der Industrialisierung vgl. B. Duden / K. Hausen: Gesellschaftliche Arbeit – geschlechtsspezifische Arbeitsteilung, in: A. Kuhn / G. Schneider (Hg.): Frauen in der Geschichte, Düsseldorf 1979, S. 11–33; M. Mitterauer: Geschlechtsspezifische Arbeitsteilung in vorindustrieller Zeit, in: Beiträge zur historischen Sozialkunde, 11, 1981, S. 77–87; I. Illich: Genus. Zu einer historischen Kritik der Gleichheit, Reinbek 1983.

159 Auf die Kontinuitätslinien zwischen vorbürgerlicher und bürgerlicher Familie verweist auch Pikulik: Leistungsethik, S. 93ff, der darüber aber die neuen Tendenzen unterschätzt.

160 Krünitz, Encyklopädie, S. 790.

161 J. H. Campe: Väterlicher Rath für meine Tochter. Ein Gegenstück zum Theophron. Der erwachsenen weiblichen Jugend gewidmet, Braunschweig 1789, abgedruckt in: U. Gerhard: Verhältnisse und Verhinderungen. Frauenarbeit, Familie und Rechte der Frauen im 19. Jahrhundert, Frankfurt 1978, S. 372.

162 A. Frhr. v. Knigge: Über den Umgang mit Menschen (1788), Frankfurt 1982, S. 168.

163 G. Frühsorge: Die Einheit aller Geschäfte. Tradition und Veränderung des ›Hausmutter‹-Bildes in der deutschen Ökonomieliteratur des 18. Jahrhunderts, in: Wolfenbütteler Studien zur Aufklärung, Bd. 3, Wolfenbüttel 1976, S. 137–157.

164 W. Martens: Die Botschaft der Tugend. Die Aufklärung im Spiegel der deutschen Moralischen Wochenschriften, Stuttgart 1968, v. a. S. 520ff. Vgl. auch M. Gaus: Das Idealbild der Familie in den Moralischen Wochenschriften und seine Auswirkungen in der deutschen Literatur des 18. Jahrhunderts, Diss. Rostock 1937.

165 K. Hausen: Die Polarisierung der »Geschlechtscharaktere« – Eine Spiegelung der Dissoziation von Erwerbs- und Familienleben, in: W. Conze (Hg.): Sozialgeschichte der Familie in der Neuzeit Europas, Stuttgart 1976, S. 363–393; U. Frevert: Bürgerliche Meisterdenker und das Geschlechterverhältnis. Konzepte, Erfahrungen, Visionen an der Wende vom 18. zum 19. Jahrhundert, in: dies. (Hg.): Bürgerinnen und Bürger, Geschlechterverhältnisse im 19. Jh., Göttingen 1988, S. 17–48.

166 Gerhard, S. 154ff. Zum Scheidungsrecht vgl. D. Blasius: Ehescheidung in Deutschland 1794–1945. Scheidung und Scheidungsrecht in historischer Perspektive, Göttingen 1987.

167 U. Frevert: Frauen-Geschichte. Zwischen Bürgerlicher Verbesserung und Neuer Weiblichkeit, Frankfurt 1986, S. 40ff.

168 A. v. Nell: Die Entwicklung der generativen Strukturen bürgerlicher und bäuerlicher Familien von 1750 bis zur Gegenwart, Diss. Bochum 1973, S. 51, 74f.

169 H. Rosenbaum: Formen der Familie. Untersuchungen zum Zusammenhang von Familienverhältnissen, Sozialstruktur und sozialem Wandel in der deutschen Gesellschaft des 19. Jahrhunderts, Frankfurt 1982, S. 291.

170 Vgl. die Beispiele bei M. Freudenthal: Gestaltwandel der städtischen, bürgerlichen und proletarischen Hauswirtschaft zwischen 1760 und 1910, hg. v. K. Rutschky, Frankfurt 1986, v. a. S. 7ff.

171 S. die Schilderung eines bildungsbürgerlichen Haushalts in der 1. Hälfte des 19. Jahrhunderts (L. Otto-Peters), abgedruckt bei Gerhard, S. 282–294.

172 Nell, Entwicklung, S. 48.
173 R. Wild: Die Vernunft der Väter. Zur Psychographie von Bürgerlichkeit und Aufklärung in Deutschland am Beispiel ihrer Literatur für Kinder, Stuttgart 1987; Y. Schütze: Die gute Mutter. Zur Geschichte des normativen Musters »Mutterliebe«, Bielefeld 1986.

II. Bürgertum auf dem Weg zur herrschenden Klasse?

1 M. M. von Weber: Die Bewegung auf Eisenbahnen, in: ders.: Aus der Welt der Arbeit. Gesammelte Schriften von M. von Wildenbruch, Berlin 1907, S. 168–179, hier S. 175.
2 Vgl. zu der – im einzelnen z. T. unsicheren – Datierung M. Jähns: Biographische Skizze, in: M. M. von Weber: Vom rollenden Flügelrade. Skizzen und Bilder, Berlin 1882, S. III–XXIX, bes. S. XII f, XVIII ff.
3 Weber, Die Bewegung auf Eisenbahnen, S. 175.
4 M. M. von Weber: Die Geographie des Eisenbahnwesens, in: ders.: Aus der Welt der Arbeit, S. 280–316, hier S. 285.
5 Weber, Die Bewegung auf Eisenbahnen, S. 175. – Insgesamt vgl. dazu die literarischen Spiegelungen und Verarbeitungen bei J. Mahr: Eisenbahnen in der deutschen Dichtung, München 1982; die (sozial spezifischen) Etikettierungen und Wahrnehmungen der Eisenbahn werden weiterführend analysiert bei R. P. Sieferle: Fortschrittsfeinde? Opposition gegen Technik und Industrie von der Romantik bis zur Gegenwart, München 1984, S. 87–117.
6 Weber, Die Bewegung auf Eisenbahnen, S. 175.
7 F. List: Über ein sächsisches Eisenbahnsystem als Grundlage eines allgemeinen deutschen Eisenbahnsystems und insbesondere über die Anlegung einer Eisenbahn von Leipzig nach Dresden (1833), in: ders.: Schriften, Reden, Briefe, Bd. 3/I, Berlin 1929, S. 155–195 (Karte zwischen S. 188 u. 189); in dem genannten Band auch weitere Schriften Lists aus den 1830er Jahren zum Eisenbahnwesen; z. B.: Eisenbahnen würden die militärische Verteidigung wesentlich gegenüber der Offensive stärken – und insgesamt den »Kapitalisten« der Bahnen ein starkes Motiv geben, *»den Krieg selbst tot zu machen«* (Hervorhebung F. L.), vgl. ders.: Deutschlands Eisenbahnsystem in militärischer Beziehung, in: List, Schriften, Reden, Briefe, S. 260–269, hier S. 269.
8 Zum Ausbau des Bahnnetzes detailliert für jede Strecke A. von Mayer: Geschichte und Geographie der deutschen Eisenbahnen von ihrer Entstehung bis auf die Gegenwart 1890, Bd. 1, 2, Berlin 1891. – Die Zahlen hier nach: Hundert Jahre deutsche Eisenbahn, 2. Aufl. Berlin 1938, S. 39.
9 Dazu insgesamt: Hundert Jahre, S. 291 ff.
10 Zu den Tonnageleistungen: Hundert Jahre, S. 207; zu den Angaben über Wagenpark und Streckenlänge vgl. aber auch R. Fremdling: Eisenbahnen

und deutsches Wirtschaftswachstum, 1840–1879, Dortmund 1975, S. 17 (speziell zur steigenden Bedeutung für die Kohlenmärkte S. 57, 61 ff).

11 Dazu D. E. Showalter: Railroads and Rifles. Soldiers, Technology, and the Unification of Germany, Camden/Conn. 1975, S. 19–72.

12 K. Marx/F. Engels: Manifest der Kommunistischen Partei (1848), in: Marx: Die Frühschriften, Hrsg. S. Landshut, Stuttgart 1953, S. 525–560, 527 ff, bes. S. 530 (vgl. Marx-Engels-Werke, MEW 4, S. 459–493, S. 463 ff).

13 Fremdling, Eisenbahnen, S. 80, sowie das Resümee auf S. 82 ff. Detaillierte Aufschlüsselungen bei H. Wagenblass: Der Eisenbahnbau und das Wachstum der deutschen Eisen- und Maschinenbauindustrie, 1835–1860, Stuttgart 1973, passim.

14 Dazu und für die folgenden Angaben über einzelne Unternehmen detailliert Wagenblass, Der Eisenbahnbau, S. 25 ff, 37 ff, 87 ff, 202 ff.

15 Wagenblass, Der Eisenbahnbau, S. 99 ff; V. Hentschel: Wirtschaftsgeschichte der Maschinenfabrik Esslingen AG 1846–1918, Stuttgart 1977, S. 18 ff, 20 ff.

16 E. Glaser: Die Hannoversche Maschinenbau AG vorm. Georg Egestorff in Linden vor Hannover, Diss.rer.pol. Halle 1909; M. Ohlsen: Eisenbahnkönig. Bethel Henry Stromberg – eine preußische Gründerkarriere, Berlin (DDR) 1987.

17 Vgl. für das – in der vorgesehenen Form gescheiterte – Projekt der Rhein-West-Weser-Bahn (1836–39/42) W. Steitz: Die Entstehung der Köln-Mindener Eisenbahngesellschaft, Köln 1974, S. 131 ff, 152 ff, 182 ff, für das (im zitierten Buchtitel genannte) Anschlußvorhaben S. 202 ff; s. auch Mayer, Geschichte, Bd. 1, S. 470 ff. Ein württembergischer »Fall« (der mit dazu beitrug, daß hier die staatliche Lösung sehr rasch und ohne größeren Widerstand favorisiert wurde): K. Herrmann: Die Württembergische Eisenbahn-Gesellschaft 1836–1838, in: Zeitschrift für Württembergische Landesgeschichte 37 (1978), S. 179–202, hier S. 190 ff, mit einer sehr instruktiven Aufschlüsselung der Kapitalzeichner und Aktionäre; deutlich wird das Übergewicht spekulativen Kapitals aus Westdeutschland.

18 Vgl. zu der Oberschlesischen Eisenbahn (ab 1836, Fertigstellung der Strecke Breslau–Oppeln 1843) Mayer, Geschichte, Bd. 1, S. 445 ff. Für die finanzielle Beteiligung und administrative Förderung des zugleich regional zuständigen Oppelner Regierungspräsidenten und ansässigen Gutsbesitzers Graf Pückler A. Lüdtke: »Gemeinwohl«, Polizei und Festungspraxis, Göttingen 1982, S. 121 ff.

19 Mayer, Geschichte, Bd. 2, S. 704 ff.

20 Zu den Entwicklungen in den einzelnen Staaten vgl. die zusammenfassenden summarischen Informationen bei Mayer, Geschichte, Bd. 1, Tl. I.

21 Vgl. A. Lüdtke: »Wehrhafte Nation« und »innere Wohlfahrt«: Zur militärischen Mobilisierbarkeit der bürgerlichen Gesellschaft, in: Militärgeschichtliche Mitteilungen (1981) Nr. 2, S. 7–56, hier S. 39 ff.

22 Vgl. die vergleichenden Beobachtungen, die M. M. von Weber notierte:

Die Physiognomien der Eisenbahnsysteme bei den Hauptkulturvölkern, in: ders., Aus der Welt der Arbeit, S. 380–414, hier S. 382 ff; vgl. die Hinweise bei Sieferle, Fortschrittsfeinde, S. 90. Insgesamt eine erhellende Mischung aus evidenten Einzelaspekten und systematischen Perspektiven bei W. Schivelbusch: Geschichte der Eisenbahnreise. Zur Industrialisierung von Raum und Zeit im 19. Jahrhundert, München 1977, hier bes. S. 35 ff, 51 ff, 152 ff. – Unerläßlich zur Veranschaulichung der visuellen Erfahrungen durch Eisenbahnbauten sind die Reproduktionen zeitgenössischer Illustrationen bei H. Glaser / N. Neudecker: Die deutsche Eisenbahn. Bilder aus ihrer Geschichte, München 1984.

23 Dazu und zum folgenden: R. Kellett: The Impact of Railways on Victorian Cities, London / Toronto 1969, S. 287 ff.

24 Weber, Physiognomien, S. 383.

25 Weber, Physiognomien, S. 395 f.

26 Vgl. zu den – z. T. im Wortsinn – mehrseitigen Sprengwirkungen dieser Erfahrungen Sieferle, Fortschrittsfeinde? S. 87 (das Zitat von John Ruskin ausführlich in Schivelbusch, Eisenbahnreise, S. 201).

27 Vgl. dazu insgesamt K. Beyerer: Die Postkutschenreise, Tübingen 1985.

28 Sieferle, Fortschrittsfeinde? S. 109.

29 E. Geibel: Die junge Zeit (1847), in: ders.: Juniuslieder 1848, zitiert nach: Mahr, Eisenbahnen, S. 102 f.

30 Zu den Reisezeiten: Hundert Jahre, S. 295, 366.

31 Zitiert nach: W. Minaty (Hrsg.): Die Eisenbahn, Frankfurt 1984, S. 86 ff.

32 Durchblicke öffnet der vergleichende Essay von Schivelbusch, Eisenbahnreise, passim; vgl. auch Sieferle, Fortschrittsfeinde? S. 87 ff.

33 Ohne genauere Datierung, Sieferle, Fortschrittsfeinde? S. 112.

34 E. Staisch: Zug um Zug. Ein Rückblick auf das Jahrhundert der Eisenbahnen, Augsburg 1977, S. 113 ff; vgl. Hundert Jahre, S. 294.

35 W. Lotz: Verkehrsentwicklung in Deutschland seit 1800. Berlin 1920, S. 97 f. Vgl. auch Weber, Physiognomien, S. 398.

36 Hundert Jahre, S. 280.

37 Die Berliner S-Bahn. Gesellschaftsgeschichte eines industriellen Verkehrsmittels, Berlin 1982.

38 Schivelbusch, Eisenbahnreise, S. 106 ff, 113 ff. – In diesem Zusammenhang sollte festgehalten werden, daß das vielzitierte Bayerisch-Obermedizinal-Gutachten über die gesundheitlichen Gefahren des Eisenbahnreisens nicht nachweisbar, sondern offenbar eine (Treitschkesche?) Erfindung ist, vgl. Sieferle, Fortschrittsfeinde? S. 87–89.

39 Vgl. dazu anon.: Das Eisenbahnwesen, in: Die Gegenwart, Bd. 10, Leipzig 1855, S. 312–370, S. 343 f.

40 Weber, Physiognomien, S. 386.

41 Zu Wahrnehmungs- und Verarbeitungsweisen Schivelbusch, Eisenbahnreise, S. 117–141; eine Erfassung aller bzw. aller bish. ermittelten Unfälle bei H. J. Ritzau: Eisenbahnkatastrophen in Deutschland, Bd. 1, Landsberg

1979; zeitgenössische Illustrationen bei Glaser, Neudecker, Eisenbahn, S. 198 ff.

42 Weber, Bewegung, in: ders.: Aus der Welt der Arbeit, S. 117. – Zu den Löhnen bei den Eisenbahnen vgl. Fremdling, Eisenbahnen, S. 174–183.

43 W. Wortmann: Eisenbahnbauarbeiter im Vormärz. Sozialgeschichtliche Untersuchung der Bauarbeiter der Köln-Mindener Eisenbahn in Minden-Ravensberg 1844–1847, Köln / Wien 1972, S. 74 f, 81.

44 W. Holek: Lebensgang eines deutsch-tschechischen Handarbeiters, P. Göhre (Hg.), Jena 1909, S. 11, 13.

45 Wortmann, Eisenbahnbauarbeiter, S. 95 ff. – Vgl. Karl Fischer: Denkwürdigkeiten und Erinnerungen eines Arbeiters, P. Göhre (Hg.), Leipzig 1903.

46 Westphälisches Dampfboot, Bd. 1, 1845, S. 338, zitiert nach Wortmann, Eisenbahnbauarbeiter, S. 95.

47 Dazu generell P. Kriedte / H. Medick / J. Schlumbohm: Industrialisierung vor der Industrialisierung, 2. Aufl. Göttingen 1978, bes. S. 292 ff, 309 ff.

48 Dazu allgemein H. Volkmann / J. Bergmann: Sozialer Protest, Opladen 1984; Lüdtke, »Gemeinwohl«.

49 Vgl. H. Schomerus: Die Arbeiter der Maschinenfabrik Esslingen, Stuttgart 1977, S. 111 ff.

50 D. Vorsteher: Borsig. Eisengießerei und Maschinenbauanstalt zu Berlin, Berlin 1983, S. 212 ff.

51 Vorsteher, Borsig, S. 153 ff, bes. S. 156 ff.

52 W. W. Rostow: Stadien wirtschaftlichen Wachstums. Göttingen 1960 (amerikan. 1960), S. 18 ff.

53 K. Marx, F. Engels: Manifest der kommunistischen Partei, in: S. Landshut (Hg.): Karl Marx. Die Frühschriften, Stuttgart 1953, S. 525–560, S. 525, 527 ff.

54 K. Marx: Das Kapital. Bd. 1 (1867 / 1890). Berlin / DDR 1965, S. 12.

55 Für das Folgende vgl. die Daten und weiterführenden Literaturhinweise bei W. Fischer u. a.: Sozialgeschichtliches Arbeitsbuch I. Materialien zur Statistik des Deutschen Bundes 1815–1870, München 1982, S. 46 ff, S. 67 ff, S. 82 ff. – Zur Diskussion der Konzepte vgl. auch R. Spree: Wachstumstrends und Konjunkturzyklen der deutschen Wirtschaft von 1820–1913, Berlin 1978.

56 In absoluten Zahlen: 1850 arbeiteten in der Metallerzeugung und -verarbeitung 333 000 Beschäftigte, 1875 wurden 751 000 gezählt; im Bereich von Textil, Leder und Bekleidung lauteten die Zahlen 1850: 1 638 000, 1875: 2 048 000, vgl. Fischer, Arbeitsbuch, S. 54.

57 R. Forberger: Die Industrielle Revolution in Sachsen 1800–1861, Bd. 1 / 1, Berlin 1982, passim; ders.: Dass. Bd. 1 / 2 (zusammengestellt von U. Forberger), Berlin 1982, S. 1, S. 222 ff.

58 J. Kermann: Die Manufakturen im Rheinland, 1750–1833, Bonn 1972, S. 620 ff, 629 ff, 660 ff, 699 ff, 712 ff.

59 H. Kiesewetter: Staat und regionale Industrialisierung. Württemberg und Sachsen im 19. Jahrhundert, in: ders., R. Fremdling (Hg.): Staat, Region und Industrialisierung, Göttingen 1980, S. 89–106, S. 91 ff.
60 Vgl. H. Kiesewetter: Bevölkerung, Erwerbstätige und Landwirtschaft im Königreich Sachsen 1815–1871, in: S. Pollard (Hg.): Region und Industrialisierung, Göttingen 1980, S. 89–106, S. 91 ff.
61 Kiesewetter, Staat, S. 127f.
62 A. Spiethoff: Die wirtschaftlichen Wechsellagen, 2 Bde., Tübingen 1955.
63 A. Lüdtke: »Gefühllose ›bare Zahlung‹«? Geldlohn und Bargeld im Erfahrungszyklus städtischer Lohnabhängiger, 1870–1930, in: Monika Glettler u. a. (Hg.): Zentrale Städte und ihr Umland, St. Katharinen 1985, S. 312–336.
64 S. und W. Jacobeit: Illustrierte Alltagsgeschichte des deutschen Volkes, Bd. 2: 1810–1900, Köln 1987, S. 177 ff; s. auch J. Kocka: Lohnarbeit und Klassenbildung. Berlin/Bonn 1983, Kap. V u. VI.
65 C. Jantke/D. Hilger (Hg.): Die Eigentumslosen, Freiburg, München 1965.
66 H. Harnisch: Kapitalistische Agrarreform und Industrielle Revolution, Weimar 1984, S. 285 ff., S. 309 f.
67 Vgl. insgesamt H. H. Müller (Red.): Geschichte der Produktivkräfte in Deutschland 1870–1917/18, Berlin (DDR) 1985, S. 162 ff.
68 H. Rosenberg: Die Weltwirtschaftskrisis von 1857–1859, Stuttgart/Berlin 1934.
69 Anon.: Die Verkehrskrisis des Jahres 1857, in: Preußische Jahrbücher 1858/I, S. 97–123, hier S. 97 ff.
70 A. Gerschenkron: Economic Backwardness in Historical Perspective, Cambridge/Mass. 1962.
71 S. Pollard (Hg.), Region und Industrialisierung; ders.: Peaceful Conquest. The Industrialization of Europe 1760–1970, Oxford 1981.
72 Pollard, Conquest, S. 112 ff.
73 Pollard, Region, S. 12.
74 Pollard, Conquest, S. 115.
75 W. Dlugoborski: Wirtschaftliche Region und politische Grenzen: Die Industrialisierung des oberschlesischen Kohlenbeckens, in: Pollard, Region, S. 142–174.
76 H. Kisch: Die hausindustriellen Textilgewerbe am Niederrhein vor der Industriellen Revolution, Göttingen 1981, S. 162–257; J. Reulecke: Nachzügler und Pionier zugleich: das Bergische Land und der Beginn der Industrialisierung in Deutschland, in: Pollard, Region, S. 52–68.
77 Pollard, Region, S. 14.
78 C. Sabel u. J. Zeitlin: Historical Alternatives to Mass Production: Politics, Markets and Technology in Nineteenth-Century Industrialization, in: Past and Present Nr. 108 (1985), S. 133–176, bes. S. 142 ff.
79 H. Rosenberg: Große Depression und Bismarckzeit, Berlin 1967, S. 38 ff;

vgl. auch Müller, Geschichte der Produktivkräfte, S. 13ff; kritisch zur These der langgezogenen »Großen« Depression: Spree, Wachstumstrends.

80 A. Thun: Die Industrie am Niederrhein und ihre Arbeiter, Leipzig 1879, S. 48ff.

81 Thun, Industrie, S. 50.

82 Rosenberg, Große Depression, S. 46f; ähnlich, freilich nuancierter: G. Hohorst u. a.: Sozialgeschichtliches Arbeitsbuch II: Materialien zur Statistik des Kaiserreichs 1870–1914, überarbeitete 2. Aufl. München 1978, S. 95ff.

83 H. Möller: Vernunft und Kritik. Deutsche Aufklärung im 17. und 18. Jahrhundert, Frankfurt a. M. 1986: F. Valjavec: Die Entstehung der politischen Strömungen in Deutschland 1770–1815, 2. Aufl., Königstein 1978; R. Vierhaus: Politisches Bewußtsein in Deutschland vor 1789, in: H. Berding/H. P. Ullmann (Hg.): Deutschland zwischen Revolution und Restauration, Königstein und Düsseldorf 1981, S. 161ff. Für die gesamte Thematik sind – neben den eingangs erwähnten Gesamtdarstellungen – grundlegend J. J. Sheehan: Der deutsche Liberalismus. Von den Anfängen im 18. Jahrhundert bis zum Ersten Weltkrieg 1770–1914, München 1983. Als organisationsgeschichtliches Nachschlagewerk siehe D. Fricke u. a. (Hg.): Lexikon zur Parteiengeschichte. Die bürgerlichen und kleinbürgerlichen Parteien und Verbände in Deutschland (1789–1945), 4 Bde., Köln 1983–86.

84 H. Reinalter: Der Jakobinismus in Mitteleuropa. Eine Einführung, Stuttgart u. a. 1981; ders. (Hg.): Jakobiner in Mitteleuropa, Innsbruck 1977.

85 T. Nipperdey: Deutsche Geschichte 1800–1866. Bürgerwelt und starker Staat, München 1983, S. 308.

86 H. König: Zur Geschichte der bürgerlichen Nationalerziehung in Deutschland zwischen 1807 und 1815, 2 Bde., Berlin (DDR) 1972/73; C. Prignitz: Vaterlandsliebe und Freiheit. Deutscher Patriotismus von 1750 bis 1850, Wiesbaden 1981; O. Dann: Nationalismus und sozialer Wandel in Deutschland 1806–1850, in: ders. (Hg.): Nationalismus und sozialer Wandel, Hamburg 1978, S. 77ff; H. Scheel (Hg.): Das Jahr 1813. Studien zur Geschichte und Wirkung der Befreiungskriege, Berlin (DDR) 1963.

87 Abdruck der angeführten Dokumente in: Ein Deutschland ist, soll sein und bleiben. Festgabe der Friedrich-Schiller-Universität Jena zur 125. Wiederkehr des Wartburgfestes deutscher Studenten 18./19. Oktober 1817 – 18./19. Oktober 1952, Jena 1952; H. Brandt (Hg.): Restauration und Frühliberalismus 1814–1830, Darmstadt 1979, S. 121ff. Ansonsten siehe nach wie vor P. Wentzcke: Geschichte der deutschen Burschenschaft, Bd. 1, Heidelberg 1919 (fortgesetzt von G. Heer, Bde. 2 u. 3, 1927/29); neuerdings W. Hardtwig: Studentische Mentalität – politische Jugendbewegung – Nationalismus. Die Anfänge der Deutschen Burschenschaft, in:

HZ 242 (1986), S. 581 ff; ders.: Protestformen und Organisationsstrukturen der deutschen Burschenschaft 1815–1833, in: H. Reinalter (Hg.): Demokratische und soziale Protestbewegungen in Mitteleuropa 1815–1848/49, Frankfurt 1986; P. Brandt: Das studentische Wartburgfest 18./19. Oktober 1917, in: D. Düding, P. Friedemann u. P. Münch (Hg.): Öffentliche Festkultur, Reinbek 1988, und demnächst ders.: Studentische Reformbewegung und früher Nationalismus. Vorgeschichte und Geschichte der ersten deutschen Burschenschaft, München 1991.

88 K. Baumann (Hg.): Das Hambacher Fest, 27. Mai 1832, Männer und Ideen, Speyer 1957; H. G. Haasis: Volksfest, sozialer Protest und Verschwörung. 150 Jahre Hambacher Fest, Heidelberg 1981; W. Rothley u. M. Geis (Hg.): Schon pflanzen sie frech die Freiheitsbäume. 150 Jahre Hambacher Fest, Neustadt 1982.

89 H. Thielbeer: Universität und Politik in der deutschen Revolution von 1848, Bonn 1983.

90 E. R. Huber: Deutsche Verfassungsgeschichte seit 1789, Bd. 2, Stuttgart, 2. Aufl., 1968, S. 30 ff; H. Bock: Deutsche Klassenkämpfe zur Zeit der französischen Julirevolution 1830–1834, in: Jahrbuch für Volkskunde und Kulturgeschichte 17 (1974), N. F. Bd. 2, S. 40 ff.; C. Foerster: Der Preß- und Vaterlandsverein von 1832/33. Sozialstruktur und Organisationsformen der bürgerlichen Bewegung in der Zeit des Hambacher Festes, Trier 1982; R. Muhs: Zwischen Staatsreform und politischem Protest. Liberalismus in Sachsen zur Zeit des Hambacher Festes, in: W. Schieder (Hg.): Liberalismus in der Gesellschaft des deutschen Vormärz (GuG Sonderheft 9), Göttingen 1983, S. 194 ff.

91 Dazu die Beiträge von H.-W. Hahn, E. Fehrenbach, K. Düwell in Schieder (Hg.), Liberalismus; Dann, Nationalismus und sozialer Wandel; G. Hildebrandt: Programm und Bewegung des süddeutschen Liberalismus nach 1830; in: Jahrbuch für Geschichte 9 (1973), bes. S. 17 ff.

92 P. Wende: Radikalismus im Vormärz. Untersuchungen zur politischen Theorie der frühen deutschen Demokratie, Wiesbaden 1975; N. Deuchert: Vom Hambacher Fest zur badischen Revolution. Politische Presse und Anfänge deutscher Demokratie 1832–1848/49, Stuttgart 1983; W. Schieder: Die Anfänge der deutschen Arbeiterbewegung, Stuttgart 1963.

93 T. Nipperdey: Verein als soziale Struktur im späten 18. und frühen 19. Jahrhundert, in: H. Boockmann u. a. (Hg.): Geschichtswissenschaft und Vereinswesen im 19. Jahrhundert, Göttingen 1972, S. 1 ff; W. Hardtwig: Vereinswesen in Deutschland 1780–1918, Frankfurt a. M. 1987; als Beispiel D. Düding: Organisierter gesellschaftlicher Nationalismus in Deutschland (1808–1847). Bedeutung und Funktion der Turner- und Sängervereine für die deutsche Nationalbewegung, München 1984.

94 Tabelle bei W. Siemann: Die deutsche Revolution von 1848/49, Frankfurt a. M. 1985, S. 126; vgl. allgemein J. J. Sheehan: Liberalismus und Gesell-

schaft in Deutschland 1815–1848; in: L. Gall (Hg.): Liberalismus, Köln 1976, S. 162ff.

95 Vgl. (außer den Arbeiten von Sheehan) D. Langewiesche (Hg.): Liberalismus im 19. Jahrhundert. Deutschland im europäischen Vergleich, Göttingen 1988; W. Kaschuba/C. Lipp: 1848. Provinz und Revolution, Kultureller Wandel und soziale Bewegung im Königreich Württemberg, Tübingen 1979.

96 E. Süss: Die Pfälzer im »Schwarzen Buch«. Ein personengeschichtlicher Beitrag zur Geschichte des Hambacher Festes, des frühen pfälzischen und deutschen Liberalismus, Heidelberg 1956; C. Foerster: Der Preß- und Vaterlandsverein von 1832/33.

97 E. Fehrenbach: Rheinischer Liberalismus und gesellschaftliche Verfassung, in: Schieder (Hg.), Liberalismus, S. 272ff; K. Düwell: David Hansemann als rheinpreußischer Liberaler in Heppenheim 1847, in: ebenda, S. 295ff; K. G. Faber: Die Rheinlande zwischen Restauration und Revolution. Probleme der rheinischen Geschichte von 1814–1848 im Spiegel der zeitgenössischen Publizistik. Wiesbaden 1966; H. Obenaus: Anfänge des Parlamentarismus in Preußen bis 1848, Düsseldorf 1984; J. Hofmann: Das Ministerium Camphausen-Hansemann. Zur Politik der preußischen Bourgeoisie in der Revolution 1848/49, Berlin (DDR) 1981.

98 C. Dipper: Adelsliberalismus in Deutschland, in: Langewiesche (Hg.), Liberalismus im 19. Jahrhundert, S. 172ff: H. Obenaus: Gutsbesitzerliberalismus. Zur regionalen Sonderentwicklung der liberalen Partei in Ost- und Westpreußen während des Vormärz, in: GuG 14 (1988), S. 304ff; P. Schuppan: Ostpreußischer Junkerliberalismus und bürgerliche Opposition um 1840, in: H. Bleiber (Hg.): Bourgeoisie und bürgerliche Umwälzung in Deutschland 1789–1871, Berlin (DDR) 1977, S. 65ff.

99 P. A. Pfizer: Liberal, Liberalismus, in: Staatslexikon oder Encyclopädie der Staatswissenschaften, hg. v. C. von Rotteck/C. T. Welcker, Altona 1834–48, Bd. IX, S. 714, 729.

100 C. von Rotteck: Ein Wort über Landstände, in: ders., Gesammelte und nachgelassene Schriften, Bd. 2, Pforzheim 1841, S. 407.

101 C. von Rotteck: Constitution, in: Staatslexikon, 1. Aufl., Bd. III, S. 766. – Zum französischen Einfluß L. Gall: Benjamin Constant. Seine politische Ideenwelt und der deutsche Vormärz, Wiesbaden 1963.

102 F. C. Dahlmann: Ein Wort über Verfassung, zuerst in: Kieler Blätter, Bd. I (1815), S. 47ff, 245ff, jetzt auszugsweise in: H. Brandt (Hg.), Restauration und Frühliberalismus, hier S. 104. – Zur Charakterisierung der beiden Strömungen generell H. Brandt: Landständische Repräsentation im deutschen Vormärz. Politisches Denken im Einflußfeld des monarchischen Prinzips, Neuwied 1968.

103 R. Koch: Grundlagen bürgerlicher Herrschaft. Verfassungs- und sozialgeschichtliche Studien zur bürgerlichen Gesellschaft in Frankfurt a. M. (1612–1866), Wiesbaden 1983.

104 H. Sedatis: Liberalismus in Südwestdeutschland – Wirtschafts- und Gesellschaftskonzeption des Liberalismus und die Krise des Handwerks im 19. Jahrhundert, Stuttgart 1979; L. Gall: Liberalismus und »bürgerliche Gesellschaft«. Zu Charakter und Entwicklung der liberalen Bewegung in Deutschland, in: ders. (Hg.), Liberalismus, S. 162 ff.; ferner J. J. Sheehan: Liberalismus und Gesellschaft in Deutschland 1815–1848, in: ebenda, bes. S. 215 ff; H. U. Thamer: Emanzipation und Tradition. Zur Ideen- und Sozialgeschichte von Liberalismus und Handwerk in der ersten Hälfte des 19. Jahrhunderts, in: W. Schieder (Hg.), Liberalismus, S. 55 ff.

105 C. von Rotteck: Census, in: Staatslexikon, 1. Aufl., Bd. III, S. 385. – Zur sozialen Struktur und politischen Entwicklung Südwestdeutschlands Kaschuba/Lipp, 1848; W. Fischer: Staat und Gesellschaft Badens im Vormärz, in: W. Conze (Hg.): Staat und Gesellschaft im deutschen Vormärz 1815–1848, Stuttgart 1962, S. 143 ff; L. E. Lee: The Politics of Harmony. Civil Service, Liberalism, and Social Reform in Baden 1800–1850, London 1980.

106 H. Sedatis, Liberalismus in Südwestdeutschland; J. Reulecke: Sozialer Frieden durch soziale Reform. Der Centralverein für das Wohl der arbeitenden Klassen in der Frühindustrialisierung, Wuppertal 1982.

107 D. Langewiesche (Hg.): Die deutsche Revolution von 1848/49, Darmstadt 1983; W. Siemann, Die deutsche Revolution von 1848/49, Frankfurt 1985; H. Best: Interessenpolitik und nationale Integration 1848/49. Handelspolitische Konflikte im frühindustriellen Deutschland, Göttingen 1980.

108 W. Siemann: Die Frankfurter Nationalversammlung 1848/49 zwischen demokratischem Liberalismus und konservativer Reform, Frankfurt a. M. 1976, S. 27.

109 D. Langewiesche: Die Anfänge der deutschen Parteien. Partei, Fraktion und Verein in der Revolution von 1848/49, in: GuG 4 (1978), S. 324 ff; ders.: Liberalismus und Demokratie in Württemberg zwischen Revolution und Reichsgründung, Düsseldorf 1974; H. Gebhard: Revolution und liberale Bewegung. Die nationale Organisation der konstitutionellen Partei in Deutschland 1848/49, Bremen 1974; J. Paschen: Demokratische Vereine und preußischer Staat. Entwicklung und Unterdrückung der demokratischen Bewegung während der Revolution von 1848/49, München 1977.

110 Paschen, Demokratische Vereine, S. 90 f.

111 F. Valjavec, Die Entstehung der politischen Strömungen in Deutschland, S. 255 ff; K. Epstein: Die Ursprünge des Konservativismus in Deutschland. Der Ausgangspunkt: Die Herausforderung durch die französische Revolution, Frankfurt a. M., Berlin und Wien 1973; A. von Martin: Weltanschauliche Motive im altkonservativen Denken, in: G. A. Ritter (Hg.): Deutsche Parteien vor 1918, Köln 1973, S. 142 ff; D. Stegmann/B.-

J. Wendt/P.-C. Witt (Hg.): Deutscher Konservatismus im 19. und 20. Jahrhundert (Festschrift Fritz Fischer), Bonn 1983.

112 W. Schwentker: Konservative Vereine und Revolution in Preußenn 1848/49. Die Konstituierung des Konvervativismus als Partei, Düsseldorf 1988.

113 F. J. Stahl: Philosophie des Rechts nach geschichtlicher Absicht, 2 Bde., Heidelberg 1830/37.

114 Neben den eingangs angeführten Gesamtdarstellungen siehe A. Rauscher (Hg.): Der soziale und politische Katholizismus. Entwicklungslinien in Deutschland 1803–1963, 2 Bde., München 1981/82; K.-E. Lönne: Politischer Katholizismus im 19. und 20. Jahrhundert, Frankfurt a. M. 1986; F. Schnabel: Der Zusammenschluß des politischen Katholizismus in Deutschland im Jahre 1848, Heidelberg 1910.

115 M. Botzenhart: Deutscher Parlamentarismus in der Revolutionszeit 1848–1850, Düsseldorf 1977; F. Eyck: Deutschlands große Hoffnung. Die Frankfurter Nationalversammlung 1848/49, München 1973; Siemann, Die Frankfurter Nationalversammlung 1848/49.

116 A. L. von Rochau: Grundsätze der Realpolitik, angewendet auf die staatlichen Zustände Deutschlands, Stuttgart 1853.

117 M. Gugel: Industrieller Aufstieg und bürgerliche Herrschaft. Sozioökonomische Interessen und politische Ziele des liberalen Bürgertums in Preußen zur Zeit des Verfassungskonflikts 1857–1867, Köln 1975, S. 30ff; vgl. J. J. Sheehan, Der deutsche Liberalismus, S. 95ff.

118 Siehe die – Preußen betreffenden – Angaben bei E. N. Anderson: The Social and Political Conflict in Prussia 1858–1864, Lincoln 1954, S. 299ff; vgl. Sheehan, Der deutsche Liberalismus, S. 97ff.

119 L. Gall: Der Liberalismus als regierende Partei. Das Großherzogtum Baden zwischen Restauration und Reichsgründung, Wiesbaden 1968.

120 M. Gugel: Industrieller Aufstieg und bürgerliche Herrschaft. Sozioökonomische Interessen und politische Ziele des liberalen Bürgertums in Preußen zur Zeit des Verfassungskonflikts 1857–67, Köln 1975; E. N. Anderson, The Social and Political Conflict in Prussia; K. H. Börner: Die Krise der preußischen Monarchie von 1858 bis 1862, Berlin (DDR) 1976; H. A. Winkler: Preußischer Liberalismus und deutscher Nationalstaat. Studien zur Geschichte der Deutschen Fortschrittspartei 1861–1866, Tübingen 1964; S. Na'aman: Der Deutsche Nationalverein. Die politische Konstituierung des deutschen Bürgertums 1859–1867, Düsseldorf 1987; T. Offermann: Preußischer Liberalismus zwischen Revolution und Reichsgründung im regionalen Vergleich. Berliner und Kölner Fortschrittsliberalismus in der Konfliktzeit, in: Langewiesche (Hg.), Liberalismus im 19. Jahrhundert, S. 109ff.

121 Text bei E. R. Huber (Hg.): Dokumente zur deutschen Verfassungsgeschichte, Bd. 1, Stuttgart 1961, S. 401ff; ders., Deutsche Verfassungsgeschichte seit 1789, Bd. 3, Stuttgart 1963, S. 35ff.

122 Zitiert nach Gugel, Industrieller Aufstieg, S. 207.

123 K.-E. Pollmann: Parlamentarismus im Norddeutschen Bund 1867–1870, Düsseldorf 1985; Sheehan, Der deutsche Liberalismus, S. 145ff; H. A. Winkler: Vom linken zum rechten Nationalismus. Der deutsche Liberalismus in der Krise von 1878/79, in: GuG 4 (1978), S. 5ff; G. Schmidt: Die Nationalliberalen – eine regierungsfähige Partei? Zur Problematik der inneren Reichsgründung 1870–1878, in: G. A. Ritter (Hg.): Deutsche Parteien vor 1918, Köln 1973, S. 208ff.

124 A. Hess: Das Parlament, das Bismarck widerstrebte. Zur Politik und sozialen Zusammensetzung des preußischen Abgeordnetenhauses der Konfliktzeit (1862–1866), Köln u. Opladen 1964, S. 23.

125 L. Gall: Die partei- und sozialgeschichtliche Problematik des badischen Kulturkampfes, in: ZGO 113 (1965), S. 168.

126 G. Zang (Hg.): Provinzialisierung einer Region. Regionale Unterentwicklung und liberale Politik in der Stadt und im Kreis Konstanz. Zur Entstehung der bürgerlichen Gesellschaft in der Provinz, Frankfurt 1978.

127 Zum Typus dieser Herrschaft N. Elias: Die höfische Gesellschaft, Neuwied 1969. Vgl. dazu aber die grundsätzliche Kritik und die Verweise auf die Praxis (z. B. in Frankreich) bei A. Cremer: Höfische Gesellschaft und »Königsmechanismus«. Zur Kritik an einem Modell absolutistischer »Einherrschaft«, in: SOWI 12 (1984) H. 4, S. 227–231.

128 O. Hintze: Staatsverfassung und Heeresverfassung (1906), in: ders.: Staat und Verfassung, hrsg. von G. Oestreich, 2. Aufl. Göttingen 1972, S. 52–83; R. Braun: Steuern und Staatsfinanzierung als Modernisierungsfaktoren. Ein deutsch-englischer Vergleich, in: R. Koselleck (Hg.): Studien zum Beginn der modernen Welt, Stuttgart 1977, S. 241–262.

129 O. Hintze: Der preußische Militär- und Beamtenstaat im 18. Jahrhundert, in: ders.: Regierung und Verwaltung, hg. von G. Oestreich, 2. Aufl., Göttingen 1967, S. 419–428; H. Rosenberg: Bureaucracy, Aristocracy and Autocracy. The Prussian Experience 1660–1815, Cambridge, Mass. 1958.

130 Dazu P. Bourdieu: Entwurf einer Theorie der Praxis, Frankfurt 1976, S. 369f.

131 Relative Eigenständigkeit, aber vielfache Ineffizienz zeigt H. C. Johnson: Frederick the Great and His Official, New Haven/London 1975.

132 J. H. G. von Justi: Grundsätze der Policeywissenschaft, 3. Aufl. Göttingen 1782 (1755), S. 4 (§ 2), 14 (§ 16). – Vgl. insgesamt H. Maier: Die ältere deutsche Staats- und Verwaltungslehre, 2. Aufl. München 1980.

133 J. von Sonnenfels: Grundsätze der Policey, Handlung und Finanzwissenschaft, München 1787, S. 25f (§§ 29, 32).

134 O. Büsch: Militärsystem und Sozialleben im alten Preußen, 1713–1808, 2. Aufl. Frankfurt 1981.

135 H. Harnisch: Zum Stand der Diskussion um die Probleme des »preußischen Weges« kapitalistischer Agrarentwicklung in der deutschen Geschichte, in: G. Seeber/K.-H. Noack (Hg.): Preußen in der deutschen Geschichte nach 1789, Berlin (DDR) 1983, S. 116–144, S. 124ff; vgl.

H. Schissler: Preußische Agrargesellschaft im Wandel, Göttingen 1978, S. 59ff.

136 E. Kehr: Zur Genesis der preußischen Bürokratie und des Rechtsstaats. Ein Beitrag zum Diktaturproblem, in: H.-U. Wehler (Hg.): Moderne deutsche Sozialgeschichte, 2. Aufl. Köln/Berlin 1968, S. 37–54, S. 49.

137 Dazu und zum folgenden R. Koselleck: Preußen zwischen Reform und Revolution. Allgemeines Landrecht, Verwaltung und soziale Bewegung von 1791 bis 1848, Stuttgart 1967, S. 680ff.

138 R. Koselleck: Staat und Gesellschaft in Preußen, in: Wehler, Moderne deutsche Sozialgeschichte, S. 55–84, hier S. 61.

139 W. Sauer: Das Problem des deutschen Nationalstaates, in: Wehler, Moderne deutsche Sozialgeschichte, S. 402–436, hier S. 418. Kritisch dazu B. Vogel: »Revolution von oben«? Zum »deutschen Weg« am Beispiel der preußischen Reformen, in: SOWI 8 (1979), S. 67–74.

140 H. Harnisch, Probleme des »preußischen Weges«, S. 128; vgl. 133ff, 138ff, 141ff – auch zu anderen deutschen Staaten.

141 Kehr, Genesis der preußischen Bürokratie, S. 43.

142 Vgl. zur Steuerreform von 1820 und ihrem Zusammenhang mit den Staatsschulden bzw. ihrer (begrenzten) Konsolidierung mit dem preußischen Finanzsystem insgesamt H. Schissler: Einleitung: Preußische Finanzpolitik 1806–1820, in: Preußische Finanzpolitik 1806–1810, bearb. E. Kehr, (Hg.) H. Schissler/H.-U. Wehler, Göttingen 1984, S. 13–64, S. 55ff. Für die Sichtweise eines der treibenden Reformbeamten, des Staatswissenschaftlers und Statistikers J. G. Hoffmann, ist bezeichnend, daß er bei seinem – weitgehend realisierten – Entwurf zur Klassensteuer die Einteilung in Steuerklassen nicht nach den Vermögens-, sondern den Standesverhältnissen vorsah, vgl. H. Schissler, ebenda, S. 56, Anm. 173.

143 H. Bleiber: Staat und bürgerliche Umwälzung in Deutschland. Zum Charakter besonders des preußischen Staates in der ersten Hälfte des 19. Jahrhunderts, in: Seeber/Noack, Preußen, S. 82–115, S. 114.

144 Dieser Begriff ist angeregt von den Überlegungen bei L. Machtan/D. Milles: Die Klassensymbiose von Junkertum und Bourgeoisie. Zum Verhältnis von gesellschaftlicher und politischer Herrschaft in Preußen-Deutschland 1850–1878/79, Frankfurt u. a. 1980, S. 31ff.

145 Zu der im folgenden nicht weiter behandelten Realität der ungleichen Behandlung der »Verwalteten« durch die Steuersysteme und -praktiken vgl. Koselleck, Preußen, S. 525ff, 600ff.

146 L. v. Rönne/H. Simon: Das Polizeiwesen des Preußischen Staates, Bd. 1, Breslau 1840, S. 664.

147 Zu den gesellschaftlichen Prozessen und Bewegungen in der ersten Hälfte des 19. Jahrhunderts vgl. den Überblick bei R. Rürup: Deutschland im 19. Jahrhundert 1815–1871. Göttingen 1984; s. auch Nipperdey, Deutsche Geschichte 1800–1860.

148 Dazu als Einführung C. Lipp/W. Kaschuba: Wasser und Brot. Politische

Kultur im Alltag der Vormärz- und Revolutionsjahre. In: GuG 10 (1984), S. 320–351.

149 Eine detaillierte Erzählung der Ereignisse, die zugleich nuancierte Interpretationen der vielfältigen Brechungen insbesondere der revolutionären oder revolutionsnahen »Bewegungen« in den deutschen Staaten bietet, aber auch die Gegen-Revolution facettenreich darstellt, gibt die weiterhin unübertroffene Studie von V. Valentin: Geschichte der deutschen Revolution von 1848–49, Bd. 1, 2, Berlin 1930/31. – Zur Dynamik von »Aktionen« und »Reaktionen«, zugleich als Resümee der neueren Forschung: W. Siemann: Die deutsche Revolution von 1848/49, Frankfurt 1985.

150 Vgl. R. Wirtz: ›Widersetzlichkeiten, Excesse, Crawalle, Tumulte und Skandale‹. Soziale Bewegung und gewalthafter sozialer Protest in Baden 1815–1848, Frankfurt u. a. 1981, S. 179ff.

151 Dazu ausführliche Texte in A. Wolff: Berliner Revolutionschronik, Bd. I, Berlin 1851 (Nachdr. Vaduz 1979), S. 315ff; s. auch K. L. v. Prittwitz: Berlin 1848, Berlin/New York 1985, S. 407ff.

152 Prittwitz, Berlin 1848, S. 439ff.

153 Prittwitz, Berlin 1848, S. 442.

154 Wolff, Berliner Revolutionschronik, Bd. III, S. 112.

155 Prittwitz, Berlin 1848, S. 400f.

156 H. Boldt: Die preußische Verfassung vom 31. Januar 1851. In: H. J. Puhle/ H.-U. Wehler (Hg.): Preußen im Rückblick (GuG, Sonderheft 6). Göttingen, S. 224–246.

157 Die Verfassung des Kaiserreichs von 1871 ist von H.-U. Wehler als die eines »autokratischen, halbabsolutistischen Scheinkonstitutionalismus« charakterisiert worden, ders.: Das Deutsche Kaiserreich 1871–1918, 5. Aufl., Göttingen 1983, S. 63. Mir scheint die Vorprägung im konstitutionell begrenzteren (Drei-Klassen-Wahlrecht!) Preußen der Reaktionszeit allen Grund für die ›Verlängerung‹ des Begriffs zu geben.

158 Der preußische Innenminister O. v. Manteuffel, 24. Okt. 1849 an den Ministerpräsidenten Graf Brandenburg, Geheimes Staatsarchiv Berlin/Preußischer Kulturbesitz, Rep. 84a, Nr. 2106.

159 H. Boldt: Rechtsstaat und Ausnahmezustand. Eine Studie über den Belagerungszustand des bürgerlichen Rechtsstaats im 19. Jahrhundert, Berlin 1967.

160 Dienst-Unterweisung für den Polizei-Inspector, Minden, 2. Januar 1831, § 23, in: Staatsarchiv Iserlohn, I K 9. – In diesem Abschnitt verwende ich Teile meines Aufsatzes: Ein Polizeistaat und seine Polizisten. Skizzen zur Entwicklung der preußischen Polizei, in: Journal für Geschichte (1981) H. 4, S. 22–27.

161 Allgemeines Landrecht für die Preußischen Staaten, Hg. H. Hattenhauer, G. Bernert, Frankfurt/Berlin 1970, Tl. II., tit. 17 § 10 (S. 602).

162 Dazu und allgemein zu diesem Abschnitt Lüdtke, »Gemeinwohl«, bes. S. 69ff, 77ff, 83ff, 143ff, 159ff, 196ff, 205ff, 212ff.

Zur »höheren« bzw. Geheim-Polizei, d. h. zur polizeilichen Kontrolle und Verfolgung »autonomer, nicht staatlich gelenkter Vereinigungsbestrebungen« in der ersten Hälfte des 19. Jahrhunderts vgl. W. Siemann: »Deutschlands Ruhe, Sicherheit und Ordnung«. Die Anfänge der politischen Polizei 1806–1866, Tübingen 1985; zum Zensurwesen ders.: Ideenschmuggel. Probleme der Meinungskontrolle und das Los deutscher Zensoren im 19. Jahrhundert, in: HZ 245 (1987), S. 71–106.

163 Dienst-Unterweisung, § 6.

164 B. Vogel: Reformpolitik in Preußen 1807–1820, in: Preußen im Rückblick (GuG SH 6), Göttingen 1980, S. 202–223, 211 ff.

165 D. Blasius: Bürgerliche Gesellschaft und Kriminalität. Zur Sozialgeschichte Preußens im Vormärz, Göttingen 1976, S. 29 ff.

166 Blasius, Bürgerliche Gesellschaft, S. 75 ff. Dennoch gab es natürlich zahlreiche Fälle von Einsperrung durch die Polizei (Korrektionshaft im Arbeitshaus), vgl. die Hinweise zur Härte der Behandlung bei einem zeitgenössischen Kritiker Preußens, dem Radikal-Demokraten E. Dronke: Berlin (1846), 2. Aufl. Darmstadt/Neuwied 1974, S. 239 f.

167 E. Bauer: Die Reise auf öffentliche Kosten, in: Die Epigonen, Bd. 5 (1848), S. 23.

168 Vgl. dazu grundlegend E. P. Thompson: Die ›moralische Ökonomie‹ der englischen Unterschichten im 18. Jahrhundert, in: ders.: Plebejische Kultur und moralische Ökonomie, Frankfurt u. a. 1980, S. 67–180; zu »Brotunruhen« in Deutschland W. Abel: Massenarmut und Hungerkrisen im vorindustriellen Deutschland, Göttingen 1972.

169 Dienst-Unterweisung, § 9.

170 D. Blasius: Ehescheidung in Deutschland 1794–1945. Scheidung und Scheidungsrecht in historischer Perspektive, Göttingen 1987.

171 Verbreitung, soziale Bedeutung und Funktion von »wilden Ehen« sind in der deutschsprachigen historischen Familienforschung bisher kaum beachtet; die Aufmerksamkeit richtet sich auf Verehelichungsalter und -motive sowie (ganz besonders) auf die Quoten der unehelichen Kinder; in einem ersten Schritt weiterführend jedoch J. Ehmer: Familienstruktur und Arbeitsorganisation im frühindustriellen Wien, Wien 1980, S. 101 ff, S. 132 f.

172 K.-J. Matz: Pauperismus und Bevölkerung. Die gesetzlichen Ehebeschränkungen in den süddeutschen Staaten während des 19. Jahrhunderts, Stuttgart 1980, S. 242 f.

173 Blasius, Ehescheidung, S. 97.

174 Vgl. für den gesamten Abschnitt Lüdtke, »Gemeinwohl«, Kapitel 4 u. 5, Anhang 2.

175 Problemabriß bei H. Obenaus: Finanzkrise und Verfassungsgebung. Zu den sozialen Bedingungen des frühen deutschen Konstitutionalismus, in: Gerhard A. Ritter (Hg.): Gesellschaft, Parlament und Regierung, Düsseldorf 1974, S. 57–75.

176 Koselleck, Preußen, S. 540ff.
177 M. Weber: Entwicklungstendenzen in der Lage der ostelbischen Landarbeiter, in: Preußische Jahrbücher 77 (1894), S. 437–473, S. 438.
178 Koselleck, Preußen, S. 544ff, 674f; H. Rosenberg: Die Pseudodemokratisierung der Rittergutsbesitzerklasse, in: ders.: Probleme der deutschen Sozialgeschichte, Frankfurt 1979, S. 7–49, hier S. 18f, 24f.
179 Vgl. insgesamt dazu den prägnanten Überblick über die demographischen, ökonomischen und gesellschaftlichen Entwicklungslinien und -brüche, aber auch über die politischen Konflikte, bei R. Rürup: Deutschland im 19. Jahrhundert 1815–1871, Göttingen 1984; Aspekte des Alltagslebens wie die Eigentümlichkeiten ideologisch-politischer Zusammenhänge werden – vor allem für die Zeit bis 1850 – plastisch und detailgenau beschrieben bei Nipperdey, Deutsche Geschichte.
180 Rosenberg, Pseudodemokratisierung, S. 21ff, 29ff; H. Schissler: Die Junker. Zur Sozialgeschichte und historischen Bedeutung der agrarischen Elite in Preußen, in: Preußen im Rückblick, hg. v. H.-J. Puhle/H.-U. Wehler (GuG, Sonderheft 6), S. 89–122, S. 105f; S. Schmidt: Junkertum und Genesis des deutschen Konservatismus im 19. Jahrhundert, in: ZfG 27 (1979), S. 1058–1072, S. 1066ff, 1071.
181 T. Offermann: Arbeiterbewegung und liberales Bürgertum in Deutschland, 1850–1863, Berlin/Bonn 1970; V. Hentschel: Die deutschen Freihändler und der volkswirtschaftliche Kongreß 1858–1885, Stuttgart 1975.
182 A. Funk: Polizei und Rechtsstaat. Die Entwicklung des staatlichen Gewaltmonopols in Preußen 1848–1918, Frankfurt/New York 1986.
183 H. Boldt: Die Preußische Verfassung vom 31. Januar 1850, in: Preußen im Rückblick, S. 224–246.
184 Sauer, Problem des deutschen Nationalstaates, S. 427.
185 Überblick bei G. Seeber: Bonapartismus und Bourgeoisie, in: Seeber/Noack, Preußen, S. 224–246.
186 Zur militärischen Komponente Sauer, Problem des deutschen Nationalstaates, S. 423–432; Zur Verbindung der militärischen und der plebiszitären Variante Wehler, Kaiserreich, S. 60ff, vgl. S. 96ff.
187 Sauer, Problem des deutschen Nationalstaates, S. 423.
188 G. A. Ritter: Sozialversicherung in Deutschland und England, München 1983, S. 21ff, 28ff, bes. auch S. 62ff (zu den Wirkungen).
189 L. v. Stein: Geschichte der sozialen Bewegung in Frankreich von 1789 bis in unsere Zeit (1850), Bd. 3, Darmstadt 1959, S. 41.
190 O. Klopp: Wer ist der wahre Erbfeind von Deutschland? München 1868, auszugsweise in: H. Fenske (Hg.): Der Weg zur Reichsgründung 1850–1870, Darmstadt 1977, S. 388. – Siehe zur Thematik generell die Sammelbände T. Schieder/E. Deuerlein (Hg.): Reichsgründung 1870/71, Stuttgart 1970; H. Bartel/E. Engelberg (Hg.): Die großpreußisch-militaristische Reichsgründung 1871, 2 Bde., Berlin (DDR) 1971; H. Böhme

(Hg.): Probleme der Reichsgründungszeit 1848–1879, Köln u. Berlin 1968; ferner jetzt H. Schulze: Der Weg zum Nationalstaat. Die deutsche Nationalbewegung vom 18. Jahrhundert bis zur Reichsgründung, München 1985; M. Stürmer: Die Reichsgründung. Deutscher Nationalstaat und europäisches Gleichgewicht im Zeitalter Bismarcks, München 1984. Von den neueren Gesamtdarstellungen der Zeit vor der eigentlichen Reichsgründung seien genannt: T. Nipperdey: Deutsche Geschichte; H. Lutz: Zwischen Habsburg und Preußen. Deutschland 1815–1866, Berlin 1985.

191 H. von Treitschke: Deutsche Geschichte im 19. Jahrhundert, 5 Bde., Leipzig 1879–94 u. ö.; H. von Sybel: Die Begründung des deutschen Reiches durch Wilhelm I., 7 Bde., München/Leipzig 1889–94 u. ö.

192 Dazu systematisch E. Engelberg: Über die Revolution von oben, in: ZfG 22 (1974), S. 1183 ff.

193 T. Schieder: Das Deutsche Kaiserreich von 1871 als Nationalstaat, Köln u. Opladen 1961.

194 K. Griewank: Der Wiener Kongreß und die europäische Restauration 1814/15, Leipzig (2. Aufl.) 1954; E. R. Huber: Deutsche Verfassungsgeschichte seit 1789, Bd. 1, Stuttgart (2. Aufl.) 1967, S. 583 ff, P. Burg: Der Wiener Kongreß. Der Deutsche Bund im europäischen Staatensystem, München 1984.

195 Angelehnt an F. Engels: Die Rolle der Gewalt in der Geschichte, in: MEW 21, S. 407 ff – Siehe ansonsten neben eingangs erwähnter Literatur V. Valentin: Geschichte der deutschen Revolution von 1848/49. Köln, 2. Aufl., 1970, Bd. 2, S. 298 ff; Huber, Deutsche Verfassungsgeschichte, Bd. 2, Stuttgart, 2. Aufl., 1968, S. 791 ff; H. Ritter von Srbik: Deutsche Einheit. Idee und Wirklichkeit vom Heiligen Reich bis Königgrätz, Bd. 1, München, 3. Aufl, 1940, S. 299 ff; G. Wollstein: Das »Großdeutschland« der Paulskirche. Nationale Ziele in der bürgerlichen Revolution 1848/49, Düsseldorf 1977.

196 F. Meinecke: Radowitz und die deutsche Revolution, Berlin 1913; P. Burian: Die Olmützer Punktuation von 1850 und die deutsche Frage, in: GWU 25 (1974), S. 668 ff; Huber, Deutsche Verfassungsgeschichte, Bd. 2, S. 885 ff.

197 H. Böhme: Deutschlands Weg zur Großmacht. Studien zum Verhältnis von Wirtschaft und Staat während der Reichsgründungszeit 1848–1881, Köln, 2. Aufl., 1972; ders. (Hg.), Probleme der Reichsgründungszeit; T. W. Hamerow: The Social Foundations of German Unification 1858–1871, 2 Bde., Princeton 1969/72; H. Aubin/W. Zorn (Hg.): Handbuch der deutschen Wirtschafts- und Sozialgeschichte, Bd. 2, Stuttgart 1976; H.-W. Hahn: Geschichte des Deutschen Zollvereins, Göttingen 1984.

198 S. Na'aman: Der Deutsche Nationalverein. Die politische Konstituierung des deutschen Bürgertums 1859–1867, Düsseldorf 1987; W. Real: Der deutsche Reformverein. Großdeutsche Stimmen und Kräfte zwischen Vil-

lafranca und Königgrätz, Lübeck u. Hamburg 1966; M. Gugel: Industrieller Aufstieg und bürgerliche Herrschaft. Sozioökonomische Interessen und politische Ziele des liberalen Bürgertums in Preußen zur Zeit des Verfassungskonflikts 1857–1867, Köln 1975, bes. S. 33ff.

199 O. von Bismarck: Die gesammelten Werke, Bd. 10, Berlin 1928, S. 140.

200 Umfassend A. Wandruszka/P. Urbanitsch (Hg.): Die Habsburger Monarchie 1848–1919, bisher 4 Bde., Wien 1973ff.

201 Zuletzt L. Gall: Bismarck. Der weiße Revolutionär, Frankfurt a. M., Berlin und Wien 1980; E. Engelberg: Bismarck. Urpreuße und Reichsgründer, Berlin 1985. – L. Gall (Hg.): Das Bismarckproblem in der Geschichtsschreibung nach 1945, Köln und Berlin 1971.

202 Gespräch Bismarcks mit H. Wagener v. 9.6.1848, in: Die gesammelten Werke, Bd. 7, Berlin 1924, S. 13.

203 Privatschreiben Bismarcks an Minister von Manteuffel v. 26.4.1856, in: Die gesammelten Werke, Bd. 2, Berlin 1924, S. 142.

204 H. von Treitschke an H. Bachmann v. 16.6.1859, in: E. Engelberg (Hg.): Im Widerstreit um die Reichsgründung. Eine Quellensammlung zur Klassenauseinandersetzung in der deutschen Geschichte von 1849 bis 1871, Berlin (DDR) 1970, S. 127.

205 F. Lasalle: Der italienische Krieg und die Aufgabe Preußens. Eine Stimme aus der Demokratie, in: ders., Gesammelte Reden und Schriften, Bd. 1, Berlin 1919, S. 61. – Zur Haltung der ähnlich wie Liberale und Demokraten nationalpolitisch gespaltenen frühen Arbeiterbewegung in der deutschen Frage siehe neben H.-J. Steinberg in T. Schieder/E. Deuerlein (Hg.), Reichsgründung 1870/71, W. Conze/D. Groh: Die Arbeiterbewegung in der nationalen Bewegung. Die deutsche Sozialdemokratie vor, während und nach der Reichsgründung, Stuttgart 1966.

206 Engelberg, Bismarck, S. 453.

207 P. Graf Kielmansegg: Mächtesystem und Entscheidungsprozeß um 1870. Anmerkungen eines Politikwissenschaftlers, in: E. Kolb u. Mitarbeit v. E. Müller-Luckner (Hg.): Europa vor dem Krieg von 1870. Mächtekonstellation – Konfliktfelder – Kriegsausbruch, München 1987, S. 121.

208 Zum Folgenden T. Schieder (Hg.): Handbuch der europäischen Geschichte, Bde 5. u. 6, Stuttgart 1968/81; E. Kolb (Hg.): Europa und die Reichsgründung. Preußen-Deutschland in der Sicht der großen europäischen Mächte 1860–1880 (Beiheft 6 N.F. der HZ), München 1980; ders. (Hg.), Europa vor dem Krieg von 1870; W. E. Mosse: The European Powers and the German Question 1848/1871. With Special Reference to England and Prussia, Cambridge 1958; A. J. P. Taylor: The Struggle for Mastery in Europe 1848–1918, Oxford 1954; M. Stürmer, Die Reichsgründung; H. Lutz: Österreich-Ungarn und die Gründung des Deutschen Reiches. Aspekte europäischer Entscheidungen, Berlin 1979; D. Beyrau: Russische Orientpolitik und die Entstehung des deutschen Kaiserreiches 1866–1870/71, Wiesbaden 1974; D. Geyer: Der russische Imperialismus,

Göttingen 1977; W. E. Echard: Napoleon III and the Concert of Europe, Baton Rouge/London 1983; W. Radewahn: Die Pariser Presse und die deutsche Frage unter Berücksichtigung der französischen Pressepolitik im Zeitalter der Bismarckschen Reichsgründung 1866–1870/71, Frankfurt u. a. 1977.

209 So – ins Deutsche übersetzt – der britische Außenminister Lord Stanley an den Botschafter in Paris am 7. 8. 1866, zit. nach Mosse: The European Powers, S. 249.

210 J. Daebel: Die Schleswig-Holstein-Bewegung in Deutschland 1863/64, Phil. Diss., Köln 1969; H. A. Winkler: Preußischer Liberalismus und Deutscher Nationalstaat. Studien zur Geschichte der Deutschen Fortschrittspartei 1861–1866, Tübingen 1964; Huber, Deutsche Verfassungsgeschichte, Bd. 3, 1963, bes. S. 484 ff; von Srbik, Deutsche Einheit, Bd. 4, 1942, bes. S. 177 ff.

211 J. C. Bluntschli: Denkwürdigkeiten aus meinem Leben, Bd. 3, Nördlingen 1884, S. 160.

212 F. Engels: Die Rolle der Gewalt in der Geschichte, in: MEW 21, S. 433. – Siehe zu 1866 außer der eingangs genannten Literatur ansonsten W. von Groote/U. von Gersdorf (Hg.): Entscheidung 1866. Der Krieg zwischen Österreich und Preußen, Stuttgart 1966; K. G. Faber: Realpolitik als Ideologie. Die Bedeutung des Jahres 1866 für das politische Denken in Deutschland, in: HZ 203 (1966), S. 1 ff.

213 H. Baumgarten an A. L. von Rochau v. 30. 11. 1863, in: Engelberg (Hg.), Im Widerstreit um die Reichsgründung, S. 259; demgegenüber H. Baumgarten: Der deutsche Liberalismus: Eine Selbstkritik, ND Frankfurt a. M., Berlin u. Wien 1974.

214 Erlaß Bismarcks an den Gesandten in Petersburg, Graf von Redern, v. 17. 4. 1866, in: Die gesammelten Werke, Bd. 5, 1928, S. 456 f.

215 Telegramm Bismarcks an E. von Manteuffel v. 11. 8. 1866, in: Die gesammelten Werke, Bd. 6, 1929, S. 120.

216 In: F. Salomon: Die deutschen Parteiprogramme, H. 1: Von 1844 bis 1871, Leipzig u. Berlin 1908, S. 95 f.

217 In: Engelberg (Hg.), Im Widerstreit um die Reichsgründung, S. 409.

218 L. Gall: Bismarcks Süddeutschlandpolitik 1866–1870, in: Kolb (Hg.), Europa vor dem Krieg von 1870, S. 27. – Siehe dazu und zum folgenden außerdem R. Wilhelm: Das Verhältnis der süddeutschen Staaten zum Norddeutschen Bund (1867–1870), Husum 1978; K.-E. Pollmann: Parlamentarismus im Norddeutschen Bund 1867–1870, Düsseldorf 1985; K.-G. Faber: Die nationalpolitische Publizistik Deutschlands 1866–1871. Eine kritische Bibliographie, 2 Bde., Düsseldorf 1961.

219 Siehe neben der bereits genannten Literatur W. von Groote u. U. von Gersdorf (Hg.): Entscheidung 1870. Der deutsch-französische Krieg, Stuttgart 1970; E. Kolb: Der Kriegsausbruch 1870. Politische Entscheidungsprozesse und Verantwortlichkeiten in der Julikrise 1870, Göttingen 1970.

220 Parlamentsrede vom 9.2.1871, auszugsweise in: Stürmer (Hg.), Die Reichsgründung, S. 164.

221 Zur innen- und außenpolitischen Entwicklung Österreichs nach 1866 siehe die in Anm. 200 und 208 genannten Titel, namentlich Lutz, Österreich-Ungarn und die Gründung des Deutschen Reiches, sowie Kolb (Hg.), Europa vor dem Krieg von 1870 (darin vor allem H. Lutz).

222 Verfassungstexte bei Huber (Hg.), Dokumente zur deutschen Verfassungsgeschichte, Bd. 2, Stuttgart 1964, siehe als Deutungen etwa H.-U. Wehler: Das Deutsche Kaiserreich 1871–1918, Göttingen 1973, S. 60ff; E.R. Huber, Deutsche Verfassungsgeschichte. Bd. 3. Stuttgart 1963, S. 649ff.

223 Die Feudalisierungsthese ist – mit durchaus unterschiedlicher Akzentuierung – von Historikern wie H.-U. Wehler, Das Deutsche Kaiserreich, im Anschluß an E. Kehr: Der Primat der Innenpolitik, Berlin 1965, und H. Rosenberg: Große Depression und Bismarckzeit, Berlin 1967 ausgebaut worden. Dagegen jetzt – leider polemisch überspitzt – D. B. Blackbourn/G. Eley: Mythen deutscher Geschichtsschreibung, Frankfurt a. M. 1980. Für eine mittlere Position siehe R. Rürup: Deutschland im 19. Jahrhundert 1815–1871, Göttingen 1984, bes. S. 232f; ausführlicher H. Grebing u. Mitarb. v. D. von der Brelie-Lewien/H.-J. Franzen: Der »deutsche Sonderweg« in Europa 1806–1945. Eine Kritik, Stuttgart u. a., 1986, Kap. II. In einem neueren Diskussionsbeitrag: Wie »bürgerlich« war das Deutsche Kaiserreich, in: J. Kocka (Hg.): Bürger und Bürgerlichkeit im 19. Jahrhundert, Göttingen 1987, benutzt Wehler statt »Feudalisierung« den m. E. eher akzeptablen Ausdruck »Aristokratisierung« für die vermeintliche Assimilation des Großbürgertums an den Adel. – Zu diesem Problem, auch hinsichtlich des internationalen Vergleichs, ansonsten J. Kocka (Hg.): Bürgertum im 19. Jahrhundert. Deutschland im europäischen Vergleich, 3 Bde., München 1988; A. von Reeden-Dohne (Hg.): Der Adel im bürgerlichen Zeitalter, Wiesbaden 1988; L. Machtan/D. Milles: Die Klassensymbiose von Junkertum und Bourgeoisie. Zum Verhältnis von gesellschaftlicher und politischer Herrschaft in Preußen-Deutschland 1850–1878/79, Frankfurt a. M. u. a. 1980.

224 L. Quidde: Der Militarismus im heutigen deutschen Reich, Stuttgart, 3. Aufl., 1893; Kehr, Der Primat der Innenpolitik; M. Messerschmidt: Militär und Politik in der Bismarckzeit und im wilhelminischen Deutschland, Darmstadt 1975; G. A. Craig: Die preußisch-deutsche Armee 1640–1945. Staat im Staate, Düsseldorf 1960.

225 H. Baumgarten: Wie wir wieder ein Volk geworden sind (1870), in: ders.: Historische und politische Aufsätze und Reden, Straßburg 1894, S. 255.

III. Die Vorkriegsgesellschaft – Gesellschaftliche Alternativen im Imperialismus

1 Gute Zahlenzusammenstellungen bei G. Hohorst/J. Kocka/G. A. Ritter: Sozialgeschichtliches Arbeitsbuch II. Materialien zur Statistik des Kaiserreichs 1870–1914, 2. Aufl., München 1978; Statistisches Bundesamt Wiesbaden: Bevölkerung und Wirtschaft 1872–1972, Stuttgart u. a. 1972.

2 Vgl. H. G. Zmarzlik: Der Sozialdarwinismus in Deutschland als geschichtliches Problem, VfZ 11, 1963, S. 246–273; A. Kelly: The Descent of Darwin: The Popularization of Darwinism in Germany, 1860–1914, Chapel Hill 1981; H. W. Koch: Der Sozialdarwinismus. Seine Genese und sein Einfluß auf das imperialistische Denken, München 1973. Darwin selbst hatte seine Argumente nicht für gesellschaftliche Prozesse entwickelt; es ist insofern nicht ganz korrekt, entsprechende Thesen als darwinistisch zu bezeichnen, jedoch vertretbar, da derartige Übertragungen sich explizit auf Darwin beriefen und von Zeitgenossen als darwinistisch betrachtet wurden.

3 Vgl. H. J. Steinberg: Sozialismus und deutsche Sozialdemokratie. Zur Ideologie der Partei vor dem 1. Weltkrieg, 4. Aufl., Berlin/Bonn/Bad Godesberg 1976.

4 Vgl. K. Wernecke: Der Wille zur Weltgeltung. Außenpolitik und Öffentlichkeit im Kaiserreich am Vorabend des Ersten Weltkrieges, Düsseldorf 1970.

5 Gut zugängliche Zusammenstellung von Wahlergebnissen bei G. A. Ritter/M. Niehuss: Wahlgeschichtliches Arbeitsbuch. Materialien zur Statistik des Kaiserreichs 1871–1918, München 1980.

6 Vgl. F. W. Henning: Die Industrialisierung Deutschlands 1800–1914, Paderborn 1973, S. 20; Hohorst/Kocka/Ritter, Arbeitsbuch II, S. 57ff.

7 R. Virchow in einem Wahlaufruf der Fortschrittspartei vom 23. 3. 1873, abgedruckt bei G. A. Ritter (Hg.): Das Deutsche Kaiserreich. Ein historisches Lesebuch, 4. Aufl. Göttingen 1981, S. 185f, S. 185. Allgemein zu diesem Kapitel G. A. Craig: Deutsche Geschichte 1866–1945. Vom Norddeutschen Bund bis zum Ende des Dritten Reiches, München 1983; H.-U. Wehler: Das Deutsche Kaiserreich 1871–1918, 4. Aufl. Göttingen 1980; M. Stürmer: Das ruhelose Reich 1866–1918, Berlin 1983; sehr hilfreich zur Einführung in Forschung und Literatur L. Gall: Europa auf dem Weg in die Moderne 1850–1890, München/Wien 1980.

8 Eine andere Auffassung vertritt M. Rauh: Die Parlamentarisierung des Deutschen Reiches, Düsseldorf 1977, der eine Parlamentarisierung des Kaiserreiches beschreibt und es auf dem Weg zur parlamentarischen Monarchie sieht.

9 Vgl. W. Gerloff: Die Finanz- und Zollpolitik des Deutschen Reiches nebst ihren Beziehungen zu den Landes- und Gemeindefinanzen, Jena 1913; P. C. Witt: Die Finanzpolitik des Deutschen Reiches von 1903–1913. Eine

Studie zur Innenpolitik des Wilhelminischen Deutschland, Lübeck/Hamburg 1970.

10 Aus einem Entwurf für einen Wahlaufruf vom Januar 1871, verfaßt von Eduard Lasler und nahezu unverändert übernommen, abgedruckt bei Ritter, Kaiserreich, S. 183f, S. 183.

11 Die Bezeichnung »Große Depression« für die Periode 1873–1895 ist irreführend, da in den 1880er und mehr noch in den 1890er Jahren durchaus ein Wachstum zu verzeichnen war, das lediglich gegenüber den beiden Jahrzehnten davor und danach ein langsameres Tempo aufwies.

12 Vgl. H: Böhme (Hg.): Probleme der Reichsgründungszeit 1848 bis 1879, Köln 1968.

13 Vgl. K. E. Lönne: Politischer Katholizismus im 19. und 20. Jahrhundert, Frankfurt 1986.

14 Seit 1886 waren Land- und Forstarbeiter in die Unfallversicherung einbezogen, die Invaliditäts- und Altersversicherung erfaßte sie von Anfang an (1889), während sie erst 1911 in die Krankenversicherung aufgenommen wurden.

15 Als informativer Überblick V. Hentschel: Geschichte der Sozialpolitik 1880–1980, Frankfurt/M. 1983; F. Tennstedt: Sozialgeschichte der Sozialpolitik in Deutschland. Vom 18. Jahrhundert bis zum Ersten Weltkrieg, Göttingen 1981.

16 L. Gall: Bismarck. Der weiße Revolutionär, 5. Aufl., Berlin/Frankfurt 1981.

17 Zusätzlich zur Lit. in Anm. 7 zum folgenden G. Schöllgen: Das Zeitalter des Imperialismus, München 1986.

18 Vgl. K. J. Bade (Hg.): Imperialismus und Kolonialmission: Kaiserliches Deutschland und koloniales Imperium, Wiesbaden 1982; H.-U. Wehler: Bismarck und der Imperialismus, 4. Aufl., München 1976.

19 V. R. Berghahn: Der Tirpitz-Plan. Genesis und Verfall einer innenpolitischen Krisenstrategie unter Wilhelm II., Düsseldorf 1971.

20 A. v. Tirpitz: Lebenserinnerungen, Leipzig 1920, S. 52.

21 Vgl. H.-J. Puhle: Agrarische Interessenpolitik und preußischer Konservatismus im Wilhelminischen Reich, 1883–1914, 2. Aufl, Bonn 1975; E. R. Huber: Deutsche Verfassungsgeschichte seit 1789, Bd. 4: Struktur und Krisen des Kaiserreichs, Stuttgart u. a. 1969; K. Holl/G. List (Hg.): Liberalismus und imperialistischer Staat. Der Imperialismus als Problem liberaler Parteien in Deutschland 1890–1914, Göttingen 1975; D. Stegmann: Die Erben Bismarcks. Konservatismus und nationale Verbände in der Spätphase des Wilhelminischen Deutschlands. Sammlungspolitik 1897–1918, Köln/Berlin 1970.

22 Zit. nach Huber, Verfassungsgeschichte, Bd. 4, S. 294.

23 Vgl. S. Mielke: Der Hansa-Bund für Gewerbe, Handel und Industrie 1909–1914. Der gescheiterte Versuch einer antifeudalen Sammlungspolitik; G. Eley: Reshaping the German Right. Radical Nationalism and Poli-

tical Change after Bismarck, New Haven/London 1980; W. Loth: Katholiken im Kaiserreich. Der politische Katholizismus in der Krise des wilhelminischen Deutschlands, Düsseldorf 1984.

24 W.J. Mommsen: Domestic Factors in German Foreign Policy before 1914, Central European History 6, 1973, S. 3–43, S. 27.

25 Einen guten Überblick über die Entwicklung der Diskussion mit ausführlichen Literaturangaben bieten W.J. Mommsen: Imperialismustheorien, 2. Aufl. Göttingen 1980, sowie H.-U. Wehler (Hg.): Imperialismus, 3. Aufl. Königstein/Ts.–Düsseldorf 1979; als Zusammenstellung der aktuellen Diskussion W.J. Mommsen/J. Osterhammel (Hg.): Imperialism and After. Continuities and Discontinuities, London 1986.

26 Zit. nach G. Schöllgen: Das Zeitalter des Imperialismus (= Oldenbourg Grundriß der Geschichte Bd. 15), München 1986, S. 3.

27 Zit. nach H.-U. Wehler: Das Deutsche Kaiserreich 1871–1918, 4. Aufl. Göttingen 1980, S. 176.

28 Eine knappe Zusammenfassung dieser Position ebd., S. 172–179; ausführlich V. R. Berghahn, Tirpitz-Plan.

29 Zahlen nach P. Bairoch: Historical Roots of Economic Underdevelopment: Myths and Realities, in Mommsen/Osterhammel, Imperialism, S. 191–216.

30 Entscheidend für diese Argumentation waren die Arbeiten von R. Robinson: Non-European Foundations of European Imperialism: Sketch for a Theory of Collaboration, in R. Owen/B. Sutcliffe (Hg.): Studies in the Theory of Imperialism, London 1972, sowie D. K. Fieldhouse: Economics and Empire 1830–1914, London 1973; eine knappe Charakterisierung bei Mommsen, Imperialismustheorien, S. 81–91.

31 M. Weber: Wirtschaft und Gesellschaft, 5. Auflage, Tübingen 1956, S. 527.

32 W.J. Mommsen: Der moderne Imperialismus als innergesellschaftliches Phänomen. Versuch einer universalgeschichtlichen Einordnung in ders. (Hg.): Der moderne Imperialismus, S. 14–30, S. 18.

33 K. Kautsky: Die kommenden Kongresse, Neue Zeit 18, 1900, Bd. II, S. 715, zit. nach H. C. Schröder: Sozialismus und Imperialismus. Die Auseinandersetzung der deutschen Sozialdemokratie mit dem Imperialismusproblem und der ›Weltpolitik‹ vor 1914, Hannover 1968, S. 15.

34 M. Weber: Der Nationalstaat und die Volkswirtschaftspolitik, in ders.: Gesammelte politische Schriften, hg. von J. Winckelmann, 2. Aufl., Tübingen 1958, S. 1–25, S. 23; es handelt sich um den Text der Freiburger Antrittsvorlesung von 1895.

35 D. Blackbourn/G. Eley: Mythen deutscher Geschichtsschreibung. Die gescheiterte bürgerliche Revolution von 1848, Frankfurt 1980.

36 Vgl. H.-U. Wehler: Das deutsche Kaiserreich, 5. Aufl. Göttingen 1983; als Einstieg in die Diskussion die Beiträge von Wehler, Eley und Winkler in Merkur 35, 1981.

37 F. Jaeger/J. Rüsen/H. T. Grütter: Historismus, FernUniversität Hagen 1987, Kurs Nr. 4125, Kurseinheit 1, S. 19.
38 G. W. F. Hegel: Die germanische Welt, in ders.: Philosophie der Weltgeschichte, hg. von G. Lasson, Hamburg 1968, S. 926.
39 J. G. Droysen: Theologie der Geschichte, in ders.: Historik. Vorlesungen über Enzyklopädie und Methodologie der Geschichte, hg. v. R. Hübner, 4. Aufl. Darmstadt 1960, S. 385.
40 So 1815 F. K. Savigny, der Begründer der (konservativen) historischen Rechtsschule, zit. nach Jaeger u. a. Heiterismus, S. 48.
41 Vgl. R. Rürup: Der »Geist von 1914« in Deutschland. Kriegsbegeisterung und Ideologisierung des Krieges im Ersten Weltkrieg, in B. Hüppauf (Hg.): Ansichten vom Krieg. Vergleichende Studien zum Ersten Weltkrieg in Literatur und Gesellschaft, Königstein/Ts. 1980, S. 1–30.
42 Vgl. B. Faulenbach: Ideologie des deutschen Sonderweges. Die deutsche Geschichte in der Historiographie zwischen Kaiserreich und Nationalsozialismus, München 1980.
43 F. Fischer: Griff nach der Weltmacht. Die Kriegszielpolitik des kaiserlichen Deutschland 1914/18, 3. Aufl. Düsseldorf 1964; als Kritik daran u. a. A. Hillgruber: Deutschlands Rolle in der Vorgeschichte der beiden Weltkriege, 2. Aufl. Göttingen 1979.
44 Vgl. W. Jaeger: Historische Forschung und politische Kultur in Deutschland. Die Debatte 1914–1980 über den Ausbruch des Ersten Weltkrieges, Göttingen 1984.
45 Vgl. H.-U. Wehler: Geschichte als Historische Sozialwissenschaft, Frankfurt 1973; J. Kocka: Sozialgeschichte. Begriff – Entwicklung – Probleme, 2. erw. Auflage Göttingen 1986; R. Rürup (Hg.): Historische Sozialwissenschaft. Beiträge zur Einführung in die Forschungspraxis, Göttingen 1977.
46 Es ist pikant, daß die englische Premierministerin Frau Thatcher der These nahesteht, daß es in England bisher keine durchgreifende bürgerliche Revolution gegeben habe. Es sei vielmehr eine der wichtigsten Aufgaben ihrer Regierung, diese – insbesondere durch die konsequente Durchsetzung eines freien Marktes – endlich zu verwirklichen. Anders ausgedrückt: zentrale, eigentlich auf die deutsche Geschichte gemünzte Argumente werden für die englische Entwicklung übernommen und dienen hier zur Begründung der Politik einer konservativen Regierung.
47 Gute Überblicke zum gesamten Kapitel mit Zahlenangaben bei H. Grebing: Arbeiterbewegung. Sozialer Protest und kollektive Interessenvertretung bis 1914, München 1985; A. Klönne: Die deutsche Arbeiterbewegung. Geschichte – Ziele – Wirkungen, Köln 1983; Lern- und Arbeitsbuch deutsche Arbeiterbewegung. Darstellung, Chroniken, Dokumente, hg. unter Leitung von Th. Meyer/S. Miller/J. Rohfels, 3 Bde., Bonn 1984; G. A. Ritter: Staat, Arbeiterschaft und Arbeiterbewegung in Deutschland. Vom Vormärz bis zum Ende der Weimarer Republik, Berlin/Bonn 1980.

In den christlichen Gewerkschaften waren gut 300000 und den liberalen (Hirsch-Duncker) weitere 100000 organisiert.

48 Vgl. G. A. Ritter (Hg.): Arbeiterkultur, Königstein/Ts. 1979 mit einer umfangreichen Bibliographie zusammengestellt von K. Tenfelde; ferner H. Wunderer: Arbeitervereine und Arbeiterparteien. Kultur- und Massenorganisationen in der Arbeiterbewegung (1890–1933), Frankfurt/M. 1980.

49 Vgl. H. J. Steinberg: Sozialismus und deutsche Sozialdemokratie. Zur Ideologie der Partei vor dem 1. Weltkrieg, Bonn 1979.

50 Vgl. K. Saul: Staat, Industrie und Arbeiterbewegung im Kaiserreich 1903–1914, Düsseldorf 1974; G. A. Ritter: Die Arbeiterbewegung im Wilhelminischen Reich 1890–1900, Berlin 1963; G. Fülberth/J. Harrer: Die deutsche Sozialdemokratie 1890–1933, Neuwied 1974.

51 Eine gute Einführung mit umfassenden Literaturangaben bei J. Kocka: Lohnarbeit und Klassenbildung. Arbeiter und Arbeiterbewegung in Deutschland 1800–1875, Göttingen 1983.

52 Vgl. W. Schieder: Das Scheitern des bürgerlichen Radikalismus und die sozialistische Parteienbildung in Deutschland, in H. Mommsen (Hg.): Sozialdemokratie zwischen Klassenbewegung und Volkspartei, Frankfurt/M. 1974, S. 17–34; J. Kocka: Die Trennung von bürgerlicher und parlamentarischer Demokratie im europäischen Vergleich. Fragestellungen und Ergebnisse, in ders. (Hg.): Europäische Arbeiterbewegungen im 19. Jahrhundert, Göttingen 1983, S. 5–20; D. Geary: Arbeiterprotest und Arbeiterbewegung in Europa 1848–1939, München 1983.

53 Vgl. U. Engelhardt: Nur vereinigt sind wird stark – die Anfänge der deutschen Gewerkschaftsbewegung 1862–1870, Stuttgart 1977; sowie die Beiträge in W. Conze/ders. (Hg.): Arbeiter im Industrialisierungsprozeß. Herkunft, Lage, Verhalten, Stuttgart 1979.

54 Zit. nach H. Potthoff: Die Sozialdemokratie von den Anfängen bis 1945, 2. Aufl., Bonn/Bad Godesberg 1975, S. 178.

55 Vgl. D. Groh: Negative Integration und revolutionärer Attentismus, Frankfurt 1973; Steinberg, Sozialismus.

56 Vgl. K. Schönhoven: Expansion und Konzentration. Studien zur Entwicklung der Freien Gewerkschaften im Wilhelminischen Deutschland 1890–1914, Stuttgart 1980; G. A. Ritter/K. Tenfelde: Der Durchbruch der Freien Gewerkschaften in Deutschland zur Massenbewegung im letzten Viertel des 19. Jahrhunderts, in H. O. Vetter (Hg.): Vom Sozialistengesetz zur Mitbestimmung, Köln 1975, S. 59–120; E. Domansky: Arbeitskämpfe und Arbeitskampfstrategien des Deutschen Metallarbeiterverbandes 1891–1914, Diss. phil. Bochum 1981; K. Mattheier: Die Gelben. Nationale Arbeiter zwischen Wirtschaftsfrieden und Streik, Düsseldorf 1973.

57 Vgl. J. Schult: Geschichte der Hamburger Arbeiter 1890–1919, Hannover 1967; H. J. Franzen: Strategiediskussionen ›ganz unten‹. Die Auseinander-

setzungen um den Kurs der Sozialdemokratie zwischen 1890 und 1914 in den lokalen und regionalen Organisationen der badischen Sozialdemokratie, phil. diss. Göttingen 1983.

58 Vgl. zum folgenden F.-J. Brüggemeier: Leben vor Ort. Ruhrbergleute und Ruhrbergbau 1889–1919, 2. Aufl., München 1984; M. Grüttner, Arbeitswelt an der Wasserkante. Sozialgeschichte der Hamburger Hafenarbeiter 1886–1914, Göttingen 1984; D. Langewiesche: Wanderungsbewegungen in der Hochindustrialisierungsperiode. Regionale, interstädtische und innerstädtische Mobilität in Deutschland, 1880–1914, VfSW 64, 1977, S. 1–40; L. Niethammer/F.-J. Brüggemeier, Wie wohnten Arbeiter im Kaiserreich, AfS 16, 1976, S. 61–134.

59 Schönhoven, Expansion, S. 153.

60 Vgl. E. Lucas: Zwei Formen von Radikalismus in der deutschen Arbeiterbewegung, Frankfurt/M. 1976; R. Boch: Handwerker-Sozialisten gegen Fabrikgesellschaft. Lokale Fachvereine, Massengewerkschaften und industrielle Rationalisierung in Solingen 1870 bis 1914, Göttingen 1985.

61 Vgl. H. Grebing: Der Revisionismus. Von Bernstein bis zum »Prager Frühling«, München 1977.

62 Klönne: Arbeiterbewegung, S. 123; vgl. C. E. Schorske: Die große Spaltung – Die deutsche Sozialdemokratie von 1905–1917, Berlin 1979; Grebing, Arbeiterbewegung, S. 130 ff.

63 Vgl. D. Lehnert: Reform und Revolution in den Strategiediskussionen der klassischen Sozialdemokratie, Bonn 1977; Die Massenstreikdebatte, hg. und eingel. v. A. Grunenberg, Frankfurt/M. 1970.

64 Zit. nach H. C. Schröder: Sozialismus und Imperialismus. Die Auseinandersetzung der deutschen Sozialdemokratie mit dem Imperialismusproblem und der »Weltpolitik« vor 1914, Hannover 1968, S. 164; vgl. ders.: Gustav Noske und die Kolonialpolitik des Deutschen Kaiserreichs, Berlin/Bonn 1977.

65 Vgl. B. Emig, Die Veredelung des Arbeiters. Sozialdemokratie als Kulturbewegung. Frankfurt/M. 1980.

66 Zum Fall Arons sieht D. Fricke: Zur Militarisierung des deutschen Geisteslebens im wilhelminischen Kaiserreich. Der Fall Leo Arons, in: ZfG VIII. Jg. (1960), Heft 5, S. 1969–1107; E. R. Huber: Deutsche Verfassungsgeschichte seit 1789, Bd. IV: Struktur und Krisen des Kaiserreiches, Stuttgart/Berlin/Köln/Mainz 1969, S. 952 ff; B. v. Brocke: Hochschul- und Wissenschaftspolitik in Preußen im Deutschen Kaiserreich 1882–1907: das »System Althoff«, in: P. Baumgart (Hg.): Bildungspolitik in Preußen zur Zeit des Kaiserreichs, Stuttgart 1980, S. 9–118, S. 95 ff. Siehe auch L. Arons: Die Actenstücke des Disciplinarverfahrens gegen den Privatdozenten Dr. Arons, Berlin 1900.

67 Zu den Lesungen des Gesetzes im Preußischen Abgeordnetenhaus am 7. Februar, 2. und 7. Mai 1898, Bd. 1, S. 399 ff, Bd. 3, S. 2290 ff, S. 2429 ff.

68 Zitiert nach Fricke, Militarisierung, S. 1100.

69 Zur Person Arons siehe Huber, Verfassungsgeschichte, S. 952f und Fricke, Militarisierung, S. 1083f.

70 Dieser Gedanke prägte besonders die Denkschrift der Berliner Philosophischen Fakultät vom 10.6.1894 an das Kultusministerium. Siehe Fricke, Militarismus, S. 1095f.

71 So die Stellungnahme der Fakultät vom 25. Juli 1895, zitiert nach Fricke, Militarisierung, S. 1088.

72 Denkschrift der Fakultät vom 10.6.1894, zitiert nach Fricke, Militarisierung, S. 1095f.

73 Siehe dazu vom Brocke, Hochschulpolitik. Siehe auch R. Riese: Die Hochschule auf dem Wege zum wissenschaftlichen Großbetrieb. Die Universität Heidelberg und das badische Hochschulwesen 1860–1914, Stuttgart 1977; F.R. Pfetsch: Zur Entwicklung der Wissenschaftspolitik in Deutschland 1750–1914, Berlin 1974; H.-W. Prahl: Sozialgeschichte des Hochschulwesens, München 1978; L. Burchardt: Deutsche Wissenschaftspolitik an der Jahrhundertwende. Versuch einer Zwischenbilanz, in: GWU 1975/5, S. 271–289.

74 K. H. Jarausch: Frequenz und Struktur. Zur Sozialgeschichte der Studenten im Kaiserreich, in: Baumgart, Bildungspolitik, S. 119–149, S. 123f. Siehe auch ders.: Students, Society and Politics in Imperial Germany. The Rise of Academic Illiberalism, Princeton 1982, bes. S. 23ff. Siehe auch Tab. 4a bei Prahl, Sozialgeschichte, S. 380.

75 Jarausch, Frequenz, S. 141. Zum Strukturwandel der Studentenschaft siehe ebd., S. 132ff.

76 Th. Mommsen: Reden und Aufsätze, Berlin 1905, S. 209.

77 Das zeitgenössische Zitat nach v. Brocke, Hochschulpolitik, S. 56.

78 A. v. Harnack: Vom Großbetrieb der Wissenschaft, in: Preußische Jahrbücher, Bd. 119, 1905, S. 193–201. Zu der oben erwähnten Entwicklung siehe v. a. v. Brocke, Hochschulpolitik, S. 49ff.

79 Zu Friedrich Theodor Althoff (1837–1908) und den von ihm verfolgten Prinzipien der Hochschulpolitik, dem »System Althoff«, siehe v. Brocke, Hochschulpolitik. Siehe dort auch die ältere Literatur.

80 Zum Selbstverständnis und zum politischen Engagement von Hochschullehrern im Kaiserreich siehe R. V. Bruch: Wissenschaft, Politik und öffentliche Meinung. Gelehrtenpolitik im Wilhelminischen Deutschland (1890–1914), in: Historische Studien, Heft 435, Husum 1980; Jarausch, Students; F. K. Ringer: Die Gelehrten. Der Niedergang der deutschen Mandarine 1890–1933, Stuttgart 1983. Siehe auch den Literaturbericht von H. Döring: Deutsche Professoren zwischen Kaiserreich und Drittem Reich, in: NPL 3/1954, S. 340–352 sowie H. Tompert: Lebensformen und Denkweisen der akademischen Welt Heidelbergs im Wilhelminischen Zeitalter im Spiegel zeitgenössischer Selbstzeugnisse, in: Historische Studien, Heft 411, Lübeck und Hamburg 1969.

81 Bestandteil dieser von Bismarcks Nachfolger Caprivi gesteuerten Politik

war unter anderem die Intensivierung der Arbeiterschutzpolitik. Siehe Huber, Verfassungsgeschichte, S. 248. Siehe auch v. Bruch, Wissenschaft, S. 157 ff und S. 300 ff.

82 Zu den genannten Organisationen siehe die entsprechenden Artikel in: Die bürgerlichen Parteien in Deutschland. Handbuch der Geschichte der bürgerlichen Parteien und anderer bürgerlicher Interessenorganisationen vom Vormärz bis zum Jahre 1945, 2 Bde., Leipzig 1968.

83 Siehe vom Bruch, Wissenschaft, S. 140 f.

84 Ebenda S. 141 ff. Bei der »Umsturzvorlage« handelte es sich um den Entwurf eines Gesetzes, das eine Verschärfung derjenigen Paragraphen des Strafgesetzes vorsah, »die dem Schutz des öffentlichen Friedens, des militärischen Gehorsams und der Verfassung« dienten. Trotz seiner allgemein gehaltenen Bestimmungen war es in erster Linie gegen die Sozialdemokratie gerichtet. Huber, Verfassungsgeschichte, S. 268 ff. Das Zitat ebd., S. 268. Bei der »Zuchthausvorlage« handelte es sich um einen Gesetzesentwurf, der die Strafen für den sogenannten »Koalitionszwang«, besonders das Streikpostenstehen, verschärfte. Ebenda S. 1235 f.

85 vom Bruch, Wissenschaft, S. 148 f.

86 Ebenda S. 145 ff.

87 Siehe dazu auch A. Busch: Die Geschichte des Privatdozenten. Eine soziologische Studie zur großbetrieblichen Entwicklung der deutschen Universitäten, Stuttgart 1959.

88 Zum Engagement von Professoren für die Heeresvorlage 1892/93 siehe vom Bruch, Wissenschaft, S. 139 f, für die Flottenvorlagen 1898/1900 ebd., S. 66 ff. Siehe dort auch die Hinweise auf weiterführende Literatur. Siehe auch zum Gesamtzusammenhang P. Hampe: Sozioökonomische und psychische Hintergründe der bildungsbürgerlichen Imperialbegeisterung, in: K. Vondung (Hg.): Das Wilhelminische Bildungsbürgertum. Zur Sozialgeschichte seiner Ideen, Göttingen 1976, S. 67–79.

89 vom Bruch, Wissenschaft, S. 139.

90 Siehe Hampe, Hintergründe, S. 83 ff.

91 Zum Fall Delbrück s. ebenda S. 150 ff; vom Brocke, Hochschulpolitik, S. 99 f.

92 vom Bruch, Wissenschaft, S. 53.

93 Ebenda S. 112 ff. Siehe dort auch weiterführende Literatur.

94 Zu der zeitgenössischen Debatte darüber, ob eine gewerkvereinsähnliche Interessenorganisation von Professoren denkbar sei, siehe ebenda S. 114 ff.

95 Zur Geschichte des DWB s. J. Campbell: Der Deutsche Werkbund 1907–1934, Stuttgart 1981; K. Junghanns: Der Deutsche Werkbund. Sein erstes Jahrzehnt, Berlin 1982; S. Müller: Kunst und Industrie. Ideologie und Organisation des Funktionalismus in der Architektur, München 1974.

96 Satzung des DWB von 1908, § 2, abgedruckt in: Junghanns, Werkbund, S. 142 f, S. 142.

97 Zitiert nach Junghanns, Werkbund; S. 139f (Dokument I,2). Zur Person Muthesius' s. ebenda S. 15ff; Campbell, Werkbund, S. 17ff; J. Posener: Berlin auf dem Wege zu einer neuen Architektur. Das Zeitalter Wilhelms II., München 1979, S. 127–159.

98 Zur Entwicklung der Architektur im 19. und 20. Jahrhundert s. das berühmte Werk von S. Giedion: Space, Time and Architecture, Harvard 1941. S. auch M. Müller: Die Verdrängung des Ornaments. Zum Verhältnis von Architektur und Lebenspraxis, Frankfurt/M. 1977.

99 Junghanns, Werkbund, S. 9; s. auch U. Scheuner: Die Kunst als Staatsaufgabe im 19. Jahrhundert, in: E. Mai/S. Waetzoldt (Hg.): Kunstverwaltung, Bau- und Denkmal-Politik im Kaiserreich, Berlin 1981, S. 13–46.

100 Zitiert nach Junghanns, Werkbund, S. 16.

101 Zur sozialen Lage und zum Selbstverständnis des Wilhelminischen Bürgertums s. K. Vondung (Hg.): Das Wilhelminische Bildungsbürgertum. Zur Sozialgeschichte seiner Ideen, Göttingen 1976; G. Kratszsch: Kunstwart und Dürerbund. Ein Beitrag zur Geschichte der Gebildeten im Zeitalter des Imperialismus, Göttingen 1969; H. Henning: Das westdeutsche Bürgertum in der Epoche der Hochindustrialisierung 1860–1914. Soziales Verhalten und soziale Strukturen. Teil I: Das Bildungsbürgertum in den preußischen Westprovinzen, Wiesbaden 1972.

102 Nach Campbell, Werkbund, S. 7, Anm. 2, stammt dieser Satz vermutlich von Muthesius.

103 Zu der in solchen Vorstellungen enthaltenen Idee vom »Gesamtkunstwerk« s. den Ausstellungskatalog »Der Hang zum Gesamtkunstwerk. Europäische Utopien seit 1800«, Aarau und Frankfurt/M. 1983.

104 Dazu sowie zur Entwicklung neuer Formvorstellungen im 19. Jh. s. den Überblick von N. Pevsner: Wegbereiter moderner Formgebung. Von Morris bis Gropius, Hamburg 1957.

105 Zu Friedrich Naumanns Rolle im DWB s. Junghanns, Werkbund, S. 10ff; Campbell, Werkbund, S. 23ff; s. auch Th. Heuss: Friedrich Naumann, 2. Aufl. Stuttgart/Tübingen 1949; D. Düding: Der Nationalsoziale Verein 1896–1903, München/Wien 1972; W. Conze: Friedrich Naumann. Grundlagen und Ansatz seiner Politik in der nationalsozialen Zeit, in W. Hubatsch (Hg.): Schicksalswege deutscher Vergangenheit, Düsseldorf 1950, S. 355–387.

106 Zitiert nach Junghanns, Werkbund, S. 11.

107 Zu Schmidt, s. Junghanns, Werkbund, S. 13ff.

108 Ebenda S. 14.

109 Zu den bürgerlichen Reformbewegungen um die Jahrhundertwende s. K. Bergmann: Agrarromantik und Großstadtfeindschaft, Meisenheim am Glan 1970; J. Frecot/J. F. Geist/D. Kerbs: Fidus 1868–1948. Zur ästhetischen Praxis bürgerlicher Fluchtbewegungen, München 1972; R. Hamann/J. Hermand: Epochen deutscher Kultur von 1870 bis zur Gegenwart, Bd. 4: Stilkunst um 1900, München 1973; W. R. Krabbe:

Gesellschaftsveränderung durch Lebensreform. Strukturmerkmale einer sozialreformerischen Bewegung im Deutschland der Industrialisierungsperiode, Göttingen 1974.

110 Junghanns, Werkbund, S. 23.

111 Ebenda S. 36 f.

112 Zur künstlerischen Rückwendung sowie zur »Opposition« im DWB s. Junghanns, Werkbund, S. 30 ff.

113 Zitiert nach Junghanns, Werkbund, S. 22.

114 Zitiert nach ebenda, S. 29.

115 S. dazu R. Barthes: Mythen des Alltags, Frankfurt/M. 1974.

116 H.-U. Wehler: Das Deutsche Kaiserreich 1871–1918, 4. Aufl. Göttingen 1980, S. 63.

117 S. v. a. Müller, Verdrängung, S. 41 ff.

118 Gutachten über die Canalisation von Cöln (2. 5. 1877), in: Gutachten der Königlichen Wissenschaftlichen Deputation für das Medicinalwesen in Preußen über die Canalisation der Städte, hg. v. H. Eulenberg, Berlin 1883, S. 68–78.

119 Bericht des Ausschusses über die 5. Versammlung des Deutschen Vereins für öffentliche Gesundheitspflege zu Nürnberg vom 25.–27. September, DVföG 10, 1878, S. 83–114, S. 89 f.

120 Verhandlungen des Internationalen Vereins gegen Verunreinigung der Flüsse, des Bodens und der Luft. 1. Versammlung am 1./2. Oktober 1877 in Cöln, Berlin/Leipzig 1878, S. 4.

121 Gutachten über die Canalisation zu Köln, S. 68 ff.

122 Als Überblick Th. Rommelspacher: Das natürliche Recht auf Wasserverschmutzung, in F.-J. Brüggemeier/ders. (Hg.): Besiegte Natur. Geschichte der Umwelt im 19. und 20. Jahrhundert, München 1987, S. 42–63; Th. Kluge/E. Schramm: Wassernöte. Umwelt- und Sozialgeschichte des Trinkwassers, Aachen 1986; J. v. Simson: Kanalisation und Städtehygiene im 19. Jahrhundert, Düsseldorf 1983; zur Vorgeschichte die Beiträge bei B. Herrmann (Hg.): Mensch und Umwelt im Mittelalter, Stuttgart 1986.

123 Die Äußerung stammt von Edwin Chadwick, dem Pionier der öffentlichen Gesundheitsbewegung in England; zit. nach Simson, Kanalisation, S. 123.

124 Zit. nach ebenda, S. 93.

125 Vgl. ebenda S. 33 f; allgemein hierzu A. S. Wohl: Endangered Lives. Public Health in Victorian Britain, London 1983.

126 Vgl. Kluge/Schramm, Wassernöte, S. 48 ff, 59 ff.

127 C. T. Liernur: Beschreibung des Canalisations-Systems auf getrenntem Wege, Frankfurt/M. 1876; ders.: Über die Kanalisation von Städten auf getrenntem Wege im Vergleich mit dem Schwemmsystem, Frankfurt/M. 1876. Konrad Adenauer hatte in den 1930er Jahren ein »Verfahren und Einrichtung zur Verhütung der Verunreinigung der Luft durch Abgase, den Ruß usw. der Feuerstellen« entwickelt und zum Patent angemeldet,

das an die pneumatische Kanalisation erinnert; er wollte »die Abwässerkanalisation zur zentralen Absaugung der Abgase« benutzen – so der Antrag an das Berliner Patentamt. Sein Plan sah vor, die Schornsteine oben zu verschließen, den Rauch durch Rohre abzusaugen und ihn in die Abwässerkanalisation zu lenken. Besondere Sperren sollten die Haushalte gegen Geruchsbelästigung bei Rückstau sichern, notfalls sollten auch die Kamine wieder geöffnet werden, um die Abgase in die Luft entweichen zu lassen. Gewährt wurde das Patent allerdings nicht; ein Versuch wurde zwar empfohlen, doch zugleich wurde auf die hohen Kosten verwiesen und bemängelt, daß aller vorsorglichen Einrichtungen zum Trotz die Gefahr bestehe, »daß die Abgase durch die vorhandenen Kaminfeuerungen in die Wohnungen austreten (...) zum Teil explosiv.«, zit. nach P. Koch: Die Erfindungen des Dr. Konrad Adenauer, Reinbek 1986, S. 59 u. 63f.

128 Aus einem Brief Liebigs, zitiert in W. Thorwirth: Über Canalisierung großer Städte in ihrem Einflusse auf die gesundheitlichen und volkswirthschaftlichen Zustände der Bevölkerung. Mit specieller Berücksichtigung Berlins, Berlin 1863, S. 22; Liebig, der zu den Wegbereitern der modernen Kunstdüngung zählt, revidierte bald darauf seine Meinung.

129 J. v. Liebig: Einleitung in die Naturgesetze des Feldbaues, gesonderte Abhandlung, in ders.: Die Chemie in ihrer Anwendung auf Agricultur und Physiologie, 2 Tle., Braunschweig 1862, I, S. 125f.

130 1891 wurde von der Deutschen Landwirtschafts-Gesellschaft ein ›Sonderausschuss Abfallstoffe‹ eingesetzt, der sich 1906 wieder auflöste und in seinem Abschlußbericht für die Schwemmkanalisation plädierte. Verfahren, Fäkalien gesondert abzuführen, wurden u. a. deshalb abgelehnt, weil es schwierig sei, »die Landwirte zu veranlassen, die Fäkalien in dieser Form anzunehmen«; Mitteilungen der Deutschen Landwirtschaftsgesellschaft 6, 1906, S. 190.

131 Vgl. A. Corbin: Pesthauch und Blütenduft. Eine Geschichte des Geruchs, Berlin 1984.

132 Zit. nach Simson, Kanalisation, S. 115.

133 Vgl. J. Hobrecht: Über öffentliche Gesundheitspflege und die Bildung eines Central-Amts für öffentliche Gesundheitspflege im Staate, Stettin 1868.

134 Vgl. R. Evans: Death in Hamburg. Society and Politics in the Cholera Years 1830–1910, Oxford 1987.

135 Vgl. Kluge/Schramm, Wassernöte, S. 119ff.

136 M. Rubner/Schmidtmann: Gutachten des Reichsgesundheitsrates über die Einleitung der Mannheimer Kanalwässer in den Rhein. Arbeiten aus dem Kaiserlichen Gesundheitsamte 20, 1904, S. 338–384, passim.

137 Als Verursacher galten vor allem Gase (= Miasma), die beim Zerfall organischer Stoffe entstünden.

138 Günther: Über die Verunreinigung der Wasserläufe im Königreich Sachsen, Berliner klinische Wochenschrift 16, 1879, S. 101–103.

139 K. W. Jurisch: Die Verunreinigung der Gewässer, Berlin 1890, S. 108 u. 103.
140 In einer Rede am 17. 5. 1898, Sten. Ber. Abgh. 1898, T. I, S. 2714.
141 G. Varrentrapp: Über Entwässerung der Städte, über Werth und Unwerth der Wasserclosette, über deren angebliche Folgen: Verlust werthvollen Düngers, Verunreinigung der Flüsse, Benachtheiligung der Gesundheit, mit besonderer Berücksichtigung auf Frankfurt/M., Berlin 1868, S. 88; Varrentrapp zitiert einen Bericht aus England.
142 Zur Ambivalenz dieses Heldenideals siehe die Studie von F. W. Korff: Richthofen, in: M. Frhr. v. Richthofen: Der rote Kampfflieger, München 1977 (Neuausgabe der 1. Aufl. von 1917), S. 187–343.
143 So der Titel einer Abhandlung von Freud. Siehe S. Freud: Das Unbehagen in der Kultur (1930), in: A. Mitscherlich/A. Richards/J. Strachey (Hg.): Sigmund Freud. Studienausgabe, 10 Bde. + Ergänzungsband, Frankfurt a. M. 1969ff, Bd. IX, S. 191ff.
144 Die Studie siehe ebd., S. 33ff.
145 Bislang fehlt eine Gesamtuntersuchung zum Kriegsbeitrag der nichteuropäischen Länder. Zu den französischen Kolonien siehe C. M. Andrew/A. S. Kanya-Forstner: France Overseas. The Great War and the Climax of French Imperial Expansion, London 1981. Zu den englischen Dominions und Kolonien siehe E. A. Benians u. a. (Hg.): The Cambridge History of the British Empire, Bd. 5–8, Cambridge 1932–1936.
146 Siehe besonders E. J. Leed: No Man's Land. Combat and Identity in World War I, Cambridge/New York 1979, S. 39ff.
147 Zur Dolchstoßlegende siehe Fr. Frhr. v. Hiller von Gaertringen: »Dolchstoß«-Diskussion und »Dolchstoßlegende« im Wandel von vier Jahrzehnten, in: Geschichte und Gegenwartsbewußtsein. FS für Hans Rothfels zum 70. Geburtstag, hg. von W. Besson und Fr. Frhr. Hiller von Gaertringen, Göttingen 1963, S. 122–160 sowie J. A. Moses: Die Wirkung der Dolchstoßlegende im deutschen Geschichtsbewußtsein, in: B. Hüppauf (Hg.): Ansichten vom Krieg. Vergleichende Studien zum Ersten Weltkrieg in Literatur und Gesellschaft, Königstein/Ts. 1984, S. 240–256.
148 C. v. Clausewitz, 1780–1831, preußischer General und Direktor der Allgemeinen Kriegsschule, verfaßte eine Theorie des modernen Krieges. Siehe C. v. Clausewitz: Vom Kriege, 18. Aufl., Bonn 1973.
149 Auf die Bedeutung des Militär- und Antikriegsstreiks haben hingewiesen F. L. Carsten: War Against War. British and German Radical Movements in the First World War, Berkeley 1982; W. Wette/K. Holl (Hg.): Pazifismus in der Weimarer Republik. Beiträge zur historischen Friedensforschung, Paderborn 1981.
150 Zur Geschichte der Arbeiterbewegung im Krieg und zu den Massenbewegungen siehe Deutschland im Ersten Weltkrieg, hg. v. einem Autorenkollektiv, 3 Bde., Berlin (Ost) 1968–69; G. D. Feldman: Armee, Industrie und Arbeiterschaft in Deutschland 1914–1918, Berlin/Bonn 1985; G. D. Feld-

man/E. Kolb/R. Rürup: Die Massenbewegungen der Arbeiterschaft in Deutschland am Ende des Ersten Weltkrieges (1917–1920), in: Politische Vierteljahresschrift, 13. Jg. (1972), S. 84–105; E. Lucas: Zwei Formen von Radikalismus in der deutschen Arbeiterbewegung, Frankfurt/M. 1976; F. Boll: Massenbewegungen in Niedersachsen 1906–1920. Eine sozialgeschichtliche Untersuchung zu den unterschiedlichen Entwicklungstypen Braunschweig und Hannover, Bonn 1981.

151 Es handelt sich um die von einem Autorenkollektiv verfaßte Darstellung Deutschlands im Ersten Weltkrieg (siehe Anm. 150).

152 Zum Ablauf der Ereignisse in der Juli-Krise siehe den Überblick von K. D. Erdmann: Die Zeit der Weltkriege, 1. Teilband, Gebhardt Bd. 4, 9. Aufl., Stuttgart 1973, S. 1–144, bes. die Paragraphen 6 und 7; F. Fischer: Griff nach der Weltmacht. Die Kriegszielpolitik des kaiserlichen Deutschland 1914/18, Düsseldorf 1961; P. Graf Kielmansegg: Deutschland und der Erste Weltkrieg, Frankfurt/M. 1968.

153 Abgedruckt in: Kriegs-Depeschen aus ruhmreicher Zeit. Nach amtlichen Berichten des Wolff'schen Telegr.-Bureaus, Bd. I, Berlin o. J., S. 19ff.

154 Zum Burgfrieden und zur Arbeiterbewegung im Krieg siehe H.-J. Bieber: Gewerkschaften in Krieg und Revolution. Arbeiterbewegung, Industrie, Staat und Militär in Deutschland 1914–1920, Hamburg 1982, S. Miller: Burgfrieden und Klassenkampf. Die deutsche Sozialdemokratie im Ersten Weltkrieg, Düsseldorf 1974.

155 Der Artikel 231 lautete: »Die verbündeten und assoziierten Regierungen erklären, und Deutschland erkennt an, daß Deutschland und seine Verbündeten als Urheber für alle Verluste und Schäden verantwortlich sind, die die alliierten und assoziierten Regierungen (...) infolge des Krieges, der ihnen durch den Angriff Deutschlands und seiner Verbündeten aufgezwungen wurde, erlitten haben.« Zitiert nach dtv-Atlas zur Weltgeschichte, Bd. 2, München 1966, S. 133. Zur Kriegsschuldfrage in der Weimarer Republik siehe U. Heinemann: Die verdrängte Niederlage. Politische Öffentlichkeit und Kriegsschuldfrage in der Weimarer Republik, Göttingen 1983; W. Jäger: Historische Forschung und politische Kultur in Deutschland. Die Debatte 1914–1980 über den Ausbruch des Ersten Weltkrieges, Göttingen 1984. Der Abschnitt über die Kriegsschuldfrage folgt im wesentlichen der Darstellung Heinemanns. Das gilt nicht für den Hinweis auf die symbolische Bedeutung der Kriegsschuldfrage.

156 F. Naumann stellte zum Beispiel 1919 fest, daß die Bevölkerung »ein absolutes Bedürfnis nach Ruhe, Ernährung und Arbeit« habe und ihr »ein unglaublicher Friede« aufgezwungen werden könne. Zitiert nach Heinemann, Niederlage, S. 255.

157 M. Geyer hat kürzlich wieder darauf hingewiesen, daß sich 1929 nur 13,8 % der Wahlberechtigten für das »Freiheitsgesetz«, das Volksbegehren gegen den Young-Plan aussprachen, während 1926 36,4 % für die entschädigungslose Enteignung der deutschen Fürstenhäuser gestimmt hatten.

M. Geyer: Nation, Klasse und Macht. Zur Organisation von Herrschaft in der Weimarer Republik, in: Archiv für Sozialgeschichte, Bd. XXVI (1986), S. 27–48, S. 44, Anm. 44.

158 Siehe die Zitate und Hinweise bei Heinemann, Niederlage, S. 17.

159 Zur Orientierung über die Fischer-Kontroverse siehe Jäger, Historische Forschung, a. a. O., S. 132–157 sowie den vorzüglichen Aufsatz von A. Sywottek: Die Fischer-Kontroverse. Ein Beitrag zur Entwicklung historisch-politischen Bewußtseins in der Bundesrepublik, in: I. Geiss/B. J. Wendt (Hg.): Deutschland in der Weltpolitik des 19. und 20. Jahrhunderts. FS Fritz Fischer zum 65. Geburtstag, Düsseldorf 1973, S. 19–47, dessen Darstellung die obigen Ausführungen folgen.

160 Fischer, Griff (Anm. 152).

161 Ebd., S. 97.

162 Siehe dazu die Darstellung bei Jäger, Historische Forschung, mit ihren Literaturhinweisen.

163 Zitiert nach Sywottek, Fischer-Kontroverse, S. 27.

164 Ebd., S. 25 und S. 31.

165 Ebd., S. 33.

166 Siehe z. B. H.-U. Wehler: Das Deutsche Kaiserreich 1871–1918, Göttingen 1973. Siehe auch den Abschnitt über die These vom Deutschen Sonderweg in diesem Band, S. 244.

167 Siehe zum Beispiel G. Eley: Reshaping the German Right: Radical Nationalism and Political Change after Bismarck, New Haven und London 1980.

168 Zu den patriotischen Vereinen siehe besonders die Arbeiten von R. Chikkering: We Men Who Feel Most German: A Cultural Study of the Pan-German League, 1886–1914, London 1984; ders.: Patriotic Societies and German Foreign Policy 1890–1914, in: International History Review, I (1979), S. 470–489; ders.: Der »Deutsche Wehrverein« und die Reform der deutschen Armee 1912–1914, in: Militärgeschichtliche Mitteilungen, Nr. 1 (1979), S. 7–33. Zu den Kriegervereinen siehe den ausgezeichneten Aufsatz von D. Düding: Die Kriegervereine im wilhelminischen Deutschland und ihr Beitrag zur Militarisierung der deutschen Gesellschaft, in: J. Dülffer/K. Holl (Hg.): Bereit zum Krieg. Kriegsmentalität im wilhelminischen Deutschland 1890–1914, Göttingen 1987, S. 99–121. Siehe dort auch den Aufsatz von S. Förster: Alter und neuer Militarismus im Kaiserreich. Heeresrüstungspolitik und Dispositionen zum Krieg zwischen Status-quo-Sicherung und imperialistischer Expansion, 1890–1913, S. 122–145, der m. E. nicht genau erklärt, was denn nun eigentlich ein »bürgerlicher« Militarismus im Unterschied zum alten Militarismus sei.

169 Der Begriff »strukturalistisch« bezeichnet hier die Schule des strukturalistisch-modernistischen Denkens.

170 Siehe dazu M. Geyer: Deutsche Rüstungspolitik 1860–1980, Frankfurt/M. 1984, bes. S. 93.

171 Siehe dazu Miller, Burgfrieden, sowie Bieber, Gewerkschaften.

172 Siehe dazu J. Snyder: The Ideology of the Offensive: Military Decision Making and the Disaster of 1914, Ithaca 1984.

173 V. Berghahn: Rüstung und Machtpolitik. Zur Analyse des »Kalten Krieges« vor 1914, Düsseldorf 1973; G. Krumeich: Aufrüstung und Innenpolitik in Frankreich vor dem Ersten Weltkrieg. Die Einführung der dreijährigen Dienstpflicht 1913–1914, Wiesbaden 1980; R. Scally: The Origins of the Lloyd George Coalition. The Politics of Social Imperialism 1900–1918, Princeton 1975; A. Summers: Militarism in Great Britain before the Great War, in: History Workshop Journal 2 (1976), S. 104–123; siehe auch J. Vandenrath (Hg.): Les psychoses de guerre, Rouen 1985.

174 J. Remak: 1914 – The Third Balkan War, in: H. W. Koch (Hg.): The Origins of the First World War. Great Power Rivalry and German War Aims, London 1984. Siehe auch V. Dedijer: The Road to Sarajevo, New York 1966 sowie die neue Interpretation des Kriegsausbruchs durch S. Williamson: Vienna and July 1914: The Origins of the Great War Once Again, in: ders. / P. Pastor (Hg.): Essays on World War I: Origins and Prisoners of War, New York 1983, S. 9–36.

175 P. Kennedy: The Rise and Fall of the Great Powers, New York 1987; ders.: The Rise of The Anglo-German Antagonism, 1860–1914, London / Boston 1980.

176 Darauf verweist U. Frevert: Frauen-Geschichte. Zwischen Bürgerlicher Verbesserung und Neuer Weiblichkeit, Frankfurt / M. 1986, ohne allerdings selbst dazu Stellung zu nehmen.

177 Diese Auffassung liegt, wenn auch mit anderer Akzentsetzung, den Studien zum Organisierten Kapitalismus zugrunde. Siehe S. Berger: Organizing Interests in Western Europe. Pluralism, Corporatism, and the Transformation of Politics, Cambridge / New York 1981; Ch. Meyer: Recasting Bourgeois Europe. Stabilization in France, Germany, and Italy in the Decade after World War I, Princeton 1975; H. A. Winkler (Hg.): Organisierter Kapitalismus. Voraussetzungen und Anfänge, Göttingen 1974.

178 J. Kocka: Klassengesellschaft im Krieg. Deutsche Sozialgeschichte 1914–1918, 2. Aufl., Göttingen 1978.

179 Als Beispiele seien hier nur genannt: G. Mai: Kriegswirtschaft und Arbeiterbewegung in Württemberg 1914–1918, Stuttgart 1983 und K. Vondung (Hg.): Kriegserlebnis. Der Erste Weltkrieg in der literarischen Gestaltung und symbolischen Deutung der Nationen, Göttingen 1980. Beide enthalten ausführliche Literaturhinweise.

180 Siehe zu diesem Problem allgemein J. W. Scott: Is Gender a Useful Category of Analysis?, in: American Historical Review, 91 (1986), S. 1053–1075; und auf den Krieg bezogen M. R. Higonnet / P. L.-R. Higonnet: The Double Helix, in: M. R. Higonnet / J. Jenson / S. Michel / M. Collins Weitz (Hg.): Behind the Lines. Gender and the Two World Wars, New Haven und London 1987, S. 31–47.

181 Siehe dazu K. Hausen: The German Nation's Obligations to the Heroes' Widows of World War I, in: Higonnet u. a., Behind the Lines, S. 126–140.

182 Das gilt auch für den von Dülffer und Holl herausgegebenen Band (Anm. 168). Zur deutschen Literaturwissenschaft siehe Vondung, Kriegserlebnis. Zu den wichtigsten amerikanischen und englischen Studien gehören: P. Fussell: The Great War and Modern Memory, New York und London 1975. Leed, No Man's Land (Anm. 146), J. Ashworth: Trench Warfare, 1914–1918. The Live and Let Live System, New York 1980.

183 Zum Kriegsverlauf siehe die in Anm. 152 genannten Arbeiten. Zur Illusion über die Kriegsdauer siehe L. L. Farrar: The Short-War-Illusion. German Policy, Strategy and Domestic Affairs August–December 1914; P. Paret (Hg.): Makers of Modern Strategy from Machiavelli to the Nuclear Age, Princeton 1986; J. Snyder: The Ideology of the Defensive: Military Decision Making and the Disaster of 1914, Ithaca 1984.

184 Siehe dazu v. a. Geyer, Rüstungspolitik, dem diese Ausführungen folgen.

185 Zur Kriegswirtschaft sowie zum folgenden siehe Feldman, Armee, sowie Geyer, Rüstungspolitik, S. 98 ff.

186 Siehe dazu die Einleitung von W. Deist, in: ders. (Hg.): Militär und Innenpolitik im Weltkriege 1914–1918, 2 Bde., Düsseldorf 1970, Bd. 1/I, S. XIII–LVII, S. XXXI ff.

187 Zur OHL siehe Deist, Einleitung.

188 Siehe dazu Deist, Einleitung, S. LXIV ff, der diese Auffassung zurückweist. Siehe auch M. Kitchen: The Silent Dictatorship: The Politics of the German High Command under Hindenburg and Ludendorff, 1916–1918, London 1976.

189 Siehe z. B. U. Bermbach: Vorformen parlamentarischer Kabinettsbildung in Deutschland. Der Interfraktionelle Ausschuß 1917/18. Siehe auch E. Matthias/R. Morsey (Hg.): Der Interfraktionelle Ausschuß 1917/18, Düsseldorf 1959 sowie M. Koch/R. Schiffer (Hg.): Der Hauptausschuß des Deutschen Reichstages 1915–1918, Düsseldorf 1981/1982.

190 Siehe dazu Bermbach, Vorformen, und Matthias/Morsey, Interfraktioneller Ausschuß.

191 Siehe dazu G. Schramm: Militarisierung und Demokratisierung. Typen der Massenintegration im Ersten Weltkrieg, in: Francia 3 (1975), S. 476–497.

192 Zur Arbeiterbewegung siehe außer den bereits genannten Arbeiten auch H. Krause: USPD. Zur Geschichte der Unabhängigen Sozialdemokratischen Partei Deutschlands, Frankfurt/M. 1975; D. W. Morgan: The Socialist Left and the German Revolution. A. History of the Independent Social Democratic Party, 1917–22, Ithaca 1975; R. F. Wheeler: USPD und Sozialistischer Internationalismus im Deutschland der Revolution, Frankfurt/M. 1975.

193 Zur Vaterlandspartei siehe D. Stegmann: Zwischen Repression und Manipulation. Konservative Machteliten und Arbeiter- und Angestelltenbewe-

gung 1910–1918. Ein Beitrag zur Vorgeschichte der DAP/NSDAP, in: Archiv für Sozialgeschichte XII (1972), S. 351–432.

194 Siehe dazu sowie zum folgenden Erdmann, Weltkriege (mit ausführlichen Zitaten); Fischer, Griff; R. Rürup: Der »Geist von 1914« in Deutschland. Kriegsbegeisterung und Ideologisierung des Krieges im Ersten Weltkrieg, in: Hüppauf; Ansichten, S. 1–30, zu den Kriegszielen bes. S. 24ff; K. Vondung: Geschichte als Weltgericht. Genesis und Degradation einer Symbolik, in: ders., Kriegserlebnis, S. 62–84. Letzterer Titel hat diese Überschrift angeregt.

195 Siehe dazu auch A. Hillgruber: Deutschlands Rolle in der Vorgeschichte der beiden Weltkriege, Göttingen 1967.

196 Siehe Rürup, »Geist von 1914«.

197 Marx und Engels hatten vom »Gespenst des Kommunismus« gesprochen und damit Luis Buñuel zu seinem hier zitierten Film-Titel (Das Phantom der Freiheit) inspiriert. K. Marx/F. Engels: Manifest der Kommunistischen Partei, London 1848.

198 Darauf hat M. Geyer nachdrücklich verwiesen. M. Geyer: The Militarization of Europe, 1914–1945, in: J. Gillis (Hg.): The Militarization of the World, 1870–1986, New Brunswick, N.J. 1989.

199 Siehe dazu Feldmann, Armee; Kocka, Klassengemeinschaft; L. Preller: Sozialpolitik in der Weimarer Republik, Kronberg/Ts. 1978 (unv. Nachdruck d. Ausgabe v. 1949).

200 Kocka, Klassengesellschaft, S. 13.

201 Zur Frauenarbeit im Krieg siehe neuerdings U. Daniel: Fiktionen, Friktionen und Fakten – Frauenlohnarbeit im Ersten Weltkrieg, in: G. Mai (Hg.): Arbeiterschaft in Deutschland 1914–1918. Studien zu Arbeitskampf und Arbeitsmarkt im Ersten Weltkrieg, Düsseldorf 1985, S. 277–323. Siehe dort auch die ältere Literatur.

202 Siehe dazu den Erfahrungsbericht von K. Kestien: Als die Männer im Graben lagen, Frankfurt/M. 1935; siehe auch V. Ulrich: Kriegsalltag. Hamburg im Ersten Weltkrieg, Köln 1982, S. 73ff, S. 93ff.

203 Siehe dazu J. Reulecke: Der Erste Weltkrieg und die Arbeiterbewegung im Rheinisch-westfälischen Industriegebiet, in: ders. (Hg.): Arbeiterbewegung an Rhein und Ruhr, Wuppertal 1974, S. 205–239, S. 222.

204 Siehe dazu E. Le Roy Ladurie: Die Hungeramenorrhoe (17.–20. Jahrhundert), in: A. Imhof (Hg.): Biologie des Menschen in der Geschichte, in: Kultur und Gesellschaft. Neue historische Forschungen, hg. v. R. van Dülmen, Bd. 3, Stuttgart/Cannstatt 1978, S. 147–166.

205 Deutschland im Ersten Weltkrieg; Reulecke, Erster Weltkrieg; V. Ulrich: Massenbewegungen in der Hamburger Arbeiterschaft im Ersten Weltkrieg, in: A. Herzig/D. Langewiesche/A. Sywottek (Hg.): Arbeiter in Hamburg. Hamburg 1983, S. 407–418. Siehe auch Boll, Massenbewegungen.

206 Zur Formation von Jugend als gesellschaftlicher Gruppe im Krieg siehe

E. Domansky: Politische Dimensionen von Jugendprotest und Generationenkonflikt in der Zwischenkriegszeit in Deutschland, in: D. Dowe (Hg.): Jugendprotest und Generationenkonflikt in Europa im 20. Jahrhundert. Deutschland, England, Frankreich und Italien im Vergleich, Bonn 1986, S. 113–138.

207 Zu den Kriegsopfern siehe M. Geyer: Ein Vorbote des Wohlfahrtsstaates. Die Kriegsopferversorgung in Frankreich, Deutschland und Großbritannien nach dem Ersten Weltkrieg, in: Geschichte und Gesellschaft 9 (1983), S. 230–277; R. W. Whalen: Bitter Wounds. German Victims of the Great War, 1914–1939, Ithaca/London 1984. Zu den Kriegerwitwen siehe Hausen, German Nation's Obligation.

208 Siehe dazu R. Evans: The Feminist Movement in Germany 1894–1933, London/Beverly Hills 1976; Frevert, Frauen-Geschichte; Ch. Sachße: Mütterlichkeit als Beruf. Sozialarbeit, Sozialreform und Frauenbewegung 1871–1929, Frankfurt/M. 1986.

209 Diese Frauenfeindlichkeit scheint sich vor allem als krasser Antifeminismus gezeigt zu haben, ist jedoch nicht völlig damit zur Deckung zu bringen. Siehe dazu Katalog »Frauenalltag und Frauenbewegung im 20. Jahrhundert«. Materialsammlung zu der Abteilung 20. Jahrhundert im Historischen Museum Frankfurt, Bd. II, Frankfurt/M. 1980, S. 92ff; J. Reulecke: Männerbund versus Familie. Bürgerliche Jugendbewegung und Familie in Deutschland im ersten Drittel des 20. Jahrhunderts, in: Th. Koebner/R.-P. Janz/F. Trommler (Hg.): »Mit uns zieht die neue Zeit.« Der Mythos Jugend, Frankfurt/M. 1985, S. 199–223.

210 Die meisten dieser Aspekte sind bislang nicht untersucht. Siehe U. v. Gersdorff: Frauen im Kriegsdienst 1914–1945, Stuttgart 1969; Sachße, Mütterlichkeit, S. 149ff, spricht von der »Vergesellschaftung« der Reproduktion.

211 Siehe dazu R. Bessel: »Eine nicht allzu große Beunruhigung des Arbeitsmarktes.« Frauenarbeit und Demobilmachung in Deutschland nach dem Ersten Weltkrieg, in: Geschichte und Gesellschaft 9 (1983), S. 211–229.

212 Siehe dazu Domansky, Jugendprotest; M. de Raas: Die Heilige Insel – Neue Weiblichkeit zwischen Natur und Kultur, in: Jahrbuch des Archivs der deutschen Jugendbewegung 15/1984–85, S. 87–108; Reulecke, Männerbund.

213 K. Frankenthal: Der dreifache Fluch: Jüdin, Intellektuelle, Sozialistin. Lebenserinnerungen einer Ärztin in Deutschland und im Exil, Frankfurt/New York 1981, S. 57.

214 Siehe dazu vor allem Leed, No Man's Land; Whalen, Bitter Wounds, bes. S. 49ff.

215 Siehe dazu Ph. Witkop (Hg.): Kriegsbriefe gefallener Studenten, München 1928.

216 K. Theweleit: Männerphantasien, 2. Bde., 2. Aufl. Reinbek 1980.

217 Siehe Whalen, Bitter Wounds, S. 49.

218 Frauen scheinen auch in der neueren Literatur als Arbeitskräfte, Mütter und Hausfrauen besonders interessant zu sein, allenfalls noch als Töchter, kaum aber als Ehepartnerinnen oder Sexualpartnerinnen in Beziehungen außerhalb der Ehe. Siehe z. B. R. Bridenthal / A. Grossmann / M. Kaplan (Hg.): When Biology became Destiny. Women in Weimar and Nazi Germany, New York 1984. Siehe aber A. Grossmann: The New Woman and the Rationalization of Sexuality in Weimar Germany, in: A. Snitow / Ch. Stansell / S. Thompson (Hg.): Powers of Desire. The Politics of Sexuality, New York 1983, S. 153–171.

219 M. Hirschfeld: Sittengeschichte des Weltkrieges, 2 Bde., Leipzig / Wien 1930.

220 Zu den antagonistischen Bildern der Krankenschwester siehe Theweleit, Männerphantasien, Bd. 1. Zu den Geschlechtergrenzen während der Arbeit und der Freizeit siehe z. B. S. v. Hoerner-Heintze: Mädels im Kriegsdienst, Leipzig 1934.

221 Siehe dazu Fussel, Great War; Theweleit, Männerphantasien; siehe auch Hoerner-Heintze, Mädels, S. 180 f.

222 Siehe z. B. Oberst Bauer: Der große Krieg in Feld und Heimat. Erinnerungen und Betrachtungen, 3. Aufl., Tübingen 1922.

223 Siehe dazu außer Whalen, Bitter Wounds, auch Vondung, Weltgericht.

224 Siehe dazu E. Fischer-Homberger: Krankheit Frau: Zur Geschichte der Einbildung, Darmstadt 1984.

225 S. M. Gilbert: Soldier's Heart: Literary Men, Literary Women and the Great War, in: Higonnet u. a., Behind the Lines, S. 197–226. Dies ist die einzige bislang vorliegende Studie über das literarisierte weibliche Kriegserlebnis.

226 So ist zum Beispiel immer wieder die Rede von »Wollust des Opfers«, d. h. für die Kriegsanstrengung ein Opfer zu bringen. Siehe dazu das Zitat bei U. Linse: »Saatfrüchte sollen nicht vermahlen werden!« Zur Resymbolisierung des Soldatentods, in: Vondung, Kriegserlebnis, S. 262–274, S. 268.

227 Gilbert, Soldier's Heart; siehe J. M. Winter: Die Legende der »verlorenen Generation« in Großbritannien, in: Vondung, Kriegserlebnis, S. 115–145, zur schichtenspezifischen Verteilung der Kriegsgefallenen.

228 Zu den Kriegs-Neurosen siehe Leed, No Man's Land.

229 Siehe Linse, Saatfrüchte sowie G. L. Mosse: Soldatenfriedhöfe und nationale Wiedergeburt. Der Gefallenenkult in Deutschland, in: Vondung, Kriegserlebnis, S. 241–261.

IV. Der kompromittierte Kompromiß – Die Grenzen des bürgerlichen Entwurfs in der Weimarer Republik

1 So H. Schulze in dem von ihm und K. D. Erdmann herausgegebenen Band: Weimar. Selbstpreisgabe einer Demokratie. Eine Bilanz heute, Düsseldorf 1980, S. 36 und ähnlich in seiner umstrittenen Überblicksdarstellung: Weimar: Deutschland 1917–1933, Berlin 1982, S. 425.

2 Vgl. B. Faulenbach: Ideologie des deutschen Weges. Die deutsche Geschichte in der Historiographie zwischen Kaiserreich und Nationalsozialismus, München 1980, sowie das Stichwort »Sonderweg« im Kapitel »Vorkriegsgesellschaft«.

3 D. Blackbourne / G. Eley: Mythen deutscher Geschichtsschreibung. Die gescheiterte bürgerliche Revolution von 1848, Frankfurt / Berlin 1980.

4 Vgl. z. B. mit weiteren Verweisen G. D. Feldman: The Weimar Republic: A Problem of Modernization? in: Archiv für Sozialgeschichte 26 (1986), S. 1–26.

5 »Gesellschaftsvertrag« wird hier weder im Sinne der Lockeschen Vertragstheorie verwendet, die das Widerstandsrecht gegen eine im Prinzip treuhänderische Regierungsgewalt begründet, noch im Sinne des Rousseauschen »contrat social«, der die kollektive Persönlichkeit der »volonté générale« hervorbringt. Im weiteren Sinne bezeichnet der »Gesellschaftsvertrag« hier den »social contract«, durch den die Legitimität des politischen Herrschaftssystems und der Wirtschafts- und Sozialverfassung in einem andauernden Verhandlungsprozeß erneuert wird, sei es durch formale Abkommen gesellschaftlicher Großgruppen, sei es durch »bargaining by revolt«. Vgl. B. Moore: Injustice. The Social Basis of Obedience and Revolt, London 1978.

6 Vgl. hierzu jetzt H. Mommsen: Die Auflösung des Bürgertums seit dem späten 19. Jahrhundert, in: J. Kocka (Hg.): Bürger und Bürgerlichkeit im 19. Jahrhundert, Göttingen 1987, S. 288–315.

7 Am besten E. Kolb: Die Weimarer Republik. (Oldenbourg Grundriß der Geschichte, Bd. 16), 2. Aufl. München, mit einer ausführlichen Besprechung der relevanten Literatur. Nützlich auch G. Schulz: Deutschland seit dem Ersten Weltkrieg, 1918–1945 (Deutsche Geschichte, Bd. 10), Göttingen 1976. Vgl. jetzt aber H. Mommsen: Die verspielte Freiheit: Der Weg der Republik von Weimar in den Untergang 1918–1933 (Propyläen Geschichte Deutschlands), Berlin 1989.

8 Vgl. die zusammenfassende Darstellung von P. Gay: Weimar Culture. The Outsider as Insider, London 1981; sowie D. J. K. Peukert: Die Weimarer Republik. Krisenjahre der klassischen Moderne, Frankfurt 1987.

9 Stenographischer Bericht der Rede Reicherts vor der Vereinigung von Handelskammern des niederrheinisch-westfälischen Industriebezirks und der Vereinigung von Handelskammern des südwestfälischen Industriebezirks zu Essen am 30. Dezember 1918, Westfälisches Wirtschaftsarchiv Dortmund, Handelskammer Dortmund XV c 186, S. 6.

10 Ebenda, S. 11. Dieser Passus fehlte bezeichnenderweise in der von der ZAG gebilligten, veröffentlichten Fassung der Rede: Reichert, Entstehung, Bedeutung und Ziel der Arbeitsgemeinschaft, hrsg. von der Arbeitsgemeinschaft der industriellen und gewerblichen Arbeitgeber und Arbeitnehmer Deutschlands im Januar 1919. Vgl. auch G. D. Feldman/I. Steinisch: Industrie und Gewerkschaften 1918–1924. Die überforderte Zentralarbeitsgemeinschaft, Stuttgart 1985, S. 150ff.
11 Zur Entstehungsgeschichte der ZAG vgl. G. D. Feldman: German Business between War and Revolution: The Origins of the Stinnes-Legien Agreement, in: Entstehung und Wandel der modernen Gesellschaft. Festschrift für Hans Rosenberg zum 65. Geburtstag, hg. von G. A. Ritter, Berlin 1970, S. 312–341, u. ders.: The Origins of the Stinnes-Legien Agreement: A Documentation, in: Internationale Korrespondenz zur Geschichte der deutschen Arbeiterbewegung 19/20, 1973, S. 45–103.
12 Vgl. P. Wulf: Hugo Stinnes. Wirtschaft und Politik 1918–1924, Stuttgart 1979, S. 106f.
13 Vgl. Stenographischer Bericht..., S. 23.
14 Zit. nach G. D. Feldman: Freie Gewerkschaften und Zentralarbeitsgemeinschaften 1918–1924, in: Vom Sozialistengesetz zur Mitbestimmung. Zum 100. Geburtstag von Böckler, H. O. Vetter (Hg.), Köln 1975, S. 229–252, auf S. 239f.
15 Stellungnahme Legiens auf dem Verbandstag des DMV 1919, abgedr. bei Th. Leipart: Carl Legien. Ein Gedenkbuch, Berlin 1929, S. 137f.
16 Vgl. hierzu die immer noch richtungsweisende Studie von L. Preller: Sozialpolitik in der Weimarer Republik, Stuttgart 1949, S. 226ff.
17 Vgl. Sinzheimers Stellungnahme auf der 35. Sitzung der Verfassungsgebenden Nationalversammlung am 2. Juni 1919, abgedr. in: H. Sinzheimer: Arbeitsrecht und Rechtssoziologie. Gesammelte Aufsätze und Reden, Bd. 1, Frankfurt und Köln 1976, S. 356–363.
18 Art. 165 WRV: »Die Arbeiter und Angestellten sind dazu berufen, gleichberechtigt in Gemeinschaft mit den Unternehmern an der Regelung der Lohn- und Arbeitsbedingungen sowie an der gesamten wirtschaftlichen Entwicklung der produktiven Kräfte mitzuwirken. Die beiderseitigen Organisationen und ihre Vereinbarungen werden anerkannt. Die Arbeiter und Angestellten erhalten zur Wahrnehmung ihrer sozialen und wirtschaftlichen Interessen gesetzliche Vertretungen in Betriebsarbeiterräten sowie in nach Wirtschaftsgebieten gegliederten Bezirksarbeiterräten und in einem Reichsarbeiterrat. Die Bezirksarbeiterräte und der Reichsarbeiterrat treten zur Erfüllung der gesamten wirtschaftlichen Aufgaben und zur Mitwirkung bei der Ausführung der Sozialisierungsgesetze mit den Volksvertretungen der Unternehmer und sonst beteiligter Volkskreise zu Bezirkswirtschaftsräten und zu einem Reichswirtschaftsrat zusammen.«
19 Vgl. G. D. Feldman: Big Business and the Kapp-Putsch, in: Central European History 4, 1971, S. 99–130.

20 Ders. / H. Homburg: Industrie und Inflation. Studien und Dokumente zur Politik der deutschen Unternehmer 1916–1923, Hamburg 1977, S. 324ff.

21 Vgl. M. Ruck: Die freien Gewerkschaften im Ruhrkampf 1923, Köln 1986.

22 Vgl. hierzu ausführlich B. Weisbrod: Schwerindustrie in der Weimarer Republik. Interessenpolitik zwischen Stabilisierung und Krise, Wuppertal 1978, S. 299f.

23 E. Domansky: Arbeitskampf und Arbeitsrecht in der Weimarer Republik, in: Wiederabdruck der Gewerkschafts-Zeitung, Organ des Allgemeinen Deutschen Gewerkschaftsbundes, Jg. 1924–1928, Berlin und Bonn 1984, S. 31–80.

24 Weisbrod, Schwerindustrie, S. 270.

25 U. Hengst: Unternehmerverbände und Gewerkschaften in Deutschland im Jahre 1930, in: VfZ 25, 1977, S. 98–119; vgl. auch B. Weisbrod: Die Befreiung von den »Tariffesseln«. Deflationspolitik als Krisenstrategie der Unternehmer in der Ära Brüning, in: GuG 11, 1985, S. 295–325.

26 Die beste Gesamtdarstellung: H. A. Winkler: Von der Revolution zur Stabilisierung. Arbeiter und Arbeiterbewegung 1918 bis 1924, Berlin/Bonn 1984.

27 Vgl. P. v. Oertzen: Betriebsräte in der November-Revolution, 2. Aufl. Berlin und Bonn 1976; E. Kolb: Rätewirklichkeit und Räteideologie in der deutschen Revolution von 1918/19, in: ders. (Hg.): Vom Kaiserreich zur Weimarer Republik, Köln 1972, S. 165–184; sowie R. Rürup (Hg.): Arbeiter- und Soldatenräte im rheinisch-westfälischen Industriegebiet, Studien zur Geschichte der Revolution von 1918/19, Wuppertal 1975.

28

Jahr	Allgemeiner Deutscher Gewerkschaftsbund	Gesamtverband der christl. Gewerkschaft Deutschlands	Verband der dt. Gewerkschaftsvereine (Hirsch/Dunker)
1913	2525042	341735	106618
1916	944575	178970	57766
1918	2866012	538559	113792
1919	7337477	1000770	189831
1920	8032057	1105894	225998
1924	4023867	612952	147280

nach: Sozialgeschichtliches Arbeitsbuch III, Materialien zur Statistik des Deutschen Reiches 1914–1945, D. Petzina, W. Abelshauser, A. Faust (Hg.), München 1978, S. 111.

29 Vgl. das zusammenfassende Urteil von Kolb: Die Weimarer Republik, S. 155ff.

30 Vgl. D. Schneider/R. Kuda (Hg.): Arbeiterräte in der Novemberrevolution. Ideen, Wirkungen, Dokumente, Frankfurt 1969, S. 154f.

31 Verhandlungen der Verfassungsgebenden Nationalversammlung, Stenographische Berichte Bd. 328, Sp. 2184.

32 Protestkundgebung des Reichsverbandes der Deutschen Industrie gegen das Betriebsrätegesetz, in: Veröffentlichungen des RDI, Heft 9, Januar 1920, S. 27ff.

33 K. Brigl-Matthiaß: Das Betriebsräteproblem, Berlin, Leipzig 1926; und H.-O. Hemmer: Betriebsrätegesetz und Betriebsrätepraxis in der Weimarer Republik, in: Gewerkschaftliche Politik: Reform aus Solidarität, zum 60. Geburtstag von Heinz Oskar Vetter, hg. von U. Borsdorf/H.-O. Hemmer/G. Leminsky/H. Markmann, Köln 1977, S. 241–270.

34 W. Mansfeld: Kommentar zum Betriebsrätegesetz vom 4. Februar 1920, Essen 1926, S. 294.

35 Vgl. die Ergebnisse der Betriebsrätewahl im Ruhrgebiet bei M. Martiny: Arbeiterbewegung an Rhein und Ruhr. Vom Scheitern der Räte- und Sozialisierungsbewegung bis zum Ende der letzten parlamentarischen Regierung der Weimarer Republik (1920–1930), in: J. Reulecke (Hg.): Arbeiterbewegung an Rhein und Ruhr, Wuppertal 1974, S. 241–273, bes. 252 f. Zu den Ergebnissen in der Eisen- und Stahlindustrie vgl. Weisbrod, Schwerindustrie, S. 122 f. Bei Siemens in Berlin und im Bochumer Verein erzielten die Nationalsozialisten 1931 allerdings schon etwa 10 % der Arbeiter- und 20 % der Angestelltenstimmen, vgl. G. Mai: Die nationalsozialistische Betriebszellenorganisation. Zum Verhältnis von Arbeiterschaft und Nationalsozialismus, in: VfZ 31, 1983, S. 573–613, bes. 597.

36 Ansätze zu einer betrieblichen Interessenvertretung der Arbeiterschaft bestanden gleichwohl in den Vertrauensräten fort: vgl. M. Zimmermann: »Betriebsgemeinschaft« – der unterdrückte Konflikt. Aus den Protokollen des Vertrauensrats der Zeche »Friedrich der Große«, in L. Niethammer u. a. (Hg.): Die Menschen machen ihre Geschichte nicht aus freien Stücken, aber sie machen sie selbst, Berlin und Bonn 1984, S. 171 ff.

37 Vgl. hierzu M. Martiny: Integration oder Konfrontation? Studien zur Geschichte der sozialdemokratischen Rechts- und Verfassungspolitik, Bonn 1976, S. 131 ff.

38 O. Kahn-Freund: Das soziale Ideal des Reichsarbeitsgerichts (1931), in: T. Ramm (Hg.): Arbeitsrecht und Politik. Quellentexte 1918–1933, Neuwied/Berlin 1966, S. 149–210.

39 Preller, Sozialpolitik, S. 231.

40 Vgl. H.-H. Hartwich: Arbeitsmarkt, Verbände und Staat 1918–1933. Die öffentliche Bindung unternehmerischer Funktionen in der Weimarer Republik, Berlin 1967; vgl. jetzt auch J. W. Bähr: Sozialer Staat und industrieller Konflikt. Das Schlichtungswesen zwischen Inflation und Weltwirtschaftskrise, in: W. Abelshauser (Hg.): Die Weimarer Republik als Wohlfahrtsstaat. Zum Verhältnis von Wirtschafts- und Sozialpolitik in der Industriegesellschaft, Stuttgart 1987 (=VSWG Beiheft 81), S. 185–203.

41 Vgl. hierzu ausführlich Weisbrod, Schwerindustrie, S. 415 ff.

42 Vgl. Preller, Sozialpolitik, S. 407 ff u. 512 ff. Vgl. auch Weisbrod, Die Befreiung von den »Tariffesseln«, und R. Tschirbs: Tarifpolitik im Ruhrbergbau 1918–1933, Berlin 1986, S. 369 ff.

43 Vgl. Ch. Maier: Strukturen kapitalistischer Stabilität in den 20er Jahren:

Errungenschaften und Defekte, in: H. A. Winkler (Hg.): Organisierter Kapitalismus. Voraussetzungen und Anfänge, Göttingen 1974, S. 195–213.

44 Zit. n. O. Kirchheimer: Weimar – und was dann? Analyse einer Verfassung (1930), in: ders.: Politik und Verfassung, Frankfurt 1964, S. 9–56, bes. S. 16.

45 Ignatz Wrobel (= Kurt Tucholsky): Preußische Studenten, in: Die Weltbühne 15, 1919, S. 532.

46 Die »Deutschen Verfassungen« seit 1849 sind am leichtesten in einem von R. Schuster hg. (Goldmann-)Taschenbuch zugänglich. Ich benutze die 11. Aufl. München 1979. Die (sehr konservative) historische Standarddarstellung ist von E. R. Huber: Deutsche Verfassungsgeschichte seit 1789. Bd. VI: Die Weimarer Verfassung (1. Teil), Stuttgart 1981.

47 Einen Überblick gibt V. Hentschel: Geschichte der deutschen Sozialpolitik 1880–1980. Frankfurt 1983; ergänzend für die bei Hentschel ausgesparten Bereiche R. Landwehr / R. Baron (Hg.): Geschichte der Sozialarbeit. Weinheim / Basel 1983; F. Krafeld: Geschichte der Jugendarbeit, Weinheim / Basel 1984.

48 G. A. Ritter: Sozialversicherung in Deutschland und England. Entstehung und Grundzüge im Vergleich, München 1983; F. Tennstedt: Vom Proleten zum Industriearbeiter. Arbeiterbewegung und Sozialpolitik in Deutschland 1800–1914, Köln 1983.

49 L. Preller: Sozialpolitik in der Weimarer Republik (zuerst 1949) Kronberg / Düsseldorf 1978; E. Heimann: Soziale Theorie des Kapitalismus. Theorie der Sozialpolitik (zuerst 1929), Frankfurt 1980.

50 H. Schomerus: Lebenszyklus und Lebenshaltung in Arbeiterhaushaltungen des 19. Jahrhunderts, in: W. Conze / U. Engelhardt (Hg.): Arbeiter im Industrialisierungsprozeß, Stuttgart 1979, S. 195–200; H. Reif: Soziale Lage und Erfahrungen des alternden Fabrikarbeiters in der Schwerindustrie des westlichen Ruhrgebiets während der Hochindustrialisierung, in: Archiv für Sozialgeschichte, 22, 1982, S. 1–94.

51 Zur Vorgeschichte: U. Frevert: Krankheit als politisches Problem 1770–1880, Göttingen 1984; R. Spree: Soziale Ungleichheit vor Krankheit und Tod. Zur Sozialgeschichte des Gesundheitsbereichs im Kaiserreich, Göttingen 1981.

52 D. Peukert: Volksgenossen und Gemeinschaftsfremde. Anpassung, Ausmerzen und Aufbegehren unter dem Nationalsozialismus, Köln 1982.

53 Dank an Claudia Huerkamp für kritische Hinweise. Ihr Aufsatz über »Frauen, Universitäten und Bildungsbürgertum« in H. Siegrist (Hg.): Bürgerliche Berufe, Göttingen 1988, erschien erst nach Abschluß dieses Manuskripts.

54 Auch als Einzelschrift erschienen: Ch. Graetz-Menzel: Über die rassenbiologische Wirkung der akademischen Frauenberufe mit besonderer Berücksichtigung der Ärztinnen und Zahnärztinnen, München 1933. Dort

wurde die Seitennumerierung des Zeitschriftenaufsatzes beibehalten, die mit der Seitennummer 129 beginnt.

55 Ebenda S. 133.

56 Ebenda S. 142.

57 Ebenda S. 150.

58 Helene Lange, die damalige Führerin der Frauenbewegung, kritisierte etwa, daß man die Fruchtbarkeit der berufstätigen Akademikerinnen nicht mit derjenigen von Frauen ihrer Schicht, sondern schichtunspezifisch verglich (vgl. hierzu M. Kater: Krisis des Frauenstudiums in der Weimarer Republik, in: VfSW 59, 1972, S. 207–255, hier S. 227.)

59 Graetz-Menzel, Ärztinnen und Zahnärztinnen, S. 129.

60 Ebenda S. 132.

61 Ebenda S. 133.

62 Zur frühen bürgerlichen Frauenbewegung vergl. M. Twellmann: Die deutsche Frauenbewegung. Ihre Anfänge und erste Entwicklung 1843–1889, Meisenheim 1972. Für die Zeit danach Greven-Aschoff: Die bürgerliche Frauenbewegung 1894–1933, Göttingen 1981.

63 L. Berthold: Erlebtes und Erkämpftes, Marburg 1969, S. 16.

64 Aus H. Lange: Fünfzig Jahre deutsche Frauenbewegung, Berlin 1915, zit. in: E. Boedecker (Bearb.): 25 Jahre Frauenstudium in Deutschland. Verzeichnis der Doktorarbeiten von Frauen 1908–1933, 4 Bde., Hannover 1939, hier Bd. 1, S. XLVII.

65 M. Weber: Die besonderen Kulturaufgaben der Frau (1918), in: Frauenfragen und Frauengedanken, Aufsätze, Tübingen 1919, S. 239ff.

66 Zusammengestellt nach Michael Kater, Krisis des Frauenstudiums, S. 208, 212, 214 und 216.

67 Zitiert bei Graetz-Menzel, Ärztinnen u. Zahnärztinnen, S. 133.

68 L. Bertold, Erlebtes und Erkämpftes, S. 5.

69 Vgl. hierzu auch den Aufsatz von M. Weber: Vom Typenwandel der studierenden Frau, Berlin 1918.

70 I. Weyrather: »Die Frau im Lebensraum des Mannes« – Studentinnen in der Weimarer Republik, in: beiträge zur feministischen theorie und praxis 5, 1981, Frauengeschichte, S. 25–39, hier S. 33f. Vergl. auch: S. Störmer: »Der akademische Staat ist Männerwerk geblieben«: Zur Selbstwahrnehmung von Studentinnen und Akademikerinnen in der Weimarer Zeit, in: Feministische Studien 4 (1985/2), S. 79–86.

71 I. Weyrather, »Die Frau im Lebensraum des Mannes«, S. 35.

72 E. Boedecker, 25 Jahre Frauenstudium, Bd. 1, S. 40–73.

73 Ebenda.

74 Vgl. dazu die Zitate bei I. Weyrather, »Die Frau im Lebensraum des Mannes«, sowie diejenigen bei M. Kater, Krisis des Frauenstudiums, und die ab S. 378 abgedruckten Selbsteinschätzungen.

75 Cand. phil. E. P.: Die wirtschaftliche Lage der Studentin, in: »Die Frau« 1922, S. 107–115. A. Schönborn: Zur wirtschaftlichen Lage der deutschen

Studentinnen, Stundenwerk, Jg. 1929, S. 77–83 (im Auftrag des Deutschen Akademikerinnenbunds).
76 M. Kater, Krisis des Frauenstudiums, S. 235.
77 Ebenda, S. 234.
78 Auswahl aus einer Zusammenstellung M. Katers, Krisis des Frauenstudiums, S. 241.
79 So M. Weber, Kulturaufgaben der Frau, S. 5.
80 Zeitungszitat bei Kater, Krisis des Frauenstudiums, S. 219.
81 J. Rompel: Die Frau im Lebensraum des Mannes. Emanzipation und Staatswohl, Darmstadt/Leipzig 1929.
82 Zit. bei Kater, Krisis des Frauenstudiums, S. 224.
83 Berechnet nach der Statistik des Deutschen Reiches, Bde. 402/408 (Berlin 1927/28, 1931) sowie für 1933 Statistik des Deutschen Reiches, Bd. 453, 2 und 458 (Berlin 1936, 1937). Zusammengestellt in E. Boedecker, 25 Jahre Frauenstudium, Bd. 1, S. LI.
84 Kater, Krisis des Frauenstudiums, S. 217.
85 Ebenda, S. 218.
86 B. Greven-Aschoff, Bürgerliche Frauenbewegung, S. 172–179.
87 Z. B. Ch. Wolf: Augenblicke verändern uns mehr als die Zeit, 2. Aufl., Weinheim u. Basel 1983, S. 65 ff.
88 E. Knoblauch: Zur Psychologie der studierenden Frau. Schriften zur Psychologie der Berufseignung und des Wirtschaftslebens Heft 38, Leipzig 1930.
89 Kater, Krisis des Frauenstudiums, S. 247.
90 Ebenda, S. 251. Die Abkürzung steht für Nationalsozialistischer Deutscher Studentenbund.
91 I. Weyrather: Numerus Clausus für Frauen – Studentinnen im Nationalsozialismus, in: Mutterkreuz und Arbeitsbuch. Zur Geschichte der Frauen in der Weimarer Republik und im Nationalsozialismus (hg. von Frauengruppe Faschismusforschung), Frankfurt 1981, S. 131–162, hier S. 140 f.
92 Ebenda zit. S. 150, aus dem Beschwerdebrief einer Studentin an den preußischen Ministerpräsidenten 1934.
93 E. J. Gumbel: Vier Jahre politischer Mord, Berlin-Fichtenau 1922, S. 87.
94 H. Schulze: Freikorps und Republik 1918–1920, Boppard 1969, S. 50–51.
95 Ebenda, S. 51.
96 Die Rückführung des Ostheeres (dargestellt aus den Nachkriegskämpfen deutscher Truppen und Freikorps), hg. von der Forschungsanstalt für Kriegs- und Heeresgeschichte, Berlin 1936, S. 22.
97 W. Deist: Militär und Innenpolitik im Weltkrieg 1914–1918, Band I, Düsseldorf 1970, S. 640.
98 Zu den Verhältnissen im deutschen Heere im Jahr 1918 vgl. W. Deist: Der

militärische Zusammenbruch des Kaiserreichs. Zur Realität der »Dolchstoßlegende«, in: U. Büttner (Hg.): Das Unrechtsregime. Internationale Forschung über den Nationalsozialismus. Bd. I. Ideologie – Herrschaftssystem – Wirkung in Europa, Hamburg 1986, S. 101–129.

99 R. W. Wahlen: Bitter Wounds. German Victims of the Great War, 1914–1939, Ithaca, N. Y., und London 1984, S. 150.

100 Deutschlandberichte der Sozialdemokratischen Partei Deutschlands (Sopade) 1934–1940, Zweiter Jahrgang 1935, ND Salzhausen und Frankfurt/Main 1980, S. 412.

101 Zum Beispiel in Ostpreußen, wo der Magistrat in Tilsit im März 1919 berichtete: »Die Werbung zum Ostpreußischen Freiwilligenkorps ist wie in anderen Städten durchgeführt. Insbesondere sind zahlreiche Schüler höherer Lehranstalten in das Ostpreußische Freiwilligenkorps eingetreten. Die Werbetätigkeit ist mehrfach von Soldaten, insbesondere von Matrosen, gestört worden, welche die Werbeplakate abrissen und die Träger der Werbeplakate bedrohten.« Geheimes Staatsarchiv preußischer Kulturbesitz, Berlin-Dahlem, Rep. 12/11 a/2, Bl. 189–190: Der Magistrat an den Oberpräsidenten in Königsberg, Tilsit, 11. März 1919.

102 P. H. Merkl: The Making of a Stormtrooper, Princeton, 1980, S. 15.

103 R. G. I. Waite: Vanguard of Nazism. The Free Corps Movement in Postwar Germany 1918–1923, Cambridge, Mass. 1952.

104 J. Goebbels: Kampf um Berlin, 9. Auflage, München 1936, S. 30.

105 J. K. v. Engelbrechten: Eine braune Armee entsteht. Die Geschichte der Berlin-Brandenburger SA, München 1937, S. 9.

106 Vgl. Halbmast: Ein Heldenbuch der SA und SS, München 1932.

107 I. Kershaw: Der Hitler-Mythos. Volksmeinung und Propaganda im Dritten Reich, Stuttgart 1980, S. 49.

108 Zum Reichsbanner vgl. K. Rohe: Das Reichsbanner Schwarz-Rot-Gold. Ein Beitrag zur Geschichte und Struktur der politischen Kampfverbände zur Zeit der Weimarer Republik, Düsseldorf, 1966; zu dem Verhältnis der deutschen Kommunisten zur politischen Gewalt, vgl. E. Rosenhaft: Beating the Fascists? The German Communists and Political Violence, 1929–1933, Cambridge 1983.

109 Vgl. R. Bessel: Political Violence and the Rise of Nazism. The Storm Troops in Eastern Germany 1925–1934, New Haven und London 1984, S. 75–96.

110 Zu der Mitgliedschaft der NSDAP vgl. M. H. Kater: The Nazi Party. A Social Profile of its Members and Leaders, 1919–1945, Oxford 1983. Zu der NS-Wählerschaft vgl. R. H. Hamilton: Who Voted for Hitler? Princeton 1982; Th. Childers, The Nazi Voter. The Social Foundations of Fascism in Germany, 1919–1933, Chapel Hill und London 1983; Th. Childers (Hg.): The Formation of the Nazi Constituency 1919–1933, London und Syndey 1986; J. Falter/Th. Lindenberger/S. Schumann: Wahlen und Abstimmungen in der Weimarer Republik, München 1986.

111 Vgl. Bessel, Political Violence, S. 26, 94.
112 K. Gundelach: Vom Kampf und Sieg der schlesischen SA, Breslau 1934, S. 96.
113 Archiwum Panstwowe w Szczecinie, Regierung Stettin, Nr. 12171, Bl. 55–69: »Auszug aus dem Personalakt des Kaufmanns Edmund Heines, geb. 21.7.97 in München.«
114 Zitiert bei D. B. Southern: »Anti-demokratischer Terror in der Weimarer Republik: Fememorde und schwarze Reichswehr«: in W. J. Mommsen (Hg.): Sozialprotest, Gewalt, Terror. Gewaltanwendung durch politische und gesellschaftliche Randgruppen im 19. und 20. Jahrhundert, Stuttgart 1982, S. 385.
115 M. Jamin: »Zur Rolle der SA im nationalsozialistischen Herrschaftssystem«, in: G. Hirschfeld / L. Kettenacker (Hg.): Der »Führerstaat«: Mythos und Realität. Studien zur Struktur und Politik des Dritten Reiches, Stuttgart 1982, S. 352–353.
116 Vgl. K. Moczarski: Gespräche mit dem Henker. Das Leben des SS-Gruppenführers und Generalleutnants der Polizei Jürgen Stroop, aufgezeichnet im Mokotow-Gefängnis Warschau, Düsseldorf 1978.
117 Vgl. die Studie von G. Stoltenberg: Politische Strömungen im schleswig-holsteinischen Landvolk 1918–1933. Ein Beitrag zur politischen Meinungsbildung in der Weimarer Republik, Düsseldorf 1962, S. 107 ff.
118 Vgl. J. W. Falter u. a.: Wahlen und Abstimmungen in der Weimarer Republik. Materialien zum Wahrverhalten 1919–1933, München 1986, S. 71 ff.
119 Vgl. Th. Childers: The Nazi Voter. The Social Foundations of Fascism in Germany 1919–1933, Chapel Hill und London 1983, S. 262 ff.
120 Vgl. zu dieser kontrovers diskutierten Frage die Studien von J. W. Falter: Die Wähler der NSDAP 1928–1933. Sozialstruktur und parteipolitische Herkunft, in: W. Michalka (Hg.): Die nationalsozialistische Machtergreifung 1933, Paderborn 1984, S. 47–59; ders. / D. Hänisch: Die Anfälligkeit von Arbeitern gegenüber der NSDAP bei den Reichstagswahlen 1928–1933, in: AfS 26, 1986, S. 179–216.
121 Vgl. M. Kater: The Nazi Party. A Social Profile of its Members and Leaders 1919–1945, Cambridge 1983.
122 Vgl. R. F. Hamilton: Who voted for Hitler? Princeton 1982, S. 78 für Berlin und S. 220 ff für die Reise-Daten.
123 Vgl. Th. Childers: The Limits of National-Socialist Mobilisation: The Elections of 6 November 1932 and the Fragmentation of the Nazi Constituency, in: ders. (Hg.), The Formation of the Nazi Constituency 1919–1933, London 1986, S. 232–259.
124 Vgl. S. M. Lipset: Der »Faschismus«, die Linke, die Rechte und die Mitte, in: Kölner Zeitschrift für Soziologie und Sozialpsychologie 11, 1959, S. 401–444, wieder abgedruckt in: E. Nolte (Hg.): Theorien über den Faschismus, Köln 1967, S. 449–492.
125 Zum »alten Mittelstand« vgl. H. Winkler: Mittelstand, Demokratie und

Nationalsozialismus. Die politische Entwicklung von Handwerk und Kleinhandel in der Weimarer Republik, Köln 1972.

126 Vgl. Stoltenberg, Politische Strömungen, S. 111.

127 Vgl. R. Heberle: Landbevölkerung und Nationalsozialismus. Eine soziologische Untersuchung der politischen Willensbildung in Schleswig-Holstein 1918 bis 1932, Stuttgart 1963, S. 154f.

128 Vgl. D. Gessner: Agrarverbände in der Weimarer Republik. Wirtschaftliche und soziale Voraussetzungen agrarkonservativer Politik vor 1933, Düsseldorf 1976.

129 B. Harms: Das neue Deutschland im neuen Europa, in: ders.: Strukturwandlungen der deutschen Volkswirtschaft, 1. Bd., Berlin, 2. Aufl., 1929, S. 23f.

130 Vgl. Gessner, Agrarverbände, S. 15f.

131 Vgl. ebd. S. 200ff. Vgl. D. Petzina: Staatliche Ausgaben und deren Umverteilungswirkungen – das Beispiel der Industrie- und Agrarsubventionen in der Weimarer Republik, in: F. Blaich (Hg.): Staatliche Umverteilungspolitik in historischer Perspektive. Beiträge zur Entwicklung des Staatsinterventionismus in Deutschland und Österreich, Berlin 1980 (Schriften des Vereins für Socialpolitik NF Bd. 109), S. 56–106.

132 Vgl. Gessner, Agrarverbände, S. 19.

133 Vgl. den Überblick bei E. Klein: Geschichte der deutschen Landwirtschaft im Industriezeitalter, Wiesbaden 1973, S. 157ff, und bei F. Fischer: Die Weimarer Republik unter den weltwirtschaftlichen Bedingungen der Zwischenkriegszeit, in: H. Mommsen u. a. (Hg.): Industrielles System und politische Entwicklung in der Weimarer Republik, Düsseldorf 1974, S. 34ff.

134 Vgl. Heberle, Landbevölkerung, S. 142ff.

135 Vgl. R. Rietzler: »Kampf um die Nordmark«. Das Aufkommen des Nationalsozialismus in Schleswig-Holstein (1918–1928), Neumünster 1982, S. 122ff. Vgl. zu diesem vernachlässigten Gebiet der deutschen Revolutionsgeschichte J. Flemming: Die Bewaffnung des »Landvolks«. Ländliche Schutzwehren und agrarischer Konservatisvismus in der Anfangsphase der Weimarer Republik, in: Militärgeschichtliche Mitteilungen 2, 1979, S. 7–36.

136 Vgl. Stoltenberg, Politische Strömungen, S. 101.

137 Rietzler, »Kampf um die Nordmark«, S. 317ff betont stärker als Stoltenberg die Kontinuität dieser »geistig-politischen Atmosphäre«, um die »ideologische und sozialpsychologische Disposition« für den Aufstieg des Nationalsozialismus zu erklären.

138 Fallada, selbst Berichterstatter beim Landvolkprozeß in Neumünster, lieferte in seinem ersten Erfolgsroman »Bauern, Bonzen und Bomben« (1931, wieder aufgelegt als rororo Taschenbuch zuletzt 1984) eine hautnahe Schilderung dieser dramatischen Ereignisse.

139 Vgl. K. O. Paetel: Versuchung oder Chance? Zur Geschichte des deut-

schen Nationalbolschewismus, Berlin 1965, S. 106 ff. Vgl. a. E. von Salomon: Der Fragebogen, Hamburg 1952, S. 269 ff.

140 E. von Salomon: Kämpfendes Landvolk, in: Das Landvolk Nr. 41, 24. April 1929.

141 Ebenda, vgl. ders. Fragebogen, S. 265.

142 Ebenda Nr. 50, 5. Mai 1929. Nicht die Kommunisten trügen die größte Schuld, sondern »in erster Linie das heutige System und das Bürgertum aller Schattierungen, die Bourgeoisie«.

143 Vgl. den Programm-Aufruf der Nothilfe »An das notleidende Volk« auf der Grundlage der Beschlußfassung in verschiedenen Volksversammlungen am 4. März, in: ebenda, Nr. 17, 10. März 1929 sowie nach den Urteilen im Beidenflether Ochsenprozeß: »Die letzte Substanz muß dem wertschaffenden Volk erhalten bleiben und darf nicht weiter durch Gesetze und Verfügungen der internationalen Hochfinanz in die Hände gespielt werden.« Ebenda, Nr. 36, 18. April 1929.

144 Ebenda, Nr. 46, 1. Mai 1929.

145 Ebenda, Nr. 9, 1. März 1929.

146 Vgl. »Das Blutbad in Neumünster« (ebenda, Nr. 108, 3. Aug. 1929) und »Die Lehren von Neumünster« (Nr. 109, 4. Aufl. 1929). Der Verfassungstag am 11. August wurde verhöhnt, am 13. August eine Anleitung zum Bombenbau aus einem Polizeibericht gedruckt.

147 Vgl. Stoltenberg, Politische Strömungen, S. 161 f. Nach Paetel, Versuchung, S. 119, hatte Hitler sogar eine Belohnung für die Ergreifung der Bombenleger ausgesetzt.

148 Vgl. ebenda, S. 172 ff. Die ausführliche Prozeßberichterstattung durch das »Landvolk« konzentrierte sich auf »Juda als Nebenkläger« (2. Jg. Nr. 201, 27. August 1930).

149 Vgl. ebenda, S. 152 ff.

150 Die Blutnacht von Wöhrden und ihre Folgen. Eingehende Darstellung des kommunistischen Mordüberfalls und des marxistischen Polizeiterrors mit zahlreichen Bildern und einem Beitrag von Adolf Hitler, Itzehoe 1929, S. 22.

151 Vgl. Geheimbericht der Landeskriminalpolizeistelle Flensburg, 25. April 1929, in: Stoltenberg, Politische Strömungen, Anhang III, S. 207 ff. Vgl. ebenda, S. 147 f.

152 Das Landvolk, Nr. 19, 13. März 1929.

153 Ebenda, Nr. 26, 6. April 1929.

154 Ebenda, Nr. 85, 18. Juni 1929.

155 »Kämpfendes Landvolk und NSDAP«, ebenda, Nr. 113, 9. August 1929.

156 Vgl. P. Wulf: Die politische Haltung des schleswig-holsteinischen Handwerks 1928–1932, Köln und Opladen 1969, S. 80.

157 Ebenda, S. 82.

158 Das Landvolk, 2. Jg. Nr. 217, 15. September 1930.

159 Vgl. hierzu die Pionierstudie von Heberle: Landbevölkerung.

160 Vgl. ebenda, S. 97 Tabelle und S. 130f.
161 Vgl. ebenda, S. 36.
162 Vgl. Rietzler, »Kampf in der Nordmark«, S. 325ff.
163 Stoltenberg, Politische Strömungen, S. 177.
164 Vgl. R. Bessel: Political Violence and the Rise of Nazism. The Storm Troopers in Eastern Germany 1925–1934, New Haven und London 1984, S. 13ff.
165 Vgl. H. Gies: NSDAP und Agrarverbände vor 1933, in: VfZ 15, 1967, S. 341–376; ferner Gessner, Agrarverbände, S. 234ff.
166 Zur Bedeutung der Regional- und Splitterparteien: Falter, Wahlen, S. 49ff.
167 Vgl. Z. Zofka: Die Ausbreitung des Nationalsozialismus auf dem Lande. Eine regionalgeschichtliche Fallstudie zur politischen Einstellung der Landbevölkerung in der Zeit des Aufstiegs und der Machtergreifung der NSDAP 1928–1936, München 1979.
168 M. R. Lepsius, Extremer Nationalismus. Strukturbedingungen vor der nationalsozialistischen Machtergreifung, Stuttgart 1966, S. 22.
169 Vgl. L. E. Jones: The Dying Middle. Weimar Germany and the Fragmentation of Bourgeois Politics, in: Central European History 5, 1972, S. 32–54; ders.: Crisis and Realignment: Agrarian Splinter Parties in the late Weimar Republic 1928–33, in: R. G. Moeller (Hg.): Peasants and Lords in Modern Germany, London 1985, S. 198–232.
170 Vgl. R. Koshar: Two ›Nazisms‹: the social context of Nazi mobilization in Marburg and Tübingen, in: Social History 7 (1982), S. 27–42.
171 Vgl. Th. Geiger: Panik im Mittelstand, in: Die Arbeit 7, 1930, S. 637–59; ders.: Die Mittelstände im Zeichen des Nationalsozialismus, in: ders.: Die soziale Schichtung des deutschen Volkes. Soziographischer Versuch auf statistischer Grundlage, Stuttgart (1932) 1967, S. 109–122. Geiger hielt eine permanente Verbindung der sich widersprechenden »Wirtschaftsmentalitäten« mittelständischer Gruppen durch die völkischen Ideale der NSDAP für ausgeschlossen.
172 Zwei neuere amerikanische Dissertationen betonen die Bedeutung der »bourgeois communities« für die Herausbildung eines pränationalistischen politischen Stils: R. Koshar: Social Life, Local Politics, and Nazism: the Bürgertum of Marburg/Lahn 1880–1935, Chapel Hill und London 1986; P. A. Gritzsche: Burgher Dissidents: Populism and Political Mobilization in Weimar Germany, Ph. D. Berkeley 1986. Vgl. als Vorläufer die klassische Studie über Northeim von W. S. Allen: The Nazi Seizure of Power. The Experiment of a single German Town 1930/1935, Chicago 1965 (dt.: Das haben wir nicht gewollt! Gütersloh 1966).

V. Die Dynamik der Gewalt – Der gescheiterte Versuch der nationalsozialistischen Krisenlösung

1 P. Silverberg: Das deutsche industrielle Unternehmertum in der Nachkriegszeit, in: Mitgliederversammlung des RDI am 3. und 4. September 1926 in Dresden, Veröffentlichungen des RDI, H. 32, September 1926, S. 55–65, zit. S. 55.
2 K. J. Mattheier: Werksvereine und wirtschaftsfriedlich-nationale (gelbe) Arbeiterbewegung im Ruhrgebiet, in: J. Reulecke (Hg.): Arbeiterbewegung an Rhein und Ruhr. Beiträge zur Geschichte der Arbeiterbewegung in Rheinland-Westfalen, Wuppertal 1974, S. 173–204, zit. S. 204.
3 Schlegel (VSI), 6. 10. 1920; zit. nach R. Neebe: Großindustrie, Staat und NSDAP 1930–1933. Paul Silverberg und der Reichsverband der Deutschen Industrie in der Krise der Weimarer Republik, Göttingen 1981.
4 D. Gessner: Agrardepression und Präsidialregierungen in Deutschland 1930–1933, Düsseldorf 1977.
5 M. Geyer: Deutsche Rüstungspolitik 1860–1980, Frankfurt 1984, S. 131.
6 S. J. Caplan: Civil Service Support for National Socialism. An Evaluation, in: G. Hirschfeld, L. Kettenacker (Hg.): Der »Führerstaat«. Mythos und Realität, Stuttgart 1981, S. 167–227.
7 Studie des Adjutanten Schleichers, Moedelchen, vom Januar 1930, abgedr. in: T. Vogelsang: Reichswehr, Staat und NSDAP, Stuttgart 1962, S. 414f.
8 G. Jasper: Die gescheiterte Zähmung. Wege zur Machtergreifung Hitlers 1930–1934, Frankfurt a. M. 1986, S. 55–87, auch zum Folgenden.
9 H. Brüning: Memoiren 1918–1934, Stuttgart 1970; Zusammenfassung des Forschungsstandes bei E. Kolb, Weimarer Republik, München/Wien 1984, S. 199ff.
10 Schreiben Reuschs an Kastl, 11. 9. 1931, zit. nach Neebe, Großindustrie, S. 99.
11 Graf von Westarp: »Weshalb ich für Brüning stimme«, in: Volkskonservative Führerbriefe Nr. 11, 20. 10. 1931, zit. nach Neebe, Großindustrie S. 108.
12 M. Geyer: Aufrüstung oder Sicherheit. Die Reichswehr in der Krise der Machtpolitik 1924–1936, Wiesbaden 1980; A. Hillgruber: Großmachtpolitik und Militarismus im 20. Jahrhundert, Düsseldorf 1974, v. a. S. 37–51.
13 Papen am 11. Juni 1932, zit. nach Neebe, Großindustrie S. 127; vgl. Jasper, S. 88–125.
14 Reusch am 4. 8. 1932, zit. nach Neebe, S. 131.
15 Die Eingabe ist abgedruckt u. a. in: Ursachen und Folgen. Vom deutschen Zusammenbruch 1918 und 1945 bis zur staatlichen Neuordnung Deutschlands in der Gegenwart. Hrsg. u. bearb. von H. Michaelis/E. Schraepler, Bd. 8, Berlin 1958ff, S. 687f.
16 A. Sohn-Rethel: Die soziale Rekonsolidierung des Kapitalismus, in: Deutsche Führerbriefe, 16. und 20. September 1932; wieder gedruckt in: ders.:

Ökonomie und Klassenstruktur des deutschen Faschismus, Frankfurt/M. 1973, S. 165–172; vgl. ders.: Ein Kommentar nach 38 Jahren, in: Kursbuch Nr. 21, Sept. 1970, S. 23–35.

17 Reusch in einem Schreiben vom 22.12.1932, zit. nach Neebe, Großindustrie S. 114.

18 Erklärung des RLB vom 11.1.1933, abgedr. in: Ursachen und Folgen, Bd. 8, S. 512 ff.

19 H. Mommsen, Diskussionsbeitrag, in: M. Broszat u. a. (Hg.): Deutschlands Weg in die Diktatur, Berlin 1983, S. 144.

20 Vgl. H. A. Turner, Die Großunternehmer und der Aufstieg Hitlers, Berlin 1986; ders.: Faschismus und Kapitalismus in Deutschland, Göttingen 1972.

21 Vgl. bspw. E. Czichon: Wer verhalf Hitler zur Macht? Zum Anteil der deutschen Industrie an der Zerstörung der Weimarer Republik, Köln 1967. Für die neuere DDR-Forschung vgl. D. Eichholtz: Faschismus und Ökonomie. Zu Problemen der Entwicklung der Produktionsverhältnisse unter der faschistischen Diktatur, in: ders., K. Gossweiler (Hg.): Faschismusforschung. Positionen, Probleme, Polemik, Köln 1980, S. 21–48.

22 K. Hildebrandt: Das Dritte Reich, München, Wien 1980, S. 13, stützt sich dabei wesentlich auf Turner; dagegen vgl. D. Stegmann: Zum Verhältnis von Großindustrie und Nationalsozialismus 1930–1933, in: AfS 13 (1973), S. 399–482.

23 H. A. Winkler: Revolution, Staat, Faschismus, Göttingen 1978, S. 81.

24 W. Deist: Die Aufrüstung der Wehrmacht, in: ders. u. a.: Ursachen und Voraussetzungen der deutschen Kriegspolitik. (Das Deutsche Reich und der Zweite Weltkrieg, Bd. 1), Stuttgart 1979, S. 371–532, hier S. 387–399.

25 T. W. Mason: Die Bändigung der Arbeiterklasse im nationalsozialistischen Deutschland, in: C. Sachse u. a.: Angst, Belohnung, Zucht und Ordnung. Herrschaftsmechanismen im Nationalsozialismus, Opladen 1982, S. 11–53; vgl. derselbe: Diskussionsbeiträge, in: Broszat u. a., Deutschlands Weg, S. 201–204.

26 D. Schoenbaum: Die braune Revolution. München 1980, S. 245.

27 H. Mommsen: Zur Verschränkung traditioneller und faschistischer Führungsgruppen in Deutschland beim Übergang von der Bewegungs- zur Systemphase, in: W. Schieder (Hg.): Faschismus als soziale Bewegung, Göttingen 2. Aufl. 1983, S. 157–181, hier S. 172.

28 Vgl. N. Frei: Der Führerstaat. Nationalsozialistische Herrschaft 1933–1945, München 1907, S. 9–37 (»Die Regimekrise im Frühjahr 1934«); K. J. Müller: Das Heer und Hitler. Armee und nationalsozialistisches Regime 1933–1940, Stuttgart 1969; vgl. die sehr aufschlußreiche zeitgenössische Analyse in den »Deutschland-Berichten der Sozialdemokratischen Partei Deutschlands (Sopade)« 1934–1940, neu hrsg. Frankfurt 1980, Juni/Juli 1934, S. 187 ff und 247–272.

29 Zum Folgenden H.-E. Volkmann: Die NS-Wirtschaft in Vorbereitung des Krieges, in: Deist u. a., Ursachen, S. 177–370.
30 A. Hitler: Mein Kampf, Berlin 1928 u. ö., S. 158; vgl. A. Pfaff: Der Wirtschaftsaufbau im Dritten Reich, München 1931, S. 10.
31 Volkmann, Die NS-Wirtschaft, S. 281.
32 Mommsen, Zur Verschränkung, S. 157; vgl. P. Hüttenberger: Nationalsozialistische Polykratie, in: GuG 2 (1976), S. 417–442.
33 Gerhard Mollin hat jetzt am Beispiel der Vereinigten Stahlwerke und der Hermann-Göring-Werke die heftigen Auseinandersetzungen zwischen »Monopolwirtschaft« (der privatwirtschaftlich organisierten VSt) und »Befehlswirtschaft« (der von Staat und Partei gelenkten HGW) untersucht und diese Widersprüche als Kennzeichen des gesamten Wirtschaftssystems im »Dritten Reich« hervorgehoben. Auf der anderen Seite läßt sich aber feststellen, daß zwischen beiden Konzernen ausgerechnet in den drei entscheidenden, weil politisch brisantesten Bereichen Unterschiede *nicht* feststellbar sind: bei der Behandlung der Zwangsarbeiter, den »Arisierungen« und der »Durchdringung« der sowjetischen Montanindustrie. Das läßt nach der Aussagekraft des Modells fragen. (G. Mollin: Montankonzerne und »Drittes Reich«, Göttingen 1988).
34 Dok. 2718-PS, in: Der Prozeß gegen die Hauptkriegsverbrecher vor dem Internationalen Militärgerichtshof, Nürnberg, (abgekürzt: IMG od. engl. IMT), Band 36, Nürnberg 1948, S. 84. Zur Vorgeschichte der Konferenz vom 2. 5. 1941 s. D. Eichholtz: Geschichte der deutschen Kriegswirtschaft 1939–45, Bd. 1: 1939–41, Berlin (DDR) 1969, S. 293 ff; Ch. Streit: Keine Kameraden. Die Wehrmacht und die sowjetischen Kriegsgefangenen 1941–1945, Stuttgart 1978, S. 63 f.; R.-D. Müller: Von der Wirtschaftsallianz zum kolonialen Ausbeutungskrieg, in: H. Boog u. a.: Der Angriff auf die Sowjetunion. (Das Deutsche Reich und der Zweite Weltkrieg, Bd. 4), Stuttgart 1983, S. 98–189, hier S. 113–157.
35 Schreiben Schwerin v. Krosigk an Göring vom 19. 4. 1941, n. Müller, Von der Wirtschaftsallianz, S. 144 f.
36 Wirtschaftliche Richtlinien für Wirtschaftsorganisation Ost, Gruppe Landwirtschaft, vom 23. 5. 1941, Dok. EC-126, IMT Bd. 36, S. 135.
37 Streit, Keine Kameraden, S. 128–180.
38 Mommsen, Realisierung, S. 419.
39 Befehl des Kommandeurs der Panzergruppe 4, 2. 5. 1941, zit. nach J. Förster: Das Unternehmen »Barbarossa« als Eroberungs- und Vernichtungskrieg, in: Boog u. a., Angriff, S. 413–450, hier S. 446.
40 Rede Rosenbergs am 20. 6. 1941, Dok. 1058-PS, IMT Bd. 26, S. 622.
41 Vgl. dazu H. Mommsen: Der Nationalsozialismus. Kumulative Radikalisierung und Selbstzerstörung des Regimes, in: Meyers Enzyklopädisches Lexikon, Bd. 16, 1976, Sp. 785–790.
42 Ausf. dazu U. Herbert: Arbeiterschaft im »Dritten Reich«. Zwischenbilanz und offene Fragen, in GuG 15 (1989), S. 320–360.

43 Zur Quellengrundlage: Ein Großteil der uns zur Verfügung stehenden Quellen stammt aus der Feder und der Perspektive der Behörden, der Unternehmer oder der nationalsozialistischen Verfolgungsbehörden, wie z. B. die monatlichen Lageberichte der Gestapo, die Berichte der »Treuhänder der Arbeit« oder – für die Kriegszeit – die sogenannten »Meldungen aus dem Reich« – die Geheimdienstberichte des Sicherheitsdienstes (SD) der SS. Vgl. die Sammlung von Berichtsausschnitten »Lage der Arbeiterschaft, Aktivität und Verfolgung der illegalen Arbeiterbewegung 1933–1944«, in: Broszat, Bayern, Bd. 1, S. 196–326. Zahlreiche Berichte der »Treuhänder der Arbeit« abgedruckt in: T. W. Mason: Arbeiterklasse und Volksgemeinschaft, Opladen 1975. Die »Meldungen aus dem Reich« in gedruckter Fassung: H. Boberach (Hg.): Meldungen aus dem Reich, 17 Bde. Herrsching 1984. Allerdings besitzen wir in den »Deutschlandberichten« der Exil-SPD (Sopade) bis 1940 eine ausgezeichnete Quellengrundlage für die Analyse der Lage der Arbeiterschaft im Dritten Reich aus der Perspektive der sozialdemokratischen Arbeiterschaft selbst.

44 Sopade-Berichte, Juli 1936, S. 835/836.

45 Ebenda, März 1937, S. 315; September 1937, S. 1238.

46 T. W. Mason: Sozialpolitik im Dritten Reich, Opladen 1977, S. 147 ff.

47 Ders.: Arbeiteropposition im nationalsozialistischen Deutschland, in: D. Peukert, J. Reulecke (Hg.): Die Reihen fast geschlossen, Wuppertal 1981, S. 158–188; vgl. G. Morsch: Die kalkulierte Improvisation. Streiks und Arbeitsniederlegungen im »Dritten Reich«, in: VfZ 36, 1988, S. 649–689.

48 Sopade-Berichte, Dezember 1936, S. 156 f.

49 Sopade-Berichte, Februar 1935, S. 153 f.

50 H. Spode: Arbeiterurlaub im Dritten Reich, in: Sachse, Angst, S. 275–328.

51 T. W. Mason: Zur Lage der Frauen in Deutschland 1930–1940, in: Gesellschaft. Beiträge zur Marxschen Theorie 6, Frankfurt 1976, S. 118–193.

52 U. Herbert: Die guten und die schlechten Zeiten, in: L. Niethammer (Hg.): Die Jahre weiß man nicht, wo man die heute hinsetzen soll, Bonn 1983, S. 67–96.

53 Peukert, Volksgenossen, S. 138.

54 Sopade-Berichte, März 1939, S. 338 f.

55 Ebenda, Juni 1939, S. 764.

56 I. Kershaw: Der Hitler-Mythos, Stuttgart 1980.

57 Sopade-Berichte, März 1938, S. 263 f.

58 Mason, Bändigung, S. 44.

59 M. Zimmermann: Ausbruchshoffnung. Junge Bergleute in den Dreißiger Jahren, in: Niethammer, Die Jahre, S. 97–132.

60 Mason, Arbeiterklasse, Kap. XXI, Dok. Nr. 203–244; W. F. Werner: »Bleib übrig!« Deutsche Arbeiter in der nationalsozialistischen Kriegswirtschaft. Düsseldorf 1983, S. 34–80.

61 Meldungen aus dem Reich (= MadR), 17.6.1940, Bd. 4, S. 1261; vgl. Kershaw, Hitler-Mythos, S. 135–148.
62 MadR, 24.6.1940, Bd. 4, S. 1305.
63 Sopade-Berichte, August/Oktober 1939, S. 986f.
64 D. Peukert: Die KPD im Widerstand, Wuppertal 1980, S. 330.
65 Herbert, Zeiten, S. 86f.
66 M. G. Steinert: Hitlers Krieg und die Deutschen. Stimmung und Haltung der deutschen Bevölkerung im Zweiten Weltkrieg, Düsseldorf/Wien 1970, S. 283ff; Werner, »Bleib übrig«, S. 194ff.
67 Werner, »Bleib übrig«, S. 318ff.
68 Vgl. U. Herbert: Fremdarbeiter. Politik und Praxis des »Ausländereinsatzes« in der Kriegswirtschaft des Dritten Reiches, Berlin/Bonn 1985.
69 Essen war nach Köln und vor Hamburg die Stadt mit der zweitstärksten Bombardierung in Deutschland. Vgl. U. Herbert: Vom Kruppianer zum Arbeitnehmer, in Niethammer, Hinterher, S. 233–276, hier S. 273f, Anm. 31. Zum Folgenden Werner, »Bleib übrig«, S. 155ff. Zum Chaos in den Großstädten während der letzten Kriegsphase vgl. B. A. Rusinek: Gesellschaft in der Katastrophe. Terror, Illegalität, Widerstand – Köln 1944/45, Essen 1989.
70 MadR, 19.8.1943, Bd. 14, S. 5660.
71 MadR, 17.6.1943, Bd. 14, S. 5357.
72 H. Schmitz: Die Bewirtschaftung der Nahrungsmittel und Verbrauchsgüter 1939–1950, Essen 1956, S. 257f.
73 Werner, »Bleib übrig«, S. 268ff, auf der Basis der verschiedenen MadR vom Sommer 1943.
74 L. Niethammer (Hg.): Arbeiterinitiative 1945, Wuppertal 1976.
75 Ebenda, S. 708.
76 Niethammer, Privat-Wirtschaft, S. 72.
77 »Die Sicherheit der Lohntüte, die Ordnung, KdF und die Reibungslosigkeit, mit der die politische Apparatur abrollte«, seien die nachhaltigsten positiven Erfahrungen des Dritten Reiches bei der Mehrheit der Bevölkerung gewesen – so das Ergebnis einer Umfrage des Instituts für Demoskopie von 1948/49: Institut für Demoskopie: Das Dritte Reich. Eine Studie über Auswirkungen des Nationalsozialismus, Allensbach 1949. Noch 1951 bezeichnete fast die Hälfte (46%) der Befragten den Zeitraum von 1939 als denjenigen, in dem es Deutschland am besten gegangen sei; E. Noelle/E. P. Neumann (Hg.): Jahrbuch der öffentlichen Meinung 1947–1955, Allensbach/Bonn 2. Aufl. 1956.
78 Besprechungsvermerk Thieracks über Unterredung mit Himmler, 18.9.1942, Dok. PS-654, IMT, Band 26, S. 200–203.
79 Thierack an Bormann, 13.10.1942, zit. n. Herbert, Fremdarbeiter, S. 245.
80 Dazu und zum folgenden vgl. E. Klee: »Euthanasie« im NS-Staat. Die »Vernichtung unwerten Lebens«, Frankfurt 1983, hier S. 356–367; H.-W.

Schmuhl: Rassenhygiene, Nationalsozialismus, Euthanasie. Von der Verhütung zur Vernichtung »lebensunwerten Lebens«, 1890–1945, Göttingen 1987, S. 226f.

81 Vgl. F. Pingel: Häftlinge unter SS-Herrschaft. Widerstand, Selbstbehauptung und Vernichtung im Konzentrationslager, Hamburg 1978, S. 187; zum politischen Hintergrund s. U. Herbert: Arbeit und Vernichtung, in: D. Diner (Hg.), Ist der Nationalsozialismus Geschichte?, Frankfurt, S. 198–237.

82 Informationsdienst Rassepolitisches Amt der NSDAP-Reichsleitung, 20. 6. 1942, Nr. 126.

83 Ebenda.

84 H. W. Kranz: Weg und Ziel bei der Lösung des Problems der Gemeinschaftsunfähigen, in: Nationalsozialistischer Volksdienst, Nov. 1942; zum Gesamtkomplex vgl. D. Peukert: Volksgenossen und Gemeinschaftsfremde, Köln 1982, S. 246–279 (»Rassismus als Gesellschaftspolitik«).

85 Die Literatur zu dem hier behandelten Komplex ist in den letzten Jahren stark angestiegen; grundlegend: G. Bock: Zwangssterilisation im Nationalsozialismus, Opladen 1985; vgl. H.-G. Zmarzlik: Der Sozialdarwinismus in Deutschland, in: VfZ, 11 (1963), S. 246–273; G. L. Mosse: Rassismus. Ein Krankheitssymptom in der europäischen Geschichte des 19. und 20. Jahrhunderts, Königstein 1978; P. von zur Mühlen: Rassenideologien. Entstehung und Geschichte, Berlin/Bonn 1979; K. Nowak: »Euthanasie« und Sterilisierung im »Dritten Reich«. Die Konfrontation der evangelischen und katholischen Kirche mit dem »Gesetz zur Verhütung erbkranken Nachwuchses« und der »Euthanasie«-Aktion, Göttingen 1980; einführender Überblick bei H. G. Marten: Rassismus, Sozialdarwinismus und Antisemitismus, in: Pipers Handbuch der politischen Ideen, hg. v. I. Fetscher u. H. Münkler, Bd. 5, München/Zürich 1987, S. 55–82; G. Aly: Medizin gegen Unbrauchbare, in: Beiträge zur nationalsozialistischen Gesundheits- und Sozialpolitik, Band 1, Berlin 1985, S. 9–74; sowie die Untersuchung von Schmuhl, Rassenhygiene; zur nationalsozialistischen Zigeunerpolitik, die mit der Behandlung der »Asozialen« eng verknüpft ist, jetzt M. Zimmermann: Verfolgt, vertrieben, vernichtet. Die nationalsozialistische Vernichtungspolitik gegen Sinti und Roma, Essen 1989.

86 Ch. Darwin: Über die Entstehung der Arten durch natürliche Zuchtwahl oder Die Erhaltung der begünstigten Rassen im Kampfe ums Dasein, Stuttgart 9. Aufl. 1899; ders.: Die Abstimmung des Menschen und die geschlechtliche Zuchtwahl, Stuttgart, 6. Aufl. 1919; von E. Haeckel vgl. etwa: Anthropogenie oder Entwicklungsgeschichte des Menschen. Gemeinverständliche wissenschaftliche Vorträge über die Grundzüge der menschlichen Keimes- und Standesgeschichte, Leipzig 1974; ders.: Die Welträtsel. Gemeinverständliche Studien über monistische Philosophie. Leipzig 1908.

87 A. Tille: Volksdienst. Von einem Sozialaristokraten, Berlin/Leipzig 1893,

S. 360f; vgl. ders.: Von Darwin bis Nietzsche. Ein Buch Entwicklungsethik, Leipzig 1895.

88 A. Ploetz: Die Tüchtigkeit unserer Rasse und der Schutz der Schwachen. Ein Versuch über die Rassenhygiene und ihr Verhältnis zu den humanen Idealen, besonders zum Sozialismus, Berlin 1895, S. 116.

89 Vgl. Nowak, Euthanasie, S. 21f; Schmuhl, Rassenhygiene, S. 43–46.

90 W. Schallmayer: Vererbung und Auslese im Lebenslauf der Völker, Jena 1903/[2]1910.

91 Vgl. etwa C. Rath: Über die Vererbung von Dispositionen zum Verbrechen, Stuttgart 1914; J. Lange: Verbrechen als Schicksal, Leipzig 1929; M. Riedl: Studien über Verbrecherstämmlinge, Spätkriminelle und Frühkriminelle und deren sozialprognostische und rassenhygienische Bedeutung, in: Archiv für Kriminologie, Bd. 93 (1933), S. 7–13, 125–135, 238–257; F. Stumpf: Erbanlage und Verbrechen, Berlin 1935; R. Ritter: Ein Menschenschlag. Erbärztliche und erbgeschichtliche Untersuchungen über die – durch zehn Geschlechterfolgen erforschten – Nachkommen von »Vagabunden, Gaunern und Räubern«, Leipzig 1937.

92 A. Grotjahn: Soziale Pathologie, Berlin 1912, S. 463; zu Grotjahn vgl. Schmuhl, Rassenhygiene, S. 45f.

93 A. Grotjahn: Krankenhauswesen und Heilstättenbewegung im Lichte der Sozialen Hygiene, Leipzig 1908, S. 4; vgl. D. S. Nadav: Die Politik der Sozialhygiene in Deutschland, Gerlingen /Tel Aviv 1985.

94 E. Barkai: The Modern Definition of Minorities: Applying the Concept of Race, MS., Tel Aviv 1987.

95 Vgl. Schmuhl, Rassenhygiene, S. 129, 417.

96 Ebenda, S. 90ff.

97 K. Binding/A. Hoche: Die Freigabe der Vernichtung lebensunwerten Lebens. Ihr Maß und ihre Form, Leipzig 1920.

98 Ebenda, S. 62.

99 O. Hertwig: Zur Abwehr des ethnischen, des sozialen und des politischen Darwinismus, Jena 1921, hier S. 21.

100 Einflußreiche Vorläufer waren J. de Gobineau: Versuch über die Ungleichheit der Menschenrassen, 4 Bde., Stuttgart 3. Aufl. 1907 (frz. Orig. 1853/57), und H. S. Chamberlain: Die Grundlagen des 19. Jahrhunderts, München 1903. Vgl. darüber hinaus E. Fischer: Sozialanthropologie und ihre Bedeutung für den Staat, Freiburg/Leipzig 1910; L. Schemann: Hauptepochen und Hauptvölker der Geschichte in ihrer Stellung zur Rasse, München 1930; H. F. K. Günther: Rassenkunde des deutschen Volkes, München 17. Aufl. 1933.

101 Vgl. dazu Nowak, Euthanasie, S. 28.

102 Ebenda.

103 Vgl. dazu als autoritatives Beispiel H. F. K. Günther: Rassenkunde des jüdischen Volkes, München 1930 u. ö.

104 Vgl. Schmuhl, Rassehygiene, S. 119.

105 Ebenda, S. 71.
106 W. Gross: Rassenpolitische Erziehung, Berlin 1934.
107 Vgl. dazu i. E. die Untersuchung von G. Bock, Zwangssterilisierung.
108 Gesetz zur Verhütung erbkranken Nachwuchses (GzVeN), RGBl I 1933, S. 529; vgl. d. offiziellen Komm. dazu v. A. Gütt / E. Rüdin / F. Ruttke: Gesetz zur Verhütung erbkranken Nachwuchses, München 2. Aufl. 1936.
109 Gütt u. a., Gesetz, S. 119; vgl. dazu Klee, Euthanasie, S. 37ff.
110 Gesetz gegen gefährliche Gewohnheitsverbrecher und über Maßregeln der Sicherung und Besserung, RGBl I 1933, S. 995.
111 Gütt u. a., Gesetz, S. 62.
112 Gesetz zur Wiederherstellung des Berufsbeamtentums (GWBB), RGBl I 1933, S. 175; vgl. dazu U. D. Adam: Judenpolitik im Dritten Reich, Düsseldorf 1972, S. 51ff., dort auch die Analyse der weiteren antijüdischen Gesetzesmaßnahmen des NS-Regimes.
113 Hinw. zur Lit. zu den einz. Gruppen bei Peukert, Volksgenossen, S. 320ff.
114 Ebenda, S. 295.
115 Vgl. dazu L. Herbst / C. Goschler (Hg.): Wiedergutmachung in der Bundesrepublik Deutschland, München 1989.
116 Dazu J. Walk (Hg.): Das Sonderrecht für die Juden im NS-Staat, Heidelberg / Karlsruhe 1981; U. D. Adam: Judenpolitik im Dritten Reich, Düsseldorf 1972.
117 H. Genschel: Die Verdrängung der Juden aus der Wirtschaft im Dritten Reich, Göttingen 1966; A. Barkai: Vom Boykott zur »Entjudung«. Der wirtschaftliche Existenzkampf der Juden im Dritten Reich 1933–1943, Frankfurt 1988; G. Plum: Wirtschaft und Erwerbsleben, in: W. Benz (Hg.): Die Juden in Deutschland 1933–1945. Leben unter nationalsozialistischer Herrschaft, München 1988, S. 268–313; K. Kwiet: Nach dem Pogrom – Stufen der Ausgrenzung, in: ebd., S. 545ff.
118 Dazu zusammengefaßt U. D. Adam: Wie spontan war der Pogrom?, in: W. Pehle (Hg.): Der Judenpogrom 1938. Von der »Reichskristallnacht« zum Völkermord, Frankfurt 1988, S. 74–93.
119 Vgl. die Beispiele bei W. Benz: Der Novemberpogrom 1938, in: ders., Die Juden, S. 499ff; ders.: Der Rückfall in die Barberei. Bericht über den Pogrom, in Pehle, Judenpogrom, S. 13–51. Die Zahl der Darstellungen und Analysen über die »Kristallnacht« ist relativ groß; problemorientierte Einführungen bei Pehle, Judenpogrom, und Benz, Juden in Deutschland, S. 499ff; sowie H. Graml: Reichskristallnacht. Antisemitismus und Judenverfolgung im Dritten Reich, München 1988; H. J. Döscher: Reichskristallnacht, Berlin 1988.
120 Monatsbericht d. Reg.präs. v. Niederbayern u. d. Niederpfalz, 8. 12. 1938, in: M. Broszat u. a. (Hg.): Bayern in der NS-Zeit, Bd. 1: Soziale Lage und politisches Verhalten der Bevölkerung im Spiegel vertraulicher Berichte, München 1977, S. 473.

121 14.10.1938, IMT Bd. 37, Dok. PS 1301.
122 Dazu i. E. Kwiet, Nach dem Pogrom, S. 545 ff.
123 »Das Schwarze Korps«, 24.11.1938; zur jüdischen Auswanderung und zur nationalsozialistischen Auswanderungspolitik s. J. Wetzel: Auswanderung aus Deutschland, in: Benz, Die Juden, S. 413–498.
124 Vgl. dazu Abschnitt 4 dieses Kapitels (»Traditionen des Rassismus«) und die dort genannte Literatur.
125 W. Best: Die Geheime Staatspolizei, in: Deutsches Recht, 1936, S. 125–128, hier S. 126.
126 H. Krausnick/H.-H. Wilhelm: Die Truppe des Weltanschauungskriegs. Die Einsatzgruppen der Sicherheitspolizei und des SD 1938–1942, Stuttgart 1981; H. Krausnick: Hitler und die Morde in Polen. Ein Beitrag zum Konflikt zwischen Heer und SS um die Verwaltung der besetzten Gebiete, in: VfZ 11 (1963), S. 196–209.
127 Heydrich an Ribbentrop, 24.6.1940; zit. n. H. Krausnick: Judenverfolgung, in: Anatomie des SS-Staates, München 1976, Bd. 2, S. 235–366, hier S. 293.
128 Die Literatur über den »Holocaust« ist unübersehbar; einen nützlichen Überblick gibt K. Kwiet: Zur historiographischen Behandlung der Judenverfolgung im Dritten Reich, in: MGM 27 (1980), S. 171 f; auch in: D. Diner (Hg.): Ist der Nationalsozialismus Geschichte? Frankfurt 1987, S. 237 ff; als Gesamtdarstellung nach wie vor unentbehrlich ist R. Hilberg: Die Vernichtung der europäischen Juden. Die Gesamtgeschichte des Holocaust, Berlin 1982. Die beste neuere Einführung in die Gesamtthematik bei Graml, Reichskristallnacht; zur Entwicklung im »Generalgouvernement«: Das Diensttagebuch des deutschen Generalgouverneurs in Polen 1939–1945, hg. v. W. Präg u. W. Jacobmeyer, Stuttgart 1975.
129 Frank am 19.4.1941, Diensttagebuch, S. 361; der Hinweis Franks auf das »Versprechen des Führers«, das GG »als erstes judenfrei« zu machen – gegeben wohl im Zusammenhang mit dem »Madagaskar-Plan« – taucht in seinen Reden seit Mitte 1940 mit steter Regelmäßigkeit auf; vgl. etwa: Diensttagebuch, 25.7.1940, 31.7.1940, 25.3.1941, 26.3.1941 u. ö.
130 Konferenz v. 2.5.1941, Dok. 2718 PS, IMT Bd. 36, S. 84; dazu ausf. Abschnitt 2 dieses Kapitels.
131 Vgl. Krausnick/Wilhelm, Die Truppe des Weltanschauungskrieges, S. 205 ff; Streit, Keine Kameraden.
132 Aktenvermerk d. Leiters d. SD-Abschnitts Posen, Höppner, v. 16.7.1941, zit. n. P. Longerich (Hg.): Die Ermordung der europäischen Juden, München 1989, S. 74 f.
133 Göring an Heydrich, 31.7.1941, zit. ebenda, S. 78.
134 E. Kogon u. a. (Hg.): Nationalsozialistische Massentötungen durch Giftgas, Frankfurt 1983, S. 111 ff; Schmuhl, Rassenhygiene, S. 248 ff.
135 Himmler an Greiser, 18.9.1941, BA NS 19/2655; dazu Krausnick/Wilhelm, Die Truppe des Weltanschauungskrieges, S. 583 ff; H.-G. Adler: Der

verwaltete Mensch. Studien zur Deportation der Juden aus Deutschland, Tübingen 1974, S. 173f; A. Rückerl (Hg.): Nationalsozialistische Vernichtungslager im Spiegel deutscher Strafprozesse, München 1977, S. 243ff.

136 Herbert, Arbeit und Vernichtung; vgl. H. Mommsen: Die Realisierung des Utopischen: Die »Endlösung der Judenfrage« im »Dritten Reich«, in: GuG, 9, 1983, S. 381–420.

137 H. Mommsen: Der deutsche Widerstand gegen Hitler 1933–1945. Ein Überblick, in: Deutsches Institut für Fernstudien: Nationalsozialismus, Studieneinheit 6: Widerstand und Opposition im Dritten Reich, S. 9; zum Gesamtkomplex des deutschen Widerstandes s. die umfangreiche Aufsatzedition: Der Widerstand gegen den Nationalsozialismus. Die deutsche Gesellschaft und der Widerstand gegen Hitler, hg. v. J. Schmädeke u. P. Steinbach, München/Zürich 1985.

138 D. Peukert: Der deutsche Arbeiterwiderstand 1933–1945, in: K.-D. Bracher u. a. (Hg.): Nationalsozialistische Diktatur 1933–1945, Bonn 1983, S. 633–655.

139 O. Strasser (1897–1974), bis 1930 Exponent des »linken« Flügels in der NSDAP, verließ dann aber mit seinen Anhängern die Partei und entfaltete im Exil eine lebhafte propagandistische Tätigkeit gegen Hitler.

140 A. Hoch/L. Gruchmann: Georg Elser. Der Attentäter aus dem Volke, Frankfurt 1980. (Hier auch der Abdruck der Vernehmungsprotokolle Elsers.) Kurzfassung in L. Gruchmann: Georg Elser, in: H. Graml (Hg.): Widerstand im Dritten Reich, Frankfurt 1984, S. 183–189.

141 Zit. nach dem Vernehmungsprotokoll in Hoch/Gruchmann, Georg Elser, S. 55–154.

VI. Nachfaschistische Alternativen – Die Wachstumsgesellschaft und ihre Kosten

1 Vgl. als liberal-konservative Darstellung auf hohem Niveau die »Geschichte der Bundesrepublik Deutschland« hrsg. von K. D. Bracher u. a., 5 Bde. Stuttgart 1983ff. Als Taschenbücher bringt eine Pluralität von Einzelaspekten zusammen W. Benz (Hg.): Die Geschichte der Bundesrepublik Deutschland, Bd. 1 bis 4, Frankfurt a. M. 1989, und einen ersten Überblick gibt D. Thränhardt: Geschichte der Bundesrepublik Deutschland, Frankfurt a. M. 1986.

2 Vgl. D. Staritz: Geschichte der DDR 1949–1985, Frankfurt a. M. 1985; H. Weber: Geschichte der DDR, München 1985; R. Badstübner u. a.: Geschichte der Deutschen Demokratischen Republik, Berlin (DDR) 1981.

3 Vgl. E. Weinzierl/K. Skalnik (Hg.): Österreich. Die zweite Republik, Graz 1972.

4 Die beste Anleitung hierzu gibt C. Klessmann: Die doppelte Staatsgründung. Deutsche Geschichte 1945–1955, Göttingen 1982; fortgesetzt durch

ders.: Zwei Staaten, eine Nation. Deutsche Geschichte 1955–1970, Göttingen 1980. Materialien für ein solches Studium bei R. Steininger: Deutsche Geschichte 1945–1961, 2 Bde. Frankfurt a. M. 1983; M. Overesch: Deutschland 1945–1949. Vorgeschichte und Gründung der Bundesrepublik; ein Leitfaden in Darstellung und Dokumenten. Königstein 1979; J. Weber (Hg.): 30 Jahre Bundesrepublik Deutschland, Bd. 1 bis 3, München 1978 ff; Überblick über den internationalen Zusammenhang am besten bei W. Loth: Die Teilung der Welt. Geschichte des Kalten Krieges 1941–1955, München 1980; vgl. auch W. Benz / H. Graml (Hg.): Europa nach dem Zweiten Weltkrieg (Fischer Weltgeschichte Bd. 35) Frankfurt a. M. 1983; A. Hillgruber: Europa in der Weltpolitik der Nachkriegszeit 1945–1963, München u. Wien 1981. Konträre Gesamtinterpretationen versuchten E. Nolte: Deutschland und der Kalte Krieg, München 1974 und aus der Sicht der DDR R. Badstübner / S. Thomas: Entstehung und Entwicklung der BRD. Restauration und Spaltung, 1945–1955, Köln 1975.

5 Eine Studie dieses Titels von H.-P. Schwarz (Neuwied u. Berlin 1966) erschloß die politische Dimension dieser Weichenstellung.

6 Die Einzelforschung, auf die hier nicht eingegangen werden kann, ist durch neuere Berichte und Problematisierungen gut erschlossen. Für Westdeutschland vgl. vor allem L. Herbst (Hg.): Westdeutschland 1945–1955, München 1986; A. Doering-Manteuffel: Die Bundesrepublik Deutschland in der Ära Adenauer, Außenpolitik und innere Entwicklung, Darmstadt 1983 und neuerdings R. Morsey: Die Bundesrepublik Deutschland: Entstehung und Entwicklung bis 1969, München 1987; zur DDR H. Weber: Die DDR 1945–1986, München 1988 und laufende Berichterstattung in der Zs. »Deutschland-Archiv« sowie den Überblick über die Selbsterforschung der DDR im Sonderband 1980 der ZfG »Historische Forschungen in der DDR 1970–1980«, S. 310 ff. Speziell zur Entnazifizierung und Wiedergutmachung A. Blänsdorf: Zur Konfrontation mit der NS-Vergangenheit in der Bundesrepublik, der DDR und Österreich, in: APuZG B 16–17/87, S. 3 ff.

7 Zu Schwarzenberg vgl. eine der ersten nachkriegsgeschichtlichen Untersuchungen W. Gross: Die ersten Schritte. Der Kauf der Antifaschisten in Schwarzenberg während der unbesetzten Zeit Mai/Juni 1945, Berlin (DDR) 1961 sowie die Romankollage aus Zeugenberichten von St. Heym: Schwarzenberg, Frankfurt a. M. 1987. Zur Antifa-Bewegung generell vgl. L. Niethammer, P. Brandt / U. Borsdorf (Hg.): Arbeiterinitiative 1945, Antifaschistische Ausschüsse und Reorganisation der Arbeiterbewegung in Deutschland, Wuppertal 1976.

8 Dazu grundlegend H. Mommsen: Gesellschaftsbild und Verfassungspläne des deutschen Widerstands, in: W. Schmitthenner / H. Buchheim (Hg.): Der deutsche Widerstand gegen Hitler, Köln / Bonn 1966, S. 73 ff; P. Hoffmann: Widerstand, Staatsstreich, Attentat. Der Kampf der Opposition ge-

gen Hitler, München 1969. Zur Interpretation des Überbrückungskonzepts L. Niethammer: Die Mitläuferfabrik. Die Entnazifizierung am Beispiel Bayerns, Berlin/Bonn 1982, S. 70ff, 159ff.

9 Vgl. L. Herbst: Der totale Krieg und die Ordnung der Wirtschaft: Die Kriegswirtschaft im Spannungsfeld von Politik, Ideologie und Propaganda 1939–1945, Stuttgart 1982; O. Groehler: Großindustrielle Nachkriegskonzeptionen, in: Journal für Geschichte 1985, H. 3, S. 44ff.

10 Vgl. A. Mintzel: Die CSU: Anatomie einer konservativen Partei 1945–1972, Opladen 1975; G. Buchstab/K. Gotto (Hg.): Die Gründung der Union: Traditionen, Entstehung und Repräsentanten, München 1981.

11 Zur Zusammenbruchsgesellschaft siehe Niethammer u. a., Arbeiterinitiative 1945, S. 164ff; Klessmann, Doppelte Staatsgründung, S. 37ff. Bürgerliche Depressionen über ein künftiges »unbürgerliches Leben« aus den Jahren 1945/46 sind z. B. dokumentiert bei Niethammer, Mitläuferfabrik, S. 172f; W. Benz: Von der Besatzungsherrschaft zur Bundesrepublik, Stationen einer Staatsgründung, Frankfurt a. M. 1984, S. 17f. Adenauers Optimismus »Das bürgerliche Zeitalter wird nie zu Ende sein« (Schwarz, S. 439) war noch ziemlich einsam.

12 Dazu knapp Steininger, Deutsche Geschichte, S. 317ff mit weiterer Literatur.

13 Dem »antifaschistisch-demokratischen Block« in der SBZ (H. Weber [Hg.]: Parteiensystem zwischen Demokratie und Volksdemokratie, Köln 1982) entsprachen in den Westzonen die »starren Koalitionen« (D. Sternberger), die in den oft auf alliierten Druck entstandenen Allparteienregierungen auf allen Ebenen zu finden waren, bevor im Sommer 1947 in der Bizonenverwaltung zum Regierungs-Oppositions-Modell übergegangen wurde, das dort die SPD isolierte (vgl. Benz, Besatzungsherrschaft, S. 65ff).

14 Vgl. dazu G. Benser: Die KPD im Jahre der Befreiung. Vorbereitung und Aufbau der kommunistischen Massenpartei (Von der Jahreswende 1944/45 bis Herbst 1945), Berlin (DDR) 1985, S. 148ff.

15 Vgl. die von C. Scharf/H.-J. Schröder hrsg. Sammelbde.: Die Deutschlandpolitik Großbritanniens und die britische Zone 1945–1949, Wiesbaden 1979; Die Deutschlandpolitik Frankreichs und die französische Zone 1945–1949, Wiesbaden 1983.

16 Dazu im internationalen Vergleich O. N. Haberl/L. Niethammer (Hg.): Der Marshall-Plan und die europäische Linke, Frankfurt a. M. 1986.

17 Vgl. J. Gimbel: Amerikanische Besatzungspolitik in Deutschland 1945–49, Frankfurt 1971; D. Staritz: Sozialismus in einem halben Land. Zur Programmatik und Politik der KPD/SED in der Phase der antifaschistisch-demokratischen Umgestaltung in der DDR, Berlin 1976.

18 Vgl. F. Moraw: Die Parole der ›Einheit‹ und die Sozialdemokratie, Bonn 1973.

19 Wie Anm. 16.

20 Vgl. M. Overesch: Gesamtdeutsche Illusion und westdeutsche Realität. Von den Vorbereitungen für einen deutschen Friedensvertrag zur Gründung des Auswärtigen Amtes der Bundesrepublik Deutschland, Düsseldorf 1978.

21 Vgl. U. Herbert: Zur Entwicklung der Ruhrarbeiterschaft 1930 bis 1960 aus erfahrungsgeschichtlicher Perspektive, in: L. Niethammer / A. v. Plato (Hg.): »Wir kriegen jetzt andere Zeiten«. Auf der Suche nach der Erfahrung des Volkes in nachfaschistischen Ländern, Berlin / Bonn 1985, S. 19ff; I. Kershaw: Der Hitler-Mythos, Stuttgart 1980; M. G. Steinert: Hitlers Krieg und die Deutschen. Stimmung und Haltung der deutschen Bevölkerung im 2. Weltkrieg, Düsseldorf / Wien 1970.

22 »Das Mißtrauen gegenüber dem Demos bestimmte die Überzeugung vieler Ratsmitglieder«, sagt zusammenfassend V. Otto: Das Staatsverständnis des Parlamentarischen Rates. Ein Beitrag zur Entstehungsgeschichte des Grundgesetzes für die Bundesrepublik Deutschland, Düsseldorf 1971, S. 173.

23 Für Westdeutschland vgl. H. Kaack: Geschichte und Struktur des deutschen Parteiensystems, Opladen 1971, S. 202ff.

24 Vgl. J. Pfeiffer: Der deutsche Kriegsroman 1945–1960. Ein Versuch zur Vermittlung von Literatur und Sozialgeschichte, Königstein 1981, S. 171ff.

25 Vgl. A. Blänsdorf, Konfrontation.

26 Wie gering der geschichtsprogrammatische Konsens der Opposition war, habe ich an der Vorgeschichte der Entnazifizierung zu zeigen versucht (Niethammer, Mitläuferfabrik, S. 68ff).

27 Zur gegenseitigen Wahrnehmung vgl. W. Bertold / G. Lozek (Hg.): Unbewältigte Vergangenheit, Berlin (DDR) 1970; D. Riesenberger: Geschichte und Geschichtsunterricht in der DDR, Aspekte und Tendenzen, Göttingen 1973.

28 Vgl. die folgende Fallstudie »Bürgerliche Wechseljahre«.

29 Vgl. den folgenden Längsschnitt zur Bildungspolitik.

30 Vgl. A. Sywottek: Deutsche Volksdemokratie. Studien zur politischen Konzeption der KPD 1935–1946, Düsseldorf 1971.

31 Vgl. die entsprechende Erörterung im Kap. III.

32 Vgl. V. R. Berghahn: Unternehmer und Politik in der Bundesrepublik 1949–1984, Frankfurt a. M. 1985.

33 Zur Diskussion Doering-Manteuffel, Die Bundesrepublik Deutschland.

34 Vgl. die Einleitung zu Kap. IV.

35 H. R. Adamsen: Investitionshilfe für die Ruhr. Wiederaufbau, Verbände und soziale Marktwirtschaft 1948–52, Wuppertal 1981; W. Abelshauser: Ansätze »korporativer Marktwirtschaft« in der Korea-Krise der frühen 50er Jahre, in: VfZ 30 (1982) S. 715ff.

36 W. Abelshauser: Wirtschaftsgeschichte der Bundesrepublik Deutschland 1945–1980, Frankfurt a. M. 1983, S. 8. Dort weitere Hinweise auch zum Folgenden.

37 Den Grundgedanken dieser sog. Rekonstruktionsthese hat zuerst W. Abelshauser: Wirtschaft in Westdeutschland, Stuttgart 1975 vorgetragen. Dies hat zu einem Sturm (»Entmythologisierung der Entmythologisierer«) von liberalen und konservativen Kritikern geführt, die an der Gloriole wirtschaftlicher Liberalisierung in der Währungsreform als Startschuß und wesentliche Grundlage des Wirtschaftswunders festhalten wollten. Am vernehmbarsten R. Klump: Wirtschaftsgeschichte der Bundesrepublik Deutschland. Zur Kritik neuerer wirtschaftshistorischer Interpretationen aus ordnungspolitischer Sicht, Wiesbaden 1985, bes. S. 37ff, aus einem informativen Überblick über die Debatte zieht Morsey: Die Bundesrepublik Deutschland, S. 146–149 den tendenziösen Schluß, die Rekonstruktionsthese sei »fundiert widerlegt«.

38 Eine Zusammenstellung entsprechender Materialien bei W. Abelshauser: Die langen 50er Jahre. Wirtschaft und Gesellschaft der Bundesrepublik Deutschland 1949–1966, München 1988, Kap. 2 u. 3.

39 Gemeint ist die Spanne von der Währungsreform bis zur Rezession von 1967.

40 A. u. M. Mitscherlich: Die Unfähigkeit zu trauern. Grundlagen kollektiven Verhaltens, München 1963.

41 Walter Kempowski Archiv, Dokumentationsstelle Biographisches Material der FernUniversität. Alle Zitate in diesem Beitrag stammen aus diesem Rundbuch. Die Namen sind verändert. Für Hinweis und Transkription sei Charlotte Heinritz gedankt.

42 Eine Sozialgeschichte des Bürgertums in der SBZ/DDR bzw. seines nach Westen übergesiedelten Teils fehlt. Zur Flüchtlingserfahrung allgemein vgl. H. M. Jolles: Zur Soziologie der Heimatvertriebenen und Flüchtlinge, Köln/Berlin 1965; H. W. Schoenberg: Germans from the East, Den Haag 1970; S. Bethlehem: Heimatvertreibung, DDR-Flucht, Gastarbeiterzuwanderung. Wanderungsströme und Wanderungspolitik in der Bundesrepublik Deutschland, Stuttgart 1982; A. v. Plato: Fremde Heimat, in: ders./L. Niethammer (Hg.): »Wir kriegen jetzt andere Zeiten«, Lebensgeschichte und Sozialkulturen im Ruhrgebiet 1930–1960, Berlin/Bonn 1985, S. 172ff; R. Schulze u. a. (Hg.): Zur Rolle der Flüchtlinge und Vertriebenen in der westdeutschen Nachkriegsgeschichte. Bilanzierung der Forschung und Perspektive für die künftige Forschungsarbeit, Hildesheim 1987 (dort weitere Lit.).

43 U. k. – unabkömmlich, d. h. vom Kriegsdienst freigestellt.

44 Vgl. D. Irving: Der Untergang Dresdens, München 1964; demnächst O. Groehler: Bombenkrieg gegen Deutschland, Berlin (DDR) und Reinbek 1990.

45 Schaubild S. XXX. Im folgenden Schaubild sind auf einer Zeitachse für die 25 Jahre von 1930 bis 1955 alle datierten und gefühlsmäßig bewerteten Aussagen aus allen 16 Berichten pro Jahr kumuliert dargestellt. Dabei wurden positive Gefühlsäußerungen über Glück und Zufriedenheit pro Jahr

nach oben, negative Aussagen über Unglück, Leid etc. pro Jahr nach unten addiert. Dabei sind die Daten für die Frauen, die 1955 in der DDR lebten, noch einmal gesondert ausgedruckt. Leichte Gefühlsäußerungen wie z. B. daß der Krieg »unselig« gewesen sei oder daß man sich »noch ganz gut« gefunden habe, wurden mit dem Faktor 1 gewichtet, starke Gefühlsäußerungen wie, daß man mehrere Verwandte im Krieg verloren habe oder daß man »glücklich wie noch nie« gewesen sei, hingegen mit dem Faktor 2. Haben sich in einem Jahr mehrere gefühlsmäßig stark aufgeladene Ereignisse verbunden, so wurden diese jeweils gesondert veranschlagt, allerdings höchstens 2. Nebenbei sei erwähnt, daß die zahlreichen Heiraten und Geburten (außer bei Ria) nie ausdrücklich als positive Gefühlserfahrungen, schwierige oder Totgeburten oder der Verlust von Mann oder Kindern aber als sehr starke negative Gefühlserfahrungen beschrieben werden. Insofern geht die Parallelität des stärksten Ausschlags der Glückskurve nicht etwa einfach darauf zurück, daß die Frauen in derselben Zeit auch geheiratet haben und ihre Kinder bekamen.

46 Zur Prägung des Langzeitgedächtnisses durch affektive Erlebnisse und Kulturmuster vgl. L. Niethammer: Fragen – Antworten – Fragen, in ders./ v. Plato (Hg.): »Wir kriegen jetzt andere Zeiten«, S. 329ff.

47 Zum Hintergrund vgl. W. Meinicke: Die Entnazifizierung in der sowjetischen Besatzungszone 1945 bis 1948, in ZfG 32 (1984), S. 968ff.

48 Die Familien wurden deshalb in der Nachkriegssoziologie als Stoßdämpfer der Gesellschaft gesehen, z. B. von H. Schelsky: Wandlungen der deutschen Familie in der Gegenwart. Darstellung und Deutung einer empirisch-soziologischen Tatbestandsaufnahme, 5. Aufl., Stuttgart 1967, S. 347ff. Sie waren aber nicht gesellschaftsunabhängig. Das kann man auf vielleicht etwas unerwartete Weise daran sehen, daß sich die Intensität der Glückserfahrung der Frauen in einer um sie zentrierten Notlage im Rundbuch meistens mit der Rehabilitation des Ehemanns entspannt.

49 Durch bessere Verbindungen und Qualifikationen und durch die allgemein hohen Einkommensdifferenzen der frühen 50er Jahre kamen die bürgerlichen Flüchtlinge relativ schnell wieder zu einem überdurchschnittlichen Lebensstandard. Während Mitte der 50er Jahre 53 % der Gesamtbevölkerung nur eine Zweizimmerwohnung zur Verfügung haben und 37 % der Vertriebenen noch in Notunterkünften oder als Untermieter wohnten und nur jeder fünfte Bundesbürger eine Auslandsreise gemacht hatte (Italien 5 %), berichtete die Hälfte der im Westen lebenden Rundbuch-Autorinnen von einem eigenen Haus und die andere Hälfte von einer schönen Wohnung. Ebenfalls die Hälfte erwähnt Auslandsreisen und 60 % erwähnen ein Auto, während im Schnitt der Bevölkerung noch nicht einmal jede fünfte Familie über ein Auto verfügte.

50 Diesen Leitbegriff der Nachkriegsgesellschaft prägte 1953 H. Schelsky: Auf der Suche nach Wirklichkeit, Düsseldorf/Köln 1965, S. 332. Er ist so ideologisch wie sein Gegenbegriff »Klassengesellschaft«, weil er die Aus-

bildung gesellschaftlicher Dimensionen mit je eigenen Schichtungs- und Herrschaftsbezügen verwischt. Im übrigen war das Deklassement der hier Betrachteten in einem Jahrzehnt überwunden, sie waren nicht in der Mitte, sondern fast alle im oberen Drittel der Gesellschaft angesiedelt, und ein »Stand« waren sie schon gar nicht.

51 Vgl. R. Dahrendorf: Gesellschaft und Demokratie in Deutschland, München 1966, S. 105 ff, mit einem Versuch, Funktion, Schichtung und Mentalität einander zuzuordnen.

52 Zu den frühen Plänen der Alliierten betr. das zukünftige Niveau von Industrieproduktion und Lebensstandard in Deutschland v. a. Institut für Weltwirtschaft an der Universität Kiel u. a.: Deutsche Wirtschaft und Industrieplan, Essen 1947.

53 Zur Lage der Automobilproduktion in der unmittelbaren Nachkriegszeit v. a. R. Stisser: Standort und Planung der deutschen Kraftfahrzeugindustrie, Bremen 1950.

54 Zur ungleichzeitigen Entwicklung der Pkw-Dichte in verschiedenen Ländern v. a. J. Purš: The Internal Combustion Machine and the Revolution in Transport: The Case of Czechoslovakia. In: Barker (Hg.): The Economic and Social Effects of the Spread of Motor Vehicles, London 1987.

55 Urteil des Bundesfinanzhofs Nr. IV/511/1953. Zit. n. dem Kommentar »Nehmt doch die Straßenbahn« in: DER SPIEGEL, 11. 11. 1953.

56 Vgl. W. Abelshauser: Wirtschaftsgeschichte der Bundesrepublik Deutschland 1945–1980, Frankfurt a. M. 1983, S. 132 ff.

57 Vorstand der IG Metall (Hg.): Die Automobilindustrie. Entwicklungstendenzen und Aussichten, Frankfurt a. M. 1956.

58 Zur staatlichen Haltung gegenüber dem Individualverkehr in dieser Periode s. v. a. J. A. Stölzle: Staat und Automobilindustrie in Deutschland, Diss. Erlangen 1959.

59 L. K. Schlebusch: »Der Fiskus am Steuerrad«, in: Der Volkswirt, Beilage Nr. 18 v. 5. 5. 1956, S. 21.

60 Die Verkehrspolitik in der Bundesrepublik Deutschland 1945–1965. Ein Bericht des Bundesministers für Verkehr. Schriftenreihe des Bundesministers für Verkehr, Bd. 29 (1965).

61 Ein sprunghafter Anstieg zu völlig neuen Größenordnungen der jährlichen Investitionen erfolgte allgemein im Anschluß an die behandelten marktöffnenden Maßnahmen der Bundesregierung. S. v. a. W. K. Busch: Strukturwandlungen der westdeutschen Automobilindustrie, Berlin 1966.

62 W. Bittorf: Die Geschichte eines Autos. Erweiterte und neugefaßte Serie aus dem SPIEGEL, Hamburg 1955, S. 77.

63 Zur Entwicklung des Binnenmarktes der Automobilindustrie s. A. Diekmann: Die Automobilnachfrage als Konjunktur- und Wachstumsfaktor, Diss. Tübingen 1975.

64 H. Schelsky: Auf der Suche nach Wirklichkeit, Düsseldorf/Wien 1965.

65 R. Doleschal / R. Dobbois: Wohin läuft der VW? Die Automobilproduktion in der Wirtschaftskrise, Reinbek 1982, S. 90.

66 Zu »Konsumverhalten« resp. »Geltungskonsum« s. F.-W. Dörge; in: M. Greifenhagen u. a. (Hg.): Handwörterbuch zur politischen Kultur der Bundesrepublik Deutschland, Opladen 1981. Zum Gesamtproblem vgl. W. Sachs: Die Liebe zum Automobil. Ein Rückblick in die Geschichte unserer Wünsche, Reinbek 1984.

67 D. Claessens: Entscheidungseliten und das Insider- u. Outsider-Problem heute; Insider versus Entscheidungseliten und Insider versus Outsider, in: Krise der Arbeitsgesellschaft? Verhandlungen des 21. Deutschen Soziologentages in Bamberg 1982. Hg. im Auftrag der Deutschen Gesellschaft für Soziologie von J. Matthes, 1983, S. 524–534, hier S. 524.

68 R. Dahrendorf: Gesellschaft und Demokratie in Deutschland, (2. Aufl.) 1972 (zuerst 1968), S. 283.

69 Einen Überblick über Methoden der Identifikation von Eliten gibt H. Köser: Demokratie und Elitenherrschaft. Das Elitenproblem in der Demokratie, in: W. Oberndörfer / W. Jäger (Hg.): Die neue Elite. Eine Kritik der kritischen Demokratietheorie, Freiburg 1975, S. 149–192, hier: S. 165 f.

70 Dahrendorf, Gesellschaft, S. 235.

71 L. J. Edinger: Post-totalitarian Leadership: Elites in the German Federal Republic, in: The American Political Review 1960, S. 58–82; W. Zapf: Wandlungen der deutschen Elite. Ein Zirkulationsmodell deutscher Führungsgruppen 1919–1961, München 1965.

72 H. D. Lasswell / D. Lerner / C. E. Rothwell (Hg.): World Revolutionary Elites, Cambridge Mass. 1965.

73 Dahrendorf, Gesellschaft, S. 286.

74 Ebenda, S. 290 ff.

75 Vgl. u. a. H. Grebing: Konservative gegen die Demokratie, Frankfurt a. M. 1971.

76 O. Negt: Gesellschaftsbild und Geschichtsbewußtsein der wirtschaftlichen und militärischen Führungsschichten. Zur Ideologie der autoritären Leistungsgesellschaft, in: G. Schäfer / C. Nedelmann (Hg.): Der CDU-Staat. Analysen zur Verfassungswirklichkeit der Bundesrepublik, (4. Aufl.) 1976, S. 359–424, hier: S. 370 f.

77 Zitiert nach G. Schäfer: Leitlinien stabilitätskonformen Verhaltens. Entwicklungsperspektiven und Gewaltpotentiale rationalisierter Herrschaftsinteressen, in: Schäfer / Nedelmann, Der CDU-Staat, S. 425–460, hier: S. 443.

78 Zitiert nach Schäfer, Leitlinien, S. 447.

79 Archiv der Gegenwart 1965, S. 11776.

80 R. Wildemann: Eliten in der Bundesrepublik. Eine sozial-wissenschaftliche Untersuchung über Einstellungen führender Positionsträger zu Politik und Demokratie. Unveröffentlichte Materialsammlung, Universität Mannheim 1968. Ausgewertet wurde das Material u. a. von E. Enke: Ober-

schicht und politisches System der Bundesrepublik Deutschland. Soziale Mobilität und Karrieremuster von 800 Inhabern von Spitzenpositionen der westdeutschen Gesellschaft, 1974 (Europ. Hochschulschriften, Soziologie, Bd. 9).
81 Enke, Oberschicht, S. 64.
82 Ebenda, S. 65–70.
83 Ebenda, S. 71.
84 Ebenda, S. 87f.
85 Dahrendorf, Gesellschaft, S. 252–267.
86 Enke, Oberschicht, S. 143.
87 J. Seifert (Hg.): Die Spiegel-Affäre, 2 Bde. 1966.
88 Vgl. Dahrendorf, Gesellschaft, S. 306–312 (»Der Linksintellektuelle als Hofnarr«).
89 Th. A. Baylis: The Technical Intelligentsia and the East German Elite. Legitimacy and Social Change in Mature Communism, University of California Press 1974; H. W. Prahl: Intelligenz- und Elitegruppen in der DDR-Gesellschaft, in: Deutschland-Archiv III (Febr. 1970), S. 128–134.
90 Zitiert nach Schäfer, Leitlinien, S. 452.
91 E. Weniger: Die Epoche der Umerziehung 1945–1949, in: Westermanns Pädagogische Beiträge, 11./12. Jg. 1959/60, S. 23ff.
92 Zur Bildungspolitik im Nachkriegsdeutschland: K. E. Bungenstab: Umerziehung zur Demokratie? Reeducation. Politik im Bildungswesen der US-Zone 1945–1949, Düsseldorf 1972; M. Halbritter: Schulreformpolitik in der britischen Zone von 1945–1949, Weinheim 1979; M. Klewitz: Berliner Einheitsschule 1945–1951, Berlin 1979.
93 Wirtschaftstag der CDU/CSU. Thesen, Protokolle, 1965. Arbeitskreis V: Bildungspolitik und Wirtschaftswachstum. Zur bildungsökonomischen Diskussion in der Zeit: A. Hegelheimer (Hg.): Texte zur Bildungsökonomie, Frankfurt a. M./Berlin/Wien 1975.
94 Vgl. F. W. Marquardt: Studenten im Protest, Frankfurt a. M. 1968.
95 Bundestagsdrucksache V/4609/4. 8. 1969.
96 Gesetzblatt der DDR 1965 I, S. 83ff.
97 Informationen zum Bildungssystem in der DDR unter mehreren Stichworten in: DDR-Handbuch, hrsg. vom BM f. innerdeutsche Beziehungen, (2. Aufl.) 1979; A. Hearnden: Bildungspolitik in der BRD und DDR, Düsseldorf 1973.
98 Grundlegend für damalige Bildungsplanung in der Bundesrepublik: W. Albers/A. Oberhauser/W. Michalski/E. Schmitz: Sozialprodukt, öffentliche Haushalte und Bildungsausgaben in der Bundesrepublik. Eine Projektion bis 1975, Stuttgart 1969 (Dt. Bildungsrat. Gutachten und Studien der Bildungskommission 5).
99 Summe von mehr als 100%, da einige Befragte mehr als eine Angabe machten. Quelle: DIVO-Umfragen, Frankfurt 1962, Bd. 3/4 122, zitiert nach P. Reichel: Politische Kultur der Bundesrepublik, Opladen 1981, S. 134.

100 U. Engfer / H. Hinrichs / H. Wiesenthal: Arbeitsweise im Wandel. Empirische Analysen zum Zusammenhang von unkonventionellen Werten und Arbeitsbeteiligung, in: 21. Soziologentag, S. 434–454.
101 Ebenda, S. 442.
102 Vgl. J. Huber: Die verlorene Unschuld der Ökologie, Frankfurt a. M. 1982, besonders S. 173 ff.
103 G. Kunz (Hg.): Die ökologische Wende. Industrie und Ökologie – Feinde für immer? München 1983.
104 Vgl. zu den beiden folgenden Abschnitten 5. und 6. B. Löhr, u. a. (Hg.), Frauen in der Geschichte. Deutsches Institut für Fernstudien an der Universität Tübingen. 2 Bde; Tübingen (i.Dr.). C. Eilrich / H. O. Hemmer (Hg.): Die neue Mehrheit. Bilderlesebuch Angestellte, Berlin–Bonn 1988.
105 P. A. Berger: Entstrukturierte Klassengesellschaft? Klassenbildung und Strukturen sozialer Ungleichheit im historischen Wandel. Opladen 1986, S. 44 f.
106 Zum primären Sektor zählen Land- und Forstwirtschaft, zum sekundären Sektor die Industrie, also die Güterproduktion, und der tertiäre Sektor umfaßt das breit gefächerte Angebot an Dienstleistungen.
107 Tabelle entnommen aus: Statistisches Bundesamt (Hg.), Datenreport 1987. Zahlen und Fakten über die Bundesrepublik Deutschland, Bonn 1987, S. 86.
108 Berger, Entstrukturierte Klassengesellschaft, S. 49.
109 J. Handl: Berufschancen und Heiratsmuster von Frauen. Empirische Untersuchungen zu Prozessen sozialer Mobilität, Frankfurt a. M. / New York 1988, S. 36.
110 Einen Überblick über die frühen Versuche gibt C. Hartfiel: Angestellte und Angestelltengewerkschaften in Deutschland, Berlin 1961, bes. S. 52 ff.
111 J. Kocka: Die Angestellten in der deutschen Geschichte 1850–1980, Göttingen 1981, S. 7 f.
112 Zit. nach Kocka, Die Angestellten, S. 203.
113 Kocka, Die Angestellten, S. 171 ff.
114 M. Kubik: Zwischen Exklusivität und Solidarität. Geschichte der Angestellten und ihrer Gewerkschaft, in: Eilrich, Bilderlesebuch Angestellte, S. 33.
115 Zur Entwicklung vgl. U. Fehrmann / U. Metzner: Angestellte und Gewerkschaften, Köln 1981, S. 90 ff.
116 H. Kern / M. Schumann: Das Ende der Arbeitsteilung, 3. Aufl., München 1986.
117 E. M. Hoerning / B. Krais: Der Ausbruch aus der Normalbiographie. Milieu-untypische Lebensläufe von Arbeitertöchtern, in: A. Bolder / K. Rodas: Das Prinzip der aufge(sc)hobenen Belohnung. Die Sozialisation von Arbeiterkindern für den Beruf, Bonn 1987, S. 211.

118 J. Mooser: Arbeiterleben in Deutschland 1900–1970, Frankfurt a. M., S. 216f.
119 Vgl. E. Fehrmann/U. Metzner: Angestellte in der sozialwissenschaftlichen Diskussion. Ein Literaturbericht, Köln/Frankfurt a. M. 1977; Kocka, Angestellte; H. J. Urban: Angestellte und gewerkschaftliche Gegenmacht. Zur Angestelltenpolitik der IG Metall in der Umbruchkrise, Marburg 1989, S. 56ff.
120 Vgl. auch: U. Kadritzke: »Angestelltenbewußtsein« und Anknüpfungspunkte für die gewerkschaftliche Angestelltenarbeit, in: WSI-Mitteilungen, Heft 8/1985, S. 449ff.
121 W. Laatz: Ingenieure in der Bundesrepublik Deutschland. Gesellschaftliche Lage und politisches Bewußtsein. Frankfurt a. M. 1979, S. 8f; N. Beckenbach u. a.: Ingenieure und Techniker in der Industrie, Frankfurt a. M. 1979.
122 Laatz, Ingenieure, S. 8f.
123 U. Ludwig: Wissenschaftlich-technische Intelligenz. Einheitliche soziale Zwischenschicht, aber kein monolithischer Block, in: Neue Gesellschaft/Frankfurter Hefte, 35. Jg. (1988), Heft 3, S. 227.
124 W. Neef: Zwischen Expertenmacht und Detailarbeit. Berufssituation, Selbstverständnis und Interessenorientierung von Ingenieuren, in: F. Steinkühler/S. Bleicher: Zwischen Aufstieg und Rationalisierung. Die Angestellten, Hamburg 1988, S. 108.
125 Laatz, Ingenieure, S. 162ff.
126 Laatz, Ingenieure, S. 159f.
127 Zum Folgenden: Laatz, Ingenieure, S. 172ff, 189ff.
128 O. Rubelt: Techniker Report. Bericht über die Erfahrungen einer Berufsgruppe in Zeiten individueller Aufstiegschancen und sozialer Abstiegsrisiken, in: Steinkühler/Bleicher, Zwischen Aufstieg und Rationalisierung, S. 140f.
129 Zum Folgenden: Neef, Zwischen Expertenmacht und Detailarbeit, S. 109ff; ders./J. Rubelt: Ingenieurarbeit im Umbruch – Ingenieure in der Krise? – Chancen und Gefahren für eine gewerkschaftliche Organisierung der »technischen Intelligenz«, in: WSI-Mitteilungen, Heft 8/1985, S. 497ff.
130 Neef/Rubelt, Ingenieurarbeit im Umbruch, S. 498.
131 Laatz, Ingenieure, S. 227f.
132 Der knorrige Patriarch der Elektronik, in: Die Zeit, 10. 8. 1984, S. 2.
133 Ludwig, Wissenschaftlich-technische Intelligenz, S. 228f.
134 P. Bourdieu: Die feinen Unterschiede, Frankfurt a. M. 1984.
135 J. Kocka/M. Prinz: Vom »neuen Mittelstand« zum angestellten Arbeitnehmer. Kontinuität und Wandel der deutschen Angestellten seit der Weimarer Republik, in: W. Conze/R. Lepsius (Hg.): Sozialgeschichte der Bundesrepublik Deutschland, Stuttgart 1983, S. 252f.
136 H. J. Urban, Angestellte und gewerkschaftliche Gegenmacht, S. 49. Zur

Situation von Ingenieurinnen siehe: D. Janshen/H. Rudolph: Ingenieurinnen. Frauen für die Zukunft, Berlin/New York 1987.

137 U. Hellmann/V. Volkholz: Mädchen in Männerberufen: Eine empirische Streitschrift, Hamburg 1985; Wider die Natur? Frauen in Naturwissenschaft und Technik, Berlin 1984; U. Teubner: Neue Berufe für Frauen. Modelle zur Überwindung der Geschlechterhierarchie im Erwerbsbereich, Frankfurt a. M./New York 1989; C. Lippmann (Hg.): Technik ist auch Frauensache. Frauenförderung im Industriebetrieb, Hamburg 1986.

138 H. Faulstich-Wieland/M. Horstkemper: Der Weg zur modernen Bürokommunikation. Historische Aspekte des Verhältnisses von Frauen und neuen Technologien, Bielefeld 1987, S. 41 ff; I. Schöll: Schreibgeschichten, in: I. Schöll/I. Küller (Hg.): Micro Sisters, Berlin 1988, S. 56 ff.

139 A. Willms-Herget: Frauenarbeit. Zur Integration der Frauen in den Arbeitsmarkt, Frankfurt a. M./New York 1985, S. 88.

140 Tabelle entnommen aus: Willms-Herget, Zur Integration der Frauen in den Arbeitsmarkt, S. 88.

141 W. Breidenstein: Frauen im öffentlichen Dienst, in: Wirtschaft und Statistik, Heft 9/1988, S. 629.

142 E. Beck-Gernsheim: Das halbierte Leben: Männerwelt Beruf, Frauenwelt Familie, Frankfurt a. M. 1980.

143 A. Vogel: Familie, in: W. Benz (Hg.): Die Bundesrepublik Deutschland, Band 3: Gesellschaft, Frankfurt a. M. 1983, S. 38.

144 A. Delille/A. Grohn: Blick zurück aufs Glück. Frauenleben und Familienpolitik in den 50er Jahren, Berlin 1985, S. 96.

145 S. Meyer/E. Schulze: Wie wir das alles geschafft haben. Alleinstehende Frauen berichten über ihr Leben nach 1945, Berlin/München 1984.

146 M. Schmidt: Im Vorzimmer. Arbeitsverhältnisse von Sekretärinnen und Sachbearbeiterinnen bei Thyssen nach dem Krieg, in: L. Niethammer (Hg.): »Hinterher merkt man, daß es richtig war, daß es schiefgegangen ist.« Nachkriegserfahrungen im Ruhrgebiet, Berlin/Bonn 1983, S. 202.

147 Hoerning/Krais, Ausbruch aus der Normalbiographie, S. 208.

148 E. Beck-Gernsheim: Vom »Dasein für andere« zum Anspruch auf ein Stück »eigenes Leben«: Individualisierungsprozesse im weiblichen Lebenszusammenhang, in: Soziale Welt, Heft 2, 34. Jg. (1983), S. 307–340; E. M. Hoerning: Eine vernachlässigte Gruppe in der Mobilitätstheorie und -forschung, in: Jahrbuch für Sozialökonomie und Gesellschaftstheorie, Hochschule für Wirtschaft und Politik, Hamburg: Karriere oder Kochtopf? Frauen zwischen Beruf und Familie, Opladen 1985, S. 114–134.

149 Vgl. C. Eckart: Halbtags durch das Wirtschaftswunder. Die Entwicklung der Teilzeitarbeit in den sechziger Jahren, in: H. Kramer u. a., Grenzen der Frauenlohnarbeit, S. 183–244.

150 J. Handl: Berufliche Ausbildung und Erwerbschancen von Frauen, in: W. Müller/A. Willms/J. Handl: Strukturwandel der Frauenarbeit 1880–1980, Frankfurt a. M./New York 1983, S. 13.

151 Statistisches Bundesamt (Hg.): Frauen in Familie, Beruf und Gesellschaft. Ausgabe 1987, Mainz 1987, S. 112.

152 J. Handl: Führt die Angleichung der Bildungschancen zum Abbau geschlechtsspezifischer Segregation?, in: Zeitschrift für Soziologie, Heft 2, 15. Jg. (1986, S. 125–132); ders.: Abbau von Ungleichheit im Beruf durch bessere Bildung? Eine sozialhistorische Betrachtung, in: Müller, Strukturwandel der Frauenarbeit, S. 183–215.

153 Zitiert nach: Schmidt, Arbeitsverhältnisse von Sekretärinnen, S. 211.

154 Schmidt, Arbeitsverhältnisse von Sekretärinnen, S. 218; vgl. hierzu auch: I. Kurz-Scherf: Von der Emanzipation des Brunnenmädchens in Heilbädern. Frauendiskriminierung, Frauenförderung durch Tarifvertrag und Tarifpolitik, in: WSI-Mitteilungen, Heft 8/1986, S. 537–549.

155 U. Rabe-Kleberg: Frauenberufe – Zur Segmentierung der Berufswelt, Bielefeld 1987, S. 123.

156 Schaubild entnommen aus: Rabe-Kleberg, Frauenberufe, S. 123.

157 Zit. nach: Rabe-Kleberg, Frauenberufe, S. 118; ausführlich: S. Pohl: Entwicklung und Ursachen der Frauenlohndiskriminierung, Frankfurt a. M. 1984.

158 E. Fasching: Neue Techniken – neue Arbeitsplätze. Für die humane Gestaltung der Arbeitswelt, in: Niedersächsische Landeszentrale für politische Bildung (Hg.): Frauen und neue Technologien, Hannover 1986, S. 100.

159 Interview Brigitte Löhr.

160 M. Baethge/H. Overbeck: Zukunft der Angestellten. Neue Technologien und berufliche Perspektiven in Büro und Verwaltung, Frankfurt a. M./New York 1986.

161 B. Böttger: Steht die Vertreibung der Frauen aus Büros und Verwaltung bevor?, in: Beiträge zur feministischen Theorie und Praxis, Heft 9/10 (Zukunft der Frauenarbeit), Köln 2. Aufl. 1985.

162 So lautet der Tenor der Beiträge der Projektgruppe Automation Qualifikation: G. Brosius/F. Haug: Frauen – Männer – Computer, Berlin 1987; S. Andresen: Frauen – Technik – Arbeit. Ein Literaturbericht, in: Das Argument, Heft 174/1989, S. 225–233; vgl. auch die kontroversen Beiträge in: Niedersächsische Landeszentrale für politische Bildung, Frauen und neue Techniken.

163 Fasching, Neue Techniken – neue Arbeitsplätze, S. 101.

164 C. Schiersmann: Computerkultur und weiblicher Lebenszusammenhang, hg. v. Bundesministerium für Bildung und Wissenschaft, Bad Honnef 1987 (= Schriftenreihe Studien zu Bildung und Wissenschaft, Heft 49); S. Henig/I. Lenz: Schöne neue Frauen-Welt. Computer in Bildung, Beruf und Beziehungen, Münster 1988.

165 Vgl. Niedersächsische Landeszentrale für politische Bildung, Frauen und Neue Technologien. Die lt. M. Baethge/H. Oberbeck: Zur These der Kompensation von Rationalisierungseffekten in der Produktion durch

Ausweitung von Dienstleistungen am Beispiel kaufmännischer und verwaltender Tätigkeiten, in: Soziale Welt 36 (1985), S. 226–241, auf breiter Front zu beobachtende technikbedingte Reduzierung von Angestelltenarbeitsplätzen sei als Dequalifizierung zu verstehen, und zwar als ihre härteste und heute dominante Form. Sie sei aber nicht Dequalifizierung der Arbeit, sondern Dequalifizierung durch Ausschluß aus der Arbeit. Zur differenzierten und ambivalenten Wirkung der Einführung neuer Techniken im tertiären Sektor und ihre hinsichtlich der Qualifikationsanforderungen unterschiedlichen Folgen für Angestellte im nicht-dispositiven bzw. dispositiven Bereich s. M. Baethge / H. Oberbeck, Zukunft der Angestellten.

166 Willms-Herget, Frauenarbeit, S. 285.

167 Handl, Berufschancen und Heiratsmuster, S. 167.

168 E. Beck-Gernsheim: Von der Liebe zur Beziehung? Veränderungen im Verhältnis von Mann und Frau in der individualisierten Gesellschaft, in: Soziale Welt, Sonderband 4. Die Moderne – Kontinuitäten und Zäsuren, Göttingen 1986, S. 209.

169 H. Thurnwald: Gegenwartsprobleme Berliner Familien, Berlin 1948; H. Schelsky: Wandlungen der deutschen Familie der Gegenwart, Stuttgart 1953; G. Wurzbacher: Leitbilder des gegenwärtigen Familienlebens, Stuttgart 1958.

170 Zit. nach: Delille / Grohn, Blick zurück aufs Glück, S. 69.

171 O. Speck: Kinder erwerbstätiger Mütter, Stuttgart 1956.

172 Delille / Grohn, Blick zurück aufs Glück, S. 17.

173 Das ergab eine von Richard Wolf 1962 publizierte Untersuchung, zit. nach: Vogel, Familie, S. 106.

174 Vogel, Familie, S. 113.

175 Zum Folgenden H. Ebel u. a.: Familie in der Gesellschaft. Gestalt – Standort – Funktion, Grafenau 1978.

176 H. Pross: Die Wirklichkeit der Hausfrau, Reinbek bei Hamburg 1975, S. 117.

177 R. Becker-Schmidt / G. Axeli-Knapp: Eines ist zuwenig – beides ist zuviel. Erfahrungen von Arbeiterfrauen zwischen Familie und Fabrik, Bonn 1984.

178 Zum Folgenden s. Vogel, Familie, S. 108 ff.

179 Mooser, Arbeiterleben, S. 141 ff.

180 Vogel, Familie, S. 118 f.

181 Vgl. im Folgenden: Delille / Grohn, Blick zurück aufs Glück, S. 138 ff, Vogel, Familie, S. 106 f.

182 BGH, NJW 1967, 1078 (1079), zit. nach: A. Mösl: Ist eine Reform der »sexuellen Gewaltdelikte« notwendig?, in: Zeitschrift für Rechtspolitik, Heft 2 / 1989, S. 52.

183 E. Knapp (Hg.): ABC der Säuglingspflege, Stuttgart 1964 (Sonderausgabe für den Unterricht), S. 47.

184 B. Sichtermann: Leben mit dem Neugeborenen, Frankfurt/M. 1981, S. 80.

185 Ebenda.

186 »Karriere? Können wir uns abschminken«. Auch in Pädagogenfamilien: die alte Rollenverteilung, in: Frankfurter Rundschau, 22. 4. 89, ZB 5.

187 S. Metz-Göckel / U. Müller: Der Mann. Die Brigitte-Studie, Weinheim/Basel 1986; mit ähnlichen Ergebnissen: Familie und Arbeitswelt. Gutachten des wissenschaftlichen Beirats für Familienfragen beim Bundesministerium für Jugend, Familie und Gesundheit, Berlin/Köln/Mainz 1984 (= Schriftenreihe des Bundesministers für Jugend, Familie und Gesundheit Band 143), S. 136 ff; V. Thiessen / H. Rohlinger: Die Verteilung von Aufgaben und Pflichten im ehelichen Haushalt, in: Kölner Zeitschrift für Soziologie und Sozialpsychologie, Heft 4, 40. Jg. (1988), S. 640–658.

188 H. Bielinski / B. Strümpel: Eingeschränkte Erwerbsarbeit bei Frauen und Männern. Fakten – Wünsche – Realisierungschancen, Berlin 1988; Teilzeitarbeitende Männer und Hausmänner; hg. von B. Strümpel / W. Prenzel / J. Scholz / A. Hoff, Berlin 1989.

189 Metz-Göckel / Müller, Der Mann, S. 49.

190 So Beck, Risikogesellschaft, S. 170.

191 Beck-Gernsheim, Männerwelt Beruf.

192 Kritisch dazu: I. Ostner: Prekäre Subsidiarität und partielle Individualisierung – Zukünfte von Haushalt und Familie, in: Soziale Welt, Sonderband 4, Die Moderne, S. 235–259.

193 R. Ebel / E. Eickelpasch: Familie in der Gesellschaft. Gestaltung – Standort – Funktion, Bonn 1983 (= Schriftenreihe der Bundeszentrale für politische Bildung, Bd. 204), S. 279.

194 H. J. Hoffmann-Nowotny: Ehe und Familie in der modernen Gesellschaft, in: APuZG, Heft 13/1988, S. 3.

195 H. Betram / R. Borrmann-Müller: Individualisierung und Pluralisierung familialer Lebensformen, in: Aus Politik und Zeitgeschichte, Heft 13/1988, S. 21.

196 So der vorsichtige Tenor in dem Beitrag von Beck-Gernsheim: Von der Liebe zur Beziehung?

197 Beck, Risikogesellschaft, S. 172.

198 Vgl. M. Riedel: Bürger, Staatsbürger, Bürgertum, in: Geschichtliche Grundbegriffe, hg. von O. Brunner u. a., Bd. 1 Stuttgart 1972, S. 672 ff.

199 In diesem Sinne sieht Kocka die Vergleichbarkeiten verschiedener »bürgerlicher« Gruppen auf der Ebene der Kultur, vgl. J. Kocka: Bürgertum und Bürgerlichkeit als Probleme der deutschen Geschichte vom späten 18. zum frühen 20. Jahrhundert, in Kocka, Bürger, hier S. 88 f.

200 M. R. Lepsius: Zur Soziologie des Bürgertums und der Bürgerlichkeit, in: Kocka, Bürger, hier S. 82 f.

201 Vgl. P. Kmieciak: Wertstrukturen und Wertewandel in der Bundesrepublik Deutschland, Göttingen 1976, S. 461 ff.

202 R. Dahrendorf: Wenn der Arbeitsgesellschaft die Arbeit ausgeht, in: Soziologentag 1982, S. 25–37, hier: S. 30f.

203 U. Engfer/K. Hinrichs/H. Wiesenthal: Arbeitswerte im Wandel. Empirische Analysen zum Zusammenhang von unkonventionellen Werten und Arbeitsbeteiligung, in: Soziologentag 1982, S. 434–454.

204 H. Kern/M. Schumann: Arbeit und Sozialcharakter: Alte und neue Konturen, in: Soziologentag 1982, S. 353–365.

205 Ebenda, S. 355.

206 Streitbare reflektierte Darstellung von unterschiedlichen Positionen bei O. Negt: Lebendige Arbeit, enteignete Zeit. Politische und kulturelle Dimensionen des Kampfes um die Arbeitszeit, 3. Aufl. Frankfurt a. M./New York 1987.

207 J.-F. Lyotard: Das postmoderne Wissen. Ein Bericht, Graz/Wien 1986, S. 52ff. Die Schrift erschien zuerst unter dem Titel La condition postmoderne, 1979. Lyotard ist Philosophieprofessor an der Universität Paris VIII, seit Herbst 1984 Direktor des Collège International de Philosophie in Paris.

208 Zitate ebenda, S. 192f.

209 In der Bundesrepublik z. B. vertreten von E. Nolte. Vgl. ders.: Philosophische Geschichtsschreibung heute? in: HZ Bd. 242, 1986.

210 W. Benjamin: Der Erzähler, in: ders.: Illuminationen, Frankfurt a. M. 1977, S. 385ff.

211 Ders.: Thesen über den Begriff der Geschichte, in: ders., Illuminationen, S. 253.

212 Zu einem ähnlichen Fazit in der Interpretation von Lyotard und der Postmoderne kommt G. Raulet, Zur Dialektik der Postmoderne, in: Huyssen/Scherpe, Postmoderne, S. 128ff.

Abkürzungen

AfS	Archiv für Sozialgeschichte
APuZG	Aus Politik und Zeitgeschichte
CSSH	Comparative studies in society and history
DIFF	Deutsches Institut für Fernstudienforschung
DVföG	Deutscher Verein für öffentliche Gesundheitspflege
DWB	Deutscher Werkbund
GuG	Geschichte und Gesellschaft
GWG	Geschichte in Wissenschaft und Unterricht
HZ	Historische Zeitschrift
MEW	Marx-Engels Werke
RDI	Reichsverband der deutschen Industrie
RGBl	Reichsgesetzblatt
SOWI	Sozialwissenschaftliche Informationen für Unterricht und Studium
VSWG	Vierteljahresschrift für Sozial- und Wirtschaftsgeschichte
VfZ	Vierteljahreshefte für Zeitgeschichte
WSI-Mitteilungen	Mitteilungen des Wirtschafts- u. sozialwissenschaftlichen Instituts
ZfG	Zeitschrift für Geschichtswissenschaft
ZGO	Zeitschrift für Geschichte desr Oberrheins

Die Autorinnen und Autoren des Bandes

Richard Bessel, Dr. phil., geb. 1948, Lecturer für Neuere Geschichte an der Open University in Milton Keynes. Arbeitsschwerpunkte: Sozialgeschichte der Weimarer Republik und der nationalsozialistischen Bewegung.

Peter Brandt, Dr. phil., geb. 1948, Professor für Neuere Geschichte an der Fern-Universität Hagen. Arbeitsschwerpunkte: Geschichte der Arbeiterbewegung, bürgerliche Revolution und Emanzipationsbewegung im 18. und 19. Jahrhundert.

Franz-Josef Brüggemeier, Dr. phil., Dr. med., geb. 1951, Akademischer Rat an der FernUniversität Hagen. Arbeitsschwerpunkte: Geschichte der Arbeiterbewegung, Sozialgeschichte des Ruhrgebiets, Alltagsgeschichte und Oral History, Geschichte der Umwelt im 19. und 20. Jahrhundert.

Elisabeth Domansky, Dr. phil., geb. 1951, Assistant Professor an der University of Washington. Arbeitsschwerpunkte: Geschichte der Arbeiterbewegung, Geschichte des Ersten Weltkriegs und der Geschlechterbeziehungen.

Heidrun Edelmann, Dr. phil., geb. 1951, wissenschaftliche Mitarbeiterin an der Ruhr-Universität Bochum. Arbeitsschwerpunkte: Unternehmensgeschichte, Sozialgeschichte des Autos.

Ute Frevert, Dr. phil., geb. 1954, Privatdozentin an der Fakultät für Neuere Geschichtswissenschaft der Universität Bielefeld. Arbeitsschwerpunkte: Sozialgeschichte der Medizin und des Gesundheitswesens, Geschichte sozialer Klassen, Geschichte der Geschlechterbeziehungen im 19. und 20. Jahrhundert.

Ulrich Herbert, Dr. phil., geb. 1951, Hochschulassistent für Neuere Geschichte an der FernUniversität Hagen. Arbeitsschwerpunkte: Historische Migrationsforschung, Deutsche Geschichte des 20. Jahrhunderts, Biographische Forschung.

Brigitte Löhr, Dr. phil., geb. 1946, Projektleiterin am Deutschen Institut für Fernstudien und Lehrbeauftragte an der Universität Tübingen. Arbeitsschwerpunkte: Deutsche und osteurop. Geschichte, Frauengeschichte.

Alf Lüdtke, Dr. phil., geb. 1943, Privatdozent, wissenschaftlicher Referent am Max-Planck-Institut für Geschichte in Göttingen. Arbeitsschwerpunkte: Geschichte der Bürokratisierung, Arbeitergeschichte, Geschichtstheorie.

Hans Medick, Dr. phil., geb. 1939, wissenschaftlicher Referent am Max-Planck-Institut für Geschichte in Göttingen. Arbeitsschwerpunkte: Protoindustrialisierung, Familiengeschichte, Sozial- und Kulturanthropologie.

Rita Meyhöfer, Dipl. Pol., geb. 1959, wissenschaftliche Mitarbeiterin am Zentralinstitut für sozialwissenschaftliche Forschung an der FU Berlin. Arbeitsschwerpunkte: Angestellten- und Gewerkschaftssoziologie, Geschichte der Arbeiterkultur, Berlin im Nationalsozialismus.

Lutz Niethammer, Prof. Dr. phil., geb. 1939, Professor für Neuere Geschichte an der FernUniversität Hagen, Gründungsbeauftragter des Kulturwissenschaftlichen Instituts in Essen. Arbeitsschwerpunkte: Folgegeschichte des »Dritten Reichs«, Zeitgeschichte der Arbeiterbewegung, Sozialgeschichte der Arbeiter, Oral History, Geschichtstheorie.

Detlev J. K. Peukert, Prof. Dr. phil., geb. 1950, Leiter der Forschungsstelle für die Geschichte der Arbeiterbewegung und des Nationalsozialismus in Hamburg. Arbeitsschwerpunkte: Deutsche Zeitgeschichte bis 1945, Geschichte der Jugend, Geschichte Lateinamerikas, Geschichtstheorie. Detlev Peukert ist 1990 verstorben.

Bernd Weisbrod, geb. 1946, Prof. Dr. phil., Vertreter des Lehrstuhls für Neuere Geschichte in Bielefeld. Arbeitsschwerpunkte: Deutsche und englische Geschichte des 19. und 20. Jahrhunderts, insbes. Sozialpolitik und industrielle Beziehungen.

Dorothee Wierling, Dr. phil., geb. 1950, wissenschaftliche Mitarbeiterin an der FernUniversität Hagen, Arbeitsschwerpunkte: Sozialgeschichte von Frauen, Kleinbürgertum im 19. und 20. Jahrhundert, Geschichte der DDR.

Irmgard Wilharm, Prof. Dr. phil., geb. 1944, Professorin für Neuere Geschichte an der Universität Hannover, Arbeitsschwerpunkte: Geschichte der Bundesrepublik, Sozialgeschichte der Sinti und Roma, Geschichte und Öffentlichkeit.